# 中国世界贸易组织年鉴

李岚清

**2009**
**总第3期**

主　管：中华人民共和国商务部
主　办：中国世界贸易组织研究会
协　办：深圳世贸组织事务中心
武汉大学WTO学院

中国商务出版社
CHINA COMMERCE AND TRADE PRESS

**图书在版编目（CIP）数据**

中国世界贸易组织年鉴.2009/中国世界贸易组织研究会编.—北京：中国商务出版社，2009.11
ISBN 978-7-5103-0164-3

Ⅰ.①中… Ⅱ.中… Ⅲ.①对外贸易组织机构—中国—2009—年鉴 Ⅳ.①F752.3-54

中国版本图书馆CIP数据核字（2009）第215016号

**中国世界贸易组织年鉴2009**

中国世界贸易组织研究会 编

**出 版**：中国商务出版社
**发 行**：北京中商图出版物发行有限责任公司
**社 址**：北京市东城区安定门外大街东后巷28号
**邮 编**：100710
**电 话**：010—64269744（编辑室）
010—64266119（发行部）
010—64263201（零售、邮购）
**网 址**：www.cctpress.com
**邮 箱**：cctp@cctpress.com
**照 排**：嘉年华文排版公司
**印 刷**：中国农业出版社印刷厂
**开 本**：889毫米×1194毫米 1/16
**彩 插**：2.5印张
**正 文**：49.75印张 **字 数**：1650千字
**版 次**：2009年12月第1版 2009年12月第1次印刷

**书 号**：ISBN 978-7-5103-0164-3
**定 价**：460.00元
 **举报电话：（010）64242964**

2008 年 11 月 21 日，中国国家主席胡锦涛在秘鲁首都利马出席亚太经济合作组织工商领导人峰会并发表重要演讲。胡锦涛指出，中国将继续推动建设可持续发展的世界经济体系、包容有序的国际金融体系、公正合理的国际贸易体系、公平有效的全球发展体系，坚持在实现本国发展的同时兼顾合作伙伴特别是发展中国家正当关切，支持国际社会帮助发展中国家增强自主发展能力、改善民生，支持推进贸易和投资自由化、便利化，支持各国共同维护世界经济安全，促进各国共同发展繁荣。

2008 年 1 月 14 日，中国国务院总理温家宝在北京人民大会堂会见世界贸易组织总干事拉米。温家宝表示，中国愿意在公平开放的环境中与世界各国开展贸易和经济技术合作。完成多哈回合谈判，对实现贸易的开放性和可预见性，对世界经济贸易的稳定发展无疑是有益的。中国支持各方在现有案文基础上积极推动多哈回合谈判，并希望谈判尽早圆满结束。

2008 年 12 月 4 日，第五次中美战略经济对话在北京开幕。中国国务院副总理王岐山在开幕式上致辞。王岐山指出，公平、开放的多边贸易体制有利于促进世界经济健康发展，符合各方利益。中方愿与美方一道，坚决反对任何形式的保护主义，坚定支持多哈回合谈判早日复谈并取得全面、均衡成果。

2009 年 3 月 20 日，中国世界贸易组织研究会第二届理事会第三次会议在京举行。会上，商务部陈德铭部长为中国工程院院长徐匡迪院士颁发中国世界贸易组织研究会名誉会长聘书。

2008年7月下旬，世界贸易组织小型部长会议在日内瓦举行。会议期间，陈德铭部长与美国贸易代表施瓦布进行会谈。陈德铭部长表示，持续9天的世界贸易组织小型部长会议未能就多哈回合谈判中要害的农业和非农议题达成一致，中国对此深感遗憾。中国愿意在平等互惠的基础上，进一步加强与世贸组织其他成员的双边贸易和合作，特别是加强与发展中成员、包括最不发达成员和弱小经济体的互利合作，以共同推进世界的进一步繁荣。

# 中国世界贸易组织研究会

China Society for World Trade Organization Studies

中国世界贸易组织研究会是中华人民共和国商务部直属管理的从事世贸组织（WTO）及相关经济和贸易题研究的全国性社团组织。由全国长期致力于世贸组织相关事务的政府官员、权威专家学者和机构自愿成，是国内进行世贸组织有关事务研究、咨询、培训、编辑、出版、国际交流与合作的权威机构之一。

名誉会长 徐匡迪

会　　长 谷永江

副 会 长 俞晓松 张志刚

徐秉金 郑志海

廖建成 吴家煌

王琴华 薛荣久

原国务院副总理李岚清（右三）会见中国世界贸组织研究会领导。

徐匡迪院士（左四）、陈德铭部长（左五）出席中国世界贸易组织研究会二届三次理事会并发表重要讲话。

## 主要职能

- 进行 WTO 相关理论和实际问题的研究；
- 组织国内外学术成果和经验、信息交流；
- 为我国政府、行业和企业提供相关培训、询和法律服务；
- 国内外信息采编、编辑出版书籍、报刊、像资料，宣传普及 WTO 知识；
- 促进我国与包括广大发展中国家在内的所世贸组织成员的自由、公平贸易和经济合作；
- 推动我国企业全面参与国际竞争；
- 促进和推动我国与其他国家和地区包括区在内的区域性经济合作；
- 从民间的角度协助我国政府在完善多边体制进程中发挥积极和建设性作用。

地　址：北京东城区安定门外东后巷 28 号 2212 室

邮　编：100710

电　话：010-8425 5121

传　真：010-8425 5122

电　邮：info@china.org.cn

网　址：http://cwto.mofcom.gov.cn

China Society for World Trade Organization Studies(CWTO)is the sole nation-wide non-governmental organization of studying WTO and relevant economic and trade issues affiliated to the Ministry of Commerce of the People's Republic of China(MOFCOM).

Formed voluntarily by government officials,experts and scholars,and institutions all over the country engaged in WTO-related affairs,CWTO is one of the authoritative institutions in the country carrying out research,consulting, training,compilation,publication,and international exchange and cooperation activities in connection with WTO.

中共中央政治局委员薄熙来在中国世界贸易组织研究会二届二次理事会上与谷永江会长亲切交谈。

俞晓松、谷永江、张志刚、吴家煌（左起）在广交会调研。

**Primary functions**

- Study WTO-related theories and practical issues;
- Organize exchanges of academic fruits,experience,and information between China and other economies;
- Provide relevant training,consultancy and legal services to China's government agencies,industries and enterprises;
- Collect and edit information from Chinese and foreign sources, compile and publish books,newspapers and audiovisual materials,and publicize and disseminate WTO knowledge;
- Promote free and fair trade and economic and technological cooperation between China and all other WTO members, including a vast number of developing countries;
- Encourage Chinese enterprises to participate in all-round international competition;
- Promote and develop regional economic cooperation between China and other countries,regions and free trade zones;and
- Assist,through a non-governmental channel,the Chinese government to play an active and constructive role in improving the world trading system.

Prof.Xu Kuangdi is Honorary Chairman.

Gu Yongjiang currently serves as Chairman of CWTO . Vice Chairmen include Yu Xiaosong, Zhang Zhigang,Xu Bingjin,Zheng Zhihai,Liao Jiancheng,Wu Jiahuang,Wang Qinhua,and Xue Rongjiu.

商务部副部长易小准与龙永图、佟志广、沈觉人、谷永江、俞晓松、吴家煌、张向晨、郑志海（左起）合影。

Address: Suite 2212, 28 DongHouXiang, AnWai, DongCheng District

Tel: 8610-84255121

Fax: 8610-8425 5122

Email: info@china.org.cn

Web :http://cwto.mofcom.gov.cn

美的 Midea
凡帝罗系列
原汁原味 欧洲品位
European style of freshness
美的冰箱
凡帝罗 VandeLo
以现代方式演绎经典情怀，用欧式风格呈现生活之美。美的凡帝罗系列冰箱，源自欧洲名师倾力之作，人性化“L”形把手、欧式面板、轻触感应式按键……无不传承现代欧洲设计理念，为精致生活，增添一份欧式底蕴。美的凡帝罗系列冰箱，原汁原味，欧洲品位。
品味精致生活
服务热线 400-8899315
美的集团电冰箱制造(合肥)有限公司 | 地址：中国合肥高新技术开发区天达路6号 | 邮编：230088 | 电话：0551-2213000 | 网址：www.midea.com.cn | 客服邮箱：service@midea.com.cn

CSA
FOUNDED IN 1957
美的 Midea
中国国家跳水队·游泳队主赞助商
形至简·神至美
美的对开门冰箱 简美演绎花样人生

# 中国稠油加工基地

# 优质道路沥青生产基地

重点工程：

京通快速路工程 （中国第一条上、 中、 下三层全部采用国产沥青的高等级公路实体工程） （1996）

北京平安大街工程 （1998 年）

京沈高速公路工程 （1999 年）

中南海内环路工程 （2000 年）

敦煌机场跑道改造维修工程 （20001 年）

天津滨海国际机场跑道改造维修工程 （2002 年）

哈尔滨太平国际机场跑道改造维修工程 （2002 年）

尼尔基水利枢纽坝体建设工程（西部大开发标志性工程之一）（2003 年）

红旗渠坝体维修工程 （2003 年）

沈大高速公路改造工程 （2004 年）

昆明巫家坝国际机场改选维修工程 （2004 年）

大连周水子国际机场改造维修工程 （2005 年）

延安机场跑道改造维修工程 （2005 年）

包头机场跑道改选维修工程 （2006 年）

张石高速 （张家口—石家庄） （2007 年）

湖南黄花机场 （2007 年）

沈阜高速 （沈阳—阜新） （2008 年）

铁阜高速 （铁岭—阜新） （2008 年）

# 中国石油辽河石化公司

中国石油

## 重点工程

# 闪耀“中华”

## 贺中华人民共和国成立六十周年

# 宇通客车

## 为您创造更大价值！

郑州宇通集团有限公司（简称“宇通集团”）是以客车为核心，以工程机械、房地产为战略业务，兼顾其他投资业务的跨区域、多元化、高科技、国际化大型企业集团，总部位于河南省郑州市。2007年，宇通集团连续第五年荣列“中国最大500家企业集团”。2007年，宇通集团销售收入实现125.88亿元，比2006年增长24%。客车产品全年实现销售25522辆，其中出口销售达3319台。

集团核心企业郑州宇通客车股份有限公司（下称“宇通客车”）位于郑州宇通工业园，占地面积112万平方米，创造了稳定日产能120台以上的产能纪录，目前已发展成为亚洲生产规模大、工艺技术条件先进的大中型客车生产企业之一。公司于1997年在上海证券交易所上市（简称“宇通客车”，代码600066），是我国A股市场的一支老牌蓝筹绩优股。在2007年“中国500最具价值品牌”评估中，宇通品牌价值再增4.71亿，以74.07亿元的品牌价值第四次名列中国客车榜首。

# 湖南对外经济贸易职业学院

湖南对外经济贸易职业学院是2003年7月经湖南省人民政府批准、国家教育部备案，集学历教育、职业培训为一体的公办全日制普通高等职业学院，隶属湖南省商务厅，是湖南商务系统唯一一所高职学院。

学院地处长沙市，现有南、北校区和新校区三部分，南、北两个老校区占地面积258亩，正在建设的新校区占地面积706亩。全日制在校生六千余人，在职教职工五百余人，其中专任教师271人，教师中具有副高以上专业职称的92人。现设有四系三部一院，即国际商务系、商务外语系、现代服务贸易系、商务信息与技术系、国际部、实训部、公共课部和服务外包学院。开办有国际经济与贸易、商务英语、电子商务、物流管理、应用韩语、会计电算化、软件服务外包等31个热门专业。

学院先后被授予“全国外经贸行业外向型人才培养基地”、“湖南省涉外人才培养培训基地”、“湖南省新农村建设商务人才培养基地”、湖南省首批“服务外包人才培训基地”、浙江金华湖南商会“创业型人才培养基地”、“湖南省外派劳务人员培训中心”、“湖南省服务贸易研究中心”、“湖南省旅游教育培训示范院校”。学院与澳大利亚博士山学院联合招生，是湖南省仅有的两所教育部批准的中外合作办学高职院校之一。同时也是湖南省首家服务外包专业招生学校。

学院自创办以来共培养了4万多名优秀人才，有湖南外贸“黄埔军校”之称。近年来，学院坚持以就业为导向、以服务社会为宗旨的办学方针，创新了“以国际视野办学，育双高创业人才”的办学理念，形成了以国际经济与贸易类专业为龙头，以外语类专业为基础，以服务外包类专业为重点，以对外联合办学为拓展的“四外”办学特色，致力于为社会培养既懂外语、又懂外贸的“双高”商务人才。毕业生出现了供不应求的良好就业态势，近3年我院平均就业率高达90%以上，多次被湖南省教育厅评为大中专院校毕业生就业先进单位。

2008年，学院在教育部组织的高职高专院校人才培养工作水平评估中获得优秀等级，并且评估成绩在全省参评的13所高职院校中名列前茅。当前，全院上下团结一心，朝着创建省示范性高职学院目标努力奋进。

# 深圳市世贸组织事务中心
# 深圳市贸易壁垒申诉与调查服务中心

深圳市世贸组织事务中心于2002年12月经深圳市批准设立，2003年12月加挂“深圳市贸易壁垒申诉与调查服务中心”。是负责统筹协调全市地方WTO事务的专门工作机构。中心坚持高起点、高水平、高标准、高质量地致力于为政府和企业提供与WTO事务相关的专业服务、致力于维护并促进公平贸易秩序、致力于保障深圳的产业安全、致力于推进深圳国际化城市建设。

中心设综合部、信息培训部、咨询服务部、技术标准部、法律服务部和知识产权部。

## ★基本职能★

1．负责协调全市WTO事务工作及国家WTO事务主管部门的地方对口联络工作；

2．协助企业开展贸易壁垒申诉，组织开展贸易壁垒调查相关工作；

3．组织协调、开展全市与国际贸易有关的知识产权纠纷的应对工作；

4．组织协调、开展全市贸易摩擦和争端的应对工作以及贸易救济措施的启动和运用工作；

5．承担全市与贸易有关的产业损害调查工作及进出口与产业损害预警系统的建设；

6．负责对全市制定的与WTO有关的法规、规章草案和规范性文件草稿提出合规性意见；负责全市与贸易和投资有关的地方性法规、规章和政策的通报工作，以及WTO其他成员方制定的法律、法规、贸易和技术政策的通报咨询工作；

7．负责组织全市有关WTO政策和议题的研究；负责全市与WTO有关的信息收集、分析研究工作；

8．参与全市与WTO相关的服务贸易政策制定和咨询工作；

9．提供与WTO相关的信息、政策、法律咨询服务。

# 武汉大学WTO学院

## 简介

武汉大学WTO学院是武汉大学直属学院之一，是按照国际国内开放办学的模式和高效管理机制运行的新型学院。学院旨在以实现学生的国际就业为目标，提供高质量的教学计划和培养方案，使学生在学习的基础上，树立敢于面向国际职业市场的观念，提高就业竞争能力。

学院与多个国家的多所名校建立了联合培养机制，为高中毕业生开创了更新更好的就读机会，学生因此改变了自己的人生轨迹，拥有更好的学习机会、更大的发展空间、更高的就业层次。学院教学以严谨著称，学生管理以严格闻名，教学成效异常显著，学院因此获得了国外高校的高度肯定，吸引了多所世界名校前来我院寻求合作。

### 国内第二学位教育项目

武汉大学WTO双学位实验班至今已成功举办7届，是面向武汉地区十八所普通高校在校大学生开发的双学位教育（学生在大一时申请）。WTO双学位班将“培养具有国际交流能力的法律、经济、管理学的综合性人才”作为武汉大学特色人才培养目标之一；强调学生在继续学习原本科专业的同时，不转学籍参加本班学习，学生可以用原专业的学位或武大授予的学位进行就业、深造和申请出国，真正使学生获得综合优势。

网　　址：www.whuwto.com

地　　址：武汉大学桂园WTO学院

电　　话：027—68753872

　　　　　027—68754413

传　　真：027—68754690

# 《中国世界贸易组织年鉴》编委会组织机构

## 总 顾 问

**李岚清** 原中共中央政治局常委、国务院副总理、国务院关贸总协定部际协调委员会主任

## 高 级 顾 问

（以下按姓氏笔画排序）

**丁家桃** 中国世界贸易组织研究会顾问、《中国商务》原总编辑、教授
**万季飞** 第十一届全国政协常委、中国国际贸易促进委员会会长
**王洛林** 中国社会科学院前常务副院长、研究员
**王新奎** 上海市政协副主席、上海 WTO 事务咨询中心总裁
**包克辛** 中国储备粮管理总公司总经理
**厉以宁** 北京大学国家高新战略研究院院长、教授
**龙永图** 博鳌亚洲论坛秘书长、中国入世首席谈判代表
**刘　吉** 中国社会科学院前副院长、中欧国际工商学院名誉院长
**刘新华** 中国证监会副主席
**孙振宇** 中国常驻世界贸易组织代表团常驻代表、特命全权大使
**孙琬钟** 原国务院法制局局长、中国法学会 WTO 法研究会会长
**朱晓明** 上海市人大副主任、中欧国际工商学院院长
**毕井泉** 国务院副秘书长
**江小涓** 国务院研究室副主任
**牟新生** 全国人大常委、全国人大财经委副主任委员
**余永定** 中国社会科学院学部委员、世界经济与政治研究所所长
**佟志广** 原外经贸部副部长、中国复关谈判代表团第二任团长
**吴敬琏** 国务院发展研究中心研究员
**张月姣** 世界贸易组织上诉机构成员、教授
**张玉台** 国务院发展研究中心主任
**李　勇** 财政部副部长
**李　灏** 中共深圳市委原书记
**李东生** 中国广告协会会长、国家工商管理总局原副局长
**李若谷** 中国进出口银行董事长
**李剑阁** 中国国际金融公司（中金公司）董事长、研究员
**李道豫** 全国人大常委会华侨委员会原副主任委员、中国前驻美大使
**杨洁篪** 外交部部长
**沈觉人** 原外经贸部副部长、中国复关谈判代表团首任团长
**陈　元** 国家开发银行股份有限公司董事长
**周小川** 中国人民银行行长
**帕斯卡尔·拉米** 世界贸易组织总干事

易　纲　中国人民银行副行长、国家外汇管理局局长
易小准　商务部副部长
林毅夫　世界银行副行长兼首席经济学家、北京大学教授
高虎城　商务部副部长
曹建明　最高人民检察院检察长
盛光祖　海关总署署长
章新胜　联合国教科文组织执行委员会主席
谢伏瞻　国务院研究室主任
樊　纲　中国改革基金会国民经济研究所所长、教授

## 名誉主编

谷永江　中国世界贸易组织研究会会长、中国复关/入世谈判代表团第三任团长

## 主　编

廖晓淇　全国政协委员、商务部前副部长

## 副主编

俞晓松　中国世界贸易组织研究会副会长、中国贸促会前会长
张志刚　全国政协经济委员会副主任、中国世界贸易组织研究会副会长、中国对外贸易中心理事长、商务部前副部长
徐秉金　中国世界贸易组织研究会副会长、中国欧洲经济技术合作协会会长、原外经贸部部长助理、原国家机电办主任
郑志海　原对外贸易经济合作部研究院院长、中国世界贸易组织研究会副会长
廖建成　原商务部国际贸易经济合作研究院院长、中国世界贸易组织研究会副会长
吴家煌　中国入世市场准入谈判代表、中国世界贸易组织研究会副会长、教授
王琴华　商务部产业司原司长、中国世界贸易组织研究会副会长
薛荣久　对外经济贸易大学教授、中国世界贸易组织研究会副会长
刘光溪　国家外汇管理局资本项目管理司司长、中国法学会 WTO 法研究会副会长、教授
李圣敬　中华全国律师协会 WTO 专门委员会副主任委员、中国世界贸易组织研究会副会长
谭方峰　山东省塑料工业有限公司董事长、中国世界贸易组织研究会副会长
张力军　中国 APEC 发展理事会理事长、中国世界贸易组织研究会副会长
张金生　深圳市世贸组织事务中心主任、博士生导师
余敏友　武汉大学 WTO 学院院长、教授

## 委　员

（按姓氏笔画排序）

于　申　上海海关副关长、教授
马有祥　中国常驻联合国粮农机构代表
尹　力　卫生部副部长
毛金生　国家知识产权局发展研究中心主任
王世春　中国常驻维也纳联合国工发组织代表处公使衔参赞
王令浚　青海省人民政府副省长
王忠明　中华全国工商业联合会副秘书长
王受文　商务部外贸司司长
王振华　国家税务总局货物与劳务税司副司长
邓红国　中国银行业监督管理委员会银行监管四部主任
左常升　农业部农业贸易促进中心副主任
刘　力　中国世界贸易组织研究会副秘书长、经济学博士
刘　欢　商务部产业损害调查局原副局长
刘　佐　国家税务总局税收科学研究所所长
刘玉珠　文化部文化市场司司长
刘亚军　商务部外资司司长
刘海泉　商务部综合司司长
向　欣　商务部市场秩序司司长
孙　杰　香港证监会资深副总裁
孙瑞哲　中国纺织工业协会副会长
朱　洪　商务部国际司副司长
何　宁　商务部美大司司长
吴　浩　国务院法制办公室外事司司长
吴汉洪　中国人民大学经济学院教授、产业经济与竞争政策研究中心主任
吴喜林　商务部合作司原司长
张　勇　北京大学应用经济学博士后
张　骥　商务部产业司司长
张汉林　对外经济贸易大学WTO研究院院长、教授
张向晨　中国常驻世界贸易组织代表团公使、副代表
张克宁　商务部国际司商务参赞
张坚钟　国家旅游局政策法规司司长
张松涛　中央财经领导小组办公室局长
张冠华　中国社会科学院台湾研究所副所长
李　勇　民政部民间组织管理局局长
李　玲　商务部条法司司长
李志群　商务部合作司司长
李建昌　国家工商管理总局商标局局长
李欣欣　中共中央政策研究室社会局局长

李罗莎　中国世界贸易组织研究会副秘书长
李荣灿　商务部政研室主任
李恩恒　中国常驻世贸组织代表团前副代表
李晋奇　商务部信息化司司长
李晓超　国家统计局新闻发言人、国民经济综合统计司司长
杨　咏　交通运输部办公厅主任
杨　益　商务部产业损害调查局局长
杨宜勇　国家发改委社会发展研究所所长
汪东虹　海关总署国际合作司副司长
沈四宝　对外经贸大学法学院院长、教授、中国法学会国际经济法研究会会长
沈厚铎　中国政法大学教授、中国法学会 WTO 法研究会顾问
陈　冲　中国软件行业协会理事长
陈　淮　建设部政策研究中心主任、中国城乡建设经济研究所所长
周子学　工业和信息化部财务司司长、总经济师
周世俭　清华大学中美关系研究中心高级研究员
周冠山　海关总署国际合作司原司长
周晓燕　商务部进出口公平贸易局局长
孟昭亿　中国太平保险集团公司副总经理
尚　明　商务部反垄断局局长
姚　坚　商务部办公厅主任、新闻发言人
施用海　中国国际贸易学会会长、研究员
柯炳生　中国农业大学校长、教授
胡佐超　国家知识产权局中国专利保护协会副会长兼秘书长
胡景岩　商务部服务贸易司司长
赵晓笛　中国贸促会经济信息部部长
钟传水　中国世界贸易组织研究会常务理事
徐小青　国务院发展研究中心农村经济部副部长
柴小林　商务部世贸司司长
柴海涛　商务部政策研究室巡视员
栗　丽　河南财经大学 WTO 中心教授、中国世界贸易组织研究会常务理事
郭力生　国家质检总局中国 WTO/TBT 国家通报咨询中心副主任、研究员
郭国荣　国务院国资委监事会工作局巡视员
钱建初　中国商务出版社总编辑
高舜礼　国家旅游局综合协调司副司长
常晓村　商务部市场体系建设司司长
曹晓晞　中石化集团经济技术研究院经济政策研究所所长
盛杰民　中国法学会经济法学研究会常务理事、北京大学经济法研究所所长
隆国强　国务院发展研究中心对外经济研究部部长、研究员
黄胜强　天津海关关长、一级关务监督
傅星国　商务部世界贸易组织司处长
温再兴　商务部市场秩序司副司长
童道驰　中国证监会国际部主任

## 指导单位



## 编辑部

# 序

2008年下半年以来，美国次贷危机迅速从局部发展到全球，从发达国家传导到新兴市场和发展中国家，从金融领域扩散到实体经济，酿成了一场历史罕见、冲击力极强、波及范围极广的国际经济危机。历史经验表明，当世界经济陷入危机时，全球贸易保护主义常常呈现大幅升温态势。眼下的这场危机正在引发新一轮全球贸易保护主义浪潮。

世界贸易组织（WTO）是当今唯一规范全球贸易的国际组织。从GATT到WTO，多边贸易体制一如既往以贸易自由化为宗旨。GATT1947在序言中开宗明义指出，“期望通过达成互惠互利安排，实质性削减关税和其他贸易壁垒，消除国际贸易中的歧视待遇。”此次金融危机在使WTO多边贸易体制经历严峻考验的同时，也促使WTO须擎起维护贸易自由化形象的旗帜。

目前，经过7年的努力，多哈回合谈判80%的内容已基本达成一致。据WTO测算，多哈回合谈判成功将大幅度削减农业补贴，使全球关税水平在现有基础上下降50%，每年至少能为世界经济创造1500亿美元的收益，特别是在重塑国际经济秩序的努力中，多哈回合规则谈判将对今后20年甚至更长一段时间的国际贸易起到规范作用。通过多哈回合谈判达成平衡协议，将对各国应对金融危机、抑制全球贸易保护主义和加快世界经济复苏发挥着十分重要的作用。

中国是全球第三大贸易国，一个稳定和开放的国际市场对中国的可持续发展至关重要。当前世界金融危机已席卷全球，中国不可能独善其身，中国的实体经济特别是进出口企业已经并将进一步受到重大影响。作为WTO中最大的发展中成员，我们需要深刻认识做好应对金融危机挑战的重要性、紧迫性和复杂性，充分做好积极参与多哈回合谈判的各项准备，进一步加强WTO有关知识在中国的普及和教育。

作为商务部直属研究机构，中国世界贸易组织研究会在普及WTO知识、研究WTO后过渡期应对和多哈回合谈判等方面做了大量工作。该会编辑出版的《中国世界贸易组织年鉴（2009）》，紧紧围绕当前国际金融危机形势下WTO多边贸易体制发展的新趋势和多哈回合谈判的新动态，比较全面、客观、系统地记载了当前中国经济发展和对外开放的新进展，较好地体现了资料性、实用性、政策性和研究性的特点。希望这部工具书能为社会各界研究WTO提供有益的参考和借鉴。

中华人民共和国商务部部长 陈德铭

2009年10月

# 编辑说明

《中国世界贸易组织年鉴（2009）》（下简称“本年鉴”）是中华人民共和国商务部主管、由中国世界贸易组织研究会组织国内外权威部门和专家、学者参与编撰出版的大型工具书，集政策性、实用性、研究性、史料性为一体，是国内外追踪研究WTO及相关问题，全面了解中国加入WTO后对外开放新形势和新变化的年度出版物。

本年鉴在前两卷（2007年和2008年）基础上在内容框架体系方面做了进一步完善。全书篇章结构安排力求遵循WTO规则体系，分为正文和附录两部分。正文共分五篇，分别为“专文”、“中国与WTO”、“WTO事务”、“与WTO有关的法规及政策”、“贸易统计数据”。其中，第三篇“WTO事务”除保留“贸易争端解决”和“贸易政策审议”外，还新增加了“WTO运行总体情况”和“多哈回合谈判进展”两部分内容，旨在全面反映WTO秘书处年度活动及多哈谈判的最新动态和发展趋势。附录部分除保留前两卷常规内容外，还新增加了“国内WTO相关机构名录”，建立了国内WTO相关机构的联络库。

本年鉴编撰出版之际恰逢金融危机席卷全球、贸易保护主义日益兴起及多边贸易体制面临严峻考验的关键时刻，为此，本年鉴在保持和延续前两卷编撰框架的前提下，深化和凸现了新的主题思路，即“积极应对全球贸易保护主义挑战，努力增强多边贸易体制建设”。除了在正文第二篇“中国与WTO”部分全面反映了金融危机下中国改革开放最新进展之外，还在“专文”部分全面分析了金融危机下中国贸易政策主张及中国对全球贸易保护主义的态度。

本年鉴第四篇“贸易统计数据”分为“世界贸易统计”和“中国商务统计”两部分，其中，“世界贸易统计”译自WTO年度出版物《国际贸易统计》；“中国商务统计”遴选了反映中国对外开放的关键数据，较之前两卷更加具体、全面和系统。

本年鉴所涉及单位名称、作者姓名及职务均以截稿日期为准。本年鉴在编撰过程中，得到了商务部、国务院其他相关经济贸易主管部门以及我国常驻世界贸易组织代表团和广大作者、译者的积极支持和帮助，在此谨表示衷心的感谢！此外，本年鉴较之前两卷对“顾问”和“编委”名单进行了具体说明，对每位顾问和编委都列明了单位名称和职务，以示尊重和谢意。

我们真诚希望社会各界继续对年鉴的编辑和出版工作给予关心和支持，对本年鉴的不足之处，敬请提出批评和改进意见，以使本年鉴日臻完善。

通信地址：北京市安定门外东后巷28号2121室

邮政编码：100710

电　　话：0086—10—6451 5257

传　　真：0086—10—8425 5122

E-mail：cwtoyearbook@sina.com

《中国世界贸易组织年鉴》编辑部

2009年10月

# 目　　录

## 第四篇 与WTO有关的法规及政策（2008）

## 第五篇 贸易统计数据

## 附 录

# 第一篇　专　　文

# 全球金融危机背景下中国贸易政策主张

中华人民共和国商务部副部长 易小准

受国际金融危机冲击，2008年以来世界经济陷入衰退，国际市场需求明显萎缩。据世界银行预测，2009年世界经济将下降2.9%，为第二次世界大战以来最低水平，国际贸易将下滑10%，多年来首次出现负增长。随着国际市场竞争压力加大，各种保护主义有升温趋势，对我国外贸特别是出口也造成了严重影响。在严峻的形势面前，中国秉持“越是危急关头越要坚持开放合作”的观点，旗帜鲜明地反对各种形式的保护主义，坚定不移地扩大对外开放，努力营造健康的国际贸易投资环境，有力促进了贸易伙伴的经济发展，对世界经济复苏做出了重要贡献。

## 一、当前全球贸易投资保护主义出现升温趋势

### 1. 全球贸易摩擦随着世界经济形势恶化而发展

经济形势恶化一向是滋生保护主义的温床。历史上，贸易保护主义与经济危机常常相伴而生，20世纪30年代经济大萧条时期，世界贸易猛降65%，从1929年的686亿美元急跌至1933年的242亿美元，并出现了贸易保护的恶性循环，进一步加剧了世界经济衰退。在全球化的今天，保护主义虽然遭到国际舆论的一致批判，但其立竿见影的效果，对各国政府反危机操作具有一定吸引力，也成为一些发展中国家解决贫困、稳定政局、发展民族工业的政策选择。当前世界经济虽然出现恢复迹象，但能够引领全球走出衰退的亮点还没有出现，世界经济可能经历较长时期的低迷调整期。危机加剧了一些国家的国内矛盾，对外经济政策趋于保守，利用多边贸易规则的灰色地带限制市场准入的倾向抬头，2009年3月17日，世界银行发表报告指出，自金融危机爆发以来，世界各国推出的保护主义措施大致有78项，其中47项已付诸实施。在这种情况下，贸易摩擦诱因增多，世界经济复苏面临保护主义考验。

### 2. 贸易保护主义可能对世界经济构成长期挑战

大危机将带来大调整，即使世界在今明两年内能走出危机，危机后的世界政治经济格局、经济增长模式也将发生深刻变化，我国对外经贸发展环境将变得更加复杂。从历史经验看，危机中出台的贸易保护主义措施往往会长期延续，国际贸易中提高关税、进口管制、反倾销等直接保护，货币贬值、政府补贴等变相保护，以及金融保护主义、就业保护主义、投资保护主义等，很少有在危机后自动消亡的。如美国1930年出台《斯姆特—霍利法案》，直到1950年全球才开始大规模削减关税行动；亚洲金融危机5年后，大部分国家外贸政策仍是危机时期的延续。特别是要看到，近年来随着世界生产技术革命大发展，全球市场总体面临供大于求的矛盾，此次金融危机使美国金融市场去杠杆化持续，消费萎缩，进口将保持低速增长，直接加剧了全球产能过剩的矛盾。2009年3月份数据显示，美国的产能利用率仅为69.9%，日本不足60%，不少发展中国家仅为50%，都远低于正常标准值。产能过剩意味着危机后全球经济摩擦风险增加，各国对有限市场的争夺将更加激烈。还要看到，以应对危机为目的实施的新产业革命可能引发新的贸易壁垒。发达国家为了克服金融危机影响并保持竞争优势，纷纷把低碳经济作为推动“再工业化”、培育新经济增长点的重要领域，抢占产业技术革命制高点。近来，英国、德国推出“绿色产业战略”，美国推出“绿色新政”，发达国家为保

持低碳经济的竞争力，可能推行更加严格的环境标准，这将对正处于工业化进程中的发展中大国构成严峻挑战。

**3. 中国已成为贸易保护主义的主要受害者**

随着贸易规模的不断扩大和贸易地位的上升，中国已成为贸易保护主义主要受害者。据世界贸易组织(WTO)统计，从2008年到2009年4月，中国遭遇的贸易救济数量金额分别占到了2002以来总数的23.6%和50.2%。2008年全球新发起反倾销调查208起、反补贴调查14起，中国分别遭遇73起和10起，占总数的35%和71%。其中2008年11月华盛顿金融峰会以来，中国就遭受16个国家和地区发起的贸易救济调查57起，涉及出口金额80多亿美元。

## 二、应对金融危机必须坚持对外开放

在金融危机和贸易保护主义的严峻挑战下，只有秉持开放理念，加强互利合作，同舟共济，共克时艰，才能推动世界经济早日走出危机。

**1. 健康的国际投资贸易环境是走出危机的重要保证**

历史经验表明，贸易保护主义无法拯救世界经济，维护自由开放的贸易投资环境才能保证国际贸易健康发展、推动世界经济早日走向复苏。国际贸易回暖历来是世界经济向好的先导性指标，1948—2007年，世界出口平均增长9.7%，明显超过同期世界经济和人口增速。20世纪90年代以来，随着经济全球化的发展，全球市场加速融合，要素流动更加频繁，国际贸易投资的快速增长造就了全球经济的黄金发展期。当前国际金融危机给全球经济带来严重困难。令人高兴的是，国际社会充分认识到保护主义的危害性，在危机面前表现出了互利合作的重要姿态。2008年11月，20国集团领导人在华盛顿峰会上发表宣言，明确提出“在金融不稳定时期，更应力戒保护主义，力戒对投资或货物和服务贸易设置新的壁垒”。2009年4月，20国集团伦敦峰会公报强调，各方重申在华盛顿峰会的反对贸易保护主义的承诺，即不设置任何新的投资或贸易壁垒，不采取任何新的出口限制措施，不实行任何违反世贸组织规则的出口刺激措施，同时也将迅速纠正任何此类措施，并将这一承诺延长至2010年。公报还呼吁WTO和其他相关国际组织就各国遵守承诺的情况进行监督，并按季度发表公开报告。国际社会这些重要举措，对抑制保护主义、促进世界经济早日复苏繁荣将发挥积极作用。

**2. 开放自由的贸易政策是经济增长的内在推动力**

无论从国际经验还是我国实践看，营造开放自由的贸易环境、大力发展对外贸易，都是一个国家经济增长的重要推动力量。各国利用本国有限资源，通过国际贸易，提供具有比较优势的商品与服务，既能提高经济效率，又能促进经济增长。近代以来，美国通过大量吸收海外移民，积极参与国际分工，实现了经济增长。在国内外需求的带动下，美国用了将近100年时间，工业生产跃居世界第一，如果美国没有国际市场和国际贸易，难以取得今天的重要地位。第二次世界大战后，日本凭借“贸易立国”战略，创造了经济连续多年高速增长的“日本奇迹”。以“亚洲四小龙”为代表的许多后进国家和地区，也是通过发展出口导向型经济，获得了经济的突飞猛进。改革开放30年来，中国出口年均增长18.1%，比经济平均增速快8.3个百分点，外需对经济增长的年均贡献率在20%左右。30年的实践表明，对外贸易的发展充分发挥了我国劳动力要素充裕的比较优势，除了提供最终需求的强大支撑外，通过积极参与国际分工和交换，优化了资源配置，促进了技术进步，扩大了国内就业，缓解了资源瓶颈，增加了国家财力，引入了竞争机制，大大加快了国家工业化、现代化进程。在经济全球化深入发展的今天，开拓国内消费市场仅靠自身循环是十分缓慢和有限的，当前我国正处在一个难得的发展机遇期，用科学发展观统筹国内国际两个市场，协调内需与外需的可持续增长，显得尤为重要。

**3. 坚持对外开放是对贸易保护主义的有力回击**

当今世界是开放的世界，世界各国经济日益相互融合、相互依存，尽管不断受到贸易保护和摩擦的干扰，多年来国际贸易仍然保持了较快增长。在经济全球化过程中，保护主义等不和谐音符是在所难免的，只有坚定不移地推进对外开放，继续大力发展对外经济贸易，才能避免在经济全球化浪潮中落伍。在危机面前，中国政府始终秉持开放的理念，采取积极负责的态度，努力把自己的事情办好，努力扩大国内需求，增加进口和鼓励双向投资，给其他国家提供更多发展机遇和就业机会，提振了世界经济信心。胡锦涛主席在20国集团伦敦峰会上指出，世界各国应共同反对任何形式的保护主义，维护开放自由的贸易投资环境。温家宝总理在博鳌亚洲论坛发表主旨演讲时，特别强调了反对贸易保护主义的重要性。商务部部长陈德铭在伦敦金融峰会期间，专门举行了以“反对保护主义、共振世界经济”为主题的记者吹风会。2008年，中国从各国进口了1.13万亿美元的商品。2009年上半年，在自身经济发展面临严峻挑战的困难形势下，中国政府还多次组织贸易投资促进团赴欧洲、美国等地，签下了数百亿美元的订单，充分表明了中国政府以实际行动反对贸易保护主义的鲜明立场。

**4. 应对贸易保护主义要充分发挥多边贸易体制的作用**

以WTO为代表的多边贸易体制是各国协调一致、共同应对金融危机的有效工具，在反对贸易保护主义、促进经济恢复增长的过程中具有不可替代的重要作用。在当前形势下，多哈回合谈判成功结束是重振世界经济和提振国际社会对多边贸易体系信心的“良药”，是多边贸易体制不断完善、国际市场不断开放、激励全球经济增长的主要途径和动力，也是应对贸易保护主义的一张“保单”。早日结束多哈回合谈判，一方面可以从制度层面更加有效地制约贸易保护主义，重塑更加公平合理的国际经济新秩序，为今后20年甚至更长时间的国际贸易发展创造稳定的环境；另一方面可以进一步降低关税，扩大各国的市场开放水平。多哈谈判成功将使全球关税水平在现有基础上下降50%，每年至少会为世界经济创造1500亿美元的收益，并为世界经济走出金融危机的阴影提供宝贵的信心。

## 三、金融危机背景下中国贸易政策主张

不论外部环境发生什么变化，中国坚持对外开放的基本国策不会改变，发展开放型经济的决心不会改变。中国将继续把发挥自身优势与充分利用外部条件结合起来，大力发展对外经济贸易，更充分地利用好国际国内两个市场、两种资源，在促进自身发展的同时实现与世界各国共同发展，推动世界经济早日复苏。

第一，提升对内对外开放水平，深化与各国经贸合作。中国将继续坚持奉行互利共赢的对外开放战略，进一步提高贸易投资自由化便利化程度，全面提升对内对外开放水平。我们将进一步提高出口产品质量，为国际市场提供物美价廉的商品，并努力扩大进口，重点引进先进技术设备，增加关键零部件元器件、重要能源资源和原材料进口。同时，我们把扩大国内需求特别是消费需求作为促进经济增长的基本立足点，继续推进市场对内开放，营造健全的内贸法律环境，构建完善的市场体系，改善居民消费环境。中国扩大内需的政策措施不仅为中国本土企业带来商机，也将给世界其他国家的企业带来新的市场和投资机遇。

第二，推动“引进来”和“走出去”相协调，在应对危机中共同发展。中国将进一步改进对外资企业的管理和服务，优化外商投资的软硬环境，鼓励外资在共同抵御金融危机和经济社会可持续发展中继续发挥积极作用。同时，大力实施“走出去”战略，支持国内有条件的企业到境外开展投资合作，帮助东道国发展经济、解决就业，实现互利共赢。

第三，积极参与国际协调，推动多边贸易体制健康发展。中国将继续与各成员携手共进，积极发挥建设性作用，把政治意愿转化为实际行动，锁定已取得的共识和成果，推动多哈回合早日复谈并取得全面、均衡的成果，建立公平、开放的多边贸易体制，为危机下的全球经济扮演好“减震器”、“助推器”的作用。继续坚定支持WTO的各项工作，加强与其他国家的合作，共同推动WTO在应对危机、促进经济恢复增长方面发挥更大的作用。有效运用WTO贸易政策审议机制，充分行使成员权利，发挥其审议、监督、预警和宣传作用。继续充分利用联合国、亚太经合组织、亚欧会议、20国集团等重要舞台，深入参与国际经贸政策协调，促进互利共赢。

第四，推进区域和双边经贸合作，努力营造良好的外部环境。继续推进自贸区建设，按照平等互惠、形式多样、注重实效的原则，以周边地区、资源富集地区、主要市场和战略伙伴为重点，逐步构建自由贸易区

网络。与有关国家相互降低和取消关税，进一步开放服务贸易和投资，降低域内企业的生产和交易成本，创造更多的贸易和投资机会。同时，深化与发达国家的互利合作，加强与其他新兴大国的协调与配合，共同维护发展中国家利益。加快提升沿边开放水平，推动与周边国家互利合作更上一个新台阶。认真落实"两岸合作共同应对金融危机的十项措施"，进一步扩大和深化两岸经贸合作。

# 金融危机与多哈回合谈判前景

中国常驻 WTO 特命全权大使 孙振宇

在当前金融危机和经济衰退的挑战下，各国应该团结起来，不要只顾自己，要接受 20 世纪 30 年代大萧条的教训，吸取第二次世界大战前后高筑贸易壁垒，最终导致两败俱伤的教训。对于世界贸易组织（WTO）来说，当前面临的最大挑战就是在金融危机形势下如何发挥作用。温家宝总理在达沃斯的演讲有两个主题，其一是提升信心；其二是高调反对贸易保护主义。在会见 WTO 总干事拉米时，温总理再次表达了中国强烈反对贸易保护主义和愿意支持拉米工作的政治立场。那么，在当前情况下，WTO 能做什么呢？拉米是很有经验的贸易专家，但面临如此强烈的贸易保护主义冲击，也显得有点黔驴技穷。

第一，在国际社会高调反对贸易保护主义的同时，在 WTO 内部通过收集各成员最新所采取的一系列贸易保护主义措施，并将其提交贸易政策审议委员会，定期出一份报告，公布于众，由各成员评判和互相监督，这是一个办法。

第二，通过 G20 峰会的机会，敦促各国领导发表声明。2008 年 11 月 G20 华盛顿峰会发布的声明中其中重要一条就是在一年以内不要出台任何影响贸易的措施。今年 4 月伦敦峰会，反对贸易保护主义依然是一项重要内容，而且在今年峰会起草的声明初稿中甚至提到，“不管该项贸易措施是否符合 WTO 规则，只要该项措施影响到贸易的正常发展，就不应出台，就应维持现状一年。”

第三，通过运用争端解决机制对出台违反 WTO 规定贸易保护政策的成员提起申诉。总体来说，在过去 60 多年，争端解决机制的运行是成功的。据 WTO 统计，自 WTO 建立以来已经受理了 390 多起争端解决案件，其中有 160 多起进入成立专家组阶段，最终专家组通过的报告有 110 份。在争端解决机制中，大多数成员都能够按照最后裁决来修改其贸易政策，只有美国和欧盟在有限的几起案件中拖的时间比较长，这受到 WTO 成员的普遍指责。可以预见，随着今后贸易保护措施出台数量的日渐增多，向 WTO 争端解决机制提起申诉的案件将会越来越多。

第四，也是最重要的一点，就是尽快结束多哈回合谈判。拉米认为，在这个时候，如果能成功结束多哈回合谈判，哪怕是将农业和非农两个模式建立起来，这也是积极的信号。目前，按照拉米的评估，多哈回合谈判差不多已完成了 80％的工作，且两个主席案文比乌拉圭回合的雄心要多两三倍，降税的幅度也高得多。但是，由于美国政府的更迭，使多哈回合谈判遭遇到了很大挑战。

目前，美国商务部长和三个贸易副代表的提名需要得到参议院的通过后，才能全面审议其整个贸易政策，并对多哈回合谈判此前成果做出评估，然后再提出新政府的立场。然而，美国负责筹备参加 G20 峰会的贸易官员已开始散布这样的言论，“美国新政府认为，过去七年多哈回合谈判总体是失败的，如果按照现有在模式重启谈判，谈判将无法继续。”这就释放出一个信息，即美国有可能会将多哈回合谈判已有成果推倒重来。这个立场遭到所有成员的反对，包括欧盟、日本等发达成员和中国、印度等发展中成员。当然，美国新政府散布这样的论调有其自身的考虑，其一，借此可以否定布什政府八年以来的成果；其二，可以给其他成员施加压力。美国认为，在农业和非农两个主席案文中，美国的贡献太多。所以，多哈回合谈判的未来依然是很大的问号，对拉米也是很大的挑战。

对中国来说，金融危机和世界经济衰退既是严峻的挑战，同时也给我们提供了很好的机遇。所谓挑战，就是出口大幅度下滑，要使国内经济尽快走出经济危机阴影，主要靠国内消费和投资拉动。从目前情况来看，今年出口只要不出现负增长就算不错，真正要达到8%的出口增长目标非常困难，几乎不可能。一方面，国外市场大幅度萎缩。我国出口已连续4个月下滑，今年2月份下滑达25.7%。另一方面，就是贸易保护主义措施日渐增多，包括“购买美国货”、欧盟出口补贴、一些发展中国家提高关税以及其他形形色色的贸易保护主义措施。

事实上，现在各国出台的贸易政策有一些的确违反了WTO规则，但也有相当多的措施很难诉诸WTO，包括“购买美国货”。美国声明，“购买美国货”须符合其在国际上承担的义务，也就是要符合美国在《政府采购协议》下的承诺。《政府采购协议》是诸边协议，并不包括中国、印度、巴西这些发展中成员，从而事实上将这些成员排除在外。还有一些发展中国家提高关税，但却在约束关税范围以内，在这种情况下，很难断定其是否违反WTO规则。

对中国来说，金融危机又是一个很好的机遇。通过这次我国妥善应对金融危机的举措，进一步提升了我国在国际上的形象、话语权和地位，大大提升了我国的软实力。我国4万亿元经济刺激计划的迅速出台，得到了世界许多国家的认可。中国将自身的事处理好，这本身就对世界经济的巨大贡献。只有中国经济持续稳定的增长，才能带动整个东南亚、亚洲地区，乃至整个世界的复苏。

在过去7年，中国在WTO中的发言权不断提高。2008年7月，中国首次进入WTO谈判的核心圈。这对提升我国的形象十分重要。当然，多哈回合谈判最后功亏一篑，主要原因在于美国。美国认为其贡献太多，发展中国家灵活性太大。此外，这与美国贸易代表施瓦布的自身性格也有关系。施瓦布是一位职业谈判能手，对细节扣得太紧，斤斤计较，没有长远政治眼光。美国新任贸易代表是达拉斯市前市长，他与施瓦布不一样，显得务实许多，且在共和党和民主党两党之间具有相当的协调能力。目前，尽管他对外发出重新谈判的信号，但这大体上是美国新政府的一个政治策略。这一方面是由于这一信号将招致欧盟、日本等发达成员和印度、巴西等发展中成员的共同抵制，另一方面还由于奥巴马并不是单边主义者。现在美国、欧盟在WTO中并不具有绝对的话语权，中国、印度、巴西等发展中成员的发言权也很大。发展中成员一致的立场对美国也施加了很大的压力。因此，我们有信心尽量争取大体在去年两个主席案文的基础上推动多哈回合谈判达成平衡的协议。

另外，在WTO新成员中，中国认真履行承诺，这也是提升我国形象的一个非常重要的资本。7年来，我国已全部履行了入世承诺。根据美国对其企业的调查，83%的美国企业认为中国做得“好”或“良好”，认为中国做得“不好”的只占5%。拉米也对中国履行入世承诺的表现给予“A+”的评分。当然，美国也指出了很多问题，比如知识产权，但其中有相当多的问题都超出了我国入世承诺的范围，属于多哈回合谈判的议题范围。

再有，加入WTO后，中国积极参与争端解决机制。加入WTO之初，有些成员向WTO起诉中国，我们还不太理解，并不能用平常心态对待这个问题，觉得谁起诉我国，就是不友好，将其政治化。现在，中国已能理智成熟地按照WTO程序对待起诉。而且，加入WTO以来，中国应对争端解决案件的成绩还不错。

在美国钢铁保障措施案件中，中国与欧盟、日本、加拿大共同起诉美国，最终在打赢这场官司的同时，还培训了我国的干部，熟悉了WTO内部的运作，积累了实战经验。后来，美国、欧盟陆续又向WTO提诉中国，比如半导体和出口税，但经过我国及时的做工作，调整了我国相关政策，在进入专家组程序之前就圆满了解决了分歧。中国第一个进入专家组程序的案件是汽车零部件案件，虽然汽车零部件案件以中国败诉而告终，但这场官司前后拖了三年，也等于给国内汽车行业赢得了三年的缓冲时间。此外，在应诉汽车零部件案件过程中，通过商务部部内专家、国内律师和聘请的美国律师三方面合作，我们也学到了很多知识，通过实践得到了锻炼，在多边场合能够发挥非常重要的作用。

在知识产权案件中，美国、加拿大共同起诉中国。在最终裁决以后，美国声称他们胜诉，但很多律师事务所得出的评估结果认为是中国胜诉。其中，一是刑事处罚门槛。美国人认为中国门槛太高，要求中国降低，最后专家组完全否定了美国的要求，认为中国的做法是正确的，符合 WTO 规则。二是海关对于侵权产品的处理方法。美国要求中国海关对所有侵权产品都予以销毁，这种做法过于极端，最后专家组裁定认为中国的做法符合 WTO 规则。在专家组裁决之后，美国没有提出上诉。这说明，美国以前指责中国知识产权保护不利是毫无证据的，过于夸大了事实。

中国提升形象还有一个重要方面就是参加贸易政策审议。对中国来说，作为贸易量前四名的成员，每两年需要接受审议一次，几乎是审议完这一次就需马上准备下一次的审议。在第一次审议中，WTO 各成员共提了 1100 个问题，涉及各种语言种类，我们通过翻译成中文下发到各个部委之后，再将答复翻译成英文提交给 WTO 秘书处，工作量非常大。尽管如此，在审议过程中，我国将政策审议作为宣传我国经济贸易政策的平台。同时，通过审议，我们也会发现自身不足，对促进国内改革也大有裨益。此外，通过这一平台中国也可以监督其他成员，对他们的做法是否与 WTO 规则相吻合提出我们的质疑。当然，我国也可以通过参与审议借鉴学习其他成员的做法和经验。

当前，中国面临的一个重要问题就是如何反对贸易保护主义。胡锦涛主席即将出席 G20 伦敦峰会也会高调反对贸易保护主义。这就要求国内各部门出台的政策积极响应，不能相左，这里面有很多技术性处理方法。比如，为了降低能耗、改变环境、为了扶持中小企业，拨付一些技术改造资金是允许的，但却不能直接实行出口补贴，否则就是 WTO 完全禁止的补贴。中国已是世界第二大贸易国，如果我国实行了贸易保护措施，其他国家肯定就要报复，我国作为一个出口大国，我们的损失要更大一些。因此，在刺激经济发展和实行贸易保护措施之间，要权衡利弊，要巧妙地运用 WTO 规则，既需要维护我国的经济利益，同时也要注意提升我国的国际形象。

# 中国积极支持 WTO 抗击全球金融危机下的贸易保护主义

对外经济贸易大学教授 薛荣久

## 一、金融危机下贸易保护主义兴起给世界经贸带来巨大危害

2008 年金融危机引发的贸易保护主义具有以下特点。第一，贸易保护主义产生的深层性。这次金融危机根源于美国金融监管的不作为，对新自由主义的过度崇拜，虚拟经济和实体经济的失衡，过度超前消费的观念等。与以前贸易保护主义相比，金融危机引发的贸易保护主义有着深远的蘖生基础。第二，贸易保护主义的全球性。20 世纪 90 年代以后，市场经济体制成为国际社会的共识，加速了国内市场与国际市场的融合。通过金融体系、国际分工体系、贸易和服务的渠道，经济全球化把世界各国结合在一起，其结果是世界范围内的经济发展正传递和经济波动的负传递机制加快。居于经济全球化火车头地位的美国，其金融危机和经济危机通过经济全球化的各种渠道向其他国家和地区蔓延，使危机带有世界性。由此引发的贸易保护主义产生的连锁和示范效应，引燃全球性的贸易保护主义之火。第三，贸易保护主义的虚伪性。20 世纪 30 年代超贸易保护主义的惨痛教训，资本国际化与企业利润最大化的追求和世界贸易组织（WTO）规则的约束，第二次世界大战后贸易保护主义的危害，使国际组织和发达国家都对抬头的贸易保护主义进行谴责，但在实际行动上有些虚多实少，言不由衷。如 2008 年 11 月 15 日，包括美国、日本、欧盟等 20 国集团领袖承诺至少 12 个月内不会实行保护主义措施。领袖们的共同声明墨迹未干，参会的许多国家就把承诺放在脑后，美国首先食言。奥巴马总统一上台，就率先采取“购买美国货”的保护市场的措施。WTO 报告，2008 年秋天以来，在金融危机和经济危机冲击下，有 22 个 WTO 成员采取了提高关税、支持国内产业发展政策等贸易保护主义措施。世界银行 2009 年 3 月 17 日研究显示，20 国集团会后有 17 个国家实施了 47 条限制贸易的措施。有些 WTO 成员一方面表示要遵守 WTO 规则，同时曲解和滥用反倾销、反补贴、一般保障和特殊保障措施；在“科学和合理”名义下，自己独立设置带有歧视性的技术性和绿色贸易壁垒措施等。第四，贸易保护层次深化，手段多样。首先，贸易保护领域加宽。贸易保护领域从货物，向服务和与贸易有关的投资和知识产权延伸。其次，贸易保护手段繁多。在货物贸易上，保护手段从关税措施到非关税措施到环保、劳工安全标准和福利标准等措施；在服务行业，在产品移动，人员流动和开业权等方面设置更多限制，出现排外劳工，禁止外国劳工参与本国工程建设等；在与贸易有关的知识产权上，非理性的维权和任意侵权现象更多出现。再次，出现资本保护主义。为弥补虚拟经济带来的金融断链，一些国家鼓励本国银行主要为国内资产投资，把银行给国外的贷款调回国内。在与贸易有关的投资上，鼓励资本回流和排斥外资。最后，出现环保上的贸易保护主义，利用对全球变暖的担心设置“绿色篱笆”，美国和欧盟酝酿和推动征收碳关税的举措。第五，贸易保护主义应对的复杂性。首先，层出不穷的贸易保护主义措施超出 WTO 现有协定与协议的约束范围，应对和解决起来难度加大。其次，难以判断名义繁多的贸易保护主义手段的是非，有些保护贸易措施鱼目混珠，如为了环保、国民健康和安全和社会责任等而确立的贸易保护措施难以判断正当还是不正当。再次，由于科学技术、资金和检验能力的相对落后，在兴起的贸易保护主义面前，发展中国家处于被动和弱势

地位。

金融危机下的贸易保护主义给世界经济贸易关系带来六大危害。第一，重创金融体系。国际货币基金组织 2009 年 10 月 1 日发表的《世界发展报告》估计，这次金融危机使金融体系的内部损失达到 2.8 万亿美元。第二，使经济全球化逆转，已经形成的世界金融体系、全球性分工体系、生产体系和销售体系链条出现断裂风险，参与经济全球化的国家都要遭到程度不同的伤害。第三，严重冲击全球贸易，引发贸易战，使世界性的贸易摩擦加多，贸易争端加剧。第四，以 WTO 为组织和法律基础的多边贸易体制推动的贸易自由化受阻，加大多哈回合谈判的难度。第五，抬头的贸易保护主义从发达国家向发展中国家蔓延，使发展中国家受到重创。在经济全球化传导机制下，又会出现逆向传导，陷入谁都保护不了的局面。第六，如果继续蔓延，会把整个世界拖向更为深重的经济危机，引发出社会动荡和政治危机。

金融危机和经济危机使得世界经济出现衰退，世界贸易大大下滑。WTO 在《世界贸易报告 2009》中指出，世界生产年增长率从 2007 年的 3.5%下降到 2008 年的 1.7%，是 2001 年以来增长最慢的一年。同期，世界货物贸易额年增长率从 16%下降到 15%，服务贸易额年增长率从 19%下降到 11%。在消除商品价格与汇率波动影响后，2008 年的货物贸易量年增长率为 2%，低于 2007 年的 6%，而且低于 1998—2008 年年均 5.7%的增长率。2009 年世界贸易出口量可能下降 9%左右，是第二次世界大战后最大的下降，其中发达国家可能下降 10%，发展中国家可能下降 2%～3%。

## 二、中国积极支持 WTO 和国际社会抵制贸易保护主义的作为

贸易保护主义的抬头和蔓延，引起国际社会严重忧虑和不安，成为国际社会普遍担心的问题。它们促使 2009 年 4 月举行的 G20 伦敦峰会，痛下决心，以“稳定/增长/就业”为宗旨，以世界发展大局为重，取得了众多成果，为防止金融危机采取了一些切实措施，冷却孳生贸易保护主义的温床。

在贸易保护主义上，G20 领导人再次一致承诺，保持贸易和投资开放，抵制保护主义。他们重申 2008 年 11 月在华盛顿峰会所做出的承诺，不设置任何新的投资或贸易壁垒，不采取任何新的出口限制措施，不实行任何违反 WTO 规则的出口刺激措施，同时表示把这一承诺延长至 2010 年年底。而且强调，将点名谴责违反自由贸易规则的国家。在 2009 年 9 月 25 日 20 国集团举行的第三次金融峰会上，领导人承诺，各方将共同反对贸易保护主义，致力于在 2010 年成功完成多哈回合谈判。

为了抵制金融危机引发的贸易保护主义的抬头与蔓延，WTO 也采取了各种积极行动，进行国际呼吁，推动多哈回合谈判。

2008 年年内，WTO 开始通过收集各成员最新所采取的一系列贸易保护主义措施，定期出一份报告，公布于众，并将其提交贸易政策审议委员会，由各成员评判和互相监督，敦促各成员采取慎重与克制的态度。如 WTO 总干事拉米公布长达 47 页，涉及 17 个国家的贸易保护的措施。WTO 在 2009 年 3 月 26 日发布的新调查结果披露，已有 23 个国家和地区实施了 85 项贸易保护主义措施。

此外，总干事还积极主动参加各种国际会议与论坛高调反对贸易保护主义。在 2008 年的 11 月、2009 年 4 月 G20 峰会上拉米都高调反对贸易保护主义，敦促峰会领导人发表反对和抑制贸易保护主义的声明。

在 2009 年 4 月 18 日在中国海南岛举行的“博鳌亚洲论坛 2009 年年会”上，他又大声呼吁解决金融危机，提出抑制贸易保护主义的最好途径是坚持贸易对外开放。

拉米在上述国际会议和论坛上，一直强调，尽快结束多哈回合谈判，是反对和抑制贸易保护主义的最好途径。

2001 年 11 月，WTO 第四届部长会议在卡塔尔多哈通过《部长宣言》，决定从 2002 年起，到 2005 年年底以前举行多哈发展回合的多边贸易谈判。

多哈回合的基本目标是推动贸易自由化进程，抵制贸易保护主义；促进发展中国家成员的贸易发展；维护和改善多边贸易体制；坚持可持续发展目标。原计划从 2002 年 1 月 1 日起到 2005 年 1 月 1 日，以三年为期，进行谈判。列出的谈判议题多达 19 个，其中包括：与实施有关的问题和关注，农业，服务，非农产品

市场准入，与贸易有关的知识产权，贸易与投资的关系，贸易与竞争政策的相互作用，政府采购透明度，贸易便利化，WTO规则，《争端解决谅解》，贸易与环境，电子商务，小经济体，贸易、债务和财政，贸易与技术转让，技术合作和能力建设，最不发达国家，特殊和差别待遇等。

2002年多哈回合谈判启动后，因谈判议题复杂、各谈判方（集团）利益交错，且受主要成员国内政治、经济等因素影响，进展缓慢，预定的结束谈判日期不断拖后。为了早日结束谈判，采取不断减少谈判议题，进行“瘦身”的办法。2005年9月1日，经验丰富的贸易专家拉米就任WTO总干事后，做了大量工作，以尽力推动谈判早日结束，迄今为止，取得阶段性成果，但仍未结束。影响谈判进程的症结是农业等问题。

拉米认为，应对金融危机引发的贸易保护主义最好的办法是尽快结束多哈回合谈判，哪怕先就农业和非农业两个模式达成协议也是积极的信号。按照他的评估，多哈回合谈判差不多已完成了80%的工作，而且两个主席案文比乌拉圭回合的雄心要高两三倍，降税的幅度也高得多。

这次多哈回合谈判如能尽快结束，将使抑制贸易保护主义的范围扩大，使WTO已有抑制贸易保护主义的作用加深。

应该看到，WTO在应对由金融危机引发的贸易保护主义中是有所作为，但作用受到限制。首先，抬头的贸易保护主义是由金融危机引发的，WTO只能抑制原有的贸易保护主义，提醒和防止新的贸易保护主义的兴起，但不能解决贸易保护主义的孳生问题。其次，在经济全球化背景下、金融危机引发的贸易保护主义带有全球性，如国际社会不采取共同措施，抗击危机，WTO也是孤掌难鸣。再次，难以判断贸易保护做法的违规性质。金融危机后各国出台的贸易政策有一些明确违反了WTO规则，但也有相当多的措施很难诉诸WTO，包括“购买美国货”。美国声明，在承担国际义务的前提下实施“购买美国货”。也就是在WTO《政府采购协议》下实行。《政府采购协议》是WTO的诸边协议，只有参加该协议的成员才能享受其权利，而中国、印度和巴西等还未参加该协议。“购买美国货”是贸易保护主义做法，这些国家可以谴责，但无法采取实际行动加以反对。还有一些发展中国家提高关税，但却在WTO允许的约束关税范围以内。即便诉诸WTO也很难改变其做法。最后，WTO运作机制是部长级会议，成员集体决策，依据共认规则相互监督和约束。如奥巴马政府对多哈回合谈判此前成果的进行评估后，确立的新立场将影响多哈回合能否尽快、顺利地结束。此外，WTO总干事只是担任执行、斡旋和呼吁的角色。面对金融危机引发的贸易保护主义，总干事拉米忧心忡忡，到处呼吁反对和抑制贸易保护主义，发表跟踪调查报告。但因为资金有限，只能三个月调查一次，公布后提请成员和国际社会关注，采取反对贸易保护主义的行动还要靠国际社会和成员自己。

在国际社会的共同努力下，金融危机引发的贸易保护主义有所控制和收敛。2009年7月5日，中国常驻WTO代表团卢参赞在上海外贸学院举办的研讨会上，引用WTO对2009年以来贸易保护主义发展趋势和程度，得出三个结论。第一，1月底出台的第一份贸易监督报告指出，因金融危机和经济危机而增加实施贸易限制和贸易扭曲措施的证明是有限的。第二，3月底出台的第二份报告指出，随着全球经济形势进一步恶化，存在贸易保护主义“严重滑落”的趋势，部分成员提高关税、实施新的非关税壁垒、采取更多的反倾销措施，并在经济刺激计划中提供大量补贴，塞入有利于国内产品保护的条款等。这些不断增加的限制措施可能会慢慢扼杀国际贸易，削弱经济刺激政策的结果。第三，7月1日出台的第三份报告指出，国际贸易进一步向限制贸易的方向滑落，但高强度的贸易保护主义总体上在困难的情况下得到了控制。

中国支持赞成国际社会遏止贸易保护主义的行动，坚持反对贸易保护主义的立场，讲明抬头的贸易保护主义的危害，支持以WTO为基础的多边贸易体制，推动多哈回合多边贸易谈判的顺利完成。中国商务部部长陈德铭在2009年9月3日在印度新德里举行的领导人WTO小型部长会议上发言时表示，中国将一如既往地为多哈回合谈判早日结束发挥建设性作用。他认为，在全球经济遭受旧日危机重创的情况下，尽早结束多哈回合谈判将扩大各国从国际贸易中获益的机会，促进全球经济增长，重振世界经济复苏的信心，成功抵御贸易保护主义。为此，他提出五点建议，一是坚决维护迄今取得的谈判成果，发展中成员所获得的灵活性，特别是发展中成员“自主指定”农业特殊产品，自愿参加非农“部门减让”的原则，是各方业已达成的共识，必须得到充分尊重；二是不反对通过双边通过磋商增进相互了解，但必须坚持多边是推进谈判的核心渠道；三是坚持遵循先达成农业与非农模式的谈判顺序；四是坚持谈判进展与谈判质量的统一，力求谈判结果平衡、合理；五是坚持多哈回合的发展目标，解决解决发展中成员特别是最不发达成员的具体关注。

据彼得森国际经济研究所2009年9月发表的《2009年8月以前的多哈回合》研究报告指出，多哈回合一揽子协议达成后，每年将为WTO成员带来3410亿美元的价值。

## 三、中国努力抗击贸易保护主义维护以WTO为基础的多边贸易体制

中国在支持国际社会和WTO抵制金融危机引发的贸易保护主义的同时，也努力抗击贸易保护主义带来的困难与挑战。金融危机从三个渠道对中国贸易、经济与引资产生了负面影响。首先，在金融危机和经济危机冲击下，众多企业面临破产，失业扩大，消费者减少各种消费，对中国的货物订单和服务需求相应减少。其次，在金融危机下，跨国银行尤其是美国众多银行的破产和自救，中国银行和金融业不可避免地受到冲击。再次，经济危机国家政府通过立法、给贸易保护主义披上合法的外衣，打乱原有的贸易秩序，与中国的贸易摩擦和争端加多。WTO统计，2008年中国遭遇反倾销调查73起，反补贴调查10起，分别占全球案件总数的35%和71%，成为全球贸易救济调查最多的成员。2009年1～8月，中国遭受来自17个国家（地区）的反倾销、反补贴、保障措施等贸易救济调查多达79起，涉案金额达100.35亿美元。

2008年下半年出现的金融海啸和经济危机已给中国对外经贸带来负面作用。第一，出口市场萎缩，贸易增长速度下降。中国外贸连续7个月下滑。据海关统计，2009年1～5月中国对外贸易累计进出口总值为7634.9亿美元，同比下降24.7%。如果金融危机继续深化，贸易保护主义泛滥，中国对外贸易势必受到巨大的影响。第二，严重冲击中国的加工贸易。加工贸易历来占据中国外贸出口的半壁江山，是中国吸收外资和产生贸易顺差的重要渠道，是中国提供和扩大就业的重要平台。中国全国加工贸易直接从业人数在3000万到4000万之间，还带动了相关产业如金融、保险、运输和餐饮等行业的大量就业。2009年1～5月，中国加工贸易同比下降26.8%。如金融危机继续加重，贸易保护主义抑制不住，加工贸易可能继续下滑。第三，面临外资回退，利用外资余地缩小的风险。在金融海啸拖累下，2009年，全球外国直接投资流量可能减少10%。由于市场疲软，外资从加工贸易型企业撤出，受信贷紧缩影响，在华投资的外商企业出现资金转回国内或"外逃"现象。第四，对外贸易整体出口的下滑将波及与出口相关的产业和企业，失业面扩大，进而影响中国社会的稳定和和谐社会的构建。

为应对金融危机的冲击，中国及时调整宏观经济政策，果断实施积极的财政政策和适度宽松的货币政策，迅速出台了扩大内需的10项措施，形成了进一步扩大内需、促进经济增长的政策措施，实施总额4万亿元的投资计划。这些举措已经取得明显成效，减轻了金融危机的冲击强度，挽救了世界经济，弱化了贸易保护主义孳生的基础。

与此同时，作为WTO负责任的成员，积极参与应对国际金融危机的国际合作，尽最大努力向有关国家和地区提供帮助和支持。自2008年华盛顿金融峰会以来，中国与有关国家和地区签署了5800亿元人民币的双边货币互换协议，参与清迈倡议多边化项下的货币储备库建设，参与国际金融公司贸易融资计划，成立"美洲开发银行合作联系机制"，中美两国进出口银行洽谈签署了200亿美元贸易融资协议，承诺向国际货币基金组织出资400亿美元，组织企业采购团赴欧洲进行采购，采购额达到136亿美元等。积极推动储备货币的多元化，加强与欧元区、拉美、东北亚、"金砖四国"的区域协调，广泛建立自由贸易区，努力建立一个多极化的制衡体系，积极参与20国集团活动，提高新兴国家和发展中国家在国际货币基金和世界银行中的份额和投票权，使之成为"国际经济合作的主要平台"。在20国集团第三次金融峰会之前，中国还相继出台了一系列针对发展中国家的援助措施。这些举措在一定程度上化解了金融危机进一步深化和蔓延，推动世界经济的复苏。

在贸易领域，中国从以下方面应对贸易保护主义。第一，认真研究对待。辩证地对待抬头的贸易保护主义，采取理性的研究和采取有力的应对措施，变危机为中国的发展机遇。第二，中国带头遵守WTO协定与协议和中国加入世界贸易组织的承诺，出台符合WTO规则的"救市"方案和刺激措施。第三，认真应对他

国对中国施加的非法和不正当的贸易保护做法。在贸易保护主义的压力下，一些 WTO 成员加大了对从中国进口产品的保护措施，中国成为贸易摩擦的主要对象，贸易摩擦的领域从货物向服务、知识产权和投资领域扩展；贸易摩擦行业从家电、纺织品服装、鞋帽等转向新兴的产业如钢铁、汽车、通讯设备、化工产品等；与发达成员的贸易摩擦将集中在服务、知识产权、投资领域和农产品和工业品标准化的领域；与新兴国家的贸易摩擦将日趋激烈。贸易摩擦引发点将从中国加入 WTO 受“两反两保”条款向 WTO 的一般规则扩展，对中国反补贴投诉将呈上升趋势，进入 WTO 争端解决机制的贸易争端加多。对不符合 WTO 规则的贸易争端，中国采取有理有节有力的回敬措施，诉诸 WTO 贸易争端解决机制。第四，针锋相对的抵制贸易主义，维护中国境内企业的合法权益。为抵制国外企业为转嫁金融危机，持续恶意低价倾销，2008 年下半年以来，中国对进口的 1，4—丁二醇、己二酸、聚酰胺—6，6 切片、碳钢紧固件、对苯二甲酸、核苷酸类食品添加剂、锦纶 6 切片、取向电工钢、甲醇等发起反倾销调查 9 起；对原产美国的进口取向电工钢、鸡和汽车零部件发起反倾销调查。

上述行动切实维护了 WTO 多边贸易体制，抵制了金融危机下兴起的贸易保护主义。

# 国际投机资本影响的中性化问题

## ——兼论热钱对经济的影响

中国国际金融学会常务理事、教授　**刘光溪**

20世纪90年代以来，国际金融市场领域一直危机频发，欧洲货币体系危机、墨西哥金融危机、东南亚金融危机都是生动的例证。在这些危机当中，国际投机资本的身影一直出没其中。当前，随着我国经济不断走向世界、金融领域改革不断深化和金融开放程度扩大，如何应对国际投机资本已经成为一个重要研究议题。在此，我们在综合以前学者有关研究的基础上，通过澄清当前对"热钱"及国际投机资本的一些错误理解，来客观认识国际投机资本的中性化特征。

### 一、国际投机资本基本概念

#### （一）投机——市场经济固有的中性概念

投机，指的是通过承担市场交易中的风险，以求从价格变化中获利的交易行为。投机者是愿意承担风险的人，他们通过建立某种资产的多头或空头，以获取预期利润。

投机是中性的，其原因有二。首先是投机者虽取得风险利润却也因此承担了风险；其二，如果任何一个市场只有风险避险者而没有风险承担者，这个市场就会丧失活力。事实上，风险厌恶者和风险爱好者是任何一个市场不可分割的两个方面，二者相辅相成、缺一不可。

在市场经济中，投机应该更多地被视做是一种机制。投机有利于促进竞争，形成合理的价格，并通过价格和竞争机制在市场经济中发挥作用。经济学原理表明，没有投机，市场乃至整个经济的风险会更大。因为，缺乏投机资本运动的经济体制会掩盖和积累巨大的风险，而一旦经济出现困难，则风险会集中爆发，易造成经济的动荡。

#### （二）国际投机资本

国际投机资本，在其定义问题上，各国学者众说纷纭，莫衷一是。在《新帕尔格雷夫经济学大辞典》（1992版）中，国际投机资本被定义为："在固定汇率制度下，资金持有者或者出于对货币预期贬值（或升值）的投机心理，或者受国际利率差收益明显高于外汇风险的刺激，在国际上掀起大规模的短期资本流动，这类移动的短期资本通常被称为游资。"Jagdish Handa（2000）在*Monetary Economics*一书中，将国际投机资本定义为："在国家之间流动的，对汇率的预期变化、利率的波动、安全和可兑换性安排极为敏感的资金。"我国学术界一般把国际投机资本理解为以短线投资获利为目的的投机性资金。冯建华（2003）认为，国际短期资本也叫国际投机资本，是指经常在国际或国内金融市场之间快速调入撤出的短期资金，以套取高额利润为目标，即"热钱"。

本文认为，"热钱"是一个内容模糊的媒体概念，因为其可以被定义为非法资本移动，短期资本流动及国际游资等，而不是一个规范的经济学术语。作为研究，国际投机资本的概念更加合适和科学。根据与实体经济的关系，国际资本流动可以分为两大类：一类是与实体经济的生产或交易发生直接联系的国际资本流动，如为取得他国公司控制性所有权的直接投资等；第二类是与实体经济的生产或交易不发生直接联系的国际资本流动，如国际证券市场上不以获取企业控制权为目的的证券买卖、外汇市场上与商品进出口没有直接联系的外汇买卖等。

在与实体经济的生产或交易不发生直接联系的国际资本流动中，那些独立于商品生产流通之外、无固定投资领域的、通过主动承担风险来追求高额短期利润，进而在各国市场间迅速转移的短期资本，称作国际投机资本。据此可知，对于一些看好中国经济发展潜力，投资期限较长，同时兼得人民币升值好处的投资不能被算作国际投机资本。

在现代国际经济中，长期资本与短期资本并存，投机与投资并存。某些长期资本在一定条件下可以转化为短期资本，进而转化为国际投机资本；反之，某些以国际投机资本形态进行的投资也可能因投资对象有利可图而转化为长期投资。由此可见，国际投机资本只是资本的一种存在方式而已，国际资本是否以国际投机资本的形式进入一国，关键在于是否具备可能的条件。

**（三）国际投机资本的特点**

1. 规模大，弹性强。国际投机资本不仅资金来源广泛，数量巨大，而且它还会通过自有的融资渠道将投机资本的规模放大多倍，其中突出的例证是金融机构的杠杆贷款业务。

2. 敏感性高，投机流动性强。国际投机资本对一国或世界经济金融现状和趋势、各金融市场间价差、价格波动、有关国家经济政策等高度敏感，并能迅速做出反应，具体表现为：有利可图，它们便迅速进入；风险加大，则瞬间逃离，表现出极大的流动性。此外，借助发达的电子通讯技术，它可以高速周转，快速流动，追逐高额利润。

3. 风险性高，收益性高。国际投机资本借助杠杆效应，一方面由于形成规模巨大的投机资本规模，使其风险成倍增加，但另一方面，一旦投机成功，其收益将被放大若干倍。

4. 示范效应。国际投机资本在最初引导投资流向及引爆投机流动风险时，会引起其他中小投资者的跟风行为，即“羊群效应”。

**（四）国际投机资本发展的条件**

1. 经济、金融的国际化和金融自由化的发展

伴随着20世纪80年代以来的金融自由化浪潮，美、日、英等国在80年代逐步实现了货币的可兑换。90年代，亚洲等新兴发展中国家亦放松资本管制，这些资本项目的开放无疑促进了国际投机资本的蓬勃发展。

2. 高度发达的电子通讯技术

各金融机构为在国际金融市场竞争中取胜，竞相提供创新的金融工具和服务，而发达的电子通讯技术为资本的快捷流动提供了便利，提高了资本的运作效率。

3. 金融市场的发展及开放程度

金融市场的发展及开放程度主要体现在两个方面：金融衍生工具及市场的发展和国际投资证券化发展。金融衍生品交易的高风险、高回报，吸引了大规模的投机性资本。由于资本可以在全世界自由流动，全球各地的金融衍生品市场已成为一个游资充斥的投机市场；资本证券化的发展，极大地增强了资本的流动性和运作效率。投资证券化的发展还实现了资本期限的优化设计，使得长期资本与短期资本可以方便地转化，这进一步地推进了国际投机资本的发展。

4. 市场经济及政府调控的缺陷

市场经济决定了风险的客观存在以及风险转移过程中的不确定性，这都为投机预留了空间。加之市场经济作为“看不见的手”，政府在做出经济决策时不可避免地存在这样那样的缺陷，从而也为投机提供了机会。随着经济全球化、金融自由化的发展，国际投机资本的投机机会和投机空间进一步拓宽。

**（五）国际投机资本的来源**

界定国际投机资本的投资主体有助于我们区分国际投机资本和跨境资金流动。目前，我国金融机构、企

业和个人持有大量的对外资产。当汇率和国内外资产价格发生变化时，出于规避风险和资产保值目的，资产持有者会在不同币种和不同金融市场间调整资产的头寸，由此而引发的资本移动应该被视为跨境资本流动，而非国际投机资本。根据当前国际金融市场的发展，国际投机资本的投资来源主要有以下几类：

1. 投资基金。随着越来越多的投资者将自有资金交由专业的基金投资经理管理。加之二级市场金融证券投资的固有投机本性，投资基金尤其是对冲基金，进行投机在所难免。此外，世界上越来越多的退休基金和保险基金转向金融市场进行投资和投机活动，使得投机市场的规模变得深不可测。

2. 投资银行及其他非银行金融机构资金。投资银行及其他非银行金融机构的一项主要业务就是从事金融投资投机活动，它们本身拥有庞大的资本金、资产和融资渠道，构成国际投机资本的主力军。虽然这次经济危机使得传统的投资银行大伤元气，但可以预期的是，不论投资银行将以何种新模式或形式出现，投机寻利依然会是这些机构的重要业务。

3. 大企业和银行的自营业务。在欧美发达国家，不少跨国公司和大企业都直接或间接地参与证券投资，它们设有专门的部门，如美国GE金融集团等从事一些重大的投机活动，其流动资金构成国际投机资本规模扩大的一个重要来源。此外，各跨国银行为了自身业务，常常要进行套汇、套利、掉期等业务，这部分资金也构成投机资金的一部分。

## 二、国际投机资本影响的中性化分析

随着我国经济不断走向世界，不可避免地要面对庞大的国际投机资本。然而，一提到国际投机资本，许多人就会将其与金融危机联系在一起。实际上，国际投机资本作为一种资本的表现形式，适度存在可以对经济产生积极影响，只不过其投机的本性决定了其在一定的情况下会引发经济的剧烈震荡。简而言之，如果一国能适度地开放自身的金融市场而又给予有效适度的管制，国际投机资本的流入能发挥较积极的作用，促进一国财富的增长；如果一国不顾客观实际而过度开放，则可能导致投机资本泛滥成灾，进而引起金融动荡。

### （一）积极意义

1. 国际投机资本的存在，极大地增进了金融市场的流动性，可提高金融市场运作效率，有效地降低市场主体的交易成本。通过现代化手段，国际投机资本可以迅速流向资金的需求方，避免了银行等金融中介的烦琐手续，同时可以打破资本市场的垄断局面，促进市场竞争，降低交易成本。

2. 国际投机资本有利于证券、贸易、外汇市场的发展。国际投机资本参与证券、期货及外汇市场，可以扩大交易总量，促进交易的活跃性，这对于促进市场合理价格的形成、平缓价格波动、稳定市场具有重要作用。

3. 国际投机资本有利于将相关市场连成一体，进而促进要素、资本等自由流动。国际投机交易把生产经营、国际贸易、证券市场、期货市场、外汇市场连成一体，有利于形成合理的时间、地区、相关市场间的价格体系，有利于商品、资金和资本的合理流动。

4. 国际投机资本可以促进一国金融体制、经济体制的完善，提高一国的金融监管水平。国际投机资本通过套利，可以暴露一国在金融体制、经济体制等方面的问题，从而促进一国相关制度的完善，即国际投机资本的存在总能深入浅出地表明，一国或一地区的市场存在制度性的缺陷和漏洞。在这种情况下，重点问题是如何将国际投机资本控制在可控的限度内，进而以较低的制度成本加快改革，促进制度完善，而不是止步不前。

### （二）消极影响

1. 国际投机资本流动易使央行宏观调控陷入两难境地，削弱了一国货币当局货币政策的有效性与自主性。对于实行固定汇率制度的国家，上述影响尤为突出。当一国为抑制通货膨胀采取紧缩银根、提高利率等措施时，利率的提高会招致国际投机资本的大量流入。为维护固定汇率制度，该国货币当局必须买入外币、卖出本币，这使初始紧缩货币供应的措施失效。同理，当一国为抑制经济衰退采取放松银根、降低利率等措施时，利率的降低会招致国际投机资本的大量流出。为维护固定汇率制度，该国货币当局必须买入本币，卖出外币，这使初始放松货币供应的措施失效。简而言之，如果汇率由于国际投机资本的扰动脱离汇率稳定目标，货币当局稳定汇率的干预将给内部经济造成干扰。

2. 国际投机资本流动引发外汇市场动荡，引发一国汇率剧烈波动。在浮动汇率条件下，国际投机资本短时间大规模进出一国，会加大一国本币升值或贬值的压力，这在理论上必然会造成汇率的剧烈波动。汇率的不稳定会进一步通过一国的国际贸易收支、国内投资水平的变化影响一国实体经济的发展。如果一国采取的是固定或盯住汇率制度，又会导致大量的投机资本流入，从而形成更大的风险，一旦一国没有能力维护其汇率制度，则投机资本在实现高额套利后，就会大规模逆转流出，掠走一国的财富，造成经济震荡。

3. 国际投机资本流动冲击一国国内资产价格，加剧市场动荡。国际投机资本流动对一国的资本市场和房地产市场具有深远影响，而这种影响主要体现在国内资产价格水平的变动。首先，国际投机资本进入一国的资本市场后，会引诱其他资金一起推动股市的"繁荣"，然后在高位大量抛出，引发大批资金跟风退出股市，最终导致市值大幅缩水等一系列连锁反应。其次，以房地产为例，国际投机资本在一国的非正常流动可推高房地产价格，并产生了财富效应，而后这将吸引更多的国际投机资本进入该国房地产市场，吹大房地产市场的泡沫。一旦泡沫破裂，考虑到房地产经济的波及效应，势必对一国宏观经济造成重大冲击。

4. 国际投机资本的盲目投机性，会干扰市场的健康发展，误导有限的经济资源的配置，从而相应提高了交易成本。由于内在追求高额利润的冲动，投机资本必然会毫不犹豫地寻找并进入高风险、高投机、高利润的投资领域，同时通过"示范效应"助长了投机动机，影响其他资金跟进，一起进入一些高风险的新兴市场，而使另外一些急需资金的领域缺乏长期性资金，从而不利于资源的优化配置。

**（三）影响国际投机资本冲击程度的因素**

尽管国际投机资本存在正反两方面的影响，但国际投机资本对不同国家的冲击程度是不同的。譬如，1992年国际投机资本偷袭英镑，但英国很快就缓过神来；两年后，国际投机资本对落后的墨西哥进攻，导致该国经济全面崩溃，如果不是美国协助，代价将更大。1997亚洲金融危机也是个很好的例子，印度尼西亚、马来西亚受灾最重，而日本、新加坡、中国香港则得到迅速恢复。造成以上差异的因素，笔者认为通常有以下几个方面：

1. 银行体系的健全程度。健全的银行体系具有充分的清偿能力，这减少了对汇率稳定和国际资本的依赖，从而减缓了国际投机资本对其的冲击。

2. 金融监管体系的完善程度。完善的监管体系能较好地控制风险因素，而不完善的监管体系往往给国际投机资本更大的空间，并且即使在风险发生之后，也难以迅速对其控制。

3. 宏观经济的稳定程度。当宏观经济处于稳定状态，整体经济投机气氛不足，国际投机资本进入形成的冲击将会有限。与此同时，若一国产业结构合理，产品创新能力强，出口产品对汇率的弹性较小，国际投机资本的冲击也会较小。

4. 一国的经济实力。大国经济与小国经济有着本质区别。相比于小国，大国经济对于任何的经济冲击有着更大的缓冲能力，尤其当一国拥有灵活政策和充足外汇储备的情况下，会对国际投机资本形成极大的震慑。

5. 金融自由化的开放程。极端的情况下，严格有效的资本管制措施使得国际投机资本很难对一国的经济产生太大冲击。但在金融自由化成为全球趋势的情况下，对于金融开放程度有限的国家而言，适度可控的金融自由化开放进程辅之以有效的资本管控将是应对国际投机资本的有效方式。但不可否认的是，金融自由化是大势所趋，故而有效的金融开放和资本管控政策组合显得非常必要。

国际投机资本伴随经济一体化、金融自由化的发展而产生，其本身兼有投机和资本的性质，而投机和资本的中性本质决定了国际投机资本的中性特征。从市场经济的角度出发，我们认为，一方面资本逐利的本性决定了市场经济的钱都是"热钱"，因为"冷钱"都是"死钱"，缺乏活力，对市场经济不利；另一方面"热钱"并不一定都是"烫手的钱"，只有"烫手的钱"才是我们改革进程中所顾忌和担心的。我们之所以对国际投机资本怀有畏惧和抵制心理，其主要原因在于国际投机资本可能造成的巨大危害以及对其认识不清。国际投机资本有其自身的运动规律，其究竟发挥积极的还是反面的作用在于谁掌握了国际投机资本及怀有怎样的意图、是否存在有效合理的监管措施，是否具备发生作用的条件，等等。

## 三、国际投机资本与金融危机的内在关系及其启示

### （一）国际投机资本与三大金融危机

1. 欧洲货币体系危机

从 1992 年 9 月起的一段时间内，欧洲货币体系受到了数次冲击，使欧洲货币体系遭受到创建以来最沉重的打击。欧洲货币体系危机的源头是北欧的芬兰。此前，芬兰马克和德国马克自动挂钩，但 1992 年 9 月汇价持续下跌，于是芬兰马克和德国马克脱钩，自由浮动。随之，意大利、英国、荷兰、瑞典等国货币对德国马克的汇率也开始下跌。此外，英法政府要求德国降低利率但遭德国拒绝，这一切使货币投资者对英国和意大利等国的经济进一步丧失了信心，马克坚挺的地位得到巩固，欧洲其他主要货币对马克继续贬值。之后，英国、意大利先后宣布暂时退出欧洲货币体系汇率机制，变成了独立浮动的货币。与此同时，法国法郎、丹麦克朗和爱尔兰镑也受到严重冲击，相继跌至汇率机制规定的浮动下限。1992 年 11 月欧洲货币体系再次剧烈波动，欧共体货币委员会再次调整了汇率，然而干预无效，相比于德国马克，弱币继续唱衰。最后随着各国联合采取相关措施及经济情况的好转，危机得以缓和。

2. 墨西哥金融危机

1994 年年底至 1995 年年初，墨西哥爆发了严重的金融危机。1994 年 12 月，上任伊始的墨西哥新政府突然宣布本国货币比索的汇率贬值 15%，从而引发了墨西哥金融市场的极大动荡。在之后的 48 小时内，比索汇率再度贬值 15.3%。由于公众对墨西哥的政治和经济形势缺乏信心，比索连续贬值。最终美元对比索汇率由 1∶3.74 跌至 1∶5.9，贬值达 60%。比索的暴跌严重挫伤了投资者的信心，各种资本从股票和证券交易市场中撤走，引发了股市暴跌。尽管货币当局采取一系列冒险措施，如发行短期债券“tesobons”，但回天乏术。金融危机迅速危及世界货币和股市的稳定，拉美和亚洲一些国家的股市大幅下挫。这就是席卷全球的墨西哥金融危机。这次危机对墨西哥经济、政治产生重大影响。银行业遭受严重打击，美元债务加重；多数企业因经济紧缩而处于困境，无力偿还债务；因政府采取紧缩政策，社会矛盾加剧。后来在国际货币基金组织、世界银行及美国的协助下，墨西哥金融危机得到暂时缓和。

3. 东南亚金融危机

国际投机资本扰乱正常的金融市场秩序，这与政府当局的政策背道而驰，加大了各国宏观调控的难度。1997 年的东南亚金融危机证明了国际投机资本的破坏性。当时东南亚一些国家的经济、金融形势出现困难（经济增长放慢、经济结构失调、资本流动失控等），国际投机资本趁机点燃了早已潜伏着的经济、金融危机的导火线，引发了一场从泰国波及其他东南亚国家，从汇市动荡扩散到股市动荡，从发展中国家影响到发达国家的全球性金融风暴。当时最具代表性的国家是泰国，当时泰国在经历一段高速增长后，其经济弱点也逐渐暴露出来：宏观经济恶化、房地产信贷过度、银行体系变得异常脆弱、国际收支恶化、对外净负债急剧增加、外币储备急速减少。由于泰铢实行对美元的盯住制度，在当时形势下，泰铢价值和价格逐渐背离。在泰国已经较快地开放了资本项目的情况下，这一背离为国际投机资本提供了投机的空间。在东南亚经济危机中，泰国遭受了巨大损失。

### （二）三次金融危机的经验教训

三次金融危机，从防范国际投机资本流动风险的角度来看，主要有以下经验与教训：

（1）盯住汇率制度的无效性，应建立灵活、有效、能及时反映外汇供求的汇率调控机制。盯住汇率制是指选择一种或一篮子货币，将本国货币按一个固定比率同该货币相联系的汇率制度。在东南亚国家中，泰国实行的是典型盯住美元的盯住汇率的制度，马来西亚则盯住以美元为主的复合货币，印度尼西亚实行的是联系汇率制度。实行盯住汇率制度的政府往往在汇率市场上，通过买卖该种货币，来维持本国货币与被盯住货币的固定比率，或使汇率的浮动保持在一个预定的幅度内。理论上，在盯住汇率体制中，由于汇率受被盯住

国宏观经济的制约，因此汇率失去了调节本国经济的功能，而完全与本国经济状况脱节。在本国的宏观经济以及外部环境不断变化的情况下，这种固定汇率和汇率定值的方式往往会给央行调控手段造成极大困难，而为国际投机资本冲击金融市场预留了机会。可以预期的是：在固定汇率制度和狭窄浮动汇率制度下，如果一国仅持有有限的外汇储备，理性投机者必然冲击汇率制度；为拯救本国货币，最终实行盯住制的国家可能被迫放弃盯住制，进而会造成一国货币体系的崩溃，影响到一国经济。

由于实施出口导向型经济发展战略，东南亚国家长期以来将稳定盯住汇率目标置于宏观经济政策的主导地位，从而扩大了错误的宏观经济政策的效果。在墨西哥的例子中，塞迪略政府之所以在上台后不久就实行比索贬值，在很大程度上是因为外汇储备不断减少，无法继续支撑3.46比索兑1美元的汇率。因为从1994年起，美国经济开始复苏，为避免通胀，美国先后6次调高利率，比索与美元挂钩，但墨西哥政府并没有抓住时机调整比索汇率，使比索对美元汇价高估持续较长的时间，等到大量外资外逃时，国家外汇储备无法支撑比索高汇率时，一切为时已晚。以上理论与实践都表明盯住汇率在开放经济中的无效性。

(2) 在三次金融危机过程中，国际投机资本只是导致金融危机的重要诱因而非根本原因，其根源在于各国在经济发展过程当中业已埋下的深层次经济问题。东南亚金融危机的深层次原因在于各国经济发展过程中的体制、机制以及其他缺陷问题，而国际投机资本则起到了点燃危机的导火索作用。由于实施出口导向型经济发展战略，东南亚国家长期以来将稳定盯住汇率目标置于宏观经济政策的主导地位，从而扩大了错误的宏观经济政策的效果。对此，我们也可以从反面加以佐证。众所周知，韩国在工业化20年之后，于1988年实现经常项目可兑换，资本项目开放则是非常缓慢，但在东南亚的金融危机中，韩国的危机却最为深重。因此，金融市场开放和资本项下货币自由兑换只是造成金融危机的一个基本条件，它的危害在于两个方面：一是亚洲国家的经济问题早已发生，但由于外资的大量注入将其暂时掩盖起来，造成了虚假繁荣的景象及风险的累积。例如，当时东南亚国家的外债数额普遍较高，泰国900亿美元，印尼1 000亿美元，菲律宾500亿美元，存在较大的债务风险；二是危机发生时，外资骤然流出，汇率剧烈波动，货币严重贬值，对国民经济打击过重，使泡沫在短期内破裂，产生经济震荡。

(3) 国际投机资本尽管诱发了金融危机，但也促进了危机发生国金融监管水平的提高及金融制度的完善。在东南亚金融危机中，国际投机资本引发的汇率压力反映了宏观经济的失衡和汇率体制的不合理。尽管国际投机资本对东南亚国家造成了重大损失，但危机也从根本上摧毁这些国家的泡沫经济，使各国更清醒地认识到自身经济发展中存在的偏差和问题，促使各国及时调整其经济发展道路、进行经济体制改革、完善金融监管，以便能有充分的准备来抵御国际投机资本的再次冲击和金融震荡。

(4) 保持一个较为充足、适当的外汇储备是开放经济发展的稳定器。墨西哥金融危机的直接根源在于其外汇储备基础薄弱，缺乏应付危机的实力。在长期贸易逆差靠外资流入弥补的情况下，其经济具有脆弱性。同样地，东南亚金融危机也受到有限外汇储备的掣肘。当时东南亚国家的外债数额普遍较高，泰国为900亿美元，印度尼西亚为1 000亿美元，菲律宾为500亿美元，马来西亚为350亿美元，存在较大的债务风险，而这为投机资本预留了空间。

(5) 结合实际，有效审慎监管至关重要。资金在不同产业、不同市场及不同国家间做出选择，不管投机性多强，从基本属性上分析是市场化行为。从市场行为分析，国际资金大规模从墨撤离是合理的。这就告诉各国金融当局要研究和了解资金为什么流动、怎样流动，并要用强有力的法律、法规对资金的流动提供约束和导向。其中，新加坡在建立其国际金融中心的过程中的做法值得借鉴。首先，区别于东京、香港的方式，新加坡采取活跃市场与严格管理相结合的方式，以市场化方法为主培育出了证券、期货市场，并不断丰富市场投资品种，使投资选择分散化。其次，培养理性投资者，使市场行为变成投资者和政府的双重约束过程。最后，制度、法律一旦形成，就严格执行。

(6) 证券市场对外开放，要考虑国家经济承受能力和市场成熟度。证券市场的国际化是金融市场的发展趋势，但应有一定条件，否则会适得其反，引起国际投机资本的流入。20世纪80年代末90年代初，墨西哥率先取消外汇管制，流入的外资达730亿美元，其中短期资本占75%以上，且主要投向有价证券和货币市场。加之墨西哥产业结构不平衡，市场成熟度不够，一有风吹草动大量短期资本外逃，就必然引发危机。

(7) 社会、经济、政局稳定是经济发展的前提和基础。墨西哥金融危机有其深刻的社会经济背景和政治根源。首先，当时墨西哥宏观经济发展缓慢，产业机构调整不到位、不合理。其主要表现是：墨西哥1994年年底经济增长速度降为3%，而通胀则达到三位数。经济增长速度的快速下滑，导致宏观经济状况恶化，从而动摇了国内外投资者的信心；三大产业发展不平衡，产业之间的关系不合理。当时墨西哥增长最快的是第三产业，主要是商业、服务业和金融业。第一、二产业发展缓慢，出现低增长甚至负增长。其次，墨西哥一连串政治事件的爆发，使投资者，特别是外国投资者对墨西哥的政治、经济前景失去信心，引发资金抽逃及经济危机。

(8) 经济稳定发展仅靠汇率政策为纽带来维持是危险的，它需要各种配套环节共同支撑。发展中国家经济发展的共同之处在于国内经济增长严重依赖于世界经济的兴与衰。由于发展中国家的经济势单力薄，它们与外部联系的纽带主要是通过汇率制度的选择及汇率政策的确定来实现，但汇率制度不是万能的，必须辅之以必要的其他政策。

(9) 要保持国际收支平衡，尤其是经常项目的基本平衡，不能放松必要的外汇管制。如果说外汇储备的减少、比索的贬值与金融危机的爆发三者之间存在着明显而直接的因果关系，那么用投机性强、流动性大的短期外国资本弥补巨大的经常项目赤字，则是导致墨西哥金融危机的深层次根源。墨西哥在1991年贸易逆差为110亿美元，1992年和1993年分别为250亿美元和230亿美元，1994年则达280亿美元。巨额的贸易逆差主要通过吸引外资流入来弥补，使其经济对外依赖性很大，从而埋下了贬值的祸根。但进一步分析，大量贸易逆差产生的主要原因是，墨西哥在综合国力、自身经济承受能力方面有限。

### (三) 金融危机与国际投机资本的内在关系

金融危机的爆发，从根本上来说，是各国经济发展不平衡造成的，也是一国经济内部失衡的表现，国际投机资本只是起到了推波助澜的作用，正所谓“苍蝇不叮无缝的蛋”。众所周知，美国金融市场云集了世界上最大规模的国际投机资本，然而国际投机资本非但没有导致美国经济的崩溃，却促成了世界上最发达的金融帝国和经济实体，同时也为各国提供着各式各样的风险规避工具和避险获利场所。因此从正反两方面的经验来看，对于国际投机资本，我们应当客观正确认识其中性化特征，而不能想当然地将其视为金融危机的罪魁祸首。至于防范国际投机资本引发金融危机，我们可以采取以下措施：首先，各国应当努力解决经济发展中的失衡问题，促进本国实体经济的健康发展；其次，各国应当积极创造引导投机资本向投资资本转变的机制和环境；再次，各国促进金融市场的健康发展，规避制度缺陷及制度扭曲，减少国际投机资本的投机空间；最后，应当通过规则建构的方式加强对国际投机资本的监管，防范其可能带来的不利影响。

## 四、我国国际投机资本管理现状、流入原因及渠道

### (一) 管理现状

当前，我国主要是从对资本项下的国际资本流动进行管制的角度出发，针对国际投机资本流入国内金融市场和国内短期资本流向国外金融市场采取管制性的措施。按管制方式划分，我国目前的国际投机资本管制分为对交易项目的管制以及对流动过程中外汇流入流出时的兑换管制。其中，交易项目的管制包括三个方面：对外国投资者进入国内金融市场和本国投资者进入国外金融市场的准入限制、对外借贷款的限制及对直接投资的限制。但总体来说，我国对国际投机资本的管理尚处于起步阶段，具体表现在：首先，监管国际投机资本的技术和措施不到位，缺少必要的预警体系，相关数据可得性较差；其次，人才匮乏，缺乏国际投机资本监管的专业人才；再者，国际投机资本监管方面的法律法规有待进一步完善。由于国际投机资本固有的逐利特点，结合我国的实际情况，国际投机资本在国内市场的分布主要有资本市场、房地产市场、商品期货市场、黄金市场、民间金融市场、私募股权投资等。

### (二) 流入原因

全球金融危机以来，发达国家纷纷推出扩张性财政和货币刺激方案，向市场注入大量流动性，如今市场

资金宽裕程度历史罕见。在金融体系渐趋稳定、实体经济远未回升的情况下，受投资回报率低和美元贬值等因素影响，大量国际投机资本正在寻找投资出路，于是逐步流向更具发展潜力的新兴市场国家。

目前，国际投机资本一方面正在关注中国经济的积极效应，借助高涨的经济调整信心规划获利空间；另一方面，也在筹划经济政策措施不足或漏洞导致的问题和矛盾，借助市场寻求获利空间。近来，国际投机资本加速流入我国有以下关键因素：

1. 中国经济复苏因素。美国等发达经济体目前基本采取零利率政策，在实体经济远未回升的情况下，美国的投资回报率很低。世界范围内，我国经济率先复苏，上半年 GDP 增长 7.1%，自然成为国际投机资本最理想的投资目的地。

2. 汇率及利率因素。发达经济体与我国尚存的较大利差以及人民币升值的预期，都在客观上刺激了国际投机资本的流入。

3. 国内资产价格上升和通胀预期因素。由于我国上半年实行了宽松的货币政策，截至 2009 年 6 月末，广义货币供应量（M2）余额为 56.89 万亿元，同比增长 28.46%，增幅比上年末高 10.64 个百分点。加之上半年，外汇净流入的加速，目前中国的流动性空前宽裕。目前，中国资本市场率先出现了流动性膨胀，股市具有鲜明的资金推高资产价格的特征。由此产生的国内资产价格上升及通胀预期（在经济向好的情况下，上半年国内资产包括股市、楼市、大宗商品均具有升值趋势）加速了国际投机资本的流入。

**（三）流入渠道**

由于我国目前实行资本项目管制，当前国际投机资本进入我国，主要通过以下渠道：

1. 以资本项目的名义流入。随着我国逐步放松对资本项目的管制，资本项目成为国际投机资本进入的一个重要方面。国际投机资本通过资本项目输入的渠道主要为：一是利用国内某些地方政府实施的招商引资政策，进行虚假投资，将无实体产业投资需求的资本投入投机利润较高的房地产、有价证券等领域；二是国内投资者通过在国外成立特殊目的的公司，在境外通过银行借款、出让公司股份、发行可转换债券等方式募集资金，进行返程投资；三是一些国际金融机构、大型跨国公司通过从内部调拨资金或短期国际借贷的方式，将国外转入的资金投入到高利润行业。这些转移手法的共同特点在于：利用我国外汇管理机构的监管疏漏和企业境内外的网络优势，变换资本的实际用途。

2. 通过贸易项目流入。由于经常项目和资本项目有时很难区分，故而有部分国际投机资本通过混入经常项目进入国内，主要表现为：一是通过与境外关联公司签订虚假贸易合同，向境内输入无实际成交货物的货款或预付款；二是通过高报出口产品价格，将超出货款的部分用于国内投机活动；三是通过预收货款和延迟付汇的形式先行进入国内，然后再进行投机活动。这些渠道的特点在于：利用外贸监管部门（主要是海关）在贸易合同审核以及商品估价当中的信息不对称，获得不合理的高额货款。

3. 通过个人项目流入。一是通过个人贸易项目进行资金转入。个人贸易活动分散，收汇金额小，其国际收支申报的真实性难以鉴别，因而成为国际投机资本流入的又一便利途径。二是通过个人贸易佣金形式流入。贸易佣金是个人通过贸易中介获得的合法收入，外汇管理机构管理难度较大。通过与投机资本输入的单位或个人签订虚假佣金合同，然后通过离岸账户向国内个人账户汇款的方式，巧妙地躲避外汇监管。三是通过职工报酬、赡家费用等名目汇款回国。此类资金转移虽总额相对小，但若以分散、高频率的方式进行，也可对国内市场形成一定的冲击。通过个人项目流入的资金主要特点是：数量繁多，资金的来源及真实性调查难度大，成本高，且缺少相关法律法规的制约。

4. 通过企业的非贸易收入流入。非贸易收入，目前主要指的是企业从事跨境服务所获取的劳务费用，例如运输、旅游、通讯、建筑、金融、广告、法律服务等项目的收入。企业非贸易收入的主要特点是名目繁多、真实性难以核实，也成了企业向境内转移投机资本的途径之一。

5. 通过地下钱庄进入。“地下钱庄”到目前尚无明确定义，主要从事跨境非法资金流动活动，以达到投机套利或洗钱的目的。这种资金转移方式主要以地下钱庄的信用和资金额为保证，在 2002 年以前我国资本大规模外逃期间主要充当洗钱的工具，但目前承担了境内洗钱与境外国际投机资本输入的双重职能。与前四种方式比较，地下钱庄最为隐蔽，监管十分困难，因此交易金额无法计入外汇统计。

6. 通过香港金融市场进入内地。虽然我国还没有实行资本项目的自由兑换，但香港地区的资本项目是完全开放的，并且香港资本市场与内地资本市场保持着紧密关系（特别是有很多A股与H股溢价不同的两地上市股票，以及主业在内地的H股和红筹股，投资于香港股市也可以获得内地经济成长带来的收益），加之不断扩展的CEPA协议为两地之间更紧密的资本流动创造了空间，港币与人民币事实上是可相互兑换的。此外与其他国家相比，中国当前的经济增长形势及资本市场走势都是最具有吸引力的。故而，在中国香港与内地不同资本开放程度情况下，香港更像是国际投机资本进入中国内地的前站。如果内地股市楼市进一步上扬，或者人民币升值预期进一步强化，则将会有更多的国际投机资本借道香港进入内地，购买和投资内地相关资产。

7. 通过企业间货币互换方式流入。目前国际投机资本正通过企业间货币互换的方式流入境内，而香港就是这些国际投机资本的中转站。具体操作手法为：某一外资投行牵头，其在中国香港的一个企业客户想要把资金带入内地，而其在国内的另一企业客户同时想要汇出一笔资金。在这种情况下，两家企业就可以通过该银行在境外签订货币互换协议（互换双方彼此不进行借贷，而是通过协议将货币卖给对方，并承诺在未来固定日期换回该货币），实现资金的变相流入。

8. 通过复杂股权结构，借助外商直接投资项目流入。我国资本项目虽未完全放开，但对直接投资给予了比较宽松的政策环境。直接投资既不需要贸易背景，也没有额度限制，是大规模国际投机资本流动的主要途径。由于每一笔直接投资都必须经过主管部门审批，且资金用途也受到明确限制，所以国际投机资本往往设计层层控股的复杂股权结构，在通过直接投资名义实现跨境流动之后，借助关联企业实现资金的转移及价值的输送。因此，通过这种渠道运作，具有时间要求较长而成本相对较低的特点。

## 五、我国面对国际投机资本的举措

目前，我国对国际投机资本的管理尚处于起步阶段，立足现在、展望未来（资本项目可兑换和人民币国际化），我国应对国际投机资本的措施主要有：

（1）努力解决经济发展中的失衡问题，积极进行宏微观经济改革，消除国际投机资本的不良预期，促进本国实体经济的健康发展。其中，相关的具体措施包括：保持政治和经济形势的稳定，避免国际投机资本在不同市场间频繁流动，防止市场的大幅波动及资源配置的浪费；加快产业结构的调整，加强基础产业的发展及技术创新，提高国内企业及产业的国际竞争力，使宏观实体经济稳定健康发展；进一步深化金融体制改革，健全银行体系及金融体系，加快金融创新和资本市场扩容，分散资金过度集中带来的资产价格上涨压力；深入推进合格国内机构投资者制度（QDII），尝试发行中国存托凭证（CDR），引导国内资本对外合理投资，并使其逐步自由化。

（2）积极创造引导投机资本向投资资本转变的机制和环境，强化经济系统对投机资本的吸收能力。首先，应通过各种配套的经济政策，尤其是金融政策与产业政策的配套，引导投机资本进入实业，从而稳定一部分国际投资资本；其次，可通过发展多样化的金融机构及投资品种，进一步吸收一部分国际投资资本。

（3）积极促进金融市场的健康发展，规避制度缺陷及制度扭曲，减少国际投机资本的投机空间。例如，完善人民币汇率形成机制，制定合理的利率政策，以有效减少国际投机资本流入。汇率机制方面，通过促进人民币周边化、区域化和国际化，稳步推进资本项目可兑换，尤其是人民币离岸金融市场的发展，促进人民币合理汇率水平的形成，实现人民币汇率的双向浮动，增加人民币汇率弹性，进而增加短期跨境资金进出的汇兑风险和投资成本；利率政策方面，在应对通货膨胀压力的过程中，应根据我国现阶段的特点，合理发挥其作用，与其他货币政策手段有效搭配，同时兼顾资本流动的管理目标。

（4）逐步推进人民币的区域化、国际化及资本项目可兑换，为应对国际投资资本冲击提供帮助。人民币的区域化、国际化可使得人民币汇率波动的预期大大减少，国际投资资本的冲击也就会相应减少。在推进资本项目可兑换进程中，要充分考虑国际投机资本的影响，形成有效的资本项目渐进开放和国际投机资本管控的有效政策组合。

（5）应当通过规则建构的方式加强对国际投机资本的管制和监管，防范其可能带来的不利影响。在套利预期无法完全消除的情况下，直接管制和间接调控手段短期内有助于减少国际投资资本流入，但随着时间的推移，资本管制的效力会不断减弱。其中，必要的资本管制和审慎监管措施如下：在适当的条件下可采取直接的金融管制措施，譬如限制外资进入某些领域、规定最短停留期限等措施；加强对国际投机资本的监管，尤其是对地下钱庄和非正常大额资金的汇入汇出现象进行监测；加强对没有真实交易背景的贸易外汇收支的管理；完善个人外汇管理，加强对个人经常性转移的监管，规范个人资本项下外汇交易；区分长短期限，有区别地对国际投资资本的投机收益进行征税；加强金融监管体系建设，以分业监管的模式建立对银行、证券和保险行业的完整监管体系，并加强各监管机构间的信息沟通与交流，联合监控国际投机资本；调整招商引资政策，限制外来资金的恶意并购，对不同行业制定不同的进入政策，对外资进入较为集中的行业制定并购或转让的限制性条款，鼓励“绿地投资”，对外资并购设定相关的限制与条件，进行引导。

（6）积极建立跨境短期资本流动监测系统，尤其是防范通过技术服务贸易、奢侈品进口、货币互换等途径的大规模国际投资资本流出，加强外资进出的信息把握和有效管理，以监测资金流入及动向。对我国而言，加快跨境资本流动监测体系建设，一方面要在现有职能分工的基础上，建立部门之间制度化的沟通和协调监管机制，逐步实现信息共享，形成监控国际投资资本和跨境资本流动的联动机制；另一方面，要逐步建立包括国际投机资本在内的完整的跨境资本流动监测预警体系，加快建立外资进入房地产市场、证券市场以及外汇市场和货币市场的统计监测分析机制，并将上述市场的监测系统与反洗钱系统联通，在投机资本流入的各环节和各领域对大额可疑资金进行全方位监测，最终形成完整的跨境资本流动监测体系。

（7）加强国际投机资本监管的国际合作，促进监管规则与国际接轨，为国际投机资本监管提供重要保障。国际投机资本是全球金融一体化的产物，鉴于其可能造成的巨大危害，需要各国通力合作，诸如建立国际投机资本监测预警协作机制、强化游资监管的跨国信息披露机制、建立以国际最后贷款人和保险机制为内容的金融安全网、加强国际货币政策协调等，都不失为加强国际投资资本监管合作的重要举措。其中，尤其对于一些高杠杆操作，加强对被监管者的联合监管，可以减小投机资本的获利可能空间和市场冲击力度，进而减小国际投机资本的冲击。结合发展中国家金融市场发展滞后的实际情况，发展中国家应对金融衍生市场的发展进行控制。此外，还应加强与国际货币基金组织的协作，以便在发生重大冲击时，寻求 IMF 提供资金与技术支持；加强与世界主要货币国央行的货币政策协作，充分发挥中央银行影响投机资本预期的功能，通过货币政策协作来稳定经济。最后，积极参与和国际投机资本相关的国际统一监管准则的制定。

（8）进一步完善外汇管理制度。针对现有外汇管理制度的不足，统一内外资企业外汇管理政策，杜绝利用有关政策进行本外币套利行为；完善国际投资资本流入等违规跨境短期资本流动的外汇检查和处罚制度，明确相应的处罚原则和标准，切实加大对违法、违规资金流入的查处力度，以提高警示作用；加快实现由事前审批为主的直接管理向主要监管金融机构、事后核查的间接管理转变，进一步改善外汇管理和提高管理效率；健全对国际投机资本的法律及管理规定，避免投机资本进入时无法可依，从而把投机资本的行为约束在法律允许的范围内。

随着经济全球化，金融自由化、一体化的发展，市场经济决定了国际投机资本必然存在。国际投机资本通过主动承担风险获取风险收益无可厚非，更重要的是，它在冲击原有经济、金融旧秩序的同时，促进了经济、金融新秩序的建立与发展。随着我国资本项目的逐渐放开以及人民币国际化进程的逐步推进，我们认为，我国对待国际投机资本的策略应是：“疏堵并用，以疏为主”。要想以最低的成本应对国际投机资本的冲击，我们就应该不断增强我国的经济实力及竞争力，创造引导国际投机资本转变为投资资本的环境与机制，加强金融监管建设，并与国际金融机构及其他国家央行携手防止国际投机资本的不利影响。

# 评“美国诉中国知识产权保护与执法案”的主要影响①

武汉大学WTO学院院长 余敏友

## 一、美国向世界贸易组织（WTO）诉中国“影响知识产权保护和执法案”简介

2007年6月7日至8日，美国根据《世界贸易组织争端解决与程序谅解》（DSU，下称DSU）第1条和第4条以及《与贸易有关的知识产权协定》（TRIPs协定）第64条的规定，请求与中国就其知识产权保护和实施措施问题进行磋商。美国的请求包括：①刑事程序和刑事惩罚的门槛，②海关对没收侵犯知识产权商品的处理，③中国不给予未获批准出版发行的作品以版权及相关权利保护，④对于仅从事未经授权作品的复制或发行的人不能适用刑事程序与刑事惩罚。日本、欧共体、加拿大和墨西哥等WTO成员相继要求加入磋商。由于双方不能在DSU规定的60天内达成协议，美国于8月21日请求成立专家组，由于中国最高人民法院和最高人民检察院在2007年4月通过了第二个《关于办理侵犯知识产权刑事案件具体应用法律若干问题的解释》，美国在8月21日请求成立专家组的诉求中删去了第四项诉求，仅就前三个问题对中国提起诉讼。

### （一）刑事程序和刑事惩罚的门槛问题

美国在其成立专家组的请求书中指出，中国刑法第213条（假冒注册商标罪）、第214条（销售假冒注册商标的商品罪）和第215条（非法制造、销售非法制造的注册商标标识罪）规定某些侵犯商标的行为构成犯罪，但是，这些条款都设定了门槛，即“情节严重”、“情节特别严重”，或“销售金额数额较大”、“销售金额数额巨大”；中国刑法第217条（侵犯著作权罪）和第218条（销售侵权复制品罪）规定了某些盗版行为构成犯罪，但第217条规定这些行为必须满足“违法所得数额较大或者有其他严重情节”或“违法所得数额巨大或者有其他特别严重情节”的条件，第218条要求这些行为必须符合“违法所得数额巨大”的条件。美国认为，由于这些门槛的设定，一些达到商业规模的恶意商标侵权行为和盗版行为不能适用刑罚，中国刑罚中的有期徒刑和/或罚金惩罚对这些侵权行为也起不到威慑作用；由于这些门槛，中国没有满足TRIPs协定第三部分执行措施的要求，没有在法律中规定有效的措施以制止商业规模的恶意冒牌和盗版行为。因此，中国的措施不符合TRIPs协定第61条和第41.1条的规定。

### （二）对海关没收的侵犯知识产权商品的处理

美国认为，中国《海关保护条例》第27条、《〈海关保护条例〉实施办法》第30条和海关总署2007年第16号公告对没收的侵犯知识产权的货物的处理规定了顺序，在这种顺序之下，海关有义务优先适用拍卖等方式，只有在无法完全去除侵权标志时才必须销毁货物。美国认为，这种处理方式使侵权商品通过拍卖等方式回到商业渠道，违反了TRIPs协定第46条的规定；同时，这种设定顺序的方式似乎意味着海关缺乏依

---

① 本文系教育部人文社科重点研究基地重大项目《WTO协议在我国实施中的重大法律问题》（01JAZJD820003）的阶段性成果之一。

据 TRIPs 协定第 46 条命令销毁侵权货物的权威，因此，这种措施也不符合 TRIPs 协定第 59 条的规定。

**（三）拒绝给予未经批准出版或发行的作品以版权和相关权利的保护**

美国这一指控主要针对中国《著作权法》第 4 条第 1 款，该款规定："依法禁止出版、传播的作品，不受本法保护。"美国认为，该款规定使那些被禁止出版或发行的作品的作者不能享受《伯尔尼公约》(1971) 第 5.1 条规定的权利，这种拒绝给予版权保护的规定违反了 TRIPs 协定第 9.1 条的规定；另外，《伯尔尼公约》第 5.2 条规定，权利人享有《伯尔尼公约》第 5.1 条规定的权利不需要履行任何手续，中国《著作权法》第 4 条规定将给予作品版权保护与作品出版前或发行前审查这一手续结合起来，违反了《伯尔尼公约》的这一规定，并进而违反了 TRIPs 协定第 9.1 条的规定；由于第 4 条的规定还拒绝给予这些作品的表演者（或其录像制作者）和录音制作者的相关权利（相邻权）以保护，因此，该条与中国承担的 TRIPs 协定第 14 条项下的义务不符；再次，该规定似乎为中国国民的作品、表演（或其录像品）和录音制定了不同于外国作品、表演（或其录像）和录音的出版或发行前的审查措施，这种不同的措施似乎导致了给予前者更有利的保护，因此不符合 TRIPs 协定第 3.1 条的规定；最后，中国《著作权法》第 4 条（独立或与其他有关规定、措施一起）实际上使那些没有得到许可或被禁止的作品、表演或录音的版权实施成为不可能，这样，中国没有满足 TRIPs 协定第三部分规定的"WTO 成员应保证本部分所规定的执法程序依照其国内法可以行之有效，以便能够采用有效措施制止任何侵犯本协定所包含的知识产权的行为"，以及在一些版权侵权中适用刑事程序和刑事惩罚的义务；这些规定违反了中国根据 TRIPs 协定第 41.1 条和第 61 条所承担的义务。

**（四）争端解决进程**

2007 年 9 月 25 日，争端解决机构 (DSB) 正式通过了设立专家组的决定。12 月 13 日 WTO 总干事任命新西兰气候变化大使、乌拉圭回合谈判期间有关争端解决谈判的新西兰代表 Adrian Macey，世界知识产权组织前副总干事、智利律师 Marino Porzio 和新加坡首席检察官办公室高级国家政策顾问 Sivakant Tiwari 组成专家组。① 阿根廷、澳大利亚、巴西、加拿大、欧共体、印度、日本、韩国、墨西哥、中国台北、泰国和土耳其作为第三方参与本争端。专家组于 2008 年 10 月 9 日向争端当事各方提交中期报告，并于 11 月 13 日提交最终报告，2009 年 1 月 26 日专家组报告向 WTO 各成员公布，对三项争议措施分别做出了裁决，专家组主要裁定包括：

第一，中国《著作权法》，特别是第 4 条第 1 句违反了 TRIPs 协定第 9.1 条所纳入的《伯尔尼公约》第 5 (1) 条以及 TRIPs 协定第 41.1 条的规定；

第二，中国有关海关措施违反了 TRIPs 协定第 59 条所纳入的 TRIPs 协定第 46 条第 4 句设立的原则；

第三，驳回美国关于中国的刑事门槛违反 TRIPs 协定第 61 条第 1 句义务的指控。

专家组建议中国根据裁定修订其《著作权法》和海关措施中的相关内容，使之符合中国在 TRIPs 协定项下的义务。②

2009 年 3 月 20 日，争端解决机构召开会议审查通过专家组报告，美国表示不上诉并要求通过该专家组报告，中方也就此发表声明，3 月 27 日，中美双方均未提出上诉。3 月 29 日，争端解决机构正式通过了这一专家组报告，自此本案进入执行阶段。

## 二、本案的主要影响

2007 年美国向 WTO 诉中国"影响知识产权保护和执法的措施案"，是美国在 WTO 针对中国提出的

---

① China－Measures Affecting the Protection and Enforcement of Intellectual Property Rights－Constitution of the Panel Established at the Request of the United States－Note by the Secretariat，WT/DS362/8，http：//www.wto.org/english/tratop_e/dispu_e/cases_e/ds362_e.htm.

② China－Measures Affecting the Protection and Enforcement of Intellectual Property Rights，WT/DS362/R，Report of the Panel，circulated on 26 January 2009.

第一起有关知识产权的诉讼，也是 WTO 成立专家组处理涉及 TRIPs 协定执法条款的第一个案件。它既是美国在单边和双边手段力不从心后启动多边机制在知识产权保护和执法问题上对中国施加新的压力，又是以美国为代表的发达国家近些年来加速推进“超 TRIPs 协定执法标准”的新举措，其结果将不仅对中美贸易关系产生重大影响，而且对 TRIPs 协定所确定的知识产权保护与执法的全球性最低标准造成直接挑战，进而会对发展中国家与发达国家围绕知识产权保护与执法标准的“世界性论战”产生意义深远而复杂的影响。

**（一）对美国的主要影响**

在专家组报告公布前，有学者对案件结果和影响做了分析和预测，主要认为美方由于 TRIPs 协定相关条款的灵活性和模糊性、缺少先例以及证据不足等而处于不利地位。① 有美国学者质疑美国提出申诉的时机是否成熟。② 对于美国而言，最大的问题是缺乏先例。此前，美国曾向 WTO 提起了四起③涉及知识产权执法的争端，但都没有进入专家组程序，而在磋商阶段就达成了解决。由于 TRIPs 协定规定的是执法的最低标准，各 WTO 成员可以依据自己的实际情况确定适当的知识产权执法措施，因此，在没有先例对 TRIPs 协定做出解释的情况下，很难证明中国知识产权执法措施违反 TRIPs 协定。④ 其次，即使美国能够获得专家组的支持，诉讼的实际效果不一定明显。以海关措施为例，美国认为中国海关拍卖侵权货物的措施不符合 TRIPs 协定，中国可以修改法律废除这一规定，因为争议措施在实践中本来就很少使用，但修改个别规定的做法对于改善知识产权执法不力并不会有特别显著的效果。⑤ 最后，一旦中国在诉讼中获胜，这一专家组报告的结论将对国际贸易秩序产生重要的影响。专家组报告的结论会建立在对 TRIPs 协定最低标准的解释上，这种解释会与美国在诉讼中提出知识产权执法措施对侵权行为“不构成充分的威慑”的主张冲突。毫无疑问，如果专家组最终支持了中国，广大发展中国家会从中受益，而知识产权的主要持有者发达国家则会因此受到影响。另外，有专家认为案件判决可能引起的贸易报复会影响中美两国的经贸关系，从而认为美国在向 WTO 申诉时应采取更谨慎的态度。⑥

2009 年 1 月 26 日，专家组报告刚刚发布，美国贸易代表（USTR）就迅速宣布美方获得了“重大胜利”，专家组报告指出了中国知识产权保护不充分，在一些重要问题上不符合 TRIPs 协定的义务。⑦ 随后，媒体也相继以“美国赢得对华知识产权诉讼”为题进行报道。⑧ 然而在一片看似欢欣鼓舞的气氛当中，法律专家们却不约而同地发出了另外一种声音。加拿大法学教授、著名知识产权专家米歇尔·吉斯特（Michael Geist）指出，任何读完了专家组报告的人都会发现，美国在这场诉讼中不但没赢，反而输得很惨（lost badly）。因为在案件最重要的问题——刑事门槛和海关措施上，几乎中国的所有法律都被认可。这种结果对美

① T. E Volper，*TRIPs Enforcement in China：A Case for Judicial Transparency*，in Brooklyn Journal of International Law，Vol. 33，2007，No. 1，pp336－340.

② Konstantina K. Athanasakou：*China IPR Enforcement：Hard As Steel or Soft as Tofu? Bringing the Question To The WTO Under TRIPs*，in Georgetown Journal of International Law，Vol. 39，2007，p236.

③ 美国诉丹麦影响知识产权执法案（DS83）、美国诉瑞典影响知识产权执法案（DS86）、美国诉欧共体电影和电视节目的知识产权执法案（DS124）和美国诉希腊电影和电视节目的知识产权执法案（DS125）。

④ Konstantina K. Athanasakou：*China IPR Enforcement：Hard As Steel or Soft as Tofu? Bringing the Question To The WTO Under TRIPs*，in Georgetown Journal of International Law，Vol. 39，2007，pp237－240.

⑤ Ibid，p240.

⑥ T. E Volper，*TRIPs Enforcement in China：A Case for Judicial Transparency*，in Brooklyn Journal of International Law，Vol. 33，2007，No. 1，p. 332.

⑦ United States Wins WTO Dispute over Deficiencies in China's Intellectual Property Rights Laws，http：//www. ustr. gov/assets/Document _ Library/Press _ Releases/2009/January/asset _ upload _ file105 _ 15317. pdf.

⑧ See *US claims victory in WTO complaint on China piracy*，http：//uk. reuters. com/article/mediaNews/idUKN2651177820090126；*China vows to help WTO on piracy*，http：//news. bbc. co. uk/2/hi/asia－pacific/7853016. stm.

国来说无疑是重大失败。[①] 英国欧华律师事务所北京代表处的美国律师 Stan Abrams 认为，认为这场判决能对缩小中美贸易逆差起作用是很可笑的想法，美国产业很难从中获得实质性的利益。[②]《福布斯》杂志刊发题为"WTO 针对中国知识产权的判决：雷声大，雨点小"的评论，讽刺"美国欢呼 WTO 的裁决内容空泛且为时尚早"，评论援引美国律师史蒂夫·迪金森（Steve Dickinson）的说法，"美国所赢的不过是些非常技术性的问题，没有实际意义。在此案唯一重要的刑事处罚门槛问题上，美国输了。这意味着美国在这起诉讼中，竹篮打水一场空。"迪金森在另一篇文章中还认为，美国政府或许一开始就明了无法在刑事处罚门槛问题获胜，但为讨好美国媒体出版产业和应对国会压力，只好"明知不可而为之"。[③]

**（二）对中国的主要影响**

1. 对中国知识产权保护与执法的影响

首先，在对中国海关执法措施的认定上，专家组明确指出，中国的执法措施高于 TRIPs 协定规定的最低标准。因为 TRIPs 协定规定的边境措施只适用于进口货物，而中国的海关执法不仅适用于进口货物，也适用于出口货物。这是对中国知识产权海关执法保护体系的肯定。

其次，在对 TRIPs 协定条款的解释上，专家组强调了 TRIPs 协定顺应各成员国法律制度与发展水平差异的重要灵活性。在解释第 59 条时，专家组认为该条款没有规定 WTO 成员主管当局只能实施某些特定的救济方式，第 59 条"处置侵权货物"的规定，实际使成员主管当局有权在国内法授权的范围内决定采取任何一种具体的措施。在解释第 61 条刑事措施的规定时，专家组强调在认定盗版或假冒行为是否构成"具有商业规模"时，应当从成员的实际情况出发，通过具体国情、相关市场和产品等因素综合考虑。在涉及刑事措施这类与国家安全有关的争端时，专家组认为，还应当考虑国家主权。

最后，专家组肯定了知识产权的私权性质，这与 TRIPs 协定强调民事保护的特点一致。在认定海关措施时，专家组特别提到了知识产权海关执法措施程序的启动以申请为前提，海关没有义务主动启动执法程序，从而使政府可以避免承诺对知识产权侵权采取直接行动。尽管知识产权保护与执法的确依赖国家强制力，但知识产权保护的实施仍然主要依靠权利人，至少应当由权利人提出请求并承担执法费用。

综上所述，在海关执法措施上，中国基本获得了胜利，美国只得到了微弱的支持；而在刑事处罚门槛问题上，中国大获全胜。美国没有达到通过这起诉讼迫使中国提高知识产权执法标准的目的。无论如何，在知识产权保护方面，我国不会也不应当因西方发达国家的压力而被动采取不符合中国实际情况和发展水平的知识产权执法与保护措施，否则不但会浪费执法资源，加重执法部门的负担，更有可能危及国内的技术创新和经济发展。

对中国来说，从短期来看，作为本案的当事方，中国应尽快履行 WTO 争端解决机构的裁决，积极准备应对美国提出中国执行不力的指责，甚至贸易报复的威胁。从长远来看，中国完善包括执法措施在内的知识产权保护体系，不是发达国家压力的结果，而是自身发展的需要。实施知识产权战略，是提高自主创新能力、建设创新型国家、促进国民经济又好又快发展、实现全面建成小康社会奋斗目标的重大战略抉择。我国应当根据国家经济和社会发展的目标，健全有利于我国社会主义市场经济建设与长远发展的知识产权保护体系。

2. 对中国参与 WTO 争端解决活动的影响

首先，加强了中国在 WTO 处理贸易纠纷的信心，有助于今后更积极地运用 WTO 规则。加入 WTO 的

---

① Michael Geist：*Why the U. S. Lost Its WTO IP Complaint against China badly*，http：//www. michaelgeist. ca/content/view/3645/125/.

② Stan Abrams：*U. S. —China WTO IP Dispute IV — final thoughts*，http：//www. chinahearsay. com/us—china—wto—ip—dispute—iv—final—thoughts/.

③ *Tina Wang*：*WTO's China Piracy Ruling*：*All Bark and No Bite*，http：//www. forbes. com/2009/01/27/china—wto—piracy—markets—equity—0127 _ markets2. html.

8年多来，中国已经基本度过过渡期完全进入全球多边贸易体制，逐渐从旁观者转变为参与者，日益频繁地成为在WTO争端解决活动中的原告或被告。中国逐渐了解和熟悉WTO规则，积极应诉，充分准备，运用规则维护国家和企业利益。这次争端，是中国首次运用WTO规则解决中美贸易摩擦中的知识产权保护问题，结果令人满意。通过诉讼，中国明确了在WTO体系下自身应承担的知识产权执法义务，更深入地认识了争端解决机构解释协定的规则，在参与WTO活动、运用国际规则方面又近了一步。在世界经济形势较为困难的情况下，中国在未来一段时间内可能遭遇更多有关知识产权保护的诉讼，也同样应当以积极的态度去对待，也可以主动出击，运用国际规则维护自身权益，在国际贸易争端中占据主动。

其次，注意证据和资料的收集。要在诉讼中占据主动，掌握大量具有说服力的证据是极为关键的。在本案中，专家组之所以没有支持美国有关刑事处罚门槛的主张，一个主要的原因是由于美国提出的证据不足。专家组特别指出，仅仅以报刊文章、新闻报道作为证据是不够的。在今后的诉讼中，中国应当进行充分的调查取证，特别注意实质性证据的收集。

**（三）对国际知识产权执法机制和贸易体系的影响**

鉴于各国实际发展水平的差异，在制定全球统一的知识产权保护最低标准时，TRIPs协定为WTO各成员留有较大的政策空间，使各成员能够依照自己的实际情况制定最适当的知识产权执法措施。发达国家及其利益集团认为最低标准的规定不能提供充分的知识产权保护，因而竭力在多边、区域和双边场合掀起了另一轮制定全球知识产权执法标准的谈判，企图建立规则更严格，适用更广泛的超TRIPs执法标准。这次美国起诉中国，也是其启动多边机制，希望通过WTO争端解决机构的裁决建立新的全球知识产权执法标准的一次尝试。本案涉及的海关执法措施和刑事执法措施，正是发达国家主要关注的两大问题。

在海关执法方面，特别值得注意的是通过国际海关组织（WCO）制定的海关统一知识产权执法的临时标准（以下简称SECURE）草案。SECURE草案中包含的执法范围和力度大大超过了任何以前的由TRIPs为代表的国际协议。例如，海关执法措施的适用范围由TRIPs协定第51条规定的“进口货物”扩展到“包括进口、出口、运输、仓储、转运及免税店的货物”，由“商标盗版和版权侵权货物”扩展到“涉及其他知识产权的货物”。在救济措施方面，SECURE改变了TRIPs协定第59条规定的有权当局可以处置或销毁货物的规定，而规定所有侵权货物都应当被销毁。① 在刑事执法措施方面，尽管TRIPs协定第61条只对蓄意的版权盗版和商标假冒规定了刑事执法措施，但发达国家往往要求将刑事执法措施扩展到其他知识产权侵权行为上来，完全忽视不同的侵权行为性质上的差异，并要求将权利持有人应负担的举证责任转移到政府。尽管美国和欧盟自身的法律也并没有将专利侵权纳入刑事处罚范围之内。将刑事处罚措施扩大到其他知识产权侵权类型上去，还可能导致过度保护和执法措施的滥用。②

发达国家要求提高全球知识产权执法标准的主张和广大发展中国家要求坚持TRIPs协定最低标准的立场，导致了一场关于知识产权执法标准的全球性大辩论，目前这场辩论中的观点越来越趋于两极化，以发达国家及其企业为代表的一方认为，应当大力强化知识产权执法，实施超TRIPs的执法标准。发展中国家反对这一主张。支持强化知识产权执法的人认为，更高标准的知识产权执法措施会使所有国家（包括发展中国家）从中受益，例如国家可以获得更多的税收，创造更多就业机会以及吸引更多的外国投资。③ 据认为这一主张缺乏确实证据支持，特别是对于发展中国家而言。发展中国家强化知识产权执法措施，也许可以使一部分知识产权持有人和公司获益，但国家因此获得的利益可能不能弥补由此产生的投入。此外，发展中国家的

---

① Xuan Li，*SECURE：A Critical Analysis and Call for Action*，South Bulletin. Reflections and Foresights，16 May 2008，Issue 15，http：//www.southcentre.org.

② Carlos M. Correa：*The Push for Stronger Enforcement Rules：Implications for Developing Countries*，in The Global Debate on the Enforcement of Intellectual Property Rights and Developing Countries，pp41－43，http：//ictsd.net/i/publications/42762/.

③ S. Liebowitz and R. Watt，*How to best ensure remuneration for creators in the market for music? Copyright and its alternatives*，in M. McAleer and L. Oxley，Economic and legal issues in intellectual property，Blackwell，2007，pp. 31－63.

经济也可能因为过高的知识产权保护标准而受到影响。因为过于严格的知识产权执法意味着企业将花费大量财力物力人力进行相关的法律程序和法律活动，这可能是发展中国家的市场所不能负担的。对于发展中国家的人民来说，他们更关心的问题可能在于教育、医疗、公共健康等问题，国家必须保证将其有限的社会资源投入到能够最大程度确保公众利益的领域中去。① 换句话说，关于知识产权执法的讨论焦点在于在贯彻知识产权执法标准和分配知识产权执法资源时，如何在私权和社会公共利益之间达成适当的平衡。应当认识到，知识产权执法不是一个孤立存在的问题，关于知识产权执法的国际性讨论实际上是一个更广泛议题的一部分，即如何在现有知识产权体系与其面临的挑战之间寻求平衡，以确保知识产权保护体系给各国带来的利益高于维持体系的消耗，特别是应确保那些近年来大力发展和改进了自身知识产权保护体系的发展中国家的利益。②

从本案结果来看，专家组在解释 TRIPs 协定所规定的最低标准时，相当谨慎。专家组报告强调了 TRIPs 协定，特别是第三部分关于执法措施的义务，具有很强的灵活性，WTO 成员可以运用自由裁量权并制定符合最优要求的执法措施，同时对 TRIPs 协定相关条款以及术语含义的认定，应当充分考虑成员的实际情况。专家组报告无意创立全球知识产权执法的新标准，相反，作为涉及 TRIPs 协定执法措施的第一个专家组报告，它对 TRIPs 协定的解释，澄清了 TRIPs 协定在执法方面的一些规定，为今后 WTO 成员更好地履行协定义务提供了条件，为今后类似案件提供了不可忽视的先例，在一定程度上限制了发达国家在多边贸易体制内寻求超 TRIPs 执法标准的行径，对发展中国家坚持知识产权保护和执法的最低标准提供了支持。

值得注意的是，WTO 争端解决机构的这一裁决，可能使发达国家重新采取主要通过双边和区域贸易协定提高知识产权保护的做法。在专家组报告公布之前，就有美国专家声称，一旦中国在本争端中获胜，TRIPs 协定的可靠性和有效性将受到影响，暗示美国将会降低对 TRIPs 协定和 WTO 争端解决机构的信任，指出要解决与中国的知识产权争端与摩擦，中美商业和贸易联合委员会（JCCT）和其他双边机制可能更为实用和有效。③ 当前双边及区域贸易协定的竞相发展，已经对以 WTO 为基础的全球多边贸易体制造成了冲击和侵蚀。必须警惕双边和区域贸易协定对 TRIPs 协定确立的全球知识产权保护和执法的最低标准的修改与挑战。

---

① Carlos M. Correa：*The Push for Stronger Enforcement Rules：Implications for Developing Countries*，in The Global Debate on the Enforcement of Intellectual Property Rights and Developing Countries，p59，http：//ictsd. net/i/publications/42762/.

② Carsten Fink，Enforcing Intellectual Property Rights：an Economic Perspective，in The Global Debate on the Enforcement of Intellectual Property Rights and Developing Countries，p1，http：//ictsd. net/i/publications/42762/.

③ T. E Volper，*TRIPs Enforcement in China：A Case for Judicial Transparency*，in Brooklyn Journal of International Law，Vol. 33，2007，No. 1，pp336－340.

# 第二篇　中国与 WTO

# WTO对中国贸易政策审议

## ——2008年WTO第二次对华审议情况

### 一、WTO贸易政策审议简介

贸易政策审议机制（Trade Policy Review Mechanism，TPRM）是乌拉圭回合多边贸易谈判的一项成果，目的是对WTO成员的贸易政策和做法及其对多边贸易体制的影响进行定期的集体审议和评估，以促进所有成员更好地遵守根据多边贸易协议及适用的诸边贸易协议所制定的规则、纪律和承诺。

所有WTO成员都要接受审议。每个成员审议的频率取决于它对多边贸易体制的影响程度。贸易额排在全球前四位的成员每两年审议一次，其后的16个成员每四年审议一次，余下的成员每六年审议一次，对最不发达国家的审议可以间隔更长。

WTO贸易政策审议机构对每个成员的审议以两份报告为基础进行。一份是WTO秘书处负责撰写的被审议成员的贸易政策报告，又称秘书处报告；另一份是接受审议成员所做的政策声明。秘书处报告分为四章，分别是贸易政策的宏观环境、贸易投资政策的基本框架、贸易措施具体分类、重点部门的贸易政策措施。政策声明主要是概述贸易政策的目标和主要方向，也可以对经济形势、主要趋势和问题做简要介绍。审议会议在瑞士日内瓦WTO总部进行。会议前后，接受审议成员还需要对其他成员就其经济贸易政策措施提出的问题做书面答复。

贸易政策审议的价值主要体现在两个方面：首先，它是WTO全体成员对一个成员贸易政策的所有方面进行审议的唯一场合。其他成员既可以对接受审议成员贸易和经济形势进行客观和独立的评估，又可以就其与贸易有关的政策进行讨论和澄清，获得信息，表达关注。其次，接受审议的成员也可以从中受益。在许多国家，审议有助于加强国内各部门之间对与贸易有关的政策的讨论和合作，提高对WTO义务的重视。

### 二、WTO对中国第二次贸易政策审议的基本情况

加入WTO以来，中国已经接受了两次WTO的贸易政策审议。首次审议于2006年4月19～21日举行。此后，由于中国贸易量已跻身世界四强，因此，对中国的贸易政策审议频率也改为了两年一次。2008年5月21～23日，WTO对中国进行了第二次贸易政策审议。目前，第三次审议的时间也已经确定，准备工作正在紧张进行。

WTO对中国的首次贸易政策审议重点回顾了我国履行加入WTO承诺情况。WTO成员对我国改革开放以来，尤其是加入WTO后，继续不断深化改革、扩大开放、认真履行加入承诺、推进贸易自由化给予了高度评价；对我国在发展国民经济、扩大对外贸易、提高人民生活水平和减少贫困方面取得的成绩表示祝贺。审议会议讨论引导人新加坡大使葛福尔在总结中提到：“世界经济正在经历一场革命，因为中国引领的亚洲正重新发挥出其在历史上曾经起到过的中心作用。”

2008年5月21～23日，WTO贸易政策审议机构在瑞士日内瓦WTO总部召开全会，对中国进行了第二次审议。在此之前，审议的准备工作自2007年2月就已经启动。准备过程中，商务部牵头国务院近20多个部门与WTO秘书处进行了数十场密集会谈，向秘书处提供了大量信息和数据，努力使秘书处撰写的《中国贸易政策报告》（简称“秘书处报告”）能清晰、准确地反映2006年以来我国各领域继续改革和开放的情况。商务部还向WTO提交了《中国政府政策声明》，对我国经济贸易的发展情况和经贸政策的最新变化做了全面说明。

此外，审议会议前两周开始，共有20个WTO成员就我国经济、贸易政策的各个方面陆续提出约900个书面问题。这些问题中一大部分的答复在会议开始前就已经完成，并向WTO提交，以便有关成员在审议会议上与我国展开讨论。

出席WTO对我国第二次贸易政策审议会议的中国代表团由商务部部长助理仇鸿同志率领，代表团成员包括来自商务部、发展与改革委员会、财政

部、人民银行、税务总局、质检总局、国务院法制办等部门的官员。

2008年5月21日上午，审议会议开幕，中国代表团团长、商务部部长助理仇鸿做开场发言。她全面介绍了自首次审议以来中国经济和贸易的发展情况、中国政府在转变经济和贸易增长方式方面所做的工作，着重阐述了中国互利共赢的对外开放战略和在多边贸易体制、多哈回合谈判、区域和双边经济贸易关系等问题上的立场。

仇鸿表示，中国经济成功地保持了平稳快速增长的势头，中国政府在国有企业、金融、财税和行政管理体制改革等方面迈出重大步伐，中国的市场经济体制更加完善，开放型经济进入新阶段。这些成就的取得，是中国继续坚定不移地坚持改革开放政策的结果。

在贸易政策领域，近两年来，中国进一步降低了关税和取消非关税壁垒；推进贸易与投资自由化和便利化；扩大服务贸易开放；增强贸易政策透明度；保护知识产权；进一步推进汇率形成机制的改革，增强人民币汇率弹性；积极支持以WTO为代表的多边贸易体制，在多哈回合中发挥建设性作用，同时将区域和双边贸易安排作为多边贸易体制的重要补充；继续加大对发展中成员、特别是最不发达成员的援助力度。

针对中国经济发展中存在的一些深层次矛盾和问题，如产业结构不合理、自主创新能力不足、投资与出口和消费在拉动经济增长方面的作用不协调、经济增长方式粗放、城乡和地区发展不平衡、贸易顺差过大等，仇鸿重点介绍了近年来中国政府在转变经济和贸易增长方式方面所做的努力，包括加快发展服务业；发展高新技术产业、鼓励自主创新；积极扩大内需特别是消费需求；加强节能减排和资源环境保护力度；加大对农业投入、促进农村发展、继续实施西部大开发和东北振兴战略等。

仇鸿部长助理发言后，30多个成员相继发言，对中国过去几年来在经济和社会发展方面所取得的成就表示赞赏，对改革开放政策给予高度评价，对中国在推动世界经济稳定发展和在多边贸易体制中的积极作用给予了充分肯定。

巴西大使在发言中表示，中国不仅在经济、贸易、金融等领域发展取得骄人成就，更可喜的是，中国政府已将这种经济增长的成果转化成社会事业的快速进步。

印度、东盟、澳大利亚、新西兰、马里、尼日利亚等成员表示，中国通过“十一五规划”的实施，提高环保力度、缩小收入差距、努力消除贫困、采取互利共赢的开放政策，将造福于中国人民，也为其他WTO成员带来福祉。

美、欧、日等成员则表示，中国在过去两年中在增加贸易体制透明度、知识产权保护等问题方面取得的进步令人欣慰。但是，随着双边贸易快速增长，他们与中国双边贸易中也面临着一些矛盾。通过透明和公平的规则来确保双方机会平等至关重要。中国必须保持市场开放，并按照WTO规则向成员提供公平和非歧视的市场准入机会，这是中国的WTO义务。

加拿大、巴西、智利和东盟等成员表示，中国已成为世界经济发展的重要推动力，改革开放不仅使中国发生了巨大变化，也为世界经济的发展做出了贡献。加拿大表示，正是由于中国加入WTO，WTO才真正成为世界性组织。智利代表特别指出：“要感谢中国使我们大家的生活都变得更加美好!”

瑞士表示，中国加入WTO后商业环境大幅改善，大多数在华瑞士企业对中国的商业环境表示满意。

巴巴多斯赞赏中国在WTO中积极维护发展中国家特别是最不发达国家的利益。尼日利亚和刚果等多个非洲成员就我国对发展中国家的无私援助表示感谢。

美国、欧盟、日本和部分发达国家成员也利用审议的机会，就产业政策、技术标准、知识产权保护、贸易政策的透明度、政府采购、出口限制等问题向中国表达了一系列的关注，要求更多地了解中国在这些领域政策措施的初衷、具体实施的情况以及与WTO规则的一致性。

例如，它们认为，中国实行的产业政策是对市场经济不应有的干预，特别是汽车和钢铁产业政策，其中存在着大规模的扭曲自由贸易和公平竞争的政府补贴，对外资企业和外国产品构成歧视；中国的国家标准未与国际标准充分接轨，中国强制推行TD-SCDMA等重要标准不符合国际惯例；中国政府在实施出口配额和出口关税的同时，并没有对国内生产和消费进行同样的限制，因而不符合

WTO的规定。此外，知识产权保护力度、贸易政策透明度仍亟待加强，加入WTO《政府采购协定》步伐较慢和进一步开放服务业市场等问题也成为这些成员关注的焦点。

中国代表团与WTO成员就他们关心的中国经济贸易政策各方面的问题展开了讨论，充分交换了意见，同时对个别成员对我国一些政策的偏见予以了坚决反驳。比如，在产业政策、国家标准战略等问题上，我们认为，问题的关键应该是中国在这些领域出台的各项具体政策措施是不是符合相关的WTO规则，个别成员对此不加客观分析，而是笼统地进行批评，甚至无中生有，这种做法是我们不能接受的。加入WTO以来，中国政府认真履行了加入时做出的承诺，对出台的政策措施与WTO规则一致性问题高度重视，把关十分严格。也正因为如此，国际社会对中国加入WTO以来的表现给予了很高的评价。

为期两天的审议结束时，会议主席尼日利亚大使阿加高度赞赏了中国为审议所做的充分准备和对成员问题的认真答复，希望WTO成员在参加其他成员的审议时也能够像参与对中国的审议那样积极踊跃，使审议达到同样高的质量和水平。

## 三、第二次贸易政策审议的一些启示

随着改革开放不断深入，经济实力日趋增长，中国已成为世界经济和贸易舞台上一支十分重要的力量，同时，中国加入WTO也已有时日，伴随着加入WTO"过渡期"的结束，我们在WTO中的位置，WTO成员看待中国的眼光与刚加入的时候相比，也在悄然发生变化。在这方面，第二次贸易政策审议颇给了我们一些启示。

第一，WTO成员开始以新的角度看待中国。此次审议与2006年首次贸易政策审议的一个主要不同点是，随着中国完全履行了入世承诺，美欧等主要WTO成员对中国贸易政策的关注重点开始转向中国国内经济及贸易政策与WTO规则的一致性方面，以及中国在世界经济和多边贸易体制中的作用。美欧在会上表示，中国入世过渡期已经结束，已经是"真正意义上的WTO成员"，因此应当"完全按规章办事"；中国是多边贸易体制的"最大受益者"，随着中国在世界经济和多边贸易体制中的重要性不断提高，中国的责任也应该不断增加，特别是在多哈回合中发挥更大的"领导作用"。

第二，中国一些重大的经济和产业发展措施越来越成为WTO成员衡量我国改革开放步伐的"温度计"。部分成员认为，中国现行的宏观经济和贸易政策，如汇率政策、产业政策、技术标准和补贴使中国的经济和贸易体制似乎更具有限制性，显现改革放缓的迹象。同时，美国、欧盟、日本、韩国等成员认为中国服务业和政府采购市场的开放滞后，希望中国加速开放进程。

第三，中国在全球贸易中的迅速崛起，一方面，使美欧等成员感到中国的发展对他们长期所拥有的优势和所倡导的经济社会发展模式形成挑战和威胁；另一方面，中国与发展中国家和最不发达国家双边贸易中的问题也开始显现。如巴西在会上指出，中国出口的劳动密集型产品使巴西相同产业的生产和就业面临巨大威胁。作为非洲联盟成员的科特迪瓦在会上要求中国设法改善与非洲国家的贸易结构，多从非洲国家进口工业制成品等。

贸易政策审议机制是WTO成员相互之间就各自贸易政策进行充分交流的很好的场所。随着中国改革开放的不断深入，中国在国际经贸事务中的参与程度日益加深，我们需要贸易政策审议机制这样一个场合来聆听世界对我们的声音。我们也需要这个窗口来阐述和澄清我们的立场和观点，消除误解，求同存异。我们应该充分利用好贸易政策审议这个平台，努力为营造我国经济贸易发展的良好国际环境做出贡献。

（中华人民共和国商务部世界贸易组织司　柴小林）

# 中国进口许可证制度情况

进口许可证制度是指一国为加强对外贸易管制，规定某些商品的进口需由进口商向进口国有关部门提出申请，经过审查批准获得许可后方可进口的一种制度。

各国实施的进口许可证制度通常分为两种：一是自动进口许可证，通常是基于统计目的，有时也基于监测目的，为政府提供可能损害国内工业的重要敏感产品的进口情况。自动进口许可管理商品属自由进口货物，无数量限制，进口商只要申请，就可进口。二是特种进口许可证，对列入特种进口许可证管理的商品，进口商必须向有关部门提出申请，经审核批准并发给许可证后，才能进口。通常情况下，特种进口许可证是与数量限制结合使用的，即进口国主管部门或按照商品来源的国别和地区，或按进口商申请的先后，在总的进口限额中批准给予一定的额度，取得进口配额的进口商才能取得进口许可证，才得以进口。

加入世贸组织以来，中国根据世贸组织有关规定以及中国外贸管理的需要，建立了一套符合中国国情的进口许可证制度。在保障供应、维护国内产业安全、保护环境安全等方面发挥了积极作用。

## 一、中国进口许可证制度法律法规体系

加入世贸组织以来，为适应经济全球化和我国外贸发展的新要求，中国修订了相关法律，并对此前分散在不同管理部门的规章进行了清理和整合，按照世贸组织的透明度要求，以正式的规范性法律文件取代非规范性的内部文件，逐步废止以内部文件形式存在的规章，从而建立了一套完整的进口许可证管理法律法规体系。目前，中国颁布实行了《对外贸易法》、《货物进出口管理条例》、《货物自动进口许可管理办法》、《货物进口许可证管理办法》，初步形成了三级法律法规体系，进口许可证管理更为统一、规范和透明。

## 二、中国自动进口许可证管理

根据《对外贸易法》第 15 条，基于监测货物进口情况的需要，我国对部分自由进口货物实行自动进口许可管理。与特种进口许可证管理不同，自动进口许可中的申请与许可只具有程序上的意义。实施自动进口许可主要是因为我国大量的非关税措施在相对较短的时间内被废止，需要监测相关货物的进口情况，及时提供预警信息。此外，对这些商品进口的监测也有助于及时了解和把握其对国内产业和市场的影响。

加入世贸组织以来，我国自动进口许可证制度逐步实现了六统一：一是管理部门的统一，由此前的分散在国家经贸委、外经贸部管理到统一归口至商务部管理；二是管理办法的统一，由此前各管理部门分别制定管理办法到由商务部会同海关部署共同出台《货物自动进口许可管理办法》；三是管理目录的统一，由此前国家经贸委、外经贸部管理分别公布目录到商务部统一制定、公布并修订自动进口许可管理目录；四是自动进口许可证单证的统一，由此前国家经贸委的《重要工业品自动进口许可证》和外经贸部管理《自动进口许可证》统一至商务部管理的《中华人民共和国自动进口许可证》；五是一般商品和机电商品管理的统一，由此前的一般商品和机电商品分而治之到所有商品统一管理；六是内外资企业管理的统一，由此前对内资企业、外资企业不同的管理模式到内外资企业统一管理。

加入世贸组织之初，随着我国配额管理商品的逐步减少，自动进口许可管理商品呈逐年增加之势。至 2006 年，我国实行自动进口许可管理的商品主要包括铜精矿、植物油、铁矿砂、原油、成品油、化肥、钢材等 29 种一般商品，以及包括汽车、光盘生产设备内的机电商品，共计 1531 个税目，约占全国商品总税目约 12%。此后，我国进一步实施贸易便利化，陆续减少了酒、石棉、合成橡胶、化纤布、农药、聚酯切片、汽车轮胎、涤纶、腈纶、钢材、钢坯、塑料原料等多种商品的自动许可管理。至 2009 年，我国实行自动进口许可管理的商品仅 19 种商品，共计 691 个税目，约占全国商品总税目约 6%。

## 三、中国特种进口许可证管理制度

根据《对外贸易法》，国家基于以下原因，可对某些商品实行进口许可证管理：一是为维护国家安全、社会公共利益或者公共道德，需要限制进口的；二是为保护人的健康或者安全，保护动物、植物的生命或者健康，保护环境需要限制进口的；三是为实施与黄金或者白银进出口有关的措施，需要限制进口的；四是为建立或者加快建立国内特定产业，需要限制进口的；五是对任何形式的农业、牧业、渔业产品有必要限制进口的；六是为保障国家国际金融地位和国际收支平衡，需要限制进口的；七是依照法律、行政法规的规定，其他需要限制进口的；八是根据我国缔结或者参加的国际条约、协定的规定，其他需要限制进口的。

特种进口许可证按有无数量限制，可分为配额进口许可证和一般进口许可证。中国入世以来特种进口许可证管理商品种类变化情况见下表。

中国入世以来特种进口许可证管理商品种类变化情况

| | 特种进口许可证商品种类 | 其中：配额许可证商品种类 | 一般许可证商品种类 |
|---|---|---|---|
| 2001年 | 33 | 25 | 8 |
| 2002年 | 12 | 8 | 4 |
| 2003年 | 8 | 4 | 4 |
| 2004年 | 5 | 1 | 4 |
| 2005—2006年 | 3 | 0 | 3 |
| 2007年至今 | 1 | 0 | 1 |

### （一）配额许可证管理商品已逐步取消

2001年，我国进口配额许可证管理商品为25种。根据我国加入世贸组织承诺，2002年锐减至8种，仅保留了成品油、天然橡胶、汽车轮胎、汽车及其关键件、摩托车及其关键件、照相机及其机身、手表、汽车起重机及其底盘的进口配额许可证管理。此后，进口配额管理商品逐年减少，2004年仅汽车及其配件，2005年全面取消了配额许可证管理商品。因此，自2005年开始，我国已没有实行进口配额许可证管理的商品。

加入世贸组织后，我国严格按照中国入世议定书，于每年10月份定期公布下一年度配额品种、数量、分配原则、企业资质要求、申请程序等，并于每年12月份下达下一年度配额分配结果。配额许可证管理进一步公开、公正、透明。

### （二）一般进口许可证管理商品大幅减少

2001年，我国实行一般许可证管理的商品为四种，包括光盘生产设备、监控化学品、易制毒化学品和消耗臭氧层物质。2005年取消光盘生产设备进口许可证管理，实行一般许可证管理的商品减少为三种。2007年取消监控化学品、易制毒化学品进口许可证管理，此后，我国实行一般许可证管理的商品仅消耗臭氧层物质一种，为履行中国在国际公约下承担的义务而采取的限制措施。

一般许可证的申领，申请人必须向进口许可证发证机构提交相应的进口批准文件，作为签发进口许可证的依据，如消耗臭氧层物质，需国家消耗臭氧层物质进出口管理办公室批准的《受控消耗臭氧层物质进口审批单》签发进口许可证。

总体来看，进口许可证管理商品仅占我国进口商品总量中很小的一部分，入世以来，这一比例还在不断缩小。这一变化与我国加入世贸组织的承诺相一致，也表明我国在进口管理方面已经贯彻了自由贸易原则。目前我国的进口自由化程度不仅在发展中国家名列前茅，甚至同一些发达国家相比也并不逊色。

当前，全球性金融危机影响日益加深，国际贸易保护主义抬头，为扶持和保护本国产业、防范贸易转移，一些国家通过限制或禁止进口措施等手段限制外国产品进口。中国作为世贸组织负责任的成员，一如既往倡导贸易自由化，反对任何形式的贸易保护主义限制措施，未采取包括进口许可证在内的任何进口限制措施。

（中华人民共和国商务部对外贸易司）

# 中国政府采购制度情况

政府采购是市场经济条件下公共财政支出的一项管理制度。通过确立支出使用规则，约束政府部门的采购行为，实现财政资金使用的规范性和有效性。西方发达国家经过数百年的改革和完善，目前政府采购已由单一的财政支出管理手段，演变成兼有财政支出管理和国家宏观调控双重功能的重要工具，是政府介入经济运行的最直接方式之一，政府采购市场也日益受到各国政府的重视。随着世界经济一体化的形成和发展，政府采购由封闭走向开放，目前已成为世界贸易自由化的一个重要领域。改革和开放也一直是中国政府采购制度建设的主旋律。

## 一、快速推进政府采购改革，着力建立法治化、规范化、透明的政府采购制度体系

### （一）中国政府采购改革的基本历程

中国政府采购改革起步较晚，1996年才开始实行政府采购改革试点，但改革起点很高，进展很快。中国在改革起步时就参照《政府采购协议》（GPA）和联合国政府采购示范法制定试点规则，在1999年就启动了政府采购立法工作，并于2002年颁布了《中华人民共和国政府采购法》（以下简称政府采购法）。该法从启动立法到颁布，只用了三年时间，是新中国立法史上少有的。在政府采购法出台之前，中国政府还颁布了《中华人民共和国招标投标法》，这也是一部与政府采购相关的法律。近几年来，财政部及国务院其他有关部门，按照这两部法律，陆续出台了一系列配套法规，目前已初步建立了具有中国特色的政府采购法律体系。

### （二）中国政府采购改革的内容

中国的政府采购改革，是要改变传统的自由分散采购做法，借鉴国际通行做法，按照社会主义市场经济条件下公共财政的管理要求，通过完善法制，加强监管，规范政府采购行为，强化财政支出管理，提高财政资金使用效益，充分发挥政府采购制度在经济和社会方面的重要作用。我国政府采购改革的主要内容包括：

一是严密政府采购程序，规范政府采购行为。政府采购项目必须按照预算执行，以公开招标为主要采购方式，严格遵循采购程序，确保采购活动公开、公平、公正地开展。

二是实行集中采购和分散采购有机结合的采购模式，提高采购效益和效率。跨部门通用的采购项目要实行集中采购，获取规模效益。其他项目由各部门实施采购，确保采购效率。

三是提高政府采购透明度，促进公开有效竞争。政府采购的相关法律、政策以及采购信息都必须在指定的媒体上公告，促进充分竞争。

四是建立监督制约机制，维护采购秩序。建立以财政部门为主，纪检监察、行业主管部门、供应商和社会全方位监督制约机制，促进政府采购健康发展。

五是发挥政策功能，提高政府采购综合效益。政府采购要服务于经济建设，支持国内企业发展，并实现保护环境，扶持不发达地区和少数民族地区，促进中小企业发展等有关经济和社会政策目标。

### （三）改革取得的基本成效

第一，政府采购范围和规模不断扩大。政府采购范围由单纯的货物类采购扩大到工程类和服务类采购，资金构成日趋多元化，从最初的预算内安排的资金，扩展到包括预算内外、自筹资金在内的各种财政性资金。政府采购规模快速增长，由2002年的1009.6亿元增加到2008年的5990.9亿元。政府采购的经济效益显著，2002年至2008年我国政府采购资金年节约率在11%左右。政府采购的社会效益也日益显现。

第二，政府采购法律制度框架基本形成。截至目前，中国财政部共颁布了40多部政府采购法的配套规章和规范性文件，为政府采购改革工作提供了制度保障。

第三，政府采购透明度日益提高。政府采购中最重要的公开招标采购方式的主导地位不断巩固。公开招标的合同金额已经占到全国采购总规模60%以上，2008年达到了71.6%。政府采购信息公开化程度不断提高。2007年，全国仅在财政部

指定媒体上发布的采购信息，就达到了20多万条，比2002年的5000多条增加了几十倍。供应商参加政府采购的热情显著提高。

第四，依法采购运行机制日益健全。采购人依法采购的自觉性不断提高，采购程序更加科学，采购过程更加规范。采购管理工作不断加强，有效地保护了政府采购当事人的合法权益。

第五，政府采购政策功能作用得到较大发挥。财政部与有关部门配合，先后推行了节能产品、环保产品政府采购制度，制定了促进相关产业发展的政策措施，对节能减排做出了贡献。

政府采购改革以来，中国政府采购工作不断开创新局面，取得好成绩，并为今后深化改革奠定了良好的基础。

## 二、积极谈判，致力于建设开放的政府采购市场

改革开放是中国的基本国策。建立与国际惯例接轨的政府采购制度，并开放政府采购市场，是中国改革开放的必然要求。中国政府采购的改革与国际化是同步的。1996年，中国就开始参加亚太经合组织（APEC）政府采购专家组工作，并参与政府采购非约束性原则的制定。10多年来，中国政府一直积极参与APEC有关政府采购磋商和交流活动，并于2007年启动了加入世界贸易组织（WTO）《政府采购协议》（GPA）谈判。

### （一）GPA是（WTO）关于政府采购市场开放的一项协议

GPA是原关贸组织框架下的一项诸边协议。加入GPA，意味着国内政府采购制度的国际化。长期以来，政府采购是绝大多数国家保护本国企业的政策工具。《关税与贸易总协定》和《服务贸易总协定》都明确规定，国民待遇原则不适用于政府采购，即政府采购可以优先采购本国货物和服务。在20世纪70年代，欧美等少数《关税与贸易总协定》缔约方为了相互开放政府采购市场，推动并达成了GPA。该协议始终是诸边协议，由WTO成员自愿加入，只对参加方具有约束力。目前GPA共有14个参加方（包含41个WTO成员，欧盟及其27个成员为一个参加方），主要是发达国家。

加入GPA的实质是，参加方对承诺开放的相关中央政府实体、地方政府实体、其他实体，采购达到门槛价以上的货物、工程和服务时，允许参加方供应商参加竞标。但参与竞标并不意味着一定中标，更不能保证参加方必须获得一定数量的合同。加入GPA只是开放政府采购机会的承诺，并不改变关税及其他市场准入限制措施。

### （二）谈判基本进展

2001年我国加入WTO时没有签署GPA，但承诺在成为WTO成员后，尽快启动加入GPA谈判①。

2006年，我国政府再次承诺，在2007年年底前启动加入GPA谈判。国务院决定，加入GPA谈判工作由财政部负责。财政部牵头组建了由财政部、商务部、发展改革委等部门组成的GPA研究工作组，开展谈判工作研究。

2007年12月，我国向WTO秘书处提交了加入GPA申请书和初步出价清单，正式启动了加入谈判。初步出价清单是我国单方面提出的政府采购市场开放范围，GPA参加方将据此提出要价，并与我国开展谈判。

2008年9月，我国向WTO秘书处提交了《中国政府采购国情报告》（又称《中国对审议清单问题的答复》），就中国政府组织体系、政府采购范围和政策，以及相关法律和管理体制等规定问题做出说明。GPA参加方将据此与我国开展法律修改谈判。

2008年2月至2008年年底，我国加入GPA谈判代表团两次赴日内瓦与GPA参加方开展谈判，并与美国、欧盟在日内瓦之外举行了多次双边谈判。

### （三）谈判重点

2008年，美国、欧盟等7个GPA参加方向我国提出了很高的要价。一是要求我国将所有中央单位，包括党的机构和军事机构，都列入中央实体清单；将31个省（自治区、直辖市）、5个计划单列市、杭州等13个省会城市、淄博等7个地级市列入地方实体清单；将国有和国家投资企业，尤其是

① 参见《中国加入世界贸易组织工作组报告书》第341段："中国自加入时起成为GPA观察员，并将尽快通过提交附录1出价，开始加入该协议的谈判。"

供气和供热、供水、电力、交通、机场、港口、电讯、石油煤矿、邮政等公用事业单位，列入其他实体清单。二是开放所有的货物、服务和工程项目，并降低项目准入的门槛价。三是减少例外情形。四是发展中国家待遇需要通过谈判确定。目前，GPA参加方敦促我国根据其要价提交修改出价，并修改相关法律和政府采购政策。

## 三、开拓进取，中国努力破解政府采购改革和开放中遇到的难题

与欧美等发达的市场经济国家相比，中国政府采购制度尚处于创建阶段。随着改革的深入和加入GPA谈判进程的加快，政府采购工作遇到不少问题和困难，需要加大改革力度，加强研究和探索，不断完善政府采购制度，早日融入GPA大家庭。

### （一）采取有效措施，继续完善政府采购制度

中国将在政府采购法的框架下，以打造“阳光工程”和建立开放的政府采购制度为目标，继续深化改革，推动政府采购制度改革全面和谐发展。目前至今后一段时期，政府采购制度改革的主要任务：一是继续推进制度建设与创新，完善政府采购制度管理体系，促进政府采购管理科学化和精细化。二是继续推进规范化管理，建立科学的采购运行机制，全面规范采购行为。三是继续推进监管方式创新，建立对采购活动的事前、事中和事后的动态监控体系，促进政府采购市场诚信体系建设。四是加强采购方式变更的审批管理，继续扩大公开招标比重，提高采购活动的透明度。五是加快电子化采购平台建设，建立全国统一的政府采购管理和交易系统，提高政府采购效率。

### （二）不断推进改革，推动中国加入GPA谈判进程

我国加入GPA谈判已经进入实质性阶段，面临对外修改出价和对内修改法律双重工作。下一步谈判工作的安排是：一是按照WTO加入GPA的程序和工作安排，积极参加谈判，加强与GPA参加方磋商，并做好修改出价的相关工作；二是加强国内应对工作，进一步评估加入GPA对中国经济社会的影响，研究我国为加入GPA需要进行的法律与体制调整，并提出配套改革建议；三是开展多种方式的宣传培训，提高有关方面对GPA的认识，为加快谈判进程争取广泛的支持。

（中华人民共和国财政部国库司）

# 中国出入境检验检疫制度情况

出入境检验检疫制度是保证出入境人员健康、保证进出口工农业产品和食品安全、卫生、环保、质量，保证消费者权益和便利国际贸易的重要制度。中国自入世以来，在制定修订中国的出入境检验检疫法律法规、规章、标准等的过程中，一直积极遵循WTO相关规则的规定，并充分享受应有的权利。

## 一、中国出入境检验检疫的管理机构及职能

中华人民共和国国家质量监督检验检疫总局（以下简称国家质检总局）是中华人民共和国国务院主管全国质量、计量、出入境商品检验、出入境卫生检疫、出入境动植物检疫、进出口食品安全和认证认可、标准化等工作，并行使行政执法职能的正部级直属机构。

在国家质检总局内设的19个司（厅、局）中，除办公厅、法规司、国际合作司（WTO办公室）、科技司、人事司、计划财务司等综合部门外，直接负责出入境检验检疫相关工作的司、局有通关业务司、卫生检疫监管司、动植物检疫监管司、检验监管司和进出口食品安全局。计量司和特种设备安全监察局同时负责进出口计量器具和特种设备相关的工作。

我国加入世界贸易组织后，中华人民共和国WTO/TBT国家通报咨询中心和中华人民共和国WTO/SPS国家通报咨询中心设在国家质检总局，由质检总局国际检验检疫标准与技术法规研究中心承担具体工作。

为履行出入境检验检疫职能，国家质检总局在全国31个省（自治区、直辖市）共设有35个直属出入境检验检疫局，海陆空口岸和货物集散地设有近300个分支局和200多个办事处，共有检验检疫人员3万余人。国家质检总局对出入境检验检疫机构实施垂直管理。

## 二、中国出入境检验检疫的法律法规依据

国家质检总局负责组织起草有关检验检疫方面的法律法规草案，制定和发布有关检验检疫方面的规章和制度。负责组织实施与检验检疫相关的法律法规，指导和监督检验检疫的行政执法工作。

主要依据以下法律法规履行检验检疫职责：

(1)《中华人民共和国进出口商品检验法》

(2)《中华人民共和国进出口商品检验法实施条例》

(3)《中华人民共和国进出境动植物检疫法》

(4)《中华人民共和国进出境动植物检疫法实施条例》

(5)《中华人民共和国国境卫生检疫法》

(6)《中华人民共和国国境卫生检疫法实施细则》

(7)《中华人民共和国食品安全法》

(8)《中华人民共和国认证认可条例》

(9)《国际航行船舶进出中华人民共和国口岸检查办法》

(10)《中华人民共和国货物原产地条例》

此外，国家质检总局的局长令、公告等部门规章及其他规范性文件也具有法律强制力。截至2008年12月，现行有效的部门规章共320余件，形成基本适应行政执法需要的质量监督检验检疫法规体系。

## 三、中国出入境检验检疫的通关管理和相关机构

1. 中国出入境检验检疫的通关管理制度

国家质检总局参加国家对外开放口岸的规划和验收等有关工作，依法制定《出入境检验检疫机构实施检验检疫的进出境商品目录》，对涉及环境、卫生、动植物健康、人身安全的出入境货物、交通工具和人员实施检验检疫通关管理，在口岸对出入境货物实行“先报检，后报关”的检验检疫货物通关管理模式。

出入境检验检疫机构负责实施进出口货物法定检验检疫，并签发“入境货物通关单”和“出境货物通关单”，海关凭此放行；签发出境检验检疫证书至100多个国家和地区；依法对出入境检验检疫

标志和封识进行管理；负责签发普惠制原产地证、一般原产地证、区域性优惠原产地证和专用原产地证及注册等相关业务。

2001年开始实行“大通关”制度，提高通关效率。国家质检总局通过“三电”工程建设，即出入境货物电子申报、电子监管、电子放行，大大提高了口岸通关速度，并实现了报检、检验检疫、签证通关、统计汇总的网络化管理，作为“金质工程”的重要组成部分，已在建设中的“中国电子检验检疫”，将形成整套电子执法系统，实现检验检疫执法管理的科学化、规范化和制度化。

2. 中国出入境检验检疫的通关管理机构

在国家质检总局，出入境检验检疫通关管理工作由通关业务司承担，其主要职能包括：拟订和调整出入境检验检疫商品目录；综合协调出入境检验检疫工作，管理口岸及特殊监管区域出入境检验检疫业务，参与相关对外谈判；管理出入境检验检疫标志标识、证单和原产地证签证；承担出入境检验检疫统计和业务信息化工作；监督管理从事与检验检疫通关业务有关社会服务机构的资质资格。

参见：

附件一：2008年全国货物检验检疫概况

## 四、中国出入境卫生检疫管理和相关机构

1. 中国出入境卫生检疫管理

根据《国境卫生检疫法》及其实施条例，国家质检总局负责在我国口岸对出入境人员、交通工具、集装箱、货物、行李、邮包、尸体骸骨、特殊物品等实施卫生检疫查验、传染病监测、卫生监督和卫生处理，促进国家对外开放政策的实施，防止传染病的传入和传出，保证出入境人员的健康卫生。

2. 中国出入境卫生检疫的管理机构

在国家质检总局，出入境卫生检疫的管理工作由卫生检疫监管司承担，其主要职能包括：

（1）研究拟定出入境卫生检疫监管的规章、制度、规划、计划以及口岸突发公共卫生事件处置预案、技术方案并组织实施；参与制定并组织实施卫生检疫、卫生标准与技术法规。

（2）负责组织国内外有关传染病疫情等公共卫生事件信息的收集、通报工作；组织实施口岸传染病疫情的风险分析和风险预警以及控制和处理工作。

（3）研究提出出入境的检疫传染病和监测传染病名录。

（4）负责出入境人员、交通工具、货物、尸体/骸骨等的卫生检疫查验管理工作。

（5）负责对出入境微生物、人体组织、生物制品、血液及其制品等特殊物品卫生检疫的管理工作。

（6）负责出入境人员及口岸人员的传染病监测、健康体检、预防接种、国际旅行健康咨询和卫生宣传的管理工作。

（7）组织实施出入境口岸及其公共场所、储存场地、出入境交通工具、货物等的环境卫生、食品卫生、垃圾和废弃物等的卫生监督。

（8）组织实施对出入境口岸区域及传入（出）性传染病传播媒介监测与控制工作；研究国内外（地区）传染病媒介预防与控制对策；负责通报传染病传播媒介监测疫情信息。

（9）负责口岸检疫查验、疾病监测、卫生监督、卫生处理的安全与质量控制管理工作以及新技术、新方法的推广应用工作；指导、监督保健中心对生物制品、诊断试剂的使用和卫生处理单位对药品、器械的使用。

## 五、中国出入境动植物检疫管理和相关机构

1. 中国出入境动植物管理

根据《进出境动植物检疫法》及其实施条例，国家质检总局对进出境和旅客携带、邮寄的动植物及其产品和其他检疫物，装载动植物及其产品和其他检疫物的装载容器、包装物、铺垫材料，来自疫区的运输工具，以及法律法规、国际条约、多双边协议规定或贸易合同约定应当实施检疫的其他货物和物品实施检疫和监管，以防止动物传染病、寄生虫病和植物危险性病、虫、杂草以及其他有害生物传入传出，保护农、林、牧、渔业生产和人体健康，促进对外贸易的发展。

检疫的措施主要包括：风险分析与管理措施、检疫审批、国外预检、口岸查验、隔离检疫、实验室检测、检疫除害处理、预警和快速反应、检疫监管等。

2. 中国出入境动植物检疫的管理机构

在国家质检总局，出入境动植物检疫的管理工作由动植物检疫监管司承担，其主要职能包括：拟订出入境动植物及其产品检验检疫的工作制度；承担出入境动植物及其产品的检验检疫、注册登记、监督管理，按分工组织实施风险分析和紧急预防措施；承担出入境转基因生物及其产品、生物物种资源的检验检疫工作；管理出入境动植物检疫审批工作。

## 六、中国进出口商品检验管理和相关机构

1. 中国进出口商品检验管理

根据《进出口商品检验法》及其实施条例，国家质检总局对进出口商品及其包装和运载工具进行检验和监管。对列入《出入境检验检疫机构实施检验检疫的进出境商品目录》（以下简称《目录》）中的商品实施法定检验和监督管理；对《目录》外商品实施抽查；对涉及安全、卫生、健康、环保的重要进出口商品实施注册、登记或备案制度；对进口许可制度民用商品实施入境验证管理；对法定检验商品的免验进行审批；对一般包装、危险品包装实施检验；对运载工具和集装箱实施检验检疫；对进出口商品鉴定和外商投资财产价值鉴定进行监督管理；依法审批并监督管理从事进出口商品检验鉴定业务的机构。

2. 中国进出口商品检验的管理机构

在国家质检总局，进出口商品检验的管理工作由检验监管司承担，其主要职能包括：研究拟定进出口商品检验和监督管理规章制度、技术措施及进出口商品检验种类表，组织实施进出口商品法定检验；组织实施进口许可制度民用商品入境验证管理；审批法定检验商品的免验，办理复验和监督抽查；组织实施一般包装和危险品包装检验；组织实施和协调运载工具和集装箱检验检疫工作；监督管理进出口商品鉴定和外商投资财产价值鉴定；依法审批和监督管理涉外检验鉴定机构。

## 七、中国进出口食品安全管理和相关机构

1. 中国进出口食品安全管理

根据《食品卫生法》和《进出口商品检验法》及相关规定，国家质检总局对进出口食品和化妆品安全、卫生、质量进行检验监督管理，组织实施对进出口食品和化妆品及其生产单位的日常监督管理。对进口食品（包括饮料、酒类、糖类）、食品添加剂、食品容器、包装材料、食品用工具及设备进行检验检疫和监督管理。建立出入境食品检验检疫风险预警和快速反应系统，对进出口食品中可能存在的风险或潜在危害采取预防性安全保障和处理措施。

参与制定并实施《中华人民共和国动物及动物源食品中残留物质监控计划》及《中华人民共和国动植物源性食品农药残留物质监控计划》，参与在全国范围内对动物及动物源性食品进行农兽药残留监测。

2. 中国进出口食品安全的管理机构

在国家质检总局，进出口食品安全的管理工作由进出口食品安全局承担，其主要职能包括：拟订进出口食品和化妆品安全、质量监督和检验检疫的工作制度；承担进出口食品、化妆品的检验检疫、监督管理以及风险分析和紧急预防措施工作；按规定权限承担重大进出口食品、化妆品质量安全事故工作。

## 八、中国出入境检验检疫系统的国际合作和相关机构

1. 中国出入境检验检疫系统的国际合作

国家质检总局负责管理质量监督检验检疫方面的国际合作与交流。国家质检总局与世界大多数国家和地区的相关主管部门建立了合作关系，与许多国家和地区建立了双边磋商合作机制；积极参与双边、多边及区域经济体的合作，单独或参与外交部、商务部与有关国家进行磋商和谈判；以备忘录、议定书、会谈纪要、合作协议等多种形式，与50多个国家和地区签署了多项双边合作文件。

国家质检总局参与许多国际组织和区域组织的活动，主要包括：世界贸易组织（WTO）、国际标准化组织（ISO）、国际电工委员会（IEC）、联合国食品法典委员会（CAC）、国际植物保护公约（IPPC）、国际米制公约组织、国际法制计量组织（OIML）、亚太经合组织（APEC）、亚欧会议（ASEM）、上海合作组织（The Shanghai Cooperation Organization）、亚太法制计量论坛

(APLMF）等。

经国务院批准，国家质检总局为全国技术性贸易措施部际联席会议的牵头单位，负责全国技术性贸易措施的协调工作。联席会议办公室设在国家质检总局国际合作司，相关工作由国家质检总局国际合作司和国际检验检疫标准与技术法规研究中心共同承担。国家质检总局负责WTO《TBT协定》和《SPS协定》的实施和国家通报咨询的国内协调工作。

2. 中国出入境检验检疫国际合作的管理机构

在国家质检总局，出入境检验检疫国际合作的管理工作由国际司承担，其主要职能包括：开展质量监督检验检疫方面的国际合作；协调有关对外合作文件的商签与实施；按规定承担《技术性贸易壁垒协定》和《实施卫生与植物卫生措施协定》的实施、国家通报、咨询和国内协调工作；国家质检总局国际合作司同时为国家质检总局港澳台办公室，承担涉及港澳台的交流与合作事务；承担有关外事工作。

## 九、技术性贸易措施工作

### （一）TBT方面

1. 对外通报

2002年至2008年，我国共向WTO秘书处通报了497项TBT措施。这些通报的负责机构主要有国家质检总局、国家标准化管理委员会、卫生部、原信息产业部、环保局、食品药品监督管理局、国家烟草专卖局等。其中，2008年为169项，是对外通报数量最多的一年。

2. 国外对中国通报的评议

入世七年来，我国有165项TBT通报收到WTO其他成员的225次评议，占总通报数的33%。提出评议意见的成员有：美国、欧盟、加拿大、瑞士、澳大利亚、新西兰、日本、韩国、泰国、阿根廷、巴西、土耳其。

参见：

附件二：中国对外TBT通报情况及收到评议意见情况

3. 对WTO其他成员TBT通报的处理工作

近年来，TBT通报的数量不断上升。2008年WTO秘书处共散发TBT通报1533项。其中我国向WTO提交的中国TBT通报共计196项，其他成员通报1337项。平均每个工作日至少有5项新的TBT通报，涉及种类繁多的贸易货物和几乎所有行业。WTO/TBT国家通报咨询中心每日跟踪WTO官方网站上的最新TBT通报，及时下载并组织翻译。不迟于三个工作日，将翻译后的TBT通报挂在国家质检总局标准法规中心创办的技术性贸易网上（www.TBT－SPS.gov.cn)。2002年至2008年，WTO/TBT国家通报咨询中心共接收并翻译、校对国外TBT通报及补遗、修订、勘误共计6392项。其中对我国贸易可能有影响的通报，报送相关部委和相关商会协会的共计4581项。其中，报送局内通报9621份，另向其他部、委、局、协会、商会等单位分发通报6006份，发送TBT通报等相关资料57000多份。

参见：

附件三：WTO成立以来TBT通报增长情况

4. WTO/TBT咨询工作

服务对象：WTO其他成员咨询点以及国内、国外的企业、个人、相关机构和协会。受理方式：WTO/TBT国家通报咨询中心只受理书面咨询（包括传真、电子邮件等形式），不受理电话咨询。咨询工作量：从2002年至今，WTO/TBT国家通报咨询中心受理国内外相关方面的咨询已超过2500次，处理国内外往来信函4000余件，提供通报全文、技术法规和标准文件5000项，共计一万余页。

5. TBT通报评议工作

经过几年来的实践，我国组织评议的数量和质量都在不断上升。自2002年12月，WTO/TBT国家通报咨询中心组织对美国一项关于纺织品的香烟阻燃法规通报的评议开始，截至2008年年底，共组织评议1183次，其中发出代表中国的书面评议意见共201次，为通报成员方部分或全部采纳的评议意见27次。

参见：

附件四：我国对其他成员TBT通报评议情况

附件五：其他WTO成员采纳我评议意见简况

### （二）SPS方面

1. 对外通报

2008年，我国共向WTO各成员通报我国新制定的SPS措施7件。这些通报的负责机构包括国家质检总局、国家标准化管理委员会及卫生部。

通报发出后，应其他成员的要求，对外提供法规全文51件次。

2. 国外对中国通报的评议

2008年共接到美国、日本、欧盟、墨西哥等成员对我国SPS通报的评议22件，其中9件已经将国内主管部门的反馈意见答复给评议方，另13件正在等候主管部门的答复口径。

3. 对WTO其他成员SPS通报的处理工作

2008年，WTO秘书处共散发其他成员SPS通报1264件，WTO/SPS国家通报咨询中心在对这些通报进行翻译的基础上，对其进行分类，将其中对中国出口影响较大的通报发送各相关机构征求评议意见，全年向总局报送通报1665件次，向其他部委发送723件次；同时将所有通报以出版《通报快讯》、上网的形式向社会各界提供信息。为便于评议，WTO/SPS国家通报咨询中心向其他成员索要每件通报的全文，全年共接收全文408件。

4. WTO/SPS咨询工作

WTO/SPS国家通报咨询中心面向国内外提供SPS咨询服务。2008年，共接收并处理了咨询483件，其中国内咨询427件，国外咨询56件。不仅解答了国外关于国内措施的疑问，而且帮助国内各相关机构了解了国外法规动态。

5. SPS对外评议工作

2008年，WTO/SPS国家通报咨询中心采取网上、发函、开评议会等多种形式组织对其他WTO成员的312件SPS通报进行了评议，并对美国、日本、韩国、欧盟、澳大利亚、挪威、菲律宾、南非、巴西等16个成员的48个通报提出了正式的评议意见，为了争取足够的评议时间，向美国、日本、韩国、欧盟、新西兰、印度尼西亚、厄瓜多尔等8个成员的24件通报提出了延长评议期的要求。评议发出后，接收并处理措施起草成员对我国评议意见的专门反馈27件，还有部分成员在其后续通报中表明考虑了我方评议意见，其中，荷兰、新西兰、韩国、日本、欧盟等措施起草成员接受了我国的评议意见9件。

（国家质量监督检验检疫总局　王力舟）

**附件一：2008年全国货物检验检疫概况**

**2008年1月份全国货物检验检疫概况**

| 货物检验检疫 | 批次（万批） | 货值（亿美元） | 批次与上月同期比（±%） | 货值与去年同期比（±%） | 货值与上月同期比（±%） |
|---|---|---|---|---|---|
| 出境货物 | 120.4672 | 472.3045 | 18.24 | 31.67 | 6.87 |
| 入境货物 | 38.4483 | 499.7880 | 13.44 | 49.26 | 1.96 |
| 出入境货物 | 158.9155 | 972.0925 | 17.04 | 40.16 | 4.29 |

**2008年2月份全国货物检验检疫概况**

| 货物检验检疫 | 批次（万批） | 货值（亿美元） | 批次与上月同期比（±%） | 货值与去年同期比（±%） | 货值与上月同期比（±%） |
|---|---|---|---|---|---|
| 出境货物 | 53.8362 | 271.6752 | −19.09 | 3.36 | −42.48 |
| 入境货物 | 26.2527 | 365.9639 | 7.20 | 39.90 | −26.78 |
| 出入境货物 | 80.0889 | 637.6391 | −12.02 | 21.59 | −34.41 |

**2008年3月份全国货物检验检疫概况**

| 货物检验检疫 | 批次（万批） | 货值（亿美元） | 批次与上月同期比（±%） | 货值与去年同期比（±%） | 货值与上月同期比（±%） |
|---|---|---|---|---|---|
| 出境货物 | 99.8175 | 429.3556 | 2.32 | 17.18 | 58.04 |
| 入境货物 | 39.8014 | 546.6627 | 3.04 | 37.93 | 49.38 |
| 出入境货物 | 139.6189 | 976.0182 | 2.52 | 27.96 | 53.07 |

**2008 年 4 月份全国货物检验检疫概况**

| 货物检验检疫 | 批次（万批） | 货值（亿美元） | 批次与上月同期比（±%） | 货值与去年同期比（±%） | 货值与上月同期比（±%） |
|---|---|---|---|---|---|
| 出境货物 | 105.7789 | 485.3048 | −5.50 | 17.04 | 13.03 |
| 入境货物 | 40.0109 | 538.2781 | 3.93 | 30.07 | −1.53 |
| 出入境货物 | 145.7898 | 1 023.5829 | −3.09 | 23.55 | 4.87 |

**2008 年 5 月份全国货物检验检疫概况**

| 货物检验检疫 | 批次（万批） | 货值（亿美元） | 批次与上月同期比（±%） | 货值与去年同期比（±%） | 货值与上月同期比（±%） |
|---|---|---|---|---|---|
| 出境货物 | 101.2958 | 460.4363 | −4.24 | 24.68 | −5.12 |
| 入境货物 | 38.4706 | 554.7778 | −3.85 | 52.11 | 3.07 |
| 出入境货物 | 139.7664 | 1 015.2141 | −4.13 | 38.31 | −0.82 |

**2008 年 6 月份全国货物检验检疫概况**

| 货物检验检疫 | 批次（万批） | 货值（亿美元） | 批次与上月同期比（±%） | 货值与去年同期比（±%） | 货值与上月同期比（±%） |
|---|---|---|---|---|---|
| 出境货物 | 103.9390 | 473.4570 | 2.61 | 11.13 | 2.83 |
| 入境货物 | 36.3091 | 536.2135 | −5.62 | 37.22 | −3.35 |
| 出入境货物 | 140.2481 | 1 009.6706 | 0.34 | 23.61 | −0.55 |

**2008 年 7 月份全国货物检验检疫概况**

| 货物检验检疫 | 批次（万批） | 货值（亿美元） | 批次与上月同期比（±%） | 货值与去年同期比（±%） | 货值与上月同期比（±%） |
|---|---|---|---|---|---|
| 出境货物 | 114.5562 | 512.9945 | 10.21 | 23.41 | 8.35 |
| 入境货物 | 41.6300 | 612.9666 | 14.65 | 41.80 | 14.31 |
| 出入境货物 | 156.1862 | 1 125.9611 | 11.36 | 32.79 | 11.52 |

**2008 年 8 月份全国货物检验检疫概况**

| 货物检验检疫 | 批次（万批） | 货值（亿美元） | 批次与上月同期比（±%） | 货值与去年同期比（±%） | 货值与上月同期比（±%） |
|---|---|---|---|---|---|
| 出境货物 | 105.1333 | 475.9867 | −8.23 | 7.39 | −7.21 |
| 入境货物 | 36.2587 | 588.0254 | −12.90 | 36.05 | −4.07 |
| 出入境货物 | 141.3920 | 1 064.0121 | −9.47 | 21.54 | −5.50 |

**2008 年 9 月份全国货物检验检疫概况**

| 货物检验检疫 | 批次（万批） | 货值（亿美元） | 批次与上月同期比（±%） | 货值与去年同期比（±%） | 货值与上月同期比（±%） |
|---|---|---|---|---|---|
| 出境货物 | 111.3702 | 517.7138 | 5.93 | 8.80 | 8.77 |
| 入境货物 | 36.3501 | 588.6131 | 0.25 | 36.23 | 0.10 |
| 出入境货物 | 147.7203 | 1 106.3269 | 4.48 | 21.85 | 3.98 |

**2008 年 10 月份全国货物检验检疫概况**

| 货物检验检疫 | 批次（万批） | 货值（亿美元） | 批次与上月同期比（±%） | 货值与去年同期比（±%） | 货值与上月同期比（±%） |
|---|---|---|---|---|---|
| 出境货物 | 93.4611 | 438.5597 | −16.08 | 8.88 | −15.29 |
| 入境货物 | 35.3848 | 525.6061 | −2.66 | 29.19 | −10.70 |
| 出入境货物 | 128.8459 | 964.1658 | −12.78 | 19.09 | −12.85 |

**2008年11月份全国货物检验检疫概况**

| 货物检验检疫 | 批次（万批） | 货值（亿美元） | 批次与上月同期比（±%） | 货值与去年同期比（±%） | 货值与上月同期比（±%） |
|---|---|---|---|---|---|
| 出境货物 | 84.9208 | 377.9975 | −9.14 | −16.27 | −13.81 |
| 入境货物 | 33.131 | 409.9738 | −6.37 | −15.67 | −22.00 |
| 出入境货物 | 118.0518 | 787.9712 | −8.38 | −15.96 | −18.27 |

**2008年12月份全国货物检验检疫概况**

| 货物检验检疫 | 批次（万批） | 货值（亿美元） | 批次与上月同期比（±%） | 货值与去年同期比（±%） | 货值与上月同期比（±%） |
|---|---|---|---|---|---|
| 出境货物 | 97.4064 | 411.0369 | 14.70 | −7.64 | 8.74 |
| 入境货物 | 36.4892 | 419.5839 | 10.14 | −14.78 | 2.34 |
| 出入境货物 | 133.8956 | 830.6208 | 13.42 | −11.39 | 5.41 |

## 附件二：中国对外TBT通报情况及收到评议意见情况

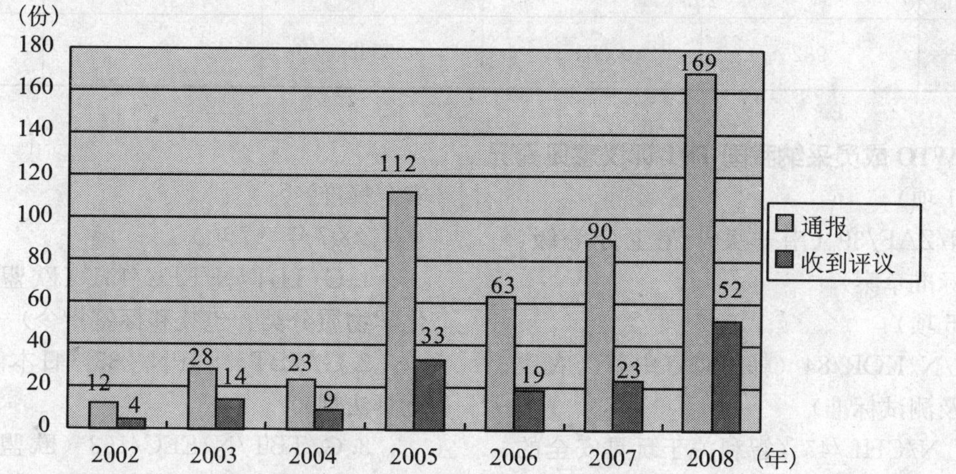


## 附件三：WTO成立以来TBT通报增长情况

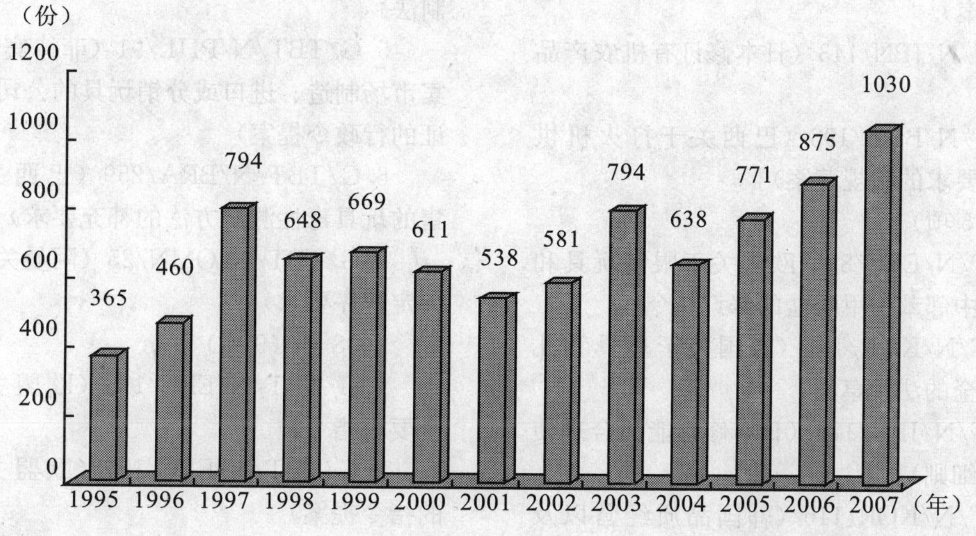

## 附件四：我国对其他成员 TBT 通报评议情况

<table>
<tr><th rowspan="2">年份</th><th colspan="2">评议总量</th><th rowspan="2">当年的通报总数</th><th rowspan="2">评议占比</th><th rowspan="2">采纳数量</th></tr>
<tr><th>初评数量</th><th>书面评议数量</th></tr>
<tr><td rowspan="2">2003</td><td></td><td>22</td><td rowspan="2">794</td><td rowspan="2">2.8%</td><td rowspan="2">0</td></tr>
<tr><td colspan="2">22</td></tr>
<tr><td rowspan="2">2004</td><td>79</td><td>23</td><td rowspan="2">638</td><td rowspan="2">16%</td><td rowspan="2">1</td></tr>
<tr><td colspan="2">102</td></tr>
<tr><td rowspan="2">2005</td><td>149</td><td>31</td><td rowspan="2">771</td><td rowspan="2">23.4%</td><td rowspan="2">5</td></tr>
<tr><td colspan="2">180</td></tr>
<tr><td rowspan="2">2006</td><td>251</td><td>45</td><td rowspan="2">875</td><td rowspan="2">33.8%</td><td rowspan="2">5</td></tr>
<tr><td colspan="2">296</td></tr>
<tr><td rowspan="2">2007</td><td>263</td><td>23</td><td rowspan="2">1177</td><td rowspan="2">24.3%</td><td rowspan="2">7</td></tr>
<tr><td colspan="2">286</td></tr>
<tr><td rowspan="2">2008</td><td>240</td><td>57</td><td rowspan="2">1337</td><td rowspan="2">22.2%</td><td rowspan="2">9</td></tr>
<tr><td colspan="2">297</td></tr>
<tr><td>总计</td><td>982</td><td>201</td><td>5592</td><td></td><td>27</td></tr>
</table>

## 附件五：其他 WTO 成员采纳我国 TBT 评议意见简况

2004 年（1 项）

G/TBT/N/ZAF/39（南非关于花生分等级、包装和标志的标准草案）

2005 年（5 项）

1. G/TBT/N/KOR/84（韩国修订中草药农残和重金属限量及测试标准）

2. G/TBT/N/CHL/45（智利关于玩具安全的法规草案）

3. G/TBT/N/USA/110（美国关于酒精饮料标签的法规草案）

4. G/TBT/N/JPN/143（日本修订有机农产品的农业标准）

5. G/TBT/N/BRA/193（巴西关于打火机供应商合格声明要求的法规草案）

2006 年（5 项）

1. G/TBT/N/EEC/82（欧盟关于限制玩具和儿童保育用品中邻苯二甲酸盐的修订指令）

2. G/TBT/N/KOR/107（韩国关于玩具和儿童运动器械安全的法规草案）

3. G/TBT/N/JPN/176（日本修订能源合理使用法律的实施细则）

4. G/TBT/N/KOR/116（韩国品质经营以及工业产品安全管理法实施条例修订案）

5. G/TBT/N/KOR/120（韩国关于电力设施安全标准）

2007 年（7 项）

1. G/TBT/N/EEC/151（欧盟修订有关危险化学物质分类、包装和标签指令）

2. G/TBT/N/JPN/233（日本修订学龄前儿童玩具法规）

3. G/TBT/N/EEC/163（欧盟关于物质和混合物分类、标识和包装的法规草案）

4. G/TBT/N/SGP/3（新加坡修订环境污染控制法）

5. G/TBT/N/PHL/91（菲律宾关于向为菲律宾市场制造、进口或分销玩具的公司发放经营许可证的行政令提案）

6. G/TBT/N/BRA/259（巴西关于在巴西销售的玩具毒性测试方法的补充要求）

7. G/TBT/N/OMN/25（阿曼关于玩具对合格评定程序要求）

2008 年（9 项）

1. G/TBT/N/EEC/178（欧盟关于打火机安全要求指令）

2. G/TBT/N/EEC/184（欧盟关于玩具安全的指令提案）

3. G/TBT/N/EEC/186（欧盟关于化妆品法规提案）

4. G/TBT/N/KOR/181（韩国关于在饭店内经营的有关食品强制性执行原产地标签的法规草案）

5. G/TBT/N/PHL/99号（菲律宾关于为制造、进口或分销供菲律宾市场的玩具公司发放运行许可证的法规提案）

6. G/TBT/N/EEC/188（欧盟关于新型食品和修订关于通用授权程序的法规提案）

7. G/TBT/N/OMN/25（关于14岁以下儿童玩具合格评定的海湾技术法规草案）

8. G/TBT/N/CHE/99（瑞士关于必需日用品的法令修正草案）

9. G/TBT/N/CAN/164（加拿大拟议将有毒物质增补进1999年的《加拿大环境保护法案》目录1中的命令）

# 中国海关监管、税收、反走私与监测预警情况

## 一、适应国家宏观调控措施调整变化，优化海关监管和服务

全年共监管进出口货物 24.25 亿吨，进出口总值 2.56 万亿美元，进出境旅客行李物品 3.61 亿人次，有力地促进了对外经济贸易和科技文化交往。

认真落实国家宏观调控措施，加强实际监管。按照中央的决策部署，及时对粮食、化肥、钢铁等重点敏感商品加大出口监管力度，与外汇等部门合作加强对异常外汇资金跨境流动监管。颁布实施了《监管场所管理办法》、《舱单管理办法》、《运输工具监管办法》，为加强实际监管提供了法律基础。推广应用进出口舱单管理子系统、运输工具动态管理子系统、监管场所管理子系统、暂时进出境集装箱管理子系统、旅客舱单管理子系统、监管技术设备管理子系统等一系列计算机系统，为实现对进出境物流的全程信息跟踪监控创造了条件。科学配置 H986、辐射探测设备、X 光机等各类监管检查设备，分类制定各类设备的管理规定和操作规范，增强现场实际查验能力。进一步完善进出境快件监管和行邮监管制度，提高了实际监管水平。

推动加工贸易转型升级和海关特殊监管区域整合发展。会同有关部门修订和增补加工贸易禁止类目录，完善加工贸易准入机制，优化加工贸易产业结构，控制高污染、高能耗、资源性产品出口。会同有关部门调整加工贸易限制类政策，对部分加工贸易限制类商品暂停 A 类企业和 B 类企业的银行保证金台账"实转"。积极推进保税监管制度创新，开展保税加工监管作业流程再造改革。修订充实《中华人民共和国海关对加工贸易货物监管办法》，进一步完善保税加工货物的备案、核销和内销征税管理制度，规范加工贸易深加工结转、外发加工、设备异地搬迁、料件集团内部调拨等监管制度，方便企业办理手续。制定实施《保税监管货物流转办法》，保税物流法制建设取得新进展。积极落实国家区域发展总体战略，推进了海关特殊监管区域的整合发展。

创新企业管理和稽查工作。全面实施《企业分类管理办法》，配套开发了"企业信息综合管理系统"。加强与企业的合作伙伴关系，大力倡导"守法便利"和贸易安全与便利理念，与政府机构、行业协会、商会组织建立信息共享和联络沟通机制，探索建立企业诚信档案。全面开展常规稽查工作，重点选取租借经营场所、贸易型、小规模但短期集中进口等高风险企业以及报关企业作为常规稽查目标，有效提高了常规稽查的效率。适时开展专项稽查行动，有针对性地组织全国海关对境外替代种植产品、冷冻水产品、石油衍生产品、有毒化学品、磁记录设备、煤炭出口等重点行业、企业、商品实施专项稽查，有效规范了企业经营行为。

积极支持区域经济发展。与广东、重庆、四川签署了省（市）合作备忘录，努力推进与新疆、浙江、辽宁、江苏、北京等地签署合作备忘录的准备工作，认真落实和完善已经签订的与福建、河北等地的合作备忘录，促进区域协调发展。

不断优化口岸开放布局和口岸通关环境。充分发挥国家口岸主管部门的职能作用，加大了对中西部地区口岸开放支持力度，推进口岸基础建设，主动协调推进"大通关"和"电子口岸"建设。加强与周边国家和地区口岸的友好合作，不断改善口岸通关环境。稳步推进跨关区快速通关、规范和简化转关监管、粤港澳海关"跨境快速通关"、无纸通关等通关监管改革，认真落实提前申报、集中申报、预约通关、"5+2"工作制、"应转尽转"等便利通关措施，建立通关快速反应决策制度，形成畅通的沟通渠道和快速的通关决策机制。

全力支持扩大内需，促进经济平稳较快增长。面对全球金融危机的冲击，密切跟踪形势，深入开展调研，及时向中央提出进出口税收、加工贸易等宏观调控政策调整建议。开展了加工贸易内销、国际市场价格到国内市场价格传导、"热钱"流入、金融危机对我国外贸进出口影响、城市外贸竞争力、税收政策等一系列课题调研，形成了一批调研成果和政策建议，为宏观决策提供了依据。及时出台《海关支持扩大内需促进经济增长十项措施》，各地海关结合实际认真贯彻落实，得到了社会各界好评。

## 二、海关税收首次突破9000亿元大关

2008年海关税收入库9161.10亿元，比上年多收1576.4亿元，增长20.8%，比8455亿元的预算安排多收706.1亿元，为国家税收和财政稳定增长做出了重要贡献。

加强税收征管能力建设。针对国际国内错综复杂的经济形势和国家宏观调控政策频繁出台的实际，加强了税收监控分析和监控力度。完善税收考核制度，在总结评估减免税抽样考核的基础上形成了《全国海关应税报关单抽样考核办法》。大力推进网上支付，网上支付比例由2007年的37%提高到46%。

强化出口税收征管工作。大力加强出口审价、归类化验等制度建设。出台了《海关出口货物审价工作规程》、《化验管理办法》、《化验管理制度》等一系列规章制度，颁布了《中国行业标准——海关化验》。开通“中国海关实验室信息联网系统”(LIMS)，提高了出口税收征管实效。

大力开展价格核查。加强对进出口敏感商品的价格监控，及时发布价格参数，全国海关审价补税1.64亿元。有效开展铁矿砂、红酒等专项核查行动，铁矿砂专项价格核查补税5.77亿元。根据价格核查发现的线索，开展打击红酒价格瞒骗专项行动，刑事立案10宗，案值7500万元，涉税1750万元。

## 三、继续保持反走私高压态势，维护国家经济安全和社会稳定

2008年共查获走私违法犯罪案件9790起，案值82.5亿元，依法对2901名犯罪嫌疑人执行强制措施，查处侵犯知识产权案件3297起，各类毒品774公斤，违禁宣传品323.6万件，有效维护了经济秩序和社会稳定。

坚决查处走私涉税大要案。坚持“破大案、打团伙、摧网络”，积极组织开展打击汽车、香烟、成品油、电子产品、粮食制品等涉税商品走私的专项斗争和联合行动，严厉打击商业瞒骗走私、加工贸易渠道走私和出口环节走私，使重点地区、重点渠道和重点商品的走私势头进一步得到遏制。

加大对毒品等非涉税走私的打击力度。积极拓展同境外及港澳台海关、警方等禁毒执法机构的协作渠道，建立完善了预防、发现、控制、打击“四位一体”的查缉毒品系统和“人、犬、情、技”四位一体的海关查缉毒品工作模式，成功捣毁了多个跨境走私毒品团伙。

大力推进反走私综合治理。巩固和完善全国打击走私综合治理部际联席会议制度，完善司法保障，保证大要案件顺利查处。加强全国反走私综合治理工作的指导协调，完善反走私协作机制，以强化领导责任机制为抓手，积极组织协调各级打击走私综合治理部门共同开展反走私专项斗争和联合行动、基层重点村镇专项整治、“泛珠三角”区域反走私合作及宣传教育等工作。深入推进反走私领域的社会守法诚信体系建设。

## 四、积极开展外贸进出口监测预警和形势分析

在认真落实国家宏观调控措施的同时，充分发挥海关处于进出境监管第一线的优势，及时反映宏观调控效果，积极辅助宏观决策。

加强统计分析监测。密切跟踪监测国际国内经济贸易形势的变化和国家宏观调控政策措施的影响，提高分析时效性、针对性。共撰写统计分析监测报告4000篇，中央办公厅、国务院办公厅摘编400篇次，中央领导同志批示40多篇次，大部分批示已转化为国家宏观调控政策措施。

搞好统计数据和信息服务。规范发布海关统计数据和进出口监测预警信息，出版发行《中国对外贸易指数》月刊、《1992年以来的中国对外贸易指数时间序列》、《改革开放30年中国对外贸易监测报告》，为宏观经济决策和企业生产经营提供参考。

（海关总署办公厅　吕大良）

# 中国海关与口岸管理改革情况

## 一、进一步明确改革思路

2008年，新一届海关总署党组组成后，坚持以科学发展观为指导，全面贯彻党的十七大精神和新一届政府的工作部署，深刻分析在新的历史起点上必须把握的新形势新要求，充分认清海关工作面临的风险和海关管理的不适应，强调按照从严治政的要求，加强基础建设，加大管理力度，强化监督制约，营造良好氛围，搞好班子建设，努力建设让中央放心、让人民满意的海关。通过认真开展深入学习实践科学发展观活动，着力深化改革、创新机制，努力构建适应科学发展观要求的海关监督管理体制机制，进一步理清了深化海关改革的思路。海关总署党组明确提出，全国海关要坚定不移地贯彻落实胡锦涛总书记在中央经济工作会议上关于优化海关监管和服务的重要指示精神，通过深化改革，努力实现四个方面的优化。

一是优化通关模式。适应开放型经济发展要求，应对国际金融危机的严峻挑战，实行以企业守法管理为基础的分类通关，拓展监管时空，破解当前海关业务量快速增长与人力资源相对不足的突出矛盾，进一步提高通关效率，改善通关服务，为新形势下企业提高竞争能力，占领和拓宽市场给予更大的支持。

二是优化监管体系。着眼于提高海关监督管理整体效能，理顺三级事权，明确职能定位，发挥一线监管、后续管理、打击走私等各方面力量的作用；加强与外部的沟通协作，实现各部门、各单位协调配合、有效监控，建立起与"大通关"相适应的综合性、整体性海关大监管体系，努力实现有效监管与高效运作的有机统一。

三是优化管理机制。立足于海关管理的高效运行，在各层级、各领域建立起规范有序、运作顺畅、监督有效的工作运行机制，完善海关决策指挥、组织协调、督办落实、考核评估、监督检查、责任追究等管理制度，着力形成环环相扣、完整有效的内部管理链条。

四是优化队伍素质。依靠高素质干部队伍提高把关服务水平。提升各级领导干部驾驭复杂局面、掌控管理风险和解决实际问题的能力，强化广大关员的责任心、工作技能和抵御风险的能力，实现人尽其职、人尽其责、人尽其才，为优化海关监管和服务提供可靠保证。

## 二、提出海关大监管体系构想

2008年，海关总署党组提出了构建海关大监管体系的改革任务，作为当前中国海关深化改革的重点工程。构建海关大监管体系是优化海关监管和服务的重要载体，是科学发展观与海关改革实践相结合的产物。其本质是坚持发展是第一要义，使海关工作更加适应经济社会发展的需要；坚持以人为本，充分发挥各个层级、各个方面的积极性，实现每个关员、每个岗位尽职尽责；坚持全面协调可持续发展，实现各部门、各单位全面发展、协调运行，增强发展后劲；坚持统筹兼顾，切实防止侧重某一个方面而疏忽另一个方面的情况，实现海关工作的平衡发展。

根据科学发展观的要求和海关实际，海关总署党组明确，构建海关大监管体系要坚持体制不变机制优化、坚持权责一致、坚持有效监管、坚持统筹配置资源。以有效监管为目标导向、以风险管理为中心环节、以综合监管为基本模式、以形成整体功能为根本要求，进一步统筹海关各项工作，全面优化海关监管和服务，建立起新时期海关监督管理新机制。

构建海关大监管体系是海关改革的全面深化，涉及管理体制、运行机制和功能定位等各个方面。其主要任务包括：总署、直属海关、隶属海关三级事权划分更加合理；实际监管、职能管理、内控监督、综合保障四个领域权责更加明晰；物流监控、审单作业、保税监管、企业稽查、打击走私等基本力量协同监管更加有效；日常管理机制运行更加顺畅；外部协作更加协调，综合治理更加和谐，等等。上述各项工作，2008年已全面展开。

## 三、2008年主要改革进展

【口岸管理体制改革】稳步推进口岸管理体制

改革，口岸管理职能作用进一步发挥。

一是充分发挥口岸工作联络协调机制作用，组织召开了第十一次口岸工作联络协调机制成员单位会议，加大对地方口岸工作指导、协调力度。

二是推进口岸大通关建设和口岸区域合作交流，基本完成全国地方口岸管理部门办公网络第二期工程建设；在第三届中博会（中国国际中小企业博览会）期间成功举办“沿海部分省市与中部六省大通关合作论坛”，有力地促进了区域口岸合作与交流。

三是加强口岸法制建设，启动《口岸管理条例》立法工作，基本摸清了全国口岸系统的立法需求。

四是深化口岸事务国际合作，组织参加了中哈口岸和海关合作分委会第四次会议和中俄运输合作分委会口岸工作组第十一次会议，积极参与和推动中哈口岸和海关合作分委会和中俄口岸工作组机制项下具体工作的开展；指导协调中哈边境地方政府口岸联络小组中方的工作；参与大湄公河次区域（GMS）运输便利化合作并提出建设性意见和建议。

【通关作业制度改革】不断深化通关作业制度改革，着力推动贸易便利化进程。

一是整合通关便利措施。重新修订和发布实施了《中华人民共和国海关企业分类管理办法》，制订了《企业分类管理措施目录》，明确了高类别企业的贸易便利措施，大力倡导守法便利理念。

二是物流信息监控系统建设稳步推进。研究制定了《中华人民共和国进出境运输工具舱单管理办法》，并于2009年1月1日实施；进一步完善了跨境快速通关系统与转关运输监管系统的功能。

三是规范对进出境快件的管理。修订《中华人民共和国海关对进出境快件监管办法》，进一步完善快件企业、监管场所备案审批机制，完善快件监管流程。

四是总结完善进出境旅客申报制度改革。简化和规范进出境旅客申报手续，自2008年2月1日起在全国各对外开放口岸实行了新的进出境旅客申报制度，并于2008年6月1日起施行了《中华人民共和国海关进出境航空旅客舱单电子数据传输暂行规定》，方便旅客进出境。

五是区域通关改革进一步深化。区域审单中心改革在广东省内海关启动，实现了第一阶段的预期目的。

六是通关无纸化改革试点稳步推进，改革试点范围已扩大至上海所有海、空运出口业务现场，改革成效初步显现，有效提高了口岸通关效率，降低了企业成本。

【电子口岸建设】继续加强电子口岸建设，充分发挥中国电子口岸平台服务国家经济、促进外贸发展的基础性作用。

一是加强政策指导和沟通协调，制定下发《2008年国家电子口岸委工作要点》，参加亚太、东盟国际“单一窗口”建设论坛和会议，加强“单一窗口”课题研究，提出进一步推进电子口岸建设的政策建议。

二是积极应对国内外经济形势变化，开发了“出口收结汇报关单联网核查系统”，完善了“进口报关单联网核查系统”、“进口增值税联网核查系统”，全面实施海关与质检部门“通关单联网核查系统”，进一步推动海关与税务、外汇等部门建立出口退税、进出口收付汇等业务处理信息联网共享机制。

三是切实推进地方电子口岸建设。实现上海、浙江电子口岸互联互通，共享异地通关状态信息；支持辽宁、大连两个地方电子口岸平台整合发展，提高服务效能；加强地方电子口岸经验交流，丰富中西部地区电子口岸建设内容。

【海关特殊监管区域整合发展】切实加快海关特殊监管区域整合发展，扎实推进“政策叠加、功能整合”工作。

一是基本完成了《国务院关于海关特殊监管区域整合发展的意见》的起草工作，并已送相关部委征求意见。

二是稳步推进符合条件的海关特殊监管区域整合发展。截至2008年年底，全国共批准设立了12个保税港区和5个综合保税区（其中2008年新设8个保税港区、3个综合保税区），同时整合了2个保税区、4个保税物流园区、5个出口加工区和6个保税物流中心（含已建成运作和在建项目），使全国海关特殊监管区域的总量有所减少。

三是在区域整合的框架下开展保税物流中心扩大试点工作。2008年5月21～23日，海关总署联合财政部、税务总局和外汇局对正在运作的3家保税物流中心的试点情况进行了调研和总结。经国务院批准同意，联合财政部、税务总局、外汇局等部门完成了保税物流中心扩大试点审批工作。

四是启动“保税加工监管作业流程再造”系统工程，应用“保税核查作业计算机管理程序”，加强以实地实货核查为主要内容的有效监管。

（海关总署办公厅　吕大良）

# 中国自由贸易区建设情况

近年来，在经济全球化深入发展的同时，区域经济一体化迅猛发展，以自由贸易区（以下简称“自贸区”）为主要形式的区域贸易安排不断涌现。特别是2008年下半年以来，全球金融危机持续蔓延，自贸区在全球范围内呈加速发展态势。近年来，在党中央和国务院的统一部署下，我国积极推进自贸区建设，形成了初步的格局。2007年10月，党的十七大报告明确提出要“实施自由贸易区战略”。当前，加快自贸区建设，已经成为我国统筹两个市场和两种资源，继续扩大对外开放，积极应对金融危机，保持进出口稳定增长的重要政策手段。

## 一、自贸区概述

自贸区是指两个或两个以上国家或地区通过签署协定，在WTO最惠国待遇基础上，相互进一步开放市场，分阶段取消绝大部分货物的关税和非关税壁垒，在服务领域改善市场准入条件，从而形成的实现贸易和投资自由化，涵盖所有成员全部关税领土的“特定区域”（Area）。它与在国内某个城市或区域划出一块土地，建立起的类似于经济开发区、出口加工区、保税区等实行优惠经贸政策的特定园区（Zone）有着本质区别。

自贸区是WTO的一种例外（WTO Plus），WTO允许自贸区成员相互给予更优惠的待遇，而不必给予其他成员。它既是对WTO贸易自由化进程的超越，又是对WTO多边贸易体制的补充；它既遵循多边贸易体制的基本原则，又提供多边贸易体制所不能赋予的灵活空间。

## 二、全球自贸区发展态势

截至2008年12月底，向WTO通报、正在生效的区域贸易安排达到230个，其中2008年就通报32个，占总数的14%，较2007年通报的17个增长近一倍。这些区域贸易安排中，绝大多数都是自贸区。据WTO专家估计，当前全球贸易有一半以上发生在各种区域集团内部，以优于WTO最惠国待遇的条件进行。近年来，世界主要国家和区域集团均积极发展自贸区，从而在全球范围内掀起了一股新的自贸浪潮。2007年以来，更是出现了一批“重量级”的自贸协定，比如美国—韩国自由贸易协定、日本—东盟经济合作协定、欧盟—韩国自由贸易协定等。

2008年下半年以来，全球金融危机持续蔓延，世界经济全面陷入衰退，这一方面导致国际贸易保护主义抬头；另一方面促使更多国家联合自强，通过与经贸互补性强的国家和地区建立自贸区，以振兴本国经济。与此同时，多哈回合谈判的连连受挫，促使越来越多的国家将贸易政策重点，从参与多边贸易谈判转向发展自贸区。在此全球背景下，加快与有关国家和地区的自贸区建设，将有利于我国更好地统筹两个市场、两种资源，营造进出口增长的良好环境，打造新的进出口增长点，减少贸易争端和规避技术壁垒，更好地应对金融危机，保持进出口和国民经济稳定增长。

## 三、我国自贸区建设新进展

在党中央和国务院的统一部署下，自2003年以来，我国自贸区建设从无到有，奠定了良好开局。目前，我国正与五大洲的31个国家和地区建设14个自贸区，其中已生效的自贸协定有7个，实施情况良好。主要进展包括：

（一）内地与香港、澳门更紧密经贸关系安排（CEPA）及其补充协议：自2003年签署CEPA后，内地与港、澳又各签署和实施五个补充协议。在货物贸易方面，自2006年1月起，内地对港、澳原产货物全面实行零关税；在服务贸易方面，内地在法律、会计等40个领域对港、澳进一步放宽市场准入；在贸易投资便利化方面，在贸易投资促进、通关便利化等9个领域开展合作。CEPA及其补充协议的实施，促进了港澳经济的稳定增长。

（二）中国—东盟自贸区系列协议：2002年11月，在第六次中国—东盟领导人会议上，我国与东盟十国领导人签署《中国—东盟全面经济合作框架协议》。2004年11月，在温家宝总理和东盟十国领导人共同见证下，我国与东盟签署《货物贸易协议》，并于 2005 年 7 月开始实施，对 7000 多个税目的产品逐步降低和取消关税。到 2010 年，我国和东盟六个老成员国将相互取消绝大多数产品的关税，东盟四个新成员国将在 2015 年基本取消关税。降税以来，我国与东盟贸易进出两旺，经贸合作发展迅速。2007 年，双方已互为第四大贸易伙伴，贸易总额首次突破 2000 亿美元。2008 年，双边贸易额达 2311 亿美元，同比增长 14%；其中，我国出口 1141 亿美元，增长 21%，进口 1170 亿美元，增长 8%。

2007 年 1 月，双方又签署《服务贸易协议》，东盟 10 国 12 个服务部门的 67 个分部门和我国 5 个服务部门的 26 个分部门相互做出进一步开放承诺，并于 7 月开始实施。温总理指出，“协议的签署是中国—东盟经贸合作领域的又一重大成果，标志着中国—东盟自贸区向前迈出关键的一步，为如期全面建成自贸区奠定了基础。”2008 年 11 月，中国—东盟自贸区投资协议谈判圆满结束，为 2010 年如期全面建成中国—东盟自贸区提供了最后的保障。

（三）中国—智利自贸协定：2005 年 11 月，胡锦涛主席与智利前总统拉戈斯共同见证签署《中智自贸协定》，并于 2006 年 10 月开始实施。根据协定，两国占税目总数 97%产品的关税将在 10 年内分阶段降为零。两国还在经济、中小企业、文化、教育、科技、环保等领域进一步加强交流合作。2007 年，两国贸易额快速增长至 147 亿美元，同比增长 65%；其中我国进口 103 亿美元，出口 44 亿美元，分别增长 79%和 42%，我国取代美国成为智利的第一大出口国。2008 年，两国贸易额达 175 亿美元，增长 19%；其中我国进口 114 亿美元，出口 61 亿美元，分别增长 11%和 39%。

2008 年 4 月 13 日，在胡锦涛主席和智利总统巴切莱特的共同见证下，《中华人民共和国政府和智利共和国政府自由贸易协定关于服务贸易的补充协定》（即中智自贸区服务贸易协定，以下简称《协定》）在海南三亚签署。该《协定》是中国与拉美国家签署的第一个自贸区服务贸易协定，也是中智关系史上的一个新的里程碑。《协定》的签署将有助于两国进一步相互开放服务市场，增进优势互补，提升国际竞争力；有助于改善投资环境，创造商业机会，降低交易成本，为两国企业和人民带来更多福利。

（四）中国—巴基斯坦自贸协定：2005 年 4 月，温总理访巴时，双方宣布启动谈判。2006 年 11 月，两国签署《中国—巴基斯坦自贸协定》（以下简称《协定》），成为胡主席访巴重大成果。根据《协定》，双方将分两个阶段对全部货物产品实施关税减让。第一阶段在协定实施五年内，双方对占各自税目总数 85%的产品按照不同幅度实施降税。第二阶段从《协定》实施第六年开始，目标是使零关税产品占双方税目数和贸易量的比例均达到 90%。此外，《协定》就投资促进与保护等事项做出了规定。2007 年 7 月实施以来，社会各界反响热烈。胡主席表示：“《协定》必将提升中巴经贸合作水平，并将为更多巴商品进入中国市场创造条件。”2008 年，两国贸易额达 70 亿美元，其中我国进口 10 亿美元，出口 60 亿美元。

2008 年 12 月，中巴双方就自贸区服务贸易协定文本和服务部门开放承诺表达成一致，成功结束中国—巴基斯坦自贸区服务贸易谈判。根据双方达成的一致，在两国各自对世贸组织承诺的基础上，巴方 11 个服务部门的 102 个分部门和我国 6 个服务部门的 28 个分部门将相互进一步开放。在双方履行国内相关程序后，《协定》有望于 2009 年生效实施，这标志着两国将建成一个涵盖货物贸易、服务贸易和投资等内容全面的自贸区。

（五）中国—新西兰自贸协定：2008 年 4 月 7 日，在温家宝总理和新西兰总理克拉克的共同见证下，《中国—新西兰自贸协定》（以下简称《协定》）在北京签署，并于 2008 年 10 月 1 日开始实施。根据《协定》，在货物贸易方面，新方承诺将在 2016 年 1 月 1 日前取消全部自华进口产品关税，其中 63.6%的产品从《协定》生效时起即实现零关税；中方承诺将在 2019 年 1 月 1 日前取消 97.2%自新进口产品关税，其中 24.3%的产品从协定生效时起即实现零关税。在服务贸易方面，新方在商务、建筑、教育、环境 4 大部门的 16 个分部门做出了高于 WTO 的承诺。中方在商务、环境、体育娱乐、运输 4 大部门的 15 个分部门做出了高于 WTO 的承诺。双方还在自然人移动方面做出了进一步的承诺。在投资方面，就投资促进和保护等问题做出规定。此外，双方还就海关、检验检疫及知识产权等领域的合作做出了制度性规定。该《协定》是我国签署的第一个涵盖货物贸易、服务贸易、投资等诸多领域的全面的自贸协定和与发达国家的第一个自贸协定。2008年，两国贸易额达44亿美元，增长19%；其中我国进口19亿美元，出口25亿美元，分别增长23%和16%。

（六）中国—新加坡自贸协定：2008年10月23日，在新加坡总理李显龙访华期间，中新双方签署了《中国—新加坡自贸协定》（以下简称《协定》）。根据该《协定》，两国将在中国—东盟自贸区《货物贸易协议》的基础上，加快货物贸易自由化进程，新加坡从2009年1月1日起，取消所有自中国进口产品的关税；我国将在2010年1月1日前取消97.1%自新进口产品的关税。在服务贸易方面，新方做出的承诺是，承认我国两所中医大学学历，允许我国设立中医大学、培训机构以及开展中文教育等，中方则承诺新方可在华设立股比不超过70%的外资医院，认可新两所大学医学学历。2008年，两国贸易额达524亿美元，增长11%；其中我国进口201亿美元，出口323亿美元，分别增长15%和8%。

2008年11月，胡锦涛主席出访秘鲁参加APEC领导人峰会期间，与秘鲁总统加西亚共同宣布中国—秘鲁自贸协定谈判圆满结束。根据双方达成的共识，在货物贸易方面，中秘双方将对各自90%以上的产品分阶段实施零关税。在服务贸易方面，双方将在各自对世贸组织承诺的基础上，相互进一步开放服务部门。在投资方面，双方将相互给予对方投资者及其投资以准入后国民待遇、最惠国待遇和公平公正待遇，鼓励双边投资并为其提供便利等。与此同时，双方还在知识产权、贸易救济、原产地规则、海关程序等众多领域达成广泛共识。这是我国与拉美国家达成的第一个一揽子的全面自由贸易协定，是两国关系发展史上新的里程碑。双方商定将在完成各自国内法律程序后，尽早签署和实施该协定。2008年，两国贸易额达75亿美元，增长24%；其中我国进口47亿美元，出口28亿美元，分别增长9%和65%。

与此同时，我国积极推进与海湾合作委员会（简称海合会，包括沙特、阿曼、阿联酋、卡塔尔、科威特和巴林六国）、澳大利亚、冰岛、哥斯达黎加、挪威等的自贸区谈判以及与智利的自贸区投资谈判，完成了与印度的区域贸易安排联合研究，正在开展与韩国的自贸区联合可行性研究，积极推动《亚太贸易协定》第四轮谈判。

## 四、自贸区建设给我国企业带来的机遇

自贸区建成后，我国和自贸伙伴国之间的市场准入条件将进一步改善，贸易和投资环境也将更加规范、透明。特别是，我国和自贸伙伴国将把90%以上的产品关税逐步削减到零。作为进口方的我国企业，将有机会从自贸伙伴国找到价廉物美的货源；作为出口方的我国企业，将有机会把产品打入自贸伙伴国市场或扩大市场份额。同时，我国和自贸伙伴国还将相互进一步开放服务贸易市场，在贸易投资便利化、投资保护、人员流动、知识产权、政策透明度等方面加强交流和合作，从而为双方企业和人员开展贸易投资、增进合作交往创造更好的条件。

当前，全球金融危机不断蔓延，我国对外贸易形势严峻。自贸协定带来的优惠措施，对于当前处在微利、无利甚至亏损状态的众多企业来说，不仅可以降低进出口成本，增强出口竞争力，提高出口利润，而且可以获得出口商机。目前，我国已实施的7个自贸协定，已经涵盖2008年我国外贸总额的1/5。除香港和澳门外，2007年我国对东盟10国、巴基斯坦、智利、新西兰等13个自贸伙伴国的出口同比增长33%，高于同期25.7%的平均出口增速；2008年我国对这13个自贸伙伴国的出口同比增长20.7%，高于同期17.2%的平均出口增速。与此同时，我国企业从自贸区中逐步受益。2008年以来，中兴通讯公司出口到智利和越南的3300多万美元通讯产品，凭借120份自贸区优惠原产地证书，获得了进口国1150多万元人民币的关税减免。大连中远船务公司凭借《亚太贸易协定》优惠原产地证书，使全球最大、总货值超过7815万美元的举力浮船坞顺利出口韩国，仅一单货物就少缴关税195.4万美元，合人民币1300多万元。

因此，在当前严峻的外贸形势下，国内企业应当及时、充分利用自贸协定带来的优惠政策，从而更好地求生存、促发展。为此，建议国内企业做好以下工作：

第一，充分掌握自贸建设进展，积极加以研究利用。及时通过商务部网站和“中国自由贸易服务

网”（网址为：www. fta. mofcom. gov. cn）了解我国自贸区的建设进展以及自贸协定带来的优惠政策，认真查询相关产品在各自贸区中的“协定税率”、优惠幅度（与最惠国税率相比）和相应的原产地规则。

第二，及时申领自贸“身份证”，充分享受优惠关税。优惠原产地证书，是产品在进出口过程中享受自贸区优惠待遇的“身份证”。企业需要了解申请签发优惠原产地证书的程序和规定，主动申领证书。同时，我国企业还要留意自贸区建成后自贸伙伴国相关制度的改善，如海关、质检等。

第三，利用自贸区所提供的机遇“走出去”。在自贸协定中，自贸伙伴国之间除了减少和消除货物贸易壁垒以外，还会减少和消除服务贸易和投资壁垒，比如提高我方投资企业在合资企业中的股比乃至控股，取消对方的地域限制和经营范围限制等。据此，国内企业可以更自由、更便利地到自贸伙伴的市场去投资。

第四，积极向竞争对手学习，增强产品国际竞争力。自贸协定下的开放是相互的，一方面为我国企业出口和“走出去”创造了条件，另一方面也会带来一些竞争，自贸伙伴国的优势产品和服务也会进入我国市场。因此，我国企业需要扎实练好内功，及时通过结构调整、产业和技术升级来提高自身竞争力，充分把握机遇，积极应对挑战，实现更好的发展。

（中华人民共和国商务部国际经贸关系司）

# 中国服务贸易发展情况

## 一、2008年中国服务贸易基本情况

2008年，中国服务贸易（按国际收支口径统计，不含政府服务，下同）进出口总额为3 044.5亿美元，比2007年增长21.3%，增幅回落9.6个百分点。据世界贸易组织（WTO）3月23日发布的2008年世界贸易状况和2009年前景展望报告，2008年世界服务贸易进出口总额为72 000亿美元，比2007年增长11%，增幅比上年下降6个百分点。其中，出口37 300亿美元，同比增长11%；进口34 700亿美元，同比增长11%。尽管面临着国际金融危机的不利形势，中国服务贸易增长仍然远远高于世界平均水平。2008年，中国服务贸易发展呈现以下几个主要特点：

特点一：服务出口排名上升两位，进出口增幅出现回落

2008年，中国服务贸易进出口规模继续增长，但增幅出现回落。服务贸易出口额达1 464.5亿美元，世界排名由2007年的第七位上升至第五位，同比增长20.4%，增幅回落12.7个百分点；服务贸易进口额达1 580亿美元，稳居世界第五位，同比增长22.2%，增幅回落6.6个百分点。

特点二：进出口逆差进一步加大

2008年，中国服务贸易进口增速快于出口，逆差规模进一步扩大。当年服务贸易逆差115.6亿美元，比上年增长51.9%，是自1997年以来逆差最大的一年。从行业来看，运输、保险、金融、专有权利使用费和特许费这四个服务贸易行业出现逆差。其中，运输逆差为119.1亿美元，与上年基本持平；保险逆差为113.6亿美元，同比增长16.4%；专有权利使用费和特许费逆差为97.5亿美元，同比增长24.2%；金融逆差为2.5亿美元，同比减少23.9%。

2008年，中国服务贸易有八个行业实现顺差，其中建筑、旅游、咨询、计算机和信息、其他商业服务为顺差规模前五的行业，合计实现顺差212.3亿美元。建筑服务是顺差最大行业，实现顺差59.7亿美元，比上年增长1.4倍；旅游实现顺差46.9亿美元，同比减少37.1%；咨询实现顺差46.1亿美元，比上年增长5.4倍；计算机和信息服务实现顺差30.9亿美元，同比增长44.3%；其他商业服务实现顺差28.9亿美元，同比减少66.8%。

特点三：传统服务贸易行业占比进一步下降

2008年，中国运输出口384.2亿美元，同比增长22.6%，增幅回落26.5个百分点，是自2000年以来同比增长最少的一年；运输进口503.3亿美元，同比增长16.3%，增幅回落9.6个百分点。旅游出口408.4亿美元，同比增长9.7%，与上年一致；旅游进口361.6亿美元，同比增长21.4%，增幅回落1.1个百分点。运输和旅游这两个传统服务贸易行业进出口为1657.5亿美元，同比增长17%，增幅回落7.6个百分点。运输和旅游在服务贸易进出口中的占比进一步下降，由上年的56.4%下降至54.4%。

特点四：新兴服务贸易行业出口受危机影响稍小

2008年，受金融危机影响，中国服务贸易各行业出口增速普遍受阻，除咨询出口增速同比上升了8.8个百分点外，其他服务贸易行业的出口增幅普遍回落。但以保险、计算机和信息服务、咨询为代表的高附加值服务贸易行业受危机影响稍小，出口同比增长率在服务贸易整体出口同比增长率的两倍以上，且出口增幅回落较小。其中，咨询出口181.4亿美元，同比增长56.6%，增幅上升8.8个百分点；计算机和信息服务出口62.5亿美元，同比增长43.9%，增幅回落3个百分点；保险出口13.8亿美元，同比增长53%，增幅回落11.9个百分点。

特点五：我国前五大服务贸易伙伴均为发达国家和地区

香港地区、美国、欧盟、日本和东盟为我国前五大服务贸易伙伴，2008年我国与五大伙伴实现服务贸易进出口额2082.5亿美元，占我国服务贸易进出口总额的68.4%。其中香港地区、美国、欧盟、日本和东盟为我国前五大服务贸易出口市场，香港地区、欧盟、美国、日本和东盟为我国服务贸易前五大进口来源地。

特点六：主要行业进出口集中于发达国家和地区

香港地区为我国运输第一大出口市场，约占有1/3的份额；其次是美国，所占比重近两成。运输第一大进口来源地是美国。

我国旅游出口市场集中于香港地区、中国台湾、韩国、日本等亚洲国家和地区，上述四地占有近六成的份额。其中香港地区为我国最大的出口市场和进口来源地。

香港地区是我国建筑服务第一大出口市场，其次是欧盟和美国。建筑服务进口主要来源于东盟、香港地区和欧盟。

我国对主要国家（地区）的保险服务均呈现逆差。其中对日本、欧盟、东盟、韩国的逆差较大，均在10亿美元以上。

美国为我国计算机和信息服务最大的出口市场，其次是东盟。2008年我国对该两大市场计算机和信息服务出口额合计占该行业出口总额的一半。欧盟在我国计算机和信息服务进口市场中占有最大份额，其次是美国和东盟。

香港地区是我国咨询第一大出口市场，其次是欧盟和美国，占比均超过1/5。我国对其他国家（地区）咨询出口的份额较小。我国咨询进口主要来源于欧盟和香港地区，这两大市场占有近一半的份额。

## 二、当前中国服务贸易发展的前景分析

尽管2008年中国服务贸易仍保持较快增长，但在金融危机的冲击下，全球服务贸易将继续处于下滑态势。据WTO预测，2009年世界贸易量将下降9%左右，根据测算，2009年全球服务贸易增速将低于5%。

外需下降将导致中国服务贸易需求下降，部分行业受影响较大。美国、欧盟和日本是全球最大的三个经济体，同时也是服务贸易进出口额最大的三个经济体，还是我国服务贸易进出口的三大贸易伙伴，占我国服务贸易进出口总额的40%。据IMF预测，预计2009年美国经济增长率为－0.7%，欧元区增长率为－0.5%，日本增长率为－0.2%。由于美国、欧盟和日本等我国主要服务出口市场的全年经济增长预计为负值，尤其是上半年下降幅度较大，加上世界贸易的持续下滑，2009年上半年我国服务进出口尤其是服务出口仍将处于下降态势。

金融危机引起的经济衰退传导至国际航运市场后，货物出口订单下降会直接导致运输服务的需求下降。虽然国内宏观经济改善的趋势使我国运输市场出现了恢复性增长的迹象，但是全球经济低迷使得我国运输服务进出口难以在短期内大幅增加。大量出口企业订单不足、纷纷减产或停产，还将导致对金融服务、法律服务、会计服务的需求下降。旅行消费需求下降、受灾害地区旅游市场恢复困难大对我国旅游服务出口也造成了较大的负面影响。但我国具有比较优势的产业受金融危机的影响较小，文化、技术进出口等行业有望实现较快增长。

## 附表

**2008年中国服务贸易进出口分项目情况**

| 指标<br>项目 | 进出口 | | 出口 | | 进口 | | 进出口差额 |
|---|---|---|---|---|---|---|---|
| | 金额 | 同比增长（%） | 金额 | 同比增长（%） | 金额 | 同比增长（%） | |
| 总计 | 3 044.49 | 21.3 | 1 464.46 | 20.4 | 1 580.04 | 22.2 | －115.58 |
| 运输 | 887.46 | 19.0 | 384.18 | 22.6 | 503.29 | 16.3 | －119.11 |
| 旅游 | 770.00 | 14.9 | 408.43 | 9.7 | 361.57 | 21.4 | 46.86 |
| 通讯服务 | 30.80 | 36.5 | 15.70 | 33.6 | 15.10 | 39.6 | 0.60 |
| 建筑服务 | 146.92 | 77.3 | 103.29 | 92.1 | 43.63 | 49.9 | 59.65 |
| 保险服务 | 141.26 | 22.1 | 13.83 | 53.0 | 127.43 | 19.5 | －113.60 |
| 金融服务 | 8.80 | 11.8 | 3.15 | 36.6 | 5.66 | 1.6 | －2.51 |
| 计算机和信息服务 | 94.17 | 43.7 | 62.52 | 43.9 | 31.65 | 43.3 | 30.87 |

续　表

| 指标 项目 | 进出口 | | 出口 | | 进口 | | 进出口差额 |
|---|---|---|---|---|---|---|---|
| | 金额 | 同比增长(%) | 金额 | 同比增长(%) | 金额 | 同比增长(%) | |
| 专有权利使用费和特许费 | 108.90 | 27.6 | 5.71 | 66.5 | 103.19 | 26.0 | −97.49 |
| 咨询 | 316.76 | 41.2 | 181.41 | 56.6 | 135.36 | 24.7 | 46.05 |
| 广告、宣传 | 41.43 | 27.5 | 22.02 | 15.2 | 19.41 | 45.2 | 2.62 |
| 电影、音像 | 6.73 | 43.1 | 4.18 | 32.1 | 2.55 | 65.6 | 1.63 |
| 其他商业服务 | 491.27 | 8.8 | 260.06 | −3.4 | 231.21 | 26.8 | 28.85 |

（中华人民共和国商务部服务贸易司　胡景岩）

# 中国技术性贸易措施通报情况

2008 年世界经济发展从诸多角度体现了不寻常，其中最令人关注的莫过于金融危机引发的经济风波。这一风波如甲型 H1N1 流感一样向人群所在的国家和地区蔓延，只是金融危机的蔓延直指实体经济，实际和潜在的威胁着原本就不平衡的发展，对国际贸易产生重大的影响。我国虽不是进出口贸易的依赖国，但国际贸易在整个国民经济发展指数中约占 30%的比例。在这种形势下，充分发挥 WTO 多边贸易体系的积极作用，坚持制定规则与实施规则的同等重要性，保护全球经济的可持续发展，反对形形色色的贸易保护主义成为 WTO 各成员的共同责任。

多哈回合谈判由于农业与非农业问题的复杂性步履维艰地进入最后冲刺阶段，无论其何时结束，WTO 框架下的现行法定规则必须认真执行。尽管服务贸易和与贸易有关的知识产权领域活动正逐步扩大，传统的货物贸易仍为国际贸易主流。货物贸易的特性与技术壁垒的双重性决定了它们的共存关系，只要存在货物贸易，就存在技术壁垒，它们是一个相辅相成的整体。当前形势下，在抵制形形色色的贸易保护主义行动中，WTO 货物贸易领域中的“技术性贸易壁垒协定（TBT 协定）”和“实施卫生与植物卫生措施协定（SPS 协定）”起着重要的规范国际贸易秩序作用。两项协定的透明度原则，成为主要贸易国关注的要点。根据 2008 年美中贸易全国委员会（USCBC）关于中美贸易关系现状的报告，2007 年，美国对中国出口额为 652 亿美元，自 2000 年以来增长了 300%多。中国已超过日本成为美国第三大货物和服务的出口市场。法律和规章制定程序的透明不仅是促进经济增长的一个重要因素，同时也有助于促使一国成为全球经济中富有效率和受人尊敬的经济伙伴。根据 WTO/TBT 协定的透明度原则，规则制定过程应公开，法律、规章、标准等在付诸实施前应提交公众评议，政府官员应将有建设性的修改意见考虑和吸收进最终法规，以保证法律和规章实施的公正与公开。与之对照，透明度的缺乏将导致企业陷入不确定和困惑之中，从而使市场经营能力受到制约。2008 年，透明度是 USCBC 会员公司列举的在华经营面临的第四大重要问题。

2008 年我国一如既往地履行了入世承诺。为了使国家法律法规的制定更加透明，国务院于 2008 年 5 月 1 日正式实施了《政府信息公开条例》。根据中美战略经济对话（SED）会议，我方同意将所有与经济有关的法规和规章草案提交公众评议，同意提供自公布之日起不少于 30 天的公众评议期，同意将所有这些措施在 2008 年早些时候创建的国务院法制办（SCLAO）“中国政府法制信息网”上予以公布。

根据 TBT、SPS 协定，我国已将与贸易有关的技术性贸易措施，包括技术法规、标准、合格评定程序、标签标志、动植物卫生检疫措施等通过 WTO 秘书处向各成员进行了通报，并给予各成员不少于 60 天的评议期，在文件的批准日期和生效日期之间留出了不少于六个月的过渡期，使其他成员有机会进行相关的装备改造和技术准备。

自 2000 年 1 月 1 日至今，WTO 各成员共提交 TBT 通报 7829 项，其中 2008 年提交 1532 项，占八年总提交量的 19.56%；提交 SPS 通报 7005 项，其中 2008 年提交 1176 项，占八年总提交量的 16.78%。从统计数字可以看出，各国为产品市场准入制定的技术要求数量呈逐年上升趋势，正在使用技术的手段对本国市场进行合理合法的贸易保护。2008 年向 WTO 提交 TBT 通报数量排前 10 位的成员依次为：中国 196 项、美国 169 项、欧共体 78 项、以色列 72 项、巴西 63 项、加拿大 61 项、哥伦比亚 57 项、日本 55 项、泰国和韩国各 57 项、智利 17 项。2008 年向 WTO 提交 SPS 通报数量排前 10 位的成员依次为：美国 263 项、巴西 151 项、加拿大 111 项、秘鲁 70 项、韩国 45 项、欧共体 44 项、新西兰 30 项、智利 22 项、日本 20 项、印度 12 项。一项通报所代表的技术文件，少则三五页，多则上千页，集中着诸多专家、技术人员、政府官员和利益相关方针对某种或某类产品技术要求的观点与定论，这些数字使人看到各国为保护自己的合法贸易利益而付出的人力与资源。

入世七年来，我国从WTO新成员逐渐成熟，努力参与着多边贸易规则的制定与实施。七年来共向WTO提交草案阶段的TBT通报544项（居亚洲第一、世界第二，仅次于美国），SPS通报120项。我国100%受理其他成员对我国技术性贸易措施草案的评议意见，并给予了答复。这项工作受到WTO秘书处和各成员的公认与好评。现将我国2008年向WTO提交的SPS、TBT技术性贸易措施情况做一简要分析。

2008年我国向WTO提交SPS措施5项，其中三项涉及保健食品中的防腐剂、甜味剂和着色剂限量；一项涉及食品容器、包装材料用添加剂使用卫生标准；另一项涉及进出口食品检验检疫监督管理办法。为阻挡不合格食品进入国门提供了技术依据。

2008年我国向WTO提交TBT措施196项（见以下列表）。占当年WTO/TBT通报总数（1532项）的12.79%。这些措施从级别分析，均属于国家级技术法规，主要是部门规章和国家标准。

从类别分析，196项措施中技术法规有190项，占96.5%，这些技术法规中，除强制性国家标准外，包括一些部门规章，如：国家质量监督检验检疫总局《关于实施进口棉花境外供货企业登记管理的公告》、《进出口玩具检验监督管理办法》、《固定式压力容器安全技术监察规程》；国家烟草专卖局关于调整卷烟盒标焦油最高限量要求的通知、中华人民共和国境内卷烟包装标识的规定、卷烟条与盒包装纸中挥发性有机化合物的限量、烟用内衬纸以及烟用三乙酸甘油酯等。属于合格评定程序的一项，占0.5%，内容为《强制性产品认证管理规定》。属于标签标志的（国家标准）有六项，占3%，即《危险货物包装标志》、《商品条码　零售商品编码与条码表示》、《塑料购物袋的环境、安全和标识通用技术要求》、《化学品安全标签编写规定》、《化学品分类和危险性公示通则》、《轻型汽车燃料消耗量标识》等。

2008年我国TBT措施凸显了提高能效和节约资源的政策目标，充分体现着中国市场准入与环境保护和控制温室效应的密切联系。具体措施包括《交流接触器能效限定值及能效等级》、《计算机显示器能效限定值及能效等级》、《复印机能效限定值及能效等级》、《储水式电热水器能效限定值及能效等级》、《交流电风扇能效限定值及能效等级》、《自动电饭锅能效限定值及能效等级》、《容积式空气压缩机能效限定值及能效等级》、《家用电冰箱耗电量限定值及能源效率等级》、《限制商品过度包装要求　食品和化妆品》、《摩托车燃油消耗量限值及测量方法》、《轻便摩托车燃油消耗量限值及测量方法》等技术法规。

保护人类健康与安全继续保持在重要位置上，涉及的产品包括：

《危险货物运输包装通用技术条件》、《玩具用涂料中有害物质限量》、《汽车涂料中有害物质限量》、《建筑用外墙涂料中有害物质限量》、《室内装饰装修材料　水性木器涂料中有害物质限量》、《室内装饰装修材料　溶剂型木器涂料中有害物质限量》、《进出口玩具检验监督管理办法》、《家用火灾安全系统》、《燃气燃烧器具安全规范》等，反映了针对国际贸易中以及保护民生出现的问题，填补相应的市场准入门槛空白，维护经济的可持续发展。作为一个负责任的贸易大国，我国连续七年以实际行动证明我们实践了自己的入世承诺。

**2008年我国提交WTO的技术性贸易措施（TBT、SPS措施）列表**

**TBT**

| 序号 | 通报号 | 通报标题 | 通报日期 |
|---|---|---|---|
| 1 | G/TBT/N/CHN/513 | 中华人民共和国国家标准《防静电服》 | 2008－12－22 |
| 2 | G/TBT/N/CHN/512 | 中华人民共和国国家标准《安全网》 | 2008－12－22 |
| 3 | G/TBT/N/CHN/511 | 中华人民共和国国家标准《内河船舶噪声级规定》 | 2008－12－22 |
| 4 | G/TBT/N/CHN/510 | 中华人民共和国国家标准《容积式空气压缩机能效限定值及能效等级》 | 2008－12－22 |
| 5 | G/TBT/N/CHN/509 | 中华人民共和国国家标准《平板玻璃》 | 2008－12－22 |
| 6 | G/TBT/N/CHN/508 | 中华人民共和国国家标准《建筑材料放射性核素限量》 | 2008－12－22 |
| 7 | G/TBT/N/CHN/507 | 中华人民共和国国家标准《建筑用安全玻璃　第四部分：均质钢化玻璃》 | 2008－12－22 |

续 表

| 序号 | 通报号 | 通报标题 | 通报日期 |
|---|---|---|---|
| 8 | G/TBT/N/CHN/506 | 中华人民共和国国家标准《建筑用安全玻璃　第三部分：夹层玻璃》 | 2008—12—22 |
| 9 | G/TBT/N/CHN/505 | 中华人民共和国国家标准《建筑用安全玻璃　第一部分：防火玻璃》 | 2008—12—22 |
| 10 | G/TBT/N/CHN/504 | 中华人民共和国国家标准《小型汽油机　噪声限值》 | 2008—12—22 |
| 11 | G/TBT/N/CHN/503 | 中华人民共和国国家标准《剪切机械　噪声限值》 | 2008—12—22 |
| 12 | G/TBT/N/CHN/502 | 中华人民共和国国家标准《折弯机械　噪声限值》 | 2008—12—22 |
| 13 | G/TBT/N/CHN/501 | 中华人民共和国国家标准《低压铸造机　安全要求》 | 2008—12—22 |
| 14 | G/TBT/N/CHN/500 | 中华人民共和国国家标准《抛（喷）丸设备　安全要求》 | 2008—12—22 |
| 15 | G/TBT/N/CHN/499 | 中华人民共和国国家标准《运动饮料》 | 2008—12—22 |
| 16 | G/TBT/N/CHN/498 | 中华人民共和国国家标准《乳品设备安全卫生》 | 2008—12—22 |
| 17 | G/TBT/N/CHN/497 | 《固定式压力容器安全技术监察规程》 | 2008—11—21 |
| 18 | G/TBT/N/CHN/496 | 国家烟草专卖局关于调整卷烟盒标焦油最高限量要求的通知 | 2008—11—19 |
| 19 | G/TBT/N/CHN/495 | 中华人民共和国境内卷烟包装标识的规定 | 2008—11—19 |
| 20 | G/TBT/N/CHN/494 | 中华人民共和国国家标准《带电作业用空心绝缘管、泡沫填充绝缘管和实心绝缘棒》 | 2008—11—18 |
| 21 | G/TBT/N/CHN/493 | 中华人民共和国国家标准《家用和类似用途插头插座　第二部分：转换器的特殊要求》 | 2008—11—18 |
| 22 | G/TBT/N/CHN/492 | 中华人民共和国国家标准《火灾自动报警系统组件兼容性要求》 | 2008—11—18 |
| 23 | G/TBT/N/CHN/491 | 中华人民共和国国家标准《低温压力容器用低合金钢钢板》 | 2008—10—2 |
| 24 | G/TBT/N/CHN/490 | 中华人民共和国国家标准《焊接气瓶用钢板和钢带》 | 2008—10—2 |
| 25 | G/TBT/N/CHN/489 | 中华人民共和国国家标准《气瓶用无缝钢管》 | 2008—10—2 |
| 26 | G/TBT/N/CHN/488 | 中华人民共和国国家标准《混凝土外加剂》 | 2008—10—2 |
| 27 | G/TBT/N/CHN/487 | 中华人民共和国国家标准《蒸压加气混凝土板》 | 2008—10—2 |
| 28 | G/TBT/N/CHN/486 | 中华人民共和国国家标准《便携式丁烷气灶及气瓶》 | 2008—10—2 |
| 29 | G/TBT/N/CHN/485 | 中华人民共和国国家标准《航空轮胎内胎》 | 2008—10—2 |
| 30 | G/TBT/N/CHN/484 | 中华人民共和国国家标准《航空翻新轮胎》 | 2008—10—2 |
| 31 | G/TBT/N/CHN/483 | 中华人民共和国国家标准《航空轮胎》 | 2008—10—2 |
| 32 | G/TBT/N/CHN/482 | 中华人民共和国国家标准《轮胎气门嘴芯腔》 | 2008—10—2 |
| 33 | G/TBT/N/CHN/481 | 中华人民共和国国家标准《充气轮胎内胎　第一部分：汽车轮胎内胎》 | 2008—10—1 |
| 34 | G/TBT/N/CHN/480 | 中华人民共和国国家标准《轮胎气门嘴螺纹》 | 2008—10—1 |
| 35 | G/TBT/N/CHN/479 | 中华人民共和国国家标准《汽车多楔带》 | 2008—10—1 |
| 36 | G/TBT/N/CHN/478 | 中华人民共和国国家标准《危险货物运输包装通用技术条件》 | 2008—10—1 |
| 37 | G/TBT/N/CHN/477 | 中华人民共和国国家标准《化学品安全标签编写规定》 | 2008—10—1 |
| 38 | G/TBT/N/CHN/476 | 中华人民共和国国家标准《黄磷包装　钢桶》 | 2008—10—1 |
| 39 | G/TBT/N/CHN/475 | 中华人民共和国国家标准《化学品分类和危险性公示 通则》 | 2008—10—1 |
| 40 | G/TBT/N/CHN/474 | 中华人民共和国国家标准《危险货物包装标志》 | 2008—10—1 |
| 41 | G/TBT/N/CHN/473 | 中华人民共和国国家标准《玩具用涂料中有害物质限量》 | 2008—10—1 |
| 42 | G/TBT/N/CHN/472 | 中华人民共和国国家标准《汽车涂料中有害物质限量》 | 2008—10—1 |
| 43 | G/TBT/N/CHN/471 | 中华人民共和国国家标准《建筑用外墙涂料中有害物质限量》 | 2008—10—1 |
| 44 | G/TBT/N/CHN/470 | 中华人民共和国国家标准《室内装饰装修材料　水性木器涂料中有害物质限量》 | 2008—10—1 |
| 45 | G/TBT/N/CHN/469 | 中华人民共和国国家标准《室内装饰装修材料　溶剂型木器涂料中有害物质限量》 | 2008—10—1 |
| 46 | G/TBT/N/CHN/449 | 中华人民共和国国家标准《机动车和挂车用后雾灯配光性能》 | 2008—9—17 |
| 47 | G/TBT/N/CHN/450 | 中华人民共和国国家标准《汽车及挂车转向信号灯配光性能》 | 2008—9—17 |
| 48 | G/TBT/N/CHN/451 | 中华人民共和国国家标准《汽车及挂车前位灯、后位灯、示廓灯和制动灯配光性能》 | 2008—9—17 |
| 49 | G/TBT/N/CHN/452 | 中华人民共和国国家标准《汽车昼间行驶灯配光性能》 | 2008—9—17 |
| 50 | G/TBT/N/CHN/453 | 中华人民共和国国家标准《货车及挂车　车身反光标识》 | 2008—9—17 |

续 表

| 序号 | 通报号 | 通报标题 | 通报日期 |
|---|---|---|---|
| 51 | G/TBT/N/CHN/454 | 中华人民共和国国家标准《家用和类似用途空调器安装规范》 | 2008－9－17 |
| 52 | G/TBT/N/CHN/455 | 中华人民共和国国家标准《家用和类似用途电器安装、使用、维修安全要求》 | 2008－9－17 |
| 53 | G/TBT/N/CHN/456 | 中华人民共和国国家标准《烯草酮原药》 | 2008－9－17 |
| 54 | G/TBT/N/CHN/457 | 中华人民共和国国家标准《烯草酮乳油》 | 2008－9－17 |
| 55 | G/TBT/N/CHN/458 | 中华人民共和国国家标准《精噁唑禾草灵原药》 | 2008－9－17 |
| 56 | G/TBT/N/CHN/459 | 中华人民共和国国家标准《精噁唑禾草灵水乳剂》 | 2008－9－17 |
| 57 | G/TBT/N/CHN/460 | 中华人民共和国国家标准《精噁唑禾草灵乳油》 | 2008－9－17 |
| 58 | G/TBT/N/CHN/461 | 中华人民共和国国家标准《联苯菊酯原药》 | 2008－9－17 |
| 59 | G/TBT/N/CHN/462 | 中华人民共和国国家标准《联苯菊酯乳油》 | 2008－9－17 |
| 60 | G/TBT/N/CHN/463 | 中华人民共和国国家标准《咪鲜胺原药》 | 2008－9－17 |
| 61 | G/TBT/N/CHN/464 | 中华人民共和国国家标准《咪鲜胺水乳剂》 | 2008－9－17 |
| 62 | G/TBT/N/CHN/468 | 中华人民共和国国家标准《饮用天然矿泉水》 | 2008－9－17 |
| 63 | G/TBT/N/CHN/467 | 中华人民共和国国家标准《霜霉威盐酸盐水剂》 | 2008－9－17 |
| 64 | G/TBT/N/CHN/466 | 中华人民共和国国家标准《霜霉威原药》 | 2008－9－17 |
| 65 | G/TBT/N/CHN/465 | 中华人民共和国国家标准《咪鲜胺乳油》 | 2008－9－17 |
| 66 | G/TBT/N/CHN/448 | 中华人民共和国国家标准《消费品使用说明　第一部分　总则》 | 2008－9－1 |
| 67 | G/TBT/N/CHN/447 | 中华人民共和国国家标准《限制商品过度包装要求　食品和化妆品》 | 2008－9－1 |
| 68 | G/TBT/N/CHN/446 | 中华人民共和国国家标准《裂变钼99－锝99m色层发生器》 | 2008－9－1 |
| 69 | G/TBT/N/CHN/445 | 中华人民共和国国家标准《密封放射源　一般要求和分级》 | 2008－9－1 |
| 70 | G/TBT/N/CHN/444 | 中华人民共和国国家标准《家用和类似用途固定式电气装置电器附件安装盒和外壳　第一部分：通用要求》 | 2008－9－1 |
| 71 | G/TBT/N/CHN/443 | 中华人民共和国国家标准《工业机械电气设备　电磁兼容　发射限值》 | 2008－9－1 |
| 72 | G/TBT/N/CHN/442 | 中华人民共和国国家标准《商品条码　零售商品编码与条码表示》 | 2008－8－29 |
| 73 | G/TBT/N/CHN/441 | 中华人民共和国国家标准《纺织材料公定回潮率》 | 2008－8－29 |
| 74 | G/TBT/N/CHN/440 | 中华人民共和国国家标准《大型蒸汽灭菌器技术要求——自动控制型》 | 2008－8－29 |
| 75 | G/TBT/N/CHN/439 | 中华人民共和国国家标准《手持式电动工具的安全　第二部分：石材切割机的专用要求》 | 2008－8－28 |
| 76 | G/TBT/N/CHN/438 | 中华人民共和国国家标准《可移动电动工具安全　第二部分：平刨和厚度刨的专用要求》 | 2008－8－28 |
| 77 | G/TBT/N/CHN/437 | 中华人民共和国国家标准《可移式电动工具的安全　第二部分：单轴立式木铣的专用要求》 | 2008－8－28 |
| 78 | G/TBT/N/CHN/436 | 中华人民共和国国家标准《高压交流负荷开关——熔断器组合电器》 | 2008－8－28 |
| 79 | G/TBT/N/CHN/435 | 中华人民共和国国家标准《食具消毒柜安全和卫生要求》 | 2008－8－28 |
| 80 | G/TBT/N/CHN/434 | 中华人民共和国国家标准《家用和类似用途电器的安全　便携式电磁灶的特殊要求》 | 2008－8－28 |
| 81 | G/TBT/N/CHN/433 | 中华人民共和国国家标准《防爆灯具专用螺口式灯座》 | 2008－8－28 |
| 82 | G/TBT/N/CHN/432 | 中华人民共和国国家标准《首饰　贵金属纯度的规定及命名方法》 | 2008－8－28 |
| 83 | G/TBT/N/CHN/431 | 中华人民共和国国家标准《摩托车燃油消耗量限值及测量方法》 | 2008－8－28 |
| 84 | G/TBT/N/CHN/430 | 中华人民共和国国家标准《轻便摩托车燃油消耗量限值及测量方法》 | 2008－8－28 |
| 85 | G/TBT/N/CHN/429 | 中华人民共和国国家标准《摩托车和轻便摩托车操纵件、指示器及信号装置的图形符号》 | 2008－8－28 |
| 86 | G/TBT/N/CHN/329/Rev. 1/Add. 1 | 补遗 | 2008－7－22 |
| 87 | G/TBT/N/CHN/329/Add. 1/Corr. 1 | 勘误 | 2008－7－22 |
| 88 | G/TBT/N/CHN/428 | 《进出口玩具检验监督管理办法》 | 2008－7－15 |

续 表

| 序号 | 通报号 | 通报标题 | 通报日期 |
|---|---|---|---|
| 89 | G/TBT/N/CHN/427 | 中华人民共和国国家标准《消费品使用说明　第四部分：纺织品和服装》 | 2008—7—15 |
| 90 | G/TBT/N/CHN/426 | 中华人民共和国国家标准《消费品使用说明　第二部分：家用和类似用途电器》 | 2008—7—15 |
| 91 | G/TBT/N/CHN/425 | 中华人民共和国国家标准《灯头总技术条件》 | 2008—7—15 |
| 92 | G/TBT/N/CHN/424 | 中华人民共和国国家标准《燃气用埋地聚乙烯（PE）管道系统　第三部分：阀门》 | 2008—7—15 |
| 93 | G/TBT/N/CHN/423 | 中华人民共和国国家标准《量度继电器和保护装置第二十七部分：产品安全要求》 | 2008—7—15 |
| 94 | G/TBT/N/CHN/422 | 中华人民共和国国家标准《系统接地的形式及安全技术要求》 | 2008—7—15 |
| 95 | G/TBT/N/CHN/421 | 中华人民共和国国家标准《家用和类似用途单相插头插座形式、基本参数和尺寸》 | 2008—7—15 |
| 96 | G/TBT/N/CHN/420 | 中华人民共和国国家标准《家用和类似用途三相插头插座形式、基本参数和尺寸》 | 2008—7—15 |
| 97 | G/TBT/N/CHN/419 | 中华人民共和国国家标准《家用和类似用途插头插座　第一部分：通用要求》 | 2008—7—15 |
| 98 | G/TBT/N/CHN/418 | 中华人民共和国国家标准《电阻焊机的安全要求》 | 2008—7—15 |
| 99 | G/TBT/N/CHN/417 | 中华人民共和国国家标准《交流电风扇能效限定值及能效等级》 | 2008—7—15 |
| 100 | G/TBT/N/CHN/416 | 中华人民共和国国家标准《自动电饭锅能效限定值及能效等级》 | 2008—7—15 |
| 101 | G/TBT/N/CHN/415 | 中华人民共和国国家标准《拖拉机　安全要求　第四部分：皮带传动轮式拖拉机》 | 2008—7—15 |
| 102 | G/TBT/N/CHN/329/Add.1 | 补遗 | 2008—7—15 |
| 103 | G/TBT/N/CHN/414 | 中华人民共和国国家标准《木工机床安全　数控钻床和数控镂铣机》 | 2008—7—3 |
| 104 | G/TBT/N/CHN/413 | 中华人民共和国国家标准《橡胶塑料注射成型机安全要求》 | 2008—7—3 |
| 105 | G/TBT/N/CHN/412 | 中华人民共和国国家标准《弹性体改性沥青防水卷材》 | 2008—7—3 |
| 106 | G/TBT/N/CHN/411 | 中华人民共和国国家标准《塑性体改性沥青防水卷材》 | 2008—7—3 |
| 107 | G/TBT/N/CHN/410 | 中华人民共和国国家标准《氦气　第二部分：纯氦、高纯氦和超纯氦》 | 2008—7—3 |
| 108 | G/TBT/N/CHN/409 | 中华人民共和国国家标准《碳素结构钢和低合金结构钢热轧薄钢板和钢带》 | 2008—7—3 |
| 109 | G/TBT/N/CHN/408 | 中华人民共和国国家标准《低中压锅炉用无缝钢管》 | 2008—7—3 |
| 110 | G/TBT/N/CHN/407 | 中华人民共和国国家标准《高压锅炉用无缝钢管》 | 2008—7—3 |
| 111 | G/TBT/N/CHN/406 | 中华人民共和国国家标准《啤酒》 | 2008—7—3 |
| 112 | G/TBT/N/CHN/405 | 中华人民共和国国家标准《橄榄油、油橄榄果渣油》 | 2008—7—3 |
| 113 | G/TBT/N/CHN/404 | 中华人民共和国国家标准《棕榈油》 | 2008—7—3 |
| 114 | G/TBT/N/CHN/403 | 中华人民共和国国家标准《玉米》 | 2008—7—3 |
| 115 | G/TBT/N/CHN/402 | 中华人民共和国国家标准《大豆》 | 2008—7—3 |
| 116 | G/TBT/N/CHN/401 | 中华人民共和国国家标准《稻谷》 | 2008—7—3 |
| 117 | G/TBT/N/CHN/400 | 中华人民共和国国家标准《大米》 | 2008—7—3 |
| 118 | G/TBT/N/CHN/399 | 《强制性产品认证管理规定（修订草案）》 | 2008—6—24 |
| 119 | G/TBT/N/CHN/398 | 中华人民共和国国家标准《消费品使用说明　第七部分：体育器材》 | 2008—4—28 |
| 120 | G/TBT/N/CHN/397 | 中华人民共和国国家标准《家用火灾安全系统》 | 2008—4—28 |
| 121 | G/TBT/N/CHN/396 | 中华人民共和国国家标准《特种火灾探测器》 | 2008—4—28 |
| 122 | G/TBT/N/CHN/395 | 中华人民共和国国家标准《煤矿用带式输送机　安全规范》 | 2008—4—28 |
| 123 | G/TBT/N/CHN/394 | 中华人民共和国国家标准《水处理剂　聚丙烯酰胺》 | 2008—4—28 |
| 124 | G/TBT/N/CHN/393 | 中华人民共和国国家标准《包装容器　危险品包装用塑料桶》 | 2008—4—28 |
| 125 | G/TBT/N/CHN/392 | 中华人民共和国国家标准《包装容器　危险品包装用塑料罐》 | 2008—4—28 |
| 126 | G/TBT/N/CHN/391 | 中华人民共和国国家标准《轻型汽车燃料消耗量标识》 | 2008—4—28 |
| 127 | G/TBT/N/CHN/390 | 中华人民共和国国家标准《救生圈》 | 2008—4—28 |

续 表

| 序号 | 通报号 | 通报标题 | 通报日期 |
|---|---|---|---|
| 128 | G/TBT/N/CHN/389 | 中华人民共和国国家标准《船用救生衣》 | 2008—4—28 |
| 129 | G/TBT/N/CHN/388 | 中华人民共和国国家标准《摩托车光信号装置配光性能》 | 2008—4—28 |
| 130 | G/TBT/N/CHN/387 | 中华人民共和国国家标准《机动车回复反射器》 | 2008—4—28 |
| 131 | G/TBT/N/CHN/386 | 中华人民共和国国家标准《可移动电工工具安全　第二部分：台式砂轮机的专用要求》 | 2008—4—28 |
| 132 | G/TBT/N/CHN/385 | 中华人民共和国国家标准《可移动电工工具安全　第二部分：圆锯的专用要求》 | 2008—4—28 |
| 133 | G/TBT/N/CHN/384 | 中华人民共和国国家标准《可移式电动工具的安全　第一部分：通用要求》 | 2008—4—28 |
| 134 | G/TBT/N/CHN/381 | 中华人民共和国国家标准《燃油加油站防爆安全技术　第一部分　燃油加油机防爆安全技术要求》 | 2008—4—18 |
| 135 | G/TBT/N/CHN/380 | 中华人民共和国国家标准《家用电冰箱耗电量限定值及能源效率等级》 | 2008—4—18 |
| 136 | G/TBT/N/CHN/379 | 中华人民共和国国家标准《真空泵安全要求》 | 2008—4—18 |
| 137 | G/TBT/N/CHN/378 | 中华人民共和国国家标准《打桩设备安全规范》 | 2008—4—18 |
| 138 | G/TBT/N/CHN/377 | 中华人民共和国国家标准《钢质无缝气瓶　第一部分：淬火后回火处理的抗拉强度小于1100MPa的钢瓶》 | 2008—4—18 |
| 139 | G/TBT/N/CHN/376 | 中华人民共和国国家标准《船用饮水舱涂料通用技术条件》 | 2008—4—18 |
| 140 | G/TBT/N/CHN/375 | 中华人民共和国国家标准《工业金属钠》 | 2008—4—18 |
| 141 | G/TBT/N/CHN/383 | 中华人民共和国国家标准《额定电压72.5　kV及以上气体绝缘金属封闭开关设备》 | 2008—4—18 |
| 142 | G/TBT/N/CHN/382 | 中华人民共和国国家标准《无线电发射设备安全要求》 | 2008—4—18 |
| 143 | G/TBT/N/CHN/374 | 中华人民共和国国家标准《工业氢氟酸》 | 2008—4—17 |
| 144 | G/TBT/N/CHN/373 | 中华人民共和国国家标准《轮胎气门嘴　第六部分：气门芯》 | 2008—4—14 |
| 145 | G/TBT/N/CHN/372 | 中华人民共和国国家标准《轮胎气门嘴　第三部分：卡扣式气门嘴》 | 2008—4—14 |
| 146 | G/TBT/N/CHN/371 | 中华人民共和国国家标准《轮胎气门嘴　第二部分：胶座气门嘴》 | 2008—4—14 |
| 147 | G/TBT/N/CHN/370 | 中华人民共和国国家标准《轮胎气门嘴　第一部分：压紧式内胎气门嘴》 | 2008—4—14 |
| 148 | G/TBT/N/CHN/369 | 中华人民共和国国家标准《汽车空气制动软管和软管组合件》 | 2008—4—14 |
| 149 | G/TBT/N/CHN/368 | 中华人民共和国国家标准《医用氧及航空呼吸用氧》 | 2008—4—14 |
| 150 | G/TBT/N/CHN/367 | 中华人民共和国国家标准《鞋类　卫生安全性能技术规范》 | 2008—4—14 |
| 151 | G/TBT/N/CHN/366 | 中华人民共和国国家标准《汽车用制动器衬片》 | 2008—4—14 |
| 152 | G/TBT/N/CHN/365 | 中华人民共和国国家标准《燃气燃烧器具安全规范》 | 2008—4—14 |
| 153 | G/TBT/N/CHN/364 | 中华人民共和国国家标准《铝合金建筑型材　第五部分　氟碳漆喷涂型材》 | 2008—4—14 |
| 154 | G/TBT/N/CHN/363 | 中华人民共和国国家标准《铝合金建筑型材　第四部分：粉末喷涂型材》 | 2008—4—14 |
| 155 | G/TBT/N/CHN/362 | 中华人民共和国国家标准《铝合金建筑型材　第三部分：电泳涂漆型材》 | 2008—4—14 |
| 156 | G/TBT/N/CHN/361 | 中华人民共和国国家标准《铝合金建筑型材　第二部分：阳极氧化型材》 | 2008—4—14 |
| 157 | G/TBT/N/CHN/360 | 中华人民共和国国家标准《铝合金建筑型材　第一部分：基材》 | 2008—4—14 |
| 158 | G/TBT/N/CHN/358 | 中华人民共和国国家标准《二甲戊灵乳油》 | 2008—4—4 |
| 159 | G/TBT/N/CHN/356 | 中华人民共和国国家标准《烯唑醇可湿性粉剂》 | 2008—4—4 |
| 160 | G/TBT/N/CHN/354 | 中华人民共和国国家标准《噁草酮乳油》 | 2008—4—4 |
| 161 | G/TBT/N/CHN/349 | 中华人民共和国国家标准《氟磺胺草醚原药》 | 2008—4—4 |
| 162 | G/TBT/N/CHN/352 | 中华人民共和国国家标准《15%多效唑可湿性粉剂》 | 2008—4—4 |
| 163 | G/TBT/N/CHN/351 | 中华人民共和国国家标准《多效唑原药》 | 2008—4—4 |
| 164 | G/TBT/N/CHN/350 | 中华人民共和国国家标准《氟磺胺草醚水剂》 | 2008—4—3 |
| 165 | G/TBT/N/CHN/348 | 中华人民共和国国家标准《吡嘧磺隆可湿性粉剂》 | 2008—4—3 |
| 166 | G/TBT/N/CHN/347 | 中华人民共和国国家标准《吡嘧磺隆原药》 | 2008—4—3 |
| 167 | G/TBT/N/CHN/346 | 中华人民共和国国家标准《40%辛硫磷乳油》 | 2008—4—3 |
| 168 | G/TBT/N/CHN/345 | 中华人民共和国国家标准《辛硫磷原药》 | 2008—4—3 |
| 169 | G/TBT/N/CHN/353 | 中华人民共和国国家标准《噁草酮原药》 | 2008—4—3 |

续 表

| 序号 | 通报号 | 通报标题 | 通报日期 |
|---|---|---|---|
| 170 | G/TBT/N/CHN/355 | 中华人民共和国国家标准《烯唑醇原药》 | 2008－4－3 |
| 171 | G/TBT/N/CHN/357 | 中华人民共和国国家标准《二甲戊灵原药》 | 2008－4－3 |
| 172 | G/TBT/N/CHN/359 | 中华人民共和国国家标准《禾本科草种子质量分级》 | 2008－4－3 |
| 173 | G/TBT/N/CHN/344 | 中华人民共和国国家标准《牛冷冻精液》 | 2008－3－20 |
| 174 | G/TBT/N/CHN/343 | 中华人民共和国国家标准《长白猪种猪》 | 2008－3－20 |
| 175 | G/TBT/N/CHN/342 | 中华人民共和国国家标准《杜洛克猪种猪》 | 2008－3－20 |
| 176 | G/TBT/N/CHN/341 | 中华人民共和国国家标准《大约克夏猪种猪》 | 2008－3－20 |
| 177 | G/TBT/N/CHN/340 | 中华人民共和国国家标准《塑料购物袋的环境、安全和标识通用技术要求》 | 2008－2－29 |
| 178 | G/TBT/N/CHN/339 | 卷烟条与盒包装纸中挥发性有机化合物的限量（标准报批稿） | 2008－2－26 |
| 179 | G/TBT/N/CHN/338 | 烟用内衬纸（标准报批稿） | 2008－2－26 |
| 180 | G/TBT/N/CHN/337 | 烟用三乙酸甘油酯（标准报批稿） | 2008－2－26 |
| 181 | G/TBT/N/CHN/333/Rev. 1/Corr. 1 | 勘误 | 2008－2－26 |
| 182 | G/TBT/N/CHN/330/Rev. 1 | 中华人民共和国国家标准《计算机显示器能效限定值及能效等级》 | 2008－2－20 |
| 183 | G/TBT/N/CHN/336 | 国家质量监督检验检疫总局《关于实施进口棉花境外供货企业登记管理的公告》（2008 年第××号） | 2008－2－20 |
| 184 | G/TBT/N/CHN/335/Rev. 1 | 中华人民共和国国家标准《电热装置的安全第 13 部分： 对具有爆炸性气氛的电热装置的特殊要求》 | 2008－2－19 |
| 185 | G/TBT/N/CHN/334/Rev. 1 | 中华人民共和国国家标准《不间断电源设备 第 1－2 部分：限制触及区使用的 UPS 的一般规定和安全要求》 | 2008－2－19 |
| 186 | G/TBT/N/CHN/333/Rev. 1 | 中华人民共和国国家标准《不间断电源设备 第 1－1 部分： 操作人员触及区使用的 UPS 的一般规定和安全要求》 | 2008－2－19 |
| 187 | G/TBT/N/CHN/332/Rev. 1 | 中华人民共和国国家标准《储水式电热水器能效限定值及能效等级》 | 2008－2－19 |
| 188 | G/TBT/N/CHN/331/Rev. 1 | 中华人民共和国国家标准《复印机能效限定值及能效等级》 | 2008－2－19 |
| 189 | G/TBT/N/CHN/329/Rev. 1 | 中华人民共和国国家标准《交流接触器能效限定值及能效等级》 | 2008－2－18 |
| 190 | G/TBT/N/CHN/334 | 中华人民共和国国家标准《不间断电源设备 第 1－2 部分：限制触及区使用的 UPS 的一般规定和安全要求》 | 2008－1－30 |
| 191 | G/TBT/N/CHN/335 | 中华人民共和国国家标准《电热装置的安全第 13 部分：对具有爆炸性气氛的电热装置的特殊要求》 | 2008－1－29 |
| 192 | G/TBT/N/CHN/329 | 中华人民共和国国家标准《交流接触器能效限定值及能效等级》 | 2008－1－29 |
| 193 | G/TBT/N/CHN/330 | 中华人民共和国国家标准《计算机显示器能效限定值及能效等级》 | 2008－1－29 |
| 194 | G/TBT/N/CHN/331 | 中华人民共和国国家标准《复印机能效限定值及能效等级》 | 2008－1－29 |
| 195 | G/TBT/N/CHN/332 | 中华人民共和国国家标准《储水式电热水器能效限定值及能效等级》 | 2008－1－29 |
| 196 | G/TBT/N/CHN/333 | 中华人民共和国国家标准《不间断电源设备 第 1－1 部分：操作人员触及区使用的 UPS 的一般规定和安全要求》 | 2008－1－29 |

**SPS**

| 序号 | 通报号 | 通报标题 | 通报日期 |
| --- | --- | --- | --- |
| 1 | G/SPS/N/CHN/105 | 中华人民共和国国家标准《保健食品中防腐剂限量卫生标准》(3页，中文) | 2008－4－1 |
| 2 | G/SPS/N/CHN/106 | 中华人民共和国国家标准《保健食品中甜味剂限量卫生标准》(3页，中文) | 2008－4－1 |
| 3 | G/SPS/N/CHN/107 | 中华人民共和国国家标准《保健食品中着色剂限量卫生标准》(3页，中文) | 2008－4－1 |
| 4 | G/SPS/N/CHN/108 | 中华人民共和国国家标准《食品容器、包装材料用添加剂使用卫生标准》(224页，中文) | 2008－4－1 |
| 5 | G/SPS/N/CHN/104 | 《进出口食品检验检疫监督管理办法》(14页，中文) | 2008－1－10 |

(国家质量监督检验检疫总局　郭力生)

# ● 贸易争端与救济措施

## 中国参与争端解决案件情况

### 一、中国作为起诉方参与 WTO 争端解决案件新情况

#### （一）中国诉美国反倾销反补贴案（DS379）

1. 争端进程

2008年9月19日，中国在 WTO 争端解决机制下，就美国对中国标准钢管、矩形钢管、复合编织袋和非公路用轮胎采取的反补贴和反倾销措施提出磋商请求。美国接受了中国的磋商请求。

2008年11月14日，中国与美国在日内瓦举行了磋商。磋商澄清了与上述措施相关的某些问题，但未能解决争端。

2008年12月9日，中国请求设立专家组。在2009年1月20日会议上，WTO 争端解决机构设立专家组。阿根廷、澳大利亚、巴林、加拿大、欧共体、科威特、沙特阿拉伯、土耳其、巴西、印度、日本、中国台湾、墨西哥和挪威14个 WTO 成员申明作为本案的第三方。

2009年4月15日，中国向专家组提交了第一次书面陈述。目前，本案正处在专家组审理阶段。

2. 涉案措施

中国在磋商请求中认为美国相关措施，违反了 WTO 规则，包括《1994年关税与贸易总协定》第1条和第6条，《补贴与反补贴措施协定》第1条、第2条、第10条、第12条、第13条、第14条、第19条和第32条，《反倾销协定》第1条、第2条、第6条、第9条和第18条，以及《中国加入议定书》第15条等。

该案涉案措施如下：

（1）A－570－910 和 C－570－911 号调查（“标准钢管案”）

• 关于低于公平价值销售的最终裁决以及紧急情况的肯定性最终裁决的通知：来自中华人民共和国的标准钢管，联邦公报第73卷第31 970页（2008年6月5日）。

• 关于反倾销税令的通知：来自中华人民共和国的标准钢管，联邦公报第73卷第42 547页（2008年7月22日）。

• 来自中华人民共和国的标准钢管：反补贴税的肯定性最终裁决和紧急情况的肯定性最终裁决，联邦公报第73卷第31 966页（2008年6月5日）。

• 来自中华人民共和国的标准钢管：关于经更正的反补贴税肯定性最终裁决的通知和关于反补贴税令的通知，联邦公报第73卷第42 545页（2008年7月22日）。

（2）A－570－912 和 C－570－913 号调查（“非公路用轮胎案”）

• 来自中华人民共和国的非公路用轮胎：低于公平价值销售的肯定性最终裁决以及紧急情况的部分肯定性裁决，联邦公报第73卷第40 485页（2008年7月15日）。

• 来自中华人民共和国的非公路用轮胎：关于经更正的低于公平价值销售的肯定性最终裁决以及反倾销税令的通知，联邦公报第73卷第51 624页（2008年9月4日）。

• 来自中华人民共和国的非公路用轮胎：反补贴税的肯定性最终裁决以及紧急情况的否定性最终裁决，联邦公报第73卷第40 480页（2008年7月15日）。

• 来自中华人民共和国的非公路用轮胎：反补

贴税令，联邦公报第 73 卷第 51 627 页（2008 年 9 月 4 日）。

(3) A－570－914 和 C－570－915 号调查（“薄壁矩形钢管案”）

·低于公平价值销售的最终裁决和紧急情况的部分肯定性裁决：来自中华人民共和国的薄壁矩形钢管，联邦公报第 73 卷第 35 652 页（2008 年 6 月 24 日）。

·来自墨西哥、中华人民共和国和韩国的薄壁矩形钢管：反倾销税令，联邦公报第 73 卷第 45 403页（2008 年 8 月 5 日）。

·来自中华人民共和国的薄壁矩形钢管：反补贴税调查肯定性最终裁决，联邦公报第 73 卷第 35 642页（2008 年 6 月 24 日）。

·来自中华人民共和国的薄壁矩形钢管：关于反补贴税令的通知，联邦公报第 73 卷第 45 405 页（2008 年 8 月 5 日）。

(4) A－570－916 和 C－570－917 号调查（“复合编织袋案”）

·来自中华人民共和国的复合编织袋：低于公平价值销售的最终裁决和紧急情况的部分肯定性裁决，联邦公报第 73 卷第 35 646 页（2008 年 6 月 24 日）。

·关于反倾销税令的通知：来自中华人民共和国的复合编织袋，联邦公报第 73 卷第 45 941 页（2008 年 8 月 7 日）。

·来自中华人民共和国的复合编织袋：反补贴调查肯定性最终裁决和紧急情况的部分肯定性最终裁决，联邦公报第 73 卷第 35 639 页（2008 年 6 月 24 日）。

·来自中华人民共和国的复合编织袋：反补贴税令，联邦公报第 73 卷第 45 955 页（2008 年 8 月 7 日）。

在针对上述所列四个产品的每一调查中，其措施包括相应的反倾销调查和反补贴调查、每一反倾销税和反补贴税裁决和税令，以及每一调查中反倾销税和反补贴税的裁决和税令所共同产生的综合效果。

相关措施还包括，美国以不作为的方式，没有授予美国商务部在对同一产品同时使用非市场经济方法进行反倾销调查和征收反补贴税的情况下，避免进行双重救济的法定权力。

### (二) 中国诉美国“727 条款”案（DS392）

1. 争端进程

2009 年 4 月 17 日，中国在 WTO 争端解决机制下，就美国 2009 年综合拨款法案第 727 节（简称“727 条款”）提出磋商请求。美国接受了中国的磋商请求。

2009 年 5 月 15 日，中国与美国通过视频会议举行了磋商。目前，本案正处在磋商阶段。

2. 涉案措施

中国在磋商请求中认为美国以下措施，违反了其在《1994 年关税与贸易总协定》和《农业协定》项下承担的义务，包括但不限于《1994 年关税与贸易总协定》第 1.1 条和第 11.1 条，《农业协定》第 4.2 条。如果任何该措施被主张构成动植物检验，则中国认为美国违反了其在《实施卫生与植物卫生措施协定》第 2.1 条至第 2.3 条、第 3.1 条、第 3.3 条、第 5.1 条至 5.7 条以及第 8 条项下的义务。

根据《2009 年综合拨款法案》第 727 节（美国公共法律索引第 111－8 号），美国禁止制定或执行任何允许向美国进口中国禽类制品的规则。具体而言，第 727 节禁止美国农业部采取包括支出资金在内的行动：(1) 制定或执行允许已被美国农业部认定符合进口条件的中国产禽类制品的规则。(2) 制定或执行可能扩大从中国进口禽类制品范围的措施。

任何与上述规定密切相关的措施，以及任何修订或替代措施，或者其他后续相关的措施。

## 二、中国作为被诉方参与 WTO 争端解决案件新情况

### (一) 欧共体、美国、加拿大诉中国汽车零部件进口措施案（DS339/DS340/DS342）

1. 争端进程

2006 年 3 月 30 日和 4 月 13 日，美国、欧共体和加拿大分别就中国汽车零部件进口规定提出磋商请求。各方进行的磋商未能解决争端，2007 年 1 月 20 日，经 WTO 总干事指定专家组组成。阿根廷、澳大利亚、日本、墨西哥、中国台湾、巴林和泰国申明作为本案第三方。

2008 年 3 月 20 日，专家组向当事方提交专家组最终报告。2008 年 7 月 18 日，专家组向全体

WTO成员散发最终报告，裁定中国涉案措施与WTO规则和中国加入承诺不符。

2008年9月15日，中国就专家组报告的部分内容提出上诉。2008年12月15日，WTO争端解决上诉机构就欧共体、美国、加拿大诉中国汽车零部件WTO争端案做出最终裁决。2009年1月12日，WTO争端解决机构会议通过了上诉机构裁决。

随后，中国与美国、欧共体、加拿大就本案合理执行期进行了密集协商，于2009年2月27日达成一致，各方同意本案中国的合理执行期为自上诉机构裁决通过后7个月零20天（2009年9月1日到期），并就此通告WTO争端解决机构。

2. 涉案措施

美国、欧共体和加拿大认为中国以下措施违反了《1994年关税与贸易总协定》、《与贸易有关的投资措施协定》、《补贴与反补贴措施协定》、《中国加入议定书》和《中国加入工作组报告书》的相关部分：

《汽车产业发展政策》；

《构成整车特征的汽车零部件进口管理办法》；

《进口汽车零部件构成整车特征核定规则》。

3. 专家组和上诉机构裁决主要内容

专家组裁定涉案措施不符合《1994年关税与贸易总协定》第2.1条、第3条第2款和第4款，以及《中国加入工作组报告书》第93段，造成起诉方利益的丧失和减损。对于起诉方主张涉案措施违反《与贸易有关的投资措施协定》、《补贴与反补贴措施协定》和《1994年关税与贸易总协定》第3.5条，专家组没有做出裁定。

上诉机构推翻了专家组关于中国涉案措施违反《中国加入工作组报告书》第93段的裁定，维持了专家组关于中国涉案措施违反《1994年关税与贸易总协定》第3条第2款和第4款的裁定，对于专家组认定中国涉案措施不符合《1994年关税与贸易总协定》第2.1条，上诉机构认为没有必要做出裁决。

**（二）美国诉中国知识产权案（DS362）**

1. 争端进程

2007年4月10日，美国就中国有关知识产权保护的措施提起WTO争端解决机制下的磋商请求。欧共体、日本、加拿大、墨西哥此后申请作为第三方加入中美间的磋商。中国接受了美国的磋商请求，并同意欧共体、日本、加拿大、墨西哥作为第三方加入磋商。

2007年6月7日，中国与美国在日内瓦举行了磋商，欧共体、日本、加拿大、墨西哥作为第三方参加了磋商。

2007年8月13日，美国向WTO争端解决机构（DSB）提出设立专家组请求。2007年9月25日举行的DSB会议上，DSB决定设立本案专家组。2007年12月13日，WTO总干事拉米指定了专家组成员。墨西哥、澳大利亚、加拿大、巴西、欧共体、日本、中国台湾、土耳其、阿根廷、印度、韩国、泰国申明作为本案第三方。

2008年11月13日，专家组向中美双方提交了最终报告。2009年3月20日，WTO争端解决机构会议审议通过了中美知识产权WTO争端案专家组报告。

目前，中国和美国正在协商本案的合理执行期。

2. 涉案措施

美国在磋商请求中认为中国以下措施，在知识产权刑事程序和处罚门槛、海关没收侵犯知识产权货物的处置、对未经授权出版或传播的作品拒绝进行版权和邻接权保护，以及对未经授权的复制和发行行为没有区分设置刑事程序和处罚等方面违反了《与贸易有关的知识产权协定》第9.1条、第14条、第41.1条、第46条、第59条和第61条：

《中华人民共和国刑法》第213条、第214条、第215条、第217条、第218条、第220条；

最高人民法院、最高人民检察院《关于办理侵犯知识产权刑事案件具体应用法律若干问题的解释》及《关于办理侵犯知识产权刑事案件具体应用法律若干问题的解释（二）》；

《中华人民共和国知识产权海关保护条例》第4章；

《中华人民共和国知识产权海关保护条例的实施办法》第5章；

《著作权法》第4条，以及《出版管理条例》等相关法规。

3. 专家组裁决主要内容

关于刑事门槛，专家组裁定美国没能证明中国有关刑事门槛的规定不符合WTO《与贸易有关的知识产权协定》。

关于海关措施，专家组认为，虽然海关对进口冒牌货仅摘除非法标志的处置方式不符合《与贸易有关的知识产权协定》，但美国没能证明捐赠给社会公益机构、卖给权利人等处置方式不符合《与贸易有关的知识产权协定》，美国也没能证明中国有关拍卖的规定影响了海关销毁货物的权力。此外，专家组还认为，中国海关措施适用于出口货物，高于《与贸易有关的知识产权协定》所规定的义务。

关于《著作权法》，专家组认为，虽然对未能通过审查的作品、通过审查的作品中被删除的部分不提供著作权保护，不符合《与贸易有关的知识产权协定》和《伯尔尼公约》，但美国未能证明从未提交审查的作品、在等待审查结果的作品、通过审查作品之未修改版本等不符合《与贸易有关的知识产权协定》。专家组还强调，其裁决不影响中国的内容审查权。

**（三）欧共体、美国、加拿大诉中国金融信息服务案（DS372/DS373/DS378）**

1. 争端进程

2008年3月3日，欧共体、美国分别在WTO争端解决机制下，就我国金融信息服务管理的规定和措施提出磋商请求。中国接受了欧共体和美国的磋商请求。2008年6月20日，加拿大就相同事项也向中国提出WTO争端解决机制下的磋商请求。中国接受了加拿大的磋商请求。

2008年4月22～23日，中国与欧共体、美国在日内瓦举行了联合磋商。2008年8月20日，中国与加拿大在日内瓦举行第一次磋商。2008年9月25日，中国与加拿大在日内瓦举行了第二次磋商。通过磋商，各方就金融信息WTO争端案达成谅解。

2008年11月13日，中国常驻WTO代表团孙振宇大使与欧共体、美国、加拿大政府代表在日内瓦签署了有关解决金融信息WTO争端案的谅解备忘录。

2008年12月4日，中国和欧共体、美国、加拿大共同向WTO争端解决机构通告，中国与起诉方已签署谅解备忘录解决争端。

2. 涉案措施

欧共体、美国、加拿大在磋商请求中认为中国以下措施，对寻求向中国境内的客户提供金融信息的外国服务提供者施加了市场准入限制和歧视性要求，并与《服务贸易总协定》第16条、第17条、第18条，《与贸易有关的知识产权协定》第39.2条，《中国服务贸易具体承诺减让表》“冻结”水平承诺，以及《中国加入议定书》（包括第1.1.2段纳入的工作组报告第309段）项下的义务不符：

《关于授权新华通讯社对外国通讯社及其所属机构在中国境内发布经济信息实行归口管理的通知》；

《外国通讯社在中国境内发布新闻信息管理办法》等相关法规。

3. 谅解备忘录的主要内容

2008年12月4日，中欧、中美、中加就磋商解决金融信息服务案签署谅解备忘录，主要内容如下：

对于中国金融信息服务监管机构的独立性，中国确认2009年1月31日之前，国务院将授权一个新的金融信息服务监管机构。新的监管机构在其职权范围内将有权要求金融信息服务提供者遵守中国所有相关法律、法规及部门规章。

中国确认，将于2009年4月30日之前发布同《外国通讯社在中国境内发布新闻信息管理办法》具有同等法律效力层级的法律文件，新办法将不迟于2009年6月1日生效。

自新办法实施之日起，中国将允许外国金融信息服务提供者直接或间接提供金融信息服务，且不要求任何代理机构或中介机构参与，不对服务消费者从外国金融信息服务提供者处获得金融信息服务施加任何许可性要求或类似的审批要求。

中国确认，中国给予外国金融信息服务及其外国提供者的待遇将不低于其给予本国金融信息服务及其提供者的待遇。

对于属于外国金融信息服务提供者的有商业价值的信息的保护，中国确认，新的监管机构将按照中国的法律法规及部门规章，采取所有必要的措施保护外国金融信息服务提供者向其提供的信息。

**（四）美国、墨西哥、危地马拉诉中国出口补贴案（DS387/DS388/DS390）**

1. 争端进程

2008年12月19日，美国、墨西哥就中国中央政府和地方政府有关“中国世界名牌”和“中国出口品牌”措施向中国提出WTO争端解决机制下的磋商请求。2009年1月19日，危地马拉就相同事项也向中国提出磋商请求。欧共体、澳大利亚、加拿大、哥伦比亚、厄瓜多尔、新西兰和土耳其七个WTO成员申请作为第三方加入磋商。中国接受了美国、墨西哥和危地马拉的磋商请求，并同意欧共体、澳大利亚、加拿大、哥伦比亚、厄瓜多尔、新西兰和土耳其作为第三方加入磋商。

2009年2月5日至6日，中国与美国、墨西哥、危地马拉三方在日内瓦举行了联合磋商。欧共体、澳大利亚、加拿大、哥伦比亚、厄瓜多尔、新西兰和土耳其作为第三方参加了磋商。

目前，本案正处在磋商阶段。

2. 涉案措施

美国、墨西哥、危地马拉在磋商请求中认为中国以下措施，基于出口实绩要求向中国企业提供补助、贷款和其他激励手段，与《补贴与反补贴措施协定》第3条，《农业协定》第3条、第9条和第10条，《1994年关税与贸易总协定》第3条第4款，以及《中国加入议定书》第一部分第12.1段、第1.2段纳入的工作组报告第234段项下的义务不符：

《关于开展中国世界名牌产品评价工作的通知》；

《中国名牌产品管理办法》；

《关于扶持出口名牌发展的指导意见》；

与“中国世界名牌”和“中国出口品牌”项目相关的地方政府措施。

（中华人民共和国商务部条约法律司）

# 中国反倾销救济措施情况

## 一、2008年全球运用反倾销措施情况

据WTO公布的数据显示，2008年全球共发起反倾销调查208起，采取措施138起，同比增长分别为30.8%、26.6%。从发起反倾销调查的国别看，2008年印度发起反倾销调查54起，居全球首位。其次是巴西23起，土耳其22起，阿根廷19起，欧盟19起。从反倾销调查涉及的产品看，2008年贱金属及其制品遭遇反倾销调查64起，居首位。其次是纺织制品39起，化学工业制品33起，塑料以及橡胶制品20起，机电产品16起。

## 二、中国遭遇反倾销调查及应对情况

2008年中国共遭遇反倾销调查70起，金额约54亿美元，同比增长分别为11.1%和52.8%，连续第14年成为全球遭遇反倾销调查最多的国家。从发起调查的国别看，印度发起15起调查，美国10起，巴西8起，欧盟、土耳其各6起，哥伦比亚4起，加拿大、澳大利亚、阿根廷各3起，俄罗斯、乌克兰、印度尼西亚各2起。从涉案产品看，主要集中于五矿、化工、轻工等我国具有出口竞争力的产品。

在反倾销案件的应对工作中，我们以商务部、地方商务主管部门、中介组织、有关企业“四体联动”工作机制为基础，“政治交涉、法律抗辩、业界合作”三管齐下，不断加强对地方，商会、协会和企业从各个层面进行反倾销应诉抗辩的指导，协调各种资源进行综合应对。

### （一）积极开拓工作思路，探索多种途径应对反倾销

在坚持政治交涉、法律抗辩的同时，尝试通过磋商对话、业界合作等多种方式处理贸易摩擦，并在实际应对中取得明显实效。通过中国政府强力交涉并指导业界协商，经双方政府和行业协会的多次沟通和对话，欧盟终止对华镀锌板和不锈钢冷轧薄板两起反倾销大要案，涉案金额合计18.7亿美元；终止持续七年的节能灯反倾销措施；此外，柠檬酸出口企业与欧盟调查机关达成价格承诺协议，保住出口市场。

### （二）积极推动更多国家承认中国市场经济地位

由于仍被美国、欧盟等部分国家和地区认定为非市场经济国家，中国出口企业在反倾销应诉中常常遭受不公平待遇，蒙受不应有的损失。积极推动更多国家承认中国市场经济地位，对营造公平贸易环境、维护中国企业正当权益具有重要意义。在实际工作中，中国政府从以下几方面开展工作：一是保持高层接触，促成双方领导人达成共识；二是从个案和技术层面推动解决；三是加强对有关国际组织和国外主流媒体的宣传，客观介绍中国市场经济发展的事实。截至2008年年底，已有77个国家承认我国完全市场经济地位。

### （三）加强反倾销信息发布与案件预警工作

强化信息服务功能，通过与商会、协会、大型企业的联网，及时有效地传递相关信息，在充分运用全口径监测预警体系及报送网络的基础上，整合有关国外贸易保护的信息资源，提高信息收集和报送的效率，加强各相关部门的协调；及时将预警和立案信息通过网站和媒体发布，并在第一时间通知相关行业组织和企业，为企业应诉赢得时间。

### （四）加强贸易救济交流合作机制建设

商务部在业务层面不断加强与国外贸易救济调查机构的合作和交流，以加强沟通与对话，协商处理反倾销个案。目前，中国已与南非、埃及、韩国、巴基斯坦、阿根廷、巴西、美国、欧盟、澳大利亚、乌克兰10个国家和地区建立起贸易救济交流合作机制。2008年召开了中美、中韩、中南、中乌贸易救济合作机制会议。通过合作机制和研讨交流，加深各国调查机构对我国经济和产业的了解和理解，进一步推动相关问题的妥善解决。

## 三、中国运用反倾销措施的情况

自1997年中国对进口新闻纸发起第一起反倾销调查以来，截至2008年年底，应国内产业申请，商务部对进口产品发起反倾销调查共54起（按WTO“被调查产品所涉国别数量”进行统计，立案数量为164起），涉案金额约93亿美元，产品涉

及化工、钢铁、造纸等传统行业，并逐步向高科技、涉农产品和医药产品拓展。其中 2008 年发起反倾销调查 6 起（按 WTO“被调查产品所涉国别数量”进行统计，立案数量为 13 起），金额 10.91 亿美元。

**（一）反对贸易保护主义，依法公正实施贸易救济措施**

中国政府作为负责任的世贸组织成员，一贯主张开放、公平、自由的贸易，反对贸易保护主义。中国一直严格遵循 WTO 规则以及根据 WTO 规则制定的国内法律法规，不断完善我国贸易救济制度，提高程序透明度，规范调查行为，审慎采取措施，体现公正、公平、合理、有效的原则。在当前金融危机加剧，导致各国经济出现衰退的背景下，中国政府的做法同个别国家滥用贸易救济措施、借贸易救济之名行贸易保护之实的做法是完全不同的。

**（二）紧密联系产业企业，夯实贸易救济工作基础**

商务部以走访、召开座谈会等各种形式，加强与有关部门和商会、协会之间的工作交流，积极利用贸易救济培训等机会，吸纳重点地区重点企业参会，了解产业动态，密切产业联系。加强调研工作，深入了解国内重点产业情况，使贸易救济工作更准确地反映和符合产业和企业的实际情况和需求，为贸易救济工作打下坚实的基础。2008 年应国内产业申请，商务部共对六种进口产品发起反倾销调查。运用 WTO 允许的贸易救济措施，遏制了国外企业不公平竞争行为，有效维护了国内产业合法权益，对增强中国产业的国际竞争力，稳定就业，维护国内公平贸易环境，发挥了重要作用。

**（三）适时调整反倾销措施，统筹兼顾上下游产业利益**

商务部在工作中不断加强反倾销措施实施后的效果评估，统筹兼顾上下游产业利益，促进整个产业链的协调发展。同时，充分给予国内外利益相关方充分的抗辩机会，全面听取各方的意见和主张，保证反倾销调查过程以及最终措施实施的公正性和客观性，并增强调查程序的透明度。针对三氯甲烷上下游企业矛盾，商务部调整了三氯甲烷反倾销措施的价格承诺协议价格，解决了企业关注的问题，受到各方好评。此外，商务部积极开展贸易救济效果评估工作，完成铜版纸、丁苯橡胶、光纤等五个反倾销措施实施效果评估报告。

**（四）加强制度建设，修订反倾销部门规章**

2002 年以来，商务部先后制定出台了 12 项进口反倾销调查部门规章。为了使这些规章更加符合 WTO 规则及实践发展的需要，完善反倾销调查程序，2008 年以来商务部开始着手修订上述规章。商务部确定了遵循 WTO 反倾销协定及相关判例、增强透明度、确保程序适当等修订原则，并召开了有关部委、地方商务主管部门、专家、学者、企业参与的“反倾销规章修订工作会”，广泛征求修订意见和建议。此外，商务部还编写了《反倾销调查手册》，规范调查做法，进一步提高调查及裁决水平。

金融危机以来，有关国家产业对中国市场的需求和倚重明显增大，并采取倾销等不公平贸易方式大量对华出口，造成中国相关产业众多生产企业停工减产，裁减用工人员，生产设备闲置。遭受倾销损害的中国产业强烈要求政府采取国际通行的贸易救济措施予以救济，维护公平贸易环境。在此背景下，中国政府依据 WTO 规则对中国产业的申请进行了严格法律审查，对符合条件的有关产品发起反倾销调查。商务部采取反倾销措施的目的不是限制进口，而是维护公平竞争的市场秩序。中国的反倾销措施适当、合理，未对正常贸易造成影响，也未对国内上下游产业和消费者造成不利影响。

（中华人民共和国商务部公平贸易局　周晓燕）

# 中国反补贴救济措施情况

## 一、2008年全球运用反补贴措施情况

据WTO公布的数据显示，2008年全球共发起反补贴调查14起，采取措施11起，同比增长分别为27.2%和450%。从发起反补贴调查的国别看，美国发起反补贴调查6起，居全球首位，其次是加拿大3起，欧盟、澳大利亚各2起，土耳其1起。

## 二、WTO成员运用反补贴措施的特点

### （一）发起数量相对较少

1995年至2008年年底，WTO成员共发起反补贴调查215起（其中采取措施128起），反倾销调查3428起（其中采取措施2190起），反补贴的立案、采取措施数量分别占反倾销的6.3%和5.8%。

### （二）发起国主要为发达国家

在2008年全球发起的14起反补贴调查中，美国、欧盟、加拿大、澳大利亚发起的反补贴调查有13起，占总数的92.9%，这说明发达国家在运用反补贴措施方面仍处于优势地位。

### （三）中国仍是全球反补贴调查的主要目标国

据WTO统计，2008年共有三个国家遭受反补贴调查，其中中国10起，印度、美国各2起。中国遭受的反补贴调查数量占全球总数的71.4%，连续第三年成为全球遭遇反补贴最多的国家。

### （四）被调查产品集中于六大产业

从反补贴调查涉及的产品看，2008年贱金属及其制品遭遇反补贴调查5起，居首位。其次是化学工业制品4起，机电产品2起，塑料以及橡胶制品、木材及纸张、混合成品各1起。

### （五）补贴项目多与优惠政策有关

在反补贴调查中，被认定的补贴项目主要有税收、贷款、贷款担保等优惠政策和特定地区补贴等优惠政策，也包括进口替代和出口奖励等禁止性补贴。

## 三、中国遭遇反补贴调查及应对情况

2008年中国遭遇11起反补贴调查，金额7.7亿美元。其中美国发起5起（环状不锈钢焊接压力管、环形碳素管线管、柠檬酸和柠檬酸盐、后拖式草地维护设备、厨房器具置物架和挂物架），加拿大3起（碳钢焊接管、半导体冷热箱、铝挤压材产品），澳大利亚2起（卫生纸、碳钢焊管），南非1起（不锈钢洗涤槽），上述案件全部为“双反”案件。

频繁的反补贴调查直接挑战中国宏观经济政策及相关制度，影响了中国经济发展的外部环境，一些国家仍视中国为“非市场经济国家”，在对华产品反补贴调查中随意使用“外部基准”计算补贴幅度，应对反补贴调查成为当前贸易摩擦应对工作的重点和难点。面对国外对华反补贴调查的严峻形势，我们高度重视，并从多层面积极进行交涉和抗辩，指导企业开展各项应对工作。

### （一）积极开展政治交涉和法律抗辩

针对美国、加拿大等国频繁发起的反补贴调查，商务部一方面利用中美商贸联委会、中加混（联）委会、中美经贸高层对话及双边混委会等机制进行政治交涉，表明中方立场；另一方面积极稳妥地参与反补贴调查程序，从技术层面提交了大量法律抗辩及证据材料。

### （二）大力协调各级政府部门和各方力量共同应对

补贴政策的制定和实施涉及多个部门，适用范围广泛，在反补贴案件的应对工作中，要做好与中央和地方各政府部门的协调工作，统一认识，形成合力，同时广泛调动国内商会、协会及国外进口商等多方资源为我所用，因此我们在商务部、地方商务主管部门、中介组织、有关企业“四体联动”应对工作机制基础上，积极推动建立完善反补贴应对协调机制。

### （三）充分利用多双边对话和业界合作化解摩擦

针对美国、加拿大等国政府及产业对中国补贴政策的质疑和指责，商务部充分利用各种多、双边对话渠道，加强政府间的沟通和交流，正面介绍中国各项政策，驳斥其无理指责，澄清其错误认识。

同时指导有关商会、协会积极主动地开展产业界交流合作，加深了解，化解矛盾，避免摩擦。通过推动双方产业交流与合作，多渠道说服申请方撤销立案申请。

**（四）加强宣传，正确引导舆论**

针对国外产业的反补贴调查申请、政府的立案决定、裁决等，商务部均在第一时间对外表态，表明中方立场。同时，在应对工作中商务部和相关部委还宣传了中国改革及市场化进程、中国相关政策及措施符合国际规则的事实，一定程度上澄清了国外对中国经济政策和经济运作模式的误解。

**（五）参与多、双边谈判，从规则层面配合我国反补贴应对**

WTO 反倾销反补贴规则多边谈判已进入主席案文磋商的关键阶段。在谈判中，商务部派团多次提交书面提案和工作文件，力阻美国、欧盟意图将针对华反补贴调查采用的歧视性、不合理做法纳入多边规则。中国代表在谈判中的积极表现获得各方的广泛好评，中方已成为规则谈判核心成员之一。这些工作从规则层面配合了我国反补贴应对工作，为中国企业出口尽可能创造稳定和可预见的外部环境。

**（六）加强培训指导，提高反补贴应对能力**

反补贴应对工作具有较高的专业性和技术性要求，需要商务部培养懂法律、懂经济、懂产业、通外语的复合型专业人才队伍。商务部在人才培养方面不断加大力度，根据地方和企业需求，分片区在吉林、青海、甘肃、山东、江苏举办了五期公平贸易人才培训班，着重培训了贸易摩擦应对，特别是反补贴应对等内容，共有 500 多人接受培训。商务部还利用多种平台开展培训，对重点驻外机构的 60 位参赞进行培训；积极对各地和商会、协会主办的培训提供技术支持，派专人主讲贸易摩擦特别是反补贴形势、有关国际规则和应对知识。

通过积极应对，目前我们已迫使美国在首例对华铜版纸反补贴案中以无措施结案；加拿大烧烤架案因微量补贴幅度而终止调查；澳大利亚已终止其首起对华反补贴调查；南非首起对华反补贴调查案的申请人已向调查机关申请撤案；加拿大复合地板案和铜制管件案应诉企业取得零税率或低补贴率。通过有效抗辩，美国的前五起反补贴案在立案前磋商阶段即打掉人民币汇率等指控补贴项目，还将个案中指控的四十多个补贴项目减少到被裁定仅使用其中几个补贴项目；对中国影响最大的政策性贷款项目也已出现了有利的变化。同时，在应对工作中还陈述了中国改革及市场化进程、政策体制逐步与国际接轨的事实，一定程度上澄清了国外对中国经济政策的误解。

随着金融危机的蔓延，国际贸易保护主义不断加剧，一些国家纷纷出台各种贸易保护措施，反补贴已日益成为其限制中国出口的重要手段，且有从发达国家向发展中国家蔓延的趋势，反补贴应对的复杂性和艰巨性将逐渐增大。商务部将进一步做好各项应对工作，最大限度维护产业利益。

（中华人民共和国商务部公平贸易局　周晓燕）

# 中国保障救济措施情况

## 一、2008年WTO成员保障措施实施情况

2008年，WTO成员共发起了9起保障措施调查，其中2起采取措施，分别为埃及毛毯案及土耳其棉纱案；其余7起正在调查中。在2007年立案的保障措施案件中，有6起案件在2008年采取了最终保障措施，1起决定不采取措施，并且有1起对2001年所立案件的第二次延期。具体情况见下表：

| 序号 | WTO成员 | 立案时间 | 产品名称 | 裁决及采取措施情况 |
|---|---|---|---|---|
| 1 | 菲律宾 | 2001年5月28日 | 陶瓷地砖<br>(ceramic floor tiles) | 2008年1月21日，对保障措施进行第二次延期 |
| 2 | 土耳其 | 2007年2月11日 | 镜框<br>( spectacle frames) | 2008年2月1日采取最终保障措施 |
| 3 | 美国 | 2007年4月21日 | 棉袜<br>(cotton socks) | 2008年4月25日采取最终保障措施 |
| 4 | 土耳其 | 2007年6月5日 | 箱包<br>( travel goods) | 2008年3月13日采取最终保障措施 |
| 5 | 摩尔多瓦 | 2007年7月27日 | 蔗糖及甜菜糖<br>(cane or beet sugar) | 2008年2月16日采取最终保障措施 |
| 6 | 乌克兰 | 2007年9月1日 | 无缝和高压泵钢管<br>( casing and pump-compressor seamless steel pipe ) | 2008年10月1日采取最终保障措施 |
| 7 | 乌克兰 | 2007年10月30日 | 聚乙烯塑钢门窗用型材<br>( PVC sections for windows and doors) | 2007年10月30日采取最终保障措施，2008年11月9日，裁决中止保障措施 |
| 8 | 土耳其 | 2007年12月19日 | 某些电器<br>( certain electrical appliances) | 2008年8月11日采取最终保障措施 |
| 9 | 埃及 | 2008年2月12日 | 人造纤维毛毯<br>( blankets manufactured of artificial fibres of all sizes and weights) | 2008年2月12日采取临时保障措施，2008年8月20日采取最终保障措施 |
| 10 | 印度尼西亚 | 2008年5月14日 | 葡萄糖<br>(dextrose monohydrate) | 尚未裁决 |
| 11 | 土耳其 | 2008年5月23日 | 棉纱<br>( cotton yarn) | 2008年6月3日采取临时保障措施，2008年8月11日采取最终保障措施 |
| 12 | 加拿大 | 2008年6月4日 | 聚酯长丝布<br>( polyester filament fabrics) | 尚未裁决 |
| 13 | 印度尼西亚 | 2008年6月5日 | 陶瓷餐具<br>( ceramic tableware) | 尚未裁决 |
| 14 | 菲律宾 | 2008年8月11日 | 钢角材<br>( steel angle bars) | 尚未裁决 |
| 15 | 巴西 | 2008年9月5日 | 可刻录光盘<br>(CD/DVD) | 尚未裁决 |

续 表

| 序号 | WTO成员 | 立案时间 | 产品名称 | 裁决及采取措施情况 |
|---|---|---|---|---|
| 16 | 印度 | 2008年11月28日 | 邻苯二甲酸酐<br>(俗称苯酐)<br>(Phthalic Anhydride) | 尚未裁决 |
| 17 | 印度 | 2008年12月19日 | 线性烷基苯<br>(Linear alkyl benzene) | 尚未裁决 |

备注：①该统计表所统计的保障措施情况仅限于WTO成员发起的保障措施，关于非WTO成员发起的保障措施情况可参考“中国贸易救济信息网”（http://www.cacs.gov.cn）公布的信息。

②该统计表中所列时间以《世界贸易组织保障措施委员会报告（2008）》（REPORT〈2008〉OF THE COMMITTEE ON SAFEGUARDS TO THE COUNCIL FOR TRADE IN GOODS)，以下简称“2008年报告”中各成员国向委员会通知的时间为准。由于2008年报告中案件统计的期间为2007年10月25日至2008年10月28日，所以在2008年报告中没有统计的案件以“中国贸易救济信息网”（http://www.cacs.gov.cn）公布的信息为准。

③该统计表中第6项、第7项由乌克兰发起的两项保障措施的立案时间早于乌克兰加入世界贸易组织的时间，乌克兰于2008年5月16日加入世界贸易组织。

## 二、2008年WTO成员保障措施立法情况

截至2008年10月28日，共有92个WTO成员就其国内保障措施法律或者规章情况向WTO保障措施委员会做出通知。在2008年，共有9个国家向保障措施委员会通知了其国内立法情况（包括新制定及修改），包括：阿尔巴尼亚、哥斯达黎加、埃及、萨尔瓦多、危地马拉、马来西亚、尼加拉瓜、土耳其、乌克兰。另外，2008年9月9日，新西兰也公布了一项涉及保障措施的法案（Trade Safeguard Measures Bill）。与此相比，2007年向保障措施委员会做出通知的成员数量为4个。

由于发达国家的保障措施立法已相对成熟和完善，上述国家基本上都为发展中国家。各WTO成员国都在加紧制定以及修改其保障措施法律，以适应新的经济形势，更加有力地维护其本国的利益。

## 三、趋势分析

2008年以来，世界经济出现能源危机、次贷危机、粮价上涨、通货膨胀等一系列问题，这些问题导致全球经济增速放缓。随着金融危机进一步波及实体经济，发达国家经济也陷入衰退，为了扶持和保护本国产业，将会采取各种措施限制进口，包括保障措施。新兴经济体和发展中国家也普遍受到影响，经济增长明显滑落，出口增速放缓，产能过剩，为了保护本国产业，也会采取各种限制进口的措施。加之多哈谈判停滞不前，削弱了各国对多边贸易体制的信心，影响全球贸易自由化进程，导致国际贸易保护主义重新抬头并将有所加剧。

虽然在世界贸易组织秘书处（The WTO Secretariat）的报告中表示保障措施立案数量自2002年的峰值34起以来一直呈现下降趋势，但是在上述大的国际经济背景下，保障措施立案情况将会呈现增长的趋势，采取最终措施的案件也将增加。这一趋势可以从2008年立案数量以及对2007年立案的案件的裁决情况中表现出来。

我国作为世界第三大贸易实体和第二大出口国，在上述趋势的大背景下，可能会成为国际贸易摩擦的主要对象，这将对我国实现保持出口稳定增长产生不利影响。中国产品2008年面临的贸易救济形势不容乐观，遭遇的保障措施及特保措施可能会增多。可以预见的是2009年中国应对保障措施的形势可能会更加严峻。

## 四、与中国有关的保障措施情况

2008年，中国未发起保障措施调查，WTO成员也没有发起针对中国的特殊保障措施调查。

上述统计列表中的案件大多针对所有出口到调查发起国的产品，其中涉及中国的案件主要包括：乌克兰“聚乙烯塑钢门窗用型材”案、白俄罗斯“玻璃纤维网”案、俄罗斯“不锈钢餐具”案、哈萨克斯坦“成卷的沥青或类似原料的制品”案，印度“邻苯二甲酸酐”案。乌克兰已经中止对我国聚乙烯塑钢门窗用型材的保障措施，其他三个案件尚未裁决，暂时无法判断相关影响。

2008年12月31日，一个对于中国纺织产业

具有重大意义的日期到来，宣告为期七年的“过渡期纺织品保障措施”的终结。“过渡期纺织品保障措施”即所谓的“纺织品特保措施”，是指根据中国加入世贸组织工作组报告第242段，只要WTO成员证明原产于中国的纺织品对其造成市场扰乱或者市场扰乱威胁时，WTO成员就可以在提起磋商之日起一年时间内以设定7.5%的数量增长上限的方式（羊毛产品为6%），对原产于中国的纺织品施加主动配额限制。2008年12月31日以后，WTO成员不可以再诉诸“纺织品特保措施”寻求保护。虽然这对于国内纺织行业及企业来说是一个好消息，但WTO成员仍然可以运用一般保障措施及特别保障措施对我国出口的纺织产品进行限制，所以相关产业和行业仍然要做好充分的准备应对可能到来的各种限制措施。

（中华人民共和国商务部产业损害调查局）

# ● 投资政策与管理措施

## 中国外汇管理制度进展

2008 年，中国经常项目、资本和金融项目继续呈现“双顺差”格局，国际收支交易总规模略有增长，国际收支不平衡状况有所改善。截至年末，国家外汇储备达到 1.95 万亿美元，较上年末增加 4178 亿美元。2008 年，外汇管理部门按照党中央、国务院统一部署，围绕“推改革、重监管、抓手段、促平衡”的工作思路，进一步加强制度建设，促进贸易投资便利化，加强跨境资本流动监管，推进外汇市场建设，各项工作取得新进展。

### 一、外汇管理法制建设取得突破性进展

2008 年 8 月 5 日，修订后的《中华人民共和国外汇管理条例》（中华人民共和国国务院令第 532 号）（以下简称《条例》）正式发布实施。《条例》的修订和实施，巩固了近年来外汇管理体制改革取得的诸多重大进展和成果，为建立均衡管理体制和跨境资本流动监管体系奠定了坚实的法律基础，也为下一步外汇体制改革指明了方向。新《条例》对原《条例》做了全面修订，修改后的《条例》进一步便利了贸易投资活动，完善了人民币汇率形成机制及金融机构外汇业务管理制度，建立了国际收支应急保障制度，强化了跨境资金流动监测，健全了外汇监管手段和措施，并相应明确了有关法律责任。为配合《条例》实施，已发布了非金融机构结售汇管理办法、银行执行外汇管理规定考核办法、外商投资企业资本金结汇用途管理规定、检查处理违反外汇管理规定办案程序等多项措施，并正在加紧制定外汇账户管理办法等其他配套措施。

### 二、进一步促进贸易投资便利化

进一步改进和完善直接投资项下的外汇管理方式和手段，简化外商来华投资和境外直接投资外汇业务等审核手续，降低企业经营成本。指导符合条件的企业集团财务公司开展即期结售汇业务，进一步便利企业集团的外汇资金内部运营，企业集团外汇资金使用效率明显提高。为支持企业应对国际金融危机，将一般企业预收货款结汇比例从 10% 提高到 25%，对单笔金额较小的出口预收货款不纳入结汇额度管理，提高企业延期付款规模。简化企业申请调整比例结汇的审核程序，缩短审批时间。全力开展奥运外汇服务和支援抗震救灾工作，建立高效、便捷、通畅的外汇支付环境，开通“绿色通道”，简化境外机构和个人办理相关外汇业务的手续。在北京、上海开展小额本外币兑换特许业务试点，满足个人本外币汇兑需要。进一步简化跨国公司境外放款审批手续，完善 QDII、QFII 等相关制度。

### 三、大幅提高跨境资本流动监管手段

与海关总署、商务部联合实行出口收结汇联网核查政策，同时实施贸易项下债权和债务（贸易信贷）登记管理制度，加强对贸易项下资金流入与货物出口的真实性、一致性审核，有效防范异常资金通过贸易渠道流入。在全国试运行服务贸易外汇业务非现场监管系统，初步构建服务贸易外汇收支非现场监管体系。与税务部门建立协同监管机制，开展信息交换试点，提高服务贸易外汇资金流动真实性审核的效率和水平，并在整合原有分散法规的基础上，拟定了统一的服务贸易外汇管理办法。进一

步建立健全直接投资项下跨境资金流出、流入的统计监测和管理，在全国推广运用直接投资外汇管理信息系统，按月向有关部门提供直接投资外汇流动数据，提升了直接投资外汇管理手段。加强外商投资企业资本金结汇及转股收入结汇管理，防止异常资金通过外商直接投资项下流入。实施银行执行外汇管理规定情况考核办法，激励、督促银行合规经营，有效贯彻各项外汇管理政策，充分发挥银行在外汇收支监管中的作用。加大打击外汇违法交易活动的力度，开展出口收汇未核销、进口不付汇等八项专项检查和调查，与相关部门联合开展打击地下钱庄违法犯罪活动专项行动，加强对网络炒汇等新型违法犯罪活动的打击。

## 四、平稳推进外汇市场建设

继续扩大银行间外汇市场主体，人民币汇率形成机制不断完善，可兑换的进程稳步推进。2008年，外汇市场新增27家即期交易会员，3家远期会员，2家外汇掉期会员，批准1家做市商、10家银行获得货币掉期资格。允许货币经纪公司进入银行间市场，规范货币经纪公司外汇经纪业务，有利于提高外汇市场衍生产品流动性，节约银行的人力物力，保护商业秘密和维护市场价格的公平，进一步提高人民币汇率市场化程度。为了减少银行信用额度占用，减少清算操作风险和信用风险，活跃做市和交易，发展衍生品市场，国家外汇管理局会同中国外汇交易中心研究推出询价交易净额结算制度，交易中心已经通过公开招标完成外汇结算银行的遴选。规范企业集团通过财务公司进行外汇资金运作业务，为企业进入外汇市场打下基础。2008年，新批1家财务公司成为外汇市场即期会员，截至年末共有4家大型财务公司进入银行间外汇市场。

## 五、继续完善国际收支及结售汇统计制度

建立起中资金融机构外汇资产负债统计月报制度，使监管部门全面掌握银行和非银行金融机构的对外金融投资情况，有助于进一步加强对这些机构投资风险的评估。建立了境内银行非居民人民币账户统计体系，全面掌握境内银行吸收非居民机构、个人人民币存款情况。启用地方性银行头寸网上报送平台，提高结售汇统计的准确性和及时性。将境外个人经常项目购汇纳入个人结售汇系统管理，完善对个人结售汇业务的统计监测。

（国家外汇管理局）

# 中国国有企业改革情况

2008年面对突发的特大自然灾害和严峻的国内外经济形势，各级国资委和广大国有企业全面贯彻党的十七大、十七届三中全会和中央经济会议精神，认真落实党中央、国务院一系列重大部署，深化改革，强化管理，国有企业改革发展取得了新的进展。

## 一、国有企业改革稳步推进

### （一）公司制股份制改革步伐加快

各地通过引进战略投资者、改革上市等多种方式，加快了国有企业公司制股份制改革步伐，促进了投资主体多元化。天津市国有企业累计改制3460户，改制面已达92%。辽宁省61户国有大型企业有55户完成改制，改制面超过90%。四川、陕西、西藏、青海等西部地区加大推进企业改制上市力度，贵州实现了2005年以来首家企业上市。上海、深圳、新疆生产建设兵团积极探索国资委直接持有上市公司股权。中央企业加大了股份制改造的力度，许多企业为改制上市做了大量准备工作，中国铁建、中国南车先后成功实现股份公司A+H股上市，中国中煤能源股份公司、中国通信服务股份公司分别成功完成A股增发和H股配售。

### （二）国有企业公司治理结构进一步完善

各地加强规范的董事会建设，在完善公司治理结构方面取得新进展。北京市进行董事会工作报告制度试点，选择了6家企业开展董事会管理经理层的试点。上海市成立了外部董事资格认定委员会，进一步将外部董事制度建设引向深入。深圳市在投资管理、人事薪酬、业绩考核等方面充分放权给试点企业董事会。江苏省建立外部董事制度试点省属企业扩大到6户。吉林省进一步推进了二、三级企业的董事会建设工作。中央企业进一步深化董事会试点工作，17家试点企业董事会中的外部董事都已超过半数，其中3家由外部董事担任董事长。试点企业董事会运作更加规范有效，战略管理、风险管理、财务与预算管理等方面收效显著，3家试点企业已实现整体上市。中组部、国务院国资委共同制定印发了董事会选聘高级管理人员工作指导意见和董事会、董事评价办法，第一次把中央企业高管的选聘权交给董事会，建立了出资人机构选派和管理董事会、董事会选聘和管理经理层的国有企业领导人员分层分类管理新体制。

### （三）国有企业内部制度改革逐步深入

各地在国有企业劳动、人事和分配制度改革方面做了大量的工作。山东省加大市场化选聘力度，面向全国公开招考了17名企业高级经营管理人员。河南省不少企业建立了中层管理人员竞聘上岗和员工双向选择制度。厦门市进一步规范用工制度，实施全员劳动合同制。中央企业市场化选聘高级经营管理者取得新进展，2008年分两批面向海内外招聘22名中央企业高级管理者。中组部、国务院国资委第一次共同招聘两名中央管理的企业正职，突破了国有重要骨干企业主要领导人员选拔任用的传统模式，引起社会积极反响。

### （四）主辅分离及企业分离办社会职能取得重要进展

陕西省属25户大中企业完成了主辅分离辅业改制工作。宁夏、内蒙古企业办社会职能的移交工作基本完成。云南省启动了退休人员移交社区管理试点。湖北省明确要求各市州、县政府安排必要的财政专项资金，用于弥补困难企业改制职工安置资金的不足。江西省从2007年起将连续四年集中筹集企业改革专项资金，每年不少于3亿元，支持国有企业改革发展。海南省通过企业自筹和利用省政府改革专项资金，安置大批长期待岗的困难企业职工及离退休人员。黑龙江、吉林、辽宁、大连等地厂办大集体改革试点取得积极进展。

## 二、国有企业调整重组步伐加快，国有经济布局结构进一步优化

### （一）企业调整步伐加快

各地通过与中央企业、其他省市国有企业、外资民营企业联合重组，整合本地产业等多种方式，加大企业调整重组和内部资源整合。广东、江苏、天津、安徽、宁夏、甘肃、新疆、青海等地支持所出资企业与中央企业进行战略合作，努力打造一批

资产实力雄厚的大集团大公司。重庆、上海、广东等 15 个省市注重构建资产经营公司，通过专业化、市场化操作平台，发挥不良债权处置、困难企业退出、投融资、托管等多项功能，推进结构调整和重组。河北省全力推动支柱产业和优势领域的战略重组，壮大提升钢铁、煤炭两大支柱产业。湖北省以汽车、冶金、能源等九大业务板块为重点，发展龙头企业，推动了全省国有经济重大战略转型。福建省积极推进二、三级企业改革调整，减少子企业 77 家，有效收缩了投资级次与跨度。青岛市将国有资本向优势行业、优势企业集中，实现企业资产调优、规模调大、主业调精、产品调高、整体调强。宁波市明确了“三个收缩、三大集聚、五大领域”调整思路，组建国有投资公司，做强做大一批企业。中央企业调整重组取得重大进展，共有 8 组 17 家中央企业进行了联合重组，中央企业户数已从 151 家调整到 142 家，新组建了中国商用飞机公司。

### （二）国有资本经营预算制度逐步建立完善

各地普遍出台了国有资本经营预算办法，加大对国有经济布局结构调整的支持力度。浙江省明确国有资本收益专款用于国有企业改革发展、企业自主创新、人才队伍建设和国资监管有关费用支出。深圳市全年安排资本性支出、融资支出、重大项目建设专项资金 24.5 亿元，进一步增强了优势企业的发展后劲。北京市六个区县国资委开展了国有资本收支预算管理工作。国务院国资委制定颁布了《中央企业国有资本经营预算建议草案编报办法（试行）》，组织完成中央企业 2007 年度国有资本收益收缴和 2008 年国有资本经营预算草案编制工作。

## 三、国有资产管理体制不断完善，监管进一步加强

### （一）国资监管机构和制度进一步完善

各地国资委牢牢把握出资人代表职责定位，突出出资人代表特点，健全内设机构，梳理出资人机构工作流程，规范履职行为，监管能力和水平有了进一步提高。新疆、云南等地进一步推进市（地、州）国资监管机构建设，浙江、山东、江苏、江西等地继续探索县级国有资产监管方式，取得了较好的效果。国务院国资委出台了中央企业资产损失责任追究、效能监察、股权激励、债券发行管理等一批规章和规范性文件。同时，以《中华人民共和国企业国有资产法》为龙头，以《企业国有资产监督管理暂行条例》为基础，以国务院国资委 21 个规章和 115 份规范性文件、地方国资委 1800 份地方规章规范性文件为具体内容的企业国有资产监管法规体系基本形成。各地省管国有重点企业法制建设工作取得了积极成效，已设立法律事务机构的省属企业占 73%，已实行总法律顾问制度的省管企业占 34%。中央企业法制建设三年目标顺利实现，企业法律风险防范机制逐步健全，依法决策、依法经营管理的能力和水平明显提高。

### （二）经营业绩考核工作扎实推进

各地结合本地企业实际，积极探索、逐步完善业绩考核制度体系，落实国有企业保值增值责任。北京市绝大多数企业实行了任期业绩考核，经济增加值考核试点已经扩大到 11 户。天津市完善业绩考核体系和薪酬管理办法，突出风险管理和发展质量要求，探索引入经济增加值考核理念。上海市在确认公布企业主业的基础上，积极探索用考核机制督促企业突出主业，剥离非主业资产。山东省不断完善考核办法，建立基本、个性化、激励性和约束性四类考核项目，细化了考核计分标准。黑龙江、河北等地将绩效评价指标作为业绩考核的主要内容，实现了绩效评价指标与业绩考核有机融合。国务院国资委分析研究考核实践中的突出矛盾与问题，进一步细化完善考核办法，规范了年度考核结果核定工作，在部分中央企业试行经济增加值考核，不断提高考核的精准性。

### （三）财务监督不断强化

各地普遍加强了财务监督工作。山西省注意企业财务动态监测，督促效益下滑幅度较大的企业采取扭亏措施。内蒙古进一步完善企业重大事项报告备案制度和管理程序。浙江省密切关注企业重大投资、筹资、担保、并购及债务重组行为，加大对企业重大财务事项的管控。重庆市做到“三个绝不、三个平衡”，不允许企业以财政资金担保、相互担保、专项资金为其他项目担保，实现净资产与负债平衡、现金流平衡、投入产出平衡。湖南省完善总会计师管理制度，增强了总会计师责任意识和履职能力。国务院国资委进一步强化中央企业财务预决算管理，加强对预算执行情况的动态监测，结合财务快报，对重点预算指标完成情况进行实时跟踪和

分析，并建立了中央企业财务应急处理机制。面对国内外复杂多变的经济环境，一批中央企业启动了全面风险管理工作，大多数中央企业风险管控得到进一步加强。

**（四）国有产权管理得到加强**

各地加强国有产权的基础性管理和上市公司国有股权监管，进一步强化产权交易管理。山东等地完成了全省产权交易市场的整合工作。江西、广西等地对一批不利于实现“公开、公平、公正”交易的项目进行了纠正。深圳市创新了股权多元化企业国有产权登记的方式。各地严格执行《国有股东转让所持上市公司股份管理暂行办法》及其配套文件，有效开展了股东账户核查工作，为进一步完善上市公司国有股权监管体系奠定了基础。国务院国资委以产权交易市场和证券市场中的国有产（股）权流转为监管重点，强化产权基础管理，推动交易规则统一，尽快建立上市公司国有股权流转动态监测制度体系，企业国有产（股）权流转的效率和效益大大增强。

**（五）监事会监督进一步加强**

北京市实现监事会监督检查的全面覆盖，同时积极探索有效履行监督检查职权的办法和途径。辽宁省积极创新监事会监督方式方法，向所出资企业的重要子公司派出了专职监事，延伸了监督触角。云南等地按照有关法律法规，对国有独资、控股和参股公司，探索“外派内设”方式，委派或推荐监事会主席和部分成员，经法定程序进入监事会。国务院国资委不断深化监事会当期监督，加强对企业日常经营管理活动的监督，健全快速反应机制，加强企业风险防范和预警，监督的灵敏性、时效性和有效性不断增强。

## 四、国有企业生产经营平稳增长

2008 年，全国国资委系统监管企业实现营业收入 19.7 万亿元，同比增长 17.7%；其中中央企业实现营业收入 11.88 万亿元，同比增长 17.9%；省级监管企业实现 6.1 万亿元，增长 18.9%。全国国资委系统监管企业实现利润总额 10 147.2 亿元，同比下降 30.9%；其中中央企业实现 6 652.9 亿元，同比下降 34.1%（如果扣除自然灾害损失、炼油及火电企业政策性亏损等因素，与 2007 年基本持平）；省级监管企业实现 2 766.8 亿元，下降 24%。截至 2008 年年底，全国国资委系统监管企业资产总额达 33.1 万亿元，同比增长 15.7%，净资产 12.8 万亿元，增长 8.5%；其中中央企业资产总额 17.7 万亿元，增长 15.3%；省级监管企业资产总额 11 万亿元，增长 15.7%。

2008 年国有企业改革工作取得了一定的成绩，但国有企业改革发展和国有资产监管工作所面临的困难和问题还很多。国有大型企业公司制股份制改革相对滞后，公司治理结构还不完善，特别是董事会建设还需要进一步规范；国有资产监管工作进展还不平衡，部分地区对国有资产监管机构的授权不够充分，“三统一、三结合”原则还未落实到位。同时由于受国际金融危机影响，2008 年下半年以来，国有企业生产经营面临严峻形势，生产经营增速明显回落，经济效益急剧下滑，部分企业资产负债率上升等，这为进一步深化国有企业改革提出了更高的要求。我们将继续深入贯彻落实科学发展观，全面贯彻落实党的十七大和中央经济工作会议精神，沉着应对金融危机的挑战，深入推进改革，为进一步提高国有经济的整体实力和核心竞争力，保持经济平稳较快发展做出积极贡献。

（国务院国有资产监督管理委员会研究局）

# 中国对外投资合作情况

## 一、2008年对外投资合作取得重要进展

### （一）对外直接投资保持高速增长

据商务部对外直接投资统计快报，2008年，我国境内投资者共对全球112个国家（地区）的1500家境外企业进行了直接投资，累计实现非金融类对外直接投资406.5亿美元，同比增长63.6%；其中：股本投资102亿美元，占对外直接投资额的25.1%；利润再投资85亿美元，占20.9%；其他投资219.5亿美元，占54%。境外并购投资活跃，以收购方式实现的直接投资205亿美元，占我国同期投资总额的50.4%。其中包括中铝通过香港公司出资128亿美元联合美铝收购力拓英国上市公司12%股份。

### （二）对外承包工程继续快速增长

2008年，我国对外承包工程完成营业额566亿美元，同比增长39.4%；从营业额的地区分布情况看，亚洲占51.1%，非洲占34.9%，欧洲占5.8%，拉丁美洲占5.3%，大洋洲、北美洲分别占1.9%和1%。2008年，我国对外承包工程新签合同额1 046亿美元，同比增长34.8%；从新签合同额的行业分布看，我国对外承包工程新签合同额主要集中在房屋建筑业（31.1%）、电力工业（16.2%）、交通运输业（15.3%）、石油化工业（9.9%）、电子通讯业（7.3%）、制造业（6.7%）、供排水（4%）等行业。对外承包工程项目大型化趋势明显。合同金额在5 000万以上项目347个（上年同期261个），合计796.5亿美元，占新签合同总额的76.2%，其中上亿美元的项目有195个（上年同期138个）。

截至2008年年末，我国对外承包工程累计完成营业额2 630亿美元，签订合同额4 341亿美元。

### （三）对外劳务合作平稳发展

2008年，我国对外劳务合作完成营业额80.6亿美元，同比增长19.1%；新签合同额75.6亿美元，同比增长12.8%；派出各类劳务人员42.7万人，较上年同期增加5.5万人；年末在外各类劳务人员74万人，较上年同期减少0.3万人。对外劳务合作业务主要集中在亚洲地区，前五大劳务市场为日本、新加坡、澳门、香港、俄罗斯。

截至2008年年末，我国对外劳务合作累计完成营业额559亿美元，签订合同额599亿美元，累计派出各类劳务人员462万人。

## 二、2009年商务部实施“走出去”战略所做主要工作

在党中央、国务院的正确领导下，商务部认真贯彻落实中央确定的各项工作任务，推动实施“走出去”战略，创新对外投资与合作方式，进一步完善了对外经济合作的管理、支持、服务和保障体系。

### （一）推动出台《对外承包工程管理条例》

2008年7月，国务院总理温家宝签署第527号国务院令，公布了《对外承包工程管理条例》，自2008年9月1日起正式施行。商务部认真组织贯彻落实《对外承包工程管理条例》，召开了贯彻落实对外承包工程管理条例座谈会，下发了《关于贯彻落实〈对外承包工程管理条例〉的意见》。同时，抓紧制定完善相关配套规定。

### （二）推进境外经济贸易合作区建设

根据国务院的批示精神，商务部会同财政部等出台了境外经贸合作区专项资金管理、确认考核办法等文件，完善境外经贸合作区的配套政策体系。联系质检总局下发通知，为境外经贸合作区实施企业相关项目下设备、材料出入境检验检疫通关提供便利和优先安排。巴基斯坦海尔—鲁巴经济区、赞比亚中国经贸合作区、泰国罗勇经贸合作区、俄罗斯乌苏里斯克经贸合作区等合作区建设取得重要进展。

### （三）理顺对外劳务合作管理体制

根据国务院“三定”方案，原劳动保障部的中国公民境外就业管理职责划入商务部，为实行对外劳务合作统一管理奠定了基础。商务部与人力资源和社会保障部联合下发了《关于做好境外就业管理职能划转工作的通知》，有序指导地方完成划转工作。加快推进对外劳务合作管理体制改革，起草了相关改革方案。

**（四）整顿和规范企业对外投资合作经营秩序**

商务部会同外交部、国资委召开了全国处理境外纠纷和突发事件电视电话会议，并出台了《关于进一步规范我国企业对外投资合作的通知》和《关于切实做好对外承包工程项下外派劳务管理工作的紧急通知》，要求企业坚持“互利共赢、共同发展”、认真落实管理责任制，加大对违法违规企业的惩处力度。指导驻外经商机构做好企业对外投资合作一线监管工作。会同外交部、国资委出台了《关于支持和发展境外中资企业商会的指导意见》等文件。与外交部、公安部、工商总局等部门联合下发《关于实行外派劳务招收备案制的通知》，并下发《关于做好外派劳务招收备案工作的通知》、《关于组织开展对外劳务合作企业自查自纠专项活动的通知》，大力规范对外劳务合作经营秩序。

**（五）落实财政金融支持措施**

整合成立新的对外经济技术合作专项资金，加大对重点对外投资合作业务的支持力度。会同财政部在博茨瓦纳、泰国、阿联酋开展境外全资子公司对外承包工程保函风险专项资金试点工作。抓紧落实对相关国家和地区的优惠出口买方信贷，积极推动双边重点对外经济合作项目顺利实施。

**（六）加强国内外工作协调**

牵头与国土资源部、农业部等部门建立了境外矿产资源、农业“走出去”等方面的部际工作机制，加大对重要境外资源合作项目的协调。在双边经贸联委会框架下成立了“中国—伊朗投资委员会”（副部长级）和中国—朝鲜投资分委会（司级）。与沙特、加拿大和委内瑞拉等国签署了加强基础设施领域合作的政府间协定或备忘录。与苏丹、卡塔尔和新加坡签署劳务合作协议或备忘录。落实中韩雇佣制劳务合作谅解备忘录，下发了《关于中韩雇佣制劳务合作有关事宜的通知》，认定四家中韩雇佣制劳务合作地方公共机构。

**（七）加强业务统筹和引导**

积极落实中国—巴基斯坦经贸合作五年发展规划确定的项目，完善中国—越南经贸合作五年发展规划，起草中国—老挝经济合作规划。启动境外农业合作发展规划的制定工作，完成中俄林业合作一期规划。贯彻国务院领导的重要批示，启动了《对外投资合作国别（地区）指南》编制工作。完成《对外承包工程国别产业导向目录》一期编制工作。

**（八）加强对外投资合作统计和调查工作**

与外汇局、统计局首次联合制发全行业《对外直接投资统计制度》，将《对外承包工程、劳务合作和设计咨询业务统计制度》拆分为《对外承包工程业务统计制度》和《对外劳务合作和境外就业统计制度》。与外汇局、统计局共同发布全行业《2007 年中国对外直接投资统计公报》。

**（九）健全对外投资合作服务体系**

推进对外投资合作信息服务系统建设，为政府部门、企业和社会公众提供全面系统的信息咨询服务。开通运行对外承包工程大项目数据库、首个电子签名系统“输港澳劳务合作项目立项及备案系统”。完善“外派劳务人员基本信息数据库”和“对外劳务合作基本信息数据库”。编写完成跨国经营管理人才培训系列教材，为做好跨国经营人才培训工作打下基础。

**（十）妥善处理境外纠纷和突发事件**

落实中央领导批示精神，联合外交部、国资委于 2008 年 6 月召开了全国处理境外纠纷及突发事件电视电话会议。坚持以人为本，妥善处理了赤道几内亚中国工人罢工、毛里求斯我国 300 余名劳务人员罢工袭警、西凯克斯 200 余名劳务人员罢工、约旦 200 余名纺织劳务因工厂倒闭提前回国、俄罗斯 150 余名劳务人员与工厂保安发生冲突、澳门 4000 余名建筑劳务遭雇主辞退提前返回内地等突发事件，配合有关部门妥善处理中石油苏丹石油项目建设人员被绑架事件。就上汽投资的韩国双龙公司被韩方调查事件对外交涉，维护我国企业合法权益。

（中华人民共和国商务部对外投资和经济合作司　吴喜林　包益红）

# 中国行政管理体制改革情况

2008年2月党的十七届二中全会召开，通过了关于《深化行政管理体制改革的意见》和《国务院机构改革方案》，提出了到2020年建立起比较完善的中国特色社会主义行政管理体制的总体目标。会议指出：通过改革，实现政府职能向创造良好发展环境、提供优质公共服务、维护社会公平正义的根本转变，实现政府组织机构及人员编制向科学化、规范化、法制化的根本转变，实现行政运行机制和政府管理方式向规范有序、公开透明、便民高效的根本转变，建设人民满意的政府。今后五年，要加快政府职能转变，深化政府机构改革，加强依法行政和制度建设，为实现深化行政管理体制改革的总体目标打下坚实基础。为了落实党的十七届二中全会精神，2008年我国掀起了新一轮行政管理体制改革热潮。

## 一、政府机构改革稳步推进

2008年的国务院机构改革，从促进经济社会又好又快发展出发，统筹兼顾，在一些关键领域迈出重要步伐。这次改革以推动政府职能转变为着力点，突出了三个重点：一是加强和改善宏观调控以及重要领域的管理，促进科学发展；二是着眼于保障和改善民生，加强社会管理和公共服务部门建设；三是积极探索职能有机统一的大部门体制。在这次机构改革中，通过制定和完善“三定”（定职责、定机构、定编制）规定，具体落实了转变职能的各项要求，调整变动机构15个，减少正部级机构4个，除国务院办公厅外，国务院组成部门设置27个，着力解决了职责交叉、权责脱节、推诿扯皮等问题。截至2008年年底，按照政企分开、政资分开、政事分开、政府与市场中介组织分开的要求，已经取消、下放或者转移了国务院部门的60多项职能；按照把政府该管的事切实管好的要求，加强了宏观调控、能源管理、环境保护以及住房、社会保障、安全生产等涉及群众切身利益、关系国计民生的社会管理和公共服务职责；按照一件事情原则上由一个部门负责的要求，进一步明确部门职责分工，集中解决了宏观调控、环境资源、涉外经贸、市场监管、文化卫生等领域70多项职责交叉和关系不顺问题。同时，这次改革还着力强化了部门责任，在赋予部门职权的同时，明确了各部门的200多项责任，力求做到有权必有责、权责对等。国务院机构改革在2008年已经基本完成。

在国务院机构改革进行的同时，地方政府机构改革也开始有序推进。中央《关于地方政府机构改革的意见》提出，地方政府机构改革的主要任务是转变政府职能，理顺职责关系，明确和强化责任，调整优化组织结构，规范机构设置，完善管理体制，着力解决制约地方经济社会发展的突出矛盾，着力解决人民群众最关心、最直接、最现实的利益问题。在管理体制方面，此轮改革将继续推进省直接管理县的财政体制改革，有条件的地方可依法探索省直接管理县的体制。2008年10月，随着上海市政府机构改革方案被中央正式批复，新一轮地方政府机构改革正式开始。截至2008年年底，新一轮地方政府机构改革进入了最后审批和实施阶段，北京、上海、重庆、陕西、河南、宁夏、云南、吉林等17个省（区、市）的政府机构改革方案已经或者即将获得批准，并将陆续向社会公布；其他地方政府机构改革方案也正在陆续上报。这些地方政府机构改革在积极探索实践大部门体制、加大机构整合力度的同时，更加注重将政府职能向社会管理和公共服务领域转变。

## 二、政府职能加快转变，行政管理方式不断创新

转变政府职能是深化行政管理体制改革的核心。2008年，国务院在前几年分四批取消和调整1992个行政审批项目的基础上，启动了新一轮行政审批项目集中清理工作，加快政府职能的转变。各地方深入推进行政审批制度改革，部分省市在已经完成行政许可项目清理工作的基础上，对非许可审批项目进行了清理。与此同时，各级政府和政府部门高度重视行业协会和中介机构的培育，充分发挥行业协会和中介机构的作用，将一些取消、调整的行政审批事项交由行业协会和中介机构办理。

各地方、各部门积极创新行政管理方式。截至2008年年底，建立了28 220个综合性行政服务中心，采取“一个窗口对外”、“一站式办公”、“一门受理、简化表格、并联审核、一口收费”等方式，简化办事程序，方便群众办事；大力推行电子政务，建立了43 932个门户网站，公安、税收、工商、海关等部门建成了全系统的专网，不少地方政府和政府部门还在网上开设办事窗口，通过网络实施审批、提供服务。更加注重运用间接管理、动态管理和事后监督等手段，积极发挥行政指导、行政合同等方式在行政管理中的作用。一些地方和部门，对取消许可后能够通过市场解决的服务事项，采取招标投标等方式运作，减少了权钱交易等腐败现象的发生。

2008年5月1日，政府信息公开条例正式开始实施。该条例确立了政府信息公开的一系列原则和制度。各地方、各部门认真贯彻实施政府信息公开条例，各省级政府和国务院各部门都建立了新闻发布和发言人制度；各地方、各部门制定了有关政府信息公开的规定59 995件，政府信息公开工作迈入了规范化、法制化的轨道。

## 三、依法行政和制度建设进一步加强

2008年，科学民主决策机制建设迈出重要步伐，公众参与、专家论证和政府决策相结合的决策机制初步建立。各级政府从制度建设入手，建立了重大事项集体决策、专家咨询论证、听取公众意见、合法性审查、责任追究、实施情况评估等制度。在行政决策中，对涉及专业性较强的决策事项，事先组织专家进行论证，注重发挥专家和政府法律顾问的作用。对与人民群众利益密切相关的决策事项，及时向社会公布，通过座谈会、听证会等形式广泛听取公众意见。重大行政决策出台前，由政府法制机构进行合法性审查。坚持“谁决策、谁负责”的原则，对超越法定权限、违反法定程序决策造成重大失误的，严格追究责任。

在政府立法方面，进一步完善了政府立法工作者、实际工作者和专家学者相结合的政府立法工作机制，始终坚持科学立法、民主立法，积极探索建立法规规章草案公开征求意见、立法听证会等扩大公众有序参与政府立法工作的制度和机制。从2008年起，国务院法制办组织起草或者审查的行政法规草案，除涉及国家秘密、国家安全的外，都通过“中国政府法制信息网”予以公布，向社会公开征求意见。2008年，先后公布了24件行政法规草案，公开征求社会各方面的意见和建议。国务院有关部门将与群众利益密切相关的规章草案在本部门网站上公布，向社会公开征求意见。各地方也积极探索建立立法公众参与机制，增强政府立法的透明度。

2008年，各地方、各部门继续大力推行行政执法责任制，认真清理行政执法依据，依法界定执法职责，科学设定执法岗位，规范执法程序，明确行政自由裁量基准，建立健全行政执法主体资格制度、行政执法案卷评查制度、评议考核制度和错案责任追究制度，探索行政执法绩效评估办法。据初步统计，截至2008年年底，全国已有30个省级政府、58个国务院部门完成了行政执法依据清理工作并向社会公布了清理结果，28个省级政府、16个较大的市级政府、13个国务院部门建立和完善了评议考核制度。行政执法责任制的推行，基本厘清了执法依据，修订、废止了一批职责交叉或者与上位法相抵触的执法依据，明确了行政执法主体和职权，清理了一些不合法的行政执法主体，在很大程度上理顺了执法关系。

（国务院法制办公室　胡振杰　谢艺）

# ● 产业开放政策与管理措施

## 中国农业对外开放情况

### 一、2008年国内外农业发展回顾

2008年，国际市场大宗农产品价格在2006—2007年世界范围全面上涨基础上，又经历了更为动荡的大起大落过程。2008年年初，金融资本继续大量注入农产品期货市场谋利推高了期货价格，部分国家通过实施限制粮食出口或鼓励粮食进口措施稳定国内市场，使国际市场供求失衡进一步加剧。2008年上半年，国际市场大米、玉米、小麦、大豆、食用植物油等大宗农产品价格上涨至历史最高点。据联合国粮农组织报告，从2007年12月至2008年6月，由6大类55种商品价格加权指数计算的粮农组织食物价格指数从186上涨至历史最高的219。下半年，随着全球粮食增产、供求紧张局面缓解、全球金融危机的逐步蔓延，原油价格暴跌和美元逐步升值及投机资本流出农产品期货市场，引起国际农产品价格大幅下跌，至12月，粮农组织食物价格指数跌至148，主要粮油产品价格从峰值跌落40%～50%。

表1　　2008年世界谷物生产、使用、库存和贸易

单位：百万吨

| 年份 | | 2006 | 2007 | 2008 | 2008年同比增长 | 年份 | | 2006 | 2007 | 2008 | 2008年同比增长 |
|---|---|---|---|---|---|---|---|---|---|---|---|
| 生产 | 谷物 | 2 023.0 | 2 132.4 | 2 289.1 | 7.3 | 库存 | 谷物 | 430.5 | 444.6 | 531.5 | 19.6 |
| | 小麦 | 601.6 | 610.3 | 688.5 | 12.8 | | 小麦 | 160.8 | 151.3 | 193.7 | 28.0 |
| | 大米 | 428.9 | 440.8 | 458.7 | 4.1 | | 大米 | 104.5 | 109.3 | 119.1 | 9.0 |
| | 粗粮 | 992.4 | 1 081.4 | 1 141.9 | 5.6 | | 粗粮 | 165.3 | 183.9 | 218.7 | 15.3 |
| 使用 | 谷物 | 2 068.0 | 2 120.4 | 2 202.7 | 3.9 | 贸易 | 谷物 | 257.7 | 272.6 | 260.7 | −4.4 |
| | 小麦 | 622.2 | 617.9 | 646.3 | 4.6 | | 小麦 | 113.6 | 112.2 | 119.5 | 6.5 |
| | 大米 | 427.5 | 437.9 | 449.1 | 2.6 | | 大米 | 32.3 | 30.3 | 30.7 | 1.4 |
| | 粗粮 | 1 018.4 | 1 064.6 | 1 107.3 | 4.0 | | 粗粮 | 111.8 | 130.2 | 110.5 | −15.1 |

资料来源：FAO《Crop Prospects and Food Situation》，2009年4月。

2008年，面对世界经济和国际农产品贸易环境日益复杂的形势，中国政府高度重视“三农”工作，加大了对农业和粮食生产的扶持力度，中国农业和农村经济继续保持了良好发展势头。全年粮食总产52 850万吨，比上年增产5.4%，连续五年保持增长；棉花产量750万吨，比创纪录的2007年减产1.6%；油料产量2 950万吨，增产14.8%；糖料产量13 000万吨，增产6.7%；茶叶产量124万吨，增产6.4%；肉类总产7 269万吨，增长5.9%；牛奶产量3 651万吨，增长3.6%；禽蛋产量2 638万吨，增长4.3%；水产品产量4 895万吨，增长3.1%。农村居民收入继续大幅提高，全年人均纯收入4 761元，扣除价格上涨因素后实际增长8%，为1996年以来增幅最大的一年。城乡居民收入比率由上年的3.33∶1减少为3.31∶1。农业和农村经济的良好发展势头为保持国民经济平

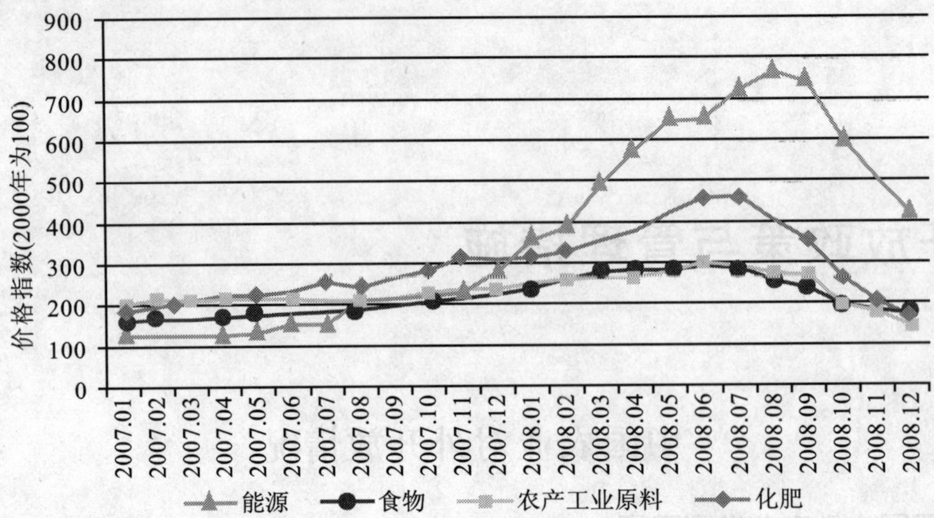


**图 1　2007—2008 年国际市场初级产品价格变化情况**

数据来源：世界银行。

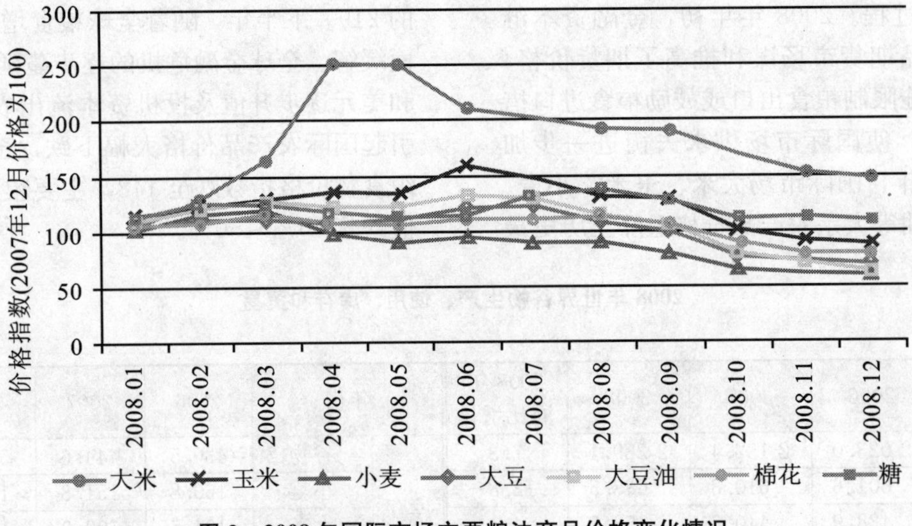


**图 2　2008 年国际市场主要粮油产品价格变化情况**

数据来源：世界银行。

稳较快发展、维护社会和谐稳定奠定了坚实基础、做出了重大贡献。但 2008 年，农产品生产价格和农业生产资料价格均出现大幅上涨，分别达 14.1%和 20.3%。

## 二、2008 年中国农产品贸易发展概述

2008 年，中国农产品①进出口贸易继续增长，其中出口额增长放缓，进口额则由于国际市场价格暴涨而大幅增加，贸易逆差显著扩大。全年农产品进出口总额 991.6 亿美元，比上年增长 27%，占全国货物贸易总额的 3.8%。其中出口额 405 亿美元，增长 9.4%，占全国货物出口总额的 2.8%；进口额 586.6 亿美元，增长 42.8%，占全国货物进口总额的 5.2%。贸易逆差 181.6 亿美元，为历史最高值。

① 根据乌拉圭回合农业协议界定农产品范围（HS 产品口径）加水产品，包括：粮食、棉花、食用油籽、植物油、食糖、蔬菜、水果、坚果、茶叶、花卉、干豆、饼粕、畜产品、水产品和其他农产品共 15 大类。

表 2　　入世后中国农产品进出口贸易

单位：亿美元、%

| 年份 | 贸易额 | | | | 比上年增减 | | |
|---|---|---|---|---|---|---|---|
| | 进出口 | 出口 | 进口 | 贸易顺差 | 进出口 | 出口 | 进口 |
| 2000 | 269.5 | 157.0 | 112.5 | 44.4 | 23.4 | 15.4 | 36.7 |
| 2001 | 279.1 | 160.7 | 118.4 | 42.3 | 3.5 | 2.4 | 5.2 |
| 2002 | 306.0 | 181.5 | 124.5 | 57.0 | 9.6 | 12.9 | 5.2 |
| 2003 | 403.6 | 214.3 | 189.3 | 25.0 | 31.9 | 18.1 | 52.1 |
| 2004 | 514.2 | 233.9 | 280.3 | −46.4 | 27.4 | 9.1 | 48.1 |
| 2005 | 562.9 | 275.8 | 287.1 | −11.4 | 9.5 | 17.9 | 2.4 |
| 2006 | 634.8 | 314.0 | 320.8 | −6.7 | 12.8 | 13.9 | 11.7 |
| 2007 | 781.0 | 370.1 | 410.9 | −40.8 | 23.0 | 17.8 | 28.1 |
| 2008 | 991.6 | 405.0 | 586.6 | −181.6 | 27.0 | 9.4 | 42.8 |

数据来源：根据中国海关进出口统计数据整理。

**（一）2008 年中国农产品贸易发展特点**

1. 出口增长放缓，进口增长加快，逆差明显扩大。受金融危机影响，2008 年中国优势农产品出口受阻，增幅明显回落，由上年的 17.9%下滑到 9.4%；资源性农产品进口大幅增加，进口额 586.6 亿美元，同比增幅由上年的 28.1%提高到 48.3%。贸易逆差明显加大，由上年的 40.8 亿美元增到 181.6 亿美元，增长 3.4 倍。贸易逆差主要来自于食用油籽（214.5 亿美元）、食用植物油（85.8 亿美元）、棉花（34.8 亿美元）和畜产品（33.3 亿美元），其中食用油籽、食用植物油和畜产品逆差比上年分别扩大 95.9%、41.3%和 37.6%。

从全年情况看，第四季度贸易规模萎缩明显，当季度农产品进出口额 232.0 亿美元，较上季度下降 15.7%，进口增幅由上季度的 53.9%下滑到 5.8%，出口由上季度增长 18.9%转为下降 2.0%。

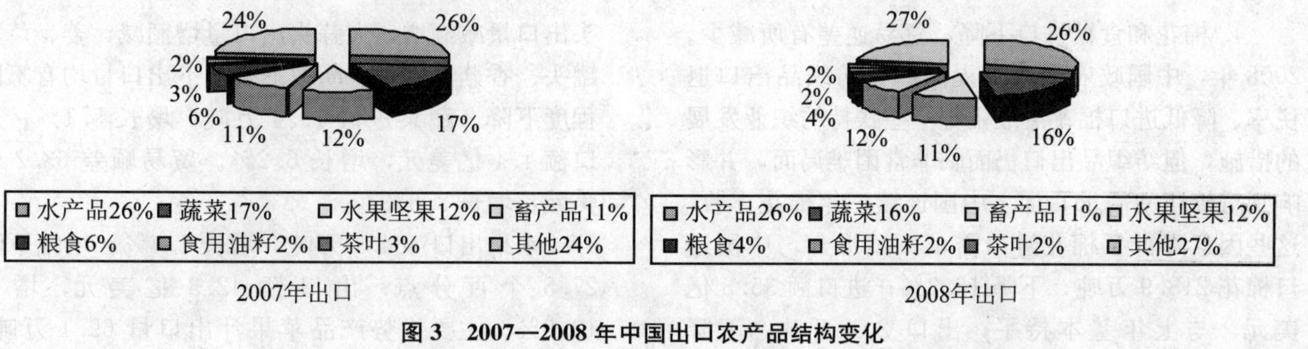


图 3　2007—2008 年中国出口农产品结构变化

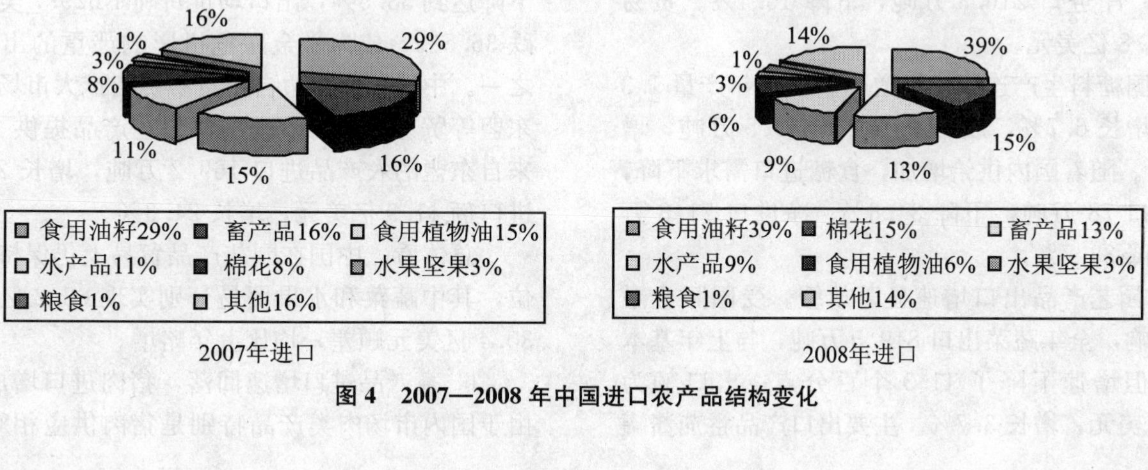


图 4　2007—2008 年中国进口农产品结构变化

2. 谷物出口大幅下降，调控成效明显。由于全球粮价飞涨引发全球粮食危机，中国政府实施了限制谷物出口政策，2008 年谷物出口量大幅下降，全年出口 186.1 万吨，下降 81.2%；出口额 7.8 亿美元，下降 64.5%；进口 154 万吨，下降 1.1%；进口额 7.3 亿美元，增长 36.6%；全年谷物净出口 32.1 万吨；贸易顺差 5 000 万美元。分品种看，大米和小麦进出口数量均下降，其中进口量降幅更大；玉米则是出口大幅下降，进口有所增加；大麦进口有所增长。总体看，中国的谷物贸易格局并未发生对国际市场构成重大影响的变化。

3. 油料进口猛增，贸易逆差突破 300 亿美元。2008 年，中国政府在食用油籽和食用植物油贸易上实行了抑制出口、鼓励进口政策。年内食用油籽出口下降，进口增加。大豆进口量上升到 3 743.6 万吨的历史最高水平，增长 21.5%；油菜籽进口 130.3 万吨，增长 56.4%；食用植物油贸易则呈现出增进减情况，全年净进口 792.2 万吨，略低于上年水平。国际市场食用油籽和食用植物油价格大幅上升增加了进口成本，使中国在这两类商品贸易上分别发生 214.5 亿美元和 85.8 亿美元的高额赤字。

表 3　　2008 年食用油籽和食用植物油进口额及逆差

单位：亿美元，%

| | 进口额 | 占农产品进口额比重 | 进出口差额 |
|---|---|---|---|
| 农产品 | 586.6 | 100 | −181.6 |
| 食用油籽 | 228.7 | 39 | −214.5 |
| 大豆 | 218.1 | 37.2 | −214.4 |
| 油菜籽 | 7.5 | 1.3 | −7.5 |
| 芝麻 | 2.5 | 0.4 | −1.6 |
| 食用植物油 | 89.9 | 15.3 | −85.8 |
| 棕榈油 | 52.1 | 8.9 | −52.1 |
| 豆油 | 33.3 | 5.7 | −31.5 |
| 菜籽油 | 3.6 | 0.6 | −3.4 |

数据来源：根据中国海关进出口统计数据整理。

4. 棉花和食糖进口下降，贸易逆差有所减少。2008 年，中国政府采取了提高部分纺织品出口退税率、降低进口棉花滑准税等一些扶持纺织业发展的措施，但纺织品出口仍面临非常困难局面，并影响到对棉花的需求，加之中国连续三年棉花丰收，这些因素降低了棉花进口需求。2008 年，中国进口棉花 218.9 万吨，下降 16.3%；进口额 35.3 亿美元，与上年基本持平；出口 2.1 万吨，下降 10.2%；净进口 216.8 万吨，下降 16.4%。贸易逆差 34.8 亿美元。

中国糖料生产连续三年增产，2008 年产量 1.3 亿吨，增长 6.7%，成品糖产量 1 449.5 万吨，增长 14%。随着国内供给增加，食糖进口需求下降，全年进口 78 万吨，下降 34.6%；净进口 71.8 万吨，下降 33.7%。

5. 园艺产品出口增速显著放缓。受国际金融危机影响，全年蔬菜出口 819.5 万吨，与上年基本持平，但增速下降了 11.3 个百分点；出口额为 64.4 亿美元，增长 3.7%。主要出口产品番茄酱罐头出口量减额增，大蒜头出口量增额减，姜、芦笋罐头、香菇、洋葱、胡萝卜及萝卜出口量均有不同程度下降。蔬菜进口 10.4 万吨，增长 5.1%；进口额 1.1 亿美元，增长 6.2%。贸易顺差 63.2 亿美元，增长 3.6%。

水果出口 484.1 万吨，增长 1.4%，增幅下降 27.5 个百分点；出口额 42.3 亿美元，增长 12.8%。主要优势产品苹果汁出口量 69.1 万吨，下降达到 33.5%，出口均价每吨 1 629.7 美元，下跌 36.5%，成为受金融危机影响严重的出口品种之一。中国按照双边自由贸易协定扩大市场开放为东盟等贸易伙伴向中国出口园艺产品提供了便利，来自东盟的农产品进口 169.2 万吨，增长 25.6%；进口额 11.9 亿美元，增长 24.3%。

总体看，中国在园艺产品贸易上仍保持顺差地位，其中蔬菜和水果贸易分别实现 63.2 亿美元和 30.4 亿美元顺差，均比上年略增。

6. 畜产品进口增速回落，猪肉进口增加三倍。由于国内市场肉类产品特别是猪肉供应相对偏紧，中国相应增大进口和减少出口，导致畜产品贸易逆差增长。2008年畜产品进口77.3亿美元，增长由上年的42.2%回落到19.4%，其中动物生皮和生猪产品分别进口18.5亿美元和11亿美元，分别增长14%和1.3倍。畜产品出口43.9亿美元，增长8.5%。贸易逆差33.3亿美元，增长37.6%。

7. 水产品进口增速加快，对虾出口量减价涨。2008年，中国水产品出口106.1亿美元，比上年增长8.9%，增速较上年提高4.8个百分点；进口额54亿美元，增长14.4%，增速提高3.7个百分点。贸易顺差52.1亿美元，增长3.8%。主要出口品种是鲜冷冻鱼、加工鱼类和对虾，其中罗非鱼出口22.4万吨，增长4.2%；鳗鱼4.5万吨，下降25.7%；对虾18.9万吨，下降8.4%，出口均价为每吨6 243.6美元，提高14.5%。

8. 东部地区出口增长放缓，西部贸易增长较快。东部地区农产品出口309.4亿美元，增幅由上年14.7%下滑到8.9%，占全国农产品出口份额的76.4%；进口553.7亿美元，增长42.7%，占全国农产品进口份额的94.4%。中部和西部地区农产品出口保持了良好发展势头，平均增幅均在15%以上，其中西部地区农产品出口37.4亿美元，增幅16.5%，比全国平均水平分别高7.1个百分点。江西、湖北、广西、重庆、贵州和新疆等省（自治区、直辖市）出口额增幅超过30%。出口额大幅下降的省份有北京、内蒙古和西藏。出口额居前五位的省份依次是：山东103.5亿美元、广东45.6亿美元、浙江34.4亿美元、辽宁31.4亿美元和福建29.5亿美元。西部地区进口增长幅度最大，其次为东部地区。进口额增长幅度超过80%的省（自治区、直辖市）有北京、黑龙江、重庆、云南和宁夏。进口额居前五位的省份依次为：广东109.7亿美元、江苏108.4亿美元、山东104.7亿美元、天津39.8亿美元和上海37.9亿美元。

9. 对日韩出口下降，自巴西进口增长强劲。2008年，中国农产品出口市场进一步多元化，但进口集中度有所提高。出口方面，亚洲仍是最大出口市场，所占比重由上年60.3%下降到56.2%；其余各洲市场所占比重均有所增加，其中欧洲市场增加了1.5个百分点，北美、南美和非洲市场比重各增加0.8个百分点。进口方面，南美和北美分别为第一和第二大来源地，所占比重分别增加了5.1个和2.3个百分点，从其他各洲市场进口比重均下降，尤以从亚洲市场进口比重下降最为明显，达3.2个百分点。

从国别和地区贸易看，中国前五大出口市场为：日本77亿美元、美国51.2亿美元、中国香港34.4亿美元、韩国31.7亿美元和德国16.4亿美元，其中对日本和韩国的出口额分别下降7.8%和12%，对美国、中国香港和德国出口额分别增长16.7%、12.8%和19.6%。前五大进口来源地为：美国144亿美元、巴西87.9亿美元、阿根廷84.2亿美元、马来西亚40.6亿美元和澳大利亚29.3亿美元，进口额均显著增长，最低的澳大利亚为12.3%，最高的巴西为82.4%。中国与欧盟27国农产品贸易实现了进出口双增长，其中出口增长27.5%，进口增长32.3%。随着中国—东盟自由贸易协定付诸实施，中国与东盟的双边农产品贸易不断扩大，2008年中国对东盟出口45.7亿美元，增长16.2%，自东盟进口90.9亿美元，增长28.3%。中国与智利的双边农产品贸易增长更快，进口额和出口额分别增长37%和60.8%。

**表4　　2007—2008年中国农产品主要出口市场出口额排序**

| 2007年 | | | 2008年 | | |
|---|---|---|---|---|---|
| 位次 | 出口市场 | 份额（%） | 位次 | 出口市场 | 份额（%） |
| 1 | 日本 | 22.6 | 1 | 日本 | 19.0 |
| 2 | 欧盟 | 14.6 | 2 | 欧盟 | 15.5 |
| 3 | 美国 | 12.0 | 3 | 美国 | 12.7 |
| 4 | 东盟 | 10.7 | 4 | 东盟 | 11.3 |
| 5 | 韩国 | 9.8 | 5 | 中国香港 | 9.0 |
| 6 | 中国香港 | 8.7 | 6 | 韩国 | 7.8 |
| | 合计 | 78.4 | | 合计 | 75.3 |

数据来源：根据中国海关进出口统计数据整理。

表 5　　2007—2008 年中国农产品主要进口来源地进口额排序

| 2007 年 | | | 2008 年 | | |
|---|---|---|---|---|---|
| 位次 | 进口来源地 | 份额（%） | 位次 | 进口来源地 | 份额（%） |
| 1 | 美国 | 22.2 | 1 | 美国 | 24.6 |
| 2 | 东盟 | 17.3 | 2 | 东盟 | 15.7 |
| 3 | 阿根廷 | 12.6 | 3 | 巴西 | 15.0 |
| 4 | 巴西 | 11.7 | 4 | 阿根廷 | 14.3 |
| 5 | 欧盟 | 6.8 | 5 | 欧盟 | 6.3 |
| | 合计 | 70.6 | | 合计 | 75.9 |

数据来源：根据中国海关进出口统计数据整理。

表 6　　2008 年中国农产品贸易区域分布

单位：亿美元、%

| | 贸易额 | | | | 比上年增长 | | 占比重 | |
|---|---|---|---|---|---|---|---|---|
| | 进出口 | 出口 | 进口 | 贸易平衡 | 出口 | 进口 | 出口 | 进口 |
| 总额 | 991.63 | 405.01 | 586.62 | −181.61 | 9.44 | 42.76 | 100.0 | 100.0 |
| 亚洲 | 353.72 | 227.55 | 126.17 | 101.38 | 1.97 | 24.50 | 56.2 | 21.5 |
| 北美洲 | 220.13 | 57.92 | 162.21 | −104.29 | 16.24 | 55.73 | 14.3 | 27.7 |
| 南美洲 | 208.49 | 13.18 | 195.31 | −182.13 | 45.80 | 68.44 | 3.3 | 33.3 |
| 欧洲 | 136.69 | 83.24 | 53.45 | 29.79 | 17.85 | 18.46 | 20.6 | 9.1 |
| 大洋洲 | 47.33 | 7.59 | 39.74 | −32.15 | 25.66 | 13.64 | 1.9 | 6.8 |
| 非洲 | 25.27 | 15.53 | 9.74 | 5.79 | 36.47 | 4.17 | 3.8 | 1.7 |

数据来源：根据中国海关进出口统计数据整理。

10. 一般贸易比重上升，进料加工贸易比重下降。一般贸易进出口额 767.1 亿美元，占全国农产品进出口总额 77.4%，比上年提高 2.7 个百分点。其中出口 313.5 亿美元，增长 10.6%；进口 453.6 亿美元，增长 51%。进料加工贸易进出口额 105.5 亿美元，占全国农产品进出口总额 10.6%，下降 2.9 个百分点。其中出口 60.5 亿美元，进口 45 亿美元，均与上年持平。保税区仓储转口货物进出口额 52.9 亿美元，占全国农产品进出口总额 5.3%，与上年持平。其中出口 3.4 亿美元，增长 45.3%，进口 49.5 亿美元，增长 32.2%。

**（二）中国农业贸易政策环境变化**

1. 根据农产品市场供求形势变化及时实施宏观调控。2008 年上半年，中国政府将保障国内市场农产品供给和抑制价格上涨作为重要政策目标之一，采取了取消部分粮油产品出口退税、对原粮及其制粉产品征收出口暂定关税、对粮食制粉实行出口配额许可证管理、对部分油料和油脂进口实行进口报告管理、对部分农产品进口实行较低临时关税、调高化肥产品出口暂定关税等一系列限制出口和鼓励进口措施。进入下半年后，出口急剧下降和经济增长减速成为迫切需要解决的政策问题，政府转而采取鼓励出口的措施。在调控外贸的同时，政府也对国内农产品市场实行了一些干预措施。

2. 积极参加 WTO 多哈回合谈判。2008 年，中国继续积极参加多哈回合贸易谈判，并将“尽早达成一个全面、符合发展导向和公平的协议”目标积极开展工作。

年内，WTO 多次举行正式和非正式会议，就阻碍谈判进程的农业和非农产品市场准入问题展开磋商，但未能取得突破性进展。农业贸易谈判方面，农业特委会主席在概括各方立场基础上分别于 2008 年 2 月、5 月、7 月和 12 月提交了四个农业协议草案，就扩大市场准入、削减扭曲贸易的国内支持、消除出口补贴等重要议题提出具体改革模式建议。最终草案对发展中国家基于实现粮食安全、生计安全和农村发展等目标所要求的特殊和差别待遇给予了较为充分的考虑，在特殊产品确定、开放热带产品贸易等方面提出了具体改革建议。草案也反映了中国等新入世成员在扩大市场开放问题上要求给予特殊对待的立场。谈判中，发达成员与发展中成员间在发达成员如何有效削减扭曲贸易的国内支持、是否允许发展中成员利用农产品特殊保障机制保护本国农产品市场等一些重大问题上仍存在立场分歧，发达成员间在扩大农产品市场开放问题上也有利益冲突。全球金融危机的深化导致贸易保护主义回潮，多边贸易体制面临严峻考验。

3. 进一步推进多边和区域性贸易开放。2008年，中国继续履行入世时做出的关税减让承诺，降低了包括鲜草莓在内的45种商品的进口关税；继续对小麦、玉米、稻谷和大米、糖、羊毛、毛条、棉花这七种农产品和尿素、复合肥、磷酸氢二铵三种化肥进口实行关税配额管理；对原产于东盟十国、智利、巴基斯坦、韩国、印度、斯里兰卡、孟加拉等国部分进口商品实行低于最惠国税率的协定税率；继续对原产于老挝等39个最不发达国家的部分商品实行特惠税率。根据与东盟自由贸易协定，2008年1月起将从东盟进口商品平均关税由5.8%降到2.4%。

2008年4月，中国与新西兰签署了自由贸易协定。根据协定，中国将在2012年前对大部分农产品实行零关税，部分农产品从协议生效时起即开始实行零关税，奶粉等一些敏感产品将最迟至2020年实行零关税，羊毛和毛条进口对新西兰实行国别配额管理。新西兰将对中国全面开放农产品和非农产品市场，除禽肉、谷物粉和部分加工食品到2012年实行零关税外，其余农产品关税从2009年起降为零。

2008年11月，中国与秘鲁完成了自由贸易协定谈判。根据协定，中国和秘鲁双方将对各自90%以上产品分阶段实施零关税。农产品中，中国的蔬菜、水果等产品和秘鲁的鱼粉、水果、鱼类等产品将是主要受益者。

4. 加强食品安全管理和应对食品安全事件。2008年内发生的食品安全事件对中国农产品进出口贸易造成很大影响。2007年年底发生的“毒饺子事件”影响了日本消费者对中国食品质量安全的信心，对日本食品出口受到不利影响。2008年9月的“三鹿奶粉事件”更严重损害了中国食品及监管体系声誉，导致一些国家实行禁止进口中国产乳制品措施，进而影响到相关食品出口。国内国产乳制品消费急剧下降，一些消费者转而购买进口奶粉，引起乳制品进口快速增长。鉴于“三鹿奶粉事件”反映出食品监管体系存在的严重缺陷，中国政府2008年9月宣布废止食品质量免检制度，并对审议中的《食品安全法》做进一步修改以完善相关法律和管理制度。

与此同时，经过中国政府和企业长期努力，欧盟批准其成员国2008年9月起从获得资质的山东省九家企业进口熟制禽肉产品。这反映出尽管发达国家食品安全标准变得日益严格，但只要企业认真努力，进入其市场仍有可能。

## 三、2008年中国农业利用外资情况

据商务部统计，2008年，农、林、牧、渔业新批外商直接投资企业917家，同比下降12.5%；实际利用外资额11.9亿美元，同比增长28.9%。总体看，农业利用外资规模不断扩大，领域不断拓展，区域和结构布局日益多元化。农业外资作为中国利用外资的重要组成部分，在弥补国内农业投入不足、促进农业科技进步、调整农业产业结构、推进农业产业化发展、增加农民就业、提高农民收入及消除贫困等方面发挥了重要作用。但值得特别注意的是，以欧美为代表的大型跨国公司逐步利用中国农业企业实力薄弱、产业集中度低等弱点，通过参股、并购等方式排挤民族资本，加强对肉类、油脂、乳制品加工等重点行业的垄断，对中国粮食安全和产业安全的不利影响已越来越大。

## 四、2009年农产品贸易发展前景展望

### (一) 2009年农产品贸易发展环境

1. 国际环境。2009年，世界经济增长前景非常不容乐观。全球金融危机进一步深化，实体经济已受到严重冲击。据国际货币基金组织2009年4月发布的世界经济展望，2009年世界经济增速将下降1.3%，其中发达国家下降3.8%，新兴经济和发展中国家增长1.6%；世界商品和服务贸易规模下降11%，其中发达国家进口和出口分别下降12.1%和13.5%，新兴经济和发展中国家进口和出口分别下降8.8%和6.4%。世界经济衰退将导致初级产品国际市场价格大幅下跌，预期用美元表示的制造业产品价格、原油价格和非能源初级产品价格分别下降8.9%、46.4%和27.9%。用美元现价表示的贸易额制造业产品下降8.9%，食品类下降19.4%，饮料类下降13.6%，非食用农业原料类下降21.7%。

国际货币基金组织也指出，在各国政府通力采取的刺激政策作用下，世界经济可望于 2009 年后半期恢复增长，2010 年全球经济增长率可望恢复到 1.9%，商品和服务贸易规模增长率恢复到 0.6%。

在 2009 年 4 月举行的 20 国伦敦峰会上，主要国家领导人承诺将继续保持贸易和投资开放，抵制保护主义，并采取有效措施恢复世界经济稳定。世界银行和国际货币基金组织等国际机构也表示将加大金融支持，帮助各国特别是发展中国家克服困难，尽快摆脱经济危机。这些政策宣示在一定程度上有助于增强公众信心，但具体措施能否得到有效落实以及实际效果如何存在很大的不确定性。

2009 年农产品贸易发展面临的主要国际风险包括：世界经济衰退会直接减少消费需求，进而影响到贸易；经济衰退会间接引起贸易保护主义回潮，发达国家会更多地利用合法的非关税措施限制敏感产品进口，发展中国家则会更积极利用承诺上限关税允许的调节空间对本国市场进行保护；主要发达国家刺激经济的财政政策和货币政策会显著改变宏观经济均衡，使国际贸易活动面临利率、汇率和物价水平等宏观经济变量急剧波动造成的风险；金融危机充分暴露出由欧美掌控的国际经济协调体系存在的问题，在此背景下，各国可能自行其是，使现行经济贸易规则受到削弱；受经济衰退影响，一些经济脆弱国家可能出现企业贷款困难甚至整体支付危机，增大贸易的信用风险。一些欠稳定国家可能由于内部矛盾激化而出现动乱，进而冲击商业活动，东欧和非洲是潜在风险最大地区；过去多年农产品价格低迷导致农业基础建设和科研投资减少，金融危机又加大了涉农企业融资困难，削弱了全球农业生产发展基础，在农产品库存不足条件下，国际市场农产品价格非常可能出现较大幅度波动。

2. 国内环境。2009 年，中国政府将保持国民经济平稳较快发展作为主要任务，力争实现国内生产总值增长 8%、居民消费价格总水平涨幅控制在 4%左右。为此，政府将采取积极的财政政策和宽松的货币政策，在力保经济增长的同时促进经济结构优化，增强产业竞争力和可持续发展能力，扩大城乡居民消费需求。在对外贸易上，政府强调要坚持扩大开放，同时将采取积极的鼓励出口政策。

2009 年，中国政府将进一步增加对农业和农村经济发展的支持，主要任务包括：稳定发展粮食生产；以市场需求为导向调整农业结构；加强农业基础设施和农村民生工程建设；多渠道促进农民增收；加大扶贫开发力度。为此政府将大幅增加农业和农村投入，通过提高粮食最低收购价、适时调节重要农产品储备、增加粮食直补、良种补贴、农机具购置补贴和农资综合补贴、加强农业社会化服务等措施，增强农业生产能力，提高农产品质量、效益和国际竞争力，保障农业和农村经济全面发展。

**（二）农产品贸易发展形势展望**

1. 国际市场需求萎缩影响中国农产品出口的扩大。中国农产品出口集中在日本、韩国、美国、欧盟等陷入深度经济衰退的市场上。鉴于这些国家难以在 2009 年内使经济恢复增长，农产品进口需求将出现一定程度萎缩。此外，主要进口国可能采取更多贸易保护主义措施，如强化食品安全管制措施，使中国农产品出口面临更高的贸易壁垒。美国已要求今后中国出口到美国的所有食品均需经过由独立的第三方进行的食品安全认证，其认证机构须通过美国食品药品管理局认证和审批。缺乏适应能力的农产品出口企业将因此被排除在美国市场之外。

2. 人民币升值和国际市场农产品价格回落降低中国农产品的价格竞争力。美国、欧盟和日本等主要发达国家都采取了赤字财政和扩大货币发行的手段应对金融危机，将降低美元等主要货币的购买力。相比之下，金融危机对中国经济造成的冲击较小，国际收支仍保持较大盈余，因而人民币预计将继续面临升值压力，且可能出现对各主要货币同时升值局面。

3. 扩大双边和区域性贸易开放使部分农产品面临更大的竞争压力。2009 年，中国将按照与有关国家和地区达成的自由贸易协议进一步开放市场。中国—东盟自由贸易区建设将在 2010 年全面完成，除划定的敏感产品外全部实行零关税。中国与新西兰、中国与智利等国也开始按照双边协议实行关税削减。此外，中国还根据《亚太贸易协定》对由印度、斯里兰卡、孟加拉等国进口的部分产品实行较为优惠的协定税率，并单方面对 41 个最不发达国家的部分商品实施特惠税率。实施这些措施会使部分农产品面临更大的竞争压力，如东盟具有优势的热带水果和新西兰具有优势的畜产品等。

4. 农产品贸易仍将保持逆差。中国政府为应对危机所采取的措施有助于国内经济实现适度增长，因而国内市场农产品消费需求可望继续增加，政府强化惠农政策则有助于增加农产品供给。整体看，国内市场农产品供需平衡预期不会发生大的变化。

2009年，农产品贸易将面临更为严峻的局面。中国农产品出口将会由于主要出口市场消费萎缩、国际价格下跌和人民币升值等因素受到不利影响。而国际市场农产品价格下降可能在一定程度上降低中国进口农产品成本，使农产品进口呈现量增额降局面。预期全年农产品贸易仍将维持逆差，但逆差额可能有所缩小。

（中华人民共和国农业部农业贸易促进中心 左常升 张晓婉）

# 中国纺织业对外开放情况

纺织工业是我国国民经济的传统支柱产业和重要的民生产业，也是国际竞争优势明显的产业。改革开放以来，特别是进入21世纪以来，在良好的国内外环境下，我国纺织工业实现了持续快速发展，产业结构调整取得显著成效，在繁荣市场、出口创汇、扩大就业、增加农民收入、提高城镇化水平、带动相关产业和促进区域经济发展等方面发挥了重要作用。

## 一、新世纪以来我国纺织工业发展概况

21世纪以来，我国纺织工业发展的外部环境不断优化，世界经济和我国国民经济的持续稳定增长带动国内外消费需求稳步扩大，经济全球化程度不断提高，特别是我国加入世界贸易组织和全球纺织品服装贸易全面实现自由化为我国纺织工业的发展提供了全新的发展机遇。我国纺织工业抓住有利时机，依靠结构调整和产业升级取得了长足的进步，迎来了自新中国建立以来的最好发展时期。

### （一）生产快速增长

与2000年相比较，到2008年年底，我国纺织行业规模以上企业工业总产值（现价）从8 894.52亿元增加到34 780.61亿元，累计增长了291.03%，年均增长18.58%。主要产品化学纤维产量由695.42万吨提高到2 415万吨，累计增长247.27%，年均增长16.84%；纱产量由660.11万吨提高到2 418.92万吨，累计增长266.44%，年均增长17.63%；布产量由277亿米提高到710亿米，累计增长156.32%，年均增长12.49%。全行业纤维加工总量由2000年的1 360万吨提高到2008年的3 500万吨，占全球纤维加工量的40%以上，位居世界第一位。

表1　2000—2008年我国规模以上纺织企业工业总产值和工业增加值

单位：亿元

| 年份 | 工业总产值（现价） | 工业增加值（现价） |
|---|---|---|
| 2000 | 8 894.52 | 2 216.44 |
| 2001 | 9 326.43 | 2 331.05 |
| 2002 | 10 709.08 | 2 641.93 |
| 2003 | 12 938.28 | 3 204.56 |
| 2004 | 16 679.65 | 4 126.62 |
| 2005 | 20 632.23 | 5 246.45 |
| 2006 | 25 138.46 | 6 524.55 |
| 2007 | 31 023.47 | 8 126.22 |
| 2008 | 34 780.61 | — |

表2　2000—2008年我国纺织工业主要大类产品产量

| 名称 | 单位 | 2000年 | 2001年 | 2002年 | 2003年 | 2004年 | 2005年 | 2006年 | 2007年 | 2008年 |
|---|---|---|---|---|---|---|---|---|---|---|
| 化学纤维 | 万吨 | 695.42 | 841.48 | 990.74 | 1 181.14 | 1 424.54 | 1 664.79 | 2 073.18 | 2 413.91 | 2 415.00 |
| 纱 | 万吨 | 660.11 | 760.86 | 849.81 | 983.58 | 1 120.00 | 1 450.54 | 1 742.96 | 2 068.17 | 2 148.92 |
| 布 | 亿米 | 277.00 | 290.00 | 321.90 | 374.64 | 420.00 | 484.39 | 598.55 | 675.26 | 710.00 |
| 印染布 | 亿米 | 158.71 | 178.87 | 211.58 | 319.00 | 360.00 | 362.15 | 430.3 | 490.19 | 494.34 |
| 服装 | 亿件 | 209.34 | 228.44 | 252.37 | 328.08 | 418.00 | 147.98 | 170.19 | 201.59 | 206.52 |

数据来源：国家统计局、中国纺织工业协会统计中心。

表 3　　2000—2008 年我国纺织工业纤维加工总量

单位：万吨

| 年份 | 2000 | 2001 | 2002 | 2003 | 2004 | 2005 | 2006 | 2007 | 2008 |
|---|---|---|---|---|---|---|---|---|---|
| 总量 | 1 360 | 1 500 | 1 750 | 2 007 | 2 416 | 2 570 | 3 070 | 3 530 | 3 500 |

数据来源：中国纺织工业协会统计中心。

### （二）出口竞争力持续提升

2008 年，我国纺织品服装出口总额[①]达到 1 896.24亿美元，比 2000 年增长 264.09%，年均增长 17.53%；出口净创汇 1 709.79 亿美元，比 2000 年增长 347.69%，年均增长 20.61%。

表 4　　2000—2008 年我国纺织品服装贸易情况

| 年　份 | 出口总额 | | | 顺差总额 | | |
|---|---|---|---|---|---|---|
| | 当年累计（亿美元） | 同比（%） | 占全国的比重（%） | 当年累计（亿美元） | 同比（%） | 占全国的比重（%） |
| 2000 | 520.82 | 20.94 | 21.28 | 381.91 | 23.30 | 162.36 |
| 2001 | 532.80 | 2.31 | 20.41 | 395.60 | 3.58 | 180.10 |
| 2002 | 617.69 | 15.66 | 19.36 | 474.07 | 19.84 | 160.29 |
| 2003 | 804.84 | 27.72 | 18.36 | 648.98 | 36.90 | 254.20 |
| 2004 | 973.85 | 21.01 | 16.41 | 805.81 | 24.17 | 251.97 |
| 2005 | 1 175.35 | 20.69 | 15.42 | 1 004.36 | 24.64 | 98.58 |
| 2006 | 1 470.85 | 25.14 | 15.18 | 1 290.34 | 28.47 | 72.71 |
| 2007 | 1 756.16 | 19.11 | 14.42 | 1 568.79 | 21.58 | 59.83 |
| 2008 | 1 896.24 | 7.98 | 13.27 | 1 709.78 | 8.99 | 57.87 |

续表 4

| 年　份 | 纺　织　品 | | | 服　　装 | | |
|---|---|---|---|---|---|---|
| | 出口额（亿美元） | 同比（%） | 占比（%） | 出口额（亿美元） | 同比（%） | 占比（%） |
| 2000 | 160.62 | 23.50 | 30.84 | 360.20 | 19.83 | 69.16 |
| 2001 | 167.42 | 4.26 | 31.42 | 365.38 | 1.44 | 68.58 |
| 2002 | 205.79 | 22.19 | 33.32 | 411.9 | 12.66 | 66.68 |
| 2003 | 285.67 | 30.87 | 35.49 | 519.16 | 26.04 | 64.50 |
| 2004 | 357.69 | 25.21 | 36.73 | 616.16 | 18.69 | 63.27 |
| 2005 | 439.69 | 22.93 | 37.41 | 735.66 | 19.40 | 62.59 |
| 2006 | 522.54 | 18.84 | 35.53 | 948.30 | 28.91 | 64.47 |
| 2007 | 605.43 | 15.86 | 34.47 | 1 150.74 | 20.89 | 65.53 |
| 2008 | 698.34 | 15.35 | 36.83 | 1 197.90 | 4.10 | 63.17 |

数据来源：中国海关、中国纺织工业协会统计中心。

行业出口结构不断优化，竞争力持续提升。2000—2008 年，我国纺织品服装出口单价累计增长 36.11%，出口产品附加值有所提高；上游化纤、纱线、织物等具有较高科技含量的纺织品出口年均增速达到 20.17%，高于服装出口增速 4 个百分点，产业链整体竞争能力进一步增强；一般贸易出口比重由 55.55%提高到 69.51%，加工贸易比重下降，服装出口从 OEM 全面走向 ODM，行业在国际纺织产业链上的分工得到优化；对美、欧、日、香港以外的非传统市场的出口额占比达到

① 本文中纺织品服装出口统计包括中国海关商品分类第 50～63 章中的纺织纱线、织物、制成品、服装和第 94 章中的寝具。

44.67%，比2000年提高12.28个百分点，出口市场进一步多元化；我国纺织品服装出口总额占全球纺织品服装贸易总额的比重由2005年的24.03%提高到2008年的30%以上，国际市场竞争力持续提升。

表5　　我国纺织品服装出口价格指数

上年同期=100

| 年份 | 纺织品服装 | 纺织品 | 服装 |
|---|---|---|---|
| 2001 | 99.01 | 102.59 | 97.41 |
| 2002 | 93.36 | 87.99 | 96.10 |
| 2003 | 103.36 | 101.55 | 104.44 |
| 2004 | 104.40 | 105.90 | 103.65 |
| 2005 | 107.61 | 103.22 | 110.49 |
| 2006 | 110.14 | 102.93 | 114.57 |
| 2007 | 107.70 | 103.71 | 109.93 |
| 2008 | 106.89 | 108.06 | 106.21 |

数据来源：中国海关、中国纺织工业协会统计中心。

表6　　我国纺织品服装出口贸易方式占比情况

单位：%

| 年份 | 一般贸易 | 进料加工 | 来料加工 | 其他 |
|---|---|---|---|---|
| 2000 | 55.55 | 24.45 | 18.61 | 1.39 |
| 2001 | 56.89 | 22.83 | 18.80 | 1.48 |
| 2002 | 62.49 | 20.00 | 15.71 | 1.8 |
| 2003 | 64.47 | 18.47 | 12.26 | 2.8 |
| 2004 | 67.68 | 18.19 | 10.85 | 3.28 |
| 2005 | 69.69 | 16.98 | 8.11 | 4.27 |
| 2006 | 71.99 | 16.02 | 7.67 | 4.32 |
| 2007 | 72.41 | 15.54 | 6.69 | 5.36 |
| 2008 | 69.51 | 15.01 | 6.56 | 8.92 |

数据来源：中国海关、中国纺织工业协会统计中心。

表7　　我国纺织品服装出口市场结构

单位：%

| 年份 | 对欧、美、日、香港出口占比 | 对其他市场出口占比 |
|---|---|---|
| 2000 | 68.61 | 31.39 |
| 2001 | 67.02 | 32.98 |
| 2002 | 63.92 | 36.08 |
| 2003 | 61.17 | 38.83 |
| 2004 | 60.03 | 39.97 |
| 2005 | 60.74 | 35.26 |
| 2006 | 56.83 | 43.17 |
| 2007 | 53.76 | 46.24 |
| 2008 | 55.33 | 44.67 |

数据来源：中国海关、中国纺织工业协会统计中心。

表8 我国纺织品服装出口占全球的比重

单位:%

| 年份 | 纺织品 | 服 装 | 纺织品服装 |
|---|---|---|---|
| 2000 | 10.29 | 18.20 | 14.71 |
| 2001 | 11.35 | 18.84 | 15.60 |
| 2002 | 13.30 | 20.24 | 17.25 |
| 2003 | 15.54 | 22.26 | 19.40 |
| 2004 | 17.11 | 23.75 | 20.90 |
| 2005 | 20.26 | 26.79 | 24.03 |
| 2006 | 22.33 | 30.81 | 27.31 |
| 2007 | 23.50 | 33.37 | 29.34 |

数据来源：世界贸易组织。

### (三) 技术装备水平显著改善

2006—2008年间，全行业共引进国外先进装备319亿美元；同期，国产棉纺、化纤成套设备基本接近国际先进水平，全行业共采用国产先进装备约2 800亿元。2008年，棉纺行业先进装备自动络筒机、无梭织机、清梳联合机的占有率分别达到53.1%、42.1%和42.1%；以大容量、高起点、低投入、国产化为特征具有国际竞争能力的聚酯及配套长短丝工艺装备占整个化纤行业产能的70%以上；纺织全行业约1/3的重点企业技术装备水平达到国际先进水平。

表9 棉纺行业先进装备占有率

单位:%

| 年 份 | 自动络筒机 | 无梭织机 | 清梳联合机 |
|---|---|---|---|
| 2000 | 32.1 | 9.3 | 29.1 |
| 2001 | 36.1 | 12.5 | 31.0 |
| 2002 | 39.6 | 15.2 | 34.6 |
| 2003 | 40.5 | 24.1 | 36.8 |
| 2004 | 45.5 | 26.1 | 37.3 |
| 2005 | 47.7 | 28.7 | 38.4 |
| 2006 | 48.6 | 36.5 | 39.5 |
| 2007 | 51.4 | 40.7 | 41.1 |
| 2008 | 53.1 | 42.1 | 42.1 |

数据来源：中国棉纺织行业协会。

### (四) 运行质效稳步提高

2008年，规模以上纺织企业约实现利润总额1 301亿元①，比2000年增长348.51%，年均增长20.63%；三费比率为6.94%②，比2000年降低26.64%；规模以上全行业劳动生产率③约达到8.4万元/人，比2000年增长了180%，年均增长13.74%。

① 由于国家统计局不公布全年工业运行经济指标快报数据，且2008年年报数据至今也未公布，因此目前没有2008年规模以上纺织行业利润总额的数据。本数据为中国纺织工业协会统计中心数学模型制作的估算数据。

② 三费比例指企业管理费用、营业费用、财务费用占主营业务收入的比重。由于年报数据尚未公布，本数据为2008年1～11月数据。

③ 劳动生产率以工业增加值为基数计算。由于国家统计局自2008年起不再公布工业增加值数据，2008年劳动生产率数据为中国纺织工业协会测算数据。

表 10　　规模以上纺织企业主要质效指标

| 年份 | 利润总额（亿元） | 利润率（%） | 总资产贡献率（%） | 资产负债率（%） | 全员劳动生产率（元/人） | 产品产销率（%） | 流动资产周转次数（次） |
|---|---|---|---|---|---|---|---|
| 2000 | 295.33 | 3.54 | 7.73 | 64.92 | 34 412 | 96.96 | 1.88 |
| 2001 | 258.30 | 2.98 | 7.03 | 64.35 | 36 843 | 96.59 | 1.88 |
| 2002 | 336.61 | 3.36 | 7.6 | 61.43 | 32 886 | 97.45 | 2.09 |
| 2003 | 443.98 | 3.60 | 7.93 | 62 | 38 172 | 97.8 | 2.21 |
| 2004 | 513.48 | 3.19 | 7.99 | 61.12 | 44 600 | 97.61 | 2.34 |
| 2005 | 709.22 | 3.53 | 9.17 | 60.05 | 52 740 | 97.85 | 2.49 |
| 2006 | 929.75 | 3.80 | 10.03 | 58.8 | 62 016 | 97.84 | 2.61 |
| 2007 | 1 314.55 | 4.38 | 11.49 | 59.24 | 73 782 | 97.6 | 2.65 |

数据来源：国家统计局、中国纺织工业协会统计中心。

**（五）结构调整成效明显**

产品结构进一步优化，具有较高科技和品牌附加值的家用、产业用纺织品行业得到快速发展，服装、家用、产业用三大终端产业纤维消耗比例由2000年的68∶19∶13转变为51∶32∶17。优势企业对行业发展的支撑作用更加明显，行业中3000余户骨干企业平均销售利润率达到15.4%，高于行业平均水平4倍多。区域结构调整稳步推进，中部和西部地区新增固定资产投资均快速增长，其纺织产业产出在全行业中所占的比重也稳步提高，中西部地区临近原料产地、劳动力供应丰富等优势逐步显现并得到发挥。

表 11　　服装、家用纺织品、产业用纺织品三大终端产业纤维消耗比例

单位：%

| 类别＼年份 | 2000 | 2005 | 2006 | 2007 | 2008 |
|---|---|---|---|---|---|
| 服　装 | 68 | 54 | 53 | 52 | 51 |
| 家用纺织品 | 19 | 33 | 33 | 33 | 32 |
| 产业用纺织品 | 13 | 13 | 14 | 15 | 17 |

数据来源：中国纺织工业协会统计中心。

表 12　　中西部地区规模以上纺织企业工业总产值占全国的比重

单位：%

| 地区＼年份 | 2000 | 2005 | 2006 | 2007 | 2008 |
|---|---|---|---|---|---|
| 东　部 | 82.75 | 87.78 | 87.50 | 86.25 | 85.32 |
| 中　部 | 12.16 | 8.70 | 8.85 | 9.77 | 10.49 |
| 西　部 | 4.64 | 3.53 | 3.64 | 3.98 | 4.19 |

数据来源：国家统计局、中国纺织工业协会统计中心。

### （六）对国民经济的贡献日益突出

作为国民经济中的重要民生产业，纺织工业在改善民生、解决就业等方面发挥了重要作用：一是充分满足国内消费需求。2008 年，我国城镇居民人均衣着类消费支出比 2000 年增长了 133%，农村居民衣着类消费现金支出增长了 130%，全国人均纤维消费量从 7.5 公斤增长至 15 公斤以上。二是吸纳就业，稳定社会。目前，全行业就业人口超过2 000万，其中规模以上企业就业人口超过1 000万，约占全国工业的 14%。三是为农村、农民、农业发展做出贡献。全行业每年约为农村转移劳动力提供 1 600 多万个就业岗位和 2 500 多亿元现金收入，平均每年使用国产天然纤维原料 900 多万吨，行业的发展直接惠及近一亿农民。

## 二、2008 年我国纺织工业经济运行情况

2008 年是我国纺织工业的外部发展环境发生剧烈变化的一年。自 2008 年年初以来，人民币升值、银根紧缩、生产要素价格上涨以及国际金融危机全面爆发等一系列因素使行业发展压力不断加大。尽管全行业努力通过提高技术、管理水平等方式来最大限度地消化各项不利因素，在困境中仍然实现了一定程度的发展，但由于外部不利因素的作用力度远远超出行业能够消化的范围，纺织工业经济在经历了连续多年的稳定较快增长后首次出现了下行趋势，行业产销全面减速，盈利急剧恶化，亏损企业猛增，困难局面前所未有。

### （一）生产步伐明显放缓

根据国家统计局快报数据，2008 年，我国 4.7 万户规模以上纺织企业累计实现工业总产值 34 780.61亿元，同比增长 13.73%，增速较 2007 年同期下滑 8.84 个百分点。

主要纺织产品产量增速均较 2007 年同期有较大幅度的下降，其中化纤、纱、布、服装等主要大类产品产量都出现了近年来少有的一位数增长。2008 年，全行业生产化学纤维产量同比增长 0.1%，增速较 2007 年同期回落 17.94 个百分点；纱产量同比增长 3.9%，增速回落 12.79 个百分点；布产量同比增长 5.1%，增速回落 6.98 个百分点，规模以上企业服装产量同比增长 4.8%，增速回落 9.56 个百分点。

表 13　　2008 年规模以上纺织行业主要产品产量①

| 产品名称 | 单位 | 2008 年产量 | 同比（%） | 比 2007 年同期增减（百分点） |
|---|---|---|---|---|
| 化纤纤维 | 万吨 | 2 404.61 | 2.30 | −15.74 |
| 其中：粘胶纤维 | 万吨 | 131.88 | −10.20 | −38.00 |
| 合成纤维 | 万吨 | 2 241.31 | 2.98 | −14.28 |
| 纱 | 万吨 | 2 148.92 | 8.10 | −8.59 |
| 布 | 万米 | 5 277 267 | 5.34 | −6.74 |
| 印染布 | 万米 | 4 943 356 | 3.03 | −5.27 |
| 亚麻布 | 万米 | 17 839.39 | −3.34 | −15.37 |
| 毛机织物（呢绒） | 万米 | 69 495 | 5.76 | 3.96 |
| 丝织品 | 万米 | 1 275 019 | −4.10 | −5.28 |
| 非织造布 | 万吨 | 76.51 | 21.25 | −3.36 |
| 服装 | 万件 | 2 065 173 | 4.80 | −10.01 |
| 梭织服装 | 万件 | 933 981 | 2.07 | −11.06 |
| 针织服装 | 万件 | 1 131 192 | 7.16 | −8.31 |

数据来源：国家统计局、中国纺织工业协会统计中心。

① 本表格中数据为国家统计局 2008 年快报数据。统计口径为规模以上企业。正文中化学纤维、纱、布产量数据为国家统计局 2008 年公报数据，统计口径为全社会。

### (二) 投资增速大幅下降，但区域结构进一步优化

由于外需不振、行业景气度下行，2008年以来，纺织企业投资信心明显下降，普遍主动收缩投资战线。全年全行业累计完成500万元以上项目固定资产投资2 724.39亿元，同比仅增长6.75%，增速较2007年同期下滑18.99个百分点；新开工项目数为6 047个，较2007年同期减少7.86%。各分行业中，除毛纺、麻纺、印染行业投资增速较2007年同期有所加快以外，其他行业投资增速均有所下滑，个别行业投资出现萎缩。

表14　2008年纺织行业固定资产投资完成情况（分行业）

| 行　业 | 投资额（亿元） | 同比（%） | 比2007年同期增减（百分点） |
|---|---|---|---|
| 全行业 | 2 724.39 | 6.75 | −18.99 |
| 棉　纺 | 713.87 | −5.86 | −27.55 |
| 印　染 | 85.28 | 3.26 | 14.15 |
| 毛　纺 | 87.37 | 21.10 | 25.59 |
| 麻　纺 | 31.66 | 19.91 | 8.45 |
| 丝　绸 | 56.84 | 3.63 | −22.25 |
| 制成品 | 295.27 | 11.61 | −8.35 |
| 针　织 | 233.67 | 0.71 | −37.63 |
| 服　装 | 828.18 | 20.75 | −18.85 |
| 化　纤 | 287.10 | 5.77 | −21.13 |
| 纺　机 | 57.74 | 8.68 | −58.39 |

数据来源：国家统计局、中国纺织工业协会统计中心。

东部地区新增投资明显减速，中西部地区投资则保持较快增长。2008年，东部地区纺织企业完成固定资产投资总额同比下降了3.62%，占全行业的比重从2007年的66.56%下降到60.1%；中西部地区的投资增速则分别高达27.05%和28.47%，所占的比重也相应提高了6.46个百分点，纺织产业向中西部地区梯度转移进程继续推进。

表15　东、中、西部地区纺织企业固定资产投资占全行业的比重

单位：%

| 地区＼年份 | 2005 | 2006 | 2007 | 2008 |
|---|---|---|---|---|
| 东　部 | 73.97 | 71.94 | 66.56 | 60.10 |
| 中　部 | 16.42 | 20.81 | 25.52 | 30.38 |
| 西　部 | 6.61 | 7.25 | 7.92 | 9.52 |

数据来源：国家统计局、中国纺织工业协会统计中心。

### (三) 内销增速稳步提高，对行业增长的贡献力度进一步加大

2008年，在国际市场需求持续疲软的情况下，内需市场对于纺织行业的发展起到了重要的支撑作用。据国家统计局数据，全年国内衣着类消费品零售总额同比增长25.9%，高于同期社会消费品零售总额增速4.3个百分点。在内需的拉动下，2008年规模以上纺织企业内销产值同比增速达到17.05%，高于同期出口交货值增速12.49个百分点，内销比例也由2007年的75.05%提高到了76.92%。

表 16　　2000—2008 年我国规模以上纺织企业内销产值及内销比重

| 年　份 | 内销产值（亿元） | 内销比重（%） |
|---|---|---|
| 2000 | 5 755.50 | 67.34 |
| 2001 | 6 014.68 | 66.96 |
| 2002 | 7 036.71 | 67.31 |
| 2003 | 8 453.47 | 66.89 |
| 2004 | 10 982.28 | 67.44 |
| 2005 | 14 331.62 | 70.99 |
| 2006 | 17 942.41 | 72.95 |
| 2007 | 22 725.54 | 75.05 |
| 2008 | 23 679.41 | 76.92 |

数据来源：国家统计局、中国纺织工业协会统计中心。

### （四）出口增长急速下滑

受国际金融危机引发全球消费需求萎缩以及上半年人民币继续升值等因素影响，2008 年，纺织行业出口增长大幅度减速，全年共出口纺织品服装 1 896.24 亿美元，同比仅增长 7.98%，增速较 2007 年同期下滑 11.13 个百分点。其中，服装出口额为 1 197.9 亿美元，同比仅增长 4.1%，增速下滑 16.79 个百分点；纺织品出口额为 698.34 亿美元，同比增长 15.35%，增速下滑 0.51 个百分点。

分出口市场看，美国出口增速下滑明显，2008 年，我国对美国纺织品服装出口额为 269.12 亿美元，同比仅增长 1.04%，增速较 2007 年同期下降 13.38 个百分点。受中欧纺织品配额取消、欧元在上半年处于升值区间等因素影响，我国对欧盟的纺织品服装持续保持了高增长，全年对欧盟共出口纺织品服装 399.26 亿美元，同比增长 36.66%。而 2007 年对我国纺织行业出口起到重要拉动作用的俄罗斯、东盟等新兴经济体也受到国际经济危机的冲击出现了需求疲软的现象，2008 年我国对俄罗斯出口同比下降了 28.85%，低于上年同期 130.39 个百分点；对东盟出口同比仅增长 2.97%，低于 2007 年 50.62 个百分点。

表 17　　2008 年我国对主要市场出口纺织品服装情况

| 国家或地区 | 出口额（亿美元） | 同比（%） | 比 2007 年同期增减（百分点） |
|---|---|---|---|
| 欧　　盟 | 399.26 | 36.66 | 37.33 |
| 美　　国 | 269.12 | 1.04 | −13.38 |
| 日　　本 | 220.20 | 8.24 | 4.20 |
| 香　　港 | 160.67 | −11.85 | −12.87 |
| 东　　盟 | 112.48 | 2.97 | −50.26 |
| 俄 罗 斯 | 71.63 | −28.85 | −130.39 |
| 韩　　国 | 55.59 | −2.40 | −8.93 |
| 加 拿 大 | 37.94 | −17.06 | −58.56 |
| 澳大利亚 | 34.13 | 16.29 | −2.58 |
| 土 耳 其 | 13.08 | −54.38 | −96.25 |
| 墨 西 哥 | 13.87 | −18.69 | −27.63 |
| 台　　湾 | 8.25 | 20.12 | 15.15 |
| 澳　　门 | 7.93 | −14.40 | −27.94 |

数据来源：国家统计局、中国纺织工业协会统计中心。

**（五）运行质量稳步提高，但效益严重恶化①**

2008 年，我国纺织行业技术和管理水平继续进步，运行质量稳步提高。全年规模以上企业产销率为 97.61%，产销衔接正常。2008 年 1～11 月，劳动生产率达 31.90 万元/人（以工业总产值计算），较 2007 年同期提高 15.79%；三费支出中，财务费用中的利息支出受到国内利率上调影响大幅增长，导致三费比例较 2007 年同期略有上升，但管理费用持续压低，占主营收入的比重同比下降 1.53%。

表 18　　2008 年规模以上纺织行业运行质量情况

| 行业＼指标 | 产销率（1～12 月） | | | 劳动生产率（1～11 月） | | |
|---|---|---|---|---|---|---|
| | 本年累计（%） | 上年同期（%） | 同比增减（百分点） | 本年累计（万元/人） | 上年同期（万元/人） | 同比（%） |
| 全行业 | 97.61 | 97.46 | 0.16 | 31.90 | 27.55 | 15.79 |
| 棉　纺 | 97.93 | 97.77 | 0.16 | 24.11 | 28.75 | −14.99 |
| 印　染 | 97.75 | 97.71 | 0.04 | 44.27 | 39.00 | 13.51 |
| 毛　纺 | 96.62 | 97.87 | −1.25 | 46.51 | 41.39 | 12.37 |
| 麻　纺 | 97.01 | 95.98 | 1.03 | 22.28 | 18.27 | 21.95 |
| 丝　绸 | 97.90 | 97.38 | 0.51 | 37.22 | 33.66 | 10.58 |
| 制成品 | 97.90 | 97.73 | 0.17 | 39.53 | 32.94 | 20.01 |
| 针　织 | 98.01 | 97.23 | 0.78 | 26.14 | 22.24 | 17.54 |
| 服　装 | 97.04 | 97.25 | −0.21 | 21.55 | 18.01 | 19.66 |
| 化　纤 | 97.75 | 97.28 | 0.46 | 89.59 | 88.11 | 1.68 |
| 纺　机 | 97.77 | 96.10 | 1.67 | 35.11 | 34.55 | 1.62 |

数据来源：国家统计局、中国纺织工业协会统计中心。

表 19　　2008 年 1～11 月规模以上纺织行业运行质量情况

| 行业＼指标 | 三费比例 | | | 其中：管理费用比例 | | | 其中：财务费用比例 | | |
|---|---|---|---|---|---|---|---|---|---|
| | 本年累计（%） | 上年同期（%） | 同比增减（百分点） | 本年累计（%） | 上年同期（%） | 同比增减（百分点） | 本年累计（%） | 上年同期（%） | 同比增减（百分点） |
| 全行业 | 6.94 | 6.83 | 0.11 | 3.12 | 3.17 | −0.15 | 1.34 | 1.27 | 0.06 |
| 棉　纺 | 6.83 | 6.70 | 0.13 | 2.20 | 2.29 | −0.09 | 1.53 | 1.41 | 0.12 |
| 印　染 | 5.66 | 5.60 | 0.06 | 3.00 | 3.02 | −0.02 | 1.36 | 1.32 | 0.04 |
| 毛　纺 | 5.34 | 5.52 | −0.18 | 2.45 | 2.50 | −0.05 | 1.31 | 1.46 | −0.14 |
| 麻　纺 | 7.29 | 6.80 | 0.49 | 3.54 | 3.41 | 0.13 | 1.82 | 1.67 | 0.15 |
| 丝　绸 | 5.40 | 5.22 | 0.18 | 2.65 | 2.54 | 0.12 | 1.75 | 1.69 | 0.05 |
| 制成品 | 7.08 | 7.23 | −0.15 | 3.24 | 3.46 | −0.22 | 1.29 | 1.27 | 0.02 |
| 针　织 | 7.36 | 7.45 | −0.09 | 3.84 | 3.90 | −0.07 | 1.23 | 1.22 | 0.01 |
| 服　装 | 8.50 | 8.42 | 0.08 | 4.29 | 4.40 | −0.11 | 0.88 | 0.81 | 0.06 |
| 化　纤 | 4.82 | 4.59 | 0.23 | 2.13 | 2.02 | 0.11 | 1.80 | 1.69 | 0.11 |
| 纺　机 | 10.86 | 9.55 | 1.13 | 6.35 | 5.87 | 0.49 | 1.15 | 0.83 | 0.31 |

数据来源：国家统计局、中国纺织工业协会统计中心。

由于行业外部环境压力明显增大，远远超过了行业的承受能力，尽管技术、管理水平仍在不断提高，但行业经济效益严重下滑，亏损企业不断增多，并出现了 2002 年以来首度利润萎缩局面。2008 年 1～11 月，规模以上纺织企业利润总额为 1 042.25亿元，同比下降 1.77%，增速比 2007 年同期下降了 38.76 个百分点；利润率为 3.45%，较 2007 年同期下降了 13.68%。亏损企业数已由

① 由于国家统计局不公布全年工业运行经济指标快报数据，且 2008 年年报数据至今也未公布，因此 2008 年经济指标和运行指标使用 1～11 月数据。

2007年的7 293家扩大到9 654家，行业亏损面由16.97%扩大到20.44%，亏损额达到227.5亿元，同比扩大一倍。

表20　　2008年1～11月规模以上纺织行业效益情况（一）

| 行业＼指标 | 利润总额 本年累计（亿元） | 利润总额 同比（%） | 利润总额 比2007年同期增减（百分点） | 亏损企业亏损额 本年累计（亿元） | 亏损企业亏损额 同比（%） |
|---|---|---|---|---|---|
| 全行业 | 1 042.25 | －1.77 | －38.76 | 227.50 | 99.85 |
| 棉　纺 | 316.98 | 12.15 | －30.57 | 51.70 | 85.00 |
| 印　染 | 58.21 | －3.00 | －30.56 | 15.00 | 100.06 |
| 毛　纺 | 56.58 | 8.60 | －10.63 | 5.71 | 17.89 |
| 麻　纺 | 6.04 | －7.16 | －19.72 | 2.36 | 11.17 |
| 丝　绸 | 30.64 | 11.46 | 10.89 | 7.08 | 0.93 |
| 制成品 | 103.02 | 20.58 | －9.07 | 10.96 | 42.03 |
| 针　织 | 103.49 | 0.02 | －25.52 | 14.13 | 53.26 |
| 服　装 | 316.96 | 13.02 | －14.10 | 39.41 | 51.83 |
| 化　纤 | 34.02 | －74.89 | －184.16 | 74.89 | 282.59 |
| 纺　机 | 16.34 | －40.57 | －80.13 | 6.26 | 221.56 |

数据来源：国家统计局、中国纺织工业协会统计中心。

表21　　2008年1～11月规模以上纺织行业效益情况（二）

| 行业＼指标 | 销售毛利率 本年累计（%） | 销售毛利率 上年同期（%） | 销售毛利率 同比增减（百分点） | 利润率 本年累计（%） | 利润率 上年同期（%） | 利润率 同比增减（百分点） |
|---|---|---|---|---|---|---|
| 全行业 | 10.99 | 11.14 | －0.15 | 3.45 | 4.00 | －0.55 |
| 棉　纺 | 10.21 | 9.99 | 0.22 | 3.82 | 3.94 | －0.12 |
| 印　染 | 9.65 | 9.77 | －0.12 | 3.12 | 3.62 | －0.50 |
| 毛　纺 | 10.23 | 9.71 | 0.52 | 4.30 | 4.47 | －0.17 |
| 麻　纺 | 12.27 | 11.68 | 0.59 | 2.72 | 3.30 | －0.58 |
| 丝　绸 | 8.32 | 8.11 | 0.21 | 2.33 | 2.27 | 0.06 |
| 制成品 | 12.26 | 12.13 | 0.13 | 4.13 | 4.11 | 0.02 |
| 针　织 | 12.00 | 12.00 | 0.00 | 3.38 | 3.85 | －0.47 |
| 服　装 | 14.05 | 13.98 | 0.07 | 4.21 | 4.36 | －0.15 |
| 化　纤 | 6.20 | 8.68 | －2.48 | 0.93 | 3.94 | －3.01 |
| 纺　机 | 13.60 | 14.35 | －0.75 | 3.48 | 5.48 | －2.00 |

数据来源：国家统计局、中国纺织工业协会统计中心。

由于企业效益下滑，运营困难，规模以上纺织企业就业多年来也首次出现减少，2008年1～11月从业人数同比减少1.24%，比2007年年末约减少20万人。由于纺织行业规模以下企业以出口加工型服装企业居多，而根据出口总额和规模以上企业出口交货值数据推算，规模以下企业出口额同比约下降了14%，体现出其销售大幅萎缩，就业减少现象将更加严重，估计全年规模以下企业从业人员减少数量约达到80万。

表 22　　2008 年 1～11 月规模以上纺织行业从业人数情况

| 行　业 | 从业人数（万人） | 同比（%） | 比 2007 年年末增减（万人） |
|---|---|---|---|
| 全行业 | 1 081.62 | −1.24 | −19.76 |
| 棉　纺 | 276.78 | −1.96 | −3.07 |
| 印　染 | 47.87 | −0.85 | −0.87 |
| 毛　纺 | 31.99 | −0.33 | −0.39 |
| 麻　纺 | 11.53 | −11.20 | −1.28 |
| 丝　绸 | 40.40 | −0.93 | −0.83 |
| 制成品 | 71.87 | 0.16 | 0.00 |
| 针　织 | 134.17 | −2.66 | −5.22 |
| 服　装 | 379.45 | −0.94 | −9.07 |
| 化　纤 | 45.19 | 2.52 | −0.11 |
| 纺　机 | 15.11 | −6.59 | −0.53 |

数据来源：国家统计局、中国纺织工业协会统计中心。

## 三、我国纺织工业的发展趋势

当前，严峻的外部形势造成纺织工业发展压力明显加大，行业经济运行仍然面临很多不确定因素。但是，纺织品服装作为日常生活中所必需的消费品，其内外需求都必然伴随经济发展不断扩大并升级，我国纺织产业的综合竞争实力也将随着产业结构调整和产业升级进程稳步提高。因此，我国纺织工业发展的市场基本面并没有发生根本变化，内销市场巨大潜力对行业发展的第一拉动作用将进一步明显，全行业多年技术升级累积形成的竞争优势在国际市场上仍有发挥空间，纺织工业调整升级、持续发展的市场机遇依然存在。

### （一）国际市场发展趋势

尽管国际金融危机引发市场需求萎缩对行业出口形成较大压力，但从发展趋势看，纺织行业在国际市场上仍有一定的发展空间。一是目前占行业出口总额 40%以上的美国、欧盟、日本三大传统市场出现较大波动，但是多年来，纺织行业凭借出口产品种类齐全、品质优良、价格合理的竞争优势得到了发达国家广大采购商和消费者的青睐，在国际市场上形成了稳定的份额，出口并不会因需求波动而严重萎缩；随着美、欧等国高档面料、纺织机械、高档时装等产业链高端的生产环节进一步向我国及周边国家转移，以及我国企业积极走出国门开拓营销渠道，扩大自主品牌产品在国际市场上的销售，发达国家的市场空间仍然存在。二是随着东南亚邻国纺织产业链与我国纺织工业的联系日益密切，我国纺织行业为东南亚国家配套供应的化学纤维、纱线、面料等上游产品将稳步增加。三是俄罗斯、拉美、非洲等广大发展中国家，其居民衣着消费需求以较快速度增长与其国内纺织产业生产加工能力严重不足之间的矛盾，也将为我国纺织行业开拓新兴市场、提高市场多元化水平提供机遇。

随着产业进一步调整升级以及各项生产要素成本持续上涨，纺织行业出口总量将不再会有很大幅度的增加，但随着出口产品附加值提高，行业出口总额仍然能够保持一定速度的增长，纺织行业经过多年奋斗取得国际市场份额也有望继续维持。

### （二）国内市场发展趋势

发达国家人均纤维消费水平约为 30～40 公斤，是我国目前水平的 2 倍以上，这意味着我国纺织品服装的内需市场潜力巨大。而 13 亿人口的庞大纤维消费总量决定了内需市场必须依靠本国纺织产业来满足，世界上任何其他国家的纺织产业都没有相匹配的生产加工能力。因此，随着我国国民经济的进一步发展以及国家扩大内需政策的效果显现，内需市场的发展潜力逐步释放将为纺织行业提供广阔的发展空间。

一方面，包括服装、家用纺织品在内的衣着类终端消费品需求将不断增长。随着我国“三农”改革深入，农村居民收入和消费能力将有较大幅度提升，目前处于较低水平的农村居民衣着消费量将以较快速度增长；城镇居民收入水平进一步提高将稳步扩大符合流行趋势、具有较好品质的大众产品消费需求；居民消费结构升级将增加对优质、个性化、具有文化内涵的高档品牌产品的消费。另一方面，我国基础设施建设、医疗卫生、农业、交通等相关产业的发展将增加对土工合成材料、医卫用纺织品、骨架材料、篷帆布等产业用纺织品的需求，带动产业用纺织品行业研发和应用能力提升。

## 四、我国纺织工业的发展措施

针对当前经济形势的变化，纺织全行业既要充分估计当前经济形势对行业影响的复杂性和严峻性，增强忧患意识，又要认识到行业发展所具备的有利条件和积极因素，坚定信念，坚持结构调整和产业升级，积极化解国际金融危机带来的一系列不利影响，确保行业继续实现平稳发展，在稳定就业方面发挥积极作用，实现纺织产业的进一步提升。

### （一）以提高创新能力为主，转变发展方式

以增强产业创新能力为核心，提高科技创新和自主品牌对纺织经济增长的贡献率，推进产业升级。继续按照《纺织行业科技发展纲要》，以企业为主体，促进产学研结合、产业链整合和国内国际结合，提高自主创新能力。以高性能、功能性、差别化纤维及产业链应用开发，天然纤维高附加值产品及先进工艺技术开发应用，纺织机械关键设备开发与应用，信息化共性技术开发与应用，产品技术创新与设计创意中心建设等五个方面为重点领域，加快用高新技术改造和提升传统产业，促进和提高企业的研发投入和科研成果向商品转化的能力。

### （二）继续深化行业市场化改革，提高行业资源配置能力

以实现更高的劳动生产率为目标，建立和完善现代企业制度，加强科学管理。坚持以人为本，重视人力资源的创造力和落实社会责任，建立和谐企业，增强企业活力和核心竞争力。推动跨地区、跨国配置资源，促进企业结构、区域结构和国际化营销结构调整。充分利用好国内国际两种资源，开拓国内外两个市场。培育国际化大型企业、企业集团、国际品牌和具有国际竞争力的现代产业集群。

### （三）积极引导开拓国内外市场

在金融危机引发外需萎缩、企业市场压力加大的情况下，积极发挥行业展览经济的贸易平台作用，利用专业展会向国内外市场推出行业新产品、新技术、新工艺、新趋势，有效推动企业市场开拓；推动出口市场多元化战略，通过鼓励企业“走出去”、到国外举办专业展会等方式，稳定美国、欧盟、日本等传统市场，大力开拓新兴市场。积极扩大对外开放，促进国际合作，提高我国纺织行业在跨国产业链分工上的地位。在稳定国际市场的同时，采取灵活的经营方式，多渠道开拓国内市场，特别是广大的农村市场。

### （四）加强行业自律与扩大公共服务

加强公共服务，建立和完善公共服务体系，加大实用关键技术在中小企业中的推广和应用，强化公共服务平台的人才培训功能，加强在产品质量、知识产权保护、落实社会责任、维护国内外公平竞争的市场秩序等方面的行业自律。

（中国纺织工业协会产业部　赵明霞）

# 中国汽车业对外开放情况

## 一、前　言

汽车工业是我国的幼稚产业。在我国加入世贸组织的谈判中，开放汽车市场是谈得最艰苦的内容之一。经过努力，有关部门为汽车工业争取到了宝贵的四年半的过渡期。

加入 WTO 以来，我国按照有关承诺，逐步放开市场准入，国内市场日益国际化。外资看好中国经济和汽车市场发展前景，纷纷扩大在华投资规模。我国在应对加入 WTO 带来挑战的同时，也抓住了加入 WTO 带来的机遇，完善了国家对汽车工业的管理规则，改善了汽车工业的投资和发展环境，促进了投资（包括外资和民营资本），实现了快速发展。目前，我国汽车产销规模已经跃居全球第二，汽车产业已经成为国民经济的重要支柱产业。自主品牌建设和节能减排也取得重大进展，行业结构调整不断取得进步。新车销售、二手车流通、汽车金融等政策不断完善，现代化汽车服务体系初步建立。汽车产业不仅没有出现入世前后各界担心的受冲击问题，反而实现了快速发展。

## 二、加入 WTO 汽车行业主要承诺

根据中国加入世界贸易组织的有关法律文件，汽车部分的主要承诺如下。

### （一）大幅降低汽车产品进口关税

乘用车进口关税由 70%～80%降低到 2006 年下半年的 25%。商用车进口关税由 2001 年的 25%～65%下降到 2006 年下半年的 15%～25%。零部件平均关税由 2001 年的 22%左右下降到 2006 年下半年的 10%。

### （二）逐年提高汽车及关键件进口配额量，直至 2005 年 1 月取消

从 2000 年开始，汽车及关键零部件的进口配额量由 60 亿美元每年递增 15%，直至 2005 年 1 月 1 日取消配额限制（详见表 1）。汽车起重机及底盘的进口配额从 2000 年的 0.88 亿美元，每年递增 15%，直至 2005 年 1 月 1 日取消配额限制。汽车轮胎的进口配额量从 2000 年的 81 万条，每年递增 15%，直至 2005 年 1 月 1 日取消配额限制。与此同时，受进口配额限制的汽车及关键件产品目录从 2002 年起逐年减少，2005 年全部取消。

表 1　　我国加入世贸组织承诺的 2002—2004 年汽车及关键件进口配额量

| 年份 | 2000 | 2001 | 2002 | 2003 | 2004 |
|---|---|---|---|---|---|
| 金额（亿美元） | 60 | 69 | 79.35 | 91.25 | 104.94 |

### （三）修改汽车工业产业政策，使之与 WTO 规则相符

全面遵守《与贸易有关的投资措施协议》（《TRIMs 协议》）；并将取消外汇平衡要求、贸易平衡要求、当地含量要求和出口实绩要求；投资许可、进口许可证、配额和关税配额的给予不考虑是否存在与之竞争的中国国内供应商；修改汽车产业政策，以保证与 WTO 规则和原则相符。

取消 1994 年《汽车工业产业政策》中“以出口业绩为基础优先获得贷款和外汇”和“根据汽车生产的国产化率给予优惠关税税率”的规定；逐步取消生产汽车的类别、类型或车型的限制措施；严格执行 WTO《与贸易有关的知识产权协定》（《TRIPs 协定》）和《与贸易有关的投资措施协定》（《TRIMs 协定》）；逐步放开地方政府审批汽车合资企业的权限；放开发动机合资企业的股比限制，允许外资控股；建立统一适用于国产和进口汽车和零部件的法律法规和标准。

### （四）开放包括汽车金融在内的汽车服务贸易领域

在三年过渡期内，逐步放开佣金代理、批发、零售、特许经营服务，其中五年内取消超过 30 家分店的股比限制，逐步开放汽车辅助分销服务等；允许外资非银行金融机构从事汽车消费服务业务；逐步放开交通服务、维修服务、货运代理服务等。

## 三、入世以来的政策调整

### （一）关税

按照对外承诺逐年下调了汽车产品进口关税，小轿车、SUV等乘用车产品的进口关税从2001年的70%～80%下调到了2006年7月1日的25%。载货汽车的进口关税从2001年的25%～50%下调为2006年7月1日的15%～25%，客车的进口关税从2001年的45%～65%下调为2006年7月1日的25%，零部件平均关税则大幅下调到了10%，并且大部分关键零部件的关税都是10%。具体见表2。

表2　入世以来汽车及零部件进口关税下调情况

| 车型＼年份 | 2001 | 2002 | 2003 | 2004 | 2005 | 2006年上半年 | 2006年下半年 |
|---|---|---|---|---|---|---|---|
| 乘用车 | 70%～80% | 43.8%～50.7% | 38.2%～43% | 34.2%～37.6% | 30% | 28% | 25% |
| 货车 | 25%～50% | 21%～37.5% | 18%～33.3% | 15%～29.2% | 15%～25% | 15%～25% | 15%～25% |
| 大中型客车 | 45%～65% | 37.5%～47.5% | 33.3%～40% | 29.2%～32.5% | 25% | 25% | 25% |
| 特种车 | 3%～25% | 3%～17.5% | 3%～15% | 3%～15% | 3%～15% | 3%～15% | 3%～15% |
| 零部件（平均关税） | 22.27% | 16.28% | 14.27% | 12.62% | 11.47% | 10.53% | 10.40% |

### （二）进口管理

长期以来，进口数量限制（配额管理）是国家保护汽车产业的重要手段，其限制汽车进口的作用甚至超过了关税。入世前后，由于国家严格限制配额发放数量，导致进口车市场严重供应不足，进口许可证黑市价格屡创新高（超过10万元/张）。业界普遍判断，如果严格按照入世承诺发放进口配额，将对汽车工业造成重大冲击。为削弱逐年增加配额对汽车产业的负面影响，有关部门对配额管理问题进行了专题研究，并形成了基本对策方案。

当时的外经贸部（现商务部）依据《货物进出口管理条例》（国务院第332号令）对配额管理实施细则进行了修订。修订后的《机电产品进口配额管理实施细则》（外经贸部2001年第23号令）规定了每年的配额总量必须公布，明确了申请的资格与条件、配额分配时间、分配原则、申请程序等。2002年，我国开始按承诺分三年逐步扩大汽车产品的市场准入，并逐年减少配额管理产品种类。主要调控措施有：(1) 优先满足汽车生产企业散件需求、合理调控整车进口。(2) 控制进口节奏，包括配额发放的总量、结构、时间等。上述措施有效地减少了汽车进口量，大大减轻了进口汽车对国内汽车产业的冲击。

2005年1月1日，我国正式取消了汽车进口配额制度，取而代之的是对汽车及关键件实施WTO所允许的自动进口许可管理制度。商务部于2004年年底公布了《汽车产品自动进口许可证签发管理实施细则》（商务部2004年第92号公告）。

为遏制进口散件组装、保护和扶持零部件产业发展，海关总署、发改委、财政部、商务部等部门2005年2月发布了《构成整车特征的汽车零部件进口管理办法》（以下简称《办法》），并自当年4月1日起实施。《办法》明确，对经核定为构成整车特征的进口零部件，海关按照整车归类，并按照整车税率计征关税和进口环节增值税；对核定为不构成整车特征的，海关按照零部件归类，并按照相应的适用税率计征关税和进口环节增值税。

### （三）产业政策

中国政府修改了有关法律法规，全面遵守世贸组织《TRIMs协定》，取消了外汇平衡要求、贸易平衡要求、当地含量要求（国产化要求）和出口实绩要求。2002年中期取消了从20世纪80年代末期开始执行的针对小轿车和轻型客车的40%国产化强制性规定及国产化率优惠级差税率政策。

2004年6月1日发布实施了《汽车产业发展政策》，取代了1994年制定的《汽车工业产业政策》。《汽车产业发展政策》取消了与世贸组织规则和我国加入世贸组织所做承诺不一致的内容（如国产化政策等）；大幅减少了行政审批，按照有利于企业自主发展和政府实施宏观调控的原则，改革政府对汽车生产企业投资项目的审批管理制度；放松了对外资的限制，包括取消了对外商投资生产发动机的股比限制；进口管理方面，提出严格按照进口整车和零部件税率征收关税，防止关税流失。2006年年底发布的《国家发展改革委关于汽车工业结构调整意见的通知》和2009年2月发布的《汽车产业调整和振兴规划》对《汽车产业发展政策》进行了补充、完善。

2001年以来，国家质检总局和国家认监委联合公布了《强制性产品认证管理规定》等一系列管理文件。2003年8月1日起，我国全面实施以统一目录，统一标准、技术法规和合格评定程序，统一标志，统一收费标准的“四个统一”为主要标志的强制性产品认证制度。目前，虽然工信部的《公告》和质监部门的CCC认证同时并存，但二者的差异已经很小，并有合并的趋势。

**（四）服务贸易**

入世前后，原国家经贸委等发布文件，明确主要汽车企业集团可以与国外跨国公司合资成立汽车服务贸易企业，上汽、东风、一汽等三大汽车集团分别与大众、台湾裕隆、丰田和马自达等公司成立了多个合资汽车销售服务企业。

建立汽车金融监管制度，开放汽车金融市场。2003年年底，中国银监会公布了《汽车金融公司管理办法》和《汽车金融公司管理办法实施细则》，2008年1月又进行了修订并合并为一个办法。这些文件的颁布实施意味着汽车金融公司的设立进入实际操作阶段。与此相配套，中国人民银行和中国银监会还于2004年8月出台了《汽车贷款管理办法》。上述文件的出台，对于规范汽车消费信贷业务、扩大国内汽车金融市场的开放、推动汽车产业发展具有重要意义。目前，主要汽车跨国公司都已在华成立了汽车金融公司，奇瑞等自主品牌企业也成立了汽车金融公司。

为建立起与国际接轨并具有竞争优势的现代汽车贸易体系，实现汽车贸易与汽车工业协调发展，商务部出台了《汽车贸易政策》及一系列管理办法。《汽车贸易政策》对汽车销售、二手车流通、汽车配件流通、汽车报废与报废汽车回收、汽车对外贸易等提出了一系列的发展指导方针和原则，并提出了明确的汽车贸易发展目标。

为规范汽车品牌销售行为，促进汽车市场健康发展，保护消费者合法权益，商务部等部门于2005年2月发布了《汽车品牌销售管理实施办法》，并于2005年4月1日实施。《汽车品牌销售管理实施办法》全面推行以厂商授权经营为核心的品牌销售制度。

为加强二手车流通管理，规范二手车经营行为，保障二手车交易双方的合法权益，促进二手车流通健康发展，商务部于2005年发布实施了《二手车流通管理办法》。这标志着我国二手车流通管理制度发生重大调整。《二手车流通管理办法》的主要目的是引入竞争机制，支持有条件的汽车品牌经销商等经营主体经营二手车，简化二手车交易手续，同时规范二手车交易行为，促进二手车流通健康发展。

此外，我国还通过修订《外商投资产业指导目录》、调整汽车保险有关政策等，明确了相关领域对外资开放的有关政策。

## 四、加入WTO以来汽车产业发展情况

加入世贸组织，首先是“政府入世”。加入世界贸易组织极大地推动了我国完善社会主义市场经济体制进程。入世以来，我国基本建立起了符合社会主义市场经济体制要求的法律体系，初步建立起了符合世界贸易组织规则的、全国统一、公平竞争和规范有序的市场体系，为经济发展创造良好的体制环境。而这是参与经济全球化的基本条件。

入世以来，汽车产业无论是产销规模、自主品牌建设、对外贸易、产业结构调整等都取得了重大进展，取得了令人瞩目的成就。应该说，这首先是受益于加入WTO所推动形成的体制环境。在这种大的体制环境下，通过政府、行业等的共同努力，以及市场环境的改善，汽车产业才得到了快速发展。

**（一）产销规模跃居世界前列，对国民经济的带动作用明显增强**

入世以来，汽车产量从2001年的230万辆左右快速增长到2008年的934万辆（表3），由2001年的全球第八位提高到2008年的全球第二位（仅次于日本），中国汽车产量在世界上的位次变化见表4。2008年，我国新车销量连续第四年保持全球第二位（仅次于美国）。

表3　　2001—2008年中国汽车产量（万辆）

| 年份 | 汽车产量 | 轿车产量 |
|---|---|---|
| 2001 | 233.4 | 70.4 |
| 2002 | 325.1 | 109.1 |
| 2003 | 444.4 | 201.9 |
| 2004 | 507.1 | 231.6 |
| 2005 | 571.8 | 277.9 |
| 2006 | 728.0 | 386.9 |
| 2007 | 888.2 | 479.8 |
| 2008 | 934.5 | 503.7 |

表4　　中国汽车产量在世界上的位次变化

| 排名＼年份 | 2001 | 2002 | 2003 | 2004 | 2005 | 2006 | 2007 | 2008 |
|---|---|---|---|---|---|---|---|---|
| 1 | 美国 | 美国 | 美国 | 美国 | 美国 | 美国 | 美国 | 日本 |
| 2 | 日本 | 日本 | 日本 | 日本 | 日本 | 日本 | 日本 | 中国 |
| 3 | 德国 | 德国 | 德国 | 德国 | 中国 | 中国 | 中国 | |
| 4 | 法国 | 法国 | 中国 | 中国 | | | | |
| 5 | 韩国 | 中国 | | | | | | |
| 6 | 西班牙 | | | | | | | |
| 7 | 加拿大 | | | | | | | |
| 8 | 中国 | | | | | | | |

注：根据国际汽车制造商协会（OICA）有关数据整理。

汽车产业是国民经济的重要支柱性产业。2007年，汽车工业实现增加值5 488亿元，占GDP比重由2000年的0.97%上升到2.1%。汽车工业直接就业人员达到265万，与间接就业人员比为1∶11，占全国城镇就业人数的11.2%。汽车产业对机械、钢铁、电子、橡胶、石化、纺织、轻工、有色金属、建材等上游产业及金融、保险、销售、修理、拆解等下游服务行业表现出巨大带动效应。2007年我国汽车工业主营业务销售额达到2.14万亿元。

### （二）骨干企业之间的兼并重组取得积极进展

入世以来，汽车骨干企业之间进行了多种形式的战略重组，并呈现出以大集团为主导的趋势，一汽、上汽、东风、长安、广汽等大集团成为行业整合的最主要力量（表5），导致主要汽车企业集团的产销规模不断扩大。2008年，上汽集团产销超过170万辆，一汽集团超过150万辆，东风集团超过130万辆。

表5　　主要汽车集团入世以来的兼并重组举措

| 集团 | 主要兼并重组举措 |
|---|---|
| 上汽 | 联手美国通用收购了柳州五菱汽车（2002年），会同上海通用和美国通用收购兼并烟台车身厂、山东大宇发动机厂（2003年）及金杯通用汽车公司（2004年）；重组中汽总公司，在上海大众的持股比例增至50%，并在北京建立发展基地（2004年）；商用车方面，收购南汽集团（2006年年底），与依维柯联合重组重庆红岩（2007年）；参股通用大宇（2002年），并控股韩国双龙（2004年） |
| 一汽 | 控股天津夏利和天津华利及四川旅行车厂（2002年）并与日本丰田汽车公司实现了全面合作、取得海南马自达49%的股权（2004年） |
| 东风 | 与日本日产汽车公司达成全面合资协议，2003年成立新的“东风汽车有限公司”，2004年10月，又通过“东风汽车有限公司”的子公司——东风汽车股份有限公司控股了郑州日产汽车有限公司；重组悦达起亚，建立第二个经济型轿车生产基地 |
| 长安 | 2004年10月，重组江铃集团 |
| 广汽 | 2009年5月，重组长丰汽车 |

虽然从生产集中度看，入世以来变化不大（表6），企业数量还有增加，《公告》内汽车生产企业数量从120家左右增加到了约170家。但大者不强、小者不弱的状况已有了根本的改变。现在汽车生产企业数量多的主要原因有：一是没有畅通的准入机制，造成“壳企业”奇货可居；二是社会保障体系不健全，退出困难；三是市场的快速增长在一定程度上弱化了市场竞争的强度，再加上某些地方政府对本地企业的大力扶持，减缓了汽车行业优胜劣汰步伐；四是近几年新的企业不断进入，包括不少大中客车改装企业取得了底盘生产资格。

2009年2月出台的《汽车产业调整和振兴规划》把鼓励企业兼并重组作为重要内容，并提出了明确的鼓励措施和目标。预计未来几年汽车行业的整合将加速。

表6 2001、2004、2008年汽车行业生产集中度

| | 2001年 | 2004年 | 2008年 |
|---|---|---|---|
| $C_3$ | 48.1% | 47.8% | 48.6% |
| $C_4$ | 57.2% | 58.5% | 57.8% |
| $C_8$ | 77.5% | 79.6% | 78.4% |
| $C_{14}$ | 90.3% | 90.3% | 90.0% |

**（三）产品技术水平大幅提高，产品结构明显改善**

汽车工业已形成了多品种、全系列的乘用车、商用车及专用车的生产体系。目前，国内合资乘用车企业生产的产品基本上都是国外发达国家正在生产的车型。可以说国产乘用车的技术水平、产品水平与国外的差距已经大为缩小。乘用车燃油经济性水平明显改善，新车平均燃油消耗量比2002年降低了15%以上。汽车排放控制技术水平进一步提高，普遍达到了国家III或IV阶段排放标准。汽车主动安全技术和被动安全技术应用水平日益提高，作为汽车标准配置的安全装置不断增多。

产品结构方面，轿车占汽车总产量的比例从2001年的30.1%提高到2008年的54%。乘用车中1.6L以下车型所占比例从2004年的59%提高到2008年的62%，在减半征收车购税、燃油税费改革等利好政策的推动下，2009年前四个月进一步提高到了71%。重型货车占货车总产量的比例从2001年的20%提高到2008年的22.7%。

新能源汽车开始进入产业化阶段，多款自主品牌电动汽车和混合动力汽车已经陆续上市销售。经过多年努力，自主品牌企业（如比亚迪、奇瑞、长安、福田、东风、一汽等）已经在新能源汽车领域，特别是纯电动和充电式混合动力汽车方面取得了重大突破，有些领域已经处于世界领先地位，初步具备了产业化推广的条件。

**（四）自主品牌建设取得重要突破**

我国汽车自主品牌不仅继续保持了在商用车领域的市场主导地位，在以轿车为主要代表的乘用车领域也取得了明显进展。在商用车领域，自主品牌几乎垄断了全国市场，并拥有一批在国内市场上具有广泛的影响力的自主品牌（表7）在轿车领域，则是外资品牌长期占据主导地位。近年来，以奇瑞、吉利、比亚迪、华晨等为主要代表的自主品牌企业迅速崛起，并在经济型轿车市场占据了一定的优势。2008年，自主品牌轿车市场份额已经达到了26%左右，而入世前的2001年只有约15%（图1）。自主品牌轿车企业的产品生产水平也不断提高，主要自主品牌轿车企业已经具备了发动机、变速箱等关键总成的研发和生产能力，并实现了自我配套。汽车电子领域的高压共轨、电动转向、电动汽车专用空调等一些关键项目取得重要进展，核心技术空心化问题在一定程度上得到缓解。

表 7　　2008 年商用车自主品牌销量所占比例

| 车型 | 自主品牌比例 | 主要自主品牌 |
|---|---|---|
| 中重型货车 | 近 100% | 东风、中国重汽、解放、北奔、江淮（JAC）、福田欧曼、陕汽等 |
| 轻型货车 | 95%以上 | 福田、江淮（JAC）、凯马、江铃（JMC）、长城、解放、跃进等 |
| 微型货车 | 100% | 长安、五菱、哈飞、力帆、东风等 |
| 大中型客车 | 超过 90% | 宇通、黄海、金龙、金旅、中通、海格等 |
| 轻型客车 | 77% | 金杯、福田、金旅、东南、金龙、东风（底盘）、江淮（底盘）等。 |

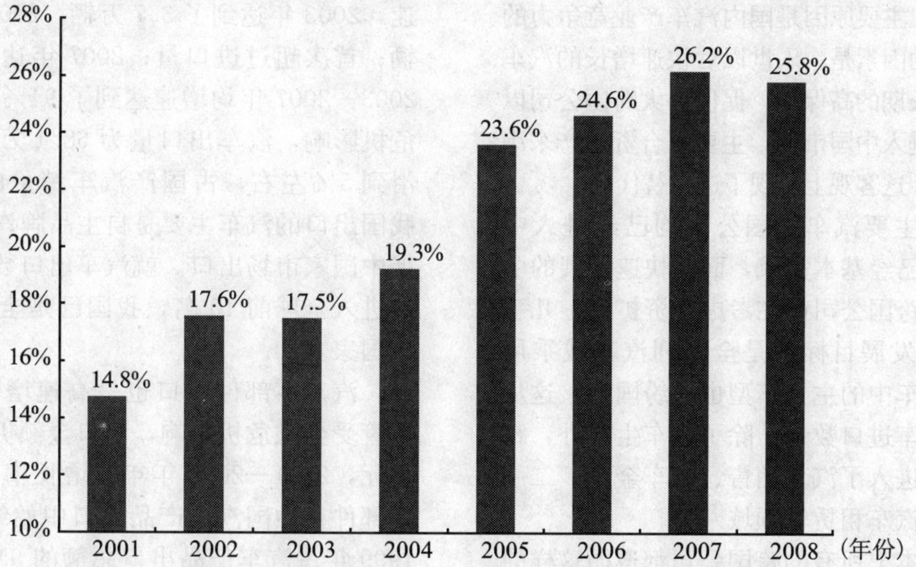


图 1　自主品牌轿车产量所占比例（2001—2008）

**（五）汽车进口增势平稳，基本未对国内汽车产业造成冲击**

在 2002—2004 年，国内汽车市场快速增长，进口汽车则与国内汽车市场增长基本保持一致，2002 年汽车进口量（含成套散件，下同）增加到 12.8 万辆，2003 年增至 17.2 万辆，2004 年维持在 17.6 万辆。

2005 年以来，随着我国汽车工业对外合资合作成效的逐渐显现，进口汽车在我国汽车市场中的地位逐渐降低，其调剂余缺的作用日益凸显。进口汽车虽然全面放开，进口汽车和轿车总量上虽有明显增长，但在国内市场中占有率仍保持在 3%左右的低水平。加入 WTO 以来历年汽车进口量及国内市场占有率见表 8。

表 8　　历年汽车、轿车进口量及国内市场占有率

单位：辆

| 年份 | 汽车进口量 | 轿车进口量 | 进口汽车市场占有率 | 进口轿车市场占有率 |
|---|---|---|---|---|
| 2001 | 71 398 | 46 632 | 3.0% | 6.2% |
| 2002 | 128 195 | 70 329 | 3.8% | 6.1% |
| 2003 | 171 710 | 103 017 | 3.8% | 4.9% |
| 2004 | 175 654 | 116 085 | 3.4% | 4.8% |
| 2005 | 161 665 | 76 542 | 2.8% | 2.7% |
| 2006 | 227 773 | 111 777 | 3.2% | 2.9% |
| 2007 | 314 130 | 139 867 | 3.7% | 2.9% |
| 2008 | 409 769 | 154 521 | 4.5% | 3.1% |

注：汽车进口数据包括成套散件。

入世以来，进口汽车在国内市场占有率维持在不到4%的低水平上，而且进口车型中主要是国内不生产或供不应求的车型，且渐趋高档化，在很大程度上起到了补充国内市场需求的作用，因此并未对国内汽车市场造成大的冲击，反而促进了国内汽车产业加快发展。

进口汽车之所以在完全开放市场后仍然维持在一个较低的水平上，主要原因是国内汽车产业竞争力的提升，其直接推动因素是：入世以后快速增长的汽车市场和之前国家长期的高保护，促使各大跨国公司以直接投资的方式进入中国市场，主要以合资生产来满足中国市场需求，这客观上实现了进口替代。

目前，世界主要汽车跨国公司均已经进入中国，其生产布局已经基本完成，面对快速发展的中国市场，所有的跨国公司都在考虑增资扩产，几乎所有跨国公司的发展目标都是全系列汽车或乘用车，原来进口汽车中的主力车型也纷纷国产，这从根本上影响到汽车进口数量。除了汽车生产外，跨国公司已经逐步进入了汽车销售、汽车金融、二手车、维修服务、汽车租赁等领域。

据分析，基本上所有的跨国公司都遵循这样的原则：对中国市场需求有限的车型基本上都采用进口的方式来满足市场需求，而具有一定需求规模的车型一般都会在中国生产。随着中国发展成为全球第二大新车市场，及国内产业发展条件和环境的不断改善，中国汽车工业已经逐步具备了国际竞争力。

**（六）汽车产品出口高速增长，已成为全球重要汽车产品出口国家**

加入世界贸易组织以后，中国汽车出口开始加速，2003 年达到了 3.7 万辆，2005 年达到 17.3 万辆；首次超过进口量；2007 年达到了 61.4 万辆；2003—2007 年均增速达到了 94%；2008 年受金融危机影响，汽车出口量为 68.1 万辆，增速大幅下滑到 5%左右，占国产汽车销量的比例为 7.3%。我国出口的汽车主要是自主品牌汽车，且主要对发展中国家市场出口。就汽车出口数量来看，已经可以进入全球前 10 名，我国已是全球重要的汽车出口国家。

汽车零部件出口也呈高速增长态势，2008 年尽管受金融危机影响，出口金额仍达到了 326.1 亿美元，2001—2008 年年均增长率为 32.2%。汽车零部件在中国汽车产品出口中始终占据主导地位，1999 年占汽车产品出口总额的 95%，虽然近年整车出口增速大大高于零部件出口增速，但零部件出口比重仍然保持在 80%左右。

**表 9　　2000—2008 年汽车及零部件出口数据**

| 年份 | 零部件 | | 整车 | | |
|---|---|---|---|---|---|
| | 出口额（亿美元） | 增长率 | 出口量（辆） | 出口额（亿美元） | 增长率 |
| 2000 | 37.0 | | 15194 | 1.95 | |
| 2001 | 44.1 | 19.2% | 14 429 | 2.06 | 5.3% |
| 2002 | 53.3 | 20.9% | 17 550 | 2.30 | 11.8% |
| 2003 | 71.9 | 34.8% | 37 124 | 3.72 | 61.8% |
| 2004 | 118.5 | 64.8% | 78 283 | 6.12 | 64.6% |
| 2005 | 181.1 | 52.8% | 172 639 | 15.82 | 158.4% |
| 2006 | 258.4 | 42.7% | 324 210 | 31.35 | 98.2% |
| 2007 | 358.2 | 38.6% | 614 412 | 73.06 | 133.1% |
| 2008 | 422.4 | 17.9% | 681 008 | 96.30 | 31.8% |

注：汽车零部件包括轮胎、玻璃。

出口的快速增长，导致从 2006 年开始我国汽车产品贸易由逆差转为顺差，彻底扭转了持续几十年的逆差状态。

另外，为适应经济全球化的发展趋势，国内部分企业已开始主动参与国际兼并重组、尝试在海外投资建厂，有的已经投产并取得较好业绩，展现了良好的国际化发展前景。

（中国汽车工业协会 董扬
中国汽车技术研究中心 吴松泉）

# 中国银行业对外开放情况

改革开放以来，中国银行业实施了成功的对外开放政策和措施。经过 30 年的发展，外资银行在华服务网络稳步增加，业务规模逐步扩大，与中资银行的合作日益深化，已形成了以长江三角洲、珠江三角洲和环渤海经济圈为核心、向周边地区辐射的开放格局，开放的广度和深度发生了质的变化。2008 年，在国际金融危机的大背景下，在华外资银行业务经营经受住了考验，实现了机构和业务的平稳发展。

## 一、外资银行机构业务稳步发展

### （一）在华外资金融机构发展平稳，盈利增加较快

截至 2008 年年底，有 46 个国家和地区的 196 家银行在华设立了 237 家代表处。有 12 个国家和地区的银行在华设立了 28 家外商独资银行（下设分行 157 家）、2 家合资银行（下设分行 5 家，附属机构 1 家）。外商独资财务公司有 2 家。另有 25 个国家和地区的 75 家外国银行在华设立了 116 家分行。

目前，在华外资银行营业性机构基本面健康，资产质量良好，拨备充足，流动性充足，资本充足，盈利情况较好，主要指标高于监管要求。由美国次贷危机问题引发的国际金融危机对我国外资银行营业性机构的影响有限。截至 2008 年 12 月末，在华外资银行资产总额 1.35 万亿元，同比增长 7.37%；各项贷款余额 7 305 亿元，同比增长 5.09%；各项存款余额 5 974 亿元，同比增长 34.82%；流动性比率为 70.48%，存贷比为 122%（尚在宽限期内），不良贷款比率为 0.83%。在华外资法人银行平均资本充足率为 18.45%，核心资本充足率为 17.83%。

在华外资银行 2008 年盈利实现较快增长，实现税后利润 119 亿元，比上年同期增长 96.10%，其中贷款利息收入和投资收益较上年同期有显著增加。

**外资银行机构情况表**

| | 外国银行 | 独资银行 | 合资银行 | 独资财务公司 | 合计 |
|---|---|---|---|---|---|
| 法人机构总行 | | 28 | 2 | 2 | 32 |
| 法人机构分行及附属机构 | | 157 | 6 | | 163 |
| 外国银行分行 | 116 | | | | 116 |
| 总计 | 116 | 185 | 8 | 2 | 311 |

**在华外资银行业营业机构数与资产表（2004—2008 年）**

单位：亿元（人民币）

| 项目 \ 年份 | 2004 | 2005 | 2006 | 2007 | 2008 |
|---|---|---|---|---|---|
| 营业性机构数（家） | 211 | 254 | 312 | 442 | 558 |
| 资产（亿元） | 5 823 | 7 155 | 9 279 | 12 525 | 13 447.77 |
| 占银行业金融机构总资产比（%） | 1.84 | 1.91 | 2.11 | 2.38 | 2.16 |

### （二）外资银行经营业务范围逐步扩大

按照法规规定，目前外资银行在我国可经营存款、贷款、结算、托管和代理保险等业务，并可不受地域和客户对象限制开办人民币业务。与此同时，中国积极鼓励外资银行金融创新，允许外资银行在华开办金融衍生产品交易业务、境外合格机构投资者境内证券投资托管业务、个人理财业务、代客境外理财业务、电子银行、银行卡、承销国债等业务，促进了外资银行业务品种和服务方式的多元化。2008 年新批准 7 家外资法人银行从事人民币零售业务，允许符合条件的外资法人银行开办国债承销业务，允许外资法人银行发行银行卡。截至

12 月末，获准经营人民币业务的外国银行分行为 58 家、外资法人银行为 27 家，获准从事金融衍生产品交易业务的外资银行机构数量为 51 家。

**（三）外资银行机构布局开始向银行业不发达地区延伸**

外资银行在巩固现有市场的基础上，逐步向具有发展潜力的广大银行业不发达地区延伸：一是在银监会实施的“绿色通道”，鼓励外资银行到金融不发达地区的政策鼓励下，外资银行开始在中西部和东北地区发展。国家开发中西部和振兴东北地区的宏观政策推动了当地经济迅速发展，对金融服务也产生了更多的需求和积极的推动，外资银行从自身商业发展的角度，积极开始在上述地区的发展，并调整在华整体发展战略。二是参与广大农业和农村地区发展。农业和农村是我国最广大的市场，也是国家重点支持的领域，一直以来，由于农村地区银行业低盈利的特性使银行网点和服务远远落后于城市。外资银行以国家大力发展“三农”为契机，依靠其先进的产品和服务开始进入农村市场，设立了村镇银行，积极开展农村金融和研究，填补农村地区金融空白。三是通过现代化技术将银行服务从发达地区向不发达地区传送。外资银行在中国不具有网点优势，在发展业务和客户方面更加侧重于利用网络银行、电话银行等快速、便捷的服务方式。这一方面有助于外资银行自身网点的延伸，另一方面也有助于外资银行金融服务进入各个经济领域和地区。

## 二、中资银行利用外资与海外布局取得进展

**（一）中资银行引进外资作用明显**

银行业引进外资在遵循“以我为主、循序渐进、安全可控、竞争合作、互利共赢”原则下取得新进展。工行、中行、建行和交行四家实施股改的国有商业银行分别吸收 9 家外资金融机构入股，中小商业银行引资入股也取得新进展。通过资本这一纽带，促进中小银行与境外战略投资者的合作向引进智力、引进制度、引进管理、引进技术、引进产品的方向推进。截至 2008 年年末，有 20 家中小商业银行引进合格战略投资者，引进资本 300 多亿元，引进外籍高管 100 余人。外国战略投资者带来了新的理念、管理经验、风险管理技术与系统，提高了公司治理、经营管理和风险控制水平，加快了金融创新步伐。另外，外资金融机构亦开始尝试投资入股农村中小金融机构。截至 2008 年 12 月底，共有 3 家境外金融机构战略投资入股 3 家农村中小金融机构。

**（二）中资银行海外布局稳步发展**

银监会在坚持审慎监管、严格审批的原则下，支持符合条件的中资银行到海外发展。2008 年中资银行海外布局无论机构设置还是投资入股外国银行均取得了进展。

一是大型银行向实现全球布局的目标发展，截至 2008 年年底，5 家大型银行共有 78 家一级境外营业性机构；共收购（或参股）了 5 家境外机构，涉及收购金额约合 75.75 亿美元。这些境外机构分布在亚洲、欧洲、美洲、非洲、大洋洲，业务范围涵盖商业银行、投资银行、保险等多种金融服务领域。二是中小型银行海外布局开始起步。支持中小商业银行审慎实施“走出去”战略，引导其增强风险管理意识，并给予相关风险提示。加强对中小银行海外并购事宜给予引导，并根据进展情况向有关银行做出风险提示，督促其做好风险预案。三是政策性银行也从自身的海外发展战略、商业和财务考虑，开始对外国银行进行股权投资，对海外发展模式进行了初步尝试。

## 三、审慎监管显成效，国际金融危机情况下在华外资银行实现平稳运行

2008 年，由美国次贷危机引起的国际金融危机负面影响还在蔓延，我国银行业对外开放和监管面临着新的形势和更加严峻的挑战。中国高度关注开放过程中可能出现的各类风险，通过不断完善外资银行审慎监管体系，采取更系统、更深入、更专业的监管措施，维护中国银行体系安全，更好地推进银行业对外开放。

**（一）法人导向政策有效隔离境外银行风险**

自从 2006 年年底鼓励外资法人导向政策实施以来，转制外资法人银行迅速增加，各项业务持续健康发展，风险管控能力不断加强，公司治理机制逐步完善，外资银行在华发展的市场格局已经实现了由“分行主导”向“法人主导”平稳过渡。作为独立的法律实体，外资法人银行在隔离境外风险传染、保护存款人合法权益方面发挥了积极作用。主

要表现在：一是隔离境外风险传染作用初显。改制外资法人银行作为独立法律实体，有着自身相对独立的决策管理、预算管理、资金管理、风险管理、经营管理等管理体系，能够阻隔境外母行（总行）通过不合理收取费用或资产转移，向境内外资法人银行转移风险。二是要求从事零售存款业务的外资银行转制为法人，有效防止外国银行分行从事零售存款业务对中国存款人可能带来的法律风险，境内存款人合法权益得到我国法律保护。

**（二）采取有效应对措施，防止危机向境内外资银行转移**

自2008年9月危机加剧以来，为有效应对在华外资银行已经和可能出现的困难和问题，中国监管机构采取了以下应对措施：

一是做好银监会政府信息公开工作，向中资银行同业和社会公众全面、如实说明外资银行的整体情况，正面引导舆情，稳定市场信心，维护银行间同业市场资金交易行为的正常进行；

二是针对紧急情况下外资银行可能遇到流动性压力，银监会制定相关应急预案；

三是银监会约见相关外资银行高级管理人员，对流动性风险、信用风险和市场风险等进行提示，要求外资银行预先做好各项准备工作，包括压力测试、与母行（总行）保持畅通的信息沟通和资金支持等方面；

四是银监会与人民银行、国家外汇管理局建立监管协作机制，解决外资银行应对流动性压力涉及的相关技术问题，共同维护金融市场的稳定；

五是银监会与相关外资银行营业性机构境外母行（总行）所在国家和地区的监管当局保持良好的信息沟通，随时掌握相关市场和机构的最新情况变化。

由于采取的相关措施及时果断，有效应对了国际金融危机影响，确保了在华外资银行的平稳运行。

总之，通过银行业对外开放，中国引入了经济发展和金融体制改革所需的外汇资金，引进了国际上先进的银行经营管理理念和技术，推动了银行业全面改革，提升了银行业的健康度和综合竞争力，提高了我国银行业监管能力。中国经济社会发展取得的巨大成就使越来越多的国家增强了对中国市场的信心，外资银行不断加快进入中国的步伐，不断加深与中资银行的合作，积极参与中国经济各个领域的建设和发展。中、外资银行互利共赢、共同发展的开放格局初步形成。

（中国银行业监督管理委员会　杨丽平　白瑞明）

# 中国保险业对外开放情况

入世七年来，中国保险业主动顺应国家对外开放的时代潮流，认真履行入世承诺，充分利用国际国内两个市场、两种资源，坚定不移地推进对外开放。从效果来看，对外开放促进了国内保险公司经营管理水平的提升，提高了市场效率，有力推动了保险业深化改革和创新发展，增强了中国保险业的国际竞争力和话语权，为保险业的发展注入了巨大活力。

## 一、保险业对外开放基本情况

2004 年年底，中国保险业入世过渡期平稳结束。除外资产险公司不得经营机动车第三者责任险、外资设立寿险公司必须合资且股比不超过 50%等限制外，保险业基本实现了全面对外开放。同时，随着保险市场的对外开放，保险监管机构不断加强国际合作，积极借鉴国际经验，完善自身监管体系，较好地适应了对外开放新形势。

### （一）外资保险机构数量呈稳步上升态势

截至 2008 年年底，共有来自 21 个国家和地区 143 家外资保险公司在华设立了 195 家代表处，共有来自 15 个国家和地区的 51 家外资保险公司（含 3 家筹建）在华设立了 193 家（含 18 家筹建）营业机构，其中产险公司 18 家、寿险公司 27 家、再保险公司 6 家。外资保险公司数量相比开放前的 27 家增加了 24 家，平均每年增加 3 家左右。

### （二）外资保险机构业务规模增长较快

截至 2008 年年底，中国保险业总资产达 3.3 万亿元人民币，其中外资保险公司总资产为 1 524 亿元人民币，市场份额从入世前的 1.95%增至 2008 年的 4.56%。外资保险公司原保险保费收入 389.84 亿元人民币，较入世前的 33.29 亿元人民币增长了约 10 倍，年均增长率达 42.1%，远超过保险业整体增长率。

2008 年，外资产险、寿险公司保费收入的市场份额分别为 1.18%和 4.92%，较入世前分别增长了 0.45 和 2.97 个百分点，反映出外资寿险公司较产险公司发展快的特点。在北京、上海、深圳和广东等外资保险公司相对集中的区域保险市场上，外资保险公司的市场份额分别为 12.73%、16.62%、9.33%和 8.75%，上述 4 个地区的保费收入合计占外资总保费收入的一半以上。

### （三）中、外资保险机构已站在同一起跑线上

入世过渡期结束后，外资保险公司的业务范围和经营地域得到了极大拓宽。除外资产险公司不得经营机动车第三者责任险外，外资保险公司与中资保险公司的业务范围基本一致。保险业已取消对外开放的地域限制，外资保险公司可在中国任何城市申请设立保险营业机构并提供保险服务。

### （四）保险业国际竞争力不断提高，保险监管逐步与国际接轨

2007 年，中国保费收入世界排名第十位，中国保险市场已逐步成为全球重要的新兴保险市场。通过机制改革的不断深入，中国国有保险公司在国有金融企业中率先完成股份制改革和海外上市，目前已有 5 家保险公司在海内外上市。随着保险业的对外开放，我们抓住机遇，构建了保险监管国际合作体系，在国际保险事务中发挥了重要作用。中国保监会先后加入国际保险监督官协会、国际养老金监督官协会并成为两个国际组织的执行委员，积极参与其重要活动。2006 年，中国保监会成功举办国际保险监督官协会第 13 届年会，发起建立亚洲保险监管合作机制。此外，我们与美国、欧盟等保险市场发达国家也开展了深入合作。截至目前，中国保监会已与全美保险监督官协会、纽约州保险监管部、英国金融服务局、德国联邦金融服务监管局、新加坡金融管理局、韩国金融监督院、中国香港保险业监理处和中国澳门金融管理局 8 个国家和地区的金融监管机构签署了保险监管合作协议。

## 二、保险业对外开放的积极成果

总体来看，中国保险业通过对外开放优化了市场格局，丰富了监管理论与实践，为保险业发展注入了巨大活力。随着入世过渡期结束，中国保险业开始步入深层次的对外开放阶段，外资保险公司的影响逐步扩大。

### （一）保险市场规模不断扩大，结构日趋完善

入世以来，按照科学发展观的要求，保险业变开放压力为动力，积极加快改革的步伐，行业的微观基础得到加强，宏观发展更加协调，市场运行更加平稳。2008年，全国保费收入为9 784.05亿元人民币，是入世当年2001年保费收入（2 112.3亿元人民币）的4.63倍，年均增长24.48%；全国保险机构总资产为3.34万亿元人民币，是2001年总资产（4 591.1亿元人民币）的7.28倍。保险市场共有保险公司法人机构130家，其中外资51家，约占40%。进入《财富》杂志世界500强的40多家外国保险公司中，有超过半数的公司都在中国设立了营业机构。随着中国保险业的进一步对外开放，中国保险市场体系不断完善，市场结构日趋合理，市场呈现出合作共赢、优势互补、和谐发展的全面对外开放新局面。

### （二）保险业风险管控能力和服务水平逐步提高

从行业发展全局来看，保险市场结构日益优化，业务结构更加合理。目前，绝大多数中资保险公司都采取了股份制形式；中国人保等3家最大的中资保险公司股份制改造和海外上市，为保险业发展奠定了坚实的基础；保险公司逐步引进国际战略投资者，在完善公司治理结构、逐步转换经营机制、加强风险管控和引进先进技术等方面取得了积极成效。保险公司逐步调整业务结构，优化业务质量，利差损风险得到有效控制，行业得到健康发展。

对外开放促进了国内保险公司经营管理水平的提升，提高了市场效率。共有超过179.1亿元人民币的境外资金通过设立外资保险机构进入中国保险业。一些国际知名的金融保险集团，以及在农业保险和养老保险等领域有专长的外资保险公司逐步进入国内。与外国资本共同进入中国的还有先进的保险经营理念、营销管理经验和风险管理技术，推动了国内保险公司的改革创新，促进了国内保险公司经营管理水平的提高。

### （三）保险监管理论初步形成，保险服务社会功能加强

按照世贸组织规则，结合保险业开放和发展的需要，中国保监会积极借鉴和吸收国际保险监管的先进经验，加快保险监管与国际的接轨，不断完善防范和化解风险的长效机制，建立了以市场行为、偿付能力和公司治理结构为三支柱的现代保险监管体系和防范风险的五道防线。保险业在发展比较快的情况下没有出现大的风险，市场运行平稳，维护了金融体系安全。同时，在新的开放和竞争环境中，中国保监会积极引导行业不断提高服务水平，拓宽服务的广度和深度，保险业充分发挥风险管理、经济补偿和资金融通的作用，为中国经济改革、创新和发展提供了有力支持，“经济推动器”和“社会稳定器”的作用不断加强。

## 三、国际金融环境变化对中国保险业的影响及应对措施

中国保险业作为金融行业中开放力度大、市场化程度较高的一部分，与国际金融市场联系较为紧密，受国际金融环境变化影响的程度日益加深。目前，源于发达国家的国际金融危机尚未见底，对中国保险业的影响主要体现在以下四个方面：

（一）风险跨境传递。主要是跨国金融保险集团新暴露的风险，有可能通过在中国的营业机构或参股企业向国内保险市场传递。

（二）金融信任危机传导。国际金融危机在部分发达国家影响了社会公众对金融业的信心，这种趋势如果没有出现扭转甚至传导到国内金融市场，有可能影响消费者对中国保险业的信心，产生保险需求下降、退保增加等问题。

（三）境外投资难度增加。受国际金融危机影响，保险机构境外投资区域和产品的选择空间进一步缩小，投资风险增大。

（四）国际分保困难。受国际金融危机以及2008年自然灾害频发的影响，国际再保险市场提高分保条件和分保价格，国内保险公司的国际分保压力加大。

面对国际金融危机的不利影响，中国保监会采取了以下主要措施：

（一）对行业的风险点和潜在风险隐患进行了多次摸底排查，进行了比较全面的压力测试。从压力测试结果来看，均在可控范围内。建立了反应快速的信息报送和风险预警机制，制定应急预案。建立全行业联动的风险应急管理处置机制，做到反应及时，行动一致。

（二）全面推进分类监管。目前，分类监管的

制度框架已基本确立。中国保监会已对保险公司进行了首次分类，对每家公司的风险状况进行分析评价，并根据需要采取了相应的监管措施。

（三）积极推动保险业结构调整。一是按照突出主业的原则，促进保险业务结构调整。开发更多内含价值较高的保障型产品和期交产品，注重发展长期型业务，增强保险保障功能。二是促进销售渠道调整。合理利用和配置销售渠道资源，根据公司发展和市场实际，充分发挥个人代理、团险、银邮等不同销售渠道的优势，改变过分依赖某一类销售渠道的状况，逐步形成不同渠道相互补充、共同发展的格局。三是促进资产管理结构调整。顺应市场变化，进一步调整保险资产配置，合理确定固定收益资产、权益资产和流动资产的比例。以产品为基础，构建投资组合，建立保险产品设计、销售和投资的协调机制，切实加强资产负债匹配管理，从源头上控制定价风险、利率风险和错配风险。

（四）跟踪研究国际金融危机的进展和影响，与国内外金融监管机构合作构建国际风险防火墙，防范国际金融风险的跨境传递。金融危机的爆发和蔓延让各国保险监管机构再次意识到加强保险监管国际合作的重要性。作为各监管机构交换信息、协调监管的平台，国际保险监管合作机制在辨识和化解国际风险方面扮演着重要角色。中国保监会将继续以国际保险监督官协会等为平台，积极参与保险监管国际准则的制定工作，逐步与各个国家和地区的监管机构建立合作机制，协调对金融保险企业的跨境监管，保护保单持有人利益，维护保险市场稳定。

（中国保险监督管理委员会　姜波　王彩霞）

# 中国证券业对外开放情况

我们始终坚持循序渐进、互利共赢的开放原则，积极主动地推进资本市场对外开放。1992年中国资本市场建立之初，上海、深圳证券交易所就推出面向境外投资者的B股。1993年，中国内地企业在境外首次公开发行股票（H股）并上市。1995年，第一家中外合资证券公司获准设立。2001年加入WTO后，我国不仅认真履行证券业的开放承诺，而且根据市场发展需要，主动实施了一系列开放证券市场的措施，包括合格境外机构投资者（QFII）制度和合格境内机构投资者（QDII）制度、允许外国投资者对上市公司进行战略投资等。2008年，我们进一步宣布允许符合条件的合资证券公司扩大业务范围。总体而言，我国证券业的对外开放进程和水平与我国资本市场的发展阶段相适应。

## 一、2001年我国加入世界贸易组织的证券业开放承诺

（一）外国证券机构可以直接（不通过中国中介）从事B股交易；自加入时起，外国证券机构在中国的代表处可以成为所有中国证券交易所的特别会员。

（二）自加入时起，允许外国服务提供者设立合资公司，从事国内证券投资基金管理业务，外资比例不超过33%。中国加入后三年内，外资比例最多可达到49%。

（三）中国加入后三年内，允许外国证券公司设立合资公司，外资持有不超过1/3的少数股权，合资公司可以从事（不通过中国中介）A股的承销，B股和H股及政府和公司债券的承销和交易、基金的发起。

## 二、我国证券业对外开放的现状

### （一）加入WTO之后，我国认真履行证券业的开放承诺

2002年起，我国制定和实施了《外资参股证券公司设立规则》、《外资参股基金管理公司设立规则》等一系列法规和规定（见附表一），按照我国加入WTO的证券业开放承诺，以法律形式对外资进入我国证券业的业务范围和持股比例做出了明确规定。2004年10月开始实施的《证券投资基金管理公司管理办法》，继承了《外资参股基金管理公司设立规则》的有关规定。2007年12月，我们对《外资参股证券公司设立规则》进行了修改，制定了《证券公司设立子公司试行规定》，放宽了参股证券公司的境外股东的资格条件，并允许境外投资者可以持有上市证券公司股权最高不超过25%。同时，符合审慎性监管要求的外资参股证券公司，经中国证监会批准，可以逐步增加证券经纪、自营、资产委托管理业务。

外资机构逐步进入我国市场，证券服务贸易规模不断扩大。截至2008年年底，我国已经批准设立8家合资证券公司（见附表二）和33家合资基金管理公司（见附表三），分别较2007年增加1家和5家，其中16家合资基金管理公司的外资股权已达49%。同时，中德证券已于2008年年底获得设立批准。此外，上海、深圳证券交易所各有3家特别会员，并各有39家和19家境外证券机构直接从事B股交易。

外国证券机构进入我国证券业，带来了先进经营管理经验、技术和人才，有利于改善证券机构的治理结构和内控机制，提升管理水平和风险控制能力；有利于增强市场竞争，加快证券业的产品和服务创新，提高行业整体效率和服务水平，增强我国证券业的核心竞争力和抗风险能力，提高证券市场配置资源的效率。通过证券业对外开放，外资机构加深了对我国证券市场的了解，增强了对我国证券市场的信心，也增加了我们对外资和外资机构的认识，为进一步扩大证券业对外开放积累了宝贵的经验。

### （二）主动实施进一步开放证券市场和证券业的措施

1. 境内上市外资股（B股）

B股是指在中国境内注册的股份有限公司向境内外投资者发行、募集外币资金并在中国境内证券交易所上市的股票。B股以人民币标明面值，以美

元或港元认购和交易。1991年年底，我国推出B股试点，允许境外投资者直接投资。2001年后，境内个人投资者也可以投资B股。截至2008年年底，已有109家公司发行B股，发行总股本107亿股，筹集资金381亿元。

2. 境内企业境外上市

支持符合条件的境内企业到境外上市是我国引进外资的重要方式和长期政策。1993年，境内企业开始试点在境外上市。截至2008年年底，已有153家境内股份有限公司到境外发行股票和上市，累计募集资金1 121.57亿美元。境内企业通过境外上市筹集资金，优化了资本结构，完善了公司治理结构，初步建立了现代企业制度，提高了企业管理水平，企业透明度和规范运作水平也明显提高。

3. 合格境外机构投资者制度

2002年12月，我国颁布《合格境外机构投资者境内证券投资管理暂行办法》，试行合格境外机构投资者（QFII）制度。这是在人民币资本项目未实现完全自由兑换情况下，我国主动实施的部分开放资本市场的一项过渡性安排。在总结试点经验的基础上，修订后的《合格境外机构投资者境内证券投资管理办法》于2006年8月正式颁布。新办法放宽了QFII资格条件和资金进出锁定期，增加了QFII开户、投资等方面的便利，完善了QFII投资监管体系特别是信息披露制度。同时，新办法鼓励中长期投资，降低了对养老基金、保险基金、共同基金、慈善基金等长期资金管理机构的资格要求。2007年年底，根据第二次中美战略经济对话成果，我国宣布将QFII额度由100亿美元提高到300亿美元。

截至2008年年底，已有76家境外机构（见附表四）获得QFII资格，较2007年增加24家。13家商业银行（见附表五）获准开展QFII托管业务，其中包括5家外资银行。实施QFII制度有助于改善我国证券市场的投资者结构，促进市场成熟投资理念的形成，加速证券市场的国际化进程，增强我国证券市场的国际影响力，促进我国证券市场持续健康稳定发展。

4. 允许外国投资者对上市公司进行战略投资

2006年2月开始实施的《外国投资者对上市公司战略投资管理办法》，允许外国投资者对A股上市公司进行战略并购投资，开辟了QFII制度之外外国投资者直接投资A股市场的新渠道。外国投资者战略投资需要满足的条件包括：符合国家对外商投资的产业政策；首次投资完成后持股比例不低于该公司已发行股份的10%，但特殊行业有特别规定或经相关主管部门批准的除外；取得的上市公司A股股份三年内不得转让等。

5. 合格境内机构投资者制度

2006年8月，我国启动合格境内机构投资者（QDII）制度的试点。这是在资本项目未实现完全自由兑换的情况下，有条件地允许境内投资者进行境外投资的制度安排。在总结试点经验的基础上，我们制定和发布的《合格境内机构投资者境外证券投资管理试行办法》于2007年7月5日开始实施。符合条件的境内基金管理公司和证券公司等证券机构经批准可以在境内募集资金，以资产组合方式进行境外证券投资。

截至2008年年底，已有26家基金管理公司和9家证券公司获得QDII资格，11家基金公司的11只QDII基金产品、1家证券公司的1只QDII理财产品已经获得批准，其中已有10只QDII产品成功完成募集。2008年国际金融危机期间，QDII产品总体运作平稳，较好地满足了国内投资者国际化分散投资的需求。

6. 允许外资企业在境内发行股票和债券

根据2001年10月颁布实施的《关于上市公司涉及外商投资有关问题的若干意见》，符合条件的外商投资股份有限公司可以在境内证券市场发行股票并上市。目前，已有多家外商投资企业股票在境内发行上市。在2008年6月的第四次中美战略经济对话中，我国承诺将按照相关审慎监管原则，允许符合条件的境外公司通过发行股票或存托凭证形式在我国证券交易所上市。

7. 允许境外证券机构或证券交易所设立驻华代表机构

1999年，我国允许符合条件的投资银行、商人银行、证券公司等证券机构设立驻华代表机构，从事咨询、联络、市场调查等非经营性活动。截至2008年年底，境外证券类机构在中国境内共计设立了160家代表机构，较2007年增加39家。2003年，根据《内地与香港关于建立更紧密经贸关系的安排（CEPA）》，香港证券交易所获准设立北京代表处。此外，2007年7月1日《境外证券交易所驻华代表机构管理办法》开始实施。目前，纽约证券交易所、纳斯达克市场、伦敦证券交易所、东京证券交易所、新加坡证券交易所、韩国交易所、德意志交易所等7家境外交易所已经获准在华设立代表处（见附表六）。

8. 内地与港澳CEPA框架下的证券业合作

根据内地与香港、澳门签署的CEPA协议及补充协议，从2004年1月1日起，香港、澳门已获得当地从业资格的专业人员在内地申请证券、期货从业资格，只需通过内地法律法规培训和考试，无需通过专业知识考试。同时，根据2005年8月颁布的《关于香港、澳门服务提供者参股期货经纪公司有关问题的通知》，符合条件的港澳服务提供者可以参股内地期货经纪公司，持股比例不得超过49%。截至2008年年底，已有3家香港服务提供者获准参股内地期货公司（见附表七）。

**（三）支持符合条件的境内证券机构进入国际市场**

实施"走出去"战略是新阶段我国经济发展的必然要求。加入WTO后，我们充分利用国际证券业相互开放的特点，支持符合条件的境内证券机构进入国际市场，学习国际经营管理理念、标准和惯例，引入先进技术和管理手段，加强风险管理和合规经营，逐步拓展业务范围，积累国际业务经验和培养专业人才。截至2008年年底，已有12家内地证券公司、4家内地基金管理公司和6家内地期货公司获准在香港设立分支机构（附表八至附表十）。

## 三、循序渐进地推动证券业对外开放

2008年以来，美国次贷问题引发的国际金融危机不断加深，全球金融市场动荡，欧美金融机构遭受重大损失，投资银行受到的冲击尤其明显，美国前五大独立投资银行已不复存在。目前，欧美国家正在对危机进行反思和提出加强金融监管的改革措施。总体而言，投资银行将面临更加严格的监管，资本标准将大大提高，过度使用高杠杆和金融衍生品、追求高利润的业务模式将向传统中介业务模式回归，混业经营模式也正在逐步调整。同时，欧美投资银行在危机中遭受重大损失，国际业务出现收缩趋势，也为新兴国家的证券机构进入国际市场创造了良好机会。

证券业对外开放在引进外资和管理技术、促进竞争和创新、提高市场服务效率等方面具有积极作用。同时，在中国这样一个新兴加转轨的市场里，证券业对外开放又面临巨大压力和挑战。国际经验反复证明，过度和过快开放可能导致潜在的金融风险，对证券市场和实体经济发展造成不利影响。我们将继续坚持"循序渐进"、"互利共赢"的原则，根据我国证券市场发展状况，不断完善对外开放的政策措施，在确保市场稳定运行和维护国家金融安全前提下，适时适度地扩大外资机构的市场准入。同时，我们也要抓住中国经济实力增强、国内企业和居民到境外投融资和并购需求增强的历史机遇，研究支持政策，引导符合条件的国内证券机构实施"走出去"战略，有序地在境外设立分支机构，鼓励国内证券机构通过国际市场学习先进经验和技术，积累国际经营经验和培养人才，不断增强竞争实力，为我国经济更好更快发展和参与全球竞争提供金融支持。

## 附录：中国证券业对外开放统计数据

附表一：中国证券业对外开放的相关法规

| 相关法规或管理办法名称 | 公布或生效日期 |
|---|---|
| 《外资参股证券公司设立规则》 | 2002.07.01（2008年1月1日修订） |
| 《外资参股基金管理公司设立规则》 | 2002.07.01（2004年10月1日已废止） |
| 《证券投资基金管理公司管理办法》 | 2004.10.01 |
| 《上海证券交易所境外证券机构申请B股席位暂行办法》 | 2002.06.19 |
| 《深圳证券交易所境外机构B股席位管理规则》 | 2002.06.19 |
| 《上海证券交易所境外特别会员管理暂行规定》 | 2002.07.24 |
| 《深圳证券交易所境外特别会员管理规定》 | 2002.07.24 |

附表二：外资参股证券公司

| 序号 | 公司名称 | 主要境外股东 |
|---|---|---|
| 1 | 中国国际金融有限责任公司 | 摩根士丹利国际公司（Morgan Stanley International） |
| 2 | 中银国际证券有限责任公司 | 中银国际控股有限公司（BOC International Holdings） |
| 3 | 光大证券有限公司 | 中国光大控股有限公司（China Everbright Limited） |
| 4 | 华欧国际证券有限公司 | 法国里昂证券资本市场公司（CLSA ECM Ltd） |
| 5 | 海际大和证券有限公司 | 日本大和证券公司（ Daiwa Securities） |
| 6 | 高盛高华证券有限公司 | 高盛集团（Goldman Sachs） |
| 7 | 瑞银证券有限责任公司 | 瑞士银行有限公司（UBS AG） |
| 8 | 瑞信方正证券有限责任公司 | 瑞士信贷（Credit Suisse） |

注：2006年12月8日，长江巴黎百富勤证券有限公司外资方法国巴黎银行将所持的33%股权全部转让给长江证券，长江巴黎百富勤证券有限公司成为长江证券的全资子公司。统计未包括中德证券有限责任公司。

附表三：外资参股基金管理公司

| 序号 | 公司名称 | 境外股东 | 外资比例（%） |
|---|---|---|---|
| 1 | 招商基金管理公司 | 荷兰国际集团（ING） | 33.3 |
| *2 | 华宝兴业基金管理公司 | 法国兴业资产管理公司（SG Asset Management Ltd） | 49 |
| *3 | 国联安基金管理公司 | 德国安联集团（Allianz Group） | 49 |
| *4 | 海富通基金管理公司 | 欧洲富通基金管理公司（Fortis Investment Management） | 49 |
| *5 | 景顺长城基金管理公司 | 美国景顺资产管理公司（英国注册）（Invesco Asset Management） | 49 |
| 6 | 富国基金管理公司 | 加拿大蒙特利尔银行（BMO） | 27.775 |
| *7 | 泰达荷银基金管理公司 | 荷兰银行（ABN-AMRO） | 49 |
| 8 | 光大保德信基金管理公司 | 美国保德信投资管理有限公司（Pramerical Investment Management） | 33 |
| 9 | 申万巴黎基金管理公司 | 法国巴黎资产管理有限公司（BNP Paribas Asset Management SAS） | 33 |
| *10 | 上投摩根基金管理有限公司 | 摩根富林明资产管理有限公司（J. P. Morgan Fleming Asset Management（UK）Limited） | 49 |
| 11 | 中银基金管理公司 | 贝莱德投资管理（英国）有限公司（Blackrock Investment Management（UK）Limited） | 16.5 |
| *12 | 国海富兰克林基金管理公司 | 美国坦伯顿国际股份有限公司（Templeton International Inc.） | 49 |
| *13 | 友邦华泰基金管理公司 | 友邦投资管理公司（AIG Global Investment Corp.） | 49 |
| *14 | 国投瑞银基金管理公司 | 瑞银集团（UBS） | 49 |
| 15 | 嘉实基金管理有限公司 | 德意志资产管理（亚洲）公司（新加坡注册）（Deutsche Assets Management） | 30 |
| 16 | 工银瑞信基金管理公司 | 瑞士信贷第一波士顿（Credit Suisse First Boston） | 25 |
| 17 | 交银施罗德基金管理公司 | 施罗德投资管理公司（Schroder Investment Management Limited） | 30 |
| *18 | 信诚基金管理有限公司 | 英国保诚集团股份有限公司（Prudential Group） | 49 |
| 19 | 建信基金管理有限公司 | 美国信安金融服务公司（Principal Financial Services，Inc.） | 25 |
| *20 | 汇丰晋信基金管理有限公司 | 汇丰投资管理（英国）有限公司（HSBC Investments（UK）Limited） | 49 |
| 21 | 信达澳银基金管理有限公司 | 康联首域集团有限公司（Colonial First State Group Limited） | 46 |
| *22 | 诺德基金管理有限公司 | 美国诺德·安博特公司（Lord Abbett & Co. LLC） | 49 |
| *23 | 中欧基金管理有限公司 | 意大利隆巴达和皮埃蒙特银行股份有限公司（BLP） | 49 |
| *24 | 金元比联基金管理有限公司 | 比利时联合资产管理公司（KBC Asset Management Group） | 49 |
| 25 | 长盛基金管理公司 | 新加坡星展资产公司（DBS Asset Management） | 33 |
| *26 | 鹏华基金管理公司 | 意大利欧利盛金融集团（Eurizon Financial Group） | 49 |
| 27 | 融通基金管理公司 | 日兴资产管理有限公司（Nikko Asset Management Co.，Ltd.） | 40 |
| 28 | 浦银安盛基金管理公司 | 法国安盛投资资产公司（AXA Investment Managers） | 39 |

续　表

| 序号 | 公司名称 | 境外股东 | 外资比例（%） |
|---|---|---|---|
| *29 | 兴业全球人寿基金管理公司 | 荷兰全球人寿保险国际公司（AEGON International N. V.） | 49 |
| 30 | 农银汇理基金管理公司 | 东方汇理资产管理公司（Credit Agricole Asset Management） | 33.33 |
| 31 | 摩根士丹利华鑫基金管理公司 | 摩根士丹利国际控股公司（Morgan Stanley International Holdings Inc.） | 34 |
| 32 | 民生加银基金管理有限公司 | 加拿大皇家银行（Royal Bank of Canada） | 30 |
| 33 | 中海基金管理有限公司 | 法国爱德蒙得洛希尔银行（Lacompagnie Financiere Edmond De Rothschild Banque） | 15.385 |

注：*表示外资股权为49%。

**附表四：合格境外机构投资者**

| 序号 | 合格境外机构投资者（QFII）名称 | 批准时间 | 注册地 |
|---|---|---|---|
| 1 | 瑞士银行（UBS AG） | 2003.5.23 | 英国 |
| 2 | 野村证券株式会社（Nomura Securities Co.，Ltd.） | 2003.5.23 | 日本 |
| 3 | 花旗环球金融有限公司（Citigroup Global Markets Ltd.） | 2003.6.5 | 英国 |
| 4 | 摩根士丹利国际有限公司（Morgan Stanley & Co.，International Limited） | 2003.6.5 | 英国 |
| 5 | 高盛公司（Goldman Sachs & Co.） | 2003.7.4 | 美国 |
| 6 | 香港上海汇丰银行有限公司（The Hongkong and Shanghai Banking Corporation Limited） | 2003.8.4 | 中国香港 |
| 7 | 德意志银行（Deutsche Bank AG） | 2003.7.30 | 德国 |
| 8 | 荷兰商业银行（ING Bank N. V.） | 2003.9.10 | 荷兰 |
| 9 | 摩根大通银行（JPMorgan Chase Bank） | 2003.9.30 | 美国 |
| 10 | 瑞士信贷（香港）有限公司（Credit Suisse（Hong Kong）Ltd.） | 2003.10.24 | 中国香港 |
| 11 | 日兴资产管理有限公司（Nikko Asset Management Co.，Ltd.） | 2003.12.11 | 日本 |
| 12 | 渣打银行香港分行（Standard Chartered Bank（Hong Kong）Limited） | 2003.12.11 | 中国香港 |
| 13 | 美林国际（Merrill Lynch International） | 2004.4.30 | 英国 |
| 14 | 恒生银行有限公司（Hangseng Bank Limited） | 2004.5.10 | 中国香港 |
| 15 | 大和证券SMBC株式会社（Daiwa Securities SMBC Co.，Ltd） | 2004.5.10 | 日本 |
| 16 | 雷曼兄弟国际（欧洲）公司（Lehman Brothers International（Europe）） | 2004.7.6 | 美国 |
| 17 | 比尔及梅林达·盖茨基金会（Bill & Melinda Gates Foundation） | 2004.7.19 | 美国 |
| 18 | 景顺资产管理有限公司（INVESCO Asset Management Ltd.） | 2004.8.4 | 英国 |
| 19 | 荷兰银行有限公司（ABN AMRO Bank N. V.） | 2004.9.2 | 荷兰 |
| 20 | 法国兴业银行（Société Générale） | 2004.9.2 | 法国 |
| 21 | 邓普顿资产管理有限公司（Templeton Asset Management Ltd.） | 2004.9.14 | 新加坡 |
| 22 | 巴克莱银行（Barclays Bank PLC） | 2004.9.15 | 英国 |
| 23 | 德累斯登银行股份公司（Dresdner Bank Aktiengesellschaft） | 2004.9.27 | 德国 |
| 24 | 富通银行（Fortis Bank SA/NV） | 2004.9.29 | 比利时 |
| 25 | 法国巴黎银行（BNP Paribas） | 2004.9.29 | 法国 |
| 26 | 加拿大鲍尔公司（Power Corporation of Canada） | 2004.10.15 | 加拿大 |
| 27 | 东方汇理银行（Calyon S. A.） | 2004.10.15 | 法国 |
| 28 | 高盛国际资产管理公司（Goldman Sachs Asset Management International） | 2005.5.9 | 英国 |
| 29 | 新加坡政府投资有限公司（Government of Singapore Investment Corporation Pte Ltd） | 2005.10.25 | 新加坡 |
| 30 | 马丁可利投资管理有限公司（Martin Currie Investment Management Ltd.） | 2005.10.25 | 英国 |
| 31 | 美国国际集团（AIG Global Investment Corp.） | 2005.11.14 | 美国 |
| 32 | 淡马锡富敦投资有限公司（Temasek Fullerton Alpha Investment Pte Ltd） | 2005.11.15 | 新加坡 |
| 33 | 怡富资产管理有限公司（JF Asset Management Limited） | 2005.12.28 | 中国香港 |
| 34 | 日本第一生命保险相互会社（The Dai-ichi Mutual Life Insurance Company） | 2005.12.28 | 日本 |
| 35 | 新加坡星展银行（DBS Bank） | 2006.2.13 | 新加坡 |

续 表

| 序号 | 合格境外机构投资者（QFII）名称 | 批准时间 | 注册地 |
|---|---|---|---|
| 36 | 安保资本投资有限公司（AMP Capital Investors Ltd.） | 2006.4.10 | 澳大利亚 |
| 37 | 加拿大丰业银行（The Bank of Nova Scotia） | 2006.4.10 | 加拿大 |
| 38 | 比联金融产品英国有限公司（KBC Financial Products UK Limited） | 2006.4.10 | 英国 |
| 39 | 法国爱德蒙得洛希尔银行（La Compagnie Financierr Edmond de Rothschild Banque） | 2006.4.10 | 法国 |
| 40 | 耶鲁大学（Yale University） | 2006.4.14 | 美国 |
| 41 | 英国保诚资产管理（香港）有限公司（Prudential Asset Management（Hong Kong）Limited） | 2006.7.7 | 中国香港 |
| 42 | 摩根士丹利投资管理公司（Morgan Stanley Investment Management Inc.） | 2006.7.7 | 美国 |
| 43 | 斯坦福大学（Stanford University） | 2006.8.5 | 美国 |
| 44 | 通用资产管理公司（GE Asset Management Incorporated） | 2006.8.5 | 美国 |
| 45 | 大华银行有限公司（United Overseas Bank Ltd.） | 2006.8.5 | 新加坡 |
| 46 | 施罗德投资管理有限公司（Schroder investment Management Limited） | 2006.8.29 | 英国 |
| 47 | 汇丰投资管理（香港）有限公司（HSBC Investments（Hong Kong）Limited） | 2006.9.5 | 中国香港 |
| 48 | 新光证券株式会社（Shinko Securities Co.，Ltd.） | 2006.9.5 | 日本 |
| 49 | 瑞银环球资产管理（新加坡）有限公司（UBS Global Asset Management（Singapore）Ltd） | 2006.9.25 | 新加坡 |
| 50 | 三井住友资产管理株式会社（Sumitomo Mitsui Asset Management Company，Limited） | 2006.9.25 | 日本 |
| 51 | 挪威中央银行（Norges Bank） | 2006.10.24 | 挪威 |
| 52 | 百达资产管理有限公司（Pictet Asset Management Limited） | 2006.10.25 | 英国 |
| 53 | 哥伦比亚大学（Columbia University） | 2008.3.12 | 美国 |
| 54 | 保德信资产运用株式会社（Prudential Asset Management Co.，Ltd） | 2008.4.7 | 韩国 |
| 55 | 荷宝基金管理公司（Rebeco Institutional Asset Management B.V.） | 2008.5.5 | 荷兰 |
| 56 | 道富环球投资管理亚洲有限公司（State Street Global Advisors Asia Ltd.） | 2008.5.16 | 中国香港 |
| 57 | 铂金投资管理有限公司（Platinum Investment Company Limited） | 2008.6.2 | 澳大利亚 |
| 58 | 比利时联合资产管理有限公司（KBC Asset Management N.V.） | 2008.6.2 | 比利时 |
| 59 | 未来资产基金管理公司（Mirae Asset Investment Management Co.，Ltd.） | 2008.7.25 | 韩国 |
| 60 | 安达国际控股有限公司（ACE INA International Holdings，Ltd.） | 2008.8.5 | 美国 |
| 61 | 魁北克储蓄投资集团（Caisse de dépôt et placement du Québec） | 2008.8.22 | 加拿大 |
| 62 | 哈佛大学（President and Fellows of Harvard College） | 2008.8.22 | 美国 |
| 63 | 三星投资信托运用株式会社（Samsung Investment Trust Management Co.，Ltd.） | 2008.8.25 | 韩国 |
| 64 | 联博有限公司（AllianceBernstein Limited） | 2008.8.28 | 英国 |
| 65 | 华侨银行有限公司（Oversea-Chinese Banking Corporation Limited） | 2008.8.28 | 新加坡 |
| 66 | 首域投资管理（英国）有限公司（First State Investment Management（UK）Limited） | 2008.9.11 | 英国 |
| 67 | 大和证券投资信托委托株式会社（DAIWA Asset Management Co.） | 2008.9.11 | 日本 |
| 68 | 壳牌资产管理有限公司（Shell Asset Manafement Company B.V） | 2008.9.12 | 荷兰 |
| 69 | 普信国际公司（T. Rowe Price International，Inc.） | 2008.9.12 | 美国 |
| 70 | 法国兴业资产管理有限公司（Société Générale Asset Management SA） | 2008.10.14 | 法国 |
| 71 | 瑞士信贷（Credit Suisse） | 2008.10.14 | 瑞士 |
| 72 | 大华投资管理有限公司（UOB Asset Management LTD） | 2008.11.28 | 新加坡 |
| 73 | 阿布达比投资局（ABU Dhabi Investment Authority） | 2008.12.3 | 阿联酋 |
| 74 | 德盛安联资产管理卢森堡（Allianz Global Investors Luxembourg S.A.） | 2008.12.16 | 卢森堡 |
| 75 | 资金国际公司（Capital International，Inc.） | 2008.12.18 | 美国 |
| 76 | 三菱日联证券股份有限公司（Mitsubishi UFJ Securities Co.，Ltd.） | 2008.12.29 | 日本 |

**附表五：合格境外机构投资者托管银行**

| 序号 | QFII 托管行中文名称 | QFII 托管行英文名称 |
|---|---|---|
| 1 | 汇丰银行（中国）有限公司 | HSBC Bank（China）Company Limited |
| 2 | 花旗银行（中国）有限公司 | CitiBank（China）Co. Ltd |
| 3 | 渣打银行上海分行 | Standard Chartered Bank（Shanghai Branch） |
| 4 | 中国工商银行 | Industrial & Commercial Bank of China |
| 5 | 中国银行 | Bank of China |
| 6 | 中国农业银行 | Agricultural Bank of China |
| 7 | 中国交通银行 | Bank of Communications |
| 8 | 中国建设银行 | China Construction Bank |
| 9 | 中国光大银行 | China Everbright Bank |
| 10 | 中国招商银行 | China Merchants Bank |
| 11 | 德意志银行 | Deutsche Bank |
| 12 | 新加坡星展银行 | DBS Bank |
| 13 | 中国中信银行 | China Citic Bank |

**附表六：设立驻华代表处的境外交易所**

| 序号 | 境外交易所名称 |
|---|---|
| 1 | 香港交易所 |
| 2 | 纽约证券交易所 |
| 3 | 纳斯达克股票市场股份有限公司 |
| 4 | 东京证券交易所 |
| 5 | 韩国证券期货交易所 |
| 6 | 新加坡交易所 |
| 7 | 伦敦交易所 |
| 8 | 德国德意志交易所 |

**附表七：外资参股期货公司**

| 序号 | 境内期货公司 | 境外股东 |
|---|---|---|
| 1 | 银河期货经纪有限公司 | 苏皇金融期货亚洲有限公司 |
| 2 | 中信期货经纪有限公司 | 新际金融香港有限公司 |
| 3 | 中山期货经纪有限公司 | 摩根大通经纪（香港）有限公司 |

**附表八：在港设立分支机构的内地证券公司**

| 序号 | 公司名称 |
|---|---|
| 1 | 广发证券股份有限公司 |
| 2 | 国泰君安证券股份有限公司 |
| 3 | 国元证券股份有限公司 |
| 4 | 海通证券股份有限公司 |
| 5 | 华泰证券股份有限公司 |
| 6 | 招商证券股份有限公司 |
| 7 | 中国国际金融有限公司 |
| 8 | 中信证券股份有限公司 |
| 9 | 申银万国证券股份有限公司 |
| 10 | 平安证券有限责任公司 |
| 11 | 国信证券股份有限公司 |
| 12 | 国都证券有限责任公司 |

附表九：在港设立分支机构的内地基金管理公司

| 序号 | 公司名称 |
|---|---|
| 1 | 南方基金管理有限公司 |
| 2 | 易方达基金管理有限公司 |
| 3 | 嘉实基金管理有限公司 |
| 4 | 华夏基金管理有限公司 |

附表十：在港设立分支机构的内地期货公司

| 序号 | 公司名称 |
|---|---|
| 1 | 格林期货经纪有限公司 |
| 2 | 浙江省永安期货经纪有限公司 |
| 3 | 广发期货经纪有限公司 |
| 4 | 中国国际期货经纪有限公司 |
| 5 | 金瑞期货经纪有限公司 |
| 6 | 南华期货经纪有限公司 |

（中国证券监督管理委员会　童道驰　冯晶）

# 中国运输业对外开放情况

## 一、中国国内运输行业发展概况

2008年中国运输业出口384.2亿美元，同比增长22.6%，增幅回落26.5个百分点，是自2000年以来同比增长最少的一年；运输进口503.3亿美元，同比增长16.3%，增幅回落9.6个百分点。出现逆差为119.1亿美元，与上年基本持平。香港地区为我国运输第一大出口市场，约占有1/3的份额；其次是美国，所占比重近两成。第一大运输进口来源地是美国。

据统计2008年，全社会货运量249亿吨，比上年增长9.4%；实现货物运输周转量105 512.9亿吨公里，比上年增长3.8%。全社会客运量完成239.7亿人，比上年增长7.8%。实现旅客运输周转量23 372.2亿吨公里，比上年增长8.2%。①

1. 铁路：据铁道部网站消息，2008年全国铁路货物发送量完成33.1亿吨，同比增长4.7%；完成货运周转量25 111.8亿吨公里，同比增长3.7%。全国铁路旅客发送量完成14.6亿人次，同比增加1.4亿人，比上年增长10.9%；旅客周转量完成7 778.6亿人公里，增长7.8%。铁路旅客运输，由于高速化动车组的开行和部分客运专线的投产，使中短途客流向铁路集中，部分区段的铁路客运依然会比较紧张。据铁道部公布的2008年铁道统计公报，全国铁路固定资产投资完成4 168.47亿元，比上年增加1 587.10亿元，增长61.5%。国家铁路和合资铁路完成投资共计3 349.70亿元，增长88.9%；铁路建设资金来源中地方政府、企业共投资885.92亿元，占国家铁路和合资铁路完成投资3 349.70亿元的26.4%，铁路投资多元化水平逐年提高。铁路部门实现投产新线1 730.1公里、复线1 955.8公里、电气化铁路1 959.3公里，分别比上年增长1.4倍、2.6倍和1.1倍，其中投产客运专线1 133.6公里；全年完成新线铺轨2 808.1公里（含地方铁路127.5公里）、复线铺轨2 210.2公里，分别比上年增长1.6倍和75.9%，均为历史最多。京沪高速铁路等68个路网大中型项目先后开工建设，投资总规模8 343亿元；铁路更新改造投资完成226.58亿元，比上年增长2.6%。铁路营业里程达到8万公里，比上年增加1 721公里，里程长度位居世界第三。我国铁路复线里程2.9万公里，复线率36.2%，电气化里程2.8万公里。据国家发改委网站消息，全国铁路日均装车144 868车，比上年增长3.1%；其中国家铁路日均装车120 455车，增长2.3%。中国电气化铁路总里程已突破24 000公里，成为继俄罗斯之后世界第二大电气化铁路国家。中国铁路电气化率已经达到27%。

2. 公路：截至2008年年底，全国公路总里程达373.02万公里，等级公路里程277.85万公里，公路密度为38.86公里/百平方公里。全国共有公共电（汽）车30多万辆，公共电（汽）车线路总长度达14万多公里，200多个城市开设了公交专用道，里程达3 000多公里。全国通公路的乡（镇）占全国乡（镇）总数的99.24%。公路养护里程350.59万公里，绿化里程167.69万公里。全国公路营运汽车达930.61万辆。其中载客汽车169.64万辆、2 560.36万客位，其中大型客车25.50万辆、1 096.44万客位；载货汽车760.97万辆、3 686.20万吨位，其中普通载货汽车720.18万辆、3 139.76万吨位，专用载货汽车40.79万辆、546.44万吨位。全国营业性客车完成公路客运量268.21亿人、旅客周转量12 476.11亿人公里，平均运距为46.52公里。全国营业性货运车辆完成货运量191.68亿吨、货物周转量32 868.19亿吨公里，平均运距为171.48公里。②公路货物运输因主要担负农产品、工业产品的运输，这些产成品因国家内需刺激和社会生活需要，货物运输的下落空间会较小，从距离上分析，长途公路货物运输因铁路的优势竞争会使经营更加困难，而中短途公路运输会有较大的市场空间。公路

① 2008年国民经济和社会发展统计公报。
② 2008年公路水路交通运输行业发展统计公报。

建设完成投资 6 645 亿元，同比增长 2.4%。

3. 水上运输：全国拥有水上运输船舶 18.42 万艘，净载重量 12 416.91 万吨，平均净载重量 674.14 吨，载客量 100.85 万客位，集装箱箱位 115.34 万 TEU，船舶功率 4 355.10 万千瓦。全国完成水路货运量 29.45 亿吨、货物周转量 50 262.74亿吨公里，平均运距为 1 706.66 公里。内河、沿海和远洋货运量所占比重分别为 47.1%、41.1%和 11.8%；货物周转量所占比重分别为 10.1%、32.4%和 57.5%。全国完成水路客运量 2.03 亿人、旅客周转量 59.18 亿人公里，平均运距为 29.10 公里。按航区分，内河、沿海和远洋客运量所占比重分别为 54.0%、41.8%和 4.1%；旅客周转量所占比重分别为 45.5%、42.4%和 12.2%。

（1）内河建设：2008 年年底，全国内河航道通航里程 12.28 万公里。等级航道 6.11 万公里，占总里程的 49.8%，比上年末提高 0.2 个百分点；共有 4 128 处枢纽，其中具有通航功能的枢纽 2 329处。通航建筑物中，有船闸 836 座、升船机 42 座。内河建设完成投资 181 亿元，同比增长 9.0%。

（2）海运：随着中国经济的快速发展，中国已经成为世界上最重要的海运大国之一。全球目前有 19%的大宗海运货物运往中国，有 20%的集装箱运输来自中国；而新增的大宗货物海洋运输之中，有 60%～70%是运往中国的。随着中国经济影响力的不断扩大，世界航运中心正在逐步从西方转移到东方，中国海运业已经进入世界海运竞争舞台的前列。

①沿海港口：据 2008 年公路水路交通运输行业发展统计公报统计，2008 年，我国港口数量为 413 个。有 17 个港口货物吞吐量超亿吨，6 个沿海集装箱港口进入世界前 20 位。世界集装箱吞吐量前 5 大港口中，中国占了 3 个。年吞吐量在 1 000 万吨以上的沿海港口 36 个，200 万吨以上的内河港口 87 个。全国港口拥有生产用码头泊位 31 050 个，其中万吨级及以上泊位 1 416 个；沿海港口拥有生产用码头泊位 5 119 个，其中万吨级及以上泊位 1 157 个；内河港口拥有生产用码头泊位 25 931 个，其中万吨级及以上泊位 259 个。万吨级及以上泊位中，通用散货泊位 252 个，通用件杂货泊位 272 个，专业化泊位 778 个。专业化泊位中，原油泊位 59 个，成品油及液化气泊位 114 个，散装粮食泊位 23 个，煤炭泊位 162 个，集装箱泊位 251 个。我国港口和集装箱货物吞吐量连续六年保持世界第一。2008 年我国港口完成货物吞吐量 70.22 亿吨，比 2007 年增长 9.6%，增速回落 5.5%，规模以上港口完成货物吞吐量 58.7 亿吨，比上年增长 11.5%，其中外贸货物吞吐量 19.2 亿吨，增长 7.0%。沿海港口完成 44.89 亿吨，增长 11.1%，内河港口完成 25.33 亿吨，增长 7.0%。外贸货物吞吐量增速继续回落，港口完成外贸货物吞吐量 19.86 亿吨，比 2007 年增长 7.4%，增速回落 7.2%，其中沿海港口完成 18.25 亿吨，增长 7.9%，内河港口完成 1.61 亿吨，增长 1.8%。港口完成滚装汽车吞吐量（按重量计算）2.77 亿吨，比 2007 年增长 18.0%；集装箱吞吐量（按重量计算）12.62 亿吨，增长 15.3%；干散货吞吐量 39.75 亿吨，增长 11.5%；液体散货 6.58 亿吨，比 2007 年增长 3.8%；件杂货 8.51 亿吨，减少 3.5%。液体散货、干散货、件杂货、集装箱和滚装汽车在港口货物吞吐量中所占比重分别为 9.4%、56.6%、12.1%、18.0%和 3.9%。矿建材料、金属矿石和机械设备电器在港口货类中增长较快。中国内地的船队总和已达 6150 万吨，在世界上排名第四位。中远集团、中海集装箱整个海运船队进入世界十强。沿海港口建设完成投资 759 亿元，同比增长 5.5%。

②集装箱运输：我国沿海港口集装箱吞吐量普遍回落，2008 年累计完成 1.2835 亿 TEU，同比仅增长 12.2%，增速回落约 10.2 个百分点。外贸集装箱运输市场从 2008 年年初繁荣的顶端逐步下滑。国内水路集装箱运输市场表现好于外贸，但下半年也呈现增速减缓迹象。外资所占中国集装箱市场份额达 63%，对外开放集装箱海运量 70%由境外公司承运。据中国冶金采矿企业协会预测，2008 年我国铁矿石进口 4 亿吨左右，较 2007 年增长 5%，增幅较 2007 年回落 12 个百分点。沿海铁矿石航线运价出现集体跳水现象。国内港口进口铁矿石压港现象相当严重，港存铁矿石一度逼近 9 000 万吨。2008 年 11 月份我国港口接卸进口铁矿石 3 000万吨，同比下降 20.7%，首次出现负增长，环比下降近 900 万吨。国内沿海煤炭运输市场经历

了一场史无前例的“过山车”行情，市场波动巨大。上半年，沿海煤炭运价因冰雪灾害、电煤供应偏紧以及国际原油与煤炭价格疯涨等因素，运价呈现了大“V”字形走势，运输市场行情总体向好。然而旺季行情在2008年6月初达到高潮后，就开始一路下滑。全球金融危机又造成我国沿海工业用煤与电厂电煤运输需求大幅下滑，运力逐渐显现供大于求的格局，甚至出现不少沿海散货船无货可运的尴尬局面，运价也随之呈现单边下跌态势，进入“冰河”时代。港口煤炭发运量11月份仅完成3 400万吨，同比下降13.2%。沿海内支线完成698.5万TEU，同比增长11.1%。

4. 民航：2008年完成固定资产投资600亿元，航空投资全年投资增幅总体小于去年，如果扣除奥运因素，航空投资完成投资近470亿元。全行业累计完成运输总周转量、旅客运输量、货邮运输量分别为374亿吨公里、1.92亿人次和403万吨，比上年分别增长2.4%、3.3%和0.2%。货物运输周转量119.6亿吨公里，比上年增长2.8%。旅客运输周转量2 882.8亿人公里，比上年增长3.3%。飞机起降架次为422.6万架次，比上年增长7.2%。据中国民用航空局规划发展司2009年3月12日发布，2008年全国各机场共完成旅客吞吐量40 576.2万人次，比上年增长4.70%。其中，国内航线完成36 798.3万人次，国际航线完成3 778.0万人次。国际航线旅客运输、港澳航线客货运输为负增长。完成货邮吞吐量883.4万吨，比上年增长2.61%。其中，国内航线完成563.9万吨，国际航线完成319.4万吨。截至2008年年底，中国共有颁证运输机场160个，境内民用航空通航机场共有158个（不含香港和澳门，下同），其中定期航班通航机场152个，国际机场32个。颁证通用航空机场共计71个。遭遇南方冰雪灾害、地震以及金融危机等接连打击，中国民航业全年全行业亏损280亿元。

## 二、入世承诺的履行情况及最新开放情况

根据《〈内地与香港关于建立更紧密经贸关系的安排〉补充协议五》和《〈内地与澳门关于建立更紧密经贸关系的安排〉补充协议五》中的承诺，允许香港、澳门服务提供者以合作形式从事开采石油和天然气业务，在广东省试点独资企业及其分支机构，为广东省至港澳线船舶经营人提供船舶代理业务。允许香港、澳门服务提供者在内地申请设立独资、合资或合作航空运输销售代理企业时，出具由内地的法人银行或中国航空运输协会推荐的担保公司提供的经济担保。委托广东省审批香港在广东投资的生产型企业从事货运方面的道路运输业务。委托广东省审批香港、澳门服务提供者在广东设立维修、驾培企业和客货运站场项目。补充规定于2009年1月1日起正式实施。

根据《〈内地与澳门关于建立更紧密经贸关系的安排〉补充协议六》和《〈内地与香港关于建立更紧密经贸关系的安排〉补充协议六》允许港澳服务提供者在内地设立的独资、合资或合作国际船舶管理公司在申请外派海员类对外劳务合作经营资格时，无须申请外商投资职业介绍机构或人才中介机构资格。为该港、澳服务提供者租用的内地船舶经营澳门至广东省二类港口之间的船舶运输，提供包括揽金、签发提单、结算运费、签订服务合同等日常业务。在内地设立独资、合资或合作航空运输销售代理企业时，出具内地的法人银行或中国航空运输协会推荐的担保公司提供的经济担保，也可由香港、澳门银行做担保，待申请获内地批准后，在规定时限内再补回内地的法人银行或中国航空运输协会推荐的担保公司提供的经济担保。《〈内地与香港关于建立更紧密经贸关系的安排〉补充协议六》还允许香港服务提供者在深圳市以独资形式建设、运营和管理深圳市轨道交通4号线工程项目。补充规定于2009年1月1日起正式实施。

2008年12月12日，交通运输部发布《关于台湾海峡两岸间海上直航实施事项的公告》（以下简称“公告”），对经营两岸间航运业务的航运公司和营运船舶实施行政许可。15日起施行。根据《公告》，在两岸注册的两岸资本且具有企业法人资格的航运公司，经许可后，可从事两岸间海上直接运输业务。须使用两岸资本并在两岸登记的船舶。两岸资本并在香港特别行政区登记的船舶，经许可后，可参与两岸间海上直接运输；未经特别许可，外国航运公司及外国籍船舶不得从事两岸间航运业务。两岸海运直航于12月15日正式首航，大陆确定直航的港口有天津、上海、福州与厦门，台湾则有基隆、高雄。大陆方面大幅开放几乎包括沿海全

部的 63 个港口。

## 三、相关政策法规

为了规范对外国航空运输企业经营外国地点和中华人民共和国地点间规定航线的管理，制定了《外国航空运输企业航线经营许可规定》，于 2008 年 5 月 19 日通过，2008 年 7 月 11 日施行。为维护中华人民共和国国家安全，便利国际航班及搭乘国际航班的人员入境、出境，制定《国际航班载运人员信息预报实施办法》，2008 年 2 月 13 日通过，2008 年 5 月 1 日起施行。为实现海峡两岸海上客货直接运输，达成《海峡两岸海运协议》和《海峡两岸空运协议》。为进一步规范国际海上运输活动，保护公平竞争，发布了《关于进一步加强国际海运市场监管的通告》。

经过国务院批准，中资“方便旗”船特案免税政策的执行截止日期由 2009 年 6 月 30 日延长至 2011 年 6 月 30 日。根据实施方案在 2011 年 6 月 30 日前报关进口、办理船舶登记的中资船舶，符合原交通部《关于实施中资国际航运船舶特案免税登记政策的公告》（2007 年第 18 号）规定要求的，经批准，免征关税和进口环节增值税，并按照有关规定办理船舶登记。船舶所有人可在 2009 年 9 月 1 日、2010 年 3 月 1 日、2010 年 9 月 1 日和 2011 年 3 月 1 日前分批次向交通运输部提出申请，程序及相关材料要求按原交通部 2007 年第 18 号公告的有关规定办理。此前经批准享受特案免税登记政策的船舶，但尚未办理报关进口的，原批准文件在 2011 年 6 月 30 日前继续有效，船舶所有人应抓紧办理报关进口及船舶登记手续。

## 四、运输服务贸易分析

从结构上看，我国服务贸易主要由旅游和运输构成，2008 年两者出口额分别占我国服务贸易出口总额的 27.89%和 26.23%，进口额分别占我国服务贸易进口总额的 22.89%和 31.85%。其中，旅游为顺差，运输服务贸易长期呈逆差趋势，并以快速上升态势发展。1990 年运输服务贸易逆差 5.4 亿美元，1995 年发展到 61.7 亿美元，“九五”期间运输服务贸易逆差缓慢提升至 67.3 亿美元。进入 21 世纪，运输服务贸易逆差迅速攀升，2008 年已经达到 119.1 亿美元，成为我国服务贸易逆差的最主要来源。尽管不必追求也不可能实现国际收支各项目平衡，但运输服务贸易收支存在着高额逆差，至少表明我国运输服务贸易出口发展相对滞后。

从运输业商业存在来看，2008 年，中国认真履行 WTO 承诺，国际海运市场进一步开放。截至 2008 年年底，外商在华设立独资船务公司 36 家，分公司 149 家；外商在华设立外商独资集装箱运输有限公司 7 家、分公司 71 家；外商在华注册登记具有无船承运人资格的公司 325 家。2007 年民航新增外贸项目 6 个，投资总额 18.1 亿美元，外资金额 8.7 亿美元。外贸主要来源于中国香港、德国、法国、英属维尔京群岛、韩国等国家和地区。截至 2007 年年底，已有 146 家境内外国际集装箱班轮公司在华取得国际集装箱班轮运输经营资格，从事进出中国港口的班轮运输业务，其中境内公司 39 家，境外公司 107 家。据统计，境内外国际集装箱班轮公司在上海开辟有 600 多条国际集装箱班轮航线，宁波有 300 多条，青岛、盐田分别有 200 多条集装箱班轮航线，航线运营船舶箱位总计超过 800 万 TEU，其中丹麦马士基、法国达飞、瑞士地中海航运、德国赫伯罗特、韩国现代商船、内地中远、香港东方海外、日本川崎汽船、台湾长荣、内地中海等大型国际集装箱班轮公司投入挂靠中国航线总计超过 600 万 TEU。

## 五、运输行业展望

国际货币基金组织（IMF）2008 年 4 月 22 日发表报告说，2009 年世界经济将下降 1.3%，为 60 年来首次负增长。世界贸易组织也作出最新预测，2009 年全球贸易量将大幅下降 9%。IMF 预测 2009 年全球贸易额将减少 5%，世界银行 2009 年 3 月 31 日发布的《全球经济展望》更新版指出，预计发展中国家的国内生产总值增长将会从 2008 年的 5.8%降低至 2009 年的 2.1%，经合组织国家的国内生产总值将会下降 3%，其他高收入经济体则下降 2%。预计 2009 年世界货物和服务贸易总量将会下降 6.1%；油价在 2009 年约为每桶 47 美元，低于 2008 年价位 50%以上；非石油类大宗商品价格也会在低位徘徊，比 2008 年低 30%左右。展望 2009 年，我国交通运输行业从宏观上将出现运输供给相对宽松的状况，但对运输企业而言，生存和竞争环境会更加激烈。特别是对公路客货运、航空客运和港口等市场竞争比较明显的行业影响尤为深远。

1. 海运业展望：国际海运价格属于下降通道和低谷阶段。航运衰退将继续。全球海运贸易量为32.46亿吨，涨幅2%左右。按照敦德鲁里海运咨询机构最新预测，2009年新增运力仍将达到140万TEU，增幅为10.5%。国际油轮运输市场震荡下行。至2009年年底，全球集装箱船队运力将达到1 420.69万TEU，同比增长14.8%，增速较2008年有所放缓，且由于货量不足，运力仍显过剩。集装箱运输运价持续下滑。2009年全球集装箱市场生成箱量约1.5亿吨TEU左右，不会高速增长。全球集装箱运量增幅将降至2.8%，其中亚欧线和泛太线运量将同时下跌。根据德国最大的融资船东Claus-Peter Offen公司的预测，目前到2009年年底船舶闲置数量将翻番，到2010年船舶闲置数量将达到目前的三倍。2008年12月以来，国际散货运输市场已显露企稳迹象，预计2009年BDI运行区间为700～2000，略有反弹，并呈现前低后高走势。但散货市场运力的完全缓解还需到2010年后。根据IMF2009年1月的预测，2009—2010年全球干散货海运需求增幅将在3%左右。

2009年预计中国港口集装箱吞吐量将达到1.39亿TEU，增长速度约7.5%。预测2010年，我国沿海港口货物吞吐量将达到45亿吨。其中外贸货物吞吐量将达到20亿吨，集装箱要达到1.3亿吨标准箱，港口能力适应度要达到1.1：1。

2. 公路运输服务展望：国家鼓励消费政策和促进汽车产业发展政策，为公路交通运输企业更新符合环保和大型运输需求的车辆带来了契机，需要国家出台优惠的信贷政策鼓励和引导公路货运车辆更新。燃油税的实施，由征收燃油消费税取代公路养路费等六项收费。到2010年，中国公路里程将达到230万公里，其中高速公路6.5万公里、二级以上公路45万公里、县乡公路180万公里。具备通达条件的乡镇和建制村100%通公路，95%的乡镇、80%的建制村通沥青（水泥）路。全国所有乡镇公路通达率将达到100%，行政村公路通达率也将达到100%。公路客运量将增加到240亿人次；货运量增加到160亿吨；货车将达到700万辆，客车达到220万辆，总数估计要突破1 000万辆。

3. 铁路运输服务系统：2009年全国铁路旅客发送量将达到16.1亿人，同比增加1.5亿人；货物发送量33亿吨，同比持平。铁路将优化客车运用方案，增加动车组列车对数，进一步健全票额利用动态分析制度，构建以市场为导向，以产品、运价、服务为基础的货运营销机制，提高铁路货运的竞争能力及进一步完善与地方政府的协调机制，继续搞好煤炭、石油、冶炼、粮食、化肥等关系国计民生的大宗物资运输。2009年以后，铁路基础设施投资比例和多元化投资比例会不断提高，多元化融资所产生的建设、运营管理及投资分成等问题会越发凸显。预计到2010年，全国铁路营业里程达到9万公里以上，时速200公里以上的客运专线达到7 000公里，快速客运网达到20 000公里以上。建成一批大能力运输通道，铁路主要干线货运列车全面实现5 000～6 000吨牵引系列，各大区域之间大能力通道网络基本形成。建成18个现代化物流中心，双层集装箱运输通道达到1万公里以上，快速货运网络初步形成，全国铁路复线率和点气化率分别达到45%以上。到2010年，700组时速200公里以上动车组投入使用；时速120公里及以上空调客车达到24 000余辆，占客车保有量的54.5%；68.6万辆货车达到时速120公里技术标准，占货车保有量的91.5%；2 300台单击牵引5 000吨、时速120公里的大功率电力和内燃机车投入使用，占机车保有量的91.5%；2300台单机牵引5 000吨、时速120公里的大功率电力和内燃机车投入使用，占机车保有量的12%。预计全国铁路年客运量达到16.53亿人次，货运量达到37.1亿吨，换算周转量达到3.72万亿吨公里，运输总收入达到4 600亿元以上。届时买票难、运货难的问题将明显缓解，旅客的旅行环境显著改善。

4. 航空运输服务系统：在2009年6月8日吉隆坡举行的第65届国际航空运输协会年会上，理事长乔瓦尼·比西尼亚尼预测，2009年全球全行业亏损额将为90亿美元。营业收入下降800亿美元，降至4 480亿美元，比2008年锐减15%，航空货运需求和客运需求将分别缩减17%和8%。预计全球航空货运量预计为3 330万吨，比2008年减少17%；客运量为20.6亿人次，比2008年减少8%。预计未来三年将面临4 000架飞机交付的局面，这一数字约占全球航空公司机队总规模的17%。

国内运输业也出现下降势头。2009年，我国外贸出口下降，国内钢铁公司减产对进口矿石需求减少，同时国际旅行人数增幅下降对航空运输服务造成不利影响。但考虑燃油价格再度暴涨的可能性较小和国内所拥有的强大客货运市场基础等有利因素，2009年民航客货运输周转量还会维持一定的增幅。这可使航空公司通过灵活的运输组织和市场营销保证一定的赢利空间。而航空机场状况则处于较为不利的前景，航空公司航班和航线的调整以及部分机场改扩建产生巨大的财务压力和客货吞吐量的降低，使机场的赢利受到挑战。据预测，2009年中国民航运输总周转量将增长10%左右，到2010年航空运输总周转量达到500亿吨公里，年均增长14%。到2020年总周转量将达到1 500亿吨公里以上，旅客运输量超过7亿人次，旅客周转量在国家综合运输体系中的比重达到25%以上。机场数量达到240个以上，在地面交通100公里或1.5小时的车程范围内，全国80%以上的县级行政单元较方便地得到航空服务，所服务区域内的人口数量达到全国人口的82%以上、国内生产总值达到全国总量的96%以上。在“十一五”期间，中国将投入约1 400亿元人民币用于机场建设。这为民航业的发展创造有利条件。2010年上海世界博览会将是中国航空业的黄金收获季节，未来几年将是中国航空运输业的加速发展时期。

（中华人民共和国交通运输部　高美珍）

# 中国旅游业对外开放情况

## 一、旅游市场总体情况

2008年，中国旅游业受到全球性金融危机和四川地震等一系列事件的影响，与去年同期相比部分指标有所下滑，但总体仍保持较好的发展态势，旅游业作为国民经济重要产业的地位进一步显现。

2008年，全国国际、国内旅游业总收入1.16万亿元，比上年增长5.8%。

2008年全年，我国入境旅游人数13 002.74万人次，比去年同期下降1.4%，其中外国人2 432.53万人次，下降6.83%，香港同胞7 835.01万人次，增长0.51%，澳门同胞2 296.63万人次，下降0.95%，台湾同胞438.56万人次，下降5.24%。全年入境过夜人数5 304.92万人次，下降3.05%。全国旅游外汇收入408.43亿美元，下降2.57%。

与略有下滑的入境旅游市场相比，国内旅游市场呈现出较好的增长态势。2008年，全国国内旅游人数17.12亿人次，比去年增长6.3%，其中城镇居民7.03亿人次，农村居民10.09亿人次。全国国内旅游收入8 749.30亿元，比去年同期增长12.6%。

中国公民出境旅游人数4 584.44万人次，比上年增长11.94%。其中，因公出境人数571.32万人次，比上年下降5.25%，占出境总人数的12.46%；因私出境人数4 013.12万人次，比上年增长14.91%，占出境总人数的87.54%。

## 二、旅游国际交流合作呈现新局面

### （一）中国公民出境旅游目的地开放有序推进

2008年，中国公民出境旅游目的地开放有序推进，中国公民团体赴美旅游正式实施，为促进中美战略协作伙伴关系发挥了积极作用。截至目前，已开放中国公民出境旅游目的地国家和地区共达137个，其中已实施的达96个。

### （二）旅游多、双边国际合作得到巩固和提升

第三届中日韩旅游部长会议顺利举办，发表了《釜山宣言》，中日韩旅游交流不断深入；召开了第二届“中美省州旅游局长合作发展对话会议”，举办了“世界旅游城市市长论坛”；与俄罗斯联邦旅游署签署了《关于落实两国政府旅游合作协定的合作计划》；参加了中国与新加坡、秘鲁、智利等国的自贸区谈判，推进了多、双边国际旅游交流。不断深化与旅游国际组织的合作，与世界旅游组织、联合国教科文组织、安徽省政府共同主办了“世界遗产地旅游管理和可持续发展国际会议”，与世界旅游组织共同签署了“旅游扶贫合作备忘录”，与亚太旅游协会、南太旅游组织、世界旅游旅行理事会的联系更加紧密。中国在国际旅游事务中的话语权进一步增强，国际影响力进一步提升。在国际金融危机对全球旅游业造成巨大冲击的情况下，上海国际旅游交易会仍然吸引了106个国家和地区参展，参展的国家、地区和企业数量再创历届之最。

### （三）对台旅游工作进入新阶段

根据中央对台工作的总体部署，大陆居民赴台旅游正式实施，开启了两岸交流的新篇章。海峡两岸旅游交流协会和台湾海峡两岸观光旅游协会分别作为海协会与海基会实施大陆居民赴台旅游的主体，进一步加强了沟通协调，促进了大陆居民赴台旅游有序发展。

### （四）对港澳旅游工作取得新进展

参与《内地与香港、澳门更紧密经贸关系安排》补充协议五的谈判和签订，实施了进一步的开放措施：允许港澳居民中的永久性中国公民报考内地导游资格考试，考试合格者依照有关规定领取导游人员资格证书；委托广东省审批香港服务提供者在广东设立独资、合资或合作旅行社。有序扩大内地居民赴港澳“个人游”范围，为保持香港、澳门长期繁荣稳定，继续发挥积极作用。

## 三、外资旅行社管理及现状

### （一）《旅行社条例》关于外资旅行社的新规定

新的《旅行社条例》于2008年年底修订完成，2009年1月21日经国务院第47次常务会议审议通过，于2009年5月1日正式施行。新《旅行社条例》在外资旅行社方面做出以下新规定：

1. 在原《旅行社管理条例》允许成立中外合

作旅行社、中外合资旅行社的基础上，允许成立外商独资旅行社；

2. 在外资旅行社市场准入方面，在法规上全面兑现了WTO承诺，注册资本和旅行社质量保证金实现国民待遇，并就相应规定进行了调整；

3. 在原《旅行社管理条例》"外商投资旅行社不得经营中国内地居民出国旅游业务以及赴香港特别行政区、澳门特别行政区和台湾地区旅游的业务"规定基础上，增加了"但是国务院决定或者我国签署的自由贸易协定和内地与香港、澳门关于建立更紧密经贸关系的安排另有规定的除外"条款，有条件地放宽了外资旅行社经营中国公民出国旅游业务及赴港澳台业务的范围。

**（二）外资旅行社最新情况**

截至2009年2月20日，获得国家旅游局批准的外商投资旅行社共计39家，其中两家已因故注销，现有37家，其中：外商独资旅行社18家，外商控股合资旅行社11家，中方控股合资旅行社8家。已正式开展旅游业务的共计29家，其中：外商独资13家，外方控股9家，中方控股7家。从地域分布看，北京19家，广东8家，上海5家，天津、湖南、海南、云南、福建各1家。

| 旅行社名称 | 投资方（国家/地区） |
|---|---|
| 日航国际旅行社（中国）有限公司 | 株式会社日航旅行（日本） |
| 全日空国际旅行社（中国）有限公司 | 全日空旅行公司（日本） |
| 格里菲旅行社（中国）有限公司 | 香港格里菲（GTA）商务旅游公司（香港） |
| 丽星邮轮旅行社（上海）有限公司 | 丽星邮轮（马来西亚） |
| 日旅国际旅游公司 | 株式会社日本旅行（日本） |
| 阪急国际旅行社（中国）有限公司 | 阪急交通社（日本） |
| 近畿国际旅行社（中国）有限公司 | 近畿日本旅行社（日本） |
| 信德国际旅行社（中国）有限公司 | 香港信德集团有限公司（香港） |
| 快乐界旅行社（中国）有限公司 | 美国快乐界旅游公司（美国） |
| 胜景旅游（广东）有限公司 | 瑞士库尼旅业集团（瑞士） |
| 佳天美（上海）国际旅行社有限公司 | 株式会社JTB（日本） |
| 康泰国际旅行社（深圳）有限公司 | 香港康泰旅行社有限公司（香港） |
| 翠明假期（广东）旅行社有限公司 | 香港翠明假期有限公司（香港） |
| 佳天美（广州）国际旅行社有限公司 | 佳天美香港有限公司（香港） |
| 哈拿多乐旅游（北京）有限公司 | 韩国（株）哈拿多乐旅行社（韩国） |
| 湖南永安国际旅行社有限公司 | 香港永安旅游有限公司（香港） |
| 厦门灿星国际旅行社有限公司 | 厦门灿坤实业股份有限公司（厦门） |
| 宝捷（北京）旅行社有限公司 | 香港宝捷旅行社（香港） |
| 中旅途易旅游有限责任公司 | TUI股份有限公司（德国）（51%） |
| 深圳顺风旅行社有限公司 | 香港顺风旅行社有限公司（70%） |
| 上海锦江国际BTI商务旅行有限公司 | 英国豪客罗宾逊控股公司（51%） |
| 北京北辰关键国际旅行社 | 香港关键旅行社（80%） |
| 中青旅国际旅游有限公司 | 中国青年旅行社（香港）有限公司（60%） |
| 北京福莱森特康辉国际旅行社有限责任公司 | 澳大利亚福莱森特有限公司（95%） |
| 广东学之联国际旅行社有限公司 | 香港学联旅行社（60%） |
| 北京加东国际旅行社有限公司 | TOUR EAST HOLIDAYS（CANADA）INC.（75%） |
| 北京英法国际旅行社有限公司 | 新加坡ANGLO－FRENCH TRAVEL PTE LTD,（80%） |
| 北京星辰方舟国际旅行社有限公司 | 香港星晨旅游公司（70%） |
| 秀之旅（海南）国际旅行社有限公司 | 日本HIS株式会社（80%） |

续　表

| 旅行社名称 | 投资方（国家/地区） |
| --- | --- |
| 云南力天旅游（旅行社）有限公司 | 1. 云南旅游集团（26%）<br>2. 国旅总社（25%） |
| 广州康泰国际旅行社有限公司 | 广州广之旅（51%） |
| 广东永安国际旅行社有限公司 | 广东中国国际旅行社（51%） |
| 交通公社新纪元国际旅行社有限公司 | 中信旅游总公司（51%） |
| 北京首旅雅高旅行社有限公司 | 北京神舟国际旅行社（51%） |
| 天津天新国际旅游（旅行社）有限公司 | 天津旅游总公司（51%） |
| 国旅运通旅行社有限公司 | 国旅总社（51%） |
| 中国国际旅行社总社有限公司 | 中国国旅集团有限公司（51%） |

（国家旅游局政策法规司）

# 中国电信业对外开放情况

## 一、2008 年电信业运行情况

2008 年，在党中央、国务院的正确领导下，我国电信业众志成城抗击冰雪灾害、全心全意进行抗震救灾、认真做好奥运通信保障、积极应对国际金融危机，深入贯彻落实科学发展观，实施了企业改革重组、发放 3G 牌照等一系列重大决策，全行业继续保持健康发展。

**（一）电信业务总量保持较快增长，业务收入增速稳中有降**

2008 年，电信业务总量达到 22 439.5 亿元，同比增长 21.0%；电信业务收入达到 8 139.9 亿元，同比增长 7.0%；实现电信增加值 4 726.2 亿元，同比增长 0.3%。每月业务总量同比增速持续下降，从 2008 年年初的 28.6%降至 12 月份的 12%左右；月收入同比增速从 2008 年年初的 10%降至 2.7%。进入四季度，随着金融危机的加剧及其向电信行业渗透的加深，电信业务总量和业务收入明显萎缩，增幅加速下降。

**（二）总体用户规模继续扩大，用户结构呈现分化趋势**

2008 年，全国电话用户净增 6 909.2 万户，总数达到 98 203.4 万户。其中：固定电话用户减少了2 483.2万户，达到 34 080.4 万户，全国移动电话用户净增 9 392.4 万户，达到 64 123.0 万户。随着移动电话对固定电话的替代作用不断增强，固定电话每月均为负增长，用户缩减规模明显增大，仅四季度减少的用户总额就达 850 万户左右。移动电话发展迅速，2008 年是移动电话用户增长最多的一年，其中 2 月份净增移动电话用户 945.8 万户，刷新单月增长纪录。移动电话用户在电话用户总数中所占的比重已达到 65.3%，移动电话用户与固定电话用户的差距超过 3 亿户。

**（三）互联网用户发展迅速，普及率不断提高**

2008 年，全国网民数净增 0.88 亿人，达到 2.98 亿人，超过美国居世界第一位。其中：宽带网民数净增 1.1 亿人，达到 2.7 亿人，占网民总数的 90.6%；手机网民数净增 6 720 万人，达到 11 760 万人；农村网民数净增 3 190 万人，达到 8 460 万人。互联网普及率达到 22.6%，超过全球平均水平（21.9%）。

**（四）固定话音业务继续萎缩，移动与宽带市场持续增长**

2008 年，从业务收入的构成看，移动通信收入和数据通信收入比去年同期分别增长 15.1%和 35.1%，在电信业务总收入中所占的比重比去年同期分别上升了 3.87 和 2.04 个百分点，成为推动行业增长的主要动力。而长途电话业务收入和固定本地电话业务收入比去年同期分别减少 7.0%和 9.4%，在电信业务总收入中所占的比重比去年同期分别下降了 2.14 和 3.77 个百分点。从业务使用上看，固定本地电话通话量比去年同期下降 8.5%，而移动本地电话通话时长比去年同期增长 27.8%。固定传统长途电话通话时长比去年同期下降 15.8%，而移动长途电话通话时长比去年同期增长 23.0%。

**（五）行业投资增幅回升，投资效益有所提高**

2008 年，随着移动用户和宽带用户规模的大幅扩张，行业重组和 TD－SCDMA 网络建设的推进，行业总体投资规模稳步增长。全行业累计完成投资 2 953.7 亿元，同比增长 29.6%，投资总体规模较去年有较大幅度提高。从投资占收入的比值看，整个行业的投资收入比已降到 28.9%，电信行业整体规模效益正在逐步发挥。电信行业的增长除投资拉动外，已更多地转到业务创新和服务创新。

**（六）电信能力建设稳步提升**

2008 年，全国光缆线路长度净增 99.1 万公里，达到 676.8 万公里。其中，长途光缆线路长度达到 79.3 万公里，与上年末基本持平。固定长途电话交换机容量减少 4.7 万路端，达到 1 704.6 万路端；局用交换机容量（含接入网设备容量）减少 155.7 万门，达到 5 0878.9 万门。移动电话交换机容量净增 28 854.6 万户，达到 114 350.8 万户。基础电信企业互联网宽带接入端口净增 2 388.8 万个，达到 10 928.1 万个。全国互联网国际出口带宽达到 640 286Mbps，同比增长 73.6%。

**（七）村通工程继续推进，农村通信发展步伐加快**

2008 年，村通工程和农村信息化建设方面的工程直接投资达到122亿元。全年共为30 996个20户以上的无电话自然村新开通电话，全国通电话自然村的比重达到92.4%；为1 322个无电话行政村新开通电话，全国通电话行政村的比重达到99.7%；还为新疆、黑龙江等地1 047个建设兵团连队和林场矿区新开通电话。全年共为593个乡镇提供上网接入、601个乡镇开通宽带，目前全国98%的乡镇能上网、95%的乡镇通宽带，全国有27个省份已经实现“乡乡能上网”；为12 364个行政村开通互联网，全国能上网的行政村比重达89%，已有19个省份基本实现行政村“村村能上网”。

适农业务和平台推广迅速，农村信息化步伐不断加快。“农信通”、“农民用工信息平台”、“信息田园”等农村综合信息服务平台得到进一步完善和扩大。“乡乡有网站”项目已在安徽等8个省份试点，免费建成乡镇政府网站1 600多个，免费培训乡镇信息员2 000余人。宁夏、四川等近10个省份推行了县信息中心、乡信息站、村信息员的农村信息网络模式。部分乡村通过“通信光电缆+机顶盒”方式，在一条线路上实现了电话、互联网和广播电视的共享传送。

## 二、2008年电信业对外开放

2001年，我国正式加入世界贸易组织。根据我国服务贸易具体承诺：开放的基础电信服务包括寻呼服务、移动话音和数据服务、国内业务和国际业务，每项业务的开放时间、地域和外资股比要求不相同。至2007年过渡期结束后，允许外资在国内设立合资公司，股比不超过49%，并取消地域限制。开放的增值电信服务包括电子邮件、语音邮件、在线信息和数据检索、电子数据交换、增值传真服务（包括储存和发送、储存和检索）、编码和规程转换、在线信息和/或数据处理（包括交易处理），明确了业务开放时间、地域和外资股比要求。至2004年过渡期结束后，允许外资在国内设立合资公司，股比不超过50%，并取消地域限制。

2008年，按照入世承诺要求，我国进一步扩大电信业对外开放。

修订有关规定，降低电信行业准入门槛。2008年9月10日，国务院公布了《国务院关于修改〈外商投资电信企业管理规定〉的决定》（国务院第534号令）。新的规定：一是降低了外商投资电信企业经营基础电信业务的注册资本最低限额。其中，经营全国的或者跨省、自治区、直辖市范围的基础电信业务的，注册资本最低限额从20亿元人民币降为10亿元人民币；经营省、自治区、直辖市范围内的基础电信业务的，注册资本最低限额从2亿元人民币降为1亿元人民币。二是减少了设立外商投资电信企业的申请材料，不再要求提交可行性研究报告。三是删除了境内电信企业在境外上市须经国务院信息产业主管部门审查的有关规定。

鼓励外资企业投资电信企业。2008年，全国电话用户达到9.8亿户，固定电话普及率达到25.8部/百人，移动电话普及率达到48.5部/百人，网络规模已位居全球第一。随着电信行业快速发展，吸引外资企业投资我国电信企业，如沃达丰向中国移动投资，韩国SK、西班牙电讯向中国联通投资，并不断加增持股比。截止2008年年底，共有14家跨省经营的外商投资电信企业在华经营增值业务，包括全球知名的Google、MSN等企业在中国成立的合资公司。

积极推进电信业重组工作。为形成相对均衡的电信竞争格局，增强自主创新能力，提升电信企业综合竞争力，促进行业协调健康发展，充分利用现有3张覆盖全国的第二代移动通信网络和固定网络资产，我国于2008年实施了电信业改革重组。遵循技术中立的原则，根据相关电信运营企业的申请，我国批准中国电信收购中国联通CDMA网（包括资产和用户）、中国联通与中国网通合并、中国卫通的基础电信业务并入中国电信、中国铁通并入中国移动。

改革重组工作完全按照市场化运作原则，遵循国际资本市场运作规则。重组完成后，我国电信市场形成了三家全业务运营企业，在固定通信领域和移动通信领域以及固定移动融合发展方面将出现新的竞争局面，对合理配置现有电信网络资源，促进我国电信业持续健康发展具有重大意义。

配合世贸组织秘书处，积极做好政策审议工作。及时向WTO组织通报我国电信业法律法规的调整情况，配合世贸组织做好贸易政策审议工作，派人参加服务贸易规则分类等专题会议，对各国关注的我国电信业重组、境内外私人投资情况、资费结构、普遍服务、许可等的情况，通过各种渠道及时通报。

（中华人民共和国工业和信息化部运行监测协调局）

# 中国教育业对外开放情况

## 一、概念与范围

### （一）教育服务业

我们这里所讨论的教育服务业，并不是通常所说的有 3 亿多人口的教育大系统，也不完全等同于教育国际合作与交流。这里所说的教育服务业，具体指与世界贸易组织（WTO）框架下教育服务贸易有关的教育部门及其活动。

根据《服务贸易总协定》（GATS）定义，"服务"包括任何部门的任何服务，但在行使政府职权时提供的服务除外；"行使政府职权时提供的服务"指既不依据商业基础提供，也不与一个或多个服务提供者竞争的任何服务。

包括美国、澳大利亚在内的一些西方国家将 WTO 所讨论的教育服务及其具体承诺明确限定在"私立教育"领域，在私立教育领域做出开放承诺，允许市场准入，允许商业竞争。这些国家在国际舞台上积极倡导教育服务贸易，但也明确承认教育是政府的主要职能之一，教育服务仅仅是政府教育职能的补充而不是替代。

### （二）教育服务业分类

GATS 对服务贸易定义了四种方式，具体为模式 1：跨境交付，即自一成员领土向任何其他成员领土提供服务。模式 2：境外消费，即在一成员领土内向任何其他成员的服务消费者提供服务。模式 3：商业存在，即一成员的服务提供者通过在任何其他成员领土内的商业存在提供服务。模式 4：自然人移动，即一成员的服务提供者通过在任何其他成员领土内的自然人存在提供服务。

对应的教育服务贸易具体为，模式 1，即跨境远距离教育，如函授、网络教育等。模式 2，即留学教育、访问学者、人员互访、开展合作研究等，以及相伴生的留学市场服务，如政府、学校和私人机构组织的教育展览，代理机构，境外培训等。模式 3，即在目标国设立分校或分部，与当地学校结对子，合作办学，给当地学校授权等。模式 4，即教师和培训师跨境讲学等。另外，教育服务贸易还通过学校股权收购和课程知识产权转让等方式进行。

根据 1991 年联合国中心产品分类标准 CPC（临时），WTO 发布了 W/120 作为各成员开展服务贸易谈判的部门标准。其中将教育服务细分为初等教育服务（CPC921）、中等教育服务（CPC922）、高等教育服务（CPC923）、成人教育服务（CPC924）和其他教育服务（CPC929）五类。初等教育服务包括学前教育服务和其他初等教育服务，中等教育服务包括普通中等教育服务、高级中等教育服务和中等技术与职业教育服务，高等教育服务包括高中后技术与职业教育服务、大学和其他高等教育服务[①]。

### （三）中国政府加入 WTO 关于教育服务承诺

2001 年中国加入 WTO 时，明确承诺对外开放教育服务市场，而且开放承诺水平高于美国、日本等发达成员[②]。具体包含在《中华人民共和国加入议定书》（以下简称《议定书》）中，集中体现在《议定书》之附件 9"服务贸易具体承诺减让表"中。另外，我国政府在《议定书》之附件 4"实行价格控制的产品和服务"中，将初等教育服务、中等教育服务、高等教育服务的"教育服务收费"列入"实行政府定价的服务"范畴[③]。

## 二、发展概况

### （一）出国留学继续快速发展

2008 年新增出国留学人数 17.98 万人，比上年增长 24.2%。其中自费出国留学人数 16.16 万人，占 89.9%。前五位留学目的地国分别为美国、英国、澳大利亚、韩国和日本。从 1978 年到 2008

① http://www.wto.org

② 用世界银行常用的服务贸易开放水平计量方法，计算显示中国教育服务开放承诺水平接近 WTO 成员平均水平，高于美国和日本等多个成员。

③ 《中国加入世界贸易组织法律文件》，法律出版社，2002 年 1 月。

年年底，我国各类出国留学人员总数达 139.15 万人。截至 2008 年年底，以留学身份出国仍然在外的人员近 100 余万。2008 年，各类留学回国人员 6.93 万人，同比增长 55.95%。改革开放以来，各类留学回国人员达 39 万人。

中国出国留学人数持续快速增长，每年带动数百亿元教育消费流向国际市场，对流入国经济发展做出重大贡献。据美国国际教育协会（IIE）统计，2008 年在美国境内注册的中国留学生 81 127 人，比上年增长 19.8%，占美国国际学生总数 13%，居第二位。仅此一项为美国带来直接经济贡献 20.21 亿美元，合计人民币 140.5 亿元（按 2008 年平均汇率 1 美元＝6.95 元①）。如果考虑到培训、语言学习、考试、职业教育、中学、教育版税以及在中国境内提供的教育服务等，则美国当年对中国教育服务出口超过 30 亿美元。据英国高等教育统计局（HESA）统计，2008 年在英国本土高校注册的中国留学生 45 355 人，占英国高校非欧盟国际学生 19.8%（占全部国际学生 13.3%），居第一位。据此推算，2008 年在英国本土高校学习的中国留学生为英国带来直接经济贡献 11.07 亿英镑②，约合人民币 142.5 亿元（按当年平均汇率 1 英镑＝12.87 元）。如果考虑到中学与职业教育、英语学习、培训、考试、教育版税以及在中国国内注册学习英国高校课程等，则英国教育培训对中国当年的出口超过 20 亿英镑。据澳大利亚国际教育司（AEI）统计，2008 年澳大利亚有全额付费中国学生 127 276 人（包括高校、职校、中学和语言学校），占澳大利亚国际学生 23.4%，居第一位。来自中国学生的经济贡献达 36.27 亿澳元，约合人民币 214.06 亿元（按 2008 年平均汇率 1 澳元＝5.9 元）。

伴随着出国留学人数持续增加，自费出国留学中介服务日益繁荣。截至 2008 年年底，全国共有批准自费出国留学中介机构 401 家，其中北京市 76 家，辽宁省和江苏省各 28 家，黑龙江省 25 家③。

**（二）来华留学发展势头良好**

2008 年，来华留学教育保持良好发展势头。当年统计各类来华留学人数达到 223 499 人，首次突破 20 万人，比上年增长 14.3%。其中自费留学生 209 983 人，同比增长 13.3%。留学生来自 189 个国家和地区，分布在全国 31 个省、自治区、直辖市的 592 所高等院校、科研院所和其他教学机构。排在前三位的是韩国、美国和日本，来自美国的留学生数首次超过日本。2008 年，来华留学生中的学历生有 80 005 名，占 35.8%，同比增长 17.29%，增速高于来华留学生总人数的增长速度。

**（三）中外合作办学在规范中发展**

截至 2008 年年底，依法批准的中外合作办学机构和项目 1 099 个。其中办学机构 148 个、项目 951 个，覆盖全国 26 个省、自治区和直辖市。据不完全统计，目前各级各类中外合作办学在校生总数超过 43 万人，其中高等学历教育中外合作办学在校生约 30 万人，占全日制高校规模的 1.5%。截至目前，高等教育阶段中外合作办学毕业生（含培训）超过 110 万人。

目前，中外合作办学外方来源地与合作项目比较集中。合作项目主要来自那些积极倡导教育服务贸易的英语国家，来自美国、英国、澳大利亚、新西兰、加拿大的合作项目占总数的 73.2%。其中澳大利亚占 25.8%，英国占 19.5%，加拿大占 13.6%，美国占 11.3%。合作办学项目主要集中在办学成本相对低廉的学科专业，如本科层次合作办学项目，管理学占 35.8%、电子信息占 25%、经济学占 11%。专科层次合作办学项目，财经占 44.7%、电子信息占 18.6%、旅游占 9.3%。

截至 2008 年 12 月，全国 24 所高等学校共设立海外分校或举办境外办学项目达到 42 个。

**（四）对外汉语教学取得新发展**

汉语国际推广取得新突破，对外汉语教学有了新发展，“汉语热”不断升温。截至 2008 年年底，我国已在 78 个国家和地区建立了 305 所孔子学院和孔子课堂。目前，我国已经出版了多种外语版汉语教材，截至 2008 年年底，在 47 个国家和地区设立了 125 个汉语水平考试（HSK）海外考点，2003—2008 年年底，海外考生数量累计近 30 万人

① 取当年各月 15 日汇率中间价求全年平均值。
② 据英国高等教育政策研究所的研究，高等教育阶段非欧盟国际学生对英国的经济贡献平均为每人每年 2.44 万英镑。
③ http://www.jsj.edu.cn/md_index.php.

次。截至2008年年底，在全国26个省、自治区、直辖市建立105个汉语国际推广中小学基地，为40多个国家培训汉语教师16 512人次，向109个国家派出汉语教师1 557余人，向43个国家派出国际汉语教师志愿者1 865人。

**（五）双边合作与学历学位互认稳步推进**

日前，我国与世界上188个国家和地区建立了教育合作与交流关系，设立了18个双边教育高层工作磋商机制，构建了若干双边及区域性教育合作与交流平台，签署并尚在执行的教育合作协议达154个，正在实施的政府间合作教育项目77项。与联合国教科文组织、儿童基金会、开发计划署和世界银行等40多个重要国际组织建立了教育合作与交流关系，开展了大量合作项目。

截至2008年，我们与34个国家和地区签订了学历、学位互认协议，主要集中在独联体国家和东欧国家，以及英国、德国、法国、澳大利亚、新西兰、韩国和加拿大等国。双边学历、学位互认协议的签署，为深入开展双边教育合作创造了便利。在2008年，我国与古巴政府签署了旨在相互承认本国公民在对方国家获得的高等教育学历证书的协议，在与拉美地区促进学历、学位互认工作进程中迈出可喜一步。

**（六）其他教育服务快速发展**

中国的教育服务业持续快速发展，规模不断扩大，内涵与外延不断拓展。除上述有关方面外，还出现了其他形式的教育服务，如教育展览服务、教育考试服务、培训服务、课程知识产权转让、教育风险投资等。此外外籍教师和培训师的招聘和应聘越来越多地通过网络实现，带动了一些专业网站的发展。境外机构通过网络提供课程，学员通过网上注册消费境外教育服务。且随着网络技术的突破性发展，这种个人化的教育服务可以随时随地实现。

目前，面对日新月异的市场，现有法规及管理框架难以适应，制度建设明显滞后。如何对市场进行有效监管，如何保证质量，如何保护消费者合法权益，如何建立健全有效的市场信息统计系统，是我们面临的突出挑战。

## 三、主要工作

**（一）研究制定中长期发展规划**

1. 2008年，国家启动《国家中长期教育改革和发展规划纲要》的制定工作，将教育对外开放列为子课题之一专门研究。来自全国各界的专家为进一步扩大教育对外开放，深化教育国际合作提出了新的建议。

2. 2008年，商务部牵头有关部门研究制定《服务贸易中长期发展规划》，将教育服务作为重点领域之一，提出了发展目标和重点工作。

**（二）积极参与教育服务谈判**

1. 积极参加WTO教育服务谈判。2008年，我国政府有关部门积极参加WTO新回合有关教育服务谈判，在WTO框架内与有关成员就教育服务进行深入磋商，并对WTO有关教育服务新规则的制定提出我方建议。

2. 积极参加FTA教育服务谈判。2008年，我国积极与有关成员开展自由贸易区（FTA）谈判。截至2008年年底，中国共签署自由贸易协定（FTA）7项，在谈9项，进行可行性研究2项。几乎每项FTA的谈判或签署都涉及教育服务，甚至在与有些成员的谈判中教育服务成为对方谈判的重点领域，如与澳大利亚和新西兰的谈判。有关部门在FTA每轮教育服务谈判中充分准备，主动出击，积极配合，取得预期成效。在与部分成员签署的FTA中，中国政府对教育服务做出新的承诺，或者为我国教育服务进入对方市场争取到新的便利。比如巴基斯坦、新加坡、秘鲁、智利至今尚未在WTO框架内承诺开放教育服务，但在与我国签署的FTA中均做出开放教育服务承诺。新加坡在与我国签署的FTA中，对我国教育服务的承诺水平比之于在我国与东盟签署的FTA中有新的提高，具体表现为增加了“其他高等教育服务”（包括传统中医教育服务、中文培训服务及中文教育测试服务）。在我国与新西兰签署的FTA中，中新双方同意互设“中国—新西兰博士研究生奖学金”，每年资助10名来自对方国家的学生攻读博士学位。同时双方在学生签证便利化及假期工作机制安排等方面达成新的协定。中国政府还同意在涉外教育监管网上发布部分新西兰院校名单。

**（三）稳步推进制度建设，进一步规范市场行为**

1. 健全政策法规。为确保人民群众利益，促进教育国际合作与交流依法有序发展，有关部门近年来制定发布了一系列政策法规，加快推进制度建设，加大对教育涉外活动的监管力度。现行主要政策法规包括《中外合作办学条例》、《中外合作办学条例实施办法》、《中外合作举办教育考试暂行管理办法》、《高等学校境外办学暂行管理办法》、《自费出国留学中介服务管理规定》、《中小学接受外国学生管理暂行办法》、《外籍人员子女学校管理办法》等。

2. 继续实施自费出国留学预警制度。为确保出国留学健康发展，保护留学生合法权益，2003年教育部建立留学预警制度。截至2008年年底，共发布留学预警41起，先后对18个国家的有关教育机构提出预警，其中新加坡被预警10起，列第一位。其他被多次预警的国家包括瑞士和加拿大各4起，澳大利亚、法国和德国各3起。2008年发布4起留学预警。

3. 建立健全来华留学生信息管理制度。从2008年3月起，教育部会同有关部门对来华留学生实行新生学籍和学历证书电子注册，建立来华留学生学历生完整的信息库，使留学生的学籍学历管理更加规范。参照世界各国国际学生管理通行做法，教育部积极推行来华留学生的"趋同"管理，逐步将来华留学生管理纳入高校学生的整体管理工作中。

4. 实施中外合作办学颁发境外学历证书认证注册制度。为切实加强对中外合作办学过程的行政监管，提高中外合作办学质量，进一步规范中外合作办学学历、学位证书的颁发和认证工作，教育部建立中外合作办学颁发境外学历证书认证注册制度。决定对自2008年入学本科以上（含本科）中外合作办学学生，开展中外合作办学颁发境外学历学位证书认证注册工作。

另外，为进一步规范市场，促进教育国际交流与合作健康发展，教育部会同有关部门，努力完善自费出国留学中介服务机构审批制度和保证金制度，加强对中外合作办学机构与项目的复核与审批。

总之，2008年是不平凡的一年，我国教育服务在各领域取得新的成就，为今后更好地发展奠定了良好基础。同时，也面临着一系列新的挑战，需要未雨绸缪，正确处理好发展和防范的关系，继续研究制定完善法律法规，加强对国际教育服务和教育涉外活动的规范管理。

（上海市教科院 WTO 教育服务研究中心 朱兴德）

# 中国文化业对外开放情况

改革开放30年来，特别是国民经济“九五”计划、“十五”计划的顺利实现和“十一五”计划的顺利开展，促进了国民经济快速健康发展，经济体制改革全面推进，人民生活水平普遍提高，也为中国文化业提供了更加广阔的发展空间和良好的发展机遇。2001年12月11日，中国正式加入WTO，成为世界贸易组织第143个成员。在加入世界贸易组织八年的历程中，中国与文化相关的一些行业领域陆续实行对外开放，中国文化业的对外交流与合作日益活跃，进入了一个新的发展阶段。发展文化产业正在并将日益成为中国应对世界性的新技术革命浪潮和产业结构升级，转变增长方式，实现跨越式发展的重要战略选择。

## 一、WTO有关文化贸易的政策协定

1. 文化贸易

文化贸易的产业基础是文化产业，属于国际服务贸易领域。联合国教科文组织将文化产业的内涵界定为：按照工业标准生产、再生产、储存以及分配文化产品和服务的一系列活动。文化产业以满足人们的文化需求为目标，是生产文化产品和提供文化服务的行业。文化贸易主要指与知识产权有关的文化产品和文化服务的贸易活动。

文化贸易是在服务贸易中涉及面广泛且新形态不断出现的一个特殊部门。按照国际统计和信息制度局《国际服务贸易分类表》的划分，文化贸易主要包括以下文化服务及相关文化内容的文化产品：

在商业服务中，有法律服务、软件服务、数据处理和数据库服务、广告服务、摄影服务、包装服务、印刷和出版服务；在视听服务中，有电影和录像的制作和分销服务、电影放映服务、广播和电视服务、广播和电视传输服务、录音服务；在娱乐、文化和体育服务（除视听服务以外）中，有文娱服务、新闻社服务、图书馆、档案馆和其他文化服务、体育和娱乐服务。

此外，近几年涌现出的文化会展服务、文化中介服务、文化咨询服务等新型服务以及相关的文化产品，也属于文化贸易的范围。

2. WTO体系中有关文化贸易的主要规则

作为一种法律体系和政策系统，WTO所形成的诸多协定及协议广泛涉及文化产业的各个领域。影响目前和未来世界文化产业规模、流向、速度及其方式的主要是世界贸易组织制定的、有90个缔约国参加的《服务贸易总协定》、《与贸易有关的知识产权协定》和《关税与贸易总协定》。

（1）文化主权

各国为保护其国内文化产业的发展，经常把文化主权问题作为主要理由提出来。从实质上讲，文化主权（Cultural Sovereignty）并不是关于艺术产品本身的消费问题，而是关于消费者对文化产品的选择问题。政府会运用价值判断来促进、刺激国内文化产品的消费，因为这些文化产品表达了本国的价值观和文化。文化主权是支持贸易壁垒的核心观点，经济和政治问题也常常被提出来支持贸易限制。从20世纪初开始，许多国家对文化产品的贸易实行了限制。1948年的《贝鲁特协议》规定取消教育用视听材料国际贸易中的进口关税、许可证和数量限制。1950年的《佛罗伦萨协议》注重对知识产品如图书、期刊和报纸等的自由流通。然而，这些国际协议没有包含娱乐性文化产品或文化特征。此外，《关贸总协定》（GATT）和《经合组织无形标准》（DECEcode of Invisibles）都批准了电影放映保留配额，以保持各国的文化身份。

（2）文化例外

在1993年关贸总协定乌拉圭回合的最后一轮谈判中，以法国为代表的一些国家表示，关贸总协定对于商品、服务及受版权保护的产品的原则的实施，特别是最惠国及国民待遇原则，侧重于商业方面的考虑，会破坏这些国家的文化独特性及其独特地位。如果仅仅受商业利益的支配，许多地方的文化产业很快就会被跨国公司及具有垄断地位的资本所代替。作为一种“主张”，“文化例外”没有任何法律地位，也就是说，它没有被写进任何协议或条约。文化例外的主张是基于这样一种原则：文化不像其他任何产品那样，因为它的价值超过了商业价值。文化商品和服务传达着观念、价值和生活方式，这些反映了一个国家的多重身份及其公民的创新的多样性。

(3) 文化多样性

1995年世界文化与发展委员会发表了题为“我们的创造的多样性”的报告，深入论述了文化在人类发展中的重要作用。报告认为，经济的发展是一个民族的文化的一部分，脱离人或文化背景的发展是一种没有灵魂的发展。发展不仅包括得到商品和服务，而且包括过上充实的、满意的、有价值的和值得珍惜的共同生活，使整个人类的生活多姿多彩。发展与经济是一个民族的文化的组成部分。发展是一个对个人和集体产生强大的思想和精神影响的现象。所以，对发展和现代化的各种问题的认识，说到底都集中在文化价值和社会科学两个方面。文化是一种行为方式的传播。1998年，联合国教科文组织又在斯德哥尔摩召开了“文化政策促进发展”政府间会议。这次会议提出了一份《文化政策促进发展行动计划》。这份《文化改革促进发展行动计划》指出，“发展可以最终以文化概念来定义，文化的繁荣是发展的最高目标。”文化的创造性是人类进步的源泉。文化多样性是人类最宝贵的财富，对发展是至关重要的。因此，文化政策是发展政策的基本组成部分，未来世纪的文化政策必须面向和更加适应新的飞速发展的需要。无疑，未来世界的竞争也将是文化或文化生产力的竞争，文化将成为21世纪最核心的话题之一。

## 二、WTO与中国文化业的相关政策

1.《营业性演出管理条例》

2008年7月22日，国务院发布《关于修改〈营业性演出管理条例〉的决定》，根据决定，文化部文化市场司演出处起草了《营业性演出管理条例实施细则（征求意见稿）》。其中较大的改动是第十二条第一款，修改为：“香港特别行政区、澳门特别行政区的投资者可以在内地投资设立合资、合作、独资经营的演出经纪机构、演出场所经营单位；香港特别行政区、澳门特别行政区的演出经纪机构可以在内地设立分支机构。”这一改动说明，中国演出市场对香港、澳门的开放有了实质性的变化。

2.《关于加强涉外及港澳台营业性演出管理工作的通知》

2008年，文化部发布了《关于加强涉外及港澳台营业性演出管理工作的通知》。通知指出要加强对演出经济机构资质、演出内容、文艺表演团体和个人资信、举办单位与委托、投资单位权利义务关系的审核；加强对巡回演出的监督管理和活动现场的监管；建立演出市场信息通报制度和信用档案制度。通知的出台对规范涉外演出管理、加强涉外演出监管起着重要作用，同时提高了涉外演出的准入门槛。

3.《音像制品管理条例》

第二章第十五条规定：音像出版单位可以与香港特别行政区、澳门特别行政区、台湾地区或者外国的组织、个人合作制作音像制品。具体办法由国务院出版行政部门制定。

第四章第二十七条规定：音像制品成品进口业务由国务院文化行政部门指定音像制品成品进口经营单位经营；未经指定，任何单位或者个人不得经营音像制品成品进口业务。第二十八条规定：进口用于出版的音像制品，以及进口用于批发、零售、出租等的音像制品成品，应当报国务院文化行政部门进行内容审查。国务院文化行政部门应当自收到音像制品内容审查申请书之日起30日内作出批准或者不批准的决定，并通知申请人。批准的，发给批准文件；不批准的，应当说明理由。进口用于出版的音像制品的单位、音像制品成品进口经营单位应当持国务院文化行政部门的批准文件到海关办理进口手续。第二十九条规定：进口用于出版的音像制品，其著作权事项应当向国务院著作权行政管理部门登记。第三十条规定：进口供研究、教学参考的音像制品，应当委托音像制品成品进口经营单位依照本条例第二十八条的规定办理。进口用于展览、展示的音像制品，经国务院文化行政部门批准后，到海关办理临时进口手续。依照本条规定进口的音像制品，不得进行经营性复制、批发、零售、出租和放映。

第五章第三十五条规定：国家允许设立从事音像制品分销业务的中外合作经营企业。具体实施办法和步骤，由国务院文化行政部门会同国务院对外经济贸易主管部门按照有关规定规定。

第六章第四十一条规定：走私音像制品的，依照《刑法》关于走私罪的规定，依法追究刑事责任；尚不够刑事处罚的，由海关依法给予行政处罚。第四十三条规定：音像出版单位违反国家有关规定与香港特别行政区、澳门特别行政区、台湾地区或者外国的组织、个人合作制作音像制品，音像复制单位违反国家有关规定接受委托复制境外音像制品，未经省、自治区、直辖市人民政府出版行政部门审核同意，或者未将复制的境外音像制品全部运输出境的，由省、自治区、直辖市人民政府出版行政部门责令改正，没收违法经营的音像制品和违法所得；违法经营额1万元以上的，并处违法经营额5倍以上10倍以下的罚款；违法经营额不足1万元的，并处1万元以上5万元以下的罚款；情节严重的，并由原发证机关吊销许可证。

4.《广播电视管理条例》

第十条规定：广播电台、电视台由县、不设区的市以上人民政府广播电视行政部门设立，其中教育电视台可以由设区的市、自治州以上人民政府教育行政部门设立。其他任何单位和个人不得设立广播电台、电视台。国家禁止设立外资经营、中外合资经营和中外合作经营的广播电台、电视台。

5.《电影管理条例》

第十八条规定：电影制片单位经国务院广播电影电视行政部门批准，可以与境外电影制片者合作摄制电影片；其他单位和个人不得与境外电影制片者合作摄制电影片。电影制片单位和持有《摄制电影片许可证（单片）》的单位经国务院广播电影电视行政部门批准，可以到境外从事电影片摄制活动。境外组织或者个人不得在中华人民共和国境内独立从事电影片摄制活动。

第十九条规定：中外合作摄制电影片，应当由中方合作者事先向国务院广播电影电视行政部门提出立项申请。国务院广播电影电视行政部门征求有关部门的意见后，经审查符合规定的，发给申请人一次性《中外合作摄制电影片许可证》。申请人取得《中外合作摄制电影片许可证》后，应当按照国务院广播电影电视行政部门的规定签订中外合作摄制电影片合同。

第二十条规定：中外合作摄制电影片需要进口设备、器材、胶片、道具的，中方合作者应当持国务院广播电影电视行政部门的批准文件到海关办理进口或者临时进口手续。

第二十一条规定：境外电影制片者同中方合作者合作或者以其他形式在中华人民共和国境内摄制电影片，应当遵守中华人民共和国的法律法规，尊重中华民族的风俗、习惯。

第二十二条规定：电影底片、样片的冲洗及后期制作，应当在中华人民共和国境内完成。有特殊技术要求确需在境外完成的，应当单项申请，报经国务院广播电影电视行政部门批准后，按照批准文件载明的要求执行。

6.《文物保护法实施条例》

第五十二条规定：临时进境的文物，经海关将文物加封后，交由当事人报文物进出境审核机构审核、登记。文物进出境审核机构查验海关封志完好无损后，对每件临时进境文物标明文物临时进境标识，并登记拍照。临时进境文物复出境时，应当由原审核、登记的文物进出境审核机构核对入境登记拍照记录，查验文物临时进境标识无误后标明文物出境标识，并由国务院文物行政主管部门发给文物出境许可证。未履行本条第一款规定的手续临时进境的文物复出境的，依照本章关于文物出境的规定办理。

第五十三条规定：任何单位或者个人不得擅自剥除、更换、挪用或者损毁文物出境标识、文物临时进境标识。

第六十一条规定：违反本条例规定，文物出境展览超过展览期限的，由国务院文物行政主管部门责令限期改正；对负有责任的主管人员和其他直接责任人员依法给予行政处分。

7.《娱乐场所管理条例》

第二章第六条规定：外国投资者可以与中国投资者依法设立中外合资经营、中外合作经营的娱乐场所，不得设立外商独资经营的娱乐场所。

第三章第二十四条规定：娱乐场所招用外国人的，应当按照国家有关规定为其办理外国人就业许可证。

## 三、我国文化业对外开放现状及特点

1. 发展现状

改革开放三十年以来，我国经济高速发展，特别是进入21世纪，我国对外贸易取得举世瞩目的成就。2009年1月，海关总署发布了2008年我国对外贸易进出口情况。据统计，2008年外贸高达25 616.3亿美元，比上年（下同）增长17.8%。其中出口14 285.5亿美元，增长17.2%；进口

11 330.8亿美元，增长18.5%。贸易顺差2 954.7亿美元，比上年增长12.5%，净增加328.3亿美元。

根据海关总署提供的数据，2008年我国一般贸易进出口12 352.6亿美元，增长27.6%。其中，出口6 625.8亿美元，增长22.9%；进口5 726.8亿美元，增长33.6%。同期，加工贸易进出口为10 535.9亿美元，增长6.8%。其中，出口6 751.8亿美元，增长9.3%；进口3 784亿美元，增长2.7%。在我国主要贸易伙伴中，欧盟继续为我国第一大贸易伙伴。2008年中欧双边贸易总值为4 255.8亿美元，增长19.5%，分别高于同期中美、中日双边贸易增速9个和6.5个百分点。同期，美国继续为我国第二大贸易伙伴，中美双边贸易总值为3 337.4亿美元，增长10.5%。日本仍为我国第三大贸易伙伴，2008年中日双边贸易总值为2 667.8亿美元，增长13%。

在出口商品中，2008年我国机电产品出口8 229.3亿美元，增长17.3%。其中，电器及电子产品出口3 420.2亿美元，增长13.9%；机械及设备出口2 686.3亿美元，增长17.5%；高新技术产品出口4 156.1亿美元，增长13.1%。同期，我国服装及衣着附件出口1 197.9亿美元，增长4.1%；纺织纱线、织物及制品出口653.7亿美元，增长16.6%，加快1.6个百分点；鞋类出口296.6亿美元，增长17.2%，加快1.2个百分点；家具出口269.1亿美元，增长21.5%；塑料制品出口158.3亿美元，增长9.4%，小幅提高0.6个百分点。

在进口商品中，2008年我国进口初级产品3 627.8亿美元，增长49.2%，占当年我国进口总值的32%，比上年提高6.6个百分点。同期，进口工业制品7 703.1亿美元，增长8.1%，占当年我国进口总值的68%；其中，进口机电产品为5 386.6亿美元，增长7.9%；进口化学成品及有关产品1 191.9亿美元，增长10.8%；进口汽车40.8万辆，增长30.6%；进口钢材1 543万吨，下降8.6%。

(1) 在图书版权方面，多年来我国图书进出口贸易的逆差约为10∶1，面对欧美的逆差则达100∶1以上。

(2) 在演出方面，作为世界文化大国之一，我国的表演艺术团体和人员数量之众堪称世界之最；然而，我国目前全部出国商演的年收入不及1亿美元，而加拿大太阳马戏团一年的海外演出收入就达到了这个数目。

(3) 在影视剧和电视节目方面，2008年我国广播电视业继续保持良好发展态势，广播电视综合人口覆盖率分别为95.96%、96.95%，分别比2007年增长0.53%、0.37%。2008年全国影视节目出口总额已接近30亿元人民币，比2007年增加了9亿元人民币人民币。① 其中，电影海外收入25亿元人民币，比2007年增加了5亿元人民币。

(4) 电影方面，根据国家广电总局电影局的统计，2008年中国电影全年故事片产量达到406部，再次创下历史新高，这也标志着中国已经步入了世界电影生产大国行列。中国电影业从2003年起全面推进产业化进程，出台了一系列促进电影产业发展的政策措施，电影产量从2002年的100部左右，上升到2008年的406部，投资主体超过300家，多种经济成分并存，年度票房总额达到43.41亿元人民币。由于受叙事方式等海外推广渠道限制，中国电影海外市场推广基础薄弱。我国电影出口主要集中在功夫片，其他能体现我国文化特色的各种影片出口极少。2008年受金融危机影响，海外市场的购片能力进一步下降。此时，加强中外合作拍片成为继续推动中国电影国际化的有利途径。

(5) 在动漫方面，2008年我国动画片制作继承了几年来延续的高速增长态势，完成249部共计131 042分钟的动画节目，同比增长28%。

(6) 演出业方面，受奥运会影响，北京演出市场2008年在短时间内出现繁荣。2008年北京演出市场演出收入6.27亿人民币，与2007年同期4.16亿元相比增长50.72%。由文化部等组织的“2008北京奥运会重大文化活动”，从3月持续到9月，北京的各大剧场几乎每晚都要上演来自国内外的剧目。

2. 特点

文化贸易已成大国竞争的焦点。文化产品出

① 资料来源：中国投资资讯网，http：//www.droiyan.com.cn。2009—2012年中国影视产业投资分析及前景预测报告(共四卷)，2009—2—17。

口，投入低利润高，并具有极大的利润隐蔽性，同时又不会面临反倾销制裁、别国敌视等问题。我国党和政府高度重视文化“走出去”的发展战略，政府在文化产品和服务“走出去”工作中始终起着主导作用。2005 年 7 月，中共中央办公厅、国务院办公厅下发了《关于进一步加强和改进文化产品和服务出口工作的意见》。2006 年 8 月颁布的《国家“十一五”时期文化发展规划纲要》，对实施“走出去”战略做出了明确的规划，确定了“十一五”期间重点发展的文化产业和文化项目。其中，重点发展的文化产业包括：（1）影视制作业；（2）出版业；（3）发行业；（4）印刷复制业；（5）广告业；（6）演艺业；（7）娱乐业；（8）文化会展业；（9）数字内容和动漫产业。重大文化产业推进项目包括：（1）国家数字电影制作基地建设工程；（2）“中华字库”工程；（3）国家“知识资源数据库”出版工程。2006 年 11 月，国务院转发了财政部、新闻出版总署等八部委《关于鼓励和支持文化产品和服务出口的若干政策的通知》。2007 年 4 月，商务部等六部委公布了《文化产品和服务出口指导目录》。

多年以来，文化产品“走出去”一直是我国对外文化工作的重要内容，无论是对外文化演展、电视频道落地，还是电视节目、影视剧、图书报刊的出口，都是文化、广播电视、新闻出版等宣传文化部门的重要任务，充分发挥了主导作用。

文化贸易作为我国对外贸易的重要组成部分，近年来取得长足的进步，但是，文化贸易的增幅远落后于国家对外贸易的总体增幅。在西方发达国家，文化产业在 GDP 中的比重普遍高于 10%，美国则高达 25%，在其国内产业结构中仅次于军事工业，位居第二。而中国文化产业在 GDP 中所占比重则远低于该比例。中国文化出口一直是逆差，而且逆差比例高达 1∶7，图书的贸易逆差比达到 1∶10，影视等领域的逆差比更高。此外，我国文化产品出口存在结构性劣势。文化产品出口对象主要集中在港、澳、日、韩、东南亚等国家和地区，存在着出口对象单一化的问题。

因此，需要从国家发展战略的高度出发，将发展文化产业、扩大文化出口，作为促进国民经济实现全面转型和科学发展的重点内容和紧迫工作。使“世界工厂”供应世界的，不再仅仅是物质产品，还有原创影视、动漫游戏、文艺演出之类的文化产品，由“中国制造”转变为“中国创造”。

（北京大学文化产业研究院　卢莎<br>文化部外联局对外文化贸易处）

# 中国新闻出版业对外开放情况

改革开放以来，特别是中国加入世界贸易组织之后，与出版相关的一些行业领域进一步实行对外开放，中国出版业的对外交流与合作日益活跃，进入了一个新的发展阶段。中国政府尊重和保护知识产权。中国政府历来重视和发展中国出版业同世界各国出版业之间的交流与合作，鼓励和支持中国出版社积极引进国外优秀的作品介绍给中国读者，同时也积极倡导将中国的优秀作品介绍给外国读者。我们的一贯方针是支持和推动中外出版业在各个出版领域里开展业务往来。

## 一、WTO 与新闻出版业承诺

### （一）出版方面

在出版领域，根据《出版管理条例》和《外商投资产业指导目录》，外商目前还不能投资出版领域，即不能在华投资设立图书、报纸、期刊、音像制品、电子出版物的出版机构。中外出版商可以开展版权贸易和出版合作。目前可以设立独资或与内地合资的文化公司，营业项目范围为组稿、编辑、排版、选题策划、出版咨询、版权贸易等相关业务，但不得从事实际的出版业务。

### （二）发行方面

根据我国加入世贸组织的承诺、《出版管理条例》和《外商投资图书、报纸、期刊分销企业管理办法》，我国图书、报纸、期刊的零售市场目前已经对外开放，到 2003 年年底，书、报、刊的批发市场对外开放，即外商可以在华设立中外合资、合作和独资的书、报、刊批发和零售企业。但是，禁止外商投资从事书报刊总发行和进口业务，音像制品和电子出版物的总发行和进口业务，以及利用信息网络开展互联网出版业务。

### （三）印刷方面

根据《印刷业管理条例》、《外商投资产业指导目录》和《设立外商投资印刷企业暂行规定》，我国允许外商在华投资设立中外合资、中外合作、外商独资的包装装潢印刷企业，允许设立中外合资、中外合作出版物和其他印刷品印刷企业。

根据国务院关于第三批取消和调整行政审批项目的决定，从 2004 年 7 月 1 日起，申请在华设立外商投资印刷企业的单位可以直接到各省、自治区、直辖市出版行政部门和商务部门办理有关设立手续。

### （四）出版物进出口

根据《出版管理条例》，出版物进口由国家批准的出版物进口经营单位经营，其中报纸、期刊的进口由国家指定的进口经营单位经营，其他单位和个人不得经营。

## 二、我国目前实行的对外出版政策措施

我国党和政府对“走出去”战略高度重视，2005 年 7 月，中共中央办公厅、国务院办公厅下发了《关于进一步加强和改进文化产品和服务出口工作的意见》，2006 年 8 月又印发的《国家“十一五”时期文化发展规划纲要》，对实施“走出去”战略做出了明确的规划；2006 年 11 月，国务院转发了财政部、新闻出版总署等八部委《关于鼓励和支持文化产品和服务出口的若干政策的通知》（以下简称《通知》）；2007 年 4 月，商务部等六部委公布了《文化产品和服务出口指导目录》，新闻出版总署还出台了扶持出版“走出去”的八项政策措施。

八部委《通知》的主要内容：一是鼓励和支持各种所有制文化企业积极开展、参与和从事文化产品和服务出口业务；二是支持出版集团公司和具有一定版权输出规模的出版社成立专门针对国外图书市场的出版企业，经批准可配备相应的出版资源；三是鼓励文化企业在境外设立出版社；四是支持出口文化产品和服务的技术创新；五是利用宣传文化发展专项资金和文化“走出去”专项资金，加大对文化产品和服务出口的支持；六是研究制定文化产品出口退税政策；七是对列入《文化产品和服务出口指导目录》的出口项目的企业可向中国进出口银行和国家开发银行等政策性银行提出贷款申请；八是完善文化产品和服务出口表彰奖励机制。

新闻出版总署扶持出版“走出去”八项政策措施分别为：对列入“中国图书对外推广计划”或实

施“走出去”战略的出版项目所需要的书号不限量，给予充分保证；支持重点出版企业申办出口权；支持出版单位创办外向型外语期刊；制定“鼓励和扶持文化产品和服务出口的若干政策”的配套文件；协调国内金融机构提供外向型出版企业、工程项目加快发展的信贷支持；全力办好国际书展，重点扶持法兰克福、北京、莫斯科、香港等15个国际书展，提供更多的政府资金，打造中国图书推广的平台；为“中国图书对外推广计划”继续提供资金支持；适时表彰奖励图书“走出去”取得成绩的出版集团和出版社。

2009年4月，新闻出版总署印发《关于进一步推进新闻出版体制改革的指导意见》，其中第16条提到：扩大对外交流，积极实施“走出去”战略。充分利用国际国内两种资源、两个市场，努力推动新闻出版产品通过各种渠道进入国外主流市场、国际汉文化圈和港澳台地区。抓好“走出去”重大工程项目的组织实施工作，着力打造一批具有国际竞争力的外向型出版传媒企业，打造具有重要影响力的国际出版版权交易平台。加强出版物内容和形式的创新，采取多种措施鼓励版权输出和实物出口。鼓励以政府资助方式进行优秀作品和著作的相互翻译出版。鼓励有条件的出版传媒企业采取独资、合资、合作等形式，到境外兴办报纸、期刊、出版社、印刷厂等实体，拓展国外和港澳台地区市场，进一步扩大中华文化的国际影响力和传播力。

此外，我国在对待外资的政策上，对港澳台资本实行一定的倾斜。凡是外资享受的政策，都首先向港澳台资本开放。2003年内地与香港、澳门分别签署了《内地与香港关于建立更紧密经贸关系的安排》、《内地与澳门关于建立更紧密经贸关系的安排》，协定就内地与香港、澳门之间相互开放包括分销服务在内的服务贸易市场做出了承诺。即自2004年1月1日起，内地向香港、澳门开放以合资形式提供音像制品（含后电影产品）的分销服务；自2004年11月1日起内地向香港、澳门开放以独资形式在内地设立的零售商业企业、佣金代理和批发商业企业经营图书、报纸、杂志零售和批发业务。这些政策都比其他外资要优惠一些。在分销市场的实际开放过程中，首先获得零售权和批发权的都是来港澳台的外资，如，2003年7月28日成立的福建闽台图书有限公司（闽台合资，首获零售权）和2005年2月成立的广东联合图书有限公司（港资全资，首获批发权）。

## 三、我国新闻出版业对外开放现状

加入世界贸易组织以来，中国兑现承诺，整个书报刊分销市场都已经向世界开放，在出版、印刷、发行等各个环节，不断加大引进外资的力度，中外合资、合作的印刷、发行、出版企业达2 500多家，期刊版权合作50多家，图书合作年均600多种；对外版权贸易的成交量由1990年的几百种发展到2007年的1.4万多种。图书出口达730多万册，是进口的两倍；报刊出口达到400多万份，发行到了80多个国家和地区；一大批中国自主研发的网络游戏产品，进入了国外的主流市场。“中国图书对外推广计划”已经推出1 400多种中国精品图书，由40多个国家和地区翻译出版，在西方主流社会产生了一定影响。[①] 中国新闻出版企业正在走出国门，与国外战略投资者进行多种形式的深度合作，与国外新闻出版业共谋发展，发展的势头很好。新闻出版业对外合作的形式日趋多样化：版权合作由单向引进变为双向合作；项目合作由战术型走向战略型；资本合作探索出许多新模式；数字出版合作呈现出广阔的前景。在不断深化和完善的过程中，“走出去”战略成效初显，全新的出版业对外开放格局日渐形成。

### （一）出版方面

近年来，中外版权贸易十分活跃，对外版权贸易的成交量不断上升。根据统计，2002年至2007年全国图书出版社输出版权累计63 378项。（见图1）

近年来，国内出版社还大量引进国外版权。根据统计，从2001年到2007年全国图书出版社从海外引进版权累计9 477项。（见图2）

据统计，2001年到2007年全国各图书出版社版权输出数量逐年增长，2007年版权输出为2 571种，引进输出比例由2003年的约15∶1缩小到2007年的约4∶1。这表明，近年来我国版权贸易的逆差不断缩小。

① 柳斌杰：《与时俱进的中国新闻出版业》，《求是》2009年第4期。

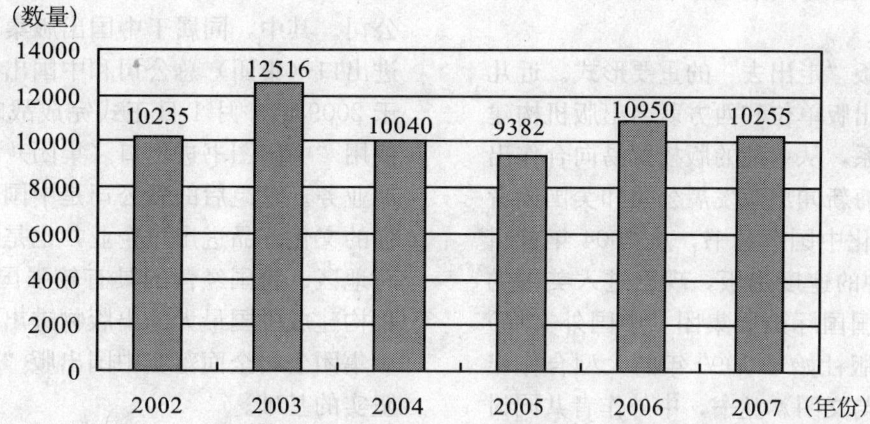


**图1 2002—2007年全国图书版权引进数量比较**

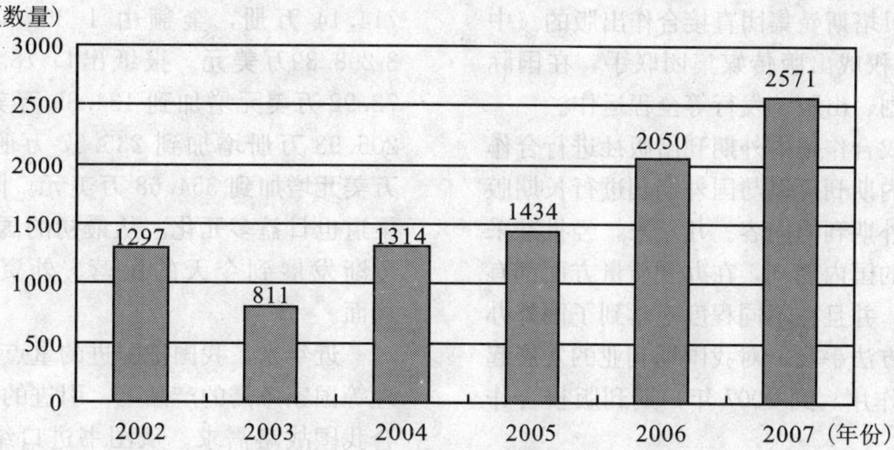


**图2 2002—2007年全国图书版权输出数量比较**

**表1 中国2001—2007年图书版权引进、输出比较**

| 年份 | 引进数量 | 输出数量 | 引进输出比 |
|---|---|---|---|
| 2002 | 10 235 | 1 297 | 7.89∶1 |
| 2003 | 12 516 | 811 | 15.43∶1 |
| 2004 | 10 040 | 1 314 | 7.64∶1 |
| 2005 | 9 382 | 1 434 | 6.54∶1 |
| 2006 | 10 950 | 2 050 | 5.34∶1 |
| 2007 | 10 255 | 2 571 | 3.99∶1 |
| 总计 | 63 378 | 9 477 | 6.69∶1 |

数据来源：新闻出版总署（国家版权局）《中国新闻出版统计材料汇编》。

与此同时，我国单册图书的版权转让费也有所上涨，版权输出后图书的发行量、版税的回收等一些反映出版"走出去"质量的硬指标也有所提高，同时版权输出类别也更加广泛，结构有所改善，版权输出的语种多且涵盖国家、地区越来越广泛，逐渐打破了长久以来只流向华文市场的局面。如湖北长江出版集团出版的小说《狼图腾》，目前已获得全球25种语言的版权引进。《淘气包马小跳》系列中的4本由法国菲利普·比基耶出版社出版法文版。接力出版社的《淘气包马小跳》系列中的8种，也已经被美国的哈珀·柯林斯出版集团购买了全球英文版权，于2008年2月在美国和英国同时出版英文版，同时在澳大利亚、加拿大发行和销售。

合作出版是出版“走出去”的重要形式。近几年，一些有实力的出版单位和西方著名出版机构建立战略合作伙伴关系，从单纯的版权贸易向合作出版方向发展。如上海新闻出版发展公司和美国读者文摘合作出版“文化中国”丛书，从 2004 年首辑出版，以年近 20 种的速度出版，现已进入美国的主流销售渠道；中国国际出版集团（中国外文局）与美国耶鲁大学出版社始于 1990 年的大型合作出版项目《中国文化与文明》丛书，中外作者共同讨论写作提纲、进行实地观摩、分头撰写、交换阅读、提出修改建议，最后由出版社定稿出版；辽宁出版集团与德国贝塔斯曼集团直接合作出版的《中国读本》，与海外权威出版传媒集团联手，在国际市场进行图书策划、出版、发行等全程运作。

中外期刊版权合作是中外期刊出版社进行合作的一种形式。国内期刊可以与国外期刊进行长期版权合作，使用国外期刊的内容。几年来，经批准采用这种合作方式的国内期刊，在办刊质量方面都有相当程度的提高，并且在不同程度上学到了国外办刊的经营理念和方法手段，对我国期刊业的发展起到了积极的推动作用。到 2007 年，期刊版权合作 50 多家。

作为“走出去”的主体，一些有远见、有实力的新闻出版单位已经将“走出去”作为一项重要的战略任务，制定了中长期规划，并因地制宜地出台了配套鼓励措施。如中国青年出版社成立了伦敦分社，这是中国在英国注册的第一家以出版英文图书为主的专业出版社；中国出版集团协同下属中国出版对外贸易总公司，分别与法国博杜安出版公司、澳洲多元文化出版社签订协议，在法国巴黎和澳大利亚悉尼注册成立三方合资出版社；中国国际出版集团下属的常青（美国）公司在美国合资创办了长河出版社，等等。

### （二）出版物进出口方面

目前获准有出版物进口经营权的进口公司共 42 家，由新闻出版总署对其实行年检制度并发放出版物进口经营许可证。其中，经国务院出版行政主管部门指定经营进口报刊的进出口公司有：中国图书进出口（集团）公司、中国国际图书贸易总公司、中国出版对外贸易总公司、中国教育图书进出口公司、上海外文图书贸易公司、北京中科进出口公司。其中，同属于中国出版集团旗下的中国图书进出口（集团）总公司和中国出版对外贸易总公司于 2009 年 1 月 1 日正式完成战略重组，对外统一使用“中国图书进出口（集团）总公司”的名称开展业务。重组后的新公司是中国规模最大、实力最强的文化产品进出口企业，也是我国出版界第一家跨地区、跨国经营的具有较强国际竞争力的公司，将构建成中国最大的出版物进出口平台，为中国出版集团公司全面落实中国出版“走出去”战略奠定坚实的基础。

从 2002 年到 2007 年的 5 年间，出版物出口持续增长，全国图书出口册数由 320.93 万册增加到 714.14 万册，金额由 1 363.44 万美元增加到 3 298.39万美元。报纸出口 78.12 万份，金额由 73.92 万美元增加到 134.39 万美元。期刊册数由 205.93 万册增加到 235.57 万册，金额由 303.22 万美元增加到 354.68 万美元。同时，出版物出口渠道也日益多元化。从最初的国有单位独家经营，逐渐发展到今天的民营、外资企业共同参与的局面。

近年来，我国把引进的重点放在科学技术、管理等国家急需的产品上，引进的数量和结构基本符合我国战略需求。从图书进口结构看：2007 年进口图书共 366.38 万册，共计 7 812.91 万美元，其中自然科学技术类图书 66.52 万册，共计 3 104.16 万美元，占图书进口额的 39.73%。2006 年进口图书共 360.6 万册，共计 4 324.41 万美元，其中自然科学技术类图书 88 079 万册，共计 1 517.52 万美元，占图书进口额的 35.09%。2005 年进口图书 403.65 万册，共计 4 196.96 万美元，其中自然科学技术类图书 102.71 万册，共计 1 805.49 万美元，占 43.02%。此外，文学艺术、哲学、社会科学和综合性图书所占的比例也很高。通过引进极大地缩短了我国在获取文化、科技信息等方面与发达国家的时间差，许多信息，如计算机技术书刊、经营管理书刊几乎与国外同步出版，国外科学技术发展为国民经济建设提供了有力的智力支持。

### （三）数字媒体出版方面

近年，音像制品、电子出版物、网络出版物、网络游戏、动漫等一些易于被普通民众接受的“俗文化”输出取得喜人成绩，带动中国出版以多种形式和载体走向世界。如江苏凤凰出版集团所属江苏电子音像出版社出版的《一游记》汉语教学游戏光盘，以英文、德文、法文等多种文字输出到欧美国家；中国大百科全书出版社与比利时根特大学所属VARTEC公司合作，共同推出了面向欧洲的《中国大百科全书》的网络版；北京完美时空公司自主研发的网络游戏《完美世界》已经进入了日本、韩国等游戏大国。

中国网络出版物的"走出去"也取得了很大的成效，如清华同方"中国知网"（CNKI）数据库已输出到欧美等许多国家和地区，欧洲、美洲、澳洲、亚洲和港澳台地区的500多所国际一流大学与科研机构、政府、党派和图书情报机构都采用了CNKI的资源，网上日均访问人数超过100万人，海外销售额连续五年增长，2006年达到3 276万元。

## 四、积极开展中外出版业的对外交流活动

中国目前已经加入的国际出版行业组织有：国际期刊联盟（FIPP）、国际书商联盟（IBF）、国际标准书号中心（ISBN）、亚太出版联合会（APPA）、国际儿童读物联盟（IBBY）、国际标准化组织（ISO）、世界印刷大会（WPC）、亚洲文化中心（ACCU）、世界知识产权组织（WIPO）、国际保护知识产权协会（AIPPI）、国际连续出版物编号中心（ISSN）等。

中国出版业的迅速发展促进了中外出版交流与合作，出版业务交往更加活跃，更加广泛。每年国内出版社都派人参加德国法兰克福书展、美国书展、英国伦敦书展、法国图书沙龙、意大利博罗尼亚儿童书展、澳大利亚书展、日本书展、新加坡书展等国际书展。积极参加国际书展促进了中外版权贸易和出版物的进出口。中外出版社之间的业务联系越来越紧密，中国出版市场与国际出版市场已经接轨。

1986年第一届北京国际图书博览会的举办，标志着中国出版业正式向世界敞开大门。经过20多年的不懈努力，北京国际图书博览会的规模和层次逐年提高，已经成为国际上最重要的图书博览会之一。2005年，北京国际图书博览会开始设立"主宾国"。从2005年至2008年，法国、俄罗斯、德国、希腊作为四届图书博览会的主宾国，以各具特色的表现给业界留下了深刻印象。

近几年来，我国坚持参与40多个国家或地区的书展、书市，宣传、展示和推介中国图书产品，开展版权贸易。在法兰克福、巴黎、纽约、莫斯科等地举办的大型书展上，中国成为最大的亮点之一。

2004年3月，在中法文化年框架下，新闻出版总署会同国务院新闻办、中国作协在法国图书沙龙主办了"中国主宾国"活动。中国展团在海外书展上一次推出2 000余种、3万余册图书现场展销，60余家中国出版社与法国出版社建立了直接联系，签订版权贸易合同156个。2007年9月，我国作为主宾国参加了第20届莫斯科国际书展，137家出版社参加书展，带去了2万多新书，组织了100多项各式各样的活动，推介中国的文化、图书，成为莫斯科书展上的一大亮点。2008年，我国在首尔国际书展举办主宾国活动。2009年，我国将作为主宾国参加法兰克福书展。

近年来，我国版权输出数量在多次国际书展上超过引进数量。在2007年第59届法兰克福书展上，来自全国100多家出版单位的270多人参展，共输出版权1 928项，总额873.24万美元，引进版权1 030项，总额238.2万美元，版权合作项目451项，总额316.75万美元。继2006年之后，第二次在法兰克福书展上实现合同输出数量大于引进数量。

起源于2004年中法文化年的"中国图书对外推广计划"从2005年实施以来，为出版国际合作提供了一个很好的平台。目前，已与27个国家的108家出版机构签订645项资助出版协议，涉及16个文版893种图书，协议资助金额3 000多万元。

（中华人民共和国新闻出版总署对外交流与合作司
中国出版科学研究所　唐巍　李晓晔）

# ● 知识产权保护制度

## 中国专利保护情况

2008年，是中国专利保护制度发展史具有重要意义的一年。在这一年中，国家知识产权战略工作取得重大进展，国务院颁布实施《国家知识产权战略纲要》。《中华人民共和国专利法》（以下简称专利法）的第三次修订工作完成，第十一届全国人大常委会第六次会议表决通过了《全国人民代表大会常务委员会关于修改〈中华人民共和国专利法〉的决定》，国家主席胡锦涛签署第8号主席令予以公布，《专利法实施细则修订草案（征求意见稿）》形成并向社会公开征求意见。2008年，中国的专利申请量继续保持平稳较快增长，国内专利申请和专利授权结构明显优化。同时，专利行政执法机关加强行政执法协作，积极开展行政执法专项行动，专利行政执法成效显著。此外，在加强专利中介服务组织管理、促进专利代理行业健康发展以及广泛深入开展对外交流与合作方面也卓有成效。

### 一、《国家知识产权战略纲要》正式颁布实施，对中国专利保护制度的完善和发展具有重要的历史意义

2008年6月5日，国务院颁布《国家知识产权战略纲要》（简称《纲要》）。《纲要》提出，到2020年，把我国建设成为知识产权创造、运用、保护和管理水平较高的国家的战略目标；部署了实施知识产权战略的七大专项任务和九个方面的重点举措。《纲要》的颁布，在我国知识产权事业发展史上具有里程碑的意义，对专利保护制度的完善和发展也具有重要的历史意义。

《纲要》提出，要进一步完善知识产权法律法规。及时修订专利法等知识产权专门法律及有关法规，健全知识产权执法和管理体制，并规定了明确的专利领域的专项任务，这包括：以国家战略需求为导向，在生物和医药、信息、新材料、先进制造、先进能源、海洋、资源环境、现代农业、现代交通、航空航天等技术领域超前部署，掌握一批核心技术的专利，支撑我国高技术产业与新兴产业发展；制定和完善与标准有关的政策，规范将专利纳入标准的行为；支持企业、行业组织积极参与国际标准的制定。完善职务发明制度，建立既有利于激发职务发明人创新积极性，又有利于促进专利技术实施的利益分配机制；按照授予专利权的条件，完善专利审查程序，提高审查质量。防止非正常专利申请；正确处理专利保护和公共利益的关系。在依法保护专利权的同时，完善强制许可制度，发挥例外制度作用，研究制定合理的相关政策，保证在发生公共危机时，公众能够及时、充分获得必需的产品和服务。

为贯彻落实《纲要》，2008年10月9日，国务院批复同意建立由国家知识产权局牵头的国家知识产权战略实施工作部际联席会议制度。联席会议成员由中央28个部门和单位负责同志组成。联席会议办公室设在国家知识产权局，主要承担联席会议的日常工作。

### 二、加强专利立法工作，推动专利保护制度的进一步完善

#### （一）专利法修订工作顺利完成

2008年7月30日，温家宝总理主持召开第19次国务院常务会议，审议并原则通过《中华人民共和国专利法修正案（草案）》。并于8月5日提请全

国人大常委会审议。第十一届全国人大常委会于2008年8月25日召开第四次会议，开始审议《中华人民共和国专利法修正案（草案）》。2008年12月27日，第十一届全国人大常委会第六次会议表决通过了《全国人民代表大会常务委员会关于修改〈中华人民共和国专利法〉的决定》。国家主席胡锦涛签署第8号主席令予以公布。修订后的《中华人民共和国专利法》将于2009年10月1日起施行。根据该决定，第三次专利法修改新增7条，修改了23条，主要内容有：明确了专利法的立法宗旨是"提高创新能力，促进经济社会发展"。为提高专利质量，适度调整了专利授权标准。例如，将相对新颖性调整为绝对新颖性，排除主要起标识作用的平面印刷品设计在外观设计授权客体之外等。完善了专利保护制度，平衡专利权人和社会公众的利益，例如，加大对违法行为的行政查处力度以及增加诉前证据保全的措施；调整专利侵权例外的规定，增加允许平行进口药品和医疗器械的试验例外（即Bolar例外）的规定；为防止专利权滥用增加了现有技术抗辩的规定以及对强制许可制度的完善等。

专利法第三次修改顺利完成，是我国专利保护制度发展历程中又一个重要的里程碑，也是贯彻落实《纲要》的重要举措。本次修改是在认真总结我国专利工作和专利法制建设20多年实践的基础上，根据自身的发展需要，从解决我国经济社会发展面临的实际问题出发，为更全面地保护国内外专利权人的合法权益，提高创新能力而进行的，其必将为增强我国自主创新能力、建设创新型国家，促进经济社会发展提供有力的制度支持。

**（二）专利法实施细则的修改**

为确保修订后的《专利法实施细则》与专利法同时施行，国家知识产权局于2008年3月初形成《专利法实施细则》修改初稿。此后经多次讨论，反复推敲，国家知识产权局形成《中华人民共和国专利法实施条例修订草案（征求意见稿）》，并于2008年11月初在政府网站上公开征求社会各界的意见和建议，同时向国务院相关部门、各级法院、地方专利管理机关、中外企业、专利代理机构、高校、科研院所、专家学者等发出近500份书面征求意见函。2008年11月下旬至12月上旬，通过召开系列座谈会、实地调研等方式听取社会各界对《中华人民共和国专利法实施条例修订草案（征求意见稿）》的意见。这一系列的工作为《中华人民共和国专利法实施条例修订草案（送审稿）》的形成奠定了坚实的基础。

**（三）专利规章制定工作**

为进一步健全完善专利保护制度。配合专利法及其实施细则的修订，完善专利审批工作，国家知识产权局启动了《审查指南》的修改工作并研究修订《专利实施许可合同备案管理办法》、《专利权质押合同登记管理暂行办法》；修改了《专利代理人资格考试实施办法》和《专利代理人资格考试考务规则》；颁布了《专利代理人资格考试违纪行为处理办法》。同时，地方专利法规规章和规范性文件的制定和实施工作也卓有成效，为专利保护制度在地方的贯彻和实施提供了有力的法律保障。

## 三、专利申请量继续保持平稳较快增长，国内专利申请和授权结构明显优化

**（一）专利申请**

2008年，国家知识产权局共受理专利申请828 328件，同比增长19.4%。其中受理国内申请717 144件，占总量的86.6%，同比增长22.3%；受理国外申请111 184件，占总量的13.4%，同比增长3.5%。2008年，我国专利申请量保持较快增长态势，增幅达到19.4%，国内发明申请增幅达到27.1%，是增长的主要动力。国内发明专利占国内申请总量27.1%，比上年增长了一个百分点；国内职务申请比例达到50.8%，首次超过非职务申请。截至2008年12月31日，我国累计受理专利申请4 853 506件，其中国内4 028 393件，占83.0%，国外825 113件，占17.0%；发明1 623 248件，占33.4%，实用新型1 695 751件，占34.9%，外观设计1 534 507件，占31.7%。

**（二）专利权的授予**

2008年，国家知识产权局共授予专利权411 982件，同比增长17.1%，其中，发明专利授权量激增至93 706件，同比增长37.9%；国内授权352 406件，占总量的85.5%，同比增长16.8%；国外授权59 576件，占总量的14.5%，同比增长18.8%。在授权的国内专利中，发明专利46 590件，占13.2%，同比增长45.8%，实用新型专利175 169件，占49.7%，同比增长18.0%，外观设计专利130 647件，占37.1%，同

比增长7.7%。截至2008年12月31日，国家知识产权局累计授予专利权2 501 268件，其中国内2 142 785件，占85.7%，国外358 483件，占14.3%；发明458 157件，占18.3%，实用新型1 164 939件，占46.6%，外观设计878 172件，占35.1%。

### （三）复审与专利权无效宣告

2008年，国家知识产权局专利复审委员会受理复审请求4 360件，比2007年增加1 795件，同比增长70%。在2008年的复审请求中，涉及对驳回发明专利申请决定不服的复审请求为4 260件，占当年请求总量的97.7%；涉及对驳回实用新型专利申请决定不服的复审请求为89件，占当年请求总量的2%；涉及对驳回外观设计专利申请决定不服的复审请求为11件，占当年请求总量的0.3%。2008年，全年复审请求结案共3 867件，其中涉及发明专利申请3 812件，涉及实用新型专利申请40件，涉及外观设计专利申请为15件。自1985年以来，专利复审委员会共受理复审请求22 393件。截至2008年12月31日，复审请求结案18 412件。

2008年专利复审委员会受理无效宣告请求2 038件，比2007年减少145件，同比降低6.6%。在2008年受理的无效宣告请求中，涉及发明专利权的无效宣告请求为355件，占当年总量的17.4%；涉及实用新型专利权的无效宣告请求为988件，占当年总量的48.5%；涉及外观设计专利权无效宣告请求为695件，占当年总量的34.1%。2008年全年无效宣告请求结案共2 727件，其中涉及发明专利424件，涉及实用新型专利1 381件，涉及外观设计专利为922件。自1985年以来，专利复审委员会共受理无效宣告请求21 087件。截至2008年年底，无效宣告请求结案19 408件。①

## 四、完善专利行政执法体系，积极开展行政执法专项行动，加强专利权的保护

2008年，在国家知识产权局的统筹部署下，全国知识产权局系统建立健全执法体系，切实加强执法协作，积极开展专项行动，启动知识产权维权援助工作，工作措施得力，成效显著，专利执法进一步加强。

2008年，国家知识产权局与公安部联合印发《关于建立协作配合机制共同加强知识产权保护工作的通知》。通知指出，进一步加强横向联合和统筹协调，建立部门间协作配合机制，国家知识产权局和公安部将建立知识产权保护协调会商机制，推动行政执法、刑事司法的衔接配合，加强案件线索移交和信息通报，加强重大案件督办，开展调查研究和内部培训，强化基层基础工作。各地知识产权管理机关按照通知精神，加强了与公安等部门的执法协作。建立了西部十二省市区、东北地区等执法协作机制，加上之前建立的长三角地区、泛珠三角区域、环渤海地区等跨地区专利执法协作机制，全国已建立了多个跨地区执法协作机制。2008年，国家知识产权局启动了知识产权维权援助工作，设立知识产权维权援助中心。截至2008年年底，国家知识产权局共批复设立了44家知识产权维权援助中心，2008年，国家知识产权局印发《关于印发“雷雨”、“天网”知识产权执法专项行动方案的通知》，决定组织知识产权局系统开展为期一年的“雷雨行动”、“天网行动”。前者以打击知识产权违法行为，尤其是恶意、群体及反复侵权、假冒、冒充为主；后者以打击涉及知识产权的诈骗行为为主，并在“3·15”、“4·26”期间，组织开展了全国知识产权执法专项活动。

2008年1月至12月，全国各地知识产权局共受理专利侵权纠纷案件1 092件，其他专利纠纷案件34件。查处假冒他人专利案件59件，查处冒充专利案件601件。全年共出动执法人员17 056人次，检查商业场所7 671次，检查商品2 110 822件，向公安等部门移交案件21件，接受其他部门移交案件11件，跨部门执法协作327次，跨地区执法协作262次。

## 五、专利中介服务组织的管理工作

2008年，国家知识产权局依法实施对专利代理行业的监管，促进专利中介服务组织的健康发展。组织召开全国专利代理管理工作会议，总结20多年来所取得的成绩，针对现存的问题提出了

① 资料来源：国家知识产权局官方网站，http：//www.sipo.gov.cn。

今后的工作方向和具体举措；截至2008年12月，国家知识产权局共审核了54家专利代理机构的设立申请，办理了涉及154家专利代理机构的变更手续，指定了19家涉外专利代理机构，办理颁发、变更专利代理人执业备案992件；继续开展全国专利代理机构年检工作，2008年11月国家知识产权局将首批通过2008年年检的601家专利代理机构予以公告；进一步规范与专利代理相关的投诉举报案件的办事流程，对10余件举报投诉案件或及时转送地方局或直接予以调查处理；启动专利管理档案电子化工作，对专利代理人及专利代理机构进行科学管理。

巩固专利代理人资格考试制度改革成果，做好全国专利代理人资格考试的各项工作。启动全国专利代理人资格考试的网上考务管理信息系统建设工作，简化专利代理人资格考试报名手续。2008年全国专利代理人资格考试报名人数为8 766人，5 492人参加了考试，共692名考生通过了考试，占参考人数的12.6%。

## 六、积极开展广泛的国际交流与合作

2008年，国家知识产权局积极开展专利领域的国际合作，取得了显著成绩。中、美、欧、日、韩五方及中日韩三方多边合作进展顺利。双边交流与合作的领域拓宽，互信增强。对非洲知识产权国际合作和对发展中国家的知识产权培训方面取得了突破性进展。高层交往频繁，推动了知识产权领域的国际合作与发展。2008年，国家知识产权局积极派员参加了世界贸易组织TRIPs理事会的有关例会以及过渡性审议，组织并广泛参与WIPO（世界知识产权组织）的一系列活动，特别是WIPO有关制定和调整知识产权规则的磋商和谈判，包括WIPO发展议程，专利合作条约（PCT）改革，实体专利法协调，国际专利分类修订等议题。

（国家知识产权局条法司）

# 中国商标保护情况

商标是用来区别商品或服务来源的标志。商标的最重要作用就是在把不同的生产者、经营者所生产或提供的相同商品或服务区别开来，使消费者凭借商标进行购买或消费。现代意义上的商标，不再是简单的商品标记，而是可以转让买卖的无形资产，是市场竞争的重要工具，是受法律保护的知识产权。

根据《商标法》的规定，国家工商行政管理总局商标局主管全国商标注册和管理的工作，商标评审委员会负责处理商标争议事宜。2008 年是我国商标事业发展史上具有里程碑意义的一年——国务院于 6 月 5 日颁布《国家知识产权战略纲要》。国家工商总局站在这一历史的新起点上，全面贯彻落实《国家知识产权战略纲要》，积极推进商标战略实施，以加快商标审查和商标评审工作为重点，在加大商标监管服务和执法力度、以农产品商标和地理标志促进社会主义新农村建设、指导企业制定实施商标战略和进行海外维权等方面做了大量工作。

## 一、积极起草《贯彻落实〈国家知识产权战略纲要〉、大力推进商标战略实施的意见》

2008 年 6 月 5 日，国务院正式发布《国家知识产权战略纲要》（以下简称《纲要》），这标志着我国正式实施国家知识产权战略，是我国知识产权史上一个新的重要里程碑。为更好地贯彻落实《纲要》各项要求，2008 年 6 月，根据国家工商总局领导指示，商标局开始着手制定指导商标战略实施的意见。2008 年 7 月，商标局完成了实施意见初稿的起草工作，草拟了《贯彻落实〈国家知识产权战略纲要〉、大力推进商标战略实施的意见》（以下简称《实施意见》）。在征求地方工商行政管理机关、专家学者和企业代表的意见等多方意见后，商标局在学习实践科学发展观调研活动中，组织了 11 个专题组分赴全国展开调研。在充分吸收各项调研成果的基础上，商标局多次研究修订《实施意见》（草案），并经局务会讨论后上报国家工商总局。总局领导批示进一步征求贯彻实施国家知识产权战略联席会议各成员单位、地方工商局以及总局各有关单位的意见，经修改后形成《实施意见》的送审稿。

按照《纲要》要求，商标战略确立的指导思想是：以邓小平理论和“三个代表”重要思想为指导，深入贯彻落实科学发展观，努力做到行政监管与促进发展、服务大局、维护权益、依法行政相统一，完善商标法律制度，改革创新商标工作体制机制，积极服务市场主体，提高企业商标注册、运用、保护、管理能力，充分发挥商标在社会主义市场经济建设中的作用，为建设创新型国家提供有力支撑，促进国民经济又好又快发展。

商标战略确定了 2020 年商标工作要求达到的目标：一是商标保护制度更加完善，制度效用充分显现；二是我国企业国内和国际商标注册数量长足发展；三是企业管理和运用商标的效果明显增强；四是全社会的商标意识普遍提高，良好的尊重与保护知识产权的社会文化环境逐步形成，各类商标专业人才队伍得到大力发展。

根据商标战略指导思想和战略目标，《实施意见》着重围绕完善制度、提高能力、加大保护、培育人才四个方面，确定了 11 项实施商标战略的任务。为保证在 2020 年全面实现各项商标战略目标，将战略实施总体上分为三个阶段：第一阶段：2009—2010 年，战略实施体制确立阶段；第二阶段：2011—2015 年，战略重点攻坚阶段；第三阶段：2016—2020 年，战略目标全面实现阶段。

## 二、《商标法》修改及《商标代理条例》起草工作取得新进展，商标局、商标评审委员会制度建设不断完善

《商标法》第三次修改工作自 2003 年年底启动以来，经过几年的意见收集、调研和论证，于 2007 年年底形成《商标法修改草案》。2008 年以来，《商标法》修改工作取得重大进展，就《商标法》第三次修改的指导思想和基本内容进行了认真研究，在商标审查制度改革等重大问题上统一了思想认识，确定了《商标法》修改的主要方向：一是

简化确权程序，缩短审查周期；二是加大保护商标专用权力度，特别加强地理标志保护力度；三是为当事人提供更好的服务；四是规范商标代理行为。目前，商标局正抓紧修改《商标法》，做好修法专项课题的论证工作，争取使修改后的《商标法》既符合我国国情，又同国际惯例、国际先进水平相一致、相衔接，为使商标工作达到国际水平提供法律依据。

为规范商标代理秩序，以对商标代理机构和代理人进行资格限定、行为约束及加强信用分类监管等几个方面为立法思路，商标局草拟和修改了《商标代理条例（草案）》。

2008年，商标局相继制定并实施了一系列规章制度，主要有《商标审查及审理标准》、《商标实质审查工作规程》、《驰名商标认定工作细则》、《商标局党风廉政建设责任制具体措施》、《商标局工作人员廉政守则》和《商标异议裁定工作制度》等。为在努力提高商标审查数量的同时，确保审查质量，商标局制定并实施了《商标审查质量管理暂行办法》，建立了局、处、组三级质检机制，对商标审查工作严格进行质量管理。

## 三、商标局和商标评审委员会加快商标审查和评审取得突破性成效

自1979年我国恢复全国商标统一注册以来，我国的商标注册年申请量从1980年的2.6万件迅猛增长到2008年的69.8万件，特别是2002年以来，我国的商标注册年申请量以近10万件的速度增长，已连续七年位居世界第一。近年来，受到人员编制的限制，我国的商标审查能力无法适应商标注册申请量飞速增长的需要，造成商标注册申请大量积压，商标注册周期不断延长。截至2007年年底，我国积压的商标注册申请量已达180多万件。

2008年，国家工商总局党组把加快商标审查和评审工作列为八件大事之首。按照国家工商总局党组“三年解决商标审查积压、五年达到国际水平”的“三五目标”，商标局、商标评审委员会通过采取增设审查处室、择优招聘298名商标审查辅助人员和92名商标评审辅助人员，完善激励机制等措施，使加快商标审查和评审工作取得显著成效。

2008年，商标局共审查商标注册申请749 770件，比2007年增长85.27%；共裁定商标异议申请10 993件，比2007年增长26.75%，超额完成全年审查70万件，商标审查周期由36个月缩短到30个月的目标任务。自2000年，商标注册审查量首次超过当年商标注册申请量，实现了历史性的转变，从根本上扭转商标工作被动的局面。商标评审委员会全年共受理商标评审案件26 609件，比2007年增加8 987件，增幅为51%；共审理商标评审案件30 314件，比2007年增加17 511件，增幅为150%；共参加评审案件行政诉讼625件，比2007年增加152件，增幅为32%。

## 四、继续加大商标行政执法力度，圆满完成保护奥林匹克标志专有权工作

2008年，全国各级工商机关认真贯彻落实国务院的工作部署，坚持日常监管与专项执法并重，强调引导、教育与惩戒并重，加大商标行政执法力度，严厉打击商标侵权行为，切实维护商标权利人和广大消费者的合法权益，维护了良好的市场经济秩序。全年共查处各类商标违法案件56 634件，同比增长12.55%。其中查处一般商标违法案件9 589件；查处商标侵权假冒案件47 045件；查处国内案件45 492件，同比增长13.74%；查处涉外案件11 142件，同比增长7.97%。在查处的商标侵权假冒案件中，涉及侵犯港澳台和外国商标注册人权益的案件10 965件，同比增长7.93%。罚款4.67亿元，同比增长11.92%，收缴和销毁违法商标标识1 963万件，移送司法机关处理的涉嫌商标犯罪案件137件、商标犯罪嫌疑人145名。

2008年，全国工商行政管理机关加大了对奥林匹克标志专有权的保护力度，共查处违法使用奥林匹克标志的一般违法案件1 721件，案值1 659万元，罚款727万元；查处侵犯使用奥林匹克标志专有权的违法案件5 858件，案值3 484万元，罚款金额2 976万元。2008年8月底，国际奥委会北京奥运会协调委员会主席维尔布鲁根先生和北京奥组委专门致函国家工商总局，感谢全国工商机关在保护奥林匹克标志专有权工作方面做出的卓越成绩。

## 五、进一步加强农产品商标和地理标志审查工作，推动商标富农工作

我国自1985年加入《保护工业产权巴黎公约》

开始承担保护地理标志的国际义务。如今，已经形成了以上位法《商标法》为依据，《商标法实施条例》、《集体商标、证明商标注册和管理办法》等法规、规章和行政执法实践的完善的地理标志法律保护体系。

2008年，全国各级工商行政管理机关按照中央《关于推进农村改革发展若干重大问题的决定》中"推进农业结构战略性调整……加大农产品注册商标和地理标志保护力度"的要求，运用"商标富农"机制服务农民、农业和农村，将商标知识产权从城市向农村延伸，通过"公司+商标（地理标志）+农户"的新型农村经营模式，促进农民增收、农业增效、农业人口就业，取得了可喜成绩，得到了国务院领导的肯定。

2008年农产品商标和地理标志审查工作取得了突出成绩：从1994年开始至2007年年底共注册地理标志301件，而2008年共注册和初步审定地理标志230件，相当于前15年的76%；截至2008年年底，我国已累计受理地理标志注册申请近1 100件，其中国外申请46件；共注册和初步审定地理标志531件，其中国外32件；共注册农产品商标60万件，占注册商标总数的17.3%。

## 六、总局进一步完善驰名商标认定和保护制度，各省、自治区、直辖市工商行政管理机关积极推进著名商标认定工作

2008年，根据《商标法》、《商标法实施条例》、《驰名商标认定和保护规定》、《商标评审规则》的有关规定，国家工商总局商标局、商标评审委员会在商标管理、商标异议、商标争议案件中，通过认定驰名商标对228件商标予以法律保护。

2008年，国家工商总局商标局、商标评审委员会在原《驰名商标认定工作规则》（内部规程）的基础上，按照公开透明、接受监督的原则，以提高认定质量、防范监管和廉政风险为重点，起草了《驰名商标认定工作细则（草案）》，总局2009年4月21日公布《国家工商行政管理总局驰名商标认定工作细则》并施行。

2008年，在总结《驰名商标认定和保护规定》适用过程中经验教训的基础上，商标局从完善认定程序、细化认定标准、明确部门职责、强化事后监管的角度着手对《驰名商标认定和保护规定》进行修改。《驰名商标认定和保护规定》的修改已经被国家工商行政管理总局列入2009年立法计划。

为保证著名商标认定工作的制度化、规范化、程序化、法治化，吉林、黑龙江、安徽、福建、湖北、广东、四川、甘肃、青海等地通过地方立法、工商机关通过建立配套制度，进一步规定认定标准、规范认定程序、完善监督体系。在制定著名商标认定规则和程序的基础上，全国各省、自治区、直辖市工商行政管理机关积极推进著名商标认定工作，2008年共依法认定著名商标6 871件。截至2008年年底，全国现行有效的著名商标数量为21 111件。

## 七、商标信息化建设水平进一步提升

国家工商总局商标局高度重视利用现代化信息技术提高工作效能和社会服务水平，经过了十余年的建设，目前已经初具规模：商标局建立了商标信息数据库，拥有IBM、SUN等17台高性能服务器和1 000多个终端用户，局内主要审查业务已经实现全流程"无纸化"办公，并对社会公众提供网上公告、网上查询、网上申请等电子政务服务。

近年来，商标局着眼于建设"服务型政府"，努力提高服务质量，以"四个网上"为立足点，积极将自动化系统应用到面向社会公众的商标服务上去，目前已经实现网上公告、网上查询；网上申请试用范围不断扩大，通过参加商标局组织的网上申请培训，已有约1 500家商标代理机构开始试用；网上缴费正在征求论证中，在保证申请人账户和资金安全的前提下，努力加快实现。

## 八、切实规范商标代理行为，保障商标申请人的合法权益

截止2008年12月31日，我国商标代理机构总数为3 907家，其中2008年新增商标代理机构555家、注销8家、停止商标代理业务1家。

为进一步规范代理市场秩序，2008年，国家工商总局就代理条例的立法问题，多次组织总局相关单位召开专题会议进行研究，积极走访监察部征求意见，并与国务院法制办进行了多次沟通，并全面征求商标代理机构的意见和建议。目前，《商标代理条例》立法工作正有序推进。

2008年，国家工商总局商标局通过积极研究

建立商标代理组织信用评价体系，研究解决商标代理机构拖欠商标规费问题，建立商标代理机构举报投诉档案等措施，有效地维护了商标申请人的合法权利。2008 年 11 月 18 日，中华商标协会商标代理分会在北京正式成立。商标代理分会的成立，将进一步加强商标代理行业管理和自律，推动商标代理行业诚信建设。

### 九、积极开展商标国际交流，指导和帮助我国企业海外维权，维护国家和企业利益，加大促进实施“走出去”战略

2008 年，商标局在 CEPA 框架下，与香港知识产权署建立了商标工作协调小组，签署了《关于加强国家工商行政管理总局商标局与香港特别行政区政府知识产权署在商标领域合作的协议》，并在北京举行了两局商标工作协调小组第一次会议，建立了工作机制。

商标局开展了一系列双边领域商标国际交流，与美国、欧盟、日本、澳大利亚、秘鲁、瑞士等国知识产权部门进行了深入的交流，启动了中欧二期合作项目。此外还开展了一系列的多边领域商标国际交流。参加了 WIPO、WTO、APEC 的各种会议，参加 2008 年 12 月份在美国举行的第七次三方会谈。

商标局积极宣传马德里商标国际注册知识，指导国内企业利用商标国际注册制度，实施“走出去”战略，多次派人为地方工商局、商标代理组织和企业讲解马德里国际注册知识，并指定专人接受商标代理组织和申请人的咨询。

回顾 2008 年我国的商标保护工作，国家工商总局取得了一系列的重大成果：制定了高屋建瓴的商标战略实施意见；《商标法》修改工作取得关键性的进展；加快商标审查和评审工作进程突飞猛进；商标行政执法工作进一步加强。但是必须看到，金融危机对我国经济的影响越来越显现，作为商标行政主管部门，如何在这种时代大背景下，转变观念、开拓创新，真心实意为企业着想、服务，帮助企业渡过难关成为当前重要的问题。我们已经有了不少积极的探索：一是激发企业的商标意识，积极鼓励并帮助企业利用国际注册来开拓全球市场；二是我国驻加拿大使馆告知商标局我国梦娜、新光、康奈等商标在加拿大遭到抢注，商标局立即通过地方工商局联系企业，并帮助他们到国外维权；三是积极推动商标专用权质押贷款，满足企业的融资需求等。以上的工作还远远不够。2009 年，我们将秉承现有商标保护的成果和经验，乘风破浪，勇于创新，消除国际金融危机带给我国企业的不利影响，进一步完善商标保护制度，推动我国商标事业的发展。

（国家工商行政管理总局商标局　安健）

# 中国版权保护情况

2008年，是我国改革开放三十周年，是《国家知识产权战略》实施的开局之年，同时第二十九届奥运会在北京举办，版权工作站在新的历史起点上，迎来了新的历史机遇。这一年中，版权工作坚持以邓小平理论、"三个代表"重要思想和科学发展观为指导，认真贯彻落实《国家知识产权战略纲要》，根据国务院知识产权保护工作的总体要求，稳步推进版权法制体系建设，大力开展版权行政执法工作，努力加强版权宣传教育培训，积极拓展版权对外交流合作，深入开展学习实践科学发展观活动，开展了卓有成效的工作。

## 一、积极推进版权相关立法，进一步完善版权保护法律法规和政策体系

2008年，国家版权局积极配合立法部门推进版权相关立法和修订的研究论证工作，努力探索解决目前我国现行法律制度不完全适应现实需要、现行法律体系不够健全等问题，注重配套法规、规章的制定和实施，加大版权法制体系建设力度，充分发挥版权法律规范在版权保护制度中的基础作用。

2008年上半年，国家版权局完成了著作权法第二次修改的调研工作，形成80余万字的《著作权法第二次修改调研报告汇编》。另外，在2007年《民间文学艺术著作权保护条例》立法调研工作的基础上，组织相关专家、学者对《民间文学艺术作品著作权保护条例（征求意见稿草案）》和民间文学艺术保护立法工作中存在的焦点问题进行深入地讨论，并对征求意见稿草案进行了修改，加快了《民间文学艺术著作权保护条例》的起草工作。

2008年，香港特别行政区的相关版权法律经过修改已经符合《世界知识产权组织版权条约》与《世界知识产权组织表演和录音制品条约》的规定。根据特区政府的要求，国家版权局于2008年9月23日向世界知识产权组织递交了关于两个条约适用于香港特别行政区的政府声明，自2008年10月1日起，两个互联网条约适用于中国香港。

同时，国家版权局积极推进《中国版权产业的经济贡献调研项目》调研，完成了该项目"中国核心版权产业的经济贡献"分课题的调研工作。

## 二、强化行政监管职能，加强行政执法工作，进一步发挥版权行政管理部门的积极作用

2008年，国家版权局加强对各级版权行政管理部门的指导，以科学发展观为统领，认真贯彻落实国家保护知识产权工作组《2008年知识产权行动计划》和国家版权局《关于做好2008年版权行政执法和社会监管工作的通知》精神，突出工作重点，加强社会监管，加大执法力度，推进企业使用正版软件取得新进展，打击网络侵权盗版取得新突破。

### （一）进一步推进企业软件正版化工作，巩固已取得成果

2008年，根据中央和国务院关于推进企业软件正版化的工作要求，各地认真贯彻落实国家版权局等九部门《关于推进企业使用正版软件工作的实施方案》，以及推进企业使用正版软件工作部际联席会议《2008年企业软件正版化工作计划》，坚持"以大型企业为重点，以国有、外商投资、民营大型企业在先，中小企业在后依次推进"和"阶段性目标"原则，大力推进企业软件正版化工作，并取得了显著的成效。

根据各地、各部门报送数据统计，2008年在上年度完成1 500家大型企业软件正版化基础上，全国又有7 600家企业列入年度完成使用正版软件的工作目标，部际联席会议组成联合检查组对近6 100家企业进行了检查验收，共督查企业近3 900家，查处违法企业近570家；各地各部门举办了300余次培训班，参训企业数量近8 200多家，培训人数近18 200人。企业软件正版化工作在中央企业、民营大型企业、外资企业，以及金融、煤炭、印刷、旅游饭店、网吧、勘察设计等重点行业取得了实质性进展，企业使用正版软件工作不断向纵深推进。

### （二）专项整治与日常监管结合，网络版权执法取得新突破

2008年是中国奥运年，国际社会对中国的版权保护，特别是网络版权保护十分关注。6月1日

至9月30日期间，国家版权局、公安部、工业和信息化部联合开展了为期四个月的打击网络侵权盗版专项行动。专项行动将打击非法转播奥运赛事及相关活动，以及视频类网站侵权盗版行为列为治理重点。国家版权局、工业信息化部等部门启动了“处理非法转播奥运赛事案件快速反应机制”，实施24小时适时监控。奥运会期间，共查处侵权网站117家，对84家网站采取了立即关闭或停止接入等相关措施，对33家网站采取了责令删除内容或停止侵权的执法措施。奥运反盗版工作的圆满成功受到了国际奥委会的高度评价。

据统计，在为期4个月的专项行动期间，各地共办理互联网侵权案件453件。其中依法关闭192个专门从事侵权盗版的非法网站；对173家网站采取了责令删除或屏蔽侵权内容的临时性执法措施；对88家侵权严重的网站，除责令其删除或屏蔽侵权内容外，还给与罚款及没收服务器、计算机硬件设备等行政处罚措施（罚款总计1 079 853元，没收服务器、计算机硬件设备184台）。此外，将涉嫌构成著作权法罪的10起重大案件移送相关司法机关。

**（三）举报、查处侵权盗版取得新成效，版权行政监管机制建设进一步完善**

2008年，为进一步完善版权行政监管机制，各级版权行政管理部门充分动员各界力量参与打击侵权盗版活动，并进一步加强与有关各部门的合作，建立联动协调机制。

2008年，国家版权局反盗版举报中心共收到各种反盗版举报4 189份，经整理审核转送各地版权执法部门处理119件，已结案69件，及时准确地打击了损害公共利益的侵权盗版行为，有效维护了版权保护市场秩序。

为使版权保护与迅猛发展的新技术相适应，国家版权局自2007年启动数字版权监管认证平台一期工程建设，积极利用高新技术手段，探索版权数字监管机制，实现上下联动，互联互通的网络版权监管体系。目前，版权监管平台一期工程项目开发已基本完成，为利用技术手段加强行政执法和社会监管提供了技术保障。

## 三、广泛开展宣传普法工作，提高公众版权保护意识

2008年，各级版权行政管理部门积极探索版权宣传工作的新形式、新方法，抓住契机，着重普及著作权法律知识，着力提升社会公众的版权意识，注重提高各级领导干部、大中学生对版权工作重要性和紧迫性的认识，加强地方一线版权工作人员的培训，加强与广播电台、电视台、网站、报纸、期刊等各类媒体的密切合作，努力营造尊重劳动、尊重知识、尊重人才、尊重创造的社会氛围。

**（一）充分利用“4·26世界知识产权日”平台，采取多种形式、组织开展多种活动**

为认真贯彻落实国家保护知识产权工作组办公室等部门《关于开展2008年“保护知识产权宣传周”活动的通知》的精神，加大宣传力度，国家版权局配合国家保护知识产权办公室等相关部门，开展2008年知识产权宣传周活动。

为普及版权保护知识，更有力地打击侵权盗版，新闻出版总署、国家版权局、全国“扫黄打非”工作小组办公室联合中央电视台制作了版权保护特别节目“创意无限 中国保护”，并于4月26日晚在中央电视台社会与法频道播出。活动中，柳斌杰署长授予演艺明星成龙“反盗版形象大使”称号，随后成龙以大使身份宣读“拒绝盗版，使用正版”的倡议宣言书，活动取得圆满成功。

**（二）加强版权宣传教育培训力度，通过多种渠道、多种手段开展丰富多彩的宣教培训活动**

2008年，各级版权行政管理部门注重宣传与培训相结合，提高版权保护的实效性。举办针对大中学生等重点群体的宣传活动，把宣传教育活动延伸到校园，扩大版权保护的认识面；加强对基层一线版权执法人员的培训，提高新技术环境下版权执法人员的业务知识和执法能力，全面提升版权保护水平。

2008年，国家版权局编辑出版了《郑成思版权文集》；完成第三阶段“版权保护与创新型国家”全国巡回演讲活动；组织举办了“大学生版权保护征文活动颁奖仪式”暨署长与大学生版权互动活动；举行“创新与未来——青少年版权保护主题教育活动”启动仪式并编写《版权保护小卫士》；策划组织第二届大学生版权保护主题辩论赛；启动了《中国版权年鉴》的编纂工作，并分片举办了四期面向基层版权执法干部的“基层版权行政执法工作经验交流会”。

**（三）充分发挥新闻媒介报道功能，举行版权保护主题系列新闻发布活动**

2008年，国家版权局积极利用国务院新闻办新闻发布会的平台，广泛宣传版权工作。召开了“2007年打击网络侵权盗版专项行动”、“奥运反盗版相关工作”、“中国版权制度的基本情况”及“2008北京国际版权论坛”、“中国国际版权博览会”等有关情况新闻发布会，在全社会产生强烈反响。

同时，各级版权行政管理部门继续保持包括中央电视台、新华社、人民日报以及各地主要媒体的良好合作关系，并根据形势逐步拓展数字媒体的合作对象，建立起了固定的沟通渠道。充分利用各种媒体，加强版权保护的宣传力度，扩大版权保护工作的舆论影响，正确引导并利用媒体在全社会营造了“尊重版权、保护版权、打击盗版”的良好社会氛围。

## 四、建立健全版权社会参与体系，大力促进版权管理和贸易

2008年，版权工作坚持以人为本、关注民生，进一步转变职能，强化服务意识，增强服务能力，提高服务水平，积极构建版权公共服务体系，版权中介机构的建设和版权贸易的发展取得新成绩。

**（一）大力扶持集体管理组织，完善集体管理制度建设**

2008年，集体管理组织建设工作取得很大进展，中国音像著作权集体管理协会、中国文字著作权协会和中国摄影著作权协会分别于5月、11月、12月相继完成了审批，召开了成立大会。其中，中国音像著作权集体管理协会已经完成了民政部的登记程序，正式成立。

**（二）大力推进版权贸易，支持各级政府部门和市场主体投资版权交易平台建设**

2008年，国家版权局积极推进中国文化“走出去”战略，在继续支持开展图书版权贸易的同时，扩大版权贸易的领域和范围。2008年9月，由国家版权局主办、中国图书进出口（集团）总公司承办的第九届“BIBF北京国际版权贸易研讨会”在京成功召开，进一步推进了版权贸易工作；2008年10月，国家版权局和北京市政府在京联合召开了首届国际版权博览会。同时，国家版权局还积极支持中国人民大学国家版权贸易基地和北京国际版权交易中心开展的各项版权贸易活动，促进版权贸易的健康快速发展。

## 五、积极拓展对外交流合作，妥善处理涉外版权关系

2008年，国家版权局加强与各类国际组织尤其是政府间国际组织的交流合作，妥善处理多、双边版权关系，配合有关部门维护国家利益；积极参与国际规则的制定，反映中国的声音；成功引进国际版权表彰机制，提高我国在版权领域的国际地位。

2008年，国家版权局积极参与国际多边组织活动。在世界知识产权组织层面，继续跟踪世界知识产权组织关于民间文艺的国际保护问题，积极参与版权保护国际新规则的制定工作，反映中国的声音。在世界贸易组织层面，积极配合商务部等有关部门研究商讨WTO中美知识产权争端案的应诉方案，根据有理、有利、有节的原则，参与诉讼，切实维护国家利益；针对WTO于2008年10月对华入世后过渡性审议，配合商务部提供相关信息，认真履行国际义务。

2008年，随着中国的经济实力不断增长，在国际舞台上的角色愈加重要，双边交往日益扩大，国家版权局妥善处理双边关系，维护国家利益。继续配合有关部门，积极应对亚太经合组织（APEC）有关事务；积极参与第四次中美战略经济对话（SED）工作；积极参与中美商贸联委会的相关工作；与美国专利商标局、美国版权局签署《版权战略合作备忘录》；积极稳妥地推进中欧、中日、中澳等重要版权双边关系，在恪守国际公约和国内法基础上加强与各国的版权保护领域的合作。

同时，国家版权局保持与世界知识产权组织多年来的良好合作关系，进一步加强与世界知识产权组织的合作，成功在京举办了第三届国际版权论坛，成功将世界知识产权组织的全球表彰机制引入中国，彰显我国在版权保护上取得的巨大成就。

（国家版权局版权管理司）

# ● 中国地方 WTO 事务

## 武汉大学探索 WTO 事务跨学科人才培养特色

WTO 学院是武汉大学为迎接中国入世后高等教育服务全球性竞争和探索培养精通 WTO 事务与跨国商贸业务的专门人才的需要，而专门成立的新型办学体制的一个学院。它是新形势下武汉大学高等教育进一步改革开放的产物。

精通 WTO 事务与跨国商贸业务的专门人才，不仅是我国政府部门、大学和大型企业急需的稀缺人力资源，而且是国内外从事国际贸易、国际法律、工商管理、商务外交等方面教育与培训的大学与其他机构的人才培养目标。纵观欧美培养 WTO 事务人才的实践，无论是瑞士伯尔尼大学等三所大学 2000 年共建的“世界贸易学院”，还是美国乔治敦大学的“国际经济法研究所”，还是 WTO 和联合国贸发会议的培训班，都是以“国际法与国际经济学”为核心，同时注重理论与实践相结合，强调建立大学与政府部门、私人团体、有关国际组织之间紧密的联系。在师资方面，除了有大学知名专家之外，还聘请国内外知名专家学者、政府官员和贸易与法律实务工作者及国际组织的官员等。

武汉大学不仅借鉴国际上的成功经验，而且发挥武汉大学学科齐全、人文社科（特别是“国际法学和世界经济学”两个国家重点学科）学科强的优势，破除院系之间和学科之间的各种不合理的交流壁垒，利用校内外资源，借助社会资源和国际资源，把我校在 WTO 研究方面的高水平成果应用于 WTO 人才培养。在经过两年的筹备之后，武汉大学于 2003 年 7 月正式成立了 WTO 学院，其目的是在办好 WTO 法学和经济学实验班的基础上，重点开展 WTO 法经济学的研究生（包括硕士生和博士生）教育，探讨各种方式的国际合作办学，最终形成教学、科研、咨询、培训于一体的 WTO 事务方面的教育、研究、服务机构；最终目标是把武汉大学 WTO 学院建设成为与瑞士伯尔尼大学的“世界贸易学院”和美国乔治敦大学的“国际经济法研究所”鼎立的亚太地区 WTO 事务方面的教育、研究、服务中心，为我国成为名副其实的世界贸易强国培养高级专门人才，为世界和平、安全和繁荣做出贡献。

WTO 学院旨在以实现学生的国际就业为目标，提供高质量的教学计划和培养方案，使学生在学习和研究的基础上，树立面向国际职业市场的观念和态度，提高人才的价值和创造力，提高就业竞争力。学院以国际法商特色本科和研究生学历教育为基础，以 WTO 事务高级管理人才、法律人才和商务人才的培养和培训为主体，并在该领域开展规模化、高层次的国际合作办学项目，在此基础上，拓展 WTO 领域研究和咨询服务。

WTO 学院在全国率先采用开放办学模式，在全国乃至世界范围内，集中优势教育资源和国际法商职业人才资源，综合法学、应用经济学、管理学和外语等多个学科，集中培养一种国际型、应用型、复合型高素质人才。WTO 学院在先进的教育理念指导下，建立起开放性、国际化、规范化的教育管理体制，将学生的国际就业率作为学院培养人才质量的最高目标和标准。

经过七年的建设，武汉大学 WTO 学院取得了下列成绩：

1. 巩固和加强武汉大学 WTO 实验班，提升武汉大学在校本科生的法律和商务学识与思维能力，职业素养。

武汉大学 WTO 实验班，是武汉大学 WTO 学院按照开放办学模式设立的特色本科学位教育项目。根据教育部关于加快培养中高层次法、商实务型国际人才的精神，武汉大学将“具有国际交流能力的法、商综合性人才”作为武汉大学特色人才培养目标之一，于 2000 年在全国率先开展 WTO 领域本科人才教育。木班以实现学生高质量就业为目标，集中国际法、经济学、管理学、外语等多个学科专业，辅以实务训练，集中培养一种具有国际交流能力的国际商务和国际法律人才。

WTO 法学和商学班均采用法律、经济学、管理学、外语和部分 MBA 与 EMBA 教材，由国内外名师讲授，强调学生“以兴趣为基础、以就业为动机的主动式学习”和教师“以方法教授为重点、以应用教学为目的的讲演式教授”相结合，使学生在具备良好的专业基础的同时，实现学生与就业市场之间的“零距离”；强调学生在继续学习原本科专业的同时，不转学籍参加本班学习，学生可以以原专业的学位或武汉大学授予的学位进行就业、深造和申请出国，真正使学生获得综合优势。

2. 积极与国际民间组织合作，开展中国 WTO 事务的能力建设，探索中国 WTO 人才培训的新途径。

中国入世以来，在 WTO 规则的介绍、相关学术问题的讨论以及人才的培训方面，取得了一定的进展，但从总体上来说，还远远不够。我们仍需要在中央和地方的各级政府部门、企业、公司、媒体及行业协会中，培训、提高和储备大量各种层次的既具有金融、经济专业素质，同时又谙熟 WTO 法律事务的复合型人才，缩小中国与发达国家在人才方面的差距，更好地在 WTO 这个国际经济贸易“俱乐部”中发挥作用。

在人才培养的模式上，我国目前主要采用课堂教学的传统模式。这种模式成本较高，受益面较窄，对大学在校学生的培养，具有一定优势。但是，对于已分散在各个行业和部门从事实际工作的人员而言，这种培养模式有一定的局限性。为了节约办学成本，实现高效率的人才培养目标，用较少的钱，办更多的事，2005—2006 年，WTO 学院成功实施了（日内瓦）地球理事会（Earth Council）和（美国）农业与贸易政策研究所（Institute for Agriculture and Trade Policy，ITAP）资助的“中国 WTO 学习项目”（China WTO Literacy Program）（第一阶段）。该培训活动采取网络教学的形式，培训人员 100 余人，取得了良好的办学效果和社会效益，在海内外产生了重大影响，提高了武汉大学 WTO 学院的国际知名度。2007 年，在前期 WTO 网络培训项目的良好合作基础上，WTO 学院将进一步与地球理事会、农业与贸易政策研究所合作，开展“中国 WTO 学习项目”（第二阶段），并在此基础上探索 WTO 法商硕士的网络培养项目。

3. 依托国家重点学科，与国际法研究所合作，深入持久地开展 WTO 研究，不仅有力地支持了国家重点学科——国际法学的建设，而且使武汉大学 WTO 法研究和人才培养处于全国领先地位。

自 WTO 成立以来，主要因为成功而又富有创意的 WTO 争端解决制度的建立，WTO 法才日益成为国际法关注的焦点。武汉大学形成了以曾令良、余敏友、聂建强、王追林、王一平、秦天宝等教授和黄志雄、冯洁菡、李雪平、邹国勇、刘瑛、肖军等副教授组成的具有鲜明特色的国内一流的世界贸易组织法研究团队。具有下列特点：

第一，通过对 WTO 及其法律制度发展历史的研究进一步廓清了 WTO 组织和规范发展的规律。

第二，加强了对 WTO 法基本理论的研究，为 WTO 的应用研究提供指导。

第三，强调运用国际法学中的实证法学方法进行研究，重点研究 WTO 协定的解释、适用与实施，结合具体案例，按照国际法解释的一般原理，分析 WTO 协定的有关法律条文。在 WTO 争端解决机制、WTO 协定的解释与评述、WTO 典型案例研究等方面产出了具有国内先进水平的成果，如余敏友教授的《世界贸易组织争端解决机制法律与实践》和《WTO 争端解决机制概论》先后分别获得全国普通高校第三届人文社会科学研究成果三等奖和司法部优秀研究成果三等奖。

第四，强化为国家服务的意识，为中国加入 WTO 后进一步改革开放、积极运用 WTO 法律规则和推动 WTO 多边贸易体制改革而不断探索。

（1）积极了解国内外 WTO 法发展与研究动态以及相关法律人才培养教育情况，开展武汉大学 WTO 法学、商学和管理学本科实验班、WTO 法方面的硕士生和博士生教育。值得一提的是，2008

年12月武汉大学学位评定委员会决定在法学一级学科下增列世界贸易组织法硕士点，分设国际法与经济学、WTO法律文件翻译与研究、商务外交三个研究方向，WTO学院将从2010年开始面向全国招收世界贸易组织法专业的硕士研究生。

(2) 积极参与中国外贸政策与法律调整改革活动，重点研究了我国加入WTO以来重大贸易政策调整、法律改革和国际贸易活动中的主要贸易纠纷与新问题，为国家有关部门建言献策。如，曾令良教授作为首批入选世界贸易组织争端解决专家组名单的三名中国专家之一，就中国在WTO中的重要案件发表重要咨询意见；曾令良和余敏友教授均是中国法学会世界贸易组织法研究会副会长、曾被原外经贸部聘为《对外贸易法》修改专家咨询小组成员，并就外贸法的修改草案提供过重要意见；余敏友等就DSU改革方案、贸易壁垒调查制度的建立、企业社会责任等问题，向商务部提供了研究报告。

(3) 武汉大学WTO法专家还在重大国际会议上，就WTO改革与完善、中国实施WTO协议等问题，发表演讲，如在2005年8月第22届世界法律大会"世贸组织规则的发展与完善"专题研讨会上，曾令良教授和余敏友教授分别就"多边贸易体制的成就、问题与完善"和"WTO争端解决机制的改革谈判与中国的对策"发表演讲；在2005年12月13～17日香港召开的WTO第六次部长级会议期间，余敏友教授和黄志雄副教授、秦天宝副教授在香港贸易及发展研讨会发表演讲，境内外媒体称之为"中国非政府组织在WTO香港会议上崭露头角"。这些活动，扩大了我国WTO法研究成果的影响。

(4) 余敏友教授应商务部邀请在商务部2006年夏季研讨会上就当前贸易摩擦形势和对策研究做了专题报告，受到好评。

此外，余敏友与王追林编著的《中国外贸法》(WTO教育丛书之一，武汉大学出版社2006年9月版）是迄今为止国内外公开出版的一部系统、科学、全面反映我国外贸法律体制及其具体运转的重要著作，在全国产生了重大影响。

由于科研表现突出，2006年设在WTO学院的武汉大学WTO研究中心荣获武汉大学优秀科研机构。

4. 积极探索中外合作办学，主动应对入世以来高等教育服务市场开放的新挑战，充当武汉大学参与高等教育服务全球性竞争的"试验田"。

针对我国加入世贸组织协定有关高等教育服务市场开放的规定，按照我国《中外合作办学条例》及其实施细则，根据人才培养项目的需要，在全球范围内配置优质教育资源，以与国际名校开展联合办学为手段，WTO学院开办有中法管理硕士1+1班、中法管理学3+1班、中法2+2国际班、中西2+2国际班以及硕士预备教育项目。目前，WTO学院已与英国伯明翰大学、纽卡索尔大学、爱尔兰都柏林大学、澳大利亚迪肯大学、美国旧金山州立大学、法国巴黎七大、巴黎十大、里尔一大、里尔二大、加拿大多伦多大学、法国国立科学技术与管理大学、瓦朗西纳大学、南锡矿业大学、佩皮尼昂大学、拉罗舍尔大学、鲁昂高等商学院、昂热高等商学院等联合培养本科和硕士层次的国际法商和管理人才。这些项目在国际合作的基础上，实现了人才培养模式和教学计划的国际衔接，师资的全球配置，通过跨文化教育，多学科的交叉，理论与实务相结合，管理人性化和科学化，为探索培养有国际就业竞争力的高层次人才的教育模式迈出了重大的一步。

WTO学院目前各类学生共1 600余人，其中中外合作办学教育项目学生800余人，办学效果显著，获得学生、家长、国外合作大学和法国驻武汉总领事馆等各界的充分肯定，具有较大的社会影响。

WTO学院在与法国大学合作中，积极探讨实用法语教学改革，取得了较好的实效，2006年"应用法语（双学位）人才培养方案"荣获武汉大学优秀教学成果一等奖。

WTO学院几年来的实践证明，武汉大学领导的决策是非常正确的，WTO学院的探索是有益的，试验是比较成功的，在现有法律与政策规定的范围内，只要进一步推进改革，大胆探索，武汉大学WTO学院完全有可能建设成为我国著名的国际法律与跨国经营高级专业人才的教育与培训基地。

（武汉大学WTO学院　余敏友）

# 深圳市推进WTO事务工作机制和服务体系建设实践

受国际金融危机影响，2008年深圳对外贸易遭遇前所未有的困难，一方面欧美等主要进口国国内市场严重萎缩，订单大幅度减少，另一方面国际贸易保护主义势力抬头，针对中国的各类贸易措施纷纷出笼。据不完全统计，深圳企业先后遭遇美国、加拿大、欧盟、澳大利亚、印度等国发起的贸易摩擦调查案件18起，涉案行业涵盖橡胶磁铁、半导体芯片、车载冰箱等数十类产品，深圳遭遇贸易摩擦案件数量多、类别全、涉及范围广，行业受冲击严重。面对如此严峻的国际经济形势，深圳市委、市政府高度重视国际金融危机和贸易保护主义的影响，把保市场、保出口、保增长作为维护社会和谐稳定的重要工作来抓，市WTO事务工作领导小组充分发挥其在应对国际贸易保护主义工作中的统筹协调指导作用，召开专门会议、出台相关政策、开展定向辅导，深圳市世贸组织事务中心作为WTO事务专门工作机构，认真贯彻落实市委市政府决策方针，创新工作方法，及时总结工作经验，在指导各区、各部门和有关企业做好应对工作的同时，着力推进覆盖全面、渠道畅通、反应迅速、协调有力的地方WTO事务工作机制和工作体系建设，不仅提高了地方WTO事务工作水平，也为保障深圳产业安全、维护企业合法权益，促进对外贸易做出了积极贡献。2008年，深圳外贸进出口总额达到2 999.7亿美元，同比增长4.3%，其中出口增长1 797.4亿美元，增长6.6%，实现了在全国大中城市出口“十六连冠”的好成绩。

## 一、周密部署，完善“多体联动”的工作机制和服务体系

为应对国际金融危机和贸易保护主义的新形势，深圳市WTO事务工作领导小组制定出台了《深圳市应对国外反补贴调查工作方案》、《深圳市应对WTO补贴争端和国外反补贴调查工作指导意见》、《关于印发〈深圳市综合应对贸易摩擦和壁垒指导意见〉的通知》、《关于建立深圳市WTO事务工作市区联动工作机制的实施意见》等相关文件，统筹指导全市的应对工作；同时，在市、区两级相关政府部门建立了7个WTO事务专门协调机构，并明确了相应的工作联络人和职责，共吸纳26个政府部门作为市WTO领导小组的成员单位参与配合工作，在全市有关企业、行业组织组建了37个WTO事务工作站。初步形成了以市WTO事务工作领导小组为指导，以市世贸组织事务中心为专门工作机构，市、区各主管部门密切配合，分工明确、协调统一的WTO事务联动工作机制。为应对工作快速、有效开展提供了制度保障。

在加强工作机制建设基础上，深圳市世贸组织事务中心密切联系工作实际，坚持“贴近产业、服务企业”理念，整合社会资源，组织引导专业服务机构、专家学者共同参与地方WTO事务工作，鼓励专业机构为企业提供咨询、出口检测认证、法律援助、培训辅导等方面的支持，逐步形成了贸易政策研究、贸易安全与产业损害预警，贸易壁垒调查与申诉、产品检测认证、培训辅导、WTO事务法律援助和信息咨询等服务网络和体系。目前，已在市世贸中心备案登记的专业机构包括：专门开展WTO培训的定点机构有4家，提供出口产品检测认证的技术机构8家，为企业提供法律咨询与服务的律师12名，市法制研究、知识产权、技术标准等机构作为服务体系的重要组成部分也主动承担和参与了大量WTO事务工作，强有力地促进了地方WTO事务各项工作迈上新台阶。

## 二、防患未然，主动开展WTO合规性咨询和审核工作

入世以后，为确保地方法规和规章与WTO原则和规则以及我国入世承诺的一致性，深圳市人大和市政府提出，要求深圳市制定的所有地方法规和行政规章，在正式公布和实施之前，都要经市世贸组织事务中心咨询或审核。2008年，深圳市世贸组织事务中心对27件拟出台的法规和规范性文件（草案）进行了WTO合规性咨询和审核。实践证明，深圳市所开展的WTO合规性咨询和审查工作，充分体现了市人大、市政府的WTO规则意识。2008年12月，美国、墨西哥对我国在WTO

提出反补贴争端诉讼，深圳的市级政策未被列入诉讼调查清单。

## 三、协同作战，成功应对各类贸易摩擦

2008年，深圳遭遇了前所未有的贸易摩擦冲击。面对严峻的贸易形势，市世贸组织事务中心充分发挥了WTO事务工作机制和服务体系的作用，形成合力，统一作战，深圳企业应诉率达到100%，贸易摩擦应对工作水平得到了进一步加强，企业在国际市场和国际竞争中的合法权益得到了维护。

2008年2月，美国商务部宣布对我国输美橡胶磁铁进行反倾销反补贴合并立案调查。之后，连续两次向深圳企业和政府发出反补贴问卷调查。此案应对涉及市区两级税务、财政、贸工、工商等部门，还涉及街道办事处。此外，在加拿大半导体冷热箱反倾销与反补贴合并调查中，加拿大边境服务署有关官员专门到深圳进行政府补贴实地复核。对这几起“大案要案”，深圳精心组织、积极协调，取得了深圳市应对境外反补贴调查政府实地核查的圆满结果，深圳的涉案企业——深圳美固电子有限公司，是该案件20多家涉案企业中唯一一家应诉企业，获得了0.79%微量补贴税率的裁决。

## 四、未雨绸缪，扎实开展产业损害预警工作

开放型经济中风险与机遇同在。深圳市经济高度外向，受国际国内形势发展变化的影响远大于其他城市。深圳市世贸组织事务中心不断创新实践，丰富并完善2005年开发建设的反倾销与产业损害预警系统的各项功能，探索建立经济安全体制与防范风险机制，不断提高对经济安全的监测和预警水平，取得积极成效。

2008年，深圳市世贸组织事务中心先后发布了《美国337调查与深圳IT产品出口预警报告》、《2005—2008年度欧盟市场进出口监测报告》、《高度关注印度市场，警惕对华反倾销》等六部预警报告与监测报告。在国际金融危机的影响不断扩散的情况下，预警报告和监测报告对市委、市政府准确判断国际国内形势和深圳自身产业发展面临的各种困难提供了重要的参考，为各部门和企业未雨绸缪，及时应对提供了参考和依据。

## 五、主动“过招”，积极参与国际规则谈判与制定

如果说应对贸易摩擦主要是“接招”，那么化解贸易摩擦于萌芽就需要“出招”的勇气和智慧。为给中央政府对外谈判时提供更多更好的“炮弹”，深圳充分发挥贸易壁垒调查与申诉服务体系的功能，积极开展调研，收集、整理地方企业在国际贸易、对外投资过程中遭遇的壁垒和不公平待遇情况，提交商务部，支持我国运用WTO贸易政策审议机制，改善我国企业在国外的贸易环境；同时，主动配合国家做好相关标准评议、政策和研究工作。

2005年12月WTO成员方达成的《修改〈与贸易有关的知识产权协定〉议定书》(下称“《议定书》”)，是多哈回合谈判至今取得的唯一一项具体成果。2008年10月，十届全国人大常委会第30次会议批准了《议定书》。为了解深圳市医药企业对《议定书》赋予权利的看法和利用《议定书》进行强制许可药品生产的可行性等方面的情况，深圳向相关企业发放了调查问卷，征求企业和行业地意见与建议，并及时向国家商务部提供了专门报告，深受受访企业好评。

2008年2月，美国玩具产业协会与美国国家标准协会为提高玩具产品质量和安全，确保消费者合法权益，共同宣布了一项新的玩具测试和安全认证系统计划。按照商务部的要求，深圳市世贸组织事务中心联合市玩具行业协会，对该项计划提出了具体的评议意见。

## 六、学以致用，不断提高专业理论水平指导实践

为不断提高政策理论水平，提高处理问题、解决问题的能力，先后有针对性地开展基础性课题研究：如为研究外资并购的发展趋势及对我市产业的影响，完成了《外资并购发展与维护国内产业安全研究》；承担了商务部委托《深圳市地方政府采购体制研究》课题研究，该项研究工作成果经商务部审定后认为“为加入GPA谈判提供了重要的参考依据”，也为商务部在全国范围内开展地方采购制度研究提供了有益借鉴。针对不同的行业领域，先后完成了《深圳市模具行业分析报告》、《深圳市仪

器仪表行业研究报告》；为全面了解美国、欧盟、加拿大等成员方的反补贴法律制度，完成了市科信局委托《发达国家反补贴法律分析及深圳应对之策》课题研究；对IT、家具、纺织品和家电等产业进行了产业国际竞争力调查和评价工作，完成了《深圳市四大产业国际竞争力研究报告》并出版发行。

## 七、夯实基础，WTO事务宣传普及工作成效卓著

贸易摩擦往往涉及多个企业，关乎上下游产业利益，尤其反补贴案件往往涉及政府多个部门，政府、行业组织、企业和专业服务机构各司其职，是有效应对各类贸易摩擦的重要保障。深圳市充分发挥工作机制和服务体系的作用，将WTO政策咨询、培训宣传与理论研究三者结合，着力培养相关部门和企业的WTO规则意识。在企业WTO人才培训方面，注重调动和发挥定点培训机构的作用，坚持做好WTO热点焦点问题的培训，2008年，举办专题培训20余次，累计培训3 000人次；在政府WTO人才培训方面，为深圳市公务员初任培训和处级以上干部的任职培训中开设了WTO课程；同时，结合“五五”普法活动，开展全市涉外经贸法律法规的培训宣传，深圳市世贸组织事务中心被评为“广东省五五中期普法先进集体”；2008年年底，深圳市成功举办了“改革开放三十周年与深圳国际化城市建设”暨第七届“WTO与深圳”高级论坛。

当前，国际金融危机影响仍在延续，贸易保护主义形势依然严峻，深圳市世贸组织事务中心作为地方WTO事务专门工作机构，将进一步加强探索和完善WTO事务工作机制和服务体系建设，化挑战为动力，继续致力于为政府和企业提供WTO事务专门服务，致力于维护公平贸易秩序，致力于保障深圳的产业安全，致力于推进深圳国际化城市建设。

（深圳市世贸组织事务中心　张金生）

# 第三篇　WTO 事务

# WTO运行总体情况（2008）

## 一、WTO秘书处人员与预算（2008）

### （一）WTO秘书处人员

WTO秘书处总部设在日内瓦，拥有629名日常工作人员，统一接受总干事的领导。WTO一切决策权归属WTO成员，秘书处没有任何决策权。秘书处的主要职责是为各理事会和委员会提供技术和专业支持，为发展中成员提供技术援助，监督和分析全球贸易的发展动态，为公众和媒体提供信息以及组织召开部长级大会。此外，秘书处还在争端解决程序中提供各种形式的法律支持服务以及为申请加入WTO的政府提供咨询服务。

WTO秘书处工作人员来自于70个国家，男女人数基本对等。其中，专业人员大多由经济学家、法学家和其他国际贸易政策方面的专家组成。此外，还有大量负责提供支持性服务的员工，包括信息技术人员、财务人员、人力资源及语言服务人员。WTO工作语言是英语、法语和西班牙语。

根据《关于争端解决规则与程序的谅解》，WTO秘书处专门特别设立上诉机构，负责处理争端解决专家组裁决的上诉事宜。上诉机构设有独立秘书处，由7名在法学和国际贸易领域拥有特别威望的专家组成，每位专家的每届任期4年，且可连任一届。

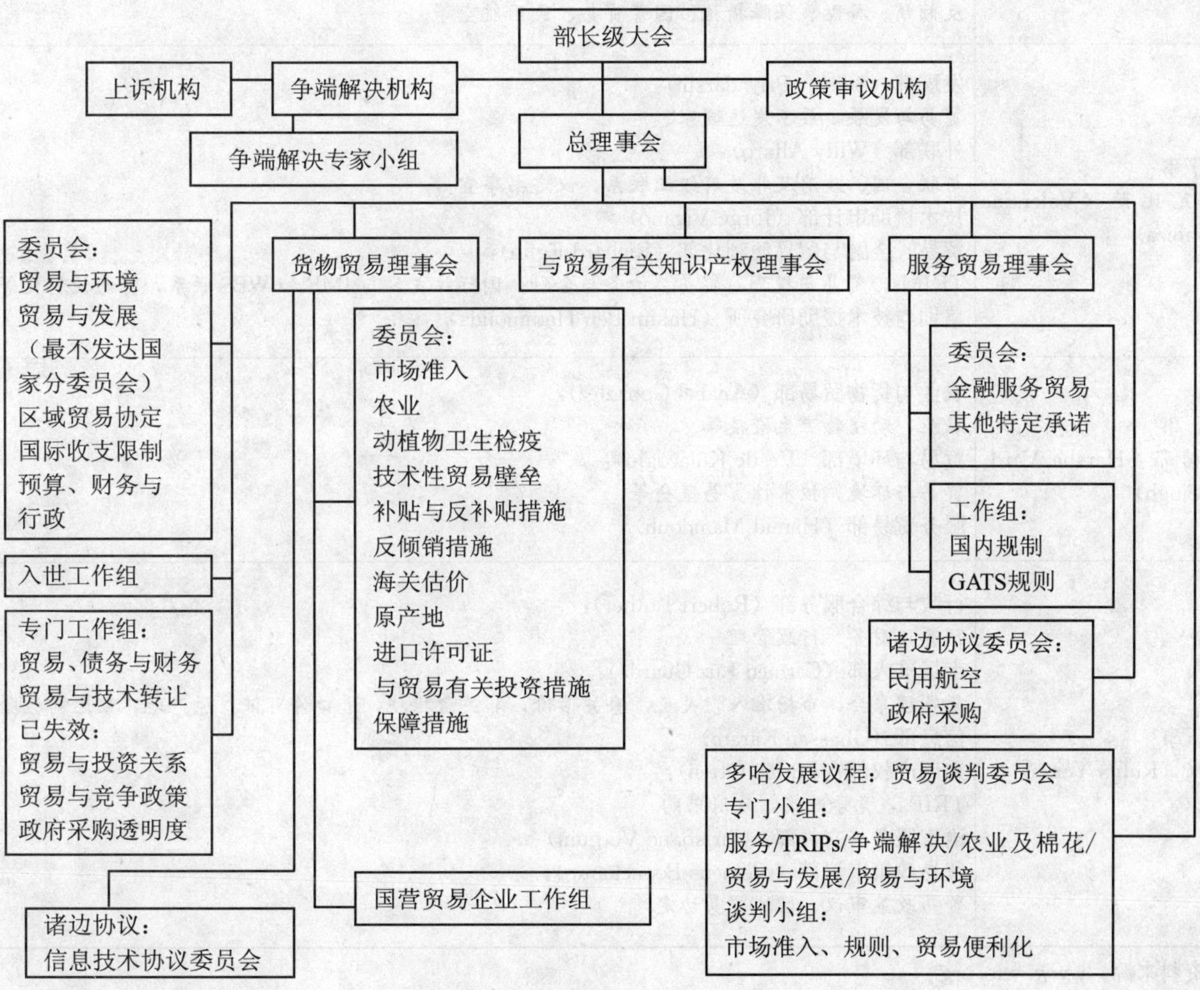


**图1 WTO组织结构（截至2009年1月）**

资料来源：www. wto. org

表 1　　WTO 秘书处组织机构（截至 2009 年 1 月）

| | |
|---|---|
| 总干事<br>帕斯卡尔·拉米（Pascal Lamy） | 总干事办公室（Arancha González Laya）：<br>争端上诉机构，纺织品监督机构行政事务<br>理事会与贸易谈判委员会部（Evan Rogerson）：<br>总理事会，争端解决机构，贸易谈判委员会等<br>多哈发展议程特别任务部（Chiedu Osakwe）：<br>专注于对棉花及其他特定多哈谈判议题给予支持<br>人力资源部（Miguel I. Figuerola）<br>信息与媒体联系部（Keith Rockwell）<br>内部审计部（Margaret Kireeta—Mwanja）<br>医疗部（Dr. Catherine Mazeyrac） |
| 副总干事<br>亚雷汉德罗·捷瑞（Alejandro Jara） | 加入部（Arif Hussain）：<br>入世谈判<br>经济研究与统计部（Patrick Low）<br>法律事务部（Bruce Wilson）：<br>争端解决等<br>规则部（Jan Woznowski）：<br>反倾销、补贴、保障措施、国营贸易、民用航空等 |
| 副总干事<br>鲁格瓦比萨（Valentine Rugwabiza） | 发展部（Shishir Priyadarshi）：<br>贸易与发展，最不发达国家<br>外联部（Willy Alfaro）：<br>与联合国、政府及非政府组织联系，议定书事宜<br>技术援助审计部（Jorge Viganó）<br>贸易、金融与贸易便利化部（Richard Eglin）：<br>TRIMs，贸易与投资，贸易、债务与金融，国际收支，与 IMF 和 WBS 联系，贸易便利化等<br>培训与技术援助研究所（Hakim Ben Hammouda） |
| 副总干事<br>伐尔檀那（Harsha Vardhana Singh） | 农业与货物贸易部（Anabel González）：<br>农业，动植物卫生检疫等<br>贸易与环境部（Vesile Kulacoglu）：<br>贸易与环境，技术性贸易壁垒等<br>服务贸易部（Hamid Mamdouh） |
| 副总干事<br>鲁佛斯（Rufus Yerxa） | 行政与综合服务部（Robert Luther）：<br>预算，财务、行政管理<br>市场准入部（Carmen Luz Guarda）：<br>货物理事会，市场准入，关税，海关估价，非关税措施，进口许可证，原产地，装运前检验<br>信息部（Ghassan Karam）<br>知识产权部（Adrian Otten）：<br>TRIPs，竞争政策，政府采购<br>语言服务与文件部（Christiane Verguin）<br>贸易政策审议部（Clemens Boonekamp）：<br>贸易政策审议，区域贸易协定 |

资料来源：www. wto. org

表2　　按性别和国别WTO秘书处日常工作人数统计（截至2009年1月）

| 国别 | 女性 | 男性 | 总计 |
|---|---|---|---|
| 阿根廷 | 3 | 5 | 8 |
| 澳大利亚 | 3 | 5 | 8 |
| 奥地利 | 2 | 3 | 5 |
| 比利时 | 4 | 1 | 5 |
| 贝宁 | | 1 | 1 |
| 玻利维亚 | 2 | 2 | 4 |
| 巴西 | 3 | 5 | 8 |
| 保加利亚 | | 1 | 1 |
| 加拿大 | 8 | 15 | 23 |
| 智利 | 3 | 2 | 5 |
| 中国 | 3 | 2 | 5 |
| 哥伦比亚 | 2 | 5 | 7 |
| 刚果（布） | | 1 | 1 |
| 哥斯达黎加 | 2 | 1 | 3 |
| 科特迪瓦 | | 1 | 1 |
| 古巴 | | 1 | 1 |
| 丹麦 | 1 | 1 | 2 |
| 厄瓜多尔 | | 1 | 1 |
| 埃及 | 2 | 3 | 5 |
| 爱沙尼亚 | 1 | | 1 |
| 芬兰 | 2 | 3 | 5 |
| 法国 | 103 | 78 | 181 |
| 德国 | 5 | 11 | 16 |
| 加纳 | | 1 | 1 |
| 希腊 | 3 | 2 | 5 |
| 危地马拉 | 1 | | 1 |
| 洪都拉斯 | 1 | | 1 |
| 中国香港 | 1 | | 1 |
| 匈牙利 | | 1 | 1 |
| 印度 | 3 | 9 | 12 |
| 爱尔兰 | 9 | 2 | 11 |
| 意大利 | 6 | 7 | 13 |
| 日本 | 1 | 2 | 3 |
| 韩国 | 3 | 1 | 4 |
| 莱索托 | | 1 | 1 |
| 马拉维 | | 1 | 1 |
| 马来西亚 | 1 | 2 | 3 |
| 毛里求斯 | | 2 | 2 |
| 墨西哥 | 2 | 4 | 6 |
| 摩洛哥 | 1 | 1 | 2 |
| 荷兰 | 2 | 4 | 6 |
| 新西兰 | 1 | 3 | 4 |
| 尼日利亚 | | 1 | 1 |
| 挪威 | | 2 | 2 |
| 巴基斯坦 | | 1 | 1 |
| 秘鲁 | 2 | 3 | 5 |

续 表

| 国别 | 女性 | 男性 | 总计 |
|---|---|---|---|
| 菲律宾 | 4 | 5 | 9 |
| 波兰 | 2 | 3 | 5 |
| 罗马尼亚 | 2 | | 2 |
| 卢旺达 | 1 | 1 | 2 |
| 圣卢西亚 | 1 | | 1 |
| 塞内加尔 | | 1 | 1 |
| 南非 | | 1 | 1 |
| 西班牙 | 30 | 16 | 46 |
| 斯里兰卡 | 2 | 2 | 4 |
| 瑞典 | 2 | 2 | 4 |
| 瑞士 | 27 | 17 | 44 |
| 坦桑尼亚 | 1 | | 1 |
| 泰国 | | 1 | 1 |
| 特立尼达和多巴哥 | 1 | | 1 |
| 突尼斯 | 2 | 4 | 6 |
| 土耳其 | 2 | 1 | 3 |
| 乌干达 | 1 | | 1 |
| 英国 | 54 | 18 | 72 |
| 美国 | 21 | 9 | 30 |
| 乌拉圭 | 1 | 5 | 6 |
| 委内瑞拉 | 1 | 3 | 4 |
| 津巴布韦 | 1 | | 1 |
| 合计 | 342 | 287 | 629 |

资料来源：www. wto. org

表 3　　WTO 秘书处各部门职位分布（截至 2009 年 1 月）

| 部门 | 日常工作人数 | 部门主任 | 高级主管 | 总计 |
|---|---|---|---|---|
| 总干事 | | | 1.00 | 1.00 |
| 总干事办公室 | 13.00 | 1.00 | | 14.00 |
| 副总干事办公室 | 5.20 | | 4.00 | 9.20 |
| 加入部 | 7.80 | 1.00 | | 8.80 |
| 行政与综合服务部 | 78.00 | 1.00 | | 79.00 |
| 农业与货物贸易部 | 14.00 | 2.00 | | 16.00 |
| 理事会与贸易谈判委员会部 | 12.30 | 1.00 | | 13.30 |
| 发展部 | 11.00 | 1.00 | | 12.00 |
| 多哈发展议程特别任务部 | 2.00 | 1.00 | | 3.00 |
| 经济研究与统计部 | 48.00 | 2.00 | | 50.00 |
| 外联部 | 8.80 | 1.00 | | 9.80 |
| 人力资源部 | 17.60 | 1.00 | | 18.60 |
| 信息部 | 38.00 | 1.00 | | 39.00 |
| 信息与媒体联系部 | 20.80 | 1.00 | | 21.80 |
| 培训与技术援助研究所 | 28.50 | 1.00 | | 29.50 |
| 知识产权部 | 12.00 | 1.00 | | 13.00 |
| 语言服务与文件部 | 157.00 | 1.00 | | 158.00 |
| 法律事务部 | 15.80 | 1.00 | | 16.80 |
| 市场准入部 | 10.80 | 1.00 | | 11.80 |

续 表

| 部门 | 日常工作人数 | 部门主任 | 高级主管 | 总计 |
|---|---|---|---|---|
| 医疗部 | 2.50 | | | 2.50 |
| 内部审计部 | 1.00 | 1.00 | | 2.00 |
| 规则部 | 20.00 | 1.00 | | 21.00 |
| 技术援助审计部 | 1.50 | | | 1.50 |
| 贸易与环境部 | 6.80 | 1.00 | | 7.80 |
| 贸易、金融与贸易便利化部 | 8.40 | 1.00 | | 9.40 |
| 服务贸易部 | 15.80 | 1.00 | | 16.80 |
| 贸易政策审议部 | 37.90 | 1.00 | | 38.90 |
| 上诉机构 | 14.00 | 1.00 | | 15.00 |
| 总计 | 608.50 | 26.00 | 5.00 | 639.50 |

资料来源：www.wto.org

**表4　WTO秘书处各部门员工按性别和级别人数统计（截至2009年1月）**

| 部门 | 性别 | 级别 | | | | | | | | | | | | |
|---|---|---|---|---|---|---|---|---|---|---|---|---|---|---|
| | | 2 | 3 | 4 | 5 | 6 | 7 | 8 | 9 | 10 | 11 | 12 | DDG | DG | 总计 |
| 总干事 | | | | | | | | | | | | | | | |
| 上诉机构 | 女性 | | | 1 | | 1 | 3 | | | 1 | | | | | 6 |
| | 男性 | | | | | | 2 | | 2 | 3 | 1 | | | | 8 |
| 理事会与贸易谈判委员会部 | 女性 | | 1 | | | 2 | 1 | | 1 | 2 | | | | | 7 |
| | 男性 | | | | | | | | | 4 | | 1 | | | 5 |
| 多哈发展议程特别任务部 | 男性 | | | | | 1 | | | | | | | | | 1 |
| 人力资源部 | 女性 | | 3 | 1 | 4 | | 5 | 1 | 1 | 1 | | | | | 16 |
| | 男性 | | | | | | 1 | 1 | | | 1 | | | | 3 |
| 信息与媒体联系部 | 女性 | | 2 | | 3 | 3 | 1 | 3 | | | | | | | 12 |
| | 男性 | | 1 | | 2 | | 1 | 1 | 2 | 3 | | 1 | | | 11 |
| 医疗部 | 女性 | | | 1 | | | 1 | | | 1 | | | | | 3 |
| 总干事办公室 | 女性 | | | 1 | 2 | 2 | 1 | | 1 | 1 | 1 | | | | 9 |
| | 男性 | | 1 | | | | | | 3 | 1 | | | | 1 | 6 |
| 副总干事1 | | | | | | | | | | | | | | | |
| 副总干事办公室1 | 女性 | | | | 1 | | | | | | | | | | 1 |
| | 男性 | | | | | | | | | | | | 1 | | 1 |
| 加入部 | 女性 | | | 2 | | 1 | | 1 | | | | | | | 4 |
| | 男性 | | | | | | 1 | 1 | | 2 | | 1 | | | 5 |
| 经济研究与统计部 | 女性 | | | 3 | 2 | 1 | 2 | 3 | 3 | 3 | | | | | 17 |
| | 男性 | | | 2 | 2 | 2 | 4 | 10 | 5 | 6 | 1 | 1 | | | 33 |
| 法律事务部 | 女性 | | | 1 | | 2 | 1 | 2 | 1 | 1 | | | | | 8 |
| | 男性 | | | | | 1 | | 1 | 2 | 3 | 1 | | | | 8 |
| 规则部 | 女性 | | 1 | 1 | | 1 | 1 | 1 | 2 | 2 | | | | | 9 |
| | 男性 | | | | | | | 3 | 2 | 4 | | 1 | | | 10 |
| 副总干事2 | | | | | | | | | | | | | | | |
| 副总干事办公室2 | 女性 | | | | | 1 | | | | | | | 1 | | 2 |
| 发展部 | 女性 | | | 1 | 1 | 1 | 1 | 1 | 1 | 1 | | | | | 7 |
| | 男性 | | | | | | | 1 | 1 | 1 | 1 | 1 | | | 4 |
| 外联部 | 女性 | | | 2 | 1 | 1 | 1 | 1 | 1 | | | | | | 7 |
| | 男性 | | | | | | | | 1 | 1 | 1 | | | | 3 |

续 表

| 部门 | 性别 | 级别 | | | | | | | | | | | | | |
|---|---|---|---|---|---|---|---|---|---|---|---|---|---|---|---|
| | | 2 | 3 | 4 | 5 | 6 | 7 | 8 | 9 | 10 | 11 | 12 | DDG | DG | 总计 |
| 培训与技术援助研究所 | 女性 | | | 3 | 4 | 2 | 2 | 2 | 1 | 2 | | | | | 16 |
| | 男性 | | | | | | | 1 | 5 | 7 | 1 | | | | 14 |
| 技术援助审计部 | 女性 | | 1 | | | | | | | | | | | | 1 |
| | 男性 | | | | | | | | | 1 | | | | | 1 |
| 贸易、金融与贸易便利化部 | 女性 | | 1 | | 1 | | 1 | | 2 | 2 | | | | | 7 |
| | 男性 | | | | | | | | 1 | 1 | | 1 | | | 3 |
| 副总干事 3 | | | | | | | | | | | | | | | |
| 副总干事办公室 3 | 女性 | | | | | | 1 | | | | | | | | 1 |
| | 男性 | | | | | | | | | | | | 1 | | 1 |
| 农业与货物贸易部 | 女性 | | | 2 | | 2 | 1 | 2 | 4 | | 2 | | | | 13 |
| | 男性 | | | | | | 1 | | 1 | 1 | | | | | 3 |
| 贸易与环境部 | 女性 | | | | 1 | | 1 | 1 | 1 | 1 | 1 | | | | 6 |
| | 男性 | | | | | | | | 1 | 1 | | | | | 2 |
| 服务贸易部 | 女性 | | 1 | 1 | 2 | 1 | | | 1 | 2 | | | | | 8 |
| | 男性 | | | | | | | | 3 | 5 | | 1 | | | 9 |
| 副总干事 4 | | | | | | | | | | | | | | | |
| 副总干事办公室 4 | 女性 | | | | | 1 | | | | | | | | | 1 |
| | 男性 | | | | | | | | | | | | 1 | | 1 |
| 行政与综合服务部 | 女性 | | 1 | 3 | 10 | 4 | 1 | 2 | 3 | 1 | | | | | 25 |
| | 男性 | 6 | 13 | 11 | 9 | 4 | 2 | 2 | 1 | 4 | 1 | | | | 53 |
| 信息与媒体联系部 | 女性 | | | | 1 | 2 | 2 | 2 | 1 | | | | | | 8 |
| | 男性 | | | 1 | 4 | 4 | 5 | 7 | 5 | 3 | | 1 | | | 30 |
| 知识产权部 | 女性 | | 1 | | 1 | 1 | 3 | | 1 | 2 | | | | | 9 |
| | 男性 | | | | | | | 1 | | 3 | | 1 | | | 5 |
| 语言服务与文件部 | 女性 | | 11 | 10 | 23 | 17 | 13 | 8 | 17 | 8 | 1 | | | | 108 |
| | 男性 | | 4 | 5 | 8 | 3 | 3 | 8 | 10 | 3 | | | | | 44 |
| 市场准入部 | 女性 | | | 1 | 2 | 1 | 1 | | | 2 | 1 | | | | 8 |
| | 男性 | | | | | | | 1 | 1 | 2 | | | | | 4 |
| 贸易政策审议部 | 女性 | | 1 | 6 | 2 | 1 | 3 | 2 | 6 | 1 | | | | | 22 |
| | 男性 | | 1 | | 1 | 1 | 2 | 3 | 1 | 9 | | 1 | | | 18 |
| 合计 | | 6 | 43 | 59 | 87 | 64 | 70 | 73 | 95 | 102 | 14 | 11 | 4 | 1 | 629 |

资料来源：www. wto. org

### （二）WTO 秘书处经费

WTO 秘书处年度经费绝大部分来自于成员所承担的会费。每个成员会费多少取决于其在国际贸易中所占的份额。此外，WTO 秘书处年度经费还来源于房租收入、利息收入、出版物销售收入等。WTO 还负责管理各种由成员方捐赠的基金。这些基金主要用于支持特定的技术援助和培训活动，以帮助最不发达和发展中国家更好参与 WTO 以及从多边贸易体制获取更多的收益。2008 年，WTO 总经费预算如下：

- WTO 秘书处经费预算：180 483 300 瑞士法郎
- 上诉机构及其秘书处经费预算：4 408 200 瑞士法郎
- WTO 总经费预算：184 891 500 瑞士法郎

表 5 2008 年度 WTO 秘书处经费预算

| | 项目 | 细目 | 预算金额（瑞士法郎） |
|---|---|---|---|
| A | 项目 1：工作费用 | (a) 工资 | 83 208 100 |
| | | (b) 养老金 | 16 799 300 |
| | | (c) 一般人事费 | 15 108 400 |
| | | (d) 重组计划 | 0 |
| | 项目 2：临时助理费 | | 14 897 400 |
| B | 项目 3：通信费 | (a) 电话通讯费 | 500 000 |
| | | (b) 邮费 | 1 382 000 |
| | 项目 4：建设设施费 | (a) 租赁费 | 340 000 |
| | | (b) 公用事业费 | 1 758 000 |
| | | (c) 维修和保险费 | 1 639 000 |
| | 项目 5：设备费 | (a) 设备费 | 2 118 200 |
| | | (b) 设备租赁费 | 274 000 |
| | 项目 6：耗材费 | | 1 307 000 |
| | 项目 7：合同服务费 | (a) 复印费 | 1 410 000 |
| | | (b) 办公费 | 3 369 700 |
| | | (c) 其他 | 282 000 |
| | | (d) 安全外包费 | 3 452 000 |
| C | 项目 8：员工间接费 | (a) 培训费 | 1 390 000 |
| | | (b) 保险费 | 2 490 500 |
| | | (c) 联合劳务费 | 204 000 |
| | | (d) 其他 | 30 000 |
| | 项目 9：代表团费 | (a) 代表团官员费 | 1 496 000 |
| | | (b) 技术代表团费 | 1 406 000 |
| | 项目 10：贸易政策课程 | | 3 823 600 |
| | 项目 11：其他 | (a) 公费和招待费 | 298 000 |
| | | (b) 争端解决专家组费 | 1 247 000 |
| | | (c) 专家费 | 50 000 |
| | | (e) 图书馆费 | 650 000 |
| | | (f) 出版费 | 880 000 |
| | | (g) 公共信息活动费 | 270 000 |
| | | (h) 外部审计费 | 40 000 |
| | | (i) 部长级会议业务基金 | 600 000 |
| | | (j) 国际标准化组织费 | 57 000 |
| | | (k) 其他 | 80 000 |
| | | (m) 安全保障费 | 330 000 |
| | 项目 12：不可预见费 | | 100 000 |
| D | 项目 13：国际贸易中心 | | 17 196 100 |
| 合计 | | | 180 483 300 |

资料来源：www.wto.org

表 6 2008 年度上诉机构及其秘书处经费预算

| | 项目 | 细目 | 预算金额（瑞士法郎） |
|---|---|---|---|
| A | 项目 1：工作费用 | (a) 工资 | 2 031 000 |
| | | (b) 养老金 | 409 500 |
| | | (c) 一般人事费 | 361 500 |
| | 项目 2：临时助理费 | | 65 600 |

续 表

| | 项目 | 细目 | 预算金额（瑞士法郎） |
|---|---|---|---|
| B | 项目 3：通信费 | (a) 电话通讯费 | 6 500 |
| | 项目 4：建设设施费 | (b) 公用事业费 | 13 000 |
| | | (c) 维修和保险费 | 55 000 |
| | 项目 5：设备费 | (a) 设备费 | 35 600 |
| | 项目 6：耗材费 | | 20 000 |
| | 项目 7：合同服务费 | (a) 复印费 | 15 000 |
| | | (b) 办公费 | 9 000 |
| C | 项目 8：员工间接费 | (a) 培训费 | 25 000 |
| | | (b) 保险费 | 12 000 |
| | | (c) 其他 | 2 000 |
| | 项目 9：代表团费 | (a) 代表团官员费 | 37 000 |
| | 项目 11：其他 | (a) 公费和招待费 | 1 000 |
| | | (b) 争端解决专家组费 | 753 500 |
| | | (c) 图书馆费 | 10 000 |
| | | (d) 上诉机构业务基金 | 546 000 |
| 合计 | | | 4 408 200 |

资料来源：www. wto. org

表 7　　2008 年度 WTO 成员承担的会费

| 成员 | 2008 会费 | |
|---|---|---|
| | 瑞士法郎 | % |
| 阿尔巴尼亚 | 37 359 | 0.0210 |
| 安哥拉 | 208 143 | 0.1170 |
| 安提瓜和巴布达 | 26 685 | 0.0150 |
| 阿根廷 | 572 838 | 0.3220 |
| 亚美尼亚 | 26 685 | 0.0150 |
| 澳大利亚 | 2 028 060 | 1.1400 |
| 奥地利 | 2 511 948 | 1.4120 |
| 巴林 | 142 320 | 0.0800 |
| 孟加拉国 | 181 458 | 0.1020 |
| 巴巴多斯 | 30 243 | 0.0170 |
| 比利时 | 4 685 886 | 2.6340 |
| 伯利兹 | 26 685 | 0.0150 |
| 贝宁 | 26 685 | 0.0150 |
| 玻利维亚 | 40 917 | 0.0230 |
| 博茨瓦纳 | 62 265 | 0.0350 |
| 巴西 | 1 574 415 | 0.8850 |
| 文莱 | 71 160 | 0.0400 |
| 保加利亚 | 231 270 | 0.1300 |
| 布基纳法索 | 26 685 | 0.0150 |
| 布隆迪 | 26 685 | 0.0150 |
| 柬埔寨 | 58 707 | 0.0330 |
| 喀麦隆 | 49 812 | 0.0280 |
| 加拿大 | 6 272 754 | 3.5260 |
| 中非 | 26 685 | 0.0150 |
| 乍得 | 26 685 | 0.0150 |

续 表

| 成员 | 2008会费 | |
|---|---|---|
| | 瑞士法郎 | % |
| 智利 | 553 269 | 0.3110 |
| 中国 | 9 496 302 | 5.3380 |
| 中国台北 | 343 347 | 0.1930 |
| 哥伦比亚 | 48 033 | 0.0270 |
| 刚果（布） | 158 331 | 0.0890 |
| 哥斯达黎加 | 110 298 | 0.0620 |
| 科特迪瓦 | 293 535 | 0.1650 |
| 克罗地亚 | 104 961 | 0.0590 |
| 古巴 | 120 972 | 0.0680 |
| 塞浦路斯 | 1 174 140 | 0.6600 |
| 捷克 | 26 685 | 0.0150 |
| 刚果（金） | 1 752 315 | 0.9850 |
| 丹麦 | 26 685 | 0.0150 |
| 吉布提 | 26 685 | 0.0150 |
| 多米尼克 | 177 900 | 0.1000 |
| 多米尼加 | 156 552 | 0.0880 |
| 厄瓜多尔 | 430 518 | 0.2420 |
| 埃及 | 101 403 | 0.0570 |
| 萨尔瓦多 | 144 099 | 0.0810 |
| 爱沙尼亚 | 0 | 0.0000 |
| 欧洲共同体 | 26 685 | 0.0150 |
| 斐济 | 1 118 991 | 0.6290 |
| 芬兰 | 42 696 | 0.0240 |
| 马其顿 | 8 674 404 | 4.8760 |
| 法国 | 48 033 | 0.0270 |
| 加蓬 | 26 685 | 0.0150 |
| 冈比亚 | 32 022 | 0.0180 |
| 格鲁吉亚 | 15 765 498 | 8.8620 |
| 德国 | 71 160 | 0.0400 |
| 加纳 | 862 815 | 0.4850 |
| 希腊 | 26 685 | 0.0150 |
| 格林纳达 | 112 077 | 0.0630 |
| 危地马拉 | 26 685 | 0.0150 |
| 几内亚 | 26 685 | 0.0150 |
| 几内亚比绍 | 26 685 | 0.0150 |
| 圭亚那 | 26 685 | 0.0150 |
| 海地 | 64 044 | 0.0360 |
| 洪都拉斯 | 5 235 597 | 2.9430 |
| 中国香港 | 1 054 947 | 0.5930 |
| 匈牙利 | 80 055 | 0.0450 |
| 冰岛 | 1 328 913 | 0.7470 |
| 印度 | 1 321 797 | 0.7430 |
| 印度尼西亚 | 2 289 573 | 1.2870 |
| 爱尔兰 | 898 395 | 0.5050 |
| 以色列 | 7 039 503 | 3.9570 |

续 表

| 成员 | 2008会费 | |
|---|---|---|
| | 瑞士法郎 | % |
| 意大利 | 81 834 | 0.0460 |
| 牙买加 | 9 811 185 | 5.5150 |
| 日本 | 122 751 | 0.0690 |
| 约旦 | 78 276 | 0.0440 |
| 肯尼亚 | 4 523 997 | 2.5430 |
| 韩国 | 421 623 | 0.2370 |
| 科威特 | 26 685 | 0.0150 |
| 吉尔吉斯斯坦 | 110 298 | 0.0620 |
| 拉脱维亚 | 26 685 | 0.0150 |
| 莱索托 | 44 475 | 0.0250 |
| 列支敦士登 | 199 248 | 0.1120 |
| 立陶宛 | 674 241 | 0.3790 |
| 卢森堡 | 131 646 | 0.0740 |
| 中国澳门 | 26 685 | 0.0150 |
| 马达加斯加 | 26 685 | 0.0150 |
| 马拉维 | 2 182 833 | 1.2270 |
| 马来西亚 | 26 685 | 0.0150 |
| 马尔代夫 | 26 685 | 0.0150 |
| 马里 | 74 718 | 0.0420 |
| 马耳他 | 26 685 | 0.0150 |
| 毛里塔尼亚 | 62 265 | 0.0350 |
| 毛里求斯 | 3 741 237 | 2.1030 |
| 墨西哥 | 26 685 | 0.0150 |
| 摩尔多瓦 | 26 685 | 0.0150 |
| 蒙古 | 289 977 | 0.1630 |
| 摩洛哥 | 35 580 | 0.0200 |
| 莫桑比克 | 49 812 | 0.0280 |
| 缅甸 | 33 801 | 0.0190 |
| 纳米比亚 | 28 464 | 0.0160 |
| 尼泊尔 | 5 984 556 | 3.3640 |
| 荷兰 | 455 424 | 0.2560 |
| 新西兰 | 37 359 | 0.0210 |
| 尼加拉瓜 | 26 685 | 0.0150 |
| 尼日尔 | 482 109 | 0.2710 |
| 尼日利亚 | 1 529 940 | 0.8600 |
| 挪威 | 217 038 | 0.1220 |
| 阿曼 | 298 872 | 0.1680 |
| 巴基斯坦 | 161 889 | 0.0910 |
| 巴拿马 | 44 475 | 0.0250 |
| 巴布亚新几内亚 | 56 928 | 0.0320 |
| 巴拉圭 | 225 933 | 0.1270 |
| 秘鲁 | 829 014 | 0.4660 |
| 菲律宾 | 1 517 487 | 0.8530 |
| 波兰 | 946 428 | 0.5320 |
| 葡萄牙 | 238 386 | 0.1340 |

续表

| 成员 | 2008会费 | |
|---|---|---|
| | 瑞士法郎 | % |
| 卡塔尔 | 469 656 | 0.2640 |
| 罗马尼亚 | 26 685 | 0.0150 |
| 卢旺达 | 26 685 | 0.0150 |
| 圣基茨和尼维斯 | 1 506 813 | 0.8470 |
| 圣卢西亚 | 37 359 | 0.0210 |
| 圣文森特和格林纳丁斯 | 26 685 | 0.0150 |
| 沙特 | 3 808 839 | 2.1410 |
| 塞内加尔 | 334 452 | 0.1880 |
| 塞拉利昂 | 309 546 | 0.1740 |
| 新加坡 | 26 685 | 0.0150 |
| 斯洛伐克 | 903 732 | 0.5080 |
| 斯洛文尼亚 | 4 646 748 | 2.6120 |
| 所罗门群岛 | 142 320 | 0.0800 |
| 南非 | 26 685 | 0.0150 |
| 西班牙 | 26 685 | 0.0150 |
| 斯里兰卡 | 26 685 | 0.0150 |
| 苏里南 | 32 022 | 0.0180 |
| 斯威士兰 | 2 376 744 | 1.3360 |
| 瑞典 | 2 522 622 | 1.4180 |
| 瑞士 | 3 285 813 | 1.8470 |
| 坦桑尼亚 | 48 033 | 0.0270 |
| 泰国 | 1 825 254 | 1.0260 |
| 多哥 | 26 685 | 0.0150 |
| 汤加 | 26 685 | 0.0150 |
| 特立尼达和多巴哥 | 92 508 | 0.0520 |
| 突尼斯 | 224 154 | 0.1260 |
| 土耳其 | 1 407 189 | 0.7910 |
| 乌干达 | 26 685 | 0.0150 |
| 乌克兰 | 1 328 913 | 0.7470 |
| 英国 | 9 622 611 | 5.4090 |
| 美国 | 25 094 574 | 14.1060 |
| 乌拉圭 | 67 602 | 0.0380 |
| 委内瑞拉 | 540 816 | 0.3040 |
| 越南 | 505 236 | 0.2840 |
| 赞比亚 | 26 685 | 0.0150 |
| 津巴布韦 | 35 580 | 0.0200 |
| 合计 | 177 900 000 | 100.000 |

资料来源：www.wto.org

## 二、WTO主要活动（2008）

### （一）与其他国际组织的合作

WTO与其他国际组织保持密切合作，以确保在全球经济政策决策方面的“协调一致”。WTO还呼吁其他组织在维持汇率稳定和金融市场秩序方面发挥作用，为经济发展提供足够的资金支持和为贸易自由化提供改革支持。自多哈回合谈判以来，WTO与世界银行、国际货币基金组织及其他国际或区域组织在全球经济、发展和环境等领域一直紧密协作。目前，全球大约有140个国际组织在WTO中获得了观察员地位，同时，WTO还以观察员身份参与其他国际组织的活动。据统计，

WTO秘书处目前与约200多个国际组织保持了合作关系，合作领域包括统计、研究、标准设定及技术支持和培训。

1. 与非政府组织的合作

2008年，WTO与非政府组织在多哈回合谈判及提高非政府组织参与WTO事务方面继续保持了惯常沟通和协作。非政府组织的代表与WTO秘书处及WTO成员保持了频繁的接触和联系。他们积极参与WTO部长会议和形式各异的研讨会或座谈会。WTO"年度公共论坛"已经成为全球非政府组织代表参与WTO事务最重要、最广泛的途径。借助这一平台，非政府组织的代表可以相互之间或与WTO成员之间就关乎全球贸易利益的相关问题进行探讨。

2008年9月24～25日，大约有1000多名非政府组织代表在WTO总部参加了2008年"年度公共论坛"。论坛主题为"贸易走向未来"，重点探讨了全球贸易体制的未来发展方向。论坛旨在回顾当前全球贸易体制发展面临的挑战和机遇，讨论现行体制下的主要受益方，试图找寻改善全球贸易治理模式的新途径。为此，论坛下设三个分主题，分别为"WTO面临的机遇和挑战"、"WTO主要成员面临的机遇和挑战"和"多边贸易体制改革的新途径"。在议程设置方面，论坛设计了42个谈论单元，分别由非政府组织代表和WTO秘书处官员共同参与。

2. 与其他国际组织的合作

2008年2月10日，WTO与世界知识产权组织（WIPO）共同宣布于2008年6月30日至7月10日在日内瓦联合举办为其两周的知识产权课程培训。培训内容十分广泛，涉及与贸易有关的知识产权协议（TRIPs）的谈判背景及其发展趋势，知识产权对经济发展的影响，WIPO未来工作的计划，WIPO知识管理中心和电子图书馆的资源利用方法，版权及其相关权利、商标、工业设计、地理标志和专利等各种知识产权的国际制度变迁与发展，知识产权保护与公共健康维护的矛盾与协调，WTO关于知识产权纠纷解决机制的执行程序、基本准则与豁免条件，知识产权保护与公平竞争的关系，保护植物新品种国际协定，生物技术专利保护与生物多样性公约，WIPO政府间委员会对基因资源、传统知识与民俗文化保护的新协商以及在WTO框架下的新发展，电子商务、网络域名与WIPO仲裁及调解中心等。培训的对象主要是来自发展中国家和经济转型国家的大学教师，当然也包括律师、经济学家或其他与知识产权工作有关的大学教师。WIPO和WTO举办此次培训的目的在于，更新各国优秀知识产权教授对国际知识产权制度的理解和认识，进一步开拓和提高他们在知识产权领域开展研究和教学的视野和能力，从而更好地为本国培养知识产权人才、为政府和企业提供咨询服务；同时，也为加强WIPO、WTO及各国教授之间的交流，以及国际知识产权研究与教育合作，提供一个良好的平台。

3. 与各国议会的合作

近年来，WTO秘书处不断加强其与各国议会的联系和合作，包括积极参加各国议会会议或举办国别或区域议会议员会议。各国议会议员在批准政府谈判的WTO协定方面有着举足轻重的作用。他们对多边贸易体制的关注热情也日益提升，并通过各国议会联盟（IPU）对贸易问题积极发表见解。此外，WTO还定期举办议员大会，向各国议员通报多边贸易体制面临的最重要问题。2008年9月11日，WTO在日内瓦举办年度议员大会，WTO总干事拉米参会并发表演讲呼吁各国议员"帮助WTO在2008年完成模式谈判，从而为2009年结束多哈谈判奠定基础。"

**（二）促贸援助**

作为多哈回合谈判的有益补充，"促贸援助"（Aid for Trade）是WTO发起的一项倡议，旨在通过加强基础设施、提供技术援助和能力建设，帮助发展中国家和最不发达国家提高参与国际贸易的能力，促进其经济增长和社会发展。该倡议经2005年WTO香港部长级会议通过，被作为一项重要成果载入《香港部长宣言》。根据2006年12月确定的路线图，2007年WTO相继在秘鲁、菲律宾和坦桑尼亚等三个亚、非、拉国家举行了三次地区性"促贸援助"审议会议，并成功举办了第一次全球审议大会。2008年2月25日，WTO通过2008年"促贸援助"工作路线图，旨在提高发展中国家在接受援助过程中的自主参与，加强对援助实施情况的监督，确定若干指标衡量援助活动的有效性和发展中国家的贸易能力。金融危机全面爆发后，2008年11月，WTO将"促贸援助"作为

2009年工作重点，并计划在2009年7月举行第二次全球“促贸援助”审议大会。

**（三）技术援助和培训**

WTO与贸易有关的技术援助计划旨在提高成员方对WTO活动的了解程度，各项培训都尽可能地满足成员方的实际要求。WTO成员任何时候都可以向秘书处提出技术援助的相关请求，这可以确保技术援助能及时集中反映成员方的要求，特别是发展中成员和最不发达成员的诉求。

2008年，WTO在日内瓦以及全球其他地区共计举行了496次技术援助和培训活动。每次活动的期限为1天至12周不等，参与人员有时仅为1人。对于培训周期较长的课程项目，参与人员有时达到数十人。培训形式各异，包括实习、博士生学习或合作课题研究等。其中，绝大多数培训活动由WTO与其他国际组织联合举办，重点支持非洲及其他最不发达国家融入多边贸易体制。

值得注意的是，2008年，WTO秘书处培训和技术援助研究院采取了一些创新措施，以更好地满足成员方的要求。其中，最重要的一项措施是引入了内部和外部的评估机制，对援助和培训活动提出改进建议。此外，WTO还采取了一系列新计划，来改进援助和培训的内容和形式。第一，WTO采取诸多措施重新开发和设计了二代网络培训项目。2008年，WTO组织的网络培训活动同比去年增加了28%。第二，WTO进一步加强了地区性援助和培训的活动。2008年，WTO组织举办的地区性活动持续增加，从另一侧面也反映出WTO解决地区性问题的重要性。第三，WTO进一步拓展了技术援助和培训的合作对象，包括议会、私营企业、学术机构和大学。

**表8　2008年按地区统计的与贸易有关的技术援助活动分布**

| 地区 | 国别层次 | | 地区层次 | | 全球层次 | | 其他（会议等） | | 合计 | |
|---|---|---|---|---|---|---|---|---|---|---|
| 非洲 | 111 | 47% | 27 | 31% | 0 | 0% | 25 | 22% | 163 | 33% |
| 阿拉伯和中东地区 | 11 | 5% | 7 | 8% | 0 | 0% | 6 | 5% | 24 | 5% |
| 亚太地区 | 60 | 26% | 15 | 17% | 0 | 0% | 23 | 20% | 98 | 20% |
| 中东欧，中亚及高加索地区 | 14 | 6% | 7 | 8% | 0 | 0% | 2 | 2% | 23 | 5% |
| 加勒比地区 | 12 | 5% | 10 | 12% | 0 | 0% | 0 | 0% | 22 | 4% |
| 拉丁美洲地区 | 26 | 11% | 20 | 23% | 0 | 0% | 16 | 14% | 62 | 13% |
| 区域性合计 | 234 | 100% | 86 | 100% | 0 | 0% | 72 | 63% | 392 | 79% |
| 全球性活动 | 0 | 0% | 0 | 0% | 62 | 100% | 42 | 37% | 104 | 21% |
| 合计 | 234 | 100% | 86 | 100% | 62 | 100% | 114 | 100% | 496 | 100% |

资料来源：www. wto. org

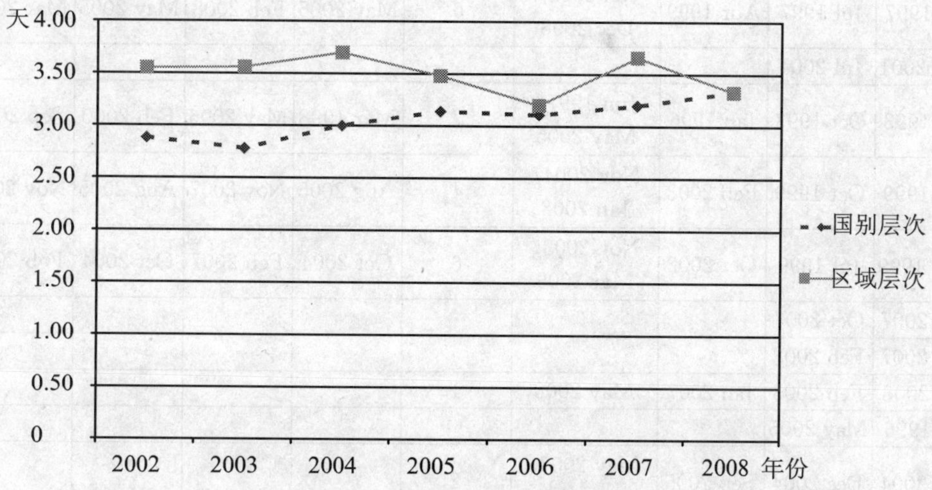


**图2　WTO技术援助和培训活动的平均期限**

资料来源：www. wto. org

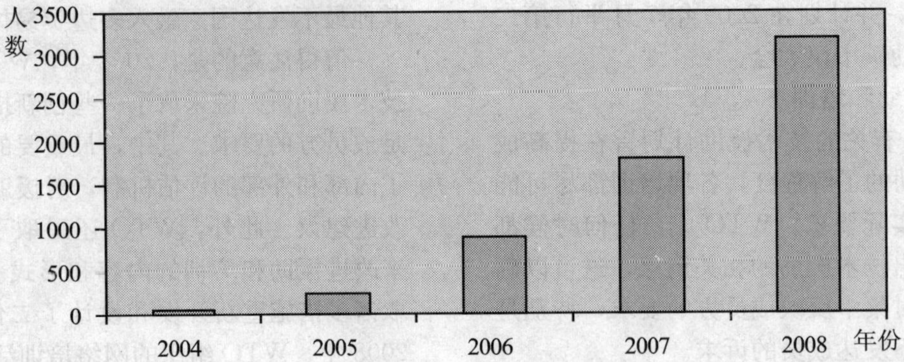


图 3　WTO 网络课程的参与人数（2004—2008 年）

资料来源：www.wto.org

### （四）WTO 各理事会活动

1. 总理事会

2008 年，WTO 总理事会继续受理各国政府加入 WTO 的申请。1 月 17 日，WTO 成员审议了阿尔及利亚贸易政策工作组报告。2 月 5 日，WTO 总理事会正式成立工作组审议赤道几内亚加入 WTO 的申请。4 月 2 日，伊拉克加入 WTO 工作组审议了伊拉克贸易体制，支持伊拉克尽快加入 WTO，以更好地融入世界经济。5 月 16 日，乌克兰正式完成加入 WTO 谈判，成为 WTO 第 152 个新成员。7 月 23 日，佛得角成为 WTO 第 153 个新成员。此外，2008 年，老挝和也门加入 WTO 的谈判也取得重要进展。

表 9　　正在申请加入 WTO 国家的谈判进展情况（截至 2009 年 4 月）

| | 申请日期 | 工作组成立日期 | 达成备忘录日期 | 首次/最后一次（工作组会议） | 工作组会议次数 | 货物贸易承诺 | | 服务贸易承诺 | | 起草工作组报告日期 |
|---|---|---|---|---|---|---|---|---|---|---|
| | | | | | | 初始 | 最终 | 初始 | 最终 | |
| 阿富汗 | Nov 2004 | Dec 2004 | Apr 2009 | | | | | | | |
| 阿尔及利亚 | Jun 1987 | Jun 1987 | Jul 1996 | Apr 1998/Jan 2008 | 10 | Feb 2002 | Nov 2007 | Mar 2002 | Nov 2007 | Jun 2006 |
| 安道尔 | Jul 1997 | Oct 1997 | Mar 1999 | Oct 1999 | 1 | Sep 1999 | | Sep 1999 | | |
| 阿塞拜疆 | Jun 1997 | Jul 1997 | Apr 1999 | Jun 2002/Dec 2008 | 6 | May 2005 | Feb 2008 | May 2005 | Mar 2007 | Dec 2008 |
| 巴哈马 | May 2001 | Jul 2001 | | | | | | | | |
| 白俄罗斯 | Sep 1993 | Oct 1993 | Jan 1996 | Jun 1997/May 2005 | 7 | Mar 1998 | May 2006 | Feb 2000 | Sep 2006 | Jun 2007（FS） |
| 不丹 | Sep 1999 | Oct 1999 | Feb 2003 | Nov 2004/Jan 2008 | 4 | Aug 2005 | Nov 2007 | Aug 2005 | Nov 2007 | Dec 2007 |
| 波黑 | May 1999 | Jul 1999 | Oct 2002 | Nov 2003/Mar 2009 | 6 | Oct 2004 | Feb 2007 | Oct 2004 | Feb 2007 | Feb 2009 |
| 科摩罗 | Feb 2007 | Oct 2007 | | | | | | | | |
| 赤道几内亚 | Feb 2007 | Feb 2008 | | | | | | | | |
| 埃塞俄比亚 | Jan 2003 | Feb 2003 | Jan 2007 | May 2008 | 1 | | | | | |
| 伊朗 | Jul 1996 | May 2005 | | | | | | | | |
| 伊拉克 | Sep 2004 | Dec 2004 | Sep 2005 | May 2007/Apr 2008 | 2 | | | | | |

续 表

| | 申请日期 | 工作组成立日期 | 达成备忘录日期 | 首次/最后一次（工作组会议） | 工作组会议次数 | 货物贸易承诺 | | 服务贸易承诺 | | 起草工作组报告日期 |
|---|---|---|---|---|---|---|---|---|---|---|
| | | | | | | 初始 | 最终 | 初始 | 最终 | |
| 哈萨克斯坦 | Jan 1996 | Feb 1996 | Sep 1996 | Mar 1997/Jul 2008 | 10 | Jun 1997 | May 2004 | Sep 1997 | Jun 2004 | Jun 2008 |
| 老挝 | Jul 1997 | Feb 1998 | Mar 2001 | Oct 2004/Jul 2008 | 4 | Nov 2006 | Jun 2008 | Oct 2007 | Jun 2008 | Jun 2008 (FS) |
| 黎巴嫩 | Jan 1999 | Apr 1999 | Jun 2001 | Oct 2002/Feb 2009 | 6 | Nov 2003 | Jun 2004 | Nov 2003 | Jun 2004 | Oct 2008 |
| 利比里亚 | Jun 2007 | Dec 2007 | | | | | | | | |
| 利比亚 | Jun 2004 | Jul 2004 | | | | | | | | |
| 黑山共和国 | Dec 2004 | Feb 2005 | Mar 2005 | Oct 2005/Nov 2008 | 7 | DraftDec | Schedule 2008 | DraftDec | Schedule 2008 | Jan 2009 |
| 俄罗斯 | Jun 1993 | Jun 1993 | Mar 1994 | Jul 1995/Mar 2006 | 30 | Feb 1998 | Feb 2001 | Oct 1999 | Jun 2002 | Oct 2004 |
| 萨摩亚 | Apr 1998 | Jul 1998 | Feb 2000 | Mar 2002 | 1 | Aug 2001 | | Aug 2001 | Feb 2006 | Nov 2006 |
| 圣多美和普林西比 | Jan 2005 | May 2005 | | | | | | | | |
| 塞尔维亚 | Dec 2004 | Feb 2005 | Mar 2005 | Oct 2005/Dec 2008 | 6 | Apr 2006 | Nov 2008 | Oct 2006 | Nov 2008 | Nov 2008 |
| 塞舌尔 | May 1995 | Jul 1995 | Aug 1996 | Feb 1997 | 1 | Jun 1997 | | May 1997 | | Jun 1997 |
| 苏丹 | Oct 1994 | Oct 1994 | Jan 1999 | Jul 2003/Mar 2004 | 2 | Jul 2004 | Oct 2006 | Jun 2004 | Oct 2006 | Sep 2004 |
| 塔吉克斯坦 | May 2001 | Jul 2001 | Feb 2003 | Mar 2004/Oct 2006 | 3 | Feb 2004 | Mar 2009 | Feb 2004 | Mar 2009 | May 2006 |
| 乌兹别克斯坦 | Dec 1994 | Dec 1994 | Oct 1998 | Jul 2002/Oct 2005 | 3 | Sep 2005 | | Sep 2005 | | |
| 瓦努阿图 | Jul 1995 | Jul 1995 | Nov 1995 | Jul 1996/Oct 1999 | 2 | Nov 1997 | Nov 1999 | Nov 1997 | Nov 1999 | Oct 2001 |
| 也门 | Apr 2000 | Jul 2000 | Nov 2002 | Nov 2004/Oct 2008 | 5 | Sep 2005 | Aug 2008 | Aug 2005 | Aug 2008 | Aug 2008 |

资料来源：www.wto.org

2. 货物贸易理事会

(1) 原产地规则委员会

2008年，原产地规则委员会（CRO）分别于4月24日和10月9日召开了两次会议。会议重新选举巴西Vera Thorstensen女士和日本Yoshitomo Kondo先生为委员会主席和副主席。此外，ACP，EFTA，IADB，IMF，ITCB，OECD，UNCTAD，WCO及世界银行的代表也以观察员身份参加了上述会议。

2008年，关于《原产地规则协议》第二部分“关于通用原产地规则的规定”，CRO讨论了阿根廷有关其入世承诺的执行问题。

2008年，关于《原产地规则协议》第三部分“通知、审查、协商和争端解决的程序安排”，共有79个WTO成员向CRO通报了非优惠性原产地规则措施，另有86个成员向CRO通报了优惠性原产地规则措施。CRO主席认为，仍有为数不少的成员没有遵照通报要求履行义务。

2008年，关于《原产地规则协议》第四部分“原产地规则的协调”，CRO分别于4月24日和10月9日就有关技术性问题进行了讨论。

(2) 市场准入委员会

2008年，市场准入委员会共举行了两次正式会议（分别于4月16日和10月16日）和两次非正式专门会议（分别于 4 月 16 日和 10 月 16 日）。在 4 月 16 日会议上，委员会选举巴基斯坦 Mohammad Saeed 博士为委员会主席。在 10 月 16 日会议，委员会选举新西兰 Barney Riley 先生为委员会副主席。

2008 年，市场准入委员会批准了阿根廷和巴拿马要求豁免权期限延长的申请。同时，依据《中国入世议定书》第 18 段，委员会对中国进行了过渡期政策审议，欧盟、日本和美国提交了问题清单。

（3）进口许可程序委员会

2008 年，进口许可程序委员会分别于 4 月 28 日和 10 月 20 日举行了两次会议。在 4 月 28 日会议上，委员会选举了坦桑尼亚 Marco J. Kassaja 先生为委员会主席，同时还选举了塞浦路斯 Anna Ashikali 女士为副主席。

2008 年，根据《进口许可程序协议》第 1.4（a）条和第 8.2（b）条，进口许可程序委员会共从 8 个成员收到 9 次通报，分别为阿尔巴尼亚、印度、澳门、中国、圣卢西亚、新加坡、土耳其、美国和乌克兰（见图 4 第 1 组）。

2008 年，根据《进口许可程序协议》第 5.1～5.4 条，进口许可程序委员会共从 8 个成员收到 10 次通报，分别为阿根廷、洪都拉斯、印度、马来西亚、毛里求斯、摩尔多瓦、新加坡和美国（见图 4 第 2 组）。

2008 年，根据《进口许可程序协议》第 7.3 条，进口许可程序委员会共从 28 个成员收到 30 次通报，分别为阿尔巴尼亚、阿根廷、亚美尼亚、加拿大、哥斯达黎加、澳门、中国、欧洲共同体、危地马拉、洪都拉斯、香港、中国、印度、牙买加、日本、莱索托、马达加斯加、马来西亚、毛里求斯、摩洛哥、挪威、阿曼、卡塔尔、圣卢西亚、新加坡、特立尼达和多巴哥、土耳其、乌克兰、美国和津巴布韦（见图 4 第 3 组）。

2008 年，有一些成员还首次向进口许可程序委员会做出通报，分别为：（1）根据第 1.4 和 8.2 条：阿尔巴尼亚、泰国和乌克兰；（2）根据第 5 条：洪都拉斯、毛里求斯和摩尔多瓦；（3）根据第 7.3 条：洪都拉斯、莱索托和乌克兰。

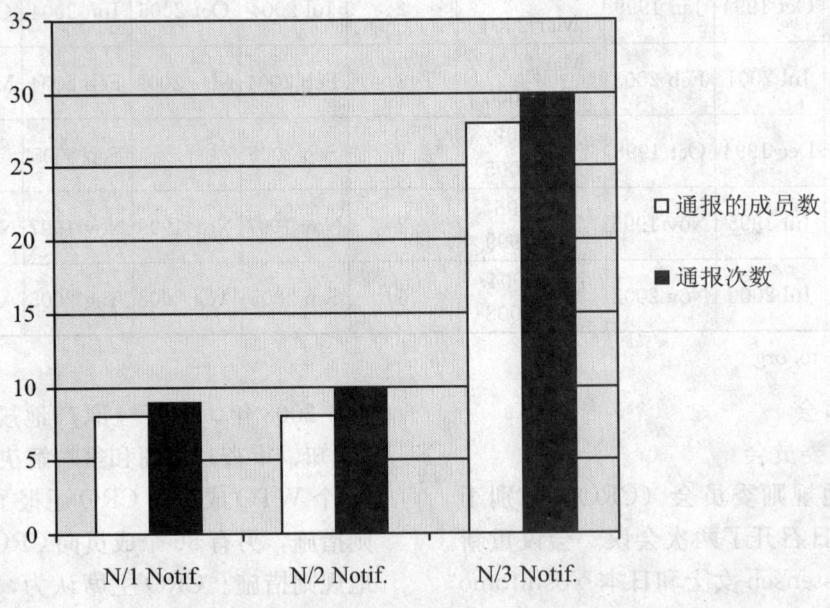


**图 4 通报的成员数和通报次数（2007—2008 年）**

资料来源：www.wto.org

（4）信息技术产品委员会

2008 年，信息技术产品委员会仅召开过一次会议，时间为 10 月 30 日，埃及 Khalid I. Emara 先生当选为年度委员会主席。会议重点讨论了欧盟关于审议《信息技术产品协议》的提议。

截至 2008 年 10 月 17 日，《信息技术产品协议》共有 71 个参加方。2008 年 10 月 30 日，委员会通过了秘鲁关于信息技术产品的承诺减让表，秘鲁很快将成为《信息技术协定》第72个参加方。

2008年，信息技术产品委员会按照个案的方式受理了有关国际组织要求成为《信息技术产品协议》观察员的申请。其中，国际贸易中心（ITC）和经合组织（OECD）被授予了观察员地位。此外，世界海关组织（WCO）被授予观察员地位也已列入了会议日程。

（5）海关估价委员会

2008年，海关估价委员会召开了两次正式会议，分别于5月6日由英国Joe McClintock先生主持和10月17日由罗马尼亚Octavia Cerchez女士主持。其中，Octavia Cerchez女士在5月6日会议上当选为2008—2009年度委员会主席。

2008年，没有一个发展中成员援引《海关估价协议》第20.1条推迟履行义务，也没有成员要求延长执行协议的宽限期。截至2008年12月，共有80个成员向委员会通报了其有关海关估价的国内措施，尚有48个成员没有履行通报义务。

2008年，海关估价委员还审议了科威特和沙特阿拉伯的海关估价制度，并完成了对中国海关估价制度的第7次过渡期审议，听取了一些成员方关于泰国烟酒海关估价制度的异议。此外，美国还对印度和印度尼西亚的海关估价制度提出了申诉。

（6）农业委员会

2008年，农业委员会共召开过3次例会，时间分别为3月18日、9月18日和12月4日。根据《农业协议》第18.1条规定，每次例会都对乌拉圭回合以来协议的执行情况进行了审议，内容涉及市场准入、国内支持、出口补贴、出口禁止和限制措施。为了配合审议，2008年，WTO成员共进行了104次通报。

2008年，农业委员会继续讨论与农业协议执行有关的三方面问题，分别是加强对出口信贷、出口信贷担保和保险的全球纪律约束；探讨改进协议的执行方式以减少对最不发达成员和粮食净进口国的负面影响；加强对关税配额制度的管理。

在9月18日例会上，农业委员会还对中国进行了第7次过渡期审议，审议的焦点问题是歧视性免征增值税、出口退税和关税配额管理制度。此外，委员会还制定了2009年例会的日程，分别为3月12～13日、6月18～19日、9月21～22日和11月19～20日。

（7）卫生和植物检疫措施委员会

2008年，卫生和植物检疫措施委员会共召开了3次例会，时间分别为4月2～3日、6月24～25日和10月8～9日。在4月2～3日会议上，荷兰Marinus Huige先生当选为2008—2009年度委员会主席。在10月8～9日会议上，委员会通过2009年对《卫生与植物检疫措施协议》（SPS）进行第3次审议的方案。

2008年1～9月，WTO成员累计向卫生和植物检疫措施委员会通报956次。截至2008年10月，自WTO成立以来，WTO成员已累计通报9 522次SPS措施。

2008年，委员会每次会议都讨论有关特殊和差别待遇问题。目前，委员会正考虑修改相关程序以增强特殊和差别待遇的透明度，但成员方尚未就此达成一致。2008年10月，SPS委员会与OECD联合举办了一次有关SPS技术性合作实践的专门研讨会，来自全球200多名代表参与了此次讨论。

2008年，SPS委员会还考虑了诸多特定的贸易问题，包括菠萝、可可和控制程序的残留水平、应对禽流感和牛海绵状脑病所采取的措施、与口蹄疫有关的限制措施、检查费用、评估传统食品安全的要求等。据统计，2008年，SPS委员会共受理13个特定的贸易问题，还有10个以前受理过的问题再次被讨论，另有4个问题已被解决。

（8）补贴与反补贴措施委员会

2008年，补贴与反补贴措施委员会分别于4月29日和10月29日举行了两次例会，同时还在7月31日和12月5日举行了两次特别会议。其中，在4月29日例会上，委员会选举日本Jun Kazeki先生为委员会主席。在7月31日会议上，委员会还增选4位专家作为常设专家组成员，分别为Chang-fa Lo博士（中国台北）、Manzoor Ahmad博士（巴基斯坦）、张玉卿（中国）和Jeffrey A. May（美国）。

截至2008年10月29日，共有30个成员向委员会通报了国内补贴措施。此外，还有6个成员向委员会做了无补贴措施的通报。在4月29日和10月29日会议上，委员会还审议了19个成员2007年通报的补贴措施，分别为阿尔巴尼亚、阿根廷、澳大利亚、巴西、加拿大、古巴、欧盟、中国香港、中国、日本、新西兰、挪威、巴拉圭、卡塔尔、中国台北、瑞士、泰国、土耳其和乌克兰。

2008 年上半年，共有 9 个 WTO 成员向委员会通报了其所发起的反补贴调查措施，有 37 个成员做了无反补贴调查措施通报，另有 81 个成员尚未履行通报义务。

（侯迎春译　陈泰锋校）

表 10　全球反补贴措施案件数（按被调查国，1995—2008 年）

| 被调查国＼年份 | 1995 | 1996 | 1997 | 1998 | 1999 | 2000 | 2001 | 2002 | 2003 | 2004 | 2005 | 2006 | 2007 | 2008 | 合计 |
|---|---|---|---|---|---|---|---|---|---|---|---|---|---|---|---|
| 阿根廷 | 0 | 0 | 0 | 0 | 0 | 3 | 1 | 0 | 0 | 0 | 0 | 1 | 1 | 0 | 6 |
| 澳大利亚 | 0 | 0 | 0 | 0 | 1 | 0 | 0 | 0 | 0 | 0 | 0 | 0 | 0 | 0 | 1 |
| 奥地利 | 0 | 0 | 0 | 0 | 0 | 0 | 0 | 1 | 0 | 0 | 0 | 0 | 0 | 0 | 1 |
| 比利时 | 0 | 0 | 0 | 1 | 0 | 0 | 0 | 0 | 0 | 0 | 0 | 0 | 0 | 0 | 1 |
| 巴西 | 0 | 0 | 1 | 1 | 1 | 1 | 2 | 0 | 0 | 0 | 0 | 1 | 0 | 0 | 7 |
| 加拿大 | 0 | 1 | 1 | 1 | 0 | 0 | 2 | 2 | 0 | 1 | 0 | 0 | 0 | 0 | 8 |
| 智利 | 0 | 0 | 1 | 0 | 1 | 0 | 1 | 0 | 0 | 0 | 0 | 0 | 0 | 0 | 3 |
| 中国 | 0 | 0 | 0 | 0 | 0 | 0 | 0 | 0 | 0 | 3 | 0 | 2 | 8 | 10 | 23 |
| 中国台北 | 0 | 0 | 1 | 0 | 5 | 0 | 0 | 0 | 0 | 1 | 0 | 0 | 0 | 0 | 7 |
| 哥伦比亚 | 0 | 0 | 0 | 0 | 0 | 0 | 0 | 0 | 1 | 0 | 0 | 0 | 0 | 0 | 1 |
| 捷克 | 0 | 0 | 0 | 0 | 1 | 0 | 0 | 0 | 0 | 0 | 0 | 0 | 0 | 0 | 1 |
| 丹麦 | 0 | 0 | 0 | 1 | 0 | 0 | 0 | 0 | 0 | 0 | 0 | 0 | 0 | 0 | 1 |
| 欧盟 | 3 | 1 | 1 | 1 | 1 | 0 | 0 | 1 | 2 | 0 | 0 | 0 | 0 | 0 | 10 |
| 马其顿 | 0 | 0 | 0 | 0 | 1 | 0 | 0 | 0 | 0 | 0 | 0 | 0 | 0 | 0 | 1 |
| 法国 | 0 | 0 | 0 | 2 | 2 | 0 | 2 | 0 | 0 | 0 | 0 | 1 | 0 | 0 | 7 |
| 德国 | 0 | 0 | 1 | 0 | 0 | 0 | 2 | 0 | 0 | 0 | 0 | 0 | 0 | 0 | 3 |
| 希腊 | 0 | 0 | 1 | 0 | 0 | 0 | 0 | 0 | 1 | 0 | 0 | 0 | 0 | 0 | 2 |
| 匈牙利 | 0 | 0 | 0 | 0 | 0 | 0 | 1 | 0 | 0 | 0 | 0 | 0 | 0 | 0 | 1 |
| 印度 | 1 | 0 | 3 | 6 | 5 | 7 | 8 | 2 | 8 | 1 | 1 | 1 | 1 | 2 | 46 |
| 印度尼西亚 | 0 | 0 | 0 | 1 | 5 | 1 | 2 | 0 | 0 | 0 | 1 | 1 | 0 | 0 | 11 |
| 以色列 | 0 | 0 | 0 | 0 | 0 | 1 | 0 | 0 | 0 | 0 | 0 | 0 | 0 | 0 | 1 |
| 意大利 | 3 | 2 | 1 | 3 | 1 | 0 | 1 | 1 | 1 | 0 | 0 | 0 | 0 | 0 | 13 |
| 韩国 | 0 | 0 | 0 | 5 | 4 | 1 | 1 | 2 | 0 | 1 | 1 | 1 | 0 | 0 | 16 |
| 马来西亚 | 0 | 0 | 0 | 0 | 2 | 0 | 0 | 0 | 0 | 0 | 1 | 0 | 0 | 0 | 3 |
| 荷兰 | 0 | 0 | 0 | 0 | 0 | 0 | 1 | 0 | 0 | 0 | 0 | 0 | 0 | 0 | 1 |
| 挪威 | 0 | 1 | 0 | 0 | 0 | 0 | 0 | 0 | 0 | 0 | 0 | 0 | 0 | 0 | 1 |
| 巴基斯坦 | 0 | 0 | 0 | 0 | 0 | 1 | 0 | 0 | 0 | 0 | 0 | 0 | 0 | 0 | 1 |
| 秘鲁 | 0 | 0 | 1 | 0 | 0 | 0 | 0 | 0 | 0 | 0 | 0 | 0 | 0 | 0 | 1 |
| 菲律宾 | 0 | 0 | 0 | 0 | 1 | 0 | 0 | 0 | 0 | 0 | 0 | 0 | 0 | 0 | 1 |
| 波兰 | 0 | 0 | 0 | 0 | 1 | 0 | 0 | 0 | 1 | 0 | 0 | 0 | 0 | 0 | 2 |
| 沙特阿拉伯 | 0 | 0 | 0 | 1 | 0 | 0 | 0 | 0 | 0 | 0 | 0 | 0 | 0 | 0 | 1 |
| 新加坡 | 0 | 0 | 0 | 0 | 1 | 0 | 0 | 0 | 0 | 0 | 0 | 0 | 0 | 0 | 1 |
| 南非 | 0 | 2 | 1 | 1 | 1 | 1 | 0 | 0 | 0 | 0 | 0 | 0 | 0 | 0 | 6 |
| 西班牙 | 0 | 0 | 1 | 1 | 0 | 0 | 0 | 0 | 1 | 0 | 0 | 0 | 0 | 0 | 3 |
| 泰国 | 1 | 0 | 0 | 0 | 5 | 1 | 0 | 0 | 0 | 1 | 1 | 0 | 0 | 0 | 9 |
| 特立尼达和多巴哥 | 0 | 0 | 1 | 0 | 0 | 0 | 1 | 0 | 0 | 0 | 0 | 0 | 0 | 0 | 2 |
| 土耳其 | 1 | 0 | 0 | 0 | 0 | 0 | 1 | 0 | 0 | 0 | 0 | 0 | 0 | 0 | 2 |
| 英国 | 0 | 0 | 0 | 0 | 0 | 0 | 1 | 0 | 0 | 0 | 0 | 0 | 0 | 0 | 1 |
| 美国 | 1 | 0 | 0 | 0 | 1 | 1 | 0 | 0 | 0 | 0 | 1 | 0 | 1 | 2 | 7 |
| 委内瑞拉 | 0 | 0 | 1 | 0 | 1 | 0 | 0 | 0 | 0 | 0 | 0 | 0 | 0 | 0 | 2 |
| 合计 | 10 | 7 | 16 | 25 | 41 | 18 | 27 | 9 | 15 | 8 | 6 | 8 | 11 | 14 | ## |

资料来源：www. wto. org

表 11　　全球反补贴调查案件数（按调查国，1995—2008 年）

| 调查国＼年份 | 1995 | 1996 | 1997 | 1998 | 1999 | 2000 | 2001 | 2002 | 2003 | 2004 | 2005 | 2006 | 2007 | 2008 | 合计 |
|---|---|---|---|---|---|---|---|---|---|---|---|---|---|---|---|
| 阿根廷 | 1 | 1 | 1 | 0 | 0 | 0 | 0 | 0 | 0 | 0 | 0 | 0 | 0 | 0 | 3 |
| 澳大利亚 | 0 | 0 | 1 | 0 | 1 | 0 | 0 | 1 | 3 | 0 | 0 | 1 | 0 | 2 | 9 |
| 巴西 | 0 | 0 | 0 | 0 | 0 | 0 | 1 | 0 | 1 | 0 | 0 | 0 | 1 | 0 | 3 |
| 加拿大 | 3 | 0 | 0 | 0 | 3 | 4 | 1 | 0 | 1 | 4 | 1 | 2 | 1 | 3 | 23 |
| 智利 | 0 | 0 | 0 | 0 | 4 | 0 | 0 | 0 | 0 | 0 | 0 | 1 | 1 | 0 | 6 |
| 哥斯达黎加 | 0 | 0 | 0 | 0 | 0 | 0 | 0 | 0 | 1 | 0 | 0 | 0 | 0 | 0 | 1 |
| 埃及 | 0 | 0 | 0 | 4 | 0 | 0 | 0 | 0 | 0 | 0 | 0 | 0 | 0 | 0 | 4 |
| 欧盟 | 0 | 1 | 4 | 8 | 19 | 0 | 6 | 3 | 1 | 0 | 3 | 1 | 0 | 2 | 48 |
| 以色列 | 2 | 0 | 0 | 0 | 0 | 0 | 0 | 0 | 0 | 0 | 0 | 0 | 0 | 0 | 2 |
| 日本 | 0 | 0 | 0 | 0 | 0 | 0 | 0 | 0 | 0 | 1 | 0 | 0 | 0 | 0 | 1 |
| 拉脱维亚 | 0 | 0 | 0 | 0 | 0 | 0 | 0 | 0 | 1 | 0 | 0 | 0 | 0 | 0 | 1 |
| 墨西哥 | 0 | 0 | 1 | 0 | 0 | 0 | 0 | 0 | 1 | 0 | 0 | 0 | 0 | 0 | 2 |
| 新西兰 | 1 | 4 | 1 | 0 | 0 | 0 | 0 | 0 | 0 | 0 | 0 | 0 | 0 | 0 | 6 |
| 秘鲁 | 0 | 0 | 1 | 0 | 0 | 1 | 0 | 1 | 0 | 0 | 0 | 0 | 1 | 0 | 4 |
| 南非 | 0 | 0 | 1 | 1 | 2 | 6 | 1 | 0 | 0 | 0 | 0 | 0 | 0 | 0 | 11 |
| 土耳其 | 0 | 0 | 0 | 0 | 0 | 0 | 0 | 0 | 0 | 0 | 0 | 0 | 0 | 1 | 1 |
| 美国 | 3 | 1 | 6 | 12 | 11 | 7 | 18 | 4 | 5 | 3 | 2 | 3 | 7 | 6 | 88 |
| 委内瑞拉 | 0 | 0 | 0 | 0 | 1 | 0 | 0 | 0 | 1 | 0 | 0 | 0 | 0 | 0 | 2 |
| 合计 | 10 | 7 | 16 | 25 | 41 | 18 | 27 | 9 | 15 | 8 | 6 | 8 | 11 | 14 | 215 |

资料来源：www. wto. org

表 12　　按调查国和被调查国统计全球反补贴调查案件数（1995—2008 年）

| 被调查国＼调查国 | 阿根廷 | 澳大利亚 | 巴西 | 加拿大 | 智利 | 哥斯达黎加 | 埃及 | 欧盟 | 以色列 | 日本 | 拉脱维亚 | 墨西哥 | 新西兰 | 秘鲁 | 南非 | 土耳其 | 美国 | 委内瑞拉 | 合计 |
|---|---|---|---|---|---|---|---|---|---|---|---|---|---|---|---|---|---|---|---|
| 阿根廷 | 0 | 0 | 0 | 0 | 2 | 0 | 0 | 0 | 0 | 0 | 0 | 0 | 0 | 1 | 0 | 0 | 3 | 0 | 6 |
| 澳大利亚 | 0 | 0 | 0 | 0 | 0 | 0 | 0 | 1 | 0 | 0 | 0 | 0 | 0 | 0 | 0 | 0 | 0 | 0 | 1 |
| 奥地利 | 0 | 0 | 0 | 0 | 0 | 0 | 0 | 0 | 0 | 0 | 0 | 0 | 0 | 0 | 0 | 0 | 1 | 0 | 1 |
| 比利时 | 0 | 0 | 0 | 0 | 0 | 0 | 0 | 0 | 0 | 0 | 0 | 0 | 0 | 0 | 0 | 0 | 1 | 0 | 1 |
| 巴西 | 0 | 0 | 0 | 2 | 0 | 0 | 0 | 0 | 0 | 0 | 0 | 0 | 0 | 1 | 0 | 0 | 4 | 0 | 7 |
| 加拿大 | 0 | 0 | 0 | 0 | 0 | 0 | 0 | 0 | 0 | 0 | 0 | 0 | 0 | 0 | 0 | 0 | 8 | 0 | 8 |
| 智利 | 0 | 0 | 0 | 0 | 0 | 0 | 0 | 0 | 0 | 0 | 0 | 0 | 0 | 0 | 0 | 0 | 2 | 1 | 3 |
| 中国 | 0 | 2 | 0 | 8 | 0 | 0 | 0 | 0 | 0 | 0 | 0 | 0 | 0 | 0 | 0 | 0 | 13 | 0 | 23 |
| 中国台北 | 0 | 0 | 0 | 1 | 0 | 0 | 0 | 6 | 0 | 0 | 0 | 0 | 0 | 0 | 0 | 0 | 0 | 0 | 7 |
| 哥伦比亚 | 0 | 0 | 0 | 0 | 0 | 1 | 0 | 0 | 0 | 0 | 0 | 0 | 0 | 0 | 0 | 0 | 0 | 0 | 1 |
| 捷克 | 0 | 0 | 0 | 0 | 1 | 0 | 0 | 0 | 0 | 0 | 0 | 0 | 0 | 0 | 0 | 0 | 0 | 0 | 1 |
| 丹麦 | 0 | 0 | 0 | 0 | 0 | 0 | 0 | 0 | 0 | 0 | 0 | 0 | 0 | 0 | 0 | 0 | 1 | 0 | 1 |
| 欧盟 | 2 | 0 | 0 | 1 | 1 | 0 | 1 | 0 | 1 | 0 | 0 | 1 | 1 | 1 | 0 | 0 | 0 | 1 | 10 |
| 马其顿 | 0 | 0 | 0 | 0 | 0 | 0 | 0 | 0 | 0 | 0 | 0 | 0 | 0 | 0 | 0 | 0 | 1 | 0 | 1 |
| 法国 | 0 | 2 | 0 | 0 | 0 | 0 | 1 | 0 | 0 | 0 | 0 | 0 | 0 | 0 | 0 | 0 | 4 | 0 | 7 |
| 德国 | 0 | 0 | 0 | 0 | 0 | 0 | 0 | 0 | 0 | 0 | 0 | 0 | 0 | 0 | 0 | 0 | 3 | 0 | 3 |
| 希腊 | 0 | 1 | 0 | 0 | 0 | 0 | 0 | 0 | 0 | 0 | 0 | 1 | 0 | 0 | 0 | 0 | 0 | 0 | 2 |
| 匈牙利 | 0 | 0 | 0 | 0 | 0 | 0 | 0 | 0 | 0 | 0 | 0 | 0 | 0 | 0 | 0 | 0 | 1 | 0 | 1 |
| 印度 | 0 | 0 | 3 | 5 | 0 | 0 | 0 | 15 | 0 | 0 | 0 | 0 | 0 | 0 | 9 | 1 | 13 | 0 | 46 |
| 印度尼西亚 | 0 | 0 | 0 | 1 | 0 | 0 | 0 | 4 | 0 | 0 | 0 | 0 | 0 | 0 | 0 | 0 | 6 | 0 | 11 |

续 表

| 被调查国 \ 调查国 | 阿根廷 | 澳大利亚 | 巴西 | 加拿大 | 智利 | 哥斯达黎加 | 埃及 | 欧盟 | 以色列 | 日本 | 拉脱维亚 | 墨西哥 | 新西兰 | 秘鲁 | 南非 | 土耳其 | 美国 | 委内瑞拉 | 合计 |
|---|---|---|---|---|---|---|---|---|---|---|---|---|---|---|---|---|---|---|---|
| 以色列 | 0 | 0 | 0 | 0 | 0 | 0 | 0 | 0 | 0 | 0 | 0 | 0 | 0 | 0 | 0 | 0 | 1 | 0 | 1 |
| 意大利 | 0 | 2 | 0 | 1 | 0 | 0 | 1 | 0 | 1 | 0 | 0 | 0 | 2 | 0 | 0 | 0 | 6 | 0 | 13 |
| 韩国 | 0 | 0 | 0 | 0 | 0 | 0 | 0 | 7 | 0 | 1 | 0 | 0 | 0 | 0 | 1 | 0 | 7 | 0 | 16 |
| 马来西亚 | 0 | 0 | 0 | 0 | 0 | 0 | 0 | 3 | 0 | 0 | 0 | 0 | 0 | 0 | 0 | 0 | 0 | 0 | 3 |
| 荷兰 | 0 | 0 | 0 | 0 | 0 | 0 | 0 | 0 | 0 | 0 | 0 | 0 | 0 | 0 | 0 | 0 | 1 | 0 | 1 |
| 挪威 | 0 | 0 | 0 | 0 | 0 | 0 | 0 | 1 | 0 | 0 | 0 | 0 | 0 | 0 | 0 | 0 | 0 | 0 | 1 |
| 巴基斯坦 | 0 | 0 | 0 | 0 | 0 | 0 | 0 | 0 | 0 | 0 | 0 | 0 | 0 | 0 | 1 | 0 | 0 | 0 | 1 |
| 秘鲁 | 0 | 0 | 0 | 0 | 0 | 0 | 0 | 1 | 0 | 0 | 0 | 0 | 0 | 0 | 0 | 0 | 0 | 0 | 1 |
| 菲律宾 | 0 | 0 | 0 | 0 | 0 | 0 | 0 | 1 | 0 | 0 | 0 | 0 | 0 | 0 | 0 | 0 | 0 | 0 | 1 |
| 波兰 | 0 | 0 | 0 | 0 | 1 | 0 | 0 | 0 | 0 | 0 | 1 | 0 | 0 | 0 | 0 | 0 | 0 | 0 | 2 |
| 沙特 | 0 | 0 | 0 | 0 | 0 | 0 | 0 | 1 | 0 | 0 | 0 | 0 | 0 | 0 | 0 | 0 | 0 | 0 | 1 |
| 新加坡 | 0 | 0 | 0 | 0 | 0 | 0 | 0 | 1 | 0 | 0 | 0 | 0 | 0 | 0 | 0 | 0 | 0 | 0 | 1 |
| 南非 | 0 | 1 | 0 | 0 | 0 | 0 | 0 | 1 | 0 | 0 | 0 | 0 | 2 | 0 | 0 | 0 | 2 | 0 | 6 |
| 西班牙 | 1 | 1 | 0 | 0 | 0 | 0 | 1 | 0 | 0 | 0 | 0 | 0 | 0 | 0 | 0 | 0 | 0 | 0 | 3 |
| 泰国 | 0 | 0 | 0 | 1 | 0 | 0 | 0 | 4 | 0 | 0 | 0 | 0 | 1 | 0 | 0 | 0 | 3 | 0 | 9 |
| 特立尼达和多巴哥 | 0 | 0 | 0 | 0 | 0 | 0 | 0 | 0 | 0 | 0 | 0 | 0 | 0 | 0 | 0 | 0 | 2 | 0 | 2 |
| 土耳其 | 0 | 0 | 0 | 0 | 0 | 0 | 0 | 0 | 0 | 0 | 0 | 0 | 0 | 0 | 0 | 0 | 2 | 0 | 2 |
| 英国 | 0 | 0 | 0 | 0 | 0 | 0 | 0 | 0 | 0 | 0 | 0 | 0 | 0 | 0 | 0 | 0 | 1 | 0 | 1 |
| 美国 | 0 | 0 | 0 | 3 | 1 | 0 | 0 | 2 | 0 | 0 | 0 | 0 | 0 | 1 | 0 | 0 | 0 | 0 | 7 |
| 委内瑞拉 | 0 | 0 | 0 | 0 | 0 | 0 | 0 | 0 | 0 | 0 | 0 | 0 | 0 | 0 | 0 | 0 | 2 | 0 | 2 |
| 合计 | 3 | 9 | 3 | 23 | 6 | 1 | 4 | 48 | 2 | 1 | 1 | 2 | 6 | 4 | 11 | 1 | 88 | 2 | 215 |

资料来源：www. wto. org

表 13　全球最终采取反补贴措施案件数（按调查国，1995—2008 年）

| 调查国 \ 年份 | 1995 | 1996 | 1997 | 1998 | 1999 | 2000 | 2001 | 2002 | 2003 | 2004 | 2005 | 2006 | 2007 | 2008 | 合计 |
|---|---|---|---|---|---|---|---|---|---|---|---|---|---|---|---|
| 阿根廷 | 0 | 2 | 0 | 2 | 0 | 0 | 0 | 0 | 0 | 0 | 0 | 0 | 0 | 0 | 4 |
| 澳大利亚 | 0 | 0 | 0 | 0 | 0 | 1 | 0 | 0 | 0 | 0 | 0 | 0 | 1 | 0 | 2 |
| 巴西 | 5 | 0 | 0 | 0 | 0 | 0 | 0 | 0 | 0 | 1 | 0 | 0 | 0 | 1 | 7 |
| 加拿大 | 1 | 0 | 0 | 0 | 0 | 5 | 1 | 0 | 0 | 1 | 2 | 0 | 1 | 3 | 14 |
| 智利 | 0 | 0 | 0 | 0 | 0 | 2 | 0 | 0 | 0 | 0 | 0 | 0 | 0 | 0 | 2 |
| 哥斯达黎加 | 0 | 0 | 0 | 0 | 0 | 0 | 0 | 0 | 0 | 1 | 0 | 0 | 0 | 0 | 1 |
| 欧盟 | 0 | 0 | 1 | 2 | 3 | 9 | 0 | 2 | 3 | 2 | 1 | 0 | 0 | 0 | 23 |
| 日本 | 0 | 0 | 0 | 0 | 0 | 0 | 0 | 0 | 0 | 0 | 0 | 1 | 0 | 0 | 1 |
| 墨西哥 | 7 | 0 | 0 | 0 | 0 | 0 | 0 | 0 | 0 | 0 | 1 | 0 | 0 | 0 | 8 |
| 新西兰 | 0 | 1 | 2 | 1 | 0 | 0 | 0 | 0 | 0 | 0 | 0 | 0 | 0 | 0 | 4 |
| 秘鲁 | 1 | 0 | 0 | 0 | 0 | 0 | 1 | 0 | 1 | 0 | 0 | 0 | 0 | 0 | 3 |
| 南非 | 0 | 0 | 0 | 0 | 0 | 0 | 2 | 2 | 0 | 0 | 0 | 0 | 0 | 0 | 4 |
| 美国 | 5 | 2 | 0 | 1 | 11 | 2 | 10 | 10 | 2 | 2 | 0 | 2 | 0 | 7 | 54 |
| 委内瑞拉 | 0 | 0 | 0 | 0 | 0 | 0 | 0 | 0 | 0 | 1 | 0 | 0 | 0 | 0 | 1 |
| 合计 | 19 | 5 | 3 | 6 | 14 | 19 | 14 | 14 | 6 | 8 | 4 | 3 | 2 | 11 | 128 |

资料来源：www. wto. org

表 14　　全球最终采取反补贴措施案件数（按被调查国，1995—2008 年）

| 被调查国＼年份 | 1995 | 1996 | 1997 | 1998 | 1999 | 2000 | 2001 | 2002 | 2003 | 2004 | 2005 | 2006 | 2007 | 2008 | 合计 |
|---|---|---|---|---|---|---|---|---|---|---|---|---|---|---|---|
| 阿根廷 | 1 | 0 | 0 | 0 | 0 | 0 | 3 | 0 | 0 | 0 | 0 | 0 | 0 | 0 | 4 |
| 澳大利亚 | 0 | 0 | 0 | 0 | 0 | 1 | 0 | 0 | 0 | 0 | 0 | 0 | 0 | 0 | 1 |
| 奥地利 | 1 | 0 | 0 | 0 | 0 | 0 | 0 | 0 | 0 | 0 | 0 | 0 | 0 | 0 | 1 |
| 比利时 | 0 | 0 | 0 | 0 | 1 | 0 | 0 | 0 | 0 | 0 | 0 | 0 | 0 | 0 | 1 |
| 巴西 | 4 | 0 | 0 | 0 | 0 | 2 | 0 | 2 | 0 | 0 | 0 | 0 | 0 | 0 | 8 |
| 加拿大 | 0 | 0 | 0 | 0 | 0 | 0 | 0 | 2 | 1 | 0 | 0 | 0 | 0 | 0 | 3 |
| 中国 | 0 | 0 | 0 | 0 | 0 | 0 | 0 | 0 | 0 | 0 | 2 | 0 | 1 | 10 | 13 |
| 中国台北 | 0 | 0 | 0 | 0 | 0 | 2 | 0 | 0 | 0 | 0 | 0 | 0 | 0 | 0 | 2 |
| 哥伦比亚 | 0 | 0 | 0 | 0 | 0 | 0 | 0 | 0 | 0 | 1 | 0 | 0 | 0 | 0 | 1 |
| 科特迪瓦 | 1 | 0 | 0 | 0 | 0 | 0 | 0 | 0 | 0 | 0 | 0 | 0 | 0 | 0 | 1 |
| 欧盟 | 1 | 2 | 0 | 2 | 0 | 1 | 0 | 0 | 1 | 1 | 1 | 0 | 0 | 0 | 9 |
| 法国 | 0 | 0 | 0 | 0 | 2 | 1 | 1 | 1 | 0 | 0 | 0 | 0 | 1 | 0 | 6 |
| 德国 | 0 | 0 | 0 | 0 | 0 | 0 | 1 | 1 | 0 | 0 | 0 | 0 | 0 | 0 | 2 |
| 匈牙利 | 0 | 0 | 0 | 0 | 0 | 0 | 0 | 1 | 0 | 0 | 0 | 0 | 0 | 0 | 1 |
| 印度 | 1 | 0 | 0 | 2 | 4 | 3 | 3 | 5 | 1 | 6 | 0 | 1 | 0 | 1 | 27 |
| 印度尼西亚 | 1 | 0 | 0 | 0 | 1 | 2 | 1 | 0 | 1 | 0 | 0 | 1 | 0 | 0 | 7 |
| 以色列 | 1 | 0 | 0 | 0 | 0 | 0 | 0 | 0 | 0 | 0 | 0 | 0 | 0 | 0 | 1 |
| 意大利 | 2 | 2 | 0 | 1 | 3 | 0 | 0 | 1 | 0 | 0 | 0 | 0 | 0 | 0 | 9 |
| 韩国 | 0 | 0 | 0 | 0 | 2 | 1 | 0 | 1 | 2 | 0 | 1 | 1 | 0 | 0 | 8 |
| 马来西亚 | 1 | 0 | 0 | 0 | 0 | 2 | 0 | 0 | 0 | 0 | 0 | 0 | 0 | 0 | 3 |
| 荷兰 | 0 | 0 | 0 | 0 | 0 | 0 | 1 | 0 | 0 | 0 | 0 | 0 | 0 | 0 | 1 |
| 挪威 | 0 | 0 | 1 | 0 | 0 | 0 | 0 | 0 | 0 | 0 | 0 | 0 | 0 | 0 | 1 |
| 巴基斯坦 | 0 | 0 | 0 | 0 | 0 | 0 | 1 | 0 | 0 | 0 | 0 | 0 | 0 | 0 | 1 |
| 菲律宾 | 1 | 0 | 0 | 0 | 0 | 1 | 0 | 0 | 0 | 0 | 0 | 0 | 0 | 0 | 2 |
| 南非 | 0 | 0 | 2 | 0 | 1 | 0 | 1 | 0 | 0 | 0 | 0 | 0 | 0 | 0 | 4 |
| 西班牙 | 0 | 0 | 0 | 1 | 0 | 0 | 0 | 0 | 0 | 0 | 0 | 0 | 0 | 0 | 1 |
| 斯里兰卡 | 1 | 0 | 0 | 0 | 0 | 0 | 0 | 0 | 0 | 0 | 0 | 0 | 0 | 0 | 1 |
| 泰国 | 0 | 0 | 0 | 0 | 0 | 2 | 1 | 0 | 0 | 0 | 0 | 0 | 0 | 0 | 3 |
| 土耳其 | 0 | 1 | 0 | 0 | 0 | 0 | 0 | 0 | 0 | 0 | 0 | 0 | 0 | 0 | 1 |
| 英国 | 0 | 0 | 0 | 0 | 0 | 0 | 1 | 0 | 0 | 0 | 0 | 0 | 0 | 0 | 1 |
| 美国 | 0 | 0 | 0 | 0 | 0 | 1 | 0 | 0 | 0 | 0 | 0 | 0 | 0 | 0 | 1 |
| 委内瑞拉 | 3 | 0 | 0 | 0 | 0 | 0 | 0 | 0 | 0 | 0 | 0 | 0 | 0 | 0 | 3 |
| 合计 | 19 | 5 | 3 | 6 | 14 | 19 | 14 | 14 | 6 | 8 | 4 | 3 | 2 | 11 | 128 |

资料来源：www. wto. org

表 15　　按调查国和被调查国统计全球最终采取反补贴措施案件数（1995—2008 年）

| 被调查国＼调查国 | 阿根廷 | 澳大利亚 | 巴西 | 加拿大 | 智利 | 哥斯达黎加 | 欧盟 | 日本 | 墨西哥 | 新西兰 | 秘鲁 | 南非 | 美国 | 委内瑞拉 | 合计 |
|---|---|---|---|---|---|---|---|---|---|---|---|---|---|---|---|
| 阿根廷 | 0 | 0 | 0 | 0 | 0 | 0 | 0 | 0 | 0 | 0 | 2 | 0 | 2 | 0 | 4 |
| 澳大利亚 | 0 | 0 | 0 | 0 | 0 | 0 | 1 | 0 | 0 | 0 | 0 | 0 | 0 | 0 | 1 |
| 奥地利 | 0 | 0 | 0 | 0 | 0 | 0 | 0 | 0 | 0 | 0 | 0 | 0 | 1 | 0 | 1 |
| 比利时 | 0 | 0 | 0 | 0 | 0 | 0 | 0 | 0 | 0 | 0 | 0 | 0 | 1 | 0 | 1 |
| 巴西 | 0 | 0 | 0 | 1 | 0 | 0 | 0 | 0 | 4 | 0 | 0 | 0 | 3 | 0 | 8 |
| 加拿大 | 0 | 0 | 0 | 0 | 0 | 0 | 0 | 0 | 0 | 0 | 0 | 0 | 3 | 0 | 3 |

续表

| 被调查国 \ 调查国 | 阿根廷 | 澳大利亚 | 巴西 | 加拿大 | 智利 | 哥斯达黎加 | 欧盟 | 日本 | 墨西哥 | 新西兰 | 秘鲁 | 南非 | 美国 | 委内瑞拉 | 合计 |
|---|---|---|---|---|---|---|---|---|---|---|---|---|---|---|---|
| 中国 | 0 | 0 | 0 | 6 | 0 | 0 | 0 | 0 | 0 | 0 | 0 | 0 | 7 | 0 | 13 |
| 中国台北 | 0 | 0 | 0 | 0 | 0 | 0 | 2 | 0 | 0 | 0 | 0 | 0 | 0 | 0 | 2 |
| 哥伦比亚 | 0 | 0 | 0 | 0 | 0 | 1 | 0 | 0 | 0 | 0 | 0 | 0 | 0 | 0 | 1 |
| 科特迪瓦 | 0 | 0 | 1 | 0 | 0 | 0 | 0 | 0 | 0 | 0 | 0 | 0 | 0 | 0 | 1 |
| 欧盟 | 3 | 0 | 0 | 1 | 1 | 0 | 0 | 0 | 1 | 1 | 1 | 0 | 0 | 1 | 9 |
| 法国 | 0 | 2 | 0 | 0 | 0 | 0 | 0 | 0 | 0 | 0 | 0 | 0 | 4 | 0 | 6 |
| 德国 | 0 | 0 | 0 | 0 | 0 | 0 | 0 | 0 | 0 | 0 | 0 | 0 | 2 | 0 | 2 |
| 匈牙利 | 0 | 0 | 0 | 0 | 0 | 0 | 0 | 0 | 0 | 0 | 0 | 0 | 1 | 0 | 1 |
| 印度 | 0 | 0 | 2 | 4 | 0 | 0 | 11 | 0 | 0 | 0 | 0 | 3 | 7 | 0 | 27 |
| 印度尼西亚 | 0 | 0 | 1 | 1 | 0 | 0 | 2 | 0 | 0 | 0 | 0 | 0 | 3 | 0 | 7 |
| 以色列 | 0 | 0 | 0 | 0 | 0 | 0 | 0 | 0 | 0 | 0 | 0 | 0 | 1 | 0 | 1 |
| 意大利 | 0 | 0 | 0 | 0 | 0 | 0 | 0 | 0 | 0 | 1 | 0 | 0 | 8 | 0 | 9 |
| 韩国 | 0 | 0 | 0 | 0 | 0 | 0 | 2 | 1 | 0 | 0 | 0 | 0 | 5 | 0 | 8 |
| 马来西亚 | 0 | 0 | 1 | 0 | 0 | 0 | 2 | 0 | 0 | 0 | 0 | 0 | 0 | 0 | 3 |
| 荷兰 | 0 | 0 | 0 | 0 | 0 | 0 | 0 | 0 | 0 | 0 | 0 | 0 | 1 | 0 | 1 |
| 挪威 | 0 | 0 | 0 | 0 | 0 | 0 | 1 | 0 | 0 | 0 | 0 | 0 | 0 | 0 | 1 |
| 巴基斯坦 | 0 | 0 | 0 | 0 | 0 | 0 | 0 | 0 | 0 | 0 | 0 | 1 | 0 | 0 | 1 |
| 菲律宾 | 0 | 0 | 1 | 0 | 0 | 0 | 1 | 0 | 0 | 0 | 0 | 0 | 0 | 0 | 2 |
| 南非 | 0 | 0 | 0 | 0 | 0 | 0 | 0 | 0 | 0 | 2 | 0 | 0 | 2 | 0 | 4 |
| 西班牙 | 1 | 0 | 0 | 0 | 0 | 0 | 0 | 0 | 0 | 0 | 0 | 0 | 0 | 0 | 1 |
| 斯里兰卡 | 0 | 0 | 1 | 0 | 0 | 0 | 0 | 0 | 0 | 0 | 0 | 0 | 0 | 0 | 1 |
| 泰国 | 0 | 0 | 0 | 1 | 0 | 0 | 1 | 0 | 0 | 0 | 0 | 0 | 1 | 0 | 3 |
| 土耳其 | 0 | 0 | 0 | 0 | 0 | 0 | 0 | 0 | 0 | 0 | 0 | 0 | 1 | 0 | 1 |
| 英国 | 0 | 0 | 0 | 0 | 0 | 0 | 0 | 0 | 0 | 0 | 0 | 0 | 1 | 0 | 1 |
| 美国 | 0 | 0 | 0 | 0 | 1 | 0 | 0 | 0 | 0 | 0 | 0 | 0 | 0 | 0 | 1 |
| 委内瑞拉 | 0 | 0 | 0 | 0 | 0 | 0 | 0 | 0 | 3 | 0 | 0 | 0 | 0 | 0 | 3 |
| 合计 | 4 | 2 | 7 | 14 | 2 | 1 | 23 | 1 | 8 | 4 | 3 | 4 | 54 | 1 | 128 |

资料来源：www. wto. org

（9）反倾销措施委员会

2008 年，反倾销委员会分别于 4 月 28 日和 10 月 27～28 日举行了两次例会。其中，在 4 月 28 日例会上，委员会分别选举墨西哥 Jorge Huerta-Goldman 先生和意大利 Pasquale De Micco 先生为委员会主席和副主席。

截至 2008 年 10 月 28 日，共有 98 个成员向委员会通报了国内反倾销措施。其中，有 28 个成员向委员会做了无反倾销措施的通报。此外，还有 28 个成员没有履行反倾销通报义务。委员会还对以下成员新通报的反倾销法规进行了审议，分别为阿尔巴尼亚、中国、哥斯达黎加、埃及、萨尔瓦多、危地马拉、尼加拉瓜和乌克兰。委员会还继续对以前成员所通知的反倾销法规进行审议，分别为阿尔巴尼亚、加拿大、中国、哥斯达黎加、欧盟、危地马拉和美国。

2008 年上半年，共有 21 个 WTO 成员向委员会通报了其所发起的反补贴调查措施，有 30 个成员作了无反倾销调查措施通报，另有 74 个成员尚未履行通报义务。

表 16　　全球反倾销措施调查案件数（按被调查国，1995—2008 年）

| 被调查国＼年份 | 1995 | 1996 | 1997 | 1998 | 1999 | 2000 | 2001 | 2002 | 2003 | 2004 | 2005 | 2006 | 2007 | 2008 | 合计 |
|---|---|---|---|---|---|---|---|---|---|---|---|---|---|---|---|
| 阿尔及利亚 | 0 | 0 | 0 | 0 | 1 | 0 | 0 | 1 | 0 | 0 | 0 | 0 | 0 | 0 | 2 |
| 阿根廷 | 1 | 0 | 0 | 1 | 4 | 2 | 5 | 3 | 1 | 3 | 4 | 3 | 1 | 2 | 30 |
| 亚美尼亚 | 0 | 0 | 0 | 0 | 0 | 0 | 0 | 0 | 0 | 0 | 0 | 0 | 0 | 1 | 1 |
| 澳大利亚 | 1 | 0 | 1 | 2 | 3 | 4 | 1 | 3 | 2 | 0 | 0 | 1 | 2 | 2 | 22 |
| 奥地利 | 0 | 2 | 3 | 0 | 3 | 3 | 0 | 1 | 0 | 1 | 0 | 1 | 0 | 2 | 16 |
| 巴林 | 0 | 0 | 0 | 0 | 1 | 0 | 0 | 0 | 0 | 0 | 0 | 0 | 0 | 0 | 1 |
| 孟加拉国 | 0 | 0 | 0 | 0 | 0 | 0 | 1 | 0 | 0 | 0 | 0 | 0 | 1 | 0 | 2 |
| 白俄罗斯 | 0 | 0 | 0 | 0 | 3 | 4 | 1 | 1 | 1 | 1 | 0 | 0 | 1 | 2 | 14 |
| 比利时 | 1 | 2 | 3 | 3 | 1 | 0 | 5 | 1 | 3 | 1 | 0 | 0 | 0 | 0 | 20 |
| 波黑 | 1 | 0 | 0 | 0 | 0 | 0 | 0 | 0 | 0 | 0 | 0 | 0 | 1 | 0 | 2 |
| 巴西 | 8 | 10 | 5 | 6 | 13 | 9 | 13 | 4 | 3 | 10 | 4 | 7 | 2 | 3 | 97 |
| 保加利亚 | 0 | 3 | 2 | 1 | 1 | 1 | 2 | 0 | 1 | 0 | 1 | 1 | 0 | 1 | 14 |
| 加拿大 | 2 | 1 | 3 | 3 | 0 | 1 | 7 | 5 | 4 | 2 | 1 | 1 | 2 | 2 | 34 |
| 智利 | 2 | 2 | 2 | 2 | 1 | 6 | 4 | 4 | 0 | 0 | 1 | 1 | 0 | 1 | 26 |
| 中国 | 20 | 43 | 33 | 28 | 42 | 44 | 54 | 51 | 52 | 49 | 55 | 72 | 61 | 73 | 677 |
| 中国台北 | 4 | 9 | 16 | 11 | 22 | 15 | 19 | 16 | 13 | 21 | 13 | 12 | 6 | 10 | 187 |
| 哥伦比亚 | 0 | 1 | 0 | 2 | 0 | 0 | 1 | 1 | 0 | 0 | 0 | 0 | 0 | 0 | 5 |
| 哥斯达黎加 | 0 | 0 | 0 | 2 | 0 | 0 | 0 | 0 | 0 | 0 | 0 | 0 | 0 | 0 | 2 |
| 克罗地亚 | 1 | 0 | 0 | 1 | 1 | 1 | 0 | 0 | 0 | 0 | 2 | 0 | 0 | 0 | 6 |
| 古巴 | 0 | 1 | 0 | 0 | 1 | 0 | 0 | 0 | 0 | 0 | 0 | 0 | 0 | 0 | 2 |
| 捷克 | 1 | 1 | 0 | 2 | 7 | 3 | 2 | 1 | 1 | 0 | 0 | 0 | 1 | 0 | 19 |
| 丹麦 | 1 | 1 | 0 | 2 | 2 | 0 | 0 | 0 | 0 | 0 | 0 | 1 | 0 | 0 | 7 |
| 多米尼加 | 0 | 0 | 0 | 0 | 0 | 0 | 1 | 0 | 0 | 0 | 0 | 0 | 1 | 0 | 2 |
| 厄瓜多尔 | 0 | 0 | 0 | 0 | 0 | 0 | 0 | 1 | 0 | 1 | 0 | 0 | 0 | 1 | 3 |
| 埃及 | 1 | 2 | 1 | 2 | 0 | 1 | 3 | 0 | 0 | 0 | 0 | 2 | 0 | 0 | 12 |
| 爱沙尼亚 | 0 | 0 | 1 | 0 | 0 | 1 | 1 | 1 | 0 | 0 | 0 | 0 | 0 | 0 | 4 |
| 欧盟 | 0 | 1 | 2 | 4 | 7 | 9 | 9 | 10 | 10 | 3 | 5 | 3 | 2 | 4 | 69 |
| 斐济 | 0 | 0 | 0 | 0 | 0 | 0 | 0 | 2 | 0 | 0 | 0 | 0 | 0 | 0 | 2 |
| 芬兰 | 0 | 0 | 1 | 1 | 2 | 0 | 1 | 2 | 2 | 1 | 1 | 0 | 1 | 0 | 12 |
| 法国 | 0 | 4 | 4 | 10 | 7 | 2 | 3 | 2 | 3 | 1 | 1 | 1 | 1 | 1 | 40 |
| 格鲁吉亚 | 0 | 0 | 0 | 0 | 0 | 0 | 0 | 1 | 0 | 0 | 0 | 0 | 0 | 0 | 1 |
| 德国 | 7 | 9 | 13 | 8 | 11 | 5 | 9 | 7 | 3 | 2 | 2 | 2 | 4 | 1 | 83 |
| 希腊 | 0 | 0 | 3 | 0 | 0 | 1 | 1 | 0 | 1 | 0 | 0 | 0 | 0 | 1 | 7 |
| 危地马拉 | 0 | 1 | 0 | 0 | 0 | 0 | 1 | 0 | 0 | 0 | 1 | 0 | 0 | 0 | 3 |
| 洪都拉斯 | 0 | 0 | 0 | 1 | 0 | 0 | 0 | 0 | 0 | 0 | 0 | 0 | 0 | 0 | 1 |
| 中国香港 | 1 | 3 | 2 | 3 | 2 | 1 | 3 | 3 | 0 | 0 | 2 | 1 | 3 | 2 | 26 |
| 匈牙利 | 2 | 0 | 2 | 2 | 4 | 0 | 3 | 1 | 0 | 0 | 0 | 0 | 0 | 0 | 14 |
| 印度 | 3 | 11 | 8 | 12 | 13 | 10 | 12 | 16 | 14 | 8 | 14 | 6 | 4 | 6 | 137 |
| 印度尼西亚 | 7 | 7 | 9 | 5 | 20 | 13 | 18 | 12 | 8 | 8 | 14 | 9 | 5 | 10 | 145 |
| 伊朗 | 0 | 1 | 2 | 0 | 2 | 3 | 2 | 2 | 1 | 2 | 0 | 0 | 1 | 3 | 19 |
| 爱尔兰 | 0 | 0 | 2 | 1 | 0 | 0 | 0 | 0 | 1 | 2 | 0 | 0 | 0 | 0 | 6 |
| 以色列 | 0 | 1 | 2 | 1 | 0 | 1 | 2 | 0 | 0 | 0 | 0 | 0 | 1 | 1 | 9 |
| 意大利 | 6 | 5 | 5 | 5 | 2 | 5 | 8 | 3 | 4 | 0 | 1 | 0 | 0 | 2 | 46 |
| 日本 | 5 | 6 | 12 | 13 | 22 | 9 | 14 | 13 | 16 | 9 | 7 | 11 | 4 | 3 | 144 |
| 约旦 | 0 | 0 | 0 | 0 | 0 | 0 | 1 | 0 | 0 | 0 | 0 | 0 | 0 | 0 | 1 |

续 表

| 年份 / 被调查国 | 1995 | 1996 | 1997 | 1998 | 1999 | 2000 | 2001 | 2002 | 2003 | 2004 | 2005 | 2006 | 2007 | 2008 | 合计 |
|---|---|---|---|---|---|---|---|---|---|---|---|---|---|---|---|
| 哈萨克斯坦 | 3 | 1 | 2 | 4 | 0 | 3 | 3 | 6 | 0 | 0 | 0 | 2 | 0 | 1 | 25 |
| 朝鲜 | 0 | 0 | 0 | 0 | 0 | 0 | 1 | 0 | 0 | 0 | 0 | 0 | 0 | 0 | 1 |
| 韩国 | 14 | 11 | 15 | 24 | 34 | 22 | 23 | 23 | 17 | 24 | 12 | 11 | 13 | 9 | 252 |
| 科威特 | 0 | 0 | 0 | 0 | 0 | 0 | 0 | 0 | 0 | 0 | 0 | 0 | 0 | 1 | 1 |
| 拉脱维亚 | 0 | 0 | 2 | 1 | 1 | 3 | 0 | 0 | 0 | 0 | 0 | 0 | 0 | 0 | 7 |
| 利比亚 | 0 | 0 | 0 | 0 | 0 | 1 | 1 | 0 | 0 | 0 | 0 | 0 | 0 | 0 | 2 |
| 列支敦士登 | 0 | 0 | 1 | 0 | 0 | 0 | 0 | 0 | 0 | 0 | 0 | 0 | 0 | 0 | 1 |
| 立陶宛 | 0 | 0 | 1 | 0 | 4 | 1 | 1 | 3 | 0 | 0 | 0 | 0 | 0 | 0 | 10 |
| 卢森堡 | 0 | 0 | 0 | 0 | 0 | 0 | 2 | 0 | 0 | 1 | 0 | 0 | 0 | 0 | 3 |
| 中国澳门 | 1 | 0 | 0 | 0 | 0 | 0 | 0 | 1 | 0 | 0 | 0 | 0 | 0 | 0 | 2 |
| 马其顿 | 1 | 0 | 1 | 1 | 1 | 0 | 2 | 1 | 0 | 0 | 0 | 1 | 0 | 0 | 8 |
| 马拉维 | 0 | 0 | 0 | 0 | 1 | 0 | 0 | 0 | 0 | 0 | 0 | 0 | 0 | 0 | 1 |
| 马来西亚 | 2 | 3 | 5 | 4 | 7 | 9 | 6 | 4 | 8 | 6 | 14 | 6 | 7 | 9 | 90 |
| 墨西哥 | 3 | 5 | 2 | 9 | 4 | 1 | 3 | 2 | 4 | 3 | 1 | 2 | 1 | 0 | 40 |
| 摩尔多瓦 | 0 | 0 | 0 | 0 | 0 | 2 | 1 | 0 | 0 | 0 | 0 | 0 | 0 | 1 | 4 |
| 莫桑比克 | 0 | 0 | 1 | 0 | 0 | 0 | 0 | 0 | 0 | 0 | 0 | 0 | 0 | 0 | 1 |
| 尼泊尔 | 0 | 0 | 0 | 0 | 0 | 0 | 2 | 0 | 0 | 0 | 0 | 0 | 0 | 0 | 2 |
| 荷兰 | 6 | 1 | 5 | 3 | 2 | 3 | 4 | 1 | 0 | 2 | 0 | 0 | 0 | 0 | 27 |
| 新西兰 | 1 | 1 | 0 | 0 | 2 | 0 | 3 | 1 | 0 | 0 | 0 | 0 | 1 | 1 | 10 |
| 尼加拉瓜 | 0 | 1 | 0 | 0 | 0 | 0 | 0 | 0 | 0 | 0 | 0 | 0 | 0 | 0 | 1 |
| 尼日利亚 | 0 | 0 | 0 | 0 | 0 | 0 | 0 | 0 | 1 | 0 | 0 | 0 | 0 | 0 | 1 |
| 挪威 | 0 | 1 | 0 | 0 | 0 | 1 | 1 | 1 | 0 | 1 | 0 | 0 | 0 | 1 | 6 |
| 阿曼 | 0 | 0 | 0 | 0 | 0 | 0 | 1 | 0 | 0 | 0 | 0 | 0 | 0 | 0 | 1 |
| 巴基斯坦 | 0 | 2 | 1 | 0 | 1 | 0 | 1 | 2 | 2 | 0 | 1 | 0 | 0 | 0 | 10 |
| 巴拉圭 | 0 | 0 | 1 | 0 | 0 | 0 | 0 | 0 | 0 | 0 | 0 | 0 | 0 | 0 | 1 |
| 秘鲁 | 1 | 0 | 0 | 0 | 0 | 1 | 0 | 0 | 0 | 0 | 0 | 0 | 0 | 2 | 4 |
| 菲律宾 | 2 | 0 | 0 | 0 | 0 | 1 | 1 | 1 | 1 | 2 | 0 | 2 | 0 | 1 | 11 |
| 波兰 | 2 | 3 | 3 | 4 | 3 | 5 | 1 | 4 | 0 | 1 | 0 | 0 | 0 | 0 | 26 |
| 葡萄牙 | 0 | 2 | 0 | 2 | 0 | 1 | 1 | 0 | 0 | 0 | 0 | 0 | 0 | 0 | 6 |
| 卡塔尔 | 0 | 0 | 0 | 0 | 0 | 0 | 1 | 0 | 0 | 0 | 0 | 0 | 0 | 0 | 1 |
| 罗马尼亚 | 1 | 2 | 1 | 5 | 4 | 4 | 5 | 8 | 2 | 0 | 2 | 0 | 0 | 2 | 36 |
| 俄罗斯 | 2 | 7 | 7 | 12 | 17 | 12 | 9 | 18 | 2 | 8 | 3 | 4 | 6 | 2 | 109 |
| 沙特 | 0 | 1 | 0 | 3 | 2 | 3 | 1 | 1 | 2 | 0 | 1 | 1 | 0 | 4 | 19 |
| 塞尔维亚和黑山 | 0 | 0 | 0 | 0 | 1 | 0 | 1 | 0 | 0 | 0 | 1 | 0 | 0 | 0 | 3 |
| 新加坡 | 2 | 0 | 4 | 0 | 5 | 0 | 12 | 9 | 1 | 1 | 1 | 7 | 2 | 0 | 44 |
| 斯洛伐克 | 0 | 1 | 1 | 1 | 3 | 1 | 2 | 1 | 0 | 0 | 0 | 0 | 0 | 0 | 10 |
| 斯洛文尼亚 | 1 | 0 | 0 | 1 | 0 | 0 | 0 | 0 | 0 | 0 | 0 | 0 | 0 | 0 | 2 |
| 南非 | 2 | 6 | 4 | 5 | 4 | 6 | 9 | 10 | 4 | 0 | 2 | 2 | 1 | 3 | 58 |
| 西班牙 | 2 | 4 | 7 | 7 | 5 | 6 | 4 | 2 | 4 | 1 | 0 | 0 | 1 | 1 | 44 |
| 斯里兰卡 | 0 | 0 | 0 | 0 | 0 | 0 | 0 | 0 | 0 | 1 | 0 | 0 | 1 | 2 | 4 |
| 瑞典 | 1 | 2 | 5 | 0 | 1 | 0 | 2 | 1 | 0 | 1 | 1 | 1 | 0 | 1 | 16 |
| 瑞士 | 0 | 2 | 1 | 0 | 1 | 0 | 0 | 0 | 1 | 0 | 0 | 1 | 0 | 0 | 6 |
| 泰国 | 8 | 9 | 5 | 2 | 19 | 12 | 16 | 12 | 7 | 9 | 13 | 8 | 9 | 13 | 142 |
| 特立尼达和多巴哥 | 0 | 0 | 2 | 0 | 0 | 0 | 1 | 0 | 0 | 0 | 0 | 0 | 0 | 0 | 3 |
| 土耳其 | 2 | 3 | 1 | 2 | 6 | 7 | 5 | 4 | 4 | 1 | 0 | 2 | 3 | 4 | 44 |

续 表

| 年份 / 被调查国 | 1995 | 1996 | 1997 | 1998 | 1999 | 2000 | 2001 | 2002 | 2003 | 2004 | 2005 | 2006 | 2007 | 2008 | 合计 |
|---|---|---|---|---|---|---|---|---|---|---|---|---|---|---|---|
| 乌克兰 | 2 | 3 | 4 | 9 | 9 | 7 | 6 | 8 | 3 | 1 | 3 | 4 | 0 | 2 | 61 |
| 阿联酋 | 0 | 0 | 1 | 0 | 0 | 2 | 2 | 0 | 3 | 2 | 0 | 0 | 3 | 0 | 13 |
| 英国 | 6 | 4 | 6 | 4 | 2 | 9 | 6 | 2 | 0 | 1 | 1 | 0 | 0 | 3 | 44 |
| 美国 | 12 | 21 | 15 | 15 | 14 | 12 | 15 | 12 | 21 | 14 | 12 | 11 | 7 | 8 | 189 |
| 乌拉圭 | 1 | 0 | 0 | 0 | 1 | 0 | 0 | 0 | 0 | 1 | 0 | 0 | 1 | 0 | 4 |
| 乌兹别克斯坦 | 2 | 0 | 0 | 0 | 0 | 0 | 0 | 0 | 0 | 1 | 0 | 0 | 0 | 0 | 3 |
| 委内瑞拉 | 0 | 1 | 1 | 4 | 2 | 2 | 4 | 3 | 1 | 0 | 0 | 0 | 0 | 0 | 18 |
| 越南 | 0 | 0 | 1 | 0 | 1 | 1 | 0 | 3 | 0 | 7 | 3 | 2 | 2 | 3 | 23 |
| 南斯拉夫 | 1 | 1 | 0 | 0 | 1 | 0 | 0 | 0 | 0 | 0 | 0 | 0 | 0 | 0 | 3 |
| 津巴布韦 | 1 | 0 | 0 | 1 | 0 | 0 | 0 | 0 | 0 | 0 | 0 | 0 | 0 | 0 | 2 |
| 合计 | 157 | 225 | 243 | 257 | 356 | 292 | 366 | 312 | 232 | 214 | 200 | 202 | 163 | 208 | 3427 |

资料来源：www. wto. org

表 17　　全球反倾销措施调查案件数（按调查国，1995—2008 年）

| 年份 / 调查国 | 1995 | 1996 | 1997 | 1998 | 1999 | 2000 | 2001 | 2002 | 2003 | 2004 | 2005 | 2006 | 2007 | 2008 | 合计 |
|---|---|---|---|---|---|---|---|---|---|---|---|---|---|---|---|
| 阿根廷 | 27 | 22 | 14 | 8 | 23 | 43 | 27 | 14 | 1 | 12 | 12 | 11 | 8 | 19 | 241 |
| 澳大利亚 | 5 | 17 | 42 | 13 | 24 | 15 | 23 | 16 | 8 | 9 | 7 | 10 | 2 | 6 | 197 |
| 巴西 | 5 | 18 | 11 | 18 | 16 | 11 | 17 | 8 | 4 | 8 | 6 | 12 | 13 | 23 | 170 |
| 保加利亚 | 0 | 0 | 0 | 0 | 0 | 0 | 0 | 1 | 0 | 0 | 0 | 0 | 0 | 0 | 1 |
| 加拿大 | 11 | 5 | 14 | 8 | 18 | 21 | 25 | 5 | 15 | 11 | 1 | 7 | 1 | 3 | 145 |
| 智利 | 4 | 3 | 0 | 2 | 0 | 5 | 0 | 0 | 0 | 0 | 0 | 1 | 1 | 1 | 17 |
| 中国 | 0 | 0 | 0 | 0 | 0 | 6 | 14 | 30 | 22 | 27 | 24 | 10 | 4 | 14 | 151 |
| 中国台北 | 0 | 0 | 0 | 0 | 0 | 3 | 3 | 0 | 2 | 0 | 0 | 5 | 0 | 0 | 13 |
| 哥伦比亚 | 4 | 1 | 1 | 6 | 2 | 3 | 6 | 0 | 0 | 2 | 2 | 9 | 1 | 6 | 43 |
| 哥斯达黎加 | 0 | 4 | 1 | 1 | 0 | 0 | 0 | 0 | 0 | 0 | 1 | 1 | 0 | 0 | 8 |
| 捷克 | 0 | 0 | 0 | 2 | 1 | 0 | 0 | 0 | 0 | 0 | 0 | 0 | 0 | 0 | 3 |
| 厄瓜多尔 | 0 | 0 | 0 | 1 | 0 | 0 | 0 | 0 | 0 | 0 | 0 | 0 | 0 | 0 | 1 |
| 埃及 | 0 | 0 | 7 | 14 | 7 | 3 | 7 | 3 | 1 | 0 | 12 | 9 | 2 | 0 | 65 |
| 欧盟 | 33 | 25 | 41 | 22 | 65 | 32 | 28 | 20 | 7 | 30 | 25 | 35 | 9 | 19 | 391 |
| 危地马拉 | 0 | 1 | 0 | 0 | 0 | 0 | 0 | 0 | 0 | 0 | 0 | 0 | 0 | 0 | 1 |
| 印度 | 6 | 21 | 13 | 28 | 64 | 41 | 79 | 81 | 46 | 21 | 28 | 35 | 47 | 54 | 564 |
| 印度尼西亚 | 0 | 11 | 5 | 8 | 8 | 3 | 4 | 4 | 12 | 5 | 0 | 5 | 1 | 7 | 73 |
| 以色列 | 5 | 6 | 3 | 7 | 0 | 1 | 4 | 0 | 0 | 1 | 4 | 0 | 0 | 1 | 32 |
| 牙买加 | 0 | 0 | 0 | 0 | 0 | 1 | 1 | 1 | 1 | 0 | 0 | 0 | 0 | 0 | 4 |
| 日本 | 0 | 0 | 0 | 0 | 0 | 0 | 2 | 0 | 0 | 0 | 0 | 0 | 4 | 0 | 6 |
| 约旦 | 0 | 0 | 0 | 0 | 0 | 0 | 0 | 0 | 0 | 0 | 0 | 1 | 0 | 0 | 1 |
| 韩国 | 4 | 13 | 15 | 3 | 6 | 2 | 4 | 9 | 18 | 3 | 4 | 7 | 15 | 5 | 108 |
| 拉脱维亚 | 0 | 0 | 0 | 0 | 0 | 0 | 1 | 6 | 0 | 0 | 0 | 0 | 0 | 0 | 7 |
| 立陶宛 | 0 | 0 | 0 | 0 | 1 | 6 | 0 | 0 | 0 | 0 | 0 | 0 | 0 | 0 | 7 |
| 马来西亚 | 3 | 2 | 8 | 1 | 2 | 0 | 1 | 5 | 6 | 3 | 4 | 8 | 0 | 0 | 43 |
| 墨西哥 | 4 | 4 | 6 | 12 | 11 | 6 | 6 | 10 | 14 | 6 | 6 | 6 | 3 | 1 | 95 |
| 新西兰 | 10 | 4 | 5 | 1 | 4 | 9 | 1 | 2 | 5 | 5 | 0 | 1 | 6 | 0 | 53 |
| 尼加拉瓜 | 0 | 0 | 0 | 2 | 0 | 0 | 0 | 0 | 0 | 0 | 0 | 0 | 0 | 0 | 2 |
| 巴基斯坦 | 0 | 0 | 0 | 0 | 0 | 0 | 0 | 1 | 3 | 3 | 13 | 4 | 0 | 3 | 27 |

续 表

| 调查国＼年份 | 1995 | 1996 | 1997 | 1998 | 1999 | 2000 | 2001 | 2002 | 2003 | 2004 | 2005 | 2006 | 2007 | 2008 | 合计 |
|---|---|---|---|---|---|---|---|---|---|---|---|---|---|---|---|
| 巴拿马 | 0 | 0 | 0 | 2 | 0 | 0 | 0 | 0 | 0 | 0 | 0 | 0 | 0 | 0 | 2 |
| 巴拉圭 | 0 | 0 | 0 | 0 | 1 | 0 | 0 | 0 | 0 | 1 | 0 | 0 | 0 | 0 | 2 |
| 秘鲁 | 2 | 8 | 2 | 3 | 8 | 1 | 8 | 13 | 4 | 7 | 4 | 3 | 1 | 0 | 64 |
| 菲律宾 | 1 | 1 | 2 | 3 | 6 | 2 | 0 | 1 | 1 | 0 | 0 | 0 | 0 | 0 | 17 |
| 波兰 | 0 | 0 | 1 | 0 | 7 | 0 | 0 | 3 | 1 | 0 | 0 | 0 | 0 | 0 | 12 |
| 斯洛文尼亚 | 0 | 0 | 0 | 0 | 1 | 0 | 0 | 0 | 0 | 0 | 0 | 0 | 0 | 0 | 1 |
| 南非 | 16 | 33 | 23 | 41 | 16 | 21 | 6 | 4 | 8 | 6 | 23 | 3 | 5 | 1 | 206 |
| 泰国 | 0 | 1 | 3 | 0 | 0 | 0 | 3 | 21 | 3 | 3 | 0 | 3 | 2 | 0 | 39 |
| 特立尼达和多巴哥 | 0 | 1 | 0 | 4 | 3 | 1 | 1 | 0 | 2 | 0 | 0 | 0 | 0 | 0 | 12 |
| 土耳其 | 0 | 0 | 4 | 1 | 8 | 7 | 15 | 18 | 11 | 25 | 12 | 8 | 6 | 22 | 137 |
| 乌克兰 | 0 | 0 | 0 | 0 | 0 | 0 | 0 | 0 | 0 | 0 | 0 | 0 | 4 | 7 | 11 |
| 美国 | 14 | 22 | 15 | 36 | 47 | 47 | 75 | 35 | 37 | 26 | 12 | 8 | 28 | 16 | 418 |
| 乌拉圭 | 0 | 0 | 1 | 0 | 0 | 1 | 4 | 0 | 0 | 0 | 0 | 0 | 0 | 0 | 6 |
| 委内瑞拉 | 3 | 2 | 6 | 10 | 7 | 1 | 1 | 1 | 0 | 0 | 0 | 0 | 0 | 0 | 31 |
| 合计 | 157 | 225 | 243 | 257 | 356 | 292 | 366 | 312 | 232 | 214 | 200 | 202 | 163 | 208 | 3427 |

资料来源：www. wto. org

**表 18　　按调查国和被调查国统计全球反倾销调查案件数（1995—2008 年）**

| 被调查国＼调查国 | 阿根廷 | 澳大利亚 | 巴西 | 保加利亚 | 加拿大 | 智利 | 中国 | 中国台北 | 哥伦比亚 | 哥斯达黎加 | 捷克 | 厄瓜多尔 | 埃及 | 欧盟 | 危地马拉 | 印度 | 印度尼西亚 | 以色列 | 牙买加 | 日本 | 约旦 | 韩国 | 拉脱维亚 | 立陶宛 | 马来西亚 | 墨西哥 | 新西兰 | 尼加拉瓜 | 巴基斯坦 | 巴拿马 | 巴拉圭 | 秘鲁 | 菲律宾 | 波兰 | 斯洛文尼亚 | 南非 | 泰国 | 特立尼达和多巴哥 | 土耳其 | 乌克兰 | 美国 | 乌拉圭 | 委内瑞拉 | 合计 |
|---|---|---|---|---|---|---|---|---|---|---|---|---|---|---|---|---|---|---|---|---|---|---|---|---|---|---|---|---|---|---|---|---|---|---|---|---|---|---|---|---|---|---|---|---|
| 阿尔及利亚 | 0 | 0 | 0 | 0 | 0 | 0 | 0 | 0 | 0 | 0 | 0 | 0 | 0 | 1 | 0 | 0 | 0 | 0 | 0 | 0 | 0 | 0 | 0 | 0 | 0 | 0 | 0 | 0 | 0 | 0 | 0 | 0 | 0 | 0 | 0 | 0 | 1 | 0 | 0 | 0 | 0 | 0 | 0 | 2 |
| 阿根廷 | 0 | 0 | 7 | 0 | 1 | 3 | 0 | 0 | 0 | 0 | 0 | 0 | 0 | 0 | 0 | 0 | 0 | 0 | 0 | 0 | 0 | 1 | 0 | 0 | 0 | 0 | 0 | 0 | 0 | 0 | 1 | 7 | 0 | 0 | 0 | 1 | 1 | 0 | 0 | 0 | 5 | 2 | 1 | 30 |
| 亚美尼亚 | 0 | 0 | 0 | 0 | 0 | 0 | 0 | 0 | 0 | 0 | 0 | 0 | 0 | 1 | 0 | 0 | 0 | 0 | 0 | 0 | 0 | 0 | 0 | 0 | 0 | 0 | 0 | 0 | 0 | 0 | 0 | 0 | 0 | 0 | 0 | 0 | 0 | 0 | 0 | 0 | 0 | 0 | 0 | 1 |
| 澳大利亚 | 2 | 0 | 1 | 0 | 0 | 0 | 0 | 0 | 0 | 0 | 0 | 0 | 0 | 2 | 0 | 2 | 3 | 0 | 0 | 1 | 0 | 0 | 0 | 0 | 2 | 0 | 0 | 0 | 0 | 0 | 0 | 0 | 0 | 0 | 0 | 5 | 0 | 0 | 0 | 0 | 3 | 1 | 0 | 22 |
| 奥地利 | 2 | 2 | 4 | 0 | 1 | 0 | 0 | 0 | 0 | 0 | 0 | 0 | 0 | 0 | 0 | 2 | 0 | 0 | 0 | 0 | 0 | 0 | 0 | 0 | 0 | 0 | 0 | 0 | 0 | 0 | 0 | 0 | 0 | 0 | 0 | 2 | 0 | 0 | 0 | 0 | 3 | 0 | 0 | 16 |
| 巴林 | 0 | 0 | 0 | 0 | 0 | 0 | 0 | 0 | 0 | 0 | 0 | 0 | 0 | 0 | 0 | 0 | 0 | 0 | 0 | 0 | 0 | 0 | 0 | 0 | 0 | 0 | 0 | 0 | 0 | 0 | 0 | 0 | 0 | 0 | 0 | 1 | 0 | 0 | 0 | 0 | 0 | 0 | 0 | 1 |
| 孟加拉国 | 0 | 0 | 1 | 0 | 0 | 0 | 0 | 0 | 0 | 0 | 0 | 0 | 0 | 0 | 0 | 1 | 0 | 0 | 0 | 0 | 0 | 0 | 0 | 0 | 0 | 0 | 0 | 0 | 0 | 0 | 0 | 0 | 0 | 0 | 0 | 0 | 0 | 0 | 0 | 0 | 0 | 0 | 0 | 2 |
| 白俄罗斯 | 0 | 0 | 0 | 0 | 0 | 0 | 0 | 0 | 0 | 0 | 0 | 0 | 0 | 5 | 0 | 2 | 0 | 0 | 0 | 0 | 0 | 0 | 1 | 2 | 0 | 0 | 0 | 0 | 0 | 0 | 0 | 0 | 0 | 2 | 0 | 0 | 0 | 0 | 0 | 0 | 2 | 0 | 0 | 14 |
| 比利时 | 0 | 4 | 1 | 0 | 2 | 0 | 1 | 0 | 0 | 0 | 0 | 0 | 0 | 0 | 0 | 2 | 0 | 0 | 0 | 0 | 0 | 2 | 0 | 0 | 0 | 0 | 0 | 0 | 0 | 0 | 0 | 0 | 0 | 0 | 0 | 5 | 0 | 0 | 1 | 0 | 2 | 0 | 0 | 20 |
| 波黑 | 0 | 0 | 1 | 0 | 0 | 0 | 0 | 0 | 0 | 0 | 0 | 0 | 0 | 1 | 0 | 0 | 0 | 0 | 0 | 0 | 0 | 0 | 0 | 0 | 0 | 0 | 0 | 0 | 0 | 0 | 0 | 0 | 0 | 0 | 0 | 0 | 0 | 0 | 0 | 0 | 0 | 0 | 0 | 2 |
| 巴西 | 41 | 2 | 0 | 0 | 6 | 4 | 0 | 0 | 0 | 0 | 0 | 0 | 1 | 4 | 0 | 7 | 0 | 0 | 0 | 0 | 0 | 1 | 0 | 0 | 0 | 5 | 0 | 0 | 0 | 0 | 1 | 5 | 0 | 0 | 0 | 8 | 0 | 0 | 1 | 0 | 10 | 1 | 0 | 97 |
| 保加利亚 | 0 | 0 | 1 | 0 | 2 | 0 | 0 | 0 | 0 | 0 | 0 | 0 | 0 | 3 | 0 | 2 | 0 | 0 | 0 | 0 | 0 | 1 | 0 | 0 | 0 | 1 | 0 | 0 | 0 | 0 | 0 | 0 | 0 | 0 | 0 | 1 | 1 | 0 | 2 | 0 | 0 | 0 | 0 | 14 |
| 加拿大 | 1 | 3 | 1 | 0 | 0 | 0 | 0 | 0 | 0 | 0 | 0 | 0 | 0 | 1 | 0 | 5 | 1 | 0 | 0 | 0 | 0 | 3 | 0 | 0 | 1 | 1 | 1 | 0 | 0 | 0 | 0 | 0 | 0 | 0 | 0 | 0 | 0 | 0 | 1 | 0 | 15 | 0 | 0 | 34 |
| 智利 | 6 | 0 | 4 | 0 | 0 | 0 | 0 | 0 | 0 | 1 | 0 | 0 | 0 | 1 | 0 | 0 | 0 | 0 | 0 | 0 | 0 | 0 | 0 | 0 | 0 | 1 | 0 | 0 | 0 | 0 | 0 | 8 | 0 | 0 | 0 | 0 | 0 | 0 | 0 | 0 | 4 | 0 | 1 | 26 |
| 中国 | 61 | 28 | 37 | 0 | 22 | 1 | 0 | 3 | 21 | 0 | 0 | 0 | 13 | 84 | 0 | 120 | 9 | 5 | 1 | 1 | 0 | 23 | 0 | 0 | 1 | 25 | 8 | 0 | 3 | 0 | 0 | 18 | 2 | 2 | 0 | 30 | 6 | 2 | 51 | 4 | 87 | 0 | 9 | 677 |
| 中国台北 | 11 | 10 | 6 | 0 | 8 | 0 | 15 | 0 | 1 | 0 | 0 | 0 | 2 | 23 | 0 | 41 | 6 | 0 | 0 | 1 | 0 | 5 | 0 | 0 | 4 | 4 | 2 | 0 | 1 | 0 | 0 | 3 | 2 | 1 | 0 | 11 | 2 | 0 | 9 | 0 | 19 | 0 | 0 | 187 |
| 哥伦比亚 | 0 | 1 | 1 | 0 | 0 | 0 | 0 | 0 | 0 | 0 | 0 | 0 | 0 | 0 | 0 | 0 | 0 | 0 | 0 | 0 | 0 | 0 | 0 | 0 | 0 | 1 | 0 | 0 | 0 | 1 | 0 | 1 | 0 | 0 | 0 | 0 | 0 | 0 | 0 | 0 | 0 | 0 | 0 | 5 |
| 哥斯达黎加 | 0 | 0 | 0 | 0 | 0 | 0 | 0 | 0 | 0 | 0 | 0 | 0 | 0 | 0 | 0 | 0 | 0 | 0 | 0 | 0 | 0 | 0 | 0 | 0 | 0 | 0 | 0 | 1 | 0 | 0 | 0 | 0 | 0 | 0 | 0 | 0 | 0 | 1 | 0 | 0 | 0 | 0 | 0 | 2 |
| 克罗地亚 | 0 | 0 | 1 | 0 | 0 | 0 | 0 | 0 | 0 | 0 | 0 | 0 | 0 | 5 | 0 | 0 | 0 | 0 | 0 | 0 | 0 | 0 | 0 | 0 | 0 | 0 | 0 | 0 | 0 | 0 | 0 | 0 | 0 | 0 | 0 | 0 | 0 | 0 | 0 | 0 | 0 | 0 | 0 | 6 |
| 古巴 | 0 | 0 | 1 | 0 | 1 | 0 | 0 | 0 | 0 | 0 | 0 | 0 | 0 | 0 | 0 | 0 | 0 | 0 | 0 | 0 | 0 | 0 | 0 | 0 | 0 | 0 | 0 | 0 | 0 | 0 | 0 | 0 | 0 | 0 | 0 | 0 | 0 | 0 | 0 | 0 | 0 | 0 | 0 | 2 |
| 捷克 | 2 | 0 | 0 | 0 | 1 | 0 | 0 | 0 | 0 | 0 | 0 | 0 | 0 | 7 | 0 | 4 | 0 | 0 | 0 | 0 | 0 | 0 | 0 | 0 | 0 | 0 | 0 | 0 | 0 | 0 | 0 | 0 | 0 | 1 | 0 | 0 | 1 | 0 | 0 | 0 | 3 | 0 | 0 | 19 |
| 丹麦 | 0 | 0 | 1 | 0 | 1 | 0 | 0 | 0 | 0 | 0 | 1 | 0 | 0 | 0 | 0 | 1 | 0 | 0 | 0 | 0 | 0 | 0 | 0 | 0 | 0 | 2 | 0 | 0 | 0 | 0 | 0 | 0 | 0 | 0 | 0 | 0 | 0 | 0 | 0 | 0 | 1 | 0 | 0 | 7 |
| 多米尼加 | 0 | 0 | 0 | 0 | 0 | 0 | 0 | 0 | 0 | 0 | 0 | 0 | 0 | 0 | 0 | 0 | 0 | 0 | 1 | 0 | 0 | 0 | 0 | 0 | 0 | 0 | 0 | 0 | 0 | 0 | 0 | 1 | 0 | 0 | 0 | 0 | 0 | 0 | 0 | 0 | 0 | 0 | 0 | 2 |

续 表

| 被调查国 \ 调查国 | 阿根廷 | 澳大利亚 | 巴西 | 保加利亚 | 加拿大 | 智利 | 中国 | 中国台北 | 哥伦比亚 | 哥斯达黎加 | 捷克 | 厄瓜多尔 | 埃及 | 欧盟 | 危地马拉 | 印度 | 印度尼西亚 | 以色列 | 牙买加 | 日本 | 约旦 | 韩国 | 拉脱维亚 | 立陶宛 | 马来西亚 | 墨西哥 | 新西兰 | 尼加拉瓜 | 巴基斯坦 | 巴拿马 | 巴拉圭 | 秘鲁 | 菲律宾 | 波兰 | 斯洛文尼亚 | 南非 | 泰国 | 特立尼达和多巴哥 | 土耳其 | 乌克兰 | 美国 | 乌拉圭 | 委内瑞拉 | 合计 |
|---|---|---|---|---|---|---|---|---|---|---|---|---|---|---|---|---|---|---|---|---|---|---|---|---|---|---|---|---|---|---|---|---|---|---|---|---|---|---|---|---|---|---|---|---|
| 厄瓜多尔 | 0 | 0 | 1 | 0 | 0 | 0 | 0 | 0 | 0 | 0 | 0 | 0 | 0 | 0 | 0 | 0 | 0 | 0 | 0 | 0 | 0 | 0 | 0 | 0 | 0 | 1 | 0 | 0 | 0 | 0 | 0 | 0 | 0 | 0 | 0 | 0 | 0 | 0 | 0 | 0 | 1 | 0 | 0 | 3 |
| 埃及 | 0 | 0 | 0 | 0 | 0 | 0 | 0 | 0 | 0 | 0 | 0 | 0 | 0 | 7 | 0 | 0 | 0 | 0 | 0 | 0 | 1 | 0 | 0 | 0 | 0 | 0 | 0 | 0 | 0 | 0 | 0 | 0 | 0 | 0 | 0 | 3 | 0 | 0 | 0 | 0 | 1 | 0 | 0 | 12 |
| 爱沙尼亚 | 0 | 0 | 1 | 0 | 0 | 0 | 0 | 0 | 0 | 0 | 0 | 0 | 0 | 2 | 0 | 0 | 0 | 0 | 0 | 0 | 0 | 0 | 1 | 0 | 0 | 0 | 0 | 0 | 0 | 0 | 0 | 0 | 0 | 0 | 0 | 0 | 0 | 0 | 0 | 0 | 0 | 0 | 0 | 4 |
| 欧盟 | 1 | 0 | 5 | 0 | 0 | 0 | 10 | 0 | 0 | 0 | 0 | 0 | 4 | 0 | 0 | 40 | 2 | 1 | 0 | 0 | 0 | 0 | 0 | 0 | 3 | 1 | 0 | 0 | 0 | 0 | 0 | 0 | 0 | 0 | 0 | 0 | 1 | 0 | 1 | 0 | 0 | 0 | 0 | 69 |
| 斐济 | 0 | 0 | 0 | 0 | 0 | 0 | 0 | 0 | 0 | 0 | 0 | 0 | 0 | 2 | 0 | 0 | 0 | 0 | 0 | 0 | 0 | 0 | 0 | 0 | 0 | 0 | 0 | 0 | 0 | 0 | 0 | 0 | 0 | 0 | 0 | 0 | 0 | 0 | 0 | 0 | 0 | 0 | 0 | 2 |
| 芬兰 | 0 | 2 | 2 | 0 | 1 | 0 | 1 | 0 | 0 | 0 | 0 | 0 | 0 | 0 | 0 | 1 | 2 | 0 | 0 | 0 | 0 | 0 | 0 | 0 | 0 | 0 | 0 | 0 | 1 | 0 | 0 | 0 | 0 | 0 | 0 | 0 | 0 | 0 | 1 | 0 | 1 | 0 | 0 | 12 |
| 法国 | 1 | 2 | 3 | 0 | 5 | 0 | 3 | 0 | 0 | 0 | 0 | 0 | 3 | 0 | 0 | 5 | 1 | 0 | 0 | 0 | 0 | 2 | 0 | 0 | 0 | 0 | 0 | 0 | 2 | 0 | 0 | 0 | 0 | 0 | 0 | 5 | 0 | 0 | 0 | 0 | 8 | 0 | 0 | 40 |
| 格鲁吉亚 | 0 | 0 | 0 | 0 | 0 | 0 | 0 | 0 | 0 | 0 | 0 | 0 | 0 | 0 | 0 | 1 | 0 | 0 | 0 | 0 | 0 | 0 | 0 | 0 | 0 | 0 | 0 | 0 | 0 | 0 | 0 | 0 | 0 | 0 | 0 | 0 | 0 | 0 | 0 | 0 | 0 | 0 | 0 | 1 |
| 德国 | 7 | 9 | 4 | 0 | 4 | 0 | 4 | 1 | 0 | 0 | 1 | 0 | 0 | 0 | 0 | 9 | 0 | 5 | 0 | 0 | 0 | 4 | 0 | 0 | 0 | 1 | 1 | 0 | 2 | 0 | 0 | 0 | 1 | 1 | 0 | 11 | 0 | 0 | 1 | 1 | 16 | 0 | 0 | 83 |
| 希腊 | 0 | 1 | 1 | 0 | 0 | 0 | 0 | 0 | 0 | 0 | 0 | 0 | 1 | 0 | 0 | 0 | 0 | 0 | 0 | 0 | 0 | 0 | 0 | 0 | 0 | 1 | 1 | 0 | 0 | 0 | 0 | 0 | 0 | 0 | 0 | 0 | 0 | 0 | 1 | 0 | 1 | 0 | 0 | 7 |
| 危地马拉 | 0 | 0 | 0 | 0 | 0 | 0 | 0 | 0 | 0 | 1 | 0 | 0 | 0 | 1 | 0 | 0 | 0 | 0 | 0 | 0 | 0 | 0 | 0 | 0 | 0 | 1 | 0 | 0 | 0 | 0 | 0 | 0 | 0 | 0 | 0 | 0 | 0 | 0 | 0 | 0 | 0 | 0 | 0 | 3 |
| 洪都拉斯 | 0 | 0 | 0 | 0 | 0 | 0 | 0 | 0 | 0 | 0 | 0 | 0 | 0 | 0 | 0 | 0 | 0 | 0 | 0 | 0 | 0 | 0 | 0 | 0 | 0 | 0 | 0 | 1 | 0 | 0 | 0 | 0 | 0 | 0 | 0 | 0 | 0 | 0 | 0 | 0 | 0 | 0 | 0 | 1 |
| 中国香港 | 0 | 1 | 1 | 0 | 1 | 0 | 0 | 0 | 0 | 0 | 0 | 0 | 0 | 3 | 0 | 10 | 0 | 0 | 0 | 0 | 0 | 0 | 0 | 0 | 1 | 0 | 1 | 0 | 0 | 0 | 0 | 0 | 0 | 0 | 0 | 7 | 0 | 0 | 1 | 0 | 0 | 0 | 0 | 26 |
| 匈牙利 | 0 | 3 | 0 | 0 | 0 | 0 | 0 | 0 | 0 | 0 | 0 | 0 | 1 | 4 | 0 | 2 | 0 | 0 | 0 | 0 | 0 | 0 | 1 | 0 | 0 | 0 | 0 | 0 | 0 | 0 | 0 | 0 | 0 | 0 | 1 | 1 | 0 | 0 | 1 | 0 | 0 | 0 | 0 | 14 |
| 印度 | 8 | 4 | 6 | 0 | 5 | 0 | 4 | 0 | 0 | 0 | 0 | 0 | 7 | 28 | 0 | 0 | 11 | 1 | 0 | 0 | 0 | 4 | 0 | 0 | 1 | 0 | 0 | 0 | 1 | 0 | 0 | 1 | 0 | 1 | 0 | 20 | 2 | 2 | 9 | 0 | 22 | 0 | 0 | 137 |
| 印度尼西亚 | 6 | 19 | 3 | 0 | 3 | 0 | 3 | 2 | 2 | 0 | 0 | 0 | 5 | 12 | 0 | 23 | 0 | 0 | 1 | 0 | 0 | 6 | 0 | 0 | 8 | 1 | 7 | 0 | 3 | 0 | 0 | 1 | 1 | 1 | 0 | 9 | 4 | 1 | 8 | 0 | 16 | 0 | 0 | 145 |
| 伊朗 | 0 | 2 | 0 | 0 | 0 | 0 | 1 | 0 | 0 | 0 | 0 | 0 | 0 | 2 | 0 | 11 | 0 | 0 | 0 | 0 | 0 | 0 | 0 | 0 | 0 | 0 | 0 | 0 | 1 | 0 | 0 | 0 | 0 | 0 | 0 | 1 | 0 | 0 | 1 | 0 | 0 | 0 | 0 | 19 |
| 爱尔兰 | 1 | 0 | 0 | 0 | 0 | 0 | 0 | 0 | 0 | 0 | 0 | 0 | 0 | 0 | 0 | 0 | 0 | 0 | 0 | 0 | 0 | 0 | 0 | 0 | 0 | 0 | 1 | 0 | 0 | 0 | 0 | 0 | 0 | 0 | 0 | 3 | 0 | 0 | 0 | 0 | 1 | 0 | 0 | 6 |
| 以色列 | 0 | 4 | 0 | 0 | 0 | 0 | 0 | 0 | 0 | 0 | 0 | 0 | 0 | 0 | 0 | 1 | 0 | 0 | 0 | 0 | 0 | 0 | 0 | 0 | 0 | 0 | 0 | 0 | 0 | 0 | 0 | 0 | 0 | 0 | 0 | 1 | 0 | 0 | 2 | 0 | 1 | 0 | 0 | 9 |
| 意大利 | 6 | 7 | 2 | 0 | 3 | 0 | 1 | 1 | 0 | 0 | 0 | 0 | 1 | 0 | 0 | 3 | 0 | 2 | 0 | 0 | 0 | 2 | 0 | 0 | 0 | 0 | 1 | 0 | 1 | 0 | 0 | 0 | 0 | 0 | 0 | 4 | 0 | 0 | 2 | 0 | 8 | 1 | 1 | 46 |
| 日本 | 4 | 5 | 2 | 0 | 2 | 0 | 28 | 1 | 0 | 0 | 0 | 0 | 3 | 9 | 0 | 26 | 3 | 0 | 0 | 0 | 0 | 14 | 0 | 0 | 3 | 1 | 0 | 0 | 0 | 0 | 0 | 0 | 1 | 0 | 0 | 1 | 3 | 0 | 2 | 0 | 33 | 0 | 3 | 144 |
| 约旦 | 0 | 0 | 0 | 0 | 0 | 0 | 0 | 0 | 0 | 0 | 0 | 0 | 0 | 0 | 0 | 0 | 0 | 1 | 0 | 0 | 0 | 0 | 0 | 0 | 0 | 0 | 0 | 0 | 0 | 0 | 0 | 0 | 0 | 0 | 0 | 0 | 0 | 0 | 0 | 0 | 0 | 0 | 0 | 1 |
| 哈萨克斯坦 | 2 | 0 | 1 | 0 | 0 | 0 | 1 | 0 | 2 | 0 | 0 | 0 | 0 | 3 | 0 | 4 | 0 | 0 | 0 | 0 | 0 | 1 | 0 | 0 | 0 | 1 | 0 | 0 | 0 | 0 | 0 | 3 | 0 | 0 | 0 | 0 | 2 | 0 | 0 | 0 | 3 | 0 | 2 | 25 |
| 朝鲜 | 0 | 0 | 1 | 0 | 0 | 0 | 0 | 0 | 0 | 0 | 0 | 0 | 0 | 0 | 0 | 0 | 0 | 0 | 0 | 0 | 0 | 0 | 0 | 0 | 0 | 0 | 0 | 0 | 0 | 0 | 0 | 0 | 0 | 0 | 0 | 0 | 0 | 0 | 0 | 0 | 0 | 0 | 0 | 1 |
| 韩国 | 11 | 21 | 5 | 0 | 8 | 3 | 27 | 2 | 7 | 0 | 0 | 0 | 4 | 27 | 0 | 44 | 10 | 1 | 0 | 1 | 0 | 0 | 0 | 0 | 7 | 2 | 7 | 0 | 4 | 0 | 0 | 1 | 2 | 0 | 0 | 15 | 5 | 0 | 7 | 1 | 29 | 0 | 1 | 252 |
| 科威特 | 0 | 0 | 0 | 0 | 0 | 0 | 0 | 0 | 0 | 0 | 0 | 0 | 0 | 0 | 0 | 0 | 0 | 0 | 0 | 0 | 0 | 0 | 0 | 0 | 0 | 0 | 0 | 0 | 0 | 0 | 0 | 0 | 0 | 0 | 0 | 0 | 0 | 0 | 1 | 0 | 0 | 0 | 0 | 1 |
| 拉脱维亚 | 0 | 0 | 0 | 0 | 1 | 0 | 0 | 0 | 0 | 0 | 0 | 0 | 2 | 1 | 0 | 0 | 0 | 0 | 0 | 0 | 0 | 0 | 0 | 2 | 0 | 0 | 0 | 0 | 0 | 0 | 0 | 0 | 0 | 0 | 0 | 0 | 0 | 0 | 0 | 0 | 1 | 0 | 0 | 7 |
| 利比亚 | 0 | 0 | 0 | 0 | 0 | 0 | 0 | 0 | 0 | 0 | 0 | 0 | 0 | 2 | 0 | 0 | 0 | 0 | 0 | 0 | 0 | 0 | 0 | 0 | 0 | 0 | 0 | 0 | 0 | 0 | 0 | 0 | 0 | 0 | 0 | 0 | 0 | 0 | 0 | 0 | 0 | 0 | 0 | 2 |
| 列支敦士登 | 0 | 0 | 0 | 0 | 0 | 0 | 0 | 0 | 0 | 0 | 0 | 0 | 0 | 0 | 0 | 0 | 0 | 0 | 0 | 0 | 0 | 1 | 0 | 0 | 0 | 0 | 0 | 0 | 0 | 0 | 0 | 0 | 0 | 0 | 0 | 0 | 0 | 0 | 0 | 0 | 0 | 0 | 0 | 1 |
| 立陶宛 | 0 | 0 | 0 | 0 | 0 | 0 | 0 | 0 | 0 | 0 | 0 | 0 | 0 | 6 | 0 | 0 | 0 | 0 | 0 | 0 | 0 | 0 | 2 | 0 | 0 | 0 | 0 | 0 | 0 | 0 | 0 | 1 | 0 | 0 | 0 | 0 | 0 | 0 | 0 | 0 | 1 | 0 | 0 | 10 |
| 卢森堡 | 0 | 0 | 0 | 0 | 2 | 0 | 0 | 0 | 0 | 0 | 0 | 0 | 0 | 0 | 0 | 0 | 0 | 0 | 0 | 0 | 0 | 0 | 0 | 0 | 0 | 0 | 0 | 0 | 0 | 0 | 0 | 0 | 0 | 0 | 0 | 0 | 0 | 0 | 0 | 0 | 1 | 0 | 0 | 3 |
| 中国澳门 | 0 | 0 | 0 | 0 | 1 | 0 | 0 | 0 | 0 | 0 | 0 | 0 | 0 | 1 | 0 | 0 | 0 | 0 | 0 | 0 | 0 | 0 | 0 | 0 | 0 | 0 | 0 | 0 | 0 | 0 | 0 | 0 | 0 | 0 | 0 | 0 | 0 | 0 | 0 | 0 | 0 | 0 | 0 | 2 |
| 马其顿 | 0 | 0 | 1 | 0 | 2 | 0 | 0 | 0 | 0 | 0 | 0 | 0 | 1 | 1 | 0 | 2 | 0 | 0 | 0 | 0 | 0 | 0 | 0 | 0 | 0 | 0 | 0 | 0 | 0 | 0 | 0 | 0 | 0 | 0 | 0 | 0 | 0 | 0 | 0 | 0 | 1 | 0 | 0 | 8 |
| 马拉维 | 0 | 0 | 0 | 0 | 0 | 0 | 0 | 0 | 0 | 0 | 0 | 0 | 0 | 0 | 0 | 0 | 0 | 0 | 0 | 0 | 0 | 0 | 0 | 0 | 0 | 0 | 0 | 0 | 0 | 0 | 0 | 0 | 0 | 0 | 0 | 1 | 0 | 0 | 0 | 0 | 0 | 0 | 0 | 1 |
| 马来西亚 | 2 | 11 | 0 | 0 | 2 | 0 | 3 | 1 | 1 | 0 | 0 | 0 | 1 | 15 | 0 | 20 | 3 | 0 | 0 | 0 | 0 | 4 | 0 | 0 | 0 | 0 | 4 | 0 | 2 | 0 | 0 | 0 | 2 | 0 | 0 | 7 | 1 | 0 | 6 | 0 | 5 | 0 | 0 | 90 |
| 墨西哥 | 3 | 0 | 2 | 0 | 2 | 0 | 1 | 0 | 0 | 2 | 0 | 1 | 0 | 2 | 1 | 2 | 0 | 1 | 0 | 0 | 0 | 0 | 0 | 0 | 0 | 0 | 0 | 0 | 0 | 1 | 0 | 4 | 0 | 0 | 0 | 0 | 0 | 0 | 0 | 0 | 15 | 1 | 2 | 40 |
| 摩尔多瓦 | 0 | 0 | 0 | 0 | 1 | 0 | 0 | 0 | 0 | 0 | 0 | 0 | 0 | 1 | 0 | 0 | 0 | 0 | 0 | 0 | 0 | 0 | 0 | 0 | 0 | 0 | 0 | 0 | 0 | 0 | 0 | 0 | 0 | 0 | 0 | 0 | 0 | 0 | 0 | 0 | 2 | 0 | 0 | 4 |
| 莫桑比克 | 0 | 0 | 0 | 0 | 0 | 0 | 0 | 0 | 0 | 0 | 0 | 0 | 0 | 0 | 0 | 0 | 0 | 0 | 0 | 0 | 0 | 0 | 0 | 0 | 0 | 0 | 0 | 0 | 0 | 0 | 0 | 0 | 0 | 0 | 0 | 1 | 0 | 0 | 0 | 0 | 0 | 0 | 0 | 1 |
| 尼泊尔 | 0 | 0 | 0 | 0 | 0 | 0 | 0 | 0 | 0 | 0 | 0 | 0 | 0 | 0 | 0 | 2 | 0 | 0 | 0 | 0 | 0 | 0 | 0 | 0 | 0 | 0 | 0 | 0 | 0 | 0 | 0 | 0 | 0 | 0 | 0 | 0 | 0 | 0 | 0 | 0 | 0 | 0 | 0 | 2 |
| 荷兰 | 5 | 3 | 1 | 0 | 1 | 0 | 3 | 0 | 1 | 0 | 1 | 0 | 0 | 0 | 0 | 1 | 0 | 0 | 0 | 0 | 0 | 2 | 0 | 0 | 0 | 0 | 0 | 0 | 0 | 0 | 0 | 1 | 0 | 0 | 0 | 3 | 0 | 0 | 1 | 0 | 4 | 0 | 0 | 27 |
| 新西兰 | 1 | 0 | 1 | 0 | 2 | 1 | 0 | 0 | 0 | 0 | 0 | 0 | 0 | 0 | 0 | 2 | 0 | 0 | 0 | 0 | 0 | 1 | 0 | 0 | 0 | 0 | 0 | 0 | 0 | 0 | 0 | 0 | 0 | 0 | 0 | 0 | 0 | 1 | 0 | 0 | 1 | 0 | 0 | 10 |

续 表

| 被调查国＼调查国 | 阿根廷 | 澳大利亚 | 巴西 | 保加利亚 | 加拿大 | 智利 | 中国 | 中国台北 | 哥伦比亚 | 哥斯达黎加 | 捷克 | 厄瓜多尔 | 埃及 | 欧盟 | 危地马拉 | 印度 | 印度尼西亚 | 以色列 | 牙买加 | 日本 | 约旦 | 韩国 | 拉脱维亚 | 立陶宛 | 马来西亚 | 墨西哥 | 新西兰 | 尼加拉瓜 | 巴基斯坦 | 巴拿马 | 巴拉圭 | 秘鲁 | 菲律宾 | 波兰 | 斯洛文尼亚 | 南非 | 泰国 | 特立尼达和多巴哥 | 土耳其 | 乌克兰 | 美国 | 乌拉圭 | 委内瑞拉 | 合计 |
|---|---|---|---|---|---|---|---|---|---|---|---|---|---|---|---|---|---|---|---|---|---|---|---|---|---|---|---|---|---|---|---|---|---|---|---|---|---|---|---|---|---|---|---|---|
| 尼加拉瓜 | 0 | 0 | 0 | 0 | 0 | 0 | 0 | 0 | 0 | 1 | 0 | 0 | 0 | 0 | 0 | 0 | 0 | 0 | 0 | 0 | 0 | 0 | 0 | 0 | 0 | 0 | 0 | 0 | 0 | 0 | 0 | 0 | 0 | 0 | 0 | 0 | 0 | 0 | 0 | 0 | 0 | 0 | 0 | 1 |
| 尼日利亚 | 0 | 0 | 0 | 0 | 0 | 0 | 0 | 0 | 0 | 0 | 0 | 0 | 0 | 0 | 0 | 1 | 0 | 0 | 0 | 0 | 0 | 0 | 0 | 0 | 0 | 0 | 0 | 0 | 0 | 0 | 0 | 0 | 0 | 0 | 0 | 0 | 0 | 0 | 0 | 0 | 0 | 0 | 0 | 1 |
| 挪威 | 0 | 1 | 0 | 0 | 1 | 0 | 0 | 0 | 0 | 0 | 0 | 0 | 0 | 4 | 0 | 0 | 0 | 0 | 0 | 0 | 0 | 0 | 0 | 0 | 0 | 0 | 0 | 0 | 0 | 0 | 0 | 0 | 0 | 0 | 0 | 0 | 0 | 0 | 0 | 0 | 0 | 0 | 0 | 6 |
| 阿曼 | 0 | 0 | 0 | 0 | 0 | 0 | 0 | 0 | 0 | 0 | 0 | 0 | 0 | 0 | 0 | 1 | 0 | 0 | 0 | 0 | 0 | 0 | 0 | 0 | 0 | 0 | 0 | 0 | 0 | 0 | 0 | 0 | 0 | 0 | 0 | 0 | 0 | 0 | 0 | 0 | 0 | 0 | 0 | 1 |
| 巴基斯坦 | 0 | 0 | 0 | 0 | 0 | 0 | 0 | 0 | 0 | 0 | 0 | 0 | 1 | 6 | 0 | 0 | 0 | 0 | 0 | 0 | 0 | 1 | 0 | 0 | 0 | 0 | 0 | 0 | 0 | 0 | 0 | 1 | 0 | 0 | 0 | 1 | 0 | 0 | 0 | 0 | 0 | 0 | 0 | 10 |
| 巴拉圭 | 1 | 0 | 0 | 0 | 0 | 0 | 0 | 0 | 0 | 0 | 0 | 0 | 0 | 0 | 0 | 0 | 0 | 0 | 0 | 0 | 0 | 0 | 0 | 0 | 0 | 0 | 0 | 0 | 0 | 0 | 0 | 0 | 0 | 0 | 0 | 0 | 0 | 0 | 0 | 0 | 0 | 0 | 0 | 1 |
| 秘鲁 | 1 | 0 | 1 | 0 | 0 | 0 | 0 | 0 | 0 | 0 | 0 | 0 | 0 | 0 | 0 | 0 | 0 | 0 | 0 | 0 | 0 | 0 | 0 | 0 | 0 | 1 | 0 | 0 | 0 | 0 | 0 | 0 | 0 | 0 | 0 | 0 | 0 | 0 | 0 | 0 | 0 | 0 | 1 | 4 |
| 菲律宾 | 0 | 1 | 0 | 0 | 0 | 0 | 0 | 1 | 0 | 0 | 0 | 0 | 0 | 2 | 0 | 2 | 1 | 0 | 0 | 0 | 0 | 0 | 0 | 0 | 2 | 0 | 1 | 0 | 0 | 0 | 0 | 0 | 0 | 0 | 0 | 0 | 0 | 0 | 0 | 0 | 1 | 0 | 0 | 11 |
| 波兰 | 2 | 0 | 1 | 0 | 3 | 0 | 0 | 0 | 0 | 0 | 0 | 0 | 0 | 10 | 0 | 4 | 1 | 0 | 0 | 0 | 0 | 1 | 0 | 0 | 1 | 0 | 0 | 0 | 0 | 0 | 0 | 0 | 0 | 0 | 0 | 1 | 1 | 0 | 0 | 0 | 1 | 0 | 0 | 26 |
| 葡萄牙 | 0 | 0 | 0 | 0 | 1 | 0 | 0 | 0 | 0 | 0 | 0 | 0 | 0 | 0 | 0 | 1 | 0 | 2 | 0 | 0 | 0 | 0 | 0 | 0 | 0 | 0 | 0 | 0 | 0 | 0 | 0 | 0 | 0 | 0 | 0 | 1 | 0 | 0 | 0 | 0 | 1 | 0 | 0 | 6 |
| 卡塔尔 | 0 | 0 | 0 | 0 | 0 | 0 | 0 | 0 | 0 | 0 | 0 | 0 | 0 | 0 | 0 | 1 | 0 | 0 | 0 | 0 | 0 | 0 | 0 | 0 | 0 | 0 | 0 | 0 | 0 | 0 | 0 | 0 | 0 | 0 | 0 | 0 | 0 | 0 | 0 | 0 | 0 | 0 | 0 | 1 |
| 罗马尼亚 | 3 | 0 | 3 | 0 | 2 | 0 | 0 | 0 | 0 | 0 | 0 | 0 | 3 | 5 | 0 | 6 | 0 | 1 | 0 | 0 | 0 | 0 | 0 | 0 | 0 | 2 | 0 | 0 | 0 | 0 | 0 | 1 | 0 | 1 | 0 | 0 | 1 | 0 | 1 | 0 | 5 | 0 | 2 | 36 |
| 俄罗斯 | 4 | 1 | 3 | 0 | 5 | 2 | 8 | 0 | 3 | 0 | 0 | 0 | 2 | 19 | 0 | 18 | 3 | 0 | 0 | 0 | 0 | 3 | 1 | 2 | 0 | 6 | 0 | 0 | 0 | 0 | 0 | 3 | 3 | 1 | 0 | 2 | 2 | 0 | 3 | 2 | 11 | 0 | 2 | 109 |
| 沙特 | 0 | 2 | 0 | 0 | 1 | 0 | 2 | 0 | 0 | 0 | 0 | 0 | 0 | 2 | 0 | 6 | 0 | 0 | 0 | 0 | 0 | 0 | 0 | 0 | 0 | 0 | 1 | 0 | 0 | 0 | 0 | 0 | 0 | 0 | 0 | 2 | 0 | 0 | 3 | 0 | 0 | 0 | 0 | 19 |
| 塞黑 | 0 | 0 | 0 | 0 | 1 | 0 | 0 | 0 | 0 | 0 | 0 | 0 | 0 | 1 | 0 | 0 | 0 | 0 | 0 | 0 | 0 | 0 | 0 | 0 | 0 | 0 | 0 | 0 | 0 | 0 | 0 | 0 | 0 | 0 | 0 | 0 | 0 | 0 | 1 | 0 | 0 | 0 | 0 | 3 |
| 新加坡 | 0 | 5 | 0 | 0 | 0 | 0 | 6 | 0 | 0 | 0 | 0 | 0 | 0 | 2 | 0 | 22 | 2 | 0 | 0 | 0 | 0 | 4 | 0 | 0 | 1 | 0 | 0 | 0 | 0 | 0 | 0 | 0 | 0 | 0 | 0 | 1 | 0 | 0 | 0 | 0 | 1 | 0 | 0 | 44 |
| 斯洛伐克 | 1 | 0 | 0 | 0 | 2 | 0 | 0 | 0 | 0 | 0 | 0 | 0 | 0 | 4 | 0 | 0 | 0 | 0 | 0 | 0 | 0 | 0 | 0 | 0 | 0 | 0 | 0 | 0 | 0 | 0 | 0 | 0 | 0 | 0 | 0 | 1 | 1 | 0 | 0 | 0 | 1 | 0 | 0 | 10 |
| 斯洛文尼亚 | 0 | 0 | 1 | 0 | 0 | 0 | 0 | 0 | 0 | 0 | 0 | 0 | 0 | 1 | 0 | 0 | 0 | 0 | 0 | 0 | 0 | 0 | 0 | 0 | 0 | 0 | 0 | 0 | 0 | 0 | 0 | 0 | 0 | 0 | 0 | 0 | 0 | 0 | 0 | 0 | 0 | 0 | 0 | 2 |
| 南非 | 10 | 4 | 3 | 0 | 5 | 0 | 1 | 0 | 0 | 0 | 0 | 0 | 0 | 4 | 0 | 9 | 0 | 0 | 0 | 1 | 0 | 0 | 0 | 0 | 0 | 0 | 3 | 0 | 1 | 0 | 0 | 0 | 0 | 0 | 0 | 0 | 1 | 0 | 0 | 0 | 16 | 0 | 0 | 58 |
| 西班牙 | 6 | 2 | 3 | 0 | 2 | 0 | 0 | 0 | 0 | 0 | 0 | 0 | 2 | 0 | 0 | 4 | 0 | 3 | 0 | 1 | 0 | 3 | 0 | 0 | 0 | 2 | 0 | 0 | 0 | 0 | 0 | 0 | 0 | 0 | 0 | 7 | 0 | 0 | 0 | 1 | 8 | 0 | 0 | 44 |
| 斯里兰卡 | 0 | 0 | 0 | 0 | 0 | 0 | 0 | 0 | 0 | 0 | 0 | 0 | 0 | 0 | 0 | 2 | 1 | 0 | 0 | 0 | 0 | 0 | 0 | 0 | 0 | 0 | 0 | 0 | 0 | 0 | 0 | 0 | 0 | 0 | 0 | 0 | 0 | 0 | 1 | 0 | 0 | 0 | 0 | 4 |
| 瑞典 | 3 | 5 | 0 | 0 | 1 | 0 | 0 | 0 | 0 | 0 | 0 | 0 | 0 | 0 | 0 | 1 | 0 | 0 | 0 | 0 | 0 | 0 | 0 | 0 | 0 | 0 | 0 | 0 | 0 | 0 | 0 | 0 | 0 | 0 | 0 | 3 | 0 | 0 | 0 | 0 | 3 | 0 | 0 | 16 |
| 瑞士 | 0 | 1 | 0 | 0 | 1 | 0 | 0 | 0 | 0 | 0 | 0 | 0 | 0 | 0 | 0 | 1 | 0 | 0 | 0 | 0 | 0 | 1 | 0 | 0 | 0 | 0 | 1 | 0 | 0 | 0 | 0 | 0 | 0 | 0 | 0 | 1 | 0 | 0 | 0 | 0 | 0 | 0 | 0 | 6 |
| 泰国 | 4 | 17 | 5 | 0 | 2 | 0 | 2 | 1 | 1 | 0 | 0 | 0 | 4 | 18 | 0 | 31 | 5 | 0 | 1 | 0 | 0 | 3 | 0 | 0 | 7 | 0 | 9 | 0 | 2 | 0 | 0 | 0 | 2 | 0 | 0 | 5 | 0 | 2 | 10 | 0 | 10 | 0 | 1 | 142 |
| 特立尼达和多巴哥 | 0 | 0 | 0 | 0 | 0 | 0 | 0 | 0 | 1 | 0 | 0 | 0 | 0 | 0 | 0 | 0 | 0 | 0 | 0 | 0 | 0 | 0 | 0 | 0 | 0 | 0 | 0 | 0 | 0 | 0 | 0 | 0 | 0 | 0 | 0 | 0 | 0 | 0 | 0 | 0 | 2 | 0 | 0 | 3 |
| 土耳其 | 2 | 0 | 0 | 1 | 3 | 0 | 0 | 0 | 0 | 0 | 0 | 0 | 2 | 12 | 0 | 6 | 2 | 2 | 0 | 0 | 0 | 0 | 0 | 0 | 0 | 1 | 0 | 0 | 0 | 0 | 0 | 0 | 0 | 0 | 0 | 4 | 0 | 0 | 0 | 1 | 8 | 0 | 0 | 44 |
| 乌克兰 | 2 | 0 | 1 | 0 | 3 | 2 | 1 | 0 | 2 | 0 | 0 | 0 | 1 | 13 | 0 | 10 | 1 | 0 | 0 | 0 | 0 | 0 | 1 | 1 | 0 | 6 | 0 | 0 | 0 | 0 | 0 | 2 | 1 | 0 | 0 | 1 | 2 | 0 | 2 | 0 | 7 | 0 | 2 | 61 |
| 阿联酋 | 0 | 1 | 0 | 0 | 0 | 0 | 0 | 0 | 0 | 0 | 0 | 0 | 0 | 0 | 0 | 6 | 4 | 0 | 0 | 0 | 0 | 0 | 0 | 0 | 0 | 0 | 0 | 0 | 0 | 0 | 0 | 0 | 0 | 0 | 0 | 0 | 0 | 0 | 0 | 0 | 2 | 0 | 0 | 13 |
| 英国 | 2 | 6 | 6 | 0 | 3 | 0 | 3 | 0 | 0 | 0 | 0 | 0 | 0 | 0 | 0 | 3 | 0 | 2 | 0 | 0 | 0 | 1 | 0 | 0 | 0 | 1 | 3 | 0 | 1 | 0 | 0 | 0 | 0 | 0 | 0 | 7 | 0 | 0 | 0 | 1 | 5 | 0 | 0 | 44 |
| 美国 | 11 | 7 | 27 | 0 | 16 | 1 | 22 | 0 | 1 | 2 | 0 | 0 | 0 | 13 | 0 | 27 | 2 | 5 | 0 | 0 | 0 | 13 | 0 | 0 | 1 | 25 | 1 | 0 | 1 | 0 | 0 | 0 | 0 | 0 | 0 | 9 | 0 | 0 | 2 | 0 | 0 | 0 | 3 | 189 |
| 乌拉圭 | 3 | 0 | 1 | 0 | 0 | 0 | 0 | 0 | 0 | 0 | 0 | 0 | 0 | 0 | 0 | 0 | 0 | 0 | 0 | 0 | 0 | 0 | 0 | 0 | 0 | 0 | 0 | 0 | 0 | 0 | 0 | 0 | 0 | 0 | 0 | 0 | 0 | 0 | 0 | 0 | 0 | 0 | 0 | 4 |
| 乌兹别克斯坦 | 0 | 0 | 0 | 0 | 0 | 0 | 0 | 0 | 0 | 0 | 0 | 0 | 0 | 1 | 0 | 0 | 0 | 0 | 0 | 0 | 0 | 1 | 0 | 0 | 0 | 0 | 0 | 0 | 1 | 0 | 0 | 0 | 0 | 0 | 0 | 0 | 0 | 0 | 0 | 0 | 0 | 0 | 0 | 3 |
| 委内瑞拉 | 1 | 0 | 3 | 0 | 0 | 0 | 0 | 0 | 0 | 1 | 0 | 0 | 0 | 0 | 0 | 1 | 0 | 0 | 0 | 0 | 0 | 0 | 0 | 0 | 0 | 1 | 0 | 0 | 0 | 0 | 0 | 0 | 0 | 0 | 0 | 0 | 1 | 3 | 0 | 0 | 7 | 0 | 0 | 18 |
| 越南 | 1 | 0 | 0 | 0 | 2 | 0 | 0 | 0 | 0 | 0 | 0 | 0 | 1 | 6 | 0 | 3 | 0 | 0 | 0 | 0 | 0 | 0 | 0 | 0 | 0 | 0 | 0 | 0 | 0 | 0 | 0 | 0 | 2 | 0 | 1 | 0 | 0 | 0 | 4 | 0 | 3 | 0 | 0 | 23 |
| 南斯拉夫 | 0 | 0 | 1 | 0 | 0 | 0 | 0 | 0 | 0 | 0 | 0 | 0 | 0 | 1 | 0 | 0 | 0 | 0 | 0 | 0 | 0 | 0 | 0 | 0 | 0 | 0 | 0 | 0 | 0 | 0 | 0 | 0 | 0 | 0 | 0 | 1 | 0 | 0 | 0 | 0 | 0 | 0 | 0 | 3 |
| 津巴布韦 | 0 | 0 | 0 | 0 | 0 | 0 | 0 | 0 | 0 | 0 | 0 | 0 | 0 | 0 | 0 | 0 | 0 | 0 | 0 | 0 | 0 | 0 | 0 | 0 | 0 | 0 | 0 | 0 | 0 | 0 | 0 | 0 | 0 | 0 | 0 | 2 | 0 | 0 | 0 | 0 | 0 | 0 | 0 | 2 |
| 合计 | 241 | 197 | 170 | 1 | 145 | 17 | 151 | 13 | 43 | 8 | 3 | 1 | 65 | 391 | 1 | 564 | 73 | 32 | 4 | 6 | 1 | 108 | 7 | 7 | 43 | 95 | 53 | 2 | 27 | 2 | 2 | 64 | 17 | 12 | 1 | 206 | 39 | 12 | 137 | 11 | 418 | 6 | 31 | 3 427 |

资料来源：www.wto.org

表19　全球最终采取反倾销措施案件数（按被调查国，1995—2008年）

| 被调查国＼年份 | 1995 | 1996 | 1997 | 1998 | 1999 | 2000 | 2001 | 2002 | 2003 | 2004 | 2005 | 2006 | 2007 | 2008 | 合计 |
|---|---|---|---|---|---|---|---|---|---|---|---|---|---|---|---|
| 阿尔及利亚 | 0 | 0 | 0 | 0 | 0 | 1 | 0 | 0 | 1 | 0 | 0 | 0 | 0 | 0 | 2 |
| 阿根廷 | 3 | 0 | 0 | 0 | 1 | 1 | 3 | 1 | 1 | 0 | 2 | 1 | 2 | 0 | 15 |
| 澳大利亚 | 0 | 0 | 0 | 1 | 2 | 2 | 0 | 0 | 1 | 2 | 0 | 0 | 0 | 2 | 10 |
| 奥地利 | 1 | 0 | 0 | 3 | 0 | 2 | 0 | 0 | 0 | 0 | 0 | 0 | 1 | 0 | 7 |
| 孟加拉国 | 0 | 0 | 0 | 0 | 0 | 0 | 1 | 0 | 0 | 0 | 0 | 0 | 0 | 1 | 2 |
| 白俄罗斯 | 0 | 1 | 0 | 0 | 0 | 3 | 3 | 2 | 0 | 1 | 0 | 0 | 0 | 1 | 11 |
| 比利时 | 0 | 1 | 0 | 4 | 5 | 0 | 0 | 2 | 2 | 0 | 0 | 0 | 0 | 0 | 14 |
| 波黑 | 0 | 1 | 0 | 0 | 0 | 0 | 0 | 0 | 0 | 0 | 0 | 0 | 0 | 0 | 1 |
| 巴西 | 9 | 10 | 7 | 6 | 5 | 8 | 2 | 6 | 4 | 3 | 5 | 5 | 2 | 2 | 74 |
| 保加利亚 | 2 | 0 | 1 | 0 | 2 | 1 | 1 | 2 | 0 | 1 | 0 | 1 | 1 | 0 | 12 |
| 加拿大 | 1 | 0 | 0 | 1 | 1 | 0 | 0 | 4 | 4 | 1 | 0 | 0 | 1 | 2 | 15 |
| 智利 | 0 | 1 | 1 | 3 | 0 | 0 | 4 | 4 | 1 | 1 | 0 | 1 | 1 | 0 | 17 |
| 中国 | 26 | 16 | 33 | 24 | 21 | 30 | 32 | 36 | 40 | 43 | 41 | 37 | 48 | 52 | 479 |
| 中国台北 | 2 | 2 | 6 | 12 | 8 | 17 | 9 | 13 | 11 | 10 | 8 | 7 | 7 | 8 | 120 |
| 哥伦比亚 | 1 | 0 | 0 | 0 | 1 | 0 | 0 | 0 | 0 | 0 | 0 | 0 | 0 | 0 | 2 |
| 克罗地亚 | 0 | 2 | 0 | 0 | 0 | 1 | 0 | 1 | 0 | 0 | 2 | 0 | 0 | 0 | 6 |
| 古巴 | 0 | 0 | 0 | 0 | 0 | 1 | 0 | 0 | 0 | 0 | 0 | 0 | 0 | 0 | 1 |
| 捷克 | 1 | 1 | 1 | 0 | 1 | 4 | 1 | 3 | 1 | 1 | 0 | 0 | 0 | 0 | 14 |
| 丹麦 | 1 | 0 | 0 | 1 | 0 | 1 | 1 | 0 | 0 | 0 | 0 | 0 | 0 | 0 | 4 |
| 多米尼加 | 0 | 0 | 0 | 0 | 0 | 0 | 0 | 1 | 0 | 0 | 0 | 0 | 0 | 0 | 1 |
| 厄瓜多尔 | 1 | 0 | 0 | 0 | 0 | 0 | 0 | 0 | 1 | 0 | 1 | 0 | 0 | 0 | 3 |
| 埃及 | 0 | 0 | 2 | 0 | 2 | 0 | 0 | 0 | 0 | 0 | 0 | 0 | 0 | 1 | 5 |
| 爱沙尼亚 | 0 | 0 | 0 | 0 | 1 | 0 | 0 | 1 | 0 | 0 | 0 | 0 | 0 | 0 | 2 |
| 欧盟 | 0 | 0 | 1 | 1 | 4 | 4 | 8 | 6 | 7 | 6 | 3 | 3 | 1 | 3 | 47 |
| 斐济 | 0 | 0 | 0 | 0 | 0 | 0 | 0 | 0 | 0 | 1 | 0 | 0 | 0 | 0 | 1 |
| 芬兰 | 0 | 0 | 0 | 0 | 1 | 2 | 0 | 0 | 1 | 2 | 1 | 0 | 0 | 1 | 8 |
| 法国 | 1 | 1 | 2 | 5 | 7 | 3 | 4 | 1 | 1 | 0 | 2 | 0 | 0 | 0 | 27 |
| 格鲁吉亚 | 0 | 0 | 0 | 0 | 0 | 0 | 0 | 0 | 1 | 0 | 0 | 0 | 0 | 0 | 1 |
| 德国 | 4 | 2 | 2 | 5 | 5 | 6 | 1 | 6 | 4 | 0 | 0 | 1 | 0 | 3 | 39 |
| 希腊 | 0 | 0 | 0 | 2 | 0 | 0 | 0 | 1 | 1 | 0 | 0 | 0 | 0 | 0 | 4 |
| 危地马拉 | 0 | 0 | 0 | 0 | 0 | 0 | 0 | 0 | 1 | 0 | 0 | 0 | 0 | 0 | 1 |
| 洪都拉斯 | 0 | 0 | 0 | 0 | 1 | 0 | 0 | 0 | 0 | 0 | 0 | 0 | 0 | 0 | 1 |
| 中国香港 | 0 | 3 | 1 | 1 | 1 | 1 | 1 | 2 | 2 | 0 | 0 | 0 | 1 | 0 | 13 |
| 匈牙利 | 0 | 1 | 0 | 0 | 2 | 2 | 0 | 1 | 1 | 0 | 0 | 0 | 0 | 0 | 7 |
| 印度 | 4 | 1 | 5 | 6 | 9 | 7 | 6 | 6 | 7 | 10 | 2 | 12 | 3 | 6 | 84 |
| 印度尼西亚 | 0 | 2 | 4 | 7 | 4 | 11 | 5 | 9 | 12 | 2 | 7 | 10 | 3 | 6 | 82 |
| 伊朗 | 0 | 0 | 0 | 0 | 0 | 1 | 2 | 0 | 1 | 2 | 1 | 0 | 0 | 0 | 7 |
| 爱尔兰 | 0 | 0 | 0 | 0 | 2 | 0 | 0 | 0 | 0 | 0 | 0 | 1 | 0 | 0 | 3 |
| 以色列 | 1 | 0 | 0 | 0 | 1 | 0 | 1 | 1 | 1 | 0 | 0 | 0 | 0 | 0 | 5 |
| 意大利 | 2 | 2 | 1 | 7 | 5 | 1 | 2 | 4 | 2 | 0 | 0 | 0 | 0 | 0 | 26 |
| 日本 | 5 | 6 | 5 | 7 | 10 | 19 | 9 | 5 | 11 | 6 | 7 | 8 | 4 | 4 | 106 |
| 约旦 | 0 | 0 | 0 | 0 | 0 | 0 | 0 | 1 | 0 | 0 | 0 | 0 | 0 | 0 | 1 |
| 哈萨克斯坦 | 0 | 0 | 2 | 2 | 4 | 0 | 1 | 2 | 7 | 0 | 0 | 0 | 1 | 1 | 20 |
| 韩国 | 4 | 6 | 3 | 12 | 13 | 20 | 12 | 13 | 22 | 13 | 8 | 10 | 6 | 8 | 150 |
| 拉脱维亚 | 0 | 0 | 0 | 1 | 1 | 0 | 4 | 0 | 1 | 0 | 0 | 0 | 0 | 0 | 7 |

续 表

| 被调查国 \ 年份 | 1995 | 1996 | 1997 | 1998 | 1999 | 2000 | 2001 | 2002 | 2003 | 2004 | 2005 | 2006 | 2007 | 2008 | 合计 |
|---|---|---|---|---|---|---|---|---|---|---|---|---|---|---|---|
| 利比亚 | 0 | 0 | 0 | 0 | 0 | 0 | 0 | 1 | 0 | 0 | 0 | 0 | 0 | 0 | 1 |
| 列支敦士登 | 0 | 0 | 1 | 0 | 0 | 0 | 0 | 0 | 0 | 0 | 0 | 0 | 0 | 0 | 1 |
| 立陶宛 | 0 | 0 | 0 | 0 | 1 | 1 | 0 | 1 | 0 | 0 | 0 | 0 | 0 | 0 | 3 |
| 马其顿 | 0 | 1 | 0 | 0 | 1 | 0 | 1 | 0 | 1 | 0 | 0 | 0 | 0 | 1 | 5 |
| 马拉维 | 0 | 0 | 0 | 0 | 0 | 0 | 1 | 0 | 0 | 0 | 0 | 0 | 0 | 0 | 1 |
| 马来西亚 | 3 | 3 | 3 | 4 | 3 | 4 | 1 | 4 | 3 | 6 | 3 | 6 | 5 | 2 | 50 |
| 墨西哥 | 0 | 3 | 4 | 1 | 3 | 4 | 1 | 4 | 0 | 3 | 2 | 1 | 2 | 1 | 29 |
| 摩尔多瓦 | 1 | 0 | 0 | 0 | 0 | 0 | 2 | 1 | 0 | 0 | 0 | 0 | 0 | 0 | 4 |
| 尼泊尔 | 0 | 0 | 0 | 0 | 0 | 0 | 0 | 2 | 0 | 0 | 0 | 0 | 0 | 0 | 2 |
| 荷兰 | 2 | 0 | 1 | 2 | 1 | 3 | 1 | 2 | 2 | 0 | 1 | 0 | 0 | 0 | 15 |
| 新西兰 | 0 | 0 | 0 | 1 | 0 | 0 | 1 | 0 | 1 | 0 | 0 | 0 | 0 | 0 | 3 |
| 尼日利亚 | 0 | 0 | 0 | 0 | 0 | 0 | 0 | 0 | 0 | 1 | 0 | 0 | 0 | 0 | 1 |
| 挪威 | 0 | 0 | 1 | 0 | 0 | 0 | 0 | 0 | 0 | 1 | 0 | 1 | 0 | 0 | 3 |
| 阿曼 | 0 | 0 | 0 | 0 | 0 | 0 | 0 | 1 | 0 | 0 | 0 | 0 | 0 | 0 | 1 |
| 巴基斯坦 | 1 | 0 | 1 | 0 | 0 | 0 | 1 | 0 | 1 | 2 | 0 | 0 | 0 | 0 | 6 |
| 巴拉圭 | 1 | 0 | 0 | 0 | 1 | 0 | 0 | 0 | 0 | 0 | 0 | 0 | 0 | 0 | 2 |
| 菲律宾 | 0 | 0 | 1 | 0 | 0 | 1 | 0 | 1 | 1 | 0 | 0 | 2 | 0 | 0 | 6 |
| 波兰 | 1 | 1 | 3 | 1 | 4 | 2 | 4 | 1 | 1 | 0 | 0 | 0 | 0 | 0 | 18 |
| 葡萄牙 | 0 | 0 | 1 | 1 | 1 | 0 | 0 | 1 | 0 | 0 | 0 | 0 | 0 | 0 | 4 |
| 卡塔尔 | 0 | 0 | 0 | 0 | 0 | 0 | 0 | 1 | 0 | 0 | 0 | 0 | 0 | 0 | 1 |
| 罗马尼亚 | 2 | 1 | 1 | 2 | 2 | 3 | 1 | 4 | 5 | 2 | 1 | 1 | 0 | 0 | 25 |
| 俄罗斯 | 8 | 3 | 9 | 4 | 15 | 9 | 8 | 3 | 12 | 5 | 6 | 2 | 0 | 6 | 90 |
| 沙特 | 0 | 0 | 0 | 1 | 1 | 1 | 1 | 1 | 0 | 0 | 1 | 0 | 1 | 0 | 7 |
| 塞黑 | 0 | 0 | 0 | 0 | 0 | 1 | 1 | 0 | 0 | 0 | 0 | 1 | 0 | 0 | 3 |
| 新加坡 | 0 | 0 | 0 | 3 | 0 | 3 | 0 | 7 | 7 | 1 | 0 | 2 | 5 | 3 | 31 |
| 斯洛伐克 | 0 | 0 | 1 | 0 | 2 | 1 | 0 | 2 | 1 | 0 | 0 | 0 | 0 | 0 | 7 |
| 斯洛文尼亚 | 0 | 1 | 0 | 0 | 0 | 0 | 0 | 0 | 0 | 0 | 0 | 0 | 0 | 0 | 1 |
| 南非 | 2 | 3 | 2 | 2 | 3 | 4 | 3 | 7 | 8 | 0 | 0 | 0 | 0 | 4 | 38 |
| 西班牙 | 3 | 0 | 0 | 4 | 4 | 3 | 3 | 3 | 0 | 1 | 1 | 0 | 0 | 1 | 23 |
| 斯里兰卡 | 0 | 0 | 0 | 0 | 0 | 0 | 0 | 0 | 0 | 1 | 0 | 0 | 0 | 0 | 1 |
| 瑞典 | 0 | 0 | 0 | 4 | 1 | 1 | 0 | 0 | 1 | 0 | 1 | 1 | 0 | 1 | 10 |
| 瑞士 | 0 | 0 | 0 | 1 | 0 | 0 | 0 | 0 | 0 | 1 | 0 | 0 | 1 | 0 | 3 |
| 泰国 | 5 | 8 | 2 | 5 | 1 | 12 | 7 | 8 | 8 | 6 | 6 | 8 | 4 | 4 | 84 |
| 特立尼达和多巴哥 | 0 | 0 | 1 | 0 | 0 | 0 | 0 | 1 | 0 | 0 | 0 | 0 | 0 | 0 | 2 |
| 土耳其 | 1 | 1 | 1 | 2 | 4 | 3 | 3 | 3 | 2 | 2 | 0 | 0 | 0 | 3 | 25 |
| 乌克兰 | 5 | 1 | 3 | 5 | 7 | 7 | 7 | 5 | 6 | 0 | 1 | 2 | 1 | 0 | 50 |
| 阿联酋 | 0 | 0 | 0 | 0 | 0 | 0 | 1 | 1 | 0 | 1 | 1 | 1 | 0 | 1 | 6 |
| 英国 | 3 | 1 | 2 | 3 | 3 | 1 | 2 | 5 | 1 | 0 | 0 | 1 | 0 | 0 | 22 |
| 美国 | 8 | 4 | 9 | 11 | 8 | 12 | 4 | 10 | 6 | 10 | 13 | 9 | 4 | 7 | 115 |
| 乌拉圭 | 0 | 0 | 0 | 0 | 0 | 0 | 1 | 0 | 0 | 0 | 1 | 0 | 0 | 1 | 3 |
| 乌兹别克斯坦 | 0 | 0 | 0 | 0 | 0 | 0 | 0 | 0 | 0 | 1 | 0 | 0 | 0 | 0 | 1 |
| 委内瑞拉 | 4 | 1 | 0 | 1 | 0 | 2 | 0 | 1 | 2 | 1 | 0 | 0 | 0 | 0 | 12 |
| 越南 | 0 | 0 | 0 | 1 | 0 | 1 | 1 | 0 | 1 | 2 | 4 | 2 | 2 | 2 | 16 |
| 南斯拉夫 | 0 | 1 | 0 | 0 | 0 | 0 | 0 | 0 | 0 | 0 | 0 | 0 | 0 | 0 | 1 |
| 津巴布韦 | 0 | 0 | 1 | 0 | 0 | 0 | 0 | 0 | 0 | 0 | 0 | 0 | 0 | 0 | 1 |
| 合计 | 119 | 92 | 125 | 170 | 186 | 228 | 169 | 215 | 220 | 152 | 132 | 137 | 107 | 138 | 2190 |

资料来源：www. wto. org

表 20　　全球最终采取反倾销措施案件数（按调查国，1995—2008 年）

| 调查国＼年份 | 1995 | 1996 | 1997 | 1998 | 1999 | 2000 | 2001 | 2002 | 2003 | 2004 | 2005 | 2006 | 2007 | 2008 | 合计 |
|---|---|---|---|---|---|---|---|---|---|---|---|---|---|---|---|
| 阿根廷 | 13 | 20 | 11 | 12 | 9 | 15 | 16 | 22 | 19 | 1 | 8 | 5 | 10 | 6 | 167 |
| 澳大利亚 | 1 | 1 | 1 | 17 | 6 | 5 | 10 | 9 | 10 | 4 | 3 | 4 | 1 | 3 | 75 |
| 巴西 | 2 | 6 | 2 | 14 | 5 | 9 | 13 | 5 | 2 | 5 | 3 | 0 | 9 | 11 | 86 |
| 加拿大 | 7 | 0 | 7 | 10 | 10 | 14 | 19 | 0 | 5 | 8 | 4 | 0 | 3 | 3 | 90 |
| 智利 | 2 | 0 | 2 | 2 | 0 | 0 | 0 | 0 | 0 | 0 | 0 | 0 | 1 | 0 | 7 |
| 中国 | 0 | 0 | 0 | 0 | 0 | 0 | 0 | 5 | 33 | 14 | 16 | 24 | 12 | 4 | 108 |
| 中国台北 | 0 | 0 | 0 | 0 | 0 | 0 | 0 | 2 | 0 | 0 | 0 | 1 | 1 | 0 | 4 |
| 哥伦比亚 | 1 | 1 | 1 | 0 | 6 | 2 | 0 | 0 | 0 | 1 | 1 | 1 | 7 | 0 | 21 |
| 哥斯达黎加 | 0 | 0 | 0 | 0 | 0 | 0 | 0 | 0 | 1 | 0 | 0 | 0 | 2 | 0 | 3 |
| 捷克 | 0 | 0 | 0 | 0 | 0 | 1 | 0 | 0 | 0 | 0 | 0 | 0 | 0 | 0 | 1 |
| 埃及 | 0 | 0 | 0 | 5 | 14 | 1 | 2 | 7 | 4 | 1 | 0 | 12 | 2 | 3 | 51 |
| 欧盟 | 15 | 23 | 23 | 28 | 18 | 41 | 13 | 25 | 2 | 10 | 21 | 12 | 12 | 15 | 258 |
| 危地马拉 | 0 | 0 | 1 | 0 | 0 | 0 | 0 | 0 | 0 | 0 | 0 | 0 | 0 | 0 | 1 |
| 印度 | 7 | 2 | 8 | 22 | 23 | 52 | 38 | 64 | 52 | 29 | 17 | 16 | 25 | 31 | 386 |
| 印度尼西亚 | 0 | 0 | 4 | 2 | 7 | 0 | 1 | 0 | 1 | 8 | 4 | 2 | 0 | 5 | 34 |
| 以色列 | 1 | 0 | 0 | 6 | 4 | 0 | 1 | 2 | 0 | 1 | 0 | 3 | 1 | 0 | 19 |
| 牙买加 | 0 | 0 | 0 | 0 | 0 | 0 | 1 | 2 | 0 | 1 | 0 | 0 | 0 | 0 | 4 |
| 日本 | 1 | 0 | 0 | 0 | 0 | 0 | 0 | 2 | 0 | 0 | 0 | 0 | 0 | 4 | 7 |
| 韩国 | 0 | 5 | 10 | 8 | 0 | 5 | 0 | 1 | 4 | 10 | 3 | 8 | 0 | 12 | 66 |
| 拉脱维亚 | 0 | 0 | 0 | 0 | 0 | 0 | 0 | 1 | 0 | 0 | 0 | 0 | 0 | 0 | 1 |
| 立陶宛 | 0 | 0 | 0 | 0 | 0 | 0 | 7 | 0 | 0 | 0 | 0 | 0 | 0 | 0 | 7 |
| 马来西亚 | 0 | 2 | 2 | 4 | 1 | 1 | 0 | 1 | 7 | 0 | 7 | 0 | 0 | 0 | 25 |
| 墨西哥 | 16 | 4 | 7 | 7 | 7 | 6 | 3 | 4 | 7 | 7 | 8 | 5 | 0 | 0 | 81 |
| 新西兰 | 3 | 4 | 0 | 1 | 0 | 0 | 2 | 1 | 0 | 2 | 4 | 2 | 3 | 0 | 22 |
| 尼加拉瓜 | 0 | 0 | 0 | 0 | 1 | 0 | 0 | 0 | 0 | 0 | 0 | 0 | 0 | 0 | 1 |
| 巴基斯坦 | 0 | 0 | 0 | 0 | 0 | 0 | 0 | 1 | 2 | 4 | 1 | 5 | 4 | 0 | 17 |
| 巴拉圭 | 0 | 0 | 0 | 0 | 1 | 0 | 0 | 0 | 0 | 1 | 0 | 0 | 0 | 0 | 2 |
| 秘鲁 | 2 | 2 | 3 | 0 | 3 | 4 | 1 | 7 | 7 | 8 | 3 | 4 | 1 | 0 | 45 |
| 菲律宾 | 0 | 2 | 0 | 0 | 3 | 4 | 0 | 0 | 0 | 0 | 0 | 0 | 0 | 0 | 9 |
| 波兰 | 0 | 0 | 0 | 1 | 0 | 6 | 0 | 0 | 2 | 0 | 0 | 0 | 0 | 0 | 9 |
| 新加坡 | 2 | 0 | 0 | 0 | 0 | 0 | 0 | 0 | 0 | 0 | 0 | 0 | 0 | 0 | 2 |
| 南非 | 0 | 8 | 18 | 14 | 35 | 13 | 5 | 15 | 1 | 4 | 0 | 7 | 1 | 3 | 124 |
| 泰国 | 0 | 0 | 1 | 2 | 0 | 0 | 0 | 1 | 20 | 1 | 2 | 0 | 1 | 0 | 28 |
| 特立尼达和多巴哥 | 0 | 0 | 0 | 2 | 0 | 1 | 2 | 0 | 1 | 1 | 0 | 0 | 0 | 0 | 7 |
| 土耳其 | 11 | 0 | 0 | 0 | 1 | 8 | 2 | 11 | 28 | 16 | 9 | 21 | 6 | 11 | 124 |
| 乌克兰 | 0 | 0 | 0 | 0 | 0 | 0 | 0 | 0 | 0 | 0 | 0 | 0 | 0 | 4 | 4 |
| 美国 | 33 | 12 | 20 | 12 | 24 | 31 | 33 | 26 | 12 | 14 | 18 | 5 | 5 | 23 | 268 |
| 乌拉圭 | 0 | 0 | 0 | 1 | 0 | 0 | 0 | 0 | 0 | 0 | 0 | 0 | 0 | 0 | 1 |
| 委内瑞拉 | 2 | 0 | 4 | 0 | 8 | 9 | 0 | 1 | 0 | 1 | 0 | 0 | 0 | 0 | 25 |
| 合计 | 119 | 92 | 125 | 170 | 186 | 228 | 169 | 215 | 220 | 152 | 132 | 137 | 107 | 138 | 2 190 |

资料来源：www. wto. org

表 21　　按调查国和被调查国统计全球最终采取反倾销调查案件数（1995—2008 年）

| 被调查国＼调查国 | 阿根廷 | 澳大利亚 | 巴西 | 加拿大 | 智利 | 中国 | 中国台北 | 哥伦比亚 | 哥斯达黎加 | 捷克 | 埃及 | 欧盟 | 危地马拉 | 印度 | 印度尼西亚 | 以色列 | 牙买加 | 日本 | 韩国 | 拉脱维亚 | 立陶宛 | 马来西亚 | 墨西哥 | 新西兰 | 尼加拉瓜 | 巴基斯坦 | 巴拉圭 | 秘鲁 | 菲律宾 | 波兰 | 新加坡 | 南非 | 泰国 | 特立尼达和多巴哥 | 土耳其 | 乌克兰 | 美国 | 乌拉圭 | 委内瑞拉 | 合计 |
|---|---|---|---|---|---|---|---|---|---|---|---|---|---|---|---|---|---|---|---|---|---|---|---|---|---|---|---|---|---|---|---|---|---|---|---|---|---|---|---|---|
| 阿尔及利亚 | 0 | 0 | 0 | 0 | 0 | 0 | 0 | 0 | 0 | 0 | 0 | 1 | 0 | 0 | 0 | 0 | 0 | 0 | 0 | 0 | 0 | 0 | 0 | 0 | 0 | 0 | 0 | 0 | 0 | 0 | 0 | 0 | 1 | 0 | 0 | 0 | 0 | 0 | 0 | 2 |
| 阿根廷 | 0 | 0 | 3 | 0 | 2 | 0 | 0 | 0 | 0 | 0 | 0 | 0 | 0 | 0 | 0 | 0 | 0 | 0 | 0 | 0 | 0 | 0 | 0 | 0 | 0 | 0 | 1 | 2 | 0 | 0 | 0 | 0 | 1 | 0 | 0 | 0 | 6 | 0 | 0 | 15 |
| 澳大利亚 | 1 | 0 | 0 | 0 | 0 | 0 | 0 | 0 | 0 | 0 | 0 | 2 | 0 | 0 | 1 | 0 | 0 | 1 | 0 | 0 | 0 | 1 | 0 | 0 | 0 | 0 | 0 | 0 | 0 | 0 | 0 | 3 | 0 | 0 | 0 | 0 | 1 | 0 | 0 | 10 |
| 奥地利 | 2 | 1 | 0 | 0 | 0 | 0 | 0 | 0 | 0 | 0 | 0 | 0 | 0 | 2 | 0 | 0 | 0 | 0 | 0 | 0 | 0 | 0 | 0 | 0 | 0 | 0 | 0 | 0 | 0 | 0 | 0 | 1 | 0 | 0 | 0 | 0 | 1 | 0 | 0 | 7 |
| 孟加拉国 | 0 | 0 | 1 | 0 | 0 | 0 | 0 | 0 | 0 | 0 | 0 | 0 | 0 | 1 | 0 | 0 | 0 | 0 | 0 | 0 | 0 | 0 | 0 | 0 | 0 | 0 | 0 | 0 | 0 | 0 | 0 | 0 | 0 | 0 | 0 | 0 | 0 | 0 | 0 | 2 |
| 白俄罗斯 | 0 | 0 | 0 | 0 | 0 | 0 | 0 | 0 | 0 | 0 | 0 | 4 | 0 | 1 | 0 | 0 | 0 | 0 | 0 | 1 | 2 | 0 | 0 | 0 | 0 | 0 | 0 | 0 | 0 | 2 | 0 | 0 | 0 | 0 | 0 | 0 | 1 | 0 | 0 | 11 |
| 比利时 | 0 | 2 | 0 | 1 | 0 | 1 | 0 | 0 | 0 | 0 | 0 | 0 | 0 | 2 | 0 | 0 | 0 | 0 | 0 | 0 | 0 | 0 | 0 | 0 | 0 | 0 | 0 | 0 | 0 | 0 | 0 | 5 | 0 | 0 | 1 | 0 | 2 | 0 | 0 | 14 |
| 波黑 | 0 | 0 | 1 | 0 | 0 | 0 | 0 | 0 | 0 | 0 | 0 | 0 | 0 | 0 | 0 | 0 | 0 | 0 | 0 | 0 | 0 | 0 | 0 | 0 | 0 | 0 | 0 | 0 | 0 | 0 | 0 | 0 | 0 | 0 | 0 | 0 | 0 | 0 | 0 | 1 |
| 巴西 | 31 | 0 | 0 | 3 | 0 | 0 | 0 | 0 | 0 | 0 | 0 | 4 | 0 | 8 | 0 | 0 | 0 | 0 | 0 | 0 | 0 | 0 | 9 | 0 | 0 | 0 | 1 | 3 | 0 | 0 | 0 | 4 | 0 | 0 | 1 | 0 | 9 | 1 | 0 | 74 |
| 保加利亚 | 0 | 0 | 0 | 2 | 0 | 0 | 0 | 0 | 0 | 0 | 0 | 4 | 0 | 2 | 0 | 0 | 0 | 0 | 1 | 0 | 0 | 0 | 1 | 0 | 0 | 0 | 0 | 0 | 0 | 0 | 0 | 0 | 0 | 0 | 2 | 0 | 0 | 0 | 0 | 12 |
| 加拿大 | 1 | 1 | 0 | 0 | 0 | 0 | 0 | 0 | 0 | 0 | 0 | 0 | 0 | 3 | 0 | 0 | 0 | 0 | 2 | 0 | 0 | 1 | 2 | 0 | 0 | 0 | 0 | 0 | 0 | 0 | 0 | 0 | 0 | 0 | 1 | 0 | 4 | 0 | 0 | 15 |
| 智利 | 4 | 0 | 2 | 0 | 0 | 0 | 0 | 0 | 1 | 0 | 0 | 0 | 0 | 0 | 0 | 0 | 0 | 0 | 0 | 0 | 0 | 0 | 1 | 0 | 0 | 0 | 0 | 6 | 0 | 0 | 0 | 0 | 0 | 0 | 0 | 0 | 3 | 0 | 0 | 17 |
| 中国 | 40 | 12 | 21 | 15 | 1 | 0 | 2 | 11 | 0 | 0 | 11 | 60 | 0 | 90 | 5 | 4 | 1 | 1 | 18 | 0 | 0 | 1 | 15 | 3 | 0 | 2 | 0 | 15 | 2 | 2 | 0 | 16 | 3 | 2 | 48 | 1 | 66 | 0 | 11 | 479 |
| 中国台北 | 10 | 2 | 1 | 4 | 0 | 11 | 0 | 0 | 0 | 0 | 2 | 11 | 0 | 32 | 2 | 0 | 0 | 1 | 3 | 0 | 0 | 2 | 3 | 1 | 0 | 1 | 0 | 3 | 0 | 1 | 0 | 6 | 2 | 0 | 9 | 0 | 13 | 0 | 0 | 120 |
| 哥伦比亚 | 0 | 1 | 0 | 0 | 0 | 0 | 0 | 0 | 0 | 0 | 0 | 0 | 0 | 0 | 0 | 0 | 0 | 0 | 0 | 0 | 0 | 0 | 0 | 0 | 0 | 0 | 0 | 0 | 0 | 0 | 0 | 0 | 0 | 0 | 0 | 0 | 1 | 0 | 0 | 2 |
| 克罗地亚 | 0 | 0 | 1 | 0 | 0 | 0 | 0 | 0 | 0 | 0 | 0 | 5 | 0 | 0 | 0 | 0 | 0 | 0 | 0 | 0 | 0 | 0 | 0 | 0 | 0 | 0 | 0 | 0 | 0 | 0 | 0 | 0 | 0 | 0 | 0 | 0 | 0 | 0 | 0 | 6 |
| 古巴 | 0 | 0 | 0 | 1 | 0 | 0 | 0 | 0 | 0 | 0 | 0 | 0 | 0 | 0 | 0 | 0 | 0 | 0 | 0 | 0 | 0 | 0 | 0 | 0 | 0 | 0 | 0 | 0 | 0 | 0 | 0 | 0 | 0 | 0 | 0 | 0 | 0 | 0 | 0 | 1 |
| 捷克 | 2 | 0 | 0 | 1 | 0 | 0 | 0 | 0 | 0 | 0 | 0 | 7 | 0 | 2 | 0 | 0 | 0 | 0 | 0 | 0 | 0 | 0 | 0 | 0 | 0 | 0 | 0 | 0 | 0 | 1 | 0 | 0 | 0 | 0 | 0 | 0 | 1 | 0 | 0 | 14 |
| 丹麦 | 0 | 0 | 1 | 1 | 0 | 0 | 0 | 0 | 0 | 0 | 0 | 0 | 0 | 1 | 0 | 0 | 0 | 0 | 0 | 0 | 0 | 0 | 1 | 0 | 0 | 0 | 0 | 0 | 0 | 0 | 0 | 0 | 0 | 0 | 0 | 0 | 0 | 0 | 0 | 4 |
| 多米尼加 | 0 | 0 | 0 | 0 | 0 | 0 | 0 | 0 | 0 | 0 | 0 | 0 | 0 | 0 | 0 | 0 | 1 | 0 | 0 | 0 | 0 | 0 | 0 | 0 | 0 | 0 | 0 | 0 | 0 | 0 | 0 | 0 | 0 | 0 | 0 | 0 | 0 | 0 | 0 | 1 |
| 厄瓜多尔 | 0 | 0 | 0 | 0 | 0 | 0 | 0 | 0 | 0 | 0 | 0 | 0 | 0 | 0 | 0 | 0 | 0 | 0 | 0 | 0 | 0 | 0 | 1 | 0 | 0 | 0 | 0 | 0 | 0 | 0 | 0 | 0 | 0 | 0 | 0 | 0 | 2 | 0 | 0 | 3 |
| 埃及 | 0 | 0 | 0 | 0 | 0 | 0 | 0 | 0 | 0 | 0 | 0 | 2 | 0 | 0 | 0 | 0 | 0 | 0 | 0 | 0 | 0 | 0 | 0 | 0 | 0 | 0 | 0 | 0 | 0 | 0 | 0 | 3 | 0 | 0 | 0 | 0 | 0 | 0 | 0 | 5 |
| 爱沙尼亚 | 0 | 0 | 0 | 0 | 0 | 0 | 0 | 0 | 0 | 0 | 0 | 2 | 0 | 0 | 0 | 0 | 0 | 0 | 0 | 0 | 0 | 0 | 0 | 0 | 0 | 0 | 0 | 0 | 0 | 0 | 0 | 0 | 0 | 0 | 0 | 0 | 0 | 0 | 0 | 2 |
| 欧盟 | 0 | 0 | 3 | 0 | 0 | 6 | 0 | 0 | 0 | 0 | 3 | 0 | 0 | 30 | 1 | 0 | 0 | 0 | 0 | 0 | 0 | 2 | 1 | 0 | 0 | 0 | 0 | 0 | 0 | 0 | 0 | 0 | 1 | 0 | 0 | 0 | 0 | 0 | 0 | 47 |
| 斐济 | 0 | 0 | 0 | 0 | 0 | 0 | 0 | 0 | 0 | 0 | 0 | 1 | 0 | 0 | 0 | 0 | 0 | 0 | 0 | 0 | 0 | 0 | 0 | 0 | 0 | 0 | 0 | 0 | 0 | 0 | 0 | 0 | 0 | 0 | 0 | 0 | 0 | 0 | 0 | 1 |
| 芬兰 | 0 | 1 | 2 | 1 | 0 | 0 | 0 | 0 | 0 | 0 | 0 | 0 | 0 | 1 | 1 | 0 | 0 | 0 | 0 | 0 | 0 | 0 | 0 | 0 | 0 | 0 | 0 | 0 | 0 | 0 | 0 | 0 | 0 | 0 | 1 | 0 | 1 | 0 | 0 | 8 |
| 法国 | 0 | 2 | 3 | 4 | 0 | 1 | 0 | 0 | 0 | 0 | 3 | 0 | 0 | 3 | 0 | 0 | 0 | 0 | 1 | 0 | 0 | 0 | 0 | 0 | 0 | 1 | 0 | 0 | 0 | 0 | 0 | 5 | 0 | 0 | 0 | 0 | 4 | 0 | 0 | 27 |
| 格鲁吉亚 | 0 | 0 | 0 | 0 | 0 | 0 | 0 | 0 | 0 | 0 | 0 | 0 | 0 | 1 | 0 | 0 | 0 | 0 | 0 | 0 | 0 | 0 | 0 | 0 | 0 | 0 | 0 | 0 | 0 | 0 | 0 | 0 | 0 | 0 | 0 | 0 | 0 | 0 | 0 | 1 |
| 德国 | 2 | 1 | 3 | 2 | 0 | 3 | 0 | 0 | 0 | 1 | 0 | 0 | 0 | 6 | 0 | 2 | 0 | 0 | 2 | 0 | 0 | 0 | 1 | 0 | 0 | 0 | 0 | 0 | 0 | 1 | 0 | 8 | 0 | 0 | 1 | 0 | 6 | 0 | 0 | 39 |
| 希腊 | 0 | 0 | 1 | 0 | 0 | 0 | 0 | 0 | 0 | 0 | 1 | 0 | 0 | 0 | 0 | 0 | 0 | 0 | 0 | 0 | 0 | 0 | 0 | 1 | 0 | 0 | 0 | 0 | 0 | 0 | 0 | 0 | 0 | 0 | 1 | 0 | 0 | 0 | 0 | 4 |
| 危地马拉 | 0 | 0 | 0 | 0 | 0 | 0 | 0 | 0 | 0 | 0 | 0 | 0 | 0 | 0 | 0 | 0 | 0 | 0 | 0 | 0 | 0 | 0 | 1 | 0 | 0 | 0 | 0 | 0 | 0 | 0 | 0 | 0 | 0 | 0 | 0 | 0 | 0 | 0 | 0 | 1 |
| 洪都拉斯 | 0 | 0 | 0 | 0 | 0 | 0 | 0 | 0 | 0 | 0 | 0 | 0 | 0 | 0 | 0 | 0 | 0 | 0 | 0 | 0 | 0 | 0 | 0 | 0 | 1 | 0 | 0 | 0 | 0 | 0 | 0 | 0 | 0 | 0 | 0 | 0 | 0 | 0 | 0 | 1 |
| 中国香港 | 1 | 0 | 0 | 0 | 0 | 0 | 0 | 0 | 0 | 0 | 0 | 0 | 0 | 6 | 0 | 0 | 0 | 0 | 0 | 0 | 0 | 1 | 0 | 0 | 0 | 0 | 0 | 0 | 1 | 0 | 0 | 4 | 0 | 0 | 0 | 0 | 0 | 0 | 0 | 13 |
| 匈牙利 | 1 | 1 | 0 | 0 | 0 | 0 | 0 | 0 | 0 | 0 | 1 | 2 | 0 | 1 | 0 | 0 | 0 | 0 | 0 | 0 | 0 | 0 | 0 | 0 | 0 | 0 | 0 | 0 | 0 | 0 | 0 | 0 | 0 | 0 | 1 | 0 | 0 | 0 | 0 | 7 |
| 印度 | 5 | 0 | 5 | 3 | 0 | 4 | 0 | 0 | 0 | 0 | 4 | 17 | 0 | 0 | 7 | 0 | 0 | 0 | 3 | 0 | 0 | 0 | 1 | 0 | 0 | 1 | 0 | 1 | 0 | 0 | 0 | 12 | 1 | 1 | 8 | 0 | 11 | 0 | 0 | 84 |
| 印度尼西亚 | 3 | 5 | 0 | 2 | 0 | 1 | 0 | 0 | 0 | 0 | 3 | 11 | 0 | 17 | 0 | 0 | 1 | 0 | 3 | 0 | 0 | 6 | 1 | 1 | 0 | 3 | 0 | 1 | 1 | 0 | 0 | 5 | 3 | 1 | 5 | 0 | 9 | 0 | 0 | 82 |
| 伊朗 | 0 | 0 | 0 | 0 | 0 | 1 | 0 | 0 | 0 | 0 | 0 | 0 | 0 | 5 | 0 | 0 | 0 | 0 | 0 | 0 | 0 | 0 | 0 | 0 | 0 | 1 | 0 | 0 | 0 | 0 | 0 | 0 | 0 | 0 | 0 | 0 | 0 | 0 | 0 | 7 |
| 爱尔兰 | 0 | 0 | 0 | 0 | 0 | 0 | 0 | 0 | 0 | 0 | 0 | 0 | 0 | 0 | 0 | 0 | 0 | 0 | 0 | 0 | 0 | 0 | 0 | 1 | 0 | 0 | 0 | 0 | 0 | 0 | 0 | 2 | 0 | 0 | 0 | 0 | 0 | 0 | 0 | 3 |
| 以色列 | 0 | 1 | 0 | 0 | 0 | 0 | 0 | 0 | 0 | 0 | 0 | 0 | 0 | 0 | 0 | 0 | 0 | 0 | 0 | 0 | 0 | 0 | 0 | 0 | 0 | 0 | 0 | 0 | 0 | 0 | 0 | 1 | 0 | 0 | 1 | 0 | 2 | 0 | 0 | 5 |
| 意大利 | 4 | 2 | 1 | 1 | 0 | 0 | 0 | 0 | 0 | 0 | 1 | 0 | 0 | 3 | 0 | 2 | 0 | 0 | 0 | 0 | 0 | 0 | 0 | 0 | 0 | 0 | 0 | 0 | 0 | 0 | 0 | 2 | 0 | 0 | 1 | 0 | 8 | 0 | 1 | 26 |
| 日本 | 6 | 2 | 1 | 2 | 0 | 23 | 0 | 0 | 0 | 0 | 3 | 7 | 0 | 19 | 1 | 0 | 0 | 0 | 12 | 0 | 0 | 1 | 2 | 0 | 0 | 0 | 0 | 0 | 0 | 0 | 0 | 1 | 2 | 0 | 0 | 0 | 21 | 0 | 3 | 106 |
| 约旦 | 0 | 0 | 0 | 0 | 0 | 0 | 0 | 0 | 0 | 0 | 0 | 0 | 0 | 0 | 0 | 1 | 0 | 0 | 0 | 0 | 0 | 0 | 0 | 0 | 0 | 0 | 0 | 0 | 0 | 0 | 0 | 0 | 0 | 0 | 0 | 0 | 0 | 0 | 0 | 1 |
| 哈萨克斯坦 | 2 | 0 | 1 | 0 | 0 | 1 | 0 | 1 | 0 | 0 | 0 | 2 | 0 | 2 | 0 | 0 | 0 | 0 | 0 | 0 | 0 | 0 | 1 | 0 | 0 | 0 | 0 | 3 | 0 | 0 | 0 | 0 | 2 | 0 | 0 | 0 | 3 | 0 | 2 | 20 |
| 韩国 | 10 | 11 | 2 | 5 | 0 | 20 | 1 | 0 | 0 | 0 | 4 | 12 | 0 | 30 | 3 | 0 | 0 | 1 | 0 | 0 | 0 | 5 | 1 | 3 | 0 | 3 | 0 | 0 | 1 | 0 | 0 | 16 | 3 | 0 | 7 | 0 | 12 | 0 | 0 | 150 |
| 拉脱维亚 | 0 | 0 | 0 | 1 | 0 | 0 | 0 | 0 | 0 | 0 | 2 | 1 | 0 | 0 | 0 | 0 | 0 | 0 | 0 | 0 | 2 | 0 | 0 | 0 | 0 | 0 | 0 | 0 | 0 | 0 | 0 | 0 | 0 | 0 | 0 | 0 | 1 | 0 | 0 | 7 |

续表

| 调查国／被调查国 | 阿根廷 | 澳大利亚 | 巴西 | 加拿大 | 智利 | 中国 | 中国台北 | 哥伦比亚 | 哥斯达黎加 | 捷克 | 埃及 | 欧盟 | 危地马拉 | 印度 | 印度尼西亚 | 以色列 | 牙买加 | 日本 | 韩国 | 拉脱维亚 | 立陶宛 | 马来西亚 | 墨西哥 | 新西兰 | 尼加拉瓜 | 巴基斯坦 | 巴拉圭 | 秘鲁 | 菲律宾 | 波兰 | 新加坡 | 南非 | 泰国 | 特立尼达和多巴哥 | 土耳其 | 乌克兰 | 美国 | 乌拉圭 | 委内瑞拉 | 合计 |
|---|---|---|---|---|---|---|---|---|---|---|---|---|---|---|---|---|---|---|---|---|---|---|---|---|---|---|---|---|---|---|---|---|---|---|---|---|---|---|---|---|
| 利比亚 | 0 | 0 | 0 | 0 | 0 | 0 | 0 | 0 | 0 | 0 | 0 | 1 | 0 | 0 | 0 | 0 | 0 | 0 | 0 | 0 | 0 | 0 | 0 | 0 | 0 | 0 | 0 | 0 | 0 | 0 | 0 | 0 | 0 | 0 | 0 | 0 | 0 | 0 | 0 | 1 |
| 列支敦士登 | 0 | 0 | 0 | 0 | 0 | 0 | 0 | 0 | 0 | 0 | 0 | 0 | 0 | 0 | 0 | 0 | 0 | 0 | 1 | 0 | 0 | 0 | 0 | 0 | 0 | 0 | 0 | 0 | 0 | 0 | 0 | 0 | 0 | 0 | 0 | 0 | 0 | 0 | 0 | 1 |
| 立陶宛 | 0 | 0 | 0 | 0 | 0 | 0 | 0 | 0 | 0 | 0 | 0 | 3 | 0 | 0 | 0 | 0 | 0 | 0 | 0 | 0 | 0 | 0 | 0 | 0 | 0 | 0 | 0 | 0 | 0 | 0 | 0 | 0 | 0 | 0 | 0 | 0 | 0 | 0 | 0 | 3 |
| 马其顿 | 0 | 0 | 1 | 1 | 0 | 0 | 0 | 0 | 0 | 0 | 0 | 1 | 0 | 2 | 0 | 0 | 0 | 0 | 0 | 0 | 0 | 0 | 0 | 0 | 0 | 0 | 0 | 0 | 0 | 0 | 0 | 0 | 0 | 0 | 0 | 0 | 0 | 0 | 0 | 5 |
| 马拉维 | 0 | 0 | 0 | 0 | 0 | 0 | 0 | 0 | 0 | 0 | 0 | 0 | 0 | 0 | 0 | 0 | 0 | 0 | 0 | 0 | 0 | 0 | 0 | 0 | 0 | 0 | 0 | 0 | 0 | 0 | 0 | 1 | 0 | 0 | 0 | 0 | 0 | 0 | 0 | 1 |
| 马来西亚 | 2 | 4 | 0 | 0 | 0 | 2 | 0 | 0 | 0 | 0 | 1 | 10 | 0 | 10 | 2 | 0 | 0 | 0 | 2 | 0 | 0 | 0 | 0 | 3 | 0 | 1 | 0 | 0 | 2 | 0 | 1 | 2 | 1 | 0 | 4 | 0 | 3 | 0 | 0 | 50 |
| 墨西哥 | 2 | 0 | 2 | 2 | 0 | 1 | 0 | 0 | 0 | 0 | 0 | 3 | 1 | 2 | 0 | 0 | 0 | 0 | 0 | 0 | 0 | 0 | 0 | 0 | 0 | 0 | 0 | 4 | 0 | 0 | 0 | 0 | 0 | 0 | 0 | 0 | 11 | 0 | 1 | 29 |
| 摩尔多瓦 | 0 | 0 | 0 | 1 | 0 | 0 | 0 | 0 | 0 | 0 | 0 | 0 | 0 | 0 | 0 | 0 | 0 | 0 | 0 | 0 | 0 | 0 | 0 | 0 | 0 | 0 | 0 | 0 | 0 | 0 | 0 | 0 | 0 | 0 | 1 | 0 | 2 | 0 | 0 | 4 |
| 尼泊尔 | 0 | 0 | 0 | 0 | 0 | 0 | 0 | 0 | 0 | 0 | 0 | 0 | 0 | 2 | 0 | 0 | 0 | 0 | 0 | 0 | 0 | 0 | 0 | 0 | 0 | 0 | 0 | 0 | 0 | 0 | 0 | 0 | 0 | 0 | 0 | 0 | 0 | 0 | 0 | 2 |
| 荷兰 | 0 | 1 | 1 | 1 | 0 | 2 | 0 | 1 | 0 | 0 | 0 | 0 | 0 | 0 | 0 | 0 | 0 | 0 | 2 | 0 | 0 | 0 | 2 | 0 | 0 | 0 | 0 | 0 | 0 | 0 | 0 | 2 | 0 | 0 | 1 | 0 | 2 | 0 | 0 | 15 |
| 新西兰 | 1 | 0 | 1 | 0 | 0 | 0 | 0 | 0 | 0 | 0 | 0 | 0 | 0 | 0 | 0 | 0 | 0 | 0 | 0 | 0 | 0 | 0 | 0 | 0 | 0 | 0 | 0 | 0 | 0 | 0 | 0 | 0 | 0 | 1 | 0 | 0 | 0 | 0 | 0 | 3 |
| 尼日利亚 | 0 | 0 | 0 | 0 | 0 | 0 | 0 | 0 | 0 | 0 | 0 | 0 | 0 | 1 | 0 | 0 | 0 | 0 | 0 | 0 | 0 | 0 | 0 | 0 | 0 | 0 | 0 | 0 | 0 | 0 | 0 | 0 | 0 | 0 | 0 | 0 | 0 | 0 | 0 | 1 |
| 挪威 | 0 | 0 | 0 | 0 | 0 | 0 | 0 | 0 | 0 | 0 | 0 | 3 | 0 | 0 | 0 | 0 | 0 | 0 | 0 | 0 | 0 | 0 | 0 | 0 | 0 | 0 | 0 | 0 | 0 | 0 | 0 | 0 | 0 | 0 | 0 | 0 | 0 | 0 | 0 | 3 |
| 阿曼 | 0 | 0 | 0 | 0 | 0 | 0 | 0 | 0 | 0 | 0 | 0 | 0 | 0 | 1 | 0 | 0 | 0 | 0 | 0 | 0 | 0 | 0 | 0 | 0 | 0 | 0 | 0 | 0 | 0 | 0 | 0 | 0 | 0 | 0 | 0 | 0 | 0 | 0 | 0 | 1 |
| 巴基斯坦 | 0 | 0 | 0 | 0 | 0 | 0 | 0 | 0 | 0 | 0 | 1 | 2 | 0 | 0 | 0 | 0 | 0 | 1 | 0 | 0 | 0 | 0 | 0 | 0 | 0 | 0 | 0 | 1 | 0 | 0 | 0 | 1 | 0 | 0 | 0 | 0 | 0 | 0 | 0 | 6 |
| 巴拉圭 | 2 | 0 | 0 | 0 | 0 | 0 | 0 | 0 | 0 | 0 | 0 | 0 | 0 | 0 | 0 | 0 | 0 | 0 | 0 | 0 | 0 | 0 | 0 | 0 | 0 | 0 | 0 | 0 | 0 | 0 | 0 | 0 | 0 | 0 | 0 | 0 | 0 | 0 | 0 | 2 |
| 菲律宾 | 0 | 1 | 0 | 0 | 0 | 0 | 1 | 0 | 0 | 0 | 0 | 1 | 0 | 0 | 1 | 0 | 0 | 0 | 0 | 0 | 0 | 1 | 0 | 0 | 0 | 0 | 0 | 0 | 0 | 0 | 0 | 0 | 0 | 0 | 0 | 0 | 1 | 0 | 0 | 6 |
| 波兰 | 3 | 0 | 0 | 1 | 0 | 0 | 0 | 0 | 0 | 0 | 0 | 8 | 0 | 3 | 1 | 0 | 0 | 0 | 0 | 0 | 0 | 0 | 0 | 0 | 0 | 0 | 0 | 0 | 0 | 0 | 0 | 1 | 1 | 0 | 0 | 0 | 0 | 0 | 0 | 18 |
| 葡萄牙 | 0 | 0 | 0 | 0 | 0 | 0 | 0 | 0 | 0 | 0 | 0 | 0 | 0 | 1 | 0 | 1 | 0 | 0 | 0 | 0 | 0 | 0 | 0 | 0 | 0 | 0 | 0 | 0 | 0 | 0 | 0 | 1 | 0 | 0 | 0 | 0 | 1 | 0 | 0 | 4 |
| 卡塔尔 | 0 | 0 | 0 | 0 | 0 | 0 | 0 | 0 | 0 | 0 | 0 | 0 | 0 | 1 | 0 | 0 | 0 | 0 | 0 | 0 | 0 | 0 | 0 | 0 | 0 | 0 | 0 | 0 | 0 | 0 | 0 | 0 | 0 | 0 | 0 | 0 | 0 | 0 | 0 | 1 |
| 罗马尼亚 | 1 | 0 | 2 | 2 | 0 | 0 | 0 | 0 | 0 | 0 | 3 | 4 | 0 | 2 | 0 | 1 | 0 | 0 | 0 | 0 | 0 | 0 | 2 | 0 | 0 | 0 | 0 | 1 | 0 | 0 | 0 | 0 | 1 | 0 | 3 | 0 | 3 | 0 | 0 | 25 |
| 俄罗斯 | 2 | 1 | 2 | 3 | 2 | 6 | 0 | 3 | 0 | 0 | 0 | 17 | 0 | 13 | 3 | 0 | 0 | 0 | 3 | 0 | 2 | 0 | 6 | 0 | 0 | 0 | 0 | 3 | 2 | 1 | 0 | 2 | 2 | 0 | 5 | 2 | 8 | 0 | 2 | 90 |
| 沙特 | 0 | 1 | 0 | 0 | 0 | 0 | 0 | 0 | 0 | 0 | 0 | 2 | 0 | 3 | 0 | 0 | 0 | 0 | 0 | 0 | 0 | 0 | 0 | 0 | 0 | 0 | 0 | 0 | 0 | 0 | 0 | 0 | 0 | 0 | 1 | 0 | 0 | 0 | 0 | 7 |
| 塞黑 | 0 | 0 | 0 | 1 | 0 | 0 | 0 | 0 | 0 | 0 | 0 | 1 | 0 | 0 | 0 | 0 | 0 | 0 | 0 | 0 | 0 | 0 | 0 | 0 | 0 | 0 | 0 | 0 | 0 | 0 | 0 | 0 | 0 | 0 | 1 | 0 | 0 | 0 | 0 | 3 |
| 新加坡 | 0 | 4 | 0 | 0 | 0 | 5 | 0 | 0 | 0 | 0 | 0 | 1 | 0 | 17 | 0 | 0 | 0 | 0 | 4 | 0 | 0 | 0 | 0 | 0 | 0 | 0 | 0 | 0 | 0 | 0 | 0 | 0 | 0 | 0 | 0 | 0 | 0 | 0 | 0 | 31 |
| 斯洛伐克 | 1 | 0 | 0 | 2 | 0 | 0 | 0 | 0 | 0 | 0 | 0 | 2 | 0 | 0 | 0 | 0 | 0 | 0 | 0 | 0 | 0 | 0 | 0 | 0 | 0 | 0 | 0 | 0 | 0 | 0 | 0 | 0 | 1 | 0 | 0 | 0 | 1 | 0 | 0 | 7 |
| 斯洛文尼亚 | 0 | 0 | 1 | 0 | 0 | 0 | 0 | 0 | 0 | 0 | 0 | 0 | 0 | 0 | 0 | 0 | 0 | 0 | 0 | 0 | 0 | 0 | 0 | 0 | 0 | 0 | 0 | 0 | 0 | 0 | 0 | 0 | 0 | 0 | 0 | 0 | 0 | 0 | 0 | 1 |
| 南非 | 6 | 2 | 2 | 3 | 0 | 0 | 0 | 0 | 0 | 0 | 0 | 4 | 0 | 6 | 0 | 0 | 0 | 1 | 0 | 0 | 0 | 0 | 0 | 3 | 0 | 1 | 0 | 0 | 0 | 0 | 0 | 0 | 1 | 0 | 0 | 0 | 9 | 0 | 0 | 38 |
| 西班牙 | 4 | 0 | 2 | 1 | 0 | 0 | 0 | 0 | 0 | 0 | 2 | 0 | 0 | 4 | 0 | 1 | 0 | 1 | 1 | 0 | 0 | 0 | 0 | 0 | 0 | 0 | 0 | 0 | 0 | 0 | 0 | 2 | 0 | 0 | 0 | 0 | 5 | 0 | 0 | 23 |
| 斯里兰卡 | 0 | 0 | 0 | 0 | 0 | 0 | 0 | 0 | 0 | 0 | 0 | 0 | 0 | 0 | 0 | 0 | 0 | 0 | 0 | 0 | 0 | 0 | 0 | 0 | 0 | 0 | 0 | 0 | 0 | 0 | 0 | 0 | 0 | 0 | 1 | 0 | 0 | 0 | 0 | 1 |
| 瑞典 | 3 | 2 | 0 | 1 | 0 | 0 | 0 | 0 | 0 | 0 | 0 | 0 | 0 | 1 | 0 | 0 | 0 | 0 | 0 | 0 | 0 | 0 | 0 | 0 | 0 | 0 | 0 | 0 | 0 | 0 | 0 | 1 | 0 | 0 | 0 | 0 | 2 | 0 | 0 | 10 |
| 瑞士 | 0 | 1 | 0 | 1 | 0 | 0 | 0 | 0 | 0 | 0 | 0 | 0 | 0 | 1 | 0 | 0 | 0 | 0 | 0 | 0 | 0 | 0 | 0 | 0 | 0 | 0 | 0 | 0 | 0 | 0 | 0 | 0 | 0 | 0 | 0 | 0 | 0 | 0 | 0 | 3 |
| 泰国 | 2 | 7 | 2 | 1 | 0 | 1 | 0 | 0 | 0 | 0 | 3 | 17 | 0 | 14 | 2 | 0 | 1 | 0 | 0 | 0 | 0 | 3 | 0 | 5 | 0 | 2 | 0 | 0 | 0 | 0 | 0 | 4 | 0 | 1 | 9 | 0 | 9 | 0 | 1 | 84 |
| 特立尼达和多巴哥 | 0 | 0 | 0 | 0 | 0 | 0 | 0 | 1 | 0 | 0 | 0 | 0 | 0 | 0 | 0 | 0 | 0 | 0 | 0 | 0 | 0 | 0 | 0 | 0 | 0 | 0 | 0 | 0 | 0 | 0 | 0 | 0 | 0 | 0 | 0 | 0 | 1 | 0 | 0 | 2 |
| 土耳其 | 2 | 0 | 0 | 3 | 0 | 0 | 0 | 0 | 0 | 0 | 1 | 2 | 0 | 5 | 1 | 3 | 0 | 0 | 0 | 0 | 0 | 0 | 0 | 0 | 0 | 0 | 0 | 0 | 0 | 0 | 1 | 2 | 0 | 0 | 0 | 1 | 4 | 0 | 0 | 25 |
| 乌克兰 | 2 | 0 | 1 | 3 | 2 | 1 | 0 | 2 | 0 | 0 | 1 | 11 | 0 | 4 | 1 | 0 | 0 | 0 | 0 | 0 | 1 | 0 | 6 | 0 | 0 | 0 | 0 | 1 | 0 | 0 | 0 | 1 | 1 | 0 | 4 | 0 | 6 | 0 | 2 | 50 |
| 阿联酋 | 0 | 0 | 0 | 0 | 0 | 0 | 0 | 0 | 0 | 0 | 0 | 0 | 0 | 4 | 1 | 0 | 0 | 0 | 0 | 0 | 0 | 0 | 0 | 0 | 0 | 0 | 0 | 0 | 0 | 0 | 0 | 0 | 0 | 0 | 0 | 0 | 1 | 0 | 0 | 6 |
| 英国 | 0 | 2 | 2 | 2 | 0 | 2 | 0 | 0 | 0 | 0 | 0 | 0 | 0 | 2 | 0 | 1 | 0 | 0 | 1 | 0 | 0 | 0 | 0 | 1 | 0 | 0 | 0 | 0 | 0 | 0 | 0 | 4 | 0 | 0 | 0 | 0 | 5 | 0 | 0 | 22 |
| 美国 | 5 | 4 | 11 | 11 | 0 | 16 | 0 | 2 | 1 | 0 | 0 | 6 | 0 | 19 | 1 | 3 | 0 | 0 | 7 | 0 | 0 | 1 | 19 | 0 | 0 | 0 | 0 | 0 | 0 | 0 | 0 | 5 | 0 | 0 | 2 | 0 | 0 | 0 | 2 | 115 |
| 乌拉圭 | 2 | 0 | 1 | 0 | 0 | 0 | 0 | 0 | 0 | 0 | 0 | 0 | 0 | 0 | 0 | 0 | 0 | 0 | 0 | 0 | 0 | 0 | 0 | 0 | 0 | 0 | 0 | 0 | 0 | 0 | 0 | 0 | 0 | 0 | 0 | 0 | 0 | 0 | 0 | 3 |
| 乌兹别克斯坦 | 0 | 0 | 0 | 0 | 0 | 0 | 0 | 0 | 0 | 0 | 0 | 0 | 0 | 0 | 0 | 0 | 0 | 0 | 0 | 0 | 0 | 0 | 0 | 0 | 0 | 1 | 0 | 0 | 0 | 0 | 0 | 0 | 0 | 0 | 0 | 0 | 0 | 0 | 0 | 1 |
| 委内瑞拉 | 1 | 0 | 1 | 0 | 0 | 0 | 0 | 0 | 1 | 0 | 0 | 0 | 0 | 0 | 0 | 0 | 0 | 0 | 0 | 0 | 0 | 0 | 4 | 0 | 0 | 0 | 0 | 0 | 0 | 0 | 0 | 0 | 1 | 1 | 0 | 0 | 3 | 0 | 0 | 12 |
| 越南 | 1 | 0 | 0 | 1 | 0 | 0 | 0 | 0 | 0 | 0 | 1 | 4 | 0 | 0 | 0 | 0 | 0 | 0 | 0 | 0 | 0 | 0 | 0 | 0 | 0 | 0 | 0 | 1 | 0 | 1 | 0 | 0 | 0 | 0 | 4 | 0 | 3 | 0 | 0 | 16 |
| 南斯拉夫 | 0 | 0 | 1 | 0 | 0 | 0 | 0 | 0 | 0 | 0 | 0 | 0 | 0 | 0 | 0 | 0 | 0 | 0 | 0 | 0 | 0 | 0 | 0 | 0 | 0 | 0 | 0 | 0 | 0 | 0 | 0 | 0 | 0 | 0 | 0 | 0 | 0 | 0 | 0 | 1 |
| 津巴布韦 | 0 | 0 | 0 | 0 | 0 | 0 | 0 | 0 | 0 | 0 | 0 | 0 | 0 | 0 | 0 | 0 | 0 | 0 | 0 | 0 | 0 | 0 | 0 | 0 | 0 | 0 | 0 | 0 | 0 | 0 | 0 | 1 | 0 | 0 | 0 | 0 | 0 | 0 | 0 | 1 |
| 合计 | 167 | 75 | 86 | 90 | 7 | 108 | 4 | 21 | 3 | 1 | 51 | 258 | 1 | 386 | 34 | 19 | 4 | 7 | 66 | 1 | 7 | 25 | 81 | 22 | 1 | 17 | 2 | 45 | 9 | 9 | 2 | 124 | 28 | 7 | 124 | 4 | 268 | 1 | 25 | 2 190 |

资料来源：www. wto. org

(10) 保障措施委员会

2008 年，保障委员会分别于 4 月 30 日和 10 月 28 日举行了两次例会。其中，在 4 月 30 日例会上，委员会分别选举 Robert Kasper 先生和 Athita Komindrnsh 女士为委员会主席和副主席。

截至 2008 年 10 月 28 日，共有 92 个成员向委员会通报了国内保障措施法规。此外还有 34 成员没有履行保障措施通报义务。2008 年，委员会审议了下列成员的保障措施立法及变动，分别为阿尔巴尼亚、哥斯达黎加、埃及、萨尔瓦多、危地马拉、马来西亚、尼加拉瓜、土耳其和乌克兰。

截至 2008 年 10 月 28 日，2008 年共有 10 个 WTO 成员向委员会通报了 19 起其所发起的保障措施调查案件，包括启动调查案件、采取最终措施案件和终止调查案件。

表 22　　全球保障措施调查案件数（1995—2008 年）

| 年份<br>调查国 | 1995 | 1996 | 1997 | 1998 | 1999 | 2000 | 2001 | 2002 | 2003 | 2004 | 2005 | 2006 | 2007 | 2008 | 合计 |
|---|---|---|---|---|---|---|---|---|---|---|---|---|---|---|---|
| 阿根廷 | 0 | 0 | 1 | 1 | 0 | 1 | 1 | 0 | 0 | 1 | 0 | 1 | 0 | 0 | 6 |
| 澳大利亚 | 0 | 0 | 0 | 1 | 0 | 0 | 0 | 0 | 0 | 0 | 0 | 0 | 1 | 0 | 2 |
| 巴西 | 0 | 1 | 0 | 0 | 0 | 0 | 1 | 0 | 0 | 0 | 0 | 0 | 0 | 1 | 3 |
| 保加利亚 | 0 | 0 | 0 | 0 | 0 | 1 | 1 | 3 | 1 | 0 | 0 | 0 | 0 | 0 | 6 |
| 加拿大 | 0 | 0 | 0 | 0 | 0 | 0 | 0 | 1 | 0 | 0 | 2 | 0 | 0 | 0 | 3 |
| 智利 | 0 | 0 | 0 | 0 | 2 | 3 | 2 | 2 | 0 | 1 | 0 | 1 | 0 | 0 | 11 |
| 中国 | 0 | 0 | 0 | 0 | 0 | 0 | 0 | 1 | 0 | 0 | 0 | 0 | 0 | 0 | 1 |
| 哥伦比亚 | 0 | 0 | 0 | 0 | 1 | 0 | 0 | 0 | 0 | 2 | 0 | 0 | 0 | 0 | 3 |
| 哥斯达黎加 | 0 | 0 | 0 | 0 | 0 | 0 | 0 | 1 | 0 | 0 | 0 | 0 | 0 | 0 | 1 |
| 捷克 | 0 | 0 | 0 | 0 | 1 | 2 | 1 | 5 | 0 | 0 | 0 | 0 | 0 | 0 | 9 |
| 厄瓜多尔 | 0 | 0 | 0 | 0 | 2 | 0 | 0 | 1 | 4 | 0 | 0 | 0 | 0 | 0 | 7 |
| 埃及 | 0 | 0 | 0 | 1 | 1 | 1 | 0 | 0 | 0 | 0 | 0 | 0 | 0 | 1 | 4 |
| 萨尔瓦多 | 0 | 0 | 0 | 0 | 0 | 3 | 0 | 0 | 0 | 0 | 0 | 0 | 0 | 0 | 3 |
| 爱沙尼亚 | 0 | 0 | 0 | 0 | 0 | 0 | 0 | 0 | 1 | 0 | 0 | 0 | 0 | 0 | 1 |
| 欧盟 | 0 | 0 | 0 | 0 | 0 | 0 | 0 | 1 | 1 | 1 | 1 | 0 | 0 | 0 | 4 |
| 匈牙利 | 0 | 0 | 0 | 0 | 0 | 0 | 0 | 1 | 2 | 0 | 0 | 0 | 0 | 0 | 3 |
| 印度 | 0 | 0 | 1 | 5 | 3 | 2 | 0 | 2 | 1 | 1 | 0 | 0 | 0 | 0 | 15 |
| 印度尼西亚 | 0 | 0 | 0 | 0 | 0 | 0 | 0 | 0 | 0 | 1 | 1 | 1 | 0 | 1 | 4 |
| 牙买加 | 0 | 0 | 0 | 0 | 0 | 0 | 0 | 0 | 1 | 0 | 0 | 0 | 0 | 0 | 1 |
| 日本 | 0 | 0 | 0 | 0 | 0 | 1 | 0 | 0 | 0 | 0 | 0 | 0 | 0 | 0 | 1 |
| 约旦 | 0 | 0 | 0 | 0 | 0 | 1 | 0 | 8 | 0 | 0 | 1 | 1 | 1 | 0 | 12 |
| 韩国 | 1 | 2 | 0 | 0 | 1 | 0 | 0 | 0 | 0 | 0 | 0 | 0 | 0 | 0 | 4 |
| 拉脱维亚 | 0 | 0 | 0 | 0 | 1 | 0 | 0 | 1 | 0 | 0 | 0 | 0 | 0 | 0 | 2 |
| 立陶宛 | 0 | 0 | 0 | 0 | 0 | 0 | 1 | 0 | 0 | 0 | 0 | 0 | 0 | 0 | 1 |
| 墨西哥 | 0 | 0 | 0 | 0 | 0 | 0 | 0 | 1 | 0 | 0 | 0 | 0 | 0 | 0 | 1 |
| 摩尔多瓦 | 0 | 0 | 0 | 0 | 0 | 0 | 0 | 0 | 1 | 1 | 0 | 0 | 0 | 0 | 2 |
| 摩洛哥 | 0 | 0 | 0 | 0 | 0 | 2 | 0 | 0 | 0 | 0 | 1 | 0 | 0 | 0 | 3 |
| 巴基斯坦 | 0 | 0 | 0 | 0 | 0 | 0 | 0 | 0 | 0 | 0 | 1 | 0 | 0 | 0 | 1 |
| 巴拿马 | 0 | 0 | 0 | 0 | 0 | 0 | 0 | 0 | 0 | 0 | 0 | 1 | 0 | 0 | 1 |
| 秘鲁 | 0 | 0 | 0 | 0 | 0 | 0 | 0 | 0 | 0 | 1 | 0 | 0 | 0 | 0 | 1 |
| 菲律宾 | 0 | 0 | 0 | 0 | 0 | 0 | 3 | 0 | 3 | 0 | 0 | 1 | 0 | 1 | 8 |
| 波兰 | 0 | 0 | 0 | 0 | 0 | 1 | 0 | 4 | 0 | 0 | 0 | 0 | 0 | 0 | 5 |
| 斯洛伐克 | 0 | 0 | 0 | 0 | 1 | 1 | 0 | 1 | 0 | 0 | 0 | 0 | 0 | 0 | 3 |

续　表

| 调查国＼年份 | 1995 | 1996 | 1997 | 1998 | 1999 | 2000 | 2001 | 2002 | 2003 | 2004 | 2005 | 2006 | 2007 | 2008 | 合计 |
|---|---|---|---|---|---|---|---|---|---|---|---|---|---|---|---|
| 斯洛文尼亚 | 0 | 0 | 0 | 1 | 0 | 0 | 0 | 0 | 0 | 0 | 0 | 0 | 0 | 0 | 1 |
| 南非 | 0 | 0 | 0 | 0 | 0 | 0 | 0 | 0 | 0 | 0 | 0 | 0 | 1 | 0 | 1 |
| 突尼斯 | 0 | 0 | 0 | 0 | 0 | 0 | 0 | 0 | 0 | 0 | 0 | 2 | 0 | 0 | 2 |
| 土耳其 | 0 | 0 | 0 | 0 | 0 | 0 | 0 | 0 | 0 | 5 | 0 | 5 | 3 | 1 | 14 |
| 乌克兰 | 0 | 0 | 0 | 0 | 0 | 0 | 0 | 0 | 0 | 0 | 0 | 0 | 2 | 0 | 2 |
| 美国 | 1 | 2 | 1 | 1 | 2 | 2 | 1 | 0 | 0 | 0 | 0 | 0 | 0 | 0 | 10 |
| 委内瑞拉 | 0 | 0 | 0 | 0 | 0 | 4 | 1 | 1 | 0 | 0 | 0 | 0 | 0 | 0 | 6 |
| 合计 | 2 | 5 | 3 | 10 | 15 | 25 | 12 | 34 | 15 | 14 | 7 | 13 | 8 | 5 | 168 |

资料来源：www. wto. org

表 23　　全球保障调查采取最终措施案件数（1995—2008 年）

| 调查国＼年份 | 1996 | 1997 | 1998 | 1999 | 2000 | 2001 | 2002 | 2003 | 2004 | 2005 | 2006 | 2007 | 2008 | 合计 |
|---|---|---|---|---|---|---|---|---|---|---|---|---|---|---|
| 阿根廷 | 0 | 1 | 0 | 0 | 0 | 2 | 0 | 0 | 0 | 0 | 0 | 1 | 0 | 4 |
| 巴西 | 0 | 1 | 0 | 0 | 0 | 0 | 1 | 0 | 0 | 0 | 0 | 0 | 0 | 2 |
| 保加利亚 | 0 | 0 | 0 | 0 | 0 | 0 | 2 | 0 | 0 | 0 | 0 | 0 | 0 | 2 |
| 智利 | 0 | 0 | 0 | 0 | 2 | 1 | 2 | 0 | 0 | 1 | 1 | 0 | 0 | 7 |
| 中国 | 0 | 0 | 0 | 0 | 0 | 0 | 1 | 0 | 0 | 0 | 0 | 0 | 0 | 1 |
| 捷克 | 0 | 0 | 0 | 1 | 0 | 1 | 1 | 2 | 0 | 0 | 0 | 0 | 0 | 5 |
| 厄瓜多尔 | 0 | 0 | 0 | 0 | 0 | 1 | 0 | 1 | 1 | 0 | 0 | 0 | 0 | 3 |
| 埃及 | 0 | 0 | 0 | 1 | 1 | 1 | 0 | 0 | 0 | 0 | 0 | 0 | 1 | 4 |
| 欧盟 | 0 | 0 | 0 | 0 | 0 | 0 | 1 | 0 | 1 | 1 | 0 | 0 | 0 | 3 |
| 匈牙利 | 0 | 0 | 0 | 0 | 0 | 0 | 0 | 3 | 0 | 0 | 0 | 0 | 0 | 3 |
| 印度 | 0 | 0 | 4 | 1 | 1 | 0 | 2 | 0 | 0 | 1 | 0 | 0 | 0 | 9 |
| 印度尼西亚 | 0 | 0 | 0 | 0 | 0 | 0 | 0 | 0 | 0 | 0 | 1 | 0 | 0 | 1 |
| 约旦 | 0 | 0 | 0 | 0 | 0 | 1 | 1 | 2 | 0 | 1 | 0 | 1 | 0 | 6 |
| 韩国 | 0 | 1 | 0 | 0 | 1 | 0 | 0 | 0 | 0 | 0 | 0 | 0 | 0 | 2 |
| 拉脱维亚 | 0 | 0 | 0 | 1 | 0 | 0 | 0 | 1 | 0 | 0 | 0 | 0 | 0 | 2 |
| 立陶宛 | 0 | 0 | 0 | 0 | 0 | 0 | 1 | 0 | 0 | 0 | 0 | 0 | 0 | 1 |
| 摩尔多瓦 | 0 | 0 | 0 | 0 | 0 | 0 | 0 | 0 | 1 | 0 | 0 | 0 | 0 | 1 |
| 摩洛哥 | 0 | 0 | 0 | 0 | 0 | 1 | 0 | 0 | 0 | 0 | 1 | 0 | 0 | 2 |
| 巴拿马 | 0 | 0 | 0 | 0 | 0 | 0 | 0 | 0 | 0 | 0 | 0 | 1 | 0 | 1 |
| 菲律宾 | 0 | 0 | 0 | 0 | 0 | 0 | 1 | 1 | 3 | 0 | 0 | 0 | 0 | 5 |
| 波兰 | 0 | 0 | 0 | 0 | 0 | 0 | 0 | 4 | 0 | 0 | 0 | 0 | 0 | 4 |
| 斯洛伐克 | 0 | 0 | 0 | 0 | 0 | 1 | 0 | 1 | 0 | 0 | 0 | 0 | 0 | 2 |
| 南非 | 0 | 0 | 0 | 0 | 0 | 0 | 0 | 0 | 0 | 0 | 0 | 1 | 0 | 1 |
| 突尼斯 | 0 | 0 | 0 | 0 | 0 | 0 | 0 | 0 | 0 | 2 | 4 | 1 | 4 | 11 |
| 乌克兰 | 0 | 0 | 0 | 0 | 0 | 0 | 0 | 0 | 0 | 0 | 0 | 0 | 1 | 1 |
| 美国 | 1 | 0 | 1 | 1 | 2 | 0 | 1 | 0 | 0 | 0 | 0 | 0 | 0 | 6 |
| 合计 | 1 | 3 | 5 | 5 | 7 | 9 | 14 | 15 | 6 | 6 | 7 | 5 | 6 | 89 |

资料来源：www. wto. org

（11）技术性贸易壁垒委员会

2008年，技术性贸易壁垒委员会在印度 Raminder S. Sidhu 先生的主持下分别于3月20日、7月1～2日和11月5～6日举行了三次例会。在每次会议上，委员会都听取成员方有关执行《技术性贸易壁垒协议》所采取措施的陈述。自1995年以来，累计共有117个成员至少做过一次类似陈述。

2008年3月18～19日，为了提高成员方执行协议的能力，委员会组织召开了一次研讨会，研讨主题有：成员方经验分享、国内透明度和咨询机制、制度效应评估及成员方之间的制度性合作倡议等。

（12）国营贸易企业工作组

2008年，国营贸易企业工作组先由泰国 Pornvit SILA-ON 先生担任主席，而后在4月8日货物贸易理事会会议上由匈牙利 Virag DANI HALGAND 女士接任。

2008年，工作组于10月3日召开了一次例会，会议审议了 WTO 成员所通报的18项措施。其中，2008年新通报的成员有：亚美尼亚、澳大利亚、智利、中国香港、中国澳门、新加坡、中国台北、泰国、土耳其、乌克兰、美国和津巴布韦。

（13）与贸易有关的投资措施委员会

2008年，与贸易有关的投资措施委员会于10月23日召开了一次例会。会议选举中国台北 Henry Liu 先生为委员会主席，并重点讨论了与 TRIM 协议有关的特殊和差别待遇提议。此外，会议还对中国与贸易有关的投资措施进行了第7次过渡期审议。

3. 服务贸易理事会

2007年11月16日和2008年6月16日，服务贸易理事会举行了两次正式会议，重点审议和解决了下列四方面问题：第一，对中国履行服务贸易承诺进行第6次审议；第二，通过区域贸易协定新的通知格式；第三，审议成员方根据 GATS 第21条所通报的服务贸易措施；第四，审议成员方根据 GATS 第3和4条所通报的服务贸易措施。

服务贸易理事会下属委员会和工作组活动如下：

（1）金融服务贸易委员会

2007年11月12日和6月3日，金融服务贸易委员会举行了两次正式会议。委员会讨论了下列议题：加入 GATS 第5议定书、推动谈判取得进展的技术性问题、金融服务贸易的最新发展、对中国进行过渡期审议。迄今，仍有三个成员没有加入第5议定书，分别为巴西、牙买加和菲律宾。

（2）特定承诺委员会

2008年6月3日，特定承诺委员会举行正式会议，讨论三方面议题：划分等级问题、减让表问题及新老承诺之间的关系。委员会主席还谈及未来工作的计划，指出仍有大量问题需要解决。

（3）国内规制工作组

2008年，国内规制工作组举行了一次正式会议和数次非正式会议。1月23日，工作组发布了修订后的国内规制协议文本草稿供成员方讨论。在6月16日会议上，工作组主席又通报了起草工作的最新进展。

（4）GATS 规则工作组

2007年11月29日和2008年6月3日，GATS 规则工作组举行两次正式会议，讨论议题包括紧急保障措施、政府采购和补贴三个问题。此外，工作组还在2007年11月27日和2008年1月30日举行了两次非正式会议。

在2007年11月29日会议上，WTO 各成员方代表讨论了文莱、柬埔寨、印度尼西亚、马来西亚、缅甸、菲律宾、泰国和越南关于紧急保障措施的提案。

在2008年6月3日会议上，WTO 各成员方代表讨论了欧盟关于服务贸易政府采购的法律文本草案。

4. 知识产权理事会

2008年，知识产权理事会共举行三次正式会议，分别为3月14日、6月17日和10月28日。其中，3月份会议由尼日利亚 Yonov Agah 大使主持；4月份会议由牙买加 Gail Mathurin 大使主持；10月会议由特立尼达和多巴哥 Dennis Francis 大使主持。

2008年，理事会审议了越南的知识产权法规，并对乌克兰和汤加的审议作了提前安排，计划于2009年第一次和第二次会议进行审议。在10月份会议上，理事会对中国履行加入 WTO 承诺进行了第7次过渡期审议，并对《关于执行 TRIPs 协定与公共健康多哈宣言第6段决议》进行了审议。此外，会议还对发达成员有关其已采取或即将采取的知识产权措施进行了第6次年度审议，分别为日本、新西兰、挪威、美国、瑞士、加拿大、欧盟和澳大利亚。

2008年，理事会继续讨论了对最不发达国家的技术援助和能力建设。在6月份会议上，理事会收到巴西的一项倡议，题目为“技术援助和能力建设：发展议程的集群A模式”。

**（五）WTO专门委员会**

1. 贸易与环境委员会

2008年，贸易与环境委员会于11月3日召开了一次会议，主席是波兰 Wieslaw Karsz 博士。会议听取了其他国际组织有关环境要求和市场准入的最新活动。在有机农产品方面，国际贸易中心，贸发会议和联合国环境署的代表做了发言，其中包括以下几个方面：当前有机农产品的生产和贸易；发展中国家有机农产品出口面临的主要挑战；有机认证机构要求及促进发展中国家有机农产品部门发展的可能途径。在生物燃料认证方面，贸发会议的代表做了题为“让认证工作促进可持续发展：以生物燃料为例”的发言。在能源补贴方面，联合国环境署提交了最新出版物，题目为“改革能源补贴”。

2. 民用航空器贸易委员会

2008年11月10日，民用航空器贸易委员会举行了一次例会，会议议题有：选举新委员会主席、修改《民用航空器贸易协议》产品范围、确定下次会议日程。

截至2008年，《民用航空器贸易协议》的签署方共有30个成员，分别为加拿大、欧盟（其中，20个成员还单独签署了协议，分别为：奥地利、比利时、保加利亚、丹麦、爱沙尼亚、法国、德国、希腊、爱尔兰、意大利、拉脱维亚、立陶宛、卢森堡、马耳他、荷兰、葡萄牙、罗马尼亚、西班牙、瑞典和英国）、埃及、格鲁吉亚、日本、中国澳门、挪威、瑞士、中国台北和美国。获得观察员地位的成员有：阿根廷、澳大利亚、孟加拉国、巴西、喀麦隆、中国、哥伦比亚、加蓬、加纳、印度、印度尼西亚、以色列、大韩民国、毛里求斯、尼日利亚、阿曼、沙特阿拉伯、新加坡、斯里兰卡、特立尼达和多巴哥、突尼斯和土耳其。此外，俄罗斯也被授予了观察员地位。国际货币基金组织和联合国贸发会议也拥有观察员地位。

（侯迎春译　陈泰锋校）

# 多哈回合谈判进展（2008）

## 一、2月，WTO服务贸易谈判委员会发布主席报告

2008年2月12日，WTO服务谈判委员会主席公布主席报告，概括多哈回合服务贸易谈判现状。其实，不少国家（大多数是发达国家）曾力推达成一份以高开放水平为目标的服务业案文，以期可以与农产品和工业品市场准入模式谈判成果一起得到正式通过。但服务谈判委员会主席 Fernando de Mateo 大使在公布的报告中却仅限于谈判进展情况的事实陈述，总结了主席经磋商得出的完成服务业谈判所必备的要素。其中大多数要素已经其他文件认可，如2004年7月框架协议的服务业附件和2005年香港部长级会议宣言。玻利维亚、古巴和委内瑞拉一直认为这使得没有必要发布服务业案文。

## 二、5月，WTO为推动多哈回合服务贸易谈判举行"绿屋会议"

2008年5月9日，WTO总干事拉米与来自30多个国家的高层官员在日内瓦就进一步推动多哈回合服务贸易谈判举行会谈。此次"绿屋会议"主要集中讨论目前正同步进行的两方面工作：第一，组织"信号"大会，让经济大国在会上就承担约束性义务、进一步开放服务部门表态；第二，服务贸易谈判小组主席正准备提出新多边案文，指导下一步谈判。在会上，官员们还普遍表达了对正在进行的双边会谈的失望——主要源于农业和非农市场准入谈判进展缓慢。

## 三、5月，WTO发布服务业谈判报告

2008年5月26日，WTO服务贸易谈判小组主席发布了服务业谈判报告，对谈判进展予以总结并指出完成服务业谈判所必需的要素。题为《完成服务业谈判必备要素》的报告是在主席2月13日公布的首份报告的基础上经磋商产生的。报告重申了谈判授权中的大多数基本原则，其中包括《服务贸易总协定》(GATS) 第19条；GATS第4条有关解决发展中国家关心的问题的条款；2001年谈判指南中的要素；多哈和香港部长级宣言和"2004年7月框架"附件C。报告概括了服务业谈判现状，并明确认可寻求服务业开放的"要价方"和其他以发展中国家为主的成员的意见，倾向于在谈判中以较为谨慎的路线获取稳健成果。但另有三个成员——玻利维亚、古巴和委内瑞拉——仍继续对主席撰写此案文表示反对。他们认为完成谈判的原则和核心要素已经在成员的早先协议中达成共识。在他们看来，"主席起草如是案文没有得到任何授权或成员方一致同意。"

## 四、6月，WTO公布知识产权谈判进展报告

2008年6月9日，WTO公布了两份报告，概述了多哈回合与知识产权议题相关谈判的进展情况。一份关于就葡萄酒和烈性酒建立地理标志注册制度，由TRIPs理事会负责谈判的特别会议主席 Manzoor Ahmad 大使做出；另一份则关于"实施"问题，包括是否扩大葡萄酒和烈性酒地理标志特别保护的适用范围（即是否对酒类以外其他地理标志产品也适用较高的保护水平）以及专利和生物多样性问题，WTO总干事帕斯卡尔·拉米对相关磋商结果予以报告。Ahmad 大使在报告中指出在就葡萄酒和烈性酒建立多边注册制度谈判中，到目前成员对最后谈判结果的法律形式和对该制度惯例及服务的制度安排仍未达成一致。成员的分歧在于建立约束性的多边注册制度还是自愿性的通报体制。其他存在争议的问题包括哪些地理标志需注册、注册时需提供哪些信息、产品通称和翻译名称等相关问题。拉米的报告中提到了印度近期向贸易谈判委员会递交的一份官方文件。印度代表大批包括最不发达国家集团和非加太集团在内的发展中国家在文件中支持TRIPs就生物多样性有关内容进行修订，希望TRIPs强制要求在专利申请时公开生物遗传资源来源和相关传统知识。

## 五、6月，香港呼吁共同抵御保护主义尽早完成多哈回合谈判

2008年6月26日，香港商务及经济发展局局

长刘吴惠兰联同10名负责WTO多哈回合谈判的部长发出声明，呼吁所有WTO成员“共同抵御保护主义以及尽快完成多哈回合谈判”。刘吴惠兰就声明指出：“香港一直在WTO积极致力抵御保护主义和推进多哈回合谈判。我们会继续与其他WTO成员紧密合作，以期在这两方面取得成果。”

## 六、7月，WTO小型部长级会议破裂

2008年7月21日，来自35个WTO主要成员的代表在日内瓦举行小型部长级磋商，试图为2008年年内完成最终谈判展开“最后救援行动”。这是WTO两年来首次召开高级别会议；由于面临着美国大选与欧盟机构换届，此次谈判将成为达成协议的最后机会，否则正式谈判就只能推迟到2010年之后。结果，谈判再次折戟沉沙，重蹈覆辙。此次小型部长会议谈判的破裂因被人们寄予了更大的厚望而引起了人们更多的关注。然而，被各方视为“最后机会”的此次会议却未能在美国大选前就多哈回合谈判中一些悬而未决的关键性问题达成妥协。拉米最终宣布“谈判失败”，并指出“谈判破裂主要是因为WTO重要成员在发展中国家农产品特殊保障机制上难以达成一致”。印度和一些发展中国家希望，“能在低于提案中进口额增幅的水平下启动特殊保障机制，以免使国内数百万贫困农民陷入饥荒。”欧盟贸易委员彼得·曼德尔森说，“所有努力仅由于一个因素而付诸东流，这令人心痛。”

## 七、8月，拉米和施瓦布商谈多哈回合谈判重启问题

2008年8月21日，美国官员表示，WTO总干事拉米将与美国贸易代表施瓦布在华盛顿举行会晤，商谈多哈回合谈判重启问题。8月21日晚，拉米与施瓦布共进私人晚宴；8月22日，双方进一步磋商。施瓦布表示，美国支持各主要成员贸易代表于9月举行磋商的提议，以探索重启多哈回合谈判的可能性。该举动能够维持谈判目前取得的成果，并阻止其进一步崩溃。她建议，谈判开始可以在“主要成员”贸易代表中进行，而“主要成员”并不意味着必须是7月小型部长级会议核心圈的成员（包括美国、欧盟、巴西、印度、中国、澳大利亚和日本）。

## 八、11月，美欧期望多哈回合谈判数周内获突破

2008年11月11日，欧盟委员会贸易委员凯瑟琳·阿什顿在布鲁塞尔与美国贸易代表施瓦布（Schwab）会晤之后表示，只要各方下定决心，多哈回合全球贸易谈判的协议就能够取得突破性进展，未来数周内即可就最终协议的细节问题达成一致。她敦促20国集团领导人能够在11月15日在美国华盛顿召开的金融峰会上为实现这一目标发出明确的信号，各国应当为此而努力。施瓦布指出，在当前全球经济受到金融危机的冲击而面临困境之际，坚持市场开放显得尤为重要，各国还必须为达成多哈回合贸易谈判的最终协议而努力。该协议应有利于创造新的贸易机制，并为世界提供新的经济机遇。他同时称，多哈回合谈判的最终协议必须是大胆而且公平的。美国政府也希望借此会议为难产的多哈回合谈判助一臂之力。

## 九、11月，G20峰会提出要尽快推动完成多哈谈判的目标

2008年11月15日，G20峰会在华盛顿落幕。相比之下，本次峰会在抵制保护主义、促进多边贸易谈判方面更值得称道。宣言表示，“20国集团将寻求在2008年年底前达成具体方案，以完成多哈回合贸易谈判，为世界经济复苏做出贡献。”美国总统布什在峰会开始前就表示，“在类似当前的危机爆发时，最大的一个危险就是各国会倾向于实施保护主义政策。但我很高兴地听到，各国领导人都重申了对开放市场和自由贸易原则的支持。”此外，在共同声明中，G20首脑们还表示，抵制保护主义在当前尤其有着特殊的重要意义，各国一致承诺，在未来12个月内不会增设新的贸易壁垒。

## 十、11月，APEC领导人力促多哈回合谈判成功

2008年11月22日，亚太经合组织（APEC）领导人在秘鲁首都利马就全球经济发表声明，反对各种形式的保护主义，在强调协调应对危机之外，希望多哈回合谈判取得平衡且具有雄心的结果，致力于在现有进展基础上就谈判模式达成一致。值得注意的是，领导人在声明中警告说：“世界经济增

长放缓增加了滋生保护主义的风险，而保护主义只会进一步恶化当前经济形势。”领导人同意，“在未来 12 个月内，避免为投资、货物和服务贸易增设新的壁垒，不实施新的出口限制措施，在各领域均不实施包括刺激出口措施在内的违反世界贸易组织规则的举措。”

## 十一、12 月，WTO 公布农业和非农产品市场准入新版妥协方案

2008 年 12 月 6 日，WTO 向成员散发了多哈回合农业和非农产品市场准入新版妥协方案，为拟定年底举行的部长级会议做准备。新公布的两份案文是对之前 2007 年 7 月、2008 年 2 月、5 月和 7 月案文的最新修订，是 2007 年 9 月以来 WTO 成员就多哈发展议程举行的一系列密集会谈的成果，是农业谈判组主席 Crawford Falconer 大使和非农市场准入（NAMA）谈判组主席 Luzius Wasescha 大使根据谈判情况对可能达成的“模式”协议进行的最新评估。新版妥协方案反映了 WTO 成员近来就农业和非农产品市场准入这两个关键问题谈判的进展情况，其中也包括关税和补贴削减方面的折中性建议。WTO 总干事拉米表示，随着新版妥协方案的公布，WTO 成员离达成农业和非农产品市场准入模式协议的目标更近了，这也为全面完成多哈回合谈判创造了条件。

## 十二、12 月，达成农业和非农市场准入模式协议的目标落空

2008 年 12 月 8 日，WTO 总干事帕斯卡尔·拉米宣布，推迟原定本月 13 日至 15 日举行的多哈回合谈判部长级会议。鉴于美国等国家在一些关键谈判议题上拒不相让，WTO 成员恐难在 2008 年年底前就多哈回合达成框架协议。这标志着 WTO 成员在 2008 年年内就农业和非农市场准入这两个关键领域达成模式协议的目标彻底落空，同时也意味着多哈回合谈判继 2008 年 7 月 29 日 WTO 小型部长会议在日内瓦破裂后再度“搁浅”。虽然在金融危机愈演愈烈的背景下，许多政府都呼吁早日完成旷日持久的多哈回合谈判以增强人们对贸易自由化的信心，并借此振兴每况愈下的全球经济，防止金融危机向经济衰退蔓延，但政治意愿的缺乏仍然阻碍各成员方在一些关键议题上弥合分歧，多哈谈判被迫进入“休眠期”。

## 十三、12 月，WTO 规则谈判小组主席公布最新谈判文本

2008 年 12 月 19 日，WTO 规则谈判小组主席，乌拉圭驻 WTO 大使 Guillermo Valles Galmes 向各成员公布了有关反倾销和补贴纪律多边规则的最新文本，以及一个有关渔业补贴规则的“路线图”计划。谈判小组主席指出，反倾销和补贴规则文本是建立在一个新的，自下而上基础上的最新文本，即所起草的立法语言仅用于那些具有一定程度的趋同领域；而在另外一些领域，则在括号中注明一系列的意见规定，并分别予以简要说明。关于渔业补贴，这并不是一个新的草案文本，规则谈判小组主席只是发表了一个概念性的路线图计划以供各成员进一步讨论。主席的观点是，所有的与会者应当认识到，渔业补贴将会造成全球性的过剩危机和过度捕捞，以及由此会产生诸多不利于经济发展以及环境保护的负面影响。无论其形式如何，应当致力于规则的不断完善，通过部长级会议有效地履行其谈判职责。主席解释说，实现这一目标路线图的关键问题在于，谈判小组将协调各参与者所采取的有关渔业补贴的不同措施，制定适当并有效的差别待遇规则，以满足发展中成员的利益需求。谈判小组主席指出，这些新文本的目的是提供一个平台供各成员进一步讨论。为此，他将在 2009 年召集一系列密集的会议，首次会议将定于 2009 年 2 月 2 日开始的一个星期之中召开。

（侯迎春译　陈泰锋校）

# 争端解决机构年度报告（2008）[①]

此报告是WTO年度总结报告下的一部分，是WTO（WT/L/105）下的报告之一，详尽回顾了自上年年度报告以来争端解决机构进行的活动。[②]

在完成各项任务的过程中，争端解决机构自上年年度报告以来共召开了17次会议。这些会议进行的时间不仅已经由争端解决机构做了记录，同时也被收录在WT/DSB/M/243—WT/DSB/M/259[③]文件中，作为此份文件的组成部分。

## 一、诉诸争端解决程序的案件

### （一）澳大利亚

1. 影响来自新西兰苹果进口的措施（WT/DSB/M/243，245 & Corr. 1）

在2007年12月17日的会议上，争端解决机构审议了新西兰就澳大利亚对产自新西兰苹果进口采取的措施请求成立专家组进行调查的投诉（WT/DS367/5）。

新西兰和澳大利亚的代表先后发言。

争端解决机构对于代表们的陈述一一记录，同意重新审议此案。

争端解决机构于2008年1月21日召开会议重新审议此案。

新西兰和澳大利亚的代表先后发言。

争端解决机构对于代表们的陈述一一记录，同意根据《关于争端解决规则与程序的谅解》第6条的规定成立有标准职权范围的专家组。

智利、欧盟、日本、中国台北和美国的代表保留参与专家组程序的第三方权利。[④]

### （二）巴西

1. 影响翻新轮胎进口的措施（WT/DSB/M/243，244）

2006年1月，争端解决机构同意成立专家组就欧盟对此事件提出的投诉进行调查。2007年9月，欧盟通知争端解决机构就专家组报告涉及的法律问题及专家组所做的法律解释提出上诉（WT/DS332/9）。

2007年12月17日，争端解决机构审议了与此案相关的WT/DS332/AB/R文件中的上诉机构报告和WT/DS332/R文件中的专家组报告。

欧盟、巴西、美国和澳大利亚的代表发言。

争端解决机构对于代表们的发言一一记录，并通过了WT/DS332/AB/R文件中的上诉机构报告和经上诉机构修改后的WT/DS332/R文件中的专家组报告。

在2008年1月15日的会议上，巴西代表通知争端解决机构巴西同意根据《关于争端解决规则与程序的谅解》第21.3条执行争端解决机构的建议和裁决。

巴西和欧盟的代表先后发言。

争端解决机构对于代表们的发言一一记录，同时记录下巴西同意执行争端解决机构的建议和裁决。

### （三）加拿大

1. 欧盟要求取消报复措施——荷尔蒙争端（WT/DSB/M/258）

2005年1月，争端解决机构同意成立专家组就欧盟对此事件提出的投诉进行调查。2008年5月，欧盟通知争端解决机构就专家组报告涉及的法律问题及专家组所做的法律解释提出上诉（WT/DS332/9）。

2008年11月14日，争端解决机构审议了与此案相关的WT/DS321/AB/R文件中的上诉机构报告和经上诉机构修改后的WT/DS321/R文件中的专家组报告。

欧盟、加拿大、美国、印度、巴西、墨西哥和日本的代表先后发言。阿根廷、澳大利亚、巴西、智利、哥斯达黎加、欧盟、日本和挪威要求其关于

---

① 自1995年1月1日至2008年10月31日的WTO争端解决发展情况回顾作为附录附在报告后。

② WT/DSB/42

③ 此报告包括从2006年12月17日至2008年11月17日的争端解决机构所有会议记录。

④ 会后，巴基斯坦也保留了参与专家组程序的第三方权利。

上诉机构报告和经上诉机构修改后的专家组报告发表的意见应该予以考虑。

争端解决机构对于代表们的发言一一记录，并通过了WT/DS321/AB/R文件中的上诉机构报告和经上诉机构修改后的WT/DS321/R文件中的专家组报告。

**（四）欧盟**

1. 对产自挪威人工养殖的鲑鱼采取反倾销措施（WT/DSB/M/244，246，254）

2006年6月，争端解决机构同意成立专家组就挪威对此事件提出的投诉进行调查。

在2008年1月15日的会议上，争端解决机构审议了WT/DS337/R文件中的专家组报告。

挪威、欧盟和香港的代表先后发言。

争端解决机构对于代表们的发言一一记录，并通过了WT/DS337/R文件中的专家组报告。

在2008年2月8日的会议上，欧盟代表通知争端解决机构欧盟同意根据《关于争端解决规则与程序的谅解》第21.3条执行争端解决机构的建议和裁决。

欧盟和挪威的代表先后发言。

争端解决机构对于代表们的发言一一记录，同时记录下欧盟同意执行争端解决机构的建议和裁决。

在2008年8月1日争端解决机构会议上，欧盟代表做了发言，表明欧盟已经执行了争端解决机构的建议和裁决。

欧盟和挪威的代表先后发言。

争端解决机构对于代表们的发言一一记录。

2. 影响生物科技产品审批和营销的措施（WT/DSB/M/246）

在2008年2月8日的会议上，争端解决机构审议了美国根据《关于争端解决规则与程序的谅解》第22.2条对欧盟中止关税减让及其他义务的授权请求（WT/DS285/22）。

欧盟和美国的代表先后发言。

争端解决机构对于代表们的发言一一记录，并同意将欧盟在WT/DS291/40文件中所提事宜根据《关于争端解决规则与程序的谅解》第22.6条提交仲裁。

**（五）欧盟及其成员国**

1. 对特定信息技术产品的关税待遇（WT/DSB/M/255，256）

在2008年8月29日的会议上，争端解决机构审议了美国、日本、中国台北就欧盟及其成员对特定信息技术产品实施的关税待遇联合请求成立专家组进行调查的投诉（WT/DS375/8—WT/DS376/8—WT/DS377/6）。

美国、日本、中国台北和欧盟的代表先后发言。

争端解决机构对于代表们的发言一一记录并同意重新审议这一投诉。

在2008年9月23日的会议上，争端解决机构再次审议了这一投诉。

美国、日本、中国台北和欧盟的代表先后发言。

争端解决机构对于代表们的发言一一记录并同意根据《关于争端解决规则与程序的谅解》第6条成立一个有标准职权范围的专家组来审议WT/DS375/8—WT/DS376/8—WT/DS377/6文件中美国、日本、中国台北的投诉。

巴西、中国、印度、韩国、菲律宾、越南和中国香港的代表保留参与专家组程序的第三方权利。①

**（六）印度**

1. 对来自美国的进口产品征收“附加税”和“超额附加税”（WT/DSB/M/259）

在2007年6月的会议上，争端解决机构同意成立专家组就美国对此事件提出的投诉进行调查。2008年8月，美国通知争端解决机构就专家组报告涉及的法律问题及专家组所做的法律解释提出上诉（WT/DS360/8）。

在2008年11月17日会议上，争端解决机构审议了与此案相关的WT/DS360/AB/R文件中的上诉机构报告和WT/DS360/R文件中的专家组报告。

美国、印度、欧盟和智利的代表先后发言。

争端解决机构对于代表们的发言一一记录，并通过了WT/DS360/AB/R文件中的上诉机构报告，

① 会议结束后，澳大利亚、哥斯达黎加、新加坡和土耳其保留参与专家组会议的第三方权利。

与此同时也推翻了 WT/DS360/R 文件中的原专家组报告。

（七）日本

1. 对来自韩国的动态随机存储器征收反补贴税（WT/DSB/M/243，244，255，256）

在 2006 年 7 月的会议上，争端解决机构同意成立专家组就韩国对此事件提出的投诉进行调查。2007 年 8 月，日本通知争端解决机构就专家组报告涉及的法律问题及专家组所做的法律解释提出上诉（WT/DS336/8）。

在 2007 年 12 月 17 日会议上，争端解决机构审议了与此案相关的 WT/DS336/AB/R & Corr. 1 文件中的上诉机构报告和 WT/DS336/R 文件中的专家组报告。

韩国、日本和欧盟的代表先后发言。

争端解决机构对于代表们的发言一一记录，并通过了 WT/DS336/AB/R & Corr. 1 文件中的上诉机构报告和经上诉机构修改后的 WT/DS336/R 文件中的专家组报告。

在 2008 年 1 月 15 日的会议上，日本代表通知争端解决机构日本同意根据《关于争端解决规则与程序的谅解》第 21.3 条执行争端解决机构的建议和裁决。

韩国和日本的代表先后发言。

争端解决机构对于代表们的发言一一记录，同时记录下日本同意执行争端解决机构的建议和裁决。

在 2008 年 8 月 29 日争端解决机构会议上，日本代表作了发言，表明日本已经执行了争端解决机构的建议和裁决。

日本和韩国的代表先后发言。

争端解决机构对于代表们的发言一一记录。

在 2008 年 9 月 23 日争端解决机构会议上，争端解决机构审议了韩国就日本根据《关于争端解决规则与程序的谅解》第 21.5 条（WT/DS336/19）执行专家组建议和裁决的情况请求成立专家组进行调查的投诉。

韩国和日本的代表先后发言。

争端解决机构对于代表们的发言一一记录并决定根据《关于争端解决规则与程序的谅解》第 21.5 条将韩国根据 WT/DS336/19 文件提交的投诉交给原专家组。各方同意专家组应有标准的职权范围。

中国台北、欧盟和美国的代表保留参与专家组程序的第三方权利。[①]

（八）墨西哥

1. 对来自欧盟的橄榄油采取反补贴措施（WT/DSB/M/257，259）

2007 年 1 月[②]，争端解决机构同意成立专家组调查欧盟就这一事件提出的投诉。

在 2008 年 10 月 21 日的会议上，争端解决机构审阅了 WT/DS341/R 文件中有关这一事件的专家组报告。

欧盟、墨西哥和加拿大的代表先后发言。

争端解决机构对于代表们的发言一一记录，并通过了 WT/DS341/R 文件中的专家组报告。

在 2008 年 11 月 17 日争端解决机构会议上，墨西哥代表通知争端解决机构墨西哥同意根据《关于争端解决规则与程序的谅解》第 21.3 条执行争端解决机构的建议和裁决。

欧盟和墨西哥的代表先后发言。

争端解决机构对于代表们的发言一一记录，同时记录下墨西哥同意执行争端解决机构的建议和裁决。

（九）泰国

1. 对来自菲律宾烟草采取的海关和财政措施（WT/DSB/M/257，259）

在 2008 年 10 月 21 日的会议上，争端解决机构审议了菲律宾就泰国对来自菲律宾烟草采取的海关和财政措施请求成立专家组进行调查的投诉（WT/DS371/3）。

菲律宾和泰国的代表先后发言。

争端解决机构对于代表们的发言一一记录并同意重新审议这一投诉。

在 2008 年 11 月 17 日的会议上，争端解决机构再次审议了这一投诉。

菲律宾和泰国的代表先后发言。

争端解决机构对于代表们的发言一一记录，并

---

① 会议结束后，中国保留参与专家组会议的第三方权利。

② WT/DSB/M/225.

同意根据《关于争端解决规则与程序的谅解》第6条规定成立有标准职权范围的专家组。

澳大利亚、欧盟、中国台北和美国的代表保留参与专家组程序的第三方权利。①

**（十）美国**

1. 欧盟要求取消报复措施——荷尔蒙争端（WT/DSB/M/258）

2005年1月，争端解决机构同意成立专家组就欧盟对此事件提出的投诉进行调查。2008年5月，欧盟通知争端解决机构就专家组报告涉及的法律问题及专家组所做的法律解释提出上诉（WT/DS320/12）。

2008年11月14日，争端解决机构审议了与此案相关的WT/DS320/AB/R文件中的上诉机构报告和经上诉机构修改后的WT/DS320/R文件中的专家组报告。

欧盟、加拿大、美国、巴西、厄瓜多尔、墨西哥、日本、阿根廷、澳大利亚、韩国、智利、挪威和哥斯达黎加的代表先后发言。

争端解决机构对于代表们的发言一一记录，并通过了WT/DS320/AB/R文件中的上诉机构报告和经上诉机构修改后的WT/DS320/R文件中的专家组报告。

2. 海关保税指令（WT/DSB/M/254，255）

2006年11月，争端解决机构同意成立专家组就印度对此事件提出的投诉进行调查。2008年4月，印度通知争端解决机构就专家组报告涉及的法律问题及专家组所做的法律解释提出上诉（WT/DS320/12）。

在2008年8月1日的会议上，争端解决机构审议了与此案相关的WT/DS345/AB/R文件中的上诉机构报告和WT/DS345/R文件中的专家组报告。

美国和印度的代表先后发言。

争端解决机构对于代表们的发言一一记录，并通过了WT/DS345/AB/R文件中的上诉机构报告和经上诉机构修改后的WT/DS345/R文件中的专家组报告。

在2008年8月29日争端解决机构会议上，美国代表通知争端解决机构美国同意根据《关于争端解决规则与程序的谅解》第21.3条执行争端解决机构的建议和裁决。

美国和印度的代表先后发言。

争端解决机构对于代表们的发言一一记录，同时记录下美国同意执行争端解决机构的建议和裁决。

3. 对农产品的国内支持和出口信贷担保及对玉米和其他农产品的其他国内支持措施（WT/DSB/M/243）

在2007年12月17日的会议上，争端解决机构审议了加拿大就美国对玉米和其他农产品的补贴和国内支持（WT/DS357/12 & Corr.1）以及巴西就美国对农产品的国内支持和出口信贷担保（WT/DS365/13）联合请求成立专家组进行调查的投诉

加拿大、巴西和美国的代表先后发言。

争端解决机构对于代表们的发言一一记录，并同意根据《关于争端解决规则与程序的谅解》第9.1条设立同一个具有标准职权范围的专家组对加拿大（WT/DS357/12 & Corr.1）和巴西（WT/DS365/13）的投诉进行调查。

阿根廷、澳大利亚、智利、欧盟、印度、日本、墨西哥、新西兰、尼加拉瓜、南非、中国台北和泰国的代表保留参与专家组程序的第三方权利。②

4. 对产自墨西哥的不锈钢采取最终反倾销措施（WT/DSB/M/250，251）

2006年10月，争端解决机构同意成立专家组就墨西哥对此事件提出的投诉进行调查。2008年1月，墨西哥通知争端解决机构就专家组报告涉及的法律问题及专家组所做的法律解释提出上诉（WT/DS344/7）。

在2008年5月20日的会议上，争端解决机构审议了与此案相关的WT/DS344/AB/R文件中的上诉机构报告和WT/DS344/R文件中的专家组报告。

墨西哥、美国、欧盟、泰国、日本、澳大利亚、智利、印度、挪威、哥伦比亚、中国香港的代

① 会议结束后，中国和印度保留参与专家组会议的第三方权利。

② 会议结束后，中国、土耳其、乌拉圭保留参与专家组会议的第三方权利。

表先后发言。

争端解决机构对于代表们的发言一一记录，并通过了WT/DS344/AB/R文件中的上诉机构报告和经上诉机构修改后的WT/DS344/R文件中的专家组报告。

在2008年6月2日争端解决机构会议上，美国代表通知争端解决机构美国同意根据《关于争端解决规则与程序的谅解》第21.3条执行争端解决机构的建议和裁决。

美国和墨西哥的代表先后发言。

争端解决机构对于代表们的发言一一记录。

5. 与来自泰国虾有关的措施（WT/DSB/M/254，255）

2006年10月，争端解决机构同意成立专家组就泰国对此事件提出的投诉进行调查。2008年4月，泰国通知争端解决机构就专家组报告涉及的法律问题及专家组所做的法律解释提出上诉（WT/DS343/10）。

在2008年8月1日的会议上，争端解决机构审议了与此案相关的WT/DS343/AB/R文件中的上诉机构报告和WT/DS343/R文件中的专家组报告。

泰国、美国、印度、智利和越南的代表先后发言。

争端解决机构对于代表们的发言一一记录，并通过了WT/DS343/AB/R文件中的上诉机构报告和经上诉机构修改后的WT/DS343/R文件中的专家组报告。

在2008年8月29日争端解决机构会议上，美国代表通知争端解决机构美国同意根据《关于争端解决规则与程序的谅解》第21.3条执行争端解决机构的建议和裁决。

美国和泰国的代表先后发言。

争端解决机构对于代表们的发言一一记录，同时记录下美国同意执行争端解决机构的建议和裁决。

6. 与归零法和日落复审相关的措施（WT/DSB/M/245 & Corr. 1，247，248，249）

在2008年1月21日的会议上，日本表示，鉴于美国的实际行动（WT/DS322/25），争端解决机构无权根据《关于争端解决规则与程序的谅解》第22.6条将日本根据《关于争端解决规则与程序的谅解》第22.2条提出的起诉（WT/DS322/23；WT/DS322/24）提交仲裁，日本要求将此案从既定议程中撤回。

日本、美国的代表及会议主席先后发言。

争端解决机构一一记录下代表们的发言、各方达成有关提交仲裁的谅解以及对既定议程更改的建议。

在2008年2月19日的会议上，日本就美国执行争端解决机构的建议和裁决发表了一个声明。

日本、欧盟和美国的代表先后发言。

争端解决机构对于代表们的发言一一记录。

在2008年3月14日的会议上，日本再次就美国执行争端解决机构的建议和裁决发表了一个声明。

日本和美国的代表先后发言。

争端解决机构对于代表们的发言一一记录。

在2008年4月18日的会议上，争端解决机构审议了日本就美国根据《关于争端解决规则与程序的谅解》第21.5条（WT/DS322/27）执行专家组建议和裁决的情况请求成立专家组进行调查的投诉。

美国和日本的代表先后发言。

争端解决机构对于代表们的发言一一记录并决定根据《关于争端解决规则与程序的谅解》第21.5条将日本根据WT/DS322/27文件提交的投诉交给原专家组。各方同意专家组应有标准的职权范围。

中国、欧盟、挪威、中国台北、中国香港的代表保留了参与专家组程序的第三方权利。①

7. 对高地棉的补贴（WT/DSB/M/252）

2006年9月，争端解决机构同意将巴西就美国执行争端解决机构裁决和建议的投诉提交初始专家组。2008年2月，美国通知争端解决机构就专家组报告涉及的法律问题及专家组所做的法律解释提出上诉（WT/DS267/33）。

在2008年6月20日的会议上，争端解决机构审议了与此案相关的WT/DS267/AB/RW文件中

① 会议结束后，韩国、墨西哥和泰国保留参与专家组会议的第三方权利。

的上诉机构报告和 WT/DS267/RW & Corr. 1 文件中的专家组报告。

巴西、美国、加拿大、澳大利亚和欧盟的代表先后发言。

争端解决机构对于代表们的发言一一记录，并通过了 WT/DS267/AB/RW 文件中的上诉机构报告和经上诉机构修改后的 WT/DS267/RW & Corr. 1 文件中的专家组报告。

## 二、对执行争端解决机构建议和裁决的监督

### (一) 欧盟

1. 影响生物科技产品审批和营销的措施 (WT/DSB/M/245 & Corr. 1，247，248，249，250，253，254，255，256，257，259)

在 2008 年 1 月 21 日的会议上，争端解决机构审议了欧盟提交的关于执行争端解决机构建议和裁决进展情况的报告 (WT/DS291/37—WT/DS292/31—WT/DS293/31)。

欧盟、美国、阿根廷和加拿大的代表先后发言。

争端解决机构对于代表们的发言一一记录并同意在下次例会上重新审议这一投诉。

在 2008 年 2 月 19 日的会议上，争端解决机构再次审议了欧盟提交的关于执行争端解决机构建议和裁决进展情况的报告 (WT/DS291/37/Add. 1—WT/DS292/31/Add. 1—WT/DS293/31/Add. 1)。

欧盟、美国、阿根廷和加拿大的代表先后发言。

争端解决机构对于代表们的发言一一记录并同意在下次例会上重新审议这一投诉。

在 2008 年 3 月 14 日的会议上，争端解决机构再次审议了欧盟提交的关于执行争端解决机构建议和裁决进展情况的报告 (WT/DS291/37/Add. 2—WT/DS292/31/Add. 2—WT/DS293/31/Add. 2)。

欧盟、美国、阿根廷和加拿大的代表先后发言。

争端解决机构对于代表们的发言一一记录并同意在下次例会上重新审议这一投诉。

在 2008 年 4 月 18 日的会议上，争端解决机构再次审议了欧盟提交的关于执行争端解决机构建议和裁决进展情况的报告 (WT/DS291/37/Add. 3—WT/DS292/31/Add. 3—WT/DS293/31/Add. 3)。

欧盟、美国、阿根廷和加拿大的代表先后发言。

争端解决机构对于代表们的发言一一记录并同意在下次例会上重新审议这一投诉。

在 2008 年 5 月 20 日的会议上，争端解决机构再次审议了欧盟提交的关于执行争端解决机构建议和裁决进展情况的报告 (WT/DS291/37/Add. 4—WT/DS292/31/Add. 4—WT/DS293/31/Add. 4)。

欧盟、美国、阿根廷和加拿大的代表先后发言。

争端解决机构对于代表们的发言一一记录并同意在下次例会上重新审议这一投诉。

在 2008 年 6 月 24 日的会议上，争端解决机构再次审议了欧盟提交的关于执行争端解决机构建议和裁决进展情况的报告 (WT/DS291/37/Add. 5—WT/DS292/31/Add. 5—WT/DS293/31/Add. 5)。

欧盟、美国、阿根廷和加拿大的代表先后发言。

争端解决机构对于代表们的发言一一记录并同意在下次例会上重新审议这一投诉。

在 2008 年 8 月 1 日的会议上，争端解决机构再次审议了欧盟提交的关于执行争端解决机构建议和裁决进展情况的报告 (WT/DS291/37/Add. 6—WT/DS292/31/Add. 6—WT/DS293/31/Add. 6)。

欧盟、美国、阿根廷和加拿大的代表先后发言。

争端解决机构对于代表们的发言一一记录并同意在下次例会上重新审议这一投诉。

在 2008 年 8 月 29 日的会议上，争端解决机构再次审议了欧盟提交的关于执行争端解决机构建议和裁决进展情况的报告 (WT/DS291/37/Add. 7—WT/DS292/31/Add. 7—WT/DS293/31/Add. 7)。

欧盟、美国和加拿大的代表先后发言。

争端解决机构对于代表们的发言一一记录并同意在下次例会上重新审议这一投诉。

在 2008 年 9 月 23 日的会议上，争端解决机构再次审议了欧盟提交的关于执行争端解决机构建议和裁决进展情况的报告 (WT/DS291/37/Add. 8—WT/DS292/31/Add. 8—WT/DS293/31/Add. 8)。

欧盟、美国、阿根廷和加拿大的代表先后发言。

争端解决机构对于代表们的发言一一记录并同意在下次例会上重新审议这一投诉。

在2008年10月21日的会议上，争端解决机构再次审议了欧盟提交的关于执行争端解决机构建议和裁决进展情况的报告（WT/DS291/37/Add. 9—WT/DS292/31/Add. 9—WT/DS293/31/Add. 9）。

欧盟、美国、阿根廷和加拿大的代表先后发言。

争端解决机构对于代表们的发言一一记录并同意在下次例会上重新审议这一投诉。

在2008年11月17日的会议上，争端解决机构再次审议了欧盟提交的关于执行争端解决机构建议和裁决进展情况的报告（WT/DS291/37/Add. 10—WT/DS292/31/Add. 10—WT/DS293/31/Add. 10）。

欧盟、美国、阿根廷和加拿大的代表先后发言。

争端解决机构对于代表们的发言一一记录并同意在下次例会上重新审议这一投诉。

**（二）土耳其**

1. 影响大米进口的措施（WT/DSB/M/257）

在2008年10月21日的会议上，争端解决机构审议了土耳其提交的关于执行争端解决机构建议和裁决进展情况的报告（WT/DS334/14）。

土耳其和美国的代表先后发言。

争端解决机构一一记录了代表们的发言。

**（三）美国**

1. 对产自日本的热轧薄板卷产品征收反倾销税（WT/DSB/M/243，245 & Corr. 1，247，248，249，250，253，254，255，256，257，259）

在2007年12月17日的会议上，争端解决机构审议了美国提交的关于执行争端解决机构建议和裁决进展情况的报告（WT/DS184/15/Add. 61）。

美国和日本的代表先后发言。

争端解决机构对于代表们的发言一一记录并同意在下次例会上重新审议这一投诉。

在2008年1月21日的会议上，争端解决机构审议了美国提交的关于执行争端解决机构建议和裁决进展情况的报告（WT/DS184/15/Add. 62）。

美国和日本的代表先后发言。

争端解决机构对于代表们的发言一一记录并同意在下次例会上重新审议这一投诉。

在2008年2月19日的会议上，争端解决机构审议了美国提交的关于执行争端解决机构建议和裁决进展情况的报告（WT/DS184/15/Add. 63）。

美国和日本的代表先后发言。

争端解决机构对于代表们的发言一一记录并同意在下次例会上重新审议这一投诉。

在2008年3月14日的会议上，争端解决机构审议了美国提交的关于执行争端解决机构建议和裁决进展情况的报告（WT/DS184/15/Add. 64）。

美国和日本的代表发言。

争端解决机构对于代表们的发言一一记录并同意在下次例会上重新审议这一投诉。

在2008年4月18日的会议上，争端解决机构审议了美国提交的关于执行争端解决机构建议和裁决进展情况的报告（WT/DS184/15/Add. 65）。

美国和日本的代表发言。

争端解决机构对于代表们的发言一一记录并同意在下次例会上重新审议这一投诉。

在2008年5月20日的会议上，争端解决机构审议了美国提交的关于执行争端解决机构建议和裁决进展情况的报告（WT/DS184/15/Add. 66）。

美国和日本的代表发言。

争端解决机构对于代表们的发言一一记录并同意在下次例会上重新审议这一投诉。

在2008年6月24日的会议上，争端解决机构审议了美国提交的关于执行争端解决机构建议和裁决进展情况的报告（WT/DS184/15/Add. 67）。

美国和日本的代表发言。

争端解决机构对于代表们的发言一一记录并同意在下次例会上重新审议这一投诉。

在2008年8月1日的会议上，争端解决机构审议了美国提交的关于执行争端解决机构建议和裁决进展情况的报告（WT/DS184/15/Add. 68）。

美国和日本的代表发言。

争端解决机构对于代表们的发言一一记录并同意在下次例会上重新审议这一投诉。

在2008年8月29日的会议上，争端解决机构审议了美国提交的关于执行争端解决机构建议和裁决进展情况的报告（WT/DS184/15/Add. 69）。

美国和日本的代表发言。

争端解决机构对于代表们的发言一一记录并同

意在下次例会上重新审议这一投诉。

在 2008 年 9 月 23 日的会议上，争端解决机构审议了美国提交的关于执行争端解决机构建议和裁决进展情况的报告（WT/DS184/15/Add.70）。

美国和日本的代表发言。

争端解决机构对于代表们的发言一一记录并同意在下次例会上重新审议这一投诉。

在 2008 年 10 月 21 日的会议上，争端解决机构审议了美国提交的关于执行争端解决机构建议和裁决进展情况的报告（WT/DS184/15/Add.71）。

美国和日本的代表发言。

争端解决机构对于代表们的发言一一记录并同意在下次例会上重新审议这一投诉。

在 2008 年 11 月 17 日的会议上，争端解决机构审议了美国提交的关于执行争端解决机构建议和裁决进展情况的报告（WT/DS184/15/Add.72）。

美国和日本的代表发言。

争端解决机构对于代表们的发言一一记录并同意在下次例会上重新审议这一投诉。

2. 与归零法和日落复审相关的措施（WT/DSB/M/243，245 & Corr.1）

在 2007 年 12 月 17 日会议上，争端解决机构审议了美国提交的关于执行争端解决机构建议和裁决进展情况的报告（WT/DS322/22/Add.1）。

美国、日本和欧盟的代表先后发言。

争端解决机构对于代表们的发言一一记录并同意在下次例会上重新审议这一投诉。

在 2008 年 1 月 21 日会议上，争端解决机构审议了美国提交的关于执行争端解决机构建议和裁决进展情况的报告（WT/DS322/22/Add.2）。

美国、日本和欧盟的代表先后发言。

争端解决机构对于代表们的发言一一记录并同意在下次例会上重新审议这一投诉。

3.《美国版权法》第 110（5）部分（WT/DSB/M/243，245 & Corr.1，247，248，249，250，253，254，255，256，257，259）

在 2007 年 12 月 17 日的会议上，争端解决机构审议了美国提交的关于执行争端解决机构建议和裁决进展情况的报告（WT/DS160/24/Add.36）。

美国和欧盟的代表发言。

争端解决机构对于代表们的发言一一记录并同意在下次例会上重新审议这一投诉。

在 2008 年 1 月 21 日的会议上，争端解决机构审议了美国提交的关于执行争端解决机构建议和裁决进展情况的报告（WT/DS160/24/Add.37）。

美国和欧盟的代表发言。

争端解决机构对于代表们的发言一一记录并同意在下次例会上重新审议这一投诉。

在 2008 年 2 月 19 日的会议上，争端解决机构审议了美国提交的关于执行争端解决机构建议和裁决进展情况的报告（WT/DS160/24/Add.38）。

美国和欧盟的代表发言。

争端解决机构对于代表们的发言一一记录并同意在下次例会上重新审议这一投诉。

在 2008 年 3 月 14 日的会议上，争端解决机构审议了美国提交的关于执行争端解决机构建议和裁决进展情况的报告（WT/DS160/24/Add.39）。

美国和欧盟的代表发言。

争端解决机构对于代表们的发言一一记录并同意在下次例会上重新审议这一投诉。

在 2008 年 4 月 18 日的会议上，争端解决机构审议了美国提交的关于执行争端解决机构建议和裁决进展情况的报告（WT/DS160/24/Add.40）。

美国和欧盟的代表发言。

争端解决机构对于代表们的发言一一记录并同意在下次例会上重新审议这一投诉。

在 2008 年 5 月 20 日的会议上，争端解决机构审议了美国提交的关于执行争端解决机构建议和裁决进展情况的报告（WT/DS160/24/Add.41）。

美国和欧盟的代表发言。

争端解决机构对于代表们的发言一一记录并同意在下次例会上重新审议这一投诉。

在 2008 年 6 月 24 日的会议上，争端解决机构审议了美国提交的关于执行争端解决机构建议和裁决进展情况的报告（WT/DS160/24/Add.42）。

美国和欧盟的代表发言。

争端解决机构对于代表们的发言一一记录并同意在下次例会上重新审议这一投诉。

在 2008 年 8 月 1 日的会议上，争端解决机构审议了美国提交的关于执行争端解决机构建议和裁决进展情况的报告（WT/DS160/24/Add.43）。

美国和欧盟的代表发言。

争端解决机构对于代表们的发言一一记录并同意在下次例会上重新审议这一投诉。

在2008年8月29日的会议上，争端解决机构审议了美国提交的关于执行争端解决机构建议和裁决进展情况的报告（WT/DS160/24/Add.44）。

美国和欧盟的代表发言。

争端解决机构对于代表们的发言——记录并同意在下次例会上重新审议这一投诉。

在2008年9月23日的会议上，争端解决机构审议了美国提交的关于执行争端解决机构建议和裁决进展情况的报告（WT/DS160/24/Add.45）。

美国和欧盟的代表发言。

争端解决机构对于代表们的发言——记录并同意在下次例会上重新审议这一投诉。

在2008年10月21日的会议上，争端解决机构审议了美国提交的关于执行争端解决机构建议和裁决进展情况的报告（WT/DS160/24/Add.46）。

美国和欧盟的代表发言。

争端解决机构对于代表们的发言——记录并同意在下次例会上重新审议这一投诉。

在2008年11月17日的会议上，争端解决机构审议了美国提交的关于执行争端解决机构建议和裁决进展情况的报告（WT/DS160/24/Add.47）。

美国、欧盟和加拿大的代表发言。

争端解决机构对于代表们的发言——记录并同意在下次例会上重新审议这一投诉。

4.《1998年综合拨款法》第211节（WT/DSB/M/243，245 & Corr.1，247，248，249，250，253，254，255，256，257，259）

在2007年12月17日的会议上，争端解决机构审议了美国提交的关于执行争端解决机构建议和裁决进展情况的报告（WT/DS176/11/Add.61）

美国、欧盟、古巴、玻利维亚、委内瑞拉、中国、泰国、越南和印度的代表发言。

争端解决机构对于代表们的发言——记录并同意在下次例会上重新审议这一投诉。

在2008年1月21日的会议上，争端解决机构审议了美国提交的关于执行争端解决机构建议和裁决进展情况的报告（WT/DS176/11/Add.62）。

美国、欧盟、古巴，巴西、委内瑞拉、巴西、中国、印度、泰国、尼加拉瓜、阿根廷和越南的代表发言。

争端解决机构对于代表们的发言——记录并同意在下次例会上重新审议这一投诉。

在2008年2月19日的会议上，争端解决机构审议了美国提交的关于执行争端解决机构建议和裁决进展情况的报告（WT/DS176/11/Add.63）。

美国、欧盟、古巴、委内瑞拉、印度、巴西、中国、泰国、玻利维亚和墨西哥的代表发言。

争端解决机构对于代表们的发言——记录并同意在下次例会上重新审议这一投诉。

在2008年3月14日的会议上，争端解决机构审议了美国提交的关于执行争端解决机构建议和裁决进展情况的报告（WT/DS176/11/Add.64）。

美国、欧盟、古巴、委内瑞拉、印度、巴西、中国、尼加拉瓜和越南的代表发言。

争端解决机构对于代表们的发言——记录并同意在下次例会上重新审议这一投诉。

在2008年4月18日的会议上，争端解决机构审议了美国提交的关于执行争端解决机构建议和裁决进展情况的报告（WT/DS176/11/Add.65）。

美国、欧盟、古巴、印度、巴西、中国、泰国、越南、尼加拉瓜和委内瑞拉的代表发言。

争端解决机构对于代表们的发言——记录并同意在下次例会上重新审议这一投诉。

在2008年5月20日的会议上，争端解决机构审议了美国提交的关于执行争端解决机构建议和裁决进展情况的报告（WT/DS176/11/Add.66）。

美国、欧盟、古巴、巴西、印度、泰国、中国、越南和墨西哥的代表发言。

争端解决机构对于代表们的发言——记录并同意在下次例会上重新审议这一投诉。

在2008年6月24日的会议上，争端解决机构审议了美国提交的关于执行争端解决机构建议和裁决进展情况的报告（WT/DS176/11/Add.67）。

美国、欧盟、古巴、越南、印度、委内瑞拉、巴西、中国和泰国的代表发言。

争端解决机构对于代表们的发言——记录并同意在下次例会上重新审议这一投诉。

在2008年8月1日的会议上，争端解决机构审议了美国提交的关于执行争端解决机构建议和裁决进展情况的报告（WT/DS176/11/Add.68）。

美国、欧盟、古巴、委内瑞拉、巴西、印度、中国、泰国、越南、阿根廷和尼加拉瓜的代表发言。

争端解决机构对于代表们的发言——记录并同

意在下次例会上重新审议这一投诉。

在2008年8月29日的会议上，争端解决机构审议了美国提交的关于执行争端解决机构建议和裁决进展情况的报告（WT/DS176/11/Add.69）。

美国、欧盟、古巴、中国、巴西、泰国、印度、委内瑞拉、乌拉圭和尼加拉瓜的代表发言。

争端解决机构对于代表们的发言——记录并同意在下次例会上重新审议这一投诉。

在2008年9月23日的会议上，争端解决机构审议了美国提交的关于执行争端解决机构建议和裁决进展情况的报告（WT/DS176/11/Add.70）。

美国、欧盟、古巴、中国、印度、越南、泰国、巴西、委内瑞拉、尼加拉瓜和墨西哥的代表发言。

争端解决机构对于代表们的发言——记录并同意在下次例会上重新审议这一投诉。

在2008年10月21日的会议上，争端解决机构审议了美国提交的关于执行争端解决机构建议和裁决进展情况的报告（WT/DS176/11/Add.71）。

美国、欧盟、古巴、中国、印度、委内瑞拉、泰国、巴西、越南、尼加拉瓜和玻利维亚的代表发言。

争端解决机构对于代表们的发言——记录并同意在下次例会上重新审议这一投诉。

在2008年11月17日的会议上，争端解决机构审议了美国提交的关于执行争端解决机构建议和裁决进展情况的报告（WT/DS176/11/Add.72）。

美国、欧盟、古巴、巴西、印度、墨西哥、尼加拉瓜、泰国、中国、委内瑞拉和玻利维亚的代表发言。

争端解决机构对于代表们的发言——记录并同意在下次例会上重新审议这一投诉。

## 三、争端解决案件中起诉方的陈述

### （一）欧盟

1. 欧盟——香蕉进口、销售和分销的制度：厄瓜多尔根据第21.5条第二次提出起诉：欧盟联合请求（WT/DSB/M/251）

在2008年6月2日争端解决机构会议上，争端解决机构审议了与本案有关的WT/DS27/87文件中厄瓜多尔和欧盟的联合请求。

厄瓜多尔、欧盟的代表和会议主席共同发言。

争端解决机构——记录了代表们的发言，并同意了WT/DS27/87文件中所包含的初步决议。

2. 欧盟——香蕉进口、销售和分销的制度：美国根据第21.5条第二次提出起诉：欧盟联合请求（WT/DSB/M/253）

在2008年6月24日争端解决机构会议上，争端解决机构审议了与本案有关的WT/DS27/88文件中厄瓜多尔和欧盟的联合请求。

美国、欧盟的代表和会议主席共同发言。

争端解决机构——记录了代表们的发言，并同意了WT/DS27/88文件中所包含的初步决议。

3. 在上诉机构报告通过前根据DSU第17.14条的陈述：欧盟的陈述（WT/DSB/M/254）

在2008年8月1日争端解决机构会议上，欧盟在上诉机构通过报告之前根据DSU第17.14条对争端解决机构专家成员的观点发表了陈述。

欧盟、美国、日本、挪威、澳大利亚、智利、加拿大、阿根廷和墨西哥的代表发言。

争端解决机构——记录了代表们的发言。

### （二）墨西哥

1. 对产自危地马拉钢管采取反倾销措施：墨西哥的陈述（WT/DSB/M/248）

在2008年3月14日争端解决机构会议上，墨西哥对其有关执行争端解决机构建议和裁决的情况进行了陈述。

危地马拉和墨西哥的代表先后发言。

争端解决机构——记录了代表们的发言。

### （三）厄瓜多尔

1. 有关欧盟香蕉进口、销售和分销政策：厄瓜多尔发表的陈述（WT/DSB/M/255）

在2008年8月29日争端解决机构会议上，厄瓜多尔就欧盟香蕉进口、销售和分销的政策发表陈述，并指出其已根据《关于争端解决规则与程序的谅解》第21.5条对专家组报告提起第二次起诉。

厄瓜多尔、哥伦比亚、巴拿马、哥斯达黎加、喀麦隆和欧盟的代表先后发言。

争端解决机构——记录了代表们的发言。

### （四）美国

1.《2000年持续性倾销及补贴补偿法》：关于执行争端解决机构的裁决建议：欧盟和日本的陈述（WT/DSB/M/243，245 & Corr.1，247，248，249，250，253，254，255，256，257，259）

在2007年12月17日争端解决机构会议上，欧盟和日本发表陈述，表示对美国在案件中执行争端解决机构建议和裁决的进展情况表示关注。

日本、欧盟、中国、加拿大、印度、泰国、巴西和美国的代表先后发言。

争端解决机构——记录了代表们的发言。

在2008年1月21日争端解决机构会议上，争端解决机构应欧盟和日本的请求重新审议了这一投诉。

欧盟、加拿大、日本、印度、泰国、巴西、美国和中国的代表先后发言。

争端解决机构——记录了代表们的发言。

在2008年2月19日争端解决机构会议上，争端解决机构应欧盟和日本的请求重新审议了这一投诉。

加拿大、欧盟、日本、巴西、中国、泰国、美国和印度的代表先后发言。

争端解决机构——记录了代表们的发言。

在2008年3月14日的会议上，争端解决机构再次应欧盟和日本的请求重新审议了这一投诉。

欧盟、日本、巴西、加拿大、中国、印度、泰国和美国的代表先后发言。

争端解决机构——记录了代表们的发言。

在2008年4月18日的会议上，争端解决机构应欧盟和日本的请求重新审议了这一投诉。

欧盟、日本、加拿大、中国、巴西、印度、泰国和美国的代表先后发言。

争端解决机构——记录了代表们的发言。

在2008年5月20日的会议上，争端解决机构应欧盟和日本的请求重新审议了这一投诉。

加拿大、欧盟、日本、巴西、中国，印度、泰国和美国的代表先后发言。

争端解决机构——记录了代表们的发言。

在2008年6月24日的会议上，争端解决机构应欧盟和日本的请求重新审议了这一投诉。

加拿大、欧盟、日本、巴西、泰国，印度、中国和美国的代表先后发言。

争端解决机构——记录了代表们的发言。

在2008年8月1日的会议上，争端解决机构应欧盟和日本的请求重新审议了这一投诉。

欧盟、日本、墨西哥、印度、加拿大、巴西、智利、中国、泰国和美国的代表先后发言。

争端解决机构——记录了代表们的发言。

在2008年8月29日的会议上，争端解决机构应欧盟和日本的请求重新审议了这一投诉。

加拿大、欧盟、日本、巴西、澳大利亚、泰国、印度和美国的代表先后发言。

争端解决机构——记录了代表们的发言。

在2008年9月23日的会议上，争端解决机构应欧盟和日本的请求重新审议了这一投诉。

欧盟、日本、美国、加拿大、印度、巴西和泰国的代表先后发言。

争端解决机构——记录了代表们的发言。

在2008年10月21日的会议上，争端解决机构应欧盟和日本的请求重新审议了这一投诉。

日本、欧盟、泰国、印度、加拿大、巴西、中国和美国的代表先后发言。

争端解决机构——记录了代表们的发言。

在2008年11月17日的会议上，争端解决机构应欧盟和日本的请求重新审议了这一投诉。

日本、欧盟、加拿大、中国、巴西、泰国、印度和美国的代表先后发言。

争端解决机构——记录了代表们的发言。

（侯迎春译　陈泰锋校）

## 附录：争端解决机构受理的案件（1995—2008）①

### 第 一 部 分

### 请求磋商；成立专家组；达成解决方案

| 序号 | 案件 | 请求磋商 | 收到磋商请求（日-月-年） | 加入磋商请求 | 请求成立专家组（日-月-年） | 专家组成立（日-月-年） | 双边达成解决方案（日-月-年） |
|---|---|---|---|---|---|---|---|
| 1 | 马来西亚—聚乙烯和聚丙烯进口禁令 | 新加坡 WT/DS1/1 | 10-01-1995 | | 17-03-1995 新加坡 WT/DS1/2 | | 19-07-1995 WT/DSB/M/6 （请求撤回） |
| 2 | 美国—精炼汽油及传统汽油标准 | 委内瑞拉 WT/DS2/1 | 24-01-1995 | | 27-03-1995 委内瑞拉 WT/DS2/2 | 10-04-1995 WT/DSB/M/3 | |
| 3 | 韩国—对于农业产品检测及检验措施 | 美国 WT/DS3/1 | 04-04-1995 | 日本 WT/DS3/2 | | | |
| 4 | 美国—精炼汽油及传统汽油标准 | 巴西 WT/DS4/1 | 10-04-1995 | | 22-05-1995 巴西 WT/DS4/2 | 31-05-1995 WT/DSB/M/5 | |
| 5 | 韩国—韩国产品保质期措施 | 美国 WT/DS5/1 | 03-05-1995 | 加拿大 WT/DS5/2 日本 WT/DS5/4 | | | 31-07-1995 WT/DS5/5 和 Corr—1 24-11-1995 Add—1 22-04-1996 Add—1/Rev—1 22-04-1996 Add—2 22-04-1996 Add—3 19-07-1996 Add—4 20-09-1996 Add—5 |
| 6 | 美国—在 1974 年贸易法第 301 及第 304 节中对来自日本的汽车征收进口税 | 日本 WT/DS6/1 | 17-05-1995 | 欧盟 WT/DS6/2 澳大利亚 WT/DS6/3 | | | 19-07-1995 WT/DSB/M/6 |

① 案件可分为五个部分：第一部分包括从最初提出磋商请求到成立专家组，再到争议各方形成双方满意的解决方法的案件；第二部分包括从成立专家组到通过专家组报告，再到提起上诉和通过上诉机构报告的案件；第三部分包括从通过专家组/上诉机构报告到执行争端解决机构建议和裁决的案件；第四部分及第五部分包括援引《关于争端解决规则与程序的谅解》第 21.5 条和第 22 条再次提请申诉的案件。

续 表

| 序号 | 案件 | 请求磋商 | 收到磋商请求（日-月-年） | 加入磋商请求 | 请求成立专家组（日-月-年） | 专家组成立（日-月-年） | 双边达成解决方案（日-月-年） |
|---|---|---|---|---|---|---|---|
| 7 | 欧盟—鲑鱼的贸易描述 | 加拿大 WT/DS7/1 | 19-05-1995 | 智利 WT/DS7/2 爱尔兰 WT/DS7/3 日本 WT/DS7/4 秘鲁 WT/DS7/5 | 10-07-1995 加拿大 WT/DS7/7 和 Corr—1 | 19-07-1995 WT/DSB/M/6 | 19-07-1996 WT/DS7/12 |
| 8 | 日本—对酒精饮料征税 | 欧盟 WT/DS8/1 | 21-06-1995 | 美国 WT/DS8/2 加拿大 WT/DS8/3 | 15-09-1995 欧盟 WT/DS8/5 | 27-09-1995 WT/DSB/M/7 | |
| 9 | 欧盟—谷类进口税 | 加拿大 WT/DS9/1 | 30-06-1995 | | 15-09-1995 加拿大 WT/DS9/2 | 11-10-1995 WT/DSB/M/8 | |
| 10 | 日本—对酒精饮料征税 | 加拿大 WT/DS10/1 | 07-07-1995 | 美国 WT/DS10/2 欧盟 WT/DS10/3 | 15-09-1995 加拿大 WT/DS10/5 | 27-09-1995 WT/DSB/M/7 | |
| 11 | 日本—对酒精饮料征税 | 美国 WT/DS11/1 | 07-07-1995 | | 15-09-1995 美国 A WT/DS11/2 和 Corr—1 | 27-09-1995 WT/DSB/M/7 | |
| 12 | 欧盟—鲑鱼的贸易描述 | 秘鲁 WT/DS12/1 | 18-07-1995 | 加拿大 WT/DS12/3 智利 WT/DS12/2 和 Rev—1 日本 WT/DS12/5 | 15-09-1995 秘鲁 WT/DS12/6 附录 22-09-1995 秘鲁 WT/DS12/7 | 11-10-1995 WT/DSB/M/8 | 19-07-1996 WT/DS12/12 |
| 13 | 欧盟—对谷物征收进口税 | 美国 WT/DS13/1 | 19-07-1995 | | 29-09-1995 美国 WT/DS13/2 22-11-1996 WT/DS13/2/Add—1 13-02-1997 WT/DS13/5 27-03-1997 WT/DS13/6 | | 02-05-1997 WTDS13/8（请求撤回） |

续 表

| 序号 | 案件 | 请求磋商 | 收到磋商请求（日-月-年） | 加入磋商请求 | 请求成立专家组（日-月-年） | 专家组成立（日-月-年） | 双边达成解决方案（日-月-年） |
|---|---|---|---|---|---|---|---|
| 14 | 欧盟—鲑鱼的贸易描述 | 智利<br>WT/DS14/1 | 24 07-1995 | 加拿大<br>WT/DS14/2<br>秘鲁<br>WT/DS14/3<br>日本<br>WT/DS14/4 | 15-09-1995<br>智利<br>WT/DS14/5<br>附录<br>27-09-1995<br>智利<br>WT/DS14/6<br>附录 | 11-10-1995<br>WT/DSB/M/8 | 19-07-1996<br>WT/DS14/11 |
| 15 | 日本—影响电信设备购买措施 | 欧盟<br>WT/DS15/1 | 18-08-1995 | 美国<br>WT/DS15/2 | | | |
| 16 | 欧盟—对于香蕉进口、销售及分销的规定 | 危地马拉<br>洪都拉斯<br>墨西哥<br>美国<br>WT/DS16/1 | 28-09-1995 | 圣卢西亚岛<br>WT/DS16/2<br>哥伦比亚<br>WT/DS16/3<br>多米尼加共和国<br>WT/DS16/4<br>委内瑞拉<br>WT/DS16/5<br>尼加拉瓜<br>WT/DS16/6<br>哥斯达黎加<br>WT/DS16/7 | | | |
| 17 | 欧盟—稻米进口征税 | 泰国<br>WT/DS17/1 | 05-10-1995 | | | | |
| 18 | 澳大利亚—影响鲑鱼进口措施 | 加拿大<br>WT/DS18/1 | 05-10-1995 | | 10-03-1997<br>WT/DS18/2 | 10-04-1997<br>WT/DSB/M/31 | |
| 19 | 波兰—汽车进口区域 | 印度<br>WT/DS19/1 | 28-09-1995 | | | | 11-09-1996<br>WT/DS19/2 |
| 20 | 韩国—罐装水措施 | 加拿大<br>WT/DS20/1 | 08-11-1995 | 美国<br>WT/DS20/2<br>欧盟<br>WT/DS20/4 | | | 24-04-1996<br>WT/DS20/6 |
| 21 | 澳大利亚—影响鲑鱼进口措施 | 美国<br>WT/DS21/1 | 20-11-1995 | 加拿大<br>WT/DS21/2 | 11-05-1999<br>美国<br>WT/DS21/4 | 16-06-1999<br>WT/DSB/M/64 | 27-08-2000<br>WT/DS21/10 |
| 22 | 巴西—影响可可粉措施 | 菲律宾<br>WT/DS22/1 | 30-11-1995 | | 08-02-1996<br>菲律宾<br>WT/DS22/5 | 05-03-1996<br>WT/DSB/M/12 | |

续 表

| 序号 | 案件 | 请求磋商 | 收到磋商请求（日-月-年） | 加入磋商请求 | 请求成立专家组（日-月-年） | 专家组成立（日-月-年） | 双边达成解决方案（日-月-年） |
|---|---|---|---|---|---|---|---|
| 23 | 委内瑞拉—对工业用管材的反倾销调查 | 墨西哥 WT/DS23/1 | 05-12-1995 | | | | 26-05-1997 WT/DS23/3 （调查终止） |
| 24 | 美国—对棉质及人造纤维质内衣进口的限制 | 哥斯达黎加 WT/DS24/1 | 22-12-1995 | | 27-02-1996 哥斯达黎加 WT/DS24/2 | 05-03-1996 WT/DSB/M/12 | |
| 25 | 欧盟—乌拉圭回合稻米协议实施 | 乌拉圭 WT/DS25/1 | 14-12-1995 | | | | |
| 26 | 欧盟—与肉及肉类制品相关措施 | 美国 WT/DS26/1 | 26-01-1996 | 新西兰 WT/DS26/2 澳大利亚 WT/DS26/3 加拿大 WT/DS26/4 | 25-04-1996 美国 WT/DS26/6 | 20-05-1996 WT/DSB/M/17 | |
| 27 | 欧盟—对于香蕉进口、销售及分销的规定（Ⅰ） | 厄瓜多尔 危地马拉 洪都拉斯 墨西哥 美国 WT/DS27/1 | 05-02 1996 | 多米尼加共和国 WT/DS27/2 圣卢西亚岛 WT/DS27/3 尼加拉瓜 WT/DS27/4 牙买加 WT/DS/27/5 | 12-04-1996 厄瓜多尔 危地马拉 洪都拉斯 墨西哥 美国 WT/DS27/6 | 08-05-1996 WT/DSB/M/16 | |
| 28 | 欧盟—对于香蕉进口，销售及分销区域的规定（Ⅱ） | 厄瓜多尔 危地马拉 洪都拉斯 墨西哥 美国 WT/DS27/18 | | 巴拿马 WT/DS27/19 多米尼加共和国 WT/DS27/20 牙买加 WT/DS27/22 哥斯达黎加 WT/DS27/23 哥伦比亚 WT/DS27/24 巴西 WT/DS27/25 圣卢西亚岛 WT/DS27/26 Dominica WT/DS27/27 科特迪瓦 WT/DS27/28 喀麦隆 WT/DS27/29 | | | |

续 表

| 序号 | 案件 | 请求磋商 | 收到磋商请求（日-月-年） | 加入磋商请求 | 请求成立专家组（日-月-年） | 专家组成立（日-月-年） | 双边达成解决方案（日-月-年） |
|---|---|---|---|---|---|---|---|
| 29 | 日本—关于音像制品措施 | 美国 WT/DS28/1 | 09-02-1996 | 欧盟 WT/DS28/2 | | | 24-01-1997 WT/DS28/4 |
| 30 | 土耳其—对于纺织品和服装限制措施 | 中国香港 WT/DS29/1 | 12-02-1996 | 欧盟 WT/DS29/2 马来西亚 菲律宾 泰国 WT/DS29/3 秘鲁 WT/DS29/4 印度 WT/DS29/5 巴西 WT/DS29/7 加拿大 WT/DS29/8 | | | |
| 31 | 巴西—对来自斯里兰卡的可可粉和可可奶进口征收补贴税 | 斯里兰卡 WT/DS30/1 | 23-02-1996 | | | | |
| 32 | 加拿大—关于杂志的特定措施 | 美国 WT/DS31/1 | 11-03-1996 | | 24-05-1996 美国 WT/DS31/2 | 19-06-1996 WT/DSB/M/19 | |
| 33 | 美国—影响女士及女童羊毛外套进口措施 | | | | 15-03-1996 印度 WT/DS32/1 | 17-04-1996 WT/DSB/M/14 | 30-04-1996 WT/DS32/2（根据争端解决机构 1996 年 4 月 17 日决定终止进一步行动） |
| 34 | 美国—影响羊毛恤衫及衬衫进口的措施 | | | | 15-03-1996 印度 WT/DS33/1 和 Corr—1 | 17-04-1996 WT/DSB/M/14 | |
| 35 | 土耳其—对于纺织品及服装进口的限制 | 印度 WT/DS34/1 | 21-03-1996 | | 02-02-1998 WT/DS34/2 | 13-03-1998 WT/DSB/M/43 | 06-07-2001 WT/DS34/14 |
| 36 | 匈牙利—对于农产品出口补贴 | 阿根廷 澳大利亚 加拿大 新西兰 泰国 美国 WT/DS35/1 | 27-03-1996 | 日本 WT/DS35/2 | 10-01-1997 澳大利亚 WT/DS35/4 10-01-1997 新西兰 WT/DS/35/5 10-01-1997 美国 WT/DS35/6 10-01-1997 阿根廷 WT/DS35/7 | 25-02-1997 WT/DSB/M/29 | 30-07-1997 WT/DSB/M/36 |

续 表

| 序号 | 案件 | 请求磋商 | 收到磋商请求（日-月-年） | 加入磋商请求 | 请求成立专家组（日-月-年） | 专家组成立（日-月-年） | 双边达成解决方案（日-月-年） |
|---|---|---|---|---|---|---|---|
| 37 | 巴基斯坦—制药及农业化学产品的专利保护 | 美国 WT/DS36/1 | 30-04-1996 | 欧盟 WT/DS36/2 | 04-07-1996 美国 WT/DS36/3 | | 07-03-1997 WT/DS36/4 |
| 38 | 葡萄牙—工业产权法案专利权保护 | 美国 WT/DS37/1 | 30-04-1996 | | | | 15-10-1996 WT/DS37/2 和 Corr—1 |
| 39 | 美国—古巴自由民主团结法 | 欧盟 WT/DS38/1 | 03-05-1996 | | 08-10-1996 欧盟 WT/DS38/2 14-10-1996 Corr—1 | 20-11-1996 WT/DSB/M/26（根据《关于争端解决规则与程序的谅解》第12.12条1998年4月22日专家组解散） | |
| 40 | 美国—对来自欧盟产品提高关税 | 欧盟 WT/DS39/1 | 18-04-1996 | | 24-06-1996 欧盟 WT/DS39/2 | | |
| 41 | 韩国—电信采购部门的法律，法规及实践 | 欧盟 WT/DS40/1 | 09-05-1996 | | | | 29-10-1997 WT/DS40/2 |
| 42 | 韩国—关于农产品检验措施 | 美国 WT/DS41/1 | 24-05-1996 | | | | |
| 43 | 日本—音像制品相关措施 | 欧盟 WT/DS42/1 | 28-05-1996 | 美国 WT/DS42/2 | | | 07-11-1997 WT/DS42/4 |
| 44 | 土耳其—对外国电影收入征税 | 美国 WT/DS43/1 | 12-06-1996 | | 10-01-1997 美国 WT/DS43/2 | 25-02-1997 WT/DSB/M/29 | 24-07-1997 WT/DS43/3 |
| 45 | 日本—影响消费者照相软片及相纸的措施 | 美国 WT/DS44/1 | 13-06-1996 | | 20-09-1996 美国 WT/DS44/2 | 16-10-1996 WT/DSB/M/24 | |
| 46 | 日本—影响分销服务的措施 | 美国 WT/DS45/1 和 Add—1 | 13-06-1996 | | | | |
| 47 | 巴西—航空器出口融资计划 | 加拿大 WT/DS46/1 | 19-06-1996 | | 17-09-1996 加拿大 WT/DS46/2 04-10-1996 WT/DS46/4 13-07-1998 WT/DS46/5 | 23-07-1998 WT/DSB/M/47 | |
| 48 | 土耳其—对于纺织品及服装进口的限制 | 泰国 WT/DS47/1 | 20-06-1996 | | | | |

续 表

| 序号 | 案件 | 请求磋商 | 收到磋商请求（日-月-年） | 加入磋商请求 | 请求成立专家组（日-月-年） | 专家组成立（日-月-年） | 双边达成解决方案（日-月-年） |
|---|---|---|---|---|---|---|---|
| 49 | 欧盟—影响家畜及肉类措施（激素） | 加拿大 WT/DS48/1 | 28-06-1996 | 澳大利亚 WT/DS48/2 美国 WT/DS48/3 新西兰 WT/DS48/4 | 17-09-1996 加拿大 WT/DS48/5 | 16-10-1996 WT/DSB/M/24 | |
| 50 | 美国—对来自墨西哥的新鲜西红柿和冷藏西红柿的反倾销调查 | 墨西哥 WT/DS49/1 | 01-07-1996 | | | | |
| 51 | 印度—对于药物及农业化学产品专利权保护 | 美国 WT/DS50/1 美国 WT/DS50/11 | 02-07-1996 | 欧盟 WT/DS50/2 欧盟 WT/DS50/12 | 08-11-1996 美国 WT/DS50/4 | 20-11-1996 WT/DSB/M/26 | |
| 52 | 巴西—特定汽车投资措施 | 日本 WT/DS51/1 | 30-07-1996 | 韩国 WT/DS51/2 欧盟 WT/DS51/3 美国 WT/DS51/4 加拿大 WT/DS51/6 | | | |
| 53 | 巴西—影响汽车部门贸易及投资措施 | 美国 WT/DS52/1 | 09-08-1996 | 加拿大 WT/DS52/2 日本 WT/DS52/3 韩国 WT/DS52/4 欧盟 WT/DS52/5 | | | |
| 54 | 墨西哥—进口海关估价 | 欧盟 WT/DS53/1 | 27-08-1996 | 挪威 WT/DS53/2 瑞士 WT/DS53/3 | | | |
| 55 | 印度尼西亚—影响汽车工业特定措施 | 欧盟 WT/DS54/1 | 03-10-1996 | 美国 WT/DS54/2 日本 WT/DS54/3 韩国 WT/DS54/4 加拿大 WT/DS54/5 | 12-05-1997 欧盟 WT/DS54/6 | 12-06-1997 欧盟 WT/DSB/M/34 | |
| 56 | 印度尼西亚—影响汽车工业特定措施 | 日本 WT/DS55/1 | 04-10-1996 | 美国 WT/DS55/2 欧盟 WT/DS55/3 韩国 WT/DS55/4 加拿大 WT/DS55/5 | 18-04-1997 日本 WT/DS55/6 WT/DS64/4 | 12-06-1997 WT/DSB/M/34 | |

续 表

| 序号 | 案件 | 请求磋商 | 收到磋商请求（日-月-年） | 加入磋商请求 | 请求成立专家组（日-月-年） | 专家组成立（日-月-年） | 双边达成解决方案（日-月-年） |
|---|---|---|---|---|---|---|---|
| 57 | 阿根廷—影响鞋类、纺织品、服装和其他项目进口的措施 | 美国 WT/DS56/1 | 04-10-1996 | 匈牙利 WT/DS56/2 欧盟 WT/DS56/3 | 10-01-1997 美国 WT/DS56/5 | 25-02-1997 WT/DSB/M/29 | |
| 58 | 澳大利亚—纺织品、服装及鞋类进口信贷计划 | 美国 WT/DS57/1 | 07-10-1996 | | | | |
| 59 | 美国—对特定虾类及虾类产品进口限制 | 印度，马来西亚，巴基斯坦，泰国 WT/DS58/1 | 08-10-1996 | 中国香港 WT/DS58/2 欧盟 WT/DS58/3 日本 WT/DS58/4 澳大利亚 WT/DS58/5 | 10-01-1997 马来西亚 泰国 WT/DS58/6 07-02-1997 巴基斯坦 WT/DS58/7 04-03-1997 印度 WT/DS58/8 | 25-02-1997 WT/DSB/M/29（马来西亚，泰国，巴基斯坦） 10-04-1997 WT/DSB/M/31 印度 | |
| 60 | 印度尼西亚—影响汽车工业的特定措施 | 美国 WT/DS59/1 | 08-10-1996 | 日本 WT/DS59/2 欧盟 WT/DS59/3 韩国 WT/DS59/4 加拿大 WT/DS59/5 | 13-06-1997 美国 WT/DS59/6 | 30-07-1997 WT/DSB/M/36 | |
| 61 | 危地马拉—对来自墨西哥的波兰特水泥的反倾销调查 | 墨西哥 WT/DS60/1 | 17-10-1996 | | 13-02-1997 墨西哥 WT/DS60/2 | 20-03-1997 WT/DSB/M/30 | |
| 62 | 美国—对特定虾类及虾类产品进口限制 | 菲律宾 WT/DS61/1 | 25-10-1996 | 澳大利亚 WT/DS61/2 日本 WT/DS61/3 | | | |
| 63 | 欧盟—对某些计算机设备的海关分类 | 美国 WT/DS62/1 | 08-11-1996 | 韩国 WT/DS62/2 加拿大 WT/DS62/3 | 13-02-1997 美国 WT/DS62/4 | 25-02-1997 WT/DSB/M/29 | |
| 64 | 美国—对于前德国民主共和国的尿素进口采取反倾销措施 | 欧盟 WT/DS63/1 | 28-11-1996 | | | | |
| 65 | 印度尼西亚—影响汽车工业的特定措施 | 日本 WT/DS64/1 | 29-11-1996 | 美国 WT/DS64/2 欧盟 WT/DS64/3 | 18-04-1997 日本 WT/DS55/6 WT/DS64/4 | 12-06-1997 WT/DSB/M/34 | |

续 表

| 序号 | 案件 | 请求磋商 | 收到磋商请求（日-月-年） | 加入磋商请求 | 请求成立专家组（日-月-年） | 专家组成立（日-月-年） | 双边达成解决方案（日-月-年） |
|---|---|---|---|---|---|---|---|
| 66 | 巴西—影响汽车部门贸易及投资措施 | 美国 WT/DS65/1 | 10-01-1997 | | | | |
| 67 | 日本—影响猪肉进口措施 | 欧盟 WT/DS66/1 | 15-01-1997 | 加拿大 WT/DS66/2 | | | |
| 68 | 英国—对某些计算机设备的海关分类 | 美国 WT/DS67/1 | 14-02-1997 | 韩国 WT/DS67/2 | 10-03-1997 美国 WT/DS67/3 | 20-03-1997 争端解决机构决定此问题交由 1997 年 2 月 25 日成立的专家组决定 WT/DSB/M/30 | |
| 69 | 爱尔兰—对某些计算机设备的海关分类 | 美国 WT/DS68/1 | 14-02-1997 | | 10-03-1997 美国 WT/DS68/2 | 20-03-1997 争端解决机构决定此问题交由 1997 年 2 月 25 日成立的专家组决定 WT/DSB/M/30 | |
| 70 | 欧盟—影响特定家禽产品进口的措施 | 巴西 WT/DS69/1 | 24-02-1997 | | 12-06-1997 巴西 WT/DS69/2 | 30-07-1997 WT/DSB/M/36 | |
| 71 | 加拿大—影响民用航空器的措施 | 巴西 WT/DS70/1 | 10-03-1997 | | 13-07-1998 巴西 WT/DS70/2 | 23-07-1998 WT/DSB/M/47 | |
| 72 | 加拿大—影响民用航空器的措施 | 巴西 WT/DS71/1 | 10-03-1997 | | | | |
| 73 | 欧盟—影响黄油产品的措施 | 新西兰 WT/DS72/1 | 24-03-1997 | | 07-11-1997 新西兰 WT/DS72/2 | 18-11-1997 WT/DSB/M/39 | 11-11-1999 WT/DS72/7 |
| 74 | 日本—导航卫星政府采购 | 欧盟 WT/DS73/1 | 26-03-1997 | 美国 WT/DS73/2 | | | 19-02-1998 WT/DS73/5 |
| 75 | 菲律宾—影响猪肉及家禽措施 | 美国 WT/DS74/1 | 01-04-1997 | 欧盟 WT/DS74/2 加拿大 WT/DS74/3 | | | 13-03-1998 WT/DS74/5 WT/DS102/6 |
| 76 | 韩国—对酒精类饮料征税 | 欧盟 WT/DS75/1 | 02-04-1997 | 美国 WT/DS75/2 加拿大 WT/DS75/3 | 15-09-1997 欧盟 WT/DS75/6 | 16-10-1997 WT/DSB/M/38 | |

续 表

| 序号 | 案件 | 请求磋商 | 收到磋商请求（日-月-年） | 加入磋商请求 | 请求成立专家组（日-月-年） | 专家组成立（日-月-年） | 双边达成解决方案（日-月-年） |
|---|---|---|---|---|---|---|---|
| 77 | 日本—影响农产品措施 | 美国 WT/DS76/1 | 07-04-1997 |  | 06-10-1997 美国 WT/DS76/2 | 18-11-1997 WT/DSB/M/39 | 23-08-2001 WT/DS76/12 |
| 78 | 阿根廷—影响纺织品及服装措施 | 欧盟 WT/DS77/1 | 21-04-1997 | 美国 WT/DS77/2 | 15-09-1997 欧盟 WT/DS77/3 06-10-1997 Rev—1 16-10-1997 Rev—1/Corr—1 | 16-10-1997 WT/DSB/M/38 29-07-1998 WT/DS77/5 专家组暂停其程序 |  |
| 79 | 美国—扫帚进口的保障措施 | 哥伦比亚 WT/DS78/1 | 28-04-1997 |  |  |  |  |
| 80 | 印度—对于药物及农业化学产品专利权保护 | 欧盟 WT/DS79/1 | 28-04-1997 |  | 15-09-1997 欧盟 WT/DS79/2 | 16-10-1997 WT/DSB/M/38 |  |
| 81 | 比利时—影响商业电话目录服务的措施 | 美国 WT/DS80/1 | 02-05-1997 |  |  |  |  |
| 82 | 巴西—影响汽车部门贸易及投资措施 | 欧盟 WT/DS81/1 | 07-05-1997 |  |  |  |  |
| 83 | 爱尔兰—影响版权及类似权利的措施 | 美国 WT/DS82/1 | 14-05-1997 |  | 12-01-1998 美国 WT/DS82/2 |  | 06-11-2000 WT/DS82/3 |
| 84 | 丹麦—影响知识产权实施的措施 | 美国 WT/DS83/1 | 14-05-1997 |  |  |  | 07-06-2001 WT/DS83/2 |
| 85 | 韩国—对酒精饮料征税 | 美国 WT/DS84/1 | 23-05-1997 | 加拿大 WT/DS/84/2 欧盟 WT/DS84/3 | 15-09-1997 美国 WT/DS84/4 | 16-10-1997 WT/DSB/M/38 |  |
| 86 | 美国—影响纺织品及服装产品的措施 | 欧盟 WT/DS85/1 | 22-05-1997 | 瑞士 WT/DS85/2 洪都拉斯 WT/DS85/3 中国香港 WT/DS85/4 巴基斯坦 WT/DS85/5 印度 WT/DS85/6 日本 WT/DS85/7 多米尼加共和国 WT/DS85/8 |  |  | 11-02-1998 WT/DS85/9 |
| 87 | 瑞典—影响知识产权实施的措施 | 美国 WT/DS86/1 | 28-05-1997 |  |  |  | 02-12-1998 WT/DS86/2 |

续 表

| 序号 | 案件 | 请求磋商 | 收到磋商请求（日-月-年） | 加入磋商请求 | 请求成立专家组（日-月-年） | 专家组成立（日-月-年） | 双边达成解决方案（日-月-年） |
|---|---|---|---|---|---|---|---|
| 88 | 智利—对酒精饮料征税 | 欧盟 WT/DS87/1 | 04-06-1997 | 秘鲁 WT/DS87/2 美国 WT/DS87/3 墨西哥 WT/DS87/4 | 06-10-1997 欧盟 WT/DS87/5 | 18-11-1997 WT/DSB/M/39 | |
| 89 | 美国—影响政府采购措施 | 欧盟 WT/DS88/1 | 20-06-1997 | 日本 WT/DS88/2 | 09-09-1998 欧盟 WT/DS88/3 | 21-10-1998 WT/DSB/M/49 14-02-2000 WT/DS88/6 专家组建立的授权取消 | |
| 90 | 美国—对于来自韩国彩色电视接收机进口征收反倾销税 | 韩国 WT/DS89/1 和 Corr—1 | 10-07-1997 | 墨西哥 WT/DS89/2 泰国 WT/DS89/3 日本 WT/DS89/4 中国香港 WT/DS89/5 欧盟 WT/DS89/6 | 07-11-1997 韩国 WT/DS89/7 28-11-1997 WT/DS89/7/Corr—1 | | 05-01-1998 WT/DS89/8 18-09-1998 WT/DS89/9（请求撤回） |
| 91 | 印度—对于农产品，纺织品及工业品的数量限制 | 美国 WT/DS90/1 | 15-07-1997 | 日本 WT/DS90/2 欧盟 WT/DS90/3 加拿大 WT/DS90/4 澳大利亚 WT/DS90/5 瑞士 WT/DS90/6 新西兰 WT/DS90/7 | 06-10-1997 美国 WT/DS90/8 07-11-1997 WT/DS90/8/Corr—1 | 18-11-1997 WT/DSB/M/39 | |
| 92 | 印度—对于农产品、纺织品及工业品的数量限制 | 澳大利亚 WT/DS91/1 | 16-07-1997 | 日本 WT/DS91/2 美国 WT/DS91/3 欧盟 WT/DS91/4 加拿大 WT/DS91/5 瑞士 WT/DS91/6 新西兰 WT/DS91/7 | | | 17-03-1998 WT/DS91/8 17-08-1998 WT/DS91/8/Corr—1 |

续 表

| 序号 | 案件 | 请求磋商 | 收到磋商请求（日-月-年） | 加入磋商请求 | 请求成立专家组（日-月-年） | 专家组成立（日-月-年） | 双边达成解决方案（日-月-年） |
|---|---|---|---|---|---|---|---|
| 93 | 印度—对于农产品、纺织品及工业品的数量限制 | 加拿大<br>WT/DS92/1 | 16-07-1997 | 日本<br>WT/DS92/2<br>美国<br>WT/DS92/3<br>欧盟<br>WT/DS92/4<br>澳大利亚<br>WT/DS92/5<br>瑞士<br>WT/DS92/6<br>新西兰<br>WT/DS92/7 | | | 18-03-1998<br>WT/DS92/8<br>25-09-1998<br>WT/DS92/8/<br>Corr—1 |
| 94 | 印度—对于农产品、纺织品及工业品的数量限制 | 新西兰<br>WT/DS93/1 | 16-07-1997 | 日本<br>WT/DS93/2<br>美国<br>WT/DS93/3<br>欧盟<br>WT/DS93/4<br>加拿大<br>WT/DS93/5<br>澳大利亚<br>WT/DS93/6<br>瑞士<br>WT/DS93/7 | | | 01-12-1998<br>WT/DS93/8 |
| 95 | 印度—对于农产品、纺织品及工业品的数量限制 | 瑞士<br>WT/DS94/1<br>和Corr—1 | 17-07-1997 | 日本<br>WT/DS94/2<br>美国<br>WT/DS94/3<br>欧盟<br>WT/DS94/4<br>加拿大<br>WT/DS94/5<br>澳大利亚<br>WT/DS94/6<br>新西兰<br>WT/DS94/7 | | | 23-02-1998<br>WT/DS94/9<br>18-09-1998<br>WT/DS94/9/<br>Corr—1 |
| 96 | 美国—影响政府采购措施 | 日本<br>WT/DS95/1 | 18-07-1997 | 欧盟<br>WT/DS95/2 | 09-09-1998<br>日本<br>WT/DS95/3 | 21-10-1998<br>WT/DSB/M/49<br>14-02-2000<br>WT/DS95/6<br>专家组建立的授权取消 | |

续 表

| 序号 | 案件 | 请求磋商 | 收到磋商请求（日-月-年） | 加入磋商请求 | 请求成立专家组（日-月-年） | 专家组成立（日-月-年） | 双边达成解决方案（日-月-年） |
|---|---|---|---|---|---|---|---|
| 97 | 印度—对于农产品、纺织品及工业品的数量限制 | 欧盟 WT/DS96/1 | 18-07-1997 | 日本 WT/DS96/2 美国 WT/DS96/3 加拿大 WT/DS96/4 澳大利亚 WT/DS96/5 瑞士 WT/DS96/6 新西兰 WT/DS96/7 | | | 07-04-1998 WT/DS96/8 28-09-1998 WT/DS96/8/Corr—1 |
| 98 | 美国—对来自智利的鳟鱼进口实施反补贴税调查 | 智利 WT/DS97/1 | 05-08-1997 | | | | |
| 99 | 韩国—对于特定奶制品进口保障措施 | 欧盟 WT/DS/98/1 | 12-08-1997 | 澳大利亚 WT/DS98/2 | 12-01-1998 欧盟 WT/DS98/4 | 23-07-1998 WT/DSB/M/47 | |
| 100 | 美国—对来自韩国1兆或以上的计算机动态随机存取存储器芯片征收反倾销税 | 韩国 WT/DS99/1 和 Corr—1 to Corr—2 | 14-08-1997 | | 07-11-1997 韩国 WT/DS99/2 | 16-01-1998 WT/DSB/M/40 | 25-10-2000 WT/DS99/12 |
| 101 | 美国—影响家禽产品进口措施 | 欧盟 WT/DS100/1 | 18-08-1997 | | | | |
| 102 | 墨西哥—对来自美国的高果糖玉米糖浆开展反倾销调查 | 美国 WT/DS101/1 | 04-09-1997 | | | | |
| 103 | 菲律宾—影响猪肉及家禽产品措施 | 美国 WT/DS102/1 | 07-10-1997 | 加拿大 WT/DS102/3 欧盟 WT/DS102/4 | | | 13-03-1998 WT/DS74/5 WT/DS102/6 |
| 104 | 加拿大—影响牛奶进口及奶制品出口的措施 | 美国 WT/DS103/1 | 08-10-1997 | 日本 WT/DS103/2 澳大利亚 WT/DS103/3 | 03-02-1998 WT/DS103/4 | 25-03-1998 WT/DSB/M/44 | 09-05-2003 WT/DS103/33 |
| 105 | 欧盟—影响融化奶酪措施 | 美国 WT/DS104/1 | 08-10-1997 | 日本 WT/DS104/2 澳大利亚 WT/DS104/3 加拿大 WT/DS104/4 | | | |

续 表

| 序号 | 案件 | 请求磋商 | 收到磋商请求(日-月-年) | 加入磋商请求 | 请求成立专家组(日-月-年) | 专家组成立(日-月-年) | 双边达成解决方案(日-月-年) |
|---|---|---|---|---|---|---|---|
| 106 | 欧盟—对于香蕉进口，销售及分销区域的规定 | 巴拿马 WT/DS105/1 和 Add—1 to Add—2 | 24-10-1997 | 哥伦比亚 WT/DS105/2 和 Add—1 危地马拉 WT/DS105/3 多米尼加共和国 WT/DS105/4 墨西哥 WT/DS105/5 哥斯达黎加 WT/DS105/6 洪都拉斯 WT/DS105/7 和 Add—1 厄瓜多尔 WT/DS105/8 美国 WT/DS105/9 科特迪瓦 WT/DS105/10 | | | |
| 107 | 澳大利亚—对汽车皮革生产和采购补助 | 美国 WT/DS106/1 | 10-11-1997 | | 12-01-1998 美国 WT/DS106/2 | 22-01-1998 WT/DSB/M/41 | 11-06-1998 WT/DS126/2（专家组要求撤销） |
| 108 | 巴基斯坦—影响皮革出口措施 | 欧盟 WT/DS107/1 | 07-11-1997 | | | | |
| 109 | 美国—“海外销售公司”的税收 | 欧盟 WT/DS108/1 和 Add—1 | 18-11-1997 | | 09-07-1998 欧盟 WT/DS108/2 | 22-09-1998 WT/DSB/M/48 | |
| 110 | 智利—对酒精饮料征税 | 美国 WT/DS109/1 和 Corr—1 | 11-12-1997 | 秘鲁 WT/DS109/2 墨西哥 WT/DS/109/3 | | | |
| 111 | 智利—对酒精饮料征税 | 欧盟 WT/DS110/1 | 15-12-1997 | 美国 WT/DS110/2 墨西哥 WT/DS110/3 | 13-03-1998 WT/DS110/4 | 25-03-1998 WT/DSB/M/44 | |
| 112 | 美国—落花生进口关税率配额 | 阿根廷 WT/DS111/1 | 19-12-1997 | 加拿大 WT/DS111/2 日本 WT/DS111/3 | | | |
| 113 | 秘鲁—对来自巴西的公交车进口的反补贴税调查 | 巴西 WT/DS112/1 | 23-12-1997 | | | | |

续 表

| 序号 | 案件 | 请求磋商 | 收到磋商请求（日-月-年） | 加入磋商请求 | 请求成立专家组（日-月-年） | 专家组成立（日-月-年） | 双边达成解决方案（日-月-年） |
|---|---|---|---|---|---|---|---|
| 114 | 加拿大—影响奶制品出口措施 | 新西兰 WT/DS113/1 | 29-12-1997 | 美国 WT/DS113/2 日本 WT/DS113/3 | 12-03-1998 WT/DS113/4 | 25-03-1998 WT/DSB/M/44 | 09-05-2003 WT/DS113/33 |
| 115 | 加拿大—药物产品专利权保护 | 欧盟 WT/DS114/1 | 19-12-1997 | 美国 WT/DS114/2 澳大利亚 WT/DS114/3 瑞士 WT/DS114/4 | 12-11-1998 WT/DS114/5 | 01-02-1999 WT/DSB/M/54 | |
| 116 | 欧盟—影响版权及类似权利的措施 | 美国 WT/DS115/1 | 06-01-1998 | | 12-01-1998 美国 WT/DS115/2 | | 06-11-2000 WT/DS115/3 |
| 117 | 巴西—影响进口付款条件的措施 | 欧盟 WT/DS116/1 | 08-01-1998 | 瑞士 WT/DS116/2 日本 WT/DS116/3 澳大利亚 WT/DS116/4 美国 WT/DS116/5 韩国 WT/DS116/6 | | | |
| 118 | 加拿大—影响企业分销服务的措施 | 欧盟 WT/DS117/1 | 20-01-1998 | | | | |
| 119 | 美国—港口维护税 | 欧盟 WT/DS118/1 | 06-02-1998 | 加拿大 WT/DS118/2 日本 WT/DS118/3 挪威 WT/DS118/4 | | | |
| 120 | 澳大利亚—涂层非木纸反倾销措施 | 瑞士 WT/DS119/1 | 20-02-1998 | 日本 WT/DS119/2 欧盟 WT/DS119/3 | | | 13-05-1998 WT/DS119/4 |
| 121 | 印度—影响特定商品出口措施 | 欧盟 WT/DS120/1 | 11-03-1998 | | 13-10-2000 欧盟 WT/DS120/2 | | |
| 122 | 阿根廷—鞋类产品进口保障措施 | 欧盟 WT/DS121/1 | 06-04-1998 | 美国 WT/DS121/2 | 11-06-1998 欧盟 WT/DS121/3 | 23-07-1998 WT/DSB/M/47 | |
| 123 | 泰国—对波兰出口的铁或非合金钢的角铁、型材、轧材及工字梁的反倾销税案 | 波兰 WT/DS122/1 | 06-04-1998 | | 15-10-1999 波兰 WT/DS122/2 | 19-11-1999 WT/DSB/M/71 | |

续 表

| 序号 | 案件 | 请求磋商 | 收到磋商请求（日-月-年） | 加入磋商请求 | 请求成立专家组（日-月-年） | 专家组成立（日-月-年） | 双边达成解决方案（日-月-年） |
|---|---|---|---|---|---|---|---|
| 124 | 阿根廷—鞋类产品进口保障措施 | 印度尼西亚 WT/DS123/1 | 22-04-1998 | 美国 WT/DS123/2 | 16-04-1999 WT/DS123/3 10-05-1999 印度尼西亚要求从争端解决机构议程中撤回上诉，并保留其在以后的争端解决机构会议上做出上诉的权利 WT/DS123/4 | | |
| 125 | 欧盟—动画片及电视节目知识产权保护的实施 | 美国 WT/DS124/1 | 30-04-1998 | | | | 20-03-2001 WT/DS124/2 |
| 126 | 希腊—动画片及电视节目知识产权保护的实施 | 美国 WT/DS125/1 | 04-05-1998 | | | | 20-03-2001 WT/DS125/2 |
| 127 | 澳大利亚—汽车皮革生产和出口的补贴 | 美国 WT/DS126/1 | 04-05-1998 | | 11-04-1998 美国 WT/DS126/2 | 22-06-1998 WT/DSB/M/46 | 24-07-2000 WT/DS126/11 |
| 128 | 比利时—构成补贴的特定进口税 | 美国 WT/DS127/1 | 05-05-1998 | | | | |
| 129 | 荷兰—构成补贴的特定进口税 | 美国 WT/DS128/1 | 05-05-1998 | | | | |
| 130 | 希腊—构成补贴的特定进口税 | 美国 WT/DS129/1 | 05-05-1998 | | | | |
| 131 | 爱尔兰—构成补贴的特定进口税 | 美国 WT/DS130/1 | 05-05-1998 | | | | |
| 132 | 法国—构成补贴的特定进口税 | 美国 WT/DS131/1 | 05-05-1998 | | | | |
| 133 | 墨西哥—对来自美国的高果糖玉米糖浆开展反倾销调查 | 美国 WT/DS132/1 | 08-05-1998 | | 14-10-1998 美国 WT/DS132/2 | 25-11-1998 WT/DSB/M/51 | |
| 134 | 斯洛伐克共和国—关于牛的运输及奶制品进口的措施 | 瑞士 WT/DS133/1 | 07-05-1998 | 美国 WT/DS133/2 | | | |
| 135 | 欧盟—对于稻米的特定进口税的限制 | 印度 WT/DS134/1 和 Corr—1 | 27-05-1998 | | | | |
| 136 | 欧盟—影响石棉及石棉产品的措施 | 加拿大 WT/DS135/1 | 28-05-1998 | 巴西 WT/DS135/2 | 09-10-1998 加拿大 WT/DS135/3 | 25-11-1998 WT/DSB/M/51 | |

续 表

| 序号 | 案件 | 请求磋商 | 收到磋商请求（日-月-年） | 加入磋商请求 | 请求成立专家组（日-月-年） | 专家组成立（日-月-年） | 双边达成解决方案（日-月-年） |
|---|---|---|---|---|---|---|---|
| 137 | 美国—1916 年反倾销法案 | 欧盟 WT/DS136/1 | 04-06-1998 | | 12-11-1998 欧盟 WT/DS136/2 | 01-02-1999 WT/DSB/M/54 | |
| 138 | 欧盟—影响从加拿大进口松木的措施 | 加拿大 WT/DS137/1 | 17-06-1998 | | | | |
| 139 | 美国—对来自英国的加热压光棍及铋碳钢产品征收反补贴税 | 欧盟 WT/DS138/1 | 12-06-1998 | 加拿大 WT/DS138/2 | 14-01-1999 WT/DS138/3 25-01-1999 WT/DS138/3 和 Corr—1 | 17-02-1999 WT/DSB/M/55 和 Corr—1 | |
| 140 | 加拿大—特定汽车工业措施 | 日本 WT/DS139/1 | 03-07-1998 | | 13-11-1998 WT/DS139/2 | 01-02-1999 WT/DSB/M/54 | |
| 141 | 欧盟—对来自印度未漂平纹棉布进行反倾销调查 | 印度 WT/DS140/1 | 03-08-1998 | 巴基斯坦 WT/DS140/2 | | | |
| 142 | 欧盟—对来自印度棉布床单进口征收反倾销税 | 印度 WT/DS141/1 | 03-08-1998 | 巴基斯坦 WT/DS141/2 | 08-09-1999 印度 WT/DS141/3 | 27-10-1999 WT/DSB/M/70 | |
| 143 | 加拿大—特定汽车工业措施 | 欧盟 WT/DS142/1 | 17-08-1998 | | 14-01-1999 WT/DS142/2 | 01-02-1999 WT/DSB/M/54 | |
| 144 | 斯洛伐克共和国—影响从匈牙利小麦进口关税的措施 | 匈牙利 WT/DS143/1 | 18-09-1998 （20 天） | | 09-10-1998 匈牙利 WT/DS143/2 | | |
| 145 | 美国—影响从加拿大进口牛、羊和谷物的特定措施 | 加拿大 WT/DS144/1 | 25-09-1998 | | | | |
| 146 | 阿根廷—对来自欧盟的面筋征收反补贴税 | 欧盟 WT/DS145/1 和 Rev—1 | 23-09-1998 | | | | |
| 147 | 印度—影响汽车部门的措施 | 欧盟 WT/DS146/1 和 Corr—1 | 06-10-1998 | 日本 WT/DS146/2 美国 WT/DS146/3 | 13-10-2000 欧盟 WT/DS146/4 | 17-11-2000 WT/DSB/M/92 | |
| 148 | 日本—影响皮革的关税配额及补贴 | 欧盟 WT/DS147/1 | 08-10-1998 | | | | |
| 149 | 捷克—影响从匈牙利小麦进口关税的措施 | 匈牙利 WT/DS148/1 | 12-10-1998 （20 天） | | | | |

续 表

| 序号 | 案件 | 请求磋商 | 收到磋商请求（日-月-年） | 加入磋商请求 | 请求成立专家组（日-月-年） | 专家组成立（日-月-年） | 双边达成解决方案（日-月-年） |
|---|---|---|---|---|---|---|---|
| 150 | 印度—进口限制 | 欧盟 WT/DS149/1 | 28-10-1998 | 美国 WT/DS149/2 日本 WT/DS149/3 瑞士 WT/DS149/4 澳大利亚 WT/DS149/5 | | | |
| 151 | 印度—影响关税措施 | 欧盟 WT/DS150/1 | 31-10-1998 | 美国 WT/DS150/2 加拿大 WT/DS150/3 日本 WT/DS150/4 瑞士 WT/DS150/5 澳大利亚 WT/DS150/6 | | | |
| 152 | 美国—影响纺织品及服装产品的措施（Ⅱ） | 欧盟 WT/DS151/1 | 19-11-1998 | 多米尼加共和国 WT/DS151/2 中国香港 WT/DS151/3 巴基斯坦 WT/DS151/4 洪都拉斯 WT/DS151/5 日本 WT/DS151/6 瑞士 WT/DS151/7 萨瓦尔多 WT/DS151/8 印度 WT/DS151/9 | | | 24-07-2000 WT/DS151/10 |
| 153 | 美国—1974年贸易法案第301-310部分 | 欧盟 WT/DS152/1 | 25-11-1998 | 多米尼加共和国 WT/DS152/2 巴拿马 WT/DS152/3 危地马拉 WT/DS152/4 墨西哥 WT/DS152/5 | 02-02-1999 欧盟 WT/DS152/11 | 02-03-1999 WT/DSB/M/56 | |

续 表

| 序号 | 案件 | 请求磋商 | 收到磋商请求（日-月-年） | 加入磋商请求 | 请求成立专家组（日-月-年） | 专家组成立（日-月-年） | 双边达成解决方案（日-月-年） |
|---|---|---|---|---|---|---|---|
| 153 | 美国—1974 年贸易法案第 301—310 节 | | | 牙买加 WT/DS152/6 洪都拉斯 WT/DS152/7 日本 WT/DS152/8 哥伦比亚 WT/DS152/9 厄瓜多尔 WT/DS152/10 | | | |
| 154 | 欧盟—制药及农业化学产品的专利保护 | 加拿大 WT/DS153/1 | 02-12-1998 | 美国 WT/DS153/2 澳大利亚 WT/DS153/3 瑞士 WT/DS153/4 | | | |
| 155 | 欧盟—影响咖啡差别及优惠待遇的措施 | 巴西 WT/DS154/1 | 07-12-1998 | 哥伦比亚 WT/DS154/2 秘鲁 WT/DS154/3 哥斯达黎加 WT/DS154/4 玻利维亚 WT/DS154/5 | | | |
| 156 | 阿根廷—影响牛皮出口及成皮进口的措施 | 欧盟 WT/DS155/1 | 23-12-1998 | | 04-06-1999 欧盟 WT/DS155/2 | 26-07-1999 WT/DSB/M/65 | |
| 157 | 危地马拉—对来自墨西哥的波兰特水泥的反倾销措施 | 墨西哥 WT/DS156/1 和 Corr—1 to Corr—2 | 05-01-1999 | | 15-07-1999 墨西哥 WT/DS156/2 05-08-1999 WT/DS156/2 和 Corr—1 | 22-09-1999 WT/DSB/M/68 | |
| 158 | 阿根廷—对从意大利进口钻头采取的反倾销措施 | 欧盟 WT/DS157/1 | 14-01-1999 | | | | |
| 159 | 欧盟—对于香蕉进口、销售及分销的规定 | 危地马拉，洪都拉斯，墨西哥，巴拿马和美国 WT/DS158/1 | 20-01-1999 | 厄瓜多尔 WT/DS158/2 伯利兹 WT/DS158/3 | | | |
| 160 | 匈牙利—对来自捷克的钢铁产品进口的保障措施 | 捷克 WT/DS159/1 | 21-01-1999 | | | | |

续 表

| 序号 | 案件 | 请求磋商 | 收到磋商请求（日-月-年） | 加入磋商请求 | 请求成立专家组（日-月-年） | 专家组成立（日-月-年） | 双边达成解决方案（日-月-年） |
|---|---|---|---|---|---|---|---|
| 161 | 美国—美国版权法第110（5）节 | 欧盟 WT/DS160/1 | 26-01-1999 | 澳大利亚 WT/DS160/2 加拿大 WT/DS160/3 瑞士 WT/DS160/4 | 16-04-1999 欧盟 WT/DS160/5 | 26-05-1999 WT/DSB/M/62 | |
| 162 | 韩国—影响新鲜、冷藏、冷冻牛肉进口措施 | 美国 WT/DS161/1 | 01-02-1999 | 新西兰 WT/DS161/2 澳大利亚 WT/DS161/3 加拿大 WT/DS161/4 | 16-04-1999 美国 WT/DS161/5 | 26-05-1999 WT/DSB/M/62 | |
| 163 | 美国—1916反倾销法案 | 日本 WT/DS162/1 | 10-02-1999 | 欧盟 WT/DS162/2 | 04-06-1999 日本 WT/DS162/3 | 26-07-1999 WT/DSB/M/65 | |
| 164 | 韩国—影响政府采购措施 | 美国 WT/DS163/1 | 16-02-1999 | 欧盟 WT/DS163/2 日本 WT/DS163/3 | 11-05-1999 美国 WT/DS163/4 | 16-06-1999 WT/DSB/M/64 | |
| 165 | 阿根廷—影响鞋类进口措施 | 美国 WT/DS164/1 | 01-03-1999 | 欧盟 WT/DS164/2 | 20-05-1999 美国 WT/DS164/3 15-07-1999 WT/DS164/4 | 26-07-1999 WT/DSB/M/65 | |
| 166 | 美国—对来自欧盟特定产品的进口措施 | 欧盟 WT/DS165/1 | 04-03-1999 | 多米尼加共和国 WT/DS165/2 日本 WT/DS165/3 洪都拉斯 WT/DS165/4 危地马拉 WT/DS165/5 厄瓜多尔 WT/DS165/6 巴拿马、WT/DS165/7 和Corr—1 | 11-05-1999 欧盟 WT/DS165/8 | 16-06-1999 WT/DSB/M/64 | |
| 167 | 美国—对来自欧盟面筋进口的保障措施 | 欧盟 WT/DS166/1 | 17-03-1999 | 澳大利亚 WT/DS166/2 | 04-06-1999 欧盟 WT/DS166/3 | 26-07-1999 WT/DSB/M/65 | |
| 168 | 美国—对来自加拿大活牛的反补贴税调查 | 加拿大 WT/DS167/1 | 19-03-1999 | 墨西哥 WT/DS167/2 | | | |

续 表

| 序号 | 案件 | 请求磋商 | 收到磋商请求（日-月-年） | 加入磋商请求 | 请求成立专家组（日-月-年） | 专家组成立（日-月-年） | 双边达成解决方案（日-月-年） |
|---|---|---|---|---|---|---|---|
| 169 | 南非—对来自印度某些药品征收反倾销税 | 印度<br>WT/DS168/1 | 01-04-1999 | | | | |
| 170 | 韩国—影响新鲜、冷藏及冷冻牛肉进口的措施 | 澳大利亚<br>WT/DS169/1 | 13-04-1999 | 新西兰<br>WT/DS169/2<br>美国<br>WT/DS169/3<br>加拿大<br>WT/DS169/4<br>和 Corr—1 | 15-07-1999<br>澳大利亚<br>WT/DS169/5 | 26-07-1999<br>WT/DSB/M/65 | |
| 171 | 加拿大—专利保护条款 | 美国<br>WT/DS170/1 | 06-05-1999 | | 15-07-1999<br>美国<br>WT/DS170/2 | 22-09-1999<br>WT/DSB/M/68 | |
| 172 | 阿根廷—对药品的专利权保护及对农业化学品测试数据保护 | 美国<br>WT/DS171/1 | 06-05-1999 | 瑞士<br>WT/DS171/2 | | | 31-05-2002<br>WT/DS171/3 |
| 173 | 欧盟—航班管理系统开发有关措施 | 美国<br>WT/DS172/1 | 21-05-1999 | | | | |
| 174 | 法国—航班管理系统开发有关措施 | 美国<br>WT/DS173/1 | 21-05-1999 | | | | |
| 175 | 欧盟—农产品和食品的商标及地理标识保护 | 美国<br>WT/DS174/1<br>和 Add—1 | 01-06-1999<br>04-04-2003 | 加拿大<br>WT/DS174/3<br>澳大利亚<br>WT/DS174/4<br>墨西哥<br>WT/DS174/5<br>新西兰<br>WT/DS174/6<br>斯里兰卡<br>WT/DS174/7<br>印度<br>WT/DS174/8<br>阿根廷<br>WT/DS174/9<br>匈牙利<br>WT/DS174/10<br>马耳他<br>WT/DS174/11<br>保加利亚<br>WT/DS174/12<br>捷克共和国<br>WT/DS174/13 | 18-08-2003<br>美国<br>WT/DS174/20 | 02-10-2003<br>WT/DSB/M/156 | |

续 表

| 序号 | 案件 | 请求磋商 | 收到磋商请求（日-月-年） | 加入磋商请求 | 请求成立专家组（日-月-年） | 专家组成立（日-月-年） | 双边达成解决方案（日-月-年） |
|---|---|---|---|---|---|---|---|
| 175 | 欧盟—农产品和食品的商标及地理标识保护 | | | 塞浦路斯 WT/DS174/14 斯洛文尼亚 WT/DS174/15 土耳其 WT/DS174/16 罗马尼亚 WT/DS174/17 斯洛伐克共和国 WT/DS174/18 | | | |
| 176 | 印度—影响汽车部门投资和贸易的措施 | 美国 WT/DS175/1 | 02-06-1999 | 日本 WT/DS175/2 欧盟 WT/DS175/3 | 18-05-2000 美国 WT/DS175/4 | 27-07-2000 WT/DSB/M/86 | |
| 177 | 美国—1998年全面拨款法第211部分 | 欧盟 WT/DS176/1 | 08-07-1999 | | 07-07-2000 欧盟 WT/DS176/2 | 26-09-2000 WT/DSB/M/89 | |
| 178 | 美国—对来自新西兰的新鲜、冷藏及冷冻羔羊肉采取保障措施 | 新西兰 WT/DS177/1 | 16-07-1999 | 澳大利亚 WT/DS177/2 加拿大 WT/DS177/3 | 15-10-1999 新西兰 WT/DS177/4 | 19-11-1999 WT/DSB/M/71 | |
| 179 | 美国—对来自澳大利亚羔羊肉进口的保障措施 | 澳大利亚 WT/DS178/1 和 Corr—1 | 23-07-1999 | 新西兰 WT/DS178/2 和 Corr—1 欧盟 WT/DS178/3 加拿大 WT/DS178/4 | 15-10-1999 澳大利亚 WT/DS178/5 和 Corr—1 | 19-11-1999 WT/DSB/M/71 | |
| 180 | 美国—来自韩国的不锈钢卷板和不锈钢条的反倾销措施 | 韩国 WT/DS179/1 | 30-07-1999 | | 15-10-1999 韩国 WT/DS179/2 | 19-11-1999 WT/DSB/M/71 | |
| 181 | 美国—特定糖浆税则归类 | 加拿大 WT/DS180/1 | 06-09-1999 | | | | |
| 182 | 哥伦比亚—对来自泰国的纯聚酯长丝布进口的保障措施 | | | | 08-09-1999 泰国 WT/DS181/1 请求撤回 27-10-1999 WT/DSB/M/70 | | |
| 183 | 厄瓜多尔—对来自墨西哥的灰水泥的反倾销措施 | 墨西哥 WT/DS182/1 和 Corr—1 | 05-10-1999 | | | | |

续 表

| 序号 | 案件 | 请求磋商 | 收到磋商请求（日-月-年） | 加入磋商请求 | 请求成立专家组（日-月-年） | 专家组成立（日-月-年） | 双边达成解决方案（日-月-年） |
|---|---|---|---|---|---|---|---|
| 184 | 巴西—对于进口许可证及最低进口价格的措施 | 欧盟 WT/DS183/1 | 14-10-1999 | 美国 WT/DS183/2 | | | |
| 185 | 美国—对来自日本的热轧薄板卷产品征收反倾销税 | 日本 WT/DS184/1 | 18-11-1999 | | 11-02-2000 日本 WT/DS184/2 | 20-03-2000 WT/DSB/M/77 | |
| 186 | 特立尼达和多巴哥—影响从哥斯达黎加进口的意大利面的措施 | 哥斯达黎加 WT/DS185/1 | 18-11-1999 | | | | |
| 187 | 美国—1930年关税法及修正第337部分 | 欧盟 WT/DS186/1 | 12-01-2000 | 加拿大 WT/DS186/2 日本 WT/DS186/3 | | | |
| 188 | 特立尼达和多巴哥—对来自哥斯达黎加的通心粉和意大利面进口的临时反倾销措施 | 哥斯达黎加 WT/DS187/1 | 17-01-2000 | | | | |
| 189 | 尼加拉瓜—洪都拉斯和哥伦比亚进口措施 | 哥伦比亚 WT/DS188/1 | 17-01-2000 | | 28-03-2000 哥伦比亚 WT/DS188/1 和Corr—1 | 18-05-2000 WT/DSB/M/80 | |
| 190 | 阿根廷—对从德国进口动画板和意大利进口的瓷砖采取明确反倾销措施 | 欧盟 WT/DS189/1 | 26-01-2000 | | 15-09-2000 欧盟 WT/DS189/2 07-11-2000 WT/DS189/3 | 17-11-2000 WT/DSB/M/92 | |
| 191 | 阿根廷—对于原产巴西的特定机织棉布的过渡期保障措施 | | | | 11-02-2000 巴西 WT/DS190/1 | 20-03-2000 WT/DSB/M/77 | 27-06-2000 WT/DS190/2 |
| 192 | 厄瓜多尔—对来自墨西哥水泥的明确反倾销措施 | 墨西哥 WT/DS191/1 | 15-03-2000 | | | | |
| 193 | 美国—对来自巴基斯坦精梳棉纱线的过渡期保障措施 | N. A. | N. A. | N. A. | 03-04-2000 巴基斯坦 WT/DS192/1 | 19-06-2000 WT/DSB/M/84 | |
| 194 | 智利—影响剑鱼的运输及进口措施 | 欧盟 WT/DS193/1 | 19-04-2000 | | 06-11-2000 欧盟 WT/DS193/2 | 12-12-2000 WT/DSB/M/94 23-03-2001 WT/DS193/3 终止成立 | |

续 表

| 序号 | 案件 | 请求磋商 | 收到磋商请求（日-月-年） | 加入磋商请求 | 请求成立专家组（日-月-年） | 专家组成立（日-月-年） | 双边达成解决方案（日-月-年） |
|---|---|---|---|---|---|---|---|
| 195 | 美国—作为出口限制的补贴 | 加拿大 WT/DS194/1 | 19-05-2000 | | 24-07-2000 加拿大 WT/DS194/2 | 11-09-2000 WT/DSB/M/88 | |
| 196 | 菲律宾—影响汽车部门投资和贸易的措施 | 美国 WT/DS195/1 | 23-05-2000 | | 13-10-2000 美国 WT/DS195/3 | 17-11-2000 WT/DSB/M/92 | |
| 197 | 阿根廷—对于专利及测试数据的特定保护措施 | 美国 WT/DS196/1 | 30-05-2000 | 欧盟 WT/DS196/2 瑞士 WT/DS196/3 | | | 31-05-2002 WT/DS196/4 |
| 198 | 巴西—最低进口价格措施 | 美国 WT/DS197/1 | 30-05-2000 | 欧盟 WT/DS197/2 | | | |
| 199 | 罗马尼亚—最低进口价格措施 | 美国 WT/DS198/1 | 30-05-2000 | | | | 26-09-2001 WT/DS198/2 |
| 200 | 巴西—影响专利保护措施 | 美国 WT/DS199/1 | 30-05-2000 | 欧盟 WT/DS/199/2 | 08-01-2001 美国 WT/DS199/3 | 01-02-2001 WT/DSB/M/98 | 05-07-2001 WT/DS199/4 |
| 201 | 美国—1974年贸易法案及修正案第306节 | 欧盟 WT/DS200/1 | 05-06-2000 | 厄瓜多尔 WT/DS200/2 牙买加 WT/DS200/3 日本 WT/DS200/4 多米尼加共和国 WT/DS200/5 洪都拉斯 WT/DS200/6 危地马拉 WT/DS200/7 加拿大 WT/DS200/8 巴拿马 WT/DS200/9 澳大利亚 WT/DS200/10 圣卢西亚岛 WT/DS200/11 | | | |
| 202 | 尼加拉瓜—影响从洪都拉斯和哥伦比亚进口的措施 | 洪都拉斯 WT/DS201/1 | 06-06-2000 | 欧盟 WT/DS201/2 | | | |
| 203 | 美国—自韩国进口的圆焊碳质条形管的保障措施 | 韩国 WT/DS202/1 | 13-06-2000 | 欧盟 WT/DS202/2 日本 WT/DS202/3 | 15-09-2000 韩国 WT/DS202/4 | 23-10-2000 WT/DSB/M/91 | |

续表

| 序号 | 案件 | 请求磋商 | 收到磋商请求（日-月-年） | 加入磋商请求 | 请求成立专家组（日-月-年） | 专家组成立（日-月-年） | 双边达成解决方案（日-月-年） |
|---|---|---|---|---|---|---|---|
| 204 | 墨西哥—影响活猪贸易的措施 | 美国 WT/DS203/1 | 10-07-2000 | | | | |
| 205 | 墨西哥—影响电信服务的措施 | 美国 WT/DS204/1 和 Add—1 | 17-08-2000 | | 10-11-2000 美国 WT/DS204/2 18-02-2002 WT/DS204/3 | 17-04-2002 WT/DSB/M/123 | |
| 206 | 埃及—豆油罐装金枪鱼进口限令 | 泰国 WT/DS205/1 | 22-09-2000 | | | | |
| 207 | 美国—对来自印度钢板的反倾销及反补贴措施 | 印度 WT/DS206/1 | 04-10-2000 | | 07-06-2001 印度 WT/DS206/2 | 24-07-2001 WT/DSB/M/107 | |
| 208 | 智利—对特定农产品的综合价格制度及保障措施 | 阿根廷 WT/DS207/1 | 05-10-2000 | | 19-01-2001 阿根廷 WT/DS207/2 | 12-03-2001 WT/DSB/M/101 | |
| 209 | 土耳其—对于钢铁管配件征收反倾销税 | 巴西 WT/DS208/1 | 09-10-2000 | | | | |
| 210 | 欧盟—影响速溶咖啡的措施 | 巴西 WT/DS209/1 | 12-10-2000 | 厄瓜多尔 WT/DS209/2 | | | |
| 211 | 比利时—建立稻米海关税的管理办法 | 美国 WT/DS210/1 | 12-10-2000 | | 19-01-2001 美国 WT/DS210/2 01-03-2001 WT/DS201/2/Rev—1 | 12-03-2001 WT/DSB/M/101 | 18-12-2001 WT/DS210/6 |
| 212 | 埃及—对来自土耳其钢筋采取反倾销措施 | 土耳其 WT/DS211/1 | 06-11-2000 | | 04-05-2001 土耳其 WT/DS211/2 11-05-2001 WT/DS211/2/Corr—1 | 20-06-2001 WT/DSB/M/106 | |
| 213 | 美国—对于特定来自欧盟产品的反补贴措施 | 欧盟 WT/DS212/1 和 Add—1 | 10-11-2000 | 巴西 WT/DS212/2 和 Add—1 以色列 WT/DS212/3 | 10-08-2001 欧盟 WT/DS212/4 | 10-09-2001 WT/DSB/M/109 | |
| 214 | 美国—对特定来自德国的耐腐蚀扁钢征收反补贴税 | 欧盟 WT/DS213/1 和 Add—1 | 10-11-2000 | 印度 WT/DS213/2 | 10-08-2001 欧盟 WT/DS213/3 | 10-09-2001 WT/DSB/M/109 | |

续 表

| 序号 | 案件 | 请求磋商 | 收到磋商请求（日-月-年） | 加入磋商请求 | 请求成立专家组（日-月-年） | 专家组成立（日-月-年） | 双边达成解决方案（日-月-年） |
|---|---|---|---|---|---|---|---|
| 215 | 美国—对钢盘条和圆缝碳质钢管的保障措施 | 欧盟 WT/DS214/1 | 01-12-2000 | 加拿大 WT/DS214/2 印度 WT/DS214/3 | 10-08-2001 WT/DS214/4 | 10-09-2001 WT/DSB/M/109 | |
| 216 | 菲律宾—对来自韩国的聚乙烯树脂采取反倾销措施 | 韩国 WT/DS215/1 | 15-12-2000 | | | | |
| 217 | 墨西哥—对电力传输器采取临时反倾销措施 | 巴西 WT/DS216/1 | 20-12-2000 | 欧盟 WT/DS216/2 美国 WT/DS216/3 | | | |
| 218 | 美国—2000年持续性倾销及补贴补偿法 | 澳大利亚，巴西，智利，欧盟，印度，印度尼西亚，日本，韩国和泰国 WT/DS217/1 | 21-12-2000 | 阿根廷 WT/DS217/2 加拿大 WT/DS217/3 墨西哥 WT/DS217/4 和 Add—1 | 13-07-2001 澳大利亚，巴西，智利，欧盟，印度，印度尼西亚，日本，韩国和泰国 WT/DS217/5 | 23-08-2001 WT/DSB/M/108 | |
| 219 | 美国—对来自巴西的特定碳钢制品的反补贴税 | 巴西 WT/DS218/1 | 21-12-2000 | 欧盟 WT/DS218/2 | | | |
| 220 | 欧盟—对来自巴西的可锻铸铁管接头征收反倾销税 | 巴西 WT/DS219/1 | 21-12-2000 | | 08-06-2001 巴西 WT/DS219/2 | 24-07-2001 WT/DSB/M/107 | |
| 221 | 智利—对特定农产品相关的综合价格制度及保障措施 | 危地马拉 WT/DS220/1 | 05-01-2001 | | | | |
| 222 | 美国—乌拉圭回合协议第129(C)(1)节 | 加拿大 WT/DS221/1 | 17-01-2001 | 印度 WT/DS221/2 欧盟 WT/DS221/3 | 13-07-2001 加拿大 WT/DS221/4 | 23-08-2001 WT/DSB/M/108 | |
| 223 | 加拿大—地区航空器的出口信贷保证 | 巴西 WT/DS222/1 | 22-01-2001 | | 01-03-2001 巴西 WT/DS222/2 | 12-03-2001 WT/DSB/M/101 | |
| 224 | 欧盟—来自美国的玉米黄浆饲料的关税率配额 | 美国 WT/DS223/1 | 25-01-2001 | | | | |
| 225 | 美国—美国专利权 | 巴西 WT/DS224/1 | 31-01-2001 | 印度 WT/DS224/2 | | | |

续 表

| 序号 | 案件 | 请求磋商 | 收到磋商请求（日-月-年） | 加入磋商请求 | 请求成立专家组（日-月-年） | 专家组成立（日-月-年） | 双边达成解决方案（日-月-年） |
|---|---|---|---|---|---|---|---|
| 226 | 美国—对从意大利进口无缝管征收反倾销税 | 欧盟 WT/DS225/1 | 05-02-2001 | 日本 WT/DS225/2 | | | |
| 227 | 智利—对食用油混合物的临时保障措施 | 阿根廷 WT/DS226/1 | 19-02-2002 | | | | |
| 228 | 秘鲁—对香烟征税 | 智利 WT/DS227/1 和 Corr—1 to Corr—2 | 01-03-2001 | | 03-05-2001 智利 WT/DS227/2 此上诉于 2001 年 7 月 12 日被正式撤回 WT/DS227/3 | 20-06-2001 WT/DSB/M/106 | |
| 229 | 智利—对糖类的保障措施 | 哥伦比亚 WT/DS228/1 | 15-03-2001 | 古巴 WT/DS228/2 危地马拉 WT/DS228/3 尼加拉瓜 WT/DS228/4 哥斯达黎加 WT/DS228/5 萨瓦尔多 WT/DS228/6 | | | |
| 230 | 巴西—对来自印度的麻袋征收反倾销税 | 印度 WT/DS229/1 | 09-04-2001 | | | | |
| 231 | 智利—关于糖类的保障措施和程序修改 | 哥伦比亚 WT/DS230/1 | 17-04-2001 | 危地马拉 WT/DS230/2 哥斯达黎加 WT/DS230/3 古巴 WT/DS230/4 尼加拉瓜 WT/DS230/5 | | | |
| 232 | 欧盟—沙丁鱼贸易描述 | 秘鲁 WT/DS231/1 | 20-03-2001 | 委内瑞拉 WT/DS231/2 智利 WT/DS231/3 美国 WT/DS231/4 厄瓜多尔 WT/DS231/5 | 07-06-2001 秘鲁 WT/DS231/6 | 24-07-2001 WT/DSB/M/107 | 25-07-2003 WT/DS231/18 |

续 表

| 序号 | 案件 | 请求磋商 | 收到磋商请求（日-月-年） | 加入磋商请求 | 请求成立专家组（日-月-年） | 专家组成立（日-月-年） | 双边达成解决方案（日-月-年） |
|---|---|---|---|---|---|---|---|
| 233 | 墨西哥—影响火柴进口的措施 | 智利 WT/DS232/1 要求磋商的申请撤回 WT/DS232/3（02-02-2004） | 17-05-2001 | 欧盟 WT/DS232/2 | | | |
| 234 | 阿根廷—影响药类产品进口的措施 | 印度 WT/DS233/1 | 25-05-2001 | | | | |
| 235 | 美国—2000年持续性倾销及补贴补偿法案 | 加拿大和墨西哥 WT/DS234/1 | 21-05-2001 | 日本 WT/DS234/2 欧盟 WT/DS234/3 巴西 WT/DS234/4 印度尼西亚 WT/DS234/5 韩国 WT/DS234/6 印度 WT/DS234/7 危地马拉 WT/DS234/8 泰国 WT/DS234/9 澳大利亚 WT/DS234/10 智利 WT/DS234/11 | 10-08-2001 加拿大 WT/DS234/12 10-08-2001 墨西哥 WT/DS234/13 | 10-09-2001 争端解决机构决定于2001年8月23日成立专家组。应澳大利亚、巴西、智利、欧盟、印度、印度尼西亚、日本、韩国和泰国的要求。此案件也可参见加拿大和墨西哥申请。WT/DSB/M/109 | |
| 236 | 斯洛伐克—糖类进口的保障措施 | 波兰 WT/DS235/1 | 11-07-2001 | | | | 11-01-2002 WT/DS235/2 |
| 237 | 美国—对来自加拿大的特定软木的初步判决 | 加拿大 WT/DS236/1 | 21-08-2001 | | 26-10-2001 加拿大 WT/DS236/2 | 05-12-2001 WT/DSB/M/114 | 12-10-2006 WT/DS236/5 |
| 238 | 土耳其—新鲜水果的特定进口程序 | 厄瓜多尔 WT/DS237/1 | 31-08-2001 | 欧盟 WT/DS237/2 | 14-06-2002 厄瓜多尔 WT/DS237/3 | 29-07-2002 WT/DSB/M/130 | 22-11-2002 WT/DS237/4 |
| 239 | 阿根廷—桃脯进口的保障措施 | 智利 WT/DS238/1 | 14-09-2001 | | 06-12-2002 智利 WT/DS238/2 | 18-01-2002 WT/DSB/M/117 | |
| 240 | 美国—对从巴西进口硅金属征收反倾销税 | 巴西 WT/DS239/1 和 Rev—1 | 18-09-2001 01-11-2001 | 泰国 WT/DS239/2 欧盟 WT/DS239/3 | | | |

续 表

| 序号 | 案件 | 请求磋商 | 收到磋商请求（日-月-年） | 加入磋商请求 | 请求成立专家组（日-月-年） | 专家组成立（日-月-年） | 双边达成解决方案（日-月-年） |
|---|---|---|---|---|---|---|---|
| 241 | 罗马尼亚—小麦及小麦粉进口禁令 | 匈牙利 WT/DS240/1 和 WT/DS240/1 Add—1 | 18-10-2001 30-10-2001 | | 28-11-2001 匈牙利 WT/DS240/2 2001 年 12 月 20 日撤销建立专家组请求 WT/DS240/3 | | |
| 242 | 阿根廷—对来自巴西家禽征收反倾销税 | 巴西 WT/DS241/1 | 07-11-2001 | 欧盟 WT/DS241/2 | 26-02-2002 巴西 WT/DS241/3 | 17-04-2002 WT/DSB/M/123 | |
| 243 | 欧盟—普惠制 | 泰国 WT/DS242/1 | 07-12-2001 | 哥斯达黎加 WT/DS242/2 危地马拉 WT/DS242/3 尼加拉瓜 WT/DS242/4 洪都拉斯 WT/DS242/5 哥伦比亚 WT/DS242/6 | | | |
| 244 | 美国—纺织品及服装原产地证明 | 印度 WT/DS243/1 | 11-01-2002 | 孟加拉 WT/DS243/2 欧盟 WT/DS243/3 | 08-05-2002 印度 WT/DS243/5 07-06-2002 WT/DS243/5/Rev—1 | 24-06-2002 WT/DSB/M/128 | |
| 245 | 美国—对来自日本的耐腐蚀钢板反倾销税日落复审 | 日本 WT/DS244/1 | 30-01-2002 | 欧盟 WT/DS244/2 印度 WT/DS244/3 | 05-04-2002 日本 WT/DS244/4 | 22-05-2002 WT/DSB/M/124 和 Corr—1 | |
| 246 | 日本—影响苹果进口的措施 | 美国 WT/DS245/1 | 01-03-2002 | | 08-05-2002 美国 WT/DS245/2 | 03-06-2002 WT/DSB/M/125 | 30-08-2005 WT/DS245/21 |
| 247 | 欧盟—给予发展中国家的优惠关税条件 | 印度 WT/DS246/1 | 05-03-2002 | 委内瑞拉 WT/DS246/2 哥伦比亚 WT/DS246/3 | 06-12-2002 印度 WT/DS246/4 | 27-01-2003 WT/DSB/M/142 | |
| 248 | 美国—对来自加拿大的软木进口的临时反倾销措施 | 加拿大 WT/DS247/1 | 06-03-2002 | | | | 12-10-2006 WT/DS247/2 |

续 表

| 序号 | 案件 | 请求磋商 | 收到磋商请求（日-月-年） | 加入磋商请求 | 请求成立专家组（日-月-年） | 专家组成立（日-月-年） | 双边达成解决方案（日-月-年） |
|---|---|---|---|---|---|---|---|
| 249 | 美国—对于特定钢铁制品进口的保障措施 | 欧盟 WT/DS248/1 | 07-03-2002 | 日本 WT/DS248/2 瑞士 WT/DS248/3 韩国 WT/DS248/4 挪威 WT/DS248/5 委内瑞拉 WT/DS248/6 加拿大 WT/DS248/7 墨西哥 WT/DS248/8 中国 WT/DS248/9 新西兰 WT/DS248/10 | 08-05-2002 欧盟 WT/DS248/12 | 03-06-2002 WT/DSB/M/125 | |
| 250 | 美国—对于特定钢铁产品的保障措施 | 日本 WT/DS249/1 | 20-03-2002 | 挪威 WT/DS249/2 新西兰 WT/DS249/3 墨西哥 WT/DS249/4 | 24-05-2002 日本 WT/DS249/6 | 14-06-2002 争端解决机构同意在2002年6月3日成立专家组来调查欧盟提请的上诉，同时也就日本提请的类似案件上诉做相应调查 WT/DSB/M/127 | |
| 251 | 美国—美国佛罗里达州对橙、柚加工产品的补贴性特许权税 | 巴西 WT/DS250/1 | 20-03-2002 | | 19-08-2002 巴西 WT/DS250/2 | 01-10-2002 WT/DSB/M/133 | 28-05-2004 WT/DS250/3 |
| 252 | 美国—对于特定钢铁产品进口的保障措施 | 韩国 WT/DS251/1 | 20-03-2002 | 挪威 WT/DS251/2 日本 WT/DS251/3 新西兰 WT/DS251/4 墨西哥 WT/DS251/5 | 24-05-2002 韩国 WT/DS251/7 | 14-06-2002 争端解决机构同意在2002年6月3日成立专家组来调查欧盟提请的上诉，同时也就韩国提请的类似案件上诉做相应调查 WT/DSB/M/127 | |

续 表

| 序号 | 案件 | 请求磋商 | 收到磋商请求（日-月-年） | 加入磋商请求 | 请求成立专家组（日-月-年） | 专家组成立（日-月-年） | 双边达成解决方案（日-月-年） |
|---|---|---|---|---|---|---|---|
| 253 | 美国—对于特定钢铁产品进口的保障措施 | 中国 WT/DS252/1 | 26-03-2002 | 日本 WT/DS252/2 新西兰 WT/DS252/3 | 27-05-2002 中国 WT/DS252/5 | 24-06-2002 争端解决机构同意在2002年6月3日成立专家组来调查欧盟提请的上诉，同时也就中国提请的类似案件上诉做相应调查 WT/DSB/M/128 | |
| 254 | 美国—对于特定钢铁产品进口的保障措施 | 瑞士 WT/DS253/1 | 03-04-2002 | 新西兰 WT/DS253/2 日本 WT/DS253/3 | 04-06-2002 瑞士 WT/DS253/5 | 24-06-2002 争端解决机构同意在2002年6月3日成立专家组来调查欧盟提请的上诉，同时也就瑞士提请的类似案件上诉做相应调查 WT/DSB/M/128 | |
| 255 | 美国—对于特定钢铁产品进口的保障措施 | 挪威 WT/DS254/1 | 04-04-2002 | 新西兰 WT/DS254/2 日本 WT/DS254/3 | 04-06-2002 挪威 WT/DS254/5 | 24-06-2002 争端解决机构同意在2002年6月3日成立专家组来调查欧盟提请的上诉，同时也就挪威提请的类似案件上诉做相应调查 WT/DSB/M/128 | |
| 256 | 秘鲁—对特定进口产品的税收措施 | 智利 WT/DS255/1 | 22-04-2002 | 美国 WT/DS255/2 | 14-06-2002 智利 WT/DS255/3 25-09-2002 WT/DS255/5 （此事件撤回） | | |
| 257 | 土耳其—对来自匈牙利的宠物食品进口禁令 | 匈牙利 WT/DS256/1 | 03-05-2002 | | | | |
| 258 | 对来自加拿大的特定软木的最终反补贴税决定 | 加拿大 WT/DS257/1 | 03-05-2002 | | 19-07-2002 加拿大 WT/DS257/2 19-08-2002 WT/DS257/3 | 01-10-2002 WT/DSB/M/133 | 12-10-2006 WT/DS257/26 |

续 表

| 序号 | 案件 | 请求磋商 | 收到磋商请求（日-月-年） | 加入磋商请求 | 请求成立专家组（日-月-年） | 专家组成立（日-月-年） | 双边达成解决方案（日-月-年） |
|---|---|---|---|---|---|---|---|
| 259 | 美国—对于特定钢铁产品进口的保障措施 | 新西兰 WT/DS258/1 | 14-05-2002 | 欧盟 WT/DS258/2 日本 WT/DS258/3 韩国 WT/DS258/4 挪威 WT/DS258/5 中国 WT/DS258/6 墨西哥 WT/DS258/7 | 28-06-2002 新西兰 WT/DS258/9 | 08-07-2002 争端解决机构同意在 2002 年 6 月 3 日成立专家组来调查欧盟提请的上诉，同时也就新西兰提请的类似案件上诉做相应调查 WT/DSB/M/129 | |
| 260 | 美国—对特定钢铁产品进口采取的保障措施 | 巴西 WT/DS259/1 | 21-05-2002 | 欧盟 WT/DS259/2 日本 WT/DS259/3 韩国 WT/DS259/4 挪威 WT/DS259/5 中国 WT/DS259/6 墨西哥 WT/DS259/7 | 22-07-2002 巴西 WT/DS259/10 | 29-07-2002 争端解决机构同意在 2002 年 6 月 3 日成立专家组来调查欧盟提请的上诉，同时也就巴西提请的类似案件上诉做相应调查 WT/DSB/M/130 | |
| 261 | 欧盟—对于特定钢铁产品进口的临时保障措施 | 美国 WT/DS260/1 | 30-05-2002 | 日本 WT/DS260/2 | 19-08-2002 美国 WT/DS260/4 | 16-09-2002 WT/DSB/M/132 | |
| 262 | 乌拉圭—特定产品的税收待遇 | 智利 WT/DS261/1 | 18-06-2002 | 欧盟 WT/DS261/2 墨西哥 WT/DS261/3 | 03-04-2003 智利 WT/DS261/4 | 19-05-2003 WT/DSB/M/150 | 08-01-2004 WT/DS261/7 |
| 263 | 美国—对来自德国和法国的特定钢铁产品的反倾销和反补贴税的日落复审 | 欧盟 WT/DS262/1 | 25-07-2002 | 加拿大 WT/DS262/2 日本 WT/DS262/3 | | | |
| 264 | 欧盟—影响酒类进口的措施 | 阿根廷 WT/DS263/1 | 04-09-2002 | | | | |
| 265 | 美国—对来自加拿大的木材的最终倾销决定 | 加拿大 WT/DS264/1 | 13-09-2002 | | 06-12-2002 加拿大 WT/DS264/2 | 08-01-2003 WT/DSB/M/140 | 12-10-2006 WT/DS264/29 |

续 表

| 序号 | 案件 | 请求磋商 | 收到磋商请求（日-月-年） | 加入磋商请求 | 请求成立专家组（日-月-年） | 专家组成立（日-月-年） | 双边达成解决方案（日-月-年） |
|---|---|---|---|---|---|---|---|
| 266 | 欧盟—糖类出口补贴 | 澳大利亚 WT/DS265/1 | 27-09-2002 | 毛里求斯 WT/DS265/2 巴西 WT/DS265/3 瑞士 WT/DS265/4 斐济 WT/DS265/5 圭亚那 WT/DS265/6 伯利兹 WT/DS265/7 牙买加 WT/DS265/8 印度 WT/DS265/9 津巴布韦 WT/DS265/10 马拉维 WT/DS265/11 加拿大 WT/DS265/12 肯尼亚 WT/DS265/13 巴巴多斯岛 WT/DS265/14 科特迪瓦 WT/DS265/15 刚果 WT/DS265/16 马达加斯加岛 WT/DS265/17 哥伦比亚 WT/DS265/18 圣基茨和尼维斯 WT/DS265/19 | 09-07-2003 澳大利亚 WT/DS265/21 | 29-08-2003 WT/DSB/M/155 | |
| 267 | 欧盟—糖类出口补贴 | 巴西 WT/DS266/1 | 27-09-2002 | 澳大利亚 WT/DS266/2 毛里求斯 WT/DS266/3 印度 WT/DS266/4 瑞士 WT/DS266/5 斐济 WT/DS266/6 圭亚那 WT/DS266/7 | | | |

续 表

| 序号 | 案件 | 请求磋商 | 收到磋商请求（日-月-年） | 加入磋商请求 | 请求成立专家组（日-月-年） | 专家组成立（日-月-年） | 双边达成解决方案（日-月-年） |
|---|---|---|---|---|---|---|---|
| 267 | 欧盟—糖类出口补贴 | | | 伯利兹 WT/DS266/8 牙买加 WT/DS266/9 津巴布韦 WT/DS266/10 马拉维 WT/DS266/11 加拿大 WT/DS266/12 肯尼亚 WT/DS266/13 巴巴多斯岛 WT/DS266/14 科特迪瓦 WT/DS266/15 刚果 WT/DS266/16 马达加斯加岛 WT/DS266/17 哥伦比亚 WT/DS266/18 圣基茨和尼维斯 WT/DS266/19 | 09-07-2003 巴西 WT/DS266/21 | 29-08-2003 WT/DSB/M/155 | |
| 268 | 美国—陆地棉补贴 | 巴西 WT/DS267/1 | 27-09-2002 | 津巴布韦 WT/DS267/2 印度 WT/DS267/3 阿根廷 WT/DS267/4 加拿大 WT/DS267/5 | 06-02-2003 巴西 WT/DS267/7 | 18-03-2003 WT/DSB/M/145 | |
| 269 | 美国—对来自阿根廷的石油管材的反倾销措施日落复审 | 阿根廷 WT/DS268/1 | 07-10-2002 | | 03-04-2003 阿根廷 WT/DS268/2 | 19-05-2003 WT/DSB/M/150 | |
| 270 | 欧盟—对冷冻无骨鸡块的关税分类 | 巴西 WT/DS269/1 | 11-10-2002 | 美国 WT/DS269/2 | 19-09-2003 巴西 WT/DS269/3 | 07-11-2003 WT/DSB/M/157 | |
| 271 | 澳大利亚—影响新鲜水果和蔬菜进口的特定措施 | 菲律宾 WT/DS270/1 | 18-10-2002 | 欧盟 WT/DS270/2 泰国 WT/DS270/3 | 07-07-2003 菲律宾 WT/DS270/5/Rev—1 | 29-08-2003 WT/DSB/M/155 | |
| 272 | 澳大利亚—影响菠萝进口的措施 Pineapple | 菲律宾 WT/DS271/1 | 18-10-2002 | 欧盟 WT/DS271/2 泰国 WT/DS271/3 | | | |

续 表

| 序号 | 案件 | 请求磋商 | 收到磋商请求（日-月-年） | 加入磋商请求 | 请求成立专家组（日-月-年） | 专家组成立（日-月-年） | 双边达成解决方案（日-月-年） |
|---|---|---|---|---|---|---|---|
| 273 | 秘鲁—对来自阿根廷的植物油征收临时税 | 阿根廷 WT/DS272/1 | 21-10-2002 | | | | |
| 274 | 韩国—影响商船贸易的措施 | 欧盟 WT/DS273/1 | 21-10-2002 | | 11-06-2003 欧盟 WT/DS273/2 | 21-07-2003 WT/DSB/M/153 | |
| 275 | 美国—对于特定钢铁产品进口的保障措施 | 单独关税区包括台湾、澎湖、金门和马祖 WT/DS274/1 | 01-11-2002 | 日本 WT/DS274/2 | | | |
| 276 | 委内瑞拉—对特定农产品进口许可证措施 | 美国 WT/DS275/1 | 07-11-2002 | 欧盟 WT/DS275/2 加拿大 WT/DS275/3 新西兰 WT/DS275/4 阿根廷 WT/DS275/5 哥伦比亚 WT/DS275/6 智利 WT/DS275/7 | | | |
| 277 | 加拿大—对于小麦出口措施和谷物进口待遇 | 美国 WT/DS276/1 | 17-12-2002 | 日本 WT/DS276/2 墨西哥 WT/DS276/3 欧盟 WT/DS276/4 澳大利亚 WT/DS276/5 | 06-03-2003 美国 WT/DS276/6 30-06-2003 美国 WT/DS276/9 | 31-03-2003 WT/DSB/M/146 11-07-2003 WT/DSB/M/152 | |
| 278 | 美国—对来自加拿大的软木的国际贸易商会调查 | 加拿大 WT/DS277/1 | 20-12-2002 | | 03-04-2003 加拿大 WT/DS277/2 | 07-05-2003 WT/DSB/M/149 | 12-10-2006 WT/DS277/20 |
| 279 | 智利—果糖进口的保障措施 | 阿根廷 WT/DS278/1 | 20-12-2002 | | | | |
| 280 | 印度—2002年至2007年进出口政策中进口限制的持续 | 欧盟 WT/DS279/1 | 23-12-2002 | 美国 WT/DS279/2 | | | |
| 281 | 美国—对来自墨西哥的钢板的反补贴税 | 墨西哥 WT/DS280/1 | 21-01-2003 | | 04-08-2003 墨西哥 WT/DS280/2 | 29-08-2003 WT/DSB/M/155 | |

续 表

| 序号 | 案件 | 请求磋商 | 收到磋商请求（日-月-年） | 加入磋商请求 | 请求成立专家组（日-月-年） | 专家组成立（日-月-年） | 双边达成解决方案（日-月-年） |
|---|---|---|---|---|---|---|---|
| 282 | 美国—对来自墨西哥水泥的反倾销措施 | 墨西哥 WT/DS281/1 | 31-01-2003 | | 29-07-2003 墨西哥 WT/DS281/2 | 29-08-2003 WT/DSB/M/155 | |
| 283 | 美国—对来自墨西哥的石油工业用管材的反倾销措施 | 墨西哥 WT/DS282/1 | 18-02-2003 | | 29-07-2003 墨西哥 WT/DS282/2 | 29-08-2003 WT/DSB/M/155 | |
| 284 | 欧盟—糖类出口补贴 | 泰国 WT/DS283/1 | 14-03-2003 | | 09-07-2003 泰国 WT/DS283/2 | 29-08-2003 WT/DSB/M/155 | |
| 285 | 墨西哥—阻碍来自尼加拉瓜黑豆进口的特定措施 | 尼加拉瓜 WT/DS284/1 | 17-03-2003 | 美国 WT/DS284/2 加拿大 WT/DS284/3 | | | |
| 286 | 美国—影响博彩业跨境提供的措施 | 安提瓜和巴布达 WT/DS285/1 和 WT/DS285/1/Add－1 | 13-03-2003 01-04-2003 | | 12-06-2003 安提瓜和巴布达 WT/DS285/2 | 21-07-2003 WT/DSB/M/153 | |
| 287 | 欧盟—冷冻无骨鸡的关税分类 | 泰国 WT/DS286/1 | 25-03-2003 | 巴西 WT/DS286/2 美国 WT/DS286/3 | 27-10-2003 泰国 WT/DS286/5 | 21-11-2003 争端解决机构同意在11月7日成立专家组对巴西（WT/DS269/3）做出的上诉进行调查，同时也调查泰国（WT/DSB/M/15）就同一事件提出的投诉 | |
| 288 | 澳大利亚—进口检疫制度 | 欧盟 WT/DS287/1 | 03-04-2003 | 智利 WT/DS287/2 加拿大 WT/DS287/3 印度 WT/DS287/4 菲律宾 WT/DS287/5 | 29-08-2003 欧盟 WT/DS287/7 和 14-10-2003 WT/DS287/7/Rev－1 | | |
| 289 | 南非—对来自土耳其毛毯的反倾销措施 | 土耳其 WT/DS288/1 | 09-04-2003 | | | | |
| 290 | 捷克共和国—对来自波兰的猪肉进口的格外关税 | 波兰 WT/DS289/1 | 16-04-2003 | | | | |

续 表

| 序号 | 案件 | 请求磋商 | 收到磋商请求（日-月-年） | 加入磋商请求 | 请求成立专家组（日-月-年） | 专家组成立（日-月-年） | 双边达成解决方案（日-月-年） |
|---|---|---|---|---|---|---|---|
| 291 | 欧盟—农产品和食品的商标及地理标识保护 | 澳大利亚 WT/DS290/1 | 17-04-2003 | 马耳他 WT/DS290/2 保加利亚 WT/DS290/3 捷克共和国 WT/DS290/4 塞浦路斯 WT/DS290/5 美国 WT/DS290/6 斯洛文尼亚 WT/DS290/7 新西兰 WT/DS290/8 土耳其 WT/DS290/9 墨西哥 WT/DS290/10 阿根廷 WT/DS290/11 匈牙利 WT/DS290/12 哥伦比亚 WT/DS290/13 罗马尼亚 WT/DS290/14 斯洛伐克共和国 WT/DS290/15 单独关税区包括台湾、澎湖、金门和马祖 WT/DS290/16 | 18-08-2003 澳大利亚 WT/DS290/18 | 02-10-2003 WT/DSB/M/156 | |
| 292 | 欧盟—影响生物科技产品批准及营销的措施 | 美国 WT/DS291/1 | 13-05-2003 | 秘鲁 WT/DS291/2 哥伦比亚 WT/DS291/3 墨西哥 WT/DS291/4 澳大利亚 WT/DS291/5 新西兰 WT/DS291/6 阿根廷 WT/DS291/7 巴西 WT/DS291/8 | | | |

续表

| 序号 | 案件 | 请求磋商 | 收到磋商请求（日-月-年） | 加入磋商请求 | 请求成立专家组（日-月-年） | 专家组成立（日-月-年） | 双边达成解决方案（日-月-年） |
|---|---|---|---|---|---|---|---|
| 292 | | | | 加拿大<br>WT/DS291/9<br>印度<br>WT/DS291/10<br>智利<br>WT/DS291/11 | 07-08-2003<br>WT/DS291/23 | 29-08-2003<br>WT/DSB/M/155 | |
| 293 | 欧盟—影响生物科技产品批准及营销的措施 | 加拿大<br>WT/DS292/1 | 13-05-2003 | 墨西哥<br>WT/DS292/2<br>美国<br>WT/DS292/3<br>澳大利亚<br>WT/DS292/4<br>阿根廷<br>WT/DS292/5<br>巴西<br>WT/DS292/6<br>印度<br>WT/DS292/7<br>新西兰<br>WT/DS292/8 | 07-08-2003<br>WT/DS292/17 | 29-08-2003<br>WT/DSB/M/155 | |
| 294 | 欧盟—影响生物科技产品批准及营销的措施 | 阿根廷<br>WT/DS293/1 | 14-05-2003 | 墨西哥<br>WT/DS293/2<br>美国<br>WT/DS293/3<br>澳大利亚<br>WT/DS293/4<br>巴西<br>WT/DS293/5<br>加拿大<br>WT/DS293/6<br>印度<br>WT/DS293/7<br>新西兰<br>WT/DS293/8 | 07-08-2003<br>阿根廷<br>WT/DS293/17 | 29-08-2003<br>WT/DSB/M/155 | |
| 295 | 美国—计算倾销差额（归零法）的法律、规则及方法 | 欧盟<br>WT/DS294/1<br>和<br>WT/DS294/1/Add－1 | 12-06-2003<br>08-09-2003 | 印度<br>WT/DS294/2<br>韩国<br>WT/DS294/3<br>日本<br>WT/DS294/4<br>墨西哥<br>WT/DS294/5<br>和<br>WT/DS294/6 | 05-02-2004<br>欧盟<br>WT/DS294/7 | 19-03-2004<br>WT/DSB/M/166 | |
| 296 | 墨西哥—对于牛肉及稻米反倾销措施 | 美国<br>WT/DS295/1 | 16-06-2003 | | 19-09-2003<br>美国<br>WT/DS295/2 | | |

续 表

| 序号 | 案件 | 请求磋商 | 收到磋商请求（日-月-年） | 加入磋商请求 | 请求成立专家组（日-月-年） | 专家组成立（日-月-年） | 双边达成解决方案（日-月-年） |
| --- | --- | --- | --- | --- | --- | --- | --- |
| 297 | 美国—对来自韩国的计算机动态随机存取存储器芯片（DRAMS）征收反补贴税调查 | 韩国 WT/DS296/1 和 WT/DS296/1/Add—1 | 30-06-2003 18-08-2003 | | 19-11-2003 韩国 WT/DS296/2 | 23-01-2004 WT/DSB/M/163 | |
| 298 | 克罗地亚—影响活体动物及肉产品进口的措施 | 匈牙利 WT/DS297/1 | 09-07-2003 | | | | |
| 299 | 墨西哥—对于海关估价及其他特定用途的定价方法 | 危地马拉 WT/DS298/1 撤销要求磋商的请求 WT/DS298/2 (29-08-2005) | 22-07-2003 | | | | |
| 300 | 欧盟—对来自韩国的计算机动态随机存取存储器芯片采取的反补贴措施 | 韩国 WT/DS299/1 和 WT/DS299/1/Rev—1/和 Add—1 | 25-07-2003 25-08-2003 | | 19-11-2003 韩国 WT/DS299/2 | 23-01-2004 WT/DSB/M/163 | |
| 301 | 多米尼加共和国—影响香烟进口的措施 | 洪都拉斯 WT/DS300/1 | 28-08-2003 | | | | |
| 302 | 欧盟—影响商船贸易的措施 | 韩国 WT/DS301/1 | 03-09-2003 | 中国 WT/DS301/2 | 05-02-2004 韩国 WT/DS301/3 | 19-03-2004 WT/DSB/M/163 | |
| 303 | 多米尼加共和国—影响香烟进口和国内销售的措施 | 洪都拉斯 WT/DS302/1 | 08-10-2003 | 危地马拉 WT/DS302/2 尼加拉瓜 WT/DS302/3 | 08-12-2003 洪都拉斯 WT/DS302/5 | 09-01-2004 WT/DSB/M/162 | |
| 304 | 厄瓜多尔—对中密度板进口的保障措施 | 智利 WT/DS303/1 | 24-11-2003 | | | | |
| 305 | 印度—对来自欧盟的特定产品进口的反倾销措施 | 欧盟 WT/DS304/1 和 Corr—1 | 08-12-2003 | 土耳其 WT/DS304/2 单独关税区包括中国台湾、澎湖、金门和马祖 WT/DS304/3 | | | |
| 306 | 埃及—影响纺织品及服装进口的措施 | 美国 WT/DS305/1 | 23-12-2003 | 欧盟 WT/DS305/2 | | | 20-05-2005 WT/DS305/4 |

续 表

| 序号 | 案件 | 请求磋商 | 收到磋商请求（日-月-年） | 加入磋商请求 | 请求成立专家组（日-月-年） | 专家组成立（日-月-年） | 双边达成解决方案（日-月-年） |
|---|---|---|---|---|---|---|---|
| 307 | 印度—对来自孟加拉电池采取的反倾销措施 | 孟加拉 WT/DS306/1 | 28-01-2004 | 欧盟 WT/DS306/2 | | | 20-02-2006 WT/DS306/3 |
| 308 | 欧盟—对商船的补贴 | 韩国 WT/DS307/1 | 13-02-2004 | | | | |
| 309 | 墨西哥—对于非酒精饮料及其他饮料征税 | 美国 WT/DS308/1 | 16-03-2004 | 加拿大 WT/DS308/2 | 10-06-2004 美国 WT/DS308/4 | 06-07-2004 WT/DSB/M/172 | |
| 310 | 中国—对集成电路的增值税 | 美国 WT/DS309/1 | 18-03-2004 | 欧盟 WT/DS309/2 日本 WT/DS309/3 墨西哥 WT/DS309/4 单独关税区包括中国台湾、澎湖、金门和马祖 WT/DS309/5 | | | 05-10-2005 WT/DS309/8 |
| 311 | 美国—国际贸易委员会对来自加拿大的硬粒赤春小麦的决定 | 加拿大 WT/DS310/1 | 08-04-2004 | | 10-06-2004 加拿大 WT/DS310/2 On 20-07-2004 加拿大请求将成立专家组的要求从争端解决机构议程中撤出，保留其在未来会议中对该项请求的权利 (WT/DSB/M/173) | | |
| 312 | 美国—对来自加拿大软木的反补贴税复审 | 加拿大 WT/DS311/1 | 14-04-2004 | | | | 12-10-2006 WT/DS311/2 |
| 313 | 韩国—对来自印度尼西亚特定纸张征收反倾销税 | 印度尼西亚 WT/DS312/1 | 04-06-2004 | | 16-08-2004 印度尼西亚 WT/DS312/2 | 27-09-2004 WT/DSB/M/176 | |
| 314 | 欧盟—对来自印度的扁钢和非合金钢产品采取反倾销措施 | 印度 WT/DS313/1 | 05-07-2004 | | | | 22-10-2004 WT/DS313/2 |
| 315 | 墨西哥—对来自欧盟的橄榄油采取临时反补贴措施 | 欧盟 WT/DS314/1 | 18-08-2004 | | | | |

续 表

| 序号 | 案件 | 请求磋商 | 收到磋商请求（日-月-年） | 加入磋商请求 | 请求成立专家组（日-月-年） | 专家组成立（日-月-年） | 双边达成解决方案（日-月-年） |
|---|---|---|---|---|---|---|---|
| 316 | 欧盟—特定海关措施 | 美国 WT/DS315/1 | 21-09-2004 | 澳大利亚 WT/DS315/2 日本 WT/DS315/3 巴西 WT/DS315/4 阿根廷 WT/DS315/5 单独关税区包括中国台湾、澎湖、金门和马祖 WT/DS315/6 印度 WT/DS315/7 | 13-01-2005 美国 WT/DS315/8 | 21-03-2005 WT/DSB/M/186 | |
| 317 | 欧盟及其某些成员国—影响大型民用航空器贸易的措施 | 美国 WT/DS316/1 和 WT/DS316/1/Add—1 | 06-10-2004 31-01-2006 | | 31-05-2005 美国 WT/DS316/2 11-04-2006 美国 WT/DS316/6 | 20-07-2005 WT/DSB/M/194 09-05-2006 WT/DSB/M/211 和 Corr—1 | |
| 318 | 美国—影响大型民用航空器贸易的措施 | 欧盟 WT/DS317/1 和 WT/DS317/1/Add—1 | 06-10-2004 27-06-2005 | | 31-05-2005 欧盟 WT/DS317/2 20-01-2006 欧盟 WT/DS317/5 | 20-07-2005 WT/DSB/M/194 17-02-2006 WT/DSB/M/205 | |
| 319 | 印度—对来自单独关税区包括中国台湾、澎湖、金门和马祖特定产品的反倾销措施 | 单独关税区包括中国台湾、澎湖、金门和马祖 WT/DS318/1 | 28-10-2004 | | | | |
| 320 | 美国—1930 年关税法案第 776 节 | 欧盟 WT/DS319/1 | 05-11-2004 | | | | |
| 321 | 美国—继续中止在荷尔蒙案件中的义务 | 欧盟 WT/DS320/1 | 08-11-2004 | 加拿大 WT/DS320/2 澳大利亚 WT/DS320/3 墨西哥 WT/DS320/4 | 13-01-2005 欧盟 WT/DS320/6 | 17-02-2005 WT/DSB/M/183 | |
| 322 | 加拿大—欧盟继续中止在荷尔蒙案件中的义务 | 欧盟 WT/DS321/1 | 08-11-2004 | 澳大利亚 WT/DS321/2 墨西哥 WT/DS321/3 美国 WT/DS321/4 | 13-01-2005 欧盟 WT/DS321/6 | 17-02-2005 WT/DSB/M/183 | |

续 表

| 序号 | 案件 | 请求磋商 | 收到磋商请求（日-月-年） | 加入磋商请求 | 请求成立专家组（日-月-年） | 专家组成立（日-月-年） | 双边达成解决方案（日-月-年） |
|---|---|---|---|---|---|---|---|
| 323 | 美国—与归零法及日落复审相关的措施 | 日本 WT/DS322/1 | 24-11-2004 | 印度 WT/DS322/2 挪威 WT/DS322/3 阿根廷 WT/DS322/4 单独关税区包括中国台湾、澎湖、金门和马祖 WT/DS322/5 欧盟 WT/DS322/6 墨西哥 WT/DS322/7 | 04-02-2005 日本 WT/DS322/8 | 28-02-2005 WT/DSB/M/185 | |
| 324 | 日本—干紫菜和风化紫菜进口配额 | 韩国 WT/DS323/1 | 01-12-2004 | | 04-02-2005 韩国 WT/DS323/2 | 21-03-2005 WT/DSB/M/186 | 23-01-2006 WT/DS323/5 |
| 325 | 美国—对来自泰国虾的临时反倾销措施 | 泰国 WT/DS324/1 | 09-12-2004 | 日本 WT/DS324/2 巴西 WT/DS324/3 欧盟 WT/DS324/4 中国 WT/DS324/5 印度 WT/DS324/6 厄瓜多尔 WT/DS324/7 | | | |
| 326 | 美国—对来自墨西哥的不锈钢的反倾销措施 | 墨西哥 WT/DS325/1 | 05-01-2005 | 日本 WT/DS325/2 欧盟 WT/DS325/3 | | | |
| 327 | 欧盟—对于鲑鱼的保障措施 | 智利 WT/DS326/1 撤回磋商请求 WT/DS326/4 (12-05-2005) | 08-02-2005 | 挪威 WT/DS326/2 | | | |
| 328 | 埃及—对来自巴基斯坦火柴的反倾销措施 | 巴基斯坦 WT/DS327/1 | 21-02-2005 | | 09-06-2005 巴基斯坦 WT/DS327/2 | 20-07-2005 WT/DSB/M/194 | 27-03-2006 WT/DS327/3 |

续 表

| 序号 | 案件 | 请求磋商 | 收到磋商请求（日-月-年） | 加入磋商请求 | 请求成立专家组（日-月-年） | 专家组成立（日-月-年） | 双边达成解决方案（日-月-年） |
|---|---|---|---|---|---|---|---|
| 329 | 欧盟—对于鲑鱼的保障措施 | 挪威 WT/DS328/1 | 01-03-2005 | 智利 WT/DS328/2 | | | |
| 330 | 巴拿马—对于特定奶类产品的关税分类 | 墨西哥 WT/DS329/1 | 16-03-2005 | | | | 20-09-2005 WT/DS329/2 |
| 331 | 阿根廷—对于橄榄油、面筋及桃子的反补贴税 | 欧盟 WT/DS330/1 | 29-04-2005 | | | | |
| 332 | 墨西哥—对来自危地马拉的钢管征收反倾销税 | 危地马拉 WT/DS331/1 | 17-06-2005 | | 06-02-2006 危地马拉 WT/DS331/2 | 17-03-2006 WT/DSB/M/207 | |
| 333 | 巴西—影响翻新轮胎进口的措施 | 欧盟 WT/DS332/1 | 20-06-2005 | 阿根廷 WT/DS332/2 | 17-11-2005 欧盟 WT/DS332/4 | 20-01-2006 WT/DSB/M/203 | |
| 334 | 多米尼加共和国—影响自哥斯达黎加进口的外汇费用 | 哥斯达黎加 WT/DS333/1 | 12-09-2005 | 危地马拉 WT/DS333/2 萨瓦尔多 WT/DS333/3 | | | |
| 335 | 土耳其—影响稻米进口的措施 | 美国 WT/DS334/1 | 02-11-2005 | 澳大利亚 WT/DS334/2 泰国 WT/DS334/3 | 06-02-2006 美国 WT/DS334/4 | 17-03-2006 WT/DSB/M/207 | |
| 336 | 美国—对来自厄瓜多尔的虾的反倾销措施 | 厄瓜多尔 WT/DS335/1 | 17-11-2005 | 欧盟 WT/DS335/2 印度 WT/DS335/3 巴西 WT/DS335/4 泰国 WT/DS335/5 | 08-06-2006 厄瓜多尔 WT/DS335/6 | 19-07-2006 WT/DSB/M/217 | |
| 337 | 日本—对来自韩国的计算机动态随机存取存储器芯片的反补贴措施 | 韩国 WT/DS336/1 | 14-03-2006 | 美国 WT/DS336/2 欧盟 WT/DS336/3 | 18-05-2006 韩国 WT/DS336/5 | 19-06-2006 WT/DSB/M/215 | |
| 338 | 欧盟—对来自挪威的养殖鲑鱼的反倾销措施 | 挪威 WT/DS337/1 和 WT/DS337/1/Add—1 | 17-03-2006 27-03-2006 | | 29-05-2006 挪威 WT/DS337/2 | 22-06-2006 WT/DSB/M/216 | |
| 339 | 加拿大—对来自美国谷物玉米征收临时的反倾销税和反补贴税 | 美国 WT/DS338/1 | 17-03-2006 | | | | |

续 表

| 序号 | 案件 | 请求磋商 | 收到磋商请求（日-月-年） | 加入磋商请求 | 请求成立专家组（日-月-年） | 专家组成立（日-月-年） | 双边达成解决方案（日-月-年） |
|---|---|---|---|---|---|---|---|
| 340 | 中国—影响汽车零部件进口的措施 | 欧盟 WT/DS339/1 | 30-03-2006 | 美国 WT/DS339/2 日本 WT/DS339/3 澳大利亚 WT/DS339/4 墨西哥 WT/DS339/5 加拿大 WT/DS339/6 | 15-09-2006 欧盟 WT/DS339/8 | 26-10-2006 WT/DSB/M/221 | |
| 341 | 中国—影响汽车零部件进口的措施 | 美国 WT/DS340/1 | 30-03-2006 | 日本 WT/DS340/2 欧盟 WT/DS340/3 澳大利亚 WT/DS340/4 墨西哥 WT/DS340/5 加拿大 WT/DS340/6 | 15-09-2006 美国 WT/DS340/8 | 26-10-2006 WT/DSB/M/221 | |
| 342 | 墨西哥—对来自欧盟的橄榄油采取反补贴措施 | 欧盟 WT/DS341/1 | 31-03-2006 | | | | |
| 343 | 中国—影响汽车零部件进口的措施 | 加拿大 WT/DS342/1 | 13-04-2006 | 美国 WT/DS342/2 澳大利亚 WT/DS342/3 日本 WT/DS342/4 欧盟 WT/DS342/5 墨西哥 WT/DS342/6 | 15-09-2006 加拿大 WT/DS342/8 | 26-10-2006 WT/DSB/M/221 | |
| 344 | 美国—影响来自泰国虾的措施 | 泰国 WT/DS343/1 和 Corr—2 | 24-04-2006 | 印度 WT/DS343/2 日本 WT/DS343/3 巴西 WT/DS343/4 中国 WT/DS343/5 | 15-09-2006 泰国 WT/DS343/7 | 26-10-2006 WT/DSB/M/221 | |
| 345 | 美国—对来自墨西哥不锈钢的反倾销措施 | 墨西哥 WT/DS344/1 | 26-05-2006 | 日本 WT/DS344/2 | 12-10-2006 墨西哥 WT/DS344/4 | 26-10-2006 WT/DSB/M/221 | |
| 346 | 美国—涉及反倾销及反补贴税的商品海关保证金 | 印度 WT/DS345/1 | 06-06-2006 | 泰国 WT/DS345/2 中国 WT/DS345/3 巴西 WT/DS345/4 | 13-10-2006 印度 WT/DS345/6 | | |

续 表

| 序号 | 案件 | 请求磋商 | 收到磋商请求（日-月-年） | 加入磋商请求 | 请求成立专家组（日-月-年） | 专家组成立（日-月-年） | 双边达成解决方案（日-月-年） |
|---|---|---|---|---|---|---|---|
| 347 | 美国—对来自阿根廷的工业用管材的反倾销行政复审 | 阿根廷 WT/DS346/1 | 20-06-2006 | | | | |
| 348 | 欧盟及其某些成员国—影响大型民用航空器贸易的措施（二诉） | 美国 WT/DS347/1 | 31-01-2006 | | 11-04-2006 美国 WT/DS347/3 | 09-05-2006 WT/DSB/M/211 和 Corr—1 根据《关于争端解决规则与程序的谅解》第 12.12 条 2007 年 10 月 7 日专家组解散 | |
| 349 | 哥伦比亚—对来自巴拿马特定产品进口的海关措施 | 巴拿马 WT/DS348/1 | 20-07-2006 | 危地马拉 WT/DS348/2 中国 WT/DS348/3 菲律宾 WT/DS348/4 中国香港 WT/DS348/5 巴基斯坦 WT/DS348/6 单独关税区包括中国台湾、澎湖、金门和马祖 WT/DS348/7 泰国 WT/DS348/8 | | | 01-12-2006 WT/DS348/10 |
| 350 | 欧盟—影响新鲜及冷藏大蒜的关税配额措施 | 阿根廷 WT/DS349/1 | 06-09-2006 | | | | |
| 351 | 美国—继续使用归零法 | 欧盟 WT/DS350/1 和 WT/DS350/1/Add—1 | 02-10-2006 09-10-2006 | 日本 WT/DS350/2 泰国 WT/DS350/3 巴西 WT/DS350/4 印度 WT/DS350/5 | 10-05-2007 欧盟 WT/DS350/6 | 04-06-2007 WT/DSB/M/233 | |
| 352 | 智利—对于特定奶制品的临时保障措施 | 阿根廷 WT/DS351/1 | 25-10-2006 | | 8-03-2007 阿根廷 WT/DS351/2 WT/DS356/2 | 24-04-2007 WT/DSB/M/230 | |
| 353 | 印度—影响来自欧盟葡萄酒和烈性酒进口和销售的措施 | 欧盟 WT/DS352/1 | 20-11-2006 | 美国 WT/DS352/2 澳大利亚 WT/DS352/3 | 23-03-2007 欧盟 WT/DS352/4 | 24-04-2007 WT/DSB/M/230 17-07-2008 建立专家组的授权取消 WT/DS352/7 | |

续 表

| 序号 | 案件 | 请求磋商 | 收到磋商请求（日-月-年） | 加入磋商请求 | 请求成立专家组（日-月-年） | 专家组成立（日-月-年） | 双边达成解决方案（日-月-年） |
|---|---|---|---|---|---|---|---|
| 354 | 美国—影响大型民用航空器贸易的措施（二诉） | 欧盟<br>WT/DS353/1<br>WT/DS317/1/Add—2 | | | 欧盟<br>WT/DS353/2 和 Corr—1<br>WT/DS317/5/Add—1 和 Corr—1 | | |
| 355 | 加拿大—对葡萄酒和啤酒的税收减免 | 欧盟<br>WT/DS354/1 | 29-11-2006 | | | | |
| 356 | 巴西—对产自阿根廷特定树脂征收反倾销税 | 阿根廷<br>WT/DS355/1 | 26-12-2006 | | 07-06-2007<br>阿根廷<br>WT/DS355/2 | 24-07-2007<br>WT/DSB/M/236 | |
| 357 | 智利—对特定奶制品实施保障措施 | 阿根廷<br>WT/DS356/1 | 28-12-2006 | | 08-03-2007<br>阿根廷<br>WT/DS351/2<br>WT/DS356/2 | 24-04-2007<br>WT/DSB/M/230 | |
| 358 | 美国—对玉米和其他农产品的补贴和国内支持 | 加拿大<br>WT/DS357/1 | 08-01-2007 | 澳大利亚<br>WT/DS357/2<br>危地马拉<br>WT/DS357/3<br>巴西<br>WT/DS357/4<br>阿根廷<br>WT/DS357/5<br>欧盟<br>WT/DS357/6<br>乌拉圭<br>WT/DS357/7<br>尼加拉瓜<br>WT/DS357/8<br>泰国<br>WT/DS357/9 | 07—06—2007<br>加拿大<br>WT/DS357/11<br>15—11—2007<br>撤回请求<br>WT/DS357/13<br>08—11—2007<br>加拿大<br>WT/DS357/12 and Corr. 1 | 17-12-2007<br>WT/DSB/M/243 | |
| 359 | 中国—国内税收和其他支付的退还、抵免、减免措施 | 美国<br>WT/DS358/1 | 02-02-2007 | 欧盟<br>WT/DS358/2<br>澳大利亚<br>WT/DS358/3<br>日本<br>WT/DS358/4<br>墨西哥<br>WT/DS358/5 | 12-07-2007<br>美国<br>WT/DS358/13 | 31-08-2007<br>WT/DSB/M/238 | |
| | | WT/DS358/1/Add—1 | 27-04-2007 | 墨西哥<br>WT/DS358/7<br>欧盟<br>WT/DS358/8<br>澳大利亚<br>WT/DS358/9<br>日本<br>WT/DS358/10<br>加拿大<br>WT/DS358/11 | | | |

续 表

| 序号 | 案件 | 请求磋商 | 收到磋商请求（日-月-年） | 加入磋商请求 | 请求成立专家组（日-月-年） | 专家组成立（日-月-年） | 双边达成解决方案（日-月-年） |
|---|---|---|---|---|---|---|---|
| 360 | 中国—国内税收和其他支付的退还、抵免、减免措施 | 墨西哥 WT/DS359/1 | 26-02-2007 | 欧盟 WT/DS359/2 澳大利亚 WT/DS359/3 日本 WT/DS359/4 美国 WT/DS359/5 | 12-07-2007 墨西哥 WT/DS359/13 | 31-08-2007 WT/DSB/M/238 | |
| | | WT/DS359/1/Add－1 | 04-05-2007 | 澳大利亚 WT/DS359/7 欧盟 WT/DS359/8 加拿大 WT/DS359/9 日本 WT/DS359/10 美国 WT/DS359/11 | | | |
| 361 | 印度—对来自美国的进口产品征收"附加税"和"超额附加税" | 美国 WT/DS360/1 | 06-03-2007 | 欧盟 WT/DS360/2 澳大利亚 WT/DS360/3 | 24-05-2007 美国 WT/DS360/5 | 20-06-2007 WT/DSB/M/234 | |
| 362 | 欧盟—香蕉进口制度 | 哥伦比亚 WT/DS361/1 | 21-03-2007 | | | | |
| 363 | 中国—影响知识产权保护和执法的措施 | 美国 WT/DS362/1 | 10-04-2007 | 日本 WT/DS362/2 欧盟 WT/DS362/3 加拿大 WT/DS362/4 墨西哥 WT/DS362/5 | 21-08-2007 美国 WT/DS362/7 | 25-09-2007 WT/DSB/M/239 | |
| 364 | 中国—影响某些出版物和视听娱乐产品贸易权和分销权的措施 | 美国 WT/DS363/1 WT/DS363/1/Add－1 | 10-04-2007 10-07-2007 | 欧盟 WT/DS363/2 欧盟 WT/DS363/4 | 10-10-2007 美国 WT/DS363/5 | 27-11-2007 WT/DBS/M/242 | |
| 365 | 欧盟—香蕉进口制度 | 巴拿马 WT/DS364/1 | 22-06-2007 | | | | |
| 366 | 美国—对农产品的国内支持和出口信贷担保 | 巴西 WT/DS365/1 | 11-07-2007 | 加拿大 WT/DS365/2 危地马拉 WT/DS365/3 哥斯达黎加 WT/DS365/4 欧盟 WT/DS365/5 墨西哥 | 08-11-2007 巴西 WT/DS365/13 | 17-12-07 WT/DSB/M/243 | |

续 表

| 序号 | 案件 | 请求磋商 | 收到磋商请求（日-月-年） | 加入磋商请求 | 请求成立专家组（日-月-年） | 专家组成立（日-月-年） | 双边达成解决方案（日-月-年） |
|---|---|---|---|---|---|---|---|
| 366 | 美国—对农产品的国内支持和出口信贷担保 | | | WT/DS365/6 澳大利亚 WT/DS365/7 阿根廷 WT/DS365/8 泰国 WT/DS365/9 印度 WT/DS365/10 尼加拉瓜 WT/DS365/11 | | | |
| 367 | 哥伦比亚—指示性价格和入境港口的限制 | 巴拿马 WT/DS366/1 | 12-07-2007 | 危地马拉 WT/DS366/2 洪都拉斯 WT/DS366/3 中国台北 WT/DS366/4 | 14-09-2007 巴拿马 WT/DS366/6 | 22-10-2007 WT/DSB/M/241 | |
| 368 | 澳大利亚—影响来自新西兰苹果进口的措施 | 新西兰 WT/DS367/1 | 31-08-2007 | 欧盟 WT/DS367/2 美国 WT/DS367/3 | 06-12-2007 新西兰 WT/DS367/5 | 21-01-2008 WT/DSB/M/245 | |
| 369 | 美国—对来自中国的铜版纸征收临时反倾销税和反补贴税 | 中国 WT/DS368/1 | 14-09-2007 | | | | |
| 370 | 欧盟—禁止海豹产品进口和销售的措施 | 加拿大 WT/DS369/1 | 25-09-2007 | | | | |
| 371 | 泰国—对来自欧盟特定商品的海关估价制度 | 欧盟 WT/DS370/1 | 25-01-2008 | 菲律宾 WT/DS370/2 美国 WT/DS370/3 | | | |
| 372 | 泰国—对来自菲律宾烟草所采取的海关和财政措施 | 菲律宾 WT/DS371/1 | 07-02-2008 | 欧盟 WT/DS371/2 | 29-09-2008 菲律宾 WT/DS371/3 | | |
| 373 | 中国—影响金融信息服务和外资金融信息服务提供商的措施 | 欧盟 WT/DS372/1 | 03-03-2008 | 美国 WT/DS372/2 | | | |
| 374 | 中国—影响金融信息服务和外资金融信息服务提供商的措施 | 美国 WT/DS373/1 | 03-03-2008 | 欧盟 WT/DS373/2 | | | |

续 表

| 序号 | 案件 | 请求磋商 | 收到磋商请求（日-月-年） | 加入磋商请求 | 请求成立专家组（日-月-年） | 专家组成立（日-月-年） | 双边达成解决方案（日-月-年） |
|---|---|---|---|---|---|---|---|
| 375 | 南非—对未涂层纸采取反倾销措施 | 印度尼西亚 WT/DS374/1 | 09-05-2008 | | | | |
| 376 | 欧盟及其成员国—对特定信息技术产品的关税措施 | 美国 WT/DS375/1 | 28-05-2008 | 泰国 WT/DS375/2 日本 WT/DS375/3 新加坡 WT/DS375/4 菲律宾 WT/DS375/5 中国台北 WT/DS375/6 中国 WT/DS375/7 | 18-08-2008 美国 WT/DS375/8 WT/DS376/8 WT/DS377/6 | 23-09-2008 WT/DSB/M/256 | |
| 377 | 欧盟及其成员国—对特定信息技术产品的关税措施 | 日本 WT/DS376/1 | 28-05-2008 | 泰国 WT/DS376/2 中国台北 WT/DS376/3 新加坡 WT/DS376/4 菲律宾 WT/DS376/5 美国 WT/DS376/6 中国 WT/DS376/7 | 18-08-2008 日本 WT/D376/8 WT/DS375/8 WT/DS377/6 | 23-09-2008 WT/DSB/M/256 | |
| 378 | 欧盟及其成员国—对特定信息技术产品的关税措施 | 中国台北 WT/DS377/1 | 12-06-2008 | 美国 WT/DS377/2 中国 WT/DS377/3 日本 WT/DS377/4 | 18-08-2008 中国台北 WT/DS377/6 WT/DS375/8 WT/DS376/8 | 23-09-2008 WT/DSB/M/256 | |
| 379 | 中国—影响金融信息服务和外资金融信息服务提供商的措施 | 加拿大 WT/DS378/1 | 20-06-2008 | 美国 WT/DS378/2 | | | |
| 380 | 美国—对来自中国的特定产品征收反倾销税和反补贴税 | 中国 WT/DS379/1 | 19-09-2008 | | | | |
| 381 | 印度—对进口葡萄酒与烈酒采取的某些税收和其他措施 | 欧盟 WT/DS380/1 | 22-09-2008 | 澳大利亚 WT/DS380/2 美国 WT/DS380/3 | | | |
| 382 | 美国—对金枪鱼和金枪鱼产品的进口，营销和销售采取的措施 | 墨西哥 WT/DS381/1 | 24-10-2008 | | | | |

## 第二部分
## 散发（及通过）专家组（及上诉机构）报告

| 序号 | 案　件 | 专家组成立（日-月-年） | 散发专家组报告（日-月-年） | 通知上诉（日-月-年） | 通过专家组报告（日-月-年） | 散发上诉机构报告（日-月-年） | 通过上诉机构报告（日-月-年） |
|---|---|---|---|---|---|---|---|
| 1 | 美国—精炼及传统汽油标准 | 10-04-1995 委内瑞拉 WT/DS2 31-05-1995 巴西 WT/DS4 | 29-01-1996 WT/DS2/R | 21-02-1996 美国 WT/DS2/6 | 20-05-1996 WT/DS2/9 | 29-04-1996 WT/DS2/AB/R | 20-05-1996 WT/DS2/9 |
| 2 | 日本—对酒精饮料征税 | 27-09-1995 欧盟 WT/DS8 加拿大 WT/DS10 美国 WT/DS11 | 11-07-1996 WT/DS8/R WT/DS10/R WT/DS11/R | 08-08-1996 日本 WT/DS8/9 WT/DS10/9 WT/DS11/6 | 01-11-1996 WT/DS8/11 WT/DS10/11 WT/DS11/8 | 04-10-1996 WT/DS8/AB/R WT/DS10/AB/R WT/DS11/AB/R | 01-11-1996 WT/DS8/11 WT/DS10/11 WT/DS11/8 |
| 3 | 欧盟—扇贝的贸易描述 | 19-07-1995 加拿大 WT/DS7 | 05-08-1996 WT/DS7/R | N. A. | N. A. | N. A. | N. A. |
| 4 | 欧盟—扇贝的贸易描述 | 11-10-1995 秘鲁 WT/DS12 智利 WT/DS14 | 05-08-1996 WT/DS12/R WT/DS14/R | N. A. | N. A. | N. A. | N. A. |
| 5 | 巴西—影响可可粉的措施 | 05-03-1996 菲律宾 WT/DS22 | 17-10-1996 WT/DS22/R | 16-12-1996 菲律宾 WT/DS22/8 | 20-03-1997 WT/DS22/11/Rev—2 | 21-02-1997 WT/DS22/AB/R | 20-03-1997 WT/DS22/11/Rev—2 |
| 6 | 美国—对于棉质及人造纤维内衣的进口限制 | 05-03-1996 哥斯达黎加 WT/DS24 | 08-11-1996 WT/DS24/R | 11-11-1996 哥斯达黎加 WT/DS24/5 | 25-02-1997 WT/DS24/8 | 10-02-1997 WT/DS24/AB/R | 25-02-1997 WT/DS24/8 |
| 7 | 美国—影响从印度进口羊毛恤衫及衬衫进口的措施 | 17-04-1996 印度 WT/DS33 | 06-01-1997 WT/DS33/R | 24-02-1997 印度 WT/DS33/3 | 23-05-1997 WT/DS33/5 | 25-04-1997 WT/DS33/AB/R 和 Corr—1 | 23-05-1997 WT/DS33/5 |
| 8 | 加拿大—关于杂志的特定措施 | 19-06-1996 美国 WT/DS31 | 14-03-1997 WT/DS31/R 和 Corr—1 | 29-04-1997 加拿大 WT/DS31/5 | 30-07-1997 WT/DS31/7 | 30-06-1997 WT/DS31/AB/R | 30-07-1997 WT/DS31/7 |
| 9 | 欧盟—香蕉进口、销售和分销 | 08-05-1996 厄瓜多尔 危地马拉 洪都拉斯 墨西哥 美国 WT/DS27 | 22-05-1997 WT/DS27/R/ECU WT/DS27/R/GTM WT/DS27/R/HND WT/DS27/R/MEX WT/DS27/R/美国 A | 11-06-1997 欧盟 WT/DS27/9 | 25-09-1997 WT/DS27/12 | 09-09-1997 WT/DS27/AB/R | 25-09-1997 WT/DS27/12 |

续 表

| 序号 | 案 件 | 专家组成立（日-月-年） | 散发专家组报告（日-月-年） | 通知上诉（日-月-年） | 通过专家组报告（日-月-年） | 散发上诉机构报告（日-月-年） | 通过上诉机构报告（日-月-年） |
|---|---|---|---|---|---|---|---|
| 10 | 欧盟—关于肉类及肉制品措施（荷尔蒙） | 20-05-1996<br>美国<br>WT/DS26<br>16-10-1996<br>加拿大<br>WT/DS48 | 18-08-1997<br>WT/DS26/R/美国 A<br>WT/DS48/R/CAN | 24-09-1997<br>欧盟<br>WT/DS26/9<br>WT/DS48/7 | 13-02-1998<br>WT/DS26/13<br>WT/DS48/11 | 16-01-1998<br>WT/DS26/AB/R<br>WT/DS48/AB/R | 13-02-1998<br>WT/DS26/13<br>WT/DS48/11 |
| 11 | 印度—对于药品及农业化学品的专利权保护 | 20-11-1996<br>美国<br>WT/DS50 | 05-09-1997<br>WT/DS50/R | 15-10-1997<br>印度<br>WT/DS50/6 | 16-01-1998<br>WT/DS50/9 | 19-12-1997<br>WT/DS50/AB/R | 16-01-1998<br>WT/DS50/9 |
| 12 | 阿根廷—影响鞋类、纺织品、服装和其他项目的进口措施 | 25-02-1997<br>美国<br>WT/DS56 | 25-11-1997<br>WT/DS56/R | 21-01-1998<br>阿根廷<br>WT/DS56/8 | 22-04-1998<br>WT/DS56/11 | 27-03-1998<br>WT/DS56/AB/R<br>20-04-1998<br>WT/DS56/AB/R/Corr—1 | 22-04-1998<br>WT/DS56/11 |
| 13 | 欧盟—特定计算机设备的海关分类 | 25-02-1997<br>美国<br>WT/DS62<br>30-03-1997<br>WT/DS67<br>WT/DS68 | 05-02-1998<br>WT/DS62/R<br>WT/DS67/R<br>WT/DS68/R | 24-03-1998<br>欧盟<br>WT/DS62/8<br>WT/DS67/6<br>WT/DS68/5 | 22-06-1998<br>WT/DS62/11<br>WT/DS64/9<br>WT/DS68/8 | 05-06-1998<br>WT/DS62/AB/R<br>WT/DS67/AB/R<br>WT/DS68/AB/R | 22-06-1998<br>WT/DS62/11<br>WT/DS67/9<br>WT/DS68/10 |
| 14 | 欧盟—影响特定家禽产品进口的措施 | 30-07-1997<br>巴西<br>WT/DS69 | 12-03-1998<br>WT/DS69/R | 29-04-1998<br>巴西<br>WT/DS69/4 | 23-07-1998<br>WT/DS69/7 | 13-07-1998<br>WT/DS69/AB/R | 23-07-1998<br>WT/DS69/7 |
| 15 | 日本—对进口胶卷相纸的限制 | 16-10-1996<br>美国<br>WT/DS44 | 31-03-1998<br>WT/DS44/R | N. A. | 22-04-1998<br>WT/DS44/5 | N. A. | N. A. |
| 16 | 美国—对特定虾及虾类产品的进口限制 | 25-02-1997<br>马来西亚<br>泰国<br>巴基斯坦<br>10-04-1997<br>印度<br>WT/DS58 | 15-05-1998<br>WT/DS58/R<br>09-11-1998<br>WT/DS58/R/Corr— 1 | 13-07-1998<br>美国<br>WT/DS58/11 | 06-11-1998<br>WT/DS58/14 | 12-10-1998<br>WT/DS58/AB/R | 06-11-1998<br>WT/DS58/14 |
| 17 | 澳大利亚—影响鲑鱼进口的措施 | 10-04-1997<br>加拿大<br>WT/DS18 | 12-06-1998<br>WT/DS18/R<br>13-07-1998<br>WT/DS18/R/Corr— 1 | 22-07-1998<br>澳大利亚<br>WT/DS18/5 | 06-11-1998<br>WT/DS18/11 | 20-10-1998<br>WT/DS18/AB/R | 06-11-1998<br>WT/DS18/11 |
| 18 | 危地马拉—对来自墨西哥的波兰特水泥的反倾销调查 | 20-09-1997<br>墨西哥<br>WT/DS60 | 19-06-1998<br>WT/DS60/R | 04-08-1998<br>危地马拉<br>WT/DS60/9 | 25-11-1998<br>WT/DS60/12 | 02-11-1998<br>WT/DS60/AB/R | 25-11-1998<br>WT/DS60/12 |

续 表

| 序号 | 案 件 | 专家组成立（日-月-年） | 散发专家组报告（日-月-年） | 通知上诉（日-月-年） | 通过专家组报告（日-月-年） | 散发上诉机构报告（日-月-年） | 通过上诉机构报告（日-月-年） |
|---|---|---|---|---|---|---|---|
| 19 | 印度尼西亚—影响汽车工业的特定措施 | 12-06-1998 日本 WT/DS55 WT/DS64 欧盟 WT/DS54 30-06-1997 美国 WT/DS59 | 02-07-1998 WT/DS54/R WT/DS55/R WT/DS59/R WT/DS64/R 和 Corr—2 | N. A. | 23-07-1998 WT/DS54/10 WT/DS55/10 WT/DS59/9 WT/DS64/8 | N. A. | N. A. |
| 20 | 印度—对于药品及农业化学品的专利权保护 | 16-10-1997 欧盟 WT/DS79 | 24-08-1998 WT/DS79/R | N. A. | 22-09-1998 WT/DS79/5 和 Corr—1 | N. A. | N. A. |
| 21 | 韩国—对酒精饮料征税 | 16-10-1997 欧盟 WT/DS75 美国 WT/DS84 | 17-09-1998 WT/DS75/R WT/DS84/R | 20-10-1998 韩国 WT/DS75/9 WT/DS84/7 | 17-02-1999 WT/DS75/12 WT/DS84/10 | 18-01-1999 WT/DS75/AB/R WT/DS84/AB/R | 17-02-1999 WT/DS75/12 WT/DS84/10 |
| 22 | 日本—影响农产品进口的措施 | 18-11-1997 美国 WT/DS76 | 27-10-1998 WT/DS76/R | 24-11-1998 日本 WT/DS76/5 | 19-03-1999 WT/DS76/8 | 22-02-1999 WT/DS76/AB/R | 19-03-1999 WT/DS76/8 |
| 23 | 美国—对来自韩国的1兆或以上的计算机动态随机存取存储器芯片征收反倾销税 | 16-01-1998 韩国 WT/DS99 | 29-01-1999 WT/DS99/R | N. A. | 19-03-1999 WT/DS99/5 | N. A. | N. A. |
| 24 | 印度—对于农产品、纺织品和工业产品进口的数量限制 | 18-11-1997 美国 WT/DS90 | 06-04-1999 WT/DS90/R | 25-05-1999 印度 WT/DS90/11 | 22-09-1999 WT/DS90/14 | 23-08-1999 WT/DS90/AB/R | 22-09-1999 WT/DS90/14 |
| 25 | 巴西—对于航行器出口融资 | 23-07-1998 加拿大 WT/DS46 | 14-04-1999 WT/DS46/R | 03-05-1999 巴西 WT/DS46/8 | 20-08-1999 WT/DS46/10 | 02-08-1999 WT/DS46/AB/R | 20-08-1999 WT/DS46/10 |
| 26 | 加拿大—影响民用航空器措施 | 23-07-1998 巴西 WT/DS70 | 14-04-1999 WT/DS70/R | 03-05-1999 加拿大 WT/DS70/4 | 20-08-1999 WT/DS70/6 | 02-08-1999 WT/DS70/AB/R | 20-08-1999 WT/DS70/6 |
| 27 | 加拿大—影响牛奶进口及奶制品出口的措施 | 25-03-1998 美国 WT/DS103 新西兰 WT/DS113 | 17-05-1999 WT/DS103/R WT/DS113/R | 15-07-1999 加拿大 WT/DS103/6 WT/DS113/6 | 27-10-1999 WT/DS103/11 WT/DS113/11 | 13-10-1999 WT/DS103/AB/R WT/DS113/AB/R | 27-10-1999 WT/DS103/11 WT/DS113/11 |

续 表

| 序号 | 案 件 | 专家组成立（日-月-年） | 散发专家组报告（日-月-年） | 通知上诉（日-月-年） | 通过专家组报告（日-月-年） | 散发上诉机构报告（日-月-年） | 通过上诉机构报告（日-月-年） |
|---|---|---|---|---|---|---|---|
| 28 | 澳大利亚—对于汽车皮革制造商和生产商提供的补贴 | 22-06-1998<br>美国<br>WT/DS126 | 25-05-1999<br>WT/DS126/R | N. A. | 16-06-1999<br>WT/DS126/5 | N. A. | N. A. |
| 29 | 土耳其—对于纺织品和服装进口的限制 | 13-03-1998<br>印度<br>WT/DS34 | 31-05-1999<br>WT/DS34/R | 26-07-1999<br>土耳其<br>WT/DS34/6 | 19-11-1999<br>WT/DS34/11 | 22-10-1999<br>WT/DS34/AB/R | 19-11-1999<br>WT/DS34/11 |
| 30 | 智利—对酒精饮料征税 | 18-11-1997<br>欧盟<br>WT/DS87<br>25-03-1998<br>欧盟<br>WT/DS110 | 15-06-1999<br>WT/DS87/R<br>WT/DS110/R | 13-09-1999<br>智利<br>WT/DS87/8<br>WT/DS110/7 | 12-01-2000<br>WT/DS87/12<br>WT/DS110/11 | 13-12-1999<br>WT/DS87/AB/R<br>WT/DS110/AB/R | 12-01-2000<br>WT/DS87/12<br>WT/DS110/11 |
| 31 | 韩国—对于特定奶制品进口的保障措施 | 22-07-1998<br>欧盟<br>WT/DS98 | 21-06-1999<br>WT/DS98/R | 15-09-1999<br>韩国<br>WT/DS98/7 | 12-01-2000<br>WT/DS98/10 | 14-12-1999<br>WT/DS98/AB/R | 12-01-2000<br>WT/DS98/10 |
| 32 | 阿根廷—对鞋类产品进口的保障措施 | 23-07-1998<br>欧盟<br>WT/DS121 | 25-06-1999<br>WT/DS121/R | 15-09-1999<br>阿根廷<br>WT/DS121/6<br>和 Corr—1 | 12-01-2000<br>WT/DS121/9 | 14-12-1999<br>WT/DS121/AB/R | 12-01-2000<br>WT/DS121/9 |
| 33 | 欧盟—影响黄油产品进口的措施 | 18-11-1997<br>新西兰<br>WT/DS72 | 24-11-1999<br>WT/DS72/R | N. A. | N. A. | N. A. | N. A. |
| 34 | 美国—“海外销售公司”税收待遇 | 22-09-1998<br>欧盟<br>WT/DS108 | 08-10-1999<br>WT/DS108/R | 26-11-1999<br>美国<br>WT/DS108/7 | 20-03-2000<br>WT/DS108/10 | 24-02-2000<br>WT/DS108/AB/R | 20-03-2000<br>WT/DS108/10 |
| 35 | 美国—1974年贸易法第301-310节 | 02-03-1999<br>欧盟<br>WT/DS152 | 22-12-1999<br>WT/DS152/R | N. A. | 27-01-2000<br>WT/DS152/14 | N. A. | N. A. |
| 36 | 美国—对来自英国的加热压光棍及铋碳钢产品征收反补贴税 | 17-02-1999<br>欧盟<br>WT/DS138 | 23-12-1999<br>WT/DS138/R | 27-01-2000<br>美国<br>WT/DS138/5 | 07-06-2000<br>WT/DS138/9<br>和 Corr—1 | 10-05-2000<br>WT/DS138/AB/R | 07-06-2000<br>WT/DS138/9<br>和 Corr—1 |
| 37 | 墨西哥—对来自美国的高果糖玉米浆进行反倾销调查 | 25-11-1998<br>美国<br>WT/DS132<br>和 Corr—1 | 28-01-2000<br>WT/DS132/R | N. A. | 24-02-2000<br>WT/DS132/4<br>和 Corr—1 | N. A. | N. A. |
| 38 | 加拿大—影响汽车工业的特定措施 | 01-02-1999<br>日本<br>WT/DS139<br>01-02-1999<br>欧盟<br>WT/DS142 | 11-02-2000<br>WT/DS139/R<br>WT/DS142/R | 02-03-2000<br>加拿大<br>WT/DS139/5<br>WT/DS142/5 | 19-06-2000<br>WT/DS139/8<br>WT/DS142/8 | 31-05-2000<br>WT/DS139/R<br>WT/DS142/R | 19-06-2000<br>WT/DS139/8<br>WT/DS142/8 |

续 表

| 序号 | 案 件 | 专家组成立（日-月-年） | 散发专家组报告（日-月-年） | 通知上诉（日-月-年） | 通过专家组报告（日-月-年） | 散发上诉机构报告（日-月-年） | 通过上诉机构报告（日-月-年） |
|---|---|---|---|---|---|---|---|
| 39 | 加拿大—药品的专利权保护 | 04-02-1999<br>欧盟<br>WT/DS114 | 17-03-2000<br>WT/DS114/R | N. A. | 07-04-2000<br>WT/DS114/9 | N. A. | N. A. |
| 40 | 美国—1916 年反倾销法 | 01-02-1999<br>欧盟<br>WT/DS136 | 31-03-2000<br>WT/DS136/R<br>和 Corr—1 | 29-05-2000<br>美国<br>WT/DS136/5 | 26-09-2000<br>WT/DS136/8 | 28-08-2000<br>WT/DS136/AB/R | 26-09-2000<br>WT/DS136/8 |
| 41 | 韩国—影响政府采购的措施 | 16-06-1999<br>美国<br>WT/DS163 | 01-05-2000<br>WT/DS163/R | N. A. | 19-06-2000<br>WT/DS163/7 | N. A. | N. A. |
| 42 | 加拿大—专利保护条款 | 22-09-1999<br>美国<br>WT/DS170 | 05-05-2000<br>WT/DS170/R | 19-06-2000<br>加拿大<br>WT/DS170/4 | 12-10-2000<br>WT/DS170/7 | 18-09-2000<br>WT/DS170/AB/R | 12-10-2000<br>WT/DS170/7 |
| 43 | 美国—1916 年反倾销法 | 26-07-1999<br>日本<br>WT/DS162 | 29-05-2000<br>WT/DS162/R<br>和<br>25-09-2000<br>Add—1 | 29-05-2000<br>美国<br>WT/DS162/6 | 26-09-2000<br>WT/DS162/11 | 28-08-2000<br>WT/DS162/AB/R | 26-09-2000<br>WT/DS162/11 |
| 44 | 美国—美国版权法第 110 (5) 节 | 26-05-1999<br>欧盟<br>WT/DS160 | 15-06-2000<br>WT/DS160/R | N. A. | 27-07-2000<br>WT/DS160/8 | N. A. | N. A. |
| 45 | 美国—对来自欧盟特定产品的进口措施 | 16-06-1999<br>欧盟<br>WT/DS165 | 17-07-2000<br>WT/DS165/R<br>和<br>Add—1 | 12-09-2000<br>欧盟<br>WT/DS165/10 | 10-01-2001<br>WT/DS165/13 | 11-12-2000<br>WT/DS165/AB/R | 10-01-2001<br>WT/DS165/13 |
| 46 | 韩国—影响新鲜、冷藏及冷冻牛肉进口的措施 | 26-05-1999<br>美国<br>WT/DS161<br>26-07-1999<br>澳大利亚<br>WT/DS169 | 31-07-2000<br>WT/DS161/R<br>WT/DS169/R | 11-09-2000<br>韩国<br>WT/DS161/8<br>WT/DS169/8 | 10-01-2001<br>WT/DS161/11<br>WT/DS169/11 | 11-12-2000<br>WT/DS161/AB/R<br>WT/DS169/AB/R | 10-01-2001<br>WT/DS161/11<br>WT/DS169/11 |
| 47 | 美国—对来自欧盟面筋进口的保障措施 | 26-07-1999<br>欧盟<br>WT/DS166 | 31-07-2000<br>WT/DS166/R | 26-09-2000<br>美国<br>WT/DS166/7 | 19-01-2001<br>WT/DS166/10 | 22-12-2000<br>WT/DS166/AB/R | 19-01-2001<br>WT/DS166/10 |
| 48 | 欧盟—影响石棉及含石棉产品进口的措施 | 25-11-1998<br>加拿大<br>WT/DS135 | 18-09-2000<br>WT/DS135/R<br>和 Add—1 | 23-10-2000<br>加拿大<br>WT/DS135/8 | 05-04-2001<br>WT/DS135/12 | 12-03-2001<br>WT/DS135/AB/R | 05-04-2001<br>WT/DS135/12 |
| 49 | 危地马拉—对来自墨西哥的灰波兰特水泥采取反倾销措施 | 22-09-1999<br>墨西哥<br>WT/DS156 | 24-10-2000<br>WT/DS156/R | N. A. | 17-11-2000<br>WT/DS156/4 | N. A. | N. A. |

续 表

| 序号 | 案 件 | 专家组成立（日-月-年） | 散发专家组报告（日-月-年） | 通知上诉（日-月-年） | 通过专家组报告（日-月-年） | 散发上诉机构报告（日-月-年） | 通过上诉机构报告（日-月-年） |
|---|---|---|---|---|---|---|---|
| 50 | 美国—对来自韩国的不锈钢卷板和不锈钢条采取反倾销措施 | 19-11-1999 韩国 WT/DS179 | 22-12-2000 WT/DS179/R | N. A. | 01-02-2001 WT/DS179/4 | N. A. | N. A. |
| 51 | 阿根廷—影响牛皮出口和成皮进口的措施 | 26-07-1999 欧盟 WT/DS155 | 19-12-2000 WT/DS155/R 和 Corr—1 | N. A. | 16-02-2001 WT/DS155/5 | N. A. | N. A. |
| 52 | 欧盟—对于来自印度棉质床单进口征收反倾销税 | 27-10-1999 印度 WT/DS141 | 30-10-2000 WT/DS141/R | 01-12-2000 欧盟 WT/DS141/6 | 12-03-2001 WT/DS141/9 | 01-03-2001 WT/DS141/AB/R | 12-03-2001 WT/DS141/9 |
| 53 | 泰国—对波兰出口的铁或非合金钢的角铁、型材、轧材及工字梁的反倾销税案 | 19-11-1999 波兰 WT/DS122 | 28-09-2000 WT/DS122/R | 23-10-2000 泰国 WT/DS122/4 | 05-04-2001 WT/DS122/7 | 12-03-2001 WT/DS122/AB/R | 05-04-2001 WT/DS122/7 |
| 54 | 美国—对来自新西兰和澳大利亚的新鲜、冷藏和冷冻羔羊肉进口采取保障措施 | 19-11-1999 新西兰 WT/DS177 澳大利亚 WT/DS178 | 21-12-2000 WT/DS177/R WT/DS178/R | 31-01-2001 美国 WT/DS177/7 WT/DS178/8 | 16-05-2001 WT/DS177/10 WT/DS178/11 | 01-05-2001 WT/DS177/AB/R WT/DS178/AB/R | 16-05-2001 WT/DS177/10 WT/DS178/11 |
| 55 | 美国—对来自日本的某些加热压光辊采取反倾销措施 | 20-03-2000 日本 WT/DS184 | 28-02-2001 WT/DS184/R | 25-04-2001 美国 WT/DS184/5 | 23-08-2001 WT/DS184/8 | 24-07-2001 WT/DS184/AB/R | 23-08-2001 WT/DS184/8 |
| 56 | 美国—对来自巴基斯坦棉纱采取过渡性保障措施 | 19-06-2000 巴基斯坦 WT/DS192 | 31-05-2001 WT/DS192/R | 09-07-2001 美国 WT/DS192/4 | 05-11-2001 WT/DS192/7 | 08-10-2001 WT/DS192/AB/R | 05-11-2001 WT/DS192/7 |
| 57 | 美国—对于作为出口限制的补贴措施 | 11-09-2000 加拿大 WT/DS194 | 29-06-2001 WT/DS194/R | N. A. | 23-08-2001 WT/DS194/4 | N. A. | N. A. |
| 58 | 美国—1998 年全面拨款法第 211 节 | 26-09-2000 欧盟 WT/DS176 | 06-08-2001 WT/DS176/R | 04-10-2001 欧盟 WT/DS176/5 | 01-02-2002 WT/DS176/9 | 02-01-2002 WT/DS176/AB/R | 01-02-2002 WT/DS176/9 |
| 59 | 阿根廷—影响从意大利进口地板砖的措施 | 17-11-2000 欧盟 WT/DS189 | 28-09-2001 WT/DS189/R | N. A. | 05-11-2001 WT/DS189/6 | N. A. | N. A. |
| 60 | 美国—对自韩国进口的圆焊碳质条形管的保障措施 | 23-10-2000 韩国 WT/DS202 | 29-10-2001 WT/DS202/R | 19-11-2001 美国 WT/DS202/9 | 08-03-2002 WT/DS202/13 | 15-02-2002 WT/DS202/AB/R | 08-03-2002 WT/DS202/13 |

续 表

| 序号 | 案 件 | 专家组成立（日-月-年） | 散发专家组报告（日-月-年） | 通知上诉（日-月-年） | 通过专家组报告（日-月-年） | 散发上诉机构报告（日-月-年） | 通过上诉机构报告（日-月-年） |
|---|---|---|---|---|---|---|---|
| 61 | 印度—影响汽车部门的措施 | 27-07-2000 美国 WT/DS175 17-11-2000 欧盟 WT/DS146 | 21-12-2001 WT/DS146/R 和 Corr—1 WT/DS175/R 和 Corr—1 | 31-01-2002 印度 WT/DS146/8 WT/DS175/8 | 05-04-2002 WT/DS146/11 WT/DS175/11 | 19-03-2002 WT/DS146/AB/R WT/DS175/AB/R | 05-04-2002 WT/DS146/11 WT/DS175/11 |
| 62 | 加拿大—地区性航空器的出口信贷保证 | 12-03-2001 巴西 WT/DS222 | 28-01-2002 WT/DS222/R 和 Corr—1 | N. A. | 19-02-2002 WT/DS222/6 | N. A. | N. A. |
| 63 | 智利—对特定农产品相关的综合价格制度及保障措施 | 12-03-2001 阿根廷 WT/DS207 | 03-05-2002 WT/DS207/R | 24-06-2002 智利 WT/DS207/5 | 23-10-2002 WT/DS207/8 | 23-09-2002 WT/DS207/AB/R | 23-10-2002 WT/DS207/8 |
| 64 | 欧盟—沙丁鱼贸易描述 | 24-07-2001 秘鲁 WT/DS231 | 29-05-2002 WT/DS231/R 和 Corr—1 | 28-06-2002 欧盟 WT/DS231/11 | 23-10-2002 WT/DS231/15 | 26-09-2002 | 23-10-2002 WT/DS231/15 |
| 65 | 美国—对来自印度的钢板采取反倾销及反补贴措施 | 24-07-2001 印度 WT/DS206 | 28-06-2002 WT/DS206/R 和 Corr—1 | N. A. | 29-07-2002 WT/DS206/5 | N. A. | N. A. |
| 66 | 美国—对于来自德国的某些耐腐蚀碳钢板产品征收反补贴税 | 10-09-2001 欧盟 WT/DS213 | 03-07-2002 WT/DS213/R 和 Corr—1 | 30-08-2002 美国 WT/DS213/6 | 19-12-2002 WT/DS213/9 | 28-11-2002 WT/DS213/AB/R 和 Corr—1 | 19-12-2002 WT/DS213/9 |
| 67 | 美国—乌拉圭回合协议法案第 129（C）(1) 节 | 23-08-2001 加拿大 WT/DS221 | 15-07-2002 WT/DS221/R 和 Corr—1 | N. A. | 30-08-2002 WT/DS221/7 | N. A. | N. A. |
| 68 | 美国—对来自欧盟某些产品采取的反补贴措施 | 10-09-2001 欧盟 WT/DS212 | 31-07-2002 WT/DS212/R | 09-09-2002 美国 WT/DS212/7 | 08-01-2003 WT/DS212/11 | 09-12-2002 WT/DS212/AB/R | 08-01-2003 WT/DS212/11 |
| 69 | 埃及—对来自土耳其钢筋采取的反倾销措施 | 20-06-2001 土耳其 WT/DS211 | 08-08-2002 WT/DS211/R | N. A. | 01-10-2002 WT/DS211/5 | N. A. | N. A. |
| 70 | 美国—2000 年持续性倾销及补贴补偿法案 | 23-08-2001 澳大利亚 巴西 智利 欧盟 印度 印度尼西亚 | 16-09-2002 WT/DS217/R WT/DS234/R | 18-10-2002 美国 WT/DS217/8 WT/DS234/16 | 27-01-2003 WT/DS217/11 WT/DS234/19 | 16-01-2003 | 27-01-2003 WT/DS217/11 WT/DS234/19 |

续 表

| 序号 | 案 件 | 专家组成立（日-月-年） | 散发专家组报告（日-月-年） | 通知上诉（日-月-年） | 通过专家组报告（日-月-年） | 散发上诉机构报告（日-月-年） | 通过上诉机构报告（日-月-年） |
|---|---|---|---|---|---|---|---|
| 70 | 美国—2000年持续性倾销及补贴补偿法案 | 日本<br>韩国<br>泰国<br>WT/DS217<br>10-09-2001<br>加拿大<br>墨西哥<br>WT/DS234 | | | | | |
| 71 | 美国—对来自加拿大特定软木的初步决定 | 05-12-2001<br>加拿大<br>WT/DS236 | 27-09-2002<br>WT/DS236/R | N. A. | 01-11-2002<br>WT/DS236/4 | N. A. | N. A. |
| 72 | 阿根廷—对于桃脯进口的保障措施 | 18-01-2002<br>智利<br>WT/DS238 | 14-02-2003<br>WT/DS238/R | N. A. | 15-04-2003<br>WT/DS238/5 | N. A. | N. A. |
| 73 | 欧盟—对来自巴西的可锻铸铁管接头征收反倾销税 | 24-07-2001<br>巴西<br>WT/DS219 | 07-03-2003<br>WT/DS219/R | 23-04-2003<br>巴西<br>WT/DS219/7 | 18-08-2003<br>WT/DS219/10 | 22-07-2003<br>WT/DS219/AB/R | 18-08-2003<br>WT/DS219/10 |
| 74 | 阿根廷—对来自巴西的家禽征收反倾销税 | 17-04-2002<br>巴西<br>WT/DS241 | 22-04-2003<br>WT/DS241/R | N. A. | 19-05-2003<br>WT/DS241/6 | N. A. | N. A. |
| 75 | 美国—纺织品及服装原产地证明 | 24-06-2002<br>印度<br>WT/DS243 | 20-06-2003<br>WT/DS243/R<br>和 Corr—1 | N. A. | 21-07-2003<br>WT/DS243/8 | N. A. | N. A. |
| 76 | 美国—对特定钢铁产品进口采取保障措施 | 03-06-2002<br>欧盟<br>WT/DS248<br>14-06-2002<br>日本<br>WT/DS249<br>14-06-2002<br>韩国<br>WT/DS251<br>24-06-2002<br>中国<br>WT/DS252<br>24-06-2002<br>瑞士<br>WT/DS253<br>24-06-2002<br>挪威<br>WT/DS254<br>08-07-2002<br>新西兰<br>WT/DS258<br>29-07-2002<br>巴西<br>WT/DS259 | 11-07-2003<br>WT/DS248/R<br>和 Corr—1<br>WT/DS249/R<br>和 Corr—1<br>WT/DS251<br>和 Corr—1<br>WT/DS252<br>和 Corr—1<br>WT/DS253<br>和 Corr—1<br>WT/DS254<br>和 Corr—1<br>WT/DS254<br>和 Corr—1<br>WT/DS258<br>和 Corr—1<br>WT/DS259<br>和 Corr—1 | 11-08-2003<br>美国<br>WT/DS248/17<br>WT/DS249/11<br>WT/DS251/12<br>WT/DS252/10<br>WT/DS253/10<br>WT/DS254/10<br>WT/DS258/14<br>WT/DS259/13 | 10-12-2003<br>WT/DS248/20<br>WT/DS249/14<br>WT/DS251/15<br>WT/DS252/13<br>WT/DS253/13<br>WT/DS254/13<br>WT/DS258/17<br>WT/DS259/16 | 10-11-2003<br>WT/DS248/AB/R<br>WT/DS249/AB/R<br>WT/DS251/AB/R<br>WT/DS252/AB/R<br>WT/DS253/AB/R<br>WT/DS254/AB/R<br>WT/DS258/AB/R<br>WT/DS259/AB/R | 10-12-2003<br>WT/DS248/20<br>WT/DS249/14<br>WT/DS251/15<br>WT/DS252/13<br>WT/DS253/13<br>WT/DS254/13<br>WT/DS258/17<br>WT/DS259/16 |

续 表

| 序号 | 案 件 | 专家组成立（日-月-年） | 散发专家组报告（日-月-年） | 通知上诉（日-月-年） | 通过专家组报告（日-月-年） | 散发上诉机构报告（日-月-年） | 通过上诉机构报告（日-月-年） |
|---|---|---|---|---|---|---|---|
| 77 | 日本—影响苹果进口的措施 | 03-06-2002 美国 WT/DS245 | 15-07-2003 WT/DS245/R | 28-08-2003 日本 WT/DS245/5 | 10-12-2003 WT/DS245/8 | 26-11-2003 WT/DS245/AB/R | 10-12-2003 WT/DS245/8 |
| 78 | 美国—对来自日本的耐腐蚀碳钢板产品的反倾销税日落复审 | 22-05-2002 日本 WT/DS244 | 14-08-2003 WT/DS244/R | 15-09-2003 日本 WT/DS244/7 | 09-01-2004 WT/DS244/10 | 15-12-2003 WT/DS244/AB/R | 09-01-2004 WT/DS244/10 |
| 79 | 美国—对来自加拿大的软木最终反补贴税决定 | 01-10-2002 加拿大 WT/DS257 | 29-08-2003 WT/DS257/R 和 Corr—1 | 21-10-2003 美国 WT/DS257/8 | 17-02-2004 WT/DS257/11 | 19-01-2004 WT/DS257/AB/R | 17-02-2004 WT/DS257/11 |
| 80 | 欧盟—发展中国家优惠关税授予条件 | 27-01-2003 印度 WT/DS246 | 01-12-2003 WT/DS246/R | 08-01-2004 欧盟 WT/DS246/7 | 20-04-2004 WT/DS246/10 | 07-04-2004 WT/DS246/AB/R | 20-04-2004 WT/DS246/10 |
| 81 | 美国—对加拿大软木的国际贸易委员会调查 | 07-05-2003 加拿大 WT/DS277 | 22-03-2004 WT/DS277/R | N. A. | 26-04-2004 WT/DS277/5 | N. A. | N. A. |
| 82 | 墨西哥—影响电信服务的措施 | 17-04-2002 美国 WT/DS204 | 02-04-2004 WT/DS204/R | N. A. | 01-06-2004 WT/DS204/8 | N. A. | N. A. |
| 83 | 美国—对加拿大软木的最终倾销决定 | 08-01-2003 加拿大 WT/DS264 | 13-04-2004 WT/DS264/R | 13-05-2004 美国 WT/DS264/6 | 31-08-2004 WT/DS264/9 | 11-08-2004 WT/DS264/AB/R | 31-08-2004 WT/DS264/9 |
| 84 | 加拿大—关于小麦出口和谷物进口的措施 | 31-03-2003 美国 WT/DS276 | 06-04-2004 WT/DS276/R | 01-06-2004 美国 WT/DS276/15 | 27-09-2004 WT/DS276/18 | 30-08-2004 WT/DS276/AB/R | 27-09-2004 WT/DS276/18 |
| 85 | 美国—对来自阿根廷石油工业用管材的反倾销措施日落复审 | 19-05-2003 阿根廷 WT/DS268 | 16-07-2004 WT/DS268/R | 31-08-2004 美国 WT/DS268/5 | 17-12-2004 WT/DS268/8 | 29-11-2004 WT/DS268/AB/R | 17-12-2004 WT/DS268/8 |
| 86 | 美国—陆地棉补贴 | 18-03-2003 巴西 WT/DS267 | 08-09-2004 WT/DS267/R 和 Corr—1 | 18-10-2004 美国 WT/DS267/17 | 21-03-2005 WT/DS267/20 | 03-03-2005 WT/DS267/AB/R | 21-03-2005 WT/DS267/20 |
| 87 | 韩国—影响商船贸易的措施 | 21-07-2003 欧盟 WT/DS273 | 07-03-2005 WT/DS273/R | N. A. | 11-04-2005 WT/DS273/8 | N. A. | N. A. |
| 88 | 欧盟—农产品和食品的商标及地理标识保护 | 02-10-2003 美国 WT/DS174 澳大利亚 WT/DS290 | 15-03-2005 WT/DS174/R 和 Add—1,2&3 WT/DS290/R 和 Add—1,2&3 | N. A. | 20-04-2005 WT/DS174/23 WT/DS290/21 | N. A. | N. A. |

续 表

| 序号 | 案 件 | 专家组成立（日-月-年） | 散发专家组报告（日-月-年） | 通知上诉（日-月-年） | 通过专家组报告（日-月-年） | 散发上诉机构报告（日-月-年） | 通过上诉机构报告（日-月-年） |
|---|---|---|---|---|---|---|---|
| 89 | 美国—影响博彩业跨境交付的措施 | 21-07-2003<br>安提瓜和巴布达岛<br>WT/DS285 | 10-11-2004<br>WT/DS285/R | 07-01-2005<br>美国<br>WT/DS285/6 | 20-04-2005<br>WT/DS285/10 | 07-04-2005<br>WT/DS285/AB/R | 20-04-2005<br>WT/DS285/10 |
| 90 | 欧盟—糖类出口补贴 | 29-08-2003<br>澳大利亚<br>WT/DS265<br>巴西<br>WT/DS266<br>泰国<br>WT/DS283 | 15-10-2004<br>WT/DS265/R<br>WT/DS266/R<br>WT/DS283/R | 13-01-2005<br>欧盟<br>WT/DS265/25<br>WT/DS266/25<br>WT/DS283/6 | 19-05-2005<br>WT/DS265/29<br>WT/DS266/29<br>WT/DS283/10 | 28-04-2005<br>WT/DS265/AB/R<br>WT/DS266/AB/R<br>WT/DS283/AB/R | 19-05-2005<br>WT/DS265/29<br>WT/DS266/29<br>WT/DS283/10 |
| 91 | 多米尼加共和国—影响香烟进口和国内销售的措施 | 09-01-2004<br>洪都拉斯<br>WT/DS302 | 26-11-2004<br>WT/DS302/R | 24-01-2004<br>多米尼加共和国<br>WT/DS302/8 | 19-05-2005<br>WT/DS302/12 | 25-04-2005<br>WT/DS302/AB/R | 19-05-2005<br>WT/DS302/12 |
| 92 | 欧盟—影响商船贸易的措施 | 19-03-2004<br>韩国<br>WT/DS301 | 22-04-2005<br>WT/DS301/R | N. A. | 20-06-2005<br>WT/DS301/6 | N. A. | N. A. |
| 93 | 美国—对来自韩国的计算机动态随机存取存储器芯片进行反补贴税调查 | 19-11-2003<br>韩国<br>WT/DS296 | 21-02-2005<br>WT/DS296/R | 29-03-2005<br>美国<br>WT/DS296/5 | 20-07-2005<br>WT/DS296/10 | 27-06-2005<br>WT/DS296/AB/R | 20-07-2005<br>WT/DS296/10 |
| 94 | 欧盟—对于来自韩国的计算机动态随机存取存储器芯片采取补贴措施 | 23-01-2004<br>韩国<br>WT/DS299 | 17-06-2005<br>WT/DS299/R | N. A. | 03-08-2005<br>WT/DS299/6 | N. A. | N. A. |
| 95 | 欧盟—冷冻无骨鸡的关税分类 | 07-11-2003<br>巴西<br>WT/DS269<br>21-11-2003<br>泰国<br>WT/DS286 | 30-05-2005<br>WT/DS269/R<br>WT/DS286/R | 13-06-2005<br>欧盟<br>WT/DS269/6<br>WT/DS286/8 | 27-09-2005<br>WT/DS269/10<br>WT/DS286/12 | 12-09-2005<br>WT/DS269/AB/R<br>WT/DS286/AB/R | 27-09-2005<br>WT/DS269/10<br>WT/DS286/12 |
| 96 | 墨西哥—对于牛肉和稻米的反倾销措施：针对稻米的上诉 | 07-11-2003<br>美国<br>WT/DS295 | 06-06-2005<br>WT/DS295/R | 20-07-2005<br>墨西哥<br>WT/DS295/6 | 20-12-2005<br>WT/DS295/9 | 29-11-2005<br>WT/DS295/AB/R | 20-12-2005<br>WT/DS295/9 |
| 97 | 美国—对来自墨西哥的石油工业用管材的反倾销措施 | 29-08-2003<br>墨西哥<br>WT/DS282 | 20-06-2005<br>WT/DS282/R | 04-08-2005<br>墨西哥<br>WT/DS282/6 | 28-11-2005<br>WT/DS282/10 | 02-11-2005<br>WT/DS282/AB/R | 28-11-2005<br>WT/DS282/10 |

续 表

| 序号 | 案件 | 专家组成立（日-月-年） | 散发专家组报告（日-月-年） | 通知上诉（日-月-年） | 通过专家组报告（日-月-年） | 散发上诉机构报告（日-月-年） | 通过上诉机构报告（日-月-年） |
|---|---|---|---|---|---|---|---|
| 98 | 韩国—对来自印度尼西亚特定纸张进口征收反倾销税 | 27-09-2004<br>印度尼西亚<br>WT/DS312 | 28-10-2005<br>WT/DS312/R | N. A. | 28-11-2005<br>WT/DS312/5 | N. A. | N. A. |
| 99 | 墨西哥—对非酒精饮料及其他饮料征税 | 06-07-2004<br>美国<br>WT/DS308 | 07-10-2005<br>WT/DS308/R | 06-12-2005<br>墨西哥<br>WT/DS308/10 | 24-03-2006<br>WT/DS308/13 | 06-03-2006<br>WT/DS308/AB/R | 24-03-2006<br>WT/DS308/13 |
| 100 | 美国—计算倾销差额（归零法）的法律、规则及方法 | 19-03-2004<br>欧盟<br>WT/DS294 | 31-10-2005<br>WT/DS294/R | 17-01-2006<br>欧盟<br>WT/DS294/12 | 09-05-2006<br>WT/DS294/17 | 18-04-2006<br>WT/DS294/AB/R | 09-05-2006<br>WT/DS294/17 |
| 101 | 日本—干紫菜和味付紫菜进口配额 | 21-03-2005<br>韩国<br>WT/DS323 | 01-02-2006<br>WT/DS323/R | N. A. | N. A. | N. A. | N. A. |
| 102 | 欧盟—特定海关措施 | 21-03-2005<br>美国<br>WT/DS315 | 16-06-2006<br>WT/DS315/R | 14-08-2006<br>美国<br>WT/DS315/11 | 11-12-2006<br>WT/DS315/15 | 13-11-2006<br>WT/DS315/AB/R | 11-12-2006<br>WT/DS315/15 |
| 103 | 美国—关于归零法及日落复审措施 | 28-02-2005<br>日本<br>WT/DS322 | 20-09-2006<br>WT/DS322/R | 11-10-2006<br>日本<br>WT/DS322/12 | 23-01-2007<br>WT/DS322/15 | 09-01-2007<br>WT/DS322/AB/R | 23-01-2007<br>WT/DS322/15 |
| 104 | 欧盟—影响生物科技产品审批及营销的措施 | 29-08-2003<br>美国<br>WT/DS291<br>加拿大<br>WT/DS292<br>阿根廷<br>WT/DS293 | 29/09-2006<br>WT/DS291/R<br>WT/DS292/R<br>WT/DS293/R | | 21-11-2006<br>WT/DS291/33<br>WT/DS292/27<br>WT/DS293/27 | N. A. | N. A. |
| 105 | 美国—对来自厄瓜多尔的虾的反倾销措施 | 19-07-2006<br>厄瓜多尔<br>WT/DS335 | 30-01-2007<br>WT/DS335/R | N. A. | 20-02-2007<br>WT/DS335/9 | N. A. | N. A. |
| 106 | 墨西哥—对来自危地马拉的钢管征收反倾销税 | 17-03-2006<br>危地马拉<br>WT/DS331 | 08-06-2007<br>WT/DS331/R | N. A. | 24-07-2007<br>WT/DS331/5 | N. A. | N. A. |
| 107 | 巴西—影响翻新轮胎进口的措施 | 20-01-2006<br>欧盟<br>WT/DS332 | 12-06-2007<br>WT/DS332/R | 03-09-2007<br>欧盟<br>WT/DS332/9 | 17-12-2007<br>WT/DS332/92 | 03-12-2007<br>WT/DS332/AB/R | 17-12-2007<br>WT/DS332/12 |
| 108 | 日本—对来自韩国的计算机动态随机存取存储器芯片的反补贴措施 | 19-06-2006<br>韩国<br>WT/DS336 | 13-07-2007<br>WT/DS336/R | 30-08-2007<br>日本<br>WT/DS336/8 | 17-12-2007<br>WT/DS336/12 | 28-11-2007<br>WT/DS336/AB/R and Corr. 1 | 17-12-2007<br>WT/DS336/12 |
| 109 | 土耳其—影响稻米进口的措施 | 17-03-2006<br>美国<br>WT/DS334/4 | 21-09-2007<br>WT/DS334/R | N. A. | 22-10-2007<br>WT/DS334/8 | N. A. | N. A. |

续 表

| 序号 | 案 件 | 专家组成立（日-月-年） | 散发专家组报告（日-月-年） | 通知上诉（日-月-年） | 通过专家组报告（日-月-年） | 散发上诉机构报告（日-月-年） | 通过上诉机构报告（日-月-年） |
|---|---|---|---|---|---|---|---|
| 110 | 欧盟—对产自挪威的养殖鲑鱼采取反倾销措施 | 22-06-2006<br>挪威<br>WT/DS337 | 16-11-2007<br>WT/DS337/R | N. A. | 15-01-2008<br>WT/DS337/6 | N. A. | N. A. |
| 111 | 美国—对来自墨西哥的不锈钢采取最终反倾销措施 | 21-10-2006<br>墨西哥<br>WT/DS344 | 20-12-2007<br>WT/DS344/R | 31-01-2008<br>墨西哥<br>WT/DS344/7 | 20-05-2008<br>WT/DS344/10 | 30-04-2008<br>WT/DS344/AB/R | 20-05-2008<br>WT/DS344/10 |
| 112 | 美国—对来自泰国的虾采取的措施 | 26-10-2006<br>泰国<br>WT/DS343 | 29-02-2008<br>WT/DS343/R | 17-04-2008<br>泰国<br>WT/DS343/10 | 01-08-2008<br>WT/DS343/14 | 16-07-2008<br>WT/DS343/AB/R | 01-08-2008<br>WT/DS343/14 |
| 113 | 美国—海关保税指令 | 21-11-2006<br>印度<br>WT/DS345 | 29-02-2008<br>WT/DS345/R | 17-04-2008<br>印度<br>WT/DS345/9 | 01-08-2008<br>WT/DS345/13 | 16-07-2008<br>WT/DS345/AB/R | 01-08-2008<br>WT/DS345/13 |
| 114 | 美国—欧盟要求取消报复措施：荷尔蒙争端 | 17-02-2005<br>欧盟<br>WT/DS320 | 31-03-2008<br>WT/DS320/R | 29-05-2008<br>欧盟<br>WT/DS320/12 | | 16-10-2008<br>WT/DS320/AB/R | |
| 115 | 加拿大—欧盟要求取消报复措施：荷尔蒙争端 | 17-02-2005<br>欧盟<br>WT/DS321 | 31-03-2008<br>WT/DS321/R | 29-05-2008<br>欧盟<br>WT/DS321/12 | | 16-10-2008<br>WT/DS321/AB/R | |
| 116 | 印度—对来自美国的进口产品征收“附加税”和“超额附加税” | 20-06-2007<br>美国<br>WT/DS360 | 09-06-2008<br>WT/DS360/R | 01-08-2008<br>美国<br>WT/DS360/8 | | 30-10-2008<br>WT/DS360/AB/R | |
| 117 | 中国—影响汽车零部件进口的措施 | 26-10-2006<br>欧盟<br>WT/DS339<br>美国<br>WT/DS340<br>加拿大<br>WT/DS342 | 18-07-2008<br>WT/DS339/R<br>WT/DS340/R<br>WT/DS342/R<br>和<br>Add—1 & 2 | 15-09-0208<br>中国<br>WT/DS339/12<br>WT/DS340/12<br>WT/DS342/12 | | | |
| 118 | 墨西哥—对来自欧盟的橄榄油采取反补贴措施 | 23-01-2007<br>欧盟<br>WT/DS341 | 04-09-2008<br>WT/DS341/R | N. A. | 21-10-2008<br>WT/DS341/5 | N. A. | N. A. |
| 119 | 美国—与归零法和日落复审相关的措施 | 04-06-2007<br>欧盟<br>WT/DS350 | 01-10-2008<br>WT/DS350/R | | | | |

## 第三部分
## 执行争端解决机构建议

| 序号 | 案件 | 通过专家组及上诉机构报告（日-月-年） | 通知执行争端解决机构建议的意向（日-月-年） | 确定合理时限（日-月-年） | 根据DSU第21.3条确定的合理期限 | 根据DSU第21.6条争端解决机构对执行的监督 |
|---|---|---|---|---|---|---|
| 1 | 美国—精炼及传统汽油标准 | 20-05-1996 WT/DS2/9 | 19-06-1996 WT/DSB/M/19 | 03-12-1996 WT/DSB/M/27 | 20-05-1996 至 20-08-1997（15个月） | WT/DS2/10 和 Add. 1to Add. 7 |
| 2 | 日本—对酒精饮料征税 | 01-11-1996 WT/DS8/11 WT/DS10/11 WT/DS11/8 | 20-11-1996 WT/DSB/M/26 | 14-02-1997 WT/DS8/15 WT/DS10/15 WT/DS11/13（通过仲裁） | 14-02-1997 至 14-05-1998（15个月） | WT/DS8/18 WT/DS10/18 WT/DS11/16 和 Add. 1 to Add. 2 |
| 3 | 美国—对于棉质及人造纤维内衣的进口限制 | 25-02-1997 WT/DS24/8 | 20-03-1997 WT/DSB/M/30 | N. A. | N. A. | 此措施于1997年3月28日到期 WT/DSB/M/31 |
| 4 | 巴西—影响可可粉进口的措施 | 20-03-1997 WT/DS22/11/Rev—2 | N. A. | N. A. | N. A. | N. A. |
| 5 | 美国—影响从印度进口羊毛恤衫及衬衫进口的措施 | 23-05-1997 WT/DS33/5 | N. A. | N. A. | N. A. | 该限制于1996年12月3日废除 WT/DSB/M/33 |
| 6 | 加拿大—关于杂志的特定措施 | 30-07-1997 WT/DS31/7 | 29-08-1997 WT/DS31/8 | 15-09-1997 | 30-07-1997 至 30-10-1998（15个月） | WT/DS31/9 和 Add. 1 to Add. 5 |
| 7 | 欧盟—香蕉进口、销售和分销 | 25-09-1997 WT/DS27/12 | 16-10-1997 WT/DSB/M/38 | 07-01-1998 WT/DS27/15（通过仲裁） | 25-09-1997 至 01-01-1999（15个月零1个星期） | WT/DS27/17 和 Add. 1 to Add. 3 WT/DS27/51 和 Add. 1 to Add. 25 |
| 8 | 印度—对于药品及农业化学品的专利权保护 | 16-01-1998 WT/DS50/9 | 13-02-1998 WT/DSB/M/42 | 21-04-1998 WT/DSB/M/45 | 16-01-1998 至 19-04-1999（15个月） | WT/DS50/10 和 Add. 1to Add. 4 |
| 9 | 欧盟—关于肉及肉制品措施（激素） | 13-02-1998 WT/DS26/13 WT/DS48/11 | 13-03-1998 WT/DSB/M/43 | 29-05-1998 WT/DS26/15 WT/DS48/13（通过仲裁） | 13-02-1998 至 13-05-1999（15个月） | WT/DS26/17 WT/DS48/15 和 Add. 1 to Add. 4 |
| 10 | 阿根廷—影响鞋类、纺织品、服装和其他项目的进口措施 | 22-04-1998 WT/DS56/11 | 08-05-1998 WT/DS56/12 | 15-06-1998 WT/DSB/M/46 | 22-04-1998 至 19-10-1998（有180天的调查期限来决定纺织品和服装的特殊税）22-04-1998 至 01-01-1999（有242天的调查期限决定统计税） | WT/DS56/15 和 Add. 1 to Add. 4 |

续 表

| 序号 | 案件 | 通过专家组及上诉机构报告（日-月-年） | 通知执行争端解决机构建议的意向（日-月-年） | 确定合理时限（日-月-年） | 根据DSU第21.3条确定的合理期限 | 根据DSU第21.6条争端解决机构对执行的监督 |
|---|---|---|---|---|---|---|
| 11 | 日本—对进口胶卷相纸的限制 | 22-04-1998<br>WT/DS44/5 | N. A. | N. A. | N. A. | N. A. |
| 12 | 欧盟—特定计算机设备的海关分类 | 22-06-1998<br>WT/DS62/11<br>WT/DS67/9<br>WT/DS68/8 | N. A. | N. A. | N. A. | N. A. |
| 13 | 欧盟—影响特定家禽产品进口的措施 | 23-07-1998<br>WT/DS69/7 | 27-08-1998<br>WT/DS69/8 | 20-10-1998<br>WT/DS69/9 | 直至31-03-1999 | |
| 14 | 印度尼西亚—影响汽车工业的特定措施 | 23-07-1998<br>WT/DS54/10<br>WT/DS55/10<br>WT/DS59/9<br>WT/DS64/8 | 21-08-1998<br>WT/DS54/12<br>WT/DS55/11<br>WT/DS59/10<br>WT/DS64/9 | 07-12-1998<br>WT/DS54/15<br>WT/DS55/14<br>WT/DS59/13<br>WT/DS64/12<br>（通过仲裁） | 23-07-1998 至 23-07-1999（12个月） | WT/DS54/17<br>WT/DS55/16<br>WT/DS59/15<br>WT/DS64/14<br>和Add. 1 |
| 15 | 印度—对于药品及农业化学品的专利权保护 | 22-09-1998<br>WT/DS79/5<br>和Corr—1 | 21-10-1998<br>WT/DSB/M/49 | 24-11-1998<br>WT/DSB/M/51 | 直至19-04-1999 | WT/DS79/6 |
| 16 | 美国—对特定虾及虾类产品进口限制 | 06-11-1998<br>WT/DS58/14 | 25-11-1998<br>WT/DSB/M/51 | 21-01-1999<br>WT/DSB/M/54 | 06-11-1998 至 06-12-1999（13个月） | WT/DS58/15 |
| 17 | 澳大利亚—影响鲑鱼进口的措施 | 06-11-1998<br>WT/DS18/11 | 25-11-1998<br>WT/DSB/M/51 | 23-02-1999<br>WT/DS18/9<br>（通过仲裁） | 06-11-1998 至 06-07-1999（8个月） | （见第四部分） |
| 18 | 危地马拉—对来自墨西哥的波兰特水泥的反倾销调查 | 25-11-1998<br>WT/DS60/12 | N. A. | N. A. | N. A. | N. A. |
| 19 | 韩国-对酒精饮料征税 | 17-02-1999<br>WT/DS75/12<br>WT/DS84/10 | 19-03-1999<br>WT/DSB/M/57 | 04-06-1999<br>WT/DS75/16<br>WT/DS84/14<br>（通过仲裁） | 17-02-1999 至 31-01-2000（11个月零2个星期） | WT/DS75/18<br>WT/DS84/16 |
| 20 | 日本—影响农产品进口的措施 | 19-03-1999<br>WT/DS76/8 | 15-04-1999<br>WT/DSB/M/58 | 15-06-1999<br>WT/DS76/9 | 19-03-1999 至 31-12-1999（9个月零12天） | WT/DS76/11 和 Add. 1 to Add. 16<br>日本和美国已通知争端解决机构，他们已达成双方满意的解决方案<br>WT/DS76/12 |
| 21 | 美国—对来自韩国的1兆或以上的计算机动态随机存取存储器芯片征收反倾销税 | 19-03-1999<br>WT/DS99/5 | 15-04-1999<br>WT/DSB/M/58 | 19-05-1999<br>WT/DSB/M/65 | 19-03-1999 至 19-11-1999（8个月） | WT/DS99/6 |

续 表

| 序号 | 案件 | 通过专家组及上诉机构报告（日-月-年） | 通知执行争端解决机构建议的意向（日-月-年） | 确定合理时限（日-月-年） | 根据DSU第21.3条确定的合理期限 | 根据DSU第21.6条争端解决机构对执行的监督 |
|---|---|---|---|---|---|---|
| 22 | 澳大利亚—对于汽车皮革制造商和生产商提供的补贴 | 16-06-1999<br>WT/DS126/5 | 06-07-1999<br>WT/DS126/6 | | 根据《补贴与反补贴协议》第4.7条，专家组建议于报告批准日起90天内撤销此措施 | WT/DS126/7（见第四部分） |
| 23 | 巴西—对于航空器出口资金融通 | 20-08-1999<br>WT/DS46/10 | 13-09-1999<br>WT/DS46/11 | | 根据《补贴与反补贴协议》第4.7条，专家组建议于报告批准日起90天内撤销此措施 | WT/DS46/12（见第四部分） |
| 24 | 加拿大—影响民用航空器措施 | 20-08-1999<br>WT/DS70/6 | 06-09-1999<br>WT/DS70/1 | | 根据《补贴与反补贴协议》第4.7条，专家组建议于报告批准日起90天内撤销此措施 | WT/DS70/8（见第四部分） |
| 25 | 印度—对于农产品、纺织品和工业产品进口的数量限制 | 22-09-1999<br>WT/DS90/14 | 14-10-1999<br>WT/DSB/M/69 | 28-12-1999<br>WT/DS90/15 | 直至01-04-2000及01-04-2001 | WT/DS90/16和Add. 1 to Add. 7 |
| 26 | 加拿大—影响牛奶进口及奶制品出口的措施 | 27-10-1999<br>WT/DS103/11<br>WT/DS113/11 | 19-11-1999<br>WT/DSB/M/71 | 22-12-1999<br>WT/DS103/10<br>WT/DS113/10 | 此实施阶段最迟不迟于2000年12月31日 | WT/DS103/12-WT/DS113/12和Add. 1 to Add. 6（见第四部分） |
| 27 | 土耳其—对于纺织品和服装进口的限制 | 19-11-1999<br>WT/DS34/11 | 15-12-1999<br>WT/DS34/9 | 07-01-2000<br>WT/DS34/10 | 19-02-2001 | WT/DS34/12和Add. 1 to Add. 8<br>Notification of mutually acceptable solution regarding implementation by 土耳其<br>WT/DS34/14 |
| 28 | 智利—对酒精饮料征税 | 12-01-2000<br>WT/DS87/12<br>WT/DS110/11 | 11-02-2000<br>WT/DSB/M/75 | 23-05-2000<br>WT/DS87/15<br>WT/DS110/4<br>（通过仲裁） | 12-01-2000至21-03-2001（14个月零9天） | WT/DS87/17和Add. 1 to Add. 2 |
| 29 | 韩国—对于特定奶制品进口的保障措施 | 12-01-2000<br>WT/DS98/10 | 11-02-2000<br>WT/DSB/M/75 | 21-03-2000<br>WT/DS98/11 | 直至20-05-2000 | WT/DS98/12 |
| 30 | 阿根廷—对鞋类产品进口的保障措施 | 12-01-2000<br>WT/DS121/9 | 11-02-2000<br>WT/DSB/M/75 | N. A. | N. A. | N. A. |

续 表

| 序号 | 案件 | 通过专家组及上诉机构报告（日-月-年） | 通知执行争端解决机构建议的意向（日-月-年） | 确定合理时限（日-月-年） | 根据 DSU 第 21.3 条确定的合理期限 | 根据 DSU 第 21.6 条争端解决机构对执行的监督 |
|---|---|---|---|---|---|---|
| 31 | 美国—1974 年贸易法第 301-310 部分 | 27-01-2000 WT/DS152/14 | N. A. | N. A. | N. A. | N. A. |
| 32 | 墨西哥—对来自美国的高果糖玉米浆进行反倾销调查 | 24-02-2000 WT/DS132/4 和 Corr—1 | 20-03-2000 WT/DSB/M/77 | 10-04-2000 WT/DS132/5 | 24-02-2000 至 22-09-2000（6 个月零 29 天） | （见第四部分） |
| 33 | 美国—“海外销售公司”税收待遇 | 20-03-2000 WT/DS108/10 | 07-04-2000 WT/DSB/M/78 | 20-03-2000（报告批准） | 直至 01-10-2000 相应时间延至 01-11-2000 | （见第四部分） |
| 34 | 加拿大—药品的专利权保护 | 07-04-2000 WT/DS114/9 | 25-04-2000 WT/DSB/M/79 | 18-08-2000 WT/DS114/13（通过仲裁） | 直至 07-10-2000 | 相关规定于 07-10-2000 公布 |
| 35 | 美国—对来自英国的加热压光棍及铋碳钢产品征收反补贴税 | 07-06-2000 WT/DS138/9 和 Corr—1 | 05-07-2000 WT/DSB/M/85 | N. A. | N. A. | N. A. |
| 36 | 加拿大—影响汽车工业的特定措施 | 19-06-2000 WT/DS139/8 WT/DS142/8 | 27-07-2000 WT/DSB/M/86 | 04-10-2000 WT/DS139/12 WT/DS142/12（通过仲裁） | 直至 19-02-2001 | 此措施于 18-02-2001 废止 WT/DSB/M/101 |
| 37 | 韩国—影响政府采购的措施 | 19-06-2000 WT/DS163/7 | N. A. | N. A. | N. A. | N. A. |
| 38 | 美国—美国版权法第 110（5）节 | 27-07-2000 WT/DS160/8 | 24-08-2000 WT/DS160/9 | 15-01-2001 WT/DS160/12（通过仲裁） | 直至 27-07-2001 相应时间顺延直至美国国会结束或31-12-2001（WT/DS160/14） | WT/DS160/18 和 Add. 1 to Add. 16（见第四部分）在 23-06-2003 各方达成了相互满意的临时性协议（WT/DS160/23）相应的现状报告重新开始 WT/DS160/24 和 Add. 1 to Add. 22 |
| 39 | 美国—1916 年反倾销法 | 26-09-2000 WT/DS136/8 WT/DS162/11 | 23-10-2000 WT/DSB/M/91 | 28-02-2001 WT/DS136/11 WT/DS162/14（通过仲裁） | 直至 26-07-2001 相应时间顺延直至美国国会结束或31-12-2001（WT/DS136/13 WT/DS162/16） | WT/DS136/14 WT/DS162/17 和 Add. 1 to Add. 31（见第四部分） |

续 表

| 序号 | 案件 | 通过专家组及上诉机构报告（日-月-年） | 通知执行争端解决机构建议的意向（日-月-年） | 确定合理时限（日-月-年） | 根据DSU第21.3条确定的合理期限 | 根据DSU第21.6条争端解决机构对执行的监督 |
|---|---|---|---|---|---|---|
| 40 | 加拿大—专利保护条款 | 12-10-2000<br>WT/DS170/7 | 23-10-2000<br>WT/DSB/M/91 | 28-02-2001<br>WT/DS170/10<br>（通过仲裁） | 直至12-08-2001 | 加拿大宣布执行建议至12-08-2001止<br>WT/DSB/M/107 |
| 41 | 危地马拉—对来自墨西哥的灰波兰特水泥采取反倾销措施 | 17-11-2000<br>WT/DS156/4 | 12-12-2000<br>WT/DSB/M/94 | N. A. | N. A. | 反倾销税至02-10-2000止<br>WT/DSB/M/94 |
| 42 | 韩国—影响新鲜、冷藏及冷冻牛肉进口的措施 | 10-01-2001<br>WT/DS161/11<br>WT/DS169/11 | 01-02-2001<br>WT/DSB/M/98 | 19-04-2001<br>WT/DS161/12<br>WT/DS169/12 | 直至10-09-2001 | 韩国宣布执行建议至10-09-2001止<br>WT/DSB/M/110 |
| 43 | 美国—对来自欧盟面筋进口的保障措施 | 19-01-2001<br>WT/DS166/10 | 03-04-2001<br>WT/DSB/M/99 | 04-04-2001<br>WT/DS166/12 | 直至02-06-2001 | |
| 44 | 美国—对来自韩国的不锈钢卷板和不锈钢条的反倾销措施 | 01-02-2001<br>WT/DS179/4 | 01-03-2001<br>WT/DSB/M/100 | 26-04-2001<br>WT/DS179/5 | 直至01-09-2001 | 美国宣布执行建议至01-09-2001止<br>WT/DSB/M/109 |
| 45 | 阿根廷—影响牛皮出口和成皮进口的措施 | 16-02-2001<br>WT/DS155/5 | 12-03-2001<br>WT/DSB/M/101 | 31-08-2001<br>WT/DS155/10<br>（通过仲裁） | 直至28-02-2002 | WT/DS155/12<br>争端解决机构注意到欧盟和阿根廷之间根据《关于争端解决规则与程序的谅解》第21条和第22条达成的协议<br>WT/DSB/M/121 |
| 46 | 欧盟—对来自印度的棉质床单进口征收反倾销税 | 12-03-2001<br>WT/DS141/9 | 05-04-2001<br>WT/DSB/M/103 | 26-04-2001<br>WT/DS141/10 | 直至14-08-2001 | （见第四部分） |
| 47 | 泰国—对波兰出口的铁或非合金钢的角铁、型材、轧材及工字梁的反倾销税案 | 05-04-2001<br>WT/DS122/7 | 26-04-2001<br>WT/DSB/M/104 | 25-05-2001<br>WT/DS122/8 | 直至20-10-2001 | WT/DS122/9<br>WT/DS122/11<br>（双方达成协议，此项不再出现在争端解决机构的日程中） |
| 48 | 欧盟—影响石棉及含石棉产品进口的措施 | 05-04-2001<br>WT/DS135/12 | N. A. | N. A. | N. A. | N. A. |

续 表

| 序号 | 案件 | 通过专家组及上诉机构报告（日-月-年） | 通知执行争端解决机构建议的意向（日-月-年） | 确定合理时限（日-月-年） | 根据 DSU 第 21.3 条确定的合理期限 | 根据 DSU 第 21.6 条争端解决机构对执行的监督 |
|---|---|---|---|---|---|---|
| 49 | 美国—对来自新西兰和澳大利亚的新鲜、冷藏和冷冻羔羊肉进口采取保障措施 | 16-05-2001<br>WT/DS177/10<br>WT/DS178/11 | 20-06-2001<br>WT/DS177/11<br>WT/DS178/12 | 31-08-2001<br>决定于 15-11-2001 停止该措施<br>WT/DS177/12<br>WT/DS178/13 | 直至 15-11-2001 | 14-11-2001<br>美国宣布其已完成必要的法律步骤来实施 8 月 31 日的决定<br>WT/DSB/M/113 |
| 50 | 美国—对来自日本的某些热轧钢板采取反倾销措施 | 23-08-2001<br>WT/DS184/8 | 10-09-2001<br>WT/DSB/M/109 | 19-02-2002<br>WT/DS184/13<br>（通过仲裁） | 23-08-2001 至 23-11-2002（15 个月）<br>相应地，时间顺延至 31-12-2003<br>或者直至美国国会休会日，选两者较前者<br>（WT/DS184/16）<br>相应地，时间被修改为于 31-07-2004 到期<br>（WT/DS184/17）<br>相应地，时间被修改为于 31-07-2005 到期<br>（WT/DS184/18） | WT/DS184/15 和 Add. 1 to Add. 47 |
| 51 | 美国—对于作为出口限制的补贴措施 | 23-08-2001<br>WT/DS194/4 | N. A. | N. A. | N. A. | N. A. |
| 52 | 美国—对来自巴基斯坦棉纱采取过渡性保障措施 | 05-11-2001<br>WT/DS192/7 | 21-11-2001<br>WT/DSB/M/113 | N. A. | N. A. | 美国宣布此措施于 01-11-2001 被废除<br>WT/DSB/M/113 |
| 53 | 阿根廷—对来自意大利的地板砖进口的反倾销措施 | 05-11-2001<br>WT/DS189/6 | 05-12-2001<br>WT/DSB/M/114 | 18-12-2001<br>WT/DS189/7 | 05-11-2001 至 05-04-2002<br>WT/DS189/7 | WT/DS189/8 |
| 54 | 美国—1998 年全面拨款法第 211 节 | 01-02-2002<br>WT/DS176/9 | 19-02-2002<br>WT/DSB/M/120 | 28-03-2002<br>WT/DS176/10 | 截至 31-12-2002 或美国国会休会日，不迟于 03-01-2003<br>相应地，时间被修改为于 30-06-2003 到期<br>（WT/DS176/12）<br>时间再次被修改为于 31-12-2003 到期<br>（WT/DS176/13） | WT/DS176/11 和 Add. 1 to Add. 47 |

续 表

| 序号 | 案件 | 通过专家组及上诉机构报告（日-月-年） | 通知执行争端解决机构建议的意向（日-月-年） | 确定合理时限（日-月-年） | 根据DSU第21.3条确定的合理期限 | 根据DSU第21.6条争端解决机构对执行的监督 |
|---|---|---|---|---|---|---|
| 54 | 美国—1998年全面拨款法第211节 | | | | 相应地，时间被修改为于31-12-2004到期（WT/DS176/14）相应地，时间被修改为于30-06-2005到期（WT/DS176/15） | WT/DS176/11 和 Add. 1 to Add. 47 |
| 55 | 加拿大—地区性航空器的出口信贷保证 | 19-02-2002 WT/DS222/6 | 08-03-2002 WT/DSB/M/121 | | 专家组建议从报告通过后的90天内撤销此措施（截至20-05-2002） | （见第四部分） |
| 56 | 美国—对产自韩国的环状焊接碳素钢管实施保障措施 | 08-03-2002 WT/DS202/13 | 05-04-2002 WT/DSB/M/122 | 29-07-2002 WT/DS202/18 | 截至01-09-2002 | 在18-03-2003争端解决机构会议上，美国宣布此措施已于01-03-2003终止 WT/DSB/M/145 |
| 57 | 印度—影响汽车部门的措施 | 05-04-2002 WT/DS146/11 WT/DS175/11 | 02-05-2002 WT/DS146/12 WT/DS175/12 | 18-07-2002 WT/DS146/13 WT/DS175/13 | 05-04-2002 至 05-09-2002（5个月） | 在11-11-2002争端解决机构会议上，印度宣布其已执行了争端解决机构的建议 WT/DSB/M/136 |
| 58 | 美国—对来自印度的钢板采取反倾销及反补贴措施 | 29-07-2002 WT/DS206/5 | 27-08-2002 WT/DS206/6 | 01-10-2002 WT/DS206/7 | 20-07-2002 至 29-12-2002（5个月）相应地，时间被修改为于31-01-2003到期（WT/DS206/8） | 在19-02-2003争端解决机构会议上，美国宣布已按争端解决机构建议来执行 WT/DSB/M/143 |
| 59 | 美国—乌拉圭回合协议第129(c)(1)节 | 30-08-2002 WT/DS221/7 | N. A. | N. A. | N. A. | N. A. |
| 60 | 埃及—对来自土耳其的钢筋采取的反倾销措施 | 01-10-2002 WT/DS211/5 | 23-10-2002 WT/DSB/M/134 | 14-11-2002 WT/DS211/6 | 01-10-2002 至 31-07-2003（9个月） | WT/DS211/7 和 Add. 1 to Add. 3 在29-08-2003争端解决机构会议上，埃及宣布已按争端解决机构建议执行 |
| 61 | 智利—对特定农产品相关的综合价格制度及保障措施 | 23-10-2002 WT/DS207/8 | 11-11-2002 WT/DSB/M/136 | 17-03-2003 WT/DS207/13（通过仲裁） | 23-10-2002 至 23-12-2003（14个月） | WT/DS207/15 和 Add. 7（见第四部分） |

续 表

| 序号 | 案件 | 通过专家组及上诉机构报告（日-月-年） | 通知执行争端解决机构建议的意向（日-月-年） | 确定合理时限（日-月-年） | 根据 DSU 第 21.3 条确定的合理期限 | 根据 DSU 第 21.6 条争端解决机构对执行的监督 |
|---|---|---|---|---|---|---|
| 62 | 欧盟—沙丁鱼贸易描述 | 23-10-2002<br>WT/DS231/15 | 11-11-2002<br>WT/DSB/M/136 | 19-12-2002<br>WT/DS231/16 | 23-10-2002 至 23-04-2003<br>相应地，时间被修改为于 01-07-2003 到期<br>（WT/DS231/17） | WT/DS231/18<br>（双方同意的解决方案） |
| 63 | 美国—对来自加拿大特定软木的初步决定 | 01-11-2002<br>WT/DS236/4 | 28-11-2002<br>WT/DSB/M/137 | N. A. | N. A. | N. A. |
| 64 | 美国—对来自德国的特定耐腐蚀碳钢板征收反补贴税 | 19-12-2002<br>WT/DS213/9 | 17-01-2003<br>WT/DSB/M/141 | N. A. | N. A. | 在 20-04-2004 争端解决机构会议上，美国宣布已按争端解决机构建议执行<br>（WT/DSB/M/167） |
| 65 | 美国—对于特定来自欧盟产品的反补贴措施 | 08-01-2003<br>WT/DS212/11 | 27-01-2003<br>WT/DSB/M/142 | 10-04-2003<br>WT/DS212/12 | 08-01-2003 至 08-11-2003<br>（10 个月） | WT/DS212/13<br>WT/DS212/19<br>（见第四部分） |
| 66 | 美国—2000 年持续性倾销及补贴补偿法案 | 27-01-2003<br>WT/DS217/11<br>WT/DS234/19 | 27-01-2003<br>WT/DSB/M/142<br>19-02-2003<br>WT/DSB/M/143<br>26-02-2003<br>WT/DSB/M/144 | 13-06-2003<br>WT/DS217/14<br>WT/DS234/22<br>（通过仲裁） | 27-01-2003 至 27-12-2003<br>（11 个月）<br>在与澳大利亚，印度尼西亚和泰国有关的争议中，实施期间被修改，至 27-12-2004 到期<br>（WT/DS217/17，18，19）<br>相应地，美国就此事分别与下列国家达成程序谅解<br>澳大利亚<br>（WT/DS217/44）<br>泰国<br>（WT/DS217/45）<br>印度尼西亚<br>（WT/DS217/46） | WT/DS217/16<br>WT/DS234/24<br>和 Add. 1 to Add. 24<br>（见第四部分） |
| 67 | 阿根廷—对于桃脯进口的保障措施 | 15-04-2003<br>WT/DS238/5 | 14-05-2003<br>WT/DS238/6<br>19-05-2003<br>WT/DSB/M/150 | 30-05-2003<br>WT/DS238/7 | 截至 31-12-2003 | 在 23-01-2004 争端解决机构会议上，阿根廷宣布已按争端解决机构建议执行<br>（WT/DSB/M/163） |

续 表

| 序号 | 案件 | 通过专家组及上诉机构报告（日-月-年） | 通知执行争端解决机构建议的意向（日-月-年） | 确定合理时限（日-月-年） | 根据DSU第21.3条确定的合理期限 | 根据DSU第21.6条争端解决机构对执行的监督 |
| --- | --- | --- | --- | --- | --- | --- |
| 68 | 阿根廷—对来自巴西的家禽征收反倾销税 | 19-05-2003<br>WT/DS241/6 | N. A. | N. A. | N. A. | N. A. |
| 69 | 美国—纺织品及服装原产地证明 | 21-07-2003<br>WT/DS243/8 | N. A. | N. A. | N. A. | N. A. |
| 70 | 欧盟—对来自巴西的可锻铸铁管接头征收反倾销税 | 18-08-2003<br>WT/DS219/10 | 15-09-2003<br>WT/DS219/11<br>02-10-2003<br>WT/DSB/M/156 | 01-10-2003<br>WT/DS219/12 | 18-08-2003 至 19-03-2004<br>（7个月） | 17-03-2004，欧盟就其执行争端解决机构建议提供信息<br>（WT/DS219/13） |
| 71 | 日本—影响苹果进口的措施 | 10-12-2003<br>WT/DS245/8 | 09-01-2004<br>WT/DSB/M/162 | 30-01-2004<br>WT/DS245/9 | 10-12-2003 至 30-06-2004<br>（6个月零20天） | （见第四部分） |
| 72 | 美国—对特定钢铁产品进口采取保障措施 | 10-12-2003<br>WT/DS248/20<br>WT/DS249/14<br>WT/DS251/15<br>WT/DS252/13<br>WT/DS253/13<br>WT/DS254/13<br>WT/DS258/17<br>WT/DS259/16 | N. A. | N. A. | N. A. | 在10-12-2003的争端解决机构会议上，美国宣布其总统已经下令停止与此争议相关的10项保障措施<br>（WT/DSB/M/160） |
| 73 | 美国—对来自日本的耐腐蚀碳钢板产品的反倾销税日落复审 | 09-01-2004<br>WT/DS244/10 | N. A. | N. A. | N. A. | N. A. |
| 74 | 美国—对来自加拿大的软木最终反补贴税决定 | 17-02-2004<br>WT/DS257/11 | 05-03-2004<br>WT/DS257/12 | 28-04-2004<br>WT/DS257/13 | 17-02-2004 至 17-12-2004<br>（10个月） | WT/DS257/14 和 Add. 1<br>（见第四部分） |
| 75 | 欧盟—发展中国家优惠关税授予条件 | 20-04-2004<br>WT/DS246/10 | 19-05-2004<br>WT/DSB/M/169 | 20-09-2004<br>WT/DS246/14<br>（通过仲裁） | 20-04-2004 至 01-07-2005<br>（14个月零11天） | WT/DS246/16 和<br>Add. 1 to Add. 3 |
| 76 | 美国—国际贸易委员会对加拿大软木的调查 | 26-04-2004<br>WT/DS277/R | 19-05-2004<br>WT/DSB/M/169 | 01-10-2004<br>WT/DS277/7 | 26-04-2004 至 26-01-2005<br>（9个月） | 在25-01-2005的争端解决机构会议上，美国说明其已按争端解决机构在此争端中的建议执行<br>（见第四部分） |
| 77 | 墨西哥—影响电信服务的措施 | 01-06-2004<br>WT/DS204/8 | 01-06-2004<br>WT/DS204/7 | 01-06-2004<br>WT/DS204/7 | 从报告通过之日起的13个月内；也就是说在2005年7月底前 | WT/DS204/9 和<br>Add. 1 to Add. 8 |

续 表

| 序号 | 案件 | 通过专家组及上诉机构报告（日-月-年） | 通知执行争端解决机构建议的意向（日-月-年） | 确定合理时限（日-月-年） | 根据DSU第21.3条确定的合理期限 | 根据DSU第21.6条争端解决机构对执行的监督 |
|---|---|---|---|---|---|---|
| 78 | 美国—对加拿大软木的最终倾销决定 | 31-08-2004<br>WT/DS264/9 | 27-09-2004<br>WT/DSB/M/176 | 06-12-2004<br>WT/DS264/12 | 31-08-2004 至 15-04-2005<br>相应地，时间被修改为于 02-05-2005 到期<br>（WT/DS264/15） | 在19-05-2005的争端解决机构会议上，美国说明其已按争端解决机构的建议和规则执行<br>（WT/DSB/M/189）<br>（见第四部分） |
| 79 | 加拿大—关于小麦出口和谷物进口的措施 | 27-09-2004<br>WT/DS276/18 | 18-10-2004<br>WT/DSB/M/177 | 15-11-2004<br>WT/DS276/19 | 27-09-2004 至 01-08-2005<br>（10个月零5天） | WT/DS276/20 和 Add. 1 to Add. 3 |
| 80 | 美国—对来自阿根廷石油工业用管材的反倾销措施日落复审 | 17-12-2004<br>WT/DS268/8 | 14-01-2005<br>WT/DSB/M/181 | 07-06-2005<br>WT/DS268/12<br>（通过仲裁） | 17-12-2004 至 17-12-2005<br>（12个月） | 在20-12-2005的争端解决机构会议上，美国说明其已按争端解决机构的建议和规则执行<br>（见第四部分） |
| 81 | 美国—陆地棉补贴 | 21-03-2005<br>WT/DS/267/20 | 20-04-2005<br>WT/DSB/M/188 | | 根据《补贴与反补贴协议》第4.7条，专家组建议此措施自报告被批准后的6个月内或在2005年7月1日之前撤销（以较早的为准） | （见第四部分） |
| 82 | 韩国—影响商船贸易的措施 | 11-04-2005<br>WT/DS273/8 | | | 根据《补贴与反补贴协议》第4.7条，专家组建议此措施自报告被批准后的90天内撤销 | |
| 83 | 欧盟—农产品和食品的商标及地理标识保护 | 20-04-2005<br>WT/DS174/23<br>WT/DS290/21 | 19-05-2005<br>WT/DSB/M/189 | 09-06-2005<br>WT/DS174/24<br>WT/DS290/22 | 实施时间至03-04-2006为止（11个月零2个星期） | WT/DS174/25-WT/DS290/23 和 Add. 1 to Add. 3 |
| 84 | 美国—影响博彩业跨境交付的措施 | 20-04-2005<br>WT/DS285/10 | 19-05-2005<br>WT/DSB/M/189 | 19-08-2005<br>WT/DS285/13<br>（通过仲裁） | 20-04-2005 至 03-04-2006<br>（11个月零2个星期） | WT/DS285/15 和 Add. 1<br>（见第四部分） |
| 85 | 欧盟—糖类出口补贴 | 19-05-2005<br>WT/DS265/29<br>WT/DS266/29<br>WT/DS283/10 | 13-06-2005<br>WT/DSB/M/191 | 28-10-2005<br>WT/DS265/33-WT/DS266/33-WT/DS283/14<br>（通过仲裁） | 19-05-2005 至 22-05-2006<br>（12个月零3天） | WT/DS265/35-WT/DS266/35-WT/DS283/16 和 Add. 1 |

续 表

| 序号 | 案件 | 通过专家组及上诉机构报告（日-月-年） | 通知执行争端解决机构建议的意向（日-月-年） | 确定合理时限（日-月-年） | 根据DSU第21.3条确定的合理期限 | 根据DSU第21.6条争端解决机构对执行的监督 |
|---|---|---|---|---|---|---|
| 86 | 多米尼加共和国—影响香烟进口和国内销售的措施 | 19-05-2005 WT/DS302/12 | 13-06-2005 WT/DSB/M/191 | 16-08-2005 WT/DS302/17 | 19-05-2005之后的24个月；也就是在19-05-2007之前 | |
| 87 | 欧盟—影响商船贸易的措施 | 20-06-2005 WT/DS301/6 | 20-07-2005 WT/DSB/M/194 | | | |
| 88 | 美国—对来自韩国的计算机动态随机存取存储器芯片的反补贴税调查 | 20-07-2005 WT/DS296/10 | 03-08-2005 WT/DSB/M/195 | 07-11-2005 WT/DS296/11 | 20-07-2005至08-03-2006（7个月零16天） | 在14-03-2006的争端解决机构会议上美国说明其已按争端解决机构的建议和规则执行（WT/DSB/M/206） |
| 89 | 欧盟—对来自韩国的计算机动态随机存取存储器芯片的反补贴措施 | 03-08-2005 WT/DS299/6 | 31-08-2005 WT/DSB/M/196 | 12-10-2005 WT/DS299/7 | 03-08-2005至03-04-2006（8个月） | WT/DS299/8 WT/DS299/9 |
| 90 | 欧盟—冷冻无骨鸡的关税分类 | 27-09-2005 WT/DS269/10 WT/DS286/12 | 18-10-2005 WT/DSB/M/199 | 20-02-2006 WT/DS269/13-WT/DS286/15（通过仲裁） | 27-09-2005至27-06-2006（9个月） | WT/DS269/15-WT/DS286/17和Add.1 |
| 91 | 美国—对来自墨西哥的石油工业用管材反倾销措施 | 28-11-2005 WT/DS282/10 | 20-12-2005 WT/DSB/M/202 | 15-02-2006 WT/DS282/11 | 28-11-2005至28-05-2006（6个月） | （见第四部分） |
| 92 | 韩国—对来自印度尼西亚特定纸张进口征收反倾销税 | 28-11-2005 WT/DS312/5 | 20-12-2005 WT/DSB/M/202 | 10-02-2006 WT/DS312/6 | 28-11-2005至28-07-2006（8个月） | （见第四部分） |
| 93 | 墨西哥—对于牛肉和稻米的反倾销措施，对于稻米的上诉 | 20-12-2005 WT/DS295/9 | 19-01-2006 WT/DS295/10 | 18-05-2006 WT/DS295/12 | 20-12-2005至20-08-2006［8个月，考虑到专家组报告第8.1段和第8.3段和上诉机构报告第350（b）和（c）段］<br>20-12-2005至20-12-2006［12个月，考虑到专家组报告第8.5段和上诉机构报告第350（d）段］ | WT/DS295/13和Add−1 |

续 表

| 序号 | 案件 | 通过专家组及上诉机构报告（日-月-年） | 通知执行争端解决机构建议的意向（日-月-年） | 确定合理时限（日-月-年） | 根据 DSU 第 21.3 条确定的合理期限 | 根据 DSU 第 21.6 条争端解决机构对执行的监督 |
|---|---|---|---|---|---|---|
| 94 | 墨西哥—对于非酒精饮料及其他饮料征税 | 24-03-2006<br>WT/DS308/13 | 21-04-2006<br>WT/DSB/M/210 | 03-07-2006<br>WT/DS308/15 | 24-03-2006 至 01-01-2007（9 个月零 8 天）或者如果墨西哥国会在 2006 年 12 月 1 日-31 日间制定法律停止此措施<br>24-03-2006 至 31-01-2007（10 个月零 7 天） | WT/DS308/16 |
| 95 | 美国—计算倾销差额（归零法）的法律、规则及方法 | 09-05-2006<br>WT/DS294/17 | 30-05-2006<br>WT/DSB/M/213 | 28-07-2006<br>WT/DS294/19 | 09-05-2006 至 09-04-2007<br>（11 个月） | WT/DS294/20 和 Add. 1 to Add. 6 |
| 96 | 欧盟—影响生物科技产品审批及营销的措施 | 21-11-2006<br>WT/DS291/33<br>WT/DS292/27<br>WT/DS293/27 | 19-12-2006<br>WT/DSB/M/224 | 21-06-2007<br>WT/DS291/35 | 21-11-2006 至 21-11-2007<br>（12 个月） | |
| 97 | 欧盟—特定海关措施 | 11-12-2006<br>WT/DS315/15 | 19-12-2006<br>WT/DSB/M/224 | | | |
| 98 | 美国—关于归零法及日落复审措施 | 23-01-2007<br>WT/DS322/15 | 20-02-2007<br>WT/DSB/M/226 | 04-05-2007<br>WT/DS322/20 | 23-01-2007 至 24-12-2007<br>（11 个月） | WT/DS322/22<br>and Add. 1 to Add. 2 |
| 99 | 美国—对来自厄瓜多尔虾征收反倾销税 | 20-02-2007<br>WT/DS335/9 | 20-03-2007<br>WT/DSB/M/228 | 26-03-2007<br>WT/DS335/10 | 20-02-2007 至 20-08-2007<br>（6 个月） | 2007 年 8 月，美国宣布已按争端解决机构建议和规则执行<br>WT/DSB/M/238 |
| 100 | 墨西哥—对来自危地马拉的钢管征收反倾销税 | 24-07-2007<br>WT/DS331/5 | 23-08-2007<br>WT/DS331/6 | 25-09-2007<br>WT/DS331/7 | 24-07-2007 至 24-01-2008<br>（6 个月） | 2008 年 1 月 24 日，墨西哥宣布已按争端解决机构建议和裁决执行<br>WT/DSB/M/248 |
| 101 | 土耳其—影响大米进口的措施 | 22-10-2007<br>WT/DS334/8 | 20-11-2007<br>WT/DS334/10 | 09-04-2008<br>WT/DS334/12 | 22-10-2007 至 22-04-2008<br>（6 个月） | WT/DS334/14 |
| 102 | 巴西—影响翻新轮胎进口的措施 | 17-12-2007<br>WT/DS332/12 | 15-01-2008<br>WT/DSB/M/244 | 29-08-2008<br>WT/DS332/16<br>（通过仲裁） | 17-12-2007 至 11-12-2008<br>（12 个月） | |
| 103 | 日本—对来自韩国的动态随机存储器征收反补贴税 | 17-12-2007<br>WT/DS336/12 | 15-01-2008<br>WT/DSB/M/244 | 05-05-2008<br>WT/DS336/16<br>（通过仲裁） | 17-12-2007 至 01-09-2008<br>（8 个月零 2 星期） | （见第四部分） |

续 表

| 序号 | 案件 | 通过专家组及上诉机构报告（日-月-年） | 通知执行争端解决机构建议的意向（日-月-年） | 确定合理时限（日-月-年） | 根据DSU第21.3条确定的合理期限 | 根据DSU第21.6条争端解决机构对执行的监督 |
|---|---|---|---|---|---|---|
| 104 | 欧盟—对产自挪威人工养殖的鲑鱼采取反倾销措施 | 15-01-2008<br>WT/DS337/6 | 08-02-2008<br>WT/DSB/M/246 | 06-05-2008<br>WT/DS337/8 | 15-01-08 至 15-11-08<br>（10个月） | 争端解决机构于2008年8月1日开会宣布撤销该措施，于2008年7月20日生效<br>WT/DSB/M/254 |
| 105 | 美国—对产自墨西哥的不锈钢采取最终反倾销措施 | 20-05-2008<br>WT/DS344/10 | 02-06-2008<br>WT/DSB/M/251 | 31-10-2008<br>WT/DS344/15<br>（通过仲裁） | 20-05-2008 至 30-04-2009<br>（11个月零10天） | |
| 106 | 美国—与来自泰国虾有关的措施 | 01-08-2008<br>WT/DS343/14 | 29-08-2008<br>WT/DSB/M/255 | 31-10-2008<br>WT/DS343/16 | 01-08-2008 至 01-04-2009<br>（8个月） | |
| 107 | 美国—海关保税指令 | 01-08-2008<br>WT/DS345/13 | 29-08-2008<br>WT/DSB/M/255 | 31-10-2008<br>WT/DS345/15 | 01-08-2008 至 01-04-2009<br>（8个月） | |

## 第四部分

## 援引《关于争端解决规则与程序的谅解》第21.5条

| 序号 | 案件 | 援引第21.5条（日-月-年） | 提交原专家组（日-月-年） | 散发专家组报告（日-月-年） | 通知上诉（日-月-年） | 散发上诉机构报告（日-月-年） | 通过专家组和/或上诉机构报告（日-月-年） |
|---|---|---|---|---|---|---|---|
| 1 | 欧盟—香蕉进口、销售和分销 | 15-12-1998 欧盟 WT/DS27/40 18-12-1998 厄瓜多尔 WT/DS27/41 | 12-01-1999 WT/DSB/M/53 欧盟、厄瓜多尔。 | 12-04-1999 WT/DS27/RW/ECU WT/DS27/RW/EEC 和 Corr—1 | N. A. | N. A. | 06-05-1999 WT/DSB/M/61 (WT/DS27/RW/ECU) |
| 2 | 澳大利亚—影响鲑鱼进口的措施 | 28-07-1999 加拿大 WT/DS18/14 | 28-07-1999 WT/DSB/M/66 | 18-02-2000 WT/DS18/RW | N. A. | N. A. | 20-03-2000 WT/DSB/M/77 |
| 3 | 澳大利亚—对于汽车皮革制造商和生产商提供的补贴 | 04-10-1999 美国 WT/DS126/8 | 14-10-1999 WT/DSB/M/69 | 21-01-2000 WT/DS126/RW 和 Corr—1 | N. A. | N. A. | 11-02-2000 WT/DSB/M/75 |
| 4 | 巴西—对于航空器出口融资 | 26-11-1999 加拿大 WT/DS46/13 | 09-12-1999 WT/DSB/M/72 | 09-05-2000 WT/DS46/RW | 22-05-2000 巴西 WT/DS46/17 | 21-07-2000 WT/DS46/AB/RW | 04-08-2000 WT/DSB/M/87 |
| 5 | 加拿大—影响民用航空器措施 | 23-11-1999 巴西 WT/DS70/9 | 09-12-1999 WT/DSB/M/72 | 09-05-2000 WT/DS70/RW | 22-05-2000 巴西 WT/DS70/12 | 21-07-2000 WT/DS70/AB/RW | 04-08-2000 WT/DSB/M/87 |
| 6 | 美国—对来自韩国的计算机动态随机存取存储器芯片征收反倾销税 | 07-04-2000 韩国 WT/DS99/8 | 25-04-2000 WT/DSB/M/79 | 07-11-2000 WT/DS99/RW （双方达成协议） | N. A. | N. A. | N. A. |
| 7 | 美国—对特定虾及虾类产品进口限制 | 13-10-2000 马来西亚 WT/DS58/17 | 23-10-2000 WT/DSB/M/91 | 15-06-2001 WT/DS58/RW | 23-07-2001 马来西亚 WT/DS58/20 | 22-10-2001 WT/DS58/AB/RW | 21-11-2001 WT/DSB/M/113 |
| 8 | 墨西哥—对来自美国的高果糖玉米浆开展反倾销调查 | 13-10-2000 美国 WT/DS132/6 | 23-10-2000 WT/DSB/M/91 | 22-06-2001 WT/DS132/RW | 24-07-2001 墨西哥 WT/DS132/10 | 22-10-2001 WT/DS132/AB/RW | 21-11-2001 WT/DSB/M/113 |
| 9 | 美国—"海外销售公司"税收待遇 | 07-12-2000 欧盟 WT/DS108/16 | 20-12-2000 WT/DSB/M/95 | 20-08-2001 WT/DS108/RW | 15-10-2001 美国 WT/DS108/21 | 14-01-2002 WT/DS108/AB/RW | 29-01-2002 WT/DSB/M/118 |
| 10 | 巴西—对于航空器出口资金融通：加拿大再次援引《关于争端解决规则与程序的谅解》第21.5条 | 19-01-2001 加拿大 WT/DS46/26 | 16-02-2001 WT/DSB/M/99 | 26-07-2001 WT/DS46/RW/2 | N. A. | N. A. | 23-08-2001 WT/DSB/M/108 |

续 表

| 序号 | 案件 | 援引第21.5条（日-月-年） | 提交原专家组（日-月-年） | 散发专家组报告（日-月-年） | 通知上诉（日-月-年） | 散发上诉机构报告（日-月-年） | 通过专家组和/或上诉机构报告（日-月-年） |
|---|---|---|---|---|---|---|---|
| 11 | 加拿大—影响牛奶进口及奶制品出口的措施 | 16-02-2001 美国 WT/DS103/16 16-02-2001 新西兰 WT/DS113/16 | 01-03-2001 WT/DSB/M/100 | 11-07-2001 WT/DS103/RW WT/DS113/RW | 04-09-2001 加拿大 WT/DS103/20 WT/DS113/20 | 03-12-2001 WT/DS103/AB/RW WT/DS113/AB/RW | 18-12-2001 WT/DSB/M/116 |
| 12 | 加拿大—影响牛奶进口及奶制品出口的措施：美国和新西兰再次引用第21.5条 | 06-12-2001 美国 WT/DS103/23 06-12-2001 新西兰 WT/DS113/23 | 18-12-2001 WT/DSB/M/116 | 26-07-2002 WT/DS103/RW/2 WT/DS113/RW/2 | 23-09-2002 加拿大 WT/DS103/28 WT/DS113/28 | 20-12-2002 WT/DS103/AB/RW2 WT/DS113/AB/RW2 | 17-01-2003 WT/DSB/M/141 |
| 13 | 欧盟—对于来自印度棉质床单进口征收反倾销税 | 07-05-2002 印度 WT/DS141/13/Rev—1 | 22-05-2002 WT/DSB/M/124 和 Corr—1 | 29-11-2002 WT/DS141/RW | 08-01-2003 印度 WT/DS141/16 | 08-04-2003 WT/DS141/AB/RW | 24-04-2003 WT/DSB/M/148 |
| 14 | 美国—对来自欧盟特定产品的反补贴措施 | 17-03-2004 欧盟 WT/DS212/14 | 27-09-2004 WT/DS212/15 WT/DSB/M/176 | 17-08-2005 WT/DS212/RW | N. A. | N. A. | 27-09-2005 WT/DSB/M/198 |
| 15 | 智利—对特定农产品相关的综合价格制度及保障措施 | 19-05-2004 阿根廷 WT/DS207/17 | 20-01-2006 WT/DS207/18 WT/DSB/M/203 | | | | |
| 16 | 日本—影响苹果进口的措施 | 19-07-2004 美国 WT/DS245/11 | 30-07-2004 WT/DSB/M/174 | 23-06-2005 WT/DS245/RW | N. A. | N. A. | 20-07-2005 WT/DSB/M/194 |
| 17 | 美国—对来自加拿大的软木最终反补贴税决定 | 04-01-2005 加拿大 WT/DS257/15 | 14-01-2005 WT/DSB/M/181 | 01-08-2005 WT/DS257/RW | 06-09-2005 美国 WT/DS257/22 | 05-12-2005 WT/DS257/AB/RW | 20-12-2005 WT/DSB/M/202 |
| 18 | 美国—"海外销售公司"税收待遇：欧盟再次援引第21.5条 | 14-01-2005 欧盟 WT/DS108/29 | 17-02-2005 WT/DSB/M/183 | 30-09-2005 WT/DS108/RW2 | 14-11-2005 美国 WT/DS108/32 | 13-02-2006 WT/DS108/AB/RW2 | 14-03-2006 WT/DS108/36 |
| 19 | 美国—国际贸易委员会对加拿大软木的调查 | 15-02-2005 加拿大 WT/DS277/8 | 25-02-2005 WT/DSB/M/184 | 15-11-2005 WT/DS277/RW | 13-01-2006 加拿大 WT/DS277/16 | 13-04-2006 WT/DS277/AB/RW | 09-05-2006 WT/DS277/19 |
| 20 | 美国—对加拿大软木的最终倾销决定 | 19-05-2005 加拿大 WT/DS264/16 | 01-06-2005 WT/DSB/M/190 | 03-04-2006 WT/DS264/RW | 17-05-2006 加拿大 WT/DS264/25 | 15-08-2006 WT/DS264/AB/RW | 01-09-2006 WT/DS264/28 |

续 表

| 序号 | 案件 | 援引第21.5条（日-月-年） | 提交原专家组（日-月-年） | 散发专家组报告（日-月-年） | 通知上诉（日-月-年） | 散发上诉机构报告（日-月-年） | 通过专家组和/或上诉机构报告（日-月-年） |
|---|---|---|---|---|---|---|---|
| 21 | 欧盟—香蕉进口制度及ACP-EC合作伙伴协定 | 30-11-2005 洪都拉斯 WT/DS27/62<br>30-11-2005 巴拿马 WT/DS27/63<br>30-11-2005 尼加拉瓜 WT/DS27/64 | | | | | |
| 22 | 美国—对来自阿根廷石油工业用管材的反倾销措施日落复审 | 26-01-2006 阿根廷 WT/DS268/15 | 17-03-2006 WT/DS268/16 WT/DSB/M/207 | 30-11-2006 WT/DS268/RW | 12-01-2007 US WT/DS268/19 | 12-04-2007 WT/DS268/AB/RW | 11-05-2007 WT/DSB/M/231 |
| 23 | 美国—影响博彩业跨境交付的措施 | 08-06-2006 安提瓜和巴布达 WT/DS285/17 | 19-07-2006 WT/DS285/18 WT/DSB/M/217 | 30-03-2007 WT/DS285/RW | N. A. | N. A. | 22-05-2007 WT/DSB/M/232 |
| 24 | 美国—陆地棉补贴 | 18-08-2006 巴西 WT/DS267/30 | 28-09-2006 WT/DSB/M/220 | 18-12-2007 WT/DS267/RW and Corr. 1 | 12-02-2008 美国 WT/DS267/33 | 02-06-2008 WT/DS267/AB/RW | 20-06-2008 WT/DSB/M/252 |
| 25 | 美国—对来自墨西哥的石油工业用管材反倾销措施 | 21-08-2006 墨西哥 WT/DS282/13 | | | | | |
| 26 | 韩国—对来自印度尼西亚特定纸张进口征收反倾销税 | 26-10-2006 印度尼西亚 WT/DS312/8 | | 28-09-2007 WT/DS312/RW | N. A. | N. A. | 22-10-2007 WT/DS312/12 |
| 27 | 欧盟—关于香蕉进口、销售和分销的制度 | 06-11-2006 厄瓜多尔 WT/DS27/65 | 20-03-2007 WT/DS27/80 WT/DSB/M/228 | 07-04-2008 WT/DS27/RW2/ECU | 28-08-2008 EC WT/DS27/89 | | |
| 28 | 欧盟—关于香蕉进口、销售和分销的制度 | 29-06-2007 美国 WT/DS27/83 | 12-07-2007 WT/DSB/M/235 | 07-04-2008 WT/DS27/RW/USA and Corr. 1 | 28-08-2008 EC WT/DS27/90 | | |
| 29 | 美国—计算倾销幅度的法律、法规和方法（“归零法”） | 09-07-2007 欧盟 WT/DS294/22 | 25-09-2007 WT/DS294/25 WT/DSB/M/239 | | | | |

续 表

| 序号 | 案件 | 援引第21.5条（日-月-年） | 提交原专家组（日-月-年） | 散发专家组报告（日-月-年） | 通知上诉（日-月-年） | 散发上诉机构报告（日-月-年） | 通过专家组和/或上诉机构报告（日-月-年） |
|---|---|---|---|---|---|---|---|
| 30 | 美国—与归零法和日落复审相关的措施 | 07-04-2008<br>日本<br>WT/DS322/27 | 18-04-2008<br>WT/DSB/M/249 | | | | |
| 31 | 日本—对来自韩国的动态随机存储器征收反补贴税 | 09-09-2008<br>韩国<br>WT/DS336/19 | 23-09-2008<br>WT/DSB/M/256 | | | | |

## 第五部分

## 援引《关于争端解决规则与程序的谅解》第22条

| 序号 | 案件 | 援引第22条 | 在第22.6条下进行仲裁 | 仲裁人报告 | 由争端解决机构授权中止减让 |
|---|---|---|---|---|---|
| 1 | 欧盟—香蕉进口、销售和分销 | 14-01-1999<br>美国<br>WT/DS27/43 | 29-01-1999<br>欧盟<br>WT/DS27/46 | 09-04-1999<br>WT/DS27/ARB | 根据美国要求（WT/DS27/49）于19-04-1999争端解决机构会议上授权（WT/DSB/M/59） |
| 2 | 欧盟—香蕉进口、销售和分销 | 08-11-1999<br>厄瓜多尔<br>WT/DS27/52 | 19-11-1999<br>欧盟<br>WT/DS27/53 | 24-03-2000<br>WT/DS27/ARB/ECU | 根据厄瓜多尔要求（WT/DS27/54）于18-05-2000争端解决机构会议上授权（WT/DSB/M/80） |
| 3 | 欧盟—关于肉及肉制品措施（激素） | 17-05-1999<br>美国<br>WT/DS26/19<br>20-05-1999<br>加拿大<br>WT/DS48/17 | 02-06-1999<br>欧盟<br>WT/DS26/20<br>WT/DS48/18 | 12-07-1999<br>WT/DS26/ARB<br>WT/DS48/ARB | 根据美国要求（WT/DS26/21）和加拿大要求（WT/DS48/19）于26-07-1999争端解决机构会议上授权（WT/DSB/M/65） |
| 4 | 澳大利亚—影响鲑鱼进口的措施 | 15-07-1999<br>加拿大<br>WT/DS18/12 | 27-07-1999<br>澳大利亚<br>WT/DS18/13 | N. A. | N. A. |
| 5 | 巴西—对于航空器出口融资 | 10-05-2000<br>加拿大<br>WT/DS46/16 | 22-05-2000<br>巴西<br>WT/DS46/18 | 28-08-2000<br>WT/DS46/ARB | 根据加拿大要求（WT/DS46/25）于12-12-2000争端解决机构会议上授权（WT/DSB/M/94） |
| 6 | 美国—“海外销售公司”税收待遇 | 17-11-2000<br>欧盟<br>WT/DS108/13 | 28-11-2000<br>美国<br>WT/DS108/17 | 30-08-2002<br>WT/DS108/ARB | 根据欧盟要求（WT/DS108/26）于07-05-2003的争端解决机构会议上授权（WT/DSB/M/149） |
| 7 | 加拿大—影响牛奶进口及奶制品出口的措施 | 16-02-2001<br>美国<br>WT/DS103/17<br>16-02-2001<br>新西兰<br>WT/DS113/17 | 28-02-2001<br>加拿大<br>WT/DS103/18<br>WT/DS113/18 | | |
| 8 | 美国—1916年反倾销法 | 07-01-2002<br>欧盟<br>WT/DS136/15<br>07-01-2002<br>日本<br>WT/DS162/18 | 17-01-2002<br>美国<br>WT/DS136/16<br>WT/DS162/19 | 24-02-2004<br>WT/DS136/ARB | |
| 9 | 美国—美国版权法第110（5）节 | 07-01-2002<br>欧盟<br>WT/DS160/19 | 17-01-2002<br>美国<br>WT/DS160/20 | | |

续 表

| 序号 | 案件 | 援引第22条 | 在第22.6条下进行仲裁 | 仲裁人报告 | 由争端解决机构授权中止减让 |
|---|---|---|---|---|---|
| 10 | 加拿大—地区性航空器的出口信贷保证 | 23-05-2002<br>巴西<br>WT/DS222/7 和 Corr—1 | 21-06-2002<br>加拿大<br>WT/DS222/8 | 17-02-2003<br>WT/DS222/ARB | 根据巴西要求<br>(WT/DS222/10) 于 18-03-2003<br>争端解决机构会议上授权<br>(WT/DSB/M/145) |
| 11 | 美国—2000年持续性倾销及补贴补偿法案 | 15-01-2004<br>巴西<br>WT/DS217/20<br>智利<br>WT/DS217/21<br>欧盟<br>WT/DS217/22<br>印度<br>WT/DS217/23<br>日本<br>WT/DS217/24<br>韩国<br>WT/DS217/25<br>加拿大<br>WT/DS234/25<br>墨西哥<br>WT/DS234/26<br>和 Corr—1 | 23-01-2004<br>美国<br>WT/DS217/26<br>WT/DS217/27<br>WT/DS217/28<br>WT/DS217/29<br>WT/DS217/30<br>WT/DS217/31<br>WT/DS234/27<br>WT/DS234/28 | 31-08-2004<br>WT/DS217/ARB/BRA<br>WT/DS217/ARB/CHL<br>WT/DS217/ARB/EEC<br>WT/DS217/ARB/IND<br>WT/DS217/ARB/JPN<br>WT/DS217/ARB/KOR<br>WT/DS234/ARB/CAN<br>WT/DS234/ARB/MEX | 根据以下各国要求<br>巴西 (WT/DS217/38)<br>欧盟 (WT/DS217/39)<br>印度 (WT/DS217/40)<br>日本 (WT/DS217/41)<br>韩国 (WT/DS217/42)<br>加拿大 (WT/DS234/31)<br>墨西哥 (WT/DS234/32)<br>于 26-11-2004<br>在争端解决机构会议上授权<br>(WT/DSB/M/178)<br>根据智利 (WT/DS217/43) 要求，于 17-12-2004 在争端解决机构会议上授权<br>(WT/DSB/M/180) |
| 12 | 日本—影响苹果进口的措施 | 19-07-2004<br>美国<br>WT/DS245/12 | 29-07-2004<br>日本<br>WT/DS245/13 | | |
| 13 | 美国—对来自加拿大的软木最终反补贴税决定 | 04-01-2005<br>加拿大<br>WT/DS257/16 | 13-01-2005<br>美国<br>WT/DS257/17 | | |
| 14 | 美国—国际贸易委员会对加拿大软木的调查 | 15-02-2005<br>加拿大<br>WT/DS277/9 | 23-02-2005<br>美国<br>WT/DS277/10 | | |
| 15 | 美国—对加拿大软木的最终倾销决定 | 19-05-2005<br>加拿大<br>WT/DS264/17 | 31-05-2005<br>美国<br>WT/DS264/19 | | |
| 16 | 美国—陆地棉补贴 (Ⅰ) | 05-07-2005<br>巴西<br>WT/DS267/21 | 14-07-2005<br>美国<br>WT/DS267/23 | | |
| 17 | 美国—陆地棉补贴 (Ⅱ) | 06-10-2005<br>巴西<br>WT/DS267/26 | 17-10-2005<br>美国<br>WT/DS267/27 | | |
| 18 | 美国—对来自阿根廷石油工业用管材的反倾销措施日落复审 | 21-05-2007<br>阿根廷<br>WT/DS268/24 | 01-06-2007<br>美国<br>WT/DS268/25 | | |
| 19 | 美国—影响博彩业跨境交付的措施 | 21-06-2007<br>安提瓜和巴布达<br>WT/DS285/22 | 23-07-2007<br>美国<br>WT/DS285/23 | 21-12-2007<br>WT/DS285/ARB | |

续 表

| 序号 | 案件 | 援引第22条 | 在第22.6条下进行仲裁 | 仲裁人报告 | 由争端解决机构授权中止减让 |
|---|---|---|---|---|---|
| 20 | 美国—与归零法和日落复审相关的措施 | 10-01-2008<br>日本<br>WT/DS322/23<br>10-01-2008<br>日本<br>WT/DS322/24 | 18-01-2008<br>美国<br>WT/DS322/25 | | |
| 21 | 欧盟—影响生物科技产品审批和营销的措施 | 17-01-2008<br>美国<br>WT/DS291/39 | 06-02-2008<br>欧盟<br>WT/DS291/40 | | |

（侯迎春译　陈泰锋校）

# 上诉机构年度报告(2008)

## 一、上诉机构的成员构成

上诉机构由WTO争端解决机构任命的七名专家小组成员组成，任期四年，且可以续延一届任期。2008年，争端解决机构新任命了两名专家小组成员，分别为Shotaro Oshima（日本）和张月姣（中国）。他们于2008年6月1日正式宣誓就职。表1和表2显示的是2008年上诉机构的成员构成名单以及相应的在职任期。

表1　2008年上诉机构专家成员名单（2008年1月1日～5月31日）

| 姓　　名 | 国　　籍 | 任　　期 |
|---|---|---|
| Georges Michel Abi-Saab | 埃及 | 2000—2004年<br>2004—2008年 |
| Luiz Olavo Baptista | 巴西 | 2001—2005年<br>2005—2009年 |
| Lilia R. Bautista | 菲律宾 | 2007—2011年 |
| Arumugamangalam Venkatachalam Ganesan | 印度 | 2000—2004年<br>2004—2008年 |
| Jennifer Hillman | 美国 | 2007—2011年 |
| Giorgio Sacerdoti | 意大利 | 2001—2005年<br>2005—2009年 |
| David Unterhalter | 南非 | 2006—2009年 |

表2　2008年上诉机构专家成员名单（2008年6月1日～12月31日）

| 姓　　名 | 国　　籍 | 任　　期 |
|---|---|---|
| Luiz Olavo Baptista | 巴西 | 2001—2005年<br>2005—2009年 |
| Lilia R. Bautista | 菲律宾 | 2007—2011年 |
| Jennifer Hillman | 美国 | 2007—2011年 |
| Shotaro Oshima | 日本 | 2008—2012年 |
| Giorgio Sacerdoti | 意大利 | 2001—2005年<br>2005—2009年 |
| David Unterhalter | 南非 | 2006—2009年 |
| 张月姣 | 中国 | 2008—2012年 |

## 二、上诉案件

工作程序第20（1）条规定，一项上诉是以向争端解决机构发出书面申请以及向上诉机构秘书处发出上诉通知为标志开始有效的。第23（1）条规定，一方可以代替最初上诉人参与到上诉程序中，也可以以声称错误为理由提出其他上诉。

2008年共收到13起上诉申请，其中有8起包括“其他上诉”，10起是初始程序上诉，3起是DSU第21.5条下专家组程序上诉。关于这13起上诉的信息请参见表3。

表 3　　2008 年提起的上诉案件

| 被上诉的专家组报告 | 上诉日期 | 上诉人 | 上诉通知的文件编号 | 其他上诉人 | 其他上诉书的文件编号 |
|---|---|---|---|---|---|
| 美国—不锈钢（墨西哥） | 2008 年 1 月 31 日 | 墨西哥 | WT/DS344/7 | — | — |
| 美国—高地棉（第 21.5 条—巴西） | 2008 年 2 月 12 日 | 美国 | WT/DS267/33 | 巴西 | WT/DS267/34 |
| 美国—虾（泰国） | 2008 年 4 月 17 日 | 泰国 | WT/DS343/10 | 美国 | WT/DS343/11 |
| 美国—海关保税指令 | 2008 年 4 月 17 日 | 印度 | WT/DS345/9 | 美国 | WT/DS345/10 |
| 美国—要求取消报复措施 | 2008 年 5 月 29 日 | 欧盟 | WT/DS320/12 | 美国 | WT/DS320/13 |
| 加拿大—要求取消报复措施 | 2008 年 5 月 29 日 | 欧盟 | WT/DS321/12 | 加拿大 | WT/DS321/13 |
| 印度—进口附加税 | 2008 年 8 月 1 日 | 美国 | WT/DS360/8 | 印度 | WT/DS360/9 |
| 欧盟—香蕉 III（第 21.5 条—厄瓜多尔 II） | 2008 年 8 月 28 日 | 欧盟 | WT/DS27/89 | 厄瓜多尔 | WT/DS27/91 |
| 欧盟—香蕉 III（第 21.5 条—美国） | 2008 年 8 月 28 日 | 欧盟 | WT/DS27/90 | — | — |
| 中国—汽车零部件（欧盟） | 2008 年 9 月 15 日 | 中国 | WT/DS339/12 | — | — |
| 中国—汽车零部件（美国） | 2008 年 9 月 15 日 | 中国 | WT/DS340/12 | — | — |
| 中国—汽车零部件（加拿大） | 2008 年 9 月 15 日 | 中国 | WT/DS342/12 | — | — |
| 美国—归零法 | 2008 年 11 月 6 日 | 欧盟 | WT/DS350/11 | 美国 | WT/DS350/12 |

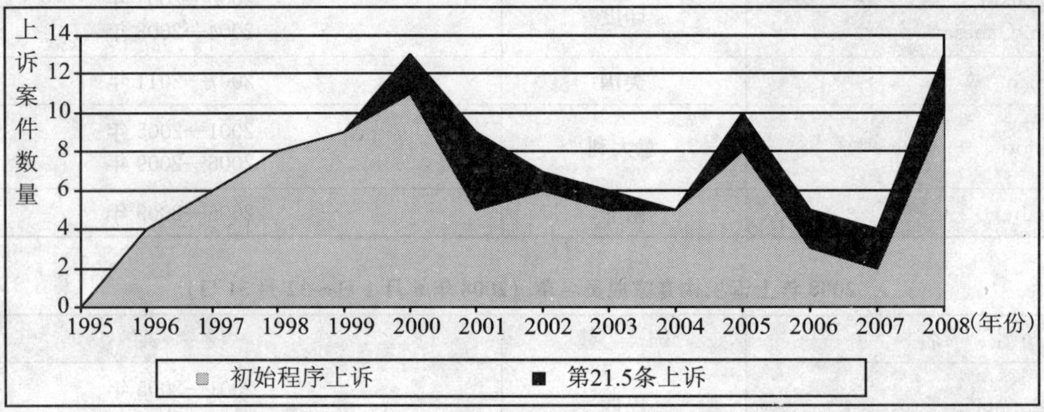


图 1　1995—2008 年初始程序和 DSU 第 21.5 条下专家组程序上诉

自 1995 年以来上诉案数量的信息参见附录 2。图 1 显示了初始程序上诉和 DSU 第 21.5 条专家组程序上诉数量的变化。

2008 年，在争端解决机构发布的 13 份专家组报告中，只有 1 份报告没有被上诉。图 2 显示了自 1996 年以来被上诉的专家组报告比例。1995 年，没有专家组报告被上诉。1995—2008 年，专家组报告被上诉的总体平均率为 68%。

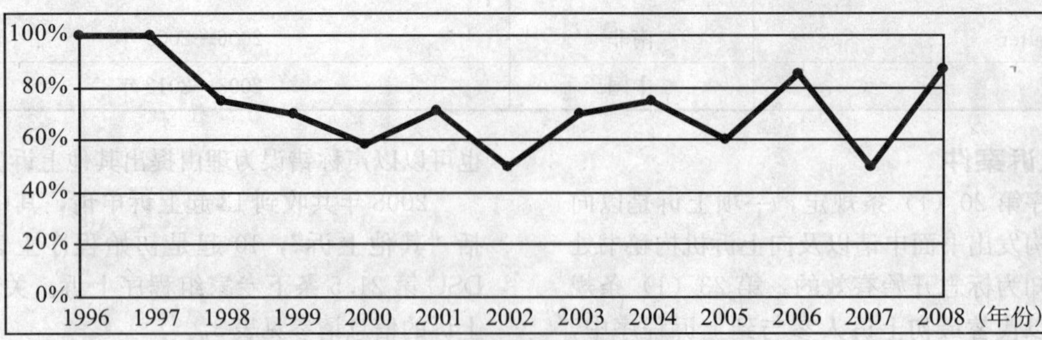


图 2　1996—2008 年被上诉的专家组报告比例

## 三、上诉机构报告

2008年共发布了12个上诉机构报告。截至2008年年底，上诉机构已经发布了96份报告。表4提供了2008年已发布的上诉机构报告的详细信息。

表4　　2008年发布的上诉机构报告

| 案　件 | 文件编号 | 发布日期 | 争端解决机构通过日期 |
|---|---|---|---|
| 美国—不锈钢（墨西哥） | WT/DS344/AB/R | 2008年4月30日 | 2008年5月20日 |
| 美国—高地棉（第21.5条—巴西） | WT/DS267/AB/RW | 2008年6月2日 | 2008年6月20日 |
| 美国—虾（泰国） | WT/DS343/AB/R | 2008年7月16日 | 2008年8月1日 |
| 美国—海关保税指令 | WT/DS345/AB/R | 2008年7月16日 | 2008年8月1日 |
| 美国—要求取消报复措施 | WT/DS320/AB/R | 2008年10月16日 | 2008年11月14日 |
| 加拿大—要求取消报复措施 | WT/DS321/AB/R | 2008年10月16日 | 2008年11月14日 |
| 印度—进口附加税 | WT/DS360/AB/R | 2008年10月30日 | 2008年11月17日 |
| 欧盟—香蕉III（第21.5条—厄瓜多尔II） | WT/DS27/AB/RW2/ECU and Corr. 1 | 2008年11月26日 | 2008年12月11日 |
| 欧盟—香蕉III（第21.5条—美国） | WT/DS27/AB/RW/USA and Corr. 1 | 2008年11月26日 | 2008年12月22日 |
| 中国—汽车零部件（欧盟） | WT/DS339/AB/R | 2008年12月15日 | 2009年1月12日 |
| 中国—汽车零部件（美国） | WT/DS340/AB/R | 2008年12月15日 | 2009年1月12日 |
| 中国—汽车零部件（加拿大） | WT/DS342/AB/R | 2008年12月15日 | 2009年1月12日 |

### （一）涉及的协议

下列表5显示在2008年12个已发布的上诉机构报告中所涉及的WTO协议。

表5　　2008年发布的上诉机构报告中所涉及的WTO协议

| 案　件 | 文件编号 | 涉及的WTO协议 |
|---|---|---|
| 美国—不锈钢（墨西哥） | WT/DS344/AB/R | 反倾销协议<br>GATT1994<br>DSU |
| 美国—高地棉（第21.5条—巴西） | WT/DS267/AB/RW | 补贴与反补贴协议<br>农业协议<br>DSU |
| 美国—虾（泰国） | WT/DS343/AB/R | 反倾销协议<br>补贴与反补贴协议<br>GATT1994<br>DSU |
| 美国—海关保税指令 | WT/DS345/AB/R | 反倾销协议<br>补贴与反补贴协议<br>GATT1994<br>DSU |
| 美国—要求取消报复措施 | WT/DS320/AB/R | DSU<br>卫生与植物卫生措施实施协议 |
| 加拿大—要求取消报复措施 | WT/DS321/AB/R | DSU<br>卫生与植物卫生措施实施协议 |
| 印度—进口附加税 | WT/DS360/AB/R | GATT1994 |
| 欧盟—香蕉III（第21.5条—厄瓜多尔II） | WT/DS27/AB/RW2/ECU and Corr. 1 | GATT1994<br>DSU<br>WTO协定 |

续 表

| 案 件 | 文件编号 | 涉及的 WTO 协议 |
| --- | --- | --- |
| 欧盟—香蕉 III（第 21.5 条—美国） | WT/DS27/AB/RW/USA and Corr. 1 | GATT1994 DSU |
| 中国—汽车零部件（欧盟） | WT/DS339/AB/R | GATT1994 |
| 中国—汽车零部件（美国） | WT/DS340/AB/R | GATT1994 |
| 中国—汽车零部件（加拿大） | WT/DS342/AB/R | GATT1994 |

图 3 表示 1996—2008 年 WTO 发布的 96 个上诉机构报告中各 WTO 协议的援用次数。

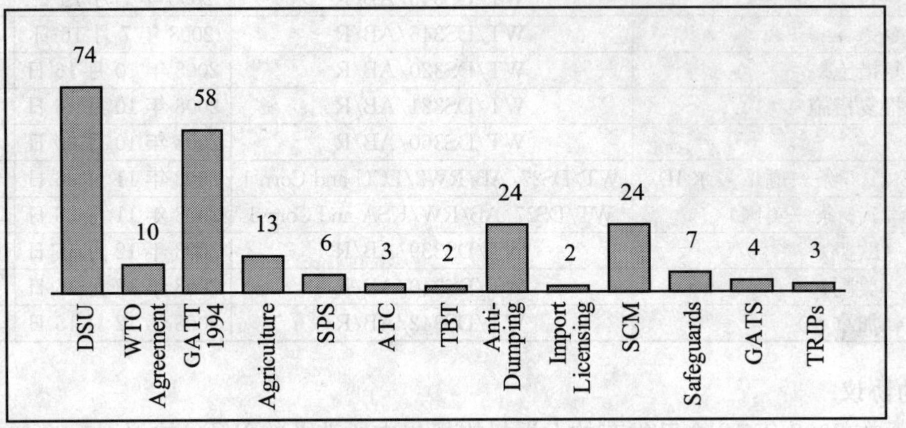


**图 3 1996—2008 年上诉机构报告中各 WTO 协议的援用次数**

附录 4 以图表形式列明 1996－2008 年上诉案中涉及的 WTO 协议。

**（二）调查及结论**

以下是上诉机构在 2008 年发布的 12 份上诉机构报告的调查和结论概述。

1. 上诉机构报告，美国—不锈钢（墨西哥），WT/DS344/AB/R

上诉机构驳回专家组调查，在美国对于最终反倾销税责任的评估中对于特定进口商的行政复议采取归零方法，与《反倾销协议》第 9.3 条以及 GATT1994 第 6.2 条并不一致。因为这种做法将导致实际征收的反倾销税超过出口商的真正倾销幅度。

上诉机构认为，（a）“倾销”及“倾销幅度”都是基于出口商的概念；（b）“倾销”及“倾销幅度”在《反倾销协议》通篇中的含义相同；（c）单个出口商或外国制造商倾销幅度的认定应具体情况具体分析，且对单个出口商或外国制造商所征收的反倾销税不能超过其倾销幅度。上诉机构进一步强调，“倾销”、“损害”及“倾销幅度”三个概念相互关联，这些概念在《反倾销协议》中是有机联系的整体，不可单独考虑。由此，上诉机构拒绝认为进口商存在“倾销行为”以及对进口商进行“倾销幅度”的认定。

至于依据《反倾销协议》第 9.3 条在确定反倾销税数额的过程中是否允许扣除出口价格超过正常价值的部分，上诉机构再次重申了第 9.3 条的要求，即反倾销税数额“按第 2 条规定不得超过倾销幅度”。此外，上诉机构还声称，根据 GATT 第 6.1 条和第 6.2 条及《反倾销协议》第 2 条和第 9.3 条，在计算出口商或外国制造商倾销幅度时，尚无法找到扣除出口价格超过正常价值部分的法律依据。

墨西哥还申诉，美国商务部在本案五次日落复审过程中采取归零方法与《反倾销协议》第 9.3 条、第 2.1 条以及 GATT1994 第 6.1 条、第 6.2 条不一致。上诉机构驳回了专家组调查结论，认为美国的做法违反了《反倾销协议》第 9.3 条以及 GATT1994 第 6.2 条下所规定的义务。至于《反倾销协议》第 2.1 条和 GATT1994 第 6.1 条，上诉机构认为，没有必要依据墨西哥的请求进行额外的调查。

墨西哥还申诉，专家组调查结论与《反倾销协议》第2.4条规定不符。墨西哥声称，归零法违反了第2.4条要求将出口价格和正常价值进行公平比较的规定，因为归零法扭曲了出口交易的实际价格，认为扩大了倾销的幅度，并且也没有考虑出口价格超过正常价格的情形。上诉机构推翻了专家组调查的结论，认为美国的做法违反了《反倾销协议》第2.4条的规定，并且，鉴于在以前诸如此类的争端中对此有所阐述，故在本案中没有必要再进行额外的调查。

2. 上诉机构报告，美国—高地棉（第21.5条—巴西），WT/DS267/AB/RW

美国对专家组初始调查结论中的两点提出申诉：

第一，《美国普遍销售管制计划》下关于猪肉和禽肉的出口信用担保制度是否违反WTO义务。上诉机构认为，首先需要确定美国所采取的措施，然后才能认定这些措施是否与WTO规定相符。经过调查，上诉机构支持专家组的调查结论，认为巴西关于猪肉和禽肉的申诉符合DSU第21.5条的规定，因此，上诉机构认为没有必要再考虑巴西所提出的其他上诉请求。

第二，美国2005年9月21日以后实行的商业贷款和反周期补贴是否违反WTO义务。上诉机构认为，《补贴和反补贴协议》第7.8已经明确规定，若专家小组或上诉机构关于判定所述及的对另一成员方利益造成不利影响的补贴存在的报告被采纳，则授予或保持该补贴的成员方即应采取适当措施消除这些不利影响或应撤销该项补贴。因此，一成员不能理所当然地认为补贴措施将会自然终止，或认为这种补贴的不利影响将会自然消失。因此，上诉机构同意专家组调查结论，认为“美国2005年9月21日以后实行的商业贷款和反周期补贴仍需遵守《补贴和反补贴协议》第7.8条下所规定的义务，并采取适当措施消除这种补贴的不利影响。”

美国提出申诉的另一问题是，“专家组调查结论认为，其2005年9月21日以后实行的商业贷款和反周期补贴对价格造成严重抑制的影响符合《补贴和反补贴协议》第6.3（c）条所规定的情形。”美国认为，专家组调查结论的法理推论是错误的，并没有按照DSU的要求做出客观的评价。上诉机构首先区分了“价格低迷”和“价格受抑”两种情形，认为与“价格低迷”不同，“价格受抑”不是直接可察觉的现象。因此，对“价格受抑”的判断需要通过在排除补贴因素影响的情况下价格是否会上涨来进行反向分析。

美国还申诉，专家组没有就“价格受抑”的严重程度进行明确说明。上诉机构认为，专家组确实应该就推断出存在严重“价格受抑”的结论进行更详细的说明。然而，上诉机构仍然支持了专家组调查结论，认为专家组评估影响所考虑的几个因素足以支持了存在严重“价格受抑”的推论。在有关因果关系问题上，美国申诉，专家并没有按照《补贴和反补贴协议》第6.3（c）条进行适当的因果关系分析。但是，上诉机构接受了专家组在评估因果关系上所采用的“排他”分析方法，认为该方法反映了“价格受抑”反向分析的实质。

综合来看，上诉机构支持了专家组调查的结论，认为《美国普遍销售管制计划》下关于猪肉和禽肉的出口信用担保制度属于出口补贴。此外，上诉机构还认为专家组调查的其他结论也完全正确。第一，美国给未列入减让表的产品（包括高地棉）和三种已列入减让表的产品（大米、禽肉和猪肉）提供出口信用担保违反了《农业协议》第10.1条、第8条以及《补贴与反补贴协议》第3.1（a）条和第3.2条下所规定的义务，因为这一做法致使美国规避削减出口补贴的承诺。第二，美国没有遵守初始程序中争端解决机构的各项建议和裁决。

3. 上诉机构报告，美国—虾（泰国），WT/DS343/AB/R /美国—海关保税指令，WT/DS345/AB/R

在专家小组成立之前，泰国和印度申诉，美国《海关保税指令》与《反倾销协议》第18.1条不符。该条规定“除非根据由本协议所解释GATT1994条款，否则，不得针对来自另一成员方的出口产品倾销采取任何特别行动。”美国辩称，《海关保税指令》仅适用于虾产品，并不构成“特别行动”，且其符合GATT1994第6条规定，尤其是符合GATT1994关于第6条第2款和第3款的解释性说明，因为《海关保税指令》满足“合理保证（保证金或现金）”的条件。

由于任何一方没有对专家组对“特别行动”的认定没有提出质疑，专家组遂直接就解释性说明关于“合理保证”的规定进行分析。尤其是，上诉机构旨在重点解释“任何涉嫌倾销案件的确定”。印度和泰国认为，在反倾销调查初始阶段，应有限适用解释性说明中的规定，且只能将其作为一项临时措施。上诉机构认同印度和泰国的想法，即一旦征收了反倾销税，即不复存在“涉嫌倾销”。

泰国和印度还申诉，专家组关于美国法律下所提交的保证金并非《反倾销协议》第 9 条所定义反倾销税的法律解释不合理。上诉机构认为，专家组关于美国法律下所提交的保证金并非《反倾销协议》第 9.3 条所定义反倾销税的结论不具有法律效力。

上诉机构还处理了印度和泰国所提的其他两方面考虑。第一，鉴于曾经有上诉机构报告将应对倾销的可允许措施仅限于征收最终反倾销税、临时限制措施和价格承诺，上诉机构专门解释了“合理保证措施”是否构成“特别行动”应结合具体情况进行具体分析的原因。第二，上诉机构拒绝了泰国和印度认为根据《反倾销协议》第 7 条所采取的临时措施属于解释性说明所定义措施的主张。因此，“合理保证措施”仍然可以在最终反倾销调查裁决后实施。

专家组调查结论认为，《海关保税指令》并非 GATT1994 第 10（d）条下为保证与 GATT1994 规定不相抵触的法律或法规得到遵守所必需的措施，美国对此提出申诉。在考虑此申诉时，上诉机构支持了专家组调查结论。因为美国并没有提供证据表明倾销幅度增加的可能性将会导致额外严重的损害。对于上诉机构来说，缺少这样的证据，尚无法认定诸如《海关保税指令》这样的措施是“必需的”。由此，上诉机构认为《海关保税指令》并不符合 GATT1994 第 10（d）条的规定，同时也与《反倾销协议》第 18.1 条的规定相抵触。

4. 上诉机构报告，美国—要求取消报复措施，WT/DS320/AB/R /加拿大—要求取消报复措施，WT/DS321/AB/R

欧盟诉称，如果加拿大和美国不认为欧盟 2003/74 指令不符合裁决要求，它们可根据《关于争端解决的规则与程序的谅解》（DSU）第 21.5 条请求专家组重新调查，而非继续采取报复措施。对此，上诉机构首先分析了争端解决机构授权报复之后的《关于争端解决的规则与程序的谅解》中的相关条款。尤其是，上诉机构重点分析了 DSU 第 22.8 条的规定。上诉机构认为，该条应理解为“实质性取消与有关协议不相一致的所有措施”。据此，上诉机构认为，报复措施一直可以实施到争端解决机构认为与相关协议不一致的措施完全取消时止。

欧盟还诉称，其执行的改正措施已尽可能与通行国际法律规则相吻合。但上诉机构驳回了欧盟的申诉。上诉机构认为，要求尽可能与通行国际法律规则相吻合的义务主要是看措施本身，而非措施的实施方。尽管欧盟已尽最大义务地符合相关国际规则，但这并不意味着措施本身也与国际规则相吻合。因此，不能单凭欧盟向争端解决机构通报其尽最大义务的事实要求加拿大和美国停止实施报复。

欧盟还诉称，专家组越权审议 2003/74 指令与 SPS 协议是否相符。上诉机构驳回了欧盟的申诉。上诉机构认为，但凡发现与 WTO 协议不一致的措施都应被取消，直到完全符合所承诺的义务为止。这就意味着，不论欧盟 2003/74 指令是否已经执行了 DSB 的裁决和建议，专家组都要解决激素问题，否则将无法依据第 22.8 条要求美国和加拿大取消报复措施。因此，上诉机构支持了专家的调查结论，即“专家组有权考虑欧盟执行的措施是否与 SPS 协议相符。”

欧盟还诉称，专家组没有遵守“正当程序”原则，由此在选择和咨询专家顾问时没有按照 DSU 第 11 条的规定做出公正的裁决。上诉机构认同了欧盟的申诉。上诉机构认为，当专家组基于正确的事实来做出裁决时，如果存在专家的独立性和公正性受到影响的可能性，专家组则不能指定这样的人作为专家组成员。

欧盟还诉称，专家组没有对风险进行正确的评估。上诉机构认为，SPS 协议中风险评估的定义并没有要求 WTO 成员订立最低的风险标准，或者以数量方式加以表示，实际上由于缺乏对风险潜在影响的估算，因此很难准确把握风险的概念。上诉机构认为，风险评估的目的旨在确定存在负面影响及认定这种影响愈加严重的可能性。因此，在认真审议专家组的报告后，上诉机构认为，专家组的做法并没有违反 SPS 协议第 5.1 条和附件 A 第 4 段的相关规定。

最后，欧盟还诉称，专家组采用了不恰当的审查标准，并由此导致没有做出客观的风险评估。上诉机构认为，WTO成员方应对风险评估的测定负主要责任，专家组的职责是审查风险评估的测定方法。如果专家组超越自身权限充当实际风险评估者，不仅难以对风险评估做出科学的判断，而且还超出了DSU第11条所规定的义务。因此，专家组的职责不是认定WTO成员所采用的风险评估方法是否是正确的，或者是否是基于科学方法的，而是仅仅在于认定风险评估的逻辑是否合理，是否存在科学证据，及其结论是否具有说服力。上诉机构发现，专家组并没有采取恰当的审查方法来履行职责。而且上诉机构还发现，专家组忽视与本案具有潜在关联的重要证据。因此上诉机构推翻了专家组的结论。

5. 上诉机构报告，印度—进口附加税，WT/DS360/AB/R

美国申诉，专家组对GATT1994第2条第1（b）款、第2条第2（a）款和第3条第2款的解释令人质疑。上诉机构认为，GATT1994第2条第1（b）款所定义的普通关税和其他税费无须基于“是否对进口构成歧视性”来判断。这一观点与专家组的结论相反。上诉机构认为，单纯从第2条第1（b）款的规定来看，“是否构成歧视”并不是税费的必要特征。尤其是，上诉机构认为，第2条第1（b）款并没有对征收税费的具体理由给予说明，相反却有明确的表示，征收的税费并不一定要具有“歧视性”。上诉机构认为，第2条第1（b）款第二句话应被理解成为，普通关税不仅包括具有歧视性的税费，还包括那些对进口不构成歧视性的税费。

上诉机构还发现，专家组在解释第2条第2（a）款中的两个概念时犯了差错，即“等于一国内税的费用”和“与第3条第2款的规定相一致”。专家组原先认为，“等于”的含义并不要求对国内税和所征收的税费进行数量上的比较。相反，上诉机构认为，“等于”的含义不仅要求对两者进行数量上的比较，而且还要进行本质上的对比。而且，这样的比较不仅仅限于税费和国内税所产生的实际作用，还要基于数量上的测定来比较其实际效果。

鉴于上诉机构发现专家组在解释GATT1994第2条第1（b）款、第2条第2（a）款上的错误，上诉机构遂推翻了专家组的原先结论。上诉机构认为，基于其对美国申诉的分析，专家组无法就附加税和超额附加税是否符合GATT1994第2条第1（a）款、第2条第1（b）款得出正确的结论。

至于印度的申诉，上诉机构并不认为专家违反了DSU第3.2条、第11条和第19条的规定。上诉机构认为，专家组的“结束语”并不构成DSU第19.1条所规定的法律建议。相反，上诉机构认为，这些“结束语”仅仅是对专家结论的解释，这是WTO所允许的。

6. 上诉机构报告，欧盟—香蕉III（第21.5条—厄瓜多尔II），WT/DS27/AB/RW2/ECU and Corr.1 /欧盟—香蕉III（第21.5条—美国），WT/DS27/AB/RW/USA and Corr.1

在申诉中，欧盟指出，专家组的做法与DSU第9.3条的规定不符，在欧盟和厄瓜多尔之间以及在欧盟和美国之间并没有协调好专家组工作进程的时间表。上诉机构认为，专家组在制定时间表时并没有超越其授权的界限。上诉机构认为，第9.3条要求专家组尽可能地协调工作时间表，并没有要求在多个诉讼中一定采用相同时间表，因此专家组有自行决定的余地。上诉机构还发现，欧盟要求正常程序的权利并没有被侵犯。

欧盟还申诉，专家组错误地认为美国和厄瓜多尔并不受欧盟与这两国于2001年达成的《关于香蕉问题的谅解》的约束。欧盟认为，该谅解构成了“双方同意的解决方案”，因而不能再援引第21.5条进行起诉。专家组发现，该谅解仅当“能圆满地解决该争端时”才能合法地被认为禁止厄瓜多尔和美国再次提起起诉。然而，根据专家组的调查，事实并非如此。理由是：（1）该谅解仅仅为解决该争端制定了一些未来的设想；（2）对谅解的执行仍然取决于争端解决机构的裁决和建议；（3）在该谅解的定性上，各方对争端解决机构做了相互矛盾的解释。

上诉机构推翻了专家组“仅当能圆满地解决该争端时才能合法地被认为禁止根据第21.5条提起起诉”的结论。上诉机构认为，达成“解决方案”并不一定意味着各方在出现争议或履行承诺与WTO规则不一致时无权再次提出申诉。但是，上诉机构又认为，争议各方应在谅解中清晰地列明各方应有权援引第21.5条再次提起起诉的权利。然而，在《关于香蕉问题的谅解》中并没有类似条款规定，因而原起诉方仍有权根据第21.5条再次提起起诉的权利。因此，上诉机构支持了专家组的结论。

欧盟还诉称，专家组认为《欧盟香蕉进口制度》已构成了DSU第21.5条下的“为遵守某项建议和裁决所要采取的措施”这一结论是错误的。欧盟辩称，在《关于香蕉问题的谅解》中，美国和欧盟已经达成一项关税配额进口制度作为最终所要采取的措施。上诉机构拒绝了欧盟的这一主张，认为事实恰恰相反，在该谅解的字面上已清楚地表明，该项进口关税配额制度仅仅是临时性的措施，而非欧盟为遵守DSB建议和裁决所采取的最终措施。因此，上诉机构认为，《欧盟香蕉进口制度》本质上就是“采取的最终措施”，因而可以援引第21.5条提起申诉。

最后，专家组认为，在某种程度上，欧盟香蕉进口制度所涵盖的措施与GATT1994的相关条款不相吻合，损害和剥夺了GATT1994下美国所应获得的利益。欧盟还诉称，这一结论不符合实际情况。欧盟认为，美国是香蕉净进口国，而非净出口国，欧盟给予非加太地区香蕉出口的优惠待遇并没有剥夺美国向欧盟的出口机会，也没有改变美国与其他香蕉出口国相比的竞争优势。但是，上诉机构支持了专家组的结论，即欧盟香蕉进口制度损害和剥夺了美国的利益。上诉机构注意到，GATT1994第3.8条授权受指控的成员可决定是否驳回有关其违约行为对其他成员方造成不良影响的指控。但是，上诉机构认为，欧盟指责美国在向欧盟出口香蕉上并不具有实际利益的理由不足以构成其依据第3.8条驳回其对美国造成不良影响的指控。上诉机构称，美国可以在未来任何时候开始向欧盟出口其生产的香蕉，尽管这种可能性很小，但不能否认美国是一个潜在的出口国。而且，这些不符合规定的措施也可能对美国国内香蕉市场造成影响。最终，上诉机构同意了专家组的最初裁决。

7. 上诉机构报告，中国—汽车零部件（欧盟），WT/DS339/AB/R /中国—汽车零部件（美国），WT/DS340/AB/R/中国—汽车零部件（加拿大），WT/DS342/AB/R

专家组认为，中国征收的税费属于GATT1994第3.2条下所定义的国内税费，而非第2条第1（b）款下所定义的普通关税。对此，中国提出申诉。上诉机构经过调查认为，专家组在决定中国征收的税费究竟是属于GATT1994第3.2条下所定义的国内税费还是第2条第1（b）款下所定义的普通关税时并没有做错。特别是，专家组已经声称，一项税费不可能同时既属于普通关税，又属于国内税费。上诉机构认为，认定一项税费是否属于GATT1994第3.2条下所定义的国内税费的最重要因素是看该项税费的征收是否是由于该项产品进口后所导致的国内影响所决定的。由此，上诉机构认为，HS制度与认定国内税费的问题没有必然关系。因此，上诉机构支持了专家组的原先结论。

中国还诉称，专家组认为中国所采取的措施与GATT1994第3.4条的规定不符，这是错误的。对此，上诉机构仍然维持了专家组的原先结论。上诉机构认为，中国所采取的措施影响了进口汽车零部件与国内同类产品相比的竞争环境，为汽车生产厂商限制使用进口零部件创造了动力。此外，中国采取的措施还导致国内汽车生产厂商使用进口零部件的审批程序更加复杂。为此，上诉机构支持了专家组的结论，即中国所采取的措施违反了GATT1994第3.4条所规定的义务，相比于国内零部件，这种措施对进口零部件构成了歧视待遇。

中国还诉称，专家组认为《中国入世减让表》中的“汽车”并不包括分批进口的零部件，并由此认为中国所采取的措施违反了GATT第2条第1（a）款和（b）款的规定。中国对此提出上诉。但是，上诉机构拒绝了中国的上诉请求。

此外，上诉机构还考虑了中国关于专家组依据《中国入世工作组报告》第93段对美国和加拿大提出的起诉做出裁决的上诉。经过调查，上诉机构推翻了专家组的原先裁决，认为中国所采取的措施并没有违反《中国入世工作组报告》第93段所规定的义务。

## 四、参与方与第三方

下表6列出了2008年涉及上诉机构的WTO成员方。其中按照“工作程序”第20条规定提出上诉申请与根据第23（1）条（即“其他上诉方”）提出上诉申请是两种不同情况。第23（1）条认为“除了原始上诉方外的其他方可以参与到上诉中来，或者根据专家组报告或专家组提供的法律解释，就此类法律或解释中出现的错误提出上诉。”在“工作程序”中规定，对于想要对专家组报告提出上诉的各方可以在发出上诉通知书的12日内提出其他上诉通知。

表5同时也描述了根据“工作程序”第24条第（1）、（2）和（4）款的规定参与到上诉中的第三方。根据第24（1）条的规定，WTO某一成员方如果是专家组程序的第三方，可以在发出上诉通知书的25天以内提出书面申请，申请成为第三方。根据第24（2）条的规定，成为专家组程序的第三方在发出上诉通知的25天内如果还没有递交书面申请，可以声明其参加听证会的意思以及其是否想要在听证会上做口头声明。第24（4）条规定，一成员如果是专家组程序一方同时并没有根据第24（1）条规定递交申请，也没有根据第24（2）条发出通知，可以表明其想参加口头听证会及想做口头声明的意愿。

**表6　　2008年上诉机构案件中的参与方及第三方**

| 案　件 | 上诉方 | 其他上诉方 | 被上诉方 | 第三方 | | |
|---|---|---|---|---|---|---|
| | | | | 第24（1）条 | 第24（2）条 | 第24（4）条 |
| 美国—不锈钢（墨西哥） | 墨西哥 | — | 美国 | 智利<br>欧盟<br>日本<br>泰国 | 中国 | — |
| 美国—高地棉（第21.5条—巴西） | 美国 | 巴西 | 巴西<br>美国 | 阿根廷<br>澳大利亚<br>加拿大<br>欧盟<br>日本<br>新西兰 | 乍得<br>中国<br>印度<br>泰国<br>— | — |
| 美国—虾（泰国） | 泰国 | 美国 | 美国<br>泰国 | 巴西<br>智利<br>欧盟<br>印度<br>日本<br>印度<br>韩国<br>越南 | 中国<br>墨西哥 | — |
| 美国—海关保税指令 | 印度 | 美国 | 美国<br>印度 | 巴西<br>欧盟<br>日本<br>泰国 | 中国 | — |
| 美国—要求取消报复措施 | 欧盟 | 美国 | 美国<br>欧盟 | 澳大利亚<br>巴西<br>新西兰<br>挪威 | 中国<br>印度<br>墨西哥<br>中国台北 | — |
| 加拿大—要求取消报复措施 | 欧盟 | 加拿大 | 加拿大<br>欧盟 | 澳大利亚<br>巴西<br>新西兰<br>挪威 | 中国<br>印度<br>墨西哥<br>中国台北 | — |
| 印度—进口附加税 | 美国 | 印度 | 印度<br>美国 | 澳大利亚<br>欧盟<br>日本 | 智利<br>越南 | — |

续 表

| 案　件 | 上诉方 | 其他上诉方 | 被上诉方 | 第三方 | | |
|---|---|---|---|---|---|---|
| | | | | 第 24（1）条 | 第 24（2）条 | 第 24（4）条 |
| 欧盟—香蕉 III（第 21.5 条—厄瓜多尔 II） | 欧盟 | 厄瓜多尔 | 厄瓜多尔<br>欧盟 | 伯利兹<br>喀麦隆<br>哥伦比亚<br>科特迪瓦<br>多米尼加<br>多米尼加共和国<br>加纳<br>牙买加<br>日本<br>尼加拉瓜<br>巴拿马<br>圣卢西亚<br>圣文森特和格林纳丁斯<br>苏里南<br>美国 | 巴西 | — |
| 欧盟—香蕉 III（第 21.5 条—美国） | 欧盟 | — | 美国 | 伯利兹<br>喀麦隆<br>哥伦比亚<br>科特迪瓦<br>多米尼加<br>多米尼加共和国<br>厄瓜多尔<br>牙买加<br>日本<br>尼加拉瓜<br>巴拿马<br>圣卢西亚<br>圣文森特和格林纳丁斯<br>苏里南 | 巴西<br>墨西哥 | — |
| 中国—汽车零部件（欧盟） | 中国 | — | 欧盟 | 阿根廷<br>澳大利亚<br>日本 | 巴西<br>墨西哥<br>中国台北<br>泰国 | — |
| 中国—汽车零部件（美国） | 中国 | — | 美国 | 美国<br>阿根廷<br>澳大利亚<br>日本 | 巴西<br>墨西哥<br>中国台北<br>泰国 | — |
| 中国—汽车零部件（加拿大） | 中国 | — | 加拿大 | 阿根廷<br>澳大利亚<br>日本 | 巴西<br>墨西哥<br>中国台北<br>泰国 | — |

在2008年发布的上诉机构报告中，WTO中有32个成员至少有一次成为上诉方、被诉方或者第三方。在32个成员中，7个为发达成员，25个为发展中成员。

2008年，在上诉机构报告中WTO成员共出现141次，其中52次是发达成员，89次是发展中成员。发达国家6次作为上诉方，4次作为其他上诉方，14次作为被诉方，28次作为第三方。发展中成员6次作为上诉方，3次作为其他上诉方，5次作为被诉方，75次作为第三方。

图4显示，在1996—2008年间上诉程序中上诉方、其他上诉方、被诉方及第三方中发达成员与发展中成员比率。

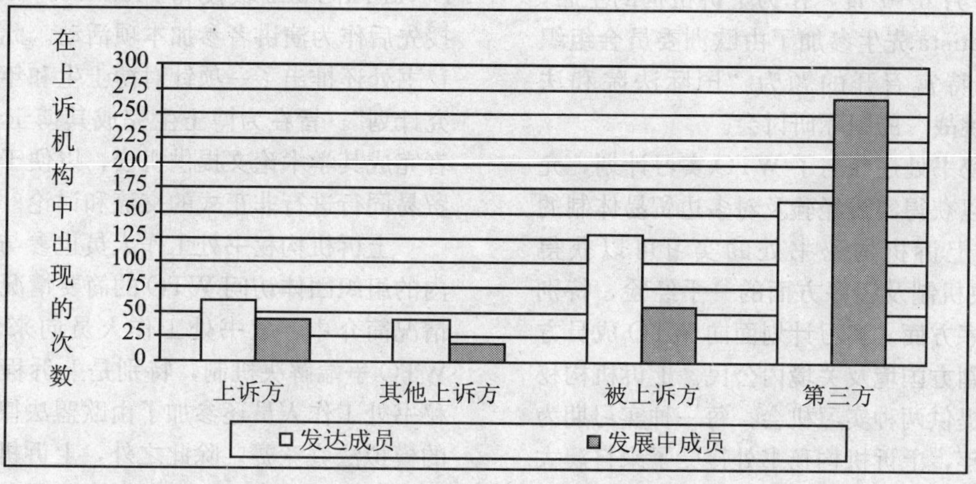


**图4 1996—2008年上诉案中成员参与情况**

本文附录5提供了成员作为在上诉案中上诉方、其他上诉方、被诉方及第三方中出现的统计概要及详细信息，这些信息已在1996年至2008年的上诉机构报告中发布。

## 五、根据DSU第21.3（c）条的仲裁

单个上诉机构成员可以被邀请在DSU第21.3（c）条下充当仲裁员，在由DSB通过的建议和规则下决定WTO成员方执行的“合理期限”。但DSU并没有明确指出由谁出任仲裁员；参加仲裁的各方可以一致推选仲裁员，或者如果他们不能就此达成一致，可以由WTO总干事任命仲裁员。迄今，所有根据第21.（3）条规定担任过仲裁员的人士都是上诉机构现任或前任成员。在根据第21.3（c）条进行仲裁时，上诉机构成员应根据各自能力独立判决。

2008年上诉机构根据第21.（3）条执行了3起仲裁案件。其中，有1名仲裁员由争议各方指定，其他2名仲裁员由WTO总干事指定，因为争议各方存在分歧。

## 六、技术支持

上诉机构秘书处参与了WTO 2008—2009年度技术支持及培训计划，特别是与争端解决程序相关的活动。总体来说，上诉机构秘书处在2008年共参与了13项技术支持活动。

## 七、其他发展情况

2008年5月27日，上诉机构成员与联合国国际法委员会成员联合举办了一次会议。在会上，他们共同讨论了普通感兴趣的议题，包括对条约的解释方法、最惠国待遇原则、国内法和国际法的关系及国际法庭的审查标准和其他争端解决机制。

2008年5月27日，上诉机构现任成员与前任成员在日内瓦国际发展研究院举行了一次圆桌会议。前任上诉机构成员Claus-Dieter Ehlermann，Florentino Feliciano，Julio Lacarte-Muró，Mitsuo Matsushita和Yasuhei Taniguchi，现任成员Luiz Olavo Baptista，Georges Abi-Saab，Lilia Bautista，A. V. Ganesan，Jennifer Hillman，Shotaro Oshima，Giorgio Sacerdoti，David Unterhalter及张月姣共同参与了讨论。此会议向公众开放。

2008 年 8 月 1 日，国际海洋法法庭主席 Judge Rüdiger Wolfrum 和司法常务官 Philippe Gautier 先生访问了上诉机构。

2008 年 9 月 24—25 日，WTO 公共论坛召开，主题是“贸易体制如何走向未来”。Giorgio Sacerdoti 作为演讲嘉宾参与了“解决成员方之间争端”小组讨论。

2008 年 10 月 6～7 日，作为上诉机构的主席，Luiz Olavo Baptista 先生参加了由欧洲委员会组织在伦敦兰开斯特宫召开的题为“国际法院和法庭——未来的挑战”的国际研讨会。

上诉机构秘书处还参与了 WTO 实习计划，允许研究生实习以获得实践经验及对多边贸易体制的更深入了解。上诉机构秘书处的实习可以获得 WTO 争端解决机制及程序方面的一手经验，特别是对于上诉程序方面。实习计划面向 WTO 成员方公民及参与谈判方国境及关境内公民。上诉机构秘书处通常同时提供两种实习机会；每一种实习期为 3 个月。2008 年，上诉机构秘书处接受了来自澳大利亚、巴西、德国、意大利、印度、日本、伊朗、墨西哥、南非、加拿大和西班牙的实习生。自 1998 年以来，共有来自 40 个国家的 73 名学生在上诉机构秘书处完成了实习计划。对于 WTO 实习计划的更多信息，包括资格要求及申请说明，请获取网上信息：www. wto. org/english/thewto _ e/vacan _ e /intern _ e. htm

2008 年，上诉机构秘书处继续举办演讲系列活动，活动期间定期邀请具有法律、经济和贸易政策方面知识的学者和工作者就国际贸易、公共国际法及国际争端处理的典型问题进行讲解。2008 年，David A. Gantz 教授和 Francisco Orrego Vicua 教授先后作为演讲者参加本项活动。此外，上诉机构秘书处还推出了一项针对博士生和年青学者的“研究计划”，旨在为博士生完成其博士论文和年青学者完成其学术论文提供机会，以便于他们同日内瓦贸易同行进行非正式的交流和讨论。

上诉机构秘书处工作人员也参与了包括学生在内的组织团体访问 WTO 的简要情况介绍。在这些情况简介中，秘书处工作人员向来访者简要介绍 WTO 争端解决机制，特别是上诉程序。上诉机构秘书处工作人员还参加了由欧盟法律学生协会举办的模拟法庭竞赛。除此之外，上诉机构成员及秘书处工作人员还不定期地积极参与了关于国际贸易问题的会议及研讨会并发了言。

（侯迎春译　陈泰锋校）

## 附录 1　历任上诉机构成员和主席

历任上诉机构成员

| 姓　名 | 国　籍 | 任　期 |
|---|---|---|
| SAID EL-NAGGAR | 埃及 | 1995—2000 年* |
| MITSUO MATSUSHITA | 日本 | 1995—2000 年* |
| CHRISTOPHER BEEBY | 新西兰 | 1995—1999 年<br>1999—2000 年 |
| CLAUS-DIETER EHLERMANN | 德国 | 1995—1997 年<br>1997—2001 年 |
| FLORENTINO FELICIANO | 菲律宾 | 1995—1997 年<br>1997—2001 年 |
| JULIO LACARTE-MURÓ | 乌拉圭 | 1995—1997 年<br>1997—2001 年 |
| JAMES BACCHUS | 美国 | 1995—1999 年<br>1999—2003 年 |
| JOHN LOCKHART | 澳大利亚 | 2001—2005 年<br>2005—2006 年 |
| YASUHEI TANIGUCHI | 日本 | 2000—2003 年<br>2003—2007 年 |
| MERIT E. JANOW | 美国 | 2003—2007 年 |

注解：* 尽管 El-Naggar 先生和 Matsushita 先生都决定不寻求第二个任期。然而，争端解决机构仍将其任期延长至 2000 年 3 月底，以使选举委员会和争端解决机构能有必要的时间来重新选举上诉机构成员。Janow 决定不寻求第二个任期，她的任期于 2007 年 12 月 11 日结束。

历任上诉机构主席

| 姓　名 | 国　籍 | 任　期 |
|---|---|---|
| JULIO LACARTE-MURÓ | 乌拉圭 | 1996 年 2 月 7 日—1997 年 2 月 6 日<br>1997 年 2 月 7 日—1998 年 2 月 6 日 |
| CHRISTOPHER BEEBY | 新西兰 | 1998 年 2 月 7 日—1999 年 2 月 6 日 |
| SAID EI-NAGGAR | 埃及 | 1999 年 2 月 7 日—2000 年 2 月 6 日 |
| FLORENTINO FELICIANO | 菲律宾 | 2000 年 2 月 7 日—2001 年 2 月 6 日 |
| CLAUS-DIETER EHLERMANN | 德国 | 2001 年 2 月 7 日—2001 年 12 月 10 日 |
| JAMES BACCHUS | 美国 | 2001 年 12 月 15 日—2002 年 12 月 14 日<br>2002 年 12 月 15 日—2003 年 12 月 10 日 |
| GEORGES ABI-SAAB | 埃及 | 2003 年 12 月 13 日—2004 年 12 月 12 日 |
| YASUHEI TANIGUCHI | 日本 | 2004 年 12 月 17 日—2005 年 12 月 16 日 |
| A. V. GANESAN | 印度 | 2005 年 12 月 17 日—2006 年 12 月 16 日 |
| GIORGIO SACERDOTI | 意大利 | 2006 年 12 月 17 日—2007 年 12 月 16 日 |
| LUIZ OLAVO BAPTISTA | 巴西 | 2007 年 12 月 17 日—2008 年 12 月 16 日 |

## 附录 2　上诉案件数量（1995—2008）

| 年份 | 数量 | 最初上诉程序 | 第 21.5 条上诉程序 |
|---|---|---|---|
| 1995 | 0 | 0 | 0 |
| 1996 | 4 | 4 | 0 |
| 1997 | 6[a] | 6 | 0 |
| 1998 | 8 | 8 | 0 |
| 1999 | 9[b] | 9 | 0 |
| 2000 | 13[c] | 11 | 2 |
| 2001 | 9[d] | 5 | 4 |

续 表

| 年份 | 数量 | 最初上诉程序 | 第 21.5 条上诉程序 |
|---|---|---|---|
| 2002 | 7[e] | 6 | 1 |
| 2003 | 6[f] | 5 | 1 |
| 2004 | 5 | 5 | 0 |
| 2005 | 10 | 8 | 2 |
| 2006 | 5 | 3 | 2 |
| 2007 | 4 | 2 | 2 |
| 2008 | 13 | 10 | 3 |
| 总数 | 97 | 80 | 17 |

注解：a 此数字包括两个在相关事件发生时即发布的上诉通知，分别是：欧盟—激素案（加拿大）；欧盟—激素案（美国）。单独上诉机构报告在这些上诉通知发布后即转发。

b 此数字不包括美国撤回的上诉通知，美国随后就相同的专家组报告：美国—海外销售公司，做出了另外的上诉通知。

c 此数字包括了在相关事件中相同时间散发的两份上诉通知，分别是美国—1916 法案（欧盟）；美国—1916 法案（日本）。对此两项上诉，转发了一份上诉机构报告。

d 此数字不包括美国撤回的一份上诉通知，美国随后就相同专家组报告：美国一直线管，做出了另外的上诉通知。

e 此数字包括后来被撤回的一份上诉通知：印度—汽车，不包括后来被欧盟撤回的上诉通知书，欧盟后来就同样专家组报告：欧盟—沙丁鱼，做出了另外的上诉通知。

f 此数字不包括由美国撤回的上诉通知，美国随后就相同的专家组报告：美国—软木 IV，做出了另外的上诉通知。

## 附录 3　1995—2008 年被上诉的专家组报告比率[a]

| 批准年份 | 所有专家组报告 | | | 非第 21.5 条专家组报告[b] | | | 第 21.5 条专家组报告 | | |
|---|---|---|---|---|---|---|---|---|---|
| | 批准的专家组报告[c] | 被上诉的专家组报告[d] | 被上诉比率[e]（%） | 批准的专家组报告[c] | 被上诉的专家组报告[d] | 被上诉比率[e]（%） | 批准的专家组报告[c] | 被上诉的专家组报告[d] | 被上诉比率[e]（%） |
| 1996 | 2 | 2 | 100% | 2 | 2 | 100% | 0 | 0 | — |
| 1997 | 5 | 5 | 100% | 5 | 5 | 100% | 0 | 0 | — |
| 1998 | 12 | 9 | 75% | 12 | 9 | 75% | 0 | 0 | — |
| 1999 | 10 | 7 | 70% | 9 | 7 | 78% | 1 | 0 | 0% |
| 2000 | 19 | 11 | 58% | 15 | 9 | 60% | 4 | 2 | 50% |
| 2001 | 17 | 12 | 71% | 13 | 9 | 69% | 4 | 3 | 75% |
| 2002 | 12 | 6 | 50% | 11 | 5 | 45% | 1 | 1 | 100% |
| 2003 | 10 | 7 | 70% | 8 | 5 | 63% | 2 | 2 | 100% |
| 2004 | 8 | 6 | 75% | 8 | 6 | 75% | 0 | 0 | — |
| 2005 | 20 | 12 | 60% | 17 | 11 | 65% | 3 | 1 | 33% |
| 2006 | 7 | 6 | 86% | 4 | 3 | 75% | 3 | 3 | 100% |
| 2007 | 10 | 5 | 50% | 6 | 3 | 50% | 4 | 2 | 50% |
| 2008 | 11 | 9 | 82% | 8 | 6 | 75% | 3 | 3 | 100% |
| 合计 | 143 | 97 | 68% | 118 | 80 | 68% | 25 | 17 | 68% |

注解：a 1995 年没有被批准的专家组报告。

b 根据 DSU 第 21.5 条款，一旦 DSB 通过专家组建议或上诉机构报告，则在为遵守 DSB 建议及规则而采取的相关措施过程中，如有与其存在不符之处，可以建立专家组审查。

c 欧盟—香蕉 III（厄瓜多尔），欧盟—香蕉 III（危地马拉和洪都拉斯），欧盟—香蕉 III（墨西哥），欧盟—香蕉 III（美国）被认为是同一专家组报告。对于美国—钢铁安全标准，欧盟—糖出口补贴和欧盟—鸡块，也被作为同一专家报告。

d 专家组报告如被上诉机构报告认为赞成、修改或撤销，即认为专家组报告被上诉。专家组报告被上诉的数量可能根据上诉机构报告的数量变化而变化，因为上诉机构报告可能涉及一个以上的专家组报告。

e 百分比取最近的整数位。

**附录 4 1996—2008 年上诉机构报告所涉及的 WTO 协议[a]**

| 年份 | DSU | WTO协议 | GATT1994 | 农业 | SPS | ATC | TBT | TRIMs | 反倾销 | 进口许可证 | SCM | 安全保障 | 服务贸易总协定 | TRIPs |
|---|---|---|---|---|---|---|---|---|---|---|---|---|---|---|
| 1996 | 0 | 0 | 2 | 0 | 0 | 0 | 0 | 0 | 0 | 0 | 0 | 0 | 0 | 0 |
| 1997 | 4 | 1 | 5 | 1 | 0 | 2 | 0 | 0 | 0 | 1 | 1 | 0 | 1 | 1 |
| 1998 | 7 | 1 | 4 | 1 | 2 | 0 | 0 | 0 | 1 | 1 | 0 | 0 | 0 | 0 |
| 1999 | 7 | 1 | 6 | 1 | 1 | 0 | 0 | 0 | 0 | 0 | 2 | 1 | 0 | 0 |
| 2000 | 8 | 1 | 7 | 2 | 0 | 0 | 0 | 0 | 2 | 0 | 5 | 2 | 1 | 1 |
| 2001 | 7 | 1 | 3 | 1 | 0 | 1 | 1 | 0 | 4 | 0 | 1 | 2 | 0 | 0 |
| 2002 | 8 | 2 | 4 | 3 | 0 | 0 | 1 | 0 | 1 | 0 | 3 | 1 | 1 | 1 |
| 2003 | 4 | 2 | 3 | 0 | 1 | 0 | 0 | 0 | 4 | 0 | 1 | 1 | 0 | 0 |
| 2004 | 2 | 0 | 5 | 0 | 0 | 0 | 0 | 0 | 2 | 0 | 1 | 0 | 0 | 0 |
| 2005 | 9 | 0 | 5 | 2 | 0 | 0 | 0 | 0 | 2 | 0 | 4 | 0 | 1 | 0 |
| 2006 | 5 | 0 | 3 | 0 | 0 | 0 | 0 | 0 | 3 | 0 | 2 | 0 | 0 | 0 |
| 2007 | 5 | 0 | 2 | 1 | 0 | 0 | 0 | 0 | 2 | 0 | 1 | 0 | 0 | 0 |
| 2008 | 8 | 1 | 9 | 1 | 2 | 0 | 0 | 0 | 3 | 0 | 3 | 0 | 0 | 0 |
| 合计 | 74 | 10 | 58 | 13 | 6 | 3 | 2 | 0 | 24 | 2 | 24 | 7 | 4 | 3 |

注解：a 1995 年没有上诉。

**附录 5 1995—2008 年上诉案件中的参与方及第三方**

截至 2008 年，WTO 共有 153 个正式成员，其中有 67 个成员参与了上诉案（约占 44%），其上诉机构报告在 1996—2007 年间被转发。

在此年度报告第四部分已经对成员方作为上诉方，其他上诉方，被上诉方及第三方参与上诉的规则做了介绍。

1. 统计概况

| WTO 成员方 | 上诉方 | 其他上诉方 | 被上诉方 | 第三方 | 总 数 |
|---|---|---|---|---|---|
| 安提瓜和巴布达 | 1 | 0 | 1 | 0 | 2 |
| 阿根廷 | 2 | 3 | 5 | 12 | 22 |
| 澳大利亚 | 2 | 1 | 5 | 22 | 30 |
| 巴巴多斯 | 0 | 0 | 0 | 1 | 1 |
| 伯利兹 | 0 | 0 | 0 | 4 | 4 |
| 贝宁 | 0 | 0 | 0 | 1 | 1 |
| 玻利维亚 | 0 | 0 | 0 | 1 | 1 |
| 巴西 | 8 | 4 | 12 | 22 | 46 |
| 喀麦隆 | 0 | 0 | 0 | 3 | 3 |
| 加拿大 | 10 | 7 | 16 | 15 | 48 |
| 乍得 | 0 | 0 | 0 | 2 | 2 |
| 智利 | 3 | 0 | 2 | 7 | 12 |
| 中国 | 3 | 1 | 1 | 24 | 29 |
| 哥伦比亚 | 0 | 0 | 0 | 7 | 7 |
| 哥斯达黎加 | 1 | 0 | 0 | 3 | 4 |
| 科特迪瓦 | 0 | 0 | 0 | 4 | 4 |
| 古巴 | 0 | 0 | 0 | 4 | 4 |

续 表

| WTO成员方 | 上诉方 | 其他上诉方 | 被上诉方 | 第三方 | 总 数 |
|---|---|---|---|---|---|
| 多米尼加 | 0 | 0 | 0 | 4 | 4 |
| 多米尼加共和国 | 1 | 0 | 1 | 3 | 5 |
| 厄瓜多尔 | 0 | 2 | 2 | 6 | 10 |
| 埃及 | 0 | 0 | 0 | 1 | 1 |
| 萨瓦尔多 | 0 | 0 | 0 | 2 | 2 |
| 欧盟 | 16 | 13 | 33 | 45 | 107 |
| 斐济 | 0 | 0 | 0 | 1 | 1 |
| 加纳 | 0 | 0 | 0 | 2 | 2 |
| 格林纳达 | 0 | 0 | 0 | 1 | 1 |
| 危地马拉 | 1 | 1 | 1 | 4 | 7 |
| 圭亚那 | 0 | 0 | 0 | 1 | 1 |
| 洪都拉斯 | 1 | 1 | 2 | 1 | 5 |
| 中国香港 | 0 | 0 | 0 | 7 | 7 |
| 印度 | 6 | 2 | 7 | 21 | 36 |
| 印度尼西亚 | 0 | 0 | 1 | 1 | 2 |
| 以色列 | 0 | 0 | 0 | 1 | 1 |
| 牙买加 | 0 | 0 | 0 | 5 | 5 |
| 日本 | 6 | 4 | 10 | 35 | 55 |
| 肯尼亚 | 0 | 0 | 0 | 1 | 1 |
| 韩国 | 4 | 3 | 6 | 12 | 25 |
| 马达加斯加 | 0 | 0 | 0 | 1 | 1 |
| 马来西亚 | 1 | 0 | 1 | 0 | 2 |
| 毛里求斯 | 0 | 0 | 0 | 2 | 2 |
| 马拉维 | 0 | 0 | 0 | 1 | 1 |
| 墨西哥 | 5 | 1 | 4 | 24 | 34 |
| 新西兰 | 0 | 2 | 5 | 11 | 18 |
| 尼加拉瓜 | 0 | 0 | 0 | 4 | 4 |
| 尼日利亚 | 0 | 0 | 0 | 1 | 1 |
| 挪威 | 0 | 1 | 1 | 10 | 12 |
| 巴基斯坦 | 0 | 0 | 2 | 2 | 4 |
| 巴拿马 | 0 | 0 | 0 | 3 | 3 |
| 巴拉圭 | 0 | 0 | 0 | 5 | 5 |
| 秘鲁 | 0 | 0 | 1 | 2 | 3 |
| 菲律宾 | 1 | 0 | 1 | 1 | 3 |
| 波兰 | 0 | 0 | 1 | 0 | 1 |
| 塞内加尔 | 0 | 0 | 0 | 1 | 1 |
| 圣卢西亚 | 0 | 0 | 0 | 4 | 4 |
| 圣基茨和尼维斯 | 0 | 0 | 0 | 1 | 1 |
| 圣文森特和格林纳丁斯 | 0 | 0 | 0 | 3 | 3 |
| 苏里南 | 0 | 0 | 0 | 3 | 3 |
| 斯威士兰 | 0 | 0 | 0 | 1 | 1 |
| 瑞士 | 0 | 1 | 1 | 0 | 2 |
| 中国台北 | 0 | 0 | 0 | 15 | 15 |
| 坦桑尼亚 | 0 | 0 | 0 | 1 | 1 |
| 泰国 | 4 | 0 | 5 | 13 | 22 |
| 特立尼达和多巴哥 | 0 | 0 | 0 | 1 | 1 |
| 土耳其 | 1 | 0 | 0 | 1 | 2 |
| 美国 | 28 | 13 | 57 | 27 | 125 |
| 委内瑞拉 | 0 | 0 | 1 | 6 | 7 |
| 越南 | 0 | 0 | 0 | 2 | 2 |
| 总数 | 105 | 60 | 185 | 432 | 782 |

2. 年度详细信息

**1996 年**

| 案件 | 上诉方 | 其他上诉方 | 被上诉方 | 第三方 |
|---|---|---|---|---|
| 美国—汽油<br>WT/DS2/AB/R | 美国 | — | 巴西<br>委内瑞拉 | 欧盟<br>挪威 |
| 日本—含酒精饮料Ⅱ<br>WT/DS8/AB/R<br>WT/DS10/AB/R<br>WT/DS11/AB/R | 日本 | 美国 | 加拿大<br>欧盟<br>日本<br>美国 | — |

**1997 年**

| 案件 | 上诉方 | 其他上诉方 | 被上诉方 | 第三方 |
|---|---|---|---|---|
| 美国—内衣裤<br>WT/DS24/AB/R | 哥斯达黎加 | — | 美国 | 印度 |
| 巴西—可可粉<br>WT/DS22/AB/R | 菲律宾 | 巴西 | 巴西<br>菲律宾 | 欧盟<br>美国 |
| 美国—羊毛衬衫及罩衫<br>WT/DS33/AB/R | 印度 | — | 美国 | — |
| 加拿大—期刊<br>WT/DS31/AB/R | 加拿大 | 美国 | 加拿大<br>美国 | — |
| 欧盟—香蕉Ⅲ<br>WT/DS27/AB/R | 欧盟 | 厄瓜多尔<br>危地马拉<br>洪都拉斯<br>墨西哥<br>美国 | 厄瓜多尔<br>欧盟<br>危地马拉<br>洪都拉斯<br>墨西哥<br>美国 | 伯利兹<br>喀麦隆<br>哥伦比亚<br>哥斯达黎加<br>科特迪瓦<br>多米尼加<br>多米尼加共和国<br>加纳<br>格林纳达<br>牙买加<br>日本<br>尼加拉瓜<br>圣卢西亚<br>圣文森特和格林纳丁斯<br>塞内加尔<br>苏里南<br>委内瑞拉 |
| 印度—专利权（美国）<br>WT/DS50/AB/R | 印度 | — | 美国 | 欧盟 |

1998 年

| 案件 | 上诉方 | 其他上诉方 | 被上诉方 | 第三方 |
| --- | --- | --- | --- | --- |
| 欧盟—激素<br>WT/DS26/AB/R<br>WT/DS48/AB/R | 欧盟 | 加拿大<br>美国 | 加拿大<br>欧盟<br>美国 | 澳大利亚<br>新西兰<br>挪威 |
| 阿根廷—纺织品及服装<br>WT/DS56/AB/R | 阿根廷 | — | 美国 | 欧盟 |
| 欧盟—计算机设备<br>WT/DS62/AB/R<br>WT/DS67/AB/R<br>WT/DS68/AB/R | 欧盟 | — | 美国 | 日本 |
| 欧盟—家禽<br>WT/DS69/AB/R | 巴西 | 欧盟 | 巴西<br>欧盟 | 泰国<br>美国 |
| 美国—虾<br>WT/DS58/AB/R | 美国 | — | 印度<br>马来西亚<br>巴基斯坦<br>泰国 | 澳大利亚<br>厄瓜多尔<br>欧盟<br>中国香港<br>墨西哥<br>尼日利亚 |
| 澳大利亚—鲑鱼<br>WT/DS18/AB/R | 澳大利亚 | 加拿大 | 澳大利亚<br>加拿大 | 欧盟<br>印度<br>挪威<br>美国 |
| 危地马拉—水泥Ⅰ<br>WT/DS60/AB/R | 危地马拉 | — | 墨西哥 | 美国 |

1999 年

| 案件 | 上诉方 | 其他上诉方 | 被上诉方 | 第三方 |
| --- | --- | --- | --- | --- |
| 韩国—含酒精饮料<br>WT/DS75/AB/R<br>WT/DS84/AB/R | 韩国 | — | 欧盟<br>美国 | 墨西哥 |
| 日本—农产品Ⅱ<br>WT/DS76/AB/R | 日本 | 美国 | 日本<br>美国 | 巴西<br>欧盟 |
| 巴西—航空器<br>WT/DS46/AB/R | 巴西 | 加拿大 | 巴西<br>加拿大 | 欧盟<br>美国 |
| 加拿大—航空器<br>WT/DS70/AB/R | 加拿大 | 巴西 | 巴西<br>加拿大 | 欧盟<br>美国 |
| 印度—数量限制<br>WT/DS90/AB/R | 印度 | — | 美国 | — |
| 加拿大—奶制品<br>WT/DS103/AB/R<br>WT/DS113/AB/R | 加拿大 | — | 新西兰<br>美国 | — |
| 土耳其—纺织品<br>WT/DS34/AB/R | 土耳其 | — | 印度 | 中国香港<br>日本<br>菲律宾 |
| 智利—含酒精饮料<br>WT/DS87/AB/R<br>WT/DS110/AB/R | 智利 | — | 欧盟 | 墨西哥<br>美国 |
| 阿根廷—鞋类（欧盟）<br>WT/DS121/AB/R | 阿根廷 | 欧盟 | 阿根廷<br>欧盟 | 印度尼西亚<br>美国 |
| 韩国—奶制品<br>WT/DS98/AB/R | 韩国 | 欧盟 | 韩国<br>欧盟 | 美国 |

2000 年

| 案　件 | 上诉方 | 其他上诉方 | 被上诉方 | 第三方 |
|---|---|---|---|---|
| 美国—海外销售公司<br>WT/DS108/AB/R | 美国 | 欧盟 | 欧盟<br>美国 | 加拿大<br>日本 |
| 美国—热轧铅铋碳钢制品案Ⅱ<br>WT/DS138/AB/R | 美国 | — | 欧盟 | 巴西<br>墨西哥 |
| 加拿大—汽车<br>WT/DS139/AB/R | 加拿大 | 欧盟<br>日本 | 加拿大<br>欧盟<br>日本 | 韩国<br>美国 |
| 巴西—航空器<br>（第 21.5 条—加拿大）<br>WT/DS46/AB/RW | 巴西 | — | 加拿大 | 欧盟<br>美国 |
| 加拿大—航空器<br>（第 21.5 条—巴西）<br>WT/DS70/AB/RW | 巴西 | — | 加拿大 | 欧盟<br>美国 |
| 美国—1916 年法案<br>WT/DS136/AB/R<br>WT/DS162/AB/R | 美国 | 欧盟<br>日本 | 欧盟<br>日本<br>美国 | 欧盟<br>印度<br>日本<br>墨西哥 |
| 加拿大—专利权保护<br>WT/DS170/AB/R | 加拿大 | — | 美国 | — |
| 韩国—对牛肉的多种标准<br>WT/DS161/AB/R<br>WT/DS169/AB/R | 韩国 | — | 澳大利亚<br>美国 | 加拿大<br>新西兰 |
| 美国—特定欧盟产品<br>WT/DS165/AB/R | 欧盟 | 美国 | 欧盟<br>美国 | 多米尼加<br>厄瓜多尔<br>印度<br>牙买加<br>日本<br>圣卢西亚 |
| 美国—麦麸<br>WT/DS166/AB/R | 美国 | 欧盟 | 欧盟<br>美国 | 澳大利亚<br>加拿大<br>新西兰 |

2001 年

| 案　件 | 上诉方 | 其他上诉方 | 被上诉方 | 第三方 |
|---|---|---|---|---|
| 欧盟—棉质床单<br>WT/DS141/AB/R | 欧盟 | 印度 | 欧盟<br>印度 | 埃及<br>日本<br>美国 |
| 欧盟—石棉<br>WT/DS135/AB/R | 加拿大 | 欧盟 | 加拿大<br>欧盟 | 巴西<br>美国 |
| 泰国—工字梁<br>WT/DS122/AB/R | 泰国 | — | 波兰 | 欧盟<br>日本<br>美国 |
| 美国—羔羊<br>WT/DS177/AB/R<br>WT/DS178/AB/R | 美国 | 澳大利亚<br>新西兰 | 澳大利亚<br>新西兰<br>美国 | 欧盟 |
| 美国—热轧钢板<br>WT/DS184/AB/R | 美国 | 日本 | 日本<br>美国 | 巴西<br>加拿大<br>智利<br>欧盟<br>韩国 |

续 表

| 案件 | 上诉方 | 其他上诉方 | 被上诉方 | 第三方 |
|---|---|---|---|---|
| 美国—棉纱<br>WT/DS192/AB/R | 美国 | — | 巴基斯坦 | 欧盟<br>印度 |
| 美国—虾<br>(第 21.5 条—马来西亚)<br>WT/DS58/AB/RW | 马来西亚 | — | 美国 | 澳大利亚<br>欧盟<br>中国香港<br>印度<br>日本<br>墨西哥<br>泰国 |
| 墨西哥—玉米浆<br>(第 21.5 条—美国)<br>WT/DS132/AB/RW | 墨西哥 | — | 美国 | 欧盟 |
| 加拿大—奶制品<br>(第 21.5 条—新西兰和美国)<br>WT/DS103/AB/RW<br>WT/DS113/AB/RW | 加拿大 | — | 新西兰<br>美国 | 欧盟 |

2002 年

| 案件 | 上诉方 | 其他上诉方 | 被上诉方 | 第三方 |
|---|---|---|---|---|
| 美国—211 拨款法<br>WT/DS176/AB/R | 欧盟 | 美国 | 欧盟<br>美国 | — |
| 美国—海外销售公司<br>(第 21.5 条—欧盟)<br>WT/DS108/AB/RW | 美国 | 欧盟 | 欧盟<br>美国 | 澳大利亚<br>加拿大<br>印度<br>日本 |
| 美国—直线管<br>WT/DS202/AB/R | 美国 | 韩国 | 韩国<br>美国 | 澳大利亚<br>加拿大<br>欧盟<br>日本<br>墨西哥 |
| 印度—汽车Ⅱ<br>WT/DS146/AB/R<br>WT/DS175/AB/R | 印度 | — | 欧盟<br>美国 | 韩国 |
| 智利—综合价格制度<br>WT/DS207/AB/R | 智利 | — | 阿根廷 | 澳大利亚<br>巴西<br>哥伦比亚<br>厄瓜多尔<br>欧盟<br>巴拉圭<br>美国<br>委内瑞拉 |
| 欧盟—沙丁鱼<br>WT/DS231/AB/R | 欧盟 | — | 秘鲁 | 加拿大<br>智利<br>厄瓜多尔<br>美国<br>委内瑞拉 |
| 美国—碳钢<br>WT/DS213/AB/R | 美国 | 欧盟 | 欧盟<br>美国 | 日本<br>挪威 |
| 美国—特定欧盟产品补偿措施<br>WT/DS212/AB/R | 美国 | — | 欧盟 | 巴西<br>印度<br>墨西哥 |

续 表

| 案 件 | 上诉方 | 其他上诉方 | 被上诉方 | 第三方 |
|---|---|---|---|---|
| 加拿大—奶制品<br>(第21.5条—新西兰和美国II)<br>WT/DS103/AB/RW2<br>WT/DS113/AB/RW2 | 加拿大 | — | 新西兰<br>美国 | 阿根廷<br>澳大利亚<br>欧盟 |

**2003年**

| 案 件 | 上诉方 | 其他上诉方 | 被上诉方 | 第三方 |
|---|---|---|---|---|
| 美国—抵消法案<br>(伯德修正案)<br>WT/DS217/AB/R<br>WT/DS234/AB/R | 美国 | — | 澳大利亚<br>巴西<br>加拿大<br>智利<br>欧盟<br>印度<br>印度尼西亚<br>日本<br>韩国<br>墨西哥<br>泰国 | 阿根廷<br>哥斯达黎加<br>中国香港<br>以色列<br>挪威 |
| 欧盟—棉质床单<br>(第21.5条—印度)<br>WT/DS141/AB/RW | 印度 | — | 欧盟 | 日本<br>韩国<br>美国 |
| 欧盟—管道配件<br>WT/DS219/AB/R | 巴西 | — | 欧盟 | 智利<br>日本<br>墨西哥<br>美国 |
| 美国—钢铁安全装置<br>WT/DS248/AB/R<br>WT/DS249/AB/R<br>WT/DS251/AB/R<br>WT/DS252/AB/R<br>WT/DS253/AB/R<br>WT/DS254/AB/R<br>WT/DS258/AB/R<br>WT/DS259/AB/R | 美国 | 巴西<br>中国<br>欧盟<br>日本<br>韩国<br>新西兰<br>挪威<br>瑞士 | 巴西<br>中国<br>欧盟<br>日本<br>韩国<br>新西兰<br>挪威<br>瑞士<br>美国 | 加拿大<br>古巴<br>墨西哥<br>中国台北<br>泰国<br>土耳其<br>委内瑞拉 |
| 日本—苹果<br>WT/DS245/AB/R | 日本 | 美国 | 日本<br>美国 | 澳大利亚<br>巴西<br>欧盟<br>新西兰<br>中国台北 |
| 美国—不锈钢日落复审<br>WT/DS244/AB/R | 日本 | — | 美国 | 巴西<br>智利<br>欧盟<br>印度<br>韩国<br>挪威 |

2004 年

| 案 件 | 上诉方 | 其他上诉方 | 被上诉方 | 第三方 |
|---|---|---|---|---|
| 美国—软木Ⅳ<br>WT/DS257/AB/R | 美国 | 加拿大 | 加拿大<br>美国 | 欧盟<br>印度<br>日本 |
| 欧盟—歧视性关税<br>WT/DS246/AB/R | 欧盟 | — | 印度 | 玻利维亚<br>巴西<br>哥伦比亚<br>哥斯达黎加<br>古巴<br>厄瓜多尔<br>萨尔瓦多<br>危地马拉<br>洪都拉斯<br>毛里求斯<br>尼加拉瓜<br>巴基斯坦<br>巴拿马<br>巴拉圭<br>秘鲁<br>美国<br>委内瑞拉 |
| 美国—软木Ⅴ<br>WT/DS264/AB/R | 美国 | 加拿大 | 加拿大<br>美国 | 欧盟<br>印度<br>日本 |
| 加拿大—小麦出口和谷物进口<br>WT/DS276/AB/R | 美国 | 加拿大 | 加拿大<br>美国 | 澳大利亚<br>中国<br>欧盟<br>墨西哥<br>中国台北 |
| 美国—石油国家工业用管材日落复审<br>WT/DS268/AB/R | 美国 | 阿根廷 | 阿根廷<br>美国 | 欧盟<br>日本<br>韩国<br>墨西哥<br>中国台北 |

2005 年

| 案 件 | 上诉方 | 其他上诉方 | 被上诉方 | 第三方 |
|---|---|---|---|---|
| 美国—细绒棉<br>WT/DS267/AB/R | 美国 | 巴西 | 巴西<br>美国 | 阿根廷<br>澳大利亚<br>贝宁<br>加拿大<br>乍得<br>中国<br>欧盟<br>印度<br>新西兰<br>巴基斯坦<br>巴拉圭<br>中国台北<br>委内瑞拉 |

续 表

| 案 件 | 上诉方 | 其他上诉方 | 被上诉方 | 第三方 |
|---|---|---|---|---|
| 美国—博彩业<br>WT/DS285/AB/R | 美国 | 安提瓜和巴布达 | 安提瓜和巴布达<br>美国 | 加拿大<br>欧盟<br>日本<br>墨西哥<br>中国台北 |
| 欧盟—糖类出口补贴<br>WT/DS265/AB/R<br>WT/DS266/AB/R<br>WT/DS283/AB/R | 欧盟 | 澳大利亚<br>巴西<br>泰国 | 澳大利亚<br>巴西<br>欧盟<br>泰国 | 巴巴多斯<br>伯利兹<br>加拿大<br>中国<br>哥伦比亚<br>科特迪瓦<br>古巴<br>斐济<br>圭亚纳<br>印度<br>牙买加<br>肯尼亚<br>马达加斯加<br>马拉维<br>毛里求斯<br>新西兰<br>巴拉圭<br>圣基茨和尼维斯<br>瑞士<br>坦桑尼亚<br>特立尼达和多巴哥<br>美国 |
| 多米尼加共和国—烟草进口和销售<br>WT/DS302/AB/R | 多米尼加共和国 | 洪都拉斯 | 多米尼加共和国<br>洪都拉斯 | 中国<br>萨尔瓦多<br>欧盟<br>危地马拉<br>美国 |
| 美国—对计算机动态随机存取存储器芯片反补贴税调查案<br>WT/DS296/AB/R | 美国 | 韩国 | 韩国<br>美国 | 中国<br>欧盟<br>日本<br>中国台北 |
| 欧盟—鸡块<br>WT/DS269/AB/R<br>WT/DS286/AB/R | 欧盟 | 巴西<br>泰国 | 巴西<br>欧盟<br>泰国 | 中国<br>美国 |
| 墨西哥—稻米反倾销措施<br>WT/DS295/AB/R | 墨西哥 | — | 美国 | 中国<br>欧盟 |

续 表

| 案 件 | 上诉方 | 其他上诉方 | 被上诉方 | 第三方 |
|---|---|---|---|---|
| 美国—石油工业用管材反倾销措施<br>WT/DS282/AB/R | 墨西哥 | 美国 | 墨西哥<br>美国 | 阿根廷<br>加拿大<br>中国<br>欧盟<br>日本<br>中国台北 |
| 美国—软木Ⅳ<br>（第21.5条—加拿大）<br>WT/DS257/AB/RW | 美国 | 加拿大 | 加拿大<br>美国 | 中国<br>欧盟 |

**2006年**

| 案 件 | 上诉方 | 其他上诉方 | 被上诉方 | 第三方 |
|---|---|---|---|---|
| 美国—海外销售公司<br>（第21.5条—欧盟Ⅱ）<br>WT/DS108/AB/RW2 | 美国 | 欧盟 | 欧盟<br>美国 | 澳大利亚<br>巴西<br>中国 |
| 墨西哥—不含酒精饮料税<br>WT/DS308/AB/R | 墨西哥 | — | 美国 | 加拿大<br>中国<br>欧盟<br>危地马拉<br>日本 |
| 美国—软木Ⅵ<br>（第21.5条—加拿大）<br>WT/DS277/AB/RW | 加拿大 | — | 美国 | 中国<br>欧盟 |
| 美国—归零法（欧盟）<br>WT/DS294/AB/R | 欧盟 | 美国 | 美国<br>欧盟 | 阿根廷<br>巴西<br>中国<br>中国香港<br>印度<br>日本<br>韩国<br>墨西哥<br>挪威<br>中国台北 |
| 美国—软木Ⅴ<br>（第21.5条—加拿大）<br>WT/DS264/AB/RW | 加拿大 | — | 美国 | 中国<br>欧盟<br>印度<br>日本<br>新西兰<br>泰国 |
| 欧盟—特定海关事项案<br>WT/DS315/AB/R | 美国 | 欧盟 | 欧盟<br>美国 | 阿根廷<br>澳大利亚<br>巴西<br>中国<br>中国香港<br>印度<br>日本<br>韩国<br>中国台北 |

2007年

| 案件 | 上诉方 | 其他上诉方 | 被上诉方 | 第三方 |
|---|---|---|---|---|
| 美国—归零法（日本）<br>WT/DS322/AB/R | 日本 | 美国 | 美国<br>日本 | 阿根廷<br>中国<br>欧盟<br>中国香港<br>印度<br>韩国<br>墨西哥<br>新西兰<br>挪威<br>泰国 |
| 美国—石油工业用管材日落复审<br>（第21.5条—阿根廷）<br>WT/DS268/AB/RW | 美国 | 阿根廷 | 阿根廷<br>美国 | 中国<br>欧盟<br>日本<br>韩国<br>墨西哥 |
| 智利—价格综合制度<br>（第21.5条—阿根廷）<br>WT/DS207/AB/RW | 智利 | 阿根廷 | 阿根廷<br>智利 | 澳大利亚<br>巴西<br>加拿大<br>中国<br>哥伦比亚<br>欧盟<br>秘鲁<br>泰国<br>美国 |
| 日本—计算机动态随机存取存储器芯片（韩国）<br>WT/DS336/AB/R | 日本 | 韩国 | 韩国<br>日本 | 欧盟<br>美国 |
| 巴西—翻新轮胎<br>WT/DS332/AB/R | 欧盟 | — | 巴西 | 阿根廷<br>澳大利亚<br>中国<br>古巴<br>危地马拉<br>日本<br>韩国<br>墨西哥<br>巴拉圭<br>中国台北<br>泰国<br>美国 |

2008 年

| 案　件 | 上诉方 | 其他上诉方 | 被上诉方 | 第三方 |
|---|---|---|---|---|
| 美国—不锈钢（墨西哥）<br>WT/DS344/AB/R | 墨西哥 | — | 美国 | 智利<br>欧盟<br>日本<br>泰国<br>中国 |
| 美国—高地棉（第 21.5 条—巴西）<br>WT/DS267/AB/RW | 美国 | 巴西 | 巴西<br>美国 | 阿根廷<br>澳大利亚<br>加拿大<br>欧盟<br>日本<br>新西兰<br>乍得<br>中国<br>印度<br>泰国 |
| 美国—虾（泰国）<br>WT/DS343/AB/R | 泰国 | 美国 | 美国<br>泰国 | 巴西<br>智利<br>欧盟<br>印度<br>日本<br>印度<br>韩国<br>越南<br>中国<br>墨西哥 |
| 美国—海关保税指令<br>WT/DS345/AB/R | 印度 | 美国 | 美国<br>印度 | 巴西<br>欧盟<br>日本<br>泰国<br>中国 |
| 美国—要求取消报复措施<br>WT/DS320/AB/R | 欧盟 | 美国 | 美国<br>欧盟 | 澳大利亚<br>巴西<br>新西兰<br>挪威<br>中国<br>印度<br>墨西哥<br>中国台北 |
| 加拿大—要求取消报复措施 WT/DS321/AB/R | 欧盟 | 加拿大 | 加拿大<br>欧盟 | 澳大利亚<br>巴西<br>新西兰<br>挪威<br>中国<br>印度<br>墨西哥<br>中国台北 |

续 表

| 案 件 | 上诉方 | 其他上诉方 | 被上诉方 | 第三方 |
|---|---|---|---|---|
| 印度—进口附加税<br>WT/DS360/AB/R | 美国 | 印度 | 印度<br>美国 | 澳大利亚<br>欧盟<br>日本<br>智利<br>越南 |
| 欧盟—香蕉 III（第 21.5 条—厄瓜多尔 II）WT/DS27/AB/RW2/ECU and Corr. 1 | 欧盟 | 厄瓜多尔 | 厄瓜多尔<br>欧盟 | 伯利兹<br>喀麦隆<br>哥伦比亚<br>科特迪瓦<br>多米尼加<br>多米尼加共和国<br>加纳<br>牙买加<br>日本<br>尼加拉瓜<br>巴拿马<br>圣卢西亚<br>圣文森特和格林纳丁斯<br>苏里南<br>美国<br>巴西 |
| 欧盟—香蕉 III（第 21.5 条—美国）<br>WT/DS27/AB/RW/USA and Corr. 1 | 欧盟 | — | 美国 | 伯利兹<br>喀麦隆<br>哥伦比亚<br>科特迪瓦<br>多米尼加<br>多米尼加共和国<br>厄瓜多尔<br>牙买加<br>日本<br>尼加拉瓜<br>巴拿马<br>圣卢西亚<br>圣文森特和格林纳丁斯<br>苏里南<br>巴西<br>墨西哥 |
| 中国—汽车零部件（欧盟）<br>WT/DS339/AB/R | 中国 | — | 欧盟 | 阿根廷<br>澳大利亚<br>日本<br>巴西<br>墨西哥<br>中国台北<br>泰国 |

续 表

| 案　件 | 上诉方 | 其他上诉方 | 被上诉方 | 第三方 |
|---|---|---|---|---|
| 中国—汽车零部件（美国）<br>WT/DS340/AB/R | 中国 | — | 美国 | 阿根廷<br>澳大利亚<br>日本<br>巴西<br>墨西哥<br>中国台北<br>泰国 |
| 中国—汽车零部件（加拿大）<br>WT/DS342/AB/R | 中国 | — | 加拿大 | 阿根廷<br>澳大利亚<br>日本<br>巴西<br>墨西哥<br>中国台北<br>泰国 |

## 附录 6　WTO 争端解决报告及裁决（1995—2008）

| 简要标题 | 案件标题全称及出处 |
|---|---|
| 阿根廷—陶瓷 | 专家组报告，阿根廷—对于从意大利进口地板瓷砖的明确反倾销措施，WT/DS189/R，2001 年 11 月 15 日通过，DSR 2001：XII，6241 |
| 阿根廷—鞋类（欧盟） | 上诉机构报告，阿根廷—鞋类进口安全标准措施，WT/DS121/AB/R，2000 年 1 月 12 日通过，DSR 2000：I，515 |
| 阿根廷—鞋类（欧盟） | 专家组报告，阿根廷—鞋类进口安全标准措施，WT/DS121/R，2000 年 1 月 12 日通过，上诉机构报告修改，WT/DS121/AB/R，DSR 2000：II，575 |
| 阿根廷—皮革 | 专家组报告，阿根廷—影响牛皮出口及成皮进口措施，WT/DS155/R 和 Corr. 1，2001 年 2 月 16 日通过，DSR 2001：V，1779 |
| 阿根廷—皮革 | 仲裁决议，阿根廷—影响牛皮出口及成皮进口措施—在 DSU 第 21.3（c）条下的仲裁，WT/DS155/10，2001 年 8 月 31 日，DSR 2001：XII，6013 |
| 阿根廷—家禽反倾销税 | 专家组报告，阿根廷—对来自巴西家禽的明确反倾销措施，WT/DS241/R，2003 年 5 月 19 日通过 DSR 2003：V，1727 |
| 阿根廷—桃脯 | 专家组报告，阿根廷—对进口桃脯的明确保障措施，WT/DS238/R，2003 年 4 月 15 日通过，DSR 2003：III，1037 |
| 阿根廷—纺织品及服装 | 上诉机构报告，阿根廷—影响鞋类、纺织品、服装和其他项目的进口措施，WT/DS56/AB/R 和 Corr. 1，1998 年 4 月 22 日通过，DSR 1998：III，1003 |
| 阿根廷—纺织品及服装 | 专家组报告，阿根廷—影响鞋类、纺织品、服装和其他项目的进口措施，WT/DS56/R，1998 年 4 月 22 日通过，上诉机构报告修改，WT/DS56/AB/R，DSR 1998：III，1033 |
| 澳大利亚—汽车皮革 II | 专家组报告，澳大利亚—对汽车皮革生产商及出口商的补贴，WT/DS126/R，1999 年 6 月 16 日，DSR 1999：III，951 |
| 澳大利亚—汽车皮革 II（第 21.5 条—美国） | 专家组报告，澳大利亚—对汽车皮革生产商及出口商的补贴—根据 DSU 第 21.5 条，WT/DS126/RW 和 Corr. 1，通过 2000 年 2 月 11 日通过，DSR 2000：III，1189 |

续 表

| 简要标题 | 案件标题全称及出处 |
| --- | --- |
| 澳大利亚—鲑鱼 | 上诉机构报告，澳大利亚—影响鲑鱼进口措施，WT/DS18/AB/R，1998年11月6日通过，DSR 1998：VIII，3327 |
| 澳大利亚—鲑鱼 | 专家组报告，澳大利亚—影响鲑鱼进口措施，WT/DS18/R and Corr. 1，1998年11月6日通过，上诉机构报告修改，WT/DS18/AB/R，DSR 1998：VIII，3407 |
| 澳大利亚—鲑鱼 | 仲裁决议，影响鲑鱼进口措施—第21.3条下的仲裁，WT/DS18/9，1999年2月23日，DSR 1999：I，267 |
| 澳大利亚—鲑鱼（第21.5条—加拿大） | 专家组报告，澳大利亚—影响鲑鱼进口措施—根据加拿大DSU第21.5条，WT/DS18/RW，2000年3月20日通过，DSR 2000：IV，2031 |
| 巴西—民用民用航空器 | 上诉机构报告，巴西—民用航空器出口资助计划，WT/DS46/AB/R，1999年8月20日通过，DSR 1999：III，1161 |
| 巴西—民用航空器 | 专家组报告，巴西—民用航空器出口补贴计划，1999年8月20日通过，上诉机构报告修改，WT/DS46/AB/R，DSR 1999：III，1221 |
| 巴西—民用航空器（第21.5条—加拿大） | 上诉机构报告，巴西—民用航空器出口补贴计划—加拿大引用DSU第21.5条，WT/DS46/AB/RW，2000年8月4日通过，DSR 2000：VIII，4067 |
| 巴西—民用航空器（第21.5条—加拿大） | 专家组报告，巴西—民用航空器出口补贴计划—加拿大引用DSU第21.5条，WT/DS46/RW，2000年8月4日，上诉机构报告修改，WT/DS46/AB/RW，DSR 2000：IX，4093 |
| 巴西—民用航空器（第21.5条—加拿大II） | 专家组报告，巴西—民用航空器出口补贴计划—加拿大再次引用DSU第21.5条，WT/DS46/RW/2，2001年8月23日通过，DSR 2001：X，5481 |
| 巴西—民用航空器（第22.6条—巴西） | 仲裁决定，巴西—民用航空器出口补贴计划—巴西根据DSU第22.6条及SCM协议第4.11条提出仲裁，WT/DS46/ARB，2000年8月28日，DSR 2002：I，19 |
| 巴西—可可粉 | 上诉机构报告，巴西—影响可可粉进口的措施WT/DS22/AB/R，1997年3月20日通过，DSR 1997：I，167 |
| 巴西—可可粉 | 专家组报告，巴西——影响可可粉进口的措施，WT/DS22/R，1997年3月20日通过，得到上诉机构报告支持，WT/DS22/AB/R，DSR 1997：I，189 |
| 巴西 — 翻新轮胎 | 上诉机构报告，巴西—影响翻新轮胎进口的措施，WT/DS332/AB/R，2007年12月17日通过 |
| 巴西 — 翻新轮胎 | 专家组报告，巴西—影响翻新轮胎进口的措施，WT/DS332/R，2007年12月17日通过，上诉机构报告修改，WT/DS332/AB/R |
| 巴西 — 翻新轮胎（第21.3（c）条） | 仲裁决定，巴西—影响翻新轮胎进口的措施—DSU第21.3（c）条下的仲裁，WT/DS332/16，2008年8月29日 |
| 加拿大—民用航空器 | 上诉机构报告，加拿大—影响民用航空器出口的措施，WT/DS70/AB/R，1999年8月20日通过，DSR 1999：III，1377 |
| 加拿大—民用航空器 | 专家组报告，加拿大—影响民用航空器出口的措施，WT/DS70/R，1999年8月20日通过，得到上诉机构报告支持，WT/DS70/AB/R，DSR 1999：IV，1443 |

续 表

| 简要标题 | 案件标题全称及出处 |
| --- | --- |
| 加拿大—民用航空器（第 21.5 条—巴西） | 上诉机构报告，加拿大—影响民用航空器出口的措施—巴西引用 DSU 第 21.5 条，WT/DS70/AB/RW，2000 年 8 月 4 日通过，DSR 2000：IX，4299 |
| 加拿大—民用航空器（第 21.5 条—巴西） | 专家组报告，加拿大—影响民用航空器出口的措施—巴西引用 DSU 第 21.5 条，WT/DS70/RW，2000 年 8 月 4 日通过，上诉机构报告修改，WT/DS70/AB/RW，DSR 2000：IX，4315 |
| 加拿大—民用航空器信贷保证 | 专家组报告，加拿大—地区民用航空器出口信贷保证，WT/DS222/R 和 Corr. 1，2002 年 2 月 19 日，DSR 2002：III，849 |
| 加拿大—民用航空器信贷保证（第 22.6 条—加拿大） | 仲裁决定，加拿大—地区民用航空器出口信贷保证—加拿大引用 DSU 第 22.6 条 SCM 协议第 4.11 条，WT/DS222/ARB，2003 年 2 月 17 日，DSR 2003：III，1187 |
| 加拿大—汽车 | 上诉机构报告，加拿大—影响汽车工业特定措施，WT/DS139/AB/R，WT/DS142/AB/R，2000 年 6 月 19 日通过，DSR 2000：VI，2985 |
| 加拿大—汽车 | 专家组报告，加拿大—影响汽车工业特定措施，WT/DS139/R，WT/DS142/R，2000 年 6 月 19 日，上诉机构报告修改，WT/DS139/AB/R，WT/DS142/AB/R，DSR 2000：VII，3043 |
| 加拿大—汽车（第 21.3（c）条） | 仲裁决定，加拿大—影响汽车工业特定措施—DSU 第 21.3（c）条下的仲裁 WT/DS139/12，WT/DS142/12，2000 年 10 月 4 日，DSR 2000：X，5079 |
| 加拿大—要求取消报复措施 | 上诉机构报告，加拿大—欧盟要求取消报复措施—荷尔蒙争端，WT/DS321/AB/R，2008 年 11 月 14 日通过 |
| 加拿大—要求取消报复措施 | 专家组报告，加拿大—欧盟要求取消报复措施—荷尔蒙争端，WT/DS321/AB/R，2008 年 11 月 14 日通过，上诉机构报告修改，WT/DS321/AB/R |
| 加拿大—奶制品 | 上诉机构报告，加拿大—影响牛奶进口及奶制品出口的措施，WT/DS103/AB/R，WT/DS113/AB/R 及 Corr. 1，引自 1999 年 10 月 27 日 DSR 1999：V，2057 |
| 加拿大—奶制品 | 专家组报告，加拿大—影响牛奶进口及奶制品出口的措施，WT/DS103/R，WT/DS113/R，1999 年 10 月 27 日通过，上诉机构报告修改，WT/DS103/AB/R，WT/DS113/AB/R，DSR 1999：VI，2097 |
| 加拿大—奶制品（第 21.5 条—新西兰和美国） | 上诉机构报告，加拿大—影响牛奶进口及奶制品出口的措施—新西兰和美国引用 DSU 第 21.5 条，WT/DS103/AB/RW，WT/DS113/AB/RW，2001 年 12 月 18 日通过，DSR 2001：XIII，6829 |
| 加拿大—奶制品（第 21.5 条—新西兰和美国） | 专家组报告，加拿大—影响牛奶进口及奶制品出口的措施—新西兰和美国引用 DSU 第 21.5 条，WT/DS103/RW，WT/DS113/RW，2001 年 12 月 18 日通过，上诉机构报告驳回，WT/DS103/AB/RW，WT/DS113/AB/RW，DSR 2001：XIII，6865 |
| 加拿大—奶制品（第 21.5 条—新西兰和美国 II） | 上诉机构报告，加拿大—影响牛奶进口及奶制品出口的措施—新西兰和美国引用 DSU 第 21.5 条，WT/DS103/AB/RW2，WT/DS113/AB/RW2，2003 年 1 月 17 日通过，DSR 2003：I，213 |
| 加拿大—奶制品（第 21.5 条—新西兰和美国 II） | 专家组报告，加拿大—影响牛奶进口及奶制品出口的措施—新西兰和美国引用 DSU 第 21.5 条，WT/DS103/RW2，WT/DS113/RW2，2003 年 1 月 17 日通过，上诉机构报告修改，WT/DS103/AB/RW2，WT/DS113/AB/RW2，DSR 2003：I，255 |
| 加拿大—专利条款 | 上诉机构报告，加拿大—专利保护条款，WT/DS170/AB/R，2000 年 10 月 12 日通过，DSR 2000：X，5093 |
| 加拿大—专利条款 | 专家组报告，加拿大—专利保护条款，WT/DS170/R，2000 年 10 月 12 日通过，得到上诉机构报告支持，WT/DS170/AB/R，DSR 2000：XI，5121 |

续表

| 简要标题 | 案件标题全称及出处 |
|---|---|
| 加拿大—专利条款 | 仲裁决定，加拿大—专利保护条款—DSU第21.3（c）条下仲裁，WT/DS170/10，2001年2月28日，DSR 2001：V，2031 |
| 加拿大—杂志 | 上诉机构报告，加拿大—相关杂志特定措施，WT/DS31/AB/R，1997年7月30日通过，DSR 1997：I，449 |
| 加拿大—期刊 | 专家组报告，加拿大—相关杂志特定措施，WT/DS31/R和Corr.1，1997年7月30日通过，上诉机构报告修改，WT/DS31/AB/R，DSR 1997：I，481 |
| 加拿大—药品专利 | 专家组报告，加拿大—药品专利保护，WT/DS114/R，2000年4月7日通过，DSR 2000：V，2289 |
| 加拿大—药品专利 | 仲裁决定，加拿大—药品专利保护—根据DSU第21.3（c）进行的仲裁，WT/DS114/13，2000年8月18日，DSR 2002：I，3 |
| 加拿大—小麦出口和谷物进口 | 上诉机构报告，加拿大—小麦出口和谷物进口措施，WT/DS276/AB/R，2004年9月27日通过，DSR 2004：VI，2739 |
| 加拿大—小麦出口和谷物进口 | 专家组报告，加拿大—小麦出口和谷物进口措施，WT/DS276/R，2004年9月27日通过，得到上诉机构报告支持，WT/DS276/AB/R，DSR 2004：VI，2817 |
| 智利—酒精饮料 | 上诉机构报告，智利—酒精饮料税 WT/DS87/AB/R，WT/DS110/AB/R，2000年1月12日通过，DSR 2000：I，281 |
| 智利—酒精饮料 | 专家组报告，智利—酒精饮料税，WT/DS87/R，WT/DS110/R，2000年1月12日通过，上诉机构报告修改，WT/DS87/AB/R，WT/DS110/AB/R，DSR 2000：I，303 |
| 智利—酒精饮料 | 仲裁决定，智利—酒精饮料税—在DSU第21.3（c）条下仲裁，WT/DS87/15，WT/DS110/14，2000年5月23日，DSR 2000：V，2583 |
| 智利—综合价格制度 | 上诉机构报告，智利—与特定农产品有关的综合价格制度和保障措施 WT/DS207/AB/R，2002年10月23日通过，DSR 2002：VIII，3045 |
| 智利—综合价格制度 | 专家组报告，智利—与特定农产品有关的综合价格制度和保障措施，WT/DS207/R，2002年10月23日通过，上诉机构报告修改，WT/DS207AB/R，DSR 2002：VIII，3127 |
| 智利—综合价格制度 | 仲裁决定，智利—与特定农产品有关的综合价格制度和保障措施—在DSU第21.3（c）条下仲裁，WT/DS207/13，2003年3月17日，DSR 2003：III，1237 |
| 智利—综合价格制度（第21.5条—阿根廷） | 专家组报告，智利—与特定农产品有关的综合价格制度和保障措施—阿根廷引自DSU第21.5条，WT/DS207/RW和Corr.1，2006年12月8日转发给WTO成员 |
| 智利—综合价格制度（第21.5条—阿根廷） | 专家组报告，智利—与特定农产品有关的综合价格制度和保障措施—阿根廷引自DSU第21.5条，WT/DS207/RW和Corr.1，2007年5月22日通过，得到上诉机构报告的支持，WT/DS207/AB/RW |
| 多米尼加共和国—香烟的进口和销售 | 上诉机构报告，多米尼加共和国—影响香烟进口及国内销售的措施，WT/DS302/AB/R，2005年5月19日通过 |
| 多米尼加共和国—香烟的进口和销售 | 专家组报告，多米尼加共和国—影响香烟进口及国内销售的措施，WT/DS302/R，2005年5月19日通过，上诉机构报告修改，WT/DS302/AB/R |

续 表

| 简要标题 | 案件标题全称及出处 |
|---|---|
| 多米尼加共和国—香烟的进口和销售 | 仲裁报告，多米尼加共和国—影响香烟进口及国内销售的措施—在 DSU 第 21.3（c）条下的仲裁 WT/DS302/17，2005 年 8 月 29 日 |
| 欧盟—科托努协议 | 仲裁决定，欧盟—科托努协议—根据 2001 年 11 月 14 日决定提请仲裁，WT/L/616，2005 年 8 月 1 日 |
| 欧盟—科托努协议 II | 仲裁决定，欧盟—科托努协议—根据 2001 年 11 月 14 日决定提请仲裁，WT/L/625，2005 年 10 月 27 日 |
| 欧盟—生物科技产品批准及营销 | 专家组报告，欧盟—影响生物科技产品批准及营销的措施，WT/DS291/R，WT/DS292/R，WT/DS293/R，Corr. 1 和 Add. 1、2、3、4、5、6、7、8 和 9，2006 年 11 月 21 日通过 |
| 欧盟—石棉 | 上诉机构报告，欧盟—影响石棉及含石棉产品进口的措施，WT/DS135/AB/R，2001 年 4 月 5 日通过，DSR 2001：VII，3243 |
| 欧盟—石棉 | 专家组报告，欧盟—影响石棉及含石棉产品进口的措施，WT/DS135/R 和 Add. 1，2001 年 4 月 5 日通过，上诉机构报告修改，WT/DS135/AB/R，DSR 2001：VIII，3305 |
| 欧盟—香蕉 III | 上诉机构报告，欧盟—香蕉进口、销售及分销区域，WT/DS27/AB/R，1997 年 9 月 25 日通过，DSR 1997：II，591 |
| 欧盟—香蕉 III（厄瓜多尔） | 专家组报告，欧盟—香蕉进口、销售及分销区域，厄瓜多尔提出上诉，WT/DS27/R/ECU，1997 年 9 月 25 日通过，上诉机构报告修改，WT/DS27/AB/R，DSR 1997：III，1085 |
| 欧盟—香蕉 III（危地马拉和洪都拉斯） | 专家组报告，欧盟—香蕉进口、销售及分销区域，危地马拉和洪都拉斯上诉，WT/DS27/R/GTM，WT/DS27/R/HND，1997 年 9 月 25 日通过，上诉机构报告修改，WT/DS27/AB/R，DSR 1997：II，695 |
| 欧盟—香蕉 III（墨西哥） | 专家组报告，欧盟—香蕉进口、销售及分销区域，墨西哥上诉，WT/DS27/R/MEX，1997 年 9 月 25 日通过，上诉机构报告修改，WT/DS27/AB/R，DSR 1997：II，803 |
| 欧盟—香蕉 III（美国） | 专家组报告，欧盟—香蕉进口、销售及分销区域，美国上诉，WT/DS27/R/USA，1997 年 9 月 25 日通过，上诉机构报告修改，WT/DS27/AB/R，DSR 1997：II，943 |
| 欧盟—香蕉 III（第 21.3（c）条） | 仲裁决定，欧盟—香蕉进口、销售及分销区域—在 DSU 第 21.3（c）条下仲裁，WT/DS27/15，1998 年 1 月 7 日，DSR 1998：I，3 |
| 欧盟—香蕉 III（第 21.5 条—欧盟） | 专家组报告，欧盟—香蕉进口、销售及分销区域，墨西哥上诉，欧盟根据 DSU 第 21.5 条提出，WT/DS27/RW/EEC 和 Corr. 1，1999 年 4 月 12 日，未通过，DSR 1999：II，783 |
| 欧盟—香蕉 III（第 21.5 条—厄瓜多尔） | 专家组报告，欧盟—香蕉进口、销售及分销区域—厄瓜多尔根据 DSU 第 21.5 条提出，WT/DS27/RW/ECU，1999 年 5 月 6 日通过 DSR 1999：II，803 |
| 欧盟—香蕉 III（第 21.5 条—厄瓜多尔）/ 欧盟—香蕉 III（第 21.5 条—美国） | 上诉机构报告，欧盟—香蕉进口、销售及分销区域—厄瓜多尔根据 DSU 第 21.5 条第二次提出上诉，WT/DS27/AB/RW2/ECU，2008 年 12 月 11 日通过。欧盟—香蕉进口、销售及分销区域—美国根据 DSU 第 21.5 条提出上诉，WT/DS27/AB/RW/USA and Corr. 1，2008 年 12 月 22 日通过 |
| 欧盟—香蕉 III（第 21.5 条—厄瓜多尔 II） | 专家组报告，欧盟—香蕉进口、销售及分销区域—厄瓜多尔根据 DSU 第 21.5 条第二次提出上诉，WT/DS27/RW2/ECU，2008 年 12 月 11 日通过。上诉机构报告修改，WT/DS27/AB/RW2/ECU |
| 欧盟—香蕉 III（第 21.5 条—美国） | 专家组报告，欧盟—香蕉进口、销售及分销区域—美国根据 DSU 第 21.5 条提出上诉，WT/DS27/RW/USA and Corr. 1，2008 年 12 月 22 日通过，得到上诉机构报告的支持，WT/DS27/AB/RW/USA |

续 表

| 简要标题 | 案件标题全称及出处 |
| --- | --- |
| 欧盟—香蕉 III（厄瓜多尔）（第 22.6 条—欧盟） | 仲裁判决，欧盟—香蕉进口、销售及分销区域—欧盟根据 DSU 第 22.6 条提出仲裁，WT/DS27/ARB/ECU，2000 年 3 月 24 日，DSR 2000 年：V，2237 |
| 欧盟—香蕉 III（美国）（第 22.6 条—欧盟） | 仲裁判决，欧盟—香蕉进口、销售及分销区域—欧盟根据 DSU 第 22.6 条提出仲裁，WT/DS27/ARB，1999 年 4 月 9 日，DSR 1999：II，725 |
| 欧盟—棉质床单 | 上诉机构报告，欧盟—对来自印度的进口棉质床单征收反倾销税，WT/DS141/AB/R，2001 年 3 月 12 日通过，DSR 2001：V，2049 |
| 欧盟—棉质床单 | 专家组报告，欧盟—对来自印度的进口棉质床单征收反倾销税，WT/DS141/R，2001 年 3 月 12 日通过，上诉机构报告修改，WT/DS141/AB/R，DSR 2001：VI，2077 |
| 欧盟—棉质床单（第 21.5 条—印度） | 上诉机构报告，欧盟—对来自印度的进口棉质床单征收反倾销税—由印度根据 DSU 第 21.5 条提出，WT/DS141/AB/RW，2003 年 4 月 24 日通过，DSR 2003：III，965 |
| 欧盟—棉质床单（第 21.5 条—印度） | 专家组报告，欧盟—对来自印度的进口棉质床单征收反倾销税—印度根据 DSU 第 21.5 条提出，WT/DS141/RW，2003 年 4 月 24 日通过，上诉机构报告修改，WT/DS141/AB/RW，DSR 2003：IV，1269 |
| 欧盟—黄油 | 专家组报告，欧盟—影响黄油产品进口的措施，WT/DS72/R，1999 年 11 月 24 日 |
| 欧盟—鸡块 | 上诉机构报告，欧盟—冷冻无骨鸡块海关分类，WT/DS269/AB/R，WT/DS286/AB/R，和 Corr. 1，引自 2005 年 9 月 27 日 |
| 欧盟—鸡块（巴西） | 专家组报告，欧盟—冷冻无骨鸡块海关分类，巴西上诉，WT/DS269/R，引自 2005 年 9 月 27 日，上诉机构报告修改，WT/DS269/AB/R，WT/DS286/AB/R |
| 欧盟—鸡块（泰国） | 专家组报告，欧盟—冷冻无骨鸡块海关分类，泰国，WT/DS286/R，2005 年 9 月 27 日通过，上诉机构报告修改，WT/DS269/AB/R，WT/DS286/AB/R |
| 欧盟—鸡块 | 仲裁决定，欧盟—冷冻无骨鸡块海关分类—在 DSU 第 21.3（c）条下仲裁，WT/DS269/13，WT/DS286/15，2006 年 2 月 20 日 |
| 欧盟—商船 | 专家组报告，欧盟—影响商船贸易的措施，WT/DS301/R，2005 年 6 月 20 日通过 |
| 欧盟—计算机设备 | 上诉机构报告，欧盟—特定计算机设备海关分类，WT/DS62/AB/R，WT/DS67/AB/R，WT/DS68/AB/R，1998 年 6 月 22 日通过，DSR 1998 年：V，1851 |
| 欧盟—计算机设备 | 专家组报告，欧盟—特定计算机设备海关分类，WT/DS62/R，WT/DS67/R，WT/DS68/R，1998 年 6 月 22 日通过，上诉机构报告修改，WT/DS62/AB/R，WT/DS67/AB/R，WT/DS68/AB/R，DSR 1998：V，1891 |
| 欧盟—芯片的反补贴措施 | 专家组报告，欧盟—对来自韩国的芯片的反补贴措施，WT/DS299/R，2005 年 8 月 3 日通过 |
| 欧盟—糖类出口补贴 | 上诉机构报告，欧盟—糖类出口补贴，WT/DS265/AB/R，WT/DS266/AB/R，WT/DS283/AB/R，2005 年 5 月 19 日通过 |
| 欧盟—糖类出口补贴（澳大利亚） | 专家组报告，欧盟—糖类出口补贴，由澳大利亚上诉 WT/DS265/R，2005 年 5 月 19 日通过，上诉机构报告修改，WT/DS265/AB/R，WT/DS266/AB/R，WT/DS283/AB/R |

续 表

| 简要标题 | 案件标题全称及出处 |
| --- | --- |
| 欧盟—糖类出口补贴（巴西） | 专家组报告，欧盟—糖类出口补贴，由巴西上诉，WT/DS266/R，2005 年 5 月 19 日通过，上诉机构报告修改，WT/DS265/AB/R，WT/DS266/AB/R，WT/DS283/AB/R |
| 欧盟—糖类出口补贴（泰国） | 专家组报告，欧盟—糖类出口补贴，由泰国上诉，WT/DS283/R，2005 年 5 月 19 日通过，上诉机构报告修改，WT/DS265/AB/R，WT/DS266/AB/R，WT/DS283/AB/R |
| 欧盟—糖类出口补贴 | 仲裁决定，欧盟—糖类出口补贴—在 DSU 第 21.3（c）条下仲裁，WT/DS265/33，WT/DS266/33，WT/DS283/14，2005 年 10 月 28 日 |
| 欧盟—激素 | 上诉机构报告，欧盟—对于肉及肉制品相关措施（激素），WT/DS26/AB/R，WT/DS48/AB/R，1998 年 2 月 13 日通过，DSR 1998：I，135 |
| 欧盟—激素（加拿大） | 专家组报告，欧盟—对于肉及肉制品相关措施（激素），由加拿大上诉，WT/DS48/R/CAN，1998 年 2 月 13 日通过，上诉机构报告修改，WT/DS26/AB/R，WT/DS48/AB/R，DSR 1998：II，235 |
| 欧盟—激素（美国） | 专家组报告，欧盟—对于肉及肉制品相关措施（激素），由美国上诉，WT/DS26/R/USA，1998 年 2 月 13 日通过，上诉机构报告修改，WT/DS26/AB/R，WT/DS48/AB/R，DSR 1998：III，699 |
| 欧盟—激素 | 仲裁决定，欧盟—对于肉及肉制品相关措施（激素）—在 DSU 第 21.3（c）条下仲裁，WT/DS26/15，WT/DS48/13，1998 年 5 月 29 日，DSR 1998：V，1833 |
| 欧盟—激素（加拿大）（第 22.6 条—欧盟） | 仲裁判决，欧盟—对于肉及肉制品相关措施（激素），最初由加拿大上诉—由欧盟根据 DSU 第 22.6 条提出，WT/DS48/ARB，1999 年 7 月 12 日，DSR 1999：III，1135 |
| 欧盟—激素（美国）（第 22.6 条—欧盟） | 仲裁判决，欧盟—对于肉及肉制品相关措施（激素），最初由美国上诉—溯及欧盟根据 DSU 第 22.6 条的仲裁，WT/DS26/ARB，1999 年 7 月 12 日，DSR 1999：III，1105 |
| 欧盟—家禽 | 上诉机构报告，欧盟—影响特定家禽产品进口的措施，WT/DS69/AB/R，1998 年 7 月 23 日通过，DSR 1998：V，2031 |
| 欧盟—家禽 | 专家组报告，欧盟—影响特定家禽产品进口的措施，WT/DS69/R，1998 年 7 月 23 日通过，上诉机构报告修改，WT/DS69/AB/R，DSR 1998：V，2089 |
| 欧盟—鲑鱼（挪威） | 专家组报告，欧盟—对产自挪威养殖鲑鱼采取反倾销措施，WT/DS337/R，2008 年 1 月 15 日通过 |
| 欧盟—沙丁鱼 | 上诉机构报告，欧盟—沙丁鱼贸易描述，WT/DS231/AB/R，2002 年 10 月 23 日通过，DSR 2002：VIII，3359 |
| 欧盟—沙丁鱼 | 专家组报告，欧盟—沙丁鱼贸易描述，WT/DS231/R 和 Corr.1，2002 年 10 月 23 日通过，上诉机构报告修改，WT/DS231/AB/R，DSR 2002：VIII，3451 |
| 欧盟—扇贝（加拿大） | 专家组报告，欧盟—沙丁鱼贸易描述—由加拿大请求，WT/DS7/R，1996 年 8 月，未通过，DSR 1996：I，89 |
| 欧盟—扇贝（秘鲁和智利） | 专家组报告，欧盟—对于扇贝的贸易描述—由秘鲁和智利申请，WT/DS12/R，WT/DS14/R，1996 年 8 月 5 日，未通过，DSR 1996：I，93 |
| 欧盟—特定海关事项案 | 上诉机构报告，欧盟—客户对特殊规格要求案，WT/DS315/AB/R，2006 年 12 月 11 日 |

续 表

| 简要标题 | 案件标题全称及出处 |
| --- | --- |
| 欧盟—特定海关事项案 | 专家组报告，欧盟—客户对特殊规格要求案，WT/DS315/R，2006 年 12 月 11 日，上诉机构报告修改，WT/DS315/AB/R |
| 欧盟—关税优惠 | 上诉机构报告，欧盟—给予发展中国家关税优惠的条件，WT/DS246/AB/R，2004 年 4 月 20 日通过，DSR 2004：III，925 |
| 欧盟—关税优惠 | 专家组报告，欧盟—给予发展中国家关税优惠的条件，WT/DS246/R，引自 2004 年 4 月 20 日，上诉机构报告修改，WT/DS/246/AB/R，DSR 2004：III，1009 |
| 欧盟—关税优惠 | 仲裁决定，欧盟—给予发展中国家关税优惠的条件—在 DSU 第 21.3（c）条下仲裁，WT/DS246/14，2004 年 9 月 20 日，DSR 2004：IX，4313 |
| 欧盟—商标和地理标识（澳大利亚） | 专家组报告，欧盟—对于农产品及粮食商标和地理标识的保护，由澳大利亚上诉，WT/DS290/R，2005 年 4 月 20 日通过 |
| 欧盟—商标和地理标识（美国） | 专家组报告，欧盟—对于农产品及粮食商标和地理标识的保护，由美国上诉，WT/DS174/R，2005 年 4 月 20 日通过 |
| 欧盟—管材配件 | 上诉机构报告，欧盟—对来自巴西的可锻铸铁管路连接件反倾销税，WT/DS219/AB/R，2003 年 8 月 18 日通过，DSR 2003：VI，2613 |
| 欧盟—管材配件 | 专家组报告，欧盟—对来自巴西的可锻铸铁管路连接件反倾销税，WT/DS219/R，2003 年 8 月 18 日通过，上诉机构报告修改，WT/DS219/AB/R，DSR 2003：VII，2701 |
| 埃及—钢筋 | 专家组报告，埃及—对于来自土耳其的钢筋的明确反倾销措施，WT/DS211/R，2002 年 10 月 1 日通过，DSR 2002：VII，2667 |
| 危地马拉—水泥 I | 上诉机构报告，危地马拉—对来自墨西哥的水泥进行反倾销调查，WT/DS60/AB/R，1998 年 11 月 25 日通过，DSR 1998：IX，3767 |
| 危地马拉—水泥 I | 专家组报告，危地马拉—对来自墨西哥的水泥进行反倾销调查，WT/DS60/R，1998 年 11 月 25 日通过，上诉机构报告修改，WT/DS60/AB/R，DSR 1998：IX，3797 |
| 危地马拉—水泥 II | 专家组报告，危地马拉—对来自墨西哥的水泥采取反倾销措施，WT/DS156/R，2000 年 11 月 17 日通过，DSR 2000：XI，5295 |
| 印度—进口附加税 | 上诉机构报告，印度—对来自美国的商品征收进口附加税，WT/DS360/AB/R，2008 年 11 月 17 日通过 |
| 印度—进口附加税 | 专家组报告报告，印度—对来自美国的商品征收进口附加税，WT/DS360/R，2008 年 11 月 17 日通过，上诉机构报告驳回，WT/DS360/AB/R |
| 印度—汽车 | 上诉机构报告，印度—影响汽车部门措施，WT/DS146/AB/R，WT/DS175/AB/R，2002 年 4 月 5 日通过，DSR 2002：V，1821 |
| 印度—汽车 | 专家组报告，印度—影响汽车部门措施，WT/DS146/R，WT/DS175/R 和 Corr. 1，2002 年 4 月 5 日通过，DSR 2002：V，1827 |
| 印度—专利权（欧盟） | 专家组报告，印度—对于药品及农业化学产品的专利保护，由欧盟上诉，WT/DS79/R，1998 年 9 月 22 日通过，DSR 1998：VI，2661 |

续 表

| 简要标题 | 案件标题全称及出处 |
| --- | --- |
| 印度—专利权（美国） | 上诉机构报告，印度—对于药品及农业化学产品的专利保护，WT/DS50/AB/R，1998年1月16日通过，DSR 1998：I，9 |
| 印度—专利权（美国） | 专家组报告，印度—对于药品及农业化学产品的专利保护，由美国上诉，WT/DS50/R，1998年1月16日通过，上诉机构报告修改，WT/DS50/AB/R，DSR 1998：I，41 |
| 印度—数量限制 | 上诉机构报告，印度—对于农产品，纺织品及工业产品进口的数量限制，WT/DS90/AB/R，1999年9月22日通过，DSR 1999：IV，1763 |
| 印度—数量限制 | 专家组报告，印度—对于农产品，纺织品及工业产品进口的数量限制，WT/DS90/R，1999年9月22日通过，得到上诉机构报告支持，WT/DS90/AB/R，DSR 1999：V，1799 |
| 印度尼西亚—汽车 | 专家组报告，印度尼西亚—影响汽车工业的特定措施，WT/DS54/R，WT/DS55/R，WT/DS59/R，WT/DS64/R和Corr.1，2，3和4，1998年7月23日通过，DSR 1998：VI，2201 |
| 印度尼西亚—汽车 | 仲裁决定，印度尼西亚—影响汽车工业的特定措施—在DSU第21.3（c）条下仲裁，WT/DS54/15，WT/DS55/14，WT/DS59/13，WT/DS64/12，1998年，12月7日 DSR 1998：IX，4029 |
| 日本—农产品II | 上诉机构报告，日本—影响农产品措施，WT/DS76/AB/R，1999年3月19日通过，DSR 1999：I，277 |
| 日本—农产品II | 专家组报告，日本—影响农产品措施，WT/DS76/R，1999年3月19日通过，上诉机构报告修改，WT/DS76/AB/R，DSR 1999：I，315 |
| 日本—酒精饮料II | 上诉机构报告，日本—对酒精饮料征税 WT/DS8/AB/R，WT/DS10/AB/R，WT/DS11/AB/R，1996年11月1日通过，DSR 1996：I，97 |
| 日本—酒精饮料II | 专家组报告，日本—对酒精饮料征税，WT/DS8/R，WT/DS10/R，WT/DS11/R，1996年11月1日通过，上诉机构报告修改，WT/DS8/AB/R，WT/DS10/AB/R，WT/DS11/AB/R，DSR 1996：I，125 |
| 日本—酒精饮料II | 仲裁决定，日本—对酒精饮料征税—在DSU第21.3（c）条下仲裁，WT/DS8/15，WT/DS10/15，WT/DS11/13，1997年2月14日，DSR 1997：I，3 |
| 日本—苹果 | 上诉机构报告，日本—影响苹果进口措施，WT/DS245/AB/R，2003年12月10日通过，DSR 2003：IX，4391 |
| 日本—苹果 | 专家组报告，日本—影响苹果进口措施，WT/DS245/R，2003年12月10日通过，得到上诉机构报告支持，WT/DS245/AB/R，DSR 2003：IX，4481 |
| 日本—苹果（第21.5条—美国） | 专家组报告，日本—影响苹果进口措施—由美国根据DSU第21.5条提出，WT/DS245/RW，2005年7月20日通过 |
| 日本—动态存储器（韩国） | 上诉机构报告，日本—对产自韩国动态存储器征收反补贴税，WT/DS336/AB/R and Corr.1，2007年12月17日通过 |
| 日本—动态存储器（韩国） | 专家组报告，日本—对产自韩国动态存储器征收反补贴税，WT/DS336/R，2007年12月17日通过，上诉机构报告修改，WT/DS336/AB/R |
| 日本—动态存储器（韩国）（第21.3（c）条） | 仲裁决定，日本—对产自韩国动态存储器征收反补贴税—DSU第21.3（c）条下的仲裁，WT/DS336/16，2008年5月5日 |

续 表

| 简要标题 | 案件标题全称及出处 |
|---|---|
| 日本—胶卷 | 专家组报告，日本—影响消费冲印胶卷和纸张的措施，WT/DS44/R，1998年4月22日通过，DSR 1998：IV，1179 |
| 日本—紫菜配额 | 专家组报告，日本—干紫菜和味付紫菜进口配额WT/DS323/R，2006年2月1日，未通过 |
| 韩国—酒精饮料 | 上诉机构报告，韩国—酒精饮料征税，WT/DS75/AB/R，WT/DS84/AB/R，1999年2月17日通过，DSR 1999：I，3 |
| 韩国—酒精饮料 | 专家组报告，韩国—酒精饮料征税，WT/DS75/R，WT/DS84/R，1999年2月17日通过，上诉机构报告修改，WT/DS75/AB/R，WT/DS84/AB/R，DSR 1999：I，44 |
| 韩国—酒精饮料 | 仲裁决定，韩国—酒精饮料征税—在DSU第21.3（c）条下仲裁，WT/DS75/16，WT/DS84/14，1999年6月4日，DSR 1999：II，937 |
| 韩国—特定纸张 | 专家组报告，韩国—对特定来自印度尼西亚进口产品征收反倾销税，WT/DS312/R，2005年11月28日通过 |
| 韩国—特定纸张（第21.5条—印度尼西亚） | 专家组报告，韩国—对特定来自印度尼西亚进口产品征收反倾销税—由印度尼西亚根据DSU第21.5条提出，WT/DS312/RW，2007年10月22日通过 |
| 韩国—商船 | 专家组报告，韩国—影响商船贸易的措施，WT/DS273/R，2005年4月11日通过 |
| 韩国—奶制品 | 上诉机构报告，韩国—进口特定奶制品的明确保障措施，WT/DS98/AB/R，2000年1月12日通过，DSR 2000：I，3 |
| 韩国—奶制品 | 专家组报告，韩国—进口特定奶制品的明确保障措施WT/DS98/R和Corr.1，2000年1月12日通过，上诉机构报告修改，WT/DS98/AB/R，DSR 2000：I，49 |
| 韩国—采购 | 专家组报告，韩国—影响政府采购措施，WT/DS163/R，2000年6月19日通过，DSR 2000：VIII，3541 |
| 韩国—牛肉多种措施 | 上诉机构报告，韩国—影响鲜肉、冷藏肉和冷冻肉的措施，WT/DS161/AB/R，WT/DS169/AB/R，2001年1月10日通过，DSR 2001：I，5 |
| 韩国—牛肉多种措施 | 专家组报告，韩国—影响鲜肉、冷藏肉和冷冻肉的措施，WT/DS161/R，WT/DS169/R，2001年1月10日通过，上诉机构报告修改，WT/DS161/AB/R，WT/DS169/AB/R，DSR 2001：I，59 |
| 墨西哥—稻米反倾销措施 | 上诉机构报告，墨西哥—对于牛肉和稻米的明确反倾销措施，对于稻米的上诉，WT/DS295/AB/R，2005年12月20日通过 |
| 墨西哥—稻米反倾销措施 | 专家组报告，墨西哥—对于牛肉和稻米的明确反倾销措施，对于稻米的上诉，WT/DS295/R，2005年12月20日通过，上诉机构报告修改，WT/DS295/AB/R |
| 墨西哥—玉米糖浆 | 专家组报告，墨西哥—对于来自美国的高果糖玉米糖浆的反倾销调查WT/DS132/R和Corr.1，2000年2月24日通过，DSR 2000：III，1345 |
| 墨西哥—玉米糖浆（第21.5条—美国） | 上诉机构报告，墨西哥—对于来自美国的高果糖玉米糖浆的反倾销调查—由美国根据DSU第21.5条提请，WT/DS132/AB/RW，2001年11月21日通过，DSR 2001：XIII，6675 |

续 表

| 简要标题 | 案件标题全称及出处 |
| --- | --- |
| 墨西哥—玉米糖浆（第21.5条—美国） | 专家组报告，墨西哥—对于来自美国的高果糖玉米糖浆的反倾销调查—由美国根据DSU第21.5条提请，WT/DS132/RW，2001年11月21日通过，得到上诉机构报告支持，WT/DS132/AB/RW，DSR 2001：XIII，6717 |
| 墨西哥—橄榄油 | 专家组报告，墨西哥—对来自欧盟的橄榄油征收最终反补贴税，WT/DS341/R，2008年10月21日通过 |
| 墨西哥—钢管 | 专家组报告，墨西哥—对产自危地马拉钢管征收反倾销税，WT/DS331/R，2007年7月24日通过 |
| 墨西哥—非酒精饮料征税 | 上诉机构报告，墨西哥—对于非酒精饮料及其他饮料的征税措施，WT/DS308/AB/R，2006年3月24日通过 |
| 墨西哥—非酒精饮料征税 | 专家组报告，墨西哥—对于非酒精饮料及其他饮料的征税措施，WT/DS308/R，2006年3月24日通过，上诉机构报告修改，WT/DS308/AB/R |
| 墨西哥—电信 | 专家组报告，墨西哥—影响电信服务的措施，WT/DS204/R，2004年6月1日通过，DSR 2004：IV，1537 |
| 泰国—H型钢 | 上诉机构报告，泰国—对波兰出口的铁或非合金钢的角铁、型材、轧材及H型钢的反倾销税案，WT/DS122/AB/R，2001年4月5日通过，DSR 2001：VII，2701 |
| 泰国—H型钢 | 专家组报告，泰国—对波兰出口的铁或非合金钢的角铁、型材、轧材及H型钢的反倾销税案，WT/DS122/R，2001年4月5日通过，上诉机构报告修改，WT/DS122/AB/R，DSR 2001：VII，2741 |
| 土耳其—大米 | 专家组报告，土耳其—影响大米进口的措施，WT/DS334/R，2007年10月22日通过 |
| 土耳其—纺织品 | 上诉机构报告，土耳其—对于纺织品及服装出口的限制，WT/DS34/AB/R，1999年11月19日通过，DSR 1999年：VI，2345 |
| 土耳其—纺织品 | 专家组报告，土耳其—Restrictions on Imports of Textile 和 Clothing Products，WT/DS34/R，1999年11月19日通过，上诉机构报告修改，WT/DS34/AB/R，DSR 1999：VI，2363 |
| 美国—1916年法案 | 上诉机构报告，美国—1916年反倾销法案，WT/DS136/AB/R，WT/DS162/AB/R，2000年9月26日通过，DSR 2000：X，4793 |
| 美国—1916年法案（欧盟） | 专家组报告，美国—1916年反倾销法案，由欧盟上诉，WT/DS136/R和Corr. 1，2000年9月26日通过，得到上诉机构报告支持，WT/DS136/AB/R，WT/DS162/AB/R，DSR 2000年：X，4593 |
| 美国—1916年法案（日本） | 专家组报告，美国—1916年反倾销法案，由日本上诉，WT/DS162/R和Add. 1，2000年9月26日通过，得到上诉机构报告支持，WT/DS136/AB/R，WT/DS162/AB/R，DSR 2000：X，4831 |
| 美国—1916年法案 | 仲裁决定，美国—1916年反倾销法案—在DSU第21.3（c）条下仲裁，WT/DS136/11，WT/DS162/14，2001年2月28日，DSR 2001：V，2017 |
| 美国—1916年法案（欧盟）（第22.6条—美国） | 仲裁判决，美国—1916年反倾销法案，最初由欧盟上诉—由美国根据DSU第22.6条的仲裁，WT/DS136/ARB，2004年2月24日，DSR 2004：IX，4269 |
| 美国—石油国家工业用管的反倾销措施 | 上诉机构报告，美国—对来自墨西哥石油国家工业用管的反倾销措施，WT/DS282/AB/R，2005年11月28日通过 |

续 表

| 简要标题 | 案件标题全称及出处 |
| --- | --- |
| 美国—石油国家工业用管的反倾销措施 | 专家组报告，美国—对来自墨西哥石油国家工业用管的反倾销措施，WT/DS282/R，2005 年 11 月 28 日通过，上诉机构报告修改，WT/DS282/AB/R |
| 美国—碳钢 | 上诉机构报告，美国—对于来自德国的特殊耐腐蚀碳钢板的反补贴税，WT/DS213/AB/R 和 Corr. 1，2002 年 12 月 19 日通过，DSR 2002：IX，3779 |
| 美国—碳钢 | 专家组报告，美国—对于来自德国的特殊耐腐蚀碳钢板的反补贴税，WT/DS213/R 和 Corr. 1，2002 年 12 月 19 日通过，上诉机构报告修改，WT/DS213/AB/R 和 Corr. 1，DSR 2002：IX，3833 |
| 美国—特定欧盟产品 | 上诉机构报告，美国—特定从欧盟产品的进口措施 WT/DS165/AB/R，2001 年 1 月 10 日通过，DSR 2001：I，373 |
| 美国—特定欧盟产品 | 专家组报告，美国—特定从欧盟产品的进口措施，WT/DS165/R 和 Add. 1，2001 年 1 月 10 通过，上诉机构报告修改，WT/DS165/AB/R，DSR 2001：II，413 |
| 美国—要求取消报复措施 | 上诉机构报告，美国—欧盟要求取消报复措施—激素争端，WT/DS320/AB/R，2008 年 11 月 14 日通过 |
| 美国—要求取消报复措施 | 专家组报告，美国—欧盟要求取消报复措施—激素争端，WT/DS320/R，2008 年 11 月 14 日通过，上诉机构报告修改，WT/DS320/AB/R |
| 美国—归零法 | 专家组报告，美国—继续采用归零法则，WT/DS350/R，2008 年 10 月 1 日散发给 WTO 成员，(2008 年 11 月 6 日提出上诉) |
| 美国—不锈钢日落复审 | 上诉机构报告，美国—对于来自日本的特殊耐腐蚀碳钢板反倾销税的日落复审，WT/DS244/AB/R，2004 年 1 月 9 日通过，DSR 2004：I，3 |
| 美国—不锈钢日落复审 | 专家组报告，美国—对于来自日本的特殊耐腐蚀碳钢板反倾销税的日落复审，WT/DS244/R，2004 年 1 月 9 日通过，上诉机构报告修改，WTDS244/AB/R，DSR 2004：I，85 |
| 美国—棉纱 | 上诉机构报告，美国—对来自巴基斯坦棉纱的过渡期保障措施 WT/DS192/AB/R，2001 年 11 月 5 日通过，DSR 2001：XII，6027 |
| 美国—棉纱 | 专家组报告，美国—对来自巴基斯坦棉纱的过渡期保障措施，WT/DS192/R，2001 年 11 月 5 日通过，上诉机构报告修改，WT/DS192/AB/R，DSR 2001：XII，6067 |
| 美国—对计算机动态随机存取存储器芯片进行反补贴税调查 | 上诉机构报告，美国—对来自韩国的计算机动态随机存取存储器芯片进行反补贴税调查，WT/DS296/AB/R，2005 年 7 月 20 日通过 |
| 美国—对计算机动态随机存取存储器芯片进行反补贴税调查 | 专家组报告，美国—对来自韩国的计算机动态随机存取存储器芯片进行反补贴税调查，WT/DS296/R，2005 年 7 月 20 日通过，上诉机构报告修改，WT/DS296/AB/R |
| 美国—对特定欧盟产品贴税措施 | 上诉机构报告，美国—对特定欧盟产品贴税措施，WT/DS212/AB/R，2003 年 1 月 8 日通过，DSR 2003：I，5 |
| 美国—对特定欧盟产品贴税措施 | 专家组报告，美国—对特定欧盟产品贴税措施，WT/DS212/R，2003 年 1 月 8 日通过，上诉机构报告修改，WT/DS212/AB/R，DSR 2003：I，73 |
| 美国—对特定欧盟产品贴税措施（第 21.5 条—欧盟） | 专家组报告，美国—对特定欧盟产品贴税措施—由欧盟根据 DSU 第 21.5 条提出，WT/DS212/RW，2005 年 9 月 27 日通过 |

续 表

| 简要标题 | 案件标题全称及出处 |
|---|---|
| 美国—海关保税指令 | 专家组报告，美国—对征收反倾销和反补贴产品实行海关保税，WT/DS345/R，2008 年 8 月 1 日通过，上诉机构报告修改，WT/DS343/AB/R，WT/DS345/AB/R |
| 美国—计算机动态随机存取存储器芯片 | 专家组报告，美国—对来自韩国 1 兆或以上的计算机动态随机存取存储器芯片征收反倾销税，WT/DS99/R，1999 年 3 月 19 日通过，DSR 1999：II，521 |
| 美国—计算机动态随机存取存储器芯片（第 21.5 条—韩国） | 专家组报告，美国—对来自韩国 1 兆或以上的计算机动态随机存取存储器芯片征收反倾销税—韩国根据 DSU 第 21.5 条提出，WT/DS99/RW，2000 年 11 月 7 日，未通过 |
| 美国—出口限制 | 专家组报告，美国—作为补贴的出口限制措施，WT/DS194/R 和 Corr. 2，2001 年 8 月 23 日通过，DSR 2001：XI，5767 |
| 美国—海外销售公司 | 上诉机构报告，美国—“海外销售公司”税收待遇，WT/DS108/AB/R，2000 年 3 月 20 日通过，DSR 2000：III，1619 |
| 美国—海外销售公司 | 专家组报告，美国—“海外销售公司”税收待遇，WT/DS108/R，2000 年 3 月 20 日，上诉机构报告修改，WT/DS108/AB/R，DSR 2000：IV，1675 |
| 美国—海外销售公司（第 21.5 条—欧盟） | 上诉机构报告，美国—“海外销售公司”税收待遇—由欧盟根据 DSU 第 21.5 条提出，WT/DS108/AB/RW，2002 年 1 月 29 日通过，DSR 2002：I，55 |
| 美国—海外销售公司（第 21.5 条—欧盟） | 专家组报告，美国—“海外销售公司”税收待遇—由欧盟根据 DSU 第 21.5 条提出，WT/DS108/RW，2002 年 1 月 29 日通过，上诉机构报告修改，WT/DS108/AB/RW，DSR 2002：I，119 |
| 美国—海外销售公司（第 21.5 条—欧盟 II） | 上诉机构报告，美国—“海外销售公司”税收待遇—由欧盟根据 DSU 第 21.5 条提出，WT/DS108/AB/RW2，2006 年 3 月 14 日通过 |
| 美国—海外销售公司（第 21.5 条—欧盟 II） | 专家组报告，美国—“海外销售公司”税收待遇—由欧盟根据 DSU 第 21.5 条提出，WT/DS108/RW2，2006 年 3 月 14 日通过，得到上诉机构报告支持，WT/DS108/AB/RW2 |
| 美国—海外销售公司（第 22.6 条—美国） | 仲裁结论，美国—“海外销售公司”税收待遇—美国根据 DSU 第 22.6 条和 SCM 协议第 4.11 条做出的仲裁，WT/DS108/ARB，2002 年 8 月 30 日，DSR 2002：VI，2517 |
| 美国—博彩业 | 上诉机构报告，美国—影响博彩业跨境提供服务的措施，WT/DS285/AB/R，2005 年 4 月 20 日通过 |
| 美国—博彩业 | 专家组报告，美国—影响博彩业跨境提供服务的措施，WT/DS285/R，2005 年 4 月 20 日通过，上诉机构报告修改，WT/DS285/AB/R |
| 美国—博彩业 | 仲裁决定，美国—影响博彩业跨境提供服务的措施—在 DSU 第 21.3（c）条下仲裁，WT/DS285/13，2005 年 8 月 19 日 |
| 美国—博彩业（第 21.5 条—安提瓜和巴布达） | 专家组报告，美国—影响博彩业跨境提供服务的措施—由安提瓜和巴布达根据第 21.5 条提出，WT/DS285/RW，2007 年 5 月 22 日通过 |
| 美国—博彩业（第 22.6 条—美国） | 仲裁决定，美国—影响博彩业跨境提供服务的措施—由美国根据 DSU 第 22.6 条提交仲裁，WT/DS285/ARB，2007 年 12 月 21 日 |
| 美国—汽油 | 上诉机构报告，美国—精炼汽油及传统汽油标准，WT/DS2/AB/R，1996 年 5 月 20 日通过，DSR 1996：I，3 |

续　表

| 简要标题 | 案件标题全称及出处 |
|---|---|
| 美国—汽油 | 专家组报告，美国—精炼汽油及传统汽油标准，WT/DS2/R，1996 年 5 月 20 日通过，上诉机构报告修改，WT/DS2/AB/R，DSR 1996：I，29 |
| 美国—加热压光辊钢 | 上诉机构报告，美国—对来自日本的热轧薄板卷产品征收反倾销税，WT/DS184/AB/R，2001 年 8 月 23 日通过，DSR 2001：X，4697 |
| 美国—加热压光辊钢 | 专家组报告，美国—对来自日本的热轧薄板卷产品征收反倾销税，WT/DS184/R，2001 年 8 月 23 日通过，上诉机构报告修改，WT/DS184/AB/R，DSR 2001：X，4769 |
| 美国—加热压光辊钢 | 仲裁决定，美国—对来自日本的热轧薄板卷产品征收反倾销税—在 DSU 第 21.3（c）条下仲裁，WT/DS184/13，2002 年 2 月 19 日，DSR 2002：IV，1389 |
| 美国—羔羊 | 上诉机构报告，美国—对来自新西兰和澳大利亚的新鲜、冷藏和冷冻羔羊肉进口保障措施，WT/DS177/AB/R，WT/DS178/AB/R，2001 年 5 月 16 日通过，DSR 2001：IX，4051 |
| 美国—羔羊 | 专家组报告，美国—对来自新西兰和澳大利亚的新鲜、冷藏和冷冻羔羊肉进口保障措施，WT/DS177/R，WT/DS178/R，2001 年 5 月 16 日通过，上诉机构报告修改，WT/DS177/AB/R，WT/DS178/AB/R，DSR 2001：IX，4107 |
| 美国—热轧铅铋碳钢制品案 II | 上诉机构报告，美国—对于原产英国的某些热轧铅铋碳钢制品进行反补贴税，WT/DS138/AB/R，2000 年 6 月 7 日通过，DSR 2000：V，2595 |
| 美国—热轧铅铋碳钢制品案 II | 专家组报告，美国—对于原产英国的某些热轧铅铋碳钢制品进行反补贴税，WT/DS138/R 和 Corr. 2，2000 年 6 月 7 日通过，得到上诉机构报告支持，WT/DS138/AB/R，DSR 2000：VI，2623 |
| 美国—直线管 | 上诉机构报告，美国—对来自韩国的圆焊碳质条形管进口的保障措施，WT/DS202/AB/R，2002 年 3 月 8 日通过，DSR 2002：IV，1403 |
| 美国—直线管 | 专家组报告，美国—对来自韩国的圆焊碳质条形管进口的保障措施，WT/DS202/R，2002 年 3 月 8 日通过，上诉机构报告修改，WT/DS202/AB/，DSR 2002：IV，1473 |
| 美国—直线管 | 仲裁员报告，美国—对来自韩国的圆焊碳质条形管进口的保障措施—在 DSU 第 21.3（c）条下仲裁，WT/DS202/17，2002 年 7 月 26 日，DSR 2002：V，2061 |
| 美国—补偿法案（勃德修正案） | 上诉机构报告，美国—2000 年对持续倾销和补贴的补偿法案，WT/DS217/AB/R，WT/DS234/AB/R，2003 年 1 月 27 日通过，DSR 2003：I，375 |
| 美国—补偿法案（勃德修正案） | 专家组报告，美国—2000 年对持续倾销和补贴的补偿法案，WT/DS217/R，WT/DS234/R，2003 年 1 月 27 日通过，上诉机构报告修改，WT/DS217/AB/R，WT/DS234/AB/R，DSR 2003：II，489 |
| 美国—补偿法案（勃德修正案） | 仲裁决定，美国—2000 年对持续倾销和补贴的补偿法案—在 DSU 第 21.3（c）条下仲裁，WT/DS217/14，WT/DS234/22，2003 年 6 月 13 日，DSR 2003：III，1163 |
| 美国—补偿法案（伯德修正案）（巴西）（第 22.6 条—美国） | 仲裁决定，美国—2000 年对持续倾销和补贴的补偿法案，最初由巴西上诉—溯及美国根据 DSU 第 22.6 条仲裁，WT/DS217/ARB/BRA，2004 年 8 月 31 日，DSR 2004：IX，4341 |
| 美国—补偿法案（伯德修正案）（加拿大）（第 22.6 条—美国） | 仲裁决定，美国—2000 年对持续倾销和补贴的补偿法案，由加拿大上诉—溯及美国根据 DSU 第 22.6 条仲裁，WT/DS234/ARB/CAN，2004 年 8 月 31 日，DSR 2004：IX，4425 |
| 美国—补偿法案（伯德修正案）（智利）（第 22.6 条—美国） | 仲裁决定，美国—2000 年对持续倾销和补贴的补偿法案，由智利上诉—溯及美国根据 DSU 第 22.6 条仲裁，WT/DS217/ARB/CHL，2004 年 8 月 31 日，DSR 2004 年：IX，4511 |

续 表

| 简要标题 | 案件标题全称及出处 |
| --- | --- |
| 美国—补偿法案（伯德修正案）（欧盟）（第22.6条—美国） | 仲裁决定，美国—2000年对持续倾销和补贴的补偿法案，由欧盟上诉—溯及美国根据DSU第22.6条仲裁，WT/DS217/ARB/EEC，2004年8月31日，DSR 2004：IX，4591 |
| 美国—补偿法案（伯德修正案）（印度）（第22.6条—美国） | 仲裁决定，美国—2000年对持续倾销和补贴的补偿法案，最初由印度上诉—溯及美国根据DSU第22.6条仲裁 WT/DS217/ARB/IND，2004年8月31日，DSR 2004：X，4691 |
| 美国—补偿法案（伯德修正案）（日本）（第22.6条—美国） | 仲裁决定，美国—2000年对持续倾销和补贴的补偿法案，最初由日本上诉—溯及美国根据DSU第22.6条仲裁 WT/DS217/ARB/JPN，2004年8月31日，DSR 2004：X，4771 |
| 美国—补偿法案（伯德修正案）（韩国）（第22.6条—美国） | 仲裁决定，美国—2000年对持续倾销和补贴的补偿法案，最初由韩国上诉—溯及美国根据DSU第22.6条仲裁，WT/DS217/ARB/KOR，2004年8月31日，DSR 2004：X，4851 |
| 美国—补偿法案（伯德修正案）（墨西哥）（第22.6条—美国） | 仲裁决定，美国—2000年对持续倾销和补贴的补偿法案，最初由墨西哥上诉—溯及美国根据DSU第22.6条仲裁，WT/DS234/ARB/MEX，2004年8月31日，DSR 2004：X，4931 |
| 美国—石油工业用管材日落复审 | 上诉机构报告，美国—对来自阿根廷石油工业用管材反倾销措施日落复审，WT/DS268/AB/R，2004年12月17日通过，DSR 2004：VII，3257 |
| 美国—石油工业用管材日落复审 | 专家组报告，美国—对来自阿根廷石油工业用管材反倾销措施日落复审 WT/DS268/R 和 Corr.1，2004年12月17日通过，上诉机构报告修改，W/DS/268/AB/R，DSR 2004：VIII，3421 |
| 美国—石油工业用管材日落复审 | 仲裁决定，美国—对来自阿根廷石油工业用管材反倾销措施日落复审—在DSU第21.3（c）条下仲裁，WT/DS268/12，2005年6月7日 |
| 美国—石油工业用管材日落复审（第21.5条—阿根廷） | 专家组报告，美国—对来自阿根廷石油工业用管材反倾销措施日落复审—由阿根廷根据DSU第21.5条提出，WT/DS268/RW，2006年11月30日转发给WTO成员［2007年1月12日上诉］ |
| 美国—石油工业用管材日落复审（第21.5条—阿根廷） | 专家组报告，美国—对来自阿根廷石油工业用管材反倾销措施日落复审—由阿根廷根据DSU第21.5条提出，WT/DS268/RW，2007年5月11日通过，上诉机构报告修改，WT/DS268/AB/RW |
| 美国—美国版权法第110节第5段 | 专家组报告，美国版权法第110节第5段，WT/DS160/R，2000年7月27日通过，DSR 2000：VIII，3769 |
| 美国—美国版权法第110节第5段 | 仲裁决定，美国—美国版权法第110节第5段—在DSU第21.3（c）条下仲裁，WT/DS160/12，2001年1月15日 DSR 2001：II，657 |
| 美国—美国版权法第110节第5段（第25.3条） | 仲裁决定s，美国—美国版权法第110节第5段—在DSU第25条下仲裁，WT/DS160/ARB25/1，2001年11月9日，DSR 2001：II，667 |
| 美国—乌拉圭回合农业协议第129（c）节（1）段 | 专家组报告，美国—乌拉圭回合农业协议第129（c）节（1）段，WT/DS221/R，引自2002年，8月30日 DSR 2002：VII，2581 |
| 美国—综合拨款法第211节 | 上诉机构报告，美国—1998年综合拨款法第211节，WT/DS176/AB/R，2002年2月1日通过，DSR 2002：II，589 |
| 美国—综合拨款法第211节 | 专家组报告，美国—1998年综合拨款法第211节，WT/DS176/R，2002年2月1日通过，上诉机构报告修改，WT/DS176/AB/R，DSR 2002：II，683 |
| 美国—综合拨款法第211节 | 专家组报告，美国—1974年综合拨款法第211节，WT/DS152/R，2000年1月27日通过，DSR 2000：II，815 |

续 表

| 简要标题 | 案件标题全称及出处 |
|---|---|
| 美国—虾 | 上诉机构报告，美国—特定虾，及虾类产品进口限制，WT/DS58/AB/R，1998年11月6日通过，DSR 1998年：VII，2755 |
| 美国—虾 | 专家组报告，美国—特定虾，及虾类产品进口限制，WT/DS58/R 和 Corr.1，1998年11月6日通过，上诉机构报告修改，WT/DS58/AB/R，DSR 1998：VII，2821 |
| 美国—虾（第 21.5 条—马来西亚） | 上诉机构报告，美国—特定虾，及虾类产品进口限制—由马来西亚根据 DSU 第 21.5 条提出，WT/DS58/AB/RW，2001年11月21日通过，DSR 2001：XIII，6481 |
| 美国—虾（第 21.5 条—马来西亚） | 专家组报告，美国—特定虾，及虾类产品进口限制—由马来西亚根据 DSU 第 21.5 条提出，WT/DS58/RW，2001年11月21日通过，得到上诉机构报告支持，WT/DS58/AB/RW，DSR 2001：XIII，6529 |
| 美国—虾（厄瓜多尔） | 专家组报告，美国—对产自厄瓜多尔虾采取反倾销，WT/DS335/R，2007年2月20日通过 |
| 美国—虾（泰国）/美国—海关保税指令 | 上诉机构报告，美国—与从泰国进口虾有关的措施/美国—对征收反倾销和反补贴的商品实行海关保税指令，WT/DS343/AB/R，WT/DS345/AB/R，2008年8月1日通过 |
| 美国—虾（泰国） | 专家组报告，美国—与从泰国进口虾有关的措施，WT/DS343/R，2008年8月1日通过，上诉机构报告修改，WT/DS343/AB/R，WT/DS345/AB/R |
| 美国—软木 III | 专家组报告，美国—对来自加拿大的特定软木产品的初步裁定，WT/DS236/R，2002年11月1日通过，DSR 2002：IX，3597 |
| 美国—软木 IV | 上诉机构报告，美国—对来自加拿大的特定软木的最后反补贴税决定，WT/DS257/AB/R，2004年2月17日通过，DSR 2004年：II，571 |
| 美国—软木 IV | 专家组报告，美国对来自加拿大的特定软木的最后反补贴税决定，WT/DS257/R 和 Corr.1，2004年2月17日通过，上诉机构报告修改，WT/DS257/AB/R，DSR 2004：II，641 |
| 美国—软木 IV（第 21.5 条—加拿大） | 上诉机构报告，美国—美国对来自加拿大的特定软木的最后反补贴税决定—由加拿大根据 DSU 第 21.5 条提出，WT/DS257/AB/RW，2005年12月20日通过 |
| 美国—软木 IV（第 21.5 条—加拿大） | 专家组报告，美国—美国对来自加拿大的特定软木的最后反补贴税决定—由加拿大根据 DSU 第 21.5 条提出，WT/DS257/RW，2005年12月20日通过，上诉机构报告驳回，WT/DS257/AB/RW |
| 美国—软木 V | 上诉机构报告，美国—对来自加拿大软木的最终倾销判决，WT/DS264/AB/R，2004年8月31日通过，DSR 2004：V，1875 |
| 美国—软木 V | 专家组报告，美国—对来自加拿大软木的最终倾销判决，WT/DS264/R，2004年8月31日通过，上诉机构报告修改，WT/DS264/AB/R，DSR 2004：V，1937 |
| 美国—软木 V | 仲裁员报告，美国—对来自加拿大软木的最终倾销判决—在 DSU 第 21.3（c）条下仲裁，WT/DS264/13，2004年12月13日，DSR 2004：X，5011 |
| 美国—软木 V（第 21.5 条—加拿大） | 上诉机构报告，美国—对来自加拿大软木的最终倾销判决—由加拿大根据 DSU 第 21.5 条提出，WT/DS264/AB/RW，2006年9月1日通过 |
| 美国—软木 V（第 21.5 条—加拿大） | 专家组报告，美国—对来自加拿大软木的最终倾销判决—由加拿大根据 DSU 第 21.5 条提出，WT/DS264/RW，2006年9月1日通过，得到上诉机构报告支持，WT/DS264/AB/RW |

续 表

| 简要标题 | 案件标题全称及出处 |
| --- | --- |
| 美国—软木 VI | 专家组报告，美国—国际贸易委员会对来自加拿大软木的调查，WT/DS277/R，2004 年 4 月 26 日通过，DSR 2004：VI，2485 |
| 美国—软木 VI（第 21.5 条—加拿大） | 上诉机构报告，美国—国际贸易委员会对来自加拿大软木的调查—由加拿大，根据 DSU 第 21.5 条提出，WT/DS277/AB/RW，2006 年 5 月 9 日通过 |
| 美国—软木 VI（第 21.5 条—加拿大） | 专家组报告，美国—国际贸易委员会对来自加拿大软木的调查—由加拿大根据 DSU 第 21.5 条提出，WT/DS277/RW，2006 年 5 月 9 日通过，上诉机构报告修改，WT/DS277/AB/RW |
| 美国—不锈钢（韩国） | 专家组报告，美国—来自韩国的不锈钢卷板和不锈钢条的反倾销措，WT/DS179/R，2001 年 2 月 1 日通过，DSR 2001：IV，1295 |
| 美国—不锈钢（墨西哥） | 上诉机构报告，美国—来自墨西哥的不锈钢采取最终反倾销措施，WT/DS344/AB/R，2008 年 5 月 20 日通过 |
| 美国—不锈钢（墨西哥） | 专家组报告，美国—来自墨西哥的不锈钢采取最终反倾销措施，WT/DS344/R，2008 年 5 月 20 日通过，上诉机构报告修改，WT/DS344/AB/R |
| 美国—不锈钢（墨西哥）（第 21.3（c）条） | 仲裁决定，美国—来自墨西哥的不锈钢采取最终反倾销措施—第 DSU21.3（c）条下的仲裁，WT/DS344/15，2008 年 10 月 31 日 |
| 美国—钢板 | 专家组报告，美国—对来自印度钢板的反倾销及反补贴措施，WT/DS206/R 和 Corr. 1，2002 年 7 月 29 日通过，DSR 2002：VI，2073 |
| 美国—钢铁保障措施 | 上诉机构报告，美国—对于特定钢制品进口的保障措施，WT/DS248/AB/R，WT/DS249/AB/R，WT/DS251/AB/R，WT/DS252/AB/R，WT/DS253/AB/R，WT/DS254/AB/R，WT/DS258/AB/R，WT/DS259/AB/R，2003 年 12 月 10 日通过，DSR 2003：VII，3117 |
| 美国—钢铁保障措施 | 专家组报告，美国—对于特定钢制品进口的保障措施，WT/DS248/R，WT/DS249/R，WT/DS251/R，WT/DS252/R，WT/DS253/R，WT/DS254/R，WT/DS258/R，WT/DS259/R，和 Corr. 1，2003 年 12 月 10 日通过，上诉机构报告修改，WT/DS248/AB/R，WT/DS249/AB/R，WT/DS251/AB/R，WT/DS252/AB/R，WT/DS253/AB/R，WT/DS254/AB/R，WT/DS258/AB/R，WT/DS259/AB/R，DSR 2003：VIII，3273 |
| 美国—纺织品原产地规则 | 专家组报告，美国—纺织品及服装产品原产地规则，WT/DS243/R 和 Corr. 1，2003 年 7 月 23 日通过，DSR 2003：VI，2309 |
| 美国—内衣 | 上诉机构报告，美国—对于棉质及人造纤维内衣进口的限制，WT/DS24/AB/R，1997 年 2 月 25 日通过，DSR 1997：I，11 |
| 美国—内衣 | 专家组报告，美国—对于棉质及人造纤维内衣进口的限制，WT/DS24/R，1997 年 2 月 25 日通过，上诉机构报告修改，WT/DS24/AB/R，DSR 1997：I，31 |
| 美国—棉花 | 上诉机构报告，美国—对于棉花的补贴，WT/DS267/AB/R，2005 年 3 月 21 日通过 |
| 美国—棉花 | 专家组报告，美国—对于棉花的补贴，WT/DS267/R，和 Corr. 1，2005 年 3 月 21 日通过，上诉机构报告修改，WT/DS267/AB/R |
| 美国—棉花（第 21.5 条—巴西） | 专家组报告，美国—对于棉花的补贴—由巴西根据 DSU 第 21.5 条提出，WT/DS267/RW and Corr. 1，2008 年 6 月 20 日通过，上诉机构报告修改，WT/DS267/AB/RW |

续 表

| 简要标题 | 案件标题全称及出处 |
|---|---|
| 美国—棉花（第 21.5 条—巴西） | 上诉机构报告，美国—对于棉花的补贴—由巴西根据 DSU 第 21.5 条提出，WT/DS267/AB/RW，2008 年 6 月 20 日通过 |
| 美国—面筋粉 | 上诉机构报告，美国—对来自欧盟的面筋粉进口的明确保障措施，WT/DS166/AB/R，2001 年 1 月 19 日通过，DSR 2001：II，717 |
| 美国—面筋粉 | 专家组报告，美国—对来自欧盟的面筋粉进口的明确保障措施，WT/DS166/R，2001 年 1 月 19 日通过，上诉机构报告修改，WT/DS166/AB/R，DSR 2001：III，779 |
| 美国—羊毛恤衫及衬衣 | 上诉机构报告，美国—影响从印度进口的羊毛恤衫及衬衫措施，WT/DS33/AB/R 和 Corr.1，1997 年 5 月 23 日通过，DSR 1997：I，323 |
| 美国—羊毛恤衫及衬衣 | 专家组报告，美国—影响从印度进口的羊毛恤衫及衬衫措施，WT/DS33/R，1997 年 5 月 23 日通过，得到上诉机构报告支持，WT/DS33/AB/R，DSR 1997：I，343 |
| 美国—归零法（欧盟） | 上诉机构报告，美国—计算倾销差额（归零法）的法律、规则及方法，WT/DS294/AB/R，2006 年 5 月 9 日 |
| 美国—归零法（欧盟） | 专家组报告，美国—计算倾销差额（归零法）的法律、规则及方法，WT/DS294/R，引自 2006 年 5 月 9 日，上诉机构报告修改，WT/DS294/AB/R |
| 美国—归零法（欧盟）（第 21.5 条—欧盟） | 专家组报告，美国—计算倾销差额（归零法）的法律、规则及方法—由欧盟根据第 21.5 条提出上诉，WT/DS294/RW，2008 年 12 月 17 日散发给 WTO 成员 |
| 美国—归零法（日本） | 上诉机构报告，美国—与归零法有关的措施及日落复审，WT/DS322/AB/R，2007 年 1 月 23 日通过 |
| 美国—归零法（日本） | 专家组报告，美国—与归零法有关的措施及日落复审，WT/DS322/R，2007 年 1 月 23 日通过，上诉机构报告修改，WT/DS322/AB/R |
| 美国—归零法（日本）（第 21.3（c）条） | 仲裁报告，美国—与归零法有关的措施及日落复审，WT/DS322/21，2007 年 5 月 11 日 |

（侯迎春译　陈泰锋校）

# 向争端解决机构请求磋商的案件（2008）

## 一、美国——部分原产地标签要求（COOL）：加拿大请求磋商

此文件自 2008 年 12 月 1 日起在加拿大代表团和美国代表团及争端解决机构主席间进行沟通，现根据 DSU 第 4.4 条规定予以散发。

根据 DSU 第 1 条和第 4 条、GATT 1994 第 22 条、《技术性贸易壁垒协议》（简称 TBT 协议）第 14 条、《实施卫生和植物卫生措施协议》（简称 SPS 协议）第 11 条和《原产地规则协议》第 7 条的规定，就美国《1946 年农业市场法》中强制性原产地标签（简称“COOL”）条款——《2008 年农场法案》（食物、保障和能源法，2008 年）所修订，通过 2008 年 7 月 28 日的临时最终规则实施——墨西哥政府在此请求与美国政府磋商。这些措施包括向消费者告知所涉及的商品包括牛肉和猪肉在零售层面的原产地规则的义务。所涉及的商品只有在其来自于完全在美国出生、饲养和屠宰的动物时，才具有美国原产地的资格。这将排除来自出口到美国饲养的或立即屠宰的牲畜如牛肉或猪肉的认定。

强制性的 COOL 条款与美国在 WTO 协定下的义务不相符，主要与以下条款不相符：

(i) GATT 1994 第 3 条第 4 款、第 4 条第 4 款、第 5 条第 3 款；

(ii) TBT 协议第 2 条，或 SPS 协议第 2 条、第 5 条和第 7 条；

(iii)《原产地规则协议》第 2 条。

这些不符点显然剥夺或减损了加拿大依据这些协定所享有的利益。另外，这些措施剥夺或减损了加拿大所享有的 GATT 1994 第 23 条第 1 款含义下的利益。

加拿大保留在磋商期间就争议措施进一步提起申诉和其他法律措施的权利。

加拿大希望尽快收到美国政府对此请求做出的回复，欢迎其就磋商日期和地点所提出的任何建议。

## 二、美国——部分原产地标签要求：墨西哥请求磋商

此文件自 2008 年 12 月 17 日起在墨西哥代表团和美国代表团及争端解决机构主席间进行沟通，现根据 DSU 第 4.4 条规定予以散发。

根据 DSU 第 1 条和第 4 条、GATT 1994 第 22 条、《技术性贸易壁垒协议》（简称 TBT 协议）第 14 条、《实施卫生和植物卫生措施协议》（简称 SPS 协议）第 11 条和《原产地规则协议》第 7 条的规定，就美国《1946 年农业市场法》中强制性原产地标签（简称“COOL”）条款——由《2002 年农业保障和农村投资法》、《2008 年食物、保障和能源法》所修订，通过 7 CFR 第 60 章和第 65 章的条例发布实施——墨西哥政府请求与美国政府磋商。

美国对于某些产品国籍的裁定极大偏离了国际原产地标签标准，而且美国也不能证实这一情况是为实现合法目标所必需的。

强制性 COOL 条款显然与美国在 WTO 协定下的义务不相符，不符的条款包括以下内容：

(i) GATT 1994 第 3 条、第 4 条和第 5 条；

(ii) TBT 协议第 2 条，或 SPS 协议第 2 条、第 5 条和第 7 条；

(iii)《原产地规则协议》第 2 条。

这些不符点也剥夺或减损了墨西哥在这些协定所应享有的利益。另外，这些措施显然也剥夺和减损了墨西哥所应享有的“GATT 1994”第 23 条第 1(B) 款含义内的利益。

墨西哥保留在磋商期间进一步举证事实和提起法律申诉的权利。

我们希望尽快收到美国政府对此请求做出的回复，以便确定一个双方都方便的日期进行磋商。

## 三、美国——对来自泰国的零售聚乙烯手提袋实施反倾销措施：泰国请求磋商

此文件自 2008 年 11 月 26 日起在泰国代表团和美国代表团及争端解决机构主席间进行沟通，现根据 DSU 第 4.4 条规定予以散发。

受我国政府授权，根据 DSU 第 4 条，GATT 1994 第 23 条第 1 款，《关于实施 GATT 1994 第 6 条的协议》（简称反倾销协议）第 17.2 条、第

17.3条和第17.4条的规定，就美国在其针对泰国的零售聚乙烯手提袋进行的反倾销调查（调查案号Inv. No. A-549-821）中对负的倾销幅度适用“归零法则”的做法，泰国代表团请求与美国政府磋商。

美国商务部（简称“USDOC”）2004年6月18日①发布该调查的最终裁定（称“最终裁定”），2004年7月15日②发布修订的最终裁定（称“修订的最终裁定”）。根据美国国际贸易委员会发布的损害的最终裁定，美国2004年8月9日③针对来自泰国零售聚乙烯手提袋的进口发布了征收反倾销税的命令（简称“命令”）。

泰王国政府（简称“泰国”）尤其就美国商务部在本次调查的最终裁定和修订的最终裁定中，计算总的倾销幅度加权平均数将负的反倾销幅度“归零”的做法，请求与美国磋商。该做法的效果并非是夸大了倾销幅度，而是人为创造了倾销幅度。泰国认为美国商务部在最终裁定、修订的最终裁定以及反倾销税的征收命令中使用“归零法则”的做法与美国在GATT 1994第6条，尤其是《反倾销协议》第2.4.2条下所应承担的义务不相符。

我们希望尽快收到美国对此请求做出的回复，并根据DSU第4.3条的规定选择一个双方都方便的日期进行磋商。泰国欢迎美国就磋商日期和地点给出任何建议。

## 四、美国——对来自中国的某些产品征收最终反倾销税、反补贴税：中国请求磋商

此文件自2008年9月19日起在中国代表团和美国代表团及争端解决机构主席间进行沟通，现根据DSU第4.4条规定予以散发。

受我国政府授权，根据DSU第4条、GATT 1994第23条第1款、《补贴与反补贴协议》（简称“SCM协议”）第30条以及《关于实施GATT 1994第6条的协议》第17条（简称“反倾销协议”）的规定，中国代表团请求与美国政府磋商。

该请求涉及美国根据美国商务部在下列调查中所发布的最终反倾销和反补贴裁定和命令而（针对中国某些产品）征收的最终反倾销和反补贴税。

调查案号A-570-910和C-570-911（“CWP”）

· 低于公平价值销售最终裁定和紧急情况肯定性最终裁定的通知：来自中国的环状焊接碳素钢管，联邦公告第73（FR）31970号文件（2008年6月5日）。

· 反倾销税命令的通知：来自中国的环状焊接碳素钢管，联邦公告第73（FR）42547号文件（2008年7月22日）。

· 来自中国的环状焊接碳素钢管：最终肯定性反补贴税裁定和最终肯定性紧急情况裁定，联邦公告第73（FR）31966号文件（2008年6月5日）。

· 来自中国的环状焊接碳素钢管：最终肯定性反补贴税裁定修订的通知和反补贴税命令的通知，联邦公告第73（FR）42545号文件（2008年7月22日）。

调查案号A-570-912和C-570-913（“OTR”）

· 来自中国的某些新型汽动越野轮胎：低于公平价值销售最终确定性裁定和紧急情况部分肯定性裁定，联邦公告第73（FR）40485号文件（2008年7月15日）。

· 来自中国的某些新型汽动越野轮胎：低于公平价值销售经修订的最终肯定性裁定和反倾销税命令的通知，联邦公告第73（FR）51624号文件（2008年9月4日）。

· 来自中国的某些新型汽动越野轮胎：最终肯定性反补贴税裁定和紧急情况最终否定裁定，联邦公告第73（FR）40480号文件（2008年7月15日）。

· 来自中国的某些新型汽动越野轮胎：反倾销税命令，联邦公告第73（FR）51627号文件（2008年9月4日）。

调查案号A-570-914和C-570-915（“LWRP”）

· 低于公平价值销售最终裁定和紧急情况部分肯定性裁定：来自中国的薄壁矩形钢管，联邦公告

---

① 见2004年6月18日，第69 Fed. Reg. 42419号文件，低于公平价值销售的最终裁定的通知：对来自泰国的零售聚乙烯手提袋。

② 见2004年7月15日，第69 Fed. Reg. 42419号文件，低于公平价值销售的修订的最终裁定的通知：对来自泰国的零售聚乙烯手提袋。

③ 见2004年8月9日，第69 Fed. Reg. 48204号文件，反倾销税命令：对来自泰国的零售聚乙烯手提袋。

第 73（FR）35652 号文件（2008 年 6 月 24 日）。

·来自墨西哥、中国和韩国的薄壁矩形钢管：反倾销命令，联邦公告第 73（FR）45403 号文件（2008 年 8 月 5 日）。

·来自中国的薄壁矩形钢管：反倾销调查最终肯定性裁定，联邦公告第 73（FR）35642 号文件（2008 年 6 月 24 日）。

·来自中国的薄壁矩形钢管：反补贴命令的通知，联邦公告第 73（FR）45405 号文件（2008 年 8 月 5 日）。

调查案号 A-570-916 和 C-570-917（“LWS”）

·来自中国的复合编织袋：低于公平价值销售最终裁定和紧急情况部分肯定性裁定，联邦公告第 73（FR）35646 号文件（2008 年 6 月 24 日）。

·反倾销税命令的通知：来自中国的复合编织袋，联邦公告第 73（FR）45941 号文件（2008 年 8 月 7 日）。

·来自中国的复合编织袋：最终肯定性反补贴裁定和紧急情况部分最终肯定性裁定，联邦公告第 73（FR）35639 号文件（2008 年 6 月 24 日）。

·来自中国的复合编织袋：反补贴税命令，联邦公告第 73（FR）45955 号文件（2008 年 8 月 7 日）。

中国认为上述措施，包括基本的反倾销和反补贴税调查行为，与美国在下列条款（但不限于）中所应承担的义务不相符：GATT 1994 第 1 条和第 6 条，SCM 协议第 1 条、第 2 条、第 10 条、第 12 条、第 13 条、第 14 条、第 19 条和第 32 条；反补贴协议第 1 条、第 2 条、第 6 条、第 9 条和第 18 条，《中华人民共和国入世议定书》（简称“入世议定书”）第 15 条。

这些不符点与上述每一项措施有关，包括但不限于下列内容：①

（a）与商品的提供未获得足够报酬的指控相关的内容——

（i）美国政府裁定某些国有企业（SOEs）为 SCM 协议第 1.1(a)(1)条含义内的“公共机构”；

（ii）对于某些国有企业是否为公共机构缺少有效裁定，美国政府未能裁定中国“委托或指示”国有企业为主要货物生产者提供 SCM 协议第 1.1（a）（1）条含义内的商品；

（iii）甚至假定有效裁定某些国有企业为公共机构，美国政府也未能裁定国有企业“委托或指示”贸易公司为主要货物生产者提供 SCM 协议第 1.1（a）（1）条含义内的商品；②

（iv）美国政府裁定贸易公司销售产品给主要货物生产者给予了 SCM 协议第 1 条含义内的可诉补贴，并获得了 SCM 协议第 14（d）条中所规定准则下的利益；

（v）美国政府未能裁定是否贸易公司获得的所指控的利益是由主要货物生产者提供的，这违反了 GATT 1994 第 6 条第 3 款，“SCM 协议”第 10 条、第 14 条、第 19.1 条、第 19.4 条和第 32.1 条的规定；

（vi）美国政府仅仅将那些产生积极利益的交易列入补贴收益计算中，而排除了没有产生利益的交易，违反了 GATT 1994 第 6 条第 3 款，“SCM 协议”第 10 条、第 14 条、第 19.1 条、第 19.4 条和第 32.1 条的规定。

（b）与土地及土地使用权的提供未获得的足够报酬的指控相关——

（i）美国政府未能判定 SCM 协议第 2.1 条和第 2.2 条所规定的补贴的专向性，也未能明确证实这些专向性的认定是基于 SCM 协议第 2.4 条所规定的正面证据的基础上。③

（c）与优惠贷款的提供的指控相关——

（i）美国政府裁定某些国有商业银行（以下简称“SOCBs”）为 SCM 协议第 1.1（a）（1）条含义内的“公共机构”；④

（ii）对于某些国有商业银行为公共机构的裁定缺少有效证据，美国政府未能裁定中国“担保或指示”国有商业银行为主要货物的生产商提供

---

① 除另外注明，所有与 GATT 1994、SCM 协议和入世议定书的不符点均与上述所列的每一项反补贴措施相关，同时所有与反倾销协议的不符点均与上述每一项反倾销措施相关。

② 1（c）～1（e）中所列的不符点与 LWS 中的反补贴措施无关。

③ 2（a）所列的不符点与 CWP 中的反补贴措施无关。

④ 3（a）～3（c）所列的不符点与 LWRP 中的反补贴措施无关。

SCM协议第1.1（a）（1）（iv）条含义内的贷款；

（iii）美国政府未能裁定SCM协议第2.1条和第2.2条所规定的补贴的专向性，也未能明确证实这些专向性的认定是基于SCM协议第2.4条所规定的正面证据的基础上。

（d）与美国政府借助于中国以外的标准确定所指控的补贴利益的确定和衡量每一事例有关——

（i）美国政府拒绝用SCM协议第14条所列的方法作为确定和衡量主要生产商获得补贴利益的基准；

（ii）美国政府拒绝用中国国内现有情况和条件作为确定和衡量主要货物生产商获得补贴利益的基准，也没有发现《中国入世议定书》第15条所规定的"特殊困难"；

（iii）美国政府未按《中国入世议定书》第15（c）条的规定，向补贴与反补贴措施委员会通知其裁定补贴利益的方法。

（e）与上述所列的所有反补贴税裁定和命令相关——

（i）美国政府未遵守SCM协议第10条规定，采取一切必要的措施以确保反补贴税的征收命令都符合GATT 1994第6条和SCM协议的规定；

（ii）除非根据GATT 1994的规定，如SCM协议所阐明的，不应对指控的补贴采取特定的行动，否则违反了SCM协议第32.1条的规定；

（iii）反补贴税的征收与GATT 1994第6条第3款的规定不相符。

（f）与美国政府根据GATT 1994第6条和AD协议的规定适用非市场经济（简称"NME"）方法确定和衡量倾销，同时又对相同商品裁定补贴和征收反补贴税的征收有关——

（i）美国政府未能确保补贴的最终裁定和反补贴税的征收，基于经确认存在的补贴数量，违反了SCM协议第19.4条规定；①

（ii）美国政府对指控的补贴采取特定的行动，与GATT 1994规定不一致，如SCM协议所阐明的，违反了SCM协议第32.1条的规定；

（iii）美国政府未能采取一切必要的措施以确保反补贴税的征收命令都符合GATT 1994第6条和SCM协议的规定，与SCM协议第10条规定不相符；

（iv）美国政府所征收的反倾销税和反补贴税超过了"适当税率"，违反了AD协议第9.2条和SCM协议第19.3条的规定；

（v）美国政府未能确保对出口价格和正常价值进行公平的比较，违反了AD协议第2.4条的规定；

（vi）美国政府未能确定倾销的最终肯定性裁定和反倾销税的征收是以实际的倾销数量为基础，违反了AD协议第9.3条规定。

（g）与基本的反倾销和反补贴税调查行为相关——

（i）美国政府未能就新的补贴指控请求与中国进行磋商，违反了SCM协议第13.1条规定；

（ii）美国政府未能给收到一项反补贴调查问卷的出口商、外国生产者或利害有关的成员至少30天的答复时间，违反了SCM协议第12.1.1条规定；

（iii）美国政府未能对利害有关方在提供所要求的资料方面所遇到的任何困难给予应有的考虑，违反了SCM协议第12.11条规定；

（iv）美国政府未能通知利害有关方关于美国政府裁定部分机构是否为SCM协议第1.1（a）（1）条含义内的"公共机构"的信息，违反了SCM协议第12.1条规定；

（v）美国政府未能通知利害有关方他们考虑部分机构是否为SCM协议第1.1（a）（1）条含义内的公共机构的事实要点，违反了SCM协议第12.8条规定；

（vi）美国政府未能通知利害关系方——美国政府需要确定是否同时采取反倾销和反补贴税作为同一行为的两种救济方法，违反了SCM协议第12.1条，AD协议第2.4条和第6.1条规定；

（vii）美国政府未能通知利害有关方他们考虑是否同时采取反倾销和反补贴税作为同一行为的两种救济方法的事实要点，违反了SCM协议第12.8条以及AD协议第6.9条规定；

（viii）美国政府采取可用的不利的推论和事实与SCM协议第12.7条不符，包括，尤其是那些

① 6(a)～6（f）所列的不符点与上述每一项反补贴和反倾销措施以及与调查中所列的每一项反补贴和反倾销措施相关。

事例中，美国依赖于“不利推论”或“中性”或“不良”的事实，未就有争议的事实向利害有关方取得相关信息。

中国保留在磋商期间进一步提起诉讼和采取其他法律措施的权利。

中国希望尽快收到美国政府对此请求做出的回复，以便确定一个双方都方便的日期进行磋商。

## 五、美国——对自巴西进口的橙汁实施反倾销行政审查和其他相关措施：巴西请求磋商

此文件自 2008 年 11 月 27 日起在巴西代表团和美国代表团及争端解决机构主席间进行沟通，现根据 DSU 第 4.4 条规定予以散发。

受我国政府授权，根据 DSU 第 4 条、GATT 1994 第 22 条第 1 款以及《关于实施 GATT 1994 第 6 条的协议》（简称“反倾销协议”）第 17.2 条和第 17.3 条的规定，巴西代表团就以下所列措施请求与美国磋商：

美国商务部（简称 USDOC）关于自巴西进口的橙汁做出的裁定，案号为 no A-351-840，内容如下：

· 反倾销行政审查期自 2005 年 8 月 24 日到 2007 年 2 月 28 日，其最终裁定（2008 年 8 月 11 日）发布在联邦公告第 73 FR46584 号文件——“自巴西进口的橙汁：反倾销税行政审查终裁以及取消部分行政审查”，以及根据这些规定发布的任何估算指令和现金保证金要求（2008 年 8 月 5 日“问题与决议备忘录”，讨论了这次审查中的问题，确认了美国商务部审查中所适用的“归零法则”，尤其是否认 WTO 上诉机构判例与美国商务部启动的行政审查的相关性）；

· 任何对于自巴西进口的橙汁正在进行中的或者未来的反倾销行政审查及其最终裁定（案号 No. A-351-840），以及任何根据这些所发布的估算指令和现金保证金要求。

美国海关和边境保护局（简称“USCBP”）采取的任何征收肯定性反倾销税的行动，征收依据为前面提到的定期审查中规定的评估税率，包括 USCBP 发布的清算指令和通知。

相关的美国的法律、法规、行政措施、条例和方法如下：

·《1930 年关税法》，修订，尤其是第 736 节、第 751 节、第 771（35）（A）节、第 771（35）(B) 节、第 777A（c）节、第 777A（d）节；

· 美国伴随《乌拉圭回合协定法》所发表的行政行为声明，H. R. Doc. No. 103-316，vol. I；

· 美国商务部的实施条例，已被编入《美国联邦法规》第 19 篇，19 CFR 第 351 节，尤其是第 351.212（b）节、第 351.414（c）节和第 351.414（e）节；

·《进口管理反倾销手册》（1997 年版），包括其所参考的计算机程序；

· 美国在行政审查中确定倾销幅度所采用的基本程序和方法，其中美国商务部用于比较加权平均正常价格和逐笔出口交易中的交易价格的方法，将对负倾销幅度进行归零处理（即该种情况下单笔出口价格高于加权平均正常价格）。这种方法通常被称为“简单归零”和/或美国“归零法则”。

巴西认为上述法律、法规、行政措施、条例和方法，其本身以及在上述所列的裁定和行为中的应用，与美国在《马拉喀什建立 WTO 协定》（简称“WTO 协定”）及其协定附件下的义务不相符。这些措施显然违反了下列条款，但不仅限于此：

· GATT 1994 第 2 条、第 6 条第 1 款和第 6 条第 2 款；

· 反倾销协议第 1 条、第 2.1 条、第 2.4 条、第 2.4.2 条、第 9.1 条、第 9.3 条、第 11.2 条和第 18.4 条；

· WTO 协定第 16 条第 4 款。

巴西保留在磋商期间进一步提起申诉和其他法律措施的权利。我们希望尽快收到美国政府对此请求做出的回复，以便确定一个双方都方便的日期进行磋商。

## 六、美国——影响金枪鱼和金枪鱼产品的进口、营销和销售的措施：墨西哥请求磋商

此文件自 2008 年 10 月 24 日起在墨西哥代表团和美国代表团及争端解决机构主席间进行沟通，现根据 DSU 第 4.4 条规定予以散发。

根据 DSU 第 4 条、GATT 1994 第 22 条、《技术性贸易壁垒协议》（简称 TBT 协议）第 14 条，就美国对金枪鱼和金枪鱼产品的进口、营销和销售

采取的特定措施，墨西哥政府在此请求与美国政府磋商。这些措施包括以下内容：

《美国法典》第16篇，第1385节（"海豚保护消费者信息法"）；

《联邦法典》第50篇，第216.91节（"海豚安全标签标准"）以及第216.92节（"海豚安全要求在ETP〔热带东太平洋〕由大型围网渔船捕获金枪鱼"）；地球岛屿协会的判决，v. *Hogarth*，494 F. 3d 757 (9th Cir. 2007)。

美国的措施有效限制或禁止墨西哥金枪鱼和金枪鱼产品获得"海豚安全"标签，甚至在墨西哥金枪鱼的捕捞方式符合多边达成的由美洲间热带鱼类委员会规定的"海豚安全"标准，而来自很多其他国家的产品包括美国的金枪鱼产品，则被允许贴上"海豚安全"的标签。

鉴于此，这些措施显然带来了下列后果：

（1）墨西哥产品受到的待遇低于美国国内同类产品以及任何原产于其他国家的同类产品；

（2）墨西哥产品不会立即和无条件地享有任何其他成员的同类产品所获得的任何利益、优惠、特权和豁免；

（3）这些措施已经给贸易造成了不必要的障碍；

（4）这些措施没有以现存的国际标准为基础；而且

（5）"海豚安全"技术法规的合格评定程序(i)在可比的情况下以不低于本国同类产品的供应商或源自任何其他国家同类产品的供应商的条件，并没有使来自墨西哥产品的供应商获得准入；而且(ii)对国际贸易造成了不必要的障碍。

这些措施显然与美国在GATT 1994和TBT协议下的义务不相符。这些措施尤其与下列协议条款不相符，但并不完全：

(i) TBT协议第2条、第5条、第6条和第8条；

(ii) GATT 1994第1条和第3条。

这些不符点剥夺或减损了墨西哥根据这些协定所应享有的利益，而且这些不符点不能被任何所涉及的协定证明其合理性。

墨西哥保留在磋商期间就争议措施进一步举证事实或提起申诉或采取其他法律措施的权利。

墨西哥希望尽快收到美国政府对此请求做出的回复，以便确定一个双方都方便的日期进行磋商。

## 七、南非——对道林纸采取反倾销措施：印度尼西亚请求磋商

此文件自2008年5月9日起在印度尼西亚代表团和南非代表团及争端解决机构主席间进行沟通，现根据DSU第4.4条规定予以散发。

受我国政府授权，根据DSU第1条、GATT 1994第23条第1款，以及《关于实施GATT 1994第6条的协议》第17条（简称"反倾销协议"）的规定，就南非对自印度尼西亚进口的白道林A4纸持续征收反倾销税以及其他相关措施，印度尼西亚代表团请求与南非共和国（简称"南非"）磋商。

1999年8月17日南非对自印度尼西亚进口的白道林A4纸首次实施肯定性反倾销措施。南非国际贸易管理委员会于2004年4月2日就这次反倾销措施启动了落日复查程序。① 随后，在2005年8月17日落日复查程序的最终裁定中，国际贸易管理委员会认为反倾销措施的终止不可能导致白道林A4纸的印尼出口商倾销的继续和再度发生。② 然而，南非继续对自印度尼西亚进口的白道林A4纸征收反倾销税。③

在此情况下，印度尼西亚认为这些措施显然具有下列不符点：

(a) 南非未能终止对自印度尼西亚进口的白道林A4纸实施的反倾销措施，与其在《反倾销协议》第11.3条下所应承担的义务——反倾销措施应自起征之日起5年之内终止，除非当局在一段合理时间内进行的落日复查中认定，终止该税很可能导致倾销和损害的继续或再度发生——不相符。

---

① ITAC，第552号通告，政府公告，2004年4月2日。

② ITAC，第131号报告，对原产或进口自巴西和印度尼西亚的白道林A4纸反倾销税落日复查：最终裁定，2005年8月17日。

③ 印度尼西亚认为由于就ITAC2005年8月17日的裁定所进行的某些司法审查程序中发布的临时命令，南非可能已经禁止终止向进口的白道林A4纸征收反倾销税。

(b) 2004 年 4 月 2 日启动的落日复查某种程度上仍然在继续①。南非未能结束这次审查，与其在《反倾销协议》第 11.4 条下所应承担的义务——落日复查应该快速进行并在自复查开始之日起的 12 个月内结束——不相符。

我们希望尽快收到贵方对此请求做出的回复，以便确定一个双方都方便的日期进行磋商。

## 八、欧盟——对自印度进口的聚对苯二甲酸乙二醇酯征收反倾销税和反补贴税期满复审：印度请求磋商

此文件自 2008 年 12 月 4 日起在印度代表团和欧盟代表团及争端解决机构主席间进行沟通，现根据 DSU 第 4.4 条规定予以散发。

1. 根据 DSU 第 4 条、GATT 1994 第 22 条第 1 款、《关于实施 1994 年关税与贸易总协定第 6 条的协议》(简称反倾销协议) 第 17 条、《补贴与反补贴措施协议》(简称 SCM 协议) 第 30 条的规定，印度政府就欧盟实施的下列措施，但不限于此，请求与欧盟磋商。

(a) 欧盟 1995 年 12 月 22 日的第 (EC) No. 384/96 号委员会条例第 11 (2) 条关于抵制来自欧盟非成员国的进口倾销产品的基本规则②(简称"基本反倾销规则")，以及 1971 年 6 月 3 日 (欧洲经济共同体，欧洲原子能共同体) 第 No. 1182/71 号委员会条例裁定法规的适用期间、日期和时限③(简称"条例 1182/71")；

(b) 1997 年 10 月 6 日第 (EC) No. 2026/97 号委员会条例，抵制来自欧盟非成员国进口补贴产品的基本规则④(简称"基本反补贴规则") 及条例 1182/71；

(c) 2007 年 2 月 22 日第 (EC) No. 192/2007 号委员会条例，期满复查后裁定对原产自印度的聚对苯二甲酸乙二醇酯 (简称"PET") 的进口征收肯定性反倾销税⑤(称"反倾销措施")；

(d) 2007 年 2 月 22 日第 (EC) No. 193/2007 号委员会条例，在期满复查后裁定对原产自印度的 PET 的进口征收肯定性反补贴税⑥(称"反补贴措施")。⑦

2. 印度政府认为 (a) "基本反倾销规则" 第 11 (2) 条及条例 1182/71 和 (b) "基本反补贴规则" 第 18 (1) 条及条例 1182/71，分别与欧盟在反倾销协议第 11.3 条和 SCM 协议第 21.3 条下的义务不相符，一定程度上欧盟条例中的这些条款没有规定肯定性反倾销税或反补贴税的终止，这种情况下，按规定应在起征之日起以及从最新一次期满复查发起之日起，不迟于 5 年之内停止征收。欧盟条例的这些条款也与欧盟在反倾销协议第 18.4 条、SCM 协议第 32.5 条和《马拉喀什建立世界贸易组织协定》第 16 条第 4 款下的义务不相符。

3. 此外，印度政府认为反倾销措施与欧盟在 GATT 1994 第 6 条，反倾销协议第 11.1 条、第 11.3 条、第 11.4 条、第 11.5 条、第 6.1 条、第 6.2 条、第 6.5 条、第 6.6 条、第 6.8 条和附件 2 下的义务不相符，而且反补贴措施与欧盟在 SCM 协议第 21.3 条、第 21.4 条、第 12.1 条、第 12.4 条、第 12.5 条和第 12.7 条下的义务不相符。尤其是下列措施：

(a) 欧盟委员会 (简称"欧委会") 在反倾销措施和反补贴措施下发起的期满复查分别与反倾销

---

① 印度尼西亚注意到南非最近根据《反倾销协议》第 16.4 条所作的半年度报告，列明对自印度尼西亚进口的白道林 A4 纸进行的落日复查还在继续。见 G/ADP/N/158/ZAF，2007 年 8 月 2 日，p. 3。

② 欧盟官方公报，1996 年 3 月 6 日公布，L56，pp. 1—20。

③ 欧盟官方公报，1971 年 6 月 8 日公布，L124，pp. 1—2。

④ 欧盟官方公报，1997 年 10 月 21 日公布，L288，pp. 1—33。

⑤ 欧盟官方公报，2007 年 2 月 27 日公布，L59，pp. 1—33。

⑥ 欧盟官方公报，2007 年 2 月 27 日公布，L59，pp. 34—59。

⑦ 印度政府明确以下内容也包含在争议措施的范围内：(i) 印度出口商—生产商的价格承诺根据反倾销措施的规定而确定或延伸；(ii) 自 2005 年 12 月 1 日启动针对自印度、印度尼西亚、韩国、马来西亚、中国台湾和泰国进口的聚对苯二甲酸乙二醇酯的反倾销措施的期满复查，以及产自韩国和中国台湾进口的聚对苯二甲酸乙二醇酯的反倾销措施的部分中期复查的通知，2005 年 12 月 1 日在欧盟官方公报上发布 (C304，pp. 9—13)，和 (iii) 2005 年 12 月 1 日启动自印度 (但不限于) 进口的聚对苯二甲酸乙二醇酯的反补贴措施的期满复查的通知，2005 年 12 月 1 日在欧盟官方公报上发布 (C304，pp. 4—8)。

协议第 11.3 条和 SCM 协议第 21.3 条的规定不相符，因为欧委会不能这样做（a）其请求没有充分的事实根据，和（b）肯定性反倾销税或反补贴税应该终止日或者之后进行，即在肯定的反倾销税或反补贴税征收之日起不少于 5 年或之后进行。

（b）欧委会裁定终止肯定的反倾销税或反补贴税将可能造成（a）倾销和损害以及（b）补贴和损害的继续或再度发生，这些分别与反倾销协议第 11.3 条和 SCM 协议第 21.3 条的规定不相符，只要：

（i）欧委会误用了相关的法律标准；

（ii）欧委会依据上述裁定所得出的结论是不合理和不充分的；

（iii）欧委会的上述裁定并没有依据肯定性证据以及对事实的客观审查，反倾销协议第 3.1 条和 SCM 协议第 15.2 条对此做出了规定；

（iv）就反倾销措施而言，对于 PET 进口的累积依据的事实不充分。

（c）欧委会并没有完全遵守反倾销协议第 6.5 条（包括第 6.5.1 条和第 6.5.2 条）以及 SCM 协议第 12.4.1 条和第 12.4.2 条就机密信息的规定。

（d）欧委会行为就反倾销措施而言不符合反倾销协议第 11.4 条、第 6.1 条和第 6.2 条的规定，其反补贴措施不符合 SCM 协议第 21.4 条和第 12.1 条的规定，欧委会未能给予利害有关方充分的机会提交相关信息、维护自身利益。

（e）欧委会行为就反倾销措施而言不符合反倾销协议第 11.4 条、第 6.6 条和第 6.8 条以及附件 2 第 3 段的规定，其反补贴措施不符合 SCM 协议第 21.4 条、第 12.5 条和第 12.7 条的规定，即在得出结论时未能充分考虑利害有关方提供的重要信息和证据。

4. 印度政府保留在磋商期间进一步提起申诉和其他法律措施的权利。

5. 我们希望尽快收到贵方对此请求做出的回复，以便确定一个双方都方便的日期和地点进行磋商。

## 九、欧盟及其成员国——某些信息技术产品的关税待遇：美国请求磋商

此文件自 2008 年 5 月 28 日起在美国代表团和欧盟代表团及争端解决机构主席间进行沟通，现根据 DSU 第 4.4 条规定予以散发。

受我国政府授权，根据 DSU 第 4 条、GATT 1994 第 22 条第 1 款的规定，就欧盟及其成员国给予有通讯功能的机顶盒、平面显示器、“输出或输入设备”，以及传真机的关税待遇，美国代表团请求与欧盟及其成员国进行磋商。

欧盟在 GATT 1994 所附减让表及欧盟成员国在 GATT 1994 所附减让表中，均承诺对上述产品给予免税待遇。欧盟及其成员国给予上述产品的关税减让也体现在《信息技术协议》（以下简称 ITA）中。

然而，欧盟及其成员国向上述产品征收关税。征收关税所依据的措施包括以下内容：

——具有通讯功能的机顶盒。2008 年 5 月 7 日，欧盟发布对欧盟综合税则（CN）注释的修订，规定免税科目 CN 8528 71 13（“具有通讯功能的机顶盒”）不再包括适用于部分调制解调器的机顶盒（如以太网络调制解调器），或“包含记录和复制功能设备（如硬盘或 DVD 驱动）”的机顶盒。据此，欧盟及其成员国向上述机顶盒征收关税。此外，欧盟增加了科目 CN 8521 90 00 的注释，注明分目录包括“包含记录和复制功能设备（如硬盘或 DVD 驱动）”的机顶盒。科目 CN 8521 90 00 内的产品适用于 13.9%的最惠国税。

欧盟成员国对具有通讯功能的机顶盒征收关税。

——平面显示器（包括液晶显示器、电致发光显示器、等离子显示器以及应用其他技术的显示器）。2005 年 3 月 31 日，欧盟发布了第（EC）No 493/2005 号欧委会规则，列明某些具备 LCD 技术的平面显示器——“能够复制视频图像，而非自动数据处理设备”——不在《技术协议》的涵盖范围或其实施通报的范围（1997 年 3 月 24 日欧委会决议 97/359/EC）。2005 年 4 月 26 日，欧盟发布第（EC）No 634/2005 号欧委会规则，列明具备某些属性包括数字视频接口的平面显示器应归类为应课税品关税细目。2005 年 12 月 29 日，欧盟发布第（EC）No 2171/2005 号欧委会规则，规定如果平面显示器具备某些属性包括数字视频接口，应归类为应课税品关税细目。2006 年 12 月 30 日，欧盟发布科目 CN 8471 60 80 和科目 8528 21 9 税则注释的修订。同那些规则一样，税则注释规定，具备

某些属性如数字视频接口的平面显示器不能归于免税品细目 8471 60 80，而应该归类于应课税品关税细目。

欧盟成员国对平面显示器征收关税。此外，欧盟已经暂停向某些平面显示器征收关税，这显然与——使上述产品所享有的关税待遇不低于其关税减让表规定的关税待遇——这一规定不相符。

——“输出或输入设备”以及传真机。1999 年，欧盟发布了第（EC）No 517/99 号委员会规则，规定某些“输出”设备应归类于征收 6%最惠国税的关税细目。2006 年 3 月 9 日，欧盟发布了第（EC）No 400/2006 号委员会规则，将某些“输出设备”或传真机作为间接进程静电复印机，归类于科目 CN 9009 12 00。欧盟海关法典委员会也发布声明“如果一项多功能设备（传真机、打印机、扫描仪、复印机）每分钟复印黑白 12 页或更多页（A4 规格），则该产品被视为影印设备归为 9009 科目。”与该声明一致，2006 年 10 月 31 日，欧盟发布了第（EC）No 1549/2006 号委员会规则，规定能够每分钟复印多于 12 张黑白页的部分“输出设备”或传真机，归类在应课税品关税细目。

欧盟成员国对部分“输出或输入设备”以及传真机征收关税。

美国认为这些措施单独或综合 1987 年 7 月 23 日的共同关税税则（EEC）No 2658/87——关于关税和统计术语以及共同海关关税，包括其附件、修订，似乎与欧盟及其成员国在 GATT 1994 的第 2 条第 1（a）款和第 2 条第 1（b）款及其减让表下应承担的义务不相符，而且也剥夺或减损了美国根据 GATT 1994 所应享有的利益。此外，海关法典委员会的关税和统计术语处，对于 2006 年 10 月和 2007 年 5 月的 2008/C 112/03 中关于机顶盒注释的修订提议，发表了赞许的意见。直到 2008 年 5 月 7 日，该注释的修订才在欧盟官方期刊上发表。另外，2008 年 5 月 7 日前成员国根据 2008/C 112/03 中的规定对机顶盒征收关税。美国认为这些行为显然与欧盟在 GATT 1994 第 5 条第 1 款和第 5 条第 2 款下的义务不相符。

我们期待收到贵方对此请求做出的回复，并确定一个彼此可以接受的日期进行磋商。

## 十、欧盟及其成员国——某些信息技术产品的关税待遇：日本请求磋商

此文件自 2008 年 5 月 28 日起在日本代表团和欧盟代表团及争端解决机构主席间进行沟通，现根据 DSU 第 4.4 条规定予以散发。

受我国政府授权，根据 DSU 第 4 条、GATT 1994 第 22 条第 1 款的规定，就欧盟给予多功能复印机（以下简称“MFPs”）、液晶显示器（以下简称“LCD”），以及具有通讯功能的机顶盒（以下简称“STBs”）的关税待遇，日本代表团在此转达日本政府与欧盟及其成员国（以下简称“欧盟”）的磋商请求。

作为《关于信息技术产品贸易的部长宣言》或“ITA”（《信息技术协议》①）的参加方，欧盟承诺消除某些信息技术产品的关税，如“输出或输入设备”包括复印机和 LCD、传真机，以及带有通讯功能的 STBs。尤其对于复印机，欧盟的 ITA 承诺列入 ITA 附件 A 第一部分（科目 HS96 8471.60，“输出或输入设备”）、附件 B（“网络设备：…输出或输入设备….”）。对于传真机，欧盟的 ITA 承诺列入 ITA 附件 A 第一部分（科目 HS96 8517.21“传真机”）、附件 B（“网络设备：…输出或输入设备….”）。对于 LCD，欧盟的 ITA 承诺列入 ITA 附件 A 第一部分（科目 HS96 8471.60，“输出或输入设备”）、附件 B（“平面显示器〈包括 LCD…〉”）。对于带有通讯功能的 STBs，欧盟的 ITA 承诺列入 ITA 附件 B（“带有通讯功能的机顶盒…”）。

欧盟修订其减让表（“欧盟减让表”）以反映其在 ITA 下所作的承诺②。这些修订自 1997 年 7 月 2 日生效③。据此，根据减让表 80，欧盟有义务不对上述产品征收 GATT 1994 第 2 条第 1（b）款含义内的任何关税，以及其他税收和任何费用。

该磋商请求的目的是陈述目前欧盟的法律、法规、政策和措施，以及其他对这些法律、法规、政

① 《关于信息技术产品贸易的部长宣言》，1996 年 12 月 13 日，（WT/MIN（96）/16）。
② G/MA/TAR/RS/16（1997 年 4 月 2 日）。
③ WT/Let/156（1997 年 8 月 15 日）。

策和措施的正在进行中的或未来实施的任何变更或修订。

**MFPs 多功能复印机**

对于多功能复印机，涉及的争议措施包括1999年3月9日第（EC）No 517/99号委员会规则，2005年1月26～28日在布鲁塞尔举行的委员会第360次会议的总结报告①，2006年3月8日第No. 400/2006委员会规则，2006年10月7日第No. 1549/2006委员会规则，2007年9月20日第No. 1214/2007委员会规则，以及欧盟2008综合税则（CN）（简称“2008 CN”）②。这些措施为其他关于MFPs的争议措施提供了基础，包括过去、现在和/或未来欧盟对MFPs进口征收6%的关税，超过了欧盟对于“输出或输入设备”或传真机的关税承诺。

2008 CN对所有欧盟成员国均有效。2008 CN制定的科目编码8443.31，提供如下：

| CN编码 | 描述 | 协定税率（%） |
|---|---|---|
| 1 | 2 | 3 |
| 8443 | 使用印版、滚筒及其他科目8442内的印刷部件的印制设备；其他打印机、复印机和传真机，无论是否联合；及其零部件 | |
| 8443 31 | ——可结合两种或三种功能打印、复印或传真发送，可以与自动数据处理机连接或联网 | |
| 8443 31 10 | ——具有复制和传真的功能，不论是否有打印功能，复印速度不超过每分钟12页黑白纸<br>——其他 | 免 |
| 8443 31 91 | ——通过扫描原件进行复印以及通过静电印刷机复印 | 6 |
| 8443 31 99 | ——其他 | 免 |

上述争议措施的结果，欧盟将某些MFPs归于科目CN 8443.31.91。欧盟因此对这些产品征收了6%的关税，这显然与欧盟根据欧盟减让表和ITA所做的承诺——不得对所有“输出或输入设备”和传真机征收GATT 1994第2条第1（b）款含义内的任何关税，以及其他税收和任何费用——不相符。日本质疑欧盟的上述措施，以及那些关税减让表已经并将适用的征税方式，即征收的关税高于承诺的进口关税。

**液晶显示器**

对于LCD，涉及的争议措施包括2005年3月16日第No. 493/2005委员会规则，2005年4月26日第No. 634/2005号委员会规则，2005年12月23第No. 2171/2005号委员会规则，2006年10月7日第No. 1549/2006号委员会规则，第No. 2006/C332/05号文件统一适用综合税则（2006年12月30日发布），2007年9月20日第No. 1214/2007号委员会规则，以及2008 CN。这些措施为其他关于LCD的争议措施提供了基础，包括过去、现在和/或未来欧盟对LCD进口征收14%的关税，超过了欧盟对于“输出或输入设备”或平面显示器设备的关税承诺。

根据第No. 493/2005号委员会规则、第634/2005号委员会规则和第2171/2005号委员会规则的规定，欧盟将某些液晶显示器归类于应课税的“视频监视器”。

此外，作为2008 CN修订的一部分，欧盟制定的科目编码8528.51和8528.59提供如下：

---

① 海关法典委员会，关税和统计术语处（技术），2005年1月26～28日在布鲁塞尔举行的委员会第360次会议的总结报告，布鲁塞尔，2005年3月，TAXUD/555/2005-EN。

② 第（EC）No. 1214/2007号委员会规则（2007年9月20日）。2008 CN 2008年1月1日生效。

| CN 编码 | 描述 | 协定税率（%） |
|---|---|---|
| 1 | 2 | 3 |
| 8528 | 显示器和投影仪，不包括电视接收装置；电视接收装置不论是否包含无线电广播接收器或声音或录像或音响设备：<br>…<br>——其他显示器： | |
| 8528 51 00 | ——纯粹或主要在科目 8471 的自动数据处理系统中使用 | 免 |
| 8528 59 | ——其他： | |
| 8528 59 10 | ——黑或白或其他单色 | 14 |
| 8528 59 90 | ——彩色 | 14(1) |

(1) 对于屏幕对角线测量在 48.5 厘米或以下以及长宽比为 4∶3 或 5∶4 的显示器，2008 年 12 月 31 日前暂停征收自主关税（TARIC 编码 8528 59 90 30）。

上述争议措施的结果，欧盟将某些 LCD 归类于科目 8528.59.10 或科目 8528.59.90，对这些产品征收 14%的关税。这一做法显然与欧盟根据欧盟减让表和 ITA 所做的承诺——不得对所有“输出或输入设备”和传真机征收 GATT 1994 第 2 条第 1（b）款含义内的任何关税，以及其他税收和任何费用——不相符。日本质疑欧盟的上述措施，以及这些关税减让表已经并将适用的征税方式，即征收的关税高于承诺的进口关税。

**具有通讯功能的机顶盒**

对于具有通讯功能的机顶盒，涉及的争议措施包括欧盟综合税则（CN）注释、2008/C 112/03（2008 年 5 月 7 日）、2007 年 9 月 20 日第 No. 1214/2007 号委员会规则，以及 2008 CN。这些措施为其他关于具有通讯功能机顶盒的争议措施提供了基础，包括过去、现在和/或未来欧盟对具有通讯功能机顶盒的进口征收 13.9%的关税，超过了欧盟对于具有通讯功能机顶盒的关税承诺。

欧盟制定的 CN 科目编码 8521.90 和 8528.71 提供如下：

| CN 编码 | 描述 | 协定税率（%） |
|---|---|---|
| 1 | 2 | 3 |
| 8521 | 视频录制或音响设备，不论是否包含视频调谐器：<br>… | |
| 8521 90 00 | ——其他： | 13.9 |
| 8528 | 电视接收装置，不论是否包含无线电广播接收或声音或录像或音响设备：不为包含视频显示器或屏幕而设计：视频调谐器<br>… | |
| 8528 71 13 | ——具备包含可以连接网络的调制解调器的微处理设备，具备互动信息交换功能，可接收电视信号（“具有通讯功能的机顶盒”） | 免 |

上述争议措施规定细目 8528.71.13 不包括具备某些类型的调制解调器的机顶盒（如以太网络调制解调器），以及包含记录和复制功能设备（如硬盘或 DVD 驱动）的机顶盒；而细目 8521.90.00 包括包含记录功能设备的机顶盒。因此，欧盟将某些拥有通讯功能的机顶盒归类于 CN 编码 8521.90.00。欧盟因此对这些产品征收 13.9%的关税，这显然与欧盟根据欧盟减让表和 ITA 所做的承诺——不得对所有拥有通讯功能的机顶盒征收 GATT 1994 第 2 条第 1（b）款含义内的任何关税，以及其他税收和任何费用——不相符。

**欧盟的争议措施与 WTO 的不符点**

日本政府认为欧盟对 MFPs、LCD、具有通讯功能的机顶盒所采取的上述争议措施显然与欧盟在 GATT 1994 相关条款，包括但不限于第 2 条，以及《马拉喀什建立世界贸易组织协定》下所做的承诺不相符。上述争议措施也直接或间接剥夺或减损了日本在 GATT 1994 下所应享有的 GATT 1994 第 23 条第 1 款含义内的利益。

日本政府保留在磋商过程中进一步举证事实以

及申诉的权利。

我们期待尽快收到贵方对该请求做出的回复，并确定一个双方都接受的日期进行磋商。

## 十一、欧盟及其成员国——某些信息技术产品的关税待遇：中国台北请求磋商

此文件自2008年6月12日起在中国台北代表团和欧盟代表团及争端解决机构主席间进行沟通，现根据DSU第4.4条规定予以散发。

台湾当局授权，根据DSU第4条、GATT 1994第22条第1款，就欧盟给予平面显示器、具有通讯功能的机顶盒、“输出或输入设备”以及传真机的关税待遇，中国台北代表团请求与欧盟及其成员国进行磋商。

作为《关于信息技术产品贸易的部长宣言》或“ITA”(《信息技术协议》)的参加方，欧盟及其成员国修订其GATT 1994所附的减让表以反映其在ITA下所做的承诺。这些修订于1997年7月2日生效。因此，欧盟及其成员国应该给予上述产品以免税待遇。然而，由于某些欧盟措施，欧盟及其成员国却对这些产品征收了关税。

该磋商请求目的是陈述此处所列的欧盟的措施。该请求也包括对这些措施的任何修正、延期，以及任何与之相关的法律、法规、措施和具体执行措施。

欧盟及其成员国对下列科目的产品进行征税所依据的措施包括以下内容：

**平面显示器**

2005年3月31日，欧盟发布了第(EC) No 493/2005委员会规则，规定某些使用LCD技术的平面显示器能够复制视频图像，而非自动数据处理设备，不在ITA或其实施通报的涵盖范围内(1997年3月24日欧委会决议97/359/EC)。2005年4月26日，欧盟发布第(EC) No 634/2005号委员会规则，规定具备某些属性的平面显示器应归类于应课税品关税细目。2005年12月29日，欧盟发布第(EC) No 2171/2005号委员会规则，也规定如果平面显示器具备某些属性，应归类于应课税品关税细目。2006年12月30日，欧盟发布适用统一税则(2006/C 332/05)，规定拥有某些s属性的平面显示器不能归于免税品细目，而应该归类于应课税品关税细目。

上述争议措施的结果，欧盟成员国对某些平面显示器征收关税。

此外，虽然欧盟暂停对某些平面显示器包括其部分零部件征收关税，这显然与——使上述产品所享有的关税待遇不低于其关税减让表规定的关税待遇——这一规定不相符。

**具有通讯功能的机顶盒**

2008年5月7日，欧盟发布对欧盟综合税则(CN)注释的修订，规定了免税科目CN 8528 71 13(“具有通讯功能的机顶盒”)不再包括适用于部分调制解调器的机顶盒(如以太网络调制解调器)，或包含记录和复制功能设备(如硬盘或DVD驱动)的机顶盒。此外，修订中欧盟对于科目CN 8521 90 00添加了注释，注明分目录包括包含记录和复制功能设备(如硬盘或DVD驱动)的机顶盒。

上述争议措施的结果，欧盟成员国对具有通讯功能的机顶盒征收关税。

**“输出或输入设备”和传真机**

1999年3月9日，欧盟发布了第(EC) No 517/99号委员会规则，规定某些“输出”设备归类于应课税品关税细目。此外，2006年3月9日，欧盟发布了第(EC) No 400/2006号委员会规则，规定将某些“输出设备”或传真机归类于应课税品关税细目。欧盟海关法典委员会也发布声明如果一项多功能设备(传真机、打印机、扫描仪、复印机)每分钟复印黑白12页或更多页(A4规格)，则该产品被归类为影印设备。继该声明，2006年10月31日，欧盟发布了第(EC) No 1549/2006号委员会规则，规定能够每分钟复印多于12张黑白页的部分“输出设备”或传真机，归类于应课税品关税细目。

上述争议措施的结果，欧盟成员国对部分“输出设备”或传真机征收关税。

台湾、澎湖、金门、马祖单独关税区认为，欧盟就平面显示器、具有通讯功能的机顶盒、“输出或输入设备”以及传真机所采取的上述措施显然与欧盟及其成员国在GATT 1994的第2条第1(a)款和第2条第1(b)款及其减让表下应承担的义务不相符。这些争议措施也剥夺或减损了台、澎、金、马单独关税区直接或间接根据GATT 1994所应享有的GATT 1994第23条第1款的含义内的

利益。

此外，海关法典委员会的关税和统计术语处，对于2006年10月和2007年5月的2008/C 112/03中关于机顶盒注释的修订提议，发表了赞许的意见。直到2008年5月7日，该注释的修订才在欧盟官方期刊上发表。另外，2008年5月7日前欧盟成员国根据2008/C 112/03中的规定对机顶盒征收关税。台、澎、金、马单独关税区认为这些行为显然与欧盟在GATT 1994第5条第1款和第2款下的义务不相符。

台、澎、金、马单独关税区保留在磋商期间就上述措施进一步举证更多事实或申诉的权利。

我方政府（台湾方）期待收到贵方对此请求做出的回复，并确定一个彼此可以接受的日期进行磋商。

## 十二、泰国——对来自菲律宾的香烟实施的关税和财政措施：菲律宾请求磋商

此文件自2008年2月7日起在菲律宾代表团和泰国代表团及争端解决机构主席间进行沟通，现根据DSU第4.4条规定予以散发。

受我方政府授权，根据DSU第1条和第4条、GATT 1994第22条第1款、《关于实施1994年关税与贸易总协定第7条的协议》（简称海关估价协议）第19条的规定，就下列措施和主张，菲律宾代表团请求与泰王国（以下简称泰国）磋商。

II. 根据GATT 1994第10条第3（a）款的主张

6. 菲律宾是泰国香烟的主要出口国。泰国国营烟草公司（简称TTM）是泰国唯一的经法律授权的烟草生产公司。泰国国营烟草公司约占80%的市场份额。因此，泰国国营烟草公司的产品是菲律宾香烟在泰国烟草市场的主要竞争对手。

7. 泰国政府与泰国国营烟草公司有着密切的私交和公务关系，这产生了泰国与香烟相关的财政管理和海关立法之间严重的利益冲突，导致了泰国歧视性、偏颇和不合理的执法。举例来说，泰国国营烟草公司是泰国财政部管辖下的商业单位，但其还负责增值税、消费税、健康税、电视广告税以及海关关税的管理。此外，财政部有权认命和变更泰国国营烟草公司董事会的董事，而且其董事会还包括或曾包括部级的高级官员，如消费税总干事和关税总干事，负责香烟的税费管理。

8. 泰国政府与泰国国营烟草公司普遍存在的私交和公务关系导致了泰国财政和海关措施的利益冲突，以及偏颇和不合理的执法。泰国偏颇和不合理的执法尤其包括下列内容：

· 海关估价措施第7段；

· 消费税措施第13段；

· 健康税措施第14段；

· 电视广告税措施第15段；

· 增值税（简称"VAT"）措施第20段。

9. 另外，在测算香烟进口商货物进口所交纳的担保和现金保证金数额时，泰国就担保的法律规定是以偏颇和不合理的方式进行的。泰国偏颇和不合理的执法尤其包括下列内容：

· 《佛历2469年的海关法》（1926年）① （修订）关于担保的条款（尤其是第112节，112 bis，112 ter，and 112 quarter）；

· 第2/2550号海关法规（2007）确定海关估价的原则；

· 任何对其的修订、具体执行措施，或与该节所列的措施相关的任何措施。

10. 泰国违反了GATT 1994第10条第3（a）的规定。

III. 关于海关估价的主张

11. 2003年和2006年8月间，泰王国海关（简称"泰国海关"）循常例将进口香烟进口商所申报的交易价格作为海关估价的基础。然而，自2006年8月，泰国海关就拒绝将这些产品的进口商所申报的交易价格作为估价的基础，拒绝其作为进口商为这些产品进口所应交纳的关税担保金额的测算的基础，拒绝其作为最终关税估价的基础。反而，以普遍和预期的基础，泰国海关任意提前确定高于所申报价格的价格，将这些价格代替申报价格适用于香烟的进口。只有进口商以申报价格为基础付款，交纳关税担保——其金额相当于申报价格和适用的提前确定的价格之间的差额，才能从海关提取所涉及的货物。随后，泰国海关发布高于申报价

① "B. E"后的数字是指佛历纪年。括号内的数字是指相应的公元纪年。

格的海关估价的最终估价，反映所适用的不时变动的提前确定的价格。

12. 所争议措施包括以下内容：

·规定有计划拒绝交易价格和施加较高的提前确定的价格的一般裁决和/或方法，包括任何支持提前确定价格的计算方法。这一措施（或许多措施）适用于货物入关以及最终估价。

·泰国海关对自菲律宾出口的香烟入关——于2006年8月4日和今天之间到岸——的逐笔裁定，包括：

(a) 该请求附件1所列的入关估价的通知；

(b) 该请求附件2所列的货物入关时所应存入的担保或现金保证而进行的估价；

·《佛历2469年的海关法》(1926年)，包括所有修订；

·根据《佛历2469年的海关法》(1926年)发布的佛历2543第132号部级法规(1990)，修订的部级法规No. 145 B. E. 2547(2004)，以及佛历2550第146号部级法规(2007)；

·泰国海关第23/2549号通告(2006)，含海关估价的原则；

·第2/2550号海关条例(2007)，回复佛历2544年海关手续和原则(2001)，回复以前海关估价逃税的海关手续以及第14/2549号海关条例(2006)的修订回复，海关估价的确定原则；

·第14/2549号海关条例(2006)，回复海关估价的确定原则，由第2/2550号海关条例(2007)修订；

·海关通告No. 29/2549(2006)请求免除估价的程序；

·任何对其的修订、具体执行措施，或与该节所列的措施相关的任何其他措施。

13. 这些措施的结果，泰国未能使用交易价格作为海关估价的基础，与《海关估价协议》第1.1条、第1.2(a)条和第1.2(b)条、这些条款的解释性说明，以及一般介绍性说明的第1段和第2段的规定不相符。这么做，泰国认为交易双方的关系影响申报价格，但未能将其理由告知进口商，与第1.2(a)条的规定不相符。泰国未能遵守《海关估价协议》所规定的估价方法的顺序，采用了无《海关估价协议》基础的估计方法。这些行为与第2条、第3条、第4条、第5条、第6条、第7条及相关的解释性说明的规定不相符。这些措施也与《海关估价协议》第13条，以及GATT 1994第2条第1(b)款和第3条的规定不相符。

14. 泰国未能提供其适用于进口入关和最终裁定的完税价格如何确定的说明，违反了《海关估价协议》第16条下的义务。

15. 菲律宾认为就所有这些措施，泰国的行为与GATT 1994第7条第1款、第7条第2(a)款、第7条第2(b)款、第7条第2(c)款的规定不相符。另外，泰国未能公告确定自菲律宾进口的香烟价格的根据和方法。这违反了GATT 1994第7条第5款的规定。

16. 此外，泰国政府机关已经在泰国媒体披露了进口香烟的CIF价格。披露如此商业机密信息违反了《海关估价协议》第10条的规定。

IV. 有关消费税、健康税和电视广告税体制的主张

17. 泰国对进口和国产的香烟征收了从价消费税、健康税、电视广告税。就进口的香烟，这些税征收的依据是由泰国海关确定的CIF海关估价，而对于国内香烟，则是由消费税总干事确定的出厂价格。

18. 菲律宾认为泰国通过以下措施实施其消费税体制：

·《佛历2509年的烟草法》(1966年)，第5 ter节；

·消费税总干事确定出厂价格的通告。目前适用的出厂价格由2007年8月29日的B. E. 2550(2007)规定；

·任何修订、具体执行措施，或与该节所列的措施相关的其他措施。

19. 菲律宾进一步认为泰国通过下列措施实施其健康税体制，包括《佛历2544年健康促进法》(2001)，尤其是其第11节、第12节和第13节，以及任何修订、具体执行措施或其他相关措施。

20. 菲律宾认为菲律宾进一步认为泰国通过下列措施实施其电视广告税体制，包括《泰国公共广播服务法2551》(2008年)，尤其是其第12节、第13节和第14节，以及任何对其的修订、具体执行措施或其他相关措施。

21. 如在第2部分所提到的，泰国对菲律宾香烟的出口确定了过高的海关估价与《海关估价协

议》的规定不相符，因为这些海关估价作为征收消费税、健康税和电视广告税的基础，相对于同类和/或直接竞争或可替代的国内产品，泰国对进口商品施加了较高的税负。

22. 这么做，泰国的行为与第 3 条第 2 款的第一句和第二句的规定不相符。对进口香烟的歧视由于这一事实而恶化——泰国法律中没有包括香烟进口商申诉由于过高的海关估价而导致支付的消费税、健康税和电视广告税的返还程序。泰国没有规定这样一种返还程序违反了第 3 条第 2 款的第一句和第二句的规定。这也构成了第 13、14、15 段所提到的偏颇和不合理的执法措施，与 GATT 1994 第 10 条第 3（a）的规定不相符。

23. 泰国也没有公布其出厂价格确定的原则，出厂价格是泰国对国内香烟征收消费税、健康税和电视广告税的基础。因此，泰国违反了 GATT 1994 第 10 条第 1 款的规定，要求政府公告普遍适用的贸易法律和法规。

V. 就泰国增值税（称“VAT”）体制的主张

A. 泰国增值税体制

24. 在泰国的财政体制下，香烟的增值税由具体品牌最高零售价格（简称“MRSPs”）来计算。这些 MRSPs 由泰国政府一方面通过仅适用于国内香烟的行政执行来确定，另一方面通过仅适用于进口香烟的行政执行来确定。这些 MRSPs 不时被修改。近两年半，对进口香烟的 MRSPs 相对于国内香烟的变化更加频繁。

25. 菲律宾认为泰国通过以下措施实施其增值税体制

- 《泰国税法典》第 79/5 节和第 81 节；
- 《佛历 2509 年的烟草法》（1966 年）第 23 节；
- 依据《税法典》发布的佛历 2550 年第 465 号王室法令，对增值税率抵扣的管理，（2007）；
- 依据《税法典》发布的佛历 2534 年第 239 号王室法令，免除增值税率的管理（1991）；
- 税法部关于增值税总干事的第 10 号通告；
- 消费税总干事发布的 MSRP 通告。2007 年 8 月 29 日的通告 B. E. 2550（2007）（关于国内产品），2007 年 8 月 29 日的通告 B. E. 2550（2007）联合，2007 年 12 月的通告 B. E. 2550（2007）（关于进口产品）中规定了现行适用的 MSRPs；
- 任何对其的修订、具体执行措施，或与该节所列的措施相关的任何其他措施。

26. 针对进口品牌香烟的 MRSPs，包括由菲律宾出口的香烟，所规定的标准要远远高于同类或直接竞争或替代的国内品牌。另外，对于进口香烟的 MRSPs 规定的标准高于这些香烟的实际零售价格，而对于国内香烟的 MSRPs 则规定与其实际零售价格相当的标准。对于进口产品较高的 MSRPs 标准造成了这些产品较高的财政负担，相对于同类或直接竞争或替代的国内产品，因此为国内产品提供了保护。所以，菲律宾认为对进口产品征收增值税作为这些措施的结果与 GATT 1994 第 3 条第 2 款、第一句和第二句的规定不相符。

27. 泰国也未能公布 MRSPs 测算的法规，这些法规是泰国对国内香烟和进口香烟征收 VAT 的税基。这违反了 GATT 1994 第 10 条第 1 款。

B. 其他与增值税相关的规定

28. 泰国对香烟的批发商和零售商施加了不同的增值税标准，依据他们所卖产品的性质——国内产品或进口产品。尤其，卖进口产品的商人易于被征收增值税，而当他们卖同类和/或直接竞争或替代的国内产品时，则免于征收。另外，由于进口香烟的批发商和零售商易于被征收增值税，而国内香烟的批发商和零售商不被征收，前者也容易受到增值税行政规定的管辖，而国内同类产品和/或直接竞争或替代产品的商人则不受此类规定约束。菲律宾认为这些措施中的歧视性规定包含于《税法典》第 81 节，依据税法典发布的免除增值税的佛历 2534 年第 239 号王室令（1991），和税法部令 Por 85/2542，以及任何对其的修订、具体执行措施或其他相关措施。

29. 菲律宾认为这些措施与 GATT 1994 第 3 条第 4 款、第 2 条第 2 款、第一句和第二句的规定不相符。

VI. 有关零售许可规定的主张

30. 泰国规定烟草和/或香烟的零售商要分别持不同许可才可售卖国内香烟和进口香烟。菲律宾认为这些措施中的歧视性规定包括于由消费税总干事所做的消费部门声明，在《佛历 2509 年的烟草法》（1966 年）规定下自 1991 年 9 月 12 日依据第 4 条发布的佛历 2534 年第 17 号部级法规（1991），以及任何对其修订、具体执行措施或其他相关措施。

31. 菲律宾认为双许可规定，仅依据所卖产品的原产地，与GATT 1994第3条第4款的规定不相符，因为这进口产品享受的待遇低于国内同类产品。

菲律宾保留在磋商期间进一步提起申诉和其他法律措施的权利。

菲律宾希望收到泰国对此请求做出的回复，并确定一个双方都方便的日期进行磋商。

附件1

已经发布的确定性估价通知的名单

| 数目 | 进口品入关号 | 到达日期 |
|---|---|---|
| 1 | 0321—0084902292 | 2006年8月5日 |
| 2 | 0321—0084902229 | 2006年8月5日 |
| 3 | 0321—0084906059 | 2006年8月20日 |
| 4 | 0321—0084907903 | 2006年8月28日 |
| 5 | 0321—0084907964 | 2006年8月28日 |
| 6 | 0321—0084907956 | 2006年8月28日 |
| 7 | 0321—0094900553 | 2006年9月4日 |
| 8 | 0321—0094902458 | 2006年9月11日 |
| 9 | 0321—0094904405 | 2006年9月16日 |
| 10 | 0321—0094906102 | 2006年9月25日 |
| 11 | 0321—0104900059 | 2006年10月2日 |
| 12 | 0321—0104904282 | 2006年10月16日 |
| 13 | 0321—0104904177 | 2006年10月16日 |
| 14 | 0321—0104904464 | 2006年10月16日 |
| 15 | 0321—0104906134 | 2006年10月21日 |
| 16 | 0321—0104906133 | 2006年10月23日 |
| 17 | 0321—0104908031 | 2006年10月30日 |
| 18 | 0321—0104908413 | 2006年10月30日 |
| 19 | 0321—0104907945 | 2006年10月30日 |
| 20 | 0321—0114901060 | 2006年11月5日 |
| 21 | 0505—0015081406 | 2006年11月18日 |
| 22 | 0505—0015081407 | 2006年11月18日 |
| 23 | 0505—0015081443 | 2006年12月2日 |
| 24 | 0505—0025080093 | 2006年12月2日 |
| 25 | 0505—0015081444 | 2006年12月11日 |
| 26 | 0505—0025080094 | 2006年12月11日 |
| 27 | 0505—0025080095 | 2006年12月11日 |
| 28 | 0505—0025080562 | 2006年12月11日 |
| 29 | 0505—0015081442 | 2006年12月18日 |
| 30 | 0505—0015081440 | 2006年12月18日 |
| 31 | 0505—0025080096 | 2006年12月18日 |
| 32 | 0505—0025080097 | 2006年12月18日 |
| 33 | 0505—0025080563 | 2006年12月18日 |
| 34 | 0505—0015081441 | 2006年12月25日 |
| 35 | 0505—0025080098 | 2006年12月25日 |
| 36 | 0505—0025080564 | 2006年12月25日 |
| 37 | 0505—0025080101 | 2007年1月13日 |
| 38 | 0505—0025080099 | 2007年1月15日 |

续 表

| 数目 | 进口品入关号 | 到达日期 |
| --- | --- | --- |
| 39 | 0505—0025080100 | 2007 年 1 月 15 日 |
| 40 | 0505—0025080565 | 2007 年 1 月 15 日 |
| 41 | 0505—0025080566 | 2007 年 1 月 15 日 |
| 42 | 0505—0025080567 | 2007 年 1 月 22 日 |
| 43 | 0505—0025081290 | 2007 年 1 月 29 日 |
| 44 | 0505—0025081289 | 2007 年 1 月 29 日 |
| 45 | 0505—0025081291 | 2007 年 2 月 5 日 |
| 46 | 0321—0025003881 | 2007 年 2 月 11 日 |
| 47 | 0505—0025081808 | 2007 年 2 月 19 日 |
| 48 | 0505—0035080539 | 2007 年 2 月 26 日 |
| 49 | 0505—0035080540 | 2007 年 3 月 5 日 |
| 50 | 0505—0035080541 | 2007 年 3 月 5 日 |
| 51 | 0505—0035081176 | 2007 年 3 月 12 日 |
| 52 | 0505—0035081177 | 2007 年 3 月 12 日 |
| 53 | 0505—0035081178 | 2007 年 3 月 12 日 |
| 54 | 0505—0035081179 | 2007 年 3 月 12 日 |
| 55 | 0505—0035081651 | 2007 年 3 月 19 日 |
| 56 | 0505—0035081652 | 2007 年 3 月 19 日 |
| 57 | 0505—0035081653 | 2007 年 3 月 19 日 |
| 58 | 0321—0035007837 | 2007 年 3 月 26 日 |
| 59 | 0321—0045000370 | 2007 年 4 月 2 日 |
| 60 | 0321—0045000358 | 2007 年 4 月 2 日 |
| 61 | 0321—0045004200 | 2007 年 4 月 9 日 |
| 62 | 0321—0045004175 | 2007 年 4 月 9 日 |
| 63 | 0321—0045005032 | 2007 年 4 月 16 日 |
| 64 | 0321—0045005880 | 2007 年 4 月 23 日 |
| 65 | 0321—0045005874 | 2007 年 4 月 23 日 |
| 66 | 0321—0045008416 | 2007 年 4 月 30 日 |
| 67 | 0321—0045008421 | 2007 年 4 月 30 日 |
| 68 | 0321—0055000164 | 2007 年 4 月 30 日 |
| 69 | 0321—0055002134 | 2007 年 5 月 7 日 |
| 70 | 0321—0055001895 | 2007 年 5 月 7 日 |
| 71 | 0321—0055004026 | 2007 年 5 月 14 日 |
| 72 | 0321—0055003067 | 2007 年 5 月 14 日 |
| 73 | 0321—0055005939 | 2007 年 5 月 21 日 |
| 74 | 0321—0055005654 | 2007 年 5 月 21 日 |
| 75 | 0321—0055007319 | 2007 年 5 月 28 日 |
| 76 | 0321—0055007327 | 2007 年 5 月 28 日 |
| 77 | 0321—0065000474 | 2007 年 6 月 4 日 |
| 78 | 0321—0065000518 | 2007 年 6 月 4 日 |
| 79 | 0321—0065002831 | 2007 年 6 月 11 日 |
| 80 | 0321—0065002822 | 2007 年 6 月 11 日 |
| 81 | 0321—0065005236 | 2007 年 6 月 18 日 |
| 82 | 0321—0065007027 | 2007 年 6 月 25 日 |
| 83 | 0321—0065007026 | 2007 年 6 月 25 日 |
| 84 | 0321—0065009038 | 2007 年 7 月 2 日 |

续 表

| 数目 | 进口品入关号 | 到达日期 |
|---|---|---|
| 85 | 0321—0065009039 | 2007年7月2日 |
| 86 | 0321—0075002062 | 2007年7月9日 |
| 87 | 0321—0075002036 | 2007年7月9日 |
| 88 | 0321—0075004181 | 2007年7月16日 |
| 89 | 0505—0085080140 | 2007年7月16日 |
| 90 | 0321—0075006402 | 2007年7月23日 |
| 91 | 0321—0075008334 | 2007年7月30日 |
| 92 | 0321—0085000004 | 2007年7月30日 |
| 93 | 0321—0085001654 | 2007年8月6日 |
| 94 | 0321—0085001285 | 2007年8月6日 |
| 95 | 0321—0085003945 | 2007年8月13日 |
| 96 | 0321—0085003944 | 2007年8月13日 |
| 97 | 0321—0085005555 | 2007年8月20日 |
| 98 | 0321—0085005531 | 2007年8月20日 |
| 99 | 0321—0085007597 | 2007年8月27日 |
| 100 | 0321—0085007572 | 2007年8月27日 |
| 101 | 0321—0095002684 | 2007年9月10日 |

附件2

**已经完成的为确定所交纳入关时的担保或现金保证金评估和确定性估价但尚未发布的名单**

| 数目 | 进口入关号 | 到达日期 |
|---|---|---|
| 1 | 0321—0035007838 | 2007年3月26日 |
| 2 | 0321—0095000434 | 2007年9月3日 |
| 3 | 0321—0095000435 | 2007年9月3日 |
| 4 | 0321—0095002610 | 2007年9月10日 |
| 5 | 0321—0095004054 | 2007年9月17日 |
| 6 | 0321—0095004053 | 2007年9月17日 |
| 7 | 0321—0095005928 | 2007年9月24日 |
| 8 | 0321—0095005927 | 2007年9月24日 |
| 9 | 0321—0095007961 | 2007年10月1日 |
| 10 | 0321—0095007960 | 2007年10月1日 |
| 11 | 0321—0105007052 | 2007年10月22日 |
| 12 | 0321—0105006594 | 2007年10月22日 |
| 13 | 0321—0105006593 | 2007年10月22日 |
| 14 | 0321—0105003749 | 2007年10月15日 |
| 15 | 0321—0105003748 | 2007年10月15日 |
| 16 | 0321—0105008363 | 2007年10月29日 |
| 17 | 0321—0105008395 | 2007年10月29日 |
| 18 | 0321—0105002346 | 2007年10月8日 |
| 19 | 0321—0105002268 | 2007年10月8日 |
| 20 | 0321—0115001266 | 2007年11月5日 |
| 21 | 0321—0115001265 | 2007年11月5日 |
| 22 | 0321—0115002927 | 2007年11月12日 |
| 23 | 0321—0115002926 | 2007年11月12日 |

续 表

| 数目 | 进口人关号 | 到达日期 |
|---|---|---|
| 24 | 0321—0115004657 | 2007 年 11 月 19 日 |
| 25 | 0321—0115007157 | 2007 年 11 月 26 日 |
| 26 | 0321—0115007163 | 2007 年 11 月 26 日 |
| 27 | 0321—0115008952 | 2007 年 12 月 3 日 |
| 28 | 0321—0115008951 | 2007 年 12 月 3 日 |
| 29 | 0321—0125001676 | 2007 年 12 月 10 日 |
| 30 | 0321—0125001328 | 2007 年 12 月 10 日 |
| 31 | 0321—0125004002 | 2007 年 12 月 17 日 |
| 32 | 0321—0125004001 | 2007 年 12 月 17 日 |

## 十三、泰国——对来自欧盟的部分产品实施的海关估价措施：欧盟请求磋商

此文件自 2008 年 1 月 25 日起在欧盟代表团和泰国代表团及争端解决机构主席间进行沟通，现根据 DSU 第 4.4 条规定予以散发。

根据 DSU 第 4 条、GATT 1994 第 22 条第 1 款、《关于实施 1994 年关税与贸易总协定第 7 条的协议》（简称海关估价协议）第 19 条的规定，就泰国海关对自欧盟进口的酒精饮料和其他产品的估价方法，欧盟请求与泰国磋商。

欧盟了解到自 2006 年 9 月泰国海关系统地拒绝自欧盟进口到泰国的酒精饮料和其他产品的申报价格，而适用于任意价格。任意价格（即“评估价格”）由（1）利润和一般费用的标准差额，和（2）应支付的关税和国内税费，（3）那些产品在泰国市场上的批发价格，而不考虑进口商的交易价格扣减计算。利润和一般费用之间差额的宽泛标准由泰国海关根据未解释和披露的信息来确定。

当所检验货物的申报价格与“评估价格”不同时，泰国海关则要求无限期的担保，或当数额较小时则要求交纳现金保证金。银行担保或现金支付依据申报价格所需交纳的关税（或国内税）与依据“评估价格”交纳的关税（或国内税）的差额而确定。

该请求涉及下列措施：

——《佛历 2469 年的海关法》；

——第 132 号行政法规（B. E. 2543）；

——第 145 号行政法规（B. E. 2547）；

——第 146 号行政法规（B. E. 2550）；

——第 2/2550 号海关法规（2007）；

——第 23 号海关通告（B. E. 2549）和第 14/2549 号海关通告；

——海关手续和估计标准处 2006 年 8 月 3 日发布的海关内部备忘录 0519/5555；

——海关手续和估计标准处 2006 年 8 月 22 日发布的关于海关估价的海关内部备忘录；

——2006 年 9 月 27 日发布的海关内部备忘录 0519/2266；

——2006 年 10 月 6 日发布的海关内部备忘录 0519/2386；

——2006 年 10 月 24 日举行的关于烟草、酒精和啤酒产品的利润和一般费用比率的测算原则总结大会上确定的原则；

——关于估税上诉操作规则的海关通告 29/2549；

——泰国海关测算来自欧盟的酒精饮料和其他产品海关估价的方法；

——对自欧盟进口的酒精饮料施加歧视性关税待遇。

就上述的每一项措施，该请求也包括对其的任何修订、替代、延伸、具体执行措施和与之相关的其他措施，也不限于泰国的任何确认、延伸、修订或其他影响这些争议措施的行为。

欧盟认为上述泰国的法律、法规和具体执行措施以及测算海关估价的方法，系统地拒绝自欧盟进口的酒精饮料和其他产品的申报价格所依据的法律、法规和其他行为和决定，与泰国在 WTO 协定下的义务不相符。欧盟认为这些措施尤其与以下条款不相符：

i) GATT 1994 第 1 条、第 2 条、第 3 条、第 5 条和第 6 条；

——泰国的行为与 GATT 1994 第 1 条第 1 款的规定不相符，泰国未能在对进口产品所征收的关税和费用方面，在征收上述关税和费用的方法方

面，在进口产品的规章手续方面，对来自其他国家的产品所给予的利益、优惠、特权或豁免，立即无条件地给予来自欧盟的同类产品。

——泰国的行为与 GATT 1994 第 2 条 1（a）款和第 2 条 1（b）款的规定不相符，泰国给予欧盟贸易的待遇低于泰国减让表中所规定的待遇。泰国的行为进一步与 GATT 1994 第 2 条第 3 款不相符，泰国变更了完税价格的测算方法，以致损害了有关减让表所规定的任何减让价值。

——泰国的行为与 GATT 1994 第 3 条不相符，尤其与第 3 条第 2 款的第 1 句、第 2 句，以及 GATT 1994 第 3 条第 4 款的规定不相符。

——泰国的行为与 GATT 1994 第 5 条的规定不相符，尤其与 GATT 1994 第 5 条第 1 款和第 3 款的规定不相符，泰国没有立即公布其普遍适用的法律、法规、司法判决及行政裁决，没有以统一、公正和合理的方式实施所有的法律、法规、决定和判决。

——泰国的行为与 GATT 1994 第 6 条的规定不相符，泰国除征收关税、税收或其他费用外，设立和维持对自欧盟进口产品的限制措施。

ii）GATT 1994 第 7 条、《海关估价协议》所列的条款，它们各自包含进协议附件 1 的解释性说明，以及关于海关有理由怀疑申报价格真实性和准确性的情况的部长级决议：

——泰国的行为与 GATT 1994 第 7 条的规定不相符，泰国未能承认第 7 条所规定的估价一般原则的有效性，也没有实施这些原则，泰国海关没有依据进口商品的实际价格进行海关估价，也没有以此作为计征关税的依据，也未能保持确定产品价值的根据和方法的稳定性，未能给出充分的公告以便贸易商较为准确地估计海关的估价。

——泰国的行为与《海关估价协议》的第 1.1 条和第 1.2 条及其解释性说明的规定不相符，泰国系统地拒绝使用自欧盟进口的酒精饮料和其他产品的成交价格作为海关估价的依据，而且没有按照《海关估价协议》（第 1 条和第 6 条）的规定顺序使用其所列的估价方法。另外，泰国的行为与《海关估价协议》第 1.2 条及其解释性说明的规定不相符，如果海关有理由认为此种关系影响价格，泰国海关没有将其理由告知进口商，也没有给予进口商作出反应的合理机会。

——泰国的行为与《海关估价协议》第 5 条及其解释性说明的规定不相符，泰国海关对进口产品的海关估价没有依据扣除条款所列的内容后的进口货物所售的单位价格。

——泰国的行为与《海关估价协议》第 11 条及其解释性说明的规定不相符，泰国没有规定在确定海关估价方面，进口商有进行上诉而不受处罚的权利。

——泰国的行为与《海关估价协议》第 12 条的规定不相符，泰国实施本协定的普遍适用的法律、法规、司法决定和行政裁决没有以符合 GATT 1994 第 10 条规定的方式予以公布。

——泰国的行为与《海关估价协议》第 16 条和关于海关有理由怀疑申报价格真实性和准确性的情况的部长级决议的规定不相符，泰国未能给予进口商书面说明泰国海关是如何确定进口商货物的完税价格的。

——泰国的行为与《马拉喀什建立世贸组织协定》第 16 条第 4 款和《海关估价协议》第 22 条的规定不相符，泰国没有确保其法律、法规和行政程序符合 WTO 协定所规定的义务。

欧盟认为泰国的措施也剥夺和减损了欧盟在 GATT 1994 下所应享有的利益。

欧盟保留在磋商期间依据 WTO 协定的其他条款就上述措施进一步提起申诉和其他法律措施的权利。

欧盟希望在适当的时候收到泰国对此请求做出的回复。欧盟愿意考虑在双方都方便的日期与泰国进行磋商。

## 十四、印度——对进口葡萄酒和烈酒的特定关税和其他措施：欧盟请求磋商

此文件自 2008 年 9 月 22 日起在欧盟代表团和印度代表团及争端解决机构主席间进行沟通，现根据 DSU 第 4.4 条规定予以散发。

根据《补贴与反补贴措施协议》（简称“SCM 协议”）第 4 条和第 30 条，DSU 第 4 条和 GATT 1994 第 22 条第 1 款的规定，就由印度马哈拉施特拉和果阿邦实施的瓶装葡萄酒和烈酒征收歧视性关税，以及泰米尔纳德邦针对零售的限制措施，欧盟在此请求与印度政府磋商。这些措施阻碍了自欧盟到印度的葡萄酒和烈酒的出口（HS 编码 22.04、

22.05、22.06 和 22.08)。

1. 印度马哈拉施特拉邦适用的歧视性关税

欧盟认为马哈拉施特拉邦适用的“特别费”向进口瓶装葡萄酒和烈酒征收的税多于国内同类产品。马哈拉施特拉邦对于下列酒类产品——由该邦的葡萄制造的没有添加酒精的作为自有品牌制造的烈酒、或没有混合在该邦制造的烈酒，或穿过关境带来的或从其他邦带来的烈酒——免除了“消费税”。这对进口品来说相当于为国内产品进行了补贴，使进口烈酒承受了比国内同类产品更高的税负。显然最近修改的法规仍然向进口的葡萄酒和烈酒征收高于国内同类产品的税。

这些争议措施包括但不限于下列内容：

——《1949 年孟买禁令》；

——《1954 年孟买外国酒和精馏酒精（运输）费规定》；

——《1953 年孟买外国酒规定》；

——《1996 年马哈拉施特拉饮用酒精规定（以最高零售价格为准）》；

——2008 年 8 月 28 日 MIS 通告 1107/CR—40/II/EXC—3；

——2008 年 8 月 4 日 No. BPA. 1108/CR—23/EXC—3 通告《马哈拉施特拉饮用酒精规定》（以最高零售价格为准）（第二次修订）；

——2008 年 8 月 4 日 No. BPA. 1108/CR—23/EXC—3 通告《2008 年孟买外国酒和精馏酒精（运输）费规定（修订）》；

——MIS 通告 1107/CR—33（1）/EXC—3；2007 年 7 月 10 日 MIS 1107/CR—33（2）/EXC—3 和 MIS 1107/CR—33（3）/EXC—3/1954 年孟买外国酒和精馏酒精（运输）费规定的修订和 1953 年孟买外国酒规定的修订，和 1996 年马哈拉施特拉饮用酒精规定（以最高零售价格为准）的修订；

——2007 年 11 月 12 日 MIS 通告 1107/CR/CR—33（1）/EXC—3，1954 年孟买外国酒和精馏酒精（运输）费规定的修订；

——1996 年 10 月 19 日由马哈拉施特拉邦的消费税委员会发布的增值税简便计算表；

——2006 年 3 月 31 日通告 BWR 1105/CR—9/EXC—3，修订 2006 年 3 月 31 日通告 BWR 1105/CR—9（1）/EXC—3。

欧盟认为这些措施与 GATT 1994 第 3 条、第 2 段和第 4 段，以及《补贴与反补贴协议》第 3.1（b）条和第 3.2 条的规定不相符。

——“特别费”与印度在 GATT 1994 第 3 条第 2 款下的义务不相符，因为这使进口的 BIO 瓶装葡萄酒和烈酒交纳的国内税高于国内同类产品。

——国内烈酒的“消费税”豁免与《补贴与反补贴协议》第 3.1（b）条和第 3.2 条的规定不相符，因为依据 SCM 协议第 3.1（b）条的规定，整个消费税——对于由该邦的葡萄制造的无添加酒精或没有混合任何其他烈酒的酒——的返还，相比进口产品被视为对国内产品的补贴，是 SCM 协议第 3.2 条所禁止的。

——“消费税”豁免与 GATT 1994 第 3 条第 4 款的规定不相符，因为欧盟的产品输入到印度的领土时，在关于产品的国内销售、推销、购买、运输、分配或使用的全部法律、法令和规定方面，所享受的待遇低于国内同类产品所受到的待遇。

欧盟认为这些措施剥夺或减损了欧盟在 GATT1994 下所应享有的利益。

SCM 协议第 4.2 条规定在 SCM 协议第 4.1 条规定下的磋商请求应提供一份对所涉及的补贴的存在和性质的说明，并附有可以得到的证据。该请求确认了补贴的存在和性质，也将可行的证据附在该请求的附件中。

2. 印度果阿邦适用歧视性关税

欧盟认为果阿邦适用的“进口费”和“标签登记费”向进口的葡萄酒和烈酒征收的国内税超过了国内同类产品。依据最近修订的法规，对进口葡萄酒和烈酒的“进口费”的征收依据其最高的零售价格。但这种“进口费”并不适用于邦内的同类产品。进口葡萄酒每年所支付的初始“标签登记费”比国内同类产品高达 4 倍。而进口的烈酒每年所支付的初始“标签登记费”比国内同类产品高达 25 倍。

争议措施包括但不限于以下内容：

——《1964 年果阿消费税法》；

——《1987 年概括条款法》（1987 年中央法 10），第 21 节；

——1976 年 3 月 25 日通告 No Fin（Rev）/2—35/15/75（C），由 2004 年 3 月 22 日通告 1/1/2004—Fin（R&C）修订；

——2006 年 3 月 31 日通告 1/6/2006－Fin (R&C)；

——2007 年 11 月 20 日 Notification 1/2/2007 Fin (R&C)；

——2008 年 4 月 23 日通告 1/1/2008 Fin (R&C) (A)；

——2008 年 8 月 13 日通告 1/1/2008－Fin (R&C) 部分。

欧盟认为这些措施与 GATT 1994 第 3 条和第 2 段的规定不相符，尤其是与以下内容不相符：

——"进口费"与印度在 GATT 1994 第 3 条第 2 款下的义务不相符，因为这使进口的 BIO 瓶装葡萄酒和烈酒所征收的国内税高于国内同类产品；

——"标签登记费"与印度在 GATT 1994 第 3 条第 2 款下的义务不相符，因为这使进口的 BIO 瓶装葡萄酒和烈酒所征收的国内税高于国内同类产品。

欧盟认为这些措施剥夺或减损了欧盟在 GATT1994 下所应享有的利益。

3. 印度泰米尔纳德邦限制零售的措施

欧盟认为根据泰米尔纳德邦的法律，向该邦进口、运输和售卖葡萄酒和烈酒是被禁止且会受到罚款和监禁的惩罚。只有泰米尔纳德邦所颁发的进口、运输和售卖的许可执有者才不受该禁令影响。这些措施目前为从印度其他邦的葡萄酒和烈酒和其他 WTO 成员的葡萄酒和烈酒的进入和进口到泰米尔纳德邦或在其内运输，设立了授予许可的法律基础。这也为在印度其他邦生产的葡萄酒和烈酒在泰米尔纳德邦的销售（包括批发和零售）颁发许可建立了法律基础，但是甚至在最近修订后，也没有为自其他 WTO 成员进口到印度的葡萄酒和烈酒的销售建立法律基础。另外，泰米尔纳德邦政府的实际做法显然确认了自其他 WTO 成员进口到印度的葡萄酒和烈酒在该邦的销售（包括批发和零售）是被禁止的，而且政府也不会签发这样的销售许可。

此外，最近修订的法律适用"特别费"也使进口的葡萄酒和烈酒征收的税高于国内同类产品。

有争议的措施包括但不限于下列内容：

——《1937 年泰米尔纳德禁令》第 3 节、第 4 节、第 17－B 节、第 17－C 节、第 17－E 节和第 24 节；

——《1937 年泰米尔纳德禁令》第 18－B 节；

——禁止和消费税部门通告 NII//PE/239d/81；

——2003 年 6 月 3 日 G. O. MS 113；

——2003 年 6 月 3 日 G. O. MS 112；

——《1981 年泰米尔纳德酒（许可证和允许）规定》；

——1981 年泰米尔纳德酒（许可证和允许）规定的修订，（G. O. Ms. No40，禁止和消费税(8)，2008 年7月1日)，No SRO A－19 (a－1) /2008 和 SRO A19 (a2) /2008；

——2003 年泰米尔纳德酒零售（在酒吧和商品）规定。

欧盟认为这些措施与印度在 GATT 1994 下的义务不相符：

——印度的行为与 GATT 1994 第 3 条第 4 款的规定不相符，印度未能使其他成员领土的产品输入到印度领土时，在关于产品的国内销售、推销、购买、运输、分配或使用的全部法律、法规和规定方面，所享受的待遇不低于国内同类产品所享受的待遇；或，可选，GATT 1994 第 11 条，维持禁止或限制其他成员领土的产品输入印度领土。

——印度的行为与 GATT 1994 第 3 条第 2 款的规定不相符，因为其仅对进口的葡萄酒和烈酒适用的"特别费"，导致所征收的税费高于国内同类产品。

欧盟认为这些措施也剥夺或减损了欧盟在 GATT 1994 下所应享有的利益。

就该请求中提到的每一项措施，磋商请求也包括任何对其的修订、替代、延伸、具体执行措施和其他相关措施。

欧盟保留在磋商期间依 WTO 协定的其他条款就上述措施进一步提起申诉和其他法律措施的权利。

欧盟希望在适当的时候收到印度对此请求做出的回复。欧盟愿意考虑在双方都方便的日期与印度进行磋商。

## 附件

### 现有证据声明

下面所列的证据是欧盟此时可以获得的该磋商请求中列明的补贴存在和性质的证据。这反映了关于欧盟磋商中主张的目前可获得的证据，由下列文件证明。欧盟保留未来根据需要补充或更改的权利。欧盟的磋商请求对这些补贴的性质描述得更为详细。

——《1949 年孟买禁令》；

——2006 年 3 月 31 日通告 BWR. 1105/CR－9/EXC－3。

## 十五、中国——影响金融信息服务和外国金融信息提供者的措施：欧盟请求磋商

此文件自 2008 年 3 月 3 日起在欧盟代表团和中国代表团及争端解决机构主席间进行沟通，现根据 DSU 第 4.4 条规定予以散发。

根据 DSU 第 4 条、《服务贸易总协定》（以下简称 GATS）第 22 条第 1 款《与贸易有关的知识产权协定》（以下简称 TRIPs 协定）第 64.1 条，以及 GATT 1994 第 22 条的规定，就中国实施的影响金融信息服务和外国金融信息服务提供者的措施，欧盟在此请求与中国进行磋商。

1. 争议措施

所涉及的争议措施包括但不限于以下内容：

——《关于授权新华通讯社对外国通讯社及其所属信息机构在中国境内发布经济信息实行归口管理的通知》，国务院 1995 年 12 月 31 日以 1996 年第 1 号通知发布（简称"通知"）；

——《国务院对确需保留的行政审批项目设定行政许可的决定》，国务院第 412 号令，2004 年 6 月 29 日发布；

——《外国通讯社在中国境内发布新闻信息管理办法》（以下简称"2006 年办法"），新华通讯社 2006 年 9 月 10 日发布；

——《外商投资产业指导目录（2007 年修订）》，国务院 2007 年 10 月公布，以国家发改委、商务部第 57 号令发布（以下简称"目录"）；

——《国务院关于非公有资本进入文化产业的若干决定》，国务院 2005 年 4 月 13 日发布；

——《关于文化领域引入外资的若干意见》，文化部 2005 年 7 月 6 日发布；

——《关于文化产业中外资的意见》，文化部 2005 年 8 月 5 日发布；

——《关于审批和管理外国企业在华常驻代表机构的实施细则》，对外贸易经济合作部 1995 年 2 月 13 日发布；

——《国家工商行政管理局关于外国企业常驻代表机构的登记管理办法》，1993 年 3 月 5 日；

——《互联网信息服务管理办法》；

——《互联网新闻信息服务管理规定》，国务院新闻办公室和信息产业部 2005 年 9 月 25 日发布。

在华提供金融信息服务的外国机构被视为新闻机构。因此，金融信息服务属于禁止外商投资的服务领域。由于这一事实，除代表处外，中国不准外国金融信息提供者设立任何形式的商业存在。

"新华通讯社"是中国国家新闻机构，但它同样兼任外国新闻机构和外国金融信息提供者的监管机构。新华社负责外国金融信息提供者的审批程序。因此，金融信息服务提供者要遵守"2006 年办法"，需要新华社的批准方可运营。提供金融信息服务的外国机构仅通过新华社指定的代理才能运营，而且禁止用户直接征订他们的服务。此外，潜在用户只有通过与指定机构签订订用协议才能订阅外国金融信息服务提供者的服务。

作为部分争议措施，新华社仅仅指定中国经济信息社（简称 CEIS）——新华社的分支——作为"2006 年 9 月办法"所规定的代理机构。自 2007 年起，只有与中国经济信息社签订了代理协议的外国金融信息提供者才能重获许可。

（1）外国金融信息提供者需遵守更多的运营要求，包括变更业务范围、传播手段等事项的，应当在变更前向新华通讯社重新申请核发批准文件，应当每年在规定期限内分别就其发布、代理新闻信息等经营活动的情况向新华通讯社提交报告。作为年度审查的一部分，外国金融信息提供者需向新华社涉外信息管理中心（简称 FIAC）提供关于其服务和客户的有商业价值的保密信息。同样，外国金融信息提供者的客户在签约提供金融信息服务时需要向 FIAC 提交所有合同信息。

（2）"2006 年办法"取代了新华社 1996 年 4 月 15 日发布的以"通知"为基础的《外国通讯社及其所属信息机构在中国境内发布经济信息的管理办法》。依据新华社和欧盟 1997 年 11 月 10 日的交换信函，欧盟的金融信息提供者在此"通知"下的待遇得到明确：新华社涉外信息管理中心不得干涉欧盟金融信息提供者和其客户的交易，并保证任何

对向其提交的信息保密；不要求金融信息提供者提供其与客户间金融交易的详细信息；承诺在收到金融信息提供者在华业务介绍文件后的20个工作日内批准其许可申请。2006年以前，外国金融信息提供者要持依据这些规定开出的年审许可在中国运营和发展业务。

作为部分争议措施，2007年6月20日，新华社推出了"新华08"，作为一金融信息提供者以商业基础提供服务，并与其他服务提供者进行竞争。无论是"新华08"，还是其他国内金融信息提供者，都无需通过代理或中介提供服务，也无需遵守任何其他类似要求。

关于此部分所提到上述措施，该请求也包括任何对其的修正、替代、扩展、具体执行措施或任何与之相关的措施。

2. 中国的承诺

中国《服务贸易具体承诺减让表》包括模式3下的水平承诺冻结条款（简称"冻结条款"）："对于各合同协议或股权协议，或设立或批准现有外国服务提供者从事经营或提供服务的许可中所列所有权、经营和活动范围的条件，将不会使之比中国加入WTO之日时更具限制性。"此外，水平承诺中没有对中外合作企业的设立施加任何限制。然而，对于外国企业在中国设立分支机构不作承诺，除非在具体分部门中另有标明。

同样，中国《服务贸易具体承诺减让表》部门7"金融服务"，分部门B"银行及其他金融服务"，分部门（k）中，对于模式1、2和3金融信息服务的提供不做限制。就模式3而言，承诺表规定（中国金融服务部门进行经营的）批准标准仅为审慎性的，而且规定了"允许外国机构设立分支机构"。

因此，中国对于模式1、2和3提供和转让金融信息不做限制，而且对于模式3适用于中国入世时的外国服务提供者的所有权、经营和活动范围的条件，作出了冻结承诺。

此外，《中国入世工作组报告书》（WT/ACC/CHN/49）第309段规定"中国代表确认，对于包括在中国具体承诺减让表中的服务部门，相关管理机构将独立于其所管理的任何服务提供者，且不对其负责，但快递和铁路运输服务除外。对于这些例外的部门，中国将遵守《WTO协议》和议定书草案的其他相关规定。工作组注意到这些承诺。"这一段的内容在《工作组报告书》第342段中也提到了。因此，中国的承诺包含在《入世议定书》中，构成了《马拉喀什建立世界贸易组织协定》不可分割的一部分。

3. 法律基础

欧盟认为上述争议措施显然与中国根据GATS、TRIPs协定，以及《中国入世议定书》的规定所应承担的义务不相符。尤其是上述措施表明中国的做法似乎与下列条款的规定不相符：

——GATS第16条第2（a）款：中国以数量配额、垄断、专营服务提供者或经济需求测试要求的形式限制服务提供者的数量。

——GATS第16条第2（e）款：中国不允许外国金融信息提供者设立除代表处以外的其他法律实体。

——GATS第17条：施加歧视性规定，导致外国服务和外国金融信息提供者受到低于国内服务提供者的待遇——尤其是规定外国金融服务提供者通过指定的代理机构提供其服务，而对国内提供者却没有做相应的规定。2007年拒绝向外国金融信息服务提供者发放新许可，使竞争条件更有利于国内服务和服务提供者。

——中国《服务贸易具体承诺减让表》中的冻结条款：中国目前批准现有外国服务提供者从事经营或提供服务许可时所设所有权、经营和活动范围的条件明显提高。

——GATS第18条和中国《服务贸易具体承诺减让表》冻结条款可选。

——中国在《中国入世工作组报告书》的第309段所作的承诺——相关监管机构应独立于其所管理的任何服务提供者，且不对其负责——包含在《中国入世议定书》中，构成了《马拉喀什建立世界贸易组织协定》不可分割的一部分。

——TRIPs第39.2条：中国无法保证，可能防止他人在未经对于金融信息服务提供者同意的情况下以非诚实商业行为的方式，披露、获得或使用其试图保护的合法控制的机密的有商业价值的信息。

该磋商请求中提到的上述措施显然也直接或间接剥夺或减损了欧盟依据相应协议所能享有的利益。

欧盟保留在磋商过程中就上述问题举证额外争

议点的权利。

欧盟期待尽快收到中国对此请求的回复，并确定一个双方都方便的日期在日内瓦进行磋商。

## 十六、中国——影响金融信息服务和外国金融信息提供者的措施：加拿大请求磋商

此文件自2008年6月20日起在加拿大代表团和中国代表团及争端解决机构主席间进行沟通，现根据DSU第4.4条规定予以散发。

受我国政府授权，根据DSU第1条和第4条，以及《服务贸易总协定》（以下简称“GATS”）第22条的规定，加拿大代表团就影响金融信息服务和服务提供者的特定措施，请求与中国进行磋商。

中国在《服务贸易具体承诺减让表》中，金融服务部门，就提供和转让金融信息做出了市场准入和国民待遇的承诺。同时，在《服务贸易具体承诺减让表》中中国也做出了一项水平“冻结”承诺，对于合同协议，或设立或批准现有外国服务提供者从事经营或提供服务的许可中所列所有权、经营或活动范围的条件，将不会使之比中国加入WTO之日时更具有限制性。尽管做出了这些承诺，中国的各种措施似乎对于试图向在华客户提供金融信息的外国服务提供者，施加了市场准入的限制和歧视性规定。

中国规定外国金融信息提供者通过新华通讯社（以下简称“新华社”）指定的机构来提供服务。新华社仅仅指定了一家代理机构——中国经济信息社（以下简称“CEIS”）——这是新华社旗下的商业公司。中国禁止外国金融信息提供者直接发展其服务订阅，规定必须通过新华社指定的代理机构来完成订阅。中国同样禁止境内金融信息服务用户直接订阅外国提供商的服务。另外，为了重获许可，中国规定外国金融信息提供者向涉外信息管理中心（以下简称“FIAC”）——新华社系统中的一家管理机构——提供关于其金融信息服务以及客户的具体和机密的信息，以及与指定代理机构的协议副本。中国也规定客户向涉外信息管理中心提供他们与外国提供者之间的金融信息服务合同的详细信息。这些或者其他的规定和限制似乎表明：与那些未受到这些规定和限制影响的中国金融信息服务和服务提供者相比，外国金融信息服务及服务提供者受到了较低的待遇。

除有限制的代表处外，中国似乎也禁止外国金融信息服务提供者建立任何性质的商业存在。

在其《中国入世议定书》中（也包含了《中国加入工作组报告》第309段所做出的承诺），对于承诺表中包含的服务，中国承诺保证其监管机构独立于其监管的服务提供者，且不对其负有责任。新华社的组织结构包含的相关实体和附属机构，似乎既是外国金融信息提供者的监管者，又是这些外国金融信息提供者在中国境内的竞争者。比如，作为新华社商业实体的中国经济信息社，除负责外国金融信息提供者的审批外，也提供金融信息服务。2007年6月20日，新华社还开通了“新华08”这样一个信息提供者，以商业的方式提供服务，并与外国服务提供者展开竞争。新华社内部主管涉外信息管理中心的人员也似乎参与了新华社的商业行为。因此，中国似乎未能建立起一个与被监管的服务提供者相独立且不对其负责的监管机构。

与中国加入WTO时相比，中国显然向外国金融信息提供者施加了更为严格的规定。按照中国入世时关于发放许可的规定，中国允许外国金融信息提供者与在华的客户订立合同，允许他们向这些客户直接提供服务，并允许不提供监管要求的与客户金融交易细节也可获批许可。

加拿大认为，中国已经实施的这些规定和限制性措施包括但不仅限于以下内容，以及任何对其的修正和与之相关的其他措施或具体执行措施：

- 《关于授权新华通讯社对外国通讯社及其所属信息机构在中国境内发布经济信息实行归口管理的通知》（国务院1995年12月31日，以1996年国务院第一号令发布）；
- 《国务院对确需保留的行政审批项目设定行政许可的决定》（国务院第412号令，2004年6月29日）
- 《外国通讯社在中国境内发布新闻信息管理办法》（新华通讯社2006年9月10日发布）；
- 《关于外国新闻传播机构年审的通知》（针对外国金融信息提供者就年度许可证申请程序的一部分而必须向FIAC提供的相关信息的通知）；
- 《外商投资产业指导目录》（商务部及国家发展改革委员会第57号令，2007年10月31日）；
- 《国务院关于非公有资本进入文化产业的若干决定》（国务院2005年4月13日发布）；

·《关于文化领域引进外资的若干意见》（文化部第19号令，2005年7月6日）；

·《关于文化产业中外资的意见》（文化部发布，2005年8月5日）；

·《关于审批和管理外国企业在华常驻代表机构的实施细则》（外经贸部第3号令，1995年2月13日）；

·《国家工商行政管理局关于外国企业常驻代表机构的登记管理办法》（国务院1993年3月5日发布）；

·《互联网信息服务管理办法》（国务院第292号令，2000年9月）；

·《互联网新闻信息服务管理规定》（国务院新闻办公室及信息产业部，2005年9月25日发布）；

这些措施似乎与以下条款的规定不相符：

·GATS第16条；

·GATS第17条；

·GATS第18条；

·中国“承诺表”中所包含的水平冻结承诺；

·《中国入世议定书》（包括与《中国加入工作组报告书》第309段重申承诺相一致的第一部分第1.2条），作为《马拉喀什建立世界贸易组织协定》不可分割的一部分。

中国的措施似乎也直接或间接地剥夺或减损了加拿大在相应协定下所应享有的利益。

加拿大保留在磋商过程中就上述问题举证额外争议点的权利。

我们期待收到贵方对此请求做出的回复，并确定一个双方都方便的日期进行磋商。

## 十七、中国——影响金融信息服务和外国金融信息提供者的措施：美国请求磋商

此文件自2008年3月3日起在美国代表团和中国代表团及争端解决机构主席间进行沟通，现根据DSU第4.4条规定予以散发。

受我国政府授权，根据DSU第1条和第4条，以及《服务贸易总协定》（以下简称GATS）第22条的规定，美国代表团就影响金融信息服务及服务提供者的特定措施，请求与中国进行磋商。

中国在《服务贸易具体承诺减让表》中，金融服务部门，就提供和转让金融信息做出了市场准入和国民待遇的承诺。同时，在《服务贸易具体承诺减让表》中中国也做出了一项水平“冻结”承诺，对于合同协议，或设立或批准现有外国服务提供者从事经营或提供服务的许可中所列所有权、经营或活动范围的条件，将不会使之比中国加入WTO之日时更具有限制性。尽管做出了这些承诺，中国的各种措施似乎对于试图向在华客户提供金融信息的外国服务提供者，施加了市场准入的限制和歧视性规定。

中国规定外国金融信息提供者通过新华通讯社（以下简称“新华社”）指定的机构来提供服务。新华社仅仅指定了一家代理机构——中国经济信息社（以下简称“CEIS”）——这是新华社旗下的商业公司。中国禁止外国金融信息提供者直接发展其服务订阅，规定必须通过新华社指定的代理机构来完成订阅。中国同样禁止境内金融信息服务用户直接订阅外国提供商的服务。另外，为了重获许可，中国规定外国金融信息提供者向涉外信息管理中心（以下简称“FIAC”）——新华社系统中的一家管理机构——提供关于其金融信息服务以及客户的具体和机密的信息，以及与指定代理机构的协议副本。中国也规定客户向涉外信息管理中心提供他们与外国提供者之间的金融信息服务合同的详细信息。这些或者其他的规定和限制似乎表明：与那些未受到这些规定和限制影响的中国金融信息服务和服务提供者相比，外国金融信息服务及服务提供者受到了较低的待遇。

除有限制的代表处外，中国似乎也禁止外国金融信息服务提供者建立任何性质的商业存在。

在其《中国入世议定书》中（也包含了《中国加入工作组报告》第309段所做出的承诺），对于承诺表中包含的服务，中国承诺保证其监管机构独立于其监管的服务提供者，且不对其负有责任。新华社的组织结构包含的相关实体和附属机构，似乎既是外国金融信息提供者的监管者，又是这些外国金融信息提供者在中国境内的竞争者。比如，作为新华社商业实体的中国经济信息社，除负责外国金融信息提供者的审批外，也提供金融信息服务。2007年6月20日，新华社还开通了“新华08”这样一个信息提供者，以商业的方式提供服务，并与外国服务提供者展开竞争。新华社内部主管涉外信息管理中心的人员也似乎参与了新华社的商业行

为。因此，中国似乎未能建立起一个与被监管的服务提供者相独立且不对其负责的监管机构。

与中国加入 WTO 时相比，中国显然向外国金融信息提供者施加了更为严格的规定。按照中国入世时关于发放许可的规定，回顾新华社和美国政府在 1997 年的交换信函，中国允许外国金融信息提供者与在华的客户订立合同，允许他们向这些客户直接提供服务，并允许不提供监管要求的与客户金融交易细节也可获批许可。

美国认为中国已经实施的这些规定和限制性措施包括下列内容，以及任何对其的修正和与之相关的其他措施或具体执行措施：

• 《关于授权新华通讯社对外国通讯社及其所属信息机构在中国境内发布经济信息实行归口管理的通知》（国务院 1995 年 12 月 31 日，以 1996 年国务院第一号令发布）；

• 《国务院对确需保留的行政审批项目设定行政许可的决定》（国务院第 412 号令，2004 年 6 月 29 日）；

• 《外国通讯社在中国境内发布新闻信息管理办法》（新华通讯社 2006 年 9 月 10 日发布）；

• 《关于外国新闻传播机构年审的通知》（针对外国金融信息提供者就年度许可证申请程序的一部分而必须向 FIAC 提供的相关信息的通知）；

• 《外商投资产业指导目录》（商务部及国家发展改革委员会第 57 号令，2007 年 10 月 31 日）；

• 《国务院关于非公有资本进入文化产业的若干决定》（国务院 2005 年 4 月 13 日发布）；

• 《关于文化领域引进外资的若干意见》（文化部第 19 号令，2005 年 7 月 6 日）；

• 《关于文化产业中外资的意见》（文化部发布，2005 年 8 月 5 日）；

• 《关于审批和管理外国企业在华常驻代表机构的实施细则》（外经贸部第 3 号令，1995 年 2 月 13 日）；

• 《国家工商行政管理局关于外国企业常驻代表机构的登记管理办法》（国务院 1993 年 3 月 5 日发布）；

• 《互联网信息服务管理办法》（国务院第 292 号令，2000 年 9 月）；

• 《互联网新闻信息服务管理规定》（国务院新闻办公室及信息产业部，2005 年 9 月 25 日发布）；

这些措施显然与以下条款的规定不相符：

• GATS 第 16 条；

• GATS 第 17 条；

• GATS 第 18 条；

• 中国“承诺表”中所包含的水平冻结承诺；

• 《中国入世议定书》（包括与《中国加入工作组报告书》第 309 段重申承诺相一致的第一部分第 1.2 条），作为《马拉喀什建立世界贸易组织协定》不可分割的一部分。

中国的措施显然直接或间接地剥夺或减损了美国在相应协定下所应享有的利益。

我们期待收到贵方对此请求做出回复，并确定一个双方都方便的日期进行磋商。

## 十八、中国——赠款、贷款和其他奖励措施：美国请求磋商

此文件自 2008 年 12 月 9 日起在美国代表团和中国代表团及争端解决机构主席间进行沟通，现根据 DSU 第 4.4 条规定予以散发。

受我国政府授权，根据 DSU 第 1 条和第 4 条、GATT 1994 第 22 条第 1 款、《补贴与反补贴协议》（简称 SCM 协议）第 4 条和第 30 条，以及《农业协议》第 19 条的规定，就中国向其国内企业提供赠款、贷款和其他奖励的特定措施，美国代表团请求与中国磋商。根据 SCM 协议第 4.2 条规定，磋商请求附带一份现有证据声明。

A. 这些赠款、贷款以及其他奖励体现在下列措施中，以及对这些措施的任何修订、与其相关的措施或具体执行措施。

I. 关于中国世界名牌计划的措施如下：

CWTB—1.《关于开展中国世界名牌产品评价工作的通知》

CWTB—2.《关于申报 2006 年中国世界名牌产品的通知》

CWTB—3.《关于申报 2008 年中国世界名牌产品的通知》

CWTB—4.《中国名牌产品管理办法》

CWTB—5.《关于推进名牌带动战略的实施意见及其奖励办法》

CWTB—6.《关于印发〈深圳市福田区经济发展资金扶持产业技术进步实施细则〉的通知》

CWTB—7.《甘肃省人民政府关于印发〈甘肃省获得名牌产品企业奖励办法〉的通知》

CWTB—8.《关于印发〈广西壮族自治区工业企业品牌表彰奖励实施办法的〉通知》

CWTB—9.《实施〈贵阳市“十一五”科学与技术发展规划（2006—2010年）〉的若干配套政策》

CWTB—10.《中共金华市委金华市人民政府关于推进“品牌金华”建设的实施意见》

CWTB—11.《九江市人民政府关于调整和加大创建品牌城市奖励政策的通知》

CWTB—12.《关于印发〈佛山市南海区实施自主创新品牌带动及企业上市扶持奖励办法〉的通知》

CWTB—13.《南平市人民政府关于扶持重点工业企业发展的若干意见》

CWTB—14.《关于实施“工业提升”工程推进特色制造业又好又快发展的若干意见》

CWTB—15.《四川省人民政府关于印发〈四川省强力推进工业品牌战略实施意见〉的通知》

CWTB—16.《关于转发苏州市名牌带动战略奖励细则的通知》

CWTB—17.《关于转发苏州市名牌带动战略奖励细则的通知》

CWTB—18.《温州市人民政府办公室关于印发温州市质量与品牌奖励管理办法的通知》

CWTB—19.《中共武义县委武义县人民政府关于鼓励和促进中小企业发展的若干政策意见》

CWTB—20.《厦门市财政局厦门市经济发展局关于印发厦门市扶持名优产品生产发展实施细则的通知》

CWTB—21.《盐城市盐都区人民政府关于扶持重点工业企业做大做强的实施意见》

CWTB—22.《镇江市人民政府关于加快推进品牌战略的实施意见》

CWTB—23.《关于做好广东省品牌发展专项资金使用管理工作的通知》

CWTB—24.《关于印发〈关于扶持出口名牌发展的指导意见〉的通知》

II. 与中国名牌相关的措施如下：

FXB—1.《关于印发〈中国名牌产品评价管理办法（试行）〉的通知》

FXB—2.《商务部办公厅关于申请推荐“中国出口名牌”备选名单的通知》

FXB—3.《关于印发〈关于扶持出口名牌发展的指导意见〉的通知》

FXB—4.《长兴县人民政府关于进一步促进外贸发展工作的通知》

FXB—5.《德清县人民政府关于进一步加快先进制造业基地建设的若干意见》

FXB—6.《关于印发加快工业经济创新发展若干政策意见的通知》

FXB—7.《佛山市印发关于推进名牌带动战略的实施意见及其奖励办法的通知》

FXB—8.《关于印发〈福建省出口品牌发展资金使用管理暂行办法〉的通知》

FXB—9.《关于推荐2008—2009年度“重点培育和发展的出口名牌”候选企业的通知》

FXB—10.《关于印发认定“广东省外经贸厅重点培育和发展的出口名牌”意见的通知》

FXB—11.《关于认定“广东省外经贸厅重点培育和发展的出口名牌”的意见（修订版）》

FXB—12.《关于补充推荐广东省外经贸厅重点培育和发展的出口名牌备选名单的通知》

FXB—13.《关于做好广东省品牌发展专项资金使用管理工作的通知》

FXB—14.《关于2005年度促进我市外经贸发展扶持政策的通知》

FXB—15.《杭州市人民政府办公厅关于授予2007年度杭州市外贸出口先进企业金龙奖并予以表彰奖励的通报》

FXB—16.《杭州市人民政府办公厅关于促进自主出口品牌发展的指导意见》

FXB—17.《省商务厅、发改委、经委、财政厅、科技厅、国税局、工商局、质量技术监督局、黑龙江出入境检验检疫局、哈尔滨海关关于印发〈黑龙江省关于扶持出口名牌发展的指导意见〉的通知》

FXB—18.《河南省商务厅关于印发新修订的〈“河南出口名牌”评选办法〉的通知》

FXB—19.《关于印发〈河南省“十一五”期间关于扶持出口品牌（名牌）发展的指导意见〉的通知》

FXB—20.《关于评选2007—2008年度“江苏

省重点培育和发展的出口名牌”的通知》

FXB－21.《关于推进民营经济又好又快发展的若干意见》

FXB－22.《中共金华市委金华市人民政府关于推进“品牌金华”建设的实施意见》

FXB－23.《中共金华市金东区委金华市金东区人民政府关于加快工业及外向型经济发展的若干意见》

FXB－24.《九江市人民政府关于调整和加大创建品牌城市奖励政策的通知》

FXB－25.《关于印发〈佛山市南海区实施自主创新品牌带动及企业上市扶持奖励办法〉的通知》

FXB－26.《宁夏商务厅　财政厅关于印发〈宁夏品牌出口商品奖励和促进办法〉的通知》

FXB－27.《泉州市丰泽区人民政府关于印发扶持重点企业发展的若干规定的通知》

FXB－28.《关于实施“工业提升”工程推进特色制造业又好又快发展的若干意见》

FXB－29.《山东省2006年度财政鼓励外经贸发展的政策》

FXB－30.《绍兴市人民政府关于进一步鼓励市区开放型经济发展的意见》

FXB－31.《四川省人民政府关于印发〈四川省强力推进工业品牌战略实施意见〉的通知》

FXB－32.《关于转发苏州市名牌带动战略奖励细则的通知》

FXB－33.《转发关于推进名牌带动战略的政策措施的通知》

FXB－34.《批转市外贸办关于加快我市自主出口品牌发展意见的通知》

FXB－35.《湖州市吴兴区人民政府关于进一步鼓励外经贸发展的通知》

FXB－36.《中共武义县委武义县人民政府关于鼓励和促进中小企业发展的若干政策意见》

FXB－37.《厦门市重点出口企业扶持资金管理办法实施方案》

FXB－38.《厦门市贸易发展局、厦门市财政局关于印发〈厦门市重点出口企业扶持资金管理办法实施方案〉的通知》

FXB－39.《中共宁波市鄞州区委、宁波市鄞州区人民政府关于推进鄞州区经济发展的若干意见》

FXB－40.《关于印发浙江省出口品牌发展资金使用管理暂行办法的通知》

FXB－41.《关于2005年促进外经贸发展若干政策问题的通知》

FXB－42.《关于加快推进品牌战略的实施意见》

FXB－43.《温州市人民政府办公室关于印发温州市质量与品牌奖励管理办法的通知》

FXB－44.《丽水市人民政府关于加快发展市直开放型经济的若干意见》

FXB－45.《南平市人民政府关于扶持重点工业企业发展的若干意见》

FXB－46.《关于印发〈扬州市出口名牌产品专项奖励资金管理暂行办法〉的通知》

FXB－47.《闸北区促进服务外包专利品牌扶持政策实施细则》

FXB－48.《关于开展2008—2009年度“黑龙江省重点培育和发展的出口名牌”评定和奖励活动的通知》

FXB－49.《广东省名牌产品（工业类）管理办法》

FXB－50.《广东省名牌产品（农业类）管理办法》

FXB－51.《商务部、中国出口信用保险公司关于利用出口信用保险扶持出口名牌发展的通知》

III. 措施如下：

L－1.《关于2005年度促进我市外经贸发展扶持政策的通知》

L－2.《中共金华市金东区委金华市金东区人民政府关于加快工业及外向型经济发展的若干意见》

L－3.《绍兴市人民政府关于进一步鼓励市区开放型经济发展的意见》

L－4.《关于2005年促进外经贸发展若干政策问题的通知》

L－5.《省商务厅、发改委、经委、财政厅、科技厅、国税局、工商局、质量技术监督局、黑龙江出入境检验检疫局、哈尔滨海关关于印发〈黑龙江省关于扶持出口名牌发展的指导意见〉的通知》

L－6.《丽水市人民政府关于加快发展市直开放型经济的若干意见》

L—7.《南昌市人民政府关于印发南昌市外贸发展资金管理暂行办法的通知》

L—8.《宁波市江东区促进外经贸稳步发展的试行意见》

L—9.《宁波市江东区关于促进外经贸稳步发展若干意见》

L—10.《山东省2005年度鼓励外经贸发展的政策》

L—11.《山东省2006年度财政鼓励外经贸发展的政策》

L—12.《关于印发〈2003年度山东省鼓励扩大外贸出口的政策〉的通知》

L—13.《关于印发〈山东省2004年度鼓励外经贸发展的政策〉的通知》

L—14.《湖州市吴兴区人民政府关于进一步鼓励外经贸发展的通知》

L—15.《厦门市重点出口企业扶持资金管理办法实施方案》

L—16.《厦门市贸易发展局、厦门市财政局关于印发〈厦门市重点出口企业扶持资金管理办法实施方案〉的通知》

L—17.《象山县人民政府关于进一步加快发展开放型经济的若干意见》

L—18.《中共宁波市鄞州区委、宁波市鄞州区人民政府关于推进鄞州区经济发展的若干意见》

L—19.《关于印发浙江省出口品牌发展资金使用管理暂行办法的通知》

L—20.《长兴县人民政府关于进一步促进外贸发展工作的通知》

L—21.《关于印发〈深圳市福田区经济发展资金扶持产业技术进步实施细则〉的通知》

L—22.《温州市人民政府办公室关于印发温州市质量与品牌奖励管理办法的通知》

L—23.《杭州市人民政府办公厅关于修订杭州市外贸出口"金龙奖"评选条件及奖励办法的通知》

L—24.《杭州市人民政府办公厅关于促进自主出口品牌发展的指导意见》

L—25.《泉州市丰泽区人民政府关于印发扶持重点企业发展的若干规定的通知》

L—26.《关于推荐2005—2006年度"上海出口名牌商品"备选名单有关事项的通知》

L—27.《闸北区促进服务外包专利品牌扶持政策实施细则》

L—28.《上海市外经贸委关于开展2007—2008年度"上海市出口名牌"认定工作的通知》

L—29.《2006年进一步促进开放型经济发展的若干意见》

L—30.《关于开展2008—2009年度"黑龙江省重点培育和发展的出口名牌"评定和奖励活动的通知》

L—31.《关于2005年度促进我市外经贸发展扶持政策的通知》

L—32.《关于评选2007—2008年度"江苏省重点培育和发展的出口名牌"的通知》

B. A部分所提到的措施显然给满足一定出口业绩标准的中国企业提供了赠款、贷款以及其他奖励措施。因此，这些措施显然与SCM协议第3条的规定不相符。此外，这些措施在一定程度上为农产品提供了补贴，显然与《农业协议》第3条、第9条和第10条的规定不相符。这些措施也显然与中国根据《中国入世议定书》第一部分第12条第1款和第1条第2款（一定程度上也包括《中国入世工作组报告书》第234段）所承诺的义务不相符，而这些条款是中国和WTO达成的入世承诺的一部分，也是《马拉喀什建立世界贸易组织协定》不可分割的一部分。最后，赠款、贷款和其他奖励措施显然与GATT 1994第3条第4款不相符，这些措施使中国产品获得了一定程度的利益，而进口产品则没有享受到这一利益。

我们希望能够尽快收到中国政府对此请求做出的回复，以便确定一个双方都方便的日期进行磋商。

## 现有证据声明

1.《关于印发〈中国名牌产品评价管理办法(试行)〉的通知》

2.《关于开展中国世界名牌产品评价工作的通知》

3.《关于申报2006年中国世界名牌产品的通知》

4.《关于申报2008年中国世界名牌产品的通知》

5.《中国名牌产品管理办法》

6.《中华人民共和国产品质量法》

7.《国务院关于进一步加强产品质量工作若干问题的决定》

8.《关于推进名牌带动战略的实施意见及其奖励办法》

9.《关于印发〈深圳市福田区经济发展资金扶持产业技术进步实施细则〉的通知》

10.《甘肃省人民政府关于印发〈甘肃省获得名牌产品企业奖励办法〉的通知》

11.《关于印发〈广西壮族自治区工业企业品牌表彰奖励实施办法〉的通知》

12.《实施〈贵阳市“十一五”科学与技术发展规划（2006—2010年）〉的若干配套政策》

13.《中共金华市委金华市人民政府关于推进“品牌金华”建设的实施意见》

14.《九江市人民政府关于调整和加大创建品牌城市奖励政策的通知》

15.《关于印发〈佛山市南海区实施自主创新品牌带动及企业上市扶持奖励办法〉的通知》

16.《南平市人民政府关于扶持重点工业企业发展的若干意见》

17.《关于实施“工业提升”工程推进特色制造业又好又快发展的若干意见》

18.《四川省人民政府关于印发〈四川省强力推进工业品牌战略实施意见〉的通知》

19.《关于转发苏州市名牌带动战略奖励细则的通知》

20.《温州市人民政府办公室关于印发温州市质量与品牌奖励管理办法的通知》

21.《厦门市财政局厦门市经济发展局关于印发厦门市扶持名优产品生产发展实施细则的通知》

22.《中共武义县委武义县人民政府关于鼓励和促进中小企业发展的若干政策意见》

23.《盐城市盐都区人民政府关于扶持重点工业企业做大做强的实施意见》

24.《镇江市人民政府关于加快推进品牌战略的实施意见》

25.《关于做好广东省品牌发展专项资金使用管理工作的通知》

26.《关于印发〈关于扶持出口名牌发展的指导意见〉的通知》

27.《商务部办公厅关于请推荐“中国出口名牌”备选名单的通知》

28.《长兴县人民政府关于进一步促进外贸发展工作的通知》

29.《德清县人民政府关于进一步加快先进制造业基地建设的若干意见》

30.《关于印发加快工业经济创新发展若干政策意见的通知》

31.《关于印发〈福建省出口品牌发展资金使用管理暂行办法〉的通知》

32.《福建省外经贸厅关于推荐2008—2009年度“福建省外经贸厅重点培育和发展的出口名牌”候选企业的通知》

33.《关于印发认定“广东省外经贸厅重点培育和发展的出口名牌”意见的通知》

34.《关于认定“广东省外经贸厅重点培育和发展的出口名牌”的意见（修订版）》

35.《关于补充推荐广东省外经贸厅重点培育和发展的出口名牌备选名单的通知》

36.《关于2005年度促进我市外经贸发展扶持政策的通知》

37.《杭州市人民政府办公厅关于授予2007年度杭州市外贸出口先进企业金龙奖并予以表彰奖励的通报》

38.《杭州市人民政府办公厅关于促进自主出口品牌发展的指导意见》

39.《省商务厅、发改委、经委、财政厅、科技厅、国税局、工商局、质量技术监督局、黑龙江出入境检验检疫局、哈尔滨海关关于印发〈黑龙江省关于扶持出口名牌发展的指导意见〉的通知》

40.《河南省商务厅关于印发〈新修订的“河南出口名牌”评选办法〉的通知》

41.《关于印发〈河南省“十一五”期间关于扶持出口品牌（名牌）发展的指导意见〉的通知》

42.《关于开展省出口名牌企业品牌建设情况调查的通知》

43.《关于评选2007—2008年度“江苏省重点培育和发展的出口名牌”的通知》

44.《关于推进民营经济又好又快发展的若干意见》

45.《中共金华市金东区委金华市金东区人民政府关于加快工业及外向型经济发展的若干意见》

46.《江西省资助和培育出口品牌现状》

47.《宁夏商务厅、财政厅关于印发〈宁夏品

牌出口商品奖励和促进办法〉的通知》

48.《泉州市丰泽区人民政府关于印发扶持重点企业发展的若干规定的通知》

49.《山东省2006年度财政鼓励外经贸发展的政策》

50.《绍兴市人民政府关于进一步鼓励市区开放型经济发展的意见》

51.《批转市外贸办关于加快我市自主出口品牌发展意见的通知》

52.《湖州市吴兴区人民政府关于进一步鼓励外经贸发展的通知》

53.《厦门市重点出口企业扶持资金管理办法实施方案》

54.《厦门市贸易发展局、厦门市财政局关于印发〈厦门市重点出口企业扶持资金管理办法实施方案〉的通知》

55.《中共宁波市鄞州区委、宁波市鄞州区人民政府关于推进鄞州区经济发展的若干意见》

56.《关于印发浙江省出口品牌发展资金使用管理暂行办法的通知》

57.《关于2005年促进外经贸发展若干政策问题的通知》

58.《丽水市人民政府关于加快发展市直开放型经济的若干意见》

59.《南昌市人民政府关于印发南昌市外贸发展资金管理暂行办法的通知》

60.《宁波市江东区促进外经贸稳步发展的试行意见》

61.《宁波市江东区关于促进外经贸稳步发展若干意见》

62.《山东省2005年度鼓励外经贸发展的政策》

63.《关于印发〈山东省2003年度鼓励对外出口的政策〉的通知》

64.《关于印发〈山东省2004年度鼓励外经贸发展的政策〉的通知》

65.《象山县人民政府关于进一步加快发展开放型经济的若干意见》

66.《长兴县人民政府关于进一步促进外贸发展工作的通知》

67.《关于印发〈扬州市出口名牌产品专项奖励资金管理暂行办法〉的通知》

68.《关于推荐2005—2006年度"上海出口名牌商品"备选名单有关事项的通知》

69.《闸北区促进服务外包专利品牌扶持政策实施细则》

70.《广东省名牌产品（工业类）管理办法》

71.《广东省名牌产品（农业类）管理办法》

72.《上海市外经贸委关于开展2007—2008年度"上海市出口名牌"认定工作的通知》

73.《2006年进一步促进开放型经济发展的若干意见》

74.《上海2005—2006度出口品牌获奖名单》

75.《"十一五"规划纲要》

76.《关于开展2008—2009年度"黑龙江省重点培育和发展的出口名牌"评定和奖励活动的通知》

77.《商务部、中国出口信用保险公司关于利用出口信用保险扶持出口名牌发展的通知》

## 十九、中国——赠款、贷款和其他奖励措施：墨西哥请求磋商

此文件自2008年12月19日起在墨西哥代表团和中国代表团及争端解决机构主席间进行沟通，现根据DSU第4.4条规定予以散发。

根据DSU第1条和第4条、GATT 1994第22条第1款、《补贴与反补贴协议》（简称SCM协议）第4条和第30条，以及《农业协议》第19条的规定，就中国向其国内企业提供赠款、贷款和其他奖励的特定措施，墨西哥政府在此请求与中国磋商。根据SCM协议第4.2条规定，磋商请求附带一份现有证据声明。

A. 这些赠款、贷款以及其他奖励体现在下列措施中，以及与对这些措施的任何修订、与其相关的措施或具体执行措施。

I. 关于中国世界名牌计划的措施如下：

CWTB—1.《关于开展中国世界名牌产品评价工作的通知》

CWTB—2.《关于申报2006年中国世界名牌产品的通知》

CWTB—3.《关于申报2008年中国世界名牌产品的通知》

CWTB—4.《中国名牌产品管理办法》

CWTB—5.《关于推进名牌带动战略的实施意

见及其奖励办法》

CWTB－6.《关于印发〈深圳市福田区经济发展资金扶持产业技术进步实施细则〉的通知》

CWTB－7.《甘肃省人民政府关于印发〈甘肃省获得名牌产品企业奖励办法〉的通知》

CWTB－8.《关于印发〈广西壮族自治区工业企业品牌表彰奖励实施办法的〉通知》

CWTB－9.《实施〈贵阳市“十一五”科学与技术发展规划（2006—2010年）〉的若干配套政策》

CWTB－10.《中共金华市委金华市人民政府关于推进“品牌金华”建设的实施意见》

CWTB－11.《九江市人民政府关于调整和加大创建品牌城市奖励政策的通知》

CWTB－12.《关于印发〈佛山市南海区实施自主创新品牌带动及企业上市扶持奖励办法〉的通知》

CWTB－13.《南平市人民政府关于扶持重点工业企业发展的若干意见》

CWTB－14.《关于实施“工业提升”工程推进特色制造业又好又快发展的若干意见》

CWTB－15.《四川省人民政府关于印发〈四川省强力推进工业品牌战略实施意见〉的通知》

CWTB－16.《关于转发苏州市名牌带动战略奖励细则的通知》

CWTB－17.《温州市人民政府办公室关于印发温州市质量与品牌奖励管理办法的通知》

CWTB－18.《中共武义县委武义县人民政府关于鼓励和促进中小企业发展的若干政策意见》

CWTB－19.《厦门市财政局厦门市经济发展局关于印发厦门市扶持名优产品生产发展实施细则的通知》

CWTB－20.《盐城市盐都区人民政府关于扶持重点工业企业做大做强的实施意见》

CWTB－21.《镇江市人民政府关于加快推进品牌战略的实施意见》

CWTB－22.《关于做好广东省品牌发展专项资金使用管理工作的通知》

CWTB－23.《关于印发〈关于扶持出口名牌发展的指导意见〉的通知》

II. 与中国名牌相关的措施：

FXB－1.《关于印发〈中国名牌产品评价管理办法（试行）〉的通知》

FXB－2.《商务部办公厅关于请推荐“中国出口名牌”备选名单的通知》

FXB－3.《关于印发〈关于扶持出口名牌发展的指导意见〉的通知》

FXB－4.《长兴县人民政府关于进一步促进外贸发展工作的通知》

FXB－5.《德清县人民政府关于进一步加快先进制造业基地建设的若干意见》

FXB－6.《关于印发加快工业经济创新发展若干政策意见的通知》

FXB－7.《佛山市印发关于推进名牌带动战略的实施意见及其奖励办法的通知》

FXB－8.《关于印发〈福建省出口品牌发展资金使用管理暂行办法〉的通知》

FXB－9.《关于推荐2008—2009年度“重点培育和发展的出口名牌”候选企业的通知》

FXB－10.《关于印发认定“广东省外经贸厅重点培育和发展的出口名牌”意见的通知》

FXB－11.《关于认定“广东省外经贸厅重点培育和发展的出口名牌”的意见（修订版）》

FXB－12.《关于补充推荐广东省外经贸厅重点培育和发展的出口名牌备选名单的通知》

FXB－13.《关于做好广东省品牌发展专项资金使用管理工作的通知》

FXB－14.《关于2005年度促进我市外经贸发展扶持政策的通知》

FXB－15.《杭州市人民政府办公厅关于授予2007年度杭州市外贸出口先进企业金龙奖并予以表彰奖励的通报》

FXB－16.《杭州市人民政府办公厅关于促进自主出口品牌发展的指导意见》

FXB－17.《省商务厅、发改委、经委、财政厅、科技厅、国税局、工商局、质量技术监督局、黑龙江出入境检验检疫局、哈尔滨海关关于印发〈黑龙江省关于扶持出口名牌发展的指导意见〉的通知》

FXB－18.《河南省商务厅关于印发新修订的〈“河南出口名牌”评选办法〉的通知》

FXB－19.《关于印发〈河南省“十一五”期间关于扶持出口品牌（名牌）发展的指导意见〉的通知》

FXB—20.《关于评选2007—2008年度“江苏省重点培育和发展的出口名牌”的通知》

FXB—21.《关于推进民营经济又好又快发展的若干意见》

FXB—22.《中共金华市委金华市人民政府关于推进“品牌金华”建设的实施意见》

FXB—23.《中共金华市金东区委金华市金东区人民政府关于加快工业及外向型经济发展的若干意见》

FXB—24.《九江市人民政府关于调整和加大创建品牌城市奖励政策的通知》

FXB—25.《关于印发〈佛山市南海区实施自主创新品牌带动及企业上市扶持奖励办法〉的通知》

FXB—26.《宁夏商务厅 财政厅关于印发〈宁夏品牌出口商品奖励和促进办法〉的通知》

FXB—27.《泉州市丰泽区人民政府关于印发扶持重点企业发展的若干规定的通知》

FXB—28.《关于实施“工业提升”工程推进特色制造业又好又快发展的若干意见》

FXB—29.《山东省2006年度财政鼓励外经贸发展的政策》

FXB—30.《绍兴市人民政府关于进一步鼓励市区开放型经济发展的意见》

FXB—31.《四川省人民政府关于印发〈四川省强力推进工业品牌战略实施意见〉的通知》

FXB—32.《关于转发苏州市名牌带动战略奖励细则的通知》

FXB—33.《转发关于推进名牌带动战略的政策措施的通知》

FXB—34.《批转市外贸办关于加快我市自主出口品牌发展意见的通知》

FXB—35.《湖州市吴兴区人民政府关于进一步鼓励外经贸发展的通知》

FXB—36.《中共武义县委武义县人民政府关于鼓励和促进中小企业发展的若干政策意见》

FXB—37.《厦门市重点出口企业扶持资金管理办法实施方案》

FXB—38.《厦门市贸易发展局、厦门市财政局关于印发〈厦门市重点出口企业扶持资金管理办法实施方案〉的通知》

FXB—39.《中共宁波市鄞州区委、宁波市鄞州区人民政府关于推进鄞州区经济发展的若干意见》

FXB—40.《关于印发浙江省出口品牌发展资金使用管理暂行办法的通知》

FXB—41.《关于2005年促进外经贸发展若干政策问题的通知》

FXB—42.《关于加快推进品牌战略的实施意见》

FXB—43.《温州市人民政府办公室关于印发温州市质量与品牌奖励管理办法的通知》

FXB—44.《丽水市人民政府关于加快发展市直开放型经济的若干意见》

FXB—45.《南平市人民政府关于扶持重点工业企业发展的若干意见》

FXB—46.《关于印发〈扬州市出口名牌产品专项奖励资金管理暂行办法〉的通知》

FXB—47.《闸北区促进服务外包专利品牌扶持政策实施细则》

FXB—48.《关于开展2008—2009年度“黑龙江省重点培育和发展的出口名牌”评定和奖励活动的通知》

FXB—49.《广东省名牌产品（工业类）管理办法》

FXB—50.《广东省名牌产品（农业类）管理办法》

FXB—51.《商务部、中国出口信用保险公司关于利用出口信用保险扶持出口名牌发展的通知》

III. 措施如下：

L—1.《关于2005年度促进我市外经贸发展扶持政策的通知》

L—2.《中共金华市金东区委金华市金东区人民政府关于加快工业及外向型经济发展的若干意见》

L—3.《绍兴市人民政府关于进一步鼓励市区开放型经济发展的意见》

L—4.《关于2005年促进外经贸发展若干政策问题的通知》

L—5.《省商务厅、发改委、经委、财政厅、科技厅、国税局、工商局、质量技术监督局、黑龙江出入境检验检疫局、哈尔滨海关关于印发〈黑龙江省关于扶持出口名牌发展的指导意见〉的通知》

L—6.《丽水市人民政府关于加快发展市直开

放型经济的若干意见》

L—7.《南昌市人民政府关于印发南昌市外贸发展资金管理暂行办法的通知》

L—8.《宁波市江东区促进外经贸稳步发展的试行意见》

L—9.《宁波市江东区关于促进外经贸稳步发展若干意见》

L—10.《山东省 2005 年度鼓励外经贸发展的政策》

L—11.《山东省 2006 年度财政鼓励外经贸发展的政策》

L—12.《关于印发〈2003 年度山东省鼓励扩大外贸出口的政策〉的通知》

L—13.《关于印发〈山东省 2004 年度鼓励外经贸发展的政策〉的通知》

L—14.《湖州市吴兴区人民政府关于进一步鼓励外经贸发展的通知》

L—15.《厦门市重点出口企业扶持资金管理办法实施方案》

L—16.《厦门市贸易发展局、厦门市财政局关于印发〈厦门市重点出口企业扶持资金管理办法实施方案〉的通知》

L—17.《象山县人民政府关于进一步加快发展开放型经济的若干意见》

L—18.《中共宁波市鄞州区委、宁波市鄞州区人民政府关于推进鄞州区经济发展的若干意见》

L—19.《关于印发浙江省出口品牌发展资金使用管理暂行办法的通知》

L—20.《长兴县人民政府关于进一步促进外贸发展工作的通知》

L—21.《关于印发〈深圳市福田区经济发展资金扶持产业技术进步实施细则〉的通知》

L—22.《温州市人民政府办公室关于印发温州市质量与品牌奖励管理办法的通知》

L—23.《杭州市人民政府办公厅关于修订杭州市外贸出口"金龙奖"评选条件及奖励办法的通知》

L—24.《杭州市人民政府办公厅关于促进自主出口品牌发展的指导意见》

L—25.《泉州市丰泽区人民政府关于印发扶持重点企业发展的若干规定的通知》

L—26.《关于推荐 2005—2006 年度"上海出口名牌商品"备选名单有关事项的通知》

L—27.《闸北区促进服务外包专利品牌扶持政策实施细则》

L—28.《上海市外经贸委关于开展 2007—2008 年度"上海市出口名牌"认定工作的通知》

L—29.《2006 年进一步促进开放型经济发展的若干意见》

L—30.《关于开展 2008—2009 年度"黑龙江省重点培育和发展的出口名牌"评定和奖励活动的通知》

L—31.《关于 2005 年度促进我市外经贸发展扶持政策的通知》

L—32.《关于评选 2007—2008 年度"江苏省重点培育和发展的出口名牌"的通知》

B. A 部分所提到的措施显然给满足一定出口业绩标准的中国企业提供了赠款、贷款以及其他奖励措施。因此，这些措施显然与 SCM 协议第 3 条的规定不相符。此外，这些措施在一定程度上为农产品提供了补贴，显然与《农业协议》第 3 条、第 9 条和第 10 条的规定不相符。这些措施也显然与中国根据《中国入世议定书》第一部分第 12 条第 1 款和第 1 条第 2 款（一定程度上也包括《中国入世工作组报告书》第 234 段）所承诺的义务不相符，而这些条款是中国和 WTO 达成的入世承诺的一部分，也是《马拉喀什建立世界贸易组织协定》不可分割的一部分。最后，赠款、贷款和其他奖励措施显然与 GATT 1994 第 3 条第 4 款不相符，这些措施使中国产品获得了一定程度的利益，而进口产品则没有享受到这一利益。

墨西哥保留在磋商过程中进一步举证事实和提起法律诉讼的权利。我们希望尽快收到中国政府对此请求做出的回复，以便确定一个双方都方便的日期进行磋商。

### 现有证据声明

1.《关于印发〈中国名牌产品评价管理办法（试行）〉的通知》

2.《关于开展中国世界名牌产品评价工作的通知》

3.《关于申报 2006 年中国世界名牌产品的通知》

4.《关于申报 2008 年中国世界名牌产品的通知》

5.《中国名牌产品管理办法》

6.《中华人民共和国产品质量法》

7.《国务院关于进一步加强产品质量工作若干问题的决定》

8.《关于推进名牌带动战略的实施意见及其奖励办法》

9.《关于印发〈深圳市福田区经济发展资金扶持产业技术进步实施细则〉的通知》

10.《甘肃省人民政府关于印发〈甘肃省获得名牌产品企业奖励办法〉的通知》

11.《关于印发〈广西壮族自治区工业企业品牌表彰奖励实施办法〉的通知》

12.《实施〈贵阳市“十一五”科学与技术发展规划（2006—2010年）〉的若干配套政策》

13.《中共金华市委金华市人民政府关于推进“品牌金华”建设的实施意见》

14.《九江市人民政府关于调整和加大创建品牌城市奖励政策的通知》

15.《关于印发〈佛山市南海区实施自主创新品牌带动及企业上市扶持奖励办法〉的通知》

16.《南平市人民政府关于扶持重点工业企业发展的若干意见》

17.《关于实施“工业提升”工程推进特色制造业又好又快发展的若干意见》

18.《四川省人民政府关于印发〈四川省强力推进工业品牌战略实施意见〉的通知》

19.《关于转发苏州市名牌带动战略奖励细则的通知》

20.《温州市人民政府办公室关于印发温州市质量与品牌奖励管理办法的通知》

21.《厦门市财政局厦门市经济发展局关于印发厦门市扶持名优产品生产发展实施细则的通知》

22.《中共武义县委武义县人民政府关于鼓励和促进中小企业发展的若干政策意见》

23.《盐城市盐都区人民政府关于扶持重点工业企业做大做强的实施意见》

24.《镇江市人民政府关于加快推进品牌战略的实施意见》

25.《关于做好广东省品牌发展专项资金使用管理工作的通知》

26.《关于印发〈关于扶持出口名牌发展的指导意见〉的通知》

27.《商务部办公厅关于请推荐“中国出口名牌”备选名单的通知》

28.《长兴县人民政府关于进一步促进外贸发展工作的通知》

29.《德清县人民政府关于进一步加快先进制造业基地建设的若干意见》

30.《关于印发加快工业经济创新发展若干政策意见的通知》

31.《关于印发〈福建省出口品牌发展资金使用管理暂行办法〉的通知》

32.《福建省外经贸厅关于推荐2008—2009年度“福建省外经贸厅重点培育和发展的出口名牌”候选企业的通知》

33.《关于印发认定“广东省外经贸厅重点培育和发展的出口名牌”意见的通知》

34.《关于认定“广东省外经贸厅重点培育和发展的出口名牌”的意见（修订版）》

35.《关于补充推荐广东省外经贸厅重点培育和发展的出口名牌备选名单的通知》

36.《关于2005年度促进我市外经贸发展扶持政策的通知》

37.《杭州市人民政府办公厅关于授予2007年度杭州市外贸出口先进企业金龙奖并予以表彰奖励的通报》

38.《杭州市人民政府办公厅关于促进自主出口品牌发展的指导意见》

39.《省商务厅、发改委、经委、财政厅、科技厅、国税局、工商局、质量技术监督局、黑龙江出入境检验检疫局、哈尔滨海关关于印发〈黑龙江省关于扶持出口名牌发展的指导意见〉的通知》

40.《河南省商务厅关于印发〈新修订的“河南出口名牌”评选办法〉的通知》

41.《关于印发〈河南省“十一五”期间关于扶持出口品牌（名牌）发展的指导意见〉的通知》

42.《关于开展省出口名牌企业品牌建设情况调查的通知》

43.《关于评选2007—2008年度“江苏省重点培育和发展的出口名牌”的通知》

44.《关于推进民营经济又好又快发展的若干意见》

45.《中共金华市金东区委金华市金东区人民政府关于加快工业及外向型经济发展的若干意见》

46.《江西省资助和培育出口品牌现状》

47.《宁夏商务厅、财政厅关于印发〈宁夏品牌出口商品奖励和促进办法〉的通知》

48.《泉州市丰泽区人民政府关于印发扶持重点企业发展的若干规定的通知》

49.《山东省2006年度财政鼓励外经贸发展的政策》

50.《绍兴市人民政府关于进一步鼓励市区开放型经济发展的意见》

51.《批转市外贸办关于加快我市自主出口品牌发展意见的通知》

52.《湖州市吴兴区人民政府关于进一步鼓励外经贸发展的通知》

53.《厦门市重点出口企业扶持资金管理办法实施方案》

54.《厦门市贸易发展局、厦门市财政局关于印发〈厦门市重点出口企业扶持资金管理办法实施方案〉的通知》

55.《中共宁波市鄞州区委、宁波市鄞州区人民政府关于推进鄞州区经济发展的若干意见》

56.《关于印发浙江省出口品牌发展资金使用管理暂行办法的通知》

57.《关于2005年促进外经贸发展若干政策问题的通知》

58.《丽水市人民政府关于加快发展市直开放型经济的若干意见》

59.《南昌市人民政府关于印发南昌市外贸发展资金管理暂行办法的通知》

60.《宁波市江东区促进外经贸稳步发展的试行意见》

61.《宁波市江东区关于促进外经贸稳步发展若干意见》

62.《山东省2005年度鼓励外经贸发展的政策》

63.《关于印发〈山东省2003年度鼓励对外出口的政策〉的通知》

64.《关于印发〈山东省2004年度鼓励外经贸发展的政策〉的通知》

65.《象山县人民政府关于进一步加快发展开放型经济的若干意见》

66.《长兴县人民政府关于进一步促进外贸发展工作的通知》

67.《关于印发〈扬州市出口名牌产品专项奖励资金管理暂行办法〉的通知》

68.《关于推荐2005—2006年度"上海出口名牌商品"备选名单有关事项的通知》

69.《闸北区促进服务外包专利品牌扶持政策实施细则》

70.《广东省名牌产品（工业类）管理办法》

71.《广东省名牌产品（农业类）管理办法》

72.《上海市外经贸委关于开展2007—2008年度"上海市出口名牌"认定工作的通知》

73.《2006年进一步促进开放型经济发展的若干意见》

74.《上海2005—2006度出口品牌获奖名单》

75.《"十一五"规划纲要》

76.《关于开展2008—2009年度"黑龙江省重点培育和发展的出口名牌"评定和奖励活动的通知》

77.《商务部、中国出口信用保险公司关于利用出口信用保险扶持出口名牌发展的通知》

（杨凤鸣译　陈泰锋校）

# ● 贸易政策审议（2008）

## 巴巴多斯贸易政策审议

1. 在巴巴多斯的经济发展中，国际贸易起到了关键的作用，货物贸易和服务贸易的总额达到GDP的133%。与世界经济的紧密联系使它维持了在发展中国家中人均收入最高和人类发展指标值最高的地位。自2002年的贸易政策审议以来，巴巴多斯开放的贸易体制、稳定的经济环境和强有力的人力资源使该国在国际分工和国际环境变化的不断调整中获得巨大利益。

2. 巴巴多斯最惠国税率一直在16.2%这样相对高的水平上，由此产生了反出口倾向。巴巴多斯采取一系列的财政政策和激励货物和服务生产的计划抵消这一倾向。这些激励计划的合理化，以及继续采取措施促进国内市场的竞争，将使巴巴多斯的支柱产业如旅游业和金融服务业获得有力的支持。他们还将通过改善财政状况，提供具有更高灵活性的反周期波动财政政策来平滑经济周期，达到改善资源配置和提高消费者福利的目的。

### 一、经济环境

3. 服务业是巴巴多斯国民经济的支柱行业，最主要的服务业是金融业、商业（包括批发和零售业）和旅游业。相比较，农业和制造业在国民经济中的重要性要低，具体来说，农业处于长期下降趋势，而制造业在上升。

4. 巴巴多斯的经济在2001年到2002年经历了短暂的经济衰退，但是随后经济发展很好。从2002年到2007年，年均GDP实际增长率达到3.9%。失业率则一直在下降，尽管2007年依然高达7.4%。由于高油价和高食品价、国内需求压力以及高额的财政债务，通货膨胀率从2002年的0.2%增长到2006年的7.3%，但在2007年，通货膨胀率显然得到了控制（2007年为4.1%）。巴巴多斯的固定汇率制度意味着反周期波动财政政策必须依赖大量的财政工具，但是这些工具的使用却受到持续的财政赤字和巨额财政债务的限制。

5. 巴巴多斯经常账户持续赤字较大，平均为2002年到2007年GDP的9.7%，服务贸易账户的顺差没能抵消货物贸易的逆差。经常账户赤字通常由公共资本和私人资本的流入来平衡。货物贸易已经扩张到GDP的65%。货物贸易略低于货物贸易和服务贸易总额的四分之一；相反货物进口却占全部进口额的80%。服务出口绝大部分由旅游和金融服务组成。

### 二、贸易政策和投资制度

6. 支持多边贸易体制和参与加勒比共同体（CARICOM）是巴巴多斯贸易政策的核心。巴巴多斯是WTO的创始成员方，它拥护WTO对发展中国家采取特殊的和有差别的政策，并承认小型、脆弱的、发展中的经济体的特殊地位和需求。巴巴多斯加入了《服务贸易总协定》下关于电信服务的协议，但是没有参加金融服务协议。它也没有以原告或被告的身份参与多边争端解决程序。

7. 巴巴多斯在加勒比共同体（CARICOM）框架下，即在建立一体化的、单一的市场和经济的进程中，制定和执行本国的贸易政策。通过它的加勒比共同体（CARICOM）成员国身份，巴巴多斯维持对哥伦比亚、哥斯达黎加、古巴、多米尼加共和国、委内瑞拉特惠国待遇。巴巴多斯的出口受惠于一些发达国家的非互惠性贸易优惠安排。

8. 巴巴多斯的投资体系对外国投资者一般是开放的；对加勒比共同体的公民和公司的待遇与国内投资者是相同的。外国投资受限制的领域包括旅游代理人、某些地面交通服务和食品零售服务。对非加勒比共同体的投资者还限制股权转让。巴巴多斯有八个双边投资协定。

## 三、货物市场准入

9. 巴巴多斯执行加勒比共同体的统一对外（非成员国）关税，但也有例外情况。巴巴多斯实际最惠国关税税率在2007年平均为16.2%，略低于2002年的水平，但在加勒比共同体中是最高的。通过给予国内生产者一系列的免税措施，有效的关税保护得到进一步增强。

10. 巴巴多斯农产品实际最惠国关税的平均税率（按WTO定义为33.7%）远高于其他产品（12.8%）。在贸易政策审议期间，国内制造业产品的关税增加到60%，由于乌拉圭回合谈判协议承诺降低配额外税率，某些农产品的关税较低。环境税仅对进口品征收；在2005年到2007年间，进口税增加接近6个百分点。

11. 巴巴多斯对鱼和鱼产品之外的其他产品采取限制性关税。农产品（按WTO定义）限制性税率至少为100%，其他产品至少为70%。巴巴多斯还征收其他限制性税费，大约为70%或更高。

12. 巴巴多斯的进口程序相当简单。所有进口商都必须注册。巴巴多斯将交易价值作为计税基础；低报一直是当局关注的问题。巴巴多斯对有些产品有进口许可证要求，对从加勒比共同体成员国或非成员国进口产品采取不同的许可制度。

13. 巴巴多斯虽然没有采取反倾销措施，但是对从特立尼达和多巴哥进口牛奶施行限制措施。它延期更新保证遵守加勒比共同体的相关法律。巴巴多斯既没有贸易保护立法，也没有采取保护措施。

14. 巴巴多斯的政府和私人部门联合办事处负责技术规定和标准的执行。在巴巴多斯，一些技术规定的执行仍然存在挑战，政府正在寻求强化本国的监管和执行能力。巴巴多斯仅在2002年向WTO通报过一次动植物卫生检疫措施；新植物保护法案于2007年生效，尚未通知WTO。

## 四、出口措施

15. 巴巴多斯继续通过采取一系列财政和其他激励计划来促进出口。巴巴多斯已经将5个这样的计划通知WTO，其中包括出口补贴计划。巴巴多斯已经根据《补贴与反补贴措施协议》第27.4条要求获得这些计划的授权。绝大部分措施是以免税期的形式给予激励。

16. 对棉花出口征税使生产者获得益处。巴巴多斯没有实施基于经济理由的出口限制，包括采取税费形式的限制。

## 五、其他影响贸易的措施

17. 除了出口支持计划，货物和服务的生产者也从减税和其他补贴措施中获益。尽管这些补贴的直接财政成本看起来不高，且基于合理化目的，但对许多激励计划进行重新评估会进一步提高这些措施使用的透明度和有效性，减少这些措施的扭曲，从而有助于改善巴巴多斯的财政状况。

18. 自贸易政策审议以来，巴巴多斯制定和推行了综合性的竞争政策和立法，对该国规模较小的、集中化的市场发挥了潜在的促进作用。政府在许多企业拥有股份，如农业、公用事业、交通业、金融业、旅游业。巴巴多斯限制国营贸易参与对小鸡和火鸡翅的进口。事实上，某些国有企业是唯一的交易者：如唯一的原油出口公司和唯一的柴油、汽油和燃料油的进口公司。

19. 巴巴多斯不是《政府采购协议》的成员国。由于国内经济规模较小，大约占GDP 8%的政府采购绝大部分来于进口产品。合同金额在10万巴巴多斯元以上的采购通常采用公开投标方式。价值最低的投标人中标。较小金额的采购主要由登记在案的供应商提供，并要求他们公司的注册地必须是巴巴多斯。

20. 巴巴多斯的现有法律覆盖了所有《与贸易有关的知识产权协议》相关的领域。2001年，WTO知识产权委员会审议了巴巴多斯关于知识产权的法律。这些法律在2006年进行了修订，旨在更符合《与贸易有关的知识产权协议》的规定。

## 六、行业贸易政策

21. 与绝大部分发展中国家不同，除了某些小商品，巴巴多斯的产品制造成本较高。如果对竞争性进口产品没有保护措施，一些农业和制造企业就会大幅衰减。另一方面，对产品生产的保护可能也会对服务行业的国际竞争能力形成压力，例如由于限制进口最具竞争价格的原料而受影响的旅游餐饮业。

22. 在巴巴多斯，少数农业活动受到严格保护。巴巴多斯对农产品不再执行关税配额制度，而对个别进口品执行配额内限制性税率。2002年，巴巴多斯对23种农产品实行基于价格的特殊保护行动，包括某些家禽、水果和蔬菜。糖业是巴巴多斯传统的出口行业，由于成本较高和出口价格较低，已经发生大幅衰减。

23. 服务行业是巴巴多斯外汇收入的主要来源。尽管服务业在经济中占据重要地位，且其投资制度具有事实上的开放性，但巴巴多斯只有有限数量的服务行业纳入《服务贸易总协定》的安排（只有160个服务分行业中的21个）。巴巴多斯还根据多哈发展议程下的服务贸易谈判提交了一个初步的服务提案。

24. 巴巴多斯的本国和外资银行和保险运作体系相互独立。所有本国运作的商业银行绝对多数是外资企业。由于市场的寡头独占性质，中央银行建立了国内银行最低存款利率，2001年到2003年间，对贷款执行临时指导利率。2002年以来，存贷利差有所降低。离岸金融服务公司则因最低税率和免受外汇管制而获益。它们通常仅仅与非本国居民进行外国货币和资产的业务活动。

25. 在贸易政策审议期内，巴巴多斯对电信行业进行自由化改革，并比最初预想较早地结束了私人对该行业的垄断。电信业新法律已经生效，并完善了加强和刺激竞争的制度。

26. 政府控制巴巴多斯航空和航海基础设施。在贸易政策审议期间，政府还采取措施强化其商业化经营基础。机场的地面设施和某些港口服务中允许私人投资的成分。巴巴多斯政府还负责管理一个国际性的船舶登记处。

27. 巴巴多斯的专业化服务由一个综合法律和各个具体的专业法律来规范。外国人在巴巴多斯从事法律职业或建筑行业，法律要求必须在第三国给巴巴多斯公民提供同样的机会。在加勒比共同体（CARICOM）的层面，巴巴多斯正在采取措施解决和协调对执业许可证和某些职业规则的要求。

（侯迎春译　陈泰锋校）

# 文莱贸易政策审议

## 一、经济环境

1. 文莱达鲁萨兰国是一个规模较小，但相对开放的经济体，其中对外贸易和外国直接投资起着关键作用。文莱人均收入为30 000美元，是亚洲人均收入最高的国家之一。文莱的繁荣主要源于丰富的石油和天然气资源，它们占GDP的百分比从2002年的53%上升到2006年的69%；与此同时，由于价格的迅速上升，石油和天然气占出口份额从88%上升到96%。然而，在2002年到2006年期间，经济增长率保持在相对温和的2.5%的水平，面对不断增长的劳动力供给，它不足以提供足够的就业岗位。官方估计在2006年失业率达到4%，这是文莱人忧虑的原因之一。总的来说，通货膨胀率维持在1%这样一个较平缓的水平上，与新加坡的价格趋势一致，原因是文莱采取盯住新加坡元的汇率制度。通过价格控制和对重要食品和汽油的补贴，通货膨胀也受到一定程度的抑制。

2. 石油和天然气在文莱GDP和出口中的所占份额较大使文莱经济极易受外部冲击影响，特别是在这些资源最终会被挖掘殆尽的预期下。按照目前的开采速度预期，文莱的石油资源在未来10～25年间就会耗尽；天然气资源则大约可达40年。因此，政府已经在激励经济多样化，主要关注对象是制造业和服务业，特别是金融业、旅游业和交通业。尽管政府的工资和福利制度使私人部门很难与国有部门竞争，但政府已经鼓励私人部门参与投资和经营。据估计，文莱大约25%的劳动力由政府部门雇用，大约90%的文莱人在政府资助的企业就业，包括国有企业。“文莱化”政策是指对文莱人实施优先就业的政策，这一政策主要在政府部门和石油行业得到了成功的推行。

3. 因石油和天然气缴纳的税金和特许使用权费在政府的全部收入中占大约94%，石油也是政府主要的收入来源，在2002年贸易政策审议的开始阶段，这个数字是86%。然而，文莱对个人收入、商品和服务几乎不征税。因此税金收入随着石油和天然气的生产情况、价格变化以及石油与天然气生产者利润率而波动。在贸易政策审议的绝大部分时期，能源价格高涨时给政府带来的意外收入使政府具有强势财政力量稳定经济周期的影响。

## 二、贸易和投资政策框架

4. 根据文莱宪法，国王是国家和政府的最高首领。在许多年没有立法之后，2004年立法委员会重新被确定为立法机构。文莱的新法规继续规定由国王作为“紧急命令”颁布的法律权力。国际协定由国王颁布（包括WTO协定），但也必须经国内法律通过后才能在文莱具备法律效力。与WTO部分相关的许多内容，如知识产权、关税和消费税、区域和双边协定和投资，外国直接投资，在国内法律中已经进行了更新和修改。

5. 2005年，贸易政策的制定和执行权从工业和主要原料产业部转移到外交和经贸部，并由外交和经贸部与其他机构合作进行，尤其是财政部。除了审计长在宪法规定下，代表国王每年对政府财政报告进行审计外，文莱的行政管理框架的特征是贸易和与贸易相关的政策缺乏透明性，政府尽责程度缺乏透明性。尤其是，没有独立的机构来评价政府政策并推动对无效力的政策进行改革。由于缺乏一些关键领域和行业数据资料（包括国民账户、政府财政、国际收支平衡、财政体制、国家开发计划评估和与政府相关公司的业务活动情况），对贸易和与贸易相关的政策作出有效评价依然存在障碍。

6. 文莱积极参与区域贸易协定，并第一次参与双边贸易协定。它积极参加东南亚国家联盟、东亚经济增长区、亚太经济合作组织、跨太平洋战略经济伙伴协定（文莱、智利、新西兰和新加坡）。在东南亚国家联盟，文莱将对原产地为东盟成员国的产品征收税率从93%降到0%至5%。文莱、印度尼西亚、马来西亚、菲律宾建立东亚经济增长区（BIMP-EAGA）的目的是整合该地区互补的资源，有选择地发展行业经济，包括航空、海运、建筑、渔业和旅游业。跨太平洋战略经济伙伴协定的目的是自由化和便利化货物和服务贸易，并改善成员国的商务环境。

7. 文莱积极参与双边贸易活动。2002年，为了促进贸易和投资的自由化以及在诸如知识产权、信息和通信技术、生物技术、生态旅游、水产业、牲畜产品等方面的合作，文莱与美国签订了《贸易与投资框架协议》；还在一系列有贸易自由化可能的问题上进行了磋商。2007 年，文莱与日本签订了《文莱与日本的经济伙伴国协议》，旨在便利货物、服务和投资的自由流动，并促进双方在能源、人力资源开发以及科学和技术等方面的合作关系。

8. 为了促进私人部门在非石油和天然气行业的发展，文莱详细审查了本国的投资法。2001 年，为了吸引国外投资，文莱还建立了文莱经济发展理事会（BEDB）。该理事会采取新措施吸引外国直接投资，重点放在几个大型项目上，包括一个国际性的巨型港口中心。政府期望大型投资项目有助于改善文莱的国际形象，开拓经济多样化进程，并为当地劳动力提供充分的就业机会。根据早期的估计，该措施效果显著。外国投资，包括 100%的国外股权，允许进入自然资源行业（尤其是农业和渔业）、与国内食品安全有关的行业以外的任何行业。自然资源行业（尤其是农业和渔业）、与国内食品安全有关的行业要求本国资本份额最少不得低于 30%。

9. 为了鼓励外国投资，文莱提供了税收激励措施，特别是对初创计划的激励措施。文莱豁免企业所得税（非石油公司通常免除 30%），最长豁免时间为 11 年，包括对植物、机器和设备，以及文莱没有的原材料进口。由于 2006 年企业所得税的 95%来自石油和天然气公司，显然，非石油行业的公司是该计划的主要受益者。文莱投资局负责管理文莱规模庞大的财政资金的投资工作。尽管这项大额资金被认为已投资到海外，但秘书处并没有收到文莱投资局负责的全部对外投资资产和投资组合的相关信息。

## 三、贸易政策和政策的实施

10. 文莱承诺对来自所有 WTO 成员方的产品提供最惠国待遇。文莱的实际最惠国税率较低，2007 年平均为 4.8%，农产品为 0%，而非农产品平均为 5.4%，税率从 0%到 30%不等。大约 99%的征税为从价税，有 131 种产品实行从量税。从量税主要针对手表、香烟、咖啡、茶、汽油和润滑油。由于文莱打算取消相对较高的从价等值关税，从价关税的估计又无法获得，因此，将这些从量关税包含在平均实际最惠国税率的计算中很可能会提高文莱关税保护的总水平。文莱在 WTO 对本国大约 93%的税号作出关税约束；而平均实际最惠国税率比较低，平均约束税率是 25.8%，使实际最惠国税率与约束税率产生较大的距离。这一差距给交易商和经济主体带来一定不确定性，因为给政府当局提高税率留下了较大空间。然而，在贸易政策审议期内，文莱并没有利用过这一税率差。

11. 尽管少数进口产品依然受到非关税限制的约束，但根据东南亚国家联盟和其他更多的优惠协定，文莱继续降低关税税率。作为东盟自由贸易区共同执行具有约束性的优惠关税税率方案（CEPT）成员国，文莱继续降低优惠税率，目前是 2.4%，是实际最惠国关税税率的一半。共同执行具有约束性的优惠关税税率和最惠国税率的不同主要发生在塑料和橡胶产品、机器、交通工具和精密仪器。跨太平洋战略经济伙伴协定的结果是，除了免除少数项目的关税，如酒精、烟草、轻武器等对人类心理、身体健康和安全考虑有害的产品，到 2015 年，文莱将把目前最惠国税率约束为 0，并降低所有适用于其他产品的关税税率。根据 2007 年生效的《文莱与日本的经济伙伴国协议》，文莱承诺对一系列产品降低关税税率，包括日本车辆、汽车配件，目前这些产品的税率为 20%。

12. 尽管文莱的关税壁垒已经较低，但基于健康、安全和道德的考虑，对不同产品的许多进口禁令、进口限制、进口许可证在贸易政策审议期内基本没有改变。此外，一些产品（如大米和糖）仍然限制出口，旨在保证本国需求的满足。目前，文莱没有强制性标准（技术规范），与建筑业有关的非强制性标准有 42 个，与食品业有关的 1 个。文莱也没有建立管理技术标准的国家机构；在国家发展部基础上建立的建筑计划和研究院是标准和合格评定程序的协调机构。

13. 由于政府是文莱最大的经济活动主体，其有关政府采购和竞争的政策对贸易有着重要的影响。政府采购仍然是重要的经济政策工具，特别是政府建筑活动不仅对建筑业产生影响，对整个经济体也有重要的影响。文莱不是《政府采购协议》的签署国。尽管文莱正在考虑根据亚太经济合作组织的准则引入竞争法的可能性，但它还没有该法律；

而且，文莱已经采取措施在某些领域，如电信业，通过放松管制和合作的方式提高竞争性。文莱没有股票交易所，因此，也没有专门的公司治理法规或并购法规。

14. 为了鼓励对优先发展部门的投资，文莱继续采取广泛的税收和其他激励措施。文莱没有个人所得税和企业增值税，企业税仍然是工业政策的首要工具，对一系列创始人计划提供了税收激励政策。这些激励措施的目的是发展中小型企业(SMEs)，中小型企业在文莱占企业总数的95%。各种形式的国家开发计划试图使经济多样化，其中包括覆盖2001年到2005年的"第八计划"。这些计划是实现中期增长前景的关键因素。然而，尽管采用税收和非税收激励措施，但经营非石油的、中小企业占据主导地位的私人部门仍然比较落后，而且集中在政府支出的建筑和服务项目。除了投资激励措施，政府所有的企业，即国王所有的企业接受工业与主要资源部管理，并可直接对某些行业投资，而且在制造业中占据主导地位。关于国王对GDP或每年收入贡献情况的资料很有限，说明政府政策缺乏透明度和公共责任。

15. 文莱已经强化保护知识产权的法律框架，并正在考虑加入《世界知识产权组织版权条约》和《世界知识产权组织表演和录音制品条约》。然而，为了保护医药和农产品和工序的专利权，文莱还需要继续执行《专利权法令》。也许是由于缺乏专门机构设置的原因，文莱对保护知识产权的情况没有强有力的追踪记录，只是在该领域的一些技术服务中可获得相关信息情况。

## 四、行业政策

16. 通过成功的开发计划，文莱政府寻求经济多样化和使非石油私人部门创造更多的就业岗位。"第八计划"强调，通过发展农业、工业和某些服务业，把经济重点从石油和天然气等经济活动转移到其他行业。这些服务业必须有潜力促进经济增长，即商业、金融业、旅游业、交通和物流业。然而，文莱经济对石油和天然气行业的依赖程度不断增强。非石油和天然气制造业依然脆弱和落后，从2002年以来占GDP的比重从3%下降到1%，表明文莱经济多样化政策没有取得很大成就。

17. 在经济的某些关键行业，如石油和天然气业、电信业、交通业、能源生产与传输业，政府仍然扮演着重要的角色，经常以国有垄断的形式出现，他们的运作不受任何竞争法的束缚。尽管没有相关资料证明，但是缺乏竞争使文莱的价格和经营成本受到负面影响。国内市场的规模非常小也不利于当地和外国经济主体的参与，也阻碍了非石油和天然气业扩大经济规模，提高在国内和国际市场的竞争力。出口收入中其他唯一的重要来源是服装行业，该行业受益于《纺织品与服装协议》国际配额制度，但是随着《纺织品与服装协议》在2005年1月到期，出口下降幅度很大。

18. 石油和天然气出口在文莱经济中依然占据主导地位。文莱是东南亚第四大石油生产国，也是世界上第九大液化天然气出口国。政府鼓励经济多样化，包括支持石油和天然气的下游产业。目前，大约93%的石油和90%的天然气分别以原油或液化天然气的形式出口。其余的原油通过提炼满足国内需求。1982年设立的石油局是文莱唯一的石油和天然气行业的监管部门，它直接向2005年5月任命的能源部长提交报告。石油局的职责包括：监管文莱石油和天然气的开采，确定原油价格，确保在技术、会计、卫生和安全、环境方面符合国际标准。文莱已经撤销了"文莱石油公司"和石油局合并的计划。

19. 对于绝大部分农民家庭，由于可以得到许多收入丰厚的工作岗位，农耕已经成为兼职工作。文莱的农业规模非常小，在2006年仅占名义GDP的1%，而80%以上的食物需要从国外进口。为了减少文莱对进口食物的依赖，提高农业的自给自足程度，政府政策追求的目标是：提高国内大米、蔬菜、家禽和家畜的生产；发展农村食品工业；用新技术生产高附加值的产品；保全和保护国家生物的多样化。

20. 除了能源和建筑行业，文莱的工业依然不发达。主要的工业包括水泥生产、服装工业、预铸式混凝土结构生产、矿泉水、罐装食品、乳制品、出版和印刷。较小规模的市场、落后的私人行业、高额的工资成本、技术工人的缺乏、缓慢的官僚程序和缺乏透明度、禁止外国人拥有土地等一系列因素的共同作用使外资很难进入非石油和天然气行业。然而，制造业在2005年大约占就业人数的13%（最新可得的数据），表明制造业的劳动生产率低于其他行业的十分之一；从文莱官方无法获得制造业（甚至任何行业的）劳动生产率趋势的数据。

21. 文莱GDP中服务业所占份额从2001年的21%下降到2006年17%，其最主要的服务行业是金融和商业服务、批发和零售、交通和通讯。政府认识到服务业对经济发展的重要性，且为了实现将文莱转变为“贸易和旅游服务中心”的目的，文莱政府大力促进贸易、旅游、商业和文莱内外通讯的发展，并大兴基础设施建设，包括对文莱国际机场的设施进行升级、扩展文莱的主要港口穆拉港、提高通信服务网络的能力以增加渗透率、扩大国内外邮政服务的覆盖面。这些努力已经获得一定效果。

22. 在贸易政策审议期内，文莱极大地强化了金融业的监督和管理，包括努力推行金融健全指标的检测。特别是，在颁布了新的银行、金融公司、保险和证券修订法令后，监管框架与国际标准更趋一致。法规为现场监管铺平了道路，对当地银行增加了资本要求，严格对金融租赁和其他金融服务（其他金融服务包括资金的汇划和支付方式，如信用证、保函和外汇）的管理规定。政府继续鼓励伊斯兰银行（2007年中期设立，占全部商业银行资产的38%）在遵守民法法律规范的基础上运行，包括收益形式是获取一定份额的利润而非利息支付形式。为了把文莱建设成为该地区的离岸金融和贸易中心，政府继续发展“文莱国际金融中心（BIFC）”；伴随“文莱国际金融中心（BIFC）”的设立而颁发了一系列法律，旨在引入相应法规反对洗钱活动，并使文莱的监管标准与国际标准一致，以便吸引更多的国际公司进入该中心。

23. 文莱电信业的整体水平较高，在渗透率和基础设施上在亚洲的排名都靠前。文莱家用电话渗透率为100%，移动电话的用户增长幅度很大，手机渗透率在2001年年底是32%，到2006年增长到74%。文莱对农村电话网络增加了大量投资，使所有的农村和偏远地区都安装了电话和接通了网络。电信业过去主要由政府经营，由政府部门“文莱Jabatan电信（JTB）”提供所有的固定线路的通讯服务，由同样属于国家的DST移动通讯公司提供移动电话服务。由于长期存在通讯延误的问题，“文莱Jabatan电信（JTB）”在2006年拆分成立新公司，其业务由“文莱电信（TelBru）”和“电讯技术委员会”分担。“文莱电信（TelBru）”负责提供电信服务，“电讯技术委员会”作为一个法定机构负责监管当地的电讯技术。文莱的电讯行业近来从固定电话和移动电话的垄断状况向寡头形式转化，最终目的是建立一个竞争性市场，使当地企业提高竞争力，并最终打入国际市场。目前，“文莱电信（TelBru）”作为政府电信部的后继者，仍是固定线路的垄断者；B移动公司垄断了3G电话业务；DST集团垄断了GSM电话业务。根据政府当局的资料，在2005年B移动公司进入市场后，以及由TelBru和DST集团分享拨号上网服务的提供后，移动电话市场的竞争有所增强。

24. 旅游业对文莱出口具有重大贡献，在文莱经济多样化进程中扮演着重要角色。然而，文莱的旅游业仍然不够发达，2007年外国旅游观光人数大约为20万。大约70%的旅游者来自东南亚和亚洲国家，尤其是马来西亚、新加坡和中国。此外，有一大部分是来自马来西亚从陆地进入文莱的不过夜旅客。政府目标是增加国际旅游人员、增加在文莱的停留时间、增加在文莱的旅游开支，如开发生态环境旅游、冒险和文化旅游、主题公园和游轮旅游。为了在2010年达到25万游客的目标，附属设施包括膳宿、交通和通讯、银行服务等都有待开发。

## 五、前景

25. 文莱经济面临的主要挑战源于对石油和天然气的过度依赖。政府当局不得不应对因能源价格变化而动荡的财政收入，并准备通过创造非石油私人行业的持续增长，并减少政府的参与，来应对未来数十年石油和天然气资源耗尽的状况。根据文莱政府以2007年前6个月情况为基础对经济增长作出的估计，显然2007年的增长率不可能达到2%。从长期来看，政府认识到需要将经济重点从石油和天然气行业转向其他行业，但是，到目前为止，文莱经济多样化政策收效甚微。

26. 文莱一个重要长期的风险是政府多样化计划进程缓慢。尽管政府提供了投资激励措施，但是文莱的私人部门仍然比较弱小，文莱经济委员会八年前的观点认为，部分原因是公共部门的渗透力依然很强，而且工资收入很高，很少私人公司可以参与竞争。另外一个因素是政府政策和政府管理的方式缺乏透明度。尽管外商投资政策鼓励对所有行业进行重组，但对外资持有股份的限额和限制投资的行业没有清楚的界定，这为政府谨慎地决策提供了空间。正如IMF指出，文莱的金融和统计数据库在范围、质量、及时性和频率方面都较差。文莱缺乏投资收入、国际收支、货币政策、劳动力市场、国民账户可靠和及时的数据，且没有国家发展计划进程的最新数据，经济管理中透明性和公共责任都普遍缺乏。

（侯迎春译　陈泰锋校）

# 中国贸易政策审议

## 一、经济环境

1. 坚持贸易自由化是中国长期的结构改革战略中不可分割的组成部分。改革的目的是建立一个出口导向型"社会主义市场经济"，以期获得持续的经济增长和贫困的减少。从2006年对中国的贸易政策审议以来，中国继续进行的结构改革以及持续增长的出口使中国的GDP年均增长率大于10%，最终使中国成为世界第三大经济体和第三大贸易国。人均GDP从2004年的1 490美元上升到2006年的2 017美元。日均生活费在1美元以下的人口下降到大约是总人口的10%。人均GDP的迅速增长和贫困人口的大幅下降清楚地说明，为了促进经济发展，进一步推行宏观经济和结构改革的同时，采取贸易自由化政策、积极吸引外资政策的价值。

2. 2007年，中国GDP的实际增长率为11.4%，城市失业率下降为4%。然而，用消费者物价指数衡量的通货膨胀率近来一直在上升，2008年1月达到7.1%，主要原因是食品价格的上升。消费者物价指数并不能反映通货膨胀的完整程度，因为该指数中某些商品的价格受政府控制。2006年，国内总投资和国家储蓄总额分别达到GDP的44.9%和54.4%。中国不断增长的、巨大的经常账户顺差可以反映出中国投资和储蓄的巨大差距，该数字从2005年GDP的7.1%增长到2007年的11%。

3. 自上次贸易政策审议以来，中国的贸易和投资改革提高了中国经济与世界经济一体化程度。2006年，仅仅货物贸易就占中国GDP的大约65%，占世界贸易额的13%。中国继续成为世界重要的外国直接投资（FDI）的输入国（包括技术和专利转让），绝大部分外资流入制造业。

4. 自上次贸易政策审议以来，中国的货币政策主要以解决流动性过剩为目的，降低信贷和投资增长，由此冷却经济增长速度。在贸易政策审议期内，中国人民银行除了使用冲销"资本流入"的货币政策工具外，还采取提高利率水平和准备金率等货币政策工具。更具体地说，中国人民银行先后7次提高一年期贷款基准利率（从2006年4月的5.85%提高到2007年12月的7.47%），并先后11次提高存款准备金率（从2007年1月以后）。但是，鉴于中国现有的汇率制度（现在IMF定义为爬行盯住制度），中国人民银行将利率作为有效货币政策工具的能力受到限制。

5. 自上次贸易政策审议以来，中国的财政收入增长快于财政支出的增长，财政状况良好。财政赤字从2004年占GDP的1.3%下降到2007年的0.6%。财政赤字的持续降低使国债从2005年占GDP的17.5%下降到2006年的16.3%。

6. 中国经济增长的特征是显著的不平衡增长。特别是经济增长源泉的不平衡，出口和投资比消费更强化了这一不平衡，不断增长的经常账户盈余正好反映了这一事实。经济体中巨大投资的有效分配受到欠发达的资本市场和政府给予制造业的激励措施和其他形式的补贴政策的不利影响。同时，中国经济增长的步伐也加剧了环境的恶化，而且加剧了收入的不平等，尤其是扩大了城市和农村的收入差距。为了减少这些不平衡，政府采取一系列政策措施：包括贸易政策措施（例如税收、降低出口退税比例），但这些措施非但不利于出口，且还增加了国内供给，因此也相对降低了这些产品价格，因此，这些贸易政策在解决经常账户盈余和环境问题的效果方面是值得怀疑的。

## 二、贸易和投资政策框架

7. 自前次贸易政策审议以来，中国贸易政策的总体目标没有改变，仍然是加速经济对外开放，引进国外先进技术和专利，发展对外贸易，促进经济的全面发展。中国旨在进一步强化多边贸易体制，同时还加强与一些贸易伙伴国的联系和磋商，为实现双边或自由贸易协定而努力。

8. 中国继续把多边贸易体制放在优先地位，并一直参加多哈回合谈判。除了萨尔瓦多和欧共体的一些地区，中国给予了几乎所有WTO成员国最惠国待遇。中国自2006年以来，在国际贸易争端案件中1次是原告、9次是被告。

9. 在贸易政策审议期内，中国有2个自由贸易协定生效（2006 年 10 月 1 日生效的《中国—智利自由贸易协定》和 2007 年 7 月 1 日生效的《中国—巴基斯坦自由贸易协定》）。2007 年 7 月 1 日，《中国—东盟自由贸易区关于服务贸易的协定》生效。另有 4 个协定正在进一步谈判中。

10. 尽管中国贸易政策制度仍然不够透明，但是它一直在积极地增加其贸易、与贸易相关的政策、惯例和措施的透明度。自上次贸易政策审议以来，中国增加了一些有助于提高透明度的措施，如《政府信息公开条例》。2007 年 9 月 13 日，中国成立了国家反腐败局。自上次贸易政策审议以来，中国还正式通过数个与贸易有关的法律，如《财产法》、《企业所得税法》、《反垄断法》和《企业破产法》。

11. 中国正在努力为国内和国外投资者创造一个公平竞争的环境。截至 2007 年年底，中国对外商投资企业的税收政策一直高于国民待遇；从 2008 年 1 月 1 日起，根据《企业所得税法》，中国政府对所有企业（包括外商投资企业）统一征收 25%的所得税，此外，对某些行业进行投资的企业还可以减免税收。显然，目前税收政策对国内企业和外商投资企业是平等的。为了使外商直接投资实现自由化和为外商投资企业建立一个更具规则化和可预见的经营环境，中国政府还颁布和修订了一些制度和规定。

## 三、具体贸易措施

12. 自 2006 年贸易政策审议以来，总体上，中国的贸易和与贸易相关的政策继续逐渐地自由化。然而，贸易和与贸易相关的措施在国内和国际上仍然被当作产业政策工具。

13. 关税仍然是中国重要的贸易政策工具。2007 年，实际总体平均最惠国税率是 9.7%（与 2005 年一样）。农产品和非农产品的实际平均最惠国税率分别为 15.3% 和 8.8%（也与 2005 年一样）。特定优惠关税税率的实施依据是有中国作为参与国的双边自由贸易协定，平均关税税率从 3.5%到 9.1%不等。2007 年，中国单方面给予 37 个最不发达国家优惠税率，税率从 9.0%到 9.5%，因产品的原产地不同而不同。对大豆油、棕榈油和一些菜籽油的关税配额在 2006 年已经取消。关税收入只占税收总收入的很小份额（2006 年是 3.3%）。

14. 尽管中国实际平均最惠国税率没有进行大的改变，但非关税壁垒已经大大减少，例如，受自动进口许可证约束的税目号数量下降。中国应急措施的制度和程序框架没有发生大的改变。2005 年 1 月 1 日至 2007 年 6 月 30 日，中国发起了 39 起反倾销案的调查。自上次贸易政策审议以来，中国没有采取任何救济和保障措施。

15. 中国采取措施努力提高国内标准与国际标准的一致性。中国向 WTO 通报了卫生与植物卫生措施和技术性贸易壁垒措施。由于规范卫生与植物卫生措施的法律数量众多，卫生与植物卫生措施体系依然比较复杂。根据《政府采购法》，除少数例外情况，货物都可以向外商采购，实际上，某些产品向外商采购已经成为惯例。《政府采购法》不涉及国有企业的采购问题。中国在 2007 年 12 月递交了加入 WTO《政府采购协定》（GPA）的申请，是 WTO《政府采购协定》（GPA）的观察员。

16. 中国原本复杂的出口制度已经变得更加严格。政府采取多样化的措施来管制数量巨大、且不断增长的出口贸易，这些措施包括出口税、出口退税、出口禁令、许可证和配额。尽管一些措施是为了履行中国对国际社会的承诺，但许多措施的目的却是为了减少自然资源和能源产品出口，或者是为了降低中国的巨额顺差以期减少贸易摩擦。例如，在过去两年，受临时出口税约束的税目号数量几乎增长一倍，有 2 800 个享受出口退税政策的税目号于 2007 年 7 月取消或降低，而受出口配额和有许可证要求的税目号数量在不断增加。

17. 中国为了增加对高新技术行业的投资、鼓励发明创造及保护环境（例如通过减少能源消费的方法），继续采用政策工具引导资金流向特定行业。这些政策工具包括税收激励、非税收形式的补贴、价格管制、各种形式的“指南”。2006 年 4 月，中国向 WTO 通报了中央政府的补贴计划。这些计划包括降低和减免位于指定地区、或从事某些特定业务活动、或含外国投资（外商投资企业）的企业所得税。

18. 国有经济的改革包括国有企业的改革仍然是一个重大挑战。近来，国有企业改革的成就就是实现公司化和私有化，这已经带来国有经济业绩的改善。改革意味着降低国家控股份额，或将资源由过去的国家占有转向私有化，这些改革有助于非国有经济的发展。当然，国营经济仍然在国民经济中占据重要的地位（占 GDP 的 35%），在某些行业仍然处于垄断地位。相比之下，私有经济仍然面临种种约束，包括资金的获得。总体来看，中国私营企业的劳动生产率相对更高，而通过进一步改革来提高劳动生产率是国有企业面临的一个重大挑战。

19. 中国的公司治理已经得到改善，不仅是因为私营经济的发展和国有企业的公司化，还由于《公司破产法》的生效，该法律适用于中国所有企业（包括国有企业）。此外，中国还调整会计标准以使其与国际标准更趋一致。与此同时，为了提高经济的竞争性，中国还颁布了《反垄断法》，并于 2008 年 8 月 1 日生效。除了与农业有关的某些行业，国民经济中的所有行业都受该法律的约束，但反垄断法的实施细则还没有制订。

20. "第十一个五年计划"的重要目标之一是，通过保护知识产权使发明创造的投资回报得到充分保护。因此，为了在知识产权保护和促进竞争之间达成适当的平衡，中国正在修改某些法律，包括《专利法》和《商标法》。中国已经加强对知识产权的保护，但是在对触犯知识产权保护的罚款和刑事处罚的充分性方面还存在一些问题。

## 四、行业贸易政策

21. 贸易和投资体制的改革是中国的经济结构改革战略的重要组成部分。过去，中国的改革重点往往在资本密集型的制造业；现在，关注的重点是服务业（至少在某种程度上包括农业），原因是服务业的劳动密集度比制造业更高，所以，如果竞争充分，从长期来看，服务业有潜力为农村过剩的劳动力创造出更多的工作岗位。金融服务业（包括银行业）已经取得明显的进步，主要成就表现在建立了功能良好的资本市场。资本市场的功能在于可以在整个经济范围内有效地配置资金，提高劳动生产率，促进经济增长。

22. 农业的一个重要变化就是从纳税行业变成税收支持行业。2006 年中国政府取消了绝大部分农业税，农民还获得了财政支持（从 2004 年以来）。但是农业对 GDP 的贡献在持续下降（从 2004 年的 13.4%下降到 2006 年的 11.8%）。由于农业的就业人数占全部就业人数的 40%，劳动生产率仅仅为其余经济部门的五分之一。因此，农村人均收入与城市人均收入的差距进一步拉大，农民与城市人的生活水平差距也进一步拉大。政府当局清楚地认识到进一步发展农村、提高劳动生产率和改善农民福利的必要性。针对这样的现实，在"第十一个五年计划"中规定要继续进行农业改革，即通过实施一系列的政策措施，包括改善基础设施、生产技术和技能培训，实现提高劳动生产率的目的。该计划还鼓励农民向城市流动，并强调政府将通过直接转移和补贴的方式继续支持农业。

23. 农业政策的传统目标是以稳定的价格提供充足的粮食。为了实现这一目标，除了进行价格管制和进出口限制外，还对流通和市场进行限制。中国农产品（按照 WTO 定义）的平均实际最惠国关税税率在 2005 年到 2007 年期间没有改变。尽管中国取消了一些食品油的关税配额，但对谷物、糖、矿产品和化肥、羊毛、棉花的关税配额依然有效。中国继续采用国营贸易的方式来管理一些产品的贸易。尽管中国一直强调自由化，但政府直接管理仍然是中国经济管理的重要工具。为了维持某些产品的供给价格稳定，政府直接控制了这些产品的价格。而且，为了实现一个较高程度的粮食自给自足，政府还在一定程度上控制粮食安全和粮食收购。

24. 自上次贸易政策审议以来，中国的能源政策没有重大改变，其特征依然是国家所有和管制程度较高、限制竞争。中国是世界上第三大能源消耗国。中国也是第二大温室效应气体的排放国，其主要原因是煤的使用和车辆的增加，而且煤将继续占据中国能源生产的 70%。中国经济的迅速增长和经济的高耗能特征对世界能源需求和能源价格都产生巨大的压力，特别是对石油需求。中国高耗能经济部分地源于高耗能行业占 GDP 的份额较大，当然也是由于石油、煤、电力和天然气价格机制的市场导向不充分，即人为制定较低价格，结果导致能源的浪费和环境的破坏。因此，在"第十一个五年计划"中规定必须达成的一个重要目标就是到 2010 年减少 20%的高耗能经济。中国能源政策的目标仍然是用进口补充国内能源供应的不足、鼓励国有企业投资能源出口国、建立战略能源库和稳定能源供应和价格。中国的能源产品市场正处于不同的改革阶段。尽管政府采取自由化的经济政策，但是能源是战略性商品，该行业的改革应当采取渐进的方式。结果是，消费者与国际市场依然隔绝，而贸易限制和制度障碍保护了国内生产商免受国际竞争的压力。中国面临的问题依然是，渐进的改革是否足以解决该行业面临的挑战，特别是中国迅速增长的、大量的能源需求与环境保护的平衡问题。

25. 中国的制造业因为有外商资本的参与，比其他行业自由化程度更高，也促进了出口贸易，是近年来中国工业化和经济快速发展的主要驱动力。2006 年，制造业占中国商品出口的 92.4%，它也是中国大部分加工贸易的来源。中国加工贸易中外商企业占据主导地位。按照发展中国家的标准，制成品的关税较低，2007 年平均实际最惠国关税税率是 9.7%（2005 年是 9.8%）。然而，国内巨额投资的配置被大部分由制造业（而不是服务业或农业）享受的激励措施和其他形式的支持所扭曲，外商投资企业相对国内私营企业享有更优惠的激励政策。尽管经济体中（如汽车业）受政府干预的行业比受政府干预较少的行业（如计算机制造业）效率更差，但为了控制国内重要行业的供给，并帮助或规范行业发展，政府采取了一系列的措施。例如，在政策审议期内出口退税政策已经进行了调整，从而减少了某些产品的出口，结果这些产品的国内价格往往较低，因此也可能有助于它们的下游行业。与此同时，一些产品的出口退税率上升。此外，政府还引导投资流入或流出某些行业。例如，政府采取各种措施或惯例（包括银行业指南）阻碍投资流入与国家政策不符的行业，包括对高耗能和高污染行业（如焦炭、电石、铁合金工业）未经审查的投资或者这些行业的生产能力过剩。

26. 尽管政府的愿望是将服务业向私营和外商进一步开放，以便促进增长和向农民提供就业，但是服务业自由化的速度却慢于制造业。因此，国家对绝大部分服务业的控制程度较高，因此也缺乏竞争性。

27. 中国的资本市场仍然依赖于银行系统，而且依然欠发达和低效率。通过资本市场难以获得国外的资金导致国内企业的资金来源主要依赖于留存收益（或者从家族和朋友处获取资金）。在这样的背景下，银行改革继续进行，包括 2006 年 12 月采取的新规则，即允许外资银行经营人民币业务，服务对象是中国广大侨胞，而且没有地域限制。然而对外资银行依然有严格的要求，包括对最低资本金要求较高、对提供信用卡业务的限制、对外资银行支行业务范围的限制。在政策审议期内，在一些改革措施的驱动下，中国股票市场发展迅速。例如，增加合格的境外机构投资者资金份额、鼓励发展投资基金、保险公司和社会保障基金的参与，促使机构投资者逐渐增强其作用等。合资企业要求外资份额不得超过 33%，合资基金管理公司则不超过 49%。中国的保险业依然限制外资所占资本的份额，对中外合资的保险公司，不允许外资公司拥有超过 50%的股权（直接和间接）。其他的一些规定也增加了外资进入的难度，如外资公司经营的地域限制。

28. 自 2006 年以来，中国发布了各种有关电信的法规和规则，包括对外商进入增值电信行业的许可证要求，还规定电子邮件服务的提供者在提供该项服务之前，必须获得同意或必须注册。除了少数服务项目外，电信服务的价格有很大的灵活性，例如月租费、当地电话费，且对外资参与还有限制规定。

29. 中国仍然限制外商投资海运、航空运输、法律、会计、旅游和邮政服务。最近一个重要的改革进程是 2007 年 1 月 29 日成立了中国邮政集团公司，使邮政业务从国家邮政局的管理职能中正式分离出来。

## 五、前景

30. 中国在 2007 年后半年，经济增长继续加快，年均增长率估计值为 11.4%，高于 2003 年到 2006 年期间的年均增长率。根据“第十一个五年计划”，政府的增长目标是到 2010 年人均 GDP 达到 2000 年的两倍，显然这将会提前实现。而且，鉴于中国拥有巨大的人力资源、实物和人力资本的高投资率、劳动生产率的强势增长、市场经济的发育、对国际贸易和投资（与技术相关的）的开放政策，中国有潜力在一个可以预期的未来维持快速的经济增长。当经济进入成熟期，经济增长速度也会适当放缓，劳动力规模也会开始缩小（部分原因是独生子女政策）。然而，为了挖掘这些潜能，中国需要继续应对许多重要的社会和经济挑战，包括各种各样的经济不平衡，这些问题会破坏经济的稳定，并影响“和谐社会”目标的实现。

31. 首先，地区之间、农村与城市之间的收入差距的扩大问题比较突出，主要原因之一是工资收入的高低反映了劳动生产率的高低。另一个相关的问题是有必要促进劳动力从劳动生产率较低的农村向其他行业的转移，尤其是服务业。由于劳动力规模的增长比较缓慢，技术进步是经济增长和改善劳动生产率的重要因素，因此，中国需要继续大力增加对研究和开发的支出（并完善对知识产权的保护），从而促进国民经济的增长。中国还需要按计划继续发展社会公共服务行业，如卫生、教育、人力资本、基本的基金安排，这样才能减少预防性储蓄的需求，提高消费支出。这些以及其他增加消费的措施将不仅降低中国经济对出口的依赖（因为过度依赖会使经济极易受世界经济的负面影响），还将缩小国内储蓄与投资的差距，有助于减少中国巨额的经常账户盈余。其他降低中国储蓄倾向过高的方法是，通过引导储蓄资金流向收益较高的投资项目和行业，这样可以改善整个经济的资本使用效率，这就需要进一步改革资本市场，实现提高资本使用效率的目的。此外，有效配置土地、能源、供水和其他自然资源的障碍，如价格管制，需要逐渐消除；这样才会有助于保护环境，尤其是，如果用以市场为基础的税收和非税收措施作为补充，遵循“污染生产者付费”的原则，市场失灵就会得到矫正。关于税收的其他问题是使税收（特别是增值税和企业所得税）对经济发展是中性的，以简化和公平的管理方式获得充足收益，从而最小化国内资源和贸易配置的扭曲，促进中国的发展。

32. 尽管中国政府没有预测 2008 年的经济增长，但由于出口的萎缩和世界经济的下滑，世界银行预计中国经济的增长速度会下降到 9.6%。这样，经济增长速度与政府 8%的目标就趋于一致，这是宏观经济政策，包括货币政策执行效率不高的结果。经济的降温会缓解通货膨胀压力，且有助于经济的平衡发展。当然，最直接的问题是货币政策解决通货膨胀问题的能力。在这方面，更灵活的汇率制度能使中国实施更独立的货币政策，这将更好地保证较低且温和的物价上升，也有助于形成一个有利于经济持续增长的宏观经济环境。更灵活的汇率制度和更独立的货币政策将更加有利于体制改革，特别是资本市场改革，有利于减少对价格管制以及其他抑制通货膨胀工具的需要。近年来，中国的汇率制度已经比较灵活，2008 年 1 月份，人民币对美元升值 1.6%，创造了自 2005 年 7 月份汇率制度改革以来单月最大的升幅。

（侯迎春译　陈泰锋校）

# 多米尼加贸易政策审议

1. 自2002年贸易政策审议以来，多米尼加共和国继续进行贸易体制自由化。在各种政策措施中，征税程序得到简化且更有效率，还降低了关税，取消了进口收费和出口税，制定了关于政府采购的新法律、竞争政策和知识产权保护法。多米尼加继续积极参与国际社会的经济活动，货物和服务贸易、资本流入和家庭外汇汇入对经济起到重要的作用。同样，多米尼加继续优先考虑参加多边贸易议程，同时继续通过优惠协定寻求参与区域经济一体化。

2. 早期，多米尼加的经济增长成效卓著，但是有显著的周期性。多米尼加的激励框架仍然表现出不平等特征，依然是有利于一部分群体而有损于另一部分群体。特别是，为了抵消贸易和财政制度的反出口倾向，绝大部分货物出口商被免除税费。正如多米尼加上次政策审议所表现，这一狭隘的制度和某些行业的低效率，如电力行业，已变成人民生活水平改善的障碍。在国内市场采取促进竞争措施和更合理地采取政策激励制度会很好地预防寻租行为、提高经济效益、改善财政状况，最终熨平经济周期。

## 一、经济环境

3. 2002年至2007年，尽管存在市场波动，多米尼加年均实际经济增长率为5.8%。在经历了2003年到2004年剧烈的经济危机后，由于私人消费和投资的强劲增长，经济迅速恢复，2006年GDP增幅达到顶峰的10.7%。随后经济增长下滑，2008年第一季度下滑为6.2%（年环比值）。人均收入在2007年增长到4 406美元，但是大约30%的人口仍然生活在贫困线下。

4. 为了逐渐改善财政状况，政府实施了财政调整政策，非金融性公共机构从2003年占GDP的-4.9%，到2007年的0%。2008年7月，政府采取紧缩财政政策来控制财政支出。货币政策则有助于保证名义汇率相对稳定，尽管面临通货膨胀的压力，但通货膨胀率被控制在1位数内。经济的好转导致进口出现强有力的增长。从2005年以来，尽管旅游收入和居民汇入增加，经常账户依然赤字，2007年达到GDP的17%。经常账户赤字主要由外国投资的流入，特别是美国资金的流入来弥补。

5. 2002年到2007年间，多米尼加的出口温和增长。尽管自由贸易区内的出口占多米尼加出口的绝大部分，但在该期间处于停滞状态，对经济增长起负面作用。多米尼加贸易结构和地理分布相对稳定。制造业仍然是重要的进出口行业。尽管与欧洲和亚洲的贸易份额已经上升，特别是与中国的贸易，美国仍然是多米尼加贸易伙伴的领军大国，占总贸易额的三分之一（不包括自由贸易区内贸易）。多米尼加还努力改善贸易的统计工作，但是还存在不足。

## 二、贸易政策和投资框架

6. 多米尼加贸易政策的目标是通过减少保护、消除关税制度中的反出口倾向、加强地区间的经济合作，提高经济效益。多米尼加将多边贸易谈判放在优先考虑的地位。它是WTO的创始成员方，也是多哈谈判的积极参与国。多米尼加向WTO提交了许多通报，但是还有一些通报没有完成。它是3起贸易争端案件的被告人，是另外3起贸易争端案件的第三方，但是还没有作为原告出现在贸易争端案件中。

7. 多米尼加通过采取优惠协定，有选择地进行贸易制度自由化。除了2002年生效的与中美共同体的协定和与加勒比共同体的协定外，在贸易政策审议期内，多米尼加还完成了与巴拿马的部分领域协定、中美洲自由贸易协定、与欧盟和加勒比论坛的谈判。2008年9月，后者已经生效。中美洲自由贸易协定特别重要，因为多米尼加的绝大部分贸易伙伴是该协定的成员国。

8. 多米尼加的投资制度允许外商投资绝大部分行业。例外行业包括影响公共卫生和环境的行业，以及依据法律和规定限制外资进入的某些行业。机场和广播业限制外商的投资比重，而且外国国有企业不能投资采矿业、石油勘探和提炼业。

## 三、货物的市场准入

9. 2002年以来，多米尼加共和国采取许多措施简化征税程序，包括取消领事发票、采取统一关税申报、缩短进出口报关的法定期限。尽管一个参考价格体系仍然用于海关估价，但2003年取消了采用最低价的征税做法。根据《中美洲自由贸易协定》，多米尼加对海关估价标准发布新的规则，还准备应用于所有对外贸易。

10. 多米尼加平均实际最惠国关税税率从2002年的8.6%减少到2008年的7.1%。与此同时，免税的关税税号明显增加，从大约13%增加到大约55%。这意味着对许多进口的原材料和资本商品不再征税。另一方面，关税的分散度增加，这样，某些产品可以从较高的有效保护中获益。多米尼加对全部关税减让表予以约束，关税的约束税率与实际税率的差距减少了28%，这将进一步提高多米尼加贸易制度的可预见性。

11. 在本次政策审议期内，多米尼加对进口一直收取附加费，从最初的10%上升为13%。它还引进一种临时性进口税，税率为2%。WTO专家小组发现，有两种附加费与多边贸易协议不一致。在质询阶段，多米尼加取消了这两种收费。

12. 尽管多米尼加建立了相应的救济制度框架，但是一直没有采用反倾销、反补贴税或保障措施。一旦有必要的因素和资源，多米尼加就打算开始考虑贸易保护的诉求。

13. 多米尼加制订了一套法律和制度框架来细化和执行技术规定，这些法律和规定的绝大部分是建立在世界标准基础之上。多米尼加自行审议本国卫生和植物检疫措施的法律框架。在政策审议期内，它向《技术性贸易壁垒协议》委员会提交了51个通报，但是向《实施卫生与植物卫生措施协议》委员会只提交了5个通报。政府当局正在强化机构能力以便在多边体制允许的期间内通报这两种类型的措施。同样重要的是进一步强化多米尼加执行《技术性贸易壁垒协议》和《实施卫生与植物卫生措施协议》措施的能力，旨在保护消费者和生产者利益。

## 四、影响出口的措施

14. 某些货物（农产品、化学产品和矿产品）的出口受政府当局以及几个机构颁发的许可证或资格证的约束。2003年8月至2004年6月，多米尼加对所有出口货物和服务征收5%的临时税。

15. 多米尼加已经通报WTO其有关自由贸易区提供的出口补贴，并申请在2007年之前推广适用范围，实现取消与多边承诺不一致的做法。2007年，多米尼加要求继续扩展应用范围，并同意最迟在2015年之前取消出口补贴。2007年，多米尼加允许自由贸易区内企业出口纺织品、服装和鞋产品的行业向本国市场提供产品。同年，位于贸易自由区外的上述行业获得了贸易自由区内企业享受的一些税收优惠。为了消除税收制度的反出口倾向，位于贸易自由区外的企业还获得其他早期的出口税收减免。这些有反出口倾向的税收制度仍然有效，但在实践中已经很少使用。

16. 出口仍然受到政府融资和促进计划的支持。

## 五、其他影响贸易的政策

17. 除了出口促进计划，多米尼加还继续执行其他各种激励计划。2007年，为了促进国内产业竞争，多米尼加采用了新财政激励措施。多米尼加还采用了其他帮助中小企业、技术发明、地区发展的计划，这些计划主要包括税收激励、优惠性融资、技术援助和研究支持。

18. 为了支持特殊的利益群体和应对暂时困境，多米尼加在政策审议期内执行了一些激励计划，包括出口相关的计划。考虑到这些计划的合理化将会使财政成本最小化和防止资源配置的扭曲，对这些计划给国家整体带来的长期利益估计将非常重要。

19. 在国会10年的讨论之后，2007年《竞争法》得以颁布，并预期在2009年执行机构成立后生效。这表明高度集中的多米尼加市场向有效率的自由化市场迈进了重要一步。多米尼加对电力和某些农产品采取价格管制；碳氢化合物的价格根据公式设定，并根据国际市场的波动而变化。

20. 多米尼加不是WTO《政府采购协议》的签署国。法律对货物和服务，或供应商的国籍没有区别对待，但是外国人只能通过国内企业供货，才能参与市政工程。尽管没有官方统计的在不同采购方式下的采购合同数据，但现有资料显示，在现有法律生效之前，采购合同经常是直接给予的。

21. 2002年以来，多米尼加还颁布了知识产权保护法律，部分得益于多米尼加—中美洲自由贸易协定（DR-CAFTA）的生效。在某些情况下，多米尼加国内立法超出了《与贸易有关的知识产权协定》所规定的保护标准。

## 六、行业政策

22. 多米尼加农业通过高于平均实际关税税率、直接支付、市场化和价格控制等措施得到支持。多米尼加公布的大米进口配额数量低于WTO约束的水平；每年小鸡的实际进口数量也低于WTO约束的水平。多米尼加对糖业执行数量限制，即只有在国内市场巨额下滑时才允许使用。对某些农业活动的援助可以批准修改，旨在提高其透明度和最小化这些措施对消费者和纳税人的影响。

23. 多米尼加的电力行业仍然处于深度危机，对该行业的挽救仍然是多米尼加面临的重要经济挑战之一。多米尼加已经采取措施制止偷电行为，而且政府正在寻求重新协商电力生产商和分销商之间的合同。然而，某些类型的能源消费获得高额补助，有损于公共财政和能源的合理使用。根据2007年法律，政府给予激励政策的目的是增加国内能源生产。法律还禁止在国内生产满足需求的情况下进口生物燃料。

24. 多米尼加的制造业具有明显的双重特征：一部分企业专门向国内市场提供产品；另一部分企业按照自由贸易区制度从事生产。第二部分企业依然提供多米尼加出口产品的绝大部分，但是主要产业如纺织品和服装在竞争较强的国际环境压力下不断萎缩。这是一个信号，即通过财政减免和其他对具体产业的支持政策，试图抵消国内竞争受到了内在的限制。

25. 多米尼加对《服务贸易总协定》包含的160个行业中的60个行业作出了具体承诺。它还签订了《服务贸易总协定》下关于金融和电信行业的协议。多米尼加的多边承诺与实施制度存在显著的不同，其实施制度经过近年来的改革已经逐渐开放。因此，多米尼加可以通过扩展多边承诺，进一步增强服务制度的可预见性。这样还可以缩小这些承诺与《多米尼加—中美洲自由贸易协定》（DR-CAFTA）中承诺的差距。

26. 电信行业是多米尼加经济中最具活力的部分，且获得大量的外商投资。虽然公共广播服务对外国投资没有限制，但要求公共广播服务业的国内投资至少必须是51%。市场上有相对多的经营者，但是主要的经营者控制大约四分之三的固定电话服务和因特网市场，以及大约一半的移动电话市场。

27. 金融行业已经从2003年到2004年的严重危机中恢复过来。审慎性指标已经得到明显的改善，主要由于采取了强化监管的措施。然而，由于信贷成本（2007年平均名义贷款利率为15.7%）较高，存贷利差仍然很高（近9%）。这部分地反映了银行的运作成本和存款准备金较高，竞争受到限制。根据《多米尼加—中美洲自由贸易协定》（DR-CAFTA），外国保险公司不得在多米尼加境内设立分支机构，这一限制计划将在2011年前取消。如果某国不允许多米尼加居民在其境内设立保险公司，则多米尼加也不允许该国居民在其境内设立保险公司。

28. 2006年，多米尼加将航空运输业的法律框架进行了现代化改革。多米尼加制订了31条有关航空运输业的双边政策工具，这些政策工具主要针对起飞地或目的地是多米尼加的旅客航空运输。国内空运服务只能由国内资本比例为51%以上和在多米尼加居民的有效控制下的公司提供。提供国际航空服务国内航空公司外资参与股份不得高于65%。

29. 海上运输在多米尼加国际贸易中起着重要的作用。国际海运服务由外国经营者提供。尽管原则上海上货运服务只能由国内船舶提供，但外国轮船也可以提供临时性海运服务。

30. 多米尼加对某些行业（如会计、法律服务、建筑和工程）由外国人提供的专业服务施以限制。为了使某些有风险的行业实现专业化，国内和国外的专业人员都必须首先得到许可；有外国文凭的专业人员文凭必须经过验证。但是，外国建筑师和工程师临时执业不需要满足该项规定。

31. 旅游业对多米尼加的经济十分重要，该行业已经从2000年早期下滑中恢复过来。对该行业的外国投资也没有限制。然而，原则上，多米尼加不授予外国人导游资格，赌场工作人员必须是多米尼加居民。外国旅游机构和旅游经营者如果没有当地代理机构不得提供跨境服务。投资者在某些旅游项目可享受激励政策，包括免除进口税和所得税，这些激励措施都附加一定条件。

（侯迎春译　陈泰锋校）

# 加纳贸易政策审议

## 一、经济环境

1. 自2001年贸易政策审议以来，加纳宏观经济基础得到很大改善。2000年到2006年，GDP年均增长率为5.1%，且增长率持续上升，2006年达到6.2%。在劳动生产率上升、有利的世界价格以及贸易改革的促动下，加纳经济增长主要由农业驱动，农业产出占GDP 38%，就业人口占大约50%。加纳通货膨胀率从2003年27%下降到2006年10.6%。然而，贫困人口依然很多，在2300万加纳人中，估计有50%人口仍然生活在每天1美元生活水平下。2000年人均收入为329美元，2005年上升到大约450美元。

2. 随着政府收入从2000年占GDP的18%上升到2006年的22%，加纳的财政状况有了很大改善。来自国际社会的捐款也使财政赤字保持稳定。然而，政府仍然非常依赖进口税（包括增值税和消费税），大约占政府收入的55%。通过降低税率和约束税号数量，加纳关税制度进一步趋于合理化。关税征收程序日益简化也使其贸易制度更加自由化。

3. 自上次政策审议以来，加纳货物进出口强势上扬，年均增长率分别为14.9%和17%。可可豆、黄金和木材是主要的出口产品，而进口品仍然由制造品占据主导地位。欧洲共同体是其最重要的贸易伙伴，占进出口总额的40%到50%。尽管加纳采取措施参与地区一体化组织“西非国家经济共同体（ECOWAS）”，但是与邻国的贸易仍然有限。它的经常账户历史上一直是赤字，官方转移和在国外的加纳人汇款则是净流入。在“重债穷国倡议”下，加纳的对外债务发生巨额下降。

4. 加纳货币（加纳塞地）采取有管理的浮动汇率制度。加纳银行执行以控制通货膨胀为目标的货币政策（当前的目标在每年7%到9%之间），外汇储备的目标是三个月的货物和服务贸易的进口值。2007年7月，法定货币重新定价为1新加纳塞地等于1万旧加纳塞地。2006年的《外汇法》取消了外汇管制，并允许居民拥有外汇账户。

## 二、制度框架

5. 加纳的经济政策主要目标是到2015年达到中等收入水平，并成为领先的农业和工业国，由此极大地降低贫困。贸易和工业部拥有制定、实施和监管加纳贸易政策的全部权力。2004年，加纳内阁批准“加纳贸易政策”，该文件提供了广泛的政策指南和政策目标。该政策的目标是提高加纳对地区一体化和世界经济一体化的参与程度，强化并且多样化出口基础，提升农产品加工业。

6. 加纳的投资制度比较自由，只有一些行业例外，包括小规模的采矿、渔业和零售企业。外资公司必须在戛纳投资促进中心注册。投资激励政策对外国人和加纳人一视同仁。在绝大部分时间，采矿业吸引了外国直接投资的最大部分，投资环境中存在的重要问题是：劳动生产率低、获得融资的成本高和难度大、运输设施欠发达、土地所有权不清晰、经常性停水停电和劳动者熟练程度不高。

7. 加纳是WTO的创始成员方。它签署了《服务贸易总协定》下的第4和第5议定书，但它不是《信息技术协议》和任何WTO下诸边协议的参加国。加纳给予所有贸易伙伴至少是最惠国待遇。它不是WTO下任何贸易争端案件的原告或被告，只是一起贸易争端案件的第三方。加纳难以满足WTO协定所规定的某些通报要求。

8. 加纳通过其“西非经济共同体（ECOWAS)”成员国的身份来努力推行地区一体化。“西非经济共同体”的成员国已经采取措施建立一个关税同盟。为了达成这一目标，他们从1990年开始推行贸易体制自由化，但是延缓了其贸易制度的协调性，包括采取共同的对外关税税率。尽管采取了地区经济一体化措施，“西非经济共同体”成员国之间的贸易水平仍然较低。2004年以来，与欧盟经济伙伴协定的协商还在进行，该协定在2008年生效。加纳获得数个成员国给予的单方面优惠待遇，包括在《科托努协定》下的欧洲共同体和在“非洲增长与机遇法案”下的美国。

## 三、贸易政策工具

9. 加纳对所有进口在 2 000 美元及以上的公司，强制采用目的地检验许可。加纳适用的关税包括四个税率（0、5%、10%和 20%）。从价关税适用于 99.8%的税号，其余的税号（13 种石油产品）适用从量关税。在 2007 年平均实用最惠国关税税率从 2000 年的 14.7%下降到 12.7%。农产品（WTO 定义）的最惠国关税税率普遍较高，平均为 17.5%，而非农产品平均为 12%。

10. 根据“国际标准工业分类法（ISIC）”（第二次修订）定义的农业仍然是最受关税保护的行业，平均关税为 15.7%，制造业为 12.6%，采矿与采石产品税率最低为 11.2%。总之，由于对农产品较多保护，加纳关税表现为负向升级。尽管如此，分散度的上升表明食品、饮料、纺织品和服装、化学制品和塑料制品，以及非金属矿产行业的负向升级。这一税收结构可能禁止了某些行业的竞争，并且可能不利于激励对其他行业的投资。作为一个解决方法，加纳的各种激励措施都给予税费减免。在乌拉圭回合，加纳对不到 15%的关税税号加以约束，包括所有农产品和大约 1%的非农产品。

11. 除了关税之外，进口品的到岸价要加收 1%的目的地检验费、西非国家经济共同体差价税（0.5%）和出口发展和投资基金差价税（0.5%）；对交通工具的进口还收取超额罚金。国内和进口品还缴纳国家卫生保险差额税（2.5%）、12.5%的增值税和消费税。加纳对非农产品和绝大部分农产品其他税费的征收为 0，对其余的农产品征收 15%。自上次贸易政策审议以来，加纳没有对应急措施立法，也没有采取任何反倾销、反补贴或保障措施。

12. 加纳所有的技术标准都是强制性（技术规定）标准，大部分建立在国际标准基础之上。政府还正在考虑允许自愿性标准。加纳国内外产品的技术标准是一致的。进口品的类别为高风险产品要求必须附带商品证明或在边境进行检验。加纳没有向 WTO 提交任何关于《实施卫生与植物卫生措施协议》的通报。

13. 加纳的可可豆和黄金的出口受“外汇上交和汇兑要求”的约束，上交和汇兑的份额根据公司的不同而不同，在 20%到 40%之间。可可豆和碳氢化合物要征收出口税，但是木材的出口税已经取消。可可豆的税率每年由财政和经济计划部确定，来自可可豆出口的财政收入用于加纳可可理事会活动经费。加纳通过自由区、退税计划、市场化支持和出口信贷计划促进非传统的出口行业。

14. 2003 年，加纳采用一个新的政府采购法律，来提升效率和透明度。尽管采购是分散进行的，但加纳依法建立了一个制定和监管公共采购政策的中心机构根据当地成分要求给予供应商最高达 20%的价格优惠。

15. 反竞争议案已经酝酿数年，但是加纳对于反竞争性活动依然没有相应立法。尽管私有化一直在进行，但是国有企业继续在经济中起着重要作用，尤其是在电力、石油和交通行业。为了满足《与贸易有关的知识产权协议》的要求，2003 年到 2004 年，政府通过了有关知识产权绝大部分领域的新立法，政府还继续强化这一立法的实施。

## 四、行业政策

16. 农业是加纳经济的主要驱动力，也是加纳经济的支柱行业。可可是最重要的销售农作物，也是加纳唯一最重要的出口产品。农业近来的强势增长就是源于可可产业的良好业绩。可可营销公司垄断着可可豆的出口权。其他销售的农作物包括：油棕、棉花和椰子。谷物生产以小自耕农为基础进行，近年来有所增长，但是劳动生产率仍然较低。家畜生产主要满足国内需要，也在增长。政府主要通过提供服务和补贴种子的方式，帮助农户。原木和木材生产大幅下滑，出口量停止增长。为了鼓励国内加工业的发展，圆木或未加工的木材、原藤条杆和竹竿禁止出口。渔业生产占 GDP 大约 4%，主要向国内市场提供产品。

17. 加纳的采矿和采石业对 GDP 的贡献降至 5%以下。虽然如此，黄金仍然是加纳第二重要的出口产品，在绝大部分时间占出口额的 30%以上。采矿权必须缴纳特许使用权费和其他费用；此外，国家无偿取得每个采矿公司 10%的股份。在加纳，采矿业是外资最重要的流入行业。

18. 加纳的能源业主要由国有公司控制。国家拥有电力的输送和分销的垄断权。尽管加纳在绝大部分时间是电力的净出口国，但伏特水坝的低水位经常造成供电不足和停电。2007 年 5 月，加纳公布在加纳西部发现一个重要的海上油田，但还没有开始生产。从尼日利亚西三角洲到加纳、贝宁和多哥的天然气管道在2008年开始运行。

19. 加纳有一个广泛的多样化工业基础。大部分制造业活动中心主要从事农产品加工，还有纺织业、医药业和电子工业。尽管如此，制造业对GDP的贡献适中，低于10%。食品和纺织品显著关税正向升级特征意味着他们的工业保护程度较高，竞争性较低。通过进行经济的私有化，加纳只有少数制造业公司由国家所有。

20. 加纳在《服务贸易总协定》下的具体承诺包括旅游业、金融业和电信业。加纳传统上是服务净进口国。旅游业是服务业中最重要的外汇收入行业，进口服务主要由货运服务和货物保险服务构成。运输和通讯是服务业中增长较高的行业。2004年和2006年，新银行法和保险法开始生效。国有公司主要控制再保险、固定电话服务、邮政服务、内地水路运输和海上港口服务。

## 五、贸易政策与贸易伙伴

21. 加纳承诺参加多边贸易体制，并积极参加多哈谈判。加纳采取措施，降低实际最惠国关税税率来自由化本国贸易制度。此外，宏观经济和结构改革使加纳经济获得较高增长率。由于拥有一个有利环境，加纳经济预期在中期内还会有更大增长。

22. 加纳持续的改革，包括进一步私有化、采取竞争政策、完善货物和服务多边承诺，将有助于优化资源配置，并改善贸易制度的可预见性和透明度。增加基础设施和人力资源投资也将改善投资环境。贸易伙伴国可能会获益于加纳市场对国外货物和服务产品的全面开放。

（侯迎春译　陈泰锋校）

# 约旦贸易政策审议

## 一、经济环境

1. 从2000年到2007年，约旦哈希姆王国持续进行的以贸易自由化为中心的改革带来的结果是GDP年均增长率5.9%和相对低的通货膨胀率3.1%。改革还有助于将公共债务从2002年占GDP的98.4%下降到2008年3月底的60.3%，外国直接投资则从1990年到2000年的年均1.55亿美元上升到2006年的31.21亿美元。

2. 约旦是一个中低收入的国家，2007年人均GDP为2 767美元。服务业在约旦经济中占据主导地位（大约占GDP的三分之二）；制造业在约旦经济中的重要性排第二位（大约占GDP的五分之一）；农业对GDP贡献较小，占3%。约旦依赖于较高的劳工外汇汇入（根据国际标准）和政府转移（GDP的22%）。较大的外汇汇入反映很多约旦人在国外工作，尤其是在波斯湾地区。尽管如此，约旦仍然面临相对高的失业率（2006年为14%）和较低的生产率。

3. 由于行政管理的障碍和限制外资参与某些行业（如公路运输、成本较大的运输设施和公共事业设备），商业环境仍然有些抑制。国民经济中国家所有的成分仍然很高。而且由于燃料和食品世界价格的上扬，对通货膨胀产生很大压力（2006年为6.3%，2007年为5.4%）。为了应对这些挑战，约旦正在改善教育和卫生服务，进行基础设施现代化，解决某些结构矛盾，特别是通过国有企业私有化的方法。此外，约旦还通过启动一站式商店以便利和改善商业环境。

4. 约旦第纳尔（JD）是法定货币，是完全可兑换货币。从1995年以来约旦一直采取盯住美元（JD＝US$1.41）的汇率制度。货物贸易（进出口）在2004年到2006年平均为GDP的108%，这表明了贸易在经济中的重要地位。2006年，在出口排名中约旦排世界第70位（欧洲共同体作为单个地区），进口排第53名。它是服务净进口国，2001年到2006年期间，赤字平均为每年1.174亿约旦第纳尔；服务出口排第49位，服务进口排第51位。工业制成品分别占货物总出口的80%，占总进口的60%。美国购买大约四分之一的约旦出口产品，欧盟和沙特阿拉伯王国分别向约旦提供四分之一的货物进口。

## 二、制度框架

5. 约旦在2000年8月1日成为WTO正式成员方。它几乎给予所有贸易伙伴国至少是最惠国待遇。它是《信息技术协议》的签署国，也是《政府采购协议》的观察员。约旦积极参加多边贸易谈判，既是“新成员联盟”成员国，还是WTO阿拉伯集团的成员国。它是泛阿拉伯自由贸易区的成员国和与埃及、摩洛哥和突尼斯自由贸易区的成员国。约旦与美国、欧洲共同体、欧洲自由贸易联盟和新加坡分别签订了双边贸易协定。在“合格工业区行动”中，约旦规定工业区的出口可以免税和不受配额限制进入美国市场。

6. 约旦工商业部负责贸易政策的制定和执行。私人行业的参与要通过常设委员会或特殊委员会。对外贸易政策和关系部负责处理所有与WTO有关的事务、区域性协定及约旦与其他国家双边协定有关的事务。该部门也是WTO联络机构和约旦提供咨询服务的职能部门；除了与卫生与植物卫生措施有关的通报外，它是几乎所有WTO协定的通报部门。

7. 约旦还强化了本国的投资体制。1995年施行了《投资促进法》，给予外国投资者非歧视性待遇。根据该法律，激励措施是针对特定行业。而且，约旦规定特定地点为投资促进区（工业园区、开发区、自由贸易区以及亚喀巴特殊经济区），每一个特区都有各自不同的制度框架和激励计划。约旦的许多行业，尤其是服务业（如公路运输）受外商投资禁令和限令的约束。

## 三、贸易政策工具

8. 约旦加入WTO后，贸易制度自由化程度很大。除了电力外，对其他所有产品都有关税限制。关税税率的简单平均值是16.3%，农产品是23.9%（WTO定义），非农产品是15.2%。某些削减关税的承诺在2010年到期。约旦对9个税号采取复合关税，其中绝大部分是农产品。

9. 约旦的实际最惠国关税税率通常在0到30%之间，某些酒精和酒精饮料达到180%的峰值。所有实际最惠国关税都是从价税，只有7个农产品税号例外，它们采用复合税率。约旦将实际最惠国关税税率的简单平均值从2000年的14.7%减少到2008年的10.9%。农产品（WTO定义）的实际最惠国关税税率的简单平均值是17.1%，非农产品是9.9%。根据国际标准工业分类法（第二次修订）的定义，农产品的实际最惠国关税税率的简单平均值是16.7%，制造业是10.6%，采矿和采石业是7.3%。

10. 总体看，2008年约旦实际最惠国关税税率表现为混合升级，加工的第一阶段（12.2%）和半制品阶段（4.4%）是负向升级，加工的最后阶段（14.4%）是正向升级。从具体产品来看，纺织品和服装、羊毛产品、化学品和塑料制品的关税仍然是混合升级。但是，食品、饮料、纸和印刷、非金属矿产品、基础金属产品都表现为正向升级。关税税率的降低和关税约束的减少将有助于简化约旦的关税结构，也有助于简化拥有五层计划（投资促进法、工业园、开发区、自由区和亚喀巴特别经济区）的复杂激励体系；一些激励方法源于关税结构。这也有助于实现资源的优化配置。而且，约旦通过免除所得税的方式补贴出口。根据最近WTO总理事会的一个决议，约旦可以在2015年前，有条件地继续扩大这些出口补贴的范围。

11. 约旦通过引入联合国贸易和发展会议（UNCTAD）的关税数据自动处理系统，并结合应用一个风险监察系统，将本国征税程序进行现代化改造。约旦基于《技术性贸易壁垒协议》、《实施动植物卫生检疫措施协议》、道德和宗教的考虑，或者根据约旦签署的国际协定，对一些贸易继续采取禁止和限制措施。为了关税报关的目的，所有进口商都要求提交一个进口卡；或者支付进口价值2.5%的罚金。没有资格获得进口卡的个人，也支付罚金。此外，还征收0.2%进口处理费（每次申报最少为10约旦第纳尔，最高为250约旦第纳尔）。对所有进口品和国内产品征收相同的国内税，包括以标准税率16%征收的销售税，以及对某些特定产品和服务征收4%特别税。约旦制订有贸易救济立法，且发起过两起关于杀虫剂和鞋的保障措施。约旦还没有采用反倾销措施和反补贴措施。

12. 2002年，约旦是中东第一个实施竞争法的国家。它还在国有企业私有化的进程中取得进步。尽管如此，法律上或事实上的垄断仍然在许多行业盛行。约旦对粮食（包括小麦、麸和面粉）、大麦、燃料、水、电力、医药和许多服务业进行价格控制。约旦是签署《政府采购协议》的少数发展中国家之一。它的知识产权保护制度在加入WTO前就进行了改革；加入WTO后，约旦进一步强化了本国的知识产权保护和执法。

## 四、行业政策

13. 服务业仍然是约旦主要的经济部门。在加入WTO后，约旦就《服务贸易总协定》作出许多承诺，其中包括广泛的服务业。然而，各种限制措施（如外国资本份额的限制或约旦公民要求）继续存在。对邮政业、铁路和公路运输、或某些环境、视听和商业服务，约旦没有做出任何承诺。

14. 约旦金融服务业对外国竞争广泛开放，并取消了保险业的外国资本份额限制。约旦已经强化了银行业的制度框架。根据对《服务贸易总协定》的承诺，约旦对电信业进行了自由化改革。约旦电信公司向竞争者开放。近来的改革焦点是建立一个制度框架，鼓励经营者竞争，并促进服务业渗透率，包括移动电话和网络服务。旅游业是约旦经济的关键部门，约旦的策略是，在地区竞争的环境中，以有针对性地开发旅游景点为目标。关于这一点，机场服务的自由化程度很高。国家航空公司，即约旦皇家航空公司已经私有化，但对外商投资有限制规定。在海上运输服务方面，约旦努力促使亚喀巴港口基础设施变得更加现代化，并鼓励在约旦注册的外国船舶从事航运业务。总之，由于运输行业在经济竞争中的重要地位，约旦从加速运输行业的改革中获益。

15. 在过去10年间，约旦的农业政策已经更具市场导向性质。然而，2008年，农产品、畜牧产品、林业产品和渔业产品（国际标准行业分类第二次修订定义）的实际最惠国关税税率的简单平均值为16.7%，这对一个寻求食品安全的食物净进口国来说，仍然相对较高。约旦具有比较优势的产品，如西红柿，这是约旦主要的出口农产品，其最惠国关税税率达到 30%。按当前国际价格作为标准，粮食和大麦（作为羊和山羊饲料）的国内消费将得到高额补贴。此外，尽管约旦供水长期短缺，但约旦仍然对自来水消费提供补贴。

16. 约旦几乎完全依赖进口石油和石油产品、天然气和电力来满足国内能源的需要。为了使能源供给的来源多样化，约旦决定在 2007 到 2020 年实施“能源本土计划”。它还采取措施促进巨大的油母页岩储量的开采利用，作为能源供给的重要来源。为了增加石油和能源行业竞争性，约旦石油提炼公司（JPRC）的法定垄断权在 2008 年 3 月终止。然而，约旦石油提炼公司（JPRC）对石油产品的进口、储存和分销仍然享有一个事实上的垄断权。约旦还取消了燃料补贴，这曾是约旦沉重的财政负担。2008 年 1 月，事实上所有的能源补贴都已经取消，导致燃料价格的巨幅上升。约旦在世界价格的基础上，采用了一个过渡性的月度价格调整机制。磷酸盐和碳酸钾提炼行业在世界处于第一位。这两个行业由政府垄断控制（约旦磷酸盐矿业公司和阿拉伯碳酸钾公司）。尽管这两个公司事实上属于化肥行业，磷酸盐和碳酸钾仍然主要由出口驱动。采矿业和采石业的实际最惠国关税税率是 7.3%，矿产燃料和石油是 11%，天然气是 30%。

17. 约旦制造业政策主要集中在提升竞争性和促进投资方面。根据“约旦进步和现代化计划”（JUMP），约旦已经对中小企业提供金融和技术支持，以提升它们的竞争地位。制造业（国际标准行业分类第二次修订的定义）的实际最惠国关税税率的简单平均值为 10.8%，具体税率从 0 到 180%不等。多数类型的制成品实际最惠国关税税率在 0 到 30%之间。服装业获益于“合格工业区（QIZ）制度”，即进入美国市场无配额无关税限制。在《多种纤维协定》失效之前，这些贸易优惠使约旦出口美国的服装迅速扩张。

## 五、贸易政策和贸易伙伴国

18. 约旦实施多边、区域和双边层次上的综合贸易战略。约旦在加入 WTO 后，通过进行经济改革和贸易制度的自由化，取得了巨大进步。在一个富有挑战性外部环境中，约旦经济富有弹性，但是可能会受到能源和食品世界价格飞涨的影响。通过私有化、投资和贸易自由化为主要内容的政策安排，这些问题和其他经济问题（包括缺水）正在得到逐步解决。

19. 约旦将继续获益于进一步消除关税和非关税壁垒。通过削减关税限制和降低关税税率，最惠国关税不断合理化将有助于减轻约旦投资激励制度所造成的扭曲。约旦还将得益于关键服务业对外国企业的开放（包括运输业、建筑业和销售业）。贸易伙伴国通过向约旦提供货物服务全面市场开放和提供更多的技术帮助而使约旦受益。

（侯迎春译　陈泰锋校）

# 韩国贸易政策审议

## 一、经济环境

1. 自2004年贸易政策审议以来，韩国稳健的宏观经济政策与正在进行的结构改革（包括贸易和投资制度自由化）共同促成了经济的稳定增长。经济年均增长率为4.8%，多数可归因于出口的增长。人均GDP从2004年的14 173美元增长到2007年的20 000美元。与此同时，收入不平衡在上升，失业率下降到3.2%。服务业占GDP的份额已经上升到58%。尽管如此，韩国的增长潜力却受到相对低的劳动生产率和服务业全要素劳动生产率下降的影响。

2. 在政策审议期的绝大部分时间内，相对紧缩的货币政策将通货膨胀率控制在韩国银行的目标区域2.5%到3.5%。然而，由于近来食物和能源价格的上升，2008年6月通货膨胀率达到九年来的高点5.5%。在过去四年，韩国财政年年盈余。为了应对收入不平衡和迅速老化的人口，预算改革的焦点是减少支出和增加税收收入。财政支出还从基础设施和公共开支转向社会保障、教育、研究和开发。韩国税收改革的主要目标是，通过拓宽税基而不是增加税率的方法来增加税收。

3. 韩国的经常账户顺差从2004年的4.1%下降到2007年的0.6%，反映了国内总投资与总储蓄差额的缩小。此外，在2006年达到顶峰后，由于外国在韩国股票投资的汇回本国和韩国居民对国外股票投资的急速上升，资本账户盈余在2007年大幅下降。尽管如此，由于经常账户和资本账户双盈余，外汇储备从2004年的1991亿美元上升到2008年5月末的2582亿美元。后者高于公共和私人短期对外债务的170%，也大于8个月的进口额。

4. 由于货物和服务贸易占GDP的份额从2004年的83.7%上升到2007年的大约90%，韩国的经济越发变得更具外部导向性。尽管可能是源于中国的竞争，制造业出口品占出口的份额在下降，但制成品仍然是出口的最大部分（占总出口的88.9%）。韩国出口的主要目的地为中国、欧共体、美国和日本。

5. 韩国的外国直接投资流入从2004年占GDP的1.2%下降到2005年的0.4%，按经济合作与发展组织（OECD）国家标准来衡量，这一比例显得较低。尽管韩国对外商投资公司有激励措施和一个较自由的外商投资制度，但仍有三个行业完全拒绝外资进入，还有26个行业外资进入受到部分限制。外国直接投资水平较低和下滑的原因是，在韩国经营工商业的成本较高，且相关规定过多烦琐。此外，截至2008年3月，韩元对美元的升值对此也有一定影响。

## 二、贸易政策框架

6. 韩国是WTO的创始成员方。作为一个发展中国家，它根据WTO协议规定获得特殊和差别性待遇，它给予所有贸易伙伴国至少最惠国待遇。自2004年贸易政策审议以来，韩国对贸易政策的制定、实施和评价仍然没有较大改变。

7. 韩国继续支持和致力于强化和自由化多边贸易制度，并努力促成结束多哈谈判。尽管如此，韩国还在积极寻求与主要贸易伙伴国（如新加坡和美国），包括与区域贸易集团（如东南亚国家联盟、欧洲自由贸易联盟）签署双边自由贸易协定，并继续或计划与一些重要的贸易伙伴国（欧共体）和新兴经济体磋商建立自由贸易区。这些协定已经通报WTO，包括货物、服务和投资。这些协定被认为是通过对一些行业的进一步自由化和放松管制而实现经济改革和提高竞争力的一种方式。截至2008年1月，韩国给予来自最不发达国家的大多数税目单方面免税待遇，并积极参加“全球贸易优惠计划（GSTP）”。

8. 韩国将法律的透明度和可获得性置于优先考虑地位，包括对外国人。通过相关部委和机构的官方网站，外国人可以获得许多英文版法律。韩国还采取诸多措施在多边层次上满足透明度的要求。

## 三、贸易政策发展

9. 关税是韩国主要贸易政策工具，但税收收入正处于下降态势（在2007年占总税收的

4.6%)。2008年，关税结构仍然相对复杂，包含一个多重性税率（83个税号是从价税，41个选择税），税率差常常较小。在政策审议期内，关税没有下降。2008年，韩国实际最惠国关税税率平均为12.6%，与2004年一样。按经合组织的标准衡量，该税率较高，因此需要关税减让或退还关税，这增加了边境税收制度的复杂性。从价税的峰值仍然没有变化，并主要集中在农产品（WTO定义），实际最惠国关税税率从0到887.4%（木薯）不等；2008年，大约86.6%的关税税率是10%或更低。关税税率配额制度依据“韩国多边农业市场准入承诺”执行，配额内税率从0到50%不等（2007年），而配额外税率最高达800.3%，平均实际税率为68.3%。其他措施（如自动关税配额和税收减免）有选择地降低了部分原料的关税。农产品（WTO定义）的平均实际关税税率为53.5%，比非农产品高8倍还多（6.5%）。韩国90.8%的税号有关税约束：农产品（WTO定义）税号约束比例为98.7%而非农产品为89.5%。平均约束税率与平均实际最惠国关税税率的差距为4.3个百分点，这就使关税制度依然存在一定程度的不可预见性，也为政府提供了提高适用税率的空间。韩国继续利用这一差距来实施较高的最惠国关税（如调整关税），称为“弹性关税”。当局将“弹性关税”维持在WTO的约束范围以内。采用“弹性关税”的产品范围从2004年的203种下降到2007年的101种。

12. 在政策审议期内，韩国通过进一步强化“智能化征税管理”，将本国征税程序进行简化和现代化。但是，广泛存在的优惠性贸易安排，特别是由于个别协定对原产地的要求，使通关手续变得很复杂。韩国被认为在征税事务的处理方面处在世界税收实践最优的前沿，全世界各地都运用着韩国先进的征税技术。2007年8月，为了阻止低于发票价格的进口流入韩国，韩国采用了一个关于农产品、林产品和渔产品的报关估价偏低的早期预警系统。

13. 在韩国，水稻受进口配额约束。进口许可证要求和实行禁止令的主要目标是保护公众道德、人类健康、卫生和公共卫生、动物和植物的生命，保护环境或基本安全以使其符合国内法律规定和国际承诺。韩国采取反倾销措施主要是针对化学制品、机器、羊毛产品、纸和纸箱的进口。韩国启动了47起反倾销案，并对10个国家进口产品采取了最终反倾销措施。

14. 为了保证国内的充分供应，韩国不定期地限制和管制某些产品（如水稻）的出口，这样可能有助于这些产品的下游加工行业。2007年以来，韩国一直对水稻的出口数量实施限制。出口禁令的目的是保护动物权利和拯救濒于灭绝的物种，并保护自然环境。直接出口补贴的主要目的是降低某些农产品（如水果、蔬菜、韩国泡菜、人参和家畜）的交易成本；这些产品的交易额在2004年达到255.9亿韩元。除了关税退税计划，消费税和增值税也在边境退税。出口商因出口信用保险、融资和国有机构提供的出口促进活动而受益。

15. 韩国采取包括补助费、税收减免或优惠贷款等各种措施来支持农业、林业、渔业、制造业的生产和贸易，还鼓励和支持研究与开发、中小企业和环境保护。尽管“日落条款”的目的是到2003年末自动终止税收激励措施，但仍有许多措施生效。中小企业的合格标准在2006年已经建立。中小企业，特别是从事信息技术产业的中小企业，是这些措施的受益者之一。某些可能易受到双边自由贸易协定负面影响的农产品生产商和制造商还可以得到特定的支持措施。

16. 韩国的工业标准数量在过去五年已经加倍，并已经采取措施协调韩国标准与国际标准（包括适用于新技术产品的标准）的一致性，并加强在国际标准活动方面的合作。为了较好地反映国际要求，韩国还继续审查食品标签标准。

17. 韩国是WTO《政府采购协议》的签署国。2007年前，韩国流行私人投标方式。但是，目前韩国的政府采购变得更加散化，70%的采购交易由政府机构直接进行。尽管没有国内价格优惠，政府采购仍然被视为经济政策工具，旨在促进地区和行业发展。新采购立法要求优先购买环保产品。由于国内制成品和建筑服务的供应商高度成熟和竞争能力的不断增强，加上国际政府贷款也因要求进行竞争性投标而不再继续提供，外国供应商在政府采购中受到重挫。2005年，外国供应商仅仅占全部政府服务采购收入的3.1%。

18. 韩国修订了《著作权法》，强化了边境执法力度，并签订了一些双边自由贸易协定，尤其是

《韩美自由贸易协定》，该协定扩展了知识产权保护条款（不是在互惠的基础上），进一步强化了《知识产权保护法》的适用范围。

19. 在政策审议期内，韩国通过建立和修订竞争法律和法规、强化该地区的机构设置，完成了为期三年的“市场改革路线图”计划。韩国的“财团”（大集团公司）受特殊规定约束，包括在国内其他企业投资的最高限要求。到2007年后期，共有62个“财团”的相互持股受到限制。班轮公会仍然不受竞争法的约束。韩国的新竞争法已经通过，制度的变化将有助于加强对消费者的保护。

## 四、行业政策发展

20. 韩国农业坚持继续强化市场导向和政府支持，但农业占GDP的份额持续下降，其劳动生产率略高于全国平均值的一半。尽管某些农产品（如水稻）已经实现自给自足，但韩国农产品的进口额仍然在上升。农产品的关税保护也依然很高。关税税率配额（实际税率大于68%）由国营贸易机构或行业协会管理和分配。韩国放松了大米进口的数量限制（例如通过不断增加配额的规模），该政策在2014年前将继续有效，因此大米进口预期会加倍，并占国内消费的8%。韩国采用WTO《农业协议》中特殊保护规则。双边自由贸易协定下自由化承诺的敏感性农业项目被豁免。农业获得庞大的国内财政援助，包括符合WTO条款的对特定产品市场价格的补贴。韩国对农业的净援助（GDP的3.3%）超出农业对GDP的贡献（3.2%）。国内的资助扭曲了农业生产和贸易，导致韩国消费者支付的价格较高（平均远大于世界价格水平的两倍）。尤其是自2005年起，韩国对稻田通过直接转移给予的援助增幅巨大。政府采购大米的制度在2005年被公共持股制度所取代。有差别的价格制度减少了牛奶过剩的数量。政府还采取措施促进农场的扩大，提高农田的流动性，促进环境保护和环保农业的发展。政府还制定措施应对食品价格的上升。尽管韩国保留了与渔业相关的补贴和增加了韩国水域允许的捕获量，但政府依然采取措施以解决过度捕捞的问题。为了保护国内海产食物的生产者，韩国提高了9种鱼类的滑动关税。

21. 在政策审议期内，韩国减少石油依赖和应对能源需求上升的措施是寻求再生能源和对海外项目投资。国家继续参与经营天然气和石油。自2005年以来，某些行业获得为自用而直接进口天然气的许可证，而不再需要从国家垄断公司中购买。国家垄断公司现在根据商品的世界价格定期调整。国内的煤生产主要用于发电，并继续得到国家补贴。国有能源交易中心制定电力生产价格。由于农业和工业的用煤企业是主要的受益方，电力消费者之间的交叉补贴扭曲了电力价格。

22. 尽管制造业占GDP的份额（27.8%）和占就业人口比重（27.8%）（劳动生产率也较高）在下降，但仍然是高度出口导向型行业。信息和通信技术、造船业、汽车业主要由“财团”控制，维持世界领先地位。自上次贸易政策审议以来，边境保护仍然没有变化，几乎完全由关税和滑动税组成。数个税收和非税收激励措施用来支持研究和开发以及中小企业的业务活动。2007年，韩国启动对进口汽车定价的调查。此外，原打算于2006年底取消的对造船业的补贴也延期至2009年年底。

23. 韩国服务业的特征是劳动生产率较低（略高于制造业的一半），全要素劳动生产率也在下降。原因是由于各种规定过分繁重，以及国有企业在经济中占据绝对地位和外资参与较少，导致竞争不充分。国有份额尽管有所下降，但仍然参与金融业、电信业和运输业的经营活动。此外，在某些行业对外国投资有最高股权比例限制，最显著的是电信业、航空运输业和海运服务业。政府还禁止外资参与广播和电视事业。另一方面，服务业得益于制度改革，包括根据韩国在《服务贸易总协定》下的承诺，渐进加快了自由化进程。而且，在所有韩国签署的双边自由贸易协定中，它在服务业的承诺都超出在《服务贸易总协定》下的承诺。在电信业，韩国超出在《服务贸易总协定》下的承诺，单方面允许外资控权。银行业的竞争逐渐增强，部分原因是外国直接投资的参与，此外结构调整也极大地改善了银行的平衡表（因此减少了它们的不良贷款），提高了银行劳动生产率和利润率，结果银行业的劳动生产率远高于绝大部分其他服务业，达到发达国家水平。

## 五、前景

23. 总的来说，韩国拥有健全的经济基础。然而，持续增长的潜力将依赖于政府结构改革的进程，尤其是以改善投资环境、解决劳动力市场的僵化为目标的改革，从而提高韩国对外国直接投资的吸引力。其他相关的改革包括私有化和持续的制度改革，还将进一步增加韩国经济的国际竞争力。此外，韩国经济的持续增长还依赖于韩国服务业劳动生产率的大幅提高，如通过结构改革向国内和国外开放服务业。在这一方面，尽管韩国强化自由贸易协定的作用，但 WTO 多边谈判的成功也将有助于韩国经济增长的美好前景。关键措施是进一步自由化本国贸易和投资制度，以此改善劳动生产率和提高韩国生产商的竞争力。

（侯迎春译　陈泰锋校）

# 毛里求斯贸易政策审议

## 一、经济环境

1. 毛里求斯相对多样化的经济建立在四个传统经济支柱行业之上，即糖业、纺织和服装业、旅游业以及金融业。这一结构传统上可以享受优惠条件进入特定国家的市场，同时也可享受以出口导向为目标的各种激励安排（主要是出口加工区安排）。这一安排与国内市场生产的高度保护措施形成了双重经济。这一经济制度日益受到毛里求斯“三重变化”的挑战，即纺织和服装业多边贸易自由化、欧共体糖业制度的改革、国际石油价格的上升所导致的优惠侵蚀。为了做出应对之策，毛里求斯进行了以贸易制度自由化为目标的大胆改革，废除了双重性，增强了竞争性。同时，改革的目标还包括将毛里求斯转变为免税岛。

2. 改革已经开始取得成果，2003 年以来年均 GDP 增长率为 5.1%，高于 2001 年到 2002 年的 2.2%。近年来的经济成就主要建立在服务业的强势增长和纺织业的恢复基础之上。在本次政策审议期的绝大部分时间内，宏观经济政策旨在继续控制通货膨胀，大约每年 6.5%。然而，由于石油价格上升、消费税（如酒精饮料和香烟）的提高、其他产品补贴的降低（包括大米、面粉和面包）、运输成本的上升以及毛里求斯卢比的贬值，2006 年通货膨胀率达到 8.9%。在本次贸易政策审议期的绝大部分时间内，中央政府的财政赤字依然相对较高（大约为 GDP 的 5%）。据估计，2006 年到 2007 年会下降到 4.3%，预期 2007 年到 2008 年依然约为 3.8%。主要原因是经济增长的复苏和财政收入的增长。毛里求斯的外债处于可控范围之内，债务比率大约为 6%（2001 年为 7%）。

3. 毛里求斯是一个收入中等偏上的国家。在《2006 年人类发展报告》中，联合国开发计划署将毛里求斯排列在撒哈拉沙漠以南非洲国家地区的第一位。毛里求斯 2007 年人均 GDP 达到 5 807 美元（从 2001 年的 3 788 美元开始上升）。采用对 GDP 的贡献（2006 年大约是 70%）来衡量，服务业是其最重要的行业。金融业和旅游业是服务业中的主导产业。旅游业是最大的外汇收入来源，其次是服装业和糖业（农业中的龙头行业）。渔业依然规模较小，捕捞正在使传统资源耗尽。制造业的贡献大约是 GDP 的五分之一，纺织和服装业占制造业的三分之一。毛里求斯正在努力向网络化岛屿转变，使信息和通讯技术成为该国经济的第五大产业。

4. 在国内市场较小和有限资源（包括土地）约束的条件下，货物和服务贸易占 GDP 比重较高（平均大约 120%）表明对外贸易对毛里求斯经济非常重要。毛里求斯历史上一般是贸易逆差，偶尔因为服务贸易顺差而抵消。制造业产品占毛里求斯总出口的绝大部分（约为总价值的 70%），服装业大约占货物出口的 36%，糖占第二位（16%）。毛里求斯的主要进口产品包括机器、交通工具、收音机或电视机发射仪器、纺织品和化学制品。

5. 欧共体是毛里求斯主要的贸易伙伴。欧共体进口毛里求斯大部分糖、大部分纺织品和服装；欧共体出口的货物和服务占毛里求斯进口的约三分之一。毛里求斯出口的主要目的国是英国、法国和美国。出口的大部分产品以欧元标价，欧元的升值增加了其出口总价值（用毛里求斯卢比计算）。毛里求斯进口来源地比较多元化。中国已经成为其最大的供应国，占毛里求斯进口的 10%左右，其次是南非和法国。其他重要的进口来源地还包括印度和德国。中东国家在毛里求斯进口中的份额增幅巨大，主要反映在石油价格的上升。

## 二、制度框架

6. 宪法是毛里求斯共和国最高法律，其次是议会法和二级立法（规章、条例和法令）。国际条约（包括 WTO 协议）必须在国内法中做出规定才能在国内法庭长期有效。毛里求斯的立法程序效率有些低下。在上次贸易政策审议期内，有数个已拟订好的法律至今仍未颁布或执行。这些法律包括反倾销、反补贴和保障措施、竞争和兽医服务方面的法律。2002 年制定的关于知识产权的某些法律仍然没有执行。2003 年起草完毕的《植物培育人权利法案》还没有被议会通过。

7. 外交、国际贸易与合作部下设的贸易政策署主要负责贸易政策的制订、审查和评估。该部还负责监管 WTO 常设委员会，该委员会的代表来自政府部门和私人部门。该委员会负责处理 WTO 协议下贸易政策的执行、后续行动和政策间协调。讨论双边和区域贸易问题的例会定期由贸易政策署主持召开。工业、中小企业、商业和合作部负责调节国内市场，包括进出口调节。2001 年 3 月，投资委员会开始运行，它是负责促进和便利投资的最高政府机构。在财政和经济发展部的领导下，投资委员会的目标是将毛里求斯发展成为国际商务中心。除了特殊部门（主要在旅游业），外国投资者可以向几乎所有部门自由投资。

8. 毛里求斯是 WTO 创始成员方，并给予所有贸易伙伴国至少最惠国待遇。它不是任何诸边协议的签约方，但却是"民用航空器贸易委员会"的观察员，是"信息技术贸易部长声明"的签约方。作为一个小岛国，一个自然资源有限的发展中国家，毛里求斯依赖于国际贸易，并积极参与多边贸易体制和各种地区性组织。它通常是发展中国家利益的积极保护者，尤其是"小型脆弱经济体"利益的积极倡导国，并要求改善市场准入。因此，毛里求斯认为本国对国际社会极其重要，要求支持发展中国家解决资源供给方面的限制，改善发展中国家商品和服务的竞争性，提升标准和技术规定。它认为优惠不能作为永久协议的一部分，需要采取具体与贸易有关的方法解决优惠侵蚀问题。毛里求斯是"东南非共同市场"的成员国，也是"印度洋委员会"的成员国。

## 三、贸易政策工具

9. 自 2001 年贸易政策审议以来，毛里求斯进行了一系列与贸易相关的制度改革。为了实现将毛里求斯转变为"免税岛"，毛里求斯降低了最高关税税率，免税税号数量增加到全部关税税号的 79%。这使最惠国关税税率的简单平均值（包括从价税等值）从 2001 年的 19.9%下降到 2007 年的 6.6%。然而，采用特别税的关税税号从 2001 年的 2 种增加到 2007 年的全部关税税号的 5.9%，它们的从价等值关税税率从 0.1%到 277.5%不等。制造业（按国际标准工业分类法第二次修订）是最受关税保护的行业，平均关税为 6.8%，最高达 277.5%。对鞋的保护特别高（平均 50.7%），其次为服装（34.3%），烟草（27.9%），编织品和钩织纺织品（27.7%），糖产品（25.7%）和饮料(23.6%)。农业（按国际标准工业分类法第二次修订）的关税税率平均为 4.9%。按 WTO 定义，农产品进口关税的简单平均值为 8.5%（2001 年是 20.5%），非农产品进口关税平均税率是 6.3%(2001 年是 19.8% )。

10. 毛里求斯对所有关税税号的约束税率是 15.7%，占全部税号 1.6%的某些非农产品税号约束税率为 65%，所有农产品（WTO 定义）的约束税率从 37% 到 122%不等。所有承诺受关税约束产品的"其他税费"限制最高为 17%，例外产品包括冷冻无骨牛肉、牛乳与乳酪、加工奶酪、（做种子用的）土豆、青豆、玉米、印刷品，它们的关税约束为 0。特种税包括每公斤 0.2 毛里求斯卢比和 20%的茶特别费（对进口茶征收的税费)。为了符合 WTO 最惠国和国民待遇原则，毛里求斯已经对关税和"其他税费"的征收进行了改革。2005 年，毛里求斯依据进口来源逐渐取消了关税税率差别。2001 年，消费税征收的税率差别也已经消除，毛里求斯对进口产品和国内产品统一征收 15%的增值税。

11. 毛里求斯已经采取措施加速通关手续，包括在 2003 年引入了"网络系统"和一个"新蓝通关系统"（2007 年 8 月），该系统根据"货物快速轨道计划"提供无纸化通关服务。2001 年 1 月 1 日以来，毛里求斯开始实施 WTO《海关估价协议》。毛里求斯基于各种不同的理由仍然采用非关税壁垒措施。例如，进口土豆和盐仍然受数量限制，许多产品仍然受进口许可证或禁令管理。多个半国营企业，如国家贸易公司和农业销售委员会在进口某些"战略性产品"（小麦面粉、定量大米、石油产品、种子土豆、洋葱和大蒜）方面仍然拥有排他权。

12. 毛里求斯对战略性产品或经济敏感性产品有出口许可证要求，这些产品包括肉类产品、大米、面粉和糖，以及在进口国可以获得优惠待遇的产品。毛里求斯对出口产品不征收任何税费。投资促进政策建立在多边激励计划基础之上，并已经被新策略所取代，新策略的基础是低税制度和目标导向计划。根据该计划（如"农业技术普及计划"和"减轻运费计划"），毛里求斯对农业给予多个激励措施。根据“减轻运费计划”，毛里求斯对特定农产品出口商可以退还部分航空运费。毛里求斯还实施了一些新计划（包括一些出口促进计划）。这些计划和其他一些计划使得毛里求斯贸易制度体系依然较为复杂。

13. 毛里求斯对某些战略性产品仍然采用价格管制，但是约束的产品组已经分别下降为8个和9个。毛里求斯没有竞争立法，但是已经酝酿一些竞争议案。毛里求斯也没有贸易补救措施，及采取任何反倾销、反补贴或保障措施。毛里求斯针对政府采购的法律已经修改，新法于2006年12月通过。毛里求斯有25种技术性规定应用于进口产品和国内产品。

14. 毛里求斯颁布了若干新知识产权保护法，旨在使本国法律与WTO《与贸易有关的知识产权协议》保持一致。毛里求斯还通过了专利权法、工业设计法、商标法以及反不公平竞争行为保护法。著作权由1997年生效的《著作权法》来规范。另外，集成电路布图设计法和地理标识法也已经通过，但还没有对外公布。毛里求斯对植物品种没有给予立法保护。2003年，政府草拟了一个《植物培育人权利议案》，目前仍处于进一步完善之中。

## 四、行业贸易政策

15. 毛里求斯是一个粮食净进口国。以出口份额及其与其他行业的关联度来衡量，农业（主要包括糖产品）依然是重要行业。鉴于毛里求斯的主要出口产品（糖）价格的下降，它已经采取措施重新振兴该行业，以确保长期活力，同时开发其他与甘蔗生产有关的产品。然而，农业土地向非农业土地的转化受“土地转化许可”和“土地转化税”的约束。伴随着工业园区、商业园、商业大厦、技术园、旅馆、高尔夫球场、卫生机构或以农业为基础的生产园区的许可证逐渐颁发，“土地转化税”也有望废除。毛里求斯还在尝试通过发展高附加值的渔业和与海产食品有关的产业将本国转型成为海产品中心。

16. 为了粮食安全，毛里求斯继续对粮食进出口价格和（或）农产品的战略储备实施管制，战略储备对象包括谷物和谷物产品、动物和动物产品、糖、香料、蔬菜和水果。销售委员会（例如农业营销委员会和国家贸易公司）仍然发挥作用，并对土豆、洋葱、大蒜、小麦面粉、配给量大米等产品进口拥有垄断权。为了降低生产成本（如原料和运费），毛里求斯还给予农业激励措施。但是，某些激励措施已经取消，如根据“农业发展计划”给予的激励措施就已经取消。对土豆和盐的进口，以及对冻鱼的出口，仍然采用配额管理。政府规定出口糖获得的外汇收入必须在国内结汇。农业的关税保护率平均为4.9%（2001年为14%），最高税率为30%。

17. 纺织品和服装业在制造业中占主导地位，其次是食品生产（包括糖、饮料和烟草）、非金属采矿业和化学工业。出口加工区的企业生产占据出口的很大部分。尽管如此，在生产成本（劳动力）上升的背景下，毛里求斯为了提高竞争力，依据2006年的《财政法》废除了原先给予该行业的许多激励措施，包括出口加工区计划的一些措施。此外，纺织品和服务业（按国际标准工业分类法第二次修订）关税保护的名义平均值从2001年的20.6%下降到目前的6.8%。然而，服装和鞋的边境保护仍然较高，主要原因是采用特别税，最高税率达277.5%。2001年到2005年，制造业平均实际增长率连续数年出现负值，但2006年到2007年增长率已经恢复大约为4%。

18. 服务业对毛里求斯的GDP贡献最大。毛里求斯是一个服务净出口国。自上次贸易政策审议以来，为了加强金融业，毛里求斯实施了金融改革。为了进一步促进旅游业的发展，毛里求斯已经放松航空准入政策。为了提高港口吞吐能力，实现将路易斯海港变成海运中心的目标，毛里求斯对港口做了很多工作。2001年，《信息通信技术法》的通过取消了毛里求斯电信公司在固定电话服务方面的垄断权，为电信业的自由化改革奠定了基础。总体上，毛里求斯实际的服务贸易制度比在《服务贸易总协定》下所承诺的更自由。但是，国有企业拥有的垄断权和排他权依然限制了行业内竞争，如邮政业。

## 五、贸易政策和贸易伙伴

19. 毛里求斯参与多边贸易体制和许多区域协定，反映了对外贸易在其经济中的重要性。因此，毛里求斯对国际贸易环境的变化反应十分敏感，因而也变相促使其不断改革本国的贸易制度。毛里求斯已经采取措施强化竞争性，以消除经济中的双重性，并进一步改善资源的配置。通过扩展和改善毛里求斯对货物和服务的约束承诺，这些改革指日可待。

20. 如果实际税率和约束税率间的差距进一步缩小，并进一步修改对服务贸易的承诺，使其更好地反映当前更自由的体制，毛里求斯贸易制度将由于可预见性的提升而更加获益。在毛里求斯对外国专业人才的需求日益增长和试图吸引外国专业人士的情况下，专业服务业尤为如此。取消非关税壁垒还将提升毛里求斯贸易体制的透明度。

21. 毛里求斯认为参与区域贸易协定是富有弹性的，是世界经济一体化的重要步骤。然而，作为不同区域协定的成员国，由于各个区域协定所包含的国家不同，贸易自由化进程不同，产地国规定不同，目标不同（如建立一个关税同盟），管理就显得比较困难。而且，毛里求斯试图转变成为“免税岛”的计划与区域贸易协定之间也很难协调。

（侯迎春译　陈泰锋校）

# 墨西哥贸易政策审议

1. 自上次贸易政策审议以来，墨西哥继续进行渐进的单边贸易体制自由化。它还签署了新的自由贸易协定，目前给予85%的贸易伙伴国优惠待遇。优惠协议在墨西哥自由化努力中扮演着十分重要的作用，它也改变了墨西哥的经济激励措施。同时，对最惠国待遇和外国投资的一些限制阻碍着墨西哥消费者和生产者在更加竞争的环境中获得某些商品和服务。

2. 近年来，墨西哥经济稳定，一些行业取得较高的发展水平。尽管如此，人均收入只是缓慢上升，削减贫困仍然是一个挑战。因此，采取措施加速劳动生产率的提高就显得很必要，如在国内市场提高竞争性和建立一个更统一的激励体系。进一步进行结构改革将有助于减少各部门的“瓶颈”问题，如能源、电信和交通领域。解决这些长期存在的问题还将有助于墨西哥利用已经获得的巨大进步加速经济增长，提高生活水平。

## 一、经济环境

3. 墨西哥2006年人均收入大约是8 000美元。2001年至2006年之间，人均收入实际年均增长率为1.7%。与此同时，GDP的实际年均增长率为2.3%。经过2001年到2002年的停滞后，墨西哥经济重新开始增长，国内需求和有利的国际环境促进了这一增长。

4. 谨慎性财政政策要求逐渐稳定联邦预算，并减少外债占GDP的百分比。墨西哥正在采取措施降低公共财政对石油收入的依赖。墨西哥成功地实施了以控制通货膨胀为目标的货币政策，将通货膨胀率维持在了目标值（大约3%）。

5. 尽管服务贸易持续巨额赤字，但国际收支的经常账户赤字已经消失，主要原因是个人外汇汇入的增加。2006年，货物贸易占GDP比重为60%。以价值为衡量标准，制造业在出口中仍占主导地位，但是石油出口有所增长。尽管美国仍然是墨西哥最大的贸易伙伴，但来自亚洲的进口增幅巨大，尤其是中国。

## 二、贸易政策和投资框架

6. 墨西哥是WTO的创始成员方，并认为多边贸易体制是国际贸易自由化的重要工具。它相信多边贸易体制和区域性贸易协定是互补关系，而且认为贸易进程中的某些问题只能用多边协商的方法予以解决。2003年9月，墨西哥在坎昆召开了WTO第五次部长级会议。

7. 在本次政策审议期内，墨西哥国内法律框架或贸易政策没有发生根本变化。贸易政策目标是扩大并多元化国外市场，继续推进谈判优惠区域协定，并为了吸引外国投资强化法律框架。墨西哥认识到贸易自由化必须伴以其他措施才能增强市场竞争性。

8. 墨西哥向WTO提交了大量通报措施，但是提交其他文件却存在拖延现象。2002年以来，根据WTO贸易争端解决机制，墨西哥在涉及的案件中有6起案件作为原告，7起案件作为被告，27起案件作为第三方。

9. 墨西哥与44个国家签订了12个区域性优惠协定。与日本和乌拉圭的协定是在本次贸易政策审议期没签订的。区域性优惠协定为墨西哥贸易体制带来了极大的自由化。然而，区域性优惠协定的数量之大改变了经济激励体系和资源分配，使贸易政策工具的管理更为复杂。

10. 墨西哥认为促进外国资本的流入是贸易自由化的重要补充。墨西哥对任何领域中的外国投资都没有设置限制，或采取特殊规定。但是，某些行业只能由墨西哥股本占绝对多数，或比外资企业（可以超出总资本的49%）优先获得审批。

## 三、货物的市场准入

11. 墨西哥降低了最惠国关税的简单平均值，从2001年的16.5 %降到2007年的11.2%。农产品仍然比其他产品（9.9%）享有较高的关税保护（23%）。实际关税税率较为复杂，关税差距有所增大。在原材料和半成品之间表现为负向关税升级。墨西哥需要进一步降低最惠国关税税率并将关税结构简化。

12. 墨西哥承诺对所有关税加以约束，平均约束值为36%，从而提高了关税的可预见性。通过降低约束税率和缩小平均实际税率与约束税率的差距还可以进一步提高税收的可预见性。

13. 在乌拉圭回合中，墨西哥承诺对农产品实行关税配额管理，但是对特定国家仍然保留了配额限制。墨西哥还依据各种区域性优惠协定自主管理关税配额。关税配额管理制度复杂且缺乏透明度。对于大部分产品，2007年之前，墨西哥没有建立与WTO有关的关税配额分配程序。墨西哥近来向WTO提交的大部分情况通报是关于关税配额在1996年至1999年之间的情况。

14. 墨西哥采取了多项措施简化对外贸易程序，但是一些程序依然复杂。这表明需要继续进行海关改革和简化对外贸易制度。海关估价仍然包含对某些产品采取价格评估机制，该机制包括一种保证金制度，即当报关价格低于海关估价时需要交纳一定数额的保证金。

15. 墨西哥采用原产地优惠或不优惠规则；后者旨在预防应急措施的损害。

16. 墨西哥对进口征收海关价值0.8%的海关处理费。有些产品（如二手车和服装）需要获得优先进口许可，这是出于保护环境和公共卫生目的。进口事先通知制度已经取消。

17. 通过反倾销措施，墨西哥本国生产商积极寻求针对不公平进口的保护。2002年1月至2006年12月，墨西哥共启动42起反倾销调查，最终对24起案件执行了最终反倾销措施。2007年6月，墨西哥对来自中国和美国的绝大部分产品开始征收反倾销税。

18. 总体来看，墨西哥对采用技术规定的程序做出了清楚的定义。在有些情况下，进口产品如果来自与墨西哥签有区域优惠协定的国家，进口商可以利用进口同类产品的其他进口商的资格证。如果是受卫生和植物检验检疫措施约束的货物，则必须符合墨西哥官方标准、植物检疫或动物卫生要求和（或）检验要求。

## 四、影响出口的措施

19. 墨西哥通过给予关税和财政减免以及行政管理的便利来促进出口。重要的促进工具是2006年年底的“客户工业计划”和“为出口而临时进口计划”。该计划给予财政补贴的条件是满足出口最低额要求，除非区域优惠协定作出了其他规定。此外，墨西哥还对满足出口要求的公司给予行政便利和（或）财政支持。2001年以来，墨西哥没有任何新的或更新的有关补贴的通报。

20. 墨西哥还通过国家发展银行提供数个出口融资和担保计划。在承担巨额亏损后，该银行在2007年进行了重组。

## 五、影响贸易的其他措施

21. 2002年以来，墨西哥执行了数个行业促进计划（PROSECs），根据该计划，为了生产特定产品，公司可以进口减税的原料。但正如官方研究表明，为抵消最惠国关税对进口非优惠国原料的产品成本影响，行业促进计划并不是最好的解决方法。因为该计划的范围受到限制，且行政成本较高。

22. 除了行业促进计划，在特定领域，还有许多政府支持计划。分析不同支持计划带来的益处具有意义，包括出口增加、固定成本和扭曲的抵消。

23. 自上次贸易政策审议以来，墨西哥强化了本国的竞争立法和竞争权威。然而，仍然存在垄断，且某些行业竞争并不充分，如电力、能源和电话。在这些和其他重要领域内促进竞争是墨西哥面临的最迫切经济政策挑战之一。

24. 墨西哥既不是WTO《政府采购协议》的签署国，也不是观察员。大部分政府采购通过向墨西哥公民和国内产品招标的方式公开进行，或对墨西哥公民和来自与其签订有相关协定国家的居民进行公开招标。尽管这有助于国内产业发展，但也可能提高政府采购成本，从而损害纳税人的利益。

25. 2000年，WTO知识产权保护委员会审议了墨西哥知识产权保护立法。随后墨西哥通报了法律修订情况。在某些方面中，墨西哥给予的保护超出了《与贸易有关的知识产权协议》所规定的最短期限。例如，2003年，墨西哥将著作权保护期限扩展至100年。

## 六、行业政策

26. 为了完善农业的市场导向机制，墨西哥继续进行农业改革。扭曲性的干预已经减少很多，对生产者的转移支付效率也得到改善，但是市场价格补贴和基于产出的支付仍然占转移支付总额的一半以上。因此有必要继续改革，进一步促进资源再分配，使劳动生产率实现持续的增长。

27. 制造业在墨西哥的发展中起着重要作用，并已经与世界经济相融合。然而，近年来，该行业部分地失去了发展的动力，原因是经济周期因素和国际市场竞争能力的丧失。墨西哥政府已认识到这些挑战，并正在考虑实施改革，以提高制造业的竞争能力。由于制造业规模较大，且具有多样化特征，“水平式改革”会具有特别有意义（“水平式改革”可以将激励措施造成的扭曲最小化）。

28. 宪法规定政府必须负责碳氢化合物的开采，并为公众生产和分配电力。沉重的税负和消费补贴意味着，国有石油公司 PEMEX 和电力业的国有公司在投资资本的筹集方面面临非常大的困难。因此，结构改革十分重要，这可以保证这些公司的财政活力，提升财政效率，并能更好地利用墨西哥的资源。

29. 在服务业方面，在《服务贸易总协定》所包含的 12 类服务行业中，墨西哥对 10 类行业做出了具体的承诺。它还采用了《金融服务第五议定书》和《基础电信服务第 4 议定书》。在“多哈发展议程”谈判框架下，墨西哥在 2003 年提交了初次提案，并在 2005 年提交了一个修改提案。

30. 在许多情况下，墨西哥法律中关于市场准入的规定比在《服务贸易总协定》下的承诺更自由。墨西哥可以通过缩小这一差距进一步提升投资政策的可预见性。这将有助于吸引外国投资和促进经济发展，并给伙伴国和其他 WTO 成员方带来同等待遇。

31. 墨西哥电信公司是电信业传统的运营商，在主要的市场仍然占据支配地位。而且，相互联网的问题仍然在运营者之间存在，服务价格也较高。外资参股比例限制为 49%，但移动电话却是例外。移动电话可以根据授权超出股权比例限制。

32. 近年来，不断的改革改变了墨西哥的金融业，完善了相关的制度和监管。目前，商业银行国际化程度很高，这主要得益于墨西哥所签订的区域贸易协定。协定对银行业或保险业的外商投资比例没有限制。来自其他国家的投资者可以有效地扩展银行业务，但保险公司则不行。总体上来说，只有当设立在墨西哥境内的保险公司不能承保的风险才可由外资保险公司承保。

33. 墨西哥航空市场过去一直是国有公司双寡头垄断，近年来的私有化改革和低成本航空公司的进入极大地提升了市场的竞争性。对提供国内航空运输服务的公司，外国投资规定不得超过全部资本的 25%，对机场建设的投资则不得超过 49%。

34. 墨西哥在港口设施的现代化建设中投入了巨额资金，但是当局认为还需要进一步投资。只有墨西哥人拥有绝大部分股权的航运公司才有沿海（岸）航行权。国际海运服务几乎完全由外资航运公司提供，但是必须是来自与墨西哥签订有双边互惠贸易协定的国家。

35. 在墨西哥提供专业服务必须拥有从业许可证。许可证必须在全国有效，此外还要求经过专业资格验证和完成一定数量的专业服务。一些专业和会计服务只能由墨西哥公民提供。外国公民提供专业服务受互惠原则约束。

（侯迎春译　陈泰锋校）

# 马达加斯加贸易政策审议

## 一、经济环境

1. 自2001年到2002年7月，马达加斯加经历了社会政治危机，此后它的经济持续增长，从2003年到2006年，年均实际增长率为6.2%，远高于人口统计学的增长率2.6%。经济增长主要由于自由园区工业、建筑业、金融业、移动电话和运输业发展的驱动。这些行业的成就可以归因于自由化改革，特别是贸易自由化改革。马达加斯加政府在2002年通过实施宏观经济稳定和结构调整计划来进行改革，并获得来自国际货币基金组织“减少贫穷促进增长信贷额度计划”的支持。以“马达加斯加行动计划（MAP）”为中心，2007年到2011年，马达加斯加经济和社会发展战略遵循2003年采取的“减贫战略方案”进行。这样多重努力使马达加斯加的外债巨额下降，2006年，其官方外债已降至货物和服务出口的3.9%。

2. 尽管努力进行改革，且经济成就良好，并得到国际社会的支持，但马达加斯加仍然是一个穷国（一个最不发达国家，2006年人均GDP仅为313美元）。马达加斯加经济主要以服务业为基础（2006年约占GDP的57%）；其次是农业（27%），其中还包括渔业、家畜饲养、林业；制造业占16%。大约四分之三的人口从事农业，主要是粮食种植业，这意味着该行业优先享受“马达加斯加行动计划（MAP）”。然而，马达加斯加的农业经济总体较差。制造业占GDP的份额在上升，原因是工业自由园区企业的发展，它们可获得税收优惠。马达加斯加绝大部分企业都面临相同的问题，即融资、水资源、电力供应、运输、电信服务的获得和监管制度的缺陷。

3. 政府财政面临严重的结构问题，特别是由于给予税收和关税减免的惯例，以及由于非正式行业（估计为GDP的30 %）的存在导致税基狭窄。政府应该提高财政管理的透明度。2006年，马达加斯加主要预算赤字大约是GDP的4.4%。发展援助2006年大约占GDP的10.4%。欧共体及其成员国是马达加斯加的主要捐助者。

4. 自2005年以来，马达加斯加中央银行实施紧缩性货币政策，旨在应对2004年出现的通货膨胀。2005年，法定货币“阿里亚里”代替了马达加斯加法郎。2005年以来，“阿里亚里”的实际汇率仍然稳定，这将有助于提高马达加斯加货物和服务在国际市场上竞争力。

5. 2006年，马达加斯加货物和服务贸易占GDP名义价值的71%，与第一次贸易政策审议期水平相同。由于社会和政治危机的发生，2006年的出口仅恢复到2001年的水平。马达加斯加有一半的出口由初级产品构成（小虾米、香草、丁香、铬铁矿、石墨），绝大部分货物出口到欧共体。另一半出口包括服装，服装主要输往美国，而美国根据“非洲增长与机遇法案”提供优惠市场准入条件。2001年以来，货物进口（平均年增长率16%）出现明显增长，特别是由于油价高涨。马达加斯加服务业是净进口，但是来自旅游业的收入迅速增长（2001年以来年均增长率大约24%）。总体来看，自2002年以来，马达加斯加贸易一直表现为赤字。

## 二、贸易和投资制度

6. 贸易部负责制定和执行马达加斯加的贸易政策。私人部门以特殊的方式参与一些与贸易相关的事务。工业部与马达加斯加经济发展委员会共同负责投资政策，包括自由园区制度。

7. 马达加斯加是WTO的创始成员方之一，并对所有成员方至少给予最惠国待遇。它没有签订任何WTO诸边协定。1995年以来，马达加斯加作为第三方参与了WTO机制下的4起贸易争端案件。其中最近的三起与欧共体糖制度有关。然而，马达加斯加参与多边贸易协定仍然有限。它很少向WTO提交通报措施，也没有参与任何部长级会议来执行多边贸易协定。马达加斯加需要得到技术援助的领域包括：制定贸易政策、参加WTO常规活动和贸易谈判、政府采购立法和保护、取消供给限制、整合贸易政策与发展战略、通知和执行WTO协定。

8. 马达加斯加是“东南非共同市场（COMESA）”的成员国，自2000年以来，东南非共同市场就已建立自由贸易区，但是关税同盟的计划推迟至

2008年12月。2005年，马达加斯加成为“南部非洲发展共同体”的成员国，旨在2008年建成自由贸易区。在“全面经济合作伙伴协议”在2008年年末达成之前，马达加斯加在2007年12月与欧共体签订了临时协定，包含自由贸易和其他与贸易有关的事务。

9. 马达加斯加自第一次贸易政策审议以来重新制定了投资制度。2003年以来，外国投资者购买私人土地可以由政府政务会授权，且必须以外币投资。一个特殊的制度鼓励对采矿业的大规模投资。2008年，东南非共同市场开始计划制订促进和保护投资的新框架。2004年以来，投资者可以通过“投资和服装企业统一窗口”4天内完成设立公司的手续，且不需缴费。马达加斯加经济发展委员会于2005年设立，负责对自由贸易制度下的许可要求进行技术检查。

## 三、贸易政策工具

10. 马达加斯加所有关税都采用从价税（税率分别为0、5%、10%、20%），只有石油产品例外。2008年，税率的简单算术平均值是13%，比2000年下降3个百分点。农产品（简单平均值是14.5%）比非农产品（12.7%）关税税负更高。在乌拉圭回合中，马达加斯加对所有农产品税号和四个非农产品税号加以约束，占全部税号的29%。对于有些产品，实际税率会超出约束税率。马达加斯加给予原产地为“东南非洲共同市场”和“南非发展共同体”的成员方优惠税率。

11. 马达加斯加征收增值税（2008年是20%）和消费税，但后者不遵循国民待遇原则，这是马达加斯加在第一次贸易政策审议时已经考虑的问题，即如何实现纳税统一化的问题。其他在海关征收的税种在2005年都已经取消。2007年4月以后，马达加斯加要求进行装船前检查，且必须采用“GasyNet海关数据处理系统”，费用是商品到岸价的0.5%。GasyNet系统认为可靠的进口商可以通过“绿色通道”处理相关通关手续。自第一次贸易政策审议后，与贸易相关的通关程序电脑化也取得了很大进步。

12. 总体上，马达加斯加关税表现为混合升级，这既不会鼓励某些行业（升级产生消极影响）的发展，也不会提高某些国内制造业产品在国际市场上的竞争能力（正向升级对这种行业会产生有效的保护作用）。此外，自由贸易园区的企业被免除所有进口税，还对出口产品中国内原材料成分（经过审查）实施增值税出口退税。临时许可制度常常用来针对进口采矿业和石油勘探所需要的仪器。

13. 自第一次贸易政策审议以来，马达加斯加并没有改变进口许可制度，该制度适用于烟叶和香草精。此外，其他产品出于卫生、植物检疫或安全的考虑也需要获得进口许可。马达加斯加没有向WTO通报任何用来应对禽流感或口蹄疫的卫生和植物检验检疫措施。在标准化方面，马达加斯加取得了明显进步，马达加斯加标准局也于2002年开始运行，并对符合国内强制性标准的进口产品颁发资格认证。由于国际市场的要求，强制性质量标准适用于咖啡和香草的出口，而非强制性标准适用于荔枝和蜂蜜的出口。

14. 2004年，尽管马达加斯加仍然监管石油行业，但是它取消了石油产品的最高限价，从而也开放了石油行业。某些基本商品的价格受到监督和行政控制，如普通药品。马达加斯加有三个公司依法享有垄断权：生产皮棉的HASYMA；提炼和销售铬的KRAOMA；生产和进口烟草的马达加斯加烟草局。此外，国有公司JIRAMA依法拥有对运输业和电力生产与分销、水的运输和分销的垄断权。TELMA是一个私人公司，截至2008年6月，该公司拥有提高基础固定电话服务的垄断权。1997年以来，尽管在国家退出参股经济方面取得明显进步，但一些重要的私有化工作还有待于完成（例如JIRAMA、马达加斯加航空公司、南部铁路网）。而且，在数个公司中，国家依然拥有小额股权，并在董事会拥有席位，以便影响公司的决策。

15. 特许使用权费适用于普通进口品，如林业、渔业和采矿业产品。马达加斯加为了促进木材加工业的发展，禁止任何种类的原木和其半成品出口。2004年，马达加斯加正式通过了新《政府采购法》，2005年后逐渐生效。该法邀请投标人投标。但是，根据当局的数据，有22%的政府购买合同给予了唯一的投标人。新法给予国内投标人的优惠率为10%。马达加斯加不是《政府采购协议》的成员方，也不是观察员，但是为了对该协定有更好的理解，马达加斯加可获得技术援助。

16. 马达加斯加的工业产权制度诞生于1992年，与WTO《与贸易有关的知识产权协议》的规定还不完全一致。软件、植物品种、动物种类或获得动物和植物的重要生物化过程，以及药用和兽医产品、化妆品、食物都没有专利权保护。药物制造工序可能允许获得专利。根据著作权制度，软件可获得 25 年保护期限。盗版行为主要影响的是 CDs 和 DVDs。

## 四、行业政策

17. 马达加斯加是一个农业生产国，但是潜力没有得到充分利用。农业劳动生产率较低的原因是农场规模较小和耕种技术尚未成熟。相对高的人口增长导致对粮食需求的增长，而粮食价格对购买力有明显影响。除国内生产外，马达加斯加绝大部分大米、糖和奶粉依靠进口。2005 年粮食供应危机后，大米关税降低至 0，但海关仍征收 20%的增值税。农业（按国际标准工业分类法定义）的平均关税保护税率是 13.9%。

18. “马达加斯加行动计划（MAP）”的目标之一是通过扩大生产、改善管理方式、取消销售限制（特别是公路运输），实现“持续绿色革命”。国家不再干预农产品的采购价，但是仍补贴种子、原料、种植水稻需要的小规模设备；2002 年以来，这些产品进口关税为 0。马达加斯加监管中心时刻监视国内市场大米价格，并发布这些信息，从而使市场功能理性化。

19. 采矿业、旅游业和水产业是三个重要行业之一，它们被政府作为中期经济发展的基础。小虾米是马达加斯加的主要出口产品。根据与欧共体和日本的双边贸易协定，金枪鱼资源的开发能获得相应的融资支持。渔民必须申请捕鱼资格证，并支付特许权费。但是当局似乎没有充足的资源进行持续性捕捞。当局为此而规定捕鱼季节，自 2004 年以来，这已成为必须的义务。渔业获得 18.8%的高关税保护，远高于总平均值 13%，另外还需征收 20%的增值税。

20. 大型采矿项目在给予授权之前，环境保护也是当局考虑的因素之一。2005 年以来，对这些项目投资激励制度已经生效，并期望矿化土、钴和镍在不久的将来出现大规模的增长。这些项目需要铁路现代化和建设新的港口。马达加斯加还生产铬矿砂（以国家垄断的形式），由于国际需求的增长，其价格一直在上升。马达加斯加还出口宝石，但主要是通过非正式渠道。马达加斯加还努力遵守提高采掘工业透明性的义务。石油公司预计投资增长很快，原油生产有望在 2008 年 3 月实现。

21. 自由贸易园区设立的公司至少 95%的产品用于出口。为国内市场生产的公司也是制造业的构成部分，如绝大部分的食品、饮料和烟草生产商。它们获得相对高的关税保护（16.7%）；对进口酒精饮料和烟草还征收比国内同类产品较高的消费税。马达加斯加制造业发展面临的障碍主要有电力供应问题。大型公司生产本公司所需的电力，但是其他绝大多数公司却不得不因为国内电力供给不足而被分区切断电源。运输和分销是 JIRAMA 公司唯一的特权，为了吸引投资来提高基础设施现代化，当务之急是对该公司进行私有化改革。

22. 休闲旅游人数从 2003 年以来出现明显增长（2003 年到 2005 年年均增长率 20%以上），马达加斯加航空开放政策为这一增长奠定了基础。尽管水资源、国内交通、和电信服务供应不足，但当局还是通过建设旅游景区和向外国人开放来支持旅游经济的发展。金融服务业（银行、小型金融机构和保险公司）也对外国投资者开放。

## 五、贸易政策和贸易伙伴

23. 马达加斯加在贸易制度自由化方面取得了明显进步。这些积极的成果来自于改革和自由贸易园区的公司在相对自由的经营环境中运作效果良好；这些成果也突出了马达加斯加继续自由化的必要。马达加斯加继续进行结构改革和保障宏观经济稳健运行可以进一步改善经营环境和消除供给限制，这是实现贸易自由化的基础。重要的是确保执行“东部和南部非洲共同市场”统一外部关税不会阻碍这一积极趋势。

24. 总体上，马达加斯加通过扩展本国对农产品的关税约束和降低约束税率来强化多边贸易承诺。此外，马达加斯加还强化对《服务贸易总协定》的承诺，进一步提高了其贸易制度的透明度、可信度和可预见性。这样的环境将有助于马达加斯加吸引外资开发本国的巨大潜能，并从参与多边贸易体制中获得更大收益。国际社会也通过积极地给予马达加斯加所需要的技术支持使其获得更多的援助。

（侯迎春译　陈泰锋校）

# 挪威贸易政策审议

1. 挪威的生活标准是世界最高国家之一，而且自2004年贸易政策审议以来，国内经济强势增长。挪威经济发展主要源于石油和天然气出口。挪威完全自由的进口制度及健全的宏观经济政策促进了出口收益向消费者福利转化。非农产品市场准入完全开放；但是，国内农产品仍然得到巨额补贴，导致食品价格高涨。挪威采取措施减少补贴可以使农业政策与其他产业市场导向政策相一致。

2. 在政策审议期内，挪威继续进行改革，并在“欧洲经济区协定”框架下进行改革。挪威参与“欧洲经济区协定”有助于增加挪威经济的弹性，并进一步提升了市场的竞争性。然而，这也增大了挪威给予欧洲经济区国家和其他WTO成员国待遇之间的差距。通过改变最惠国待遇和在WTO中坚持贯彻执行这些政策，不仅可以消除上述差距，而且还将有助于防止贸易和投资扭曲。

## 一、经济环境

3. 在本次贸易政策审议期内，挪威经济强势上涨。石油产品较低的进口价格和较高的出口价格以及劳动生产率的提高促进了国内需求的增长。结果，2004年至2007年，挪威GDP（不包括石油和天然气的GDP）增长率为年均5.2%。挪威经济持续增长提高了挪威人口的生活标准，2007年人均GDP已超过82 000美元。

4. 挪威服务业继续发展，2007年占GDP的66%。与石油和天然气相关产业占经济的比重有所下降，2007年占GDP的21%、占财政收入的25%、占货物出口的58%。挪威对外贸易结构和目的国在2004年到2007年没有发生太大改变。货物出口占据出口的主导地位，而挪威接近80%的进口是工业制成品。挪威的主要贸易伙伴国是欧共体的成员国。

5. 挪威的通货膨胀得到控制，部分原因是进口价格较低、国内竞争趋于激烈以及外国劳动力的大量流入。温和的通货膨胀压力使中央银行可以保持较低的利率。挪威失业率也已经下降到非常低的水平（2.5%）。财政政策与巨额财政盈余直接相关，财政盈余以基金的形式存在国外，用来熨平国内经济波动。然而，有迹象表明挪威实际经济增长已经接近其最大潜能，经济增长将会有所放缓。

## 二、贸易政策和投资框架

6. 挪威给予所有贸易伙伴国至少最惠国待遇。自2004年政策审议以来，挪威法律框架总体上没有发生大的改变。挪威意识到贸易在经济繁荣中起着重要的作用，并认为一个功能良好和竞争激烈的国内环境总是伴随有一个具有约束和可预见性、开放的贸易制度。

7. 挪威积极参与多边贸易体制。在多哈发展议程中，挪威单独或与其他成员方提出若干提案。它还向WTO提交大量通报，但在少数领域的通报较为滞后，如农业、国家贸易和进口许可证。挪威还参与WTO多边争端解决程序，在两起案件中作为被告，在10起案件中作为第三方。在WTO对发展中国家提供贸易援助的工作中，挪威是积极的参与方。它还决定在2008年增加对贸易的支持力度，其中大部分支持将通过多边渠道实现。

8. 挪威认为，作为欧洲经济区的成员国，这是对多边贸易体制的一个重要补充。挪威与贸易相关的规定大部分是在欧洲经济区下执行。在“欧洲自由贸易联盟”框架下，挪威是扩展的自由贸易协定的参与国，这一协定包括“自由贸易协定”的16个贸易伙伴国，其中6个国家是在本次政策审议期内签署的。

9. 挪威的“普惠制给惠方案”对于所有原产于最不发达国家的进口产品给予免税和免配额待遇。2008年，挪威将该优惠扩展到14个低收入发展中国家。对来自其他发展中国家的进口，挪威对工业产品进口给予免税，但是对于农产品则执行“特殊关税削减计划”。

10. 挪威给予外国投资国民待遇，但它继续限制外国人对渔业、视听服务、海运和航空业的投资，这些限制对于来自欧洲经济区成员国的投资人无效。某些邮政服务和铁路服务以及酒精饮料的零售服务依法由国家垄断，这些服务限制国内和国外投资者参与。此外，事实上，由于国家拥有巨大股权份额，私人对经营电信、电力、金融业、石油和天然气的投资在衰减。

## 三、货物的市场准入

11. 2004年以来，挪威的通关程序或文件处理没有发生重大变化。2009年即将生效的新法律也不会有很大改变。

12. 挪威的平均最惠国关税税率为6.7%。非农产品实际税率较低，为0.6%，但几乎95%的非农产品免税。相反，农产品（WTO定义）的平均税率为35.8%，且只有38%的税号免税。挪威的平均约束税率是28.9%，消除实际税率与约束税率间的差距可以增加挪威贸易制度的可预见性。挪威全部关税在未加工产品和半成品之间表现为反向升级，主要原因是对农业原材料的保护较高。

13. 挪威在自由贸易协定下的优惠差幅比较低，但根据这些协定对农产品的优惠有限。然而，根据普惠制，有些产品可享受更高的优惠差幅。

14. 挪威认为反倾销保护措施会扭曲贸易和资源在进口国的配置。因此，在本次政策审议期内，挪威没有采取任何反倾销或反补贴措施。挪威也没有在WTO协定下采取任何保障措施。1985年，挪威最终取消了救济措施和反倾销税。挪威也没有对欧洲经济区其他国家的进口产品采用反倾销或反补贴措施。

15. 挪威是欧洲经济区成员国，适用欧共体技术性规定和卫生与植物检疫措施。挪威仅向WTO提交了关于卫生与植物检疫措施和技术规定的通报。在评估转基因动植物风险的问题上，挪威考虑了社会、伦理和可持续发展原则。挪威通过挪威食品安全局征收各种检查服务费用。

## 四、其他影响贸易的措施

16. 挪威从出口加工关税减让以及退税和海关仓储计划中受益。官方援助是通过出口融资和担保计划的方式支持出口商。出口融资包括补贴性利率和受"国内成分最低要求"的约束。挪威还有数量很大的其他激励计划，这些计划通常受欧洲经济区有关国家援助规则的约束。挪威应通过改善受援助企业的竞争位置，确保激励计划不会扭曲市场。

17. 自2004年以来，挪威开始采用新的竞争法，该法使国内法律规定与欧共体法规相一致，并且赋予了"挪威竞争管理局"更多权力。经济合作与发展组织一项研究表明，挪威某些行业的竞争性已经提升，特别是食品行业。

18. 2004年以来，挪威的私有化进程下降幅度巨大。国家继续参与一些经济活动，参与80家国有全资或参股公司的经营。政府认为，国家所有权确保了对自然资源的控制，并认为国家还应当是挪威某些重要公司的长期所有者。

19. 挪威是《政府采购协议》的签署国，其公共采购制度对所有供应商都开放，但是有资料显示，外国人只获得少数采购合同。自挪威上次政策审议以来，知识产权保护法的改变很大。对来自欧洲经济区成员国的产品依据知识产权保护法给予国民待遇，但对其他国家则不同。

## 五、行业政策

20. 挪威对少数农产品给予较高水平的援助，据估计，对农业的支持在经济合作与发展组织中排名第二（占农村总收入的66%）。对于有些产品，通常只有在国内生产不能满足需求进口才发生。挪威对24个税号实行关税配额管理，配额大部分通过拍卖分配。2004年至2006年，农民享受的价格是世界市场价格的两倍。在"蓝箱补贴"下的直接支付金额巨大，一些产品还从出口补贴中受益。对农业的补贴与其他市场导向政策有非常大的不同，这些补贴最终导致挪威消费者不得不为有些农产品支付很高的价格。

21. 挪威是世界上海产品第二大出口国。尽管对水产养殖业和土地加工业没有限制，但外资参与野生动物捕获活动受到限制。在本次政策审议期内，挪威通过一系列的市场机制来管理本国渔业，并继续降低补贴。

22. 挪威是一个重要的原油和天然气的生产国和出口国。原油的生产几乎已经达到顶点，但是天然气的生产还在上升趋势。国家继续积极地参与该行业的经营活动，如国家以控股石油海德罗公司（世界上最大的海上石油和天然气公司）的方式参与该行业。2004年以来，为了吸引私人投资，政府通过了新的许可制度和税收安排。挪威电力市场向外资开放，但国有公司仍对电力生产、传输和销售有着重大参与。能源密集型行业免收电力税，而制造业、采矿业和采石业则需征收较低的税率。

23. 挪威的制造业相对较小，主要集中于提炼和加工处理自然资源的设备生产。

24. 在服务业方面，挪威在《服务贸易总协定》框架下对具体的服务行业作出了承诺。重要的例外情况包括邮政业、视听服务业、卫生服务业。挪威批准了《关于电信的第4议定书》和《关于金融服务的第5议定书》。

25. 挪威没有限制外资金融机构的设立，但是限制非欧洲经济区国家的银行和保险公司提供跨境服务。当国内或国外的投资者增加对金融机构的投资份额时，需要获得授权。

26. 电信公司提供服务没有许可证要求。国家控制的运营商在大部分电信市场上占据主导地位。然而，2004年以来，市场竞争性不断增强，大部分电信服务的价格不高。

27. 绝大部分商业海港和机场是国家所有的，但是国内和国外的私人运营者可以获得提供服务的许可。海上航运服务可以由外国公司提供，但是只有欧洲经济区国家的运营商才允许提供在挪威境内的航空运输服务。挪威航空公司必须由欧洲经济区国家的投资者控制。

28. 关于专业服务方面，提供法律、会计或审计服务的专业人员，原则上必须拥有在欧洲经济区的某个国家获得的大学毕业证，或通过专业能力考试。拥有大学文凭（来自欧洲经济区成员国）的欧洲经济区居民通常不受该要求限制。

（侯迎春译　陈泰锋校）

# 阿曼贸易政策审议

## 一、经济环境

1. 20 世纪 90 年代中期以来，阿曼一直实施以自由贸易制度为中心的发展战略，旨在降低对原油和天然气（几乎占 GDP 的 50%，政府收入的 65%，货物出口的 90%）的高度依赖。为了实现这一目标，阿曼积极发展旅游业，改善教育和卫生服务，促使基础设施现代化，并解决结构性问题，包括将国有企业私有化。阿曼还建立了储备基金，旨在为开采不可再生自然资源确保代际公平。

2. 阿曼的发展战略带来了 2000 年到 2007 年间 GDP 年均实际增长率高达 5.3%以及低通货膨胀（年均通货膨胀率为 1.2%，但是 2007 年这个数字高达 5.9%，部分原因是私人消费和公共消费的增长）。阿曼还表现出财政盈余（2001 年到 2006 年，年均为 GDP 的 8.4%）和经常账户盈余（2001 年到 2007 年，年均为 GDP 的 8.6%）。阿曼人口大约是 260 万（26%是外来人员），2007 年人均收入估计为 14 500 美元，阿曼主要的经济和社会问题是如何给本国居民提供更多的工作机会。正在实施的“阿曼化计划”旨在促进阿曼人的就业。

3. 除了科威特，所有“波斯湾合作理事会”成员国的货币都采取盯住美元制。阿曼里亚尔是阿曼的法定货币，从 1973 年以来，一直采取盯住美元制度（从 1986 年以来 1 阿曼里亚尔＝2.6 美元）。阿曼履行 1974 年 6 月 19 日国际货币基金组织第 8 款规定的义务。它对资本收入或居民和非居民的支付没有限制。2006 年，阿曼的商品出口排世界第 44 位，进口排第 57 位。阿曼的商品贸易结构具有多样化特征，中东和亚洲国家、阿拉伯联合酋长国、韩国是阿曼主要的贸易伙伴国。就服务贸易而言，阿曼的出口世界排名是第 79 位，进口第 47 位。阿曼逐渐成为服务净进口国，2000 年到 2006 年间，年均逆差为 18.13 亿美元，在 2008 年达到顶峰 28.27 亿美元（相当于 GDP 的 7.9%）。

4. 阿曼的外国直接投资年均流入量从 2003 年的 2.089 亿阿曼里亚尔上升到 2006 年的 6.377 亿阿曼里亚尔，主要原因是采取了某些措施改善阿曼的投资环境，这些措施包括在 1997 年通过建立“阿曼投资促进和出口发展中心”。然而，外国直接投资的流入阻止了私人化的改革步伐；阿曼禁止外国人拥有土地所有权，除非是新设立的旅游区；阿曼禁止外国直接投资进入导游、国内航道和出租车运输。

## 二、投资框架

5. 阿曼工商业部负责贸易政策的制定和执行，并与其他部委进行协调和配合。私人部门通过“阿曼商工总会”提供制定贸易政策所需要的信息资料。

6. 阿曼贸易政策的主要基础是 WTO 协定和海湾合作委员会协定。阿曼意识到贸易和投资对总体目标的重要性，为了实现这一目标，阿曼重新审议和修订了本国法律，涉及的方面包括贸易应急措施、政府采购、商业公司和投资。

7. 阿曼采取市场准入审批制度，并在 2000 年 11 月 9 日成为 WTO 正式成员方。它是 WTO《信息技术协议》的签署国，也是《政府采购协议》的观察员。无论是直接参与还是作为第三方，阿曼都没有参与任何 WTO 争端解决机制。

8. 阿曼参加了海湾合作委员会和泛阿拉伯国家自由贸易区（海湾合作委员会的六个成员国全部参加）。海湾合作委员会与欧共体贸易协定的谈判还在继续，其他可能的贸易协定也正在谈判之中，尤其是与澳大利亚、中国、新西兰的贸易协定。2005 年，阿曼与美国签订了贸易协定（还没有生效），是阿拉伯地区继巴林之后第二个与美国签订协定的国家；其他海湾合作委员会成员国也正在于美国进行双边谈判。海湾合作委员会国家的首领同意成员国达成的任何新优惠协议并都平等地适用于所有的成员国，而与美国的协定则例外。

## 三、贸易政策工具

9. 阿曼最惠国关税税率相对简单，所有税率都是从价税，没有关税配额，对进口也没有其他税费限制。2003 年 1 月 1 日以来，阿曼采用海湾合作委员会的统一对外关税，税率从 0（占所有税号的9.4%）到5%（88.8%）不等。关于酒精饮料、烟草产品、猪肉和猪肉产品，阿曼采用100%的关税（占税号的1%）。阿曼实际平均最惠国关税税率是5.5%，农产品（按WTO定义）是9.9%，非农产品是4.6%。阿曼的全部税号都有约束关税税率，最高达到200%，平均值是13.8%（农产品的平均约束税税率为28%，非农产品是11.6%），这为实际税率上升提供了空间。

10. 总体来看，阿曼的关税从初级产品平均税率为4.4%开始，到半成品的4.8%，再到最终成品的6%，表现为正向升级。关税的正向升级源于农业原材料的平均实际关税税率较低。有一些行业（如纺织业和服装业、羊毛产品、非金属矿产品）的关税从加工初级阶段到完工阶段都是统一标准；然而，在食品、饮料、烟草行业，关税升级是混杂的（第一阶段到第二阶段是负向升级，以后则是正向升级），反映了对烟草和酒精的高税率。化学品和塑料制品关税是负向升级，而纸业、印刷业、出版业和其他制造业由于进口医药品和某些书籍免税，也表现为负向升级。

11. 阿曼规定所有进口产品的文件必须由阿曼领事馆、或其代理机构、或产品原产地的大使馆进行验证。阿曼在执行海湾合作委员会海关法（建立在WTO《海关估价协议》基础上）有关条款时，遇到一些困难。这些条款涉及的问题是，烟草和烟草产品仍然受进口最低价格约束。基于卫生、安全、道德和信仰的考虑，阿曼对许多产品仍然执行进口或出口禁令和限制。阿曼正在海湾合作委员会层面上调整本国标准和技术性法规体系。

12. 阿曼适用海湾合作委员协定规定的应急措施，但从没有使用过。政府采购制度对国内和海湾合作委员国家的产品分别提供10%和5%的价格优惠。阿曼没有竞争立法，但是法律工具如苏丹尼棉法令38/2000款规范了市场竞争的各个方面。“国有经济”占据了经济中的很大部分。阿曼计划颁布新知识产权保护法。最近几年，阿曼在实施知识产权保护方面取得重大进步。然而，据报告，在某些地区依然有人偷偷出售未经授权的软件和DVD。

13. 除了进口税减让，阿曼还针对国内和国外的投资者实行其他激励措施，包括五年所得税免税；土地利用费用优惠；补贴电力、水、天然气价格；最长达10年的“软贷款”，并给予最长三年的宽限期和贴息利率。

## 四、行业政策

14. 根据阿曼长期发展战略（1996—2020年愿景），农业和制造业对GDP的贡献预期都将增长，在这段时期将分别从2.8%增长到5%，从7%上升到29%，而服务业以及石油和天然气的份额将会下降，分别从1996年的52.3%下降到47%，从40%下降到19%。“阿曼石油开发公司”是一个重要的国有公司，它以直接控制形式或与外国投资人合资的形式在石油和天然气行业占据垄断地位。阿曼加强石油探测工作，扩大碳氢化合物探明储备量，以此延长开采时间，提高生产能力。为了满足国内电力需求，阿曼扩大了国内电力网络。采矿业和采石业实际最惠国关税税率的简单平均值是4.9%。

15. 在阿曼经济多样化政策中，服务业构成一个关键的组成部分。私人投资通过限制外国投资的方式给予鼓励。一些国有企业垄断了某些行业，或在一些行业享有排他性权利（例如阿曼电信公司、阿曼邮政公司和阿曼航空公司）。在《服务贸易总协定》下，阿曼对所有服务行业都做出了承诺，并在继续进行的服务业谈判中对相关提案的谈判做出了时间安排。

16. 阿曼的制造业因碳氢化合物储量相对富裕而受益，碳氢化合物用来制造化学产品和液化天然气。政府在某些制造业拥有100%所有权，或占有大部分股权（如撒哈拉甲醇公司、阿曼聚丙烯公司和阿曼水泥公司）。制造业产品的最惠国关税税率平均5.6%，酒精饮料、烟草和烟草制品的最高税率为100%。

17. 尽管农业占GDP的份额不仅小，而且在持续下降，但是由于阿曼的食品安全问题，它仍然是经济的重要组织部分。阿曼的食品安全问题主要是相对低的关税造成的。阿曼是渔产品的净出口国，是农产品的净进口国。农产品实际最惠国关税税率的简单平均值是3.9%。政府通过提供基础设施（如排污和灌溉设施）、软贷款、免税原料（如新品种种子和化肥、化学品）补贴农民。

## 五、贸易政策和贸易伙伴国

18. 阿曼有一个基本开放的贸易制度，绝大部分贸易已经单边进行了自由化。而且，它是 WTO 的坚定支持者，并积极地参加正在进行的多哈谈判。尽管如此，阿曼还需要对本国贸易制度进一步改革，并提高贸易制度与 WTO 规定的一致性。继续的改革还包括取消对外国直接投资的限制和履行货物和服务的多边承诺。这些改革将会优化资源配置和提升贸易制度的可预见性。

19. 阿曼改革进程的一个关键因素逐渐地融入海湾合作委员会。在这个方面，阿曼表明它将在 2010 年加入海湾合作委员会货币联盟。它在海湾合作委员会的成员国地位通过提高经济中的竞争性来促进 GDP 增长。但是，在阿曼有限行政资源和谈判能力的制约下，它在海湾合作委员会的成员国地位也削弱了对多边贸易体制的努力。阿曼未来的贸易安排无论在海湾合作委员会层次还是在多边层次上，将会使这种状况进一步复杂化。因此，重要的是考虑在多边基础上，进一步提高继续开放市场带来的利益。

（侯迎春译　陈泰锋校）

# 巴基斯坦贸易政策审议

1. 自2002年贸易政策审议以来，巴基斯坦经济增长显著，主要得益于相对开放的贸易和投资制度、渐进的宏观经济政策和结构改革。而且，巴基斯坦在联合国人类发展指数的排名从较低升到中等位置。巴基斯坦通过实施“2003年政府贫困减少战略”，贫困已经有所降低，但收入不平等有轻微扩大，且农村贫困人数仍然较多。

2. 在本次政策审议期内，在几个重要的领域实现了贸易政策的自由化，尤其是海关通关程序得到逐渐改善，总体关税保护大幅下降，关税约束增加，知识产权保护得到加强。然而，在其他方面，贸易自由化变慢，例如，对生产和出口的补贴增加。在本次贸易政策审议期内，巴基斯坦经济基础得到很大改善，而且相当稳健。与此同时，结构缺陷（包括劳动力市场僵化和管理混乱等问题）增加了经营者的经营成本。

3. 巴基斯坦继续进行贸易自由化和其他以提高劳动生产率为目标的结构改革，并采取措施减少政治不确定性，以增强巴基斯坦的国际竞争力，特别是针对敏感行业（如纺织和服装业）的改革，以期实现持续的经济增长。

## 一、经济环境

4. 巴基斯坦对宏观经济政策的改进，继续推动了经济的增长（2007年是7%），并降低失业率（2006年年底时6.2%）。尽管如此，通货膨胀率还是超出目标值（2007年到2008年为7.8%），主要原因是抑制经济过热的紧缩性货币政策采用过迟，以及由此导致的2003年到2004年间卢比的实际升值直接削弱了巴基斯坦的国际竞争力。巴基斯坦尽管采取了紧缩的货币政策，但货币政策的效果仍然受到损害。造成损害的因素包括宽松的财政政策，政府从巴基斯坦国家银行借款的依赖的增强，不断增长的、宽松的、巴基斯坦国家银行给予工业出口行业（尤其是纺织业和服装业）的减让优惠。正如2005年“财政责任和债务限制法案”（该法案的目的是自2008年中期以后，创造收入盈余）预见的，提高货币政策与财政政策的一致性将有助于实现宏观经济的稳定。

5. 财政改革的重点主要是公共支出，该数字从2001年到2002年间占GDP的18.3%下降到2006年到2007年间的17.6%，可能不足以弥补巴基斯坦发展的需要。税务改革的目的包括完善管理和征集税收。巴基斯坦的税收仅占GDP的10.5%，显然占GDP的比重太低，因此对基础设施和其他社会优先项目的支出受到限制。管理复杂的税收体系主要产生于广泛的免税优惠和激励措施，它们消减了税基，即使没有逃税（登记的纳税人仅占总人口的1.5%），也便利了避税行为。由此带来的财政管理的虚弱，为广泛的谨慎管理留下空间。为了改善预算状况，帮助实现“财政责任和债务限制法案”的目标，“中期预算框架”正在积极地执行。该框架包括逐渐降低债务占GDP比重的60%，该目标在2005年到2006年间已经提前实现。

6. 巴基斯坦的贸易逆差在2006/2007年间达到GDP的6.8%。服务贸易赤字的增加使这一情况更加恶化。工人的外汇汇入（2006/2007年占GDP的3.8%）部分地给贸易赤字提供了融资。2006/2007年的经常账户赤字（占GDP的4.8%）反映了国内储蓄和投资不平衡重新发生。资本账户的盈余，主要是外国直接投资的净流入，弥补了这一赤字。在政策审议期间，官方储备增加并没有跟得上进口的增加；官方储备在上升到2006年到2007年的5.5个月的进口额后，一直下降。公共外债在2006/2007年仍然高达387亿美元，下降迅速达到GDP的26.9%，偿债比率是经常收入的12.6%（来自出口和私人转让）。大部分债务来自巴黎俱乐部的贷款人、主编捐赠人和多变机构。

7. 巴基斯坦主要依赖于纺织业和服装业的出口（2005/2006年占全部出口的2/3）。自2005年《纺织业和服装业关于配额的协议》放弃后，这些行业的出口在主要国际市场面临强势竞争。2001/2002年以来，低附加值产品出口出现产品或市场的多样化。商品贸易模式的主要变化时采矿业和农业产品出口的增加。美国和欧共体仍然是巴基斯坦主要的出口市场。

8. 巴基斯坦的投资框架自上次贸易政策审议以来，几乎没有改变。只有少数行业（例如媒体、旅游业、航空运输）仍然对外资封锁或限制进入。在提高开放度和私有化的改革活动促进下，外国直接投资升幅巨大，从 2001/2002 占 GDP 的 0.7% 上升到 2006/2007 的 3.5%。资本流入主要来自美国、欧共体和中国，主要投资方向是电信、信息技术和金融业。私有化被认为是提高效率和私人部门导向的解决增长的重要因素，正在恢复元气。

## 二、贸易政策框架

9. 巴基斯坦是 WTO 的初始成员国，并给予所有贸易伙伴国至少最惠国待遇。然而，尽管自由化取得了一些进步，但是许多来自印度的进口仍然被禁止，并禁止与以色列交易。

10. 贸易对巴基斯坦发展和减少贫困战略有重要的作用。2005 年 5 月采取的 2030 年愿景，目的是通过部署知识密集型进口项目，实现迅速和持续的发展，到 2030 年将巴基斯坦转变为发达国家。总之，贸易政策的中心一直是：降低贸易保护；实现更外向型贸易制度；巴基斯坦的出口产品更好的进入国际市场；通过提高经济效益、提高国际竞争力，更好地融入世界经济。

11. 自上次审议以来，制定和执行贸易相关的政策的制度框架没有发生重大变化。“贸易发展局”关注产品和市场的多样化，并逐渐代替了“出口促进局”；独立的“国家关税委员会”的作用是，依据“政府主要关税制定顾问团”的指导，对负责应急保护的机构进行指导。“国家关税委员会”不再对“规定”税的征收提出建议。

12. 在每年的财政法中包含海关关税的条款，该法律在收入中心会网站公告后，海关规定生效。一些领域（如海关，重要服务业如金融、能源和电信）的法律条款有改变，许多正在执行或延缓执行。

13. 巴基斯坦积极参与多哈回合会谈，并把有效的、以规则为基础的贸易体系放在相当优先关注的地位。然而，通过深化和扩展现有的双边协议（例如与南亚自由贸易协定、伊斯兰会议组织、D—8优惠贸易安排和经济合作组织），贸易政策近来把重点放在地区贸易自由化。同时，它还扩展了本国的双边自由贸易协定，包括与中国、伊朗、马来西亚、毛里求斯和斯里兰卡的自由贸易协定。巴基斯坦的协定显然主要是针对国际繁荣做出的反映，单边和多边贸易协定可以期望获得更多的利益。

14. 巴基斯坦参与“在 GATT 下发展中国家贸易磋商相关协议”，并获得普惠制的优惠。然而，因为它的主要出口（纺织业和服装业）分类为“敏感产品”，它们获得欧共体普惠制有限的优惠，而在其他重要市场一般无权获得这样的优惠。

15. 巴基斯坦向 WTO 提交关于某些领域（如关税、反倾销、保护、针对贸易的技术壁垒、补贴和反补贴措施、国家贸易和知识产权）的通知。然而，某些通知没有更新（例如农业资助和出口补贴），截至 2007 年 6 月底，12 个定期通知未完成（尤其是那些关于进口许可程序、农业和服务业）。巴基斯坦从无数与贸易相关的技术援助活动中获益，也包含从 WTO 提供的通知要求中获益。

## 三、贸易政策发展

16. 关税是巴基斯坦主要的贸易政策工具，尽管有普遍的关税减让政策，税金收入依然增长大约 1/5，主要来源于进口增长。单边的关税减少计划大部分在 2002/2003 年度停止，让位于“逐点”改革。几乎所有的税率都是从价税，这极大地提高了关税制度的透明度。关税由 7 个重要组别构成（共 29 种），税率从 0 到 90%不等；最高税率主要对酒精饮料和汽车项目征收，过去最高税率是 250%。平均实际最惠国关税税率从 2001/2002 年度的 20.4%下降到 2007/2008 年度的 14.5%；尽管如此，2006/2007 年度，又轻微地上升到 15%（原因是大约 600 种工业产品的税率上升），2007/2008 年度再次下降（主要原因是 0 关税的重新采用）。2001/2002 年度以后，绝大部分农产品（WTO 定义）的实际最惠国关税税率下降，从 22.1%连续下降到 2007/2008 年度的 14.8%（非农产品是 14.5%）。

17. 由于有关纺织项目的计划委员会的纠正和修改，巴基斯坦约束税率涵盖的范围显著扩大。97.2%的关税税率受到完全约束，0.8%是部分约束（2001/2002 年度 36.6%的关税税率受到全部和部分约束）；绝大部分约束超出实际最惠国税率，平均约束税率大于平均实际税率的四倍；这为提高实际税率提供了空间，也降低了可预见性，尤其是农产品税差更大。特别是在2006/2007年度，这一选择权被用来提升税率。在2007/2008的政策审议（关于废旧铝材料）中巴基斯坦表示消除了税率约束的缺口。

18. 在政策审议期间，“规制”进口税被临时用来作为某些产品的保护措施；然而，现在不再征收该税种。歧视进口的国内税（销售税、消费税、所得税）似乎正在扭曲，管理复杂（例如，有些要求征税的最低价值），因此也缺乏透明度。对汽车进口的资本价值税在2007/2008年度与关税合并。进口征税为发展理事会提供资金（如巴基斯坦油籽发展理事会）。巴基斯坦诉求反倾销的行动已经增加，但是没有采用其他应急措施。

19. 巴基斯坦采用交易价值为海关估价依据，参考价被用来检查申报价。据报告，用交易价值申报的进口占总进口的90%～95%。在一个案例（从2006年10月以来，关于汽车零件）中采纳了海关一般商品的“接收”规则（即海关按照申报价购买低于发票价值的商品），目的是阻止低于发票价格的交易。20%的水泥产品的最惠国关税是以规定的世界价格为基础。汽车产品采用特殊海关估价程序。

20. 海关正在改革和进行自动化建设，结关时间一般从7～10天下降到6～8小时。风险管理的提升降低了实际检查比率，即实际检查比率从进口的100%降到4%（出口为2%）。出于卫生和安全的考虑，装船前检查应用到各种类型的旧机器或旧设备。巴基斯坦的走私较普遍，但是正在下降。

21. 自上次贸易政策审议以来，进口禁令已经取消（如棉花废料）或放松（特别是旧机器或设备和钢铁废料）。禁止令和进口许可仍然主要是为了卫生、安全、信仰或环境的原因。为了促进国内产业的发展，禁止商业进口旧交通工具。出于信仰考虑，禁止进口酒精饮料，尽管国内私人垄断酿造，销售对象是非穆斯林信徒。有些进口有资格免除关税或关税减让，但需要国家部委或其他政府机构的批准。某些产品（如农药原料）只有公共部门或工业使用者才可以进口。巴基斯坦还存在一些进口配额（如旧冷藏卡车）。

22. 巴基斯坦的标准对国内外产品没有区别，并正在根据国际标准进行调整；在它的27 000项功能标准中，大约2/3与国际标准（如：国际标准化组织）一致。只有规定的有色食品才可以进口。进口食品包括原料，进口时必须还有50%的最初存放时间。巴基斯坦依然没有统一的标签和商标制度。尽管国际普遍承认卫生与植物检验检疫协议，但是其管理似乎较复杂。

23. 巴基斯坦的出口禁止主要基于卫生、社会、信仰或在国际协定下环境保护的考虑，但是也包含木材和原木。小麦和化肥（包括尿素）出口需要许可证，于是被有效地禁止，而某些其他出口（如蔬菜油和食用油）必须满足规定的条件。大米和棉纱的强制性的最低出口价已经取消。在2006年，由于国内短缺，巴基斯坦对水泥出口采取临时禁令。

24. 巴基斯坦海关法禁止征收出口税，但对某些出口（例如糖税率为15%）定期征收“规制”税，特别是在国内短缺这些货物时。利润较高的出口商受益于收入扣缴税，该税根据离岸价而不是所得税的1%征收（在2007/2008年度预算前，税率为0.75%～1.5%）。出口发展基金还征收附加税，按照出口离岸价的0.25%征收。出口质量检查仍然是强制性的或鼓励性的，包括采用货币性诱导（如运费补贴）。

25. 出口商还通过总计划（例如25%的运费补助、SBP巴基斯坦国家银行减让融资）和各种行业计划（如服装业和鞋业对研究和开发的补助、运费补助）得到帮助。计算机软件和信息技术出口收入免征所得税。出口援助计划使巴基斯坦的贸易制度更复杂，似乎有损于透明度。生产商和出口商还从许多关税减让（在2006/2007年度包括26%的税号）和间接的税收减让中获益。间接的税收减让主要针对原材料、中间产品、设备。用来制造特定出口的许多原材料可以退回最高规定限额的关税，生产商和出口商也从中获益。巴基斯坦管理复杂的退税计划建立在投入产出系数的基础上，可能会对出口商补偿过低或过高。注册的出口商还可以为出口计划而进口的原料使用税收豁免。坐落在出口加工区的公司必须出口产品的80%以上，它们也有资格享受一些激励措施，如所得税免税期。出口促进机构已经增加，其中包括若干个部门委员会（园艺开发和出口委员会、软件出口委员会）。

26. 尽管政府大量地撤出投资，国家参与工商业活动的程度仍然很高（如钢铁、工程和服务行业）。国有的巴基斯坦贸易公司交易对象是重要的农产品（如棉花、小麦、糖和尿素），并且非专门性的向穷人提供消费者食品补贴和在紧急情况下给予救济。一些国有企业可以用免税价或减让关税价垄断地进口某些原材料。政府采购仍然支持国内产业（如通过价格优惠，给予国内供应商最高20%的价格优惠，特别是对技术产品），制度和机构改革已经改善政府采购运营的透明度和管理。巴基斯坦并没有打算加入WTO《政府采购协议》。

27. 巴基斯坦通过加入《巴黎协定》、创建“知识产权组织”（2005年）和将著作权案转交联邦调查局，加强知识产权保护和执行（特别是盗印光碟）。

28. 巴基斯坦对垄断的监督仍然较弱，国有企业并没有包含在现有的法律中。有计划地改革包括新法律和由垄断控制局取代竞争委员会。消费者保护主要是一个原则性的责任，正在慢慢地加强。

## 四、行业政策发展

29. 在贸易政策审议期间，尽管农业占GDP的份额从24.1%下降到20.9%，但仍然是经济的支柱。农业的劳动生产率低。食品安全是政府优先考虑的一个重要的、且成本大的问题，食品安全的基础是一些食品（如小麦、大米、玉米、食用油和糖）的自给自足。结果是糖价超出世界价格达50%～60%。自2001/2002年度以来，改革尤其提升了私人部门在销售和供应原料方面的作用。相对高的关税保护了某些产品，如对食用油征收特别税，其从价税等值是65%～70%。一些农业出口承受各种控制、限制和支持措施。这些措施包括补贴（如运费补贴）、所得税减让和偶然的特定产品出口补贴（糖和小麦）。地方政府偶然提供市场价支持，最近的限制针对对象是小麦、棉花、大米和糖。巴基斯坦烟草局确定烟草价格，包括那些为出口目的的烟草产品。巴基斯坦溶剂提炼者协会规定油种子的自愿采购价。其他类型的支持包括税收激励（直接的和间接的）、减让优惠、灌溉、电力和化肥补贴；尿素是重要的化肥生产原料，尿素的生产者可以以补贴率购买天然气，由此降低了化肥价格。

30. 巴基斯坦的相对独立的监管者对能源行业实施监管，国家对能源行业的参与程度仍然很高。尽管已经计划实施更多的资金撤离，国有公司（自上次政策审议以来，部分已经私有化）生产了巴基斯坦大部分的原油。巴基斯坦最低股权限制适用于在陆地上石油区运营的公司，海上项目受生产份额合同（政府的利润份额从5%到80%）的约束。石油和天然气管理局采用可调整的、与进口比价相关的定价公式，设定航空燃料、汽油、柴油、煤油和轻柴油的最高批发或零售价格。为了补贴消费者，定期设定最高价（2006年6月预算成本是745亿巴基斯坦卢比）。煤油、柴油、和轻柴油价格通过石油发展税获得交叉补贴。石油发展税向各种产品征收。新的许可证标准应用于石油营销公司；他们必须使用当地提炼的产品而不是进口品。石油和天然气管理局还为天然气的各种使用者设定最高价。天然气的运输、分配和销售由国家垄断。这些运营可能会逐渐放松。当地的和某些其他消费者（如化肥厂）通过工业、能源和商业天然气使用者获得交叉补贴。石油气价格在2005/2006年度已经放松管制。

31. 国家电力管理局颁发电力生产、传输、分销的许可证，还制定关税税率。政府给予电力行业补贴；大约70%的电力由两个国有公司供应，当地使用者也和其他消费群体一样获得交叉补贴。电力改革的方向是强化市场的竞争性。主要的事实上综合性的国有公司已经放松管理限制，并在缓慢地私有化（除传输外）。

32. 巴基斯坦工业政策的基本目标是加速工业化进程，到2030年实现制造业占GDP份额的30%（2006/2007年度是19.1%），从纺织业和服装业为主的工业转变为多样化的经济。政府干预的目的仍然是采取升级关税和国内支持（即税负减让）的措施，保护幼稚产业和技术领先行业。贸易自由化（其中包括从印度进口）可以提高工业效率和竞争性。尽管还存在若干个纺织业和服装业援助的系列计划（如与出口联系的研究和开发资助、运费补贴），轻微的市场多样化已经产生，而不是传统上只有欧共体和美国作为贸易伙伴。提高劳动生产率有助于提升巴基斯坦的国际竞争力，而依赖于政府补贴的出口会损害这一努力。工业已经进行改革，方法是用关税为基础的计划来代替“删除”为基础的当地成分计划。汽车的关税尽管下降幅度很大，但仍然高达90%。2007/2008年度预算包含一个“为完全地组合和完全地拆卸进口的汽车的预先公布的五年关税计划”。2003年还开始实施一个“关税基础的新兴电子产品组装计划”。国家仍然参与钢铁和重工业，这些行业由工业发展委员会监管。

33. 服务业占GDP远大于50%，并主要由国家参与，尤其表现在交通业、电信业和人寿保险。在政策审议期间，金融业改革包括谨慎性要求，已经提高了银行业和保险业等的效率和稳健运行。私有化已经将银行转变为大型的、以私有化为基础的体系（与人寿保险业不同），并有大量外资参与的，甚至股权优惠限制也适用于外资。开办再保险的改革已经部分地被推翻。大部分国有电信企业对固定国内和国外电话的垄断权在2003年已经终止。制度改革的目的是发展一个开放的电信准入制度。除了沿海（岸）航行权和外资产权限制外，航船和航空服务比较开放。主要港口正在通过“地主”优惠进行私有化。公路运输仍然比较受限制，但是近来的地区协定已经扩展了运输权。

## 五、前景

34，现在巴基斯坦的经济基础总体上很好。经济持续增长有赖于宏观经济的稳定和为提高效率、促进多样化和维持出口导向的增长而进行的微观经济改革。尽管服务于经济增长的基础建设条件已经取得很大进步，为了进一步降低影响巴基斯坦经济增长的风险，还需要付出更大的努力。

35. 巴基斯坦未来的经济成就还将依赖于世界经济增长。在此基础上，在巴基斯坦可以在改善国内的效率和国际竞争力的条件下持久获益。提高效率依赖于国内政策改革，以及也依赖于巴基斯坦从国内市场开放和国外其他机会中获益的能力。成功地结束了多哈回合将有助于阻止巴基斯坦走向增加出口援助和优惠贸易自由化，从而有可能强化多边体制和便利本国改革。多哈回合谈判还可以帮助改善巴基斯坦贸易和投资制度（如通过降低限制和实际关税税率的税差和扩大本国《服务贸易总协定》的承诺）的可预见性和稳定性。

（侯迎春译　陈泰锋校）

# 新加坡贸易政策审议

## 一、经济环境

1. 从国际贸易和投资角度看，新加坡经济仍然是世界上最开放的，因而也是竞争最激烈的经济体之一。除少数例外，新加坡的关税为 0，全部商品贸易额是 GDP 的近四倍，外国直接投资流入非常大，在 2007 年占 GDP 1/6。尽管高度开放使新加坡极易受到外部周期性冲击的影响，但经济弹性使它能迅速调节经济应对这些冲击。即通过不断地改善劳动生产率和国际竞争力，促进经济增长和提高生活水平。

2. 2004 年以来，新加坡年均 GDP 实际增长率是 7.9%，而且人均收入从26 198美元增长到 2007 年的 35 163 美元，稳健的宏观经济政策是取得这些成就的基础。大部分时间，通货膨胀率较低，年均为 1.3%，然而通货膨胀压力在 2007 年下半年开始上升，反映了国内成本压力和世界价格的上升，到 2008 年早期，通货膨胀率上升到 6%。作为回应，新加坡货币局紧缩自己的货币政策，允许新加坡货币一个较大的升值幅度，从而抑制进口食品和能源的价格。失业率从 2004 年的 3.4% 下降到 2007 年的 2.1%，反映了普遍就业的一代。在政策审议期间，国内储蓄继续超出国内投资平均达 GDP 的 21%，多余的储蓄被投资到国外，使经常账户持续大额盈余。在 2007 年，新加坡的官方储备达到将近 1 630 亿美元，大约等于六个月货物和服务的进口额。

3. 尽管平均收入已经上升，一部分人收入比另一部分人上升快，反映了有技能和良好教育工人的工资增长很快。总体上讲，新加坡从全球化中受益，但是因为经济结构和制造业和服务业沿着增值的阶梯上升，一些年老和教育低的工人仍然易受结构性失业的影响。

4. 新加坡外部竞争力已经通过该地区低成本经济的上升而得到验证，尤其是中国和印度经济的发展。在贸易政策审议的大部分时间，劳动力、资本和全要素劳动生产率的上升保持在较高水平上，但在 2007 年有显著下降。新加坡继续进行结构改革，中心工作包括：降低成本，提高工资和劳动力市场弹性，在银行、电信和公关部门进一步推行自由化。新加坡还正在就数个贸易和投资协定与主要贸易伙伴国进行谈判。为了降低商业成本，政府逐渐降低公司税率到 18%，把个人所得税最高值降低为 20%，并将保持较低税率，从而吸引投资和人才，以及奖赏企业。所得税的降低由于 2007 年消费税从 5%上升到 7%而得到弥补。

5. 将新加坡变成一个高附加值制造业和服务业将是长期的挑战。应对这一挑战的措施主要是通过激励机制吸引投资到目标地区；通过进一步的制度改革和通过对基础设施、研究和开发进行投资。新加坡的发展战略把工作中心放在研究、开发和发明，继续从强调使用技术转变为强调创造技术。对研究和开发的总支出主要由私人部门驱动，已经从 2000 年占 GDP1.9% 上升到 2005 年 2.4%，并计划到 2010 年增长到 3%。

## 二、贸易和投资政策框架

6. 在新加坡，贸易和工业部负责贸易政策的制定和执行，并处理与 WTO 和国际贸易谈判相关事务。新加坡参加了东南亚国家联盟和亚太经济合作组织论坛，还与世界上多个国家/地区签订了双边贸易和投资协定，并给予本国所有贸易伙伴至少最惠国待遇。新加坡把 WTO 作为本国贸易政策的核心，但是也认为双边和地区论坛的贸易自由化行动可以加速贸易自由化进程，并因此形成多边贸易体系的新增功能。

7. 2004 年以来，与印度、约旦、韩国、巴拿马、文莱、智利和新西兰（在泛太平洋战略经济伙伴协定）的《自由贸易协定》已经生效，新加坡目前正在与加拿大、中国、墨西哥、海湾合作理事会、巴基斯坦和乌克兰继续进行《自由贸易协定》的谈判。尽管新加坡几乎没有实际最惠国关税，它在《自由贸易协定》中的主要内容包括：给予伙伴国协商优惠待遇；约束所有关税税号为从 0 开始不等；新加坡服务业的准入规定；相互认证标准；增强投资保护规则；提升对知识产权保护的承诺。

8. 其他立法方面取得的显著进展还包括颁布

了全国范围的竞争法，该法律在2005年生效，还在同一年设立了新加坡竞争委员会。制度的透明化程度已经有明显的提高。例如，2004年以来，Temasek控股公司的合并财务报表，每年在公司网站公布。该公司拥有和管理政府在国内和国外的直接投资。此外，通过完善电子政务，法律草案或工作指南正在通过部委网站和法定机构逐渐发布，以便公开协商。

9. 在开放的外国直接投资政策的帮助下，新加坡继续发展成跨国公司从事高端制造业和产品开发的基地，并协调地区内的采购、生产、销售和分配活动。认识到外商投资对经济发展的重要贡献，新加坡政府积极吸引外资的流入，但限制外资进入广播、国内新闻媒体、零售银行、法律和其他专业服务，以及财产所有权等少数而重要的领域。

## 三、贸易措施

10. 由于新加坡的位置和发达的港口设施，它的商品出口包括大量的港口间贸易，其中47%的出口贸易是转口贸易。2004年以来，新加坡通过完善贸易网络系统，提升了本国作为国际贸易和海上运输枢纽的位置。贸易网络系统是报关唯一的电子窗口，可以进一步简化进出口的规定程序。

11. 新加坡进口制度很少有边境措施。新加坡实际最惠国关税税率为0，只有六个关于酒精饮料的税号例外，这些税号有规定的税率。新加坡对70%的关税税号予以约束，从上次政策审议以来一直没有改变，平均税率是6.9%。实际税率和约束税率的税差和30.4%的税号没有约束，对贸易制度可能生成一定程度的不可预见性，因为存在政府提升关税的空间。然而，在政策审议期间，实际税率并没有上升。

12. 新加坡的进口限制主要以环境、卫生和公共安全为基础，大米则例外，为了保证食品安全和价格稳定，受进口许可证的限制。安全、卫生和环境问题也是出口限制考虑的基础，针对的对象主要包括《濒危野生动植物物种国际贸易公约》包含的濒危野生动植物物种、武器、炸药、化学品和放射性物质。新加坡很少使用应急措施。在政策审议期间也没有向WTO通知任何反倾销措施，也没有贸易保护立法。新加坡的支持继续建立在国际标准的基础上，大约80%的可比标准与国际标准一致。尽管数个法律已经修改，卫生和动植物检验检疫措施也没有发生重大改变。关于政府采购问题，新加坡给予大部分双边自由贸易协定的伙伴国（在本次政策审议期间谈判的）附加的市场进入优惠。

## 四、其他与贸易相关的政策

13. 在中期，政府可能继续把工作中心放在增强本国对外国直接投资的吸引力。它降低了法定公司税和对工业继续给予税收激励，这些工业包括正在培育的半导体、IT、生物技术、基因工程和服务业。许多税收的成本效应和非关税激励措施还要讨论。

14. 除了税收措施，新加坡其他产业政策工具包括：第一，土地国家所有权确保政府继续对土地出租有较高控制权，因此也控制了工业用地价格。第二，由于历史上新加坡一直积极执行工业政策，法定机构及其提供的财政补贴对发展知识产业和增值活动起着关键作用。这些产业和活动对新加坡经济继续长期增长起着关键作用。第三，新加坡政府参与的公司（Temasek拥有大部分政府参与公司的股份），尽管仍然广泛参与经济的许多行业，现在较多的公司在商业基础上运作，少数被作为产业政策的战略性工具。在政策审议期间，Temasek从政府参与公司的进一步退出，强化公司管理规定（该规定对上市的政府参与公司有着严格的约束），和颁布全部经济竞争法（该法律适用于所有企业，包括政府参与公司），增强了政府参与公司逐渐向私人公司转变的趋势。

15. 为了维持和发展一个健全的知识产权体系，促进知识产业的发展，吸引外资进入知识产业，并履行它在双边自由贸易协定和国际协定中的承诺的义务，还极大地完善了法律，包括著作权、专利权、外观设计、商标和植物种类。

## 五、行业政策

16. 服务业（包括公用事业）仍然是经济的支柱行业，在2007年占GDP的66%，其次是制造业，占GDP的24%。政府相信制造业仍然会是经济中两个引擎行业之一，可能会达到20%～25%。制造业就业份额大体上不变，略高于20%。新加坡主要通过创造对基础设施的资助和激励，继续鼓励制造业转变为高附加值产业。制造业鼓励发展的分支行业包括：电子工业、化学工业、生物医药科学（包括药物、医药技术、生物技术和卫生服务业）和工程技术（精密工程和运输工程）。

17. 用产出来衡量，电子工业和化学工业是制造业的主要分支行业，电子工业占据商品出口的较大份额。低成本生产商与高成本生产商的竞争结果是：劳动密集型产业逐渐地转移到高附加值资本密集型产业。竞争方式是通过深化技术基础和强化知识产业。政府采用激励措施鼓励在新加坡经营的公司发明和创造。

18. 就产品贸易来说，经济开放程度很高，公用事业和服务业开放程度更高。由于2008/2009年度Temasek撤资，重组和私有化已经在三个领先的电力生产公司开始进行，但是国有企业在电力行业继续占据支配地位。由于非歧视性条款批准和新加坡天然气运输的网络条件，天然气行业也继续进行股权分散化。供水以政府为中心、以反映水资源短缺的价格进行管理。从上次贸易政策审议以来，金融业、电信和专业服务已经达到较高的自由化程度，部分在于双边自由贸易协定。

19. 在银行业，通过以新的和修订法律的形式，尤其是银行法、存款保险法、证券和期货法、财务顾问法和信托公司法，政府完善了监管和公司治理框架，强化了鼓励外资增加参与的自由化措施。新加坡已经发展成为一个重要的地区管理中心，正吸引着不少声名卓著的公司。

20. 自由化的结果是，电信服务提供者的数量大幅增加，新加坡已经颁发600多份许可证，虽然主要是基于服务的运营商。邮政服务在2007年4月实现自由化，结束了新加坡邮政公司在基本邮政服务市场持续15年的垄断经营。

21. 在交通服务业，为了鼓励该行业的增长，政府采用数个长期和短期的激励措施，旨在将新加坡建设成为亚洲的海上运输和航空运输中心。旅游业的巨大发展是政府在2005年的决策，为了增加旅游者的数量和促进经济发展，新加坡放弃长期对赌博业的禁令，允许建立赌场。2006年通过了相关法律，为两个大型赌场的运营提供了法律框架。这两个赌场是两个合并的度假胜地的主要组成部分，该度假胜地在2009/2010年度开放。新加坡继续建设卫生服务业，吸引了部分外国病人。某些种类的外国专业人员进入新加坡市场的人数增多，尤其是律师。

## 六、前景

22. 假定外部经济比2007年萎缩，政府预期新加坡经济在2008年增长率在4%和6%之间。尽管预期经济增长较温和，但预期在2008年会将通货膨胀推升到大约5%。导致通货膨胀的外部原因包括：较高的商品价格；国内条件包括劳动力紧张、高工资和高租金，另外的原因是货物及服务税（GST税）的上升。

23. 预期的货币政策没有重大改变。政策的立场仍然是支持经济增长并保证价格在中期内稳定。然而，2008年4月新加坡金融管理局允许新加坡元汇率有效升值，这可能关系到对外的竞争力，除非能被劳动生产的提高弥补，但是其增长近来已经下降。然而，当局认为汇率的强势将有助于控制产业的成本压力和经济宽松时衍生的对要素资源的需求，因此经济中的通货膨胀压力较温和。

24. 长期来看，新加坡作为拥有大约450万人口的城市国家，主要依赖于商品和服务贸易。新加坡需要更多地国内消费作为增长的源泉，这有助于平衡国外需求波动，也降低外部冲击对经济的影响。在这个方面，政府似乎正在计划在较长时期内实现人口大幅增长，预期在本世纪中期人口调高到650万，其中部分通过移民的方式实现这一目标。

25. 新加坡面临的社会挑战，如出生率下降的人口趋势和预期寿命的延长导致迅速的人口老龄化，将使新加坡总的储蓄倾向最终下降，因为增加的退休者逐渐依赖于他们的储蓄来消费。政府已经对与就业、培训、退休储蓄、住房和卫生有关的政策进行长期的和持续的改革，旨在帮助新加坡人为退休准备资金。

（侯迎春译　陈泰锋校）

# 瑞士和列支敦士登贸易政策审议

## 一、经济环境

1. 瑞士和列支敦士登在世界上最富有国家的行列，在2006年人均GDP超过50 000美元。从贸易政策审议以来，它们的经济增长率在出口和私人消费的推动下，达到平均每年2.7%，瑞士是2.7%，列支敦士登2.2%。对外贸易（包括进入国外市场）是两个经济体的中心。他们的对外贸易占GDP比重超出100%。两个国家的经济增长已经达到两倍，同时失业率在下降。在依赖于世界贸易条件下，它们经济仍然易受世界经济发展的影响。

2. 根据1980年与列支敦士登货币联盟协定，瑞士为两个国家制定货币政策。尽管它们经济强势增长，直到最近，尽管瑞士法郎对欧元的贬值后能源价格逐渐上升，但通货膨胀通常仍然低于2%，这是瑞士国家银行为了保证价格稳定，而设定的最高通货膨胀率。

3. 瑞士正在执行严格的财政政策，寻求降低累积的财政赤字。执行债务刹车规则，和为控制联邦预算支出而设计的2003年到2004年预算减轻方案，带来的结果是从2005年以来，联邦预算已经是盈余。列支敦士登国家预算总体上是盈余，除了2004年由于股票交易所运转而赤字外。

4. 两个经济体都以服务业为最重要的行业。它们的制造业大部分专业制造高技术和知识性产品，反映了它们的竞争优势。农业仍然得到高度保护，尽管它对经济的重要性不大（以对GDP和就业的贡献来衡量）。尽管农业改革正在进行，这使国内农产品（食品）的价格持续高涨（与国际标准相比）。

5. 两个国家都是服务业净出口国。金融业是服务业中最重要的分支。然而，高产品成本和劳动生产率低增长阻碍了某些服务业分支行业的发展，如旅游业，促使瑞士和列支敦士登维持较高价格。

6. 瑞士和列支敦士登的商品贸易中占据主要地位的是制成品。瑞士主要进口包括会型产品、机器、电子产品、手表和精密仪器。列支敦士登进口主要是机器和电子产品，金属和金属制成品，而主要出口包括高技术建筑产品、电子产品、汽车零件、牙齿产品和农业加工产品。欧共体仍然是瑞士和列支敦士登最大的贸易伙伴，美国仍然是最主要的非欧洲伙伴国。在欧共体内，德国仍然是主要的单一供应国，也是唯一重要的出口目的地。在双边和地区贸易协定（优惠制度）下，商品进口份额仍然约占2003年到2007年总进口的42%。

## 二、制度框架

7. 根据它们在1923年签署的关税同盟协定，瑞士代表列支敦士登处理在关税同盟中的事务，例如影响进口的贸易政策措施和农业政策。瑞士货物贸易制度一般应用于列支敦士登与所有国家的贸易，除了列支敦士登是欧洲经济区伙伴国。在这种情况下，欧洲经济区的规则适用于除农业外的所有领域。

8. 为保证瑞士进口制度得到尊重，列支敦士登对进口执行市场控制和监管机制，该授予欧洲经济区不同贸易政策的约束。列支敦士登和瑞士都是欧洲经济区的成员国。列支敦士登维持本国与贸易有关领域的法律，包括服务业、政府采购、消费者保护、投资和一些领域的知识产权保护。

9. WTO仍然是列支敦士登和瑞士贸易政策的中心。它们给予所有贸易伙伴至少最惠国待遇，强调在WTO框架下的多边规则发展是最重要的。瑞士和列支敦士登还强调促进出口以保证其本国公司能利用完善的市场准入。

10. 在双边层次上，瑞士优先给予欧共体贸易自由化。欧共体是瑞士最大的贸易和投资伙伴国。瑞士与欧共体的关系受一系列双边协定规制，包括1972年《自由贸易协定》、1989年《保险协定》、1999年《双边协定I》，这些协定主要涉及传统市场的自由化，并在2001年6月1日生效。《双边协定II》在2004年10月26日签订，并已经独立生效。所有协定，除了《反欺诈协定》，其他协定现在都已经生效。《与扩大后的欧共体的双边协定》的结果是在两个伙伴国之间产生明显的市场自由化，也使瑞士的制度规定与欧共体的趋同。与欧共体之间劳动力的自由流动被认为是瑞士经济增长的关键因素之一。

11. 通过欧洲自由贸易联盟的成员国，瑞士和列支敦士登完成了与15个贸易伙伴国《自由贸易协定》。为了加速本国贸易自由化进程，也为了不会落在别人后面，瑞士计划协商新的优惠协定（包括与南方共同市场、中国、印度和俄罗斯）。自由贸易协定逐渐增加内容，除商品贸易、知识产权保护和竞争外，还包括服务、投资、政府采购。总体上，根据海关同盟协定，瑞士已经达成货物贸易协定，该协定对列支敦士登也有效。瑞士和列支敦士登参加许多优惠贸易协定，这使得它们的对外贸易制度的管理有些复杂。

12. 瑞士和列支敦士登为投资者创造了有利的条件，它建立在一个稳定的商业环境和吸引人才的税收体系基础上。瑞士的绝大部分行业对国内和国外的投资开放。然而，在国家垄断的领域仍然存在投资限制，这些领域包括：铁路运输、一些邮政服务、某些保险服务、商业活动（例如盐的贸易）。限制（户籍要求的形式）也适用于水力发电和核发电，石油管道的运作，爆炸材料的运输，航空和海上运输。在列支敦士登，为了房地产的购买，某些控制已经生效；在某些金融服务业（即资产管理、投资咨询和信托业务）中仍然还有限制规定，信托服务是由受托人和信托公司以专业的基础提供。

## 三、贸易政策工具

13. 自2004年贸易政策审议以来，瑞士和列支敦士登继续调整它们的贸易政策工具，使之与欧共体的支持保持一致。根据1923年关税同盟协定，瑞士的关税适用于两个国家，但有例外（如列支敦士登从其他欧洲经济区国家的进口）。它们的全部实际最惠国关税详细而精确，从价税等值平均为8.1%（2004年为9.3%），税率从0到1 468.7%（针对冻牛肉内脏而不是口条和肝脏）不等。2008年从价税等值的下降超出2004年的水平，在很大程度上，反映了进口价格的上升，特别是农产品。

14. 关税税率分布很分散，变化系数4.8（2004年为4.6）；税率分布的高度分散是从量关税（高度分散的从价税等值）、农产品非常高的关税（平均为29.4%）和非农产品普遍较低的关税（2%）的结果。按照国际标准工业分类法（修订2）定义，农产品关税（22.7%）依然高于制造业（6.9%）、采矿业和采石业（0.5%）。

15. 在乌拉圭回合，瑞士和列支敦士登对农产品采用从量税和对其他产品可选择税种的方式约束税号。现在，大约99%的HS8数字水平上的税号受到约束；例外的有86种，包括天然气、石油以及相关产品。

16. 瑞士和列支敦士登继续采用自动和非自动许可证。进口许可证主要用来管理关税配额、强制的储备要求、卫生、安全和环境。许可证制度（其中包括关税配额管理制度）仍然较复杂。根据动植物卫生检验检疫制度，瑞士和列支敦士登只允许从经欧共体证明符合要求的公司进口。瑞士和列支敦士登从没有采用反倾销或反补贴措施。在政策审议期间，它们没有采用任何保护措施。

17. 在瑞士，政府从联邦和市两个层次给予工商业资助，尤其是在农村地区。联邦援助的主要类型包括财政转让和免税。瑞士主要根据价格补偿机制，继续资助农产品出口（包括乳制品、牛和马、水果、马铃薯和加工产品）。根据补贴计划的评估，瑞士计划到2010年1月逐步取消基本农产品的出口补贴。

18. 2003年垄断法的改革强化了瑞士的竞争制度。然而，竞争在某些领域仍然受到限制，如农业、卫生保健和公共交通，这是价格上升的因素之一。排他权或垄断权在列支敦士登的某些领域逐渐下降。列支敦士登没有国内竞争法。竞争事务主要依据欧洲经济区和欧洲自由贸易联盟处理。2004年以来，瑞士的知识产权法经过几次修改，主要是为与技术发展保持同步和与欧共体规定和其他协定保持一致。列支敦士登继续采用瑞士专利权法，但是有本国的著作权法、商标法和工业设计法。

## 四、行业贸易政策

19. 服务业是瑞士和列支敦士登经济的支柱行业。两个国家都是服务净出口国。瑞士和列支敦士登在《服务贸易总协定》的承诺大部分反映了谈判时自由化的主体。瑞士在2005年6月多哈发展议程的服务谈判中，提交了一个修改的提案，但是这并没有超出服务业的自由化状态。瑞士仍然是世界上最重要的金融中心之一，私人银行业是最重要的分支行业。金融服务业仍然是列支敦士登经济中最重要的行业，该行业在本次政策审议期间增长强势。

20. 在瑞士和列支敦士登，农业仍然受国家大量干预。尽管农业在经济中重要性很小，但它仍然最受关税同盟采用关税保护的行业，关税简单平均值是22.7%。肉类和乳业关税特别高。瑞士直接支付的数额仍然很高，在2006年达到2.5亿瑞士法郎。对生产者资助的估计值等于农业总收入的65%，从2003年的74%下降到目前的数值。列支敦士登维持本国的直接支付制度，虽然获益的产品数量有限。

21. 农业政策的目标是将特定产品价格支持转变为非特定产品直接支付，并逐渐取消出口补贴。出口补贴包括在价格补偿机制下的价格支持、用于降低投入成本，主要用于农业。价格补偿机制的作用是补偿国内生产的产品价格，其原材料来自国内以出口为导向的农业生产。门槛价格体系旨在维持特定农产品的价格稳定。

22. 瑞士和列支敦士登制造业的特征是研究和开发的密集度高和专业化。通过对成本敏感过程一贯性的外包方式，竞争能力已经提高。除了主要是为农业加工业设计的激励计划外，瑞士和列支敦士登没有针对制造业的具体政策。制造业（国际标准工业分类法修订2）占瑞士商品出口的近98%，占列支敦士登的100%。该行业的关税较低（平均6.9%），某些纺织品例外。

## 五、贸易政策和贸易伙伴国

23. 瑞士和列支敦士登通过多边、地区和双边协定，一贯奉行贸易自由化制度。特别是，瑞士近来的改革进一步调整本国的贸易制度，实现与欧共体相关制度的一致。列支敦士登出于地区利益参加了欧洲经济区，但没有包含在其中。尽管如此，瑞士和列支敦士登参加了各种优惠协定，这使它们的贸易制度复杂化，并存在偏离的风险。

24. 目前农产品的世界价格较高，这给予瑞士和列支敦士登将本国的农业自由化的机会，因为他们对农业的保护还比较高。两个国家打算利用这一机会取消基本农产品的出口补贴。进一步改革就是要降低或取消关税和补贴，这将有益于消费者，并改善资源配置。

（侯迎春译　陈泰锋校）

# 美国贸易政策审议

1. 美国贸易制度的开放性和透明性是美国经济整体效率较高的关键原因。自 2006 年最后一次贸易政策审议以来，尽管绝大部分贸易是在优惠基础上进行的，美国依然采取措施进一步自由化本国的贸易制度。面对 2008 年早期普遍性的经济不稳定，经济内在调节能力下降、继续减少市场准入的障碍和减少其他扭曲性措施（包括那些产生于农业和能源的高度保护），美国的社会福利仍得到更大的改善。而且，美国继续把社会保障问题合并入贸易和投资政策，该政策会有益于美国经济，并在基于风险考虑的方法框架内执行。美国继续改革是在最惠国政策基础上进行的，因为美国是世界上两个最大经济体之一，也是世界上最大贸易国之一，因此美国经济改革还将减少国际市场的扭曲，强化多边贸易制度。

## 一、经济环境

2. 在长时期经济扩张之后，自 2007 年后期开始，美国短期经济增长预期略微下降。在政策审议绝大部分时期，美国经济仍然稳健，年平均增长率为 3%。然而，在 2007 年晚期，GDP 增长速度大幅放缓，反映了房地产业下滑和信用危机的负面影响。这些问题引发了联邦储备局强力的货币政策，即大幅下调短期利率。尽管在政策审议期间，通货膨胀仍然相对温和，在 2007 年后期可以看到价格上升的倾向，主要是由于石油和食品的价格上升所致。因此，在 2008 年早期，政策制定者面临双重挑战，即恢复经济增长和与此同时如何遏制通货膨胀上升。

3. 从 2004 年到 2007 年，联邦财政赤字稳定地收缩到 2007 财政年度 GDP 的 1.2%。然而，2007 年后期经济下降和解决这一问题的财政措施共同作用的结果是，2008 年财政赤字可能会上升。从长期来看，必须对财政领域进一步改革，确保财政稳定。

4. 在政策审议期间，美国进口和出口继续扩张，平均增长快于 GDP。美国经常账户占 GDP 份额从 2005 年略高于 6%下降到 2007 年大约 5.3%。外国人在美国的投资意愿是大量外资流入的关键因素，而平衡经常账户赤字非常需要外资流入。然而，持续的赤字并不合理，因为其中孕育经济下滑的风险，包括保护主义情绪的上升。美国经常账户赤字反映了美国储蓄和投资的缺口，因此在一定程度上需要有应对政策措施，但贸易限制措施是不适当的。美国可能会提高本国储蓄率，同时继续贸易开放，使美国的生产者和消费者以最好的条件进入外国商品、服务和资本市场。降低经常账户赤字还可能要求扩大美国的出口，更自由的贸易政策和国外强势的需求增长也会有益于美国出口。

## 二、贸易和投资政策框架

5. 美国认为国际贸易发展是国内安全和经济增长的关键。美国经济政策的核心是对多边贸易体制的支持，行政当局还继续致力于全面的多哈谈判。在这一背景下，美国就广泛的谈判领域提出了大量建议。除了原产地、农业关税配额和政府采购统计数据，美国完成了通知义务。美国还在执行一些 WTO 规则方面取得了进步，这些规则要求美国改变本国法律，但是与知识产权保护、反倾销有关的规则还没有被完全执行。

6. 尽管美国认为全面的多边协定提供了最好机会，即在世界范围创造广阔的贸易和投资机会，它相信双边和地区贸易自由化也可能提供巨大利益。与这点相一致，美国继续达成贸易自由化协定。在前次政策审议期间与美国签订自由贸易协定的国家是 7 个，而在 2001 年早期管理局刚设立时只有 3 个，在 2008 年早期这个数字上升为 14 个。与另外 6 个国家的自由贸易协定已经签订，但是还没有生效。美国在若干个计划中，给予发展中国家单方面优惠待遇，这些计划有条件地遵守美国当局认同的标准。这些标准就是能促进稳健政策的执行，并允许收益人扩大贸易和投资。

7. 2007 年 6 月 1 日到期的贸易推广法案被管理局认为是达成美国贸易目标的一个重要工具。2007 年 3 月，管理局和议员达成贸易政策“模型”的约定，该“模型”被描述为议会考虑审理中的自由贸易协定的一个“清楚和合理的前进路径”，和“为两党关于贸易推广法案工作开辟了道路”。该“模型”包含关于劳动力、环境、知识产权、投资、政府采购和港口安全条款。

8. 美国对外国直接投资继续给予国民待遇政策，但受具体部门、谨慎原则和国家安全的约束。2007年，议会修订了行政部门审议某些外国直接投资的国家安全意义的程序。关键是确保这些变化不会损害外国投资者的可预见性。

## 三、货物市场准入

9. 美国给予所有WTO成员国最惠国关税待遇，只有古巴例外。除了两个税号外，全部税号都有约束税率，普遍税率较低，这使美国贸易制度有可预见性。实际最惠国关税的简单平均值2007年是4.8%，而2004年的4.9%非常相近。农产品的实际最惠国关税税率从2004年的9.7%下降到2007年的8.9%，反映了商品价格上升和因此带来的从价税等值的下降。2007年非农产品实际最惠国关税税率仍然没有变化，仍是4%。大约2%的税号受关税配额的约束。配额外的高税率是某些农产品重要的进口保护方法之一。

10. 除了关税，进口还征收从价港口费和商品加工费，一些优惠的伙伴国不必缴纳商品加工费。保税区必须向美国进口的每个商品开放。国内小的葡萄酒和啤酒生产商的初次生产可以从联邦消费税率的下降或消费税减让中获益。进口产品则没有这样的优惠。

11. 出于安全考虑使通关程序发生了较大改变。《2006年安全港口法》编纂和扩展了货物和供应链安全计划，还建立了进口商附加填单要求。根据该法案，自2012年中期开始，所有集装箱在装上驰往美国的轮船前必须进行检查。然而，该法案承认这一要求可能对贸易有重大影响，对特定港口给予了延期检查的可能性。

12. 非关税进口限制主要出于非商业性目的，包括禁止从不遵循美国环境条例的国家进口海洋哺乳动物、虾和金枪鱼。

13. 反倾销措施仍然是美国一个重要的贸易政策工具。在2007年年底，美国继续采用232个反倾销措施，比上次政策审议报告的274有所下降，影响来自39个贸易伙伴国的进口。在2005年到2007年间，美国发动大约33项调查，并采取19个临时措施，但是仅11个征收了最终关税。反倾销调查数量在2005到2006年间下降，但在2007年上升。实际反倾销税最高达280%，对美国国内价格影响很大。因为大部分反倾销措施税是针对中间产品的，如钢铁、化学产品，这就增长了下游产品生产商和消费者的成本。反倾销措施尽管是临时性措施，但平均有效年限达11年。被反倾销措施直接影响的产品占进口产品的份额一直很小，在1980年到2005年期间占商品进口的0.3%。反倾销命令的数量从2005年以来已经下降，低于早些年。然而，重要的是保证反倾销措施不会妨碍应对变化着的国际市场条件的调节活动。

14. 在2007年年底，美国没有继续采用保护措施，但是采用了31个补偿命令，涉及13个伙伴国。《2000年持续性倾销与补贴补偿法（伯德修正案)》在2005年被废止，但是2007年10月之前估价的反倾销和反补贴税继续分配给美国的生产商，这些生产商支持这些调查的请求。从2007年年底《伯德修正案》生效起，总的补偿额估计大约是19亿美元。

15. 自上次贸易政策审议以来，在联邦层次上，管理技术规定的发展、评估程序的一致性和卫生、动植物检验检疫措施的制度框架没有发生重大改变。在审议期间，自WTO建立以来，美国第一次通知由市政机构提议的技术规定和一致性估计程序。第一次进口水果和蔬菜的新批准程序受指定的动植物检验检疫措施的约束，该程序在2007年8月已经生效。它代替了基于规定颁布的批准程序，该程序适用于所有第一次进口的植物、动物及其动植物产品。新程序预期会加快进口批准时间，批准时间为三年。

## 四、出口措施

16. 美国宪法禁止出口税。然而，美国仍然出于国家安全或外国政策的目的，或为了应对稀有材料的短缺，采取出口限制和出口控制。出口控制产生于美国国内政策决策或每个参与非约束出口控制体系，或者是在联合国禁运的背景下。当转让被控制的技术时，在某些情况下美国要求企业申请出口许可证。两个WTO成员方——古巴和缅甸，被施加经济制裁。

17. 美国通过官方的出口信贷机构提供保险和出口融资。近年来，由这些计划产生的财政成本大幅下降。这些计划得到美国政府的充分信任和支持。此外，美国还采用一个退税计划。在 2006 年 5 月，在 WTO 发现“祖父”条款是被禁止的补贴后，美国废止了“祖父”条款，该规定允许美国公司把特定“对外贸易”收入从特定交易的应税收入中剔除。

## 五、影响贸易的其他措施

18. 除了出口补助，国内生产商还获益于联邦和市政层次的免税、财政支付和信用计划。最近一次向 WTO 提交的通知，在 2003 到 2004 财政年度，美国列出大约 430 个提供补贴的计划，其中 42 个是在联邦层次上，其余在市政层次上。在上述通知中，农业和能源是联邦支持最大受益人。尽管美国国内支持的目的不是贸易，但可能会影响国际市场，因为美国是许多产品在世界上最大的生产国和消费国之一。

19. 美国采取竞争政策促进效率和消费者福利的提高。联邦反垄断法覆盖了所有行业、州际间和外国的商业活动，但也有若干例外。竞争政策执行的重点仍然是国际垄断活动、反竞争性并购和非并购法规。2007 年竞争政策程序的审议报告提交到议会，简化和统一了并购清算程序，并协调了州和联邦的反垄断工作，特别是关于并购的工作。

20. 美国关于政府采购的市场准入的政策是在互惠原则基础上给予国民待遇。美国参加了 WTO《政府采购协议》。没有包含在《政府采购协议》或其他国际协定的采购事项，美国继续采用许多国内采购的要求，如《购买美国货法案》下的采购要求。美国成功政策还通过“搁置”计划，寻求增加小企业和其他企业的参与。在一些州，市政规定给予国内供应商优惠待遇，在特定条件下还施加当地成分要求。尽管这些政策可以帮助目标群体，但也可能提高政府采购的成本。

21. 美国是一个重要的包含知识和先进智能的货物和服务生产国和出口国。美国采取各种机制来促进知识产权的保护和保护法的执行，包括参与 WTO 活动和谈判、自由贸易协定、双边知识产权协议和双边投资协议。

## 六、行业政策

22. 美国是世界上农产品最大生产国、出口国和进口国之一。正如经济贸易合作组织衡量的，对农产品总援助（包括通过边境措施和政府支付）在 2006 年占农村总收入 11%，比 2004 年少 5 个百分点。这一下滑主要反映了商品价格的上升。某些商品，包括糖和牛奶，依然受到较高援助。而且，在某些商品计划下的支付（如市场支持贷款）对资源的利用提供了激励措施，这些激励措施可能与市场信号不一致，当得到支持的产品进入国际市场可能会影响贸易。在政策审议期间，根据多边规则，国内支持计划的某些方面受到挑战。《2002 年农业法》的到期失效和当前商品价格较高环境提供了一个有利结合点，即引入政策变化，变化的目的是进一步改善农业市场导向，实现消费者和纳税人双赢。

23. 美国是一个重要矿产品和能源的生产国和消费国，美国的能源政策强调国内能源生产、税务规定以及其他对替代性能源和再生性能源的激励措施。对国内酒精生产的补贴措施包括税收激励和进口税；这些措施对国际生产模式有重大影响。《2005 年能源政策法》包含应对管理电力市场制度框架缺失的条款。在计算燃料的节约标准方面，北美自由贸易协定成员国生产的汽车与其他国家待遇不同。

24. 美国是世界上制造业产品最大生产国之一。按绝对价值计算，制造业全要素劳动生产率和产出已经提高，该行业占 GDP 份额上升，但是就业占比却在下降。制造业关税普遍较低，但是少数分支行业得到了高关税保护，如纺织业、服装业、鞋业、皮革业，高关税使它们免受世界竞争的影响。

25. 美国电信市场，若用收入来衡量，是世界上最大的市场，对外资开放，且竞争程度高。在政策审议期间，某些分类计价的要求被取消，旨在使网络宽带的提供者之间平等竞争。政府还正在考虑一个“综合补偿改革计划”。政府还有若干个媒体所有权的限制政策，其目的是促进竞争，使传媒业多样化和“地方化”。2007 年晚期，这些限制中的一个被获准放宽，还采取规则便利影像服务市场的准入。

26. 在本次政策审议期内，美国关于金融服务业的法律没有重大改变。然而，该行业受次级抵押贷款危机的影响非常大，表明金融监管需要完善。在这方面，正在考虑改善现行规定来限制某些抵押贷款业务，并巩固和强化金融监管。

27. 美国每个州政府都允许外国人通过设立或购买国家特许的银行机构进入美国市场。美国对外国银行在美国附属机构给予国民待遇。然而，外国拥有的银行与国内银行不同，要求设立一个被保险的附属机构，该机构接受或维持低于100 000美元的国内零售存款。外国银行的支行和代理机构有相似权利，但是代理机构不得接受美国公民或居民的存款。在州层次上，对于购买或设立一个国家特许银行和设立分行或代理机构是有限制条件的。

29. 保险业法规主要由州政府层次制定。保险公司、代理机构和经纪人必须根据州政府法律获得资格证，在所在州为预期的风险投保，但是美国州政府采取措施便利跨州业务的开展。每个州政府许可设立的保险公司都允许外国人购买，47个州政府允许外国人合并附属机构，36个州政府和哥伦比亚地区允许开立分支机构。对覆盖美国风险的保单征收的联邦税税率是再保险总收入的1%，但是如果非人寿保险人的收入不缴纳所得税，该税率就是保险总收入的4%。

30. 自2006年以来，有关海上运输政策和法律没有重大改变。《琼斯法》保留在美国注册的、制造的、由美国公司拥有的且公司雇员75%是美国公民的船舶，在美国提供点对点货物服务。对国内旅客服务有相似要求。然而，外国公司可以在特定条件下，在美国设立轮船公司，还可以授予放弃权。相反，美国国际海运市场一般对外开放，尽管还存在对一些货物优惠待遇。尽管实际上最大份额的国际海运服务由外国轮船提供，货物优惠制度立法估计会重新指定巨大数量的货物由美国轮船提供服务。

31. 美国航空公司的盈利能力已经改善，到2007年年底，所有美国主要的航空公司从破产保护中挣脱。根据法律，外国人对航空公司的所有权限制为有表决权股份的25%。只允许美国航空公司提供国内航空服务。《美国航空法》一般要求由政府融资的货运和客运必须由挂美国旗的飞机承运，然而根据国际协定外资参与是有可能的。美国与97个国家签订了航空双边协定，其中有79个国家还签订开放领空协定。自2008年3月以来暂时采纳了《美国与欧盟航空运输协定》，引入了许多重要的自由化措施。目前，美国所有提供商业服务的民用机场由国家或地方政府所有。1996年通过一个法律建立了一个“机场私有化向导计划”；有一个机场被私有化，但随后所有权又归还国家。

32. 在过去几年，关于专业服务的规定没有发生重大改变。各州负责在管辖权内专业服务的制度、资格证和监管事务。由于缺乏统一制度体系，致使各州之间产生了不同的市场准入条件。外国人进入有些州的专业服务市场受居住地、国籍和准入要求的法律形式的影响。

（侯迎春译　陈泰锋校）

# 第四篇　与 WTO 有关的法规及政策（2008）

# 中华人民共和国企业所得税法实施条例

## 第一章 总 则

**第一条** 根据《中华人民共和国企业所得税法》（以下简称企业所得税法）的规定，制定本条例。

**第二条** 企业所得税法第一条所称个人独资企业、合伙企业，是指依照中国法律、行政法规成立的个人独资企业、合伙企业。

**第三条** 企业所得税法第二条所称依法在中国境内成立的企业，包括依照中国法律、行政法规在中国境内成立的企业、事业单位、社会团体以及其他取得收入的组织。

企业所得税法第二条所称依照外国（地区）法律成立的企业，包括依照外国（地区）法律成立的企业和其他取得收入的组织。

**第四条** 企业所得税法第二条所称实际管理机构，是指对企业的生产经营、人员、账务、财产等实施实质性全面管理和控制的机构。

**第五条** 企业所得税法第二条第三款所称机构、场所，是指在中国境内从事生产经营活动的机构、场所，包括：

（一）管理机构、营业机构、办事机构；

（二）工厂、农场、开采自然资源的场所；

（三）提供劳务的场所；

（四）从事建筑、安装、装配、修理、勘探等工程作业的场所；

（五）其他从事生产经营活动的机构、场所。

非居民企业委托营业代理人在中国境内从事生产经营活动的，包括委托单位或者个人经常代其签订合同，或者储存、交付货物等，该营业代理人视为非居民企业在中国境内设立的机构、场所。

**第六条** 企业所得税法第三条所称所得，包括销售货物所得、提供劳务所得、转让财产所得、股息红利等权益性投资所得、利息所得、租金所得、特许权使用费所得、接受捐赠所得和其他所得。

**第七条** 企业所得税法第三条所称来源于中国境内、境外的所得，按照以下原则确定：

（一）销售货物所得，按照交易活动发生地确定；

（二）提供劳务所得，按照劳务发生地确定；

（三）转让财产所得，不动产转让所得按照不动产所在地确定，动产转让所得按照转让动产的企业或者机构、场所所在地确定，权益性投资资产转让所得按照被投资企业所在地确定；

（四）股息、红利等权益性投资所得，按照分配所得的企业所在地确定；

（五）利息所得、租金所得、特许权使用费所得，按照负担、支付所得的企业或者机构、场所所在地确定，或者按照负担、支付所得的个人的住所地确定；

（六）其他所得，由国务院财政、税务主管部门确定。

**第八条** 企业所得税法第三条所称实际联系，是指非居民企业在中国境内设立的机构、场所拥有据以取得所得的股权、债权，以及拥有、管理、控制据以取得所得的财产等。

## 第二章 应纳税所得额

### 第一节 一般规定

**第九条** 企业应纳税所得额的计算，以权责发生制为原则，属于当期的收入和费用，不论款项是否收付，均作为当期的收入和费用；不属于当期的收入和费用，即使款项已经在当期收付，均不作为当期的收入和费用。本条例和国务院财政、税务主管部门另有规定的除外。

**第十条** 企业所得税法第五条所称亏损，是指企业依照企业所得税法和本条例的规定将每一纳税年度的收入总额减除不征税收入、免税收入和各项扣除后小于零的数额。

**第十一条** 企业所得税法第五十五条所称清算所得，是指企业的全部资产可变现价值或者交易价格减除资产净值、清算费用以及相关税费等后的余额。

投资方企业从被清算企业分得的剩余资产，其中相当于从被清算企业累计未分配利润和累计盈余公积中应当分得的部分，应当确认为股息所得；剩余资产减除上述股息所得后的余额，超过或者低于投资成本的部分，应当确认为投资资产转让所得或者损失。

## 第二节 收 入

**第十二条** 企业所得税法第六条所称企业取得收入的货币形式，包括现金、存款、应收账款、应收票据、准备持有至到期的债券投资以及债务的豁免等。

企业所得税法第六条所称企业取得收入的非货币形式，包括固定资产、生物资产、无形资产、股权投资、存货、不准备持有至到期的债券投资、劳务以及有关权益等。

**第十三条** 企业所得税法第六条所称企业以非货币形式取得的收入，应当按照公允价值确定收入额。

前款所称公允价值，是指按照市场价格确定的价值。

**第十四条** 企业所得税法第六条第（一）项所称销售货物收入，是指企业销售商品、产品、原材料、包装物、低值易耗品以及其他存货取得的收入。

**第十五条** 企业所得税法第六条第（二）项所称提供劳务收入，是指企业从事建筑安装、修理修配、交通运输、仓储租赁、金融保险、邮电通信、咨询经纪、文化体育、科学研究、技术服务、教育培训、餐饮住宿、中介代理、卫生保健、社区服务、旅游、娱乐、加工以及其他劳务服务活动取得的收入。

**第十六条** 企业所得税法第六条第（三）项所称转让财产收入，是指企业转让固定资产、生物资产、无形资产、股权、债权等财产取得的收入。

**第十七条** 企业所得税法第六条第（四）项所称股息、红利等权益性投资收益，是指企业因权益性投资从被投资方取得的收入。

股息、红利等权益性投资收益，除国务院财政、税务主管部门另有规定外，按照被投资方作出利润分配决定的日期确认收入的实现。

**第十八条** 企业所得税法第六条第（五）项所称利息收入，是指企业将资金提供他人使用但不构成权益性投资，或者因他人占用本企业资金取得的收入，包括存款利息、贷款利息、债券利息、欠款利息等收入。

利息收入，按照合同约定的债务人应付利息的日期确认收入的实现。

**第十九条** 企业所得税法第六条第（六）项所称租金收入，是指企业提供固定资产、包装物或者其他有形资产的使用权取得的收入。

租金收入，按照合同约定的承租人应付租金的日期确认收入的实现。

**第二十条** 企业所得税法第六条第（七）项所称特许权使用费收入，是指企业提供专利权、非专利技术、商标权、著作权以及其他特许权的使用权取得的收入。

特许权使用费收入，按照合同约定的特许权使用人应付特许权使用费的日期确认收入的实现。

**第二十一条** 企业所得税法第六条第（八）项所称接受捐赠收入，是指企业接受的来自其他企业、组织或者个人无偿给予的货币性资产、非货币性资产。

接受捐赠收入，按照实际收到捐赠资产的日期确认收入的实现。

**第二十二条** 企业所得税法第六条第（九）项所称其他收入，是指企业取得的除企业所得税法第六条第（一）项至第（八）项规定的收入外的其他收入，包括企业资产溢余收入、逾期未退包装物押金收入、确实无法偿付的应付款项、已作坏账损失处理后又收回的应收款项、债务重组收入、补贴收入、违约金收入、汇兑收益等。

**第二十三条** 企业的下列生产经营业务可以分期确认收入的实现：

（一）以分期收款方式销售货物的，按照合同约定的收款日期确认收入的实现；

（二）企业受托加工制造大型机械设备、船舶、飞机，以及从事建筑、安装、装配工程业务或者提供其他劳务等，持续时间超过12个月的，按照纳税年度内完工进度或者完成的工作量确认收入的实现。

**第二十四条** 采取产品分成方式取得收入的，按照企业分得产品的日期确认收入的实现，其收入额按照产品的公允价值确定。

**第二十五条** 企业发生非货币性资产交换，以及将货物、财产、劳务用于捐赠、偿债、赞助、集资、广告、样品、职工福利或者利润分配等用途的，应当视同销售货物、转让财产或者提供劳务，但国务院财政、税务主管部门另有规定的除外。

**第二十六条** 企业所得税法第七条第（一）项所称财政拨款，是指各级人民政府对纳入预算管理的事业单位、社会团体等组织拨付的财政资金，但国务院和国务院财政、税务主管部门另有规定的除外。

企业所得税法第七条第（二）项所称行政事业性收费，是指依照法律法规等有关规定，按照国务院规定程序批准，在实施社会公共管理，以及在向公民、法人或者其他组织提供特定公共服务过程中，向特定对象收取并纳入财政管理的费用。

企业所得税法第七条第（二）项所称政府性基金，是指企业依照法律、行政法规等有关规定，代政府收取的具有专项用途的财政资金。

企业所得税法第七条第（三）项所称国务院规定的其他不征税收入，是指企业取得的，由国务院财政、税务主管部门规定专项用途并经国务院批准的财政性资金。

## 第三节 扣 除

**第二十七条** 企业所得税法第八条所称有关的支出，是指与取得收入直接相关的支出。

企业所得税法第八条所称合理的支出，是指符合生产经营活动常规，应当计入当期损益或者有关资产成本的必要和正常的支出。

**第二十八条** 企业发生的支出应当区分收益性支出和资本性支出。收益性支出在发生当期直接扣除；资本性支出应当分期扣除或者计入有关资产成本，不得在发生当期直接扣除。

企业的不征税收入用于支出所形成的费用或者财产，不得扣除或者计算对应的折旧、摊销扣除。

除企业所得税法和本条例另有规定外，企业实际发生的成本、费用、税金、损失和其他支出，不得重复扣除。

**第二十九条** 企业所得税法第八条所称成本，是指企业在生产经营活动中发生的销售成本、销货成本、业务支出以及其他耗费。

**第三十条** 企业所得税法第八条所称费用，是指企业在生产经营活动中发生的销售费用、管理费用和财务费用，已经计入成本的有关费用除外。

**第三十一条** 企业所得税法第八条所称税金，是指企业发生的除企业所得税和允许抵扣的增值税以外的各项税金及其附加。

**第三十二条** 企业所得税法第八条所称损失，是指企业在生产经营活动中发生的固定资产和存货的盘亏、毁损、报废损失，转让财产损失，呆账损失，坏账损失，自然灾害等不可抗力因素造成的损失以及其他损失。

企业发生的损失，减除责任人赔偿和保险赔款后的余额，依照国务院财政、税务主管部门的规定扣除。

企业已经作为损失处理的资产，在以后纳税年度又全部收回或者部分收回时，应当计入当期收入。

**第三十三条** 企业所得税法第八条所称其他支出，是指除成本、费用、税金、损失外，企业在生产经营活动中发生的与生产经营活动有关的、合理的支出。

**第三十四条** 企业发生的合理的工资薪金支出，准予扣除。

前款所称工资薪金，是指企业每一纳税年度支付给在本企业任职或者受雇的员工的所有现金形式或者非现金形式的劳动报酬，包括基本工资、奖金、津贴、补贴、年终加薪、加班工资，以及与员工任职或者受雇有关的其他支出。

**第三十五条** 企业依照国务院有关主管部门或者省级人民政府规定的范围和标准为职工缴纳的基本养老保险费、基本医疗保险费、失业保险费、工伤保险费、生育保险费等基本社会保险费和住房公积金，准予扣除。

企业为投资者或者职工支付的补充养老保险费、补充医疗保险费，在国务院财政、税务主管部门规定的范围和标准内，准予扣除。

**第三十六条** 除企业依照国家有关规定为特殊工种职工支付的人身安全保险费和国务院财政、税务主管部门规定可以扣除的其他商业保险费外，企业为投资者或者职工支付的商业保险费，不得扣除。

**第三十七条** 企业在生产经营活动中发生的合理的不需要资本化的借款费用，准予扣除。

企业为购置、建造固定资产、无形资产和经过12个月以上的建造才能达到预定可销售状态的存货发生借款的，在有关资产购置、建造期间发生的合理的借款费用，应当作为资本性支出计入有关资产的成本，并依照本条例的规定扣除。

**第三十八条** 企业在生产经营活动中发生的下列利息支出，准予扣除：

（一）非金融企业向金融企业借款的利息支出、金融企业的各项存款利息支出和同业拆借利息支出、企业经批准发行债券的利息支出；

（二）非金融企业向非金融企业借款的利息支出，不超过按照金融企业同期同类贷款利率计算的数额的部分。

**第三十九条** 企业在货币交易中，以及纳税年度终了时将人民币以外的货币性资产、负债按照期末即期人民币汇率中间价折算为人民币时产生的汇兑损失，除已经计入有关资产成本以及与向所有者进行利润分配相关的部分外，准予扣除。

**第四十条** 企业发生的职工福利费支出，不超过工资薪金总额14%的部分，准予扣除。

**第四十一条** 企业拨缴的工会经费，不超过工资薪金总额2%的部分，准予扣除。

**第四十二条** 除国务院财政、税务主管部门另有规定外，企业发生的职工教育经费支出，不超过工资薪金总额2.5%的部分，准予扣除；超过部分，准予在以后纳税年度结转扣除。

**第四十三条** 企业发生的与生产经营活动有关的业务招待费支出，按照发生额的60%扣除，但最高不得超过当年销售（营业）收入的5‰。

**第四十四条** 企业发生的符合条件的广告费和业务宣传费支出，除国务院财政、税务主管部门另有规定外，不超过当年销售（营业）收入15%的部分，准予扣除；超过部分，准予在以后纳税年度结转扣除。

**第四十五条** 企业依照法律、行政法规有关规定提取的用于环境保护、生态恢复等方面的专项资金，准予扣除。上述专项资金提取后改变用途的，不得扣除。

**第四十六条** 企业参加财产保险，按照规定缴纳的保险费，准予扣除。

**第四十七条** 企业根据生产经营活动的需要租入固定资产支付的租赁费，按照以下方法扣除：

（一）以经营租赁方式租入固定资产发生的租赁费支出，按照租赁期限均匀扣除；

（二）以融资租赁方式租入固定资产发生的租赁费支出，按照规定构成融资租入固定资产价值的部分应当提取折旧费用，分期扣除。

**第四十八条** 企业发生的合理的劳动保护支出，准予扣除。

**第四十九条** 企业之间支付的管理费、企业内营业机构之间支付的租金和特许权使用费，以及非银行企业内营业机构之间支付的利息，不得扣除。

**第五十条** 非居民企业在中国境内设立的机构、场所，就其中国境外总机构发生的与该机构、场所生产经营有关的费用，能够提供总机构出具的费用汇集范围、定额、分配依据和方法等证明文件，并合理分摊的，准予扣除。

**第五十一条** 企业所得税法第九条所称公益性捐赠，是指企业通过公益性社会团体或者县级以上人民政府及其部门，用于《中华人民共和国公益事业捐赠法》规定的公益事业的捐赠。

**第五十二条** 本条例第五十一条所称公益性社会团体，是指同时符合下列条件的基金会、慈善组织等社会团体：

（一）依法登记，具有法人资格；

（二）以发展公益事业为宗旨，且不以营利为目的；

（三）全部资产及其增值为该法人所有；

（四）收益和营运结余主要用于符合该法人设立目的的事业；

（五）终止后的剩余财产不归属任何个人或者营利组织；

（六）不经营与其设立目的无关的业务；

（七）有健全的财务会计制度；

（八）捐赠者不以任何形式参与社会团体财产的分配；

（九）国务院财政、税务主管部门会同国务院民政部门等登记管理部门规定的其他条件。

**第五十三条**　企业发生的公益性捐赠支出，不超过年度利润总额12%的部分，准予扣除。

年度利润总额，是指企业依照国家统一会计制度的规定计算的年度会计利润。

**第五十四条**　企业所得税法第十条第（六）项所称赞助支出，是指企业发生的与生产经营活动无关的各种非广告性质支出。

**第五十五条**　企业所得税法第十条第（七）项所称未经核定的准备金支出，是指不符合国务院财政、税务主管部门规定的各项资产减值准备、风险准备等准备金支出。

## 第四节　资产的税务处理

**第五十六条**　企业的各项资产，包括固定资产、生物资产、无形资产、长期待摊费用、投资资产、存货等，以历史成本为计税基础。

前款所称历史成本，是指企业取得该项资产时实际发生的支出。

企业持有各项资产期间资产增值或者减值，除国务院财政、税务主管部门规定可以确认损益外，不得调整该资产的计税基础。

**第五十七条**　企业所得税法第十一条所称固定资产，是指企业为生产产品、提供劳务、出租或者经营管理而持有的、使用时间超过12个月的非货币性资产，包括房屋、建筑物、机器、机械、运输工具以及其他与生产经营活动有关的设备、器具、工具等。

**第五十八条**　固定资产按照以下方法确定计税基础：

（一）外购的固定资产，以购买价款和支付的相关税费以及直接归属于使该资产达到预定用途发生的其他支出为计税基础；

（二）自行建造的固定资产，以竣工结算前发生的支出为计税基础；

（三）融资租入的固定资产，以租赁合同约定的付款总额和承租人在签订租赁合同过程中发生的相关费用为计税基础，租赁合同未约定付款总额的，以该资产的公允价值和承租人在签订租赁合同过程中发生的相关费用为计税基础；

（四）盘盈的固定资产，以同类固定资产的重置完全价值为计税基础；

（五）通过捐赠、投资、非货币性资产交换、债务重组等方式取得的固定资产，以该资产的公允价值和支付的相关税费为计税基础；

（六）改建的固定资产，除企业所得税法第十三条第（一）项和第（二）项规定的支出外，以改建过程中发生的改建支出增加计税基础。

**第五十九条**　固定资产按照直线法计算的折旧，准予扣除。

企业应当自固定资产投入使用月份的次月起计算折旧；停止使用的固定资产，应当自停止使用月份的次月起停止计算折旧。

企业应当根据固定资产的性质和使用情况，合理确定固定资产的预计净残值。固定资产的预计净残值一经确定，不得变更。

**第六十条**　除国务院财政、税务主管部门另有规定外，固定资产计算折旧的最低年限如下：

（一）房屋、建筑物，为20年；

（二）飞机、火车、轮船、机器、机械和其他生产设备，为10年；

（三）与生产经营活动有关的器具、工具、家具等，为5年；

（四）飞机、火车、轮船以外的运输工具，为4年；

（五）电子设备，为3年。

**第六十一条**　从事开采石油、天然气等矿产资源的企业，在开始商业性生产前发生的费用和有关固定资产的折耗、折旧方法，由国务院财政、税务主管部门另行规定。

**第六十二条**　生产性生物资产按照以下方法确定计税基础：

（一）外购的生产性生物资产，以购买价款和支付的相关税费为计税基础；

（二）通过捐赠、投资、非货币性资产交换、债务重组等方式取得的生产性生物资产，以该资产的公允价值和支付的相关税费为计税基础。

前款所称生产性生物资产，是指企业为生产农产品、提供劳务或者出租等而持有的生物资产，包括经济林、薪炭林、产畜和役畜等。

**第六十三条** 生产性生物资产按照直线法计算的折旧，准予扣除。

企业应当自生产性生物资产投入使用月份的次月起计算折旧；停止使用的生产性生物资产，应当自停止使用月份的次月起停止计算折旧。

企业应当根据生产性生物资产的性质和使用情况，合理确定生产性生物资产的预计净残值。生产性生物资产的预计净残值一经确定，不得变更。

**第六十四条** 生产性生物资产计算折旧的最低年限如下：

（一）林木类生产性生物资产，为10年；

（二）畜类生产性生物资产，为3年。

**第六十五条** 企业所得税法第十二条所称无形资产，是指企业为生产产品、提供劳务、出租或者经营管理而持有的、没有实物形态的非货币性长期资产，包括专利权、商标权、著作权、土地使用权、非专利技术、商誉等。

**第六十六条** 无形资产按照以下方法确定计税基础：

（一）外购的无形资产，以购买价款和支付的相关税费以及直接归属于使该资产达到预定用途发生的其他支出为计税基础；

（二）自行开发的无形资产，以开发过程中该资产符合资本化条件后至达到预定用途前发生的支出为计税基础；

（三）通过捐赠、投资、非货币性资产交换、债务重组等方式取得的无形资产，以该资产的公允价值和支付的相关税费为计税基础。

**第六十七条** 无形资产按照直线法计算的摊销费用，准予扣除。

无形资产的摊销年限不得低于10年。

作为投资或者受让的无形资产，有关法律规定或者合同约定了使用年限的，可以按照规定或者约定的使用年限分期摊销。

外购商誉的支出，在企业整体转让或者清算时，准予扣除。

**第六十八条** 企业所得税法第十三条第（一）项和第（二）项所称固定资产的改建支出，是指改变房屋或者建筑物结构、延长使用年限等发生的支出。

企业所得税法第十三条第（一）项规定的支出，按照固定资产预计尚可使用年限分期摊销；第（二）项规定的支出，按照合同约定的剩余租赁期限分期摊销。

改建的固定资产延长使用年限的，除企业所得税法第十三条第（一）项和第（二）项规定外，应当适当延长折旧年限。

**第六十九条** 企业所得税法第十三条第（三）项所称固定资产的大修理支出，是指同时符合下列条件的支出：

（一）修理支出达到取得固定资产时的计税基础50%以上；

（二）修理后固定资产的使用年限延长2年以上。

企业所得税法第十三条第（三）项规定的支出，按照固定资产尚可使用年限分期摊销。

**第七十条** 企业所得税法第十三条第（四）项所称其他应当作为长期待摊费用的支出，自支出发生月份的次月起，分期摊销，摊销年限不得低于3年。

**第七十一条** 企业所得税法第十四条所称投资资产，是指企业对外进行权益性投资和债权性投资形成的资产。

企业在转让或者处置投资资产时，投资资产的成本，准予扣除。

投资资产按照以下方法确定成本：

（一）通过支付现金方式取得的投资资产，以购买价款为成本；

（二）通过支付现金以外的方式取得的投资资产，以该资产的公允价值和支付的相关税费为成本。

**第七十二条** 企业所得税法第十五条所称存货，是指企业持有以备出售的产品或者商品、处在生产过程中的在产品、在生产或者提供劳务过程中耗用的材料和物料等。

存货按照以下方法确定成本：

（一）通过支付现金方式取得的存货，以购买价款和支付的相关税费为成本；

（二）通过支付现金以外的方式取得的存货，以该存货的公允价值和支付的相关税费为成本；

（三）生产性生物资产收获的农产品，以产出或者采收过程中发生的材料费、人工费和分摊的间接费用等必要支出为成本。

**第七十三条**　企业使用或者销售的存货的成本计算方法，可以在先进先出法、加权平均法、个别计价法中选用一种。计价方法一经选用，不得随意变更。

**第七十四条**　企业所得税法第十六条所称资产的净值和第十九条所称财产净值，是指有关资产、财产的计税基础减除已经按照规定扣除的折旧、折耗、摊销、准备金等后的余额。

**第七十五条**　除国务院财政、税务主管部门另有规定外，企业在重组过程中，应当在交易发生时确认有关资产的转让所得或者损失，相关资产应当按照交易价格重新确定计税基础。

## 第三章　应纳税额

**第七十六条**　企业所得税法第二十二条规定的应纳税额的计算公式为：

应纳税额＝应纳税所得额×适用税率－减免税额－抵免税额

公式中的减免税额和抵免税额，是指依照企业所得税法和国务院的税收优惠规定减征、免征和抵免的应纳税额。

**第七十七条**　企业所得税法第二十三条所称已在境外缴纳的所得税税额，是指企业来源于中国境外的所得依照中国境外税收法律以及相关规定应当缴纳并已经实际缴纳的企业所得税性质的税款。

**第七十八条**　企业所得税法第二十三条所称抵免限额，是指企业来源于中国境外的所得，依照企业所得税法和本条例的规定计算的应纳税额。除国务院财政、税务主管部门另有规定外，该抵免限额应当分国（地区）不分项计算，计算公式如下：

抵免限额＝中国境内、境外所得依照企业所得税法和本条例的规定计算的应纳税总额×来源于某国（地区）的应纳税所得额÷中国境内、境外应纳税所得总额。

**第七十九条**　企业所得税法第二十三条所称5个年度，是指从企业取得的来源于中国境外的所得，已经在中国境外缴纳的企业所得税性质的税额超过抵免限额的当年的次年起连续5个纳税年度。

**第八十条**　企业所得税法第二十四条所称直接控制，是指居民企业直接持有外国企业20%以上股份。

企业所得税法第二十四条所称间接控制，是指居民企业以间接持股方式持有外国企业20%以上股份，具体认定办法由国务院财政、税务主管部门另行制定。

**第八十一条**　企业依照企业所得税法第二十三条、第二十四条的规定抵免企业所得税税额时，应当提供中国境外税务机关出具的税款所属年度的有关纳税凭证。

## 第四章　税收优惠

**第八十二条**　企业所得税法第二十六条第（一）项所称国债利息收入，是指企业持有国务院财政部门发行的国债取得的利息收入。

**第八十三条**　企业所得税法第二十六条第（二）项所称符合条件的居民企业之间的股息、红利等权益性投资收益，是指居民企业直接投资于其他居民企业取得的投资收益。企业所得税法第二十六条第（二）项和第（三）项所称股息、红利等权益性投资收益，不包括连续持有居民企业公开发行并上市流通的股票不足12个月取得的投资收益。

**第八十四条**　企业所得税法第二十六条第（四）项所称符合条件的非营利组织，是指同时符合下列条件的组织：

（一）依法履行非营利组织登记手续；

（二）从事公益性或者非营利性活动；

（三）取得的收入除用于与该组织有关的、合理的支出外，全部用于登记核定或者章程规定的公益性或者非营利性事业；

（四）财产及其孳息不用于分配；

（五）按照登记核定或者章程规定，该组织注销后的剩余财产用于公益性或者非营利性目的，或者由登记管理机关转赠给与该组织性质、宗旨相同的组织，并向社会公告；

（六）投入人对投入该组织的财产不保留或者享有任何财产权利；

（七）工作人员工资福利开支控制在规定的比例内，不变相分配该组织的财产。

前款规定的非营利组织的认定管理办法由国务院财政、税务主管部门会同国务院有关部门制定。

**第八十五条** 企业所得税法第二十六条第（四）项所称符合条件的非营利组织的收入，不包括非营利组织从事营利性活动取得的收入，但国务院财政、税务主管部门另有规定的除外。

**第八十六条** 企业所得税法第二十七条第（一）项规定的企业从事农、林、牧、渔业项目的所得，可以免征、减征企业所得税，是指：

（一）企业从事下列项目的所得，免征企业所得税：

1. 蔬菜、谷物、薯类、油料、豆类、棉花、麻类、糖料、水果、坚果的种植；

2. 农作物新品种的选育；

3. 中药材的种植；

4. 林木的培育和种植；

5. 牲畜、家禽的饲养；

6. 林产品的采集；

7. 灌溉、农产品初加工、兽医、农技推广、农机作业和维修等农、林、牧、渔服务业项目；

8. 远洋捕捞。

（二）企业从事下列项目的所得，减半征收企业所得税：

1. 花卉、茶以及其他饮料作物和香料作物的种植；

2. 海水养殖、内陆养殖。

企业从事国家限制和禁止发展的项目，不得享受本条规定的企业所得税优惠。

**第八十七条** 企业所得税法第二十七条第（二）项所称国家重点扶持的公共基础设施项目，是指《公共基础设施项目企业所得税优惠目录》规定的港口码头、机场、铁路、公路、城市公共交通、电力、水利等项目。

企业从事前款规定的国家重点扶持的公共基础设施项目的投资经营的所得，自项目取得第一笔生产经营收入所属纳税年度起，第一年至第三年免征企业所得税，第四年至第六年减半征收企业所得税。

企业承包经营、承包建设和内部自建自用本条规定的项目，不得享受本条规定的企业所得税优惠。

**第八十八条** 企业所得税法第二十七条第（三）项所称符合条件的环境保护、节能节水项目，包括公共污水处理、公共垃圾处理、沼气综合开发利用、节能减排技术改造、海水淡化等。项目的具体条件和范围由国务院财政、税务主管部门商国务院有关部门制订，报国务院批准后公布施行。

企业从事前款规定的符合条件的环境保护、节能节水项目的所得，自项目取得第一笔生产经营收入所属纳税年度起，第一年至第三年免征企业所得税，第四年至第六年减半征收企业所得税。

**第八十九条** 依照本条例第八十七条和第八十八条规定享受减免税优惠的项目，在减免税期限内转让的，受让方自受让之日起，可以在剩余期限内享受规定的减免税优惠；减免税期限届满后转让的，受让方不得就该项目重复享受减免税优惠。

**第九十条** 企业所得税法第二十七条第（四）项所称符合条件的技术转让所得免征、减征企业所得税，是指一个纳税年度内，居民企业技术转让所得不超过500万元的部分，免征企业所得税；超过500万元的部分，减半征收企业所得税。

**第九十一条** 非居民企业取得企业所得税法第二十七条第（五）项规定的所得，减按10%的税率征收企业所得税。

下列所得可以免征企业所得税：

（一）外国政府向中国政府提供贷款取得的利息所得；

（二）国际金融组织向中国政府和居民企业提供优惠贷款取得的利息所得；

（三）经国务院批准的其他所得。

**第九十二条** 企业所得税法第二十八条第一款所称符合条件的小型微利企业，是指从事国家非限制和禁止行业，并符合下列条件的企业：

（一）工业企业，年度应纳税所得额不超过30万元，从业人数不超过100人，资产总额不超过3 000万元；

（二）其他企业，年度应纳税所得额不超过30万元，从业人数不超过80人，资产总额不超过1 000万元。

**第九十三条** 企业所得税法第二十八条第二款所称国家需要重点扶持的高新技术企业，是指拥有核心自主知识产权，并同时符合下列条件的企业：

（一）产品（服务）属于《国家重点支持的高新技术领域》规定的范围；

（二）研究开发费用占销售收入的比例不低于规定比例；

（三）高新技术产品（服务）收入占企业总收入的比例不低于规定比例；

（四）科技人员占企业职工总数的比例不低于规定比例；

（五）高新技术企业认定管理办法规定的其他条件。

《国家重点支持的高新技术领域》和高新技术企业认定管理办法由国务院科技、财政、税务主管部门商国务院有关部门制订，报国务院批准后公布施行。

**第九十四条** 企业所得税法第二十九条所称民族自治地方，是指依照《中华人民共和国民族区域自治法》的规定，实行民族区域自治的自治区、自治州、自治县。

对民族自治地方内国家限制和禁止行业的企业，不得减征或者免征企业所得税。

**第九十五条** 企业所得税法第三十条第（一）项所称研究开发费用的加计扣除，是指企业为开发新技术、新产品、新工艺发生的研究开发费用，未形成无形资产计入当期损益的，在按照规定据实扣除的基础上，按照研究开发费用的50%加计扣除；形成无形资产的，按照无形资产成本的150%摊销。

**第九十六条** 企业所得税法第三十条第（二）项所称企业安置残疾人员所支付的工资的加计扣除，是指企业安置残疾人员的，在按照支付给残疾职工工资据实扣除的基础上，按照支付给残疾职工工资的100%加计扣除。残疾人员的范围适用《中华人民共和国残疾人保障法》的有关规定。

企业所得税法第三十条第（二）项所称企业安置国家鼓励安置的其他就业人员所支付的工资的加计扣除办法，由国务院另行规定。

**第九十七条** 企业所得税法第三十一条所称抵扣应纳税所得额，是指创业投资企业采取股权投资方式投资于未上市的中小高新技术企业2年以上的，可以按照其投资额的70%在股权持有满2年的当年抵扣该创业投资企业的应纳税所得额；当年不足抵扣的，可以在以后纳税年度结转抵扣。

**第九十八条** 企业所得税法第三十二条所称可以采取缩短折旧年限或者采取加速折旧的方法的固定资产，包括：

（一）由于技术进步，产品更新换代较快的固定资产；

（二）常年处于强震动、高腐蚀状态的固定资产。

采取缩短折旧年限方法的，最低折旧年限不得低于本条例第六十条规定折旧年限的60%；采取加速折旧方法的，可以采取双倍余额递减法或者年数总和法。

**第九十九条** 企业所得税法第三十三条所称减计收入，是指企业以《资源综合利用企业所得税优惠目录》规定的资源作为主要原材料，生产国家非限制和禁止并符合国家和行业相关标准的产品取得的收入，减按90%计入收入总额。

前款所称原材料占生产产品材料的比例不得低于《资源综合利用企业所得税优惠目录》规定的标准。

**第一百条** 企业所得税法第三十四条所称税额抵免，是指企业购置并实际使用《环境保护专用设备企业所得税优惠目录》、《节能节水专用设备企业所得税优惠目录》和《安全生产专用设备企业所得税优惠目录》规定的环境保护、节能节水、安全生产等专用设备的，该专用设备的投资额的10%可以从企业当年的应纳税额中抵免；当年不足抵免的，可以在以后5个纳税年度结转抵免。

享受前款规定的企业所得税优惠的企业，应当实际购置并自身实际投入使用前款规定的专用设备；企业购置上述专用设备在5年内转让、出租的，应当停止享受企业所得税优惠，并补缴已经抵免的企业所得税税款。

**第一百零一条** 本章第八十七条、第九十九条、第一百条规定的企业所得税优惠目录，由国务院财政、税务主管部门商国务院有关部门制订，报国务院批准后公布施行。

**第一百零二条** 企业同时从事适用不同企业所得税待遇的项目的，其优惠项目应当单独计算所得，并合理分摊企业的期间费用；没有单独计算的，不得享受企业所得税优惠。

## 第五章 源泉扣缴

**第一百零三条** 依照企业所得税法对非居民企业应当缴纳的企业所得税实行源泉扣缴的，应当依照企业所得税法第十九条的规定计算应纳税所得额。

企业所得税法第十九条所称收入全额，是指非居民企业向支付人收取的全部价款和价外费用。

**第一百零四条** 企业所得税法第三十七条所称支付人，是指依照有关法律规定或者合同约定对非居民企业直接负有支付相关款项义务的单位或者个人。

**第一百零五条** 企业所得税法第三十七条所称支付，包括现金支付、汇拨支付、转账支付和权益兑价支付等货币支付和非货币支付。

企业所得税法第三十七条所称到期应支付的款项，是指支付人按照权责发生制原则应当计入相关成本、费用的应付款项。

**第一百零六条** 企业所得税法第三十八条规定的可以指定扣缴义务人的情形，包括：

（一）预计工程作业或者提供劳务期限不足一个纳税年度，且有证据表明不履行纳税义务的；

（二）没有办理税务登记或者临时税务登记，且未委托中国境内的代理人履行纳税义务的；

（三）未按照规定期限办理企业所得税纳税申报或者预缴申报的。

前款规定的扣缴义务人，由县级以上税务机关指定，并同时告知扣缴义务人所扣税款的计算依据、计算方法、扣缴期限和扣缴方式。

**第一百零七条** 企业所得税法第三十九条所称所得发生地，是指依照本条例第七条规定的原则确定的所得发生地。在中国境内存在多处所得发生地的，由纳税人选择其中之一申报缴纳企业所得税。

**第一百零八条** 企业所得税法第三十九条所称该纳税人在中国境内其他收入，是指该纳税人在中国境内取得的其他各种来源的收入。

税务机关在追缴该纳税人应纳税款时，应当将追缴理由、追缴数额、缴纳期限和缴纳方式等告知该纳税人。

## 第六章 特别纳税调整

**第一百零九条** 企业所得税法第四十一条所称关联方，是指与企业有下列关联关系之一的企业、其他组织或者个人：

（一）在资金、经营、购销等方面存在直接或者间接的控制关系；

（二）直接或者间接地同为第三者控制；

（三）在利益上具有相关联的其他关系。

**第一百一十条** 企业所得税法第四十一条所称独立交易原则，是指没有关联关系的交易各方，按照公平成交价格和营业常规进行业务往来遵循的原则。

**第一百一十一条** 企业所得税法第四十一条所称合理方法，包括：

（一）可比非受控价格法，是指按照没有关联关系的交易各方进行相同或者类似业务往来的价格进行定价的方法；

（二）再销售价格法，是指按照从关联方购进商品再销售给没有关联关系的交易方的价格，减除相同或者类似业务的销售毛利进行定价的方法；

（三）成本加成法，是指按照成本加合理的费用和利润进行定价的方法；

（四）交易净利润法，是指按照没有关联关系的交易各方进行相同或者类似业务往来取得的净利润水平确定利润的方法；

（五）利润分割法，是指将企业与其关联方的合并利润或者亏损在各方之间采用合理标准进行分配的方法；

（六）其他符合独立交易原则的方法。

**第一百一十二条** 企业可以依照企业所得税法第四十一条第二款的规定，按照独立交易原则与其关联方分摊共同发生的成本，达成成本分摊协议。

企业与其关联方分摊成本时，应当按照成本与预期收益相配比的原则进行分摊，并在税务机关规定的期限内，按照税务机关的要求报送有关资料。

企业与其关联方分摊成本时违反本条第一款、第二款规定的，其自行分摊的成本不得在计算应纳税所得额时扣除。

**第一百一十三条**　企业所得税法第四十二条所称预约定价安排，是指企业就其未来年度关联交易的定价原则和计算方法，向税务机关提出申请，与税务机关按照独立交易原则协商、确认后达成的协议。

**第一百一十四条**　企业所得税法第四十三条所称相关资料，包括：

（一）与关联业务往来有关的价格、费用的制定标准、计算方法和说明等同期资料；

（二）关联业务往来所涉及的财产、财产使用权、劳务等的再销售（转让）价格或者最终销售（转让）价格的相关资料；

（三）与关联业务调查有关的其他企业应当提供的与被调查企业可比的产品价格、定价方式以及利润水平等资料；

（四）其他与关联业务往来有关的资料。

企业所得税法第四十三条所称与关联业务调查有关的其他企业，是指与被调查企业在生产经营内容和方式上相类似的企业。

企业应当在税务机关规定的期限内提供与关联业务往来有关的价格、费用的制定标准、计算方法和说明等资料。关联方以及与关联业务调查有关的其他企业应当在税务机关与其约定的期限内提供相关资料。

**第一百一十五条**　税务机关依照企业所得税法第四十四条的规定核定企业的应纳税所得额时，可以采用下列方法：

（一）参照同类或者类似企业的利润率水平核定；

（二）按照企业成本加合理的费用和利润的方法核定；

（三）按照关联企业集团整体利润的合理比例核定；

（四）按照其他合理方法核定。

企业对税务机关按照前款规定的方法核定的应纳税所得额有异议的，应当提供相关证据，经税务机关认定后，调整核定的应纳税所得额。

**第一百一十六条**　企业所得税法第四十五条所称中国居民，是指根据《中华人民共和国个人所得税法》的规定，就其从中国境内、境外取得的所得在中国缴纳个人所得税的个人。

**第一百一十七条**　企业所得税法第四十五条所称控制，包括：

（一）居民企业或者中国居民直接或者间接单一持有外国企业10%以上有表决权股份，且由其共同持有该外国企业50%以上股份；

（二）居民企业，或者居民企业和中国居民持股比例没有达到第（一）项规定的标准，但在股份、资金、经营、购销等方面对该外国企业构成实质控制。

**第一百一十八条**　企业所得税法第四十五条所称实际税负明显低于企业所得税法第四条第一款规定税率水平，是指低于企业所得税法第四条第一款规定税率的50%。

**第一百一十九条**　企业所得税法第四十六条所称债权性投资，是指企业直接或者间接从关联方获得的，需要偿还本金和支付利息或者需要以其他具有支付利息性质的方式予以补偿的融资。

企业间接从关联方获得的债权性投资，包括：

（一）关联方通过无关联第三方提供的债权性投资；

（二）无关联第三方提供的、由关联方担保且负有连带责任的债权性投资；

（三）其他间接从关联方获得的具有负债实质的债权性投资。

企业所得税法第四十六条所称权益性投资，是指企业接受的不需要偿还本金和支付利息，投资人对企业净资产拥有所有权的投资。

企业所得税法第四十六条所称标准，由国务院财政、税务主管部门另行规定。

**第一百二十条**　企业所得税法第四十七条所称不具有合理商业目的，是指以减少、免除或者推迟缴纳税款为主要目的。

**第一百二十一条**　税务机关根据税收法律、行政法规的规定，对企业作出特别纳税调整的，应当对补征的税款，自税款所属纳税年度的次年6月1日起至补缴税款之日止的期间，按日加收利息。

前款规定加收的利息，不得在计算应纳税所得额时扣除。

**第一百二十二条**　企业所得税法第四十八条所

称利息，应当按照税款所属纳税年度中国人民银行公布的与补税期间同期的人民币贷款基准利率加5个百分点计算。

企业依照企业所得税法第四十三条和本条例的规定提供有关资料的，可以只按前款规定的人民币贷款基准利率计算利息。

**第一百二十三条** 企业与其关联方之间的业务往来，不符合独立交易原则，或者企业实施其他不具有合理商业目的安排的，税务机关有权在该业务发生的纳税年度起10年内，进行纳税调整。

## 第七章 征收管理

**第一百二十四条** 企业所得税法第五十条所称企业登记注册地，是指企业依照国家有关规定登记注册的住所地。

**第一百二十五条** 企业汇总计算并缴纳企业所得税时，应当统一核算应纳税所得额，具体办法由国务院财政、税务主管部门另行制定。

**第一百二十六条** 企业所得税法第五十一条所称主要机构、场所，应当同时符合下列条件：

（一）对其他各机构、场所的生产经营活动负有监督管理责任；

（二）设有完整的账簿、凭证，能够准确反映各机构、场所的收入、成本、费用和盈亏情况。

**第一百二十七条** 企业所得税法第五十一条所称经税务机关审核批准，是指经各机构、场所所在地税务机关的共同上级税务机关审核批准。

非居民企业经批准汇总缴纳企业所得税后，需要增设、合并、迁移、关闭机构、场所或者停止机构、场所业务的，应当事先由负责汇总申报缴纳企业所得税的主要机构、场所向其所在地税务机关报告；需要变更汇总缴纳企业所得税的主要机构、场所的，依照前款规定办理。

**第一百二十八条** 企业所得税分月或者分季预缴，由税务机关具体核定。

企业根据企业所得税法第五十四条规定分月或者分季预缴企业所得税时，应当按照月度或者季度的实际利润额预缴；按照月度或者季度的实际利润额预缴有困难的，可以按照上一纳税年度应纳税所得额的月度或者季度平均额预缴，或者按照经税务机关认可的其他方法预缴。预缴方法一经确定，该纳税年度内不得随意变更。

**第一百二十九条** 企业在纳税年度内无论盈利或者亏损，都应当依照企业所得税法第五十四条规定的期限，向税务机关报送预缴企业所得税纳税申报表、年度企业所得税纳税申报表、财务会计报告和税务机关规定应当报送的其他有关资料。

**第一百三十条** 企业所得以人民币以外的货币计算的，预缴企业所得税时，应当按照月度或者季度最后一日的人民币汇率中间价，折合成人民币计算应纳税所得额。年度终了汇算清缴时，对已经按照月度或者季度预缴税款的，不再重新折合计算，只就该纳税年度内未缴纳企业所得税的部分，按照纳税年度最后一日的人民币汇率中间价，折合成人民币计算应纳税所得额。

经税务机关检查确认，企业少计或者多计前款规定的所得的，应当按照检查确认补税或者退税时的上一个月最后一日的人民币汇率中间价，将少计或者多计的所得折合成人民币计算应纳税所得额，再计算应补缴或者应退的税款。

## 第八章 附 则

**第一百三十一条** 企业所得税法第五十七条第一款所称本法公布前已经批准设立的企业，是指企业所得税法公布前已经完成登记注册的企业。

**第一百三十二条** 在香港特别行政区、澳门特别行政区和台湾地区成立的企业，参照适用企业所得税法第二条第二款、第三款的有关规定。

**第一百三十三条** 本条例自2008年1月1日起施行。1991年6月30日国务院发布的《中华人民共和国外商投资企业和外国企业所得税法实施细则》和1994年2月4日财政部发布的《中华人民共和国企业所得税暂行条例实施细则》同时废止。

# 国务院办公厅关于加快发展服务业若干政策措施的实施意见

国办发〔2008〕第11号

各省、自治区、直辖市人民政府，国务院各部委、各直属机构：

为贯彻党中央、国务院关于加快服务业发展的要求和部署，落实《国务院关于加快发展服务业的若干意见》（国发〔2007〕7号）提出的政策措施，促进"十一五"时期服务业发展主要目标的实现和任务的完成，经国务院同意，现提出以下意见：

## 一、加强规划和产业政策引导

（一）抓紧制订或修订服务业发展规划。各地区要根据国家服务业发展主要目标，积极并实事求是地制订本地区服务业发展规划，提出发展目标、发展重点和保障措施。经济较发达的地区可以适当提高发展目标，有条件的大中城市要加快形成以服务经济为主的产业结构。各有关部门要抓紧制订或修订相关行业规划和专项规划，完善服务业发展规划体系。各地区、各有关部门都要把服务业发展任务分解落实到年度工作计划中。发展改革委要会同有关部门抓紧研究制订服务业发展考核体系，在条件具备时，定期公布全国和分地区服务业发展水平、结构等主要指标。

（二）尽快研究完善产业政策。发展改革委要会同有关部门依据国家产业结构调整的有关规定，抓紧细化、完善服务业发展指导目录，明确行业发展重点及支持方向；要根据服务业跨度大、领域广的实际，分门别类地调整和完善相关产业政策，认真清理限制产业分工、业务外包等影响服务业发展的不合理规定，逐步形成有利于服务业发展的产业政策体系。各地区要立足现有基础和比较优势，制订并细化本地区服务业发展指导目录，突出本地特色，并制定相应政策措施。

## 二、深化服务领域改革

（三）进一步放宽服务领域市场准入。工商行政管理部门对一般性服务业企业降低注册资本最低限额，除法律、行政法规和依法设立的行政许可另有规定的外，一律降低到3万元人民币，并研究在营业场所、投资人资格、业务范围等方面适当放宽条件。对法律、行政法规和国务院决定未做规定的服务企业登记前置许可项目，各级工商行政管理机关一律停止执行。加大铁路、电信等垄断行业改革力度，进一步推进投资主体多元化，引入竞争机制。继续稳妥推进市政公用事业市场化改革，城市供水供热供气、公共交通、污水处理、垃圾处理等可以通过特许经营等方式委托企业经营。认真做好在全国范围内调整和放宽农村地区银行业金融机构市场准入政策的落实工作。教育、文化、广播电视、社会保障、医疗卫生、体育、建设等部门对本领域能够实行市场化经营的服务，抓紧研究提出放宽市场准入、鼓励社会力量增加供给的具体措施。

（四）加快推进国有服务企业改革。国资委要会同有关部门积极推动国有服务企业股份制改革和战略性重组，将服务业国有资本集中在重要公共产品和服务领域，鼓励中央服务企业和地方国有服务企业通过股权并购、股权置换、相互参股等方式进行重组，鼓励非公有制企业参与国有服务企业的改革、改组、改造。继续深化银行业改革，重点推进中国农业银行股份制改革和国家开发银行改革，强化中国农业银行、中国农业发展银行和中国邮政储蓄银行为"三农"服务的功能。

（五）推进生产经营性事业单位转企改制和政府机关、事业单位后勤服务社会化改革。主要从事生产经营活动的事业单位要转制为企业，条件成熟的尽快建立现代企业制度。中央编办会同财政部、人事部等部门抓紧制定和完善促进生产经营性事业单位转企改制的配套政策措施。各有关部门和单位要继续深化后勤体制改革，加快推进后勤管理职能和服务职能分开，实现后勤管理科学化、保障法制化、服务社会化。创新后勤服务社会化形式，引进竞争机制，逐步形成统一、开放、有序的后勤服务市场体系。对后勤服务机构改革后新进入的工作人员，应实行聘用制等新的用人机制。

## 三、提高服务领域对外开放水平

（六）稳步推进服务领域对外开放。发展改革委要会同有关部门认真落实新修订的《外商投资产业指导目录》，在优化结构、提高质量基础上扩大服务业利用外资规模。商务部要会同有关部门抓紧制订服务贸易中长期发展规划，推动有条件的地区和城市加快形成若干服务业外包中心；在中央外贸发展基金中安排专项资金，重点支持服务外包基地城市公共平台建设及企业发展。各类金融机构对符合条件的服务贸易给予货物贸易同等便利，改进服务贸易企业外汇管理，保证合理用汇。交通部要会同有关部门抓紧研究解决中资船舶悬挂方便旗经营问题，发展壮大国际航运船队。加快建设上海、天津、大连等国际航运中心，鼓励在其保税港区进行服务业对外开放创新试点。

（七）积极支持服务企业"走出去"。各有关部门要研究采取具体措施，为服务企业"走出去"和服务出口创造良好环境。对软件和服务外包等出口开辟进出境通关"绿色通道"，对中医药、中餐、汉语教育、文化、体育、对外承包工程等领域企业和专业人才"走出去"提供帮助，简化出入境手续，并纳入国家有关专项资金扶持范围。在严格控制风险的基础上，积极支持国内有条件的金融企业开展跨国经营，为我企业参与国际市场竞争提供金融服务。同时，要鼓励贸易、咨询、法律服务、知识产权服务、人力资源等企业积极为服务业"走出去"提供便利。

## 四、大力培育服务领域领军企业和知名品牌

（八）积极创新服务业组织结构。各地区、各有关部门要鼓励服务业规模化、网络化、品牌化经营，促进形成一批拥有自主知识产权和知名品牌、具有较强竞争力的服务业龙头企业。发展改革委等部门要支持设立专业化产业投资基金，主要从事服务业领域企业兼并重组，优化服务业企业结构。商务部等有关部门要加强商业网点规划调控，鼓励发展连锁经营、特许经营、电子商务、物流配送、专卖店、专业店等现代流通组织形式。除有特殊规定外，服务企业设立连锁经营门店可持总部出具的连锁经营相关文件和登记材料，直接到门店所在地工商行政管理机关申请办理登记和核准经营范围手续。鼓励软件和信息服务等现代服务业专业协会发展。

（九）加快实施品牌战略。大力支持企业开展自主品牌建设，鼓励企业注册和使用自主商标。鼓励流通企业与生产企业合作，实现服务品牌带动产品品牌推广、产品品牌带动服务品牌提升的良性互动发展。培育发展知名品牌，符合国家有关规定的，商务部等部门应将其纳入中央外贸发展基金等国家有关专项资金扶持范围。扶持中华老字号企业发展，在城市改造中，涉及中华老字号店铺原址动迁的，应在原地妥善安置或在适宜其发展的商圈内安置，并严格按国家有关规定给予补偿。

（十）鼓励服务领域技术创新。科技部要会同有关部门认真落实国家中长期科学和技术发展规划纲要，抓好现代服务业共性技术研究开发与应用示范重大项目。充分发挥国家相关产业化基地的作用，建立一批研发设计、信息咨询、产品测试等公共服务平台，建设一批技术研发中心和中介服务机构。财政部、发展改革委要研究提出具体意见，对服务领域重大技术引进项目及相关的技术改造提供贷款贴息支持，对引进项目的消化吸收再创新活动提供研发资助，在政府采购中优先支持采用国内自主开发的软件等信息服务，进一步扩大创业风险投资试点范围。探索开展知识产权质押融资，引导和鼓励社会资本投入知识产权交易活动，符合规定的可以享受创业投资机构的有关优惠政策。

## 五、加大服务领域资金投入力度

（十一）加大公共服务投入力度。进一步明确政府公共服务责任，健全公共财政体制，把更多财政资金投向公共服务领域，提高公共服务的覆盖面和社会满意水平。中央财政要继续增加社会保障、医疗卫生、教育、节能减排、住房保障等方面的支出，重点提高对农村、欠发达地区和城市中低收入居民的公共服务水平，支持医药卫生体制等重大改革。国家财政新增教育、卫生、文化等事业经费和固定资产投资主要用于农村，中央财政转移支付资金重点用于中西部地区，尽快使中西部地区基础设施和教育、卫生、文化等公共服务设施得到改善。调动地方发展服务业的积极性，中央和省级财政要通过转移支付等对服务经济发展较快但财政困难的

地方给予支持。

（十二）加大财政对服务业发展的支持力度。中央财政和中央预算内投资继续安排服务业发展专项资金和服务业发展引导资金，并根据财政状况及服务业发展需要逐步增加，重点支持服务业关键领域、薄弱环节和提高自主创新能力，建立和完善农村服务体系。整合服务领域的财政扶持资金，综合运用贷款贴息、经费补助和奖励等多种方式支持服务业发展。中央预算内投资要加大对规划内重点服务业项目的投入，同等情况下优先支持服务业项目。地方政府也要根据需要安排服务业发展专项资金和引导资金，有条件的地方要扩大资金规模，支持服务业发展。

（十三）加大金融对服务业发展的支持力度。人民银行、金融监管机构等要引导和鼓励各类金融机构开发适应服务企业需要的金融产品，积极支持符合条件的服务业企业通过银行贷款、发行股票债券等多渠道筹措资金。逐步将收费权质押贷款范围扩大到供水、供热、环保等城市基础设施项目。修订和完善有关股票、债券发行的基本规则以及信息披露制度要充分考虑服务企业的特点。符合条件的服务企业集团设立财务公司等非银行金融机构可以优先得到批准。有关部门要进一步推动中小企业信用担保体系建设，积极搭建中小企业融资平台，国家中小企业发展专项资金和地方扶持中小企业发展资金要给予重点资助或贷款贴息补助。

## 六、优化服务业发展的政策环境

（十四）进一步扩大税收优惠政策。认真落实新的企业所得税法及其实施条例有关规定。支持服务企业产品研发，企业实际发生的研究开发费用可按有关政策规定享受所得税抵扣优惠。加快推进在苏州工业园区开展鼓励技术先进型服务企业发展所得税、营业税政策试点，积极扩大软件开发、信息技术、知识产权服务、工程咨询、技术推广、服务外包、现代物流等鼓励类生产性服务业发展的税收优惠政策试点。对企业从事农林牧渔服务业项目的所得免征、减征企业所得税；对科研单位和大专院校开展农业生产技术服务取得的收入，以及提供农业产前、产中、产后相关服务的企业，实行税收优惠政策；对农产品连锁经营试点实行企业所得税、增值税优惠政策。加大对自主创新、节能减排、资源节约利用等方面服务业的税收优惠力度。在服务业领域开展实行综合与分类相结合的个人所得税制度试点。对吸收就业多、资源消耗和污染排放低等服务类企业，按照其吸收就业人员数量给予补贴或所得税优惠。研究制订社区服务、家政服务、实物租赁、维修服务、便利连锁经营、废旧物资回收利用、中华老字号经营等服务业和出口文化教育产品等领域的税收优惠政策。财政部、税务总局要会同有关部门抓紧研究制订具体办法并组织实施。

（十五）实行有利于服务业发展的土地管理政策。各地区制订城市总体规划要充分考虑服务业发展的需要，中心城市要逐步迁出或关闭市区污染大、占地多等不适应城市功能定位的工业企业，退出的土地优先用于发展服务业。城市建设新居住区内，规划确定的商业、服务设施用地，不得改作他用。国土资源管理部门要加强和改进土地规划计划调控，年度土地供应要适当增加服务业发展用地。加强对服务业用地出让合同或划拨决定书的履约管理，保证政府供应的土地能够及时转化为服务业项目供地。积极支持以划拨方式取得土地的单位利用工业厂房、仓储用房、传统商业街等存量房产、土地资源兴办信息服务、研发设计、创意产业等现代服务业，土地用途和使用权人可暂不变更。

（十六）完善服务业价格、收费等政策。价格管理部门要进一步减少服务价格政府定价和指导价，完善价格形成机制，建立公开、透明的定价制度。除国家另有规定外，各地区要结合销售电价调整，于2008年年底前基本实现商业用电价格与一般工业用电价格并轨，对列入国家鼓励类的服务业用水价格基本实现与工业用水价格同价。清理各类收费，取消和制止不合理收费项目。加强行政事业性收费、政府性基金的管理，各地区、各有关部门对有关收费项目及标准要按照规定公示并接受社会监督。除法律、行政法规或者国务院另有明确规定外，履行或代行政府职能，安装和维护与政府部门联网办理业务的计算机软件，不得收取任何费用。规范行业协会、商会收费行为。各地区要对从事农村客运服务以及岛屿、库区、湖区等乡镇渡口和客运经营等方便农民出行的运输行业，比照城市公交客运政策，给予政策支持。

（十七）加强服务业从业人员社会保障工作。劳动保障等部门要加快将服务业个体工商户、灵活就业人员、农民工纳入社会保险覆盖范围。尽快修订《失业保险条例》，完善失业保险制度，扩大参保范围。针对服务行业就业形式多样、流动性较强、农民工居多等特点，加快推进服务业企业参加医疗、工伤保险工作，切实维护服务业企业从业人员的社会保障权益。鼓励和引导企业为职工建立企业年金和补充医疗保险计划。规范企业年金管理方式，2008年年底前，将原行业或企业自行管理的企业年金业务，逐步移交给有资质的运营机构受托管理。

## 七、加强服务业基础工作

（十八）大力培养服务业人才。教育、科技、人事和劳动保障等部门要积极引导高等院校完善并加强与现代服务业发展相适应的学科专业建设，支持高等院校、职业院校、科研院所与有条件的服务业企业建立实习实训基地，鼓励建立服务人才培养基地，对国内外相关外包服务培训机构以独资或与高校、企业合作的形式成立培训机构给予审批便利。人事和劳动保障等部门要按照服务业发展需要，不断调整完善和规范职业资格和职称制度，尽快设置相应的服务业职业资格和职称。人事和劳动保障部门要鼓励各类就业服务机构发展，加快建设覆盖城乡的公共就业服务体系。

（十九）健全服务业标准体系和社会信用体系。质检总局要会同有关部门抓紧制订和修订物流、电信、邮政、快递、运输、旅游、体育、商贸、餐饮、社区服务等服务标准，继续推进国家级服务业标准化试点，鼓励和支持行业协会、服务企业积极参与标准化工作。人民银行、工商总局等有关部门要加快社会信用体系建设，推动政府部门依法共享公开的政府信息，并在就业、社会保障、市场监管、政府采购等公共服务中使用信用信息。

（二十）加强服务业统计工作。完善服务业统计联席会议制度，加强和协调各部门及行业协会的服务业统计工作。统计局要会同有关部门加快建立科学、统一、全面、协调的服务业统计调查制度和信息管理制度，完善服务业统计调查方法和指标体系，建立政府统计和行业统计互为补充的服务业统计调查体系，健全服务业信息发布制度。结合开展第二次全国经济普查，重点摸清我国服务业发展状况，为国家制定规划和政策提供依据。中央财政安排专项经费支持服务业统计，地方财政也要增加投入。

（二十一）加强服务业法制建设。法制办要会同有关部门积极推动制定和修订促进服务业发展法律、行政法规的相关工作，为服务业发展提供法制保障。

## 八、狠抓工作落实和督促检查

（二十二）抓紧制定具体配套政策措施。国务院各有关部门要按照国发〔2007〕7号文件和本意见要求，对已经明确的政策抓好落实，对需要制定具体配套政策措施的要抓紧研究制定，成熟一项，出台一项。要加强协调配合，及时研究解决服务业发展中出现的突出问题和矛盾，不断调整完善相关政策，推进服务业改革和发展。各地区也要抓紧制定出台相关配套政策措施。

（二十三）加强工作落实和督促检查。各地区、各部门要把发展服务业作为贯彻落实科学发展观、促进经济又好又快发展的重要工作任务，切实把中央确定的各项方针政策落到实处。全国服务业发展领导小组办公室要充分发挥总体协调作用，做好服务业发展目标落实与考核、政策措施制定等督促检查工作，及时向国务院报告工作进展情况。

国务院办公厅

二〇〇八年三月十三日

# 商务部办公厅关于2008年全国吸收外商投资工作的指导性意见

商资字〔2008〕第7号

各省、自治区、直辖市、计划单列市及新疆生产建设兵团商务主管部门，国家级经济技术开发区：

2007年，全国商务系统以高度的使命感和责任感，勤奋工作，开拓进取，与有关部门共同努力，取得了吸收外商投资工作的较好成绩。为全面贯彻党的十七大精神，落实科学发展观，实现吸收外商投资又好又快发展，现对2008年全国吸收外商投资工作提出如下指导性意见：

## 一、2007年吸收外商投资情况

2007年全国吸收外商投资呈现出结构优化、质量提高、又好又快发展的良好态势。外商投资企业更加注重研发和节能环保，外商投资社会效益显著。全年新批准设立外商投资企业37 888家，实际使用外资金额835亿美元，同比增长15%。其中：全国非金融领域（不含银行、保险、证券）新设立外商投资企业37 871家，实际使用外资金额748亿美元，同比增长14%。呈现出以下特点：

外商投资产业结构进一步优化。服务业吸收外商投资所占比重上升。非金融服务贸易领域（按WTO部门分类）实际使用外资金额增势强劲，增幅为57.14%，占全国非金融领域实际使用外资的41%，比2006年上升11个百分点。制造业实际使用外资同比下降4.6%，占全国非金融领域实际使用外资的55%，所占比重下降3个百分点；新设立的生产型企业超过四成属于通信设备、计算机及其他电子设备制造业、专用设备制造业、电气机械及器材制造业、通用设备制造业、交通运输设备制造业等资金技术密集行业；部分高技术产业实际使用外资增长较快，其中：专用设备制造业实际使用外资金额23.13亿美元，同比增长22.79%，通用设备制造业实际使用外资金额21.52亿美元，同比增长10.01%。

中西部地区实际使用外资快速增长。“万商西进”工程实施一年多来，中部和西部地区实际使用外资分别增长37%和60%，远高于东部地区10%的增长速度，分别占全国非金融领域实际使用外资的7%和5%，其中，西部地区达到近年来最高的增幅。中西部在全国吸收外资中所占的比重均提高了1个百分点。

外商投资企业运营情况良好。2007年，外商投资企业工业产值（现价）达125 036.94亿元，同比增长24.4%，占全国工业产值（现价）的30.9%。外商投资企业进出口12 549.28亿美元，同比增长21.08%，占全国进出口总额的57.73%；其中，外商投资企业出口6 955.2亿美元，同比增长23.36%，占全国出口的57.1%；高新技术产品出口2 874.32亿美元，同比增长15.95%，占全国高新技术产品出口的86.67%；机电产品出口5 084亿美元，同比增长24.81%，占全国机电产品出口的72.5%。外商投资企业中直接就业人数超过4 200万人。

## 二、2008年吸收外商投资工作面临的形势

从国内形势看，我国国民经济持续稳定发展，国家采取一系列措施加强和改善宏观调控，防止经济大起大落；扩大内需的政策措施不断出台，国内市场需求日益旺盛；新修订实施的《外商投资产业指导目录》进一步扩大了鼓励外商投资的领域，有利于我国吸收外商投资继续保持一定规模。与此同时，通胀和贸易不平衡的压力增大，资源、环境等瓶颈约束日益明显；相关政策调整对外商投资和企业生产经营的影响尚不明朗；增强自主创新能力、节能环保、土地等资源的集约利用、维护劳动者权益、保护知识产权等方面对吸收外商投资工作提出新的要求。

从国际形势看，世界经济仍将保持增长，但全球经济增势放缓，不确定因素增多。跨国公司地区总部、研发中心和先进技术转移加快，国际产业转移趋向高端，服务外包蓬勃发展，跨国并购更加活跃；区域和次区域合作不断深入，投资便利化程度

总体上提高。美国次贷危机仍在发展，对世界经济的影响值得高度关注；国际石油和粮食价格不断走高，美元持续贬值，发展中国家担心国际游资将带来泡沫经济风险，贸易投资保护主义加剧，国际投资规模继续稳步上升存在不确定性。

综上分析，国际国内形势对2008年我国吸收外商投资工作总体有利，但也将带来一定挑战，需要我们进一步转变外商投资发展方式，不断改善投资环境，积极应对新形势，实现科学发展。

## 三、2008年吸收外商投资工作总体要求

全面贯彻十七大和中央经济工作会议精神，落实科学发展观，坚持扩大对外开放，创新利用外资方式，优化利用外资结构，发挥外资在自主创新、产业升级和区域协调发展方面的促进作用，不断提高利用外资的质量和水平。增强大局意识和服务意识，配合宏观调控，妥善应对国际国内形势变化。继续优化投资环境，提高吸收外商投资的国际竞争力，保持吸收外资的稳定增长，实现利用外资又好又快发展。

## 四、2008年吸收外商投资的重点工作

### （一）贯彻十七大精神，继续扩大对外开放

认真学习和全面贯彻落实十七大报告和中央经济工作会议精神，全面总结和宣传改革开放30年来吸收外商投资工作的经验和成就，进一步提高新时期吸收外资意义和作用的认识，研究提出新形势下扩大开放和做好吸收外资工作的新思路和新举措。

### （二）落实科学发展观，转变吸收外资发展方式

吸收外资工作要更加注重节能减排、土地节约集约利用、自主创新和履行社会责任，按照科学发展观引导外商投资。各地要因地制宜地研究制订相应的政策和措施，对外商投资提出新的目标和要求。东部地区要加快体制机制创新，率先转变外商投资发展方式，处理好吸收外资与环境保护、资源集约利用、产业升级、社会和谐之间的关系，利用好新一轮国际产业转移机遇，全面提升参与全球分工和竞争的层次；中西部地区要继续扩大对外开放，加强基础设施建设和人才培训，努力提高承接能力，积极承接东部地区产业转移。

### （三）合理引导外资投向，充分发挥外资对产业升级和自主创新的促进作用

落实新修订的《外商投资产业指导目录》，鼓励外商投资装备制造、新材料制造等高新技术产业。积极配合国家宏观调控，继续加强对钢铁、水泥、电解铝、房地产等领域外商投资的管理，严格限制高耗能、高排放产业向我国转移。鼓励外商投资企业和外资研发机构开展原始创新，提高知识产权本地化比例。通过产业和财税政策引导，鼓励外商投资企业在引进先进技术基础上加大研发投入，提升工艺和技术水平，推动技术、产品的自主升级，实现引进、消化、吸收、再创新。鼓励跨国公司与我国企业和科研院所合作，引导本地配套企业与行业龙头企业的合作，加强集成创新。

### （四）积极承接国际服务外包，提升现代服务业发展水平

继续实施服务外包“千百十工程”，全面落实服务外包基地城市、示范园区、培训中心的共建协议，完善相关认定标准以及财税、金融政策，积极开展人才培训、企业资质认证、国际市场开拓、公共信息技术服务和知识产权保护，进一步鼓励跨国公司将全球外包业务转移到中国。结合国际产业转移趋势和国内经济发展状况，继续引导外资投向商务服务、物流等生产性服务业和以改善民生为重点的社会服务业，加强对外资进入房地产领域的指导和监管。

### （五）加强区域间投资合作，促进区域协调发展

务实推进“万商西进”工程，做好《中西部地区外商投资优势产业目录》修订和实施工作。学习借鉴国外先进经验，在长三角、珠三角建立产业转移促进中心，在中西部地区建立承接产业转移示范园区，推动建立沿海城市与中西部城市间产业转移对口合作机制。东部地区要把产业转移与调整产业结构、提升产业层次、优化产业布局结合起来，主动帮助和引导成本较高的企业向中西部地区转移，为发展高层次、高质量的产业腾出空间和资源。中西部地区要充分发挥本地优势，主动加强与东部地区的对口衔接，同时，要考虑资源环境承载能力，严格控制耗能高、污染重的落后生产能力向中西部地区转移。

### （六）创新利用外资方式，拓展吸收外资渠道

鼓励外商设立创业投资企业，完善创业投资

退出机制，支持国内中小高新技术企业发展壮大。引导符合条件的外商投资企业在境内上市。鼓励外商通过并购等方式参与国有企业改组改造。加强与相关部门的协调配合，建立健全维护国家产业安全的监测体系和审查机制，对外资并购加以有效监管。完善政策措施，充分利用清洁发展机制，鼓励减排潜力大的企业与国际投资者开展合作，获得节能减排先进技术和资金投入。

**（七）积极构建和谐开发区，充分发挥产业聚集和示范带动作用**

尽快出台《国家级开发区条例》，坚持国家级开发区精简高效的管委会体制优势。完善国家级开发区投资环境综合评价指标体系，严格执行国家节约集约利用土地政策，鼓励国家级开发区发展高新技术产业，促进产业集聚和升级，建设生态工业园区。推动东中西部开发区建立以资本为纽带的跨区域互利合作，深化东部与中西部开发区合作交流机制，更好地发挥国家级开发区在开放型经济中的示范和带动作用。

**（八）继续改善投资环境，提高吸收外资的国际竞争力**

国内外环境对我国保持吸引国际投资的竞争优势带来较大挑战。为此，要切实转变政府职能，进一步推进政务公开，提高行政效率和依法行政水平，完善外商投资投诉制度，帮助投资者树立长期投资的信心，不断吸引新企业落户和老企业增资扩股，营造亲商、安商的良好环境。切实保护知识产权，改进服务，营造公平竞争的市场环境，稳定和可预见的法律法规和政策环境。

**（九）改进投资促进方式，推进投资便利化**

切实纠正招商引资中竞相攀比优惠政策、层层下达分解指标的做法，加快由“招商引资”向“招商选资”转变。完善多层次投资促进机制，充分发挥中介机构的作用，有针对性地开展小型、专业的招商引资工作。充分利用政府间投资促进机构的作用，拓展与我主要外资来源国在现代服务业、节能环保、高新技术等领域的交流与合作。建立符合科学发展观的外商投资评价体系，大力倡导外商投资企业更好地履行社会责任。

中华人民共和国商务部办公厅

二〇〇八年三月六日

# 商务部关于加快我国流通领域现代物流发展的指导意见

商改发〔2008〕53 号

各省、自治区、直辖市、计划单列市及新疆生产建设兵团商务主管部门：

为适应全面建设小康社会的需要，促进我国流通领域现代物流持续、快速、协调发展，根据《中华人民共和国国民经济和社会发展第十一个五年规划纲要》和《国务院关于加快发展服务业的若干意见》（国发〔2007〕7 号）要求，提出以下意见。

## 一、充分认识加快我国流通领域现代物流发展的重要性和必要性

加快我国流通领域现代物流发展，有利于提高流通效率，降低流通成本，促进城乡和地区间商品流通，更好地发挥现代流通业在国民经济社会发展中的先导性作用；有利于调整优化流通产业结构，带动相关产业发展，转变经济发展方式，提高流通业对国民经济的贡献率；有利于提升流通企业核心竞争力，推动流通企业“走出去”，适应经济全球化和竞争国际化的需要；有利于形成安全通畅、舒适便捷的消费服务环境，满足人民群众生活改善、消费升级的需求；有利于扩大就业，改善民生，减轻资源和环境压力，为构建和谐社会和全面建设小康社会做出贡献。

近年来，党中央、国务院十分重视现代物流业的发展，制定一系列鼓励和支持发展的政策措施，取得明显成效，流通领域内的现代物流获得长足发展。但是，由于长期以来，缺乏资金投入和相关政策支持，流通领域内的现代物流仍处于较低的发展水平，成为制约我国流通现代化的瓶颈。突出表现为：物流需求社会化程度不高，物流企业服务水平较低，国际化经营实力相对较差，对外投资规模小；各类批发市场物流功能较弱，农村物流体系不健全，城市物流配送体系不配套，物流管理和技术相对落后，专业人才供应难以满足需求；法律法规建设相对滞后，物流发展的制度和政策环境需要进一步完善等。因此，地方各级商务主管部门亟须进一步提高认识，转变发展观念，充分认识发展流通领域现代物流的重要性和必要性，在认真做好规划前提下，因地制宜，开拓创新，促进流通领域现代物流又好又快发展。

## 二、指导思想和主要目标

当前和今后一个时期，加快我国流通领域现代物流发展的指导思想是：以邓小平理论和“三个代表”重要思想为指导，全面贯彻科学发展观，坚持市场化、专业化、社会化、现代化、国际化的发展方向，初步建立起经济合理、协调配套、绿色环保、安全高效、覆盖城乡的现代物流服务体系。

我国流通领域现代物流发展的主要目标是：根据全国“十一五”物流业发展规划，适应人民生活水平提高和现代流通业发展的需要，拟利用 5 年左右的时间，使流通领域现代物流总额稳定增长，流通业存货周转次数逐年提高，物流费用占 GDP 的比率逐年下降；培育出 10～20 家能够为流通企业提供综合性一体化服务、初步具有国际竞争力的物流企业；连锁企业生鲜物流配送能力和水平逐步提高，批发市场物流功能普遍增强；流通领域现代物流运行质量、控制能力和效益得到提高，组织化、集约化、国际化程度进一步增强，为生产和消费提供更好的物流环境。

## 三、主要工作和任务

### （一）树立现代物流理念，促进流通企业内部物流社会化

引导流通企业引入供应链管理思想，梳理企业运作流程，集中核心资源，剥离或外包物流功能，改变“大而全”、“小而全”的运作模式，将大量潜在的物流需求转化为有效的市场需求。

鼓励批发企业与中小零售商合作，建立联购分销的自愿连锁组织；鼓励大宗生产资料流通企业根据自身特点发展直达供货、加工配送等多样化分销形式；鼓励各类经营生产设备、工具、零配件等的“工业品超市”发展，为生产企业提供产业配套服

务；鼓励流通企业物流需求向专业化物流企业集聚，通过由供应商直接配送、委托第三方物流或共同配送等多种形式，提升流通企业物流服务水平。

**（二）大力发展第三方物流，培育龙头物流企业**

引导物流企业以客户至上、集成整合、快捷高效、绿色环保、增值服务为目标，延伸物流服务功能，推动物流企业从运输、仓储、配送等环节向供应链管理的各个环节渗透，实现从传统物流向现代物流的转变，提高物流综合性服务水平，发展第三方物流。

支持有条件的连锁企业和第三方物流企业合作，完善配送供应链，改造和建设物流配送中心，提高连锁企业统一配送率。推进“双百市场工程”，鼓励批发市场的建设和改造，增强物流功能，加快批发市场的信息平台建设。支持传统批发企业、商业、物资、供销社企业及储运企业开展社会化、专业化的物流服务。鼓励现代物流企业通过参股、兼并、联合、合资、合作等多种形式重组整合，扩大经营规模。鼓励现代物流企业进行资源整合和业务创新，引导社会资金加大对物流业的投入，支持专业化的物流企业做强做大，培育一批能够提供综合性一体化服务的物流龙头企业。

**（三）大力发展农村现代物流，完善城乡一体化物流网络**

健全新型农业生产资料流通服务体系，将农资销售与物流服务紧密结合起来，开展配送、加工、采购、农机具租赁等多样化服务。加强食品安全法规和标准体系建设，实行农产品加工、包装、储藏、运输、销售等环节的标准化管理，建立健全流通领域食品检疫检测体系，对农产品从农田到餐桌实行全程监控，构筑居民“放心菜”的物流保障体系。深化“万村千乡市场工程”，支持农产品物流配送中心建设，提高农村商业网点配送率，促进农产品物流健康发展。

统筹规划城乡流通领域现代物流基础设施的整合与建设，完善城乡一体化的物流网络。大力发展公共配送中心和共同配送系统，支持符合城市总体布局规划和现代物流发展方向，能够提供专业化、社会化的配送服务，产权清晰、运营规范的公共配送基础设施经营企业。支持符合规划的生鲜、危险化学品等专业配送设施建设及其运营企业。

**（四）加强冷链物流体系建设，保障生鲜食品消费安全**

加强我国生鲜食品冷链物流的整体规划，制订有利于冷链物流发展的相关法规、标准和制度，建立冷链物流业绩评价指标、冷链物流环境的监控办法等，满足冷链物流不断发展的需求。加强基础设施的建设，鼓励和支持多家企业联合建立生鲜配送中心，推动产地配送中心的建设；鼓励第三方物流企业强化低温冷链系统建设，实现冷链物流配送的专业化、规模化、组织化。

积极推广和应用冷链物流技术，开发适应不同农产品生理特点的宽温度带冷藏运输技术，开发和应用适应多品种、小批量、高频率的物流配送技术，提高鲜活产品配送和分销能力，降低鲜活产品的配送成本。研究开发系列品种齐全的冷藏车，不断完善冷藏物流设备，开辟绿色通道，逐步建立高效率、无污染、低成本的物流体系。建立和健全生鲜产品冷链物流质量体系，实施危害分析和关键点控制（HACCP），确保生鲜产品卫生和安全。

**（五）推广先进适用物流技术，提升流通领域现代物流水平**

鼓励企业在仓储运输、装卸搬运、分拣包装等各环节采用先进适用的物流技术和装备，提升我国流通领域现代物流技术装备水平。积极推进流通和物流企业物流管理信息化，运用企业资源计划（ERP）和供应链管理（SCM）技术，促进信息技术在流通领域现代物流领域的推广应用。鼓励建设公共物流网络信息平台，支持商业企业和物流企业采用互联网等先进技术，实现资源共享、数据共用、信息互通。

建立物流技术创新体制。鼓励企业技术改造和新技术研发推广，支持对重点领域关键技术的联合攻关。要整合利用社会资源，调动社会力量，充分发挥流通企业、物流企业、教育部门、科研机构和行业协会的积极性，探索以“产学研”一体化模式开展科技开发、理论研究和人才培养。

**（六）适应经济一体化需要，深化国内外区域物流合作**

促进东中西部地区物流合作，支持中西部地区完善口岸基础设施和电子口岸建设，推进口岸资源优化配置。加强东部沿海城市与中西部地区口岸大通关合作，促进长三角、珠三角、环渤海和闽南经济区与中部六省合作，建设快速物流通道，大力推进承东接西、连南通北的现代物流体系建设。充分发挥经济特区、上海浦东新区、天津滨海新区在区域物流发展中的辐射和带动作用。配合城乡综合配套改革，促进试点区域流通领域现代物流率先发展。

进一步完善外商投资物流领域的法律法规，提高物流领域利用外资的质量和水平。加速推进国内物流企业同国际先进物流企业的合作，引进和吸收国外促进流通领域现代物流发展的先进经验和管理方法。以中日韩、大湄公河次区域、泛北部湾和新亚欧大陆桥沿线区域物流合作为重点，积极开展务实、高效的国际区域物流合作。

**（七）完善国际货运代理行业管理，提高物流企业国际竞争力**

完善国际货运代理企业备案制度，加强对企业的动态监管，有效规范行业经营秩序。利用国际货运代理企业信息管理平台，开展国际货运代理行业的信息数据收集。依托相关行业协会，开展国际货代行业信用管理，实行信用监管和失信惩戒制度，加大对违法企业的处罚和曝光，形成有效的社会监督管理机制。鼓励国际货运代理企业通过严格自律、守法经营，塑造诚信形象。

对开展国际化经营的物流企业，应当加大管理和引导力度，鼓励其与国际知名物流企业在组织、资本和营销活动等方面开展合作。积极推行统一运输单证，实行提单登记和责任保险制度，健全国际多式联运的制度，提升风险控制和国际竞争能力。营造优惠、便利的政策环境，促进国际货运代理企业海外服务网络的建设和国际多式联运等多功能服务的拓展，通过积极的战略调整，为客户提供附加值更高的综合一体化物流服务。

**（八）实施物流示范工程，带动流通领域现代物流整体水平提升**

积极开展包括物流示范城市、物流示范园区、物流示范企业和物流示范技术在内的不同层次的流通领域现代物流示范工程。选择部分具有科学的物流规划、具体的物流政策措施、完善的组织保障的城市作为物流示范城市；选择具有完善的物流规划、健全的管理制度、拥有一定规模的物流设施和设备、地理位置优越、有较强辐射能力的物流园区作为物流示范园区；选择拥有一定的信息化基础、较为完善的配送系统、能够为商贸企业提供专业的物流服务的第三方物流企业作为物流示范企业；选择当前我国流通领域现代物流发展需要的关键技术，如物流信息系统、视频识别（RFID）技术、托盘共用系统、冷链技术等作为物流示范技术。要在总结示范经验的基础上，逐步在全国推广试点示范经验，带动我国流通领域现代物流整体水平的提升。

**（九）加强基础性工作，促进流通领域现代物流可持续发展**

清理现行有关行政法规，逐步建立健全流通领域现代物流的法律法规体系。打破物流市场的地方保护和行业垄断，加强市场监管，维护公平竞争的市场秩序。加强流通领域现代物流标准化建设，加快制订通用基础类、物流技术类、物流信息类、物流管理类、物流服务类等标准。建立流通领域现代物流统计制度和信息管理制度，完善统计调查方法和指标体系。建立流通领域现代物流核算体系，加强和改善流通领域现代物流成本核算，为物流企业经营决策和国家制定宏观政策提供依据。建立物流企业风险控制、风险转移机制，推进物流企业责任保险试点工作。充分发挥行业协会的作用，加强对商业企业和物流企业从业人员的岗前培训、在职培训等，通过不同方式和多种渠道，培养急需的物流经营管理人才。

## 四、政策措施

（一）加大对流通领域现代物流企业和物流园区的政策扶持。利用国家开发银行政策性贷款，支持具有区域和专业领域竞争优势的物流企业对其配送中心信息系统、仓储设施、冷链设备的购买、建设、升级和改造项目，支持具有较强辐射能力的物流园区对仓储设施、信息系统的升级和改造项目。

（二）加大对生鲜食品物流的政策扶持。利用促进服务业发展专项资金，支持“放心肉”、“放心菜”物流配送体系建设，重点支持配送中心设施设备的投入，冷链运输工具、冷藏保鲜设施设备的投入。支持冷链物流技术的研发，包括冷藏物流设备、冷藏运输技术、保鲜储藏新技术等，以及冷链技术的引进、试点、推广和应用。支持物流配送信息系统的开发、改造和建设等。

（三）加大对现代物流技术设备进口的政策扶持。对以一般贸易方式进口列入《鼓励进口技术和产品目录》中的现代物流技术和设备，商务部和财政部将按照《进口贴息资金管理暂行办法》的规定，以贴息的方式给予一定的支持。

（四）加大对流通领域现代物流示范工程项目的政策扶持。对列入示范工程的项目，积极协调有关部门，给予一定的政策支持。

（五）按照我国政府入世承诺，推进物流行业进一步对外开放，简化审批程序，提高审核效率。积极引导外资投资中西部物流产业，促进落后地区物流发展。

（六）充分借助全国现代物流部际联席会议制度和各地物流协调机制，积极与有关部门协商，进一步改善物流企业纳税、国家许可经营商品或服务的跨区域配送等方面的情况。

各地区、各部门和有关协会要根据本意见要求，按照各自职责范围，抓紧制定加快流通领域现代物流发展的具体政策和措施，并于六月底之前报告本意见的落实情况。

商　务　部

二〇〇八年三月三日

# 国务院办公厅关于施行《中华人民共和国政府信息公开条例》若干问题的意见

国办发〔2008〕36 号

各省、自治区、直辖市人民政府，国务院各部委、各直属机构：

为有利于贯彻施行《中华人民共和国政府信息公开条例》(以下简称条例)，积极稳妥地推进政府信息公开工作，保障公民、法人和其他组织依法获取政府信息，经国务院同意，现就条例施行中的若干问题提出以下意见：

## 一、关于政府信息公开管理体制问题

(一) 县级以上人民政府各部门（单位）要在本级人民政府信息公开工作主管部门的统一指导、协调、监督下开展政府信息公开工作。

(二) 实行垂直领导的部门（单位）要在其上级业务主管部门（单位）的领导下，在所在地地方人民政府统一指导、协调下开展政府信息公开工作。实行双重领导的部门（单位）要在所在地地方人民政府的领导下开展政府信息公开工作，同时接受上级业务主管部门（单位）的指导。

## 二、关于建立政府信息发布协调机制问题

(三) 各级人民政府信息公开工作主管部门要组织、协调有关行政机关建立健全政府信息发布协调机制，形成畅通高效的信息发布沟通渠道。行政机关拟发布的政府信息涉及其他行政机关的，要与有关行政机关沟通协调，经对方确认后方可发布；沟通协调后不能达成一致意见的，由拟发布该政府信息的行政机关报请本级政府信息公开工作主管部门协调解决。

(四) 根据法律、行政法规和国家有关规定，发布农产品质量安全状况、重大传染病疫情、重大动物疫情、重要地理信息数据、统计信息等政府信息，要严格按照规定权限和程序执行。

## 三、关于发布政府信息的保密审查问题

(五) 行政机关在制作政府信息时，要明确该政府信息是否应当公开；对于不能确定是否可以公开的，要报有关业务主管部门（单位）或者同级保密工作部门确定。

(六) 行政机关要严格依照《中华人民共和国保守国家秘密法》及其实施办法等相关规定，对拟公开的政府信息进行保密审查。凡属国家秘密或者公开后可能危及国家安全、公共安全、经济安全和社会稳定的政府信息，不得公开。

(七) 对主要内容需要公众广泛知晓或参与，但其中部分内容涉及国家秘密的政府信息，应经法定程序解密并删除涉密内容后，予以公开。

(八) 已经移交档案馆及档案工作机构的政府信息的管理，依照有关档案管理的法律、行政法规和国家有关规定执行。

## 四、关于主动公开政府信息问题

(九) 各级行政机关特别是国务院各部门（单位）、各省（区、市）人民政府及其部门（单位）要建立健全政府信息主动公开机制，增强工作的主动性和实效性。要充分利用政府网站、政府公报等各种便于公众知晓的方式，及时公开政府信息，并逐步完善政府信息公开目录及网上查询功能，为公众提供优质服务。

(十) 因政府机构改革不再保留的部门（单位）的政府信息公开工作，由继续履行其职能的部门（单位）负责。

## 五、关于依法申请公开政府信息问题

(十一) 国务院各部门（单位）和地方各级人民政府及其部门（单位）要切实做好依申请公开政府信息的工作。要采取多种方式，方便公民、法人和其他组织申请公开政府信息。特别是设区的市级人民政府及其部门（单位）、县级人民政府及其部门（单位）、乡（镇）人民政府，直接面向基层群众，要充分利用现有的行政服务大厅、行政服务中

心等行政服务场所，或者设立专门的接待窗口和场所，为人民群众提供便利，确保政府信息公开申请得到及时、妥善处理。省（区、市）人民政府、国务院各部门（单位）在做好本行政机关依申请公开政府信息工作的同时，要加强对下级政府和部门（单位）的指导。国务院办公厅不直接受理公民、法人和其他组织提出的政府信息公开申请。

（十二）行政机关要按照条例规定的时限及时答复申请公开政府信息的当事人。同时，对于可以公开的政府信息，能够在答复时提供具体内容的，要同时提供；不能同时提供的，要确定并告知申请人提供的期限。在条例正式施行后，如一段时间内出现大量申请公开政府信息的情况，行政机关难以按照条例规定期限答复的，要及时向申请人说明并尽快答复。

（十三）对于同一申请人向同一行政机关就同一内容反复提出公开申请的，行政机关可以不重复答复。

（十四）行政机关对申请人申请公开与本人生产、生活、科研等特殊需要无关的政府信息，可以不予提供；对申请人申请的政府信息，如公开可能危及国家安全、公共安全、经济安全和社会稳定，按规定不予提供，可告知申请人不属于政府信息公开的范围。

## 六、关于监督保障问题

（十五）国务院各部门（单位）和地方各级人民政府要抓紧制订完善政府信息公开工作考核办法，明确考核的原则、内容、标准、程序和方式。要建立社会评议制度，把政府信息公开工作纳入社会评议政风、行风的范围，并根据评议结果完善制度、改进工作。

（十六）国务院各部门（单位）和地方各级人民政府及其部门（单位）要建立健全分层级受理举报的制度，及时研究解决政府信息公开工作中反映出来的问题。公民、法人或者其他组织认为行政机关不依法履行政府信息公开义务的，可向本级监察机关、政府信息公开工作主管部门举报；对本级监察机关和政府信息公开工作主管部门的处理不满意的，可向上一级业务主管部门、监察机关或者政府信息公开工作主管部门举报。

（十七）国务院各部门（单位）和地方各级人民政府要按照《国务院办公厅关于做好施行〈中华人民共和国政府信息公开条例〉准备工作的通知》（国办发〔2007〕54号）的要求，落实业务经费，加强队伍建设。

（十八）国务院各部门（单位）和地方各级人民政府可以根据条例的规定，结合本部门（单位）、本地区的实际情况，制定施行条例的具体办法，保证条例的各项规定得到落实。

## 七、关于公共企事业单位的信息公开工作

（十九）国务院有关主管部门（单位）要按照条例的要求，把公共企事业单位的信息公开纳入本部门（单位）信息公开工作的总体部署，在2008年10月底前制定具体的实施办法，积极推动公共企事业单位的信息公开工作。同时，要加强对各省（区、市）人民政府有关部门的工作指导，把公共企事业单位信息公开工作全面推向深入。

（二十）公共企事业单位要以涉及人民群众切身利益、社会普遍关心的内容为重点，切实做好信息公开工作。要创新公开形式，拓展公开渠道，完善公开制度，全面提高公开工作水平。

中华人民共和国国务院办公厅

二〇〇八年四月二十九日

# 机电产品进口管理办法

商务部令 2008 年第 7 号

## 第一章 总 则

**第一条** 为促进对外贸易健康发展，贯彻国家产业政策，维护市场秩序，依据《中华人民共和国对外贸易法》、《中华人民共和国海关法》及《中华人民共和国货物进出口管理条例》等相关法律、行政法规，制定本办法。

**第二条** 本办法所称机电产品（含旧机电产品），是指机械设备、电气设备、交通运输工具、电子产品、电器产品、仪器仪表、金属制品等及其零部件、元器件。机电产品的具体范围见附件。

本办法所称旧机电产品是指具有下列情形之一的机电产品：（一）已经使用（不含使用前测试、调试的设备），仍具备基本功能和一定使用价值的；（二）未经使用，但超过质量保证期（非保修期）的；（三）未经使用，但存放时间过长，部件产生明显有形损耗的；（四）新旧部件混装的；（五）经过翻新的。

**第三条** 本办法适用于将机电产品进口到中华人民共和国关境内的行为。

**第四条** 进口机电产品应当符合我国有关安全、卫生和环境保护等法律、行政法规和技术标准等的规定。

**第五条** 商务部负责全国机电产品进口管理工作。国家机电产品进出口办公室设在商务部。

各省、自治区、直辖市和计划单列市、沿海开放城市、经济特区机电产品进出口办公室和国务院有关部门机电产品进出口办公室（简称为地方、部门机电办）受商务部委托，负责本地区、本部门机电产品进口管理工作。

**第六条** 国家对机电产品进口实行分类管理，即分为禁止进口、限制进口和自由进口三类。

基于进口监测需要，对部分自由进口的机电产品实行进口自动许可。

## 第二章 禁止进口

**第七条** 有下列情形之一的机电产品，禁止进口：

（一）为维护国家安全、社会公共利益或者公共道德，需要禁止进口的；

（二）为保护人的健康或者安全，保护动物、植物的生命或者健康，保护环境，需要禁止进口的；

（三）依照其他法律、行政法规的规定，需要禁止进口的；

（四）根据中华人民共和国所缔结或者参加的国际条约、协定的规定，需要禁止进口的。

**第八条** 商务部会同海关总署、质检总局等相关部门制定、调整并公布《禁止进口机电产品目录》。

国家根据旧机电产品对国家安全、社会公共利益以及安全、卫生、健康、环境保护可能产生危害的程度，将超过规定制造年限的旧机电产品，合并列入上述目录。

## 第三章 限制进口

**第九条** 有下列情形之一的机电产品，限制进口：

（一）为维护国家安全、社会公共利益或者公共道德，需要限制进口的；

（二）为保护人的健康或者安全，保护动物、植物的生命或者健康，保护环境，需要限制进口的；

（三）为建立或者加快建立国内特定产业，需要限制进口的；

（四）为保障国家国际金融地位和国际收支平衡，需要限制进口的；

（五）依照其他法律、行政法规的规定，需要限制进口的；

（六）根据中华人民共和国所缔结或者参加的国际条约、协定的规定，需要限制进口的。

**第十条**　商务部会同海关总署、质检总局制定、调整并公布《限制进口机电产品目录》。限制进口的机电产品，实行配额、许可证管理。

**第十一条**　国家限制进口的旧机电产品称为重点旧机电产品。

商务部会同海关总署、质检总局制定、调整并公布《重点旧机电产品进口目录》。

重点旧机电产品进口实行进口许可证管理。

**第十二条**　《限制进口机电产品目录》及《重点旧机电产品进口目录》至迟应当在实施前21天公布。在紧急情况下，应当不迟于实施之日公布。

**第十三条**　实行配额管理的限制进口机电产品，依据国务院颁布的有关进口货物配额管理办法的规定实施管理。

**第十四条**　实行进口许可证管理的机电产品，地方、部门机电办核实进口单位的申请材料后，向商务部提交。商务部审核申请材料，并在20日内决定是否签发《中华人民共和国进口许可证》（以下简称《进口许可证》）。进口单位持《进口许可证》按海关规定办理通关手续。

进口重点旧机电产品，进口单位持《进口许可证》和国家检验检疫机构签发的《入境货物通关单》（在备注栏标注“旧机电产品进口备案”字样）按海关规定办理通关手续。

**第十五条**　商务部会同海关总署制定并公布《机电产品进口许可管理实施办法》，商务部会同海关总署、质检总局制定并公布《重点旧机电产品进口管理办法》。

## 第四章　进口自动许可

**第十六条**　为了监测机电产品进口情况，国家对部分自由进口的机电产品实行进口自动许可。

**第十七条**　商务部会同海关总署制定、调整并公布《进口自动许可机电产品目录》。

《进口自动许可机电产品目录》至迟应当在实施前21天公布。

**第十八条**　进口实行进口自动许可的机电产品，进口单位应当在办理海关报关手续前，向商务部或地方、部门机电办申领《中华人民共和国进口自动许可证》（以下简称《进口自动许可证》），并持《进口自动许可证》按海关规定办理通关手续。

进口列入进口自动许可机电产品目录的旧机电产品（不含重点旧机电产品），进口单位持《进口自动许可证》和国家检验检疫机构签发的《入境货物通关单》（在备注栏标注“旧机电产品进口备案”字样）按海关规定办理通关手续。

**第十九条**　商务部会同海关总署制定并公布《机电产品进口自动许可实施办法》。

## 第五章　进口监控与监督

**第二十条**　商务部负责对全国机电产品进口情况进行统计、分析与监测。地方、部门机电办应当依照国家统计制度的规定，及时向商务部报送本地区、本部门机电产品进口统计数据和资料。

**第二十一条**　经监测，如机电产品进口出现异常情况，商务部应当及时通知有关部门，并依法进行调查。

**第二十二条**　商务部及地方、部门机电办可以对限制进口的机电产品的进口情况依法进行检查。进口单位应当配合与协助检查，检查部门应当为进口单位保守商业秘密。

**第二十三条**　进口单位不得从事下列行为：

(一) 进口属于禁止进口管理的机电产品，或者未经批准、许可进口属于限制进口管理的机电产品；

(二) 超出批准、许可的范围进口属于限制进口管理的机电产品；

(三) 伪造、变造或者买卖机电产品进口证件(包括《进口许可证》、《进口自动许可证》，下同)；

(四) 以欺骗或者其他不正当手段获取机电产品进口证件；

(五) 非法转让机电产品进口证件；

(六) 未按法定程序申请进口；

(七) 其他违反法律、行政法规有关进口机电产品规定的行为。

## 第六章 法律责任

**第二十四条** 进口单位有第二十三条规定的行为之一并构成犯罪的，依法追究刑事责任，尚不构成犯罪的，由公安、海关等具有行政处罚权的行政机关依法对相关当事人作出处理。

**第二十五条** 进口单位对国家行政机关作出的有关行政决定或行政处罚决定不服的，可依法申请行政复议或者提起行政诉讼。

**第二十六条** 进口管理工作人员玩忽职守、徇私舞弊、滥用职权的，根据情节轻重，由相应的行政主管部门按有关规定给予处罚；构成犯罪的，依法追究刑事责任。

## 第七章 附 则

**第二十七条** 下列情形，从以下规定：

(一) 加工贸易项下进口的作价设备，适用本办法。

(二) 加工贸易项下进口外商提供的不作价设备，除旧加工设备需要办理入境检验检疫手续外，免于办理机电产品进口证件。海关监管不作价设备，监管期限为5年。监管期满后，设备留在原企业继续使用的，经企业申请海关可解除监管，企业免于办理机电产品进口证件和入境检验检疫手续；监管期内，原设备使用单位申请提前解除监管，或监管期满后设备不再由原企业使用的，适用本办法。

加工贸易项下进口机电产品用于内销、内销产品或者留作自用的，适用本办法。

(三) 外商投资企业进口机电产品用于国内销售或用于加工后国内销售的和外商投资额外以自有资金进口新机电产品，以及进口旧机电产品的，适用本办法。

外商投资企业在投资额内进口新机电产品，经过使用，未到海关监管年限，企业要求提前解除监管并在境内自用或转内销的，适用本办法，并参照进口时的状态办理相关手续，海关凭相应的机电产品进口证件和检验检疫证明办理解除监管手续。

(四) 从境外进入海关特殊监管区域或海关保税监管场所及海关特殊监管区域或海关保税监管场所之间进出的机电产品，免于办理进口证件，但属于旧机电产品的，必须办理检验检疫手续，由海关监管；从海关特殊监管区域和海关保税监管场所进入(境内)区外的机电产品，适用本办法。

从境内海关特殊监管区外进入海关特殊监管区域，供区内企业使用和供区内基础设施建设项目所需的机器设备转出区外的，如属于旧机电产品，不适用本办法。

(五) 租赁贸易、补偿贸易等贸易方式进口机电产品的，适用本办法。

(六) 无偿援助、捐赠或者经济往来赠送等方式进口机电产品的，适用本办法。

**第二十八条** 有下列情形之一的，不适用本办法：

(一) 外商投资企业在投资总额内作为投资和自用进口新机电产品的；

(二) 加工贸易项下为复出口而进口机电产品的；

(三) 由海关监管，暂时进口后复出口或暂时出口后复进口的；

(四) 进口机电产品货样、广告物品、实验品的，每批次价值不超过5 000元人民币的；

（五）其他法律、行政法规另有规定的。

**第二十九条** 依据我国法律、法规或者我国与有关国际金融组织、外国政府贷款国达成的协议的规定，经国际招标后中标的机电产品的进口依照本办法执行。

**第三十条** 国家禁止以任何方式进口列入《禁止进口旧机电产品目录》中的旧机电产品。禁止进口机电产品不得进入海关特殊监管区域和海关保税监管场所。

列入《禁止进口机电产品目录》，属中国生产并出口的机电产品，如需进入出口加工区进行售后维修的，需报商务部审核，具体办法另行制定。

我国驻外机构或者境外企业（中方控股，下同）在境外购置的机电产品需调回自用的，适用本办法。对列入《禁止进口机电产品目录》的旧机电产品，我国驻外机构或者境外企业在境外购置时为新品的，可调回自用。

**第三十一条** 本办法由商务部、海关总署、质检总局负责解释。以往有关规定凡与本办法不一致的，以本办法为准。

**第三十二条** 本办法自二〇〇八年五月一日起施行。原《机电产品进口管理办法》（外经贸部、海关总署、质检总局2001年第10号令）、《机电产品自动进口许可管理实施细则》（外经贸部2001年第25号令）、《关于加强旧机电产品进口的通知》（国经贸机〔1997〕877号）、《关于加强旧机电产品进口管理的补充通知》（国经贸机〔1998〕555号）、《关于进一步明确加工贸易项下外商提供的不作价进口设备解除海关监管有关问题的通知》（署法发2001年420号）、《关于进一步明确加工贸易项下外商提供的不作价进口设备解除海关监管有关问题的通知》（署法发2002年348号）、《关于“不作价设备”解除监管问题的紧急通知》（署法发〔2002〕1号）、《海关总署办公厅关于明确加工贸易项下进口旧机电产品管理有关问题的通知》（署办法〔2002〕211号）、《关于重申进口旧机电产品有关管理的通知》（国质检联2001年42号）、《关于进口机电产品备案与办理进口许可工作的衔接问题的通知》（质检办检联〔2003〕279号）同时废止。

国务院办公厅

二〇〇八年四月二十九日

# 机电产品进口自动许可实施办法

商务部、海关总署令〔2008〕6号

**第一条** 为了对部分自由进口的机电产品的进口情况进行监测和统计，根据《中华人民共和国对外贸易法》、《中华人民共和国货物进出口管理条例》、《货物自动进口许可管理办法》及《机电产品进口管理办法》，制定本办法。

**第二条** 本办法适用于将列入进口自动许可的机电产品（含相应的旧机电产品，下同）进口到中华人民共和国关境内的行为。

**第三条** 商务部负责全国机电产品进口自动许可的管理工作，并会同海关总署制定、调整并公布《进口自动许可机电产品目录》。

各省、自治区、直辖市和计划单列市、沿海开放城市、经济特区机电产品进出口办公室和国务院有关部门机电产品进出口办公室（简称为地方、部门机电办），负责对本地区、本部门机电产品进口自动许可的管理工作。

列入《进口自动许可机电产品目录》的机电产品分为商务部办理的机电产品和地方、部门机电办办理的机电产品。

**第四条** 一般贸易（包括外商投资企业进口内销料件）、易货贸易、租赁、援助与赠送、捐赠等方式进口，以及我国驻外机构或者境外企业在境外购置需调回自用的属于进口自动许可机电产品目录的产品均需申请《中华人民共和国进口自动许可证》（以下简称《进口自动许可证》）。

**第五条** 进口属于进口自动许可的机电产品，进口单位在办理海关手续前，应当向商务部或其授权的机构申请《进口自动许可证》。

凡申请进口法律、行政法规规定应当招标的机电产品，进口单位应当在签订合同之前进行招标。

**第六条** 进口单位申请《进口自动许可证》，应当提供以下材料：

（一）机电产品进口申请表（见附件）；

（二）营业执照复印件；

（三）进口订货合同；

（四）如属于下列情况的，还应提供以下材料：

1. 进口国家实行强制性认证的机电产品的，应提供《中国国家强制性产品认证证书》或《免予办理强制性产品认证证明》；

2. 投资项目下进口机电产品的，应提供项目投资主管机构出具的项目核准或者备案文件（复印件）；

3. 进口实行授权经营的进口机电产品，应提供授权经营的证明材料；

4. 实行生产许可管理的机电产品，企业申请进口相关的零件、部件用于生产的，应提供生产许可证明材料（复印件）；

5. 进口旧机电产品的，应提供国家质检总局授权或许可的检验检疫机构出具的进口产品的预检验报告；

6. 进口旧机电产品用于翻新（含再制造，下同）的，应提供可从事翻新业务的相关证明材料；

7. 进口采用国际招标方式采购的机电产品，应提供国际招标主管机构签发的《国际招标评标结果通知》。

（五）商务部规定的其他需要提交的材料。

进口单位应当对所提交的申请材料的真实性负责，经营活动应遵守国家法律、行政法规的规定。

**第七条** 进口《进口自动许可机电产品目录》的机电产品，还应当符合下列法律、行政法规的规定：

（一）符合《中华人民共和国标准化法》有关保障人体健康和人身财产安全的标准、强制执行标准的规定；

（二）符合《中华人民共和国环境保护法》等环境保护法律、行政法规的规定；

（三）符合《中华人民共和国大气污染防治法》等大气环境保护法律、行政法规的规定；

（四）符合《中华人民共和国认证认可条例》的有关规定；

（五）进口烟草加工机械应符合《中华人民共和国烟草专卖法》及《中华人民共和国烟草专卖法

实施细则》的有关规定；

（六）进口计量器具应符合《中华人民共和国计量法》和《中华人民共和国进口计量器具监督管理办法》的有关规定；

（七）进口无线电发射设备应符合《中华人民共和国无线电管理条例》的有关规定；

（八）进口卫星电视接收设备应符合《卫星电视地面接收设施管理规定》的有关规定；

（九）进口电子游戏机产品应符合《娱乐场所管理条例》的有关规定；

（十）进口音频视频复制生产设备应符合《音像制品管理条例》的有关规定；

（十一）符合我国参加的双边和多边贸易协定的有关规定；

（十二）其他法律、行政法规有规定的。

**第八条** 机电产品《进口自动许可证》的申请程序如下：

（一）进口列入《进口自动许可机电产品目录》的产品，进口单位应当向商务部或地方、部门机电办申请办理进口自动许可手续；

（二）申请可通过书面形式或网上申请方式提交。

1. 书面申请程序：申请进口单位可到发证机构领取或从商务部授权网站（http：//www.chinabidding.com）下载（可复印）《机电产品进口申请表》，与其他相关书面材料一并提交到相应的主管机构。

2. 网上申请程序：申请进口单位登录商务部授权网站（http：//www.chinabidding.com），进入机电产品进口许可证联网申领系统，按要求如实在线填写《机电产品进口申请表》并提交相应的主管机构。

**第九条** 机电产品《进口自动许可证》的签发程序如下：

（一）进口属于地方、部门机电办办理的机电产品，地方或者部门机电办自收到内容正确、形式完备的《机电产品进口申请表》和相关材料后，应当立即签发《进口自动许可证》；在特殊情况下，最长不超过10个工作日。

（二）进口属于商务部办理的机电产品，地方、部门机电办收到齐备的申请材料后3个工作日内将核实后的电子数据转报商务部。商务部在收到相应数据后，应当立即签发《进口自动许可证》；在特殊情况下，最长不超过10个工作日。

**第十条** 申请进口单位所提交的材料不实的，商务部及地方、部门机电办可不予签发机电产品《进口自动许可证》。

**第十一条** 进口单位凭加盖进口自动许可证专用章的《进口自动许可证》向银行办理售付汇手续，向海关办理通关手续。

进口列入《进口自动许可机电产品目录》的旧机电产品的，进口单位须持《进口自动许可证》和《入境货物通关单》（在备注栏标注“旧机电产品进口备案”字样）按海关规定办理通关手续。

**第十二条** 机电产品《进口自动许可证》实行“一批一证”或“非一批一证”管理。

“一批一证”是指同一份《进口自动许可证》不得分批次累计报关使用。

“非一批一证”是指同一份《进口自动许可证》在有效期内可以分批次累计报关使用，但累计使用不得超过6次。海关在《进口自动许可证》原件“海关验放签注栏”内以正楷字体批注后，海关留存复印件，最后一次使用后，海关留存正本。

**第十三条** 商务部根据海关留存的《进口自动许可证》使用纪录，对《进口自动许可证》项下机电产品的进口情况进行统计。

**第十四条** 《进口自动许可证》在公历年内有效，有效期为6个月。实际用汇额低于或不超过原定用汇额10%的，不需变更《进口自动许可证》。

在有效期内，需要变更《进口自动许可证》中有关项目内容的，进口单位应当持原《进口自动许可证》到原签发机构申请办理变更换证手续。对交货期较长的产品，在有效期内需要延期的，进口单位应当持原《进口自动许可证》到原签发机构申请办理延期手续。

**第十五条** 《进口自动许可证》如有遗失，进口单位应当立即向原发证机构书面报告挂失。原发证机构收到挂失报告后，经核实后决定是否补发。

**第十六条** 进口单位已申领的《进口自动许可证》，如未使用或确定不需要使用时，应当及时交回原发证机构。

**第十七条** 有下列进口属于进口自动许可的机电产品情形之一的，适用本办法：

（一）外商投资企业进口用于国内销售或加工

后国内销售的；

外商投资企业在外商投资数额之外以自有资金进口新机电产品以及进口旧机电产品的；

外商投资企业在投资额内进口新机电产品，经过使用，未到海关监管年限，企业要求提前解除监管并在境内自用或转内销的，参照进口时的状态办理相关手续；

（二）加工贸易项下进口的作价设备及加工贸易项下进口机电产品用于内销、内销产品或者留作自用的；

加工贸易项下进口的不作价设备在海关监管期内，原设备使用单位申请提前解除监管或监管期已满但设备不再由原单位使用的；

（三）从海关特殊监管区域和海关保税监管场所进入（境内）区外的；

（四）租赁贸易、补偿贸易等贸易方式进口机电产品的；

（五）无偿援助、捐赠或经济往来赠送等方式进口机电产品的；

（六）其他法律、行政法规有规定的。

**第十八条** 有下列进口属于进口自动许可机电产品情形之一的，不适用本办法：

（一）外商投资企业在投资总额内作为投资和自用进口的新机电产品的；

（二）加工贸易项下进口的不作价设备监管期满后留在原企业使用的；加工贸易项下为复出口而进口的；

（三）从境外进入海关特殊监管区域或海关保税监管场所及海关特殊监管区域或海关保税监管场所之间进出的；

从（境内）区外进入海关特殊监管区域或海关保税监管场所，供区内（场所内）企业使用和供区内（场所内）基础设施建设项目所需的机器设备转出区外（场所外）的；

（四）由海关监管，暂时进口后复出口或暂时出口后复进口的；

（五）进口货样和广告品、实验品，每批次价值不超过 5 000 元人民币的；

（六）其他法律、行政法规另有规定的。

**第十九条** 本办法由商务部、海关总署负责解释。

**第二十条** 本细则自二○○八年五月一日起施行。原《机电产品自动进口管理实施细则》（外经贸部、海关总署 2001 年第 25 号令）同时废止。

# 国家知识产权战略纲要

国发〔2008〕18号

为提升我国知识产权创造、运用、保护和管理能力，建设创新型国家，实现全面建设小康社会目标，制定本纲要。

## 一、序言

（1）改革开放以来，我国经济社会持续快速发展，科学技术和文化创作取得长足进步，创新能力不断提升，知识在经济社会发展中的作用越来越突出。我国正站在新的历史起点上，大力开发和利用知识资源，对于转变经济发展方式，缓解资源环境约束，提升国家核心竞争力，满足人民群众日益增长的物质文化生活需要，具有重大战略意义。

（2）知识产权制度是开发和利用知识资源的基本制度。知识产权制度通过合理确定人们对于知识及其他信息的权利，调整人们在创造、运用知识和信息过程中产生的利益关系，激励创新，推动经济发展和社会进步。当今世界，随着知识经济和经济全球化深入发展，知识产权日益成为国家发展的战略性资源和国际竞争力的核心要素，成为建设创新型国家的重要支撑和掌握发展主动权的关键。国际社会更加重视知识产权，更加重视鼓励创新。发达国家以创新为主要动力推动经济发展，充分利用知识产权制度维护其竞争优势；发展中国家积极采取适应国情的知识产权政策措施，促进自身发展。

（3）经过多年发展，我国知识产权法律法规体系逐步健全，执法水平不断提高；知识产权拥有量快速增长，效益日益显现；市场主体运用知识产权能力逐步提高；知识产权领域的国际交往日益增多，国际影响力逐渐增强。知识产权制度的建立和实施，规范了市场秩序，激励了发明创造和文化创作，促进了对外开放和知识资源的引进，对经济社会发展发挥了重要作用。但是，从总体上看，我国知识产权制度仍不完善，自主知识产权水平和拥有量尚不能满足经济社会发展需要，社会公众知识产权意识仍较薄弱，市场主体运用知识产权能力不强，侵犯知识产权现象还比较突出，知识产权滥用行为时有发生，知识产权服务支撑体系和人才队伍建设滞后，知识产权制度对经济社会发展的促进作用尚未得到充分发挥。

（4）实施国家知识产权战略，大力提升知识产权创造、运用、保护和管理能力，有利于增强我国自主创新能力，建设创新型国家；有利于完善社会主义市场经济体制，规范市场秩序和建立诚信社会；有利于增强我国企业市场竞争力和提高国家核心竞争力；有利于扩大对外开放，实现互利共赢。必须把知识产权战略作为国家重要战略，切实加强知识产权工作。

## 二、指导思想和战略目标

### （一）指导思想

（5）实施国家知识产权战略，要坚持以邓小平理论和“三个代表”重要思想为指导，深入贯彻落实科学发展观，按照激励创造、有效运用、依法保护、科学管理的方针，着力完善知识产权制度，积极营造良好的知识产权法治环境、市场环境、文化环境，大幅度提升我国知识产权创造、运用、保护和管理能力，为建设创新型国家和全面建设小康社会提供强有力支撑。

### （二）战略目标

（6）到2020年，把我国建设成为知识产权创造、运用、保护和管理水平较高的国家。知识产权法治环境进一步完善，市场主体创造、运用、保护和管理知识产权的能力显著增强，知识产权意识深入人心，自主知识产权的水平和拥有量能够有效支撑创新型国家建设，知识产权制度对经济发展、文化繁荣和社会建设的促进作用充分显现。

（7）近五年的目标是：

——自主知识产权水平大幅度提高，拥有量进一步增加。本国申请人发明专利年度授权量进入世界前列，对外专利申请大幅度增加。培育一批国际知名品牌。核心版权产业产值占国内生产总值的比重明显提高。拥有一批优良植物新品种和高水平集成电路布图设计。商业秘密、地理标志、遗传资源、传统知识和民间文艺等得到有效保护与合理利用。

——运用知识产权的效果明显增强，知识产权密集型商品比重显著提高。企业知识产权管理制度进一步健全，对知识产权领域的投入大幅度增加，运用知识产权参与市场竞争的能力明显提升。形成一批拥有知名品牌和核心知识产权，熟练运用知识产权制度的优势企业。

——知识产权保护状况明显改善。盗版、假冒等侵权行为显著减少，维权成本明显下降，滥用知识产权现象得到有效遏制。

——全社会特别是市场主体的知识产权意识普遍提高，知识产权文化氛围初步形成。

## 三、战略重点

### （一）完善知识产权制度

（8）进一步完善知识产权法律法规。及时修订专利法、商标法、著作权法等知识产权专门法律及有关法规。适时做好遗传资源、传统知识、民间文艺和地理标志等方面的立法工作。加强知识产权立法的衔接配套，增强法律法规可操作性。完善反不正当竞争、对外贸易、科技、国防等方面法律法规中有关知识产权的规定。

（9）健全知识产权执法和管理体制。加强司法保护体系和行政执法体系建设，发挥司法保护知识产权的主导作用，提高执法效率和水平，强化公共服务。深化知识产权行政管理体制改革，形成权责一致、分工合理、决策科学、执行顺畅、监督有力的知识产权行政管理体制。

（10）强化知识产权在经济、文化和社会政策中的导向作用。加强产业政策、区域政策、科技政策、贸易政策与知识产权政策的衔接。制定适合相关产业发展的知识产权政策，促进产业结构的调整与优化；针对不同地区发展特点，完善知识产权扶持政策，培育地区特色经济，促进区域经济协调发展；建立重大科技项目的知识产权工作机制，以知识产权的获取和保护为重点开展全程跟踪服务；健全与对外贸易有关的知识产权政策，建立和完善对外贸易领域知识产权管理体制、预警应急机制、海外维权机制和争端解决机制。加强文化、教育、科研、卫生等政策与知识产权政策的协调衔接，保障公众在文化、教育、科研、卫生等活动中依法合理使用创新成果和信息的权利，促进创新成果合理分享；保障国家应对公共危机的能力。

### （二）促进知识产权创造和运用

（11）运用财政、金融、投资、政府采购政策和产业、能源、环境保护政策，引导和支持市场主体创造和运用知识产权。强化科技创新活动中的知识产权政策导向作用，坚持技术创新以能够合法产业化为基本前提，以获得知识产权为追求目标，以形成技术标准为努力方向。完善国家资助开发的科研成果权利归属和利益分享机制。将知识产权指标纳入科技计划实施评价体系和国有企业绩效考核体系。逐步提高知识产权密集型商品出口比例，促进贸易增长方式的根本转变和贸易结构的优化升级。

（12）推动企业成为知识产权创造和运用的主体。促进自主创新成果的知识产权化、商品化、产业化，引导企业采取知识产权转让、许可、质押等方式实现知识产权的市场价值。充分发挥高等学校、科研院所在知识产权创造中的重要作用。选择若干重点技术领域，形成一批核心自主知识产权和技术标准。鼓励群众性发明创造和文化创新。促进优秀文化产品的创作。

### （三）加强知识产权保护

（13）修订惩处侵犯知识产权行为的法律法规，加大司法惩处力度。提高权利人自我维权的意识和能力。降低维权成本，提高侵权代价，有效遏制侵权行为。

### （四）防止知识产权滥用

（14）制定相关法律法规，合理界定知识产权的界限，防止知识产权滥用，维护公平竞争的市场秩序和公众合法权益。

### （五）培育知识产权文化

（15）加强知识产权宣传，提高全社会知识产权意识。广泛开展知识产权普及型教育。在精神文明创建活动和国家普法教育中增加有关知识产权的内容。在全社会弘扬以创新为荣、剽窃为耻，以诚实守信为荣、假冒欺骗为耻的道德观念，形成尊重知识、崇尚创新、诚信守法的知识产权文化。

## 四、专项任务

### （一）专利

（16）以国家战略需求为导向，在生物和医药、信息、新材料、先进制造、先进能源、海洋、资源环境、现代农业、现代交通、航空航天等技术领域超前部署，掌握一批核心技术的专利，支撑我国高技术产业与新兴产业发展。

（17）制定和完善与标准有关的政策，规范将专利纳入标准的行为。支持企业、行业组织积极参与国际标准的制定。

（18）完善职务发明制度，建立既有利于激发职务发明人创新积极性，又有利于促进专利技术实施的利益分配机制。

（19）按照授予专利权的条件，完善专利审查程序，提高审查质量。防止非正常专利申请。

（20）正确处理专利保护和公共利益的关系。在依法保护专利权的同时，完善强制许可制度，发挥例外制度作用，研究制定合理的相关政策，保证在发生公共危机时，公众能够及时、充分获得必需的产品和服务。

**（二）商标**

（21）切实保护商标权人和消费者的合法权益。加强执法能力建设，严厉打击假冒等侵权行为，维护公平竞争的市场秩序。

（22）支持企业实施商标战略，在经济活动中使用自主商标。引导企业丰富商标内涵，增加商标附加值，提高商标知名度，形成驰名商标。鼓励企业进行国际商标注册，维护商标权益，参与国际竞争。

（23）充分发挥商标在农业产业化中的作用。积极推动市场主体注册和使用商标，促进农产品质量提高，保证食品安全，提高农产品附加值，增强市场竞争力。

（24）加强商标管理。提高商标审查效率，缩短审查周期，保证审查质量。尊重市场规律，切实解决驰名商标、著名商标、知名商品、名牌产品、优秀品牌的认定等问题。

**（三）版权**

（25）扶持新闻出版、广播影视、文学艺术、文化娱乐、广告设计、工艺美术、计算机软件、信息网络等版权相关产业发展，支持具有鲜明民族特色、时代特点作品的创作，扶持难以参与市场竞争的优秀文化作品的创作。

（26）完善制度，促进版权市场化。进一步完善版权质押、作品登记和转让合同备案等制度，拓展版权利用方式，降低版权交易成本和风险。充分发挥版权集体管理组织、行业协会、代理机构等中介组织在版权市场化中的作用。

（27）依法处置盗版行为，加大盗版行为处罚力度。重点打击大规模制售、传播盗版产品的行为，遏制盗版现象。

（28）有效应对互联网等新技术发展对版权保护的挑战。妥善处理保护版权与保障信息传播的关系，既要依法保护版权，又要促进信息传播。

**（四）商业秘密**

（29）引导市场主体依法建立商业秘密管理制度。依法打击窃取他人商业秘密的行为。妥善处理保护商业秘密与自由择业、涉密者竞业限制与人才合理流动的关系，维护职工合法权益。

**（五）植物新品种**

（30）建立激励机制，扶持新品种培育，推动育种创新成果转化为植物新品种权。支持形成一批拥有植物新品种权的种苗单位。建立健全植物新品种保护的技术支撑体系，加快制订植物新品种测试指南，提高审查测试水平。

（31）合理调节资源提供者、育种者、生产者和经营者之间的利益关系，注重对农民合法权益的保护。提高种苗单位及农民的植物新品种权保护意识，使品种权人、品种生产经销单位和使用新品种的农民共同受益。

**（六）特定领域知识产权**

（32）完善地理标志保护制度。建立健全地理标志的技术标准体系、质量保证体系与检测体系。普查地理标志资源，扶持地理标志产品，促进具有地方特色的自然、人文资源优势转化为现实生产力。

（33）完善遗传资源保护、开发和利用制度，防止遗传资源流失和无序利用。协调遗传资源保护、开发和利用的利益关系，构建合理的遗传资源获取与利益分享机制。保障遗传资源提供者知情同意权。

（34）建立健全传统知识保护制度。扶持传统知识的整理和传承，促进传统知识发展。完善传统医药知识产权管理、保护和利用协调机制，加强对传统工艺的保护、开发和利用。

（35）加强民间文艺保护，促进民间文艺发展。深入发掘民间文艺作品，建立民间文艺保存人与后续创作人之间合理分享利益的机制，维护相关个人、群体的合法权益。

（36）加强集成电路布图设计专有权的有效利用，促进集成电路产业发展。

**（七）国防知识产权**

（37）建立国防知识产权的统一协调管理机制，着力解决权利归属与利益分配、有偿使用、激励机制以及紧急状态下技术有效实施等重大问题。

（38）加强国防知识产权管理。将知识产权管理纳入国防科研、生产、经营及装备采购、保障和项目管理各环节，增强对重大国防知识产权的掌控能力。发布关键技术指南，在武器装备关键技术和军民结合高新技术领域形成一批自主知识产权。建立国防知识产权安全预警机制，对军事技术合作和军品贸易中的国防知识产权进行特别审查。

（39）促进国防知识产权有效运用。完善国防知识产权保密解密制度，在确保国家安全和国防利益基础上，促进国防知识产权向民用领域转移。鼓励民用领域知识产权在国防领域运用。

## 五、战略措施

**（一）提升知识产权创造能力**

（40）建立以企业为主体、市场为导向、产学研相结合的自主知识产权创造体系。引导企业在研究开发立项及开展经营活动前进行知识产权信息检索。支持企业通过原始创新、集成创新和引进消化吸收再创新，形成自主知识产权，提高把创新成果转变为知识产权的能力。支持企业等市场主体在境外取得知识产权。引导企业改进竞争模式，加强技术创新，提高产品质量和服务质量，支持企业打造知名品牌。

**（二）鼓励知识产权转化运用**

（41）引导支持创新要素向企业集聚，促进高等学校、科研院所的创新成果向企业转移，推动企业知识产权的应用和产业化，缩短产业化周期。深入开展各类知识产权试点、示范工作，全面提升知识产权运用能力和应对知识产权竞争的能力。

（42）鼓励和支持市场主体健全技术资料与商业秘密管理制度，建立知识产权价值评估、统计和财务核算制度，制订知识产权信息检索和重大事项预警等制度，完善对外合作知识产权管理制度。

（43）鼓励市场主体依法应对涉及知识产权的侵权行为和法律诉讼，提高应对知识产权纠纷的能力。

**（三）加快知识产权法制建设**

（44）建立适应知识产权特点的立法机制，提高立法质量，加快立法进程。加强知识产权立法前瞻性研究，做好立法后评估工作。增强立法透明度，拓宽企业、行业协会和社会公众参与立法的渠道。加强知识产权法律修改和立法解释，及时有效回应知识产权新问题。研究制定知识产权基础性法律的必要性和可行性。

**（四）提高知识产权执法水平**

（45）完善知识产权审判体制，优化审判资源配置，简化救济程序。研究设置统一受理知识产权民事、行政和刑事案件的专门知识产权法庭。研究适当集中专利等技术性较强案件的审理管辖权问题，探索建立知识产权上诉法院。进一步健全知识产权审判机构，充实知识产权司法队伍，提高审判和执行能力。

（46）加强知识产权司法解释工作。针对知识产权案件专业性强等特点，建立和完善司法鉴定、专家证人、技术调查等诉讼制度，完善知识产权诉前临时措施制度。改革专利和商标确权、授权程序，研究专利无效审理和商标评审机构向准司法机构转变的问题。

（47）提高知识产权执法队伍素质，合理配置执法资源，提高执法效率。针对反复侵权、群体性侵权以及大规模假冒、盗版等行为，有计划、有重点地开展知识产权保护专项行动。加大行政执法机关向刑事司法机关移送知识产权刑事案件和刑事司法机关受理知识产权刑事案件的力度。

（48）加大海关执法力度，加强知识产权边境保护，维护良好的进出口秩序，提高我国出口商品的声誉。充分利用海关执法国际合作机制，打击跨境知识产权违法犯罪行为，发挥海关在国际知识产权保护事务中的影响力。

**（五）加强知识产权行政管理**

（49）制定并实施地区和行业知识产权战略。建立健全重大经济活动知识产权审议制度。扶持符合经济社会发展需要的自主知识产权创造与产业化项目。

（50）充实知识产权管理队伍，加强业务培训，提高人员素质。根据经济社会发展需要，县级以上人民政府可设立相应的知识产权管理机构。

（51）完善知识产权审查及登记制度，加强能力建设，优化程序，提高效率，降低行政成本，提高知识产权公共服务水平。

（52）构建国家基础知识产权信息公共服务平台。建设高质量的专利、商标、版权、集成电路布图设计、植物新品种、地理标志等知识产权基础信息库，加快开发适合我国检索方式与习惯的通用检索系统。健全植物新品种保护测试机构和保藏机构。建立国防知识产权信息平台。指导和鼓励各地区、各有关行业建设符合自身需要的知识产权信息库。促进知识产权系统集成、资源整合和信息共享。

（53）建立知识产权预警应急机制。发布重点领域的知识产权发展态势报告，对可能发生的涉及面广、影响大的知识产权纠纷、争端和突发事件，制订预案，妥善应对，控制和减轻损害。

**（六）发展知识产权中介服务**

（54）完善知识产权中介服务管理，加强行业自律，建立诚信信息管理、信用评价和失信惩戒等诚信管理制度。规范知识产权评估工作，提高评估公信度。

（55）建立知识产权中介服务执业培训制度，加强中介服务职业培训，规范执业资质管理。明确知识产权代理人等中介服务人员执业范围，研究建立相关律师代理制度。完善国防知识产权中介服务体系。大力提升中介组织涉外知识产权申请和纠纷处置服务能力及国际知识产权事务参与能力。

（56）充分发挥行业协会的作用，支持行业协会开展知识产权工作，促进知识产权信息交流，组织共同维权。加强政府对行业协会知识产权工作的监督指导。

（57）充分发挥技术市场的作用，构建信息充分、交易活跃、秩序良好的知识产权交易体系。简化交易程序，降低交易成本，提供优质服务。

（58）培育和发展市场化知识产权信息服务，满足不同层次知识产权信息需求。鼓励社会资金投资知识产权信息化建设，鼓励企业参与增值性知识产权信息开发利用。

**（七）加强知识产权人才队伍建设**

（59）建立部门协调机制，统筹规划知识产权人才队伍建设。加快建设国家和省级知识产权人才库和专业人才信息网络平台。

（60）建设若干国家知识产权人才培养基地。加快建设高水平的知识产权师资队伍。设立知识产权二级学科，支持有条件的高等学校设立知识产权硕士、博士学位授予点。大规模培养各级各类知识产权专业人才，重点培养企业急需的知识产权管理和中介服务人才。

（61）制定培训规划，广泛开展对党政领导干部、公务员、企事业单位管理人员、专业技术人员、文学艺术创作人员、教师等的知识产权培训。

（62）完善吸引、使用和管理知识产权专业人才相关制度，优化人才结构，促进人才合理流动。结合公务员法的实施，完善知识产权管理部门公务员管理制度。按照国家职称制度改革总体要求，建立和完善知识产权人才的专业技术评价体系。

**（八）推进知识产权文化建设**

（63）建立政府主导、新闻媒体支撑、社会公众广泛参与的知识产权宣传工作体系。完善协调机制，制定相关政策和工作计划，推动知识产权的宣传普及和知识产权文化建设。

（64）在高等学校开设知识产权相关课程，将知识产权教育纳入高校学生素质教育体系。制定并实施全国中小学知识产权普及教育计划，将知识产权内容纳入中小学教育课程体系。

**（九）扩大知识产权对外交流合作**

（65）加强知识产权领域的对外交流合作。建立和完善知识产权对外信息沟通交流机制。加强国际和区域知识产权信息资源及基础设施建设与利用的交流合作。鼓励开展知识产权人才培养的对外合作。引导公派留学生、鼓励自费留学生选修知识产权专业。支持引进或聘用海外知识产权高层次人才。积极参与国际知识产权秩序的构建，有效参与国际组织有关议程。

# 外国航空运输企业航线经营许可规定

中国民用航空局令第 192 号

## 第一章 总 则

**第一条** 为了规范对外国航空运输企业经营外国地点和中华人民共和国地点间规定航线的管理，根据《中华人民共和国民用航空法》，制定本规定。

**第二条** 外国航空运输企业（以下简称"外航"）申请经营外国地点和中华人民共和国地点间规定航线，应当符合中外双方政府民用航空运输协定或者有关协议的规定，并先经其本国政府通过外交途径对其进行指定，双方航空运输协定或有关协议另有规定的除外。

**第三条** 中国民用航空局（以下简称"民航局"）负责外航航线经营许可的统一管理。

外航应当在其本国政府通过外交途径对其正式指定后依据本规定向民航局申请经营外国地点和中华人民共和国地点间规定航线的经营许可。

民航地区管理局负责对本地区运营的外航航线航班进行监督管理。

**第四条** 民航局审批外航经营许可实行互惠对等的原则。外国政府航空主管部门对中华人民共和国航空运输企业申请经营中华人民共和国地点和外国地点间规定航线的经营许可进行不合理限制的，民航局采取对等措施。

## 第二章 经营许可申请程序

**第五条** 外航申请经营许可应当在计划开航之日六十日前向民航局提出。

外航申请经营许可不符合时限规定的，民航局不予受理，但双方航空运输协定或有关协议另有规定的除外。

**第六条** 外航申请经营许可应当向民航局递交由该外航总部法定代表人或者经其书面授权的人员使用中文或者英文签发的申请书及其附带材料。

申请书应当包括以下内容：计划开通的外国地点和中华人民共和国地点间的规定航线、开航日期、航班号和代码共享航班号、每周班次和班期、本企业所有或者以湿租方式租赁的飞机机型和航空器登记号。

外航随申请书一并提交的附带材料包括：

（一）外国政府指定该外航经营外国地点和中华人民共和国地点间规定航线的文件复印件；

（二）外国政府航空主管部门为该外航颁发的从事公共航空运输的航空经营人许可证（AOC）复印件；

（三）企业注册证明复印件；

（四）企业章程或由法定企业登记机构出具的，载有企业主要营业地、企业性质（国有或者私有）、股份结构、投资方国籍及董事会成员姓名和国籍的证明文件；

（五）企业的客、货运输条件；

（六）企业的正式中、英文名称，企业简介（包括成立时间、机队规模、航线网络等），总部及在中华人民共和国境内的联系人及其地址、电话、传真、电子邮件地址，国际民航组织为该公司指定的三字代码和国际航空运输协会为该公司指定的两字代码；

（七）使用湿租的航空器的，还应当提供湿租协议复印件以及双方航空运输协定或有关协议就使用湿租航空器经营的问题要求提供的文件；

（八）民航局根据法律、法规、双边协议要求外航提交的其他资料或者文件。

**第七条** 外航根据民航局颁发的经营许可开始经营外国地点和中华人民共和国地点间规定航线后要求经营新航线的，应当向民航局申请新航线的经营许可。

外航申请新航线经营许可的，可不提供本规定第六条第（二）、（三）、（四）、（五）、（六）项规定的资料或者文件。

**第八条**　外航根据民航局颁发的经营许可经营规定航线或者在申请新航线经营许可的过程中，本规定第六条第（二）、（三）、（四）、（五）、（六）、（七）项中的内容发生变更的，应当自变更之日起三十日内书面通知民航局或者在提交新航线经营许可的申请时书面通知民航局。

**第九条**　外航委托代理机构代表其向民航局申请经营许可的，应当委托具有办理相应业务能力的代理机构，并应当出具正式委托书。

## 第三章　经营许可的审查和批准

**第十条**　民航局对外航提交的申请材料进行形式审查。民航局认为必要的，可以进行实质性审查。

外航对其所提交的全部申请材料的真实性负责。

**第十一条**　申请材料齐全、符合法定形式的，民航局受理外航的申请。申请材料不齐全或者不符合法定形式的，民航局在五个工作日内一次性通知该外航需要补充的全部内容，逾期不通知的，自收到申请材料之日起即为受理。

外航按要求补齐全部材料后，民航局受理申请，申请材料经补正后仍不符合要求的，民航局不予受理，并出具不予受理的书面凭证。

**第十二条**　除双方航空运输协定或有关协议另有规定外，民航局自受理申请之日起二十个工作日内做出是否批准的决定。民航局在二十个工作日内不能做出决定的，经民航局局长批准，可以延长十个工作日，并将延长期限的理由告知外航。

**第十三条**　民航局依法做出批准决定后，自做出批准决定之日起十个工作日内向外航颁发经营许可。民航局依法做出不予批准决定的，向外航出具书面决定并说明理由。

## 第四章　经营许可的延长和变更

**第十四条**　外航应当在经营许可规定的有效期满前三十日向民航局提出延长经营许可的申请。逾期提出且没有正当理由的，民航局做出不予受理的书面决定。外航在经营许可有效期满后未提出延续申请的，民航局注销其经营许可。

**第十五条**　外航申请延长经营许可，应当提供下列文件：

（一）需延长的经营许可复印件；

（二）外国地点和中华人民共和国地点间规定航线的航线表。

**第十六条**　外航申请改变所持经营许可内容的，应当以书面形式向民航局提出，并详细列明需要改变的内容及原因。

**第十七条**　民航局对外航提出延长或者变更经营许可的申请，在本规定第十二条、第十三条规定的期限内做出决定。

## 第五章　经营许可的管理

**第十八条**　外航应当在经营许可允许的范围和有效期内经营外国地点和中华人民共和国地点间规定航线。

**第十九条**　外航应当采取有效措施，妥善保管民航局颁发的经营许可，防止损坏或者遗失。

**第二十条**　外航损坏或者遗失经营许可的，应当立即向民航局书面报告，并提出补发经营许可的申请。

**第二十一条**　外航不得涂改、转让、租赁、买卖民航局颁发的经营许可。经涂改、转让、租赁、买卖的经营许可无效。

## 第六章 航班计划申请和批准

**第二十二条** 外航依照民航局颁发的经营许可经营航线的过程中，应当按照夏秋和冬春两个航季申请航班计划，并在每个航季开始前六十日按规定的格式及内容向民航局提出。民航局根据本规定对航班计划进行审核后，做出批准或者不批准的决定。外航未按规定时限提出航班计划申请的，按照停航处理。

**第二十三条** 航班计划包括航线、班次、班期、航班号、机型、是否使用湿租航空器及是否利用代码共享的方式经营航班等内容。

**第二十四条** 外航在每个航季的航班经营过程中，不得随意更改航班计划。因商业原因需要更改航班计划的，外航应当在拟更改日三十日前向民航局提出申请，获得批准后方可执行。

**第二十五条** 因天气、飞机故障等原因需要临时更改航班计划的，外航应当立即向民航局提出申请，获得批准后方可执行。

**第二十六条** 外航应当按照民航局批准的航班计划经营外国地点和中华人民共和国地点间的规定航线。外航因商业原因计划停止执行全部或部分规定航线的，应当书面通知民航局并说明理由。外航擅自停航的，民航局对其提出的新航季航班计划不予批准。

**第二十七条** 因市场需求需要安排临时加班飞行的，外航应当在拟加班日五个工作日前向民航局提出申请，获得批准后方可经营，双方航空运输协定或有关协议另有规定的除外。

除特殊情况外，外航申请的每周加班数量不得超过定期航班的数量。民航局不批准外航提出的固定加班的申请。

## 第七章 运输业务量统计资料

**第二十八条** 外航依照经营许可的规定开始经营规定航线后，应当在每月十五日前按本规定附件《外国航空公司运输业务量统计表》的要求，向民航局提供上月航线运输业务量统计资料，并对资料内容的准确性、真实性和完整性负责。

## 第八章 法 律 责 任

**第二十九条** 外航以欺骗、贿赂等不正当手段取得经营许可的,民航局撤销该项许可,给予警告并处以三万元以下罚款,该申请人自被撤销许可之日起三年内不得重新申请;构成犯罪的,依法追究刑事责任。

**第三十条** 违反本规定第八条规定，外航没有按时书面通知变更信息的，民航局依法给予警告，或者处以三万元以下罚款。

**第三十一条** 违反本规定第二十一条规定，外航涂改、转让、租赁、买卖经营许可的，民航局依法给予警告，并处以三万元以下罚款；情节严重的，暂停或者吊销其经营许可；构成犯罪的，依法追究其刑事责任。

**第三十二条** 违反本规定第二十四条规定，外航未经批准擅自更改航班计划的，民航局依法给予警告，并处以三万元以下罚款；情节严重的，暂停或者吊销其经营许可。

**第三十三条** 违反本规定第二十八条相关规定，外航向民航局迟报、瞒报有关情况，提供虚假材料或者拒绝提供反映其经营活动的情况或者资料的，民航局依法给予警告，并处以三万元以下罚款；情节严重的，暂停或者吊销其经营许可；构成犯罪的，依法追究其刑事责任。

**第三十四条** 外航违反法律、法规、规章规定的其他行为的，按照有关规定予以处理。

## 第九章　附　　则

**第三十五条**　中华人民共和国香港特别行政区、澳门特别行政区和台湾地区的航空运输企业申请经营许可，参照本规定执行。

**第三十六条**　中华人民共和国香港特别行政区、澳门特别行政区和台湾地区与外国之间的定期飞行，按相关法律和程序办理。

**第三十七条**　本规定自发布之日起三十日后施行。1996年3月2日发布的《外国航空公司经营许可的申请程序（暂行）》（民航运函〔1996〕243号）同时废止。

二〇〇八年六月十一日

# 关于金融支持服务业加快发展的若干意见

银发〔2008〕90 号

中国人民银行上海总部；各分行、营业管理部；省会（首府）城市中心支行；副省级城市中心支行；国家外汇管理局；各银监局、证监局、保监局：

为落实《国务院关于加快发展服务业的若干意见》（国发〔2007〕7 号，以下简称国发 7 号文件），现就金融支持服务业加快发展提出以下意见：

## 一、高度重视，提高认识，大力支持服务业加快发展

服务业发展水平是体现经济社会发达程度的重要标志。加快发展服务业，是实现全面建设小康社会奋斗目标的内在要求，是扩大就业、解决民生问题的迫切需要。党中央、国务院要求从贯彻落实科学发展观和构建社会主义和谐社会的战略高度，抓紧抓好加快发展服务业这项重大任务，促进经济结构战略性调整，实现国际竞争力整体跃升，推动国民经济走上又好又快的科学发展轨道。

金融系统各部门和金融机构要充分认识加快发展服务业的重要性和紧迫性，增强大局意识、发展意识、创新意识、责任意识，积极组织学习国发 7 号文件精神，切实把思想和行动统一到中央的决策和要求上来。要解放思想，开拓进取，把金融支持服务业加快发展作为顺应经济社会发展趋势、适应建设创新型国家要求、促进经济发展方式转变和国民经济全面协调可持续发展的重大举措，狠抓贯彻落实，务求取得实效。要按照各自的职责范围，充分考虑服务业特点和自身实际情况，坚持重点支持与统筹发展相结合，市场导向与政策扶持相结合，抓紧研究制定加快服务业发展的配套实施方案和具体政策措施。要建立健全支持服务业加快发展的工作机制、评价体系和考核机制、宣传教育机制，科学制定指标，完善考评程序，努力为服务业加快发展创造良好的外部环境。要强化监督检查，落实工作责任，逐步形成支持服务业加快发展的长效工作机制。

## 二、深化改革，完善机制，为服务业加快发展创造良好金融环境

进一步提升银行业整体实力。积极培育银行类金融机构核心竞争力，提高银行业对经济增长贡献率，发挥银行业在促进服务业加快发展中的作用。创造公开、公平、公正的市场竞争环境。鼓励银行类金融机构上市融资和探索推进综合化经营，积极提供综合性、多样化、优势互补的金融服务。引导银行类金融机构坚持以市场需求为导向，整合营业网点，拓展电子服务渠道，优化业务流程，积极加强和改进对客户的全方位金融服务。倡导银行业实施品牌战略，提升银行业服务质量，规范服务行为，完善服务机制。探索建立有利于服务业发展的商业银行社会责任评价体系，积极引导资金流向加快发展服务业的领域。

进一步提升证券业的综合竞争力。适当放松管制措施，抓紧落实基础性制度，丰富证券市场产品，继续发挥经纪业务、自营业务、承销业务、资产管理业务等传统业务的支撑作用，提高综合经营水平。积极引导和支持证券公司在风险可测、可控的前提下开展创新活动，增强自主创新能力，提高核心竞争力，改善盈利模式，提高直接融资比重。推动基金管理公司组织制度创新和业务创新，完善产品结构，提高公司的核心竞争力。加强对证券公司、基金管理公司和期货经纪公司的监管和指导，提升安全运行水平、优质服务水准和市场运作效率。继续加强市场稽查和执法工作，加大对证券业违法违规行为的查处力度，切实保护投资者合法权益。

进一步促进保险业加快发展。因势利导，推动国有保险公司重组改制，深化保险资产管理体制改革，推进保险业综合经营试点，促进保险机构产品和服务创新，完善保险市场准入、退出机制，健全保险市场体系。完善责任保险配套法规体系，积极采取市场运作、政策引导、政府推动等方式，加快发展责任保险。支持保险机构投资医疗机构，探索

保险机构参与新型农村合作医疗管理的有效方式，加快发展健康保险。完善商业养老保险税收政策，支持保险机构参与企业年金市场，发挥商业保险在完善多层次社会保障体系中的作用，加快发展商业养老保险。

正确处理支持服务业加快发展与防范金融风险的关系。金融系统各部门要密切关注银行业、证券业、保险业和金融业综合经营的发展状况，建立和完善风险监测信息系统，加强金融风险监测和评估，进一步提高金融风险预警能力，切实防范系统性风险，有效保障国家金融安全。金融机构要强化忧患意识和前瞻意识，规范和完善公司治理结构，及时反馈金融改革和金融发展动态信息，有效防止金融发展中的新生因素对金融稳定的冲击，不断提高抵御风险综合能力。

## 三、科学发展，统筹兼顾，加大对服务业发展的金融支持力度

鼓励多领域开发适应服务业发展的金融产品。引导金融机构适应金融市场的发展变化趋势，研究服务企业个性化信贷需求特征，建立符合服务业特点的内外部信用评级体系，加快开发面向服务企业的多元化、多层次信贷产品。大力发展债券市场，完善市场定价机制和约束机制，积极创新适应服务企业融资需求的债券品种。发展外汇、黄金和金融衍生产品市场，为服务企业提供外汇避险工具和对冲利率风险工具。引导保险集团公司发挥子公司协同效应和集团优势，推动金融业务的交叉销售和综合拓展，促进保险服务多元化发展。加强和规范应收账款融资管理，推进应收账款融资业务顺利开展。逐步将收费权质押贷款范围扩大到城市供水、供热、公交等城市基础设施项目。对具有一定还贷能力的水利开发项目和城市环保项目，逐步探索开办以项目收益权或收费权为质押的贷款业务，促进公共服务业加快发展。

鼓励多层次拓宽服务业融资渠道。努力消除市场分隔、部门利益和地方保护对服务业发展的阻碍，促进生产要素合理流动和优化配置。加快创业板市场建设，形成高效率的场外交易市场，建立适合国情特点的多层次市场体系，拓宽服务企业融资渠道。积极支持符合条件的服务企业通过发行股票和企业债券等方式进入境内外资本市场融资。制订和完善股票和债券发行的相关规则以及信息披露准则时，要充分考虑服务企业的特点，为服务业加快发展提供直接融资便利。在符合条件的前提下，优先考虑批准服务企业集团设立财务公司等非银行金融机构。调整监管政策，鼓励信托公司、金融租赁公司等非银行金融机构为服务业提供优质高效的信托、融资租赁服务。支持保险资产管理公司扩大受托范围，培育市场竞争力和风险管控能力强的保险机构投资者。发挥民间借贷支持服务业发展的积极作用。引导外资依法进入服务业重点发展领域。

## 四、突出重点，优化结构，大力支持服务业关键领域和薄弱环节加快发展

大力发展农村服务业。稳步调整放宽农村地区银行业金融机构准入政策试点范围，加快发展适合“三农”特点的新型农村金融机构。综合运用多种货币信贷政策手段，引导农村信用社加大对农村服务业的信贷资金支持力度。鼓励农业发展银行大力支持生产型的农村服务业。全面推动小额贷款，大力扶持经营分散、资金需求规模小的农村服务业发展。加快推进农业保险法律法规体系建设，积极探索面向农村服务业的农业保险发展模式。积极研究建立国家政策支持的农业再保险体系和巨灾风险保险体系。逐步实行并推广对粮棉主产区主要农产品品种和养殖业的农业保险试点。加快农村信用体系建设，逐步扩大企业和个人信用信息基础数据库在农村地区的信息采集和使用范围。鼓励和引导金融机构和信用评级机构研究农村服务企业和农户信用评价体系。支持农村金融机构采用多种方式，低成本接入现代化支付系统，逐步扩展支付清算网络在农村地区的覆盖范围，为农村服务企业提供安全、高效的资金清算服务。推广农民工银行卡特色服务，改善业务管理，提高服务效率，为农民工提供方便、快捷、安全的资金汇划服务。

大力扶持中小服务企业发展。加大面向中小服务企业的金融产品创新力度，完善信贷管理制度，加强针对中小服务企业的风险管控能力，促进中小服务企业规范可持续发展。对符合条件的中小服务企业，积极提供融资支持。进一步完善监管协调机制，加强部门间沟通合作，完善中小企业信用体

系，优化中小服务企业融资环境。探索发展中小服务企业联保贷款业务。大力支持劳动密集型中小服务企业发展，充分发挥劳动密集型中小服务企业促进就业的积极作用。积极开展对信用担保机构和中小服务企业的信用评级，鼓励各类创业投资机构和信用担保机构对发展前景好、吸纳就业多以及运用新技术的中小服务企业开展业务。

大力支持电子商务和物流业等现代服务业发展。大力推广非现金支付工具，特别是电子支付工具，加强非现金支付法规建设，防范非现金支付风险，加快支付服务领域价格改革和市场化步伐，营造公平合理的竞争环境，促进电子商务和物流业加快发展。加快人民银行与税务、质（技）检部门相关信息系统的联网进程，为现代物流业发展提供便捷高效的服务。

大力支持重点区域的服务业加快发展。西部开发、东北振兴、中部崛起为服务业加快发展提供了良好机遇。加快发展服务业有利于促进重点区域产业结构调整和优化、实现东中西部良性互动和优势互补。金融机构要研究完善支持服务业发展的区域策略和激励约束机制，建立健全服务业贷款利率差别化定价机制，注意发挥重点区域的区位优势和特色产业的辐射拉动作用，推动餐饮、商贸、旅游等传统服务业改造升级，培育信息服务、环保服务、中介服务等现代服务业发展壮大，促进产业关联度高的生产性服务业和带动效应强的消费性服务业加快发展，推进重点区域一、二、三产业统筹协调发展。

大力支持服务企业“走出去”。适应国际市场竞争新形势，积极支持服务贸易发展。完善服务贸易外汇管理政策，健全服务贸易非现场监管体系，简化境内服务贸易企业对外支付手续，满足服务贸易企业合理用汇需求。对“走出去”服务企业的后续用汇及境外融资提供便利，支持有实力的中资服务企业开展境外投资和跨国经营。完善服务企业出口信贷、服务产品买方信贷政策措施，对服务贸易给予与货物贸易同等的便利和支持。鼓励政策性金融机构对列入《文化产品和服务出口指导目录》的出口项目或企业，按规定给予贷款支持，推动文化产品和服务出口。适应国际产业转移新趋势，重点支持服务外包发展，鼓励政策性金融机构在自身业务范围内积极支持服务外包发展；鼓励出口信用保险机构积极开发新型险种支持服务外包产业发展；对服务外包企业办理外汇收支提供便利，大力支持服务企业对外承揽服务外包业务。

## 五、加快金融业基础设施建设，打造支持服务业加快发展的金融服务平台

推进征信体系建设。完善企业和个人信用信息基础数据库，为服务企业普遍建立信用档案，充分发挥信息整合和共享功能。有效发挥政府推动作用，培育信用服务市场需求，扩大征信产品使用范围。完善市场筛选机制和市场监管体系，培养具有民族品牌、社会公信力的征信机构，建立各具特色、功能互补的征信机构体系，满足全社会多层次、专业化的信息服务需求，为服务业加快发展提供基础支撑。

健全反洗钱体系建设。进一步完善反洗钱法律法规制度，推进反洗钱工作从银行业向证券业、保险业等行业纵深发展，研究制定支付清算组织、彩票、贵金属、房地产和汽车销售等特定非金融行业的反洗钱规章。完善工作协调机制，提升依法行政水平，加快监测分析系统和业务综合管理系统建设，建立健全非现场监管体系，促进包括金融服务业在内的国民经济相关行业的合法规范经营。

加快国库信息化体系建设。推进财税库银横向联网系统建设，抓紧国库会计数据集中系统建设，加快政府对服务业扶持资金拨付，加强税收入库全程监控，为服务企业创造良好的纳税环境。推动通过人民银行国库系统将政府性资金直接拨付到最终收款人账户的试点工作，推进由国库直接收缴和拨付社保资金业务，逐步将所有政府资金收支活动纳入国库单一账户进行管理，提高政府公共服务的效率和水平。

完善支付体系基础设施建设。建设第二代现代化支付系统和具有快速生产恢复能力、业务切换能力和数据查找功能的灾难备份系统，保障支付清算业务连续、安全运行，提高支付系统应对突发事件的能力。建设境内外币支付系统，为企业和个人提供低成本、高效率的外币支付服务。完善现代化支付系统运行维护机制，督促银行加强流动性和支付

风险管理，保障各类支付系统安全、高效、稳定运行。

抓紧新型金融人才队伍建设。金融支持服务业加快发展的前提条件和关键环节是人才战略。要尊重人才，尊重知识，健全人才工作机制，激发人才创造活力，着力培养掌握市场规律、熟悉国际规则、具备创新能力的高级金融人才，大力提高金融系统干部队伍的综合能力和素质，增强服务意识和服务能力，为加强和改进金融服务、支持服务业加快发展提供金融人才支持。

中国人民银行
中国银行业监督管理委员会
中国证券监督管理委员会
中国保险监督管理委员会
二〇〇八年三月十九日

# 货物出口许可证管理办法

商务部令 2008 年第 11 号

## 第一章 总 则

**第一条** 为了合理配置资源，规范出口经营秩序，营造公平透明的贸易环境，履行我国加入的国际公约和条约，维护国家经济利益和安全，根据《中华人民共和国对外贸易法》和《中华人民共和国货物进出口管理条例》，制定本办法。

**第二条** 国家实行统一的货物出口许可证制度。国家对限制出口的货物实行出口许可证管理。

**第三条** 商务部是全国出口许可证的归口管理部门，负责制定出口许可证管理办法及规章制度，监督、检查出口许可证管理办法的执行情况，处罚违规行为。

商务部会同海关总署制定、调整和发布年度《出口许可证管理货物目录》。商务部负责制定、调整和发布年度《出口许可证管理货物分级发证目录》。

《出口许可证管理货物目录》和《出口许可证管理分级发证目录》由商务部以公告形式发布。

**第四条** 商务部授权配额许可证事务局（以下简称许可证局）统一管理、指导全国各发证机构的出口许可证签发工作，许可证局对商务部负责。

**第五条** 许可证局及商务部驻各地特派员办事处（以下简称各特办）和各省、自治区、直辖市、计划单列市以及商务部授权的其他省会城市商务厅（局）、外经贸委（厅、局）（以下简称各地方发证机构）为出口许可证发证机构，在许可证局统一管理下，负责授权范围内的发证工作。

**第六条** 本办法所称出口许可证包括出口配额许可证和出口许可证。凡实行出口配额许可证管理和出口许可证管理的货物，对外贸易经营者（以下简称经营者）应当在出口前按规定向指定的发证机构申领出口许可证，海关凭出口许可证接受申报和验放。

**第七条** 出口许可证不得买卖、转让、涂改、伪造和变造。

## 第二章 申领出口许可证应当提交的文件

**第八条** 经营者申领出口许可证时，应当认真如实填写出口许可证申请表（正本）1 份，并加盖印章。实行网上申领的，应当认真如实地在线填写电子申请表并传送给相应的发证机构。

**第九条** 经营者申领出口许可证时，应当向发证机构提交有关出口货物配额或者其他有关批准文件。

**第十条** 经营者申领出口许可证时，应当向发证机构提交加盖对外贸易经营者备案登记专用章的《对外贸易经营者备案登记表》或者《中华人民共和国进出口企业资格证书》或者外商投资企业批准证书（复印件）。

## 第三章 出口许可证发证依据

**第十一条** 各发证机构按照商务部制定的《出口许可证管理货物目录》和《出口许可证管理分级发证目录》范围，依照下列规定签发出口许可证：

（一）实行配额许可证管理的出口货物，凭商务部或者各省、自治区、直辖市、计划单列市以及商务部授权的其他省会城市商务厅（局）、外经贸委（厅、局）（以下简称各地商务主管部门）下达配额的文件和经营者的出口合同（正本复印件）签发出口许可证。

（二）实行配额招标的出口货物，凭商务部发布的中标经营者名单、中标数量、《申领配额招标货物出口许可证证明书》或者《配额招标货物转受让证明书》以及中标经营者的出口合同（正本复印件）签发出口许可证。

（三）易制毒化学品的出口，凭《商务部易制毒化学品出口批复单》和经营者的出口合同（正本复印件）签发出口许可证。

（四）计算机的出口，凭商务部批准的《出口计算机技术审查表》和经营者的出口合同（正本复印件）签发出口许可证。

（五）监控化学品的出口，凭国家履行禁止化学武器公约工作领导小组办公室批准文件和经营者的出口合同（正本复印件）签发出口许可证。

（六）消耗臭氧层物质的出口，凭国家消耗臭氧层物质进出口管理办公室下发的批准文件和经营者的出口合同（正本复印件）签发出口许可证。

（七）其他实行出口许可证管理的出口货物，凭商务部批准文件及经营者的出口合同（正本复印件）签发出口许可证。

**第十二条**　加工贸易项下属于出口许可证管理的货物，发证机构按照商务部制定的《出口许可证管理货物目录》和《出口许可证管理分级发证目录》，凭商务部授权的加工贸易审批机关签发的《加工贸易业务批准证》及本办法第十一条规定的出口批准文件（属于出口配额管理但不使用配额数量的商品凭商务部批件）、海关加工贸易进口报关单和经营者的出口合同（正本复印件）签发出口许可证。

以加工贸易方式出口监控化学品、易制毒化学品、消耗臭氧层物质以及其他国际公约管辖的货物，按照本办法第十一条签发出口许可证。

**第十三条**　外商投资企业出口属于出口许可证管理的货物，应当按以下规定办理：

（一）外商投资企业出口属于出口配额管理的货物，发证机构凭商务部下达的外商投资企业出口配额数量签发许可证；出口配额招标管理的货物，应当附带第十一条第（二）款规定的有关批准文件；

（二）涉及第十一条（三）到（七）款及第十二条之情形的，按照相应条款规定办理。

**第十四条**　我国企业在国外及香港、澳门投资设立的独资、合资和合作企业，需国内供应属于出口许可证管理的货物，发证机构凭商务部批准文件和商务部境外企业批准证书或者商务部境外带料加工装配企业批准证书，按照本办法第十一条签发出口许可证。

**第十五条**　经商务部批准具有对外经济技术合作经营资格的企业为履行国（境）外承包工程、劳务合作、设计咨询等项目合同出口的设备（含成套设备）、材料、施工器械及人员自用的生活物资属于出口许可证管理的货物，按照本办法第十一条签发出口许可证。

**第十六条**　出口成套设备需运出境外项目自用属于出口许可证管理的货物，按照本办法第十一条签发出口许可证。

**第十七条**　偿还国外贷款或者补偿贸易项下属于出口许可证管理的货物，发证机构按商务部制定的《出口许可证管理货物目录》和《出口许可证管理分级发证目录》，凭商务部下达的偿还国外贷款或者补偿贸易的出口配额签发出口许可证。未办理备案登记的法人、其他组织或者个人从事偿还国外贷款或者补偿贸易业务时，应当委托经营者代理出口，并由该经营者办理出口许可证。

**第十八条**　经营者申领出口许可证时，应当按本办法如实申报，不得弄虚作假，严禁以假合同、假文件等手段骗领出口许可证。

## 第四章　出口许可证的签发

**第十九条**　各发证机构应当严格按照年度《出口许可证管理货物目录》和《出口许可证管理分级发证目录》的要求，自收到符合规定的申请之日起3个工作日内签发相关出口货物的出口许可证，不得违反规定发证。经营者出口《出口许可证管理货物目录》中的货物，应当到《出口许可证管理分级发证目录》指定的发证机构申领出口许可证。

**第二十条**　许可证局、各特办和各地方发证机构应当严格按照商务部发布的《出口许可证管理分级发证目录》签发出口许可证。实行网上申领出口许可证的，按照有关程序和规定办理。

（一）许可证局发证范围：

1. 按照商务部规定的《出口许可证管理分级发证目录》，签发《出口许可证管理分级发证目录》授权范围内的出口许可证；

2. 在京的中央管理企业的出口许可证。

（二）各特办发证范围：

1. 按照商务部规定的《出口许可证管理分级发证目录》，签发联系地区内经营者、联系地区内中央管理企业及配额由地方管理的在京中央管理企业子公司的出口许可证；

2. 按商务部规定的《出口许可证管理分级发证目录》，签发联系地区内经营者配额招标货物出口许可证；

3. 签发商务部规定的其他货物的出口许可证。

（三）各地方发证机构发证范围：

1. 按商务部规定的《出口许可证管理分级发证目录》签发本地经营者出口许可证；

2. 签发商务部规定的其他货物的出口许可证。

（四）指定发证机构发证的货物：

凡属于《出口许可证管理分级发证目录》中指定发证机构发证的货物，经营者一律到指定的发证机构办理出口许可证。

**第二十一条** 各发证机构不得无配额、超配额、越权或者超发证范围签发出口许可证。发证机构的工作人员在履行职责过程中，不得玩忽职守、徇私舞弊或者滥用职权，不得利用职务上的便利索取他人财物，或者非法收受他人财物为他人谋取利益。

**第二十二条** 出口许可证管理实行“一证一关”制、“一批一证”制和“非一批一证”制。“一证一关”指出口许可证只能在一个海关报关；“一批一证”指出口许可证在有效期内一次报关使用。

下列情况实行“非一批一证”制，签发出口许可证时应在备注栏内注明“非一批一证”：

（一）外商投资企业出口许可证管理的货物；

（二）补偿贸易项下出口许可证管理的货物；

（三）其他在《出口许可证管理货物目录》中规定实行“非一批一证”的出口许可证管理货物。

“非一批一证”指出口许可证在有效期内可以多次报关使用，但最多不超过12次，由海关在“海关验放签注栏”内逐批签注出运数。

## 第五章　例外情况的处理

**第二十三条** 溢装货物应当为大宗、散装货物。溢装数量按照国际贸易惯例办理，即报关出口的大宗、散装货物的溢装数量不得超过出口许可证所列出口数量的5%。不实行“一批一证”制的大宗、散装货物，每批货物出口时，按其实际出口数量进行核扣，最后一批出口货物出口时，其溢装数量按该许可证实际剩余数量并在规定的溢装上限5%内计算。

发证机构在签发此类出口货物许可证时，应当严格按照出口配额数量及批准文件核定的数量签发，并按许可证实际签发数量核扣配额数量，不在出口配额数量或者批准文件核定的数量基础上加上按国际贸易惯例允许的溢装数量签发许可证。

**第二十四条** 对外经援项目出口实行出口许可证管理的货物免领出口许可证。有关验放凭证的规定，由商务部、海关总署和国家质检总局另行制定和发布。

**第二十五条** 赴国（境）外参加或者举办展览会运出境外展品、展卖品、小卖品的规定：

（一）赴国（境）外参加或者举办展览会所带属于出口许可证管理的非卖展品，免领出口许可证，海关凭出国（境）经济贸易展览会审批部门批准办展的文件和出口货物报关单监管验放。参展单位应当在展览会结束后6个月内，将非卖展品如数运回，由海关核销。在特殊情况下，经海关同意，可以延期。

（二）赴国（境）外参加或者举办展览会带出的展卖品、小卖品，属于出口许可证管理的，参展单位凭出国（境）经济贸易展览会审批部门的批准文件及出国（境）经济贸易展览会组展单位提供的参展证明，向《分级发证目录》规定的发证机构申领出口许可证，不占用出口配额。

（三）监控化学品、易制毒化学品、消耗臭氧层物质以及其他国际公约管辖的货物，按正常出口办理，不适用本条第（一）、（二）项规定。

**第二十六条** 出口货物样品和文化交流或者技术交流需对外提供属于出口许可证管理货物的货样的规定：

（一）经营者运出国（境）外属于出口许可证管理货物的货样或者实验用样品，每批货物价值在人民币3万元（含3万元）以下者，免领出口许可证，海关凭经营者填写的出口货样报关单查验放行；超过3万元者，视为正常出口，经营者按规定申领出口许可证。出口许可证备注栏内应当注明“货样”字样。

（二）监控化学品、易制毒化学品、消耗臭氧层物质以及其他国际公约管辖的货物对外提供货样，按正常出口办理，不适用本条第（一）项规定。

**第二十七条** 中国政府根据两国政府间的协议或者临时决定，对外提供捐赠品或者中国政府、组织基于友好关系向对方国家政府、组织赠送的物资，涉及出口许可证管理的货物，凭有关协议或者决定签发出口许可证，不占用出口配额。

其他捐赠，涉及出口许可证管理的，按本办法第十一条签发出口许可证。

## 第六章 出口许可证的有效期

**第二十八条** 出口配额的有效期为当年12月31日前（含12月31日），另有规定者除外，经营者应当在配额有效期内向发证机构申领出口许可证。

**第二十九条** 各发证机构可自当年12月10日起，根据商务部或者各地方商务主管部门下发的下一年度出口配额签发下一年度的出口许可证，有效期自下一年度1月1日起。

**第三十条** 出口许可证的有效期最长不得超过6个月，且有效期截止时间不得超过当年12月31日。

以加工贸易方式出口属于配额许可证管理的货物，其出口许可证有效期按《加工贸易业务批准证》核定的出口期限核发，但不得超过当年12月31日。如《加工贸易业务批准证》核定的出口期限超过当年12月31日，经营者应在原出口许可证有效期内向发证机构提出换发新一年出口许可证。发证机构收回原证，在发证系统中对原证进行核销，扣除已使用的数量后，按《加工贸易业务批准证》核定的出口期限重新签发新一年度出口许可证，并在备注栏中注明原证证号。

商务部可视具体情况，调整某些货物出口许可证的有效期和申领时间。

出口许可证应当在有效期内使用，逾期自行失效，海关不予放行。

**第三十一条** 出口许可证因故在有效期内未使用，经营者应当在出口许可证有效期内向原发证机构提出延期申请，发证机构收回原证，在发证计算机管理系统中注销原证后，重新签发出口许可证，并在备注栏中注明延期使用和原证证号。

出口许可证因故在有效期内未使用完，经营者应当在出口许可证有效期内向原发证机构提出未使用部分的延期申请，发证机构收回原证，在发证系统中对原证进行核销，扣除已使用的数量后，重新签发出口许可证，并在备注栏中注明延期使用和原证证号。

使用当年出口配额领取的出口许可证办理延期，其延期最长不得超过当年12月31日。

未在出口许可证有效期内提出延期申请，出口许可证逾期自行失效，发证机构不再办理延证手续，该出口许可证货物数量视为配额持有者自动放弃。

**第三十二条** 出口许可证签发后，任何单位和个人不得擅自更改证面内容；如需要对证面内容进行更改，经营者应当在出口许可证有效期内将出口许可证退回原发证机构，重新申领出口许可证。

**第三十三条** 已领取的出口许可证如遗失，经营者应当立即向许可证证面注明的出口口岸地海关及相关发证机构书面报告，并在全国性经济类报刊中登载“遗失声明”，发证机构凭遗失声明，并经核实该证确未通关后，可注销该证，并核发新证。

**第三十四条** 海关、工商、公安、纪检、法院等单位需要向发证机构查询或者调查出口许可证，应当依法出示有关证件，发证机关方可接受查询。

**第三十五条** 出口许可证管理货物在发证机构调整时，自调整之日起，原发证机构不得再签发该货物的出口许可证，并将经营者在调整前的申领情况报调整后的发证机构。经营者在调整前申领的许可证在有效期内继续有效。有效期内未使用或者未完全使用的许可证按规定到调整后的发证机构办理延期手续。

## 第七章 检查和处罚

**第三十六条** 商务部授权许可证局对各发证机构进行定期检查。检查的内容为发证机构执行本办法的情况，重点是检查是否有超配额、无配额或者越权越级违章发证以及其他违反本办法的问题。检查的方式，实行各发证机构定期或者不定期自查与许可证局抽查相结合的办法。

许可证局应当将检查的情况向商务部报告。

**第三十七条** 各发证机构应当按照商务部许可证联网核查的规定及时传送发证数据，以保证经营者顺利报关和海关核查；对海关反馈的核查数据应当认真核对，及时检查许可证的使用情况并找出存在的问题。许可证局应当定期将核对后的海关反馈核查数据报商务部。

**第三十八条** 对违反本办法第二十一条，超配额、无配额和越权越级发证的发证机构，商务部将视情节轻重给予其警告、暂停或者取消发证权等处分。

**第三十九条** 对伪造、变造或者买卖出口许可证的经营者，依照刑法关于非法经营罪或者伪造、变造、买卖国家机关公文、证件、印章罪的规定，依法追究刑事责任；尚不够刑事处罚的，依照海关法等相关法律法规的有关规定处罚。

对以欺骗或者其他不正当手段获取出口许可证的，商务部依法收缴其出口许可证。

商务部可以禁止违法行为人自前两款规定的行政处罚决定生效之日或者刑事处罚判决生效之日起一年以上三年以下的期限内从事有关的对外贸易经营活动。在禁止期限内，海关根据商务部依法作出的禁止决定，对该经营者的有关出口货物不予办理报关验放手续，外汇管理部门或者外汇指定银行不予办理有关结汇、售汇手续。

**第四十条** 超配额、无配额和越权越级发放的许可证无效。对第三十七条、第三十八条所涉出口许可证，一经查实，商务部予以吊销处理。对海关在实际监管或者案件处理过程中发现的涉及上述许可证的问题，发证部门应当给予明确回复。

**第四十一条** 对违反第二十五条第（一）款有关规定，未将属于出口许可证管理的非卖展品如数运回由海关核销的，由海关通知商务部，商务部和出国（境）经济贸易展览会审批部门视情节轻重给予该组展单位和参展单位警告、暂停审批其出国（境）展览项目一至两年等处分。

**第四十二条** 对发证机构工作人员违反本办法第二十一条构成犯罪的，依照《中华人民共和国刑法》的有关规定追究其刑事责任。对发证机构工作人员违反本办法尚不构成犯罪的，应当调离工作岗位，并根据《中华人民共和国公务员法》第五十五、第五十六条给予行政处分。

## 第八章 附 则

**第四十三条** 中国关境内其他地区货物进入到保税仓库、保税区和出口加工区的，按照现行有关规定执行。出口监管仓库、保税区、出口加工区的货物出口到境外，按现行规定执行。

**第四十四条** 边境贸易项下出口许可证管理仍按照现行有关规定执行。

**第四十五条** 《敏感物项和技术出口许可证》管辖货物不适用本办法。

**第四十六条** 本办法由商务部负责解释。

**第四十七条** 本办法自 2008 年 7 月 1 日起施行。原《货物出口许可证管理办法》（商务部令 2004 年第 28 号）同时废止。

# 商务部、外交部、国务院国有资产监督管理委员会关于进一步规范我国企业对外投资合作的通知

商合发〔2008〕222号

各省、自治区、直辖市、计划单列市及新疆生产建设兵团商务主管部门、外办、国有资产监督管理部门，各中央企业：

在党中央、国务院的领导下，我国对外投资合作快速发展，规模日益扩大、业务领域不断拓宽，呈现良好的发展势头。但在发展过程中也产生了一些不容忽视的问题，主要表现为：劳务群体性事件频发，涉及当地雇员的纠纷增多，环境保护问题时有发生，一些工程项目出现拖期，质量、安全事件呈上升趋势等。这虽不是我对外投资合作的主流，但如不高度重视，任其发展，危害巨大。为进一步规范企业对外投资合作，有效遏制各类损害国家和企业利益的事件发生，现就有关要求和措施通知如下：

## 一、充分认识规范企业对外投资合作的重要性

对外投资合作中存在的上述问题严重损害国家和企业形象、影响双边关系，激化矛盾，影响国内社会稳定，不利于我企业成长为有国际竞争力的跨国公司。各地区有关部门、各企业必须高度重视，站在维护国家形象和社会稳定的高度，从我企业长远发展大局出发，把规范对外投资合作工作抓紧抓好。

## 二、牢固树立“互利共赢、共同发展”的经营理念

要增强“知法守法，诚信经营”的自觉性。认真学习并严格遵守我国对外投资合作的法律法规和政策，深入研究并遵守所在国家的法律法规，特别是环境保护、劳动用工、出入境管理、安全生产、招标投标等方面的规定。

要高度重视并妥善处理劳资问题。要按照“科学发展观”的要求，在经营管理中切实贯彻“以人为本”的理念，为国内派出劳务人员及当地雇员提供符合法律规定及双方合同约定的工资、福利待遇和工作条件；努力拓宽与国内劳务人员、当地雇员的沟通渠道，积极回应其合理诉求，为其提供更为和谐的工作环境。

要注重与所在国社会各界和谐相处和共同发展。与国外政府保持良好关系，注意加强与当地工会组织、媒体、宗教人士、族群首领等社会各个阶层和社会力量的沟通，得到他们的理解和支持。要积极主动推进本地化经营，为当地人创造就业岗位。要增强政治敏感性，避免卷入当地政治、经济利益集团的纷争。

要认真履行必要的社会责任。深入了解并尊重当地的风俗习惯，特别是宗教习俗，努力搞好与当地人的关系。此外，必须要求企业赴境外工作人员注意公众场合的仪表和言谈举止，展示良好形象和对他人的尊重。

## 三、认真落实责任制

各地区有关部门、各企业要对本地区、本企业的境外项目情况定期进行摸底排查，企业要派出得力的专职干部在现场负责指导和监督，及时发现问题，及时报告，及时整改；企业主要负责人要亲自抓规范对外投资合作工作，严格责任制，落实境外质量、安全、纠纷处理等各项管理责任。

## 四、切实发挥中央企业的表率作用

中央企业是我国对外投资合作的骨干力量，其良好规范的经营不仅代表我国的整体实力和形象，也对我对外投资合作健康发展的全局起到重要作用。各中央企业要进一步增强社会责任意识，成为依法经营、诚实守信的表率，节约资源、保护环境的表率，以人为本、构建和谐企业的表率，努力成为企业对外投资合作的榜样。

## 五、加大对违法违规的惩处力度

我国各类所有制企业均应高度重视，并严格按

本通知的要求做好规范对外投资合作工作。

对违法违规并造成严重后果的企业，商务部、外交部、国资委将依据有关规定作出处理或处罚。商务部将依有关规定给予通报批评、警告、不予通过年审、暂停直至取消经营资格等处理或处罚。外交部将依据有关规定视情在有关企业或主管部门的外事审批权、护照申办权或签证自办（代办）权方面作出处罚。国资委将对产生不良影响的企业和有关责任人作出相应处罚。

各地方商务主管部门、外办、国有资产监督管理部门要按照本通知的精神，采取相应措施，对违法违规并造成严重后果的本地企业分别给予相应的处理和处罚。

特此通知

中华人民共和国商务部

中华人民共和国外交部

国务院国有资产监督管理委员会

二〇〇八年六月六日

# 对外承包工程管理条例

国务院令第527号

## 第一章　总　则

**第一条**　为了规范对外承包工程，促进对外承包工程健康发展，制定本条例。

**第二条**　本条例所称对外承包工程，是指中国的企业或者其他单位（以下统称单位）承包境外建设工程项目（以下简称工程项目）的活动。

**第三条**　国家鼓励和支持开展对外承包工程，提高对外承包工程的质量和水平。

国务院有关部门制定和完善促进对外承包工程的政策措施，建立、健全对外承包工程服务体系和风险保障机制。

**第四条**　开展对外承包工程，应当维护国家利益和社会公共利益，保障外派人员的合法权益。

开展对外承包工程，应当遵守工程项目所在国家或者地区的法律，信守合同，尊重当地的风俗习惯，注重生态环境保护，促进当地经济社会发展。

**第五条**　国务院商务主管部门负责全国对外承包工程的监督管理，国务院有关部门在各自的职责范围内负责与对外承包工程有关的管理工作。

国务院建设主管部门组织协调建设企业参与对外承包工程。

省、自治区、直辖市人民政府商务主管部门负责本行政区域内对外承包工程的监督管理。

**第六条**　有关对外承包工程的协会、商会按照章程为其成员提供与对外承包工程有关的信息、培训等方面的服务，依法制定行业规范，发挥协调和自律作用，维护公平竞争和成员利益。

## 第二章　对外承包工程资格

**第七条**　对外承包工程的单位应当依照本条例的规定，取得对外承包工程资格。

**第八条**　申请对外承包工程资格，应当具备下列条件：

（一）有法人资格，工程建设类单位还应当依法取得建设主管部门或者其他有关部门颁发的特级或者一级（甲级）资质证书；

（二）有与开展对外承包工程相适应的资金和专业技术人员，管理人员中至少2人具有2年以上从事对外承包工程的经历；

（三）有与开展对外承包工程相适应的安全防范能力；

（四）有保障工程质量和安全生产的规章制度，最近2年内没有发生重大工程质量问题和较大事故以上的生产安全事故；

（五）有良好的商业信誉，最近3年内没有重大违约行为和重大违法经营记录。

**第九条**　申请对外承包工程资格，中央企业和中央管理的其他单位（以下称中央单位）应当向国务院商务主管部门提出申请，中央单位以外的单位应当向所在地省、自治区、直辖市人民政府商务主管部门提出申请；申请时应当提交申请书和符合本条例第八条规定条件的证明材料。国务院商务主管部门或者省、自治区、直辖市人民政府商务主管部门应当自收到申请书和证明材料之日起30日内，会同同级建设主管部门进行审查，作出批准或者不予批准的决定。予以批准的，由受理申请的国务院商务主管部门或者省、自治区、直辖市人民政府商务主管部门颁发对外承包工程资格证书；不予批准的，书面通知申请单位并说明理由。省、自治区、直辖市人民政府商务主管部门应当将其颁发对外承包工程资格证书的情况报国务院商务主管部门备案。

**第十条**　国务院商务主管部门和省、自治区、直辖市人民政府商务主管部门在监督检查中，发现对外承包工程的单位不再具备本条例规定条件的，应当责令其限期整改；逾期仍达不到本条例规定条件的，吊销其对外承包工程资格证书。

## 第三章 对外承包工程活动

**第十一条** 国务院商务主管部门应当会同国务院有关部门建立对外承包工程安全风险评估机制，定期发布有关国家和地区安全状况的评估结果，及时提供预警信息，指导对外承包工程的单位做好安全风险防范。

**第十二条** 对外承包工程的单位不得以不正当的低价承揽工程项目、串通投标，不得进行商业贿赂。

**第十三条** 对外承包工程的单位应当与境外工程项目发包人订立书面合同，明确双方的权利和义务，并按照合同约定履行义务。

**第十四条** 对外承包工程的单位应当加强对工程质量和安全生产的管理，建立、健全并严格执行工程质量和安全生产管理的规章制度。

对外承包工程的单位将工程项目分包的，应当与分包单位订立专门的工程质量和安全生产管理协议，或者在分包合同中约定各自的工程质量和安全生产管理责任，并对分包单位的工程质量和安全生产工作统一协调、管理。

对外承包工程的单位不得将工程项目分包给不具备国家规定的相应资质的单位；工程项目的建筑施工部分不得分包给未依法取得安全生产许可证的境内建筑施工企业。

分包单位不得将工程项目转包或者再分包。对外承包工程的单位应当在分包合同中明确约定分包单位不得将工程项目转包或者再分包，并负责监督。

**第十五条** 从事对外承包工程外派人员中介服务的机构应当取得国务院商务主管部门的许可，并按照国务院商务主管部门的规定从事对外承包工程外派人员中介服务。

对外承包工程的单位通过中介机构招用外派人员的，应当选择依法取得许可并合法经营的中介机构，不得通过未依法取得许可或者有重大违法行为的中介机构招用外派人员。

**第十六条** 对外承包工程的单位应当依法与其招用的外派人员订立劳动合同，按照合同约定向外派人员提供工作条件和支付报酬，履行用人单位义务。

**第十七条** 对外承包工程的单位应当有专门的安全管理机构和人员，负责保护外派人员的人身和财产安全，并根据所承包工程项目的具体情况，制定保护外派人员人身和财产安全的方案，落实所需经费。

对外承包工程的单位应当根据工程项目所在国家或者地区的安全状况，有针对性地对外派人员进行安全防范教育和应急知识培训，增强外派人员的安全防范意识和自我保护能力。

**第十八条** 对外承包工程的单位应当为外派人员购买境外人身意外伤害保险。

**第十九条** 对外承包工程的单位应当按照国务院商务主管部门和国务院财政部门的规定，及时存缴备用金。

前款规定的备用金，用于支付对外承包工程的单位拒绝承担或者无力承担的下列费用：

（一）外派人员的报酬；

（二）因发生突发事件，外派人员回国或者接受其他紧急救助所需费用；

（三）依法应当对外派人员的损失进行赔偿所需费用。

**第二十条** 对外承包工程的单位与境外工程项目发包人订立合同后，应当及时向中国驻该工程项目所在国使馆（领馆）报告。

对外承包工程的单位应当接受中国驻该工程项目所在国使馆（领馆）在突发事件防范、工程质量、安全生产及外派人员保护等方面的指导。

**第二十一条** 对外承包工程的单位应当制定突发事件应急预案；在境外发生突发事件时，应当及时、妥善处理，并立即向中国驻该工程项目所在国使馆（领馆）和国内有关主管部门报告。

国务院商务主管部门应当会同国务院有关部门，按照预防和处置并重的原则，建立、健全对外承包工程突发事件预警、防范和应急处置机制，制定对外承包工程突发事件应急预案。

**第二十二条** 对外承包工程的单位应当定期向商务主管部门报告其开展对外承包工程的情况，并按照国务院商务主管部门和国务院统计部门的规定，向有关部门报送业务统计资料。

**第二十三条**　国务院商务主管部门应当会同国务院有关部门建立对外承包工程信息收集、通报制度，向对外承包工程的单位无偿提供信息服务。

有关部门应当在货物通关、人员出入境等方面，依法为对外承包工程的单位提供快捷、便利的服务。

## 第四章　法律责任

**第二十四条**　未取得对外承包工程资格，擅自开展对外承包工程的，由商务主管部门责令改正，处50万元以上100万元以下的罚款；有违法所得的，没收违法所得；对其主要负责人处5万元以上10万元以下的罚款。

**第二十五条**　对外承包工程的单位有下列情形之一的，由商务主管部门责令改正，处10万元以上20万元以下的罚款，对其主要负责人处1万元以上2万元以下的罚款；拒不改正的，商务主管部门可以禁止其在1年以上3年以下的期限内对外承包新的工程项目；造成重大工程质量问题、发生较大事故以上生产安全事故或者造成其他严重后果的，商务主管部门可以吊销其对外承包工程资格证书；对工程建设类单位，建设主管部门或者其他有关主管部门可以降低其资质等级或者吊销其资质证书：

（一）未建立并严格执行工程质量和安全生产管理的规章制度的；

（二）没有专门的安全管理机构和人员负责保护外派人员的人身和财产安全，或者未根据所承包工程项目的具体情况制定保护外派人员人身和财产安全的方案并落实所需经费的；

（三）未对外派人员进行安全防范教育和应急知识培训的；

（四）未制定突发事件应急预案，或者在境外发生突发事件，未及时、妥善处理的。

**第二十六条**　对外承包工程的单位有下列情形之一的，由商务主管部门责令改正，处15万元以上30万元以下的罚款，对其主要负责人处2万元以上5万元以下的罚款；拒不改正的，商务主管部门可以禁止其在2年以上5年以下的期限内对外承包新的工程项目；造成重大工程质量问题、发生较大事故以上生产安全事故或者造成其他严重后果的，商务主管部门可以吊销其对外承包工程资格证书；对工程建设类单位，建设主管部门或者其他有关主管部门可以降低其资质等级或者吊销其资质证书：

（一）以不正当的低价承揽工程项目、串通投标或者进行商业贿赂的；

（二）未与分包单位订立专门的工程质量和安全生产管理协议，或者未在分包合同中约定各自的工程质量和安全生产管理责任，或者未对分包单位的工程质量和安全生产工作统一协调、管理的；

（三）将工程项目分包给不具备国家规定的相应资质的单位，或者将工程项目的建筑施工部分分包给未依法取得安全生产许可证的境内建筑施工企业的；

（四）未在分包合同中明确约定分包单位不得将工程项目转包或者再分包的。分包单位将其承包的工程项目转包或者再分包的，由建设主管部门责令改正，依照前款规定的数额对分包单位及其主要负责人处以罚款；造成重大工程质量问题，或者发生较大事故以上生产安全事故的，建设主管部门或者其他有关主管部门可以降低其资质等级或者吊销其资质证书。

**第二十七条**　对外承包工程的单位有下列情形之一的，由商务主管部门责令改正，处2万元以上5万元以下的罚款；拒不改正的，对其主要负责人处5 000元以上1万元以下的罚款：

（一）与境外工程项目发包人订立合同后，未及时向中国驻该工程项目所在国使馆（领馆）报告的；

（二）在境外发生突发事件，未立即向中国驻该工程项目所在国使馆（领馆）和国内有关主管部门报告的；

（三）未定期向商务主管部门报告其开展对外承包工程的情况，或者未按照规定向有关部门报送业务统计资料的。

**第二十八条**　对外承包工程的单位通过未依法取得许可或者有重大违法行为的中介机构招用外派

人员，或者不依照本条例规定为外派人员购买境外人身意外伤害保险，或者未按照规定存缴备用金的，由商务主管部门责令限期改正，处5万元以上10万元以下的罚款，对其主要负责人处5 000元以上1万元以下的罚款；逾期不改正的，商务主管部门可以禁止其在1年以上3年以下的期限内对外承包新的工程项目。

未取得国务院商务主管部门的许可，擅自从事对外承包工程外派人员中介服务的，由国务院商务主管部门责令改正，处10万元以上20万元以下的罚款；有违法所得的，没收违法所得；对其主要负责人处5万元以上10万元以下的罚款。

**第二十九条** 商务主管部门、建设主管部门和其他有关部门的工作人员在对外承包工程监督管理工作中滥用职权、玩忽职守、徇私舞弊，构成犯罪的，依法追究刑事责任；尚不构成犯罪的，依法给予处分。

## 第五章 附 则

**第三十条** 对外承包工程涉及的货物进出口、技术进出口、人员出入境、海关以及税收、外汇等事项，依照有关法律、行政法规和国家有关规定办理。

**第三十一条** 对外承包工程的单位以投标、议标方式参与报价金额在国务院商务主管部门和国务院财政部门等有关部门规定标准以上的工程项目的，其银行保函的出具等事项，依照国务院商务主管部门和国务院财政部门等有关部门的规定办理。

**第三十二条** 对外承包工程的单位承包特定工程项目，或者在国务院商务主管部门会同外交部等有关部门确定的特定国家或者地区承包工程项目的，应当经国务院商务主管部门会同国务院有关部门批准。

**第三十三条** 中国内地的单位在香港特别行政区、澳门特别行政区、台湾地区承包工程项目，参照本条例的规定执行。

**第三十四条** 中国政府对外援建的工程项目的实施及其管理，依照国家有关规定执行。

**第三十五条** 本条例自2008年9月1日起施行。

# 国家发展改革委关于进一步加强和规范外商投资项目管理的通知

发改外资〔2008〕1773号

各省、自治区、直辖市及计划单列市，副省级省会城市，新疆生产建设兵团发展改革委、经贸委（经委）：

自2004年我国投资体制改革以来，外商投资项目实行了核准制度，对进一步完善投资环境、提高利用外资质量、加强宏观调控发挥了积极作用。但是，一些地方仍存在着未严格执行国家有关规定，对外商投资项目管理失当的问题。有的外商投资项目未经核准即已开工建设，有的未严格按照核准内容进行建设，有的投资者借国际资本市场波动、我国汇率政策调整之机，采取虚假合资、虚报总投资、设立空壳公司等方式，以外商直接投资的名义调入资金，并将资本金结汇挪作他用，谋取不正当利益，对我国经济健康发展和国际收支平衡带来潜在的风险。为进一步规范外商投资项目管理，防止外汇资金异常流入，根据《国务院关于投资体制改革的决定》（国发〔2004〕20号）和《国家发展改革委外商投资项目核准暂行管理办法》（委第22号令）以及其他相关法律法规规章的有关规定，现将有关事项通知如下：

一、严格执行外商投资项目核准制。各级发展改革部门要从维护经济安全、合理开发利用资源、保护生态环境、优化重大布局、保障公共利益、防止出现垄断、投资准入、资本项目管理等方面，对外商投资项目进行核准。要坚持外商投资先核准项目，再设立企业的原则，防止设立空壳公司。各类外商投资项目，包括中外合资、中外合作、外商独资项目、外商购并境内企业项目、外商投资企业（含通过境外上市而转制的外商投资企业）增资项目和再投资项目等，均要实行核准制。

二、加强对外商投资项目真实性的审查。各级发展改革部门在核准项目时，要根据项目建设规模和主要建设内容等核定项目总投资，必要时可委托有资质的咨询机构进行评估；注意把握并监控境外资金的流向，严格外商投资项目总投资与资本金的差额管理，落实融资方案，需要对外举债的，要严格执行国家有关外债管理的规定；加强对境外投资者背景和资信情况的审查，对背景不明、资信达不到要求或材料不完整的，要严格审查，防止无真实投资背景的外汇资金流入。

三、落实外商投资项目分类分级管理制。按照《外商投资产业指导目录》，总投资（包括增资额，下同）1亿美元及以上的鼓励类、允许类项目和总投资5 000万美元及以上的限制类项目，由国家发展改革委核准项目申请报告；总投资1亿美元以下的鼓励类、允许类项目和总投资5 000万美元以下的限制类项目由地方发展改革部门核准，其中限制类项目由省级发展改革部门核准，此类项目的核准权不得以任何理由、任何方式下放。

四、规范新开工项目管理，严格各项项目核准条件。各级发展改革部门要按照《国务院办公厅关于加强和规范新开工项目管理的通知》（国办发〔2007〕64号）精神，严格规范外商投资项目新开工条件。项目单位向发展改革部门报送项目申请报告，涉及规划选址、用地预审、环评审批的，应附送相关文件。有关文件办理事项，要执行相关主管部门规定的程序和权限。要严格限制严重污染环境和高能耗、高物耗、资源消耗大的项目，未按要求取得规划选址、用地预审、环评审批和节能评估等文件的项目，以及不符合《国家发展改革委外商投资项目核准暂行管理办法》（委第22号令）核准要求的项目，各级发展改革部门不得核准。各级发展改革部门要与国土资源、环境保护、住房和城乡建设、商务（外经贸）、外汇管理、海关和税务等部门加强沟通，各司其职，形成合力，健全对外商投资项目管理的联动机制。

五、加强对已核准项目的监督检查。在做好外资项目统计和信息管理的同时，督促项目建设单位按照项目核准文件的要求开展工作，强化监督检查。对于未经合规核准的外商投资项目，或以化整为零、提供虚假材料等不正当手段取得核准文件的项目，或不按项目核准文件要求进行建设，已调入境内的资金不用于建设项目的，应及时纠正，情节严重的，可依法撤销项目核准文件并责令其停止建设。存有上述问题的项目，一经发现，不得享受采购设备税收减免等相关优惠政策，对其上市或发债的申请不予支持。

各地发展改革部门要统一认识，自觉维护国家宏观调控的大局，进一步深化投资体制改革，依法加强和规范对外商投资项目的管理。同时，要努力提高工作效率，不断增强服务意识，维护投资者的正当权益。对于符合国家产业政策和相关要求的项目，要积极给予指导和支持，尽快办理各项手续，主动帮助解决项目建设过程中遇到的问题和困难，引导外商投资投向国家鼓励的产业和地区，推动产业结构优化升级，提高利用外资的质量和水平。各类投资主体也要严格执行国家相关法律法规的规定，认真履行项目核准程序，自觉接受监督和管理。

国家发展和改革委员会

二〇〇八年七月八日

# 中华人民共和国外汇管理条例

（1996年1月29日中华人民共和国国务院令第193号发布　根据1997年1月14日《国务院关于修改〈中华人民共和国外汇管理条例〉的决定》修订　2008年8月1日国务院第20次常务会议修订通过）

## 第一章　总　则

**第一条**　为了加强外汇管理，促进国际收支平衡，促进国民经济健康发展，制定本条例。

**第二条**　国务院外汇管理部门及其分支机构（以下统称外汇管理机关）依法履行外汇管理职责，负责本条例的实施。

**第三条**　本条例所称外汇，是指下列以外币表示的可以用作国际清偿的支付手段和资产：

（一）外币现钞，包括纸币、铸币；

（二）外币支付凭证或者支付工具，包括票据、银行存款凭证、银行卡等；

（三）外币有价证券，包括债券、股票等；

（四）特别提款权；

（五）其他外汇资产。

**第四条**　境内机构、境内个人的外汇收支或者外汇经营活动，以及境外机构、境外个人在境内的外汇收支或者外汇经营活动，适用本条例。

**第五条**　国家对经常性国际支付和转移不予限制。

**第六条**　国家实行国际收支统计申报制度。

国务院外汇管理部门应当对国际收支进行统计、监测，定期公布国际收支状况。

**第七条**　经营外汇业务的金融机构应当按照国务院外汇管理部门的规定为客户开立外汇账户，并通过外汇账户办理外汇业务。

经营外汇业务的金融机构应当依法向外汇管理机关报送客户的外汇收支及账户变动情况。

**第八条**　中华人民共和国境内禁止外币流通，并不得以外币计价结算，但国家另有规定的除外。

**第九条**　境内机构、境内个人的外汇收入可以调回境内或者存放境外；调回境内或者存放境外的条件、期限等，由国务院外汇管理部门根据国际收支状况和外汇管理的需要做出规定。

**第十条**　国务院外汇管理部门依法持有、管理、经营国家外汇储备，遵循安全、流动、增值的原则。

**第十一条**　国际收支出现或者可能出现严重失衡，以及国民经济出现或者可能出现严重危机时，国家可以对国际收支采取必要的保障、控制等措施。

## 第二章　经常项目外汇管理

**第十二条**　经常项目外汇收支应当具有真实、合法的交易基础。经营结汇、售汇业务的金融机构应当按照国务院外汇管理部门的规定，对交易单证的真实性及其与外汇收支的一致性进行合理审查。

外汇管理机关有权对前款规定事项进行监督检查。

**第十三条**　经常项目外汇收入，可以按照国家有关规定保留或者卖给经营结汇、售汇业务的金融机构。

**第十四条**　经常项目外汇支出，应当按照国务院外汇管理部门关于付汇与购汇的管理规定，凭有效单证以自有外汇支付或者向经营结汇、售汇业务的金融机构购汇支付。

**第十五条**　携带、申报外币现钞出入境的限额，由国务院外汇管理部门规定。

## 第三章　资本项目外汇管理

**第十六条**　境外机构、境外个人在境内直接投资，经有关主管部门批准后，应当到外汇管理机关办理登记。

境外机构、境外个人在境内从事有价证券或者衍生产品发行、交易，应当遵守国家关于市场准入的规定，并按照国务院外汇管理部门的规定办理登记。

**第十七条**　境内机构、境内个人向境外直接投资或者从事境外有价证券、衍生产品发行、交易，应当按照国务院外汇管理部门的规定办理登记。国家规定需要事先经有关主管部门批准或者备案的，应当在外汇登记前办理批准或者备案手续。

**第十八条**　国家对外债实行规模管理。借用外债应当按照国家有关规定办理，并到外汇管理机关办理外债登记。

国务院外汇管理部门负责全国的外债统计与监测，并定期公布外债情况。

**第十九条**　提供对外担保，应当向外汇管理机关提出申请，由外汇管理机关根据申请人的资产负债等情况做出批准或者不批准的决定；国家规定其经营范围需经有关主管部门批准的，应当在向外汇管理机关提出申请前办理批准手续。申请人签订对外担保合同后，应当到外汇管理机关办理对外担保登记。

经国务院批准为使用外国政府或者国际金融组织贷款进行转贷提供对外担保的，不适用前款规定。

**第二十条**　银行业金融机构在经批准的经营范围内可以直接向境外提供商业贷款。其他境内机构向境外提供商业贷款，应当向外汇管理机关提出申请，外汇管理机关根据申请人的资产负债等情况做出批准或者不批准的决定；国家规定其经营范围需经有关主管部门批准的，应当在向外汇管理机关提出申请前办理批准手续。

向境外提供商业贷款，应当按照国务院外汇管理部门的规定办理登记。

**第二十一条**　资本项目外汇收入保留或者卖给经营结汇、售汇业务的金融机构，应当经外汇管理机关批准，但国家规定无需批准的除外。

**第二十二条**　资本项目外汇支出，应当按照国务院外汇管理部门关于付汇与购汇的管理规定，凭有效单证以自有外汇支付或者向经营结汇、售汇业务的金融机构购汇支付。国家规定应当经外汇管理机关批准的，应当在外汇支付前办理批准手续。

依法终止的外商投资企业，按照国家有关规定进行清算、纳税后，属于外方投资者所有的人民币，可以向经营结汇、售汇业务的金融机构购汇汇出。

**第二十三条**　资本项目外汇及结汇资金，应当按照有关主管部门及外汇管理机关批准的用途使用。外汇管理机关有权对资本项目外汇及结汇资金使用和账户变动情况进行监督检查。

## 第四章　金融机构外汇业务管理

**第二十四条**　金融机构经营或者终止经营结汇、售汇业务，应当经外汇管理机关批准；经营或者终止经营其他外汇业务，应当按照职责分工经外汇管理机关或者金融业监督管理机构批准。

**第二十五条**　外汇管理机关对金融机构外汇业务实行综合头寸管理，具体办法由国务院外汇管理部门制定。

**第二十六条**　金融机构的资本金、利润以及因本外币资产不匹配需要进行人民币与外币间转换的，应当经外汇管理机关批准。

## 第五章　人民币汇率和外汇市场管理

**第二十七条**　人民币汇率实行以市场供求为基础的、有管理的浮动汇率制度。

**第二十八条**　经营结汇、售汇业务的金融机构和符合国务院外汇管理部门规定条件的其他机构，可以按照国务院外汇管理部门的规定在银行间外汇市场进行外汇交易。

**第二十九条**　外汇市场交易应当遵循公开、公平、公正和诚实信用的原则。

**第三十条**　外汇市场交易的币种和形式由国务院外汇管理部门规定。

**第三十一条**　国务院外汇管理部门依法监督管理全国的外汇市场。

**第三十二条**　国务院外汇管理部门可以根据外汇市场的变化和货币政策的要求，依法对外汇市场进行调节。

## 第六章　监督管理

**第三十三条**　外汇管理机关依法履行职责，有权采取下列措施：

（一）对经营外汇业务的金融机构进行现场检查；

（二）进入涉嫌外汇违法行为发生场所调查取证；

（三）询问有外汇收支或者外汇经营活动的机构和个人，要求其对与被调查外汇违法事件直接有关的事项做出说明；

（四）查阅、复制与被调查外汇违法事件直接有关的交易单证等资料；

（五）查阅、复制被调查外汇违法事件的当事人和直接有关的单位、个人的财务会计资料及相关文件，对可能被转移、隐匿或者毁损的文件和资料，可以予以封存；

（六）经国务院外汇管理部门或者省级外汇管理机关负责人批准，查询被调查外汇违法事件的当事人和直接有关的单位、个人的账户，但个人储蓄存款账户除外；

（七）对有证据证明已经或者可能转移、隐匿违法资金等涉案财产或者隐匿、伪造、毁损重要证据的，可以申请人民法院冻结或者查封。

有关单位和个人应当配合外汇管理机关的监督检查，如实说明有关情况并提供有关文件、资料，不得拒绝、阻碍和隐瞒。

**第三十四条**　外汇管理机关依法进行监督检查或者调查，监督检查或者调查的人员不得少于2人，并应当出示证件。监督检查、调查的人员少于2人或者未出示证件的，被监督检查、调查的单位和个人有权拒绝。

**第三十五条**　有外汇经营活动的境内机构，应当按照国务院外汇管理部门的规定报送财务会计报告、统计报表等资料。

**第三十六条**　经营外汇业务的金融机构发现客户有外汇违法行为的，应当及时向外汇管理机关报告。

**第三十七条**　国务院外汇管理部门为履行外汇管理职责，可以从国务院有关部门、机构获取所必需的信息，国务院有关部门、机构应当提供。

国务院外汇管理部门应当向国务院有关部门、机构通报外汇管理工作情况。

**第三十八条**　任何单位和个人都有权举报外汇违法行为。

外汇管理机关应当为举报人保密，并按照规定对举报人或者协助查处外汇违法行为有功的单位和个人给予奖励。

## 第七章　法律责任

**第三十九条**　有违反规定将境内外汇转移境外，或者以欺骗手段将境内资本转移境外等逃汇行为的，由外汇管理机关责令限期调回外汇，处逃汇金额30%以下的罚款；情节严重的，处逃汇金额30%以上等值以下的罚款；构成犯罪的，依法追究刑事责任。

**第四十条**　有违反规定以外汇收付应当以人民币收付的款项，或者以虚假、无效的交易单证等向经营结汇、售汇业务的金融机构骗购外汇等非法套汇行为的，由外汇管理机关责令对非法套汇资金予以回兑，处非法套汇金额 30%以下的罚款；情节严重的，处非法套汇金额 30%以上等值以下的罚款；构成犯罪的，依法追究刑事责任。

**第四十一条** 违反规定将外汇汇入境内的，由外汇管理机关责令改正，处违法金额 30%以下的罚款；情节严重的，处违法金额 30%以上等值以下的罚款。

非法结汇的，由外汇管理机关责令对非法结汇资金予以回兑，处违法金额 30%以下的罚款。

**第四十二条** 违反规定携带外汇出入境的，由外汇管理机关给予警告，可以处违法金额 20%以下的罚款。法律、行政法规规定由海关予以处罚的，从其规定。

**第四十三条** 有擅自对外借款、在境外发行债券或者提供对外担保等违反外债管理行为的，由外汇管理机关给予警告，处违法金额 30%以下的罚款。

**第四十四条** 违反规定，擅自改变外汇或者结汇资金用途的，由外汇管理机关责令改正，没收违法所得，处违法金额 30%以下的罚款；情节严重的，处违法金额 30%以上等值以下的罚款。

有违反规定以外币在境内计价结算或者划转外汇等非法使用外汇行为的，由外汇管理机关责令改正，给予警告，可以处违法金额 30%以下的罚款。

**第四十五条** 私自买卖外汇、变相买卖外汇、倒买倒卖外汇或者非法介绍买卖外汇数额较大的，由外汇管理机关给予警告，没收违法所得，处违法金额 30%以下的罚款；情节严重的，处违法金额 30%以上等值以下的罚款；构成犯罪的，依法追究刑事责任。

**第四十六条** 未经批准擅自经营结汇、售汇业务的，由外汇管理机关责令改正，有违法所得的，没收违法所得，违法所得 50 万元以上的，并处违法所得 1 倍以上 5 倍以下的罚款；没有违法所得或者违法所得不足 50 万元的，处 50 万元以上 200 万元以下的罚款；情节严重的，由有关主管部门责令停业整顿或者吊销业务许可证；构成犯罪的，依法追究刑事责任。

未经批准经营结汇、售汇业务以外的其他外汇业务的，由外汇管理机关或者金融业监督管理机构依照前款规定予以处罚。

**第四十七条** 金融机构有下列情形之一的，由外汇管理机关责令限期改正，没收违法所得，并处 20 万元以上 100 万元以下的罚款；情节严重或者逾期不改正的，由外汇管理机关责令停止经营相关业务：

（一）办理经常项目资金收付，未对交易单证的真实性及其与外汇收支的一致性进行合理审查的；

（二）违反规定办理资本项目资金收付的；

（三）违反规定办理结汇、售汇业务的；

（四）违反外汇业务综合头寸管理的；

（五）违反外汇市场交易管理的。

**第四十八条** 有下列情形之一的，由外汇管理机关责令改正，给予警告，对机构可以处 30 万元以下的罚款，对个人可以处 5 万元以下的罚款：

（一）未按照规定进行国际收支统计申报的；

（二）未按照规定报送财务会计报告、统计报表等资料的；

（三）未按照规定提交有效单证或者提交的单证不真实的；

（四）违反外汇账户管理规定的；

（五）违反外汇登记管理规定的；

（六）拒绝、阻碍外汇管理机关依法进行监督检查或者调查的。

**第四十九条** 境内机构违反外汇管理规定的，除依照本条例给予处罚外，对直接负责的主管人员和其他直接责任人员，应当给予处分；对金融机构负有直接责任的董事、监事、高级管理人员和其他直接责任人员给予警告，处 5 万元以上 50 万元以下的罚款；构成犯罪的，依法追究刑事责任。

**第五十条** 外汇管理机关工作人员徇私舞弊、滥用职权、玩忽职守，构成犯罪的，依法追究刑事责任；尚不构成犯罪的，依法给予处分。

**第五十一条** 当事人对外汇管理机关作出的具体行政行为不服的，可以依法申请行政复议；对行政复议决定仍不服的，可以依法向人民法院提起行政诉讼。

## 第八章 附 则

**第五十二条** 本条例下列用语的含义：

（一）境内机构，是指中华人民共和国境内的国家机关、企业、事业单位、社会团体、部队等，外国驻华外交领事机构和国际组织驻华代表机构除外。

（二）境内个人，是指中国公民和在中华人民共和国境内连续居住满1年的外国人，外国驻华外交人员和国际组织驻华代表除外。

（三）经常项目，是指国际收支中涉及货物、服务、收益及经常转移的交易项目等。

（四）资本项目，是指国际收支中引起对外资产和负债水平发生变化的交易项目，包括资本转移、直接投资、证券投资、衍生产品及贷款等。

**第五十三条** 非金融机构经营结汇、售汇业务，应当由国务院外汇管理部门批准，具体管理办法由国务院外汇管理部门另行制定。

**第五十四条** 本条例自公布之日起施行。

二〇〇八年八月五日

# 国务院关于经营者集中申报标准的规定

国务院令第 529 号

**第一条** 为了明确经营者集中的申报标准，根据《中华人民共和国反垄断法》，制定本规定。

**第二条** 经营者集中是指下列情形：

（一）经营者合并；

（二）经营者通过取得股权或者资产的方式取得对其他经营者的控制权；

（三）经营者通过合同等方式取得对其他经营者的控制权或者能够对其他经营者施加决定性影响。

**第三条** 经营者集中达到下列标准之一的，经营者应当事先向国务院商务主管部门申报，未申报的不得实施集中：

（一）参与集中的所有经营者上一会计年度在全球范围内的营业额合计超过 100 亿元人民币，并且其中至少两个经营者上一会计年度在中国境内的营业额均超过 4 亿元人民币；

（二）参与集中的所有经营者上一会计年度在中国境内的营业额合计超过 20 亿元人民币，并且其中至少两个经营者上一会计年度在中国境内的营业额均超过 4 亿元人民币。

营业额的计算，应当考虑银行、保险、证券、期货等特殊行业、领域的实际情况，具体办法由国务院商务主管部门会同国务院有关部门制定。

**第四条** 经营者集中未达到本规定第三条规定的申报标准，但按照规定程序收集的事实和证据表明该经营者集中具有或者可能具有排除、限制竞争效果的，国务院商务主管部门应当依法进行调查。

**第五条** 本规定自公布之日起施行。

二〇〇八年八月三日

# 商务部关于做好外商投资房地产业备案工作的通知

商资函〔2008〕23号

各省、自治区、直辖市、计划单列市及新疆生产建设兵团商务主管部门：

2006年，经国务院批准，原建设部等六部门联合下发了《关于规范房地产市场外资准入和管理的意见（建住房〔2006〕171号，以下称171号文），商务部、外汇局下发了《关于进一步加强、规范外商直接投资房地产业审批和监管的通知》（商资函〔2007〕50号，以下称50号文）等规定。地方各级商务主管部门认真落实国家宏观调控政策，较好地贯彻执行了关于加强外商投资房地产业监管的有关规定，并在外商投资房地产业备案工作方面形成了较好的工作机制。为严格备案材料核对，简化程序，提高工作效率，进一步做好备案工作，现就有关事项通知如下：

一、商务部委托省级商务主管部门对外商投资房地产业备案材料进行核对。地方商务主管部门依法批准外商投资房地产事项后（包括设立企业、增资、扩股、股权转让、并购等），将原需报商务部备案的材料送省级商务主管部门进行核对。

二、省级商务主管部门需根据171号文、50号文及相关规定的要求对下述材料的合法性、真实性、准确性进行核对：

1. 公司提供的土地使用权、房地产建筑物所有权，或签订的土地使用权或房产权预约出让/购买协议等文件是其依法取得，真实有效，符合相关规定；

2. 投资设立（增资）的公司符合项目公司原则，投资（包括增资）仅限于经批准的单一房地产项目；

3. 公司注册资本占投资总额的比例不低于50%；

4. 公司提供的材料证明外方股东不属于境内公司/自然人在境外设立的公司；公司各股东之间不存在关联关系，不属于同一实际控制人；

5. 公司中外投资各方未订立保证任何一方固定回报或变相固定回报的条款；

6. 项目投资依项目建设进度分期投入，公司提供了资金用途和分期投入的承诺。

三、省级商务主管部门根据外商投资法律法规、房地产宏观调控措施和加强监管的相关规定，会同省级有关部门对上述材料进行核对，符合规定的，将填写完备并加盖省级人民政府办公厅和省级商务主管部门公章的《外商投资房地产业备案表》（附后）送商务部，商务部依法予以备案。核对材料由省级商务主管部门存档。

四、商务部会同国务院有关部门对外商投资房地产企业进行抽查，原则上每季度随机抽查5～10家。省级商务主管部门收到商务部通知后5个工作日内将该企业核对材料送商务部。

五、经核查不符合现行规定的外商投资房地产企业，商务部将通知外汇管理部门取消公司外汇登记，并取消其外资统计。同一地方商务主管部门两次出现违规的，商务部将在商务系统内对其通报批评，限期未改，收回授权。

六、本通知自2008年7月1日起开始执行。

# 商务部关于外商投资股份有限公司非上市外资股转 B 股流通有关问题的通知

商资函〔2008〕59 号

各省、自治区、直辖市及计划单列市商务主管部门：

为推动境内证券市场的健康发展，国家有关部门对发行上市前属于中外合资企业的 B 股公司非上市外资股上市流通申请（以下简称非上市外资股转 B 股流通）的审核程序做了调整，为做好相关政策和程序调整后的衔接工作，现就有关问题通知如下：

一、允许含有 B 股的外商投资股份有限公司非上市外资股转在 B 股市场上流通（以下简称非上市外资股转 B 股流通）。非上市外资股转 B 股流通应按照原外经贸部和证监会于 2001 年 10 月 8 日发布的《关于上市公司涉及外商投资有关问题的若干意见》（外经贸资发〔2001〕538 号）执行。

二、前款所述外商投资股份有限公司是指经依法批准设立的外商投资股份有限公司。未经依法批准设立的外商投资股份有限公司的非上市外资股不得转在 B 股市场上流通。

三、非上市外资股转 B 股流通除满足国家关于上市发行股票的要求外还应符合下列条件：

（一）申请人应为按规定和程序设立的外商投资股份有限公司；

（二）申请人应符合外商投资产业政策；

（三）拟转 B 股流通的非上市外资股股东如依照申请人章程、股东协议及其他法律文件和法律法规要求承担特殊义务和责任的（包括但不限于提供股东贷款、提供贷款担保、技术转让、商标许可，等等），应在履行完上述义务和责任后方可申请非上市外资股转 B 股流通；

（四）申请人申请前两年内均已通过外商投资企业联合年检，且按照营业执照载明的经营范围从事正常的生产经营活动，公司股票交易正常；

（五）拟转 B 股流通的非上市外资股股东持有该非上市外资股的期限超过一年；

（六）非上市外资股转为流通股后，其原股东继续持有的期限须超过一年。

四、非上市外资股转 B 股流通按以下程序办理：

（一）申请人向所在地省级商务主管部门提出申请；

（二）申请人所在地省级商务主管部门应在接到申请之日起 15 日内完成初审。审核同意的，转报商务部审核；不同意的，书面说明理由；

（三）商务部应在接到申请材料之日起 30 日将审核意见以书面形式告知转报部门；

（四）经商务部审核同意的，申请人应在发布相关公告，并到交易所办理完毕相关手续后，到商务部换领《外商投资企业批准证书》。

（五）申请人应在换领《外商投资企业批准证书》之日起 30 日内向工商行政管理部门申请办理变更登记手续。

五、本通知第四条第（三）款所述的申请材料是指：

（一）申请人所在地省级商务主管部门的申报文件（含初审意见）；

（二）申请人关于非上市外资股转 B 股流通的申请书；

（三）申请人股东大会关于非上市外资股转 B 股流通的决议和关于章程修改的决议；

（四）申请人董事会决议；

（五）申请人章程修改草案（正本）及原章程（复印件）；

（六）拟转 B 股流通的非上市外资股股东关于是否承担特殊义务和责任的书面声明。承担特殊义务和责任的，应书面说明履行情况或书面承诺继续履行相关义务和责任；

（七）申请人申请前两年内联合年检证明；

（八）申请人出具的拟转 B 股流通的非上市外资股股东持有该非上市外资股的期限超过一年的书

面证明；

（九）拟转Ｂ股流通的非上市外资股股东出具的关于非上市外资股转为流通股后继续持有一年以上的书面承诺；

（十）申请人的《外商投资企业批准证书》和《营业执照》复印件。

六、《非上市外资股转Ｂ股流通有关问题的补充通知》（外经贸资一函〔2002〕902号）从本通知发布之日起废止。

二〇〇八年七月三十日

# 中华人民共和国政府和哥斯达黎加共和国政府关于促进和保护投资的协定

中华人民共和国政府和哥斯达黎加共和国政府（以下称“缔约双方”），愿为缔约一方的投资者在缔约另一方领土内投资创造有利条件，认识到相互鼓励、促进和保护投资将有助于激励投资者经营的积极性和增进两国繁荣，愿在平等互利原则的基础上，加强两国间的合作，达成协议如下：

## 第一条　定　　义

本协定内：

一、“投资”一词系指缔约一方投资者依照缔约另一方的法律和法规在缔约另一方领土内所投入的各种财产，包括但不限于：

（一）动产、不动产及抵押、质押等其他财产权利及类似权利；

（二）公司的股份、债券、股票或其他形式的参股；

（三）金钱请求权或任何其他与投资相关的具有经济价值的履行请求权；

（四）知识产权，特别是著作权、专利、商标、商号、工艺流程、专有技术和商誉；

（五）法律或法律允许依合同授予的商业特许权，包括勘探、耕作、提炼或开发自然资源的特许权。

作为投资的财产发生任何符合投资所在的缔约方的法律法规的形式上的变化，不影响其作为投资的性质。

二、“投资者”一词，系指

（一）根据缔约任何一方法律具有该缔约方国籍的自然人；

在本协定内，“自然人”一词不包括缔结任何一方的永久居民，对哥斯达黎加而言，也不包括具有缔约双方双重国籍的自然人。

（二）法律实体，包括根据缔约任何一方法律法规设立或组建且住所地在该缔约方境内的公司、社团、合伙及其他组织。

三、“收益”一词系指由投资所产生的款项，包括利润、股息、利息、资本利得、版税、费用和其他合法收入。

## 第二条　促进和保护投资

一、缔约一方应鼓励缔约另一方的投资者在其领土内投资，并依照其法律和法规接受这种投资。

二、缔约一方投资者在缔约另一方境内的投资，应享受持续的保护和安全。

三、在不损害其法律法规的前提下，缔约一方不得对缔约另一方投资者在其境内投资的管理、维持、使用、享有和处分采取任何不合理的或歧视性的措施。

四、缔约一方应依据其法律和法规，为在其领土内从事与投资有关活动的缔约另一方国民获得签证和工作许可提供帮助和便利。

## 第三条　投 资 待 遇

一、缔约一方的投资者在缔约另一方的领土内的投资应始终享受符合普遍接受的国际法规则的公正与公平的待遇。

二、在不损害其法律法规的前提下，缔约一方应给予缔约另一方投资者的投资及与投资有关活动不低于其给予本国投资者的投资及与投资有关活动的待遇。

三、缔约一方给予缔约另一方投资者的投资及与投资有关活动的待遇，不应低于其给予任何第三国投资者的投资及与投资有关活动的待遇。

四、本条第三款的规定，不应解释为缔约一方有义务将由下列原因产生的待遇、优惠或特权的利益给予缔约另一方投资者：

（一）关税同盟、自由贸易区、经济联盟以及产生此类联盟或类似机构的任何国际协议；

（二）任何全部或主要与税收有关的国际协议或安排；

（三）任何便利边境地区小额边境贸易的安排。

## 第四条 征 收

一、缔约任何一方对缔约另一方的投资者在其领土内的投资不得采取征收、国有化或其他类似措施（以下称“征收”），除非符合所有下列条件：

（一）为了公共利益；

（二）依照国内法定程序；

（三）非歧视性的；

（四）给予补偿。

二、本条第一款所述的补偿，应等于采取征收前或征收为公众所知时中较早一刻被征收投资的公平市场价值。该价值应按照缔约方的法律法规，根据普遍承认的估价原则确定。补偿应以可自由兑换的货币支付。补偿应包括自征收之日起到付款之日按适用利率计算的利息。补偿的支付不应迟延，并应可有效兑换和自由转移。

## 第五条 损害与损失赔偿

缔约一方的投资者在缔约另一方领土内的投资，如果由于发生在缔约另一方领土内的战争、全国紧急状态、叛乱、暴乱或其他类似事件而遭受损失，该缔约另一方给予其恢复原状、赔偿、补偿或采取其他措施的待遇，不应低于它给予本国或任何第三国投资者待遇中较优者。

## 第六条 转 移

一、缔约任何一方应按照其法律和法规，保证缔约另一方投资者转移在其领土内的投资和收益，包括：

（一）利润、股息、利息及其他合法收入；

（二）全部或部分出售或清算投资获得的款项；

（三）与投资有关的贷款协议的偿还款项；

（四）本协定第一条第一款第（四）项中事项有关的版税；

（五）技术援助款项或技术服务费、管理费；

（六）有关承包工程的支付；

（七）在缔约一方的领土内从事与投资有关工作的缔约另一方国民的收入。

二、本条第一款的规定不得影响依据本协定第四条和第五条获得的赔偿的自由转移。

三、上述转移应以可自由兑换的货币按照转移当日接受投资缔约一方通行的市场汇率进行。

## 第七条 代 位

如果缔约一方或其指定的机构根据其对非商业风险的一项担保或保险合同就在缔约另一方领土内的某项投资向投资者作了支付，缔约另一方应承认：

（一）照缔约前者一方的法律或其法定的交易，该投资者的权利和请求权依转让给了缔约前者一方或其指定机构；以及

（二）缔约前者一方或其指定机构在与投资者同等的范围内，代位行使该投资者的权利或执行该投资者的请求权，并承担其与投资相关的义务。

## 第八条 缔约双方间争议解决

一、缔约双方对本协定的解释或适用所产生的任何争议，应尽可能通过外交途径协商解决。

二、如果该争议6个月内未能友好解决，根据缔约任何一方的要求，应将争议提交专设仲裁庭解决。

三、该等仲裁庭由3名仲裁员组成。自收到书面仲裁要求之日起2个月内，缔约双方应各自任命一名仲裁员。该两名仲裁员应在下2个月内共同选定一位与缔约双方均有外交关系的第三国国民担任首席仲裁员。

四、如果仲裁庭未能在自书面仲裁申请提出之日起4个月内组成，缔约双方间又无其他约定，缔约任何一方可以提请国际法院院长作出必要的任命。如果国际法院院长是缔约任何一方的国民，或由于其他原因不能履行此项任命，应请国际法院中非缔约任何一方的国民也无其他不胜任原因的最资深法官履行此项任命。

五、仲裁庭应自行决定其程序，仲裁庭应按照本协定以及普遍接受的国际法原则作出裁决。

六、仲裁庭的裁决应以多数票作出。裁决是终局的，对缔约双方均有拘束力。应缔约任何一方的请求，仲裁庭应对其所作的裁决进行解释。

七、缔约双方应承担其任命的仲裁员及其出席仲裁程序的费用。首席仲裁员和仲裁庭的相应费用应由缔约双方平均承担。

## 第九条 投资者与缔约一方争议解决

一、缔约一方投资者与缔约另一方之间有关缔约另一方领土内的投资的任何法律争议，应由投资者书面通知争议缔约方，并应尽可能由争议双方当事人通过协商友好解决。

二、如争议自第一款书面通知之日起6个月内，未能通过协商解决，争议应按投资者的选择提交：

（一）作为争议一方的缔约方有管辖权的法院；

（二）依据1965年3月18日在华盛顿签署的《解决国家和他国国民之间投资争端公约》设立的“解决投资争端国际中心”。前提是争议所涉及的缔约方可以要求有关投资者在提交“解决投资争端国际中心”之前，用尽该缔约方法律和法规所规定的国内程序。

一旦投资者已决定将争议提交相关缔约方的有管辖权的法院或“解决投资争端国际中心”，对上述两种程序之一的选择应是终局的。

三、仲裁裁决应根据作为争议一方的缔约方包括其冲突法规则在内的法律、本协定的规定和被普遍接受的国际法原则作出。

四、裁决是终局的，对争议双方具有拘束力。缔约双方应承担执行裁决的义务。

## 第十条 其他义务

一、如果缔约一方的立法或缔约双方之间现存或其后设立的国际义务使缔约一方投资者的投资享受比本协定规定的更优惠待遇的地位，该地位不受本协定的影响。

二、缔约任何一方应恪守其与缔约另一方投资者就投资所作出的承诺。

## 第十一条 适用

本协定应适用于缔约一方投资者在缔约另一方境内依照缔约另一方法律法规于本协定生效前或生

效后作出的投资，但不适用本协定生效前引起的争议。

## 第十二条　磋　商

一、缔约双方代表为下列目的应不时进行会谈：

（一）审查本协定的执行情况；

（二）交流法律信息和投资机会；

（三）解决因投资产生的争议；

（四）提出促进投资的建议；

（五）研究与投资有关的其他事宜。

二、若缔约一方提出就本条第一款所列任何事宜进行磋商，缔约另一方应及时作出反应，且磋商将轮流在北京与圣何塞进行。

## 第十三条　生效、有效期和终止

一、本协定自缔约双方完成各自国内必要的法律程序并以书面形式相互通知之日起下1个月的第1天开始生效，有效期为10年。

二、如果缔约任何一方未书面通知缔约另一方终止本协定，本协定将继续有效。缔约另一方收到终止协议通知1年后，协议终止生效。对本协定终止生效之日前所作出的投资或对投资的承诺，本协定第一条至第十二条的规定应自本协定终止之日起继续适用10年。

三、本协定可以以缔约双方书面协议修改。任何修改应按与本协定生效所需程序相同的程序生效。

本协定经各自政府正式授权代表签署，以昭信守。

本协定于2007年10月24日在北京签订，一式两份，每份都用中文、西班牙文和英文写成，三种文本同等作准。如对文本的解释发生歧义，以英文文本作准。

| 中华人民共和国政府 | 哥斯达黎加共和国政府 |
|---|---|
| 代　表 | 代　表 |
| 马 秀 红 | 马尔科·维尼西奥·鲁易斯 |

# 中华人民共和国政府和墨西哥合众国政府关于促进和相互保护投资的协定

中华人民共和国和墨西哥合众国（以下简称“缔约双方”），愿为缔约一方投资者在缔约另一方领土内的投资创造有利条件，认识到相互鼓励、促进和保护此类投资将有助于激励投资者投资的积极性和增进两国的繁荣；愿在平等互利的基础上，加强两国合作；达成协议如下：

## 第一章　一般性条款

### 第一条　定　　义

本协定内，

“缔约一方投资者”一词系指：

在缔约另一方领土内已拥有投资的，

（一）根据缔约一方可适用的法律，具有其国籍的自然人；或

（二）根据缔约一方的法律设立或组建并在该缔约一方领土内开展实质性经营活动的企业。

“企业”一词系指根据可适用的法律设立或组建的任何实体，不论是否以营利为目的，不论是私人所有还是国家所有，包括任何公司、信托、合伙、独资企业、合资企业和其他组织。

“投资”一词系指缔约一方投资者所有或控制并依照缔约另一方法律和法规获得的资产，列举如下：

（一）企业；

（二）企业发行的股票；

（三）企业发行的债券；

1. 如果该企业是投资者的附属企业；或

2. 如果债券的原始到期期限至少为 3 年，但不包括缔约一方或国有企业发行的债券，不论原始到期期限长短；

（四）对企业的贷款

1. 如果该企业是投资者的附属企业；或

2. 如果贷款的原始到期期限至少为 3 年，但不包括对缔约一方或国有企业的贷款，不论原始到期期限长短；

（五）在企业中使所有者有权分享企业所得和利润的权益；

（六）在企业中使所有者有权分享企业解散时之财产的权益，但不包括上述第（三）项和（四）项所排除的债券和贷款；

（七）为商业目的获得或使用的不动产或其他财产，而不论是有形财产还是无形财产；

（八）由于向缔约一方境内投入用于该境内经济活动的资本或其他资源而产生之权益，例如根据：

1. 与投资者位于该缔约另一方境内之财产有关的合同，包括交钥匙合同或建设合同或特许经营合同，或

2. 回报主要依赖企业的生产、收入或利润之合同；

但是，投资不包括：

（九）金钱请求权，系仅源于：

1. 缔约一方境内之国民或企业向缔约另一方境内之企业销售货物或提供服务的商业合同；

2. 与商业交易有关的授信，如贸易融资，但不包括第（四）项所指的贷款；或

（十）与上述第（一）至（八）项所指各种权益无关的任何其他金钱请求权。

“领土”一词：

（一）在墨西哥合众国方面，系指墨西哥合众国领土，包括与其海岸相连的海域（例如领海、专属经济区和大陆架），但限于墨西哥根据国际法可以行使主权权利或管辖权的那些区域。

（二）在中华人民共和国方面，系指中华人民共和国领土（包括领海及其领空），以及根据中国法律和国际法，在其领海以外中华人民共和国拥有勘探和开发海床和底土资源及其上覆水域资源的主权权利的任何区域。经中华人民共和国中央政府的授权，香港和澳门特别行政区政府可以自己另行与墨西哥合众国政府谈判和签署促进和相互保护投资协定。

### 第二条　投资的接受

任一缔约方应依照其可适用的法律和法规允许缔约另一方投资者所作投资之进入。

## 第二章　投 资 保 护

### 第三条　国 民 待 遇

一、在不损害投资时缔约一方法律和法规的前提下，缔约一方应给予缔约另一方投资者在投资经营、管理、维持、使用、享有以及处分方面不低于其在相同情况下给予其本国投资者的待遇。

二、在不损害投资时缔约一方法律和法规的前提下，缔约一方应给予缔约另一方投资者的投资在投资经营、管理、维持、使用、享有以及处分方面不低于其在相同情况下给予其本国投资者投资的待遇。

### 第四条　最惠国待遇

一、任一缔约方应给予缔约另一方投资者在投资经营、管理、维持、使用、享有以及处分方面不低于其在相同情况下给予任何第三国投资者的待遇。

二、任一缔约方应给予缔约另一方投资者的投资在投资经营、管理、维持、使用、享有以及处分方面不低于其在相同情况下给予任何第三国投资者投资的待遇。

### 第五条　最低待遇标准

一、任一缔约方应根据国际法给予缔约另一方投资者的投资包括公正和公平待遇以及完全的保护和安全的待遇。

二、本条规定将给予外国人的国际法最低待遇标准作为给予缔约另一方投资者投资的最低待遇标准。“公正和公平待遇”和“完全的保护和安全”这两个概念并不要求给予由国家实践和法律确信所确立之国际法要求给予外国人的最低待遇标准之外或额外的待遇。违反本协定的其他条款或其他国际协定的条款，不构成对本条的违反。

### 第六条　损 失 赔 偿

缔约一方投资者在缔约另一方领土内的投资，由于战争、全国紧急状态、暴动、骚乱或其他类似事件而遭受损失，缔约另一方给予该投资者在恢复原状、赔偿、补偿或其他解决方案方面的待遇，不应低于其给予本国或任何第三国投资者的待遇，二者中以对有关投资者更为有利者为准。

### 第七条　征收和补偿

一、任一缔约方不得直接地或通过相当于征收或国有化的措施间接地对投资实施征收或国有化（下文简称“征收”），除非：

（一）为了公共利益；

（二）在非歧视的基础上；

（三）根据法律的正当程序；和

（四）根据下文第二款给予补偿。

二、补偿应：

（一）相当于征收前一刻被征收投资的公平市场价值。该公平市场价值不应反映由于征收事先为公众所知而发生的价值变化。

（二）毫不迟延地支付；

（三）包括自征收之日起到实际支付之日止按照合理的商业利率计算的利息；以及

（四）可以充分实现和自由转移。

三、在不损害第三章第一节规定之条款的前提下，投资被征收的投资者应有权根据有关缔约方可适用的法律，要求缔约方法院或任何主管机关及时审理其案件，并根据本条规定要求评估该投资的价值。

### 第八条　转　　移

一、在不损害缔约一方法律和法规规定的任何可适用的形式要求之前提下，缔约一方应保证缔约另一方投资者可以毫不迟延地自由汇入或汇出所有与其领土内的投资有关的款项。这类汇兑应包括，但不限于：

（一）设立、维持或扩大投资所必需的数额；

（二）利润、利息、分红、资本收益、版税和其他与知识产权和工业产权有关的收费；

（三）依照包括贷款协议在内的合同所付的款项；

（四）全部或部分出售或清算投资所获得的收入；

（五）从事与投资有关活动的缔约另一方国民的收入和薪酬；

（六）投资者依照第六条和第七条所拥有的任何补偿；以及

（七）依照第三章第一节的争端解决获得的款项。

二、除非本条另有规定，任一缔约方不应阻止以国际货币基金组织列举的可自由兑换的货币按照汇兑当日通行的市场汇率毫不迟延地进行汇兑。

三、缔约一方可以通过公平、非歧视和善意地适用该国关于以下事项的法律，禁止汇兑：

（一）破产、清算或保护债权人利益；

（二）债券的发行、买卖或交易；

（三）刑事犯罪和行政违法；

（四）汇兑货币或其他货币工具的报告；或

（五）保证司法程序中判决的实现。

四、本条第一款涉及的形式要求：

（一）不应严于本协定生效时的要求；

（二）不应在本协定生效后施加新的限制；

（三）不应作为规避本条项下缔约方的承诺和义务的方式。

五、在面临严重的国际收支困难或严重的国际收支困难之威胁时，任一缔约方可以暂时限制汇兑，只要该国是依照国际标准实施某些措施或方案。这些限制应在公平、非歧视和善意的基础上进行。

### 第九条　代　位

一、若缔约一方或其指定机构对其投资者在缔约另一方领土内的某项投资提供针对非商业风险的财政保证，并据此作了支付，或根据其代位人之权利行事，缔约另一方应承认对任何权利、所有权、索赔权、特权或现有或将发生的诉讼的代位。但是，缔约一方或其指定机构作为代位人，不得享有超过原投资者享有的权利。

二、如果发生争端，代位行使投资者权利的缔约一方不得启动或参与国内法院的程序，也不得依照第三章的规定将案件提交国际仲裁。

### 第十条　例　外

第三条和第四条不得被解释为缔约一方有义务将该国由于下列原因授予的待遇、优惠或特权方面的利益给予缔约另一方投资者及其投资：

（一）任何现存或将来的区域经济一体化组织、自由贸易区、关税同盟、货币联盟或其他类似的一体化安排，缔约一方已是其成员或可能成为其成员；或

（二）由全部或主要涉及税收的国际协定或安排或任何国内法律而产生的缔约一方的任何权利和义务。如果本协定与其他有关税收的国际协定或安排不一致，以后者为准。

## 第三章　争端解决

### 第一节　缔约一方与缔约另一方投资者之间的争端解决

### 第十一条　目　的

本节应适用于缔约一方与缔约另一方的投资者之间由于声称违反本协定第二章规定之义务且造成损失或损害而产生的争端。

### 第十二条　意向通知和磋商

一、争端双方应首先努力通过磋商或谈判解决诉求。

二、为友好解决诉求，争端投资者应至少在提交仲裁前6个月向争端缔约方递交书面的拟将诉求提交仲裁的意向通知书。附件一适用于本款。该通知书应载明：

（一）争端投资者的名称和住所，以及企业的名称和住所（如果投资者是为该企业蒙受的损失或损害提起诉求）；

（二）第二章中被声称违反的条款以及任何其他相关条款；

（三）争议问题及诉求的事实和法律依据；以及

（四）所寻求的救济及请求赔偿的大概数额。

### 第十三条　仲裁：范围、资格和期限

一、缔约一方投资者可将缔约另一方违反第二章规定之义务且该投资者由于或源于该违反行为而

蒙受损失或损害的诉求提交仲裁。附件二适用于本款。

二、一项投资本身不得根据本节提出诉求。

三、争端投资者可以根据下列规则将诉求提交仲裁：

（一）《解决国家和他国国民之间投资争端公约》（以下简称“《华盛顿公约》”），倘若争端缔约方与投资者所属缔约方都系《华盛顿公约》的缔约方；

（二）解决投资争端国际中心附加便利规则，倘若争端缔约方或投资者所属缔约方中一方而不是双方系《华盛顿公约》的缔约方；

（三）联合国国际贸易法委员会仲裁规则；或

（四）争端各方同意的任何其他仲裁规则。

四、争端投资者可将诉求提交仲裁，仅当：

（一）投资者同意根据本节规定的程序进行仲裁；且

（二）投资者和企业（如果诉求是为投资者拥有或控制的缔约另一方企业法人的利益所蒙受的损失或损害而提起）放弃根据缔约一方法律在行政法庭或法院，或者依其他争端解决程序启动或继续与争端缔约方被指控违反第二章的措施有关的任何程序。但根据争端缔约方的法律在行政法庭或法院寻求禁止性、宣示性或其他类似救济（不包括支付赔偿金）的程序除外。

五、本条所指的同意和弃权应以书面形式递交给争端缔约方，并应附在仲裁请求书中。

附件三适用于本款。

六、除本节修改的地方外，可适用的仲裁规则应适用于仲裁。

七、在不损害第十二条的前提下，投资者可以于其首次获悉或应当获悉产生该争端的事件之日起不迟于3年内将争端提交仲裁。

八、缔约双方承认，根据本条规定，无控制权的小投资者仅有资格就其自己作为投资者的法律利益遭受的直接损失或损害提出诉求。

## 第十四条　缔约方同意

一、缔约各方在此无条件同意依据本节将相关争端提交国际仲裁。

二、上述第一款的同意和争端投资者将诉求提交仲裁的申请应满足ICSID公约第二章（中心的管辖权）的要求或ICSID附加便利规则关于争端各方书面同意的要求。

## 第十五条　仲裁庭的组建

一、除非争端双方另有约定，仲裁庭应由3名仲裁员组成。争端各方应各指定一名仲裁员，争端双方应商定第三名仲裁员作为仲裁庭主席。

二、上述第一款所指的仲裁员应具有国际法和国际投资事务方面的经验。

三、如果因为争端一方未能指定仲裁员或者争端双方未能就仲裁庭主席人选达成一致，致使仲裁庭不能在仲裁请求提出之日起90日内组建，则应任一争端方的请求，ICSID秘书长应自由指定尚待指定的仲裁员。但ICSID秘书长应确保其所指定的仲裁庭主席系非缔约双方的国民。

## 第十六条　合　并

如果由ICSID秘书长指定组建的合并仲裁庭认为依第十五条组建的两个或两个以上仲裁庭受理的诉求具有共同的法律或事实问题，为了公正和有效地解决这些诉求，该合并仲裁庭得依所涵盖的所有争端各方的协议合并仲裁程序。

## 第十七条　仲裁地

应任一争端方的请求，依本节提起的任何仲裁应在《承认和执行外国仲裁裁决公约》（以下简称“《纽约公约》”）缔约国内进行。

## 第十八条　保险赔付

在依本节进行的仲裁中，争端缔约方不应将争端投资者依据保险合同或保证合同就其所主张的全部或部分损害已经获得或将要获得保险赔付或其他补偿作为一种抗辩、反请求、抵消权或其他。

## 第十九条　适用的法律

一、依本节组建的仲裁庭应根据本协定和可适用的国际法原则和规则对所提交争端中的各争议问题做出裁决。

二、缔约双方就本协定的任何条款共同作出或一致同意的解释应对依本节组建的仲裁庭具有拘束力。

### 第二十条 裁决和裁决的执行

一、除非争端双方另有约定，裁定缔约一方违反依本协定承担之义务的裁决，只可单独或一并判定：

(一) 金钱赔偿及任何适当的利息；或

(二) 在缔约方可以以支付金钱补偿代替返还原物的条件下，返还原物。

二、如果是为企业蒙受的损失或损害将诉求提交仲裁：

(一) 判定返还原物的裁决应规定原物向该企业返还；

(二) 判定金钱赔偿及任何适当利息的裁决应规定向该企业支付的数额；以及

(三) 裁决应规定，本裁决的做出不损害任何人依据可适用的国内法可能享有救济的任何权利。

三、仲裁裁决应当且仅对争端双方和该特定案件具有终局性和拘束力。

四、仲裁裁决应当公开，除非争端双方另有约定。

五、仲裁庭不得判定惩罚性的赔偿。

六、缔约各方应在其领土内采取一切必要措施以有效执行依本条作出的裁决，并应为执行以其为当事一方的程序作出的任何裁决提供便利。

七、只有在下列情况下，争端一方才可寻求执行一项终局裁决：

(一) 当终局裁决是依《华盛顿公约》作出时：

1. 自裁决作出之日起已超过 120 日且无一争端方请求修改或撤销该裁决；或

2. 修改或撤销程序已经完结；以及

(二) 当终局裁决是依解决投资争端国际中心附加便利规则、联合国国际贸易法委员会仲裁规则或争端双方选择的任何其他仲裁规则作出时：

1. 自裁决作出之日起已超过 3 个月且无一争端方启动修改、取消或撤销该裁决的程序；或

2. 法院已经驳回或同意修改、取消或撤销裁决的申请且没有进行上诉。

### 第二十一条 临时保全措施

仲裁庭得建议采取临时保全措施以保护争端一方的权利，或确保仲裁庭管辖权得到充分有效行使，包括建议保存争端一方拥有或控制的证据或保护仲裁庭的管辖权。但仲裁庭不得建议扣押财产或者禁止被指控违反第十三条的措施的施行。

## 第二节 缔约双方之间的争端解决

### 第二十二条 范 围

一、本节适用于缔约双方之间因本协定条款的解释或适用而产生的争端。

二、缔约一方不得依本节就侵害投资者权利的有关争端启动程序，除非缔约另一方未能遵守或履行就该投资者依第一节提交的争端所作之终局裁决。在这种情况下，依本节组建的仲裁庭，应争端投资者所属缔约方之请求，可：

(一) 声明不遵守或不履行终局裁决不符合本协定规定之义务；以及

(二) 建议缔约另一方遵守或履行该终局裁决。

### 第二十三条 磋商和谈判

一、任一缔约方可就本协定的解释或适用请求磋商。

二、如果缔约双方因本协定之解释或适用产生争端，则该争端应尽可能通过磋商和谈判友好解决。

三、如果争端未能在书面请求谈判或磋商之日起 6 个月内通过上述方式解决，任一缔约方可将争端提交给依本节规定组建的仲裁庭，或提交给缔约双方同意的任何其他国际法庭。

### 第二十四条 仲裁庭的组建

一、缔约一方（申请方）通过外交途径将书面通知递交给缔约另一方（被申请方），则仲裁程序启动。该通知应包含关于其诉求之事实和法律基础的陈述，依第二十三条进行之磋商和谈判的经过和结果的概述，申请方依本节启动仲裁程序的意向，以及该申请方指定之仲裁员的姓名。

二、在该通知递交后 30 日内，被申请方应通知申请方其所指定之仲裁员的姓名。

三、在第二名仲裁员被指定之日后 30 日内，

缔约双方指定的仲裁员应共同协商指定第三名仲裁员，该仲裁员经缔约双方同意应担任首席仲裁员。如果本款所指之同意未能在指定第三名仲裁员之日后30日内作出，则适用下述第四款的规定。

四、若在上述第二款和第三款规定的期限内，未按要求指定仲裁员或作出同意，任一缔约方得邀请国际法院院长指定尚未指定的仲裁员。如果院长是任一缔约方的公民或是永久居民，或由于其他原因院长无法指定仲裁员，则应邀请国际法院副院长进行指定。如果副院长是任一缔约方的公民或永久居民，或由于其他原因副院长无法指定仲裁员，则应邀请国际法院中不属于任一缔约方的公民或永久居民的最资深法官进行必要的指定。

五、如果按本条规定指定的仲裁员辞职或不能履行职责，则应以指定原仲裁员的相同方式指定继任者，且该继任者拥有与原仲裁员相同的权力和责任。

### 第二十五条 程 序

一、经首席仲裁员召集，仲裁庭应决定仲裁地点和启动仲裁程序的日期。

二、仲裁庭应决定与其管辖权相关的所有问题，并根据缔约双方的任何协议和考虑《常设仲裁法院任择性规则》，决定自己的程序。

三、在程序进行的任何阶段和在作出任何裁决前，仲裁庭均得建议缔约双方友好解决该争端。

四、在任何时候，仲裁庭都应给予缔约双方公平听证的机会。

### 第二十六条 裁 决

一、仲裁庭应依多数票作出裁决。裁决应以书面形式作出且应包含可适用的事实和法律认定。裁决作出后应当送达缔约各方。

二、裁决对缔约双方具有终局性和拘束力。

### 第二十七条 适用的法律

依本节组建的仲裁庭应根据本协定和可适用的国际法原则和规则对各争议问题作出裁决。

### 第二十八条 费 用

缔约各方应各自承担所指定仲裁员及出席仲裁程序的费用。首席仲裁员的费用和与仲裁活动有关的其他费用应由缔约双方平均分担，除非仲裁庭裁定缔约一方应承担较高比例的费用。

## 第四章 最后条款

### 第二十九条 本协定的适用

本协定应适用于本协定生效后缔约一方的投资者在另一缔约方领土内所作的投资，以及在本协定生效时业已存在的依照缔约双方可适用的法律所作的投资。但是，本协定之规定不应适用于因本协定生效前业已发生的事件而产生的诉求，或本协定生效前业已解决的诉求。

### 第三十条 磋 商

缔约一方可以建议缔约另一方就与本协定有关的任何问题举行磋商。此类磋商应在缔约双方同意的时间和地点举行。

### 第三十一条 拒绝授予利益

缔约双方可以共同磋商决定拒绝将本协定之利益授予缔约另一方之企业及其投资，如果该企业系由非缔约方之自然人或企业拥有或控制。

### 第三十二条 生效、有效期和终止

一、缔约双方应相互书面通知对方其已完成与本协定批准和生效所必需的国内法律程序。

二、本协定应自后一份通知发出之日起30日后生效。

三、本协定有效期10年。之后，除非任一缔约方提前12个月通过外交途径书面通知另一缔约方其终止本协定的决定，本协定应长期有效。

四、对于本协定终止之前作出的投资，本协定之规定应自终止之日起继续有效10年。

五、经缔约双方同意可对本协定作出修改，修改应根据上述第一款和第二款规定的程序生效。

本协定于2008年7月11日签订，一式两份，每份都用中文、西班牙文和英文写成，三种文本同等作准。如对文本的解释发生分歧，以英文本为准。

| 中华人民共和国政府 | 墨西哥合众国政府 |
|---|---|
| 代　表 | 代　表 |
| 陈德铭 | 索　霍 |
| （签　字） | （签　字） |

**附件一：第十二条第二款之附件**

一、第十二条第二款所指之意向通知书应提交给：

在墨西哥合众国方面：经济部；及

在中华人民共和国方面：商务部。

二、争端投资者应以诉求所针对之缔约方认为适当的中文或西班牙文提交第十二条第二款所指之书面意向通知书。如果该意向通知书是以前述语言之外的其他语言提交，则应同时提交由专家翻译的相应译文。

三、为加速磋商程序，投资者在提交意向通知书时应同时提交下列文件的副本：

（一）如果投资者是自然人，护照或任何其他能够证明国籍的官方文书；如果投资者是非争端缔约方的企业，根据该缔约方法律取得的设立企业的法令或设立或组建企业的任何其他文书。

（二）若缔约一方的投资者拟为缔约另一方的企业蒙受的损失或损害提请仲裁：

1. 根据争端缔约方可适用的法律设立企业的法令或设立或组建企业的任何其他文书；及

2. 证明争端投资者拥有或控制该企业的文书。

（三）如可适用，授权委托书或证明某人得到正当授权代表争端投资者行事的文书。

**附件二：第十三条第一款之附件**

缔约一方投资者不得同时在依第三章设立的仲裁庭和缔约另一方的行政法庭或法院程序中指控缔约另一方违反第二章之义务。如果缔约一方的企业是由缔约另一方投资者拥有或控制，该企业已在缔约另一方法院或行政法庭指控缔约一方违反本协定之义务，则该投资者不得在依第三章设立的仲裁庭指控该违反行为。

**附件三：第十三条第五款之附件**

投资者在根据第三章第一节提请仲裁前，应当用尽争端缔约方法律和法规所规定的国内行政复议程序。

如果国内行政复议程序在复议申请首次提交之日后 4 个月内未完成，则应当认为程序已经完成，投资者得启动国际仲裁。投资者得在第十二条规定的 6 个月磋商或谈判期限内提交复议申请。

# 中华人民共和国政府和古巴共和国政府关于促进和相互保护投资协定的修订

中华人民共和国政府和古巴共和国政府（以下称“缔约双方”）达成协议如下：

一、协定第一条第一款，“根据后者的法律和法规”是指对属于本协定所保护的投资的任何投资财产，应当与接受投资的缔约一方的立法所确定的外国投资种类一致，并按照该种类进行登记。

二、第一条第一款第（四）项修改为：与投资相关的著作权、工业产权、专有技术和工艺流程。

三、第一条第二款修改为：

“投资者”一词

（一）在中华人民共和国方面，系指：

依照中华人民共和国法律具有中华人民共和国国籍的自然人。

（二）在古巴共和国方面，系指：

依照古巴共和国法律是古巴共和国的公民以及在其领土内拥有永久居留权的自然人。

（三）根据缔约方的现行法律组建、组织，在该缔约方领土内进行实质性的经营活动并且为该缔约方拥有或有效控制的任何实体。

四、第一条第三款修改为：

“收益”一词系指由投资所产生的款项，如利润、股息、利息、提成费和其他合法收入，包括应当作为投资对待的清算和股权转让所得。

五、第二条第二款修改为：

缔约一方应根据其国内法律和法规，为在其领土内从事与投资有关活动的缔约另一方国民获得签证和工作许可保证提供帮助和便利。

六、第三条第二款修改为：

本条第一款所述的待遇和保护不应低于在类似条件下其给予任何第三国投资者的投资及与投资有关的活动的待遇和保护。

七、在第六条第一款增加第（八）项，内容为：

在本协定第四和第五条情形下所取得的赔偿金以及其他收入。

八、第七条修改为：

（一）当缔约一方或者其代表机构之一对其投资者在缔约另一方领土内的某项投资的非商业性风险做了担保，并且据此向投资者做了支付，该缔约一方应当被认为取得了保险担保下的投资者权利的代位权。代位的权利或请求权不得超过原投资者的原有权利或请求权。

（二）除非有缔约一方或其具有代位权的代表机构的明确授权，投资者不得对缔约另一方请求以上权利。

（三）当出现争端时，缔约一方或者其具有代位权的代表机构根据国家间争议解决条款不得将该争议提交国际仲裁。

九、第八条修改为：

（一）本条适用于缔约双方对本协定的解释和履行所产生的争端。

（二）有关本协定的解释和履行所产生任何争端应当通过外交途径予以书面通知。缔约双方应当尽可能通过外交途径协商解决。

（三）如果在通知之后的六个月内通过协商不能解决争端，除非缔约方通过书面协议另外约定，根据缔约方要求，可将争端提交根据本条以下条款设立的仲裁庭。仲裁要求应当通过外交途径以书面形式做出并且应当包括：

1. 关于仲裁请求的简要说明；

2. 根据本条第二款进行的协商的进展及结果的概要说明；

3. 缔约方根据本条规定的程序提出仲裁请求的意图。

（四）一旦缔约方提交了仲裁要求，任一缔约方应各自委派一名仲裁员，由该两名仲裁员公共推举第三名仲裁员，经缔约双方同意，由该第三名仲裁员担任首席仲裁员。

（五）如果在收到书面仲裁通知后的四个月内仲裁庭尚未组成，缔约双方间又无其他约定，任一缔约方可提请国际法院院长任命尚未委派的仲裁员。如果国际法院院长是任一缔约方的国民，或者由于其他原因不能履行此项义务，应请国际法院中非缔约方国民的资深法官履行此项任命。

（六）在任何情况下，首席仲裁员应当是与缔约双方均有外交关系的第三国的公民，该名仲裁员应当：

1. 是具有经验的国际法和国际投资方面的专家；

2. 独立于缔约双方发出或者接受指令；

3. 职业道德得到认可。

（七）当根据本条任命的仲裁员辞职或者无法履行职责，应当根据前款规定的同样的程序任命新的仲裁员，该新的仲裁员与先前的仲裁员具有同样的权利和义务。

（八）仲裁庭应当根据缔约双方的约定自行制定其程序规则。仲裁庭应当根据本协定的规定以及缔约双方均承认的国际法原则作出裁决。

（九）仲裁庭的裁决以多数票作出。裁决应当以书面形式作出并且包括所有合法的事实和法律根据。裁决书副本应当送达争议的缔约双方。裁决是终局的，对缔约双方具有拘束力。应缔约方的请求，专设仲裁庭应当说明作出裁决的理由。

（十）缔约双方应负担各自委派的仲裁员和出席仲裁程序的有关费用。首席仲裁员和仲裁庭的有关费用由缔约双方平均负担。但是，仲裁庭在其权限范围内可以决定由缔约一方承担全部或者大部分的费用。

十、第九条修改如下：

（一）本条适用于缔约方与缔约另一方的投资者（争议双方）之间的争议，该争议是由缔约一方违反其在本协定第二至第七条下的义务致使该投资者遭受损失引起。

（二）争议双方应首先通过协商和谈判来解决争议，争议的投资者应将提请仲裁的意图以书面形式通知争议的缔约方，通知应当包括：

1. 投资者的名称和住所；

2. 认为缔约方所违反的本协定第二至第七条的条文以及其他可适用的法律条文；

3. 仲裁请求的事实和法律基础；

4. 大致的损失数额和请求赔偿的数额。

前款所规定的意欲将争议提交仲裁的通知应当通过以下方式送达：

1. 在中华人民共和国方面，送达至商务部；

2. 在古巴共和国方面，送达至外交部；

（三）如争议不能在第九条第二款规定的通知之日起 180 天内友好解决，则投资者应当依据以下规则提交仲裁：

1. 联合国国际贸易法委员会仲裁规则，在本协定生效之日起有效；

2. 国际法院常设仲裁庭（PCA）1993 年 7 月 16 日生效的有一方是国家的仲裁选择性规则，包括其修订。

仲裁应当依照所选择的仲裁程序进行，除非本协定作出修改。

（四）1. 争议一方投资者只有在下列情况下才能提交仲裁请求：

（1）依本协议项下的仲裁程序同意进行仲裁；

（2）本协议中所述友好解决争议的方式已经用尽；

（3）根据缔约方法律和法规规定的行政复议程序已经用尽；

（4）在争议缔约国一方构成所谓的对第二到第七条的违反时，放弃启动或继续进行任何依照任一缔约方的立法可以进行的司法程序或者其他争议解决程序，除了根据争议缔约一方的法律，行政或司法法庭要求适用的不涉及损害赔偿的中止、确权或特殊金钱措施。

2. 投资者不得依本协定提请仲裁，除非：

（1）造成争议的事件发生已超过 180 天；

（2）根据本协定第九条第二款规定的通知日期，投资者知道或者应当知道有违反第二到第七条的情形以及损害之日起不超过两年。

3. 本条所规定的同意和放弃应当有书面文件，提交给争议的缔约国一方并和仲裁申请一起提交仲裁委员会。

4. 在提交仲裁的申请中，争议一方投资者不得用在根据本协定第九条第二款提交给争议缔约国一方通知中提到的材料以外的其他材料来支持其请求。

（五）1. 任一缔约方无条件地同意根据本协议第九条规定的程序将争议提交国际仲裁。

2. 本条第一款所规定的同意以及争议一方投资者的仲裁请求应符合争议双方的书面协议，规定如下：

（1）联合国国际贸易法委员会仲裁规则第一条；

（2）国际法院常设仲裁庭争议双方有一方是国

家的仲裁选择性规则第三条。

（六）1. 除非争议双方另有约定，仲裁庭应当由三名仲裁员组成。争议双方各指派一名仲裁员。第三名仲裁员由争议双方共同委派，第三名仲裁员为首席仲裁员。

2. 本条第一款所规定的仲裁员应当具有国际法和投资方面的经验。

3. 如果由于争议当事人一方的原因或者双方无法就首席仲裁员的选任达成一致，以致在提交仲裁请求之日起九十天内仲裁庭尚未组成，国际法院常设仲裁庭（PCA）的秘书长应当自行任命尚未委派的仲裁员。但是，在委派首席仲裁员时，国际法院常设仲裁庭的秘书长应当确保所委派的人员不是任一缔约国的国民。

（七）1. 第九条所指的任何仲裁都应当在争议双方同意的地点进行。如果当事双方不得达成一致，则由仲裁庭按照仲裁通常适用的规则确定仲裁地点。

2. 任何缔约方都不能给予依据本协议第九条提交仲裁的争议外交保护或者提起国际诉讼，除非另一缔约方没有遵守就此争议作出的仲裁裁决。但是，本款所指的外交保护不包括仅为促进解决争议而进行的非正式的外交途径的交换。

3. 争议的缔约国一方不得以争议的投资者一方可以根据保险或者担保合同得到或者能够得到全部或者部分损失的赔偿为由，进行抗辩、反诉或者请求抵消。

4. 争议缔约一方，应当根据其自己的解释在其抗辩中说明：

（1）受到损害的投资依据本协议不属于受保护的投资的范围；或

（2）争议投资者一方不符合本协定中投资者的定义；或

（3）被认为违反本协定第二条至第七条中的规定的措施，不属于对本协定的违反。

依争议缔约一方的请求，仲裁庭应当询问另一缔约方对上述事项的解释。非争议当事方的缔约方应当向仲裁庭提交书面回复，仲裁庭应当在收到争议缔约方请求后六十日内作出回应。

5. 经缔约双方同意后形成的对本协定任何条款的解释对于依据本条成立的任何仲裁庭都有约束力。

6. 依据本条成立的仲裁庭根据本协议的相关条款和争议双方同意的法律规范对争议事项进行裁决，如果没有就适用的法律达成协议，则适用国际法的原则和规定。

7. 尽管投资者已经依据本条向仲裁庭申请仲裁，但其仍可在仲裁程序启动前或仲裁程序中，依据争议缔约方的法律法规向争议缔约方的法院或者行政庭寻求不包含对损失的赔偿请求的预防性措施的执行，以保护其利益。

（八）1. 除非争议双方另有约定，判定一缔约方违背协定义务的仲裁裁决应当单独或者合并给予：

（1）经济赔偿和相关利息；或者

（2）回复原状，除非缔约方选择支付经济赔偿。

2. 仲裁裁决对于争议的双方和争议的案件是终局性的并具有约束力。这一约束力不影响双方当事人向常规法院申请无效程序的权利。

3. 除非争议双方有相反的约定，仲裁裁决不应公开。

4. 仲裁庭不能够裁决惩罚性损害赔偿的支付事项。

5. 任一缔约方都应当依据其国内法律法规在其境内实施必要的措施来有效地执行仲裁裁决。

6. 任一缔约方都不得根据本协定规定的最惠国待遇援引缔约双方均为成员国的条约来申请仲裁裁决的执行或者是无效。

7. 根据国际法院常设仲裁庭仲裁规则，如果一个最终的裁决作出，争议一方将不能要求最终裁决被强制执行，直至：

（1）从裁决作出之日起已超过三个月并且争议双方都没有启动裁决修正或者无效程序，或者

（2）法院驳回了修正或者申请无效的要求，并且没有上诉。

本协定自缔约双方完成各自国内法律程序并以书面形式相互通知之日起下个月的第一天开始生效。

由双方政府正式授权其代表签署本协定的修订，以昭信守。

本协定一式两份，于2007年4月20日在哈瓦那签署。一式两份，每份都用中文、西班牙语和英语写成。三种文本同等作准。若解释上发生分歧，以英文本为准。

由双方政府正式授权其代表签署本协定的修订，以昭信守。

| 中华人民共和国政府 | 古巴共和国政府 |
|---|---|
| 代　表 | 代　表 |
| 赵荣宪 | 玛尔塔·洛玛斯 |
| （签　字） | （签　字） |

# 关于2008年深化经济体制改革工作的意见

国办发〔2008〕103号

根据党的十七大精神和中央经济工作会议要求，按照“十一五”规划关于经济体制改革的总体部署，现就2008年深化经济体制改革工作提出以下意见：

## 一、指导思想和基本原则

### （一）指导思想

全面贯彻党的十七大精神，高举中国特色社会主义伟大旗帜，以邓小平理论和“三个代表”重要思想为指导，深入贯彻落实科学发展观，围绕转变经济发展方式，促进经济社会协调发展，进一步深化经济体制改革，完善社会主义市场经济体制，为推动科学发展、促进社会和谐提供强大动力和体制保障。

### （二）基本原则

——坚持社会主义市场经济改革方向，把坚持社会主义基本制度同发展市场经济结合起来。

——坚持以改革促进科学发展，用改革的办法解决经济社会发展中的深层次矛盾和问题。

——坚持以人为本，把实现好、维护好、发展好人民群众的切身利益作为推进改革的出发点和落脚点。

——坚持实践探索与制度建设相结合，及时把行之有效的改革措施规范化、制度化和法制化。

——坚持正确处理改革发展稳定的关系，切实把改革的力度、发展的速度和社会的可承受度统一起来。

## 二、2008年经济体制改革的重点任务

### （一）加快行政管理体制改革

按照《国务院机构改革方案》要求，制定并落实“三定”规定，推进政府机构改革，建立权责一致、分工合理、决策科学、执行顺畅、监督有力的行政管理体制，切实转变政府职能（各有关部门负责）。指导和推进地方政府机构改革（中央编办牵头）。实行《政府信息公开条例》，健全政府信息发布制度，推行政务公开（国办牵头）。

### （二）深化财税体制改革

深化财政体制改革。推进财税体制改革，研究制订改革方案；进一步理顺中央与地方的财力和事权关系，完善转移支付制度和省以下财政体制；深化预算制度改革，强化预算管理和监督；围绕推进基本公共服务均等化和主体功能区建设，完善公共财政体系；创新各级财政支持义务教育、医疗卫生、公共文化、社会保障和住房保障的机制（财政部、发展改革委牵头）。

推进税收制度改革。实施新的企业所得税法，制定相关配套政策；推进资源税制度改革；研究建立综合与分类相结合的个人所得税制度；研究制订在全国范围内实施增值税转型改革的方案；研究推进房地产税制改革；研究开征环境保护税（财政部、税务总局牵头）。

### （三）深化金融投资体制改革

深化金融企业改革。推进农业银行股份制改革和国家开发银行改革；研究制定进出口银行和农业发展银行改革方案；推动金融资产管理公司转型（人民银行、财政部负责）。

健全金融调控和金融监管体系。推进利率市场化改革，建立健全主要由市场供求决定的利率形成机制；深化人民币汇率形成机制改革，增强汇率弹性；建立健全跨境资本流动监管体制；完善反洗钱工作协调机制（人民银行牵头）。制定信贷征信管理条例，推进社会信用体系建设；制定出台存款保险条例（人民银行、法制办负责）。建立健全金融监管协调机制，建立完善金融控股公司和交叉性金融业务的监管制度（人民银行、财政部、银监会、证监会、保监会负责）。

加快推进投资体制改革。深入推进政府投资体制改革，尽快出台政府投资条例；健全中央预算内投资管理制度；及时修订调减投资核准目录；研究起草中央政府投资项目决策责任追究指导意见；开展中央预算内投资项目公示试点工作，加快推行代

建制；完善企业投资项目核准制，规范备案管理（发展改革委牵头）。

**（四）推进国有企业改革和非公有制经济发展**

深化国有企业改革。加快中央企业调整重组步伐，推动重点行业企业布局结构调整和联合重组（国资委、发展改革委、工业和信息化部负责）。建立健全国有资本结构优化和战略性调整机制，促进国有资本向关系国家安全和国民经济命脉的重点行业、关键领域和基本公共服务领域转移（国资委、财政部、工业和信息化部负责）。研究落实航空工业体制改革方案，推进中国航空工业集团公司组建工作（工业和信息化部、国资委、发展改革委、财政部负责）。加快推动中央企业股份制改革，具备条件的实现整体上市或主营业务整体上市；扩大中央企业建立规范董事会试点的户数和范围，建立健全董事会运作的各项规章制度（国资委牵头）。

推进垄断行业和公用事业改革。加快推进铁路体制改革（发展改革委、铁道部负责）。研究提出盐业管理体制改革方案（发展改革委、工业和信息化部负责）。组织实施深化电信体制改革方案（工业和信息化部、发展改革委、财政部、国资委、证监会负责）。稳步实施电网企业主辅分离改革，完善区域电力市场建设，组织开展深化电力体制改革试点工作（发展改革委、国资委、电监会、能源局负责）。推进农村公路管理养护体制改革（交通运输部、发展改革委负责）。研究推进供水、供气、供热等市政公用事业体制改革（住房城乡建设部牵头）。深化农村水电体制改革，研究建立有利于农民受益的农村水电管理体制（水利部、能源局负责）。

促进非公有制经济发展。进一步制定完善并落实《国务院关于鼓励支持和引导个体私营等非公有制经济发展的若干意见》（国发〔2005〕3号）相关配套政策，放宽和规范非公有制经济在市场准入、财政税收、信用担保和金融服务等方面的政策措施（工业和信息化部牵头）。

**（五）推进要素市场建设**

促进资本市场稳定健康发展。加强资本市场基础性制度建设；完善资本市场监管体制，加强监管队伍建设；积极发展公司债市场；优化市场结构，引导优质企业上市，进一步壮大主板市场，发展中小企业板市场，积极稳妥推进创业板市场建设（证监会牵头）。修订企业债券管理条例，扩大企业债券发行规模（发展改革委、法制办负责）。

规范发展土地市场。坚持最严格的耕地保护制度，建立中央地方的共同责任机制；规范和完善征地程序，完善征地补偿办法；健全土地划拨制度，积极探索实行国家机关办公用地、基础设施及各类社会事业用地有偿使用制度；完善经营性土地和工业用地出让制度；推进城镇建设用地增加与农村建设用地减少相挂钩、城镇建设用地增加规模与吸纳农村人口定居规模相挂钩的试点工作（国土资源部牵头）。加强农村土地承包经营权流转规范管理和服务，全面建立合同管理制度和流转备案制度（农业部牵头）。

建立统一规范的人力资源市场。整合人才市场和劳动力市场；做好《中华人民共和国就业促进法》和《中华人民共和国劳动合同法》实施工作，制定相关配套法规规章（人力资源社会保障部牵头）。积极稳妥推进户籍制度改革，调整户口迁移政策，允许符合条件的农村居民在城市落户（公安部牵头）。

**（六）深化农村经济体制改革**

深化农村综合改革。进一步扩大农村综合改革试点范围；出台清理化解乡村债务的指导性意见；开展化解农村义务教育"普九"债务试点；推进减轻农民水费负担综合改革试点（国务院农村综合改革工作小组牵头）。

推进农村金融改革和创新。积极稳妥推进农村地区金融机构准入政策试点工作；培育小额信贷组织，建立符合农村特点的担保机制（银监会、人民银行负责）。逐步扩大农业保险范围，做好政策性农业保险试点工作（保监会牵头）。

推动林业、农垦、水利体制改革。全面推进集体林权制度改革（林业局牵头）。研究提出进一步加快农垦改革与发展的意见（农业部牵头）。推进海南农垦管理体制改革（财政部牵头）。推进小型农田水利工程、农村水电工程设施产权制度改革，推进非经营性农村水利工程管理体制改革（水利部牵头）。

**（七）建立健全资源节约和环境保护机制**

健全资源环境价格形成机制。逐步完善成品油、天然气价格形成机制；落实差别电价、小火电降价、脱硫加价政策；完善促进可再生能源发展的电价机制；结合销售电价调整，基本实现商业与一般工业用电同价；开展节能发电调度试点（发展改革委、能源局负责）。完善污水处理收费和垃圾处理收费制度（发展改革委牵头）。制定出台水资源费征收使用管理办法（财政部牵头）。

建立健全资源有偿使用制度和生态环境补偿机制。全面推行探矿权采矿权有偿取得制度；完善矿山环境保护与治理的责任机制；改革资源收益分配制度，建立欠发达地区资源补偿机制（财政部、国土资源部、发展改革委负责）。推进建立跨省流域的生态补偿机制试点工作；开展火力发电厂二氧化硫排污权有偿使用和交易试点，在太湖流域开展主要水污染物排污权有偿使用和交易试点，探索建立环境有偿使用制度（财政部、环境保护部、发展改革委负责）。

健全节能减排体制机制。落实节能减排责任制；建立和完善节能减排措施公示制度；选择部分地区开展能耗总量控制试点；完善节能减排奖励制度；加快推行能效标识制度；建立并实施固定资产投资项目节能评估和审查制度；建立健全重大节能减排技术推广和应用机制；落实政府强制采购节能产品制度；开展环境污染责任保险试点（发展改革委、财政部、环境保护部等部门负责）。完善支持风电等可再生能源发展的政策措施（发展改革委、能源局负责）。

**（八）加快社会体制改革**

深化收入分配制度改革。择机出台深化收入分配制度改革有关指导意见（发展改革委牵头）。改革国有企业工资总额管理办法，加强对垄断行业企业工资监管；健全最低工资标准调整机制，建立企业职工工资正常增长机制和支付保障机制；指导各地完善工资保证金制度和工资支付重点监控制度；推行企业工资集体协商制度；颁布实施企业工资条例（人力资源社会保障部牵头）。深化机关事业单位工资收入分配制度改革（人力资源社会保障部、财政部负责）。

进一步完善社会保障制度。完善企业退休人员基本养老金正常调整机制；积极推进事业单位工作人员养老保险制度改革试点；继续开展农村社会养老保险试点；研究制定全国统一的社会保险关系转续办法；扩大城镇居民基本医疗保险试点范围；研究制订各项社会保险基金监管制度（人力资源社会保障部牵头）。继续完善农村最低生活保障制度（民政部牵头）。落实廉租住房和经济适用住房制度，完善住房公积金制度（住房城乡建设部牵头）。

加快推进医药卫生体制改革。出台深化医药卫生体制改革的意见及相关配套文件，适时启动试点工作（发展改革委、卫生部负责）。在全国农村全面推行新型农村合作医疗制度，提高筹资标准和保障水平（卫生部牵头）。

深化科技、教育、文化体制改革。落实国家中长期科学和技术发展规划纲要，完善支持自主创新的政策（科技部、发展改革委、财政部等部门负责）。研究起草国家中长期教育改革和发展规划纲要（教育部牵头）。进一步完善义务教育经费保障机制，认真落实保障家庭经济困难学生、进城务工人员随迁子女平等接受义务教育的措施（财政部、教育部负责）。深化职业技术教育投入、办学、管理体制和教育教学改革（教育部、人力资源社会保障部负责）。推进经营性文化单位转企改制，完善扶持公益性文化事业、发展文化产业、激励文化创新等方面的政策（文化部、广电总局、新闻出版总署负责）。研究制订鼓励社会力量兴办民办非企业单位促进民办社会事业健康发展的若干意见（发展改革委、民政部负责）。

**（九）深化涉外经济体制改革**

完善利用外资管理体制。简化外商投资审批程序，下放审批权限；贯彻实施新的外商投资产业指导目录，修订中西部地区外商投资优势产业目录；健全外资并购安全审查机制（发展改革委、商务部负责）。扩大服务外包鼓励政策的试点范围，完善促进服务外包产业发展的部际工作机制（商务部牵头）。

完善对外投资管理体制。鼓励银行、保险机构创新金融品种，发展境内外币债券市场，为对外投资合作提供信贷、保险等金融支持（人民银行、发展改革委、商务部、银监会等部门负责）。完善对外投资企业、对外承包工程和劳务合作等方面的监管制度（商务部牵头）。

## 三、认真做好2008年经济体制改革工作

**（一）进一步解放思想，加大改革力度**

改革开放已走过30年的历程，社会主义市场

经济体制已初步建立，经济社会发展取得了举世瞩目的成就。但是，目前我国经济、政治、文化、社会等领域体制改革的任务仍很艰巨，改革仍处于攻坚阶段。各地区、各部门要充分认识深化经济体制改革的重要性和紧迫性，按照党的十七大精神，进一步解放思想，提高认识，以隆重纪念改革开放30周年为契机，在全社会统一思想、凝聚共识，形成强劲的改革动力和浓厚的改革氛围，进一步加大改革力度，力求今年在关系经济社会发展全局的重大体制改革方面取得突破性进展。

**（二）做好指导协调，加强组织领导**

发展改革部门要加强对经济体制改革的总体规划和统筹安排，并通过推动建立部门间统筹协调推进改革的工作机制，不断加强对各项改革方案制订和组织实施的指导与协调；要积极推进国家综合配套改革试验区的改革试点工作，为全国改革提供经验和借鉴。各地区、各部门要切实加强对改革工作的领导，对涉及面广、影响重大的改革，一把手要亲自抓，既要保证改革沿着正确的方向顺利推进，又要使各项改革任务落到实处。

**（三）明确责任分工，认真督促落实**

牵头部门要会同相关部门科学制订方案，明确实施步骤，强化改革责任。相关部门要结合自身职能，积极配合牵头部门做好有关工作。发展改革部门要采取多种形式，紧密跟踪、督促检查各项改革进展和落实情况，及时向国务院报告。各有关部门要定期向发展改革部门通报本部门改革进展情况。

# 快递市场管理办法

交通运输部令 2008 年第 4 号

## 第一章　总　　则

**第一条**　为加强快递市场管理，维护国家安全和公共安全，保护用户合法权益，促进快递服务健康发展，依据《中华人民共和国邮政法》、《中华人民共和国邮政法实施细则》和国家有关规定，制定本办法。

**第二条**　从事快递经营活动应当遵守本办法。

**第三条**　本办法所称快递，是指快速收寄、分发、运输、投递单独封装、具有名址的信件和包裹等物品，以及其他不需储存的物品，按照承诺时限递送到收件人或指定地点，并获得签收的寄递服务。

**第四条**　快递市场管理遵循公开、公平、公正的原则，促进快递市场的统一、开放、竞争、有序，满足经济社会发展需要。邮政专营权受法律保护。从事快递经营活动的企业（以下简称快递企业）应当依法经营，诚实守信，公平竞争，为用户提供迅速、准确、安全、方便的快递服务。

**第五条**　快递协会组织应当加强行业自律，并为快递企业提供信息、培训等方面的服务，促进快递服务的健康发展和总体水平的提升。

**第六条**　通信自由和通信秘密受法律保护。除因国家安全或者追查刑事犯罪的需要，由公安机关、国家安全机关或者检察机关依照法律规定的程序对通信进行检查外，任何组织或者个人不得以任何理由侵犯他人的通信自由和通信秘密。

**第七条**　国家邮政管理部门负责全国快递市场的监督管理。各省、自治区、直辖市邮政管理部门（以下简称省级邮政管理部门）负责本行政区域快递市场的监督管理。

**第八条**　快递企业的运输活动应当遵守相关运输管理法规，接受运输主管部门的监督管理。

## 第二章　快递服务

**第九条**　快递企业提供快递服务应当遵守其公开的服务承诺，符合《快递服务》邮政行业标准。

**第十条**　快递企业应当在营业场所公示或以其他方式向社会公布其服务种类、服务价格、营业时间、运递时限等服务承诺，并在规定时间内向省级邮政管理部门备案。

**第十一条**　快递企业应当以书面形式明确快递企业与用户双方的权利和义务，其格式合同条款应当做到公平合理、准确全面，并向省级邮政管理部门备案。

**第十二条**　快递企业应当建立与用户沟通的渠道和制度，向用户提供业务咨询、查询等服务，并采取公布服务监督电话等形式认真受理用户投诉。快递企业对邮政管理部门转办的用户申诉，应当妥善处理，并按要求给予回复。

**第十三条**　快递企业应当按照国家有关规定建立突发事件应急机制。发生重大服务阻断时，快递企业应当按照有关规定及时向省级邮政管理部门报告。在事故处理过程中，快递企业应当对所有与事故有关的资料进行记录和保存。相关资料和书面记录至少保存1年。快递企业因停业、转产、破产等原因，停止快递经营活动的，应当及时妥善处理所收寄的快件，并向省级邮政管理部门报告。

**第十四条**　快递企业应当加强对快递从业人员的职业技能培训。快递业务员应当符合国家职业标准。

**第十五条**　快递企业不得实施下列行为：

（一）违反国家规定，收寄禁止寄递的物品，或未按规定收寄限制寄递的物品；

（二）相互串通操纵市场价格，损害其他快递企业或用户的合法权益；

（三）冒用他人名称、商标标识和企业标识，扰乱市场经营秩序；

（四）违法扣留用户快件；

（五）违法泄露在从事快递服务过程中知悉的用户信息；

（六）法律法规禁止的其他行为。

**第十六条** 快递从业人员不得实施下列行为：

（一）私自开拆、隐匿、毁弃、扣留、倒卖、盗窃快件；

（二）违法泄露在从事快递服务过程中知悉的用户信息；

（三）法律法规禁止的其他行为。

## 第三章 快递安全

**第十七条** 任何组织和个人不得利用快递网络从事危害国家安全、社会公共利益或者他人合法权益的活动。下列物品禁止寄递：

（一）法律法规禁止流通或者寄递的物品；

（二）各种危害国家安全和社会政治稳定以及淫秽的出版物、宣传品、印刷品等；

（三）武器、弹药、麻醉药物、生化制品、传染性物品和爆炸性、易燃性、腐蚀性、放射性、毒性等危险物品；

（四）妨害公共卫生的物品；

（五）流通的各种货币；

（六）国家规定禁止寄递的其他物品。

**第十八条** 快递企业应当建立并严格执行收寄验视制度。对用户交寄的信件以外的快件，快递企业应当按照国家有关规定当场验视内件，当面封装。用户拒绝验视的，不予收寄。快递企业在收寄过程中发现有国家规定禁止寄递物品的，应当及时向相关部门报告。

**第十九条** 快递企业对不能确定安全性的可疑物品，应当要求用户出具相关部门的安全证明。用户不能出具安全证明的，不予收寄。快递企业收寄已出具安全证明的物品时，应当如实记录收寄物品的名称、规格、数量、重量、收寄时间、寄件人和收件人名址等内容，记录保存期限应当不少于1年。

**第二十条** 快递企业接受网络购物、电视购物和邮购等经营者委托提供快递服务的，应当与委托方签订安全保障协议，并报省级邮政管理部门备案。快递企业从事代收货款业务，应当遵守国家邮政管理部门的规定。

**第二十一条** 快递企业设置快件处理中心，应当事先征询省级邮政管理部门意见，并按照国家有关规定预留相关工作场地。

## 第四章 监督管理

**第二十二条** 国家鼓励和引导快递企业采用先进技术，充分利用交通运输资源，促进规模化、品牌化、网络化经营。

**第二十三条** 邮政管理部门应当加强对快递服务突发事件的管理。发生影响快递服务安全和快递网络正常运行的突发事件时，邮政管理部门立即启动应急预案，根据突发事件应急处理的需要，采取必要的应急措施。

**第二十四条** 国家实行快递统计报告制度，快递企业应当按规定向邮政管理部门上报统计报表和报告。

**第二十五条** 国家实行快递企业等级评定制度，建立以公众满意度、时限准时率和用户申诉率为核心的快递服务质量评价体系，定期评估测试快递服务水平，并向社会公告。

**第二十六条** 为便于邮政管理部门获取相关信息，快递企业应当在领取营业执照之日起20个工作日内到邮政管理部门办理备案手续。跨省、自治区、直辖市范围经营快递业务或经营国际及港、澳、台快递业务的，企业总部到国家邮政管理部门办理备案手续，其他快递企业以及企业分支机构到省级邮政管理部门办理备案手续。

**第二十七条** 快递企业办理备案手续应当提交以下文件：

（一）国家邮政管理部门制定的企业基本情况备案表；

（二）营业执照原件及复印件；

（三）法定代表人或负责人身份证明；

（四）服务与安全管理制度；

（五）法律、法规、规章规定的其他文件。

**第二十八条** 快递企业备案情况发生变更的，应当在变更发生之日起20个工作日内，向原备案机关变更备案。

**第二十九条** 邮政管理部门在收到备案或变更备案文件之日起20个工作日内，对备案文件进行核查。对备案文件齐备的予以备案或变更备案。

**第三十条** 邮政管理部门应当加强对快递企业及其从业人员遵守本办法情况的监督检查。邮政管理部门依法实施监督检查，可以采取下列措施：

（一）进入有关场所进行检查；

（二）向有关单位和人员了解情况；

（三）查阅、复制有关文件、资料、凭证；

（四）发现违禁品进行登记保存，移交有关部门处理；

（五）对检查中发现的违法行为，依法进行处理。对重大违法行为，建议有关部门依法对其进行停业整顿，直至取消经营资格。

**第三十一条** 邮政管理部门工作人员应当严格按照法定程序进行监督检查。实施监督检查时，应当出示执法证件，并由两名或两名以上工作人员共同进行。被检查单位及其有关人员应当予以配合，不得拒绝、阻碍，并对有关情况予以保密。

邮政管理部门工作人员对监督检查过程中知悉的被检查单位的技术秘密和业务秘密，应当保密。

## 第五章 法律责任

**第三十二条** 邮政管理部门工作人员违反本办法第三十一条规定的，依法给予行政处分；构成犯罪的，依法追究刑事责任。

**第三十三条** 快递企业违反快递服务标准，严重损害用户利益的，由邮政管理部门责令改正，并处以5 000元以上，30 000元以下的罚款。

**第三十四条** 违反本办法第十条、第十二条、第十三条、第十八条、第十九条、第二十条和第二十四条规定的，由邮政管理部门责令改正，并处以3 000元以上，30 000元以下的罚款。

**第三十五条** 违反本办法第十五条第（一）、（四）、（五）、（六）项规定的，由邮政管理部门责令改正，对快递企业处以10 000元以上，30 000元以下的罚款；对快递企业法定代表人或负责人以及其他直接责任人员处以1 000元以上，5 000元以下的罚款。违反本办法第十五条第（二）、（三）项规定的，由国家有关部门依法处理。

**第三十六条** 违反本办法第十六条规定的，由邮政管理部门对快递企业处以5 000元以上，30 000元以下的罚款；对直接责任人员处以1 000元以上，5 000元以下的罚款；构成犯罪的，依法追究刑事责任。

**第三十七条** 违反本办法规定，未办理备案或变更备案的，由邮政管理部门责令改正，并处以10 000元以上，30 000元以下的罚款。

**第三十八条** 拒绝、阻碍邮政管理部门及其工作人员依法履行监督检查职责的，由邮政管理部门对被检查单位给予警告，并处以5 000元以上，30 000元以下的罚款。

**第三十九条** 公民、法人或者其他组织认为邮政管理部门的具体行政行为侵犯其合法权益的，可以依法向国家邮政管理部门申请行政复议或者直接向人民法院起诉。

## 第六章 附 则

**第四十条** 本办法公布前领取营业执照的快递企业，应当在本办法施行之日起60日内到邮政管理部门办理备案手续。法律、行政法规对快递市场准入另有规定的，从其规定。

**第四十一条** 本办法自公布之日起施行。

2008年7月8日

# 中华人民共和国循环经济促进法

（2008年8月29日第十一届全国人民代表大会常务委员会第四次会议通过）

## 第一章 总 则

**第一条** 为了促进循环经济发展，提高资源利用效率，保护和改善环境，实现可持续发展，制定本法。

**第二条** 本法所称循环经济，是指在生产、流通和消费等过程中进行的减量化、再利用、资源化活动的总称。

本法所称减量化，是指在生产、流通和消费等过程中减少资源消耗和废物产生。

本法所称再利用，是指将废物直接作为产品或者经修复、翻新、再制造后继续作为产品使用，或者将废物的全部或者部分作为其他产品的部件予以使用。

本法所称资源化，是指将废物直接作为原料进行利用或者对废物进行再生利用。

**第三条** 发展循环经济是国家经济社会发展的一项重大战略，应当遵循统筹规划、合理布局，因地制宜、注重实效，政府推动、市场引导，企业实施、公众参与的方针。

**第四条** 发展循环经济应当在技术可行、经济合理和有利于节约资源、保护环境的前提下，按照减量化优先的原则实施。

在废物再利用和资源化过程中，应当保障生产安全，保证产品质量符合国家规定的标准，并防止产生再次污染。

**第五条** 国务院循环经济发展综合管理部门负责组织协调、监督管理全国循环经济发展工作；国务院环境保护等有关主管部门按照各自的职责负责有关循环经济的监督管理工作。

县级以上地方人民政府循环经济发展综合管理部门负责组织协调、监督管理本行政区域的循环经济发展工作；县级以上地方人民政府环境保护等有关主管部门按照各自的职责负责有关循环经济的监督管理工作。

**第六条** 国家制定产业政策，应当符合发展循环经济的要求。

县级以上人民政府编制国民经济和社会发展规划及年度计划，县级以上人民政府有关部门编制环境保护、科学技术等规划，应当包括发展循环经济的内容。

**第七条** 国家鼓励和支持开展循环经济科学技术的研究、开发和推广，鼓励开展循环经济宣传、教育、科学知识普及和国际合作。

**第八条** 县级以上人民政府应当建立发展循环经济的目标责任制，采取规划、财政、投资、政府采购等措施，促进循环经济发展。

**第九条** 企业事业单位应当建立健全管理制度，采取措施，降低资源消耗，减少废物的产生量和排放量，提高废物的再利用和资源化水平。

**第十条** 公民应当增强节约资源和保护环境意识，合理消费，节约资源。

国家鼓励和引导公民使用节能、节水、节材和有利于保护环境的产品及再生产品，减少废物的产生量和排放量。

公民有权举报浪费资源、破坏环境的行为，有权了解政府发展循环经济的信息并提出意见和建议。

**第十一条** 国家鼓励和支持行业协会在循环经济发展中发挥技术指导和服务作用。县级以上人民政府可以委托有条件的行业协会等社会组织开展促进循环经济发展的公共服务。

国家鼓励和支持中介机构、学会和其他社会组织开展循环经济宣传、技术推广和咨询服务，促进循环经济发展。

## 第二章 基本管理制度

**第十二条** 国务院循环经济发展综合管理部门会同国务院环境保护等有关主管部门编制全国循环经济发展规划，报国务院批准后公布施行。设区的市级以上地方人民政府循环经济发展综合管理部门会同本级人民政府环境保护等有关主管部门编制本行政区域循环经济发展规划，报本级人民政府批准后公布施行。

循环经济发展规划应当包括规划目标、适用范围、主要内容、重点任务和保障措施等，并规定资源产出率、废物再利用和资源化率等指标。

**第十三条** 县级以上地方人民政府应当依据上级人民政府下达的本行政区域主要污染物排放、建设用地和用水总量控制指标，规划和调整本行政区域的产业结构，促进循环经济发展。

新建、改建、扩建建设项目，必须符合本行政区域主要污染物排放、建设用地和用水总量控制指标的要求。

**第十四条** 国务院循环经济发展综合管理部门会同国务院统计、环境保护等有关主管部门建立和完善循环经济评价指标体系。

上级人民政府根据前款规定的循环经济主要评价指标，对下级人民政府发展循环经济的状况定期进行考核，并将主要评价指标完成情况作为对地方人民政府及其负责人考核评价的内容。

**第十五条** 生产列入强制回收名录的产品或者包装物的企业，必须对废弃的产品或者包装物负责回收；对其中可以利用的，由各该生产企业负责利用；对因不具备技术经济条件而不适合利用的，由各该生产企业负责无害化处置。

对前款规定的废弃产品或者包装物，生产者委托销售者或者其他组织进行回收的，或者委托废物利用或者处置企业进行利用或者处置的，受托方应当依照有关法律、行政法规的规定和合同的约定负责回收或者利用、处置。

对列入强制回收名录的产品和包装物，消费者应当将废弃的产品或者包装物交给生产者或者其委托回收的销售者或者其他组织。

强制回收的产品和包装物的名录及管理办法，由国务院循环经济发展综合管理部门规定。

**第十六条** 国家对钢铁、有色金属、煤炭、电力、石油加工、化工、建材、建筑、造纸、印染等行业年综合能源消费量、用水量超过国家规定总量的重点企业，实行能耗、水耗的重点监督管理制度。

重点能源消费单位的节能监督管理，依照《中华人民共和国节约能源法》的规定执行。

重点用水单位的监督管理办法，由国务院循环经济发展综合管理部门会同国务院有关部门规定。

**第十七条** 国家建立健全循环经济统计制度，加强资源消耗、综合利用和废物产生的统计管理，并将主要统计指标定期向社会公布。

国务院标准化主管部门会同国务院循环经济发展综合管理和环境保护等有关主管部门建立健全循环经济标准体系，制定和完善节能、节水、节材和废物再利用、资源化等标准。

国家建立健全能源效率标识等产品资源消耗标识制度。

## 第三章 减 量 化

**第十八条** 国务院循环经济发展综合管理部门会同国务院环境保护等有关主管部门，定期发布鼓励、限制和淘汰的技术、工艺、设备、材料和产品名录。

禁止生产、进口、销售列入淘汰名录的设备、材料和产品，禁止使用列入淘汰名录的技术、工艺、设备和材料。

**第十九条** 从事工艺、设备、产品及包装物设计，应当按照减少资源消耗和废物产生的要求，优先选择采用易回收、易拆解、易降解、无毒无害或者低毒低害的材料和设计方案，并应当符合有关国家标准的强制性要求。

对在拆解和处置过程中可能造成环境污染的电器电子等产品，不得设计使用国家禁止使用的有毒有害物质。禁止在电器电子等产品中使用的有毒有害物质名录，由国务院循环经济发展综合管理部门会同国务院环境保护等有关主管部门制定。

设计产品包装物应当执行产品包装标准，防止过度包装造成资源浪费和环境污染。

**第二十条** 工业企业应当采用先进或者适用的节水技术、工艺和设备，制定并实施节水计划，加强节水管理，对生产用水进行全过程控制。

工业企业应当加强用水计量管理，配备和使用合格的用水计量器具，建立水耗统计和用水状况分析制度。

新建、改建、扩建建设项目，应当配套建设节水设施。节水设施应当与主体工程同时设计、同时施工、同时投产使用。

国家鼓励和支持沿海地区进行海水淡化和海水直接利用，节约淡水资源。

**第二十一条** 国家鼓励和支持企业使用高效节油产品。

电力、石油加工、化工、钢铁、有色金属和建材等企业，必须在国家规定的范围和期限内，以洁净煤、石油焦、天然气等清洁能源替代燃料油，停止使用不符合国家规定的燃油发电机组和燃油锅炉。

内燃机和机动车制造企业应当按照国家规定的内燃机和机动车燃油经济性标准，采用节油技术，减少石油产品消耗量。

**第二十二条** 开采矿产资源，应当统筹规划，制定合理的开发利用方案，采用合理的开采顺序、方法和选矿工艺。采矿许可证颁发机关应当对申请人提交的开发利用方案中的开采回采率、采矿贫化率、选矿回收率、矿山水循环利用率和土地复垦率等指标依法进行审查；审查不合格的，不予颁发采矿许可证。采矿许可证颁发机关应当依法加强对开采矿产资源的监督管理。

矿山企业在开采主要矿种的同时，应当对具有工业价值的共生和伴生矿实行综合开采、合理利用；对必须同时采出而暂时不能利用的矿产以及含有有用组分的尾矿，应当采取保护措施，防止资源损失和生态破坏。

**第二十三条** 建筑设计、建设、施工等单位应当按照国家有关规定和标准，对其设计、建设、施工的建筑物及构筑物采用节能、节水、节地、节材的技术工艺和小型、轻型、再生产品。有条件的地区，应当充分利用太阳能、地热能、风能等可再生能源。

国家鼓励利用无毒无害的固体废物生产建筑材料，鼓励使用散装水泥，推广使用预拌混凝土和预拌砂浆。

禁止损毁耕地烧砖。在国务院或者省、自治区、直辖市人民政府规定的期限和区域内，禁止生产、销售和使用黏土砖。

**第二十四条** 县级以上人民政府及其农业等主管部门应当推进土地集约利用，鼓励和支持农业生产者采用节水、节肥、节药的先进种植、养殖和灌溉技术，推动农业机械节能，优先发展生态农业。

在缺水地区，应当调整种植结构，优先发展节水型农业，推进雨水集蓄利用，建设和管护节水灌溉设施，提高用水效率，减少水的蒸发和漏失。

**第二十五条** 国家机关及使用财政性资金的其他组织应当厉行节约、杜绝浪费，带头使用节能、节水、节地、节材和有利于保护环境的产品、设备和设施，节约使用办公用品。国务院和县级以上地方人民政府管理机关事务工作的机构会同本级人民政府有关部门制定本级国家机关等机构的用能、用水定额指标，财政部门根据该定额指标制定支出标准。

城市人民政府和建筑物的所有者或者使用者，应当采取措施，加强建筑物维护管理，延长建筑物使用寿命。对符合城市规划和工程建设标准，在合理使用寿命内的建筑物，除为了公共利益的需要外，城市人民政府不得决定拆除。

**第二十六条** 餐饮、娱乐、宾馆等服务性企业，应当采用节能、节水、节材和有利于保护环境的产品，减少使用或者不使用浪费资源、污染环境的产品。

本法施行后新建的餐饮、娱乐、宾馆等服务性企业，应当采用节能、节水、节材和有利于保护环境的技术、设备和设施。

**第二十七条** 国家鼓励和支持使用再生水。在有条件使用再生水的地区，限制或者禁止将自来水作为城市道路清扫、城市绿化和景观用水使用。

**第二十八条** 国家在保障产品安全和卫生的前提下，限制一次性消费品的生产和销售。具体名录由国务院循环经济发展综合管理部门会同国务院财政、环境保护等有关主管部门制定。

对列入前款规定名录中的一次性消费品的生产和销售，由国务院财政、税务和对外贸易等主管部门制定限制性的税收和出口等措施。

## 第四章　再利用和资源化

**第二十九条**　县级以上人民政府应当统筹规划区域经济布局，合理调整产业结构，促进企业在资源综合利用等领域进行合作，实现资源的高效利用和循环使用。

各类产业园区应当组织区内企业进行资源综合利用，促进循环经济发展。

国家鼓励各类产业园区的企业进行废物交换利用、能量梯级利用、土地集约利用、水的分类利用和循环使用，共同使用基础设施和其他有关设施。

新建和改造各类产业园区应当依法进行环境影响评价，并采取生态保护和污染控制措施，确保本区域的环境质量达到规定的标准。

**第三十条**　企业应当按照国家规定，对生产过程中产生的粉煤灰、煤矸石、尾矿、废石、废料、废气等工业废物进行综合利用。

**第三十一条**　企业应当发展串联用水系统和循环用水系统，提高水的重复利用率。

企业应当采用先进技术、工艺和设备，对生产过程中产生的废水进行再生利用。

**第三十二条**　企业应当采用先进或者适用的回收技术、工艺和设备，对生产过程中产生的余热、余压等进行综合利用。

建设利用余热、余压、煤层气以及煤矸石、煤泥、垃圾等低热值燃料的并网发电项目，应当依照法律和国务院的规定取得行政许可或者报送备案。电网企业应当按照国家规定，与综合利用资源发电的企业签订并网协议，提供上网服务，并全额收购并网发电项目的上网电量。

**第三十三条**　建设单位应当对工程施工中产生的建筑废物进行综合利用；不具备综合利用条件的，应当委托具备条件的生产经营者进行综合利用或者无害化处置。

**第三十四条**　国家鼓励和支持农业生产者和相关企业采用先进或者适用技术，对农作物秸秆、畜禽粪便、农产品加工业副产品、废农用薄膜等进行综合利用，开发利用沼气等生物质能源。

**第三十五条**　县级以上人民政府及其林业主管部门应当积极发展生态林业，鼓励和支持林业生产者和相关企业采用木材节约和代用技术，开展林业废弃物和次小薪材、沙生灌木等综合利用，提高木材综合利用率。

**第三十六条**　国家支持生产经营者建立产业废物交换信息系统，促进企业交流产业废物信息。

企业对生产过程中产生的废物不具备综合利用条件的，应当提供给具备条件的生产经营者进行综合利用。

**第三十七条**　国家鼓励和推进废物回收体系建设。

地方人民政府应当按照城乡规划，合理布局废物回收网点和交易市场，支持废物回收企业和其他组织开展废物的收集、储存、运输及信息交流。

废物回收交易市场应当符合国家环境保护、安全和消防等规定。

**第三十八条**　对废电器电子产品、报废机动车船、废轮胎、废铅酸电池等特定产品进行拆解或者再利用，应当符合有关法律、行政法规的规定。

**第三十九条**　回收的电器电子产品，经过修复后销售的，必须符合再利用产品标准，并在显著位置标识为再利用产品。

回收的电器电子产品，需要拆解和再生利用的，应当交售给具备条件的拆解企业。

**第四十条**　国家支持企业开展机动车零部件、工程机械、机床等产品的再制造和轮胎翻新。

销售的再制造产品和翻新产品的质量必须符合国家规定的标准，并在显著位置标识为再制造产品或者翻新产品。

**第四十一条**　县级以上人民政府应当统筹规划建设城乡生活垃圾分类收集和资源化利用设施，建立和完善分类收集和资源化利用体系，提高生活垃圾资源化率。

县级以上人民政府应当支持企业建设污泥资源化利用和处置设施，提高污泥综合利用水平，防止产生再次污染。

## 第五章 激励措施

**第四十二条** 国务院和省、自治区、直辖市人民政府设立发展循环经济的有关专项资金，支持循环经济的科技研究开发、循环经济技术和产品的示范与推广、重大循环经济项目的实施、发展循环经济的信息服务等。具体办法由国务院财政部门会同国务院循环经济发展综合管理等有关主管部门制定。

**第四十三条** 国务院和省、自治区、直辖市人民政府及其有关部门应当将循环经济重大科技攻关项目的自主创新研究、应用示范和产业化发展列入国家或者省级科技发展规划和高技术产业发展规划，并安排财政性资金予以支持。

利用财政性资金引进循环经济重大技术、装备的，应当制定消化、吸收和创新方案，报有关主管部门审批并由其监督实施；有关主管部门应当根据实际需要建立协调机制，对重大技术、装备的引进和消化、吸收、创新实行统筹协调，并给予资金支持。

**第四十四条** 国家对促进循环经济发展的产业活动给予税收优惠，并运用税收等措施鼓励进口先进的节能、节水、节材等技术、设备和产品，限制在生产过程中耗能高、污染重的产品的出口。具体办法由国务院财政、税务主管部门制定。

企业使用或者生产列入国家清洁生产、资源综合利用等鼓励名录的技术、工艺、设备或者产品的，按照国家有关规定享受税收优惠。

**第四十五条** 县级以上人民政府循环经济发展综合管理部门在制定和实施投资计划时，应当将节能、节水、节地、节材、资源综合利用等项目列为重点投资领域。

对符合国家产业政策的节能、节水、节地、节材、资源综合利用等项目，金融机构应当给予优先贷款等信贷支持，并积极提供配套金融服务。

对生产、进口、销售或者使用列入淘汰名录的技术、工艺、设备、材料或者产品的企业，金融机构不得提供任何形式的授信支持。

**第四十六条** 国家实行有利于资源节约和合理利用的价格政策，引导单位和个人节约和合理使用水、电、气等资源性产品。

国务院和省、自治区、直辖市人民政府的价格主管部门应当按照国家产业政策，对资源高消耗行业中的限制类项目，实行限制性的价格政策。

对利用余热、余压、煤层气以及煤矸石、煤泥、垃圾等低热值燃料的并网发电项目，价格主管部门按照有利于资源综合利用的原则确定其上网电价。

省、自治区、直辖市人民政府可以根据本行政区域经济社会发展状况，实行垃圾排放收费制度。收取的费用专项用于垃圾分类、收集、运输、贮存、利用和处置，不得挪作他用。

国家鼓励通过以旧换新、押金等方式回收废物。

**第四十七条** 国家实行有利于循环经济发展的政府采购政策。使用财政性资金进行采购的，应当优先采购节能、节水、节材和有利于保护环境的产品及再生产品。

**第四十八条** 县级以上人民政府及其有关部门应当对在循环经济管理、科学技术研究、产品开发、示范和推广工作中做出显著成绩的单位和个人给予表彰和奖励。

企业事业单位应当对在循环经济发展中做出突出贡献的集体和个人给予表彰和奖励。

## 第六章 法律责任

**第四十九条** 县级以上人民政府循环经济发展综合管理部门或者其他有关主管部门发现违反本法的行为或者接到对违法行为的举报后不予查处，或者有其他不依法履行监督管理职责行为的，由本级人民政府或者上一级人民政府有关主管部门责令改正，对直接负责的主管人员和其他直接责任人员依法给予处分。

**第五十条** 生产、销售列入淘汰名录的产品、设备的，依照《中华人民共和国产品质量法》的规定处罚。

使用列入淘汰名录的技术、工艺、设备、材料的，由县级以上地方人民政府循环经济发展综合管理部门责令停止使用，没收违法使用的设备、材料，并处五万元以上二十万元以下的罚款；情节严重的，由县级以上人民政府循环经济发展综合管理部门提出意见，报请本级人民政府按照国务院规定的权限责令停业或者关闭。

违反本法规定，进口列入淘汰名录的设备、材料或者产品的，由海关责令退运，可以处十万元以上一百万元以下的罚款。进口者不明的，由承运人承担退运责任，或者承担有关处置费用。

**第五十一条** 违反本法规定，对在拆解或者处置过程中可能造成环境污染的电器电子等产品，设计使用列入国家禁止使用名录的有毒有害物质的，由县级以上地方人民政府产品质量监督部门责令限期改正；逾期不改正的，处二万元以上二十万元以下的罚款；情节严重的，由县级以上地方人民政府产品质量监督部门向本级工商行政管理部门通报有关情况，由工商行政管理部门依法吊销营业执照。

**第五十二条** 违反本法规定，电力、石油加工、化工、钢铁、有色金属和建材等企业未在规定的范围或者期限内停止使用不符合国家规定的燃油发电机组或者燃油锅炉的，由县级以上地方人民政府循环经济发展综合管理部门责令限期改正；逾期不改正的，责令拆除该燃油发电机组或者燃油锅炉，并处五万元以上五十万元以下的罚款。

**第五十三条** 违反本法规定，矿山企业未达到经依法审查确定的开采回采率、采矿贫化率、选矿回收率、矿山水循环利用率和土地复垦率等指标的，由县级以上人民政府地质矿产主管部门责令限期改正，处五万元以上五十万元以下的罚款；逾期不改正的，由采矿许可证颁发机关依法吊销采矿许可证。

**第五十四条** 违反本法规定，在国务院或者省、自治区、直辖市人民政府规定禁止生产、销售、使用黏土砖的期限或者区域内生产、销售或者使用黏土砖的，由县级以上地方人民政府指定的部门责令限期改正；有违法所得的，没收违法所得；逾期继续生产、销售的，由地方人民政府工商行政管理部门依法吊销营业执照。

**第五十五条** 违反本法规定，电网企业拒不收购企业利用余热、余压、煤层气以及煤矸石、煤泥、垃圾等低热值燃料生产的电力的，由国家电力监管机构责令限期改正；造成企业损失的，依法承担赔偿责任。

**第五十六条** 违反本法规定，有下列行为之一的，由地方人民政府工商行政管理部门责令限期改正，可以处五千元以上五万元以下的罚款；逾期不改正的，依法吊销营业执照；造成损失的，依法承担赔偿责任：

（一）销售没有再利用产品标识的再利用电器电子产品的；

（二）销售没有再制造或者翻新产品标识的再制造或者翻新产品的。

**第五十七条** 违反本法规定，构成犯罪的，依法追究刑事责任。

## 第七章 附 则

**第五十八条** 本法自2009年1月1日起施行。

# 外商投资矿产勘查企业管理办法

商务部令2008年第4号

**第一条** 为进一步扩大矿产资源勘查领域的对外开放，规范外商投资矿产勘查企业的审批和管理，根据《中华人民共和国中外合资经营企业法》、《中华人民共和国中外合作经营企业法》、《中华人民共和国外资企业法》、《中华人民共和国矿产资源法》及其他法律、行政法规，制定本办法。

**第二条** 本办法所指外商投资矿产勘查企业是指依照有关法律在中国境内注册的从事矿产（石油、天然气、煤层气除外，下同）勘查投资及相关活动的外商投资企业。

**第三条** 外国企业、个人或其他经济组织（以下称外国投资者）独资或与中国企业和其他经济组织（以下称中国投资者）合资、合作在中国境内设立外商投资矿产勘查企业，遵守本办法。在中国境内注册的依法从事经营活动的地质勘查单位可以作为中国投资者。

**第四条** 外商投资矿产勘查企业应遵守中华人民共和国法律、行政法规及相关规章，其正当的矿产勘查活动及合法权益受中国法律的保护。国家鼓励有矿产勘查经验或者矿业融资能力的外国投资者投资矿产勘查活动，鼓励外商投资矿产勘查企业利用高新技术手段从事矿产勘查活动，鼓励外商投资矿产勘查企业在矿产行业可持续发展方面发挥积极作用。

**第五条** 各级商务主管部门、国土资源管理部门依法对外商投资矿产勘查企业的经营活动进行监督和管理。

**第六条** 中国投资者可以以合法拥有的探矿权和与该探矿权相关的地质勘查资料作为出资或合作条件。中国投资者以国家出资形成的探矿权作为出资或合作条件的，应符合有关规定。

**第七条** 从事属于《外商投资产业指导目录》限制类的外商投资矿产勘查企业由商务部负责设立审批和管理；其他矿产勘查企业由各省、自治区、直辖市和计划单列市商务主管部门（以下称省级商务主管部门）负责设立审批和管理。

**第八条** 设立外商投资矿产勘查企业，应向商务主管部门报送以下文件：

（一）申请书；

（二）投资各方签署的项目可行性报告；

（三）合同、章程（外资企业只报送章程）；

（四）董事会成员名单及各方董事委派书；

（五）工商行政管理机关出具的企业名称预核准通知书；

（六）中外投资者的注册登记文件及资信证明文件；

（七）中国投资者以探矿权出资或提供合作条件的，需提交探矿权设立及勘查投入等有关情况的说明、探矿权评估报告和勘查许可证复印件；

（八）外国投资者的经营情况说明；

（九）审批机关要求的其他文件。

项目可行性研究报告中，除项目基本情况外，还应对勘查技术手段、经济效益、资源利用、环境保护、安全保障、人力资源使用等方面进行充分阐述。

**第九条** 申请设立外商投资矿产勘查企业，应符合有关外商投资法律和行政法规的规定，并按照以下程序办理：

（一）向省级商务主管部门报送本办法第八条规定的文件。

（二）省级商务主管部门自收到全部申报文件5个工作日内征求同级国土资源管理部门意见，国土资源管理部门同意后，省级商务主管部门应在45个工作日内做出同意或不同意的决定，经审查批准的，颁发《外商投资企业批准证书》；不予批准的，书面说明理由。根据本办法第七条规定及其他外商投资法律法规规定应报商务部批准的，省级商务主管部门应对申报文件进行初审，并在收到全部申报文件一个月内直接上报商务部。

（三）商务部自收到全部申报文件5个工作日内征求国土资源部意见，国土资源部同意后，商务部应在45个工作日作出同意或不同意的决定，经审查批准的，颁发《外商投资企业批准证书》；不予批准的，书面说明理由。

（四）中国投资者以探矿权作为出资或合作条件的，商务部门应征求军事管理机关的意见。

**第十条** 申请人应当自收到批准证书之日起一个月内，凭《外商投资企业批准证书》，向工商行政管理部门办理登记手续。

**第十一条** 外商投资矿产勘查企业应按照国家有关规定，凭《外商投资企业批准证书》和营业执照向国土资源管理部门申领勘查许可证。依法设立的外商投资矿产勘查企业可根据勘查项目情况申请勘查许可证，申请勘查许可证不受该企业注册地域范围的限制。

外商投资矿产勘查企业在住所地以外取得勘查许可证的，企业根据勘查项目情况，依法向工商行政管理部门登记分支机构。

**第十二条** 外商投资矿产勘查企业结合勘查项目的进展情况申请增加投资总额和注册资本的，除向审批机关依法报送有关法律文件外，还应在增资申请书中对于增资用途、资金来源、作业情况、勘查许可证使用及有关费用缴付等情况做出说明。审批机关应在收到全部增资申请文件 45 天内做出批准或不批准的决定。不批准的，应书面说明理由。

外商投资勘查企业增资后改变原勘查设计的，还应将改变后的设计报送原勘查许可证的登记机关批准。

**第十三条** 中外合作矿产勘查企业应依法约定权益分配比例，从事两个以上勘查项目的，可以分别约定权益分配比例。

**第十四条** 中国投资者为国有地质勘查单位的，如以其下属地质勘查单位持有的探矿权作为出资或合作条件的，应提供该下属地质勘查单位负责人签署并盖公章的同意函。国有地质勘查单位以其持有的探矿权作为出资或合作条件的，应提交其上级主管部门同意转让的文件。

**第十五条** 外商投资勘查企业在申请并取得地质勘查资质证书后，方可从事与资质相应的地质勘查活动。

**第十六条** 外商投资矿产勘查企业应在每年三月份前向审批机关书面报送以下情况：

（一）勘查作业情况（同时向勘查许可证审批机关备案）；

（二）税费上缴情况；

（三）环境保护情况；

（四）土地使用情况；

（五）参加外商投资企业联合年检情况。

**第十七条** 外商投资矿产勘查企业应按照国家有关规定，仅在允许外国人进入的区域从事勘查经营活动。

**第十八条** 外国投资者以其在中国境内的矿产勘查成果在境外上市的，应将上市情况向商务部、国土资源部书面备案。

**第十九条** 外商投资矿产勘查企业转让探矿权的，应依法向国土资源管理部门办理有关审批手续，并向商务部门备案。

**第二十条** 外商投资矿产勘查企业发现可供开采的矿产资源，其主矿种符合《外商投资产业指导目录》，拟自行进行开采的，应按国家有关规定办理，依法申领采矿许可证，并到原审批机关申请变更经营范围，经批准后，向工商行政管理部门申请变更登记。

**第二十一条** 外商投资矿产勘查企业的投资者可以另行依法设立从事矿产开采的外商投资企业，并依法办理探矿权转让手续，或由上述从事矿产开采的外商投资企业直接依法申领采矿许可证。

**第二十二条** 外商投资矿产勘查企业探明的主矿种属于《外商投资产业指导目录》规定禁止外商勘查开采的，可将探矿权转让；探明的共伴生矿属于禁止外商勘查开采的，外国投资者需和主矿种一并勘查开采的，由国土资源部、商务部批准后，按规定办理相应的变更登记。

**第二十三条** 台湾地区、香港特别行政区和澳门特别行政区的投资者在内地投资设立矿产勘查企业，参照本办法执行。

**第二十四条** 本办法由商务部、国土资源部在各自职权范围内负责解释。

**第二十五条** 本办法自2008 年 8 月 20 日起施行。

# 外商投资电信企业管理规定

（2001 年 12 月 11 日中华人民共和国国务院令第 333 号公布　根据 2008 年 9 月 10 日《国务院关于修改〈外商投资电信企业管理规定〉的决定》修订）

**第一条**　为了适应电信业对外开放的需要，促进电信业的发展，根据有关外商投资的法律、行政法规和《中华人民共和国电信条例》（以下简称电信条例），制定本规定。

**第二条**　外商投资电信企业，是指外国投资者同中国投资者在中华人民共和国境内依法以中外合资经营形式，共同投资设立的经营电信业务的企业。

**第三条**　外商投资电信企业从事电信业务经营活动，除必须遵守本规定外，还必须遵守电信条例和其他有关法律、行政法规的规定。

**第四条**　外商投资电信企业可以经营基础电信业务、增值电信业务，具体业务分类依照电信条例的规定执行。

外商投资电信企业经营业务的地域范围，由国务院工业和信息化主管部门按照有关规定确定。

**第五条**　外商投资电信企业的注册资本应当符合下列规定：

（一）经营全国的或者跨省、自治区、直辖市范围的基础电信业务的，其注册资本最低限额为10亿元人民币；经营增值电信业务的，其注册资本最低限额为 1 000 万元人民币；

（二）经营省、自治区、直辖市范围内的基础电信业务的，其注册资本最低限额为 1 亿元人民币；经营增值电信业务的，其注册资本最低限额为100 万元人民币。

**第六条**　经营基础电信业务（无线寻呼业务除外）的外商投资电信企业的外方投资者在企业中的出资比例，最终不得超过 49%。

经营增值电信业务（包括基础电信业务中的无线寻呼业务）的外商投资电信企业的外方投资者在企业中的出资比例，最终不得超过 50%。

外商投资电信企业的中方投资者和外方投资者在不同时期的出资比例，由国务院工业和信息化主管部门按照有关规定确定。

**第七条**　外商投资电信企业经营电信业务，除应当符合本规定第四条、第五条、第六条规定的条件外，还应当符合电信条例规定的经营基础电信业务或者经营增值电信业务应当具备的条件。

**第八条**　经营基础电信业务的外商投资电信企业的中方主要投资者应当符合下列条件：

（一）是依法设立的公司；

（二）有与从事经营活动相适应的资金和专业人员；

（三）符合国务院工业和信息化主管部门规定的审慎的和特定行业的要求。

前款所称外商投资电信企业的中方主要投资者，是指在全体中方投资者中出资数额最多且占中方全体投资者出资总额的 30%以上的出资者。

**第九条**　经营基础电信业务的外商投资电信企业的外方主要投资者应当符合下列条件：

（一）具有企业法人资格；

（二）在注册的国家或者地区取得基础电信业务经营许可证；

（三）有与从事经营活动相适应的资金和专业人员；

（四）有从事基础电信业务的良好业绩和运营经验。

前款所称外商投资电信企业的外方主要投资者，是指在外方全体投资者中出资数额最多且占全体外方投资者出资总额的 30%以上的出资者。

**第十条**　经营增值电信业务的外商投资电信企业的外方主要投资者应当具有经营增值电信业务的良好业绩和运营经验。

**第十一条**　设立经营基础电信业务或者跨省、自治区、直辖市范围增值电信业务的外商投资电信企业，由中方主要投资者向国务院工业和信息化主管部门提出申请并报送下列文件：

（一）项目申请报告；

（二）本规定第八条、第九条、第十条规定的合营各方投资者的资格证明或者有关确认文件；

（三）电信条例规定的经营基础电信业务或者

增值电信业务应当具备的其他条件的证明或者确认文件。

国务院工业和信息化主管部门应当自收到申请之日起对前款规定的有关文件进行审查。属于基础电信业务的，应当在180日内审查完毕，作出批准或者不予批准的决定；属于增值电信业务的，应当在90日内审查完毕，作出批准或者不予批准的决定。予以批准的，颁发《外商投资经营电信业务审定意见书》；不予批准的，应当书面通知申请人并说明理由。

**第十二条** 设立外商投资电信企业经营省、自治区、直辖市范围内增值电信业务，由中方主要投资者向省、自治区、直辖市电信管理机构提出申请并报送下列文件：

（一）本规定第十条规定的资格证明或者有关确认文件；

（二）电信条例规定的经营增值电信业务应当具备的其他条件的证明或者确认文件。

省、自治区、直辖市电信管理机构应当自收到申请之日起60日内签署意见。同意的，转报国务院工业和信息化主管部门；不同意的，应当书面通知申请人并说明理由。

国务院工业和信息化主管部门应当自收到省、自治区、直辖市电信管理机构签署同意的申请文件之日起30日内审查完毕，作出批准或者不予批准的决定。予以批准的，颁发《外商投资经营电信业务审定意见书》；不予批准的，应当书面通知申请人并说明理由。

**第十三条** 外商投资电信企业项目申请报告的主要内容包括：合营各方的名称和基本情况、拟设立企业的投资总额、注册资本、各方出资比例、申请经营的业务种类、合营期限等。

**第十四条** 设立外商投资电信企业，按照国家有关规定，其投资项目需要经国务院发展改革部门核准的，国务院工业和信息化主管部门应当在颁发《外商投资经营电信业务审定意见书》前，将申请材料转送国务院发展改革部门核准。转送国务院发展改革部门核准的，本规定第十一条、第十二条规定的审批期限可以延长30日。

**第十五条** 设立外商投资电信企业，属于经营基础电信业务或者跨省、自治区、直辖市范围增值电信业务的，由中方主要投资者凭《外商投资经营电信业务审定意见书》向国务院商务主管部门报送拟设立外商投资电信企业的合同、章程；属于经营省、自治区、直辖市范围内增值电信业务的，由中方主要投资者凭《外商投资经营电信业务审定意见书》向省、自治区、直辖市人民政府商务主管部门报送拟设立外商投资电信企业的合同、章程。

国务院商务主管部门和省、自治区、直辖市人民政府商务主管部门应当自收到报送的拟设立外商投资电信企业的合同、章程之日起90日内审查完毕，作出批准或者不予批准的决定。予以批准的，颁发《外商投资企业批准证书》；不予批准的，应当书面通知申请人并说明理由。

**第十六条** 外商投资电信企业的中方主要投资者凭《外商投资企业批准证书》，到国务院工业和信息化主管部门办理《电信业务经营许可证》手续。

外商投资电信企业的中方主要投资者凭《外商投资企业批准证书》和《电信业务经营许可证》，向工商行政管理机关办理外商投资电信企业注册登记手续。

**第十七条** 外商投资电信企业经营跨境电信业务，必须经国务院工业和信息化主管部门批准，并通过国务院工业和信息化主管部门批准设立的国际电信出入口局进行。

**第十八条** 违反本规定第六条规定的，由国务院工业和信息化主管部门责令限期改正，并处10万元以上50万元以下的罚款；逾期不改正的，由国务院工业和信息化主管部门吊销《电信业务经营许可证》，并由原颁发《外商投资企业批准证书》的商务主管部门撤销其《外商投资企业批准证书》。

**第十九条** 违反本规定第十七条规定的，由国务院工业和信息化主管部门责令限期改正，并处20万元以上100万元以下的罚款；逾期不改正的，由国务院工业和信息化主管部门吊销《电信业务经营许可证》，并由原颁发《外商投资企业批准证书》的商务主管部门撤销其《外商投资企业批准证书》。

**第二十条** 申请设立外商投资电信企业，提供虚假、伪造的资格证明或者确认文件骗取批准的，批准无效，由国务院工业和信息化主管部门处20万元以上100万元以下的罚款，吊销《电信业务经营许可证》，并由原颁发《外商投资企业批准证书》的商务主管部门撤销其《外商投资企业批准证书》。

**第二十一条** 外商投资电信企业经营电信业务，违反电信条例和其他有关法律、行政法规规定的，由有关机关依法给予处罚。

**第二十二条** 香港特别行政区、澳门特别行政区和台湾地区的公司、企业在内地投资经营电信业务，比照适用本规定。

**第二十三条** 本规定自 2002 年 1 月 1 日起施行。

# 中华人民共和国海关《中华人民共和国政府和新西兰政府自由贸易协定》项下进出口货物原产地管理办法

**第一条**　为了正确确定《中华人民共和国政府和新西兰政府自由贸易协定》（以下简称《中新自贸协定》）项下进出口货物原产地，促进我国与新西兰的经贸往来，根据《中华人民共和国海关法》（以下简称《海关法》）、《中华人民共和国进出口货物原产地条例》、《中新自贸协定》的规定，制定本办法。

**第二条**　本办法适用于我国与新西兰之间的《中新自贸协定》项下进出口货物的原产地管理，但是以加工贸易方式保税进口和内销的货物不适用本办法。

**第三条**　从新西兰直接运输进口的货物，符合下列条件之一的，其原产国为新西兰，适用《中华人民共和国进出口税则》（以下简称《税则》）中的《中新自贸协定》协定税率：

（一）在新西兰完全获得或者生产的；

（二）在新西兰一方或者中国、新西兰双方境内生产，并且全部使用符合本办法规定的原产材料的；

（三）新西兰非完全获得或者生产，但符合《中新自贸协定》项下产品特定原产地规则（见附件1）规定的税则归类改变、区域价值成分、工序等要求的。

附件1所列《中新自贸协定》项下产品特定原产地规则发生变化时，由海关总署另行公告。

**第四条**　本办法第三条第（一）项所述"在新西兰完全获得或者生产"的货物是指：

（一）在新西兰境内收获、采摘或者采集的植物产品；

（二）在新西兰境内出生并饲养的活动物；

（三）从新西兰境内饲养的活动物获得的货物；

（四）在新西兰境内狩猎、诱捕、捕捞、耕种、采集或者捕获获得的货物；

（五）从新西兰领土、领水、海床或者海床底土提取或者得到的，未包括在上述第（一）项至第（四）项的矿物质及其他天然生成物质；

（六）新西兰的自然人或者法人从其领水以外的水域、海床或者海床底土提取或者得到的货物，提取或者得到该货物的水域、海床或者海床底土应当是新西兰根据符合其缔结的相关国际协定可适用的国内法，有权开发的水域、海床或者海床底土；

（七）在新西兰注册或者登记，并悬挂或者有权悬挂其国旗的船只，在新西兰根据符合其缔结的相关国际协定可适用的国内法确定的领水、领海外的专属经济区或者公海得到的货物（鱼类、甲壳类动物、植物及其他海洋生物）；

（八）在新西兰注册或者登记，并悬挂或者有权悬挂其国旗的加工船上，完全用上述第（七）项所述货物加工或者制造的货物；

（九）在新西兰境内加工过程中产生的，仅适用于原材料回收的废碎料，或者在新西兰境内收集的仅适用于原材料回收的旧货；

（十）在新西兰境内完全从上述第（一）项至第（九）项所指货物获得或者生产的货物。

**第五条**　在新西兰境内，使用非新西兰原产材料生产的货物，其非原产材料符合《中新自贸协定》项下产品特定原产地规则中该货物所对应的税则归类改变标准的，应当视为原产于新西兰的货物。

**第六条**　在新西兰境内，使用非新西兰原产材料生产的货物，符合《中新自贸协定》项下产品特定原产地规则中该货物所对应的区域价值成分的，应当视为原产于新西兰的货物。

本条第一款中的区域价值成分应当按照下列方法计算：

$$区域价值成分=\frac{货物船上交货价格（FOB）-非原产材料价格}{货物船上交货价格（FOB）}\times 100\%$$

其中，"非原产材料价格"，是指非新西兰原产材料的进口成本、运至目的港口或者地点的运费和保险费（CIF）。原产地不明的材料按照最早可以确定的在新西兰境内为该材料实付或者应付的价格，计入非原产材料价格；该原产地不明材料由货物生产商在新西兰境内获得时，从供应商仓库运抵生产商所在地的运费、保费、包装费及任何其他费用均不计入非原产材料价格。

本条规定中货物船上交货价格和非原产材料价格的计算应当符合《海关估价协定》。

**第七条** 原产于中国的货物或者材料在新西兰境内被用于生产另一货物，并构成另一货物的组成部分的，该货物或者材料应当视为原产于新西兰境内。

**第八条** 适用《中新自贸协定》项下产品特定原产地规则税则归类改变标准确定原产地的货物，其生产过程中所使用的部分非新西兰原产材料未能满足该税则归类改变标准，但是这部分非新西兰原产材料按照第六条确定的价格未超过该货物船上交货价格 10%的，该货物的原产地应当为新西兰。

**第九条** 下列微小加工或者处理不影响货物原产地确定：

（一）为确保货物在运输或者贮存期间保持良好状态而进行的操作，如干燥、冷冻、通风、冷却及类似操作；

（二）包括过滤、挑选、分级、筛选、分类、洗涤、切割、纵切、弯曲、卷绕或者展开在内的简单操作；

（三）托运货物的拆解和组装；

（四）包装、拆包或者重新打包的操作；

（五）简单的装瓶、装罐、入瓶、入袋、进箱、装盒以及固定于硬纸板或者木板上等简单包装操作；

（六）在产品或者其包装上粘贴或者印刷标志、标签、标识及其他类似的区别标记；

（七）仅用水或者其他物质稀释，未实质改变货物的性质；

（八）除大米外的谷物去壳、部分或者全部漂白、磨光及上光；

（九）食糖上色或者形成糖块的操作。

**第十条** 运输期间用于保护货物的包装材料及容器不影响货物原产地的确定。

适用《中新自贸协定》项下产品特定原产地规则中税则归类改变标准确定原产地的货物，其零售用包装材料及容器与该货物在《税则》中一并归类的，该零售用包装材料及容器的原产地不影响货物原产地的确定。

适用《中新自贸协定》项下产品特定原产地规则中区域价值成分标准确定原产地的货物，其零售用包装材料和容器的价格应当作为原产材料或者非原产地材料予以计算。

**第十一条** 适用《中新自贸协定》项下产品特定原产地规则中税则归类改变标准确定原产地的货物，与该货物一起申报进出口的附件、备件、工具、说明书或者其他信息材料，在《税则》中与该货物一并归类，并且不单独开具发票的，其原产地不影响货物原产地的确定。

适用《中新自贸协定》项下产品特定原产地规则中区域价值成分标准确定原产地的货物，与该货物一起申报进出口的附件、备件、工具、说明书或者其他信息材料在正常数量和价格之内的，该附件、备件、工具、说明书或者其他信息材料的价格应当作为原产材料或者非原产地材料予以计算。

**第十二条** 在确定货物的原产地时，货物生产、测试或者检验过程中使用，本身不构成该货物物质成分的下列材料或者货品，其原产地不影响货物原产地的确定：

（一）燃料、能源、催化剂及溶剂；

（二）用于测试或者检验货物的设备、装置及用品；

（三）手套、眼镜、鞋靴、衣服、安全设备及用品；

（四）工具、模具及型模；

（五）用于维护设备和建筑的备件及材料；

（六）在生产中使用或者用于运行设备和维护厂房建筑的润滑剂、油（滑）脂、合成材料及其他材料；

（七）在货物生产过程中使用，未构成该货物物质成分，但能够合理表明其参与了该货物生产过程的任何其他货物。

**第十三条** 在确定货物原产地时，对性质相同，为商业目的可互换的货物或者材料，仅靠视觉观察无法加以区分的，应当通过下列方法加以区分：

（一）货物的物理分离；

（二）出口方公认会计原则承认的库存管理方法。

**第十四条** 本办法第三条所称的“直接运输”是指《中新自贸协定》项下进口货物从新西兰直接运输至我国境内，途中未经过中国、新西兰以外的其他国家或者地区（以下简称“其他国家或者地区”）。

原产于新西兰的货物，经过其他国家或者地区运输至我国，不论在运输中是否转换运输工具或者作临时储存，同时符合下列条件的，应当视为“直接运输”：

（一）未进入这些国家或者地区进行贸易或者消费；

（二）该货物在经过其他国家或者地区时，未做除装卸或者其他为使货物保持良好状态所必须处理以外的其他处理。

本条第二款规定情况下，相关货物进入其他国家或者地区停留时间最长不得超过6个月。

**第十五条**　货物申报进口时，进口货物收货人应当按照海关的申报规定填制《中华人民共和国海关进口货物报关单》（以下简称《进口报关单》），申明适用《中新自贸协定》协定税率，并同时提交下列单证：

（一）由新西兰授权机构签发的有效原产地证书正本（格式见附件2）。

符合本办法第十七条所列情形的，进口货物收货人应当向海关提交原产地声明（格式见附件3）。

原产地申报为新西兰的进口货物，收货人或者其代理人未提交原产地证书、原产地声明的，应当就该进口货物是否具备新西兰原产资格向海关进行补充申报（格式见附件4）。

（二）货物的商业发票正本、装箱单及其相关运输单证。

货物经过其他国家或者地区运输至我国境内的，应当提交在新西兰境内签发的联运提单、货物的商业发票正本以及其他国家或者地区海关出具的证明文件，或者其他证明符合本办法第十四条第二款、第三款规定的相关文件。

货物申报进口时，进口货物收货人未提交新西兰授权机构签发的原产地证书正本、原产地声明或者其他原产地证明文件，也未就该进口货物是否具备新西兰原产资格向海关进行补充申报的，其申报进口的货物不适用《中新自贸协定》协定税率，海关应当依法选择按照该货物适用的最惠国税率、普通税率或者其他税率计征关税及进口环节海关代征税，或者收取相当于应缴税款的等值保证金。

**第十六条**　同时具备下列条件的，进口货物收货人或者其代理人可以自缴纳税款或者保证金之日起1年内，向海关申请退还已缴纳的关税及进口环节海关代征税或者等值保证金：

（一）进口时已就进口货物具备新西兰原产资格向海关进行补充申报，申明适用《中新自贸协定》协定税率；

（二）提交有效原产地证书、原产地声明、其他原产地证明文件及海关要求提供的与货物进口相关的其他文件。

进口货物收货人或者其代理人未在缴纳保证金之日起1年内提出退还保证金申请的，海关应当立即办理保证金转为进口税款手续。

本办法实施之日起1年内，进口货物收货人或者其代理人未在进口时就进口货物具备新西兰原产资格向海关进行补充申报的，也可以向海关提交有效原产地证书、原产地声明、其他原产地证明文件及海关要求提供的与货物进口相关的其他文件，申请退还已缴纳的关税及进口环节海关代征税或者等值保证金。

**第十七条**　符合下列条件之一的，进口货物收货人或者其代理人可以向海关提交原产地声明：

（一）经海关依法审定的货物完税价格总值不超过1 000美元的；

（二）海关已经依法就相同货物作出原产地行政裁定，确认货物原产地为新西兰，该行政裁定尚未失效或者被撤销的。

**第十八条**　出口货物申报时，出口货物发货人应当按照海关的申报规定填制《中华人民共和国海关出口货物报关单》，并向海关提交《中新自贸协定》项下原产地证书电子格式，不能提交电子格式的，出口货物发货人应向海关提交原产地证书正本的复印件。

**第十九条**　具有下列情形之一的，该进口货物不适用《中新自贸协定》协定税率：

（一）进口货物的原产地不符合本办法第三条至第十四条规定的；

（二）进口货物收货人或者其代理人提交的原产地证书或者原产地声明未正确填写，或者原产地证书所用的安全特征与海关备案资料不一致的；

（三）原产地证书所列内容与其他申报单证不符的；

（四）原产地证书所列货品名称、数量及重量、包装唛头及号码、包装件数及种类与进口货物不相符的；

（五）自提出原产地核查请求之日起6个月内，海关没有收到进口商、制造商或者生产商提交的符合第二十六条第一款第（一）项、第（二）项规定信息的，或者新西兰海关答复结果未包含足以确定原产地证书真实性或者货物真实原产地信息的；

（六）新西兰未将相关授权机构的名称、授权机构使用的相关表格和文件所用的安全特征或者上述信息的任何变化通知中国海关的；

（七）进口货物收货人或者其代理人提交原产地证明有规避本办法有关原产地证书管理规定嫌疑的。

海关认定进口货物不适用《中新自贸协定》协定税率的，应当向进口货物收货人或者其代理人出具《进口货物不予适用协定税率告知书》（见附件5）。

**第二十条** 《中新自贸协定》项下进出口货物及其包装上标有原产地标记的，其原产地标记应当与依照本办法确定的货物原产地相一致。

**第二十一条** 进口货物收货人或者其代理人向海关提交的原产地证书应当同时符合下列条件：

（一）由新西兰授权机构签发，并加盖"正本"字样印章；

（二）符合本办法附件2所列格式，并以英文填制；

（三）含有包括新西兰通知中国海关的印章样本等内容的安全特征；

（四）具有不重复的原产地证书编号；

（五）所列的一项或者多项货物应当为同一批次的进口货物，并且仅对应一份《进口报关单》；

（六）注明确定货物具有原产资格的依据。

**第二十二条** 原产地证书被盗、遗失或者损毁，并且未经使用的，进口货物收货人或者其代理人可以要求进口货物的出口商或者制造商向原签证机构书面申请在原证书正本有效期内签发经核准的原产地证书副本。该副本应当注明"原产地证书正本（编号日期）经核准的真实副本"字样。经核准的原产地证书副本向海关提交后，原产地证书正本失效。

原产地证书正本已经使用的，经核准的原产地证书副本无效。

**第二十三条** 进口货物收货人或者其代理人向海关提交的原产地声明应当同时符合下列条件：

（一）由货物的制造商、生产商、供应商、出口商作出；

（二）符合本办法附件3所列格式，并以英文填制；

（三）在其有效期内；

（四）所列的一项或者多项货物应当为同一批次的进口货物，并且仅对应一份《进口报关单》。

**第二十四条** 原产地证书及原产地声明自签发之日起1年内有效。

**第二十五条** 原产地证书、原产地声明或者其他原产地证明文件不得涂改或者叠印。任何更正必须先将错误信息划去，然后做必要的增补，更正内容应当由更正人员加以签注。

原产地证书、原产地声明或者其他原产地证明文件未填写的空白处应予划去，以防发证后添加内容。

**第二十六条** 海关对《中新自贸协定》项下原产地证书的真实性，相关进口货物是否原产于新西兰，或者是否符合本办法其他规定产生怀疑时，可以通过以下方式进行核实：

（一）书面要求进口货物的收货人或者其代理人提供补充信息；

（二）书面要求新西兰境内的出口商或者生产商提供补充信息；

（三）要求新西兰海关对货物原产地进行核查；

（四）与新西兰海关商定的其他程序。

**第二十七条** 进出口货物收发货人可以依照《中华人民共和国海关行政裁定管理暂行办法》的规定，向海关申请《中新自贸协定》项下进出口货物原产地行政裁定。

《中新自贸协定》项下进口货物新西兰境内出口商以及与该进口货物有利害关系的其他主体也可以按照《中华人民共和国海关行政裁定管理暂行办法》规定的程序，向海关申请《中新自贸协定》项下进出口货物原产地行政裁定。

与该进口货物有利害关系的其他主体应当在向海关申请原产地行政裁定的同时，提交足以证明利害关系存在的证明材料，供海关审查。

《中新自贸协定》项下进出口货物原产地行政裁定应当自受理申请之日起90日内做出。

**第二十八条** 海关对依照本办法规定获得的商

业秘密依法负有保密义务。未经进出口货物收发货人同意，海关不得泄露或者用于其他用途，但是法律、行政法规及相关司法解释另有规定的除外。

**第二十九条**　违反本办法，构成走私行为、违反海关监管规定行为或者其他违反《海关法》行为的，由海关依照《海关法》和《中华人民共和国海关行政处罚实施条例》的有关规定予以处理；构成犯罪的，依法追究刑事责任。

**第三十条**　本办法下列用语的含义：

“材料”，是指在生产或者转变为另一货物的过程中所使用的任何物体或者物质，包括零件或者成分；

“非原产材料”，是指用于货物生产中的非新西兰原产的材料，以及不明原产地的材料；

“生产”，是指获得货物的方法，包括货物的种植、饲养、开采、收获、捕捞、耕种、诱捕、狩猎、捕获、采集、收集、养殖、提取、制造、加工或者装配；

“简单”，是指不需要专门技能，也不需要专门生产或者安装专用机器、仪器或者设备，进行的加工或者处理；

“海关估价协定”，是指作为《马拉喀什建立世贸组织协定》一部分的《关于实施1994年关税与贸易总协定第7条的协定》；

“公认会计原则”，是指有关记录收入、支出、成本、资产及负债、信息披露以及编制财务报表的会计原则，既包括普遍适用的广泛性指导原则，也包括详细的标准、惯例及程序；

“其他原产地证明文件”，是指能充分证明货物原产地的其他文件。

**第三十一条**　本办法由海关总署负责解释。

**第三十二条**　本办法自2008年10月1日起施行。

附件1、2、3、4、5均略。

# 外商投资广告企业管理规定

国家工商行政管理总局、商务部令 2008 年第 35 号

**第一条** 为了加强外商投资广告企业的管理，促进广告业健康发展，根据有关外商投资管理和广告管理的法律、行政法规，制定本规定。

**第二条** 本规定所称外商投资广告企业，是指依法经营广告业务的中外合资经营企业、中外合作经营企业（中外合资经营企业、中外合作经营企业本规定合称为中外合营广告企业，以下同），以及外资广告企业。

**第三条** 设立外商投资广告企业，除必须遵守本规定外，还应当遵守《中华人民共和国中外合资经营企业法》、《中华人民共和国中外合作经营企业法》、《中华人民共和国外资企业法》、《中华人民共和国广告法》、《广告管理条例》等有关法律、法规、规章。

**第四条** 外商投资广告企业的项目建议书及可行性研究报告，由国家工商行政管理总局或其授权的省级工商行政管理局审定。外商投资广告企业的合同和章程，由省级商务主管部门审查批准。

**第五条** 外商投资广告企业符合规定条件，经批准可以经营设计、制作、发布、代理国内外各类广告业务，其具体经营范围，由国家工商行政管理总局或其授权的省级工商行政管理局依法予以核定。

**第六条** 设立中外合营广告企业，按下列程序办理：

（一）由中方主要合营者，向其所在地有外商投资企业核准登记权的工商行政管理局呈报第十二条规定的文件，由其提出初审意见，报国家工商行政管理总局授权的省级工商行政管理局审定，或经省、自治区、直辖市及计划单列市工商行政管理局核转，报国家工商行政管理总局审定。

国家工商行政管理总局或其授权的省级工商行政管理局自收到全部呈报文件二十日内，作出同意或不同意的决定。

（二）国家工商行政管理总局或其授权的省级工商行政管理局颁发《外商投资广告企业项目审定意见书》后，由中方主要合营者向拟设立企业所在地省级商务主管部门呈报第十三条规定的文件，经省级商务主管部门审查批准的，颁发《外商投资企业批准证书》；不予批准的，书面说明理由。

（三）中方主要合营者持国家工商行政管理总局或其授权的省级工商行政管理局颁发的《外商投资广告企业项目审定意见书》、省级商务主管部门颁发的《外商投资企业批准证书》及法律、法规规定的其他文件，按企业登记注册的有关规定，向国家工商行政管理总局或有外商投资企业核准登记权的地方工商行政管理局办理企业登记注册手续。

**第七条** 设立外资广告企业，按下列程序办理：

（一）由外国投资者，向国家工商行政管理总局或其授权的省级工商行政管理局呈报第十四条规定的文件。

国家工商行政管理总局或其授权的省级工商行政管理局自收到全部呈报文件二十日内，作出同意或不同意的决定。

（二）国家工商行政管理总局或其授权的省级工商行政管理局颁发《外商投资广告企业项目审定意见书》后，由外国投资者向拟设立企业所在地省级商务主管部门呈报第十五条规定的文件。省级商务主管部门自收到全部呈报文件二十日内，作出同意或不同意的决定；经审查批准的，颁发《外商投资企业批准证书》。

（三）外国投资者持国家工商行政管理总局或其授权的省级工商行政管理局颁发的《外商投资广告企业项目审定意见书》和省级商务主管部门颁发的《外商投资企业批准证书》及法律、法规规定的其他文件，按企业登记注册的有关规定，向国家工商行政管理总局或有外商投资企业核准登记权的地方工商行政管理局申请办理企业登记注册手续。

**第八条** 外商投资广告企业申请设立分支机构，按下列程序办理：

（一）由外商投资广告企业分别向其所在地省

级商务主管部门、省级工商行政管理局呈报第十六条规定的文件。

（二）所在地省级商务主管部门在征求同级工商行政管理局意见后，决定批准或不批准。决定批准的，同时将批准文件抄送设立地省级商务主管部门及省级工商行政管理局；不予批准的，书面说明理由。

（三）外商投资广告企业持设立分支机构的批准文件及法律、法规规定的其他文件到其分支机构设立地有外商投资企业核准登记权的工商行政管理局办理分支机构登记注册手续。

**第九条**　设立中外合营广告企业，除符合有关法律、法规规定的条件外，还应具备以下条件：

（一）合营各方应是经营广告业务的企业；

（二）合营各方须成立并运营二年以上；

（三）有广告经营业绩。

**第十条**　设立外资广告企业，除符合有关法律、法规规定的条件外，还应具备以下条件：

（一）投资方应是以经营广告业务为主的企业；

（二）投资方应成立并运营三年以上。

**第十一条**　申请设立分支机构的外商投资广告企业，应具备以下条件：

（一）注册资本全部缴清；

（二）年广告营业额不低于2 000万元人民币。

**第十二条**　申请设立中外合营广告企业，由中方主要合营者按第六条规定的程序，向国家工商行政管理总局或其授权的省级工商行政管理局报送下列文件：

（一）设立中外合营广告企业的申请书；

（二）企业名称预先核准通知书；

（三）合营者股东会（董事会）决议；

（四）设立中外合营广告企业的项目建议书及合营各方共同编制的可行性研究报告；

（五）合营各方的登记注册证明；

（六）合营各方的资信证明；

（七）广告管理制度；

（八）地方工商行政管理局的初审意见。

**第十三条**　申请设立中外合营广告企业，应按第六条规定的程序，向省级商务主管部门报送下列文件：

（一）国家工商行政管理总局或其授权的省级工商行政管理局颁发的《外商投资广告企业项目审定意见书》；

（二）设立外商投资广告企业的合同、章程；

（三）项目可行性研究报告；

（四）合营各方的登记注册证明；

（五）合营各方的资信证明；

（六）企业名称预先核准通知书；

（七）合营企业的董事会名单及各方董事委派书；

（八）地方商务主管部门的初审意见。

**第十四条**　申请设立外资广告企业，由投资者按第七条规定的程序，向国家工商行政管理总局或其授权的省级工商行政管理局报送下列文件：

（一）设立外商投资广告企业的申请书；

（二）投资者股东会（董事会）决议；

（三）投资者编制的项目建议书及可行性研究报告；

（四）投资者的登记注册证明；

（五）投资者的资信证明；

（六）企业名称预先核准通知书。

**第十五条**　申请设立外资广告企业，由外国投资者按第七条规定的程序，向省级商务主管部门报送下列文件：

（一）设立外商投资广告企业的申请书；

（二）国家工商行政管理总局或其授权的省级工商行政管理局颁发的《外商投资广告企业项目审定意见书》；

（三）投资者编制的项目建议书及可行性研究报告；

（四）投资者的登记注册证明；

（五）投资者的资信证明；

（六）设立外资广告企业的章程。

**第十六条**　申请设立分支机构的外商投资广告企业，按第八条规定的程序向省级商务主管部门及同级工商行政管理局提交以下文件：

（一）设立外商投资广告企业分支机构的申请书；

（二）董事会决议；

（三）广告经营年度审计报告；

（四）企业营业执照；

（五）经营场所证明；

（六）企业验资报告。

**第十七条**　外商投资广告企业设立后，如出现下列情况之一的，应按本规定第六条、第七条规定的程序另行报批，并办理企业变更登记：

（一）更换合营方或转让股权；

（二）变更广告经营范围；

（三）变更注册资本。

**第十八条** 外商投资设立广告企业，可以委托具有相应资格的中介服务代理机构代为办理申报手续。

**第十九条** 按本规定报送的全部文件应使用中文表述。

**第二十条** 通过并购境内广告企业投资广告业的，按照外国投资者并购国内企业有关规定和本规定办理。

**第二十一条** 香港、澳门、台湾地区投资者在内地投资设立广告企业，参照本规定办理。

**第二十二条** 外商投资企业申请增加广告经营业务的，参照本规定办理。

**第二十三条** 本规定由国家工商行政管理总局和商务部负责解释。

**第二十四条** 本规定自2008年10月1日起施行。2004年3月2日国家工商行政管理总局、商务部令第8号公布的《外商投资广告企业管理规定》同时失效。

**附　件：**

为了促进香港、澳门与内地建立更紧密的经贸关系，鼓励香港服务提供者和澳门服务提供者在内地投资设立广告企业，根据国务院批准的《内地与香港关于建立更紧密经贸关系的安排》、《内地与澳门关于建立更紧密经贸关系的安排》，现就香港和澳门投资者投资广告业作出补充规定如下：

一、自2004年1月1日起，允许香港服务提供者和澳门服务提供者在内地设立独资广告公司。

二、香港服务提供者和澳门服务提供者应分别符合《内地与香港关于建立更紧密经贸关系的安排》和《内地与澳门关于建立更紧密经贸关系的安排》中关于“服务提供者”定义及其相关规定的要求。

三、香港服务提供者和澳门服务提供者应是经营（含非主营）广告业务的企业法人。

四、香港服务提供者和澳门服务提供者在内地投资广告业的其他规定，仍按照本规定执行。

# 中华人民共和国海关《亚太贸易协定》项下进出口货物原产地管理办法

海关总署令第177号

**第一条**　为了正确确定《亚太贸易协定》项下进出口货物原产地，促进我国与《亚太贸易协定》其他成员国的经贸往来，根据《中华人民共和国海关法》（以下简称《海关法》）、《中华人民共和国进出口货物原产地条例》、《亚太贸易协定》的规定，制定本办法。

**第二条**　本办法适用于我国与《亚太贸易协定》其他成员国（成员国名单见附件1）之间的《亚太贸易协定》项下进出口货物，但是以加工贸易方式保税进口和内销的货物不适用本办法。

《亚太贸易协定》成员国发生变化的，由海关总署另行公告。

**第三条**　从《亚太贸易协定》成员国直接运输进口的货物，符合下列条件之一的，其原产地为该成员国，适用《中华人民共和国进出口税则》（以下简称《税则》）中的《亚太贸易协定》协定税率或者特惠税率：

（一）在该成员国完全获得或者生产的；

（二）该成员国非完全获得或者生产，但符合本办法第五条、第六条或者第七条规定的。

**第四条**　本办法第三条第（一）项所称"完全获得或者生产"的货物是指：

（一）在该成员国的领土、领水或者海床中开采或者提取的原材料或者矿产品；

（二）在该成员国收获的农产品；

（三）在该成员国出生并饲养的动物；

（四）在该成员国从上述第（三）项动物获得的产品；

（五）在该成员国狩猎或者捕捞所获得的产品；

（六）由该国船只在公海捕捞获得的渔产品和其他海产品；

（七）在该国的加工船上仅由上述第（六）项的产品加工制造所得的产品；

（八）在该成员国从既不能用于原用途，也不能再使用的旧物品上回收的零件或者原材料；

（九）在该成员国收集的既不能用于原用途，也不能恢复或者修理，仅适合弃置、用作回收零件或者原材料的旧物品；

（十）在该成员国境内生产加工过程中产生的废碎料；

（十一）在该成员国仅由上述第（一）项至第（十）项所列产品加工获得的产品。

**第五条**　某一成员国非原产材料成分不超过55%，且最后生产工序在该国境内完成的货物，其原产地为该国。非原产材料包括在生产过程中所使用的进口非原产材料和不明原产地材料。

本条第一款非原产材料成分计算公式如下：

$$\frac{\text{进口非原产材料价值}+\text{不明原产地材料价值}}{\text{船上交货价格（FOB）}}\times 100\%\leqslant 55\%$$

其中，进口非原产材料价值是指能够证实的原材料、零件或者产物进口时的成本、运费和保险费（CIF价格）；不明原产地材料价值是指在生产或者加工货物的该成员国境内最早可以确定的为不明原产地原材料、零件或者产物所支付的价格。

该成员国为最不发达国家的，非原产材料成分不超过65%。

本条规定中非原产材料成分的计算应当符合公认的会计准则及《海关估价协定》。

**第六条**　在《亚太贸易协定》成员国加工、制造的货物，符合《亚太贸易协定》项下产品特定原产地标准的，应当视为原产于《亚太贸易协定》成员国。该标准是本办法的组成部分，由海关总署另行公告。

**第七条**　符合第三条要求的原产货物，在某一成员国境内用作生产享受关税减让优惠最终产品的原材料，如果各成员国材料的累计成分在该最终产品中不低于其船上交货价格的60%，则可视为制造或者加工该最终产品的成员国的原产货物。

符合第三条要求的原产货物，如果制造或者加工该最终产品的成员国为最不发达成员国，各成员国材料的累计成分在该最终产品中不低于其船上交货价格的 50%，则可视为该最不发达成员国的原产货物。

**第八条** 下列微小加工或者处理不影响货物原产地确定：

（一）为使货物在运输或者贮存中保持良好状态而作的处理，包括通风、摊开、干燥、冷冻、盐渍、硫化或者其他水溶液处理、去除坏损部分等；

（二）除尘、筛选、分类、分级、搭配（包括部件的组拼）的简单处理，洗涤、油漆和切碎；

（三）改换包装、拆解和包裹；

（四）简单的切片、剪切和再包装，或者装瓶、装袋、装盒、固定于纸板或者木板等；

（五）在货物或者其包装上粘贴标志、标签或者其他类似的用于区别的标记；

（六）简单混合；

（七）将物品的各个部件简单组装成一个完整品；

（八）屠宰动物；

（九）去皮、皮革粒面处理、去骨；

（十）第（一）项至第（九）项中的两项或者多项加工或者处理的组合。

**第九条** 在确定货物的原产地时，包装与其所装货物应当视为一个整体。与货物一起申报进口的包装按照《税则》应当单独归类的，其原产地单独认定。

**第十条** 原产于《亚太贸易协定》成员国的货物，由一成员国运至另一成员国展览并在展览期间或者展览后销售的进口货物，同时满足下列条件的，可以享受《税则》中的《亚太贸易协定》协定税率或者特惠税率：

（一）该货物已经从成员国境内实际运送至展览所在成员国展出；

（二）该货物已经以送展时的状态在展览期间或者展览后立即出售给进口货物收货人；

（三）该货物在展览期间处于展览所在成员国海关监管之下。

上述展览货物进口时，进口货物收货人应当向海关提交原产地证书。

本条规定的展览包括展览会、交易会或者类似展览、展示。

**第十一条** 本办法第三条所称的“直接运输”是指：

（一）货物运输未经任何非成员国境内；

（二）货物运输途中经过非成员国，无论是否在这些国家或者地区转换运输工具或者作临时储存，但是同时符合下列条件：

1. 由于地理原因或者仅出于运输需要；

2. 货物未在这些国家或者地区进入贸易或者消费领域；

3. 货物在经过这些国家或者地区时，未做除装卸或者其他为使货物保持良好状态所必须处理以外的其他处理。

**第十二条** 货物申报进口时，进口货物收货人应当按照海关的申报规定填制《中华人民共和国海关进口货物报关单》，申明适用《亚太贸易协定》协定税率或者特惠税率，并同时提交下列单证：

（一）由《亚太贸易协定》成员国政府指定的机构在货物出口时签发或者货物装运后 3 个工作日内签发的原产地证书正本（格式见附件 2）。

因不可抗力不能在原产地证书签发之日起 1 年内提交原产地证书的，进口货物收货人还应当一并提交证明材料。

（二）货物商业发票正本、装箱单及其相关运输单证。

货物经过其他国家或者地区运输至我国境内的，进口货物收货人应当提交在该成员国境内签发的联运提单、货物商业发票正本，以及证明符合本办法第十一条第（二）项规定的相关文件。

货物申报进口时，进口货物收货人未申明适用《亚太贸易协定》协定税率或者特惠税率，也未同时提交《亚太贸易协定》成员国政府指定机构签发的原产地证书正本的，其申报进口的货物不适用《亚太贸易协定》协定税率或者特惠税率，海关应当依法选择按照该货物适用的最惠国税率、普通税率或者其他税率计征关税及进口环节海关代征税。

**第十三条** 进口货物收货人向海关提交的《亚太贸易协定》成员国原产地证书应当同时符合下列条件：

（一）由该成员国政府指定机构以手工或者电子形式签发；

（二）符合本办法附件所列格式，用国际标准 A4 纸印制，所用文字为英文；

（三）证书印章与该成员国通知中国海关的印

章印模相符。

原产地证书不得涂改和叠印。所有未填空白之处应当予以划去，以防事后填写。

**第十四条** 原产地证书自签发之日起1年内有效。

**第十五条** 原产地证书被盗、遗失或者毁坏的，进口货物收货人可以要求出口货物发货人向原签证机构书面申请在原证书正本有效期内签发经证实的原产地证书真实复制本。该复制本应当注明“经证实的真实复制本”，并注明原证书正本的签发日期。

**第十六条** 海关对《亚太贸易协定》原产地证书的真实性或者相关货物是否原产于《亚太贸易协定》成员国产生怀疑时，可以向《亚太贸易协定》成员国有关机构提出原产地核查请求。

在等待核查结果期间，海关可以依法选择按照该货物适用的最惠国税率、普通税率或者其他税率收取相当于应缴税款的等值保证金后放行货物，并且按照规定办理进口手续，进行海关统计。核查完毕后，海关应当根据核查结果，立即办理保证金退还手续或者保证金转为进口税款手续。

在提出核查请求之日起4个月内，海关没有收到《亚太贸易协定》成员国有关机构核查结果，或者答复结果未包含足以确定原产地证书真实性或者货物真实原产地信息的，有关货物不享受协定税率或者特惠税率，海关应当立即办理保证金转为进口税款手续。海关统计数据同时作相应修改。

进口货物属于国家限制进口的，或者有违法嫌疑的，在原产地证书核查完毕前海关不得放行货物。

**第十七条** 出口货物申报时，出口货物发货人应当向海关提交《亚太贸易协定》原产地证书电子格式，不能提交电子格式的，出口货物发货人应当向海关提交原产地证书正本的复印件。

**第十八条** 海关对依照本办法规定获得的商业秘密依法负有保密义务。未经进口货物收货人同意，海关不得泄露或者用于其他用途，但是法律、行政法规及相关司法解释另有规定的除外。

**第十九条** 违反本办法，构成走私行为、违反海关监管规定行为或者其他违反《海关法》行为的，由海关依照《海关法》和《中华人民共和国海关行政处罚实施条例》的有关规定予以处理；构成犯罪的，依法追究刑事责任。

**第二十条** 本办法下列用语的含义：

“矿产品”，包括矿物燃料、润滑剂和相关材料，以及矿砂和金属矿石；

“农产品”，包括林业产品；

“船只”，本办法第四条第（六）项所述“船只”是指从事商业捕捞作业的渔船，其在一成员国注册并由《亚太贸易协定》各成员国的一个或者多个公民政府部门经营，或者由在该成员国注册的合伙人、企业、社团经营。该成员国的公民政府部门应当至少拥有该船只60%的资产净值；或者亚太贸易协定各成员国的公民政府部门应当至少拥有该船只75%的资产净值。但是在成员国间按照双边协议租借船只分享捕捞产品时，从商业捕捞船只上获得的产品也应当享受关税减让优惠；

“加工船”，本办法第四条第（七）项所述“加工船”是指在船上仅对本办法第四条第（六）项中的产品进行加工生产的船只。由政府机构经营的船只或者加工船不受悬挂成员国国旗要求限制；

“海关估价协定”，是指作为《马拉喀什建立世贸组织协定》一部分的《关于实施1994年关税与贸易总协定第7条的协定》。

**第二十一条** 本办法由海关总署负责解释。

**第二十二条** 本办法自2009年1月1日起施行。2001年12月30日海关总署令第94号公布的《中华人民共和国海关关于〈亚洲及太平洋经济和社会理事会发展中国家成员国关于贸易谈判的第一协定〉项下进口货物原产地的暂行规定》同时废止。

**附件1**

**亚太协定成员国名单**

中国、韩国、印度、孟加拉国、斯里兰卡和老挝

孟加拉国和老挝为最不发达成员国

**附件2**

**原产地证书样本(略)**

# 中华人民共和国营业税暂行条例

（1993 年 12 月 13 日中华人民共和国国务院令第 136 号发布　2008 年 11 月 5 日国务院第 34 次常务会议修订通过）

**第一条**　在中华人民共和国境内提供本条例规定的劳务、转让无形资产或者销售不动产的单位和个人，为营业税的纳税人，应当依照本条例缴纳营业税。

**第二条**　营业税的税目、税率，依照本条例所附的《营业税税目税率表》执行。

税目、税率的调整，由国务院决定。

纳税人经营娱乐业具体适用的税率，由省、自治区、直辖市人民政府在本条例规定的幅度内决定。

**第三条**　纳税人兼有不同税目的应当缴纳营业税的劳务（以下简称应税劳务）、转让无形资产或者销售不动产，应当分别核算不同税目的营业额、转让额、销售额（以下统称营业额）；未分别核算营业额的，从高适用税率。

**第四条**　纳税人提供应税劳务、转让无形资产或者销售不动产，按照营业额和规定的税率计算应纳税额。应纳税额计算公式：

应纳税额＝营业额×税率

营业额以人民币计算。纳税人以人民币以外的货币结算营业额的，应当折合成人民币计算。

**第五条**　纳税人的营业额为纳税人提供应税劳务、转让无形资产或者销售不动产收取的全部价款和价外费用。但是，下列情形除外：

（一）纳税人将承揽的运输业务分给其他单位或者个人的，以其取得的全部价款和价外费用扣除其支付给其他单位或者个人的运输费用后的余额为营业额；

（二）纳税人从事旅游业务的，以其取得的全部价款和价外费用扣除替旅游者支付给其他单位或者个人的住宿费、餐费、交通费、旅游景点门票和支付给其他接团旅游企业的旅游费后的余额为营业额；

（三）纳税人将建筑工程分包给其他单位的，以其取得的全部价款和价外费用扣除其支付给其他单位的分包款后的余额为营业额；

（四）外汇、有价证券、期货等金融商品买卖业务，以卖出价减去买入价后的余额为营业额；

（五）国务院财政、税务主管部门规定的其他情形。

**第六条**　纳税人按照本条例第五条规定扣除有关项目，取得的凭证不符合法律、行政法规或者国务院税务主管部门有关规定的，该项目金额不得扣除。

**第七条**　纳税人提供应税劳务、转让无形资产或者销售不动产的价格明显偏低并无正当理由的，由主管税务机关核定其营业额。

**第八条**　下列项目免征营业税：

（一）托儿所、幼儿园、养老院、残疾人福利机构提供的育养服务，婚姻介绍，殡葬服务；

（二）残疾人员个人提供的劳务；

（三）医院、诊所和其他医疗机构提供的医疗服务；

（四）学校和其他教育机构提供的教育劳务，学生勤工俭学提供的劳务；

（五）农业机耕、排灌、病虫害防治、植物保护、农牧保险以及相关技术培训业务，家禽、牲畜、水生动物的配种和疾病防治；

（六）纪念馆、博物馆、文化馆、文物保护单位管理机构、美术馆、展览馆、书画院、图书馆举办文化活动的门票收入，宗教场所举办文化、宗教活动的门票收入；

（七）境内保险机构为出口货物提供的保险产品。

除前款规定外，营业税的免税、减税项目由国务院规定。任何地区、部门均不得规定免税、减税项目。

**第九条**　纳税人兼营免税、减税项目的，应当分别核算免税、减税项目的营业额；未分别核算营业额的，不得免税、减税。

**第十条**　纳税人营业额未达到国务院财政、税务主管部门规定的营业税起征点的，免征营业税；达到起征点的，依照本条例规定全额计算缴纳营业税。

**第十一条**　营业税扣缴义务人：

（一）中华人民共和国境外的单位或者个人在境内提供应税劳务、转让无形资产或者销售不动产，在境内未设有经营机构的，以其境内代理人为扣缴义务人；在境内没有代理人的，以受让方或者购买方为扣缴义务人。

（二）国务院财政、税务主管部门规定的其他扣缴义务人。

**第十二条**　营业税纳税义务发生时间为纳税人提供应税劳务、转让无形资产或者销售不动产并收讫营业收入款项或者取得索取营业收入款项凭据的当天。国务院财政、税务主管部门另有规定的，从其规定。

营业税扣缴义务发生时间为纳税人营业税纳税义务发生的当天。

**第十三条**　营业税由税务机关征收。

**第十四条**　营业税纳税地点：

（一）纳税人提供应税劳务应当向其机构所在地或者居住地的主管税务机关申报纳税。但是，纳税人提供的建筑业劳务以及国务院财政、税务主管部门规定的其他应税劳务，应当向应税劳务发生地的主管税务机关申报纳税。

（二）纳税人转让无形资产应当向其机构所在地或者居住地的主管税务机关申报纳税。但是，纳税人转让、出租土地使用权，应当向土地所在地的主管税务机关申报纳税。

（三）纳税人销售、出租不动产应当向不动产所在地的主管税务机关申报纳税。

扣缴义务人应当向其机构所在地或者居住地的主管税务机关申报缴纳其扣缴的税款。

**第十五条**　营业税的纳税期限分别为5日、10日、15日、1个月或者1个季度。纳税人的具体纳税期限，由主管税务机关根据纳税人应纳税额的大小分别核定；不能按照固定期限纳税的，可以按次纳税。

纳税人以1个月或者1个季度为一个纳税期的，自期满之日起15日内申报纳税；以5日、10日或者15日为一个纳税期的，自期满之日起5日内预缴税款，于次月1日起15日内申报纳税并结清上月应纳税款。

扣缴义务人解缴税款的期限，依照前两款的规定执行。

**第十六条**　营业税的征收管理，依照《中华人民共和国税收征收管理法》及本条例有关规定执行。

**第十七条**　本条例自2009年1月1日起施行。

**附：**

**营业税税目税率表**

| 税　目 | 税　率 |
|---|---|
| 一、交通运输业 | 3% |
| 二、建筑业 | 3% |
| 三、金融保险业 | 5% |
| 四、邮电通信业 | 3% |
| 五、文化体育业 | 3% |
| 六、娱乐业 | 5%～20% |
| 七、服务业 | 5% |
| 八、转让无形资产 | 5% |
| 九、销售不动产 | 5% |

# 中华人民共和国消费税暂行条例

（1993 年 12 月 13 日中华人民共和国国务院令第 135 号发布　2008 年 11 月 5 日国务院第 34 次常务会议修订通过）

**第一条**　在中华人民共和国境内生产、委托加工和进口本条例规定的消费品的单位和个人，以及国务院确定的销售本条例规定的消费品的其他单位和个人，为消费税的纳税人，应当依照本条例缴纳消费税。

**第二条**　消费税的税目、税率，依照本条例所附的《消费税税目税率表》执行。

消费税税目、税率的调整，由国务院决定。

**第三条**　纳税人兼营不同税率的应当缴纳消费税的消费品（以下简称应税消费品），应当分别核算不同税率应税消费品的销售额、销售数量；未分别核算销售额、销售数量，或者将不同税率的应税消费品组成成套消费品销售的，从高适用税率。

**第四条**　纳税人生产的应税消费品，于纳税人销售时纳税。纳税人自产自用的应税消费品，用于连续生产应税消费品的，不纳税；用于其他方面的，于移送使用时纳税。

委托加工的应税消费品，除受托方为个人外，由受托方在向委托方交货时代收代缴税款。委托加工的应税消费品，委托方用于连续生产应税消费品的，所纳税款准予按规定抵扣。

进口的应税消费品，于报关进口时纳税。

**第五条**　消费税实行从价定率、从量定额，或者从价定率和从量定额复合计税（以下简称复合计税）的办法计算应纳税额。应纳税额计算公式：

实行从价定率办法计算的应纳税额＝销售额×比例税率

实行从量定额办法计算的应纳税额＝销售数量×定额税率

实行复合计税办法计算的应纳税额＝销售额×比例税率＋销售数量×定额税率

纳税人销售的应税消费品，以人民币计算销售额。纳税人以人民币以外的货币结算销售额的，应当折合成人民币计算。

**第六条**　销售额为纳税人销售应税消费品向购买方收取的全部价款和价外费用。

**第七条**　纳税人自产自用的应税消费品，按照纳税人生产的同类消费品的销售价格计算纳税；没有同类消费品销售价格的，按照组成计税价格计算纳税。

实行从价定率办法计算纳税的组成计税价格计算公式：

组成计税价格＝（成本＋利润）÷（1－比例税率）

实行复合计税办法计算纳税的组成计税价格计算公式：

组成计税价格＝（成本＋利润＋自产自用数量×定额税率）÷（1－比例税率）

**第八条**　委托加工的应税消费品，按照受托方的同类消费品的销售价格计算纳税；没有同类消费品销售价格的，按照组成计税价格计算纳税。

实行从价定率办法计算纳税的组成计税价格计算公式：

组成计税价格＝（材料成本＋加工费）÷（1－比例税率）

实行复合计税办法计算纳税的组成计税价格计算公式：

组成计税价格＝（材料成本＋加工费＋委托加工数量×定额税率）÷（1－比例税率）

**第九条**　进口的应税消费品，按照组成计税价格计算纳税。

实行从价定率办法计算纳税的组成计税价格计算公式：

组成计税价格＝（关税完税价格＋关税）÷（1－消费税比例税率）

实行复合计税办法计算纳税的组成计税价格计算公式：

组成计税价格＝（关税完税价格＋关税＋进口数量×消费税定额税率）÷（1－消费税比例税率）

**第十条**　纳税人应税消费品的计税价格明显偏

低并无正当理由的，由主管税务机关核定其计税价格。

**第十一条** 对纳税人出口应税消费品，免征消费税；国务院另有规定的除外。出口应税消费品的免税办法，由国务院财政、税务主管部门规定。

**第十二条** 消费税由税务机关征收，进口的应税消费品的消费税由海关代征。

个人携带或者邮寄进境的应税消费品的消费税，连同关税一并计征。具体办法由国务院关税税则委员会会同有关部门制定。

**第十三条** 纳税人销售的应税消费品，以及自产自用的应税消费品，除国务院财政、税务主管部门另有规定外，应当向纳税人机构所在地或者居住地的主管税务机关申报纳税。

委托加工的应税消费品，除受托方为个人外，由受托方向机构所在地或者居住地的主管税务机关解缴消费税税款。

进口的应税消费品，应当向报关地海关申报纳税。

**第十四条** 消费税的纳税期限分别为1日、3日、5日、10日、15日、1个月或者1个季度。纳税人的具体纳税期限，由主管税务机关根据纳税人应纳税额的大小分别核定；不能按照固定期限纳税的，可以按次纳税。

纳税人以1个月或者1个季度为1个纳税期的，自期满之日起15日内申报纳税；以1日、3日、5日、10日或者15日为1个纳税期的，自期满之日起5日内预缴税款，于次月1日起15日内申报纳税并结清上月应纳税款。

**第十五条** 纳税人进口应税消费品，应当自海关填发海关进口消费税专用缴款书之日起15日内缴纳税款。

**第十六条** 消费税的征收管理，依照《中华人民共和国税收征收管理法》及本条例有关规定执行。

**第十七条** 本条例自2009年1月1日起施行。

**附：**

**消费税税目税率表**

| 税 目 | 税 率 |
|---|---|
| 一、烟 | |
| 1. 卷烟 | |
| （1）甲类卷烟 | 45%加0.003元/支 |
| （2）乙类卷烟 | 30%加0.003元/支 |
| 2. 雪茄烟 | 25% |
| 3. 烟丝 | 30% |
| 二、酒及酒精 | |
| 1. 白酒 | 20%加0.5元/500克（或者500毫升） |
| 2. 黄酒 | 240元/吨 |
| 3. 啤酒 | |
| （1）甲类啤酒 | 250元/吨 |
| （2）乙类啤酒 | 220元/吨 |
| 4. 其他酒 | 10% |
| 5. 酒精 | 5% |
| 三、化妆品 | 30% |
| 四、贵重首饰及珠宝玉石 | |
| 1. 金银首饰、铂金首饰和钻石及钻石饰品 | 5% |
| 2. 其他贵重首饰和珠宝玉石 | 10% |
| 五、鞭炮、焰火 | 15% |

续 表

| 税　目 | 税　率 |
|---|---|
| 六、成品油 | |
| 1. 汽油 | |
| (1) 含铅汽油 | 0.28 元/升 |
| (2) 无铅汽油 | 0.20 元/升 |
| 2. 柴油 | 0.10 元/升 |
| 3. 航空煤油 | 0.10 元/升 |
| 4. 石脑油 | 0.20 元/升 |
| 5. 溶剂油 | 0.20 元/升 |
| 6. 润滑油 | 0.20 元/升 |
| 7. 燃料油 | 0.10 元/升 |
| 七、汽车轮胎 | 3% |
| 八、摩托车 | |
| 1. 气缸容量（排气量，下同）在 250 毫升（含 250 毫升）以下的 | 3% |
| 2. 气缸容量在 250 毫升以上的 | 10% |
| 九、小汽车 | |
| 1. 乘用车 | |
| (1) 气缸容量（排气量，下同）在 1.0 升（含 1.0 升）以下的 | 1% |
| (2) 气缸容量在 1.0 升以上至 1.5 升（含 1.5 升）的 | 3% |
| (3) 气缸容量在 1.5 升以上至 2.0 升（含 2.0 升）的 | 5% |
| (4) 气缸容量在 2.0 升以上至 2.5 升（含 2.5 升）的 | 9% |
| (5) 气缸容量在 2.5 升以上至 3.0 升（含 3.0 升）的 | 12% |
| (6) 气缸容量在 3.0 升以上至 4.0 升（含 4.0 升）的 | 25% |
| (7) 气缸容量在 4.0 升以上的 | 40% |
| 2. 中轻型商用客车 | 5% |
| 十、高尔夫球及球具 | 10% |
| 十一、高档手表 | 20% |
| 十二、游艇 | 10% |
| 十三、木制一次性筷子 | 5% |
| 十四、实木地板 | 5% |

# 中华人民共和国增值税暂行条例

（1993年12月13日中华人民共和国国务院令第134号发布　2008年11月5日国务院第34次常务会议修订通过）

**第一条**　在中华人民共和国境内销售货物或者提供加工、修理修配劳务以及进口货物的单位和个人，为增值税的纳税人，应当依照本条例缴纳增值税。

**第二条**　增值税税率：

（一）纳税人销售或者进口货物，除本条第（二）项、第（三）项规定外，税率为17%；

（二）纳税人销售或者进口下列货物，税率为13%：

1. 粮食、食用植物油；

2. 自来水、暖气、冷气、热水、煤气、石油液化气、天然气、沼气、居民用煤炭制品；

3. 图书、报纸、杂志；

4. 饲料、化肥、农药、农机、农膜；

5. 国务院规定的其他货物。

（三）纳税人出口货物，税率为零；但是，国务院另有规定的除外。

（四）纳税人提供加工、修理修配劳务（以下称应税劳务），税率为17%。

税率的调整，由国务院决定。

**第三条**　纳税人兼营不同税率的货物或者应税劳务，应当分别核算不同税率货物或者应税劳务的销售额；未分别核算销售额的，从高适用税率。

**第四条**　除本条例第十一条规定外，纳税人销售货物或者提供应税劳务（以下简称销售货物或者应税劳务），应纳税额为当期销项税额抵扣当期进项税额后的余额。应纳税额计算公式：

应纳税额＝当期销项税额－当期进项税额

当期销项税额小于当期进项税额不足抵扣时，其不足部分可以结转下期继续抵扣。

**第五条**　纳税人销售货物或者应税劳务，按照销售额和本条例第二条规定的税率计算并向购买方收取的增值税额，为销项税额。销项税额计算公式：

销项税额＝销售额×税率

**第六条**　销售额为纳税人销售货物或者应税劳务向购买方收取的全部价款和价外费用，但是不包括收取的销项税额。

销售额以人民币计算。纳税人以人民币以外的货币结算销售额的，应当折合成人民币计算。

**第七条**　纳税人销售货物或者应税劳务的价格明显偏低并无正当理由的，由主管税务机关核定其销售额。

**第八条**　纳税人购进货物或者接受应税劳务（以下简称购进货物或者应税劳务）支付或者负担的增值税额，为进项税额。

下列进项税额准予从销项税额中抵扣：

（一）从销售方取得的增值税专用发票上注明的增值税额。

（二）从海关取得的海关进口增值税专用缴款书上注明的增值税额。

（三）购进农产品，除取得增值税专用发票或者海关进口增值税专用缴款书外，按照农产品收购发票或者销售发票上注明的农产品买价和13%的扣除率计算的进项税额。进项税额计算公式：

进项税额＝买价×扣除率

（四）购进或者销售货物以及在生产经营过程中支付运输费用的，按照运输费用结算单据上注明的运输费用金额和7%的扣除率计算的进项税额。进项税额计算公式：

进项税额＝运输费用金额×扣除率

准予抵扣的项目和扣除率的调整，由国务院决定。

**第九条**　纳税人购进货物或者应税劳务，取得的增值税扣税凭证不符合法律、行政法规或者国务院税务主管部门有关规定的，其进项税额不得从销项税额中抵扣。

**第十条**　下列项目的进项税额不得从销项税额中抵扣：

（一）用于非增值税应税项目、免征增值税项目、集体福利或者个人消费的购进货物或者应税劳务；

（二）非正常损失的购进货物及相关的应税劳务；

（三）非正常损失的在产品、产成品所耗用的购进货物或者应税劳务；

（四）国务院财政、税务主管部门规定的纳税人自用消费品；

（五）本条第（一）项至第（四）项规定的货物的运输费用和销售免税货物的运输费用。

**第十一条** 小规模纳税人销售货物或者应税劳务，实行按照销售额和征收率计算应纳税额的简易办法，并不得抵扣进项税额。应纳税额计算公式：

应纳税额＝销售额×征收率

小规模纳税人的标准由国务院财政、税务主管部门规定。

**第十二条** 小规模纳税人增值税征收率为3%。

征收率的调整，由国务院决定。

**第十三条** 小规模纳税人以外的纳税人应当向主管税务机关申请资格认定。具体认定办法由国务院税务主管部门制定。

小规模纳税人会计核算健全，能够提供准确税务资料的，可以向主管税务机关申请资格认定，不作为小规模纳税人，依照本条例有关规定计算应纳税额。

**第十四条** 纳税人进口货物，按照组成计税价格和本条例第二条规定的税率计算应纳税额。组成计税价格和应纳税额计算公式：

组成计税价格＝关税完税价格＋关税＋消费税

应纳税额＝组成计税价格×税率

**第十五条** 下列项目免征增值税：

（一）农业生产者销售的自产农产品；

（二）避孕药品和用具；

（三）古旧图书；

（四）直接用于科学研究、科学试验和教学的进口仪器、设备；

（五）外国政府、国际组织无偿援助的进口物资和设备；

（六）由残疾人的组织直接进口供残疾人专用的物品；

（七）销售的自己使用过的物品。

除前款规定外，增值税的免税、减税项目由国务院规定。任何地区、部门均不得规定免税、减税项目。

**第十六条** 纳税人兼营免税、减税项目的，应当分别核算免税、减税项目的销售额；未分别核算销售额的，不得免税、减税。

**第十七条** 纳税人销售额未达到国务院财政、税务主管部门规定的增值税起征点的，免征增值税；达到起征点的，依照本条例规定全额计算缴纳增值税。

**第十八条** 中华人民共和国境外的单位或者个人在境内提供应税劳务，在境内未设有经营机构的，以其境内代理人为扣缴义务人；在境内没有代理人的，以购买方为扣缴义务人。

**第十九条** 增值税纳税义务发生时间：

（一）销售货物或者应税劳务，为收讫销售款项或者取得索取销售款项凭据的当天；先开具发票的，为开具发票的当天。

（二）进口货物，为报关进口的当天。

增值税扣缴义务发生时间为纳税人增值税纳税义务发生的当天。

**第二十条** 增值税由税务机关征收，进口货物的增值税由海关代征。

个人携带或者邮寄进境自用物品的增值税，连同关税一并计征。具体办法由国务院关税税则委员会会同有关部门制定。

**第二十一条** 纳税人销售货物或者应税劳务，应当向索取增值税专用发票的购买方开具增值税专用发票，并在增值税专用发票上分别注明销售额和销项税额。

属于下列情形之一的，不得开具增值税专用发票：

（一）向消费者个人销售货物或者应税劳务的；

（二）销售货物或者应税劳务适用免税规定的；

（三）小规模纳税人销售货物或者应税劳务的。

**第二十二条** 增值税纳税地点：

（一）固定业户应当向其机构所在地的主管税务机关申报纳税。总机构和分支机构不在同一县（市）的，应当分别向各自所在地的主管税务机关申报纳税；经国务院财政、税务主管部门或者其授权的财政、税务机关批准，可以由总机构汇总向总机构所在地的主管税务机关申报纳税。

（二）固定业户到外县（市）销售货物或者应税劳务，应当向其机构所在地的主管税务机关申请开具外出经营活动税收管理证明，并向其机构所在地的主管税务机关申报纳税；未开具证明的，应当向销售地或者劳务发生地的主管税务机关申报纳税；未向销售地或者劳务发生地的主管税务机关申报纳税的，由其机构所在地的主管税务机关补征税款。

（三）非固定业户销售货物或者应税劳务，应当向销售地或者劳务发生地的主管税务机关申报纳税；未向销售地或者劳务发生地的主管税务机关申报纳税的，由其机构所在地或者居住地的主管税务机关补征税款。

（四）进口货物，应当向报关地海关申报纳税。

扣缴义务人应当向其机构所在地或者居住地的主管税务机关申报缴纳其扣缴的税款。

**第二十三条** 增值税的纳税期限分别为1日、3日、5日、10日、15日、1个月或者1个季度。纳税人的具体纳税期限，由主管税务机关根据纳税人应纳税额的大小分别核定；不能按照固定期限纳税的，可以按次纳税。

纳税人以1个月或者1个季度为1个纳税期的，自期满之日起15日内申报纳税；以1日、3日、5日、10日或者15日为1个纳税期的，自期满之日起5日内预缴税款，于次月1日起15日内申报纳税并结清上月应纳税款。

扣缴义务人解缴税款的期限，依照前两款规定执行。

**第二十四条** 纳税人进口货物，应当自海关填发海关进口增值税专用缴款书之日起15日内缴纳税款。

**第二十五条** 纳税人出口货物适用退（免）税规定的，应当向海关办理出口手续，凭出口报关单等有关凭证，在规定的出口退（免）税申报期内按月向主管税务机关申报办理该项出口货物的退（免）税。具体办法由国务院财政、税务主管部门制定。

出口货物办理退税后发生退货或者退关的，纳税人应当依法补缴已退的税款。

**第二十六条** 增值税的征收管理，依照《中华人民共和国税收征收管理法》及本条例有关规定执行。

**第二十七条** 本条例自2009年1月1日起施行。

# 中华人民共和国企业国有资产法

（2008 年 10 月 28 日第十一届全国人民代表大会常务委员会第五次会议通过）

## 第一章　总　则

**第一条**　为了维护国家基本经济制度，巩固和发展国有经济，加强对国有资产的保护，发挥国有经济在国民经济中的主导作用，促进社会主义市场经济发展，制定本法。

**第二条**　本法所称企业国有资产（以下称国有资产），是指国家对企业各种形式的出资所形成的权益。

**第三条**　国有资产属于国家所有即全民所有。国务院代表国家行使国有资产所有权。

**第四条**　国务院和地方人民政府依照法律、行政法规的规定，分别代表国家对国家出资企业履行出资人职责，享有出资人权益。

国务院确定的关系国民经济命脉和国家安全的大型国家出资企业，重要基础设施和重要自然资源等领域的国家出资企业，由国务院代表国家履行出资人职责。其他的国家出资企业，由地方人民政府代表国家履行出资人职责。

**第五条**　本法所称国家出资企业，是指国家出资的国有独资企业、国有独资公司，以及国有资本控股公司、国有资本参股公司。

**第六条**　国务院和地方人民政府应当按照政企分开、社会公共管理职能与国有资产出资人职能分开、不干预企业依法自主经营的原则，依法履行出资人职责。

**第七条**　国家采取措施，推动国有资本向关系国民经济命脉和国家安全的重要行业和关键领域集中，优化国有经济布局和结构，推进国有企业的改革和发展，提高国有经济的整体素质，增强国有经济的控制力、影响力。

**第八条**　国家建立健全与社会主义市场经济发展要求相适应的国有资产管理与监督体制，建立健全国有资产保值增值考核和责任追究制度，落实国有资产保值增值责任。

**第九条**　国家建立健全国有资产基础管理制度。具体办法按照国务院的规定制定。

**第十条**　国有资产受法律保护，任何单位和个人不得侵害。

## 第二章　履行出资人职责的机构

**第十一条**　国务院国有资产监督管理机构和地方人民政府按照国务院的规定设立的国有资产监督管理机构，根据本级人民政府的授权，代表本级人民政府对国家出资企业履行出资人职责。

国务院和地方人民政府根据需要，可以授权其他部门、机构代表本级人民政府对国家出资企业履行出资人职责。

代表本级人民政府履行出资人职责的机构、部门，以下统称履行出资人职责的机构。

**第十二条**　履行出资人职责的机构代表本级人民政府对国家出资企业依法享有资产收益、参与重大决策和选择管理者等出资人权利。

履行出资人职责的机构依照法律、行政法规的规定，制定或者参与制定国家出资企业的章程。

履行出资人职责的机构对法律、行政法规和本级人民政府规定须经本级人民政府批准的履行出资人职责的重大事项，应当报请本级人民政府批准。

**第十三条**　履行出资人职责的机构委派的股东代表参加国有资本控股公司、国有资本参股公司召开的股东会会议、股东大会会议，应当按照委派机构的指示提出提案、发表意见、行使表决权，并将其履行职责的情况和结果及时报告委派机构。

**第十四条** 履行出资人职责的机构应当依照法律、行政法规以及企业章程履行出资人职责，保障出资人权益，防止国有资产损失。

履行出资人职责的机构应当维护企业作为市场主体依法享有的权利，除依法履行出资人职责外，不得干预企业经营活动。

**第十五条** 履行出资人职责的机构对本级人民政府负责，向本级人民政府报告履行出资人职责的情况，接受本级人民政府的监督和考核，对国有资产的保值增值负责。

履行出资人职责的机构应当按照国家有关规定，定期向本级人民政府报告有关国有资产总量、结构、变动、收益等汇总分析的情况。

## 第三章 国家出资企业

**第十六条** 国家出资企业对其动产、不动产和其他财产依照法律、行政法规以及企业章程享有占有、使用、收益和处分的权利。

国家出资企业依法享有的经营自主权和其他合法权益受法律保护。

**第十七条** 国家出资企业从事经营活动，应当遵守法律、行政法规，加强经营管理，提高经济效益，接受人民政府及其有关部门、机构依法实施的管理和监督，接受社会公众的监督，承担社会责任，对出资人负责。

国家出资企业应当依法建立和完善法人治理结构，建立健全内部监督管理和风险控制制度。

**第十八条** 国家出资企业应当依照法律、行政法规和国务院财政部门的规定，建立健全财务、会计制度，设置会计账簿，进行会计核算，依照法律、行政法规以及企业章程的规定向出资人提供真实、完整的财务、会计信息。

国家出资企业应当依照法律、行政法规以及企业章程的规定，向出资人分配利润。

**第十九条** 国有独资公司、国有资本控股公司和国有资本参股公司依照《中华人民共和国公司法》的规定设立监事会。国有独资企业由履行出资人职责的机构按照国务院的规定委派监事组成监事会。

国家出资企业的监事会依照法律、行政法规以及企业章程的规定，对董事、高级管理人员执行职务的行为进行监督，对企业财务进行监督检查。

**第二十条** 国家出资企业依照法律规定，通过职工代表大会或者其他形式，实行民主管理。

**第二十一条** 国家出资企业对其所出资企业依法享有资产收益、参与重大决策和选择管理者等出资人权利。

国家出资企业对其所出资企业，应当依照法律、行政法规的规定，通过制定或者参与制定所出资企业的章程，建立权责明确、有效制衡的企业内部监督管理和风险控制制度，维护其出资人权益。

## 第四章 国家出资企业管理者的选择与考核

**第二十二条** 履行出资人职责的机构依照法律、行政法规以及企业章程的规定，任免或者建议任免国家出资企业的下列人员：

（一）任免国有独资企业的经理、副经理、财务负责人和其他高级管理人员；

（二）任免国有独资公司的董事长、副董事长、董事、监事会主席和监事；

（三）向国有资本控股公司、国有资本参股公司的股东会、股东大会提出董事、监事人选。

国家出资企业中应当由职工代表出任的董事、监事，依照有关法律、行政法规的规定由职工民主选举产生。

**第二十三条** 履行出资人职责的机构任命或者建议任命的董事、监事、高级管理人员，应当具备下列条件：

（一）有良好的品行；

（二）有符合职位要求的专业知识和工作能力；

（三）有能够正常履行职责的身体条件；

（四）法律、行政法规规定的其他条件。

董事、监事、高级管理人员在任职期间出现不符合前款规定情形或者出现《中华人民共和国公司法》规定的不得担任公司董事、监事、高级管理人员情形的，履行出资人职责的机构应当依法予以免职或者提出免职建议。

**第二十四条** 履行出资人职责的机构对拟任命或者建议任命的董事、监事、高级管理人员的人选，应当按照规定的条件和程序进行考察。考察合格的，按照规定的权限和程序任命或者建议任命。

**第二十五条** 未经履行出资人职责的机构同意，国有独资企业、国有独资公司的董事、高级管理人员不得在其他企业兼职。未经股东会、股东大会同意，国有资本控股公司、国有资本参股公司的董事、高级管理人员不得在经营同类业务的其他企业兼职。

未经履行出资人职责的机构同意，国有独资公司的董事长不得兼任经理。未经股东会、股东大会同意，国有资本控股公司的董事长不得兼任经理。

董事、高级管理人员不得兼任监事。

**第二十六条** 国家出资企业的董事、监事、高级管理人员，应当遵守法律、行政法规以及企业章程，对企业负有忠实义务和勤勉义务，不得利用职权收受贿赂或者取得其他非法收入和不当利益，不得侵占、挪用企业资产，不得超越职权或者违反程序决定企业重大事项，不得有其他侵害国有资产出资人权益的行为。

**第二十七条** 国家建立国家出资企业管理者经营业绩考核制度。履行出资人职责的机构应当对其任命的企业管理者进行年度和任期考核，并依据考核结果决定对企业管理者的奖惩。

履行出资人职责的机构应当按照国家有关规定，确定其任命的国家出资企业管理者的薪酬标准。

**第二十八条** 国有独资企业、国有独资公司和国有资本控股公司的主要负责人，应当接受依法进行的任期经济责任审计。

**第二十九条** 本法第二十二条第一款第一项、第二项规定的企业管理者，国务院和地方人民政府规定由本级人民政府任免的，依照其规定。履行出资人职责的机构依照本章规定对上述企业管理者进行考核、奖惩并确定其薪酬标准。

## 第五章 关系国有资产出资人权益的重大事项

### 第一节 一般规定

**第三十条** 国家出资企业合并、分立、改制、上市，增加或者减少注册资本，发行债券，进行重大投资，为他人提供大额担保，转让重大财产，进行大额捐赠，分配利润，以及解散、申请破产等重大事项，应当遵守法律、行政法规以及企业章程的规定，不得损害出资人和债权人的权益。

**第三十一条** 国有独资企业、国有独资公司合并、分立，增加或者减少注册资本，发行债券，分配利润，以及解散、申请破产，由履行出资人职责的机构决定。

**第三十二条** 国有独资企业、国有独资公司有本法第三十条所列事项的，除依照本法第三十一条和有关法律、行政法规以及企业章程的规定，由履行出资人职责的机构决定的以外，国有独资企业由企业负责人集体讨论决定，国有独资公司由董事会决定。

**第三十三条** 国有资本控股公司、国有资本参股公司有本法第三十条所列事项的，依照法律、行政法规以及公司章程的规定，由公司股东会、股东大会或者董事会决定。由股东会、股东大会决定的，履行出资人职责的机构委派的股东代表应当依照本法第十三条的规定行使权利。

**第三十四条** 重要的国有独资企业、国有独资公司、国有资本控股公司的合并、分立、解散、申请破产以及法律、行政法规和本级人民政府规定应当由履行出资人职责的机构报经本级人民政府批准的重大事项，履行出资人职责的机构在作出决定或者向其委派参加国有资本控股公司股东会会议、股东大会会议的股东代表作出指示前，应当报请本级人民政府批准。

本法所称的重要的国有独资企业、国有独资公司和国有资本控股公司，按照国务院的规定确定。

**第三十五条** 国家出资企业发行债券、投资等事项，有关法律、行政法规规定应当报经人民政府或者人民政府有关部门、机构批准、核准或者备案的，依照其规定。

**第三十六条**　国家出资企业投资应当符合国家产业政策，并按照国家规定进行可行性研究；与他人交易应当公平、有偿，取得合理对价。

**第三十七条**　国家出资企业的合并、分立、改制、解散、申请破产等重大事项，应当听取企业工会的意见，并通过职工代表大会或者其他形式听取职工的意见和建议。

**第三十八条**　国有独资企业、国有独资公司、国有资本控股公司对其所出资企业的重大事项参照本章规定履行出资人职责。具体办法由国务院规定。

## 第二节　企业改制

**第三十九条**　本法所称企业改制是指：

（一）国有独资企业改为国有独资公司；

（二）国有独资企业、国有独资公司改为国有资本控股公司或者非国有资本控股公司；

（三）国有资本控股公司改为非国有资本控股公司。

**第四十条**　企业改制应当依照法定程序，由履行出资人职责的机构决定或者由公司股东会、股东大会决定。

重要的国有独资企业、国有独资公司、国有资本控股公司的改制，履行出资人职责的机构在作出决定或者向其委派参加国有资本控股公司股东会会议、股东大会会议的股东代表作出指示前，应当将改制方案报请本级人民政府批准。

**第四十一条**　企业改制应当制定改制方案，载明改制后的企业组织形式、企业资产和债权债务处理方案、股权变动方案、改制的操作程序、资产评估和财务审计等中介机构的选聘等事项。

企业改制涉及重新安置企业职工的，还应当制定职工安置方案，并经职工代表大会或者职工大会审议通过。

**第四十二条**　企业改制应当按照规定进行清产核资、财务审计、资产评估，准确界定和核实资产，客观、公正地确定资产的价值。

企业改制涉及以企业的实物、知识产权、土地使用权等非货币财产折算为国有资本出资或者股份的，应当按照规定对折价财产进行评估，以评估确认价格作为确定国有资本出资额或者股份数额的依据。不得将财产低价折股或者有其他损害出资人权益的行为。

## 第三节　与关联方的交易

**第四十三条**　国家出资企业的关联方不得利用与国家出资企业之间的交易，谋取不当利益，损害国家出资企业利益。

本法所称关联方，是指本企业的董事、监事、高级管理人员及其近亲属，以及这些人员所有或者实际控制的企业。

**第四十四条**　国有独资企业、国有独资公司、国有资本控股公司不得无偿向关联方提供资金、商品、服务或者其他资产，不得以不公平的价格与关联方进行交易。

**第四十五条**　未经履行出资人职责的机构同意，国有独资企业、国有独资公司不得有下列行为：

（一）与关联方订立财产转让、借款的协议；

（二）为关联方提供担保；

（三）与关联方共同出资设立企业，或者向董事、监事、高级管理人员或者其近亲属所有或者实际控制的企业投资。

**第四十六条**　国有资本控股公司、国有资本参股公司与关联方的交易，依照《中华人民共和国公司法》和有关行政法规以及公司章程的规定，由公司股东会、股东大会或者董事会决定。由公司股东会、股东大会决定的，履行出资人职责的机构委派的股东代表，应当依照本法第十三条的规定行使权利。

公司董事会对公司与关联方的交易作出决议时，该交易涉及的董事不得行使表决权，也不得代理其他董事行使表决权。

## 第四节　资产评估

**第四十七条**　国有独资企业、国有独资公司和国有资本控股公司合并、分立、改制，转让重大财产，以非货币财产对外投资，清算或者有法律、行政法规以及企业章程规定应当进行资产评估的其他情形的，应当按照规定对有关资产进行评估。

**第四十八条** 国有独资企业、国有独资公司和国有资本控股公司应当委托依法设立的符合条件的资产评估机构进行资产评估；涉及应当报经履行出资人职责的机构决定的事项的，应当将委托资产评估机构的情况向履行出资人职责的机构报告。

**第四十九条** 国有独资企业、国有独资公司、国有资本控股公司及其董事、监事、高级管理人员应当向资产评估机构如实提供有关情况和资料，不得与资产评估机构串通评估作价。

**第五十条** 资产评估机构及其工作人员受托评估有关资产，应当遵守法律、行政法规以及评估执业准则，独立、客观、公正地对受托评估的资产进行评估。资产评估机构应当对其出具的评估报告负责。

### 第五节 国有资产转让

**第五十一条** 本法所称国有资产转让，是指依法将国家对企业的出资所形成的权益转移给其他单位或者个人的行为；按照国家规定无偿划转国有资产的除外。

**第五十二条** 国有资产转让应当有利于国有经济布局和结构的战略性调整，防止国有资产损失，不得损害交易各方的合法权益。

**第五十三条** 国有资产转让由履行出资人职责的机构决定。履行出资人职责的机构决定转让全部国有资产的，或者转让部分国有资产致使国家对该企业不再具有控股地位的，应当报请本级人民政府批准。

**第五十四条** 国有资产转让应当遵循等价有偿和公开、公平、公正的原则。

除按照国家规定可以直接协议转让的以外，国有资产转让应当在依法设立的产权交易场所公开进行。转让方应当如实披露有关信息，征集受让方；征集产生的受让方为两个以上的，转让应当采用公开竞价的交易方式。

转让上市交易的股份依照《中华人民共和国证券法》的规定进行。

**第五十五条** 国有资产转让应当以依法评估的、经履行出资人职责的机构认可或者由履行出资人职责的机构报经本级人民政府核准的价格为依据，合理确定最低转让价格。

**第五十六条** 法律、行政法规或者国务院国有资产监督管理机构规定可以向本企业的董事、监事、高级管理人员或者其近亲属，或者这些人员所有或者实际控制的企业转让的国有资产，在转让时，上述人员或者企业参与受让的，应当与其他受让参与者平等竞买；转让方应当按照国家有关规定，如实披露有关信息；相关的董事、监事和高级管理人员不得参与转让方案的制订和组织实施的各项工作。

**第五十七条** 国有资产向境外投资者转让的，应当遵守国家有关规定，不得危害国家安全和社会公共利益。

## 第六章 国有资本经营预算

**第五十八条** 国家建立健全国有资本经营预算制度，对取得的国有资本收入及其支出实行预算管理。

**第五十九条** 国家取得的下列国有资本收入，以及下列收入的支出，应当编制国有资本经营预算：

（一）从国家出资企业分得的利润；

（二）国有资产转让收入；

（三）从国家出资企业取得的清算收入；

（四）其他国有资本收入。

**第六十条** 国有资本经营预算按年度单独编制，纳入本级人民政府预算，报本级人民代表大会批准。

国有资本经营预算支出按照当年预算收入规模安排，不列赤字。

**第六十一条** 国务院和有关地方人民政府财政部门负责国有资本经营预算草案的编制工作，履行出资人职责的机构向财政部门提出由其履行出资人职责的国有资本经营预算建议草案。

**第六十二条**　国有资本经营预算管理的具体办法和实施步骤，由国务院规定，报全国人民代表大会常务委员会备案。

## 第七章　国有资产监督

**第六十三条**　各级人民代表大会常务委员会通过听取和审议本级人民政府履行出资人职责的情况和国有资产监督管理情况的专项工作报告，组织对本法实施情况的执法检查等，依法行使监督职权。

**第六十四条**　国务院和地方人民政府应当对其授权履行出资人职责的机构履行职责的情况进行监督。

**第六十五条**　国务院和地方人民政府审计机关依照《中华人民共和国审计法》的规定，对国有资本经营预算的执行情况和属于审计监督对象的国家出资企业进行审计监督。

**第六十六条**　国务院和地方人民政府应当依法向社会公布国有资产状况和国有资产监督管理工作情况，接受社会公众的监督。

任何单位和个人有权对造成国有资产损失的行为进行检举和控告。

**第六十七条**　履行出资人职责的机构根据需要，可以委托会计师事务所对国有独资企业、国有独资公司的年度财务会计报告进行审计，或者通过国有资本控股公司的股东会、股东大会决议，由国有资本控股公司聘请会计师事务所对公司的年度财务会计报告进行审计，维护出资人权益。

## 第八章　法律责任

**第六十八条**　履行出资人职责的机构有下列行为之一的，对其直接负责的主管人员和其他直接责任人员依法给予处分：

（一）不按照法定的任职条件，任命或者建议任命国家出资企业管理者的；

（二）侵占、截留、挪用国家出资企业的资金或者应当上缴的国有资本收入的；

（三）违反法定的权限、程序，决定国家出资企业重大事项，造成国有资产损失的；

（四）有其他不依法履行出资人职责的行为，造成国有资产损失的。

**第六十九条**　履行出资人职责的机构的工作人员玩忽职守、滥用职权、徇私舞弊，尚不构成犯罪的，依法给予处分。

**第七十条**　履行出资人职责的机构委派的股东代表未按照委派机构的指示履行职责，造成国有资产损失的，依法承担赔偿责任；属于国家工作人员的，并依法给予处分。

**第七十一条**　国家出资企业的董事、监事、高级管理人员有下列行为之一，造成国有资产损失的，依法承担赔偿责任；属于国家工作人员的，并依法给予处分：

（一）利用职权收受贿赂或者取得其他非法收入和不当利益的；

（二）侵占、挪用企业资产的；

（三）在企业改制、财产转让等过程中，违反法律、行政法规和公平交易规则，将企业财产低价转让、低价折股的；

（四）违反本法规定与本企业进行交易的；

（五）不如实向资产评估机构、会计师事务所提供有关情况和资料，或者与资产评估机构、会计师事务所串通出具虚假资产评估报告、审计报告的；

（六）违反法律、行政法规和企业章程规定的决策程序，决定企业重大事项的；

（七）有其他违反法律、行政法规和企业章程执行职务行为的。

国家出资企业的董事、监事、高级管理人员因前款所列行为取得的收入，依法予以追缴或者归国家出资企业所有。

履行出资人职责的机构任命或者建议任命的董事、监事、高级管理人员有本条第一款所列行为之一，造成国有资产重大损失的，由履行出资人职责的机构依法予以免职或者提出免职建议。

**第七十二条**　在涉及关联方交易、国有资产转让等交易活动中，当事人恶意串通，损害国有资产权益的，该交易行为无效。

**第七十三条** 国有独资企业、国有独资公司、国有资本控股公司的董事、监事、高级管理人员违反本法规定，造成国有资产重大损失，被免职的，自免职之日起五年内不得担任国有独资企业、国有独资公司、国有资本控股公司的董事、监事、高级管理人员；造成国有资产特别重大损失，或者因贪污、贿赂、侵占财产、挪用财产或者破坏社会主义市场经济秩序被判处刑罚的，终身不得担任国有独资企业、国有独资公司、国有资本控股公司的董事、监事、高级管理人员。

**第七十四条** 接受委托对国家出资企业进行资产评估、财务审计的资产评估机构、会计师事务所违反法律、行政法规的规定和执业准则，出具虚假的资产评估报告或者审计报告的，依照有关法律、行政法规的规定追究法律责任。

**第七十五条** 违反本法规定，构成犯罪的，依法追究刑事责任。

## 第九章 附 则

**第七十六条** 金融企业国有资产的管理与监督，法律、行政法规另有规定的，依照其规定。

**第七十七条** 本法自 2009 年 5 月 1 日起施行。

# 中华人民共和国外国常驻新闻机构和外国记者采访条例

**第一条**　为了便于外国常驻新闻机构和外国记者在中华人民共和国境内依法采访报道，促进国际交往和信息传播，制定本条例。

**第二条**　本条例所称外国常驻新闻机构，是指外国新闻机构在中国境内设立、从事新闻采访报道业务的分支机构。

本条例所称外国记者包括外国常驻记者和外国短期采访记者。外国常驻记者是指由外国新闻机构派遣，在中国境内常驻6个月以上、从事新闻采访报道业务的职业记者；外国短期采访记者是指在中国境内停留期不超过6个月、从事新闻采访报道业务的职业记者。

**第三条**　中国实行对外开放的基本国策，依法保障外国常驻新闻机构和外国记者的合法权益，并为其依法从事新闻采访报道业务提供便利。

**第四条**　外国常驻新闻机构和外国记者应当遵守中国法律、法规和规章，遵守新闻职业道德，客观、公正地进行采访报道，不得进行与其机构性质或者记者身份不符的活动。

**第五条**　中华人民共和国外交部（以下简称外交部）主管外国常驻新闻机构和外国记者事务。国务院新闻办公室和其他部门在各自职责范围内负责外国常驻新闻机构和外国记者有关事务。

地方人民政府外事部门受外交部委托，办理本行政区域内外国常驻新闻机构和外国记者事务。地方人民政府新闻办公室和其他部门在各自职责范围内负责本行政区域内外国常驻新闻机构和外国记者有关事务。

**第六条**　外国新闻机构在中国境内设立常驻新闻机构、向中国派遣常驻记者，应当经外交部批准。

**第七条**　外国新闻机构申请在中国境内设立常驻新闻机构，应当直接或者通过中国驻外使领馆向外交部提交以下材料：

（一）由该新闻机构总部主要负责人签署的书面申请；

（二）该新闻机构情况介绍；

（三）拟设立机构的负责人、拟派遣的常驻记者以及工作人员情况介绍；

（四）该新闻机构在所在国设立的证明文件副本。

**第八条**　在中国境内设立常驻新闻机构的申请经批准后，该常驻新闻机构负责人应当自抵达中国之日起7个工作日内，持本人护照到外交部办理外国常驻新闻机构证；其中，驻北京市以外地区的常驻新闻机构，其负责人应当自抵达中国之日起7个工作日内，持本人护照到外交部委托的地方人民政府外事部门办理外国常驻新闻机构证。

**第九条**　外国新闻机构申请向中国派遣常驻记者，应当直接或者通过中国驻外使领馆向外交部提交以下材料：

（一）由该新闻机构总部负责人签署的书面申请；

（二）拟派遣记者情况介绍；

（三）拟派遣记者在所在国从事职业活动的证明文件副本。

两个以上外国新闻机构派遣同一名常驻记者的，应当依照前款规定分别办理申请手续，并在各自的书面申请中注明该记者所兼职的外国新闻机构。

**第十条**　向中国派遣常驻记者的申请经批准后，被派遣的外国记者应当自抵达中国之日起7个工作日内，持本人护照到外交部办理外国常驻记者证；其中，驻北京市以外地区的常驻记者，应当自抵达中国之日起7个工作日内，持本人护照到外交部委托的地方人民政府外事部门办理外国常驻记者证。

外国记者办理外国常驻记者证后，应当到居住地公安机关办理居留证。

**第十一条**　外国常驻新闻机构变更机构名称、常驻地区等事项，应当向外交部提交书面申请，经批准后办理变更手续。

外国常驻新闻机构变更负责人、办公地址等事项，应当在变更后7个工作日内书面告知外交部；

其中，驻北京市以外地区的常驻新闻机构变更负责人、办公地址等事项，应当在变更后 7 个工作日内书面告知外交部委托的地方人民政府外事部门。

**第十二条** 外国常驻记者证有效期届满需要延期的，外国常驻记者应当提前向外交部或者外交部委托的地方人民政府外事部门提出申请，办理延期手续；逾期不办理的，视为自动放弃外国常驻记者资格，其外国常驻记者证将被注销。

**第十三条** 外国常驻新闻机构拟终止业务的，应当在终止业务 30 日前告知外交部，并自终止业务之日起 7 个工作日内到外交部或者外交部委托的地方人民政府外事部门办理外国常驻新闻机构证及其常驻记者的外国常驻记者证注销手续。

外国常驻新闻机构连续 10 个月以上无常驻记者，视为该机构已经自动终止业务，其外国常驻新闻机构证将被注销。

外国常驻记者在中国境内居留时间每年累计少于 6 个月的，其外国常驻记者证将被注销。

外国常驻新闻机构应当在其常驻记者离任前到外交部或者外交部委托的地方人民政府外事部门办理该记者外国常驻记者证注销手续。

**第十四条** 外国常驻新闻机构证、外国常驻记者证被注销后，应当向社会公布。

外国常驻记者证被注销的记者，其记者签证自注销之日起 10 日后自动失效。

外国常驻记者证被注销的记者，应当自外国常驻记者证被注销之日起 10 日内持相关证明，到居住地公安机关申请办理签证或者居留证变更登记。

**第十五条** 外国记者常驻或者短期采访，应当向中国驻外使领馆或者外交部授权的签证机构申请办理记者签证。

**第十六条** 外国记者随国家元首、政府首脑、议长、王室成员或者高级政府官员来中国访问，应当由该国外交部或者相关部门向中国驻外使领馆或者外交部授权的签证机构统一申请办理记者签证。

**第十七条** 外国记者在中国境内采访，需征得被采访单位和个人的同意。

外国记者采访时应当携带并出示外国常驻记者证或者短期采访记者签证。

**第十八条** 外国常驻新闻机构和外国记者可以通过外事服务单位聘用中国公民从事辅助工作。外事服务单位由外交部或者外交部委托的地方人民政府外事部门指定。

**第十九条** 外国常驻新闻机构和外国记者因采访报道需要，在依法履行报批手续后，可以临时进口、设置和使用无线电通信设备。

**第二十条** 外国人未取得或者未持有有效的外国常驻记者证或者短期采访记者签证，在中国境内从事新闻采访报道活动的，由公安机关责令其停止新闻采访报道活动，并依照有关法律予以处理。

**第二十一条** 外国常驻新闻机构和外国记者违反本条例规定的，由外交部予以警告，责令暂停或者终止其业务活动；情节严重的，吊销其外国常驻新闻机构证、外国常驻记者证或者记者签证。

**第二十二条** 外国常驻新闻机构和外国记者违反中国其他法律、法规和规章规定的，依法处理；情节严重的，由外交部吊销其外国常驻新闻机构证、外国常驻记者证或者记者签证。

**第二十三条** 本条例自 2008 年 10 月 17 日起施行。1990 年 1 月 19 日国务院公布的《外国记者和外国常驻新闻机构管理条例》同时废止。

# 黄磷行业准入条件

产业〔2008〕第 17 号

为促进产业结构升级，规范市场竞争秩序，控制高耗能、高污染、资源型产业过快增长，制止低水平重复建设，根据我国黄磷行业发展现状，结合国家有关法律法规和产业政策要求，按照“控制总量、节约资源、降低能耗、保护环境、持续发展”原则，制定本准入条件。

## 一、生产企业布局

（一）新建和改扩建黄磷生产企业厂址要靠近磷矿资源所在地和电力生产中心；必须符合各省、自治区、直辖市工业总体规划或黄磷、磷酸盐（磷化工）等相关行业发展规划；必须符合国家及各级政府制定的环境保护规划或污染防治规划。

（二）在城市规划区边界外 2 公里以内，主要河流两岸、公路干道、铁路干线及重要地下管网两旁 1 公里以内，居民聚集区和其他严防污染的食品、药品等企业周边 1 公里以内，国务院、国家有关部门和省、自治区、直辖市人民政府规定的生态保护区、自然保护区、风景旅游区、文化遗产保护区内，饮用水水源保护区内，不得新建黄磷生产企业。已在上述区域内开工建设、投产运营的黄磷生产企业，要根据《水污染防治法》有关规定及该区域规划，通过搬迁、转产等方式逐步退出。

## 二、工艺装备

新建黄磷装置（包括小水电、孤网运行地区及自备电厂的黄磷新建项目），单台磷炉变压器容量必须达到 20 000 千伏安及以上、折设计生产能力达到 1 万吨/年及以上。新进入企业的起始产能规模必须达到 5 万吨/年及以上。相关配套设施必须符合下列要求：

（一）同步采用全系统收尘技术，在原料运输、破碎、筛分及粉矿造球、烧结等所有产生粉尘的部位，均应配备除尘及回收处理装置；

（二）采用收磷技术，同步建设含磷污水处理系统，并实现含磷污水封闭循环使用，实现零排放；

（三）配套建设粉矿综合利用装置，提高原矿的有效使用率；

（四）同步建设消防、安全设施，在危险作业区必须有远程视频监控装置；

（五）采用先进的自动配料加料、无功补偿、电极升降自动控制、电极节能等技术或设备，提高能源使用效率，降低工人劳动强度，提升系统运行安全可靠性。

现有黄磷装置，单台装置在 10 000 千伏安及以上的，如在原料粉尘回收、能耗、尾气综合利用、泥磷回收、污水处理、安全保障和磷渣综合利用等方面没有达到本条件要求，必须在本准入条件实施起两年内完成相关改造，并经相关部门验收合格后方可继续生产。否则，企业所在地（市、县）人民政府必须依法责令其停产。单台装置在 7 200 千伏安以下的，须在本准入条件实施起一年内淘汰；单台装置在 7 200～10 000（不含）千伏安的，如尾气和炉渣不能够实现全部综合利用，须在本准入条件实施起两年内淘汰。

## 三、环境保护和资源节约综合利用

（一）新建、改扩建黄磷生产装置，必须按照《环境影响评价法》等有关法律法规要求，委托有资质的单位编制建设项目环境评价文件，并按照相关环境保护行政主管部门的审查要求，落实污染防治措施。必须委托专业部门编制节能评估报告。必须按照设计、施工、投产“三同时”原则建设“三废”治理装置和节能降耗装置，依法配套能源计量装置。

（二）黄磷生产企业的大气污染物排放应达到国家《工业炉窑大气污染物综合排放标准》（GB9078－1996）中“其他炉窑”的排放标准要求。黄磷工业污染物排放标准实施后，按新标准执行。

（三）磷炉尾气不得直排燃烧，必须实现能源化或资源化回收利用，新建黄磷装置尾气综合利用率必须达到90%以上。鼓励黄磷生产企业利用黄磷尾气作为热源生产精细磷酸盐或发电，鼓励企业开发应用磷炉尾气生产碳一化学品技术。

（四）含元素磷废水必须实现零排放。必须在生产界区内建设泥磷回收装置，泥磷处理处置应严格执行关于危险废物的管理规定。

（五）黄磷废渣要按照减量化、无害化、资源化原则进行处置和综合利用，不得堆存填埋。新建黄磷装置磷渣利用率必须达到95%。企业要对当年产生的磷炉渣实施综合利用，企业自身利用困难的，应通过适当方式由其他企业实现综合利用。鼓励企业积极探索磷炉渣制水泥、磷渣微细粉、微晶玻璃、硅肥及白炭黑等。

（六）黄磷生产企业必须根据本地矿产资源状况，利用一定比例的贫矿或（和）粉矿，并配套建设相应规模的贫矿选矿装置或（和）粉矿成球、烧结或其他粉矿综合利用装置。

（七）新建黄磷生产装置未经环保部门验收的，不得投产；现有黄磷装置未满足环保部门相关标准的，必须在本准入条件实施起半年内完成环保设施改造，取得有关许可后方可继续生产。

（八）本准入条件实施前，环保部门连续三年对生产界区周围空气、污水、土壤、植被监测不达标的黄磷生产装置，予以强制淘汰。

## 四、安全、消防和工业卫生

（一）黄磷属危险化学品，应严格执行国家危险化学品安全管理有关规定。

（二）新建装置必须按照安全生产监管部门的设立和设计审查意见、消防和工业卫生主管部门的评价意见，按照“三同时”原则配套建设相应设施并经现场验收合格后，方能投入生产。现有装置未通过安全、消防或工业卫生主管部门检查的，应依法进行整改。

（三）企业应建立职业病防治措施，定期开展工业卫生检查，定期对职工进行身体检查。

## 五、经济技术指标

新建、在建和现有黄磷装置必须分别达到以下经济技术指标（电炉电耗不包括贫矿选矿装置或（和）粉矿成球、烧结或其他粉矿综合利用装置能源消耗，数据为吨黄磷消耗值，电力折标系数为0.1229千克标煤/千瓦时）：

| | 新建、在建装置 | 现有装置 |
|---|---|---|
| 综合能耗 | ≤3.2吨标准煤 | ≤3.6吨标准煤 |
| 磷矿消耗（30%折标） | ≤8.7吨 | ≤8.7吨 |
| 电炉电耗（按配比炉料 $P_2O_5$ 24%折算） | ≤13 200千瓦时 | ≤13 800千瓦时 |
| 磷炉炉渣综合利用率 | ≥95% | ≥90% |
| 尾气综合利用率 | ≥90% | ≥85% |
| 粉矿利用率 | 100% | 100% |

## 六、监督与管理

根据国务院《关于发布实施〈促进产业结构调整暂行规定〉的决定》（国发〔2005〕40号）和《关于加快推进产能过剩行业结构调整的通知》（国发〔2006〕11号）要求，本准入条件实施后，新建、改扩建黄磷生产装置，符合准入条件的，须根据《国务院关于投资体制改革的决定》（国发〔2004〕20号），按照各省具体规定和固定资产投资项目建设程序，经相关主管部门核准或备案。

（一）黄磷建设项目的投资管理、土地供应、环境影响评价、安全生产评价、节能评估、信贷融资等应参照本准入条件。环境影响评价报告必须经省级或以上行业主管部门提出审核意见后报同级环保部门审批；安全评估报告须经省级或以上行业主管部门提出审核意见后报同级安全监督管理部门审批；节能评估报告须经省级或以上行业主管部门审批。

（二）新建、改扩建及整改的黄磷装置工程完工后，必须经省级或以上行业、土地、环保、安全、质检等管理部门及有关专家组成的联合检查组检查。经检查合格的，按照有关规定办理《安全生产许可证》和《排污许可证》，方能投入生产。经检查未达到准入条件的，行业主管部门应责令其在指定期限内整改达到准入要求。

（三）对不符合准入条件的新建或改扩建黄磷生产项目，各级国土资源部门不得提供土地，环保部门不得办理环保审批手续，安全监管部门不得办理安全生产许可，质检部门不得办理工业产品生产许可，金融机构不得提供信贷支持，水电供应部门应依法停止供水供电。地方人民政府或行业主管部门依法决定撤销或责令关闭的企业，有关主管部门应依法撤销有关许可证件，工商行政管理部门依法责令其办理变更登记或注销登记。

（四）各级行业主管部门和安全、环保等执法部门负责对当地黄磷生产企业执行黄磷行业准入条件的情况进行监督检查。中国石油和化学工业协会、中国无机盐工业协会协助国家有关部门做好监督和管理工作。

（五）工业和信息化部定期公告符合准入条件的黄磷企业名单。符合准入条件的企业，可按照有关规定申请执行普通电价、享受资源综合利用企业所得税优惠等优惠政策。

（六）国家相关管理部门可依据本条件制定相应的配套管理措施。

## 七、附则

（一）其他矿热炉改造为黄磷炉视同新建黄磷装置。单台装置在 10 000 千伏安以下的现有黄磷装置因厂址、容量、配套设施等原因进行搬迁或扩能改造，也视同新建。

（二）本准入条件适用于中华人民共和国关境内所有类型黄磷生产企业和有黄磷生产装置的磷肥、磷酸盐和精细磷化工企业。

（三）本准入条件自 2009 年 1 月 1 日起实施，由工业和信息化部负责解释。工业和信息化部将根据国家经济社会发展要求和黄磷行业发展状况对本条件进行修订。

# 焦化行业准入条件

（2008 年修订）

产业〔2008〕第 15 号

## 总　　则

为促进焦化行业产业结构优化升级，规范市场竞争秩序，依据国家有关法律法规和产业政策要求，按照“总量控制、调整结构、节约能（资）源、保护环境、合理布局”的可持续发展原则，特制定本准入条件。

本准入条件适用于常规机焦炉、半焦（兰炭）焦炉和现有热回收焦炉生产企业及炼焦煤化工副产品加工生产企业。

常规机焦炉系指炭化室、燃烧室分设，炼焦煤隔绝空气间接加热干馏成焦炭，并设有煤气净化、化学产品回收利用的生产装置。装煤方式分顶装和捣固侧装。

半焦（兰炭）炭化炉是以不粘煤、弱粘煤、长焰煤等为原料，在炭化温度 750℃以下进行中低温干馏，以生产半焦（兰炭）为主的生产装置。加热方式分内热式和外热式。

热回收焦炉系指焦炉炭化室微负压操作、机械化捣固、装煤、出焦、回收利用炼焦燃烧废气余热的焦炭生产装置。以生产铸造焦为主。

## 一、生产企业布局

新建和改扩建焦化生产企业厂址应靠近用户或炼焦煤原料基地。必须符合各省（自治区、直辖市）地区焦化行业发展规划、城市建设发展规划、土地利用规划、环境保护和污染防治规划、矿产资源规划和国家焦化行业结构调整规划要求。

在城市规划区边界外 2 公里（城市居民供气项目、现有钢铁生产企业厂区内配套项目除外）以内，主要河流两岸、公路干道两旁和其他严防污染的食品、药品等企业周边 1 公里以内，居民聚集区《焦化厂卫生防护距离标准》（GB11661－89）范围内，依法设立的自然保护区、风景名胜区、文化遗产保护区、世界文化自然遗产和森林公园、地质公园、湿地公园等保护地以及饮用水水源保护区内，不得建设焦化生产企业。已在上述区域内投产运营的焦化生产企业要根据该区域规划要求，在一定期限内，通过“搬迁、转产”等方式逐步退出。

## 二、工艺与装备

新建和改扩建焦化生产企业应满足节能、环保和资源综合利用的要求，实现合理规模经济。

1. 焦炉

常规机焦炉：新建顶装焦炉炭化室高度必须≥6.0米、容积≥38.5m³；新建捣固焦炉炭化室高度必须≥5.5 米、捣固煤饼体积≥35m³，企业生产能力 100 万吨/年及以上。

半焦（兰炭）炭化炉：新建直立炭化炉单炉生产能力≥7.5 万吨/年，每组生产能力≥30 万吨/年，企业生产能力 60 万吨/年及以上。

热回收焦炉：企业生产能力 40 万吨/年及以上。应继续提升热回收炼焦技术。禁止新建热回收焦炉项目。

钢铁企业新建焦炉要同步配套建设干熄焦装置并配套建设相应除尘装置。

2. 煤气净化和化学产品回收

焦化生产企业应同步配套建设煤气净化（含脱硫、脱氰、脱氨工艺）、化学产品回收装置与煤气利用设施。

热回收焦炉应同步配套建设热能回收和烟气脱硫、除尘装置。

3. 化学产品加工与生产

新建煤焦油单套加工装置应达到处理无水煤焦油 15 万吨/年及以上；新建的粗（轻）苯精制装置应采用苯加氢等先进生产工艺，单套装置要达到 5

万吨/年及以上；已有的单套加工规模10万吨/年以下的煤焦油加工装置、酸洗法粗（轻）苯精制装置应逐步淘汰。

新建焦炉煤气制甲醇单套装置应达到10万吨/年及以上。

4. 环境保护、事故防范与安全

焦化企业应严格执行国家环境保护、节能减排、劳动安全、职业卫生、消防等相关法律法规。应同步建设煤场、粉碎、装煤、推焦、熄焦、筛运焦等抑尘、除尘设施，以及熄焦水闭路循环、废气脱硫除尘及污水处理装置，并正常运行。具体有：

（1）常规机焦炉企业应按照设计规范配套建设含酚氰生产污水二级生化处理设施、回用系统及生产污水事故储槽（池）。

（2）半焦（兰炭）生产的企业氨水循环水池、焦油分离池应建在地面以上。生产污水应配套建设污水焚烧处理或蒸氨、脱酚、脱氰生化等有效处理设施，并按照设计规范配套建设生产污水事故储槽（池），生产废水严禁外排。

（3）热回收焦炉企业应配置烟气脱硫、除尘设施和二氧化硫在线监测、监控装置。

（4）焦化生产企业应采用可靠的双回路供电；焦炉煤气事故放散应设有自动点火装置。

（5）焦化生产企业的化学产品生产装置区及储存罐区和生产污水槽池等应做规范的防渗漏处理，油库区四周设置围堰，杜绝外溢和渗漏。

（6）规范排污口的建设，焦炉烟囱、地面除尘站排气烟囱和废水总排口安装连续自动监测和自动监控系统，并与环保部门联网。

（7）焦化生产企业应建设足够容积事故水池、消防事故水池。

## 三、主要产品质量

1. 焦炭

冶金焦应达到GB/T1996-2003标准；

铸造焦应达到GB/T8729-1988标准；

半焦（兰炭）应参照YB/T034-92标准。

2. 焦炉煤气

城市民用煤气应达到GB13612-92标准；

工业或其他用煤气 $H_2S$ 含量应≤250mg/m³。

3. 化学工业产品

硫酸铵符合GB535-1995标准（一级品）；

粗焦油符合YB/T5075-1993标准（半焦所产焦油应参照执行）；

粗苯符合YB/T5022-1993标准；

甲醇、焦油和苯加工等及其他化工产品应达到国标或相关行业产品标准。

## 四、资（能）源消耗和副产品综合利用

1. 资（能）源消耗

焦化生产企业应达到《焦炭单位产品能耗》标准（GB21342-2008）和以下指标：

| 项　目 | 常规焦炉 | 热回收焦炉 | 半焦（兰炭）炉 |
|---|---|---|---|
| 综合能耗（kgce/t焦） | ≤165*1 | ≤165*1 | ≤260*1（内热）<br>≤230*1（外热） |
| 煤耗（干基）t/t焦 | 1.33*2 | 1.33 | 1.65 |
| 吨焦耗新水 $m^3$/t焦 | 2.5 | 1.2 | 2.5 |
| 焦炉煤气利用率 | ≥98 | | ≥98 |
| 水循环利用率% | ≥95 | ≥95 | ≥95 |
| 炼焦煤烧损率% | | ≤1.5 | |

注：*1. 综合能耗引用《焦炭单位产品能耗》标准（GB21342-2008）当电力折标系数为0.404kgce/KWH等价值时的现值标准，如采用电力折标系数为0.1229kgce/KWH的当量值时，应为155kgce/t焦；半焦（兰炭）炉的综合能耗标准相应调整，≤250（内热）、≤220（外热）。

*2. 适于装炉煤挥发份Vd=24%～27%。若装炉煤挥发份超出此范围时，当予以折算。

热回收焦炉吨焦余热发电量：入炉煤干基挥发份为17%时，吨焦发电量≥350KWh；入炉煤干基挥发份为23%时，吨焦发电量≥430KWh。

2. 焦化副产品综合利用

焦化生产企业生产的焦炉煤气应全部回收利用，不得放散；煤焦油及苯类化学工业产品必须回收，并鼓励集中深加工。

## 五、环境保护

1. 污染物排放量

焦化生产企业主要污染物排放量不得突破环保部门分配给其排污总量指标。

2. 气、水污染物排放标准

焦炉无组织污染物排放执行《炼焦炉大气污染物排放标准》（GB16171-1996），其他有组织废气执行《大气污染物综合排放标准》（GB16297-1996），$NH_3$、$H_2S$ 执行《恶臭污染物排放标准》（GB14554-1996）。

酚氰废水处理合格后要循环使用，不得外排。外排废水应执行《污水综合排放标准》（GB8978-1996）。排入污水处理厂的达到二级，排入环境的达到一级标准。

3. 固（液）体废弃物

备配煤、推焦、装煤、熄焦及筛焦工段除尘器回收的煤（焦）尘、焦油渣、粗苯蒸馏再生器残渣、苯精制酸焦油渣、脱硫废渣（液）以及生化剩余污泥等一切焦化生产的固（液）体废弃物，应按照相关法规要求处理和利用，不得对外排放。

## 六、技术进步

鼓励焦化生产企业采用煤调湿、风选调湿、捣固炼焦、配型煤炼焦、粉煤制半焦、干法熄焦、低水分熄焦、热管换热、导热油换热、焦炉烟尘治理、焦化废水深度处理回用、焦炉煤气制甲醇、焦炉煤气制合成氨、苯加氢精制、煤沥青制针状焦、焦油加氢处理、煤焦油产品深加工等先进适用技术。

## 七、监督与管理

1. 焦化生产企业建设项目的投资管理、土地供应、环评审批、能源评价、信贷融资等必须依据本准入条件。环境影响评价报告应由省级行业主管部门提出预审意见后，报省级及以上环境保护行政主管部门审批。

2. 焦化生产企业生产装置建成投产前，应经省级及以上焦化行业、环境保护等行政主管部门组织联合检查组，按照本准入条件中第一、二款要求进行监督检查。经检查未达到准入条件要求的，环境保护行政主管部门不颁发其排污许可证，行业主管部门应责令限期完成符合准入条件的有关建设内容。仍达不到要求的，环境保护行政主管部门依照有关法律法规要求吊销其排污许可证，水电供应部门报请同级行政主管部门批准后，将依法停止供电、供水。

3. 焦化建设项目应在投产 6 个月内达到本准入条件第四、五款中规定的资（能）源消耗、副产品综合利用和环境保护指标。逾期者除按正常规定缴纳相关费用外，环境保护行政主管部门要根据国家有关法律、法规的要求责令限期整改或停产。

4. 各省级焦化行业主管部门会同环境保护行政主管部门应对本地区执行焦化行业准入条件情况进行监督检查，工业和信息化部应组织国家有关部门进行不定期抽查和检查。

5. 中国炼焦行业协会要加强对国内外焦炭市场、焦化工艺技术发展等情况进行分析研究，推广焦化行业环保、节能和资源综合利用新技术；建立符合准入条件的评估体系，科学公正提出评估意见；研究建立清洁生产评价指标体系，在行业内积极推广清洁生产；协助政府有关部门做好监督和管理工作。

6. 工业和信息化部定期公告符合准入条件的焦化生产企业名单。符合准入条件的焦化生产企业可享受政府的相关扶持政策，可按有关程序规定取得焦炭产品出口资格。

7. 对不符合准入条件的新建或改扩建焦化建设项目，环境保护行政管理部门不得办理环保审批手续，金融机构不得提供信贷，电力供应部门依法停止供电。地方人民政府或相关主管部门依法决定撤销或责令关闭的企业，有关管理部门应依法撤销相关许可证件，工商行政管理部门依法责令其办理变更登记或注销登记。

### 附则

本准入条件适用于中华人民共和国境内（台湾、香港、澳门特殊地区除外）焦化行业生产企业。

本准入条件中涉及的国家和行业标准若进行了修订，则按修订后的新标准执行。

本准入条件自 2009 年 1 月 1 日起实施，国家发展改革委 2004 年第 76 号公告《焦化行业准入条件》同时废止。

本准入条件由工业和信息化部负责解释，并根据行业发展情况和宏观调控要求进行修订。

# 中华人民共和国政府和巴基斯坦伊斯兰共和国政府自由贸易协定补充议定

中华人民共和国政府和巴基斯坦伊斯兰共和国政府（以下简称“缔约双方”）；

重申于2006年11月24日签署的《中华人民共和国政府和巴基斯坦伊斯兰共和国政府自由贸易协定》（以下简称“自由贸易协定”）；

希望补充该协定为“中国—巴基斯坦投资区”的建立制定规则；

协议如下：

一、缔约双方同意增加以下条款以补充自由贸易协定：

1. 第二章第五条：“中国—巴基斯坦投资区”是指设立在巴基斯坦境内，经巴基斯坦政府投资委员会通告的，被批准的中国投资者的投资不低于40％的特殊工业区。

2. 第三章“消除关税”第八条（一）：“尽管有第八条的规定，缔约双方应为包括海尔—鲁巴经济区在内的中国—巴基斯坦投资区的建立提供便利。本着促进双方经济利益的原则，中国和巴基斯坦应考虑降低或消除在包括海尔—鲁巴经济区在内的中国—巴基斯坦投资区生产的货物以及双方有出口兴趣的其他货物的关税。关税减让或消除应是中国—巴基斯坦自由贸易协定附件一关税减让表的一部分。”

3. 第九章：“第五十六条（一）中国—巴基斯坦投资区一揽子优惠政策。为中国—巴基斯坦投资区的发展和区内投资者的利益，巴基斯坦应提供本补充议定书附件所列的一揽子优惠政策。”

二、本补充议定书应成为自由贸易协定的组成部分。

三、本补充议定书应根据自由贸易协定第七十九条和第八十一条的规定生效。

下列代表经各自政府正式授权签署本补充议定书，以昭信守。

本补充议定书于二零零八年十月十五日在北京签订，一式两份，每份均用中文和英文写成，两种文本同等作准。

| 中华人民共和国<br>政府代表 | 巴基斯坦伊斯兰<br>共和国政府代表 |
|---|---|

**附件：**

## 一揽子优惠政策

1. 免除经济区建设及工程项目所需资本设备（厂房、机器、设备和零部件）的进口海关关税和税收。
2. 经济区内项目自运营之日起5年内免征公司所得税。本优惠亦应适用于经济区开发商。
3. 巴基斯坦国内其他地方享受的出口优惠政策也同样适用于经济区内生产的出口产品。
4. 巴基斯坦联邦政府/机构将在经济区新址提供气、电和其他公用设施。允许经济区开发商自备发电。
5. 巴基斯坦省级政府负责修建通往经济区新址的道路。
6. 巴基斯坦投资委员会将在经济区内提供一站式服务。
7. 为投资者在经济区提供上门服务，以完成所需的程序/手续。
8. 巴基斯坦投资委员会将为投资者提供免费的便利服务和指导。
9. 在经济区内设立员工培训中心。
10. 在经济区内，只有中资比例达40％以上的项目或合资企业才能享受一揽子优惠政策。
11. 在经济区内建设干港为区内企业进出口提供便利。
12. 巴基斯坦省级政府将为海尔—鲁巴集团购买土地提供便利。

# 国务院办公厅关于当前金融促进经济发展的若干意见

国办发〔2008〕126 号

各省、自治区、直辖市人民政府，国务院各部委、各直属机构：

为应对国际金融危机的冲击，贯彻落实党中央、国务院关于进一步扩大内需、促进经济增长的十项措施，认真执行积极的财政政策和适度宽松的货币政策，加大金融支持力度，促进经济平稳较快发展，经国务院批准，提出如下意见：

## 一、落实适度宽松的货币政策，促进货币信贷稳定增长

（一）保持银行体系流动性充足，促进货币信贷稳定增长。根据经济社会发展需要，创造适度宽松的货币信贷环境，以高于 GDP 增长与物价上涨之和约 3 至 4 个百分点的增长幅度作为 2009 年货币供应总量目标，争取全年广义货币供应量增长 17%左右。密切监测流动性总量及分布变化，适当调减公开市场操作力度，停发 3 年期央行票据，降低 1 年期和 3 个月期央行票据发行频率。根据国内外形势适时适度调整货币政策操作。

（二）追加政策性银行 2008 年度贷款规模 1 000亿元，鼓励商业银行发放中央投资项目配套贷款，力争 2008 年金融机构人民币贷款增加 4 万亿元以上。

（三）发挥市场在利率决定中的作用，提高经济自我调节能力。增强贷款利率下浮弹性，改进贴现利率形成机制，完善中央银行利率体系。按照主动性、可控性和渐进性原则，进一步完善人民币汇率形成机制，增强汇率弹性，保持人民币汇率在合理均衡水平上基本稳定。

## 二、加强和改进信贷服务，满足合理资金需求

（四）加强货币政策、信贷政策与产业政策的协调配合。坚持区别对待、有保有压原则，支持符合国家产业政策的产业发展。加大对民生工程、“三农”、重大工程建设、灾后重建、节能减排、科技创新、技术改造和兼并重组、区域协调发展的信贷支持。积极发展面向农户的小额信贷业务，增加扶贫贴息贷款投放规模。探索发展大学毕业生小额创业贷款业务。支持高新技术产业发展。同时，适当控制对一般加工业的贷款，限制对高耗能、高排放行业和产能过剩行业劣质企业的贷款。

（五）鼓励银行业金融机构在风险可控前提下，对基本面比较好、信用记录较好、有竞争力、有市场、有订单但暂时出现经营或财务困难的企业给予信贷支持。全面清理银行信贷政策、法规、办法和指引，根据当前特殊时期需要，对《贷款通则》等有关规定和要求做适当调整。

（六）支持中小企业发展。落实对中小企业融资担保、贴息等扶持政策，鼓励地方人民政府通过资本注入、风险补偿等多种方式增加对信用担保公司的支持。设立包括中央、地方财政出资和企业联合组建在内的多层次中小企业贷款担保基金和担保机构，提高金融机构中小企业贷款比重。对符合条件的中小企业信用担保机构免征营业税。

（七）鼓励金融机构开展出口信贷业务。将进出口银行的人民币出口卖方信贷优惠利率适用范围，扩大到具有自主知识产权、自主品牌和高附加值出口产品。允许金融机构开办人民币出口买方信贷业务。发挥出口信用保险在支持金融机构开展出口融资业务中的积极作用。

（八）加大对产业转移的信贷支持力度。支持金融机构创新发展针对产业转移的信贷产品和审贷模式，探索多种抵押担保方式。鼓励金融机构优先发放人民币贷款，支持国内过剩产能向境外转移。

（九）加大对农村金融政策支持力度，引导更多信贷资金投向农村。坚持农业银行为农服务方向，拓展农业发展银行支农领域，扩大邮政储蓄银行涉农业务范围，发挥农村信用社为农民服务的主力军作用。县域内银行业金融机构新吸收的存款，主要用于当地发放贷款。建立政府扶持、多方参与、市场运作的农村信贷担保机制。在扩大农村有

效担保物范围基础上，积极探索发展农村多种形式担保的信贷产品。指导农村金融机构开展林权质押贷款业务。

(十)落实和出台有关信贷政策措施，支持居民首次购买普通自住房和改善型普通自住房。加大对城市低收入居民廉租房、经济适用房建设和棚户区改造的信贷支持。支持汽车消费信贷业务发展，拓宽汽车金融公司融资渠道。积极扩大农村消费信贷市场。

## 三、加快建设多层次资本市场体系，发挥市场的资源配置功能

(十一)采取有效措施，稳定股票市场运行，发挥资源配置功能。完善中小企业板市场各项制度，适时推出创业板，逐步完善有机联系的多层次资本市场体系。支持有条件的企业利用资本市场开展兼并重组，促进上市公司行业整合和产业升级，减少审批环节，提升市场效率，不断提高上市公司竞争力。

(十二)推动期货市场稳步发展，探索农产品期货服务"三农"的运作模式，尽快推出适应国民经济发展需要的钢材、稻谷等商品期货新品种。

(十三)扩大债券发行规模，积极发展企业债、公司债、短期融资券和中期票据等债务融资工具。优先安排与基础设施、民生工程、生态环境建设和灾后重建等相关的债券发行。积极鼓励参与国家重点建设项目的上市公司发行公司债券和可转换债券。稳步发展中小企业集合债券，开展中小企业短期融资券试点。推进上市商业银行进入交易所债券市场试点。研究境外机构和企业在境内发行人民币债券，允许在内地有较多业务的香港企业或金融机构在港发行人民币债券。完善债券市场发行规则与监管标准。

## 四、发挥保险保障和融资功能，促进经济社会稳定运行

(十四)积极发展"三农"保险，进一步扩大农业保险覆盖范围，鼓励保险公司开发农业和农村小额保险及产品质量保险。稳步发展与住房、汽车消费等相关的保险。积极发展建工险、工程险等业务，为重大基础设施项目建设提供风险保障。做好灾后重建保险服务，支持灾区群众基本生活设施和公共服务基础设施恢复重建。研究开放短期出口信用保险市场，引入商业保险公司参与竞争，支持出口贸易。

(十五)发挥保险公司机构投资者作用和保险资金投融资功能，鼓励保险公司购买国债、金融债、企业债和公司债，引导保险公司以债权等方式投资交通、通信、能源等基础设施项目和农村基础设施项目。稳妥推进保险公司投资国有大型龙头企业股权，特别是关系国家战略的能源、资源等产业的龙头企业股权。

(十六)积极发展个人、团体养老等保险业务，鼓励和支持有条件企业通过商业保险建立多层次养老保障计划，研究对养老保险投保人给予延迟纳税等税收优惠。推动健康保险发展，支持相关保险机构投资医疗机构和养老实体。提高保险业参与新型农村合作医疗水平，发展适合农民需求的健康保险和意外伤害保险。

## 五、创新融资方式，拓宽企业融资渠道

(十七)允许商业银行对境内外企业发放并购贷款。研究完善企业并购税收政策，积极推动企业兼并重组。

(十八)开展房地产信托投资基金试点，拓宽房地产企业融资渠道。发挥债券市场避险功能，稳步推进债券市场交易工具和相关金融产品创新。开展项目收益债券试点。

(十九)加强对社会资金的鼓励和引导。拓宽民间投资领域，吸引更多社会资金参与政府鼓励项目，特别是灾后基础设施重建项目。出台股权投资基金管理办法，完善工商登记、机构投资者投资、证券登记和税收等相关政策，促进股权投资基金行业规范健康发展。按照中小企业促进法关于鼓励创业投资机构增加对中小企业投资的规定，落实和完善促进创业投资企业发展的税收优惠政策。

(二十)充分发挥农村信用社等金融机构支农主力军作用，扩大村镇银行等新型农村金融机构试点，扩大小额贷款公司试点，规范发展民间融资，建立多层次信贷供给市场。

(二十一)创新信用风险管理工具。在进一步规范发展信贷资产重组、转让市场的基础上，允许在银行间债券市场试点发展以中小企业贷款、涉农贷款、国家重点建设项目贷款等为标的资产的信用

风险管理工具，适度分散信贷风险。

## 六、改进外汇管理，大力推动贸易投资便利化

（二十二）改进贸易收结汇与贸易活动真实性、一致性审核，便利企业特别是中小企业贸易融资。加快进出口核销制度改革，简化手续，实现贸易外汇管理向总量核查、非现场核查和主体监管转变。适当提高企业预收货款结汇比例，将一般企业预收货款结汇比例从10%提高到25%，对单笔金额较小的出口预收货款不纳入结汇额度管理。调整企业延期付款年度发生额规模，由原来不得超过企业上年度进口付汇额的10%提高为25%。简化企业申请比例结汇和临时额度的审批程序，缩短审批时间。允许更多符合条件的中外资企业集团实行外汇资金集中管理，提高资金使用效率。支持香港人民币业务发展，扩大人民币在周边贸易中的计价结算规模，降低对外经济活动的汇率风险。

## 七、加快金融服务现代化建设，全面提高金融服务水平

（二十三）进一步丰富支付工具体系，提高支付清算效率，加快资金周转速度。进一步增强现金供应的前瞻性，科学组织发行基金调拨，确保现金供应。配合实施积极财政政策，扩大国库集中支付涉农、救灾补贴等财政补助资金范围，实现民生工程、基础设施、生态环境建设和灾后重建所需资金直达最终收款人，确保各项财政支出资金及时安全拨付到位。优化进出口产品退税的国库业务流程，提高退税资金到账速度。加快征信体系建设，继续推动中小企业和农村信用体系建设，进一步规范信贷市场和债券市场信用评级，为中小企业融资创造便利条件。

## 八、加大财税政策支持力度，增强金融业促进经济发展能力

（二十四）放宽金融机构对中小企业贷款和涉农贷款的呆账核销条件。授权金融机构对符合一定条件的中小企业贷款和涉农贷款进行重组和减免。借款人发生财务困难、无力及时足额偿还贷款本息的，在确保重组和减免后能如期偿还剩余债务的条件下，允许金融机构对债务进行展期或延期、减免表外利息后，进一步减免本金和表内利息。

（二十五）简化税务部门审核金融机构呆账核销手续和程序，加快审核进度，提高审核效率，促进金融机构及时化解不良资产，防止信贷收缩。涉农贷款和中小企业贷款税前全额拨备损失准备金。对农户小额贷款、农业担保和农业保险实施优惠政策，鼓励金融机构加大对“三农”的信贷支持力度。研究金融机构抵债资产处置税收政策。结合增值税转型完善融资租赁税收政策。

（二十六）发挥财政资金的杠杆作用，调动银行信贷资金支持经济增长。支持地方人民政府建立中小企业贷款风险补偿基金，对银行业金融机构中小企业贷款按增量给予适度的风险补偿。鼓励金融机构建立专门为中小企业提供信贷服务的部门，增加对中小企业的信贷投放。对符合条件的企业引进先进技术和产品更新换代等方面的外汇资金需求，通过进出口银行提供优惠利率进口信贷方式给予支持。

## 九、深化金融改革，加强风险管理，切实维护金融安全稳定

（二十七）完善国际金融危机监测及应对工作机制。密切监测国际金融危机发展动态，研究风险的可能传播途径，及时对危机发展趋势和影响进行跟踪和评估。高度关注国内金融市场流动性状况、金融机构流动性及资产负债变化。必要时启动应对预案，包括特别流动性支持、剥离不良资产、补充资本金、对银行负债业务进行担保等，确保金融安全稳定运行。

（二十八）完善金融监管体系。进一步加强中央银行与金融监管部门的沟通协调，加强功能监管、审慎监管，强化资本金约束和流动性管理，完善市场信息披露制度，努力防范各种金融风险。

（二十九）商业银行和其他金融机构要继续深化各项改革，完善公司治理，强化基础管理、内部控制和风险防范机制，理顺落实适度宽松货币政策的传导机制。正确处理好金融促进经济发展与防范金融风险的关系，在经济下行时避免盲目惜贷。切实提高金融促进经济发展的质量，防止低水平重复建设。

（三十）支持和鼓励地方人民政府为改善金融

服务创造良好条件。地方人民政府应在保护银行债权、防止逃废银行债务、处置抵贷资产、合法有序进行破产清算等方面营造有利环境。继续推进地方金融机构改革，维护地方金融稳定，推动地方信用体系建设，培育诚实守信的社会信用文化，促进地方金融生态环境改善。

国务院办公厅

二〇〇八年十二月八日

# 中华人民共和国专利法

（1984 年 3 月 12 日第六届全国人民代表大会常务委员会第四次会议通过　根据 1992 年 9 月 4 日第七届全国人民代表大会常务委员会第二十七次会议《关于修改〈中华人民共和国专利法〉的决定》第一次修正　根据 2000 年 8 月 25 日第九届全国人民代表大会常务委员会第十七次会议《关于修改〈中华人民共和国专利法〉的决定》第二次修正　根据 2008 年 12 月 27 日第十一届全国人民代表大会常务委员会第六次会议《关于修改〈中华人民共和国专利法〉的决定》第三次修正）

## 第一章　总　　则

**第一条**　为了保护专利权人的合法权益，鼓励发明创造，推动发明创造的应用，提高创新能力，促进科学技术进步和经济社会发展，制定本法。

**第二条**　本法所称的发明创造是指发明、实用新型和外观设计。

发明，是指对产品、方法或者其改进所提出的新的技术方案。

实用新型，是指对产品的形状、构造或者其结合所提出的适于实用的新的技术方案。

外观设计，是指对产品的形状、图案或者其结合以及色彩与形状、图案的结合所作出的富有美感并适于工业应用的新设计。

**第三条**　国务院专利行政部门负责管理全国的专利工作；统一受理和审查专利申请，依法授予专利权。

省、自治区、直辖市人民政府管理专利工作的部门负责本行政区域内的专利管理工作。

**第四条**　申请专利的发明创造涉及国家安全或者重大利益需要保密的，按照国家有关规定办理。

**第五条**　对违反法律、社会公德或者妨害公共利益的发明创造，不授予专利权。

对违反法律、行政法规的规定获取或者利用遗传资源，并依赖该遗传资源完成的发明创造，不授予专利权。

**第六条**　执行本单位的任务或者主要是利用本单位的物质技术条件所完成的发明创造为职务发明创造。职务发明创造申请专利的权利属于该单位；申请被批准后，该单位为专利权人。

非职务发明创造，申请专利的权利属于发明人或者设计人；申请被批准后，该发明人或者设计人为专利权人。

利用本单位的物质技术条件所完成的发明创造，单位与发明人或者设计人订有合同，对申请专利的权利和专利权的归属作出约定的，从其约定。

**第七条**　对发明人或者设计人的非职务发明创造专利申请，任何单位或者个人不得压制。

**第八条**　两个以上单位或者个人合作完成的发明创造、一个单位或者个人接受其他单位或者个人委托所完成的发明创造，除另有协议的以外，申请专利的权利属于完成或者共同完成的单位或者个人；申请被批准后，申请的单位或者个人为专利权人。

**第九条**　同样的发明创造只能授予一项专利权。但是，同一申请人同日对同样的发明创造既申请实用新型专利又申请发明专利，先获得的实用新型专利权尚未终止，且申请人声明放弃该实用新型专利权的，可以授予发明专利权。

两个以上的申请人分别就同样的发明创造申请专利的，专利权授予最先申请的人。

**第十条**　专利申请权和专利权可以转让。

中国单位或者个人向外国人、外国企业或者外国其他组织转让专利申请权或者专利权的，应当依照有关法律、行政法规的规定办理手续。

转让专利申请权或者专利权的，当事人应当订立书面合同，并向国务院专利行政部门登记，由国务院专利行政部门予以公告。专利申请权或者专利权的转让自登记之日起生效。

**第十一条** 发明和实用新型专利权被授予后，除本法另有规定的以外，任何单位或者个人未经专利权人许可，都不得实施其专利，即不得为生产经营目的制造、使用、许诺销售、销售、进口其专利产品，或者使用其专利方法以及使用、许诺销售、销售、进口依照该专利方法直接获得的产品。

外观设计专利权被授予后，任何单位或者个人未经专利权人许可，都不得实施其专利，即不得为生产经营目的制造、许诺销售、销售、进口其外观设计专利产品。

**第十二条** 任何单位或者个人实施他人专利的，应当与专利权人订立实施许可合同，向专利权人支付专利使用费。被许可人无权允许合同规定以外的任何单位或者个人实施该专利。

**第十三条** 发明专利申请公布后，申请人可以要求实施其发明的单位或者个人支付适当的费用。

**第十四条** 国有企业事业单位的发明专利，对国家利益或者公共利益具有重大意义的，国务院有关主管部门和省、自治区、直辖市人民政府报经国务院批准，可以决定在批准的范围内推广应用，允许指定的单位实施，由实施单位按照国家规定向专利权人支付使用费。

**第十五条** 专利申请权或者专利权的共有人对权利的行使有约定的，从其约定。没有约定的，共有人可以单独实施或者以普通许可方式许可他人实施该专利；许可他人实施该专利的，收取的使用费应当在共有人之间分配。

除前款规定的情形外，行使共有的专利申请权或者专利权应当取得全体共有人的同意。

**第十六条** 被授予专利权的单位应当对职务发明创造的发明人或者设计人给予奖励；发明创造专利实施后，根据其推广应用的范围和取得的经济效益，对发明人或者设计人给予合理的报酬。

**第十七条** 发明人或者设计人有权在专利文件中写明自己是发明人或者设计人。

专利权人有权在其专利产品或者该产品的包装上标明专利标识。

**第十八条** 在中国没有经常居所或者营业所的外国人、外国企业或者外国其他组织在中国申请专利的，依照其所属国同中国签订的协议或者共同参加的国际条约，或者依照互惠原则，根据本法办理。

**第十九条** 在中国没有经常居所或者营业所的外国人、外国企业或者外国其他组织在中国申请专利和办理其他专利事务的，应当委托依法设立的专利代理机构办理。

中国单位或者个人在国内申请专利和办理其他专利事务的，可以委托依法设立的专利代理机构办理。

专利代理机构应当遵守法律、行政法规，按照被代理人的委托办理专利申请或者其他专利事务；对被代理人发明创造的内容，除专利申请已经公布或者公告的以外，负有保密责任。专利代理机构的具体管理办法由国务院规定。

**第二十条** 任何单位或者个人将在中国完成的发明或者实用新型向外国申请专利的，应当事先报经国务院专利行政部门进行保密审查。保密审查的程序、期限等按照国务院的规定执行。

中国单位或者个人可以根据中华人民共和国参加的有关国际条约提出专利国际申请。申请人提出专利国际申请的，应当遵守前款规定。

国务院专利行政部门依照中华人民共和国参加的有关国际条约、本法和国务院有关规定处理专利国际申请。

对违反本条第一款规定向外国申请专利的发明或者实用新型，在中国申请专利的，不授予专利权。

**第二十一条** 国务院专利行政部门及其专利复审委员会应当按照客观、公正、准确、及时的要求，依法处理有关专利的申请和请求。

国务院专利行政部门应当完整、准确、及时发布专利信息，定期出版专利公报。

在专利申请公布或者公告前，国务院专利行政部门的工作人员及有关人员对其内容负有保密责任。

## 第二章 授予专利权的条件

**第二十二条** 授予专利权的发明和实用新型，应当具备新颖性、创造性和实用性。

新颖性，是指该发明或者实用新型不属于现有技术；也没有任何单位或者个人就同样的发明或者实用新型在申请日以前向国务院专利行政部门提出过申请，并记载在申请日以后公布的专利申请文件或者公告的专利文件中。

创造性，是指与现有技术相比，该发明具有突出的实质性特点和显著的进步，该实用新型具有实质性特点和进步。

实用性，是指该发明或者实用新型能够制造或者使用，并且能够产生积极效果。

本法所称现有技术，是指申请日以前在国内外为公众所知的技术。

**第二十三条** 授予专利权的外观设计，应当不属于现有设计；也没有任何单位或者个人就同样的外观设计在申请日以前向国务院专利行政部门提出过申请，并记载在申请日以后公告的专利文件中。

授予专利权的外观设计与现有设计或者现有设计特征的组合相比，应当具有明显区别。

授予专利权的外观设计不得与他人在申请日以前已经取得的合法权利相冲突。

本法所称现有设计，是指申请日以前在国内外为公众所知的设计。

**第二十四条** 申请专利的发明创造在申请日以前六个月内，有下列情形之一的，不丧失新颖性：

（一）在中国政府主办或者承认的国际展览会上首次展出的；

（二）在规定的学术会议或者技术会议上首次发表的；

（三）他人未经申请人同意而泄露其内容的。

**第二十五条** 对下列各项，不授予专利权：

（一）科学发现；

（二）智力活动的规则和方法；

（三）疾病的诊断和治疗方法；

（四）动物和植物品种；

（五）用原子核变换方法获得的物质；

（六）对平面印刷品的图案、色彩或者二者的结合作出的主要起标识作用的设计。

对前款第（四）项所列产品的生产方法，可以依照本法规定授予专利权。

## 第三章 专利的申请

**第二十六条** 申请发明或者实用新型专利的，应当提交请求书、说明书及其摘要和权利要求书等文件。

请求书应当写明发明或者实用新型的名称，发明人的姓名，申请人姓名或者名称、地址，以及其他事项。

说明书应当对发明或者实用新型作出清楚、完整的说明，以所属技术领域的技术人员能够实现为准；必要的时候，应当有附图。摘要应当简要说明发明或者实用新型的技术要点。

权利要求书应当以说明书为依据，清楚、简要地限定要求专利保护的范围。

依赖遗传资源完成的发明创造，申请人应当在专利申请文件中说明该遗传资源的直接来源和原始来源；申请人无法说明原始来源的，应当陈述理由。

**第二十七条** 申请外观设计专利的，应当提交请求书、该外观设计的图片或者照片以及对该外观设计的简要说明等文件。

申请人提交的有关图片或者照片应当清楚地显示要求专利保护的产品的外观设计。

**第二十八条** 国务院专利行政部门收到专利申请文件之日为申请日。如果申请文件是邮寄的，以寄出的邮戳日为申请日。

**第二十九条** 申请人自发明或者实用新型在外国第一次提出专利申请之日起十二个月内，或者自外观设计在外国第一次提出专利申请之日起六个月内，又在中国就相同主题提出专利申请的，依照该外国同中国签订的协议或者共同参加的国际条约，或者依照相互承认优先权的原则，可以享有优先权。

申请人自发明或者实用新型在中国第一次提出专利申请之日起十二个月内，又向国务院专利行政部门就相同主题提出专利申请的，可以享有优先权。

**第三十条** 申请人要求优先权的，应当在申请的时候提出书面声明，并且在三个月内提交第一次提出的专利申请文件的副本；未提出书面声明或者逾期未提交专利申请文件副本的，视为未要求优先权。

**第三十一条** 一件发明或者实用新型专利申请应当限于一项发明或者实用新型。属于一个总的发明构思的两项以上的发明或者实用新型，可以作为一件申请提出。

一件外观设计专利申请应当限于一项外观设计。同一产品两项以上的相似外观设计，或者用于同一类别并且成套出售或者使用的产品的两项以上外观设计，可以作为一件申请提出。

**第三十二条** 申请人可以在被授予专利权之前随时撤回其专利申请。

**第三十三条** 申请人可以对其专利申请文件进行修改，但是，对发明和实用新型专利申请文件的修改不得超出原说明书和权利要求书记载的范围，对外观设计专利申请文件的修改不得超出原图片或者照片表示的范围。

## 第四章 专利申请的审查和批准

**第三十四条** 国务院专利行政部门收到发明专利申请后，经初步审查认为符合本法要求的，自申请日起满十八个月，即行公布。国务院专利行政部门可以根据申请人的请求早日公布其申请。

**第三十五条** 发明专利申请自申请日起三年内，国务院专利行政部门可以根据申请人随时提出的请求，对其申请进行实质审查；申请人无正当理由逾期不请求实质审查的，该申请即被视为撤回。

国务院专利行政部门认为必要的时候，可以自行对发明专利申请进行实质审查。

**第三十六条** 发明专利的申请人请求实质审查的时候，应当提交在申请日前与其发明有关的参考资料。

发明专利已经在外国提出过申请的，国务院专利行政部门可以要求申请人在指定期限内提交该国为审查其申请进行检索的资料或者审查结果的资料；无正当理由逾期不提交的，该申请即被视为撤回。

**第三十七条** 国务院专利行政部门对发明专利申请进行实质审查后，认为不符合本法规定的，应当通知申请人，要求其在指定的期限内陈述意见，或者对其申请进行修改；无正当理由逾期不答复的，该申请即被视为撤回。

**第三十八条** 发明专利申请经申请人陈述意见或者进行修改后，国务院专利行政部门仍然认为不符合本法规定的，应当予以驳回。

**第三十九条** 发明专利申请经实质审查没有发现驳回理由的，由国务院专利行政部门作出授予发明专利权的决定，发给发明专利证书，同时予以登记和公告。发明专利权自公告之日起生效。

**第四十条** 实用新型和外观设计专利申请经初步审查没有发现驳回理由的，由国务院专利行政部门作出授予实用新型专利权或者外观设计专利权的决定，发给相应的专利证书，同时予以登记和公告。实用新型专利权和外观设计专利权自公告之日起生效。

**第四十一条** 国务院专利行政部门设立专利复审委员会。专利申请人对国务院专利行政部门驳回申请的决定不服的，可以自收到通知之日起三个月内，向专利复审委员会请求复审。专利复审委员会复审后，作出决定，并通知专利申请人。

专利申请人对专利复审委员会的复审决定不服的，可以自收到通知之日起三个月内向人民法院起诉。

## 第五章 专利权的期限、终止和无效

**第四十二条** 发明专利权的期限为二十年，实用新型专利权和外观设计专利权的期限为十年，均自申请日起计算。

**第四十三条** 专利权人应当自被授予专利权的当年开始缴纳年费。

**第四十四条** 有下列情形之一的，专利权在期限届满前终止：

（一）没有按照规定缴纳年费的；

（二）专利权人以书面声明放弃其专利权的。

专利权在期限届满前终止的，由国务院专利行政部门登记和公告。

**第四十五条** 自国务院专利行政部门公告授予专利权之日起，任何单位或者个人认为该专利权的授予不符合本法有关规定的，可以请求专利复审委员会宣告该专利权无效。

**第四十六条** 专利复审委员会对宣告专利权无效的请求应当及时审查和作出决定，并通知请求人和专利权人。宣告专利权无效的决定，由国务院专利行政部门登记和公告。

对专利复审委员会宣告专利权无效或者维持专利权的决定不服的，可以自收到通知之日起三个月内向人民法院起诉。人民法院应当通知无效宣告请求程序的对方当事人作为第三人参加诉讼。

**第四十七条** 宣告无效的专利权视为自始即不存在。

宣告专利权无效的决定，对在宣告专利权无效前人民法院作出并已执行的专利侵权的判决、调解书，已经履行或者强制执行的专利侵权纠纷处理决定，以及已经履行的专利实施许可合同和专利权转让合同，不具有追溯力。但是因专利权人的恶意给他人造成的损失，应当给予赔偿。

依照前款规定不返还专利侵权赔偿金、专利使用费、专利权转让费，明显违反公平原则的，应当全部或者部分返还。

## 第六章 专利实施的强制许可

**第四十八条** 有下列情形之一的，国务院专利行政部门根据具备实施条件的单位或者个人的申请，可以给予实施发明专利或者实用新型专利的强制许可：

（一）专利权人自专利权被授予之日起满三年，且自提出专利申请之日起满四年，无正当理由未实施或者未充分实施其专利的；

（二）专利权人行使专利权的行为被依法认定为垄断行为，为消除或者减少该行为对竞争产生的不利影响的。

**第四十九条** 在国家出现紧急状态或者非常情况时，或者为了公共利益的目的，国务院专利行政部门可以给予实施发明专利或者实用新型专利的强制许可。

**第五十条** 为了公共健康目的，对取得专利权的药品，国务院专利行政部门可以给予制造并将其出口到符合中华人民共和国参加的有关国际条约规定的国家或者地区的强制许可。

**第五十一条** 一项取得专利权的发明或者实用新型比前已经取得专利权的发明或者实用新型具有显著经济意义的重大技术进步，其实施又有赖于前一发明或者实用新型的实施的，国务院专利行政部门根据后一专利权人的申请，可以给予实施前一发明或者实用新型的强制许可。

在依照前款规定给予实施强制许可的情形下，国务院专利行政部门根据前一专利权人的申请，也可以给予实施后一发明或者实用新型的强制许可。

**第五十二条** 强制许可涉及的发明创造为半导体技术的，其实施限于公共利益的目的和本法第四十八条第（二）项规定的情形。

**第五十三条** 除依照本法第四十八条第（二）项、第五十条规定给予的强制许可外，强制许可的实施应当主要为了供应国内市场。

**第五十四条** 依照本法第四十八条第（一）项、第五十一条规定申请强制许可的单位或者个人应当提供证据，证明其以合理的条件请求专利权人许可其实施专利，但未能在合理的时间内获得许可。

**第五十五条** 国务院专利行政部门作出的给予实施强制许可的决定，应当及时通知专利权人，并予以登记和公告。

给予实施强制许可的决定，应当根据强制许可的理由规定实施的范围和时间。强制许可的理由消除并不再发生时，国务院专利行政部门应当根据专利权人的请求，经审查后作出终止实施强制许可的决定。

**第五十六条** 取得实施强制许可的单位或者个人不享有独占的实施权，并且无权允许他人实施。

**第五十七条** 取得实施强制许可的单位或者个人应当付给专利权人合理的使用费，或者依照中华人民共和国参加的有关国际条约的规定处理使用费问题。付给使用费的，其数额由双方协商；双方不能达成协议的，由国务院专利行政部门裁决。

**第五十八条** 专利权人对国务院专利行政部门关于实施强制许可的决定不服的，专利权人和取得实施强制许可的单位或者个人对国务院专利行政部门关于实施强制许可的使用费的裁决不服的，可以自收到通知之日起三个月内向人民法院起诉。

## 第七章 专利权的保护

**第五十九条** 发明或者实用新型专利权的保护范围以其权利要求的内容为准，说明书及附图可以用于解释权利要求的内容。

外观设计专利权的保护范围以表示在图片或者照片中的该产品的外观设计为准，简要说明可以用于解释图片或者照片所表示的该产品的外观设计。

**第六十条** 未经专利权人许可，实施其专利，即侵犯其专利权，引起纠纷的，由当事人协商解决；不愿协商或者协商不成的，专利权人或者利害关系人可以向人民法院起诉，也可以请求管理专利工作的部门处理。管理专利工作的部门处理时，认定侵权行为成立的，可以责令侵权人立即停止侵权行为，当事人不服的，可以自收到处理通知之日起十五日内依照《中华人民共和国行政诉讼法》向人民法院起诉；侵权人期满不起诉又不停止侵权行为的，管理专利工作的部门可以申请人民法院强制执行。进行处理的管理专利工作的部门应当事人的请求，可以就侵犯专利权的赔偿数额进行调解；调解不成的，当事人可以依照《中华人民共和国民事诉讼法》向人民法院起诉。

**第六十一条** 专利侵权纠纷涉及新产品制造方法的发明专利的，制造同样产品的单位或者个人应当提供其产品制造方法不同于专利方法的证明。

专利侵权纠纷涉及实用新型专利或者外观设计专利的，人民法院或者管理专利工作的部门可以要求专利权人或者利害关系人出具由国务院专利行政部门对相关实用新型或者外观设计进行检索、分析和评价后作出的专利权评价报告，作为审理、处理专利侵权纠纷的证据。

**第六十二条** 在专利侵权纠纷中，被控侵权人有证据证明其实施的技术或者设计属于现有技术或者现有设计的，不构成侵犯专利权。

**第六十三条** 假冒专利的，除依法承担民事责任外，由管理专利工作的部门责令改正并予公告，没收违法所得，可以并处违法所得四倍以下的罚款；没有违法所得的，可以处二十万元以下的罚款；构成犯罪的，依法追究刑事责任。

**第六十四条** 管理专利工作的部门根据已经取得的证据，对涉嫌假冒专利行为进行查处时，可以询问有关当事人，调查与涉嫌违法行为有关的情况；对当事人涉嫌违法行为的场所实施现场检查；查阅、复制与涉嫌违法行为有关的合同、发票、账簿以及其他有关资料；检查与涉嫌违法行为有关的产品，对有证据证明是假冒专利的产品，可以查封或者扣押。

管理专利工作的部门依法行使前款规定的职权时，当事人应当予以协助、配合，不得拒绝、阻挠。

**第六十五条** 侵犯专利权的赔偿数额按照权利人因被侵权所受到的实际损失确定；实际损失难以确定的，可以按照侵权人因侵权所获得的利益确定。权利人的损失或者侵权人获得的利益难以确定的，参照该专利许可使用费的倍数合理确定。赔偿数额还应当包括权利人为制止侵权行为所支付的合理开支。

权利人的损失、侵权人获得的利益和专利许可使用费均难以确定的，人民法院可以根据专利权的类型、侵权行为的性质和情节等因素，确定给予一万元以上一百万元以下的赔偿。

**第六十六条** 专利权人或者利害关系人有证据证明他人正在实施或者即将实施侵犯专利权的行为，如不及时制止将会使其合法权益受到难以弥补的损害的，可以在起诉前向人民法院申请采取责令停止有关行为的措施。

申请人提出申请时，应当提供担保；不提供担保的，驳回申请。

人民法院应当自接受申请之时起四十八小时内作出裁定；有特殊情况需要延长的，可以延长四十八小时。裁定责令停止有关行为的，应当立即执行。当事人对裁定不服的，可以申请复议一次；复议期间不停止裁定的执行。

申请人自人民法院采取责令停止有关行为的措

施之日起十五日内不起诉的，人民法院应当解除该措施。

申请有错误的，申请人应当赔偿被申请人因停止有关行为所遭受的损失。

**第六十七条** 为了制止专利侵权行为，在证据可能灭失或者以后难以取得的情况下，专利权人或者利害关系人可以在起诉前向人民法院申请保全证据。

人民法院采取保全措施，可以责令申请人提供担保；申请人不提供担保的，驳回申请。

人民法院应当自接受申请之时起四十八小时内作出裁定；裁定采取保全措施的，应当立即执行。

申请人自人民法院采取保全措施之日起十五日内不起诉的，人民法院应当解除该措施。

**第六十八条** 侵犯专利权的诉讼时效为二年，自专利权人或者利害关系人得知或者应当得知侵权行为之日起计算。

发明专利申请公布后至专利权授予前使用该发明未支付适当使用费的，专利权人要求支付使用费的诉讼时效为二年，自专利权人得知或者应当得知他人使用其发明之日起计算，但是，专利权人于专利权授予之日前即已得知或者应当得知的，自专利权授予之日起计算。

**第六十九条** 有下列情形之一的，不视为侵犯专利权：

（一）专利产品或者依照专利方法直接获得的产品，由专利权人或者经其许可的单位、个人售出后，使用、许诺销售、销售、进口该产品的；

（二）在专利申请日前已经制造相同产品、使用相同方法或者已经做好制造、使用的必要准备，并且仅在原有范围内继续制造、使用的；

（三）临时通过中国领陆、领水、领空的外国运输工具，依照其所属国同中国签订的协议或者共同参加的国际条约，或者依照互惠原则，为运输工具自身需要而在其装置和设备中使用有关专利的；

（四）专为科学研究和实验而使用有关专利的；

（五）为提供行政审批所需要的信息，制造、使用、进口专利药品或者专利医疗器械的，以及专门为其制造、进口专利药品或者专利医疗器械的。

**第七十条** 为生产经营目的使用、许诺销售或者销售不知道是未经专利权人许可而制造并售出的专利侵权产品，能证明该产品合法来源的，不承担赔偿责任。

**第七十一条** 违反本法第二十条规定向外国申请专利，泄露国家秘密的，由所在单位或者上级主管机关给予行政处分；构成犯罪的，依法追究刑事责任。

**第七十二条** 侵夺发明人或者设计人的非职务发明创造专利申请权和本法规定的其他权益的，由所在单位或者上级主管机关给予行政处分。

**第七十三条** 管理专利工作的部门不得参与向社会推荐专利产品等经营活动。

管理专利工作的部门违反前款规定的，由其上级机关或者监察机关责令改正，消除影响，有违法收入的予以没收；情节严重的，对直接负责的主管人员和其他直接责任人员依法给予行政处分。

**第七十四条** 从事专利管理工作的国家机关工作人员以及其他有关国家机关工作人员玩忽职守、滥用职权、徇私舞弊，构成犯罪的，依法追究刑事责任；尚不构成犯罪的，依法给予行政处分。

## 第八章 附 则

**第七十五条** 向国务院专利行政部门申请专利和办理其他手续，应当按照规定缴纳费用。

**第七十六条** 本法自 1985 年 4 月 1 日起施行。

# 第五篇　贸易统计数据

# 世界贸易统计

**表 1:**

**世界货物进出口、产量和 GDP（1950—2007）**

**（指数，2000 年＝100）**

| | 总额 | | | | 数量 | | | | | | | | |
|---|---|---|---|---|---|---|---|---|---|---|---|---|---|
| | 出口 | | | | 进口 | | | | 产量 | | | | 世界 GDP |
| 年份 | 合计 a | 农产品 | 燃料和矿产品 | 制成品 | 总计 a | 农产品 | 燃料和矿产品 | 制成品 | 合计 | 农业 | 采掘业 | 制造业 | |
| 1950 | 1.0 | 5.1 | 1.1 | 0.5 | 4.6 | 17.4 | 12.0 | 2.3 | 14.2 | 29.5 | 24.7 | 9.7 | 14.6 |
| 1951 | 1.3 | 6.7 | 1.5 | 0.7 | 5.1 | 18.2 | 12.5 | 2.8 | 15.5 | 30.0 | 27.3 | 10.8 | 15.8 |
| 1952 | 1.3 | 5.7 | 1.7 | 0.7 | 5.3 | 18.2 | 14.6 | 2.8 | 15.9 | 31.0 | 28.0 | 11.2 | 16.2 |
| 1953 | 1.3 | 5.7 | 1.7 | 0.8 | 5.7 | 18.6 | 15.6 | 3.1 | 17.1 | 32.0 | 28.6 | 12.3 | 17.3 |
| 1954 | 1.4 | 5.8 | 1.8 | 0.8 | 6.2 | 18.6 | 16.7 | 3.4 | 17.1 | 32.5 | 28.6 | 12.3 | 17.7 |
| 1955 | 1.5 | 6.0 | 2.0 | 0.9 | 6.8 | 20.7 | 18.2 | 3.7 | 18.8 | 33.5 | 31.9 | 14.2 | 18.9 |
| 1956 | 1.7 | 6.3 | 2.3 | 1.0 | 7.3 | 21.1 | 19.3 | 4.0 | 19.7 | 35.1 | 33.8 | 14.9 | 19.6 |
| 1957 | 1.8 | 6.9 | 2.4 | 1.1 | 7.9 | 23.2 | 20.8 | 4.4 | 20.1 | 35.1 | 34.5 | 15.3 | 20.4 |
| 1958 | 1.7 | 6.6 | 2.3 | 1.1 | 7.7 | 23.6 | 19.8 | 4.4 | 20.1 | 37.6 | 33.8 | 14.9 | 20.4 |
| 1959 | 1.9 | 7.0 | 2.4 | 1.2 | 8.6 | 26.5 | 21.4 | 4.8 | 21.7 | 38.6 | 35.1 | 16.8 | 21.6 |
| 1960 | 2.1 | 7.2 | 2.5 | 1.3 | 9.7 | 28.2 | 26.1 | 5.4 | 23.4 | 39.6 | 38.4 | 18.2 | 22.7 |
| 1961 | 2.1 | 7.4 | 2.7 | 1.4 | 10.1 | 29.8 | 27.1 | 5.7 | 24.3 | 40.1 | 41.0 | 19.4 | 23.9 |
| 1962 | 2.3 | 7.4 | 2.8 | 1.5 | 10.8 | 29.8 | 28.1 | 6.2 | 26.3 | 41.7 | 43.6 | 21.2 | 25.4 |
| 1963 | 2.5 | 8.1 | 3.1 | 1.7 | 12.1 | 30.7 | 29.7 | 6.9 | 27.6 | 42.7 | 45.5 | 22.3 | 26.6 |
| 1964 | 2.8 | 8.7 | 3.4 | 2.0 | 13.4 | 32.3 | 32.3 | 7.9 | 30.1 | 44.7 | 49.5 | 24.6 | 28.5 |
| 1965 | 3.0 | 9.1 | 3.7 | 2.2 | 14.3 | 34.0 | 33.3 | 8.5 | 31.8 | 44.7 | 51.4 | 26.8 | 29.6 |
| 1966 | 3.3 | 9.4 | 4.0 | 2.4 | 15.4 | 35.2 | 35.4 | 9.4 | 33.9 | 46.2 | 54.0 | 29.0 | 31.6 |
| 1967 | 3.4 | 9.4 | 4.2 | 2.6 | 16.3 | 36.0 | 39.1 | 9.8 | 35.5 | 47.8 | 55.3 | 30.5 | 32.7 |
| 1968 | 3.8 | 9.8 | 4.8 | 3.0 | 18.0 | 38.1 | 43.8 | 11.6 | 37.6 | 49.3 | 59.2 | 32.8 | 34.6 |
| 1969 | 4.4 | 10.5 | 5.3 | 3.5 | 20.2 | 40.2 | 46.4 | 13.5 | 39.7 | 49.3 | 60.5 | 35.4 | 37.0 |
| 1970 | 5.0 | 11.6 | 6.0 | 4.0 | 22.0 | 41.4 | 52.1 | 14.7 | 41.8 | 50.8 | 65.1 | 37.2 | 38.8 |
| 1971 | 5.6 | 12.4 | 6.7 | 4.6 | 23.5 | 42.3 | 52.6 | 16.0 | 43.9 | 52.3 | 67.7 | 39.1 | 40.6 |
| 1972 | 6.6 | 15.0 | 7.6 | 5.5 | 25.5 | 45.2 | 56.3 | 17.6 | 46.0 | 52.3 | 69.6 | 41.7 | 42.9 |
| 1973 | 9.1 | 21.8 | 11.2 | 7.3 | 28.6 | 45.6 | 62.0 | 20.1 | 49.8 | 54.9 | 74.2 | 45.8 | 45.8 |
| 1974 | 13.2 | 26.5 | 25.1 | 9.6 | 30.1 | 43.5 | 61.0 | 21.9 | 51.0 | 55.9 | 75.5 | 47.3 | 46.8 |
| 1975 | 13.8 | 26.8 | 24.1 | 10.5 | 27.9 | 43.9 | 53.7 | 21.0 | 50.2 | 57.9 | 70.9 | 45.4 | 47.4 |
| 1976 | 15.6 | 29.6 | 28.0 | 11.8 | 31.2 | 47.2 | 57.3 | 23.6 | 53.5 | 58.4 | 76.8 | 49.2 | 49.9 |
| 1977 | 17.8 | 33.6 | 30.9 | 13.5 | 32.5 | 48.9 | 58.9 | 24.8 | 55.6 | 60.0 | 79.4 | 51.4 | 51.9 |
| 1978 | 20.6 | 38.0 | 32.1 | 16.5 | 34.1 | 52.2 | 62.0 | 26.3 | 58.1 | 62.0 | 80.0 | 54.0 | 54.3 |
| 1979 | 26.2 | 47.3 | 47.2 | 20.0 | 35.8 | 54.7 | 65.7 | 27.6 | 60.2 | 62.5 | 87.2 | 56.2 | 56.5 |
| 1980 | 32.1 | 53.9 | 66.9 | 23.2 | 36.9 | 58.4 | 61.5 | 29.2 | 59.8 | 63.0 | 85.0 | 56.6 | 58.1 |
| 1981 | 31.7 | 52.9 | 64.8 | 23.0 | 36.6 | 61.3 | 55.4 | 30.4 | 59.9 | 65.3 | 78.2 | 56.7 | 59.3 |
| 1982 | 29.6 | 48.9 | 57.9 | 22.2 | 35.8 | 60.1 | 52.2 | 29.7 | 59.2 | 67.4 | 72.8 | 55.9 | 59.8 |
| 1983 | 29.1 | 48.2 | 53.3 | 22.3 | 36.8 | 60.3 | 51.7 | 31.3 | 60.5 | 67.5 | 72.1 | 57.7 | 61.5 |
| 1984 | 30.8 | 50.8 | 52.8 | 24.1 | 39.9 | 62.0 | 54.2 | 34.6 | 64.5 | 71.1 | 74.8 | 61.8 | 64.4 |
| 1985 | 30.7 | 47.9 | 51.1 | 25.0 | 41.0 | 61.2 | 53.6 | 36.3 | 66.3 | 72.8 | 74.0 | 63.9 | 66.6 |
| 1986 | 33.6 | 53.2 | 38.9 | 30.1 | 42.6 | 60.2 | 58.5 | 37.8 | 68.2 | 74.1 | 76.2 | 65.9 | 68.9 |
| 1987 | 39.4 | 61.2 | 43.2 | 36.0 | 45.0 | 63.5 | 59.5 | 40.2 | 70.6 | 74.8 | 77.2 | 68.8 | 71.5 |
| 1988 | 44.8 | 69.2 | 43.5 | 41.8 | 48.8 | 65.3 | 62.8 | 44.0 | 74.0 | 76.1 | 81.3 | 72.7 | 74.7 |
| 1989 | 48.3 | 72.2 | 50.3 | 44.7 | 51.9 | 67.3 | 65.5 | 47.4 | 76.6 | 78.7 | 85.0 | 75.2 | 77.5 |
| 1990 | 54.6 | 75.6 | 58.1 | 51.2 | 53.7 | 67.7 | 67.9 | 50.0 | 77.6 | 80.6 | 85.8 | 76.0 | 79.5 |

续 表

| | 总额 | | | | 数量 | | | | | | | | |
|---|---|---|---|---|---|---|---|---|---|---|---|---|---|
| | 出口 | | | | 进口 | | | | 产量 | | | | 世界 GDP |
| 年份 | 合计 a | 农产品 | 燃料和矿产品 | 制成品 | 总计 a | 农产品 | 燃料和矿产品 | 制成品 | 合计 | 农业 | 采掘业 | 制造业 | |
| 1991 | 55.4 | 76.3 | 54.5 | 52.9 | 55.7 | 70.0 | 70.2 | 51.8 | 77.3 | 81.0 | 85.4 | 75.5 | 80.1 |
| 1992 | 59.1 | 81.7 | 54.0 | 57.1 | 58.4 | 74.2 | 73.2 | 54.2 | 77.4 | 82.8 | 86.1 | 75.1 | 81.1 |
| 1993 | 59.0 | 78.3 | 52.1 | 57.1 | 60.8 | 74.9 | 75.9 | 56.4 | 77.3 | 83.3 | 87.8 | 74.7 | 81.8 |
| 1994 | 67.0 | 90.6 | 54.7 | 66.0 | 66.4 | 81.4 | 81.1 | 62.7 | 79.4 | 85.7 | 89.2 | 76.9 | 83.6 |
| 1995 | 79.9 | 106.3 | 63.2 | 79.2 | 71.3 | 85.0 | 84.4 | 68.4 | 83.1 | 87.5 | 91.1 | 81.1 | 85.6 |
| 1996 | 83.6 | 109.5 | 71.8 | 82.0 | 74.9 | 88.7 | 87.3 | 72.0 | 86.0 | 91.3 | 93.6 | 83.9 | 88.4 |
| 1997 | 86.4 | 108.0 | 73.8 | 85.8 | 82.4 | 93.8 | 93.7 | 79.9 | 90.3 | 93.5 | 96.7 | 88.7 | 91.4 |
| 1998 | 85.3 | 103.0 | 58.7 | 87.8 | 86.4 | 95.3 | 96.5 | 83.8 | 92.2 | 95.0 | 97.7 | 90.8 | 93.3 |
| 1999 | 88.7 | 99.2 | 67.8 | 90.7 | 90.3 | 96.3 | 95.9 | 88.0 | 95.0 | 98.1 | 96.4 | 94.1 | 96.0 |
| 2000 | 100.0 | 100.0 | 100.0 | 100.0 | 100.0 | 100.0 | 100.0 | 100.0 | 100.0 | 100.0 | 100.0 | 100.0 | 100.0 |
| 2001 | 95.9 | 100.1 | 90.5 | 96.2 | 99.6 | 101.6 | 99.4 | 99.0 | 99.3 | 101.6 | 99.9 | 98.7 | 101.5 |
| 2002 | 100.5 | 106.3 | 90.1 | 101.5 | 103.1 | 105.3 | 99.8 | 102.8 | 100.7 | 102.8 | 100.0 | 100.4 | 103.3 |
| 2003 | 117.5 | 123.7 | 111.7 | 117.5 | 108.7 | 109.0 | 105.9 | 108.6 | 104.8 | 105.6 | 103.6 | 104.8 | 106.0 |
| 2004 | 142.9 | 142.3 | 150.4 | 141.4 | 119.2 | 113.2 | 112.5 | 120.7 | 110.2 | 110.9 | 108.1 | 110.5 | 110.1 |
| 2005 | 162.6 | 154.0 | 206.9 | 155.4 | 126.9 | 120.0 | 116.1 | 129.6 | 113.8 | 112.8 | 109.8 | 114.9 | 113.7 |
| 2006 | 187.8 | 171.0 | 262.9 | 175.8 | 137.3 | 127.1 | 119.8 | 142.5 | 117.0 | 113.9 | 110.6 | 119.0 | 117.8 |
| 2007 | 217.1 | 203.9 | 309.1 | 202.3 | 146.2 | 132.8 | 126.2 | 153.9 | 120.9 | 118.0 | 111.1 | 123.6 | 122.0 |

a 含未分类产品。

**表 2:**

### 世界货物贸易流向分布（2005—2007）

单位：十亿美元

| 目的国 | | 世界 a | 北美洲 | | 中、南美洲 | 欧洲 | | | 独联体 | |
|---|---|---|---|---|---|---|---|---|---|---|
| 原产国/地区 | 年份 | | 总计 | 美国 | | 总计 | 欧盟（25） | 欧洲其他地区 | 总计 | 俄罗斯 |
| 世界 | 2005 | 10 213.00 | 2 107.34 | 1 621.45 | 300.15 | 4 440.18 | 4 087.32 | 352.86 | 224.59 | 128.68 |
| | 2006 | 11 813.00 | 2 364.33 | 1 811.76 | 364.45 | 5 131.70 | 4 723.44 | 408.26 | 291.76 | 163.45 |
| | 2007 | 13 619.00 | 2 516.73 | 1 914.95 | 450.66 | 5 955.87 | 5 463.30 | 492.57 | 396.58 | 227.99 |
| 北美洲 | 2005 | 1 478.64 | 824.81 | 486.10 | 86.77 | 238.17 | 217.23 | 20.93 | 6.67 | 4.44 |
| | 2006 | 1 674.88 | 903.06 | 528.81 | 107.15 | 278.68 | 251.71 | 26.97 | 8.27 | 5.53 |
| | 2007 | 1 853.50 | 951.18 | 555.42 | 130.65 | 328.74 | 294.56 | 34.18 | 12.42 | 8.71 |
| 美国 | 2005 | 904.29 | 331.94 | — | 71.53 | 205.38 | 187.38 | 18.00 | 5.87 | 3.94 |
| | 2006 | 1 036.63 | 364.93 | — | 88.18 | 238.35 | 214.92 | 23.43 | 7.08 | 4.71 |
| | 2007 | 1 162.48 | 385.63 | — | 106.47 | 276.00 | 247.73 | 28.27 | 10.64 | 7.37 |
| 中、南美洲 | 2005 | 359.21 | 129.23 | 113.46 | 85.41 | 66.48 | 61.94 | 4.54 | 4.98 | 4.48 |
| | 2006 | 434.27 | 145.85 | 127.18 | 100.63 | 89.57 | 82.44 | 7.12 | 6.15 | 5.54 |
| | 2007 | 499.17 | 151.30 | 132.76 | 122.04 | 105.64 | 96.53 | 9.11 | 6.44 | 5.72 |
| 欧洲 | 2005 | 4 397.53 | 396.46 | 337.66 | 57.43 | 3 222.80 | 2 979.66 | 243.15 | 109.34 | 74.98 |
| | 2006 | 4 975.58 | 430.21 | 363.75 | 66.07 | 3 667.12 | 3 396.79 | 270.32 | 143.17 | 96.32 |
| | 2007 | 5 772.20 | 458.50 | 385.06 | 80.40 | 4 243.56 | 3 924.40 | 319.16 | 189.05 | 129.06 |
| 欧盟（25） | 2005 | 4 065.91 | 362.48 | 311.04 | 53.49 | 2 987.94 | 2 755.64 | 232.30 | 100.85 | 70.09 |
| | 2006 | 4 590.87 | 393.02 | 334.37 | 61.49 | 3 394.15 | 3 135.37 | 258.78 | 131.63 | 89.88 |

续 表

| 目的国<br>原产国/地区 | 年份 | 世界 a | 北美洲<br>总计 | 北美洲<br>美国 | 中、南美洲 | 欧洲<br>总计 | 欧洲<br>欧盟(25) | 欧洲<br>欧洲其他地区 | 独联体<br>总计 | 独联体<br>俄罗斯 |
|---|---|---|---|---|---|---|---|---|---|---|
| | 2007 | 5 319.66 | 419.40 | 354.46 | 74.44 | 3 926.07 | 3 621.92 | 304.16 | 174.39 | 120.77 |
| 欧洲其他地区 | 2005 | 331.36 | 33.98 | 26.62 | 3.95 | 234.86 | 224.02 | 10.84 | 8.50 | 4.89 |
| | 2006 | 384.39 | 37.19 | 29.38 | 4.58 | 272.97 | 261.43 | 11.54 | 11.54 | 6.44 |
| | 2007 | 452.54 | 39.10 | 30.60 | 5.96 | 317.48 | 302.48 | 15.00 | 14.66 | 8.29 |
| 独联体 | 2005 | 340.40 | 19.76 | 17.05 | 6.21 | 194.16 | 160.59 | 33.57 | 62.43 | 18.13 |
| | 2006 | 423.26 | 23.62 | 21.22 | 5.74 | 247.36 | 207.73 | 39.63 | 79.31 | 21.48 |
| | 2007 | 510.31 | 23.56 | 21.03 | 6.28 | 287.45 | 236.16 | 51.29 | 103.20 | 29.47 |
| 俄罗斯 | 2005 | 243.80 | 16.38 | 14.53 | 4.70 | 149.89 | 126.66 | 23.24 | 33.55 | — |
| | 2006 | 303.93 | 20.29 | 18.66 | 4.28 | 190.48 | 162.71 | 27.77 | 43.38 | — |
| | 2007 | 355.18 | 19.87 | 18.20 | 4.02 | 219.05 | 184.73 | 34.32 | 53.83 | — |
| 非洲 | 2005 | 308.65 | 65.20 | 57.66 | 9.36 | 129.89 | 119.98 | 9.91 | 0.71 | 0.53 |
| | 2006 | 366.70 | 80.52 | 70.22 | 11.11 | 151.79 | 140.55 | 11.24 | 0.71 | 0.54 |
| | 2007 | 424.14 | 91.87 | 80.14 | 14.62 | 167.55 | 155.51 | 12.04 | 0.94 | 0.72 |
| 中东 | 2005 | 542.04 | 63.43 | 60.08 | 3.69 | 89.63 | 76.83 | 12.80 | 3.28 | 0.97 |
| | 2006 | 662.25 | 72.37 | 67.99 | 4.28 | 95.87 | 79.53 | 16.34 | 4.31 | 1.52 |
| | 2007 | 759.89 | 83.93 | 73.63 | 4.36 | 108.30 | 89.00 | 19.29 | 4.76 | 1.59 |
| 亚洲 | 2005 | 2 786.62 | 608.45 | 549.45 | 51.28 | 499.05 | 471.09 | 27.96 | 37.17 | 25.15 |
| | 2006 | 3 275.99 | 708.71 | 632.60 | 69.48 | 601.31 | 564.68 | 36.63 | 49.85 | 32.52 |
| | 2007 | 3 799.73 | 756.39 | 666.91 | 92.30 | 714.64 | 667.13 | 47.51 | 79.78 | 52.72 |
| 日本 | 2005 | 594.91 | 151.71 | 135.95 | 9.35 | 93.48 | 87.82 | 5.66 | 5.20 | 4.49 |
| | 2006 | 647.01 | 166.46 | 147.20 | 11.99 | 100.88 | 94.21 | 6.67 | 8.31 | 7.06 |
| | 2007 | 712.77 | 166.43 | 145.62 | 14.98 | 112.85 | 105.65 | 7.20 | 12.52 | 10.77 |
| 中国 | 2005 | 761.95 | 225.96 | 204.87 | 17.72 | 186.82 | 178.31 | 8.51 | 21.36 | 13.21 |
| | 2006 | 968.94 | 284.20 | 254.98 | 26.64 | 243.96 | 231.36 | 12.60 | 28.00 | 15.84 |
| | 2007 | 1 217.78 | 326.21 | 289.36 | 39.32 | 317.28 | 299.17 | 18.11 | 48.01 | 28.47 |
| 澳大利亚和新西兰 | 2005 | 127.83 | 12.82 | 10.16 | 1.56 | 15.43 | 14.76 | 0.68 | 0.46 | 0.34 |
| | 2006 | 145.87 | 13.08 | 10.54 | 1.76 | 19.63 | 18.79 | 0.84 | 0.73 | 0.60 |
| | 2007 | 168.29 | 14.28 | 11.41 | 2.04 | 21.69 | 19.54 | 2.16 | 0.83 | 0.66 |
| 亚洲其他地区 | 2005 | 1 301.93 | 217.97 | 198.47 | 22.64 | 203.31 | 190.20 | 13.11 | 10.15 | 7.11 |
| | 2006 | 1 514.18 | 244.97 | 219.88 | 29.09 | 236.84 | 220.32 | 16.52 | 12.81 | 9.03 |
| | 2007 | 1 700.89 | 249.47 | 220.52 | 35.95 | 262.81 | 242.77 | 20.04 | 18.43 | 12.82 |

**表 2（续）：**

### 世界货物贸易流向分布（2005—2007）

单位：十亿美元

| 非洲<br>总计 | 非洲<br>南非 | 非洲<br>非洲其他地区 | 中东<br>总计 | 亚洲<br>总计 | 亚洲<br>日本 | 亚洲<br>澳大利亚/新西兰 | 亚洲其他地区<br>总计 | 亚洲其他地区<br>中国 | 亚洲其他地区<br>其他 | 年份 | 目的国<br>原产国 |
|---|---|---|---|---|---|---|---|---|---|---|---|
| 247.02 | 57.57 | 189.45 | 329.88 | 2 450.06 | 475.58 | 133.70 | 1 840.78 | 514.38 | 1 326.39 | 2005 | 世界 |
| 287.11 | 70.56 | 216.55 | 387.49 | 2 850.10 | 535.85 | 148.16 | 2 166.10 | 626.18 | 1 539.92 | 2006 | |
| 354.87 | 80.61 | 274.26 | 482.67 | 3 293.64 | 582.78 | 172.84 | 2 538.02 | 755.09 | 1 782.93 | 2007 | |
| 17.57 | 4.35 | 13.22 | 34.12 | 270.23 | 64.46 | 20.43 | 185.35 | 48.84 | 136.51 | 2005 | 北美洲 |
| 21.70 | 5.20 | 16.50 | 42.02 | 313.79 | 69.54 | 23.12 | 221.13 | 63.67 | 157.46 | 2006 | |

续 表

| 非洲 | | | 中东 | 亚洲 | | | | | | 目的国 | |
|---|---|---|---|---|---|---|---|---|---|---|---|
| 总计 | 南非 | 非洲其他地区 | 总计 | 总计 | 日本 | 澳大利亚/新西兰 | 亚洲其他地区 总计 | 中国 | 其他 | | 原产国 |
| 27.27 | 6.41 | 20.86 | 50.08 | 352.12 | 73.15 | 24.62 | 254.36 | 75.81 | 178.55 | 2007 | |
| 15.52 | 3.88 | 11.64 | 31.89 | 241.92 | 55.41 | 18.42 | 168.10 | 41.83 | 126.27 | 2005 | 美国 |
| 18.99 | 4.46 | 14.53 | 39.14 | 279.83 | 59.64 | 20.70 | 199.50 | 55.22 | 144.28 | 2006 | |
| 23.66 | 5.52 | 18.14 | 46.34 | 313.29 | 62.67 | 22.02 | 228.60 | 65.24 | 163.36 | 2007 | |
| 9.08 | 2.11 | 6.97 | 6.40 | 47.52 | 9.92 | 0.93 | 36.67 | 18.03 | 18.64 | 2005 | 中、南美洲 |
| 11.24 | 2.66 | 8.58 | 7.86 | 60.67 | 12.99 | 0.99 | 46.69 | 23.49 | 23.20 | 2006 | |
| 13.68 | 3.14 | 10.54 | 9.10 | 80.23 | 16.02 | 1.43 | 62.77 | 34.21 | 28.56 | 2007 | |
| 112.16 | 23.20 | 88.96 | 122.81 | 331.45 | 59.56 | 31.12 | 240.78 | 67.87 | 172.91 | 2005 | 欧洲 |
| 120.97 | 25.91 | 95.06 | 129.34 | 368.18 | 62.19 | 31.82 | 274.16 | 84.75 | 189.41 | 2006 | |
| 147.71 | 29.35 | 118.37 | 152.92 | 433.67 | 65.98 | 37.07 | 330.63 | 104.51 | 226.11 | 2007 | |
| 105.94 | 22.27 | 83.67 | 108.39 | 305.51 | 53.41 | 29.31 | 222.79 | 63.68 | 159.11 | 2005 | 欧盟（25） |
| 113.32 | 24.58 | 88.73 | 113.15 | 337.59 | 55.20 | 29.81 | 252.57 | 79.14 | 173.43 | 2006 | |
| 138.13 | 27.62 | 110.50 | 132.28 | 395.68 | 58.47 | 34.52 | 302.70 | 97.12 | 205.58 | 2007 | |
| 6.21 | 0.93 | 5.28 | 14.43 | 25.94 | 6.15 | 1.81 | 17.99 | 4.19 | 13.80 | 2005 | 欧洲其他地区 |
| 7.66 | 1.33 | 6.33 | 16.20 | 30.59 | 6.99 | 2.01 | 21.59 | 5.61 | 15.98 | 2006 | |
| 9.59 | 1.73 | 7.86 | 20.64 | 37.99 | 7.51 | 2.55 | 27.93 | 7.40 | 20.53 | 2007 | |
| 4.88 | 0.05 | 4.83 | 10.11 | 41.26 | 5.91 | 0.07 | 35.28 | 18.44 | 16.84 | 2005 | 独联体 |
| 4.96 | 0.04 | 4.92 | 11.78 | 46.22 | 6.44 | 0.08 | 39.70 | 22.31 | 17.39 | 2006 | |
| 6.87 | 0.05 | 6.82 | 16.24 | 59.62 | 10.22 | 0.09 | 49.31 | 27.07 | 22.24 | 2007 | |
| 2.29 | 0.02 | 2.27 | 4.27 | 32.50 | 5.57 | 0.05 | 26.88 | 14.30 | 12.58 | 2005 | 俄罗斯 |
| 2.34 | 0.02 | 2.33 | 4.05 | 36.54 | 5.99 | 0.03 | 30.52 | 17.20 | 13.31 | 2006 | |
| 3.82 | 0.01 | 3.81 | 6.72 | 45.82 | 9.51 | 0.05 | 36.27 | 19.29 | 16.97 | 2007 | |
| 29.37 | 6.93 | 22.44 | 5.59 | 54.97 | 8.17 | 1.69 | 45.10 | 17.77 | 27.33 | 2005 | 非洲 |
| 34.14 | 9.05 | 25.09 | 9.34 | 68.48 | 11.03 | 1.48 | 55.97 | 24.11 | 31.86 | 2006 | |
| 40.47 | 10.37 | 30.10 | 10.53 | 80.88 | 12.25 | 1.54 | 67.08 | 30.31 | 36.77 | 2007 | |
| 19.87 | 6.03 | 13.85 | 60.47 | 278.55 | 83.67 | 2.30 | 192.58 | 27.63 | 164.95 | 2005 | 中东 |
| 24.34 | 7.38 | 16.96 | 75.58 | 351.82 | 102.61 | 3.11 | 246.10 | 36.71 | 209.39 | 2006 | |
| 27.53 | 7.90 | 19.63 | 93.37 | 397.30 | 113.49 | 4.88 | 278.93 | 46.07 | 232.85 | 2007 | |
| 54.09 | 14.91 | 39.19 | 90.37 | 1 426.07 | 243.89 | 77.16 | 1 105.02 | 315.81 | 789.21 | 2005 | 亚洲 |
| 69.75 | 20.31 | 49.45 | 111.57 | 1 640.94 | 271.04 | 87.56 | 1 282.34 | 371.13 | 911.21 | 2006 | |
| 91.35 | 23.40 | 67.95 | 150.44 | 1 889.82 | 291.67 | 103.20 | 1 494.95 | 437.10 | 1 057.85 | 2007 | |
| 6.99 | 3.27 | 3.72 | 16.52 | 303.47 | — | 14.86 | 288.61 | 98.42 | 190.19 | 2005 | 日本 |
| 8.46 | 4.05 | 4.40 | 19.19 | 322.78 | — | 14.58 | 308.19 | 111.88 | 196.31 | 2006 | |
| 10.32 | 4.61 | 5.71 | 26.19 | 361.49 | — | 16.70 | 344.79 | 129.93 | 214.86 | 2007 | |
| 18.53 | 3.83 | 14.70 | 22.16 | 269.16 | 102.35 | 15.42 | 151.39 | — | 151.39 | 2005 | 中国 |
| 26.20 | 5.77 | 20.43 | 29.56 | 329.45 | 112.03 | 18.79 | 198.64 | — | 198.64 | 2006 | |
| 36.52 | 7.43 | 29.09 | 43.98 | 405.32 | 124.80 | 24.68 | 255.84 | — | 255.84 | 2007 | |
| 3.07 | 1.54 | 1.53 | 4.46 | 87.74 | 23.88 | 11.52 | 52.34 | 13.33 | 39.01 | 2005 | 澳大利亚和新西兰 |
| 3.66 | 1.86 | 1.81 | 5.38 | 99.31 | 26.72 | 11.33 | 61.27 | 16.61 | 44.66 | 2006 | |
| 4.15 | 2.25 | 1.90 | 6.62 | 116.60 | 28.86 | 13.76 | 73.98 | 23.54 | 50.43 | 2007 | |
| 25.50 | 6.27 | 19.24 | 47.22 | 765.69 | 117.65 | 35.36 | 612.69 | 204.07 | 408.62 | 2005 | 亚洲其他地区 |
| 31.44 | 8.62 | 22.81 | 57.44 | 889.40 | 132.30 | 42.86 | 714.24 | 242.64 | 471.60 | 2006 | |
| 40.36 | 9.10 | 31.26 | 73.64 | 1 006.41 | 138.01 | 48.06 | 820.34 | 283.62 | 536.71 | 2007 | |

a 含未指明的目的地。

**表 3:**

**区域一体化协定的货物贸易（1996—2007）**

单位：十亿美元

| | 1996 | 1997 | 1998 | 1999 | 2000 | 2001 | 2002 | 2003 | 2004 | 2005 | 2006 | 2007 |
|---|---|---|---|---|---|---|---|---|---|---|---|---|
| 欧盟（25） | | | | | | | | | | | | |
| 总出口 | — | — | — | 2 344 | 2 437 | 2 452 | 2 618 | 3 124 | 3 729 | 4 026 | 4 532 | 5 320 |
| 内部出口 | — | — | — | 1 610 | 1 645 | 1 650 | 1 764 | 2 125 | 2 523 | 2 692 | 3 051 | 3 622 |
| 外部出口 | — | — | — | 735 | 792 | 802 | 854 | 999 | 1 206 | 1 334 | 1 482 | 1 698 |
| 总进口 | — | — | — | 2 403 | 2 560 | 2 525 | 2 646 | 3 179 | 3 807 | 4 165 | 4 749 | 5 574 |
| 内部进口 | — | — | — | 1 607 | 1 640 | 1 644 | 1 755 | 2 115 | 2 523 | 2 692 | 3 051 | 3 622 |
| 外部进口 | — | — | — | 796 | 920 | 881 | 891 | 1 064 | 1284 | 1473 | 1698 | 1952 |
| 北美自由贸易区 | | | | | | | | | | | | |
| 总出口 | 923 | 1 014 | 1 014 | 1 071 | 1 225 | 1 148 | 1 106 | 1 163 | 1 324 | 1 479 | 1 678 | 1 853 |
| 对内出口 | 433 | 495 | 520 | 580 | 682 | 637 | 626 | 652 | 739 | 824 | 902 | 952 |
| 对外出口 | 489 | 519 | 494 | 491 | 543 | 510 | 480 | 511 | 585 | 655 | 776 | 902 |
| 总进口 a | 1 082 | 1 208 | 1 271 | 1 421 | 1 679 | 1 570 | 1 591 | 1 715 | 1 996 | 2 271 | 2 525 | 2 684 |
| 内部进口 | 422 | 482 | 512 | 574 | 664 | 620 | 609 | 632 | 705 | 782 | 855 | 905 |
| 外部进口 | 660 | 726 | 759 | 847 | 1 014 | 950 | 982 | 1 083 | 1 291 | 1 489 | 1 670 | 1 779 |
| 东盟 | | | | | | | | | | | | |
| 总出口 | 341 | 356 | 331 | 362 | 432 | 388 | 407 | 475 | 569 | 655 | 770 | 864 |
| 内部出口 | 87 | 88 | 73 | 81 | 104 | 91 | 95 | 116 | 145 | 167 | 193 | 216 |
| 外部出口 | 254 | 268 | 259 | 281 | 328 | 297 | 312 | 359 | 423 | 488 | 577 | 649 |
| 总进口 | 376 | 382 | 287 | 310 | 381 | 347 | 365 | 410 | 511 | 601 | 685 | 774 |
| 内部进口 | 74 | 76 | 64 | 70 | 89 | 78 | 86 | 97 | 113 | 138 | 158 | 190 |
| 外部进口 | 302 | 306 | 223 | 240 | 291 | 269 | 279 | 313 | 398 | 463 | 527 | 584 |
| 南方共同市场 | | | | | | | | | | | | |
| 总出口 | 75 | 83 | 81 | 74 | 85 | 88 | 89 | 106 | 136 | 164 | 190 | 224 |
| 内部出口 | 17 | 21 | 20 | 15 | 18 | 15 | 10 | 13 | 17 | 21 | 26 | 32 |
| 外部出口 | 58 | 63 | 61 | 59 | 67 | 73 | 79 | 93 | 118 | 143 | 164 | 192 |
| 总进口 | 87 | 101 | 99 | 83 | 90 | 84 | 62 | 69 | 95 | 114 | 141 | 184 |
| 内部进口 | 18 | 21 | 21 | 16 | 18 | 16 | 11 | 13 | 18 | 22 | 26 | 34 |
| 外部进口 | 70 | 80 | 78 | 67 | 72 | 68 | 52 | 56 | 77 | 92 | 114 | 151 |
| 安第斯共同体 | | | | | | | | | | | | |
| 总出口 | 23 | 25 | 22 | 23 | 26 | 25 | 26 | 30 | 39 | 51 | 64 | 76 |
| 内部出口 | 2 | 2 | 2 | 2 | 2 | 2 | 3 | 3 | 3 | 5 | 5 | 6 |
| 外部出口 | 21 | 22 | 20 | 22 | 24 | 23 | 23 | 27 | 36 | 47 | 59 | 70 |
| 总进口 | 28 | 31 | 30 | 22 | 25 | 27 | 28 | 31 | 37 | 46 | 56 | 70 |
| 内部进口 | 2 | 2 | 2 | 2 | 2 | 2 | 3 | 3 | 4 | 5 | 6 | 7 |
| 外部进口 | 26 | 28 | 28 | 22 | 22 | 25 | 26 | 27 | 33 | 41 | 50 | 63 |

a 加拿大和墨西哥的进口以 FOB 计价。

**表4：**

区域集团的货物贸易（1997—2007）

单位：十亿美元

| 年份<br>地区 | 1997 | 1998 | 1999 | 2000 | 2001 | 2002 | 2003 | 2004 | 2005 | 2006 | 2007 |
|---|---|---|---|---|---|---|---|---|---|---|---|
| 出口 | | | | | | | | | | | |
| 世界 a | 5 591.0 | 5 501.0 | 5 712.0 | 6 456.0 | 6 191.0 | 6 492.0 | 7 585.0 | 9 220.0 | 10 485.0 | 12 113.0 | 13 950.0 |
| 北美洲和欧洲 | | | | | | | | | | | |
| 欧洲自由贸易联盟 | 126.5 | 121.2 | 127.8 | 142.5 | 143.4 | 153.6 | 175.5 | 208.2 | 237.7 | 273.4 | 313.2 |
| 欧盟（25） | — | — | 2 357.0 | 2 452.6 | 2 469.5 | 2 637.6 | 3 148.9 | 3 762.4 | 4 065.9 | 4 590.9 | 5 319.7 |
| 北美洲自由贸易区 | 1 014.0 | 1 013.9 | 1 070.6 | 1 224.9 | 1 147.5 | 1 106.2 | 1 162.9 | 1 323.3 | 1 478.6 | 1 674.8 | 1 853.4 |
| 中、南美洲 | | | | | | | | | | | |
| 安第斯共同体 | 24.8 | 21.9 | 23.2 | 26.2 | 25.3 | 26.0 | 30.0 | 38.9 | 51.4 | 64.8 | 76.2 |
| 中美洲共同市场 | 12.0 | 14.0 | 14.8 | 15.5 | 14.4 | 16.7 | 18.0 | 19.9 | 21.7 | 24.2 | 27.1 |
| 加勒比共同体和共同市场 | 6.3 | 5.8 | 6.4 | 8.1 | 7.8 | 7.3 | 9.0 | 11.1 | 14.9 | 20.1 | 21.4 |
| 南方共同市场 | 83.2 | 81.4 | 74.3 | 84.6 | 87.8 | 88.8 | 106.1 | 135.8 | 164.0 | 190.2 | 223.9 |
| 非洲 | | | | | | | | | | | |
| 非洲经济与货币共同体 | 7.4 | 5.8 | 6.7 | 8.4 | 8.4 | 8.9 | 11.6 | 16.6 | 22.9 | 27.1 | 29.4 |
| 东南非共同市场 | 27.6 | 23.1 | 23.9 | 31.3 | 28.4 | 28.8 | 37.5 | 49.1 | 65.8 | 81.9 | 97.0 |
| 中部非洲国家经济共同体 | 14.1 | 10.9 | 12.7 | 17.2 | 16.0 | 18.5 | 22.5 | 32.0 | 49.4 | 61.5 | 72.2 |
| 西非国际经济共同体 | 25.3 | 20.4 | 24.4 | 30.3 | 27.6 | 29.5 | 37.0 | 53.7 | 67.1 | 77.8 | 85.7 |
| 南部非洲发展共同体 | 49.9 | 42.4 | 44.0 | 50.3 | 48.5 | 51.5 | 61.7 | 79.4 | 97.8 | 116.4 | 139.2 |
| 西非经济和货币同盟 | 7.3 | 7.6 | 7.7 | 6.7 | 7.0 | 8.7 | 9.9 | 11.6 | 12.7 | 14.0 | 14.5 |
| 中东和亚洲 | | | | | | | | | | | |
| 东盟 | 355.9 | 331.1 | 362.1 | 432.0 | 387.6 | 407.4 | 474.8 | 568.9 | 655.2 | 770.7 | 864.4 |
| 海湾（阿拉伯国家）合作委员会 | 133.0 | 96.0 | 118.2 | 176.0 | 160.2 | 167.9 | 212.7 | 285.2 | 397.6 | 480.4 | 549.9 |
| 南亚自由贸易区 | 53.9 | 52.6 | 55.0 | 64.2 | 64.4 | 70.8 | 84.0 | 105.2 | 132.6 | 158.0 | 185.1 |
| 备忘： | | | | | | | | | | | |
| 非洲，加勒比和太平洋地区国家集团 | 103.3 | 88.0 | 95.2 | 112.9 | 107.3 | 112.2 | 136.6 | 181.5 | 226.7 | 269.7 | 310.8 |
| 最不发达国家 | 27.7 | 25.7 | 28.8 | 36.1 | 36.1 | 40.5 | 46.1 | 61.3 | 83.3 | 103.5 | 123.6 |
| WTO成员（153） | 5 416.4 | 5 356.3 | 5 550.1 | 6 217.3 | 5 970.8 | 6 266.3 | 7 305.2 | 8 842.1 | 9 979.4 | 11 472.9 | 13 193.2 |
| 进口 | | | | | | | | | | | |
| 世界 a | 5 739.0 | 5 683.0 | 5 921.0 | 6 727.0 | 6 485.0 | 6 744.0 | 7 863.0 | 9 569.0 | 10 857.0 | 12 428.0 | 14 244.0 |
| 北美洲和欧洲 | | | | | | | | | | | |
| 欧洲自由贸易联盟 | 113.7 | 120.1 | 116.5 | 119.5 | 119.3 | 124.3 | 143.1 | 168.0 | 187.0 | 211.9 | 248.2 |
| 欧盟（25） | — | — | 2 419.1 | 2 579.9 | 2 549.4 | 2 672.1 | 3 214.2 | 3 854.5 | 4 222.3 | 4 829.9 | 5 573.9 |
| 北美自由贸易区 | 1 214.7 | 1 281.4 | 1 425.7 | 1 686.8 | 1 582.7 | 1 604.3 | 1 726.6 | 2 011.7 | 2 287.4 | 2 543.8 | 2 706.3 |
| 中、南美洲 | | | | | | | | | | | |
| 安第斯共同体 | 30.8 | 30.4 | 22.3 | 24.5 | 27.2 | 28.4 | 30.6 | 36.9 | 46.3 | 56.3 | 70.1 |
| 中美洲共同市场 | 16.6 | 19.6 | 20.2 | 21.9 | 23.1 | 26.2 | 28.2 | 32.1 | 36.3 | 41.5 | 47.3 |
| 加勒比共同体和共同市场 | 12.4 | 12.5 | 12.4 | 14.1 | 14.0 | 14.1 | 15.1 | 17.0 | 20.4 | 23.0 | 25.2 |
| 南方共同市场 | 100.9 | 99.2 | 82.7 | 89.9 | 84.2 | 62.3 | 69.1 | 95.1 | 113.9 | 140.6 | 184.4 |
| 非洲 | | | | | | | | | | | |
| 非洲经济与货币共同体 | 4.2 | 4.1 | 3.9 | 3.8 | 5.1 | 5.9 | 6.3 | 7.3 | 8.9 | 10.9 | 13.7 |

续　表

| 地区＼年份 | 1997 | 1998 | 1999 | 2000 | 2001 | 2002 | 2003 | 2004 | 2005 | 2006 | 2007 |
|---|---|---|---|---|---|---|---|---|---|---|---|
| 东南非共同市场 | 39.3 | 42.2 | 38.7 | 36.5 | 37.5 | 36.9 | 39.7 | 50.5 | 65.3 | 72.1 | 88.5 |
| 中部非洲国家经济共同体 | 8.0 | 7.7 | 7.9 | 7.9 | 9.6 | 11.2 | 13.9 | 15.6 | 20.2 | 23.4 | 30.0 |
| 西非国际经济共同体 | 20.9 | 21.1 | 21.8 | 20.9 | 23.6 | 19.7 | 25.9 | 32.7 | 43.0 | 46.3 | 59.3 |
| 南部非洲发展共同体 | 52.2 | 47.7 | 45.4 | 48.2 | 46.9 | 48.9 | 65.5 | 84.8 | 99.0 | 117.8 | 140.9 |
| 西非经济和货币同盟 | 7.2 | 7.8 | 8.1 | 7.4 | 7.4 | 7.9 | 10.2 | 12.4 | 14.4 | 15.4 | 18.6 |
| 中东和亚洲 | | | | | | | | | | | |
| 东盟 | 381.9 | 287.3 | 309.8 | 380.7 | 347.1 | 366.8 | 411.8 | 513.8 | 603.1 | 688.0 | 774.0 |
| 海湾（阿拉伯国家）合作委员会 | 83.6 | 84.0 | 78.3 | 85.4 | 90.4 | 99.3 | 117.3 | 154.3 | 188.3 | 223.8 | 295.5 |
| 南亚自由贸易区 | 68.4 | 67.4 | 73.5 | 80.6 | 77.6 | 84.5 | 105.2 | 140.7 | 194.3 | 235.2 | 283.6 |
| 备忘： | | | | | | | | | | | |
| 非洲、加勒比和太平洋国家集团 | 113.3 | 110.2 | 108.1 | 113.7 | 117.0 | 115.3 | 141.3 | 176.6 | 216.7 | 252.3 | 301.1 |
| 最不发达国家 | 38.9 | 40.0 | 42.2 | 44.2 | 48.0 | 50.5 | 60.5 | 72.8 | 87.7 | 100.6 | 120.7 |
| WTO 成员（153） | 5 573.8 | 5 532.4 | 5 793.7 | 6 581.0 | 6 319.1 | 6 566.4 | 7 650.6 | 9 282.4 | 10 513.0 | 12 015.5 | 13 717.0 |

a 含重要转口或为转口的进口。

**表 5:**

## 区域集团的服务贸易（1997—2007）

单位：十亿美元

| 地区＼年份 | 1997 | 1998 | 1999 | 2000 | 2001 | 2002 | 2003 | 2004 | 2005 | 2006 | 2007 |
|---|---|---|---|---|---|---|---|---|---|---|---|
| 出口 | | | | | | | | | | | |
| 世界 | 1 307.1 | 1 340.4 | 1 392.3 | 1 478.4 | 1 481.8 | 1 593.8 | 1 829.3 | 2 209.9 | 2 473.4 | 2 777.9 | 3 291.5 |
| 北美和欧洲 | | | | | | | | | | | |
| 欧洲自由贸易联盟 | 40.8 | 42.1 | 44.1 | 45.9 | 45.2 | 48.6 | 55.5 | 67.1 | 77.5 | 85.6 | 104.5 |
| 欧盟（25） | 567.6 | 611.7 | 628.9 | 642.3 | 666.1 | 734.6 | 878.4 | 1 057.2 | 1 161.8 | 1 294.8 | 1 549.7 |
| 北美洲自由贸易区 | 274.6 | 283.1 | 305.9 | 330.9 | 317.1 | 325.2 | 339.8 | 389.5 | 431.6 | 472.0 | 535.6 |
| 中、南美洲 | | | | | | | | | | | |
| 安第斯共同体 | 4.4 | 4.4 | 4.3 | 4.4 | 4.5 | 4.2 | 4.6 | 5.4 | 6.2 | 7.0 | 8.0 |
| 中美洲共同市场 | 2.6 | 3.0 | 3.5 | 3.9 | 4.1 | 4.3 | 4.6 | 5.2 | 5.8 | 6.7 | 7.6 |
| 加勒比共同体和共同市场 | 6.3 | 6.5 | 7.1 | 7.3 | 6.8 | 7.1 | 7.6 | 8.5 | 9.1 | 9.8 | 10.3 |
| 南方共同市场 | 12.0 | 13.7 | 13.2 | 15.6 | 14.8 | 13.5 | 15.3 | 18.5 | 23.1 | 27.7 | 34.8 |
| 非洲 | | | | | | | | | | | |
| 非洲经济与货币共同体 | 0.8 | 0.8 | 0.9 | 0.9 | 1.2 | 1.2 | 1.0 | 1.3 | 1.3 | 1.5 | — |
| 东南非共同市场 | 13.3 | 11.9 | 13.7 | 14.0 | 13.3 | 13.8 | 16.0 | 20.5 | 22.0 | 24.4 | — |
| 中部非洲国家经济共同体 | 1.0 | 1.1 | 1.1 | 1.3 | 1.5 | 1.6 | 1.4 | 1.8 | 1.9 | 2.1 | — |
| 西非国际经济共同体 | 2.4 | 2.8 | 2.9 | 3.7 | 3.8 | 4.8 | 6.1 | 6.4 | 6.5 | 7.8 | — |
| 南部非洲发展共同体 | 8.8 | 8.9 | 8.9 | 8.8 | 8.8 | 9.0 | 12.7 | 15.0 | 17.0 | 18.4 | 21.4 |
| 西非经济和货币同盟 | 1.2 | 1.2 | 1.2 | 1.1 | 1.3 | 1.4 | 1.6 | 1.9 | 2.1 | 2.2 | — |

续 表

| 地区 \ 年份 | 1997 | 1998 | 1999 | 2000 | 2001 | 2002 | 2003 | 2004 | 2005 | 2006 | 2007 |
|---|---|---|---|---|---|---|---|---|---|---|---|
| 中东和亚洲 | | | | | | | | | | | |
| 东盟 | 70.8 | 57.4 | 62.8 | 68.0 | 67.3 | 74.0 | 78.5 | 103.9 | 115.5 | 129.9 | 153.2 |
| 海湾（阿拉伯国家）合作委员会 | 8.3 | 9.1 | 9.9 | 9.9 | 10.6 | 11.0 | 12.7 | 14.8 | 19.7 | 25.8 | — |
| 南亚自由贸易区 | 12.6 | 14.3 | 17.3 | 19.3 | 20.4 | 22.7 | 27.6 | 42.5 | 60.2 | 80.3 | 95.3 |
| 备忘： | | | | | | | | | | | |
| 非洲，加勒比和太平洋地区国家集团 | 25.6 | 26.2 | 28.0 | 29.2 | 29.1 | 30.5 | 37.2 | 42.5 | 49.5 | 54.4 | 63.8 |
| 最不发达国家 | 5.9 | 5.7 | 6.0 | 6.2 | 6.4 | 6.8 | 7.5 | 9.0 | 10.0 | 11.6 | — |
| WTO 成员（153） | 1 277.6 | 1 311.5 | 1 366.5 | 1 450.2 | 1 450.6 | 1 556.2 | 1 781.7 | 2 153.7 | 2 408.7 | 2 702.7 | 3 200.4 |
| 进口 | | | | | | | | | | | |
| 世界 | 1 282.9 | 1 314.6 | 1 362.1 | 1 451.1 | 1 470.0 | 1 556.7 | 1 777.1 | 2 117.1 | 2 350.8 | 2 620.1 | 3 085.9 |
| 北美洲和欧洲 | | | | | | | | | | | |
| 欧洲自由贸易联盟 | 28.9 | 30.6 | 31.0 | 30.5 | 32.0 | 35.0 | 40.3 | 49.3 | 58.5 | 62.4 | 75.4 |
| 欧盟（25） | 535.9 | 588.9 | 601.9 | 615.7 | 637.4 | 690.7 | 823.2 | 961.7 | 1 047.4 | 1 149.5 | 1 361.0 |
| 北美自由贸易区 | 201.3 | 216.4 | 237.6 | 268.4 | 264.2 | 270.9 | 291.7 | 337.2 | 367.6 | 402.4 | 440.1 |
| 中、南美洲 | | | | | | | | | | | |
| 安第斯共同体 | 7.4 | 7.3 | 6.8 | 7.1 | 7.6 | 7.5 | 7.9 | 9.0 | 10.4 | 11.8 | 13.6 |
| 中美洲共同市场 | 2.8 | 3.3 | 3.6 | 3.9 | 4.0 | 4.1 | 4.4 | 4.9 | 5.4 | 6.1 | 6.9 |
| 加勒比共同体和共同市场 | 3.9 | 4.0 | 4.1 | 4.5 | 4.5 | 4.6 | 4.7 | 5.2 | 5.7 | 6.7 | 7.2 |
| 南方共同市场 | 24.6 | 26.2 | 23.2 | 25.8 | 25.2 | 19.2 | 20.7 | 23.5 | 31.0 | 36.8 | 46.9 |
| 非洲 | | | | | | | | | | | |
| 非洲经济与货币共同体 | 3.2 | 3.3 | 3.2 | 3.4 | 3.8 | 4.2 | 4.8 | 6.1 | 7.1 | 8.5 | — |
| 东南非共同市场 | 12.3 | 12.5 | 12.0 | 13.6 | 13.1 | 13.5 | 13.7 | 17.0 | 21.4 | 24.2 | — |
| 中部非洲国家经济共同体 | 5.7 | 6.4 | 5.8 | 6.1 | 7.4 | 7.5 | 8.1 | 11.1 | 14.4 | 16.6 | — |
| 西非国际经济共同体 | 8.3 | 8.0 | 7.3 | 6.6 | 8.2 | 8.7 | 10.6 | 11.6 | 12.5 | 15.5 | — |
| 南部非洲发展共同体 | 12.8 | 13.1 | 12.5 | 12.6 | 13.0 | 13.0 | 15.6 | 20.5 | 25.1 | 28.3 | 33.3 |
| 西非经济和货币同盟 | 2.7 | 2.8 | 2.8 | 2.5 | 2.6 | 2.9 | 3.6 | 4.2 | 4.5 | 4.9 | — |
| 中东和亚洲 | | | | | | | | | | | |
| 东盟 | 84.5 | 66.5 | 74.9 | 86.6 | 88.4 | 93.2 | 103.5 | 125.0 | 137.8 | 153.1 | 176.3 |
| 海湾（阿拉伯国家）合作委员会 | 29.7 | 24.5 | 24.3 | 26.7 | 24.2 | 25.8 | 29.3 | 37.4 | 48.4 | 62.4 | — |
| 南亚自由贸易区 | 17.5 | 19.0 | 22.0 | 24.4 | 25.5 | 26.1 | 31.5 | 44.7 | 59.5 | 76.4 | 91.9 |
| 备忘： | | | | | | | | | | | |
| 非洲、加勒比和太平洋国家集团 | 34.5 | 34.7 | 32.9 | 33.5 | 35.7 | 36.9 | 42.5 | 51.4 | 60.7 | 71.5 | 87.6 |
| 最不发达国家 | 12.1 | 13.0 | 12.5 | 13.2 | 15.0 | 15.2 | 17.0 | 21.4 | 26.6 | 30.8 | — |
| WTO 成员（153） | 1 245.3 | 1 280.8 | 1 330.5 | 1 413.7 | 1 426.6 | 1 504.1 | 1 712.9 | 2 037.6 | 2 258.2 | 2 513.6 | 2 952.9 |

表 6:

## 世界货物出口（按地区和国家，1997—2007）

单位：百万美元

| 地区＼年份 | 1997 | 1998 | 1999 | 2000 | 2001 | 2002 | 2003 | 2004 | 2005 | 2006 | 2007 |
|---|---|---|---|---|---|---|---|---|---|---|---|
| 世界 a | 5 591 000 | 5 501 000 | 5 712 000 | 6 456 000 | 6 191 000 | 6 492 000 | 7 585 000 | 9 220 000 | 10 485 000 | 12 113 000 | 13 950 000 |
| 北美洲 | 1 014 095 | 1 013 975 | 1 070 690 | 1 224 975 | 1 147 545 | 1 106 240 | 1 162 965 | 1 323 345 | 1 478 645 | 1 674 880 | 1 853 500 |
| 加拿大 | 214 422 | 214 327 | 238 446 | 276 635 | 259 858 | 252 394 | 272 739 | 316 762 | 360 087 | 388 227 | 418 974 |
| 墨西哥 | 110 431 | 117 460 | 136 391 | 166 367 | 158 547 | 160 682 | 165 396 | 187 980 | 214 207 | 249 961 | 271 990 |
| 美国 | 689 182 | 682 138 | 695 797 | 781 918 | 729 100 | 693 103 | 724 771 | 818 520 | 904 289 | 1 036 635 | 1 162 479 |
| 中、南美洲 | 176 900 | 165 800 | 166 000 | 197 800 | 190 700 | 193 100 | 221 500 | 287 900 | 359 200 | 434 300 | 499 200 |
| 安提瓜和巴布达 | 38 | 36 | 38 | 52 | 41 | 39 | 45 | 57 | 82 | 72 | 78 |
| 阿根廷 | 26 370 | 26 441 | 23 333 | 26 341 | 26 543 | 25 650 | 29 566 | 34 576 | 40 351 | 46 569 | 55 933 |
| 巴哈马 | 181 | 300 | 462 | 576 | 423 | 446 | 425 | 477 | 549 | 665 | 740 |
| 巴巴多斯 | 283 | 252 | 264 | 272 | 259 | 242 | 250 | 278 | 359 | 441 | 450 |
| 伯利兹 | 176 | 172 | 186 | 218 | 169 | 169 | 205 | 213 | 208 | 274 | 267 |
| 委内瑞拉 | 23 871 | 17 707 | 20 963 | 33 529 | 26 667 | 26 781 | 27 230 | 39 668 | 55 716 | 65 210 | 69 165 |
| 玻利维亚 | 1 167 | 1 104 | 1 051 | 1 230 | 1 285 | 1 299 | 1 598 | 2 146 | 2 791 | 3 875 | 4 490 |
| 巴西 | 52 994 | 51 140 | 48 011 | 55 086 | 58 223 | 60 362 | 73 084 | 96 678 | 118 529 | 137 807 | 160 649 |
| 智利 | 17 902 | 16 323 | 17 162 | 19 210 | 18 272 | 18 180 | 21 664 | 32 520 | 41 297 | 58 116 | 68 296 |
| 哥伦比亚 | 11 522 | 10 852 | 11 576 | 13 040 | 12 290 | 11 911 | 13 080 | 16 224 | 21 146 | 24 388 | 29 991 |
| 哥斯达黎加 | 4 268 | 5 511 | 6 577 | 5 865 | 5 021 | 5 264 | 6 102 | 6 301 | 7 026 | 8 200 | 9 353 |
| 古巴 | 1 812 | 1 512 | 1 496 | 1 676 | 1 661 | 1 421 | 1 688 | 2 332 | 2 159 | 2 905 | 3 701 |
| 多米尼加联邦 | 53 | 63 | 54 | 53 | 44 | 43 | 40 | 42 | 43 | 41 | 37 |
| 多米尼加共和国 | 4 614 | 4 989 | 5 137 | 5 737 | 5 276 | 5 165 | 5 471 | 5 936 | 6 145 | 6 610 | 7 237 |
| 厄瓜多尔 | 5 264 | 4 203 | 4 451 | 4 927 | 4 678 | 5 042 | 6 223 | 7 753 | 10 100 | 12 728 | 13 785 |
| 萨尔瓦多 | 2 416 | 2 452 | 2 510 | 2 941 | 2 864 | 2 996 | 3 128 | 3 305 | 3 387 | 3 707 | 3 980 |
| 格林纳达 | 23 | 35 | 36 | 48 | 43 | 38 | 42 | 32 | 28 | 25 | 38 |
| 危地马拉 | 2 344 | 2 582 | 2 398 | 2 696 | 2 466 | 4 162 | 4 459 | 5 036 | 5 381 | 6 013 | 6 926 |
| 圭亚那 | 596 | 484 | 523 | 498 | 478 | 487 | 513 | 593 | 553 | 585 | 681 |
| 海地 | 212 | 320 | 334 | 318 | 274 | 280 | 347 | 391 | 470 | 516 | 522 |
| 洪都拉斯 | 2 440 | 2 929 | 2 777 | 3 343 | 3 423 | 3 745 | 3 754 | 4 534 | 5 048 | 5 195 | 5 594 |
| 牙买加 | 1 383 | 1 312 | 1 240 | 1 304 | 1 220 | 1 114 | 1 180 | 1 402 | 1 532 | 1 984 | 1 942 |
| 荷属安的列斯 | 1 488 | 1 169 | 1 451 | 2 009 | 2 398 | 1 609 | 1 161 | 521 | 608 | 695 | 676 |
| 尼加拉瓜 | 577 | 573 | 545 | 645 | 589 | 561 | 605 | 756 | 858 | 1 050 | 1 202 |
| 巴拿马 | 723 | 784 | 822 | 859 | 911 | 846 | 864 | 944 | 1 018 | 1 093 | 1 164 |
| 巴拉圭 | 1 089 | 1 014 | 741 | 869 | 990 | 951 | 1 242 | 1 627 | 1 688 | 1 906 | 2 785 |
| 秘鲁 | 6 841 | 5 757 | 6 113 | 7 028 | 7 013 | 7 714 | 9 091 | 12 809 | 17 368 | 23 800 | 27 956 |
| 圣基茨和尼维斯 | 41 | 28 | 28 | 33 | 31 | 39 | 41 | 40 | 34 | 40 | 40 |
| 圣卢西亚 | 61 | 62 | 56 | 43 | 44 | 44 | 62 | 80 | 64 | 94 | 97 |
| 圣文森特和格林纳丁斯 | 46 | 50 | 49 | 47 | 41 | 38 | 38 | 37 | 40 | 38 | 48 |
| 苏里南 | 701 | 436 | 342 | 399 | 403 | 469 | 638 | 895 | 950 | 1 200 | 1 400 |
| 特立尼达和多巴哥 | 2 542 | 2 258 | 2 804 | 4 274 | 4 280 | 3 880 | 5 178 | 6 517 | 9 942 | 14 151 | 15 100 |
| 乌拉圭 | 2 726 | 2 771 | 2 237 | 2 295 | 2 060 | 1 861 | 2 206 | 2 931 | 3 405 | 3 953 | 4 485 |
| 欧洲 | 2 413 005 | 2 513 200 | 2 521 770 | 2 633 985 | 2 655 665 | 2 839 425 | 3 386 535 | 4 051 100 | 4 397 530 | 4 975 575 | 5 772 205 |
| 阿尔巴尼亚 | 139 | 208 | 351 | 258 | 307 | 340 | 448 | 605 | 658 | 798 | 1 072 |
| 奥地利 | 59 784 | 64 085 | 66 061 | 67 710 | 70 751 | 78 673 | 97 146 | 118 376 | 125 182 | 136 751 | 162 920 |
| 比利时 | — | — | 179 152 | 188 371 | 190 349 | 216 127 | 255 617 | 306 866 | 334 400 | 366 935 | 430 779 |
| 比利时—卢森堡 | 174 531 | 181 910 | — | — | — | — | — | — | — | — | — |
| 波斯尼亚和黑塞哥维那 | 575 | 605 | 751 | 1 069 | 1 032 | 1 005 | 1 340 | 1 793 | 2 400 | 3 323 | 4 166 |
| 保加利亚 | 4 940 | 4 300 | 3 979 | 4 852 | 5 118 | 5 733 | 7 543 | 9 932 | 11 739 | 15 064 | 18 466 |
| 克罗地亚 | 3 981 | 4 517 | 4 303 | 4 432 | 4 666 | 4 904 | 6 187 | 8 024 | 8 773 | 10 377 | 12 360 |
| 塞浦路斯 | 1 250 | 1 061 | 997 | 951 | 976 | 843 | 923 | 948 | 1 465 | 1 333 | 1 394 |
| 捷克 | 22 360 | 25 855 | 26 556 | 29 094 | 33 324 | 38 492 | 48 702 | 68 986 | 78 110 | 94 929 | 122 421 |
| 丹麦 | 49 273 | 49 013 | 50 296 | 51 292 | 51 705 | 57 495 | 66 512 | 77 079 | 85 121 | 92 558 | 103 453 |
| 爱沙尼亚 | 2 936 | 3 245 | 3 017 | 3 830 | 4 015 | 4 336 | 5 622 | 5 932 | 7 716 | 9 693 | 10 996 |
| 芬兰 | 41 471 | 43 752 | 42 243 | 46 102 | 43 237 | 45 145 | 53 171 | 61 520 | 66 060 | 77 032 | 89 705 |

续 表

| 地区＼年份 | 1997 | 1998 | 1999 | 2000 | 2001 | 2002 | 2003 | 2004 | 2005 | 2006 | 2007 |
|---|---|---|---|---|---|---|---|---|---|---|---|
| 法国 | 302 144 | 320 631 | 325 526 | 327 611 | 323 379 | 331 719 | 392 039 | 452 106 | 463 428 | 495 868 | 553 398 |
| 马其顿 | 1 237 | 1 311 | 1 191 | 1 323 | 1 158 | 1 116 | 1 367 | 1 676 | 2 041 | 2 401 | 3 356 |
| 德国 | 512 891 | 543 752 | 543 539 | 551 810 | 571 645 | 615 831 | 751 560 | 909 887 | 970 914 | 1 108 107 | 1 326 411 |
| 希腊 | 11 326 | 10 867 | 11 070 | 11 751 | 11 352 | 10 414 | 13 382 | 15 308 | 17 278 | 20 751 | 23 809 |
| 匈牙利 | 19 100 | 23 005 | 25 032 | 28 192 | 30 436 | 34 517 | 43 094 | 55 567 | 62 936 | 75 255 | 94 618 |
| 冰岛 | 1 851 | 1 931 | 2 004 | 1 901 | 2 019 | 2 229 | 2 381 | 2 839 | 3 091 | 3 453 | 4 781 |
| 爱尔兰 | 53 348 | 64 330 | 71 239 | 77 413 | 82 835 | 88 265 | 92 755 | 104 788 | 109 657 | 108 726 | 121 024 |
| 意大利 | 240 414 | 245 801 | 235 564 | 240 518 | 244 490 | 254 427 | 299 333 | 353 782 | 373 135 | 416 875 | 491 507 |
| 拉脱维亚 | 1 670 | 1 810 | 1 723 | 1 868 | 2 001 | 2 285 | 2 893 | 4 009 | 5 161 | 6 155 | 8 311 |
| 立陶宛 | 3 860 | 3 710 | 3 004 | 3 810 | 4 583 | 5 475 | 7 162 | 9 302 | 11 807 | 14 142 | 17 161 |
| 卢森堡 | — | — | 8 203 | 8 378 | 9 759 | 10 214 | 13 297 | 16 250 | 18 797 | 22 903 | 22 441 |
| 马耳他 | 1 641 | 1 834 | 1 978 | 2 453 | 1 822 | 2 028 | 2 252 | 2 517 | 2 399 | 2 665 | 2 919 |
| 黑山 | — | — | — | — | — | — | — | — | — | 813 | 859 |
| 荷兰 | 207 832 | 213 977 | 218 579 | 233 130 | 230 855 | 244 058 | 296 012 | 357 417 | 406 372 | 463 629 | 551 250 |
| 挪威 | 48 541 | 40 402 | 45 479 | 60 058 | 59 191 | 59 662 | 68 321 | 82 527 | 103 752 | 122 122 | 136 377 |
| 波兰 | 25 750 | 28 230 | 27 359 | 31 747 | 35 998 | 41 133 | 53 762 | 75 047 | 89 437 | 110 780 | 138 806 |
| 葡萄牙 | 23 955 | 24 793 | 24 541 | 24 363 | 24 108 | 25 908 | 31 757 | 35 787 | 38 150 | 43 332 | 51 455 |
| 罗马尼亚 | 8 431 | 8 300 | 8 518 | 10 412 | 11 394 | 13 877 | 17 662 | 23 553 | 27 688 | 32 458 | 40 286 |
| 塞尔维亚 | — | — | — | — | — | — | — | — | — | 6 428 | 8 825 |
| 塞尔维亚和黑山 | 2 677 | 2 858 | 1 498 | 1 723 | 1 903 | 2 275 | 2 650 | 3 979 | 5 065 | — | — |
| 斯洛伐克 | 9 635 | 10 724 | 10 211 | 11 832 | 12 595 | 14 405 | 21 837 | 27 745 | 31 889 | 41 851 | 58 171 |
| 斯洛文尼亚 | 8 372 | 9 048 | 8 560 | 8 770 | 9 267 | 10 366 | 12 766 | 16 361 | 19 248 | 23 230 | 30 054 |
| 西班牙 | 100 756 | 111 973 | 104 433 | 115 251 | 116 660 | 125 687 | 156 147 | 182 623 | 192 644 | 213 717 | 241 018 |
| 瑞典 | 82 757 | 84 767 | 84 889 | 87 132 | 75 645 | 81 499 | 102 104 | 123 267 | 130 962 | 147 793 | 169 084 |
| 瑞士 | 76 150 | 78 856 | 80 300 | 80 500 | 82 144 | 91 699 | 104 822 | 122 844 | 130 898 | 147 844 | 172 060 |
| 土耳其 | 26 261 | 26 974 | 26 588 | 27 775 | 31 334 | 36 059 | 47 253 | 63 167 | 73 476 | 85 535 | 107 215 |
| 英国 | 280 406 | 273 949 | 272 167 | 285 425 | 272 715 | 280 195 | 305 627 | 347 493 | 384 477 | 448 653 | 437 807 |
| 欧盟（25）b | — | — | 2 356 999 | 2 452 621 | 2 469 464 | 2 637 595 | 3 148 935 | 3 762 448 | 4 065 910 | 4 590 872 | 5 319 662 |
| 欧盟（25）对外出口 | — | — | 728 029 | 784 819 | 792 343 | 843 379 | 983 280 | 1 185 380 | 1 310 271 | 1 455 506 | 1 697 746 |
| 欧盟（15） | 2 140 890 | 2 233 600 | 2 237 500 | 2 316 260 | 2 319 485 | 2 465 660 | 2 926 460 | — | — | — | — |
| 欧盟（15）对外出口 | 817 790 | 822 240 | 810 215 | 870 070 | 882 840 | 943 035 | 1 108 095 | — | — | — | — |
| 独联体 | 124 860 | 106 800 | 106 460 | 145 725 | 144 315 | 153 200 | 194 595 | 265 495 | 340 400 | 423 265 | 510 310 |
| 亚美尼亚 | 233 | 221 | 232 | 294 | 343 | 505 | 686 | 723 | 974 | 985 | 1 157 |
| 阿塞拜疆 | 780 | 605 | 929 | 1 745 | 2 314 | 2 167 | 2 592 | 3 615 | 4 347 | 6 372 | 10 500 |
| 白俄罗斯 | 7 301 | 7 070 | 5 909 | 7 326 | 7 451 | 8 021 | 9 946 | 13 774 | 15 979 | 19 734 | 24 339 |
| 格鲁吉亚 | 240 | 191 | 238 | 323 | 318 | 346 | 461 | 647 | 865 | 993 | 1 240 |
| 哈萨克斯坦 | 6 497 | 5 334 | 5 872 | 8 812 | 8 639 | 9 670 | 12 927 | 20 093 | 27 849 | 38 250 | 47 755 |
| 吉尔吉斯共和国 | 604 | 514 | 454 | 505 | 476 | 486 | 582 | 719 | 672 | 794 | 1 135 |
| 摩尔多瓦 | 875 | 630 | 465 | 472 | 568 | 644 | 790 | 985 | 1 091 | 1 052 | 1 342 |
| 俄罗斯 | 88 330 | 74 884 | 75 665 | 105 565 | 101 884 | 107 301 | 135 929 | 183 207 | 243 798 | 303 926 | 355 175 |
| 塔吉克斯坦 | 745 | 595 | 690 | 785 | 650 | 738 | 797 | 915 | 909 | 1 399 | 1 468 |
| 土库曼斯坦 | 1 000 | 590 | 1 187 | 2 506 | 2 700 | 2 850 | 3 632 | 3 870 | 4 939 | 5 774 | 8 920 |
| 乌克兰 | 14 232 | 12 637 | 11 582 | 14 573 | 16 265 | 17 957 | 23 067 | 32 666 | 34 228 | 38 368 | 49 248 |
| 乌兹别克斯坦 | 4 025 | 3 530 | 3 235 | 2 817 | 2 708 | 2 513 | 3 189 | 4 280 | 4 749 | 5 617 | 8 029 |
| 非洲 | 127 500 | 106 100 | 116 700 | 147 800 | 138 100 | 144 000 | 178 100 | 237 700 | 308 600 | 366 700 | 424 100 |
| 阿尔及利亚 | 13 894 | 10 209 | 12 525 | 22 031 | 19 133 | 18 799 | 23 163 | 31 304 | 46 001 | 54 613 | 60 163 |
| 安哥拉 | 5 007 | 3 543 | 5 157 | 7 921 | 6 534 | 8 328 | 9 508 | 13 475 | 24 109 | 31 862 | 39 900 |
| 贝宁 | 424 | 407 | 422 | 392 | 374 | 448 | 541 | 569 | 578 | 568 | 650 |
| 博茨瓦纳 | 2 842 | 2 058 | 2 644 | 2 675 | 2 510 | 2 425 | 2 810 | 3 513 | 4 434 | 4 508 | 5 117 |
| 布基纳法索 | 232 | 319 | 255 | 209 | 223 | 247 | 321 | 479 | 468 | 588 | 607 |
| 布隆迪 | 86 | 65 | 54 | 50 | 39 | 30 | 38 | 47 | 56 | 58 | 62 |
| 喀麦隆 | 1 860 | 1 671 | 1 601 | 1 833 | 1 749 | 1 802 | 2 283 | 2 477 | 2 798 | 3 576 | 3 604 |
| 佛得角 | 14 | 10 | 11 | 11 | 10 | 11 | 13 | 15 | 18 | 21 | 19 |
| 中非共和国 | 163 | 151 | 146 | 161 | 142 | 147 | 128 | 126 | 128 | 158 | 195 |
| 乍得 | 237 | 262 | 243 | 183 | 189 | 185 | 601 | 2 191 | 3 149 | 3 408 | 3 450 |
| 科摩罗 | 6 | 6 | 9 | 14 | 17 | 19 | 27 | 19 | 12 | 10 | 9 |
| 刚果 | 1 668 | 1 365 | 1 560 | 2 489 | 2 055 | 2 280 | 2 677 | 3 433 | 4 745 | 6 300 | 6 100 |
| 刚果（金） | 1 449 | 1 422 | 809 | 824 | 901 | 1 132 | 1 374 | 1 850 | 2 190 | 2 320 | 2 650 |
| 科特迪瓦 | 4 451 | 4 606 | 4 661 | 3 888 | 3 946 | 5 275 | 5 788 | 6 919 | 7 697 | 8 477 | 8 500 |

续　表

| 地区＼年份 | 1997 | 1998 | 1999 | 2000 | 2001 | 2002 | 2003 | 2004 | 2005 | 2006 | 2007 |
|---|---|---|---|---|---|---|---|---|---|---|---|
| 吉布提 | 31 | 28 | 28 | 32 | 32 | 36 | 37 | 38 | 40 | 55 | 60 |
| 埃及 | 3 921 | 3 130 | 3 559 | 4 689 | 4 128 | 4 708 | 6 161 | 7 682 | 10 672 | 13 706 | 16 201 |
| 赤道几内亚 | 497 | 439 | 709 | 1 097 | 1 735 | 2 117 | 2 801 | 4 599 | 6 991 | 8 216 | 9 950 |
| 厄立特里亚 | 57 | 28 | 21 | 37 | 19 | 52 | 7 | 11 | 11 | 11 | 15 |
| 埃塞俄比亚 | 587 | 561 | 467 | 486 | 455 | 480 | 496 | 678 | 903 | 1 036 | 1 284 |
| 加蓬 | 3 024 | 1 916 | 2 394 | 2 598 | 2 524 | 2 409 | 3 062 | 3 728 | 5 065 | 5 450 | 6 150 |
| 冈比亚 | 15 | 21 | 12 | 15 | 10 | 12 | 8 | 10 | 8 | 11 | 13 |
| 加纳 | 1 635 | 1 795 | 1 720 | 1 671 | 1 716 | 1 850 | 2 324 | 2 450 | 2 804 | 3 705 | 4 214 |
| 几内亚 | 685 | 693 | 636 | 666 | 731 | 709 | 609 | 744 | 853 | 1 010 | 1 100 |
| 几内亚比绍 | 48 | 27 | 51 | 62 | 63 | 54 | 65 | 76 | 89 | 74 | 95 |
| 肯尼亚 | 2 053 | 2 008 | 1 747 | 1 734 | 1 944 | 2 116 | 2 411 | 2 684 | 3 293 | 3 437 | 4 080 |
| 莱索托 | 196 | 194 | 172 | 220 | 280 | 358 | 476 | 708 | 651 | 695 | 805 |
| 利比里亚 | 430 | 425 | 469 | 329 | 128 | 176 | 109 | 104 | 131 | 158 | 184 |
| 利比亚 | 9 656 | 6 659 | 7 947 | 13 380 | 11 014 | 9 803 | 14 647 | 20 410 | 30 948 | 39 200 | 45 400 |
| 马达加斯加 | 516 | 538 | 584 | 824 | 928 | 486 | 856 | 992 | 857 | 975 | 1 190 |
| 马拉维 | 537 | 431 | 453 | 379 | 449 | 407 | 525 | 483 | 502 | 543 | 710 |
| 马里 | 561 | 556 | 571 | 545 | 725 | 874 | 928 | 976 | 1101 | 1 550 | 1 480 |
| 毛里塔尼亚 | 429 | 387 | 358 | 355 | 355 | 332 | 318 | 440 | 625 | 1 367 | 1 510 |
| 毛里求斯 | 1 592 | 1 645 | 1 554 | 1 557 | 1 628 | 1 801 | 1 898 | 1 993 | 2 138 | 2 329 | 2 231 |
| 摩洛哥 | 7 032 | 7 153 | 7 367 | 7 432 | 7 144 | 7 849 | 8 778 | 9 925 | 11 190 | 12 744 | 14 656 |
| 莫桑比克 | 222 | 230 | 263 | 364 | 703 | 810 | 1 045 | 1 504 | 1 783 | 2 381 | 2 700 |
| 纳米比亚 | 1 338 | 1 232 | 1 234 | 1 320 | 1 179 | 1 072 | 1 262 | 1 827 | 2 070 | 2 647 | 2 919 |
| 尼日尔 | 272 | 334 | 287 | 283 | 272 | 279 | 352 | 437 | 478 | 508 | 733 |
| 尼日利亚 | 15 207 | 9 855 | 13 856 | 20 975 | 18 045 | 17 975 | 24 031 | 38 631 | 50 467 | 58 726 | 65 500 |
| 卢旺达 | 88 | 60 | 60 | 52 | 86 | 65 | 63 | 98 | 125 | 143 | 177 |
| 圣多美和普林西比 | 5 | 5 | 2 | 3 | 3 | 5 | 7 | 4 | 3 | 4 | 3 |
| 塞内加尔 | 905 | 968 | 1 027 | 920 | 1 003 | 1 067 | 1 257 | 1 509 | 1 578 | 1 594 | 1 698 |
| 塞舌尔 | 113 | 122 | 145 | 194 | 216 | 228 | 274 | 291 | 340 | 380 | 360 |
| 塞拉利昂 | 17 | 7 | 6 | 13 | 29 | 49 | 92 | 139 | 158 | 231 | 244 |
| 索马里 | 177 | 197 | 191 | 193 | 285 | 297 | 223 | 300 | 300 | 290 | 290 |
| 南非 c | 31 027 | 26 362 | 26 707 | 29 983 | 29 258 | 29 723 | 36 482 | 46 146 | 51 626 | 58 175 | 69 788 |
| 苏丹 | 594 | 596 | 780 | 1 807 | 1 699 | 1 949 | 2 542 | 3 778 | 4 824 | 5 657 | 8 879 |
| 斯威士兰 | 962 | 973 | 937 | 910 | 1 054 | 1 029 | 1 638 | 1 949 | 2 142 | 2 382 | 2 450 |
| 坦桑尼亚 | 753 | 589 | 543 | 734 | 851 | 980 | 1 216 | 1 479 | 1 676 | 1 743 | 2 022 |
| 多哥 | 424 | 420 | 391 | 363 | 357 | 427 | 598 | 601 | 660 | 612 | 690 |
| 突尼斯 | 5 559 | 5 738 | 5 872 | 5 850 | 6 631 | 6 874 | 8 027 | 9 685 | 10 494 | 11 513 | 15 029 |
| 乌干达 | 555 | 501 | 519 | 460 | 456 | 481 | 563 | 759 | 1 017 | 1 188 | 1 623 |
| 赞比亚 | 915 | 1 032 | 1 063 | 666 | 985 | 930 | 981 | 1 576 | 1 810 | 3 770 | 4 619 |
| 津巴布韦 | 2 541 | 2 111 | 1 887 | 1 925 | 1 207 | 2 012 | 1 670 | 1 887 | 1 840 | 2 020 | 2 060 |
| 中东 | 187 300 | 144 500 | 182 300 | 268 000 | 239 800 | 248 200 | 302 500 | 401 400 | 542 000 | 662 200 | 759 900 |
| 巴林 | 4 384 | 3 270 | 4 363 | 6 195 | 5 577 | 5 794 | 6 632 | 7 558 | 10 242 | 12 200 | 13 634 |
| 伊朗 | 18 381 | 13 118 | 17 128 | 28 739 | 25 689 | 24 440 | 33 750 | 41 697 | 56 252 | 77 012 | 86 000 |
| 伊拉克 | 4 600 | 5 500 | 12 800 | 20 603 | 12 872 | 12 219 | 9 711 | 17 810 | 23 697 | 31 750 | 41 600 |
| 以色列 | 22 503 | 22 993 | 25 794 | 31 404 | 29 048 | 29 347 | 31 784 | 38 618 | 42 770 | 46 789 | 54 065 |
| 约旦 | 1 836 | 1 802 | 1 832 | 1 899 | 2 293 | 2 770 | 3 082 | 3 883 | 4 302 | 5 204 | 5 700 |
| 科威特 | 14 224 | 9 554 | 12 164 | 19 436 | 16 203 | 15 369 | 20 678 | 28 599 | 44 869 | 55 713 | 62 376 |
| 黎巴嫩 | 643 | 662 | 677 | 715 | 1 093 | 1 238 | 1 813 | 2 199 | 2 337 | 2 814 | 3 574 |
| 阿曼 | 7 630 | 5 508 | 7 238 | 11 319 | 11 074 | 11 172 | 11 669 | 13 342 | 18 692 | 21 585 | 24 722 |
| 卡塔尔 | 5 570 | 5 030 | 7 214 | 11 594 | 10 871 | 10 978 | 13 382 | 18 684 | 25 762 | 34 051 | 42 005 |
| 沙特阿拉伯 | 60 732 | 38 822 | 50 761 | 77 583 | 68 064 | 72 453 | 93 245 | 125 997 | 180 711 | 211 306 | 234 200 |
| 叙利亚 | 3 916 | 2 890 | 3 464 | 4 634 | 5 248 | 6 536 | 5 731 | 7 378 | 8 708 | 10 919 | 11 700 |
| 阿联酋 | 40 423 | 33 837 | 36 474 | 49 835 | 48 414 | 52 163 | 67 135 | 90 997 | 117 287 | 145 587 | 173 000 |
| 也门 | 2 504 | 1 496 | 2 440 | 4 079 | 3 374 | 3 684 | 3 924 | 4 676 | 6 413 | 7 316 | 7 310 |
| 亚洲 a | 1 547 300 | 1 451 100 | 1 548 300 | 1 837 300 | 1 674 400 | 1 807 900 | 2 138 300 | 2 653 200 | 3 058 700 | 3 575 900 | 4 131 000 |
| 阿富汗 | 201 | 209 | 167 | 185 | 100 | 250 | 144 | 314 | 384 | 408 | 480 |
| 澳大利亚 | 62 910 | 55 893 | 56 080 | 63 870 | 63 387 | 65 033 | 70 377 | 86 565 | 106 097 | 123 437 | 141 317 |
| 孟加拉国 | 4 832 | 5 121 | 5 497 | 6 389 | 6 080 | 6 149 | 6 990 | 8 305 | 9 297 | 11 802 | 12 453 |
| 不丹 | 118 | 108 | 116 | 103 | 106 | 113 | 133 | 183 | 258 | 414 | 600 |
| 文莱达鲁萨兰 | 2 467 | 2 058 | 2 579 | 3 903 | 3 640 | 3 702 | 4 421 | 5 057 | 6 249 | 7 636 | 7 668 |

续 表

| 年份<br>地区 | 1997 | 1998 | 1999 | 2000 | 2001 | 2002 | 2003 | 2004 | 2005 | 2006 | 2007 |
|---|---|---|---|---|---|---|---|---|---|---|---|
| 柬埔寨 | 736 | 800 | 1 129 | 1 389 | 1 500 | 1 923 | 2 118 | 2 798 | 3 092 | 3 514 | 4 100 |
| 中国 | 182 792 | 183 712 | 194 931 | 249 203 | 266 098 | 325 596 | 438 228 | 593 326 | 761 953 | 968 935 | 1 217 776 |
| 斐济 | 622 | 512 | 609 | 585 | 537 | 515 | 668 | 693 | 701 | 694 | 755 |
| 中国香港 | 188 195 | 174 864 | 174 403 | 202 683 | 191 066 | 201 928 | 228 708 | 265 543 | 292 119 | 322 669 | 349 386 |
| 国内出口 | 27 306 | 24 588 | 22 381 | 23 536 | 20 273 | 18 328 | 19 591 | 19 978 | 20 050 | 22 765 | 18 109 |
| 转口 | 160 889 | 150 276 | 152 022 | 179 147 | 170 793 | 183 600 | 209 117 | 245 565 | 272 069 | 299 904 | 331 276 |
| 印度 | 35 008 | 33 437 | 35 667 | 42 379 | 43 361 | 49 250 | 58 963 | 76 649 | 99 620 | 120 861 | 145 325 |
| 印度尼西亚 | 56 298 | 50 370 | 51 243 | 65 403 | 57 361 | 59 166 | 64 108 | 70 767 | 86 996 | 103 527 | 118 014 |
| 日本 | 420 957 | 387 927 | 417 610 | 479 249 | 403 496 | 416 726 | 471 817 | 565 675 | 594 905 | 647 006 | 712 769 |
| 基里巴斯 | 6 | 6 | 9 | 4 | 5 | 3 | 3 | 2 | 4 | 6 | 9 |
| 韩国 | 136 164 | 132 313 | 143 686 | 172 267 | 150 439 | 162 471 | 193 817 | 253 845 | 284 419 | 325 465 | 371 489 |
| 老挝 | 359 | 370 | 311 | 330 | 320 | 301 | 335 | 363 | 553 | 882 | 923 |
| 中国澳门 | 2 148 | 2 141 | 2 200 | 2 539 | 2 300 | 2 356 | 2 581 | 2 812 | 2 476 | 2 557 | 2 543 |
| 马来西亚 | 78 740 | 73 305 | 84 455 | 98 229 | 88 005 | 94 058 | 104 705 | 126 511 | 140 980 | 160 676 | 176 211 |
| 马尔代夫 | 90 | 96 | 91 | 109 | 110 | 132 | 152 | 181 | 162 | 225 | 228 |
| 蒙古 | 569 | 462 | 454 | 536 | 521 | 524 | 616 | 870 | 1 065 | 1 543 | 1 889 |
| 缅甸 | 874 | 1 077 | 1 136 | 1 646 | 2 381 | 3 046 | 2 483 | 2 380 | 3 813 | 4 589 | 6 257 |
| 尼泊尔 | 406 | 474 | 602 | 804 | 737 | 568 | 662 | 772 | 863 | 838 | 888 |
| 新喀里多尼亚 | 543 | 378 | 468 | 604 | 443 | 492 | 785 | 1 033 | 1 090 | 1 351 | 2 048 |
| 新西兰 | 14 221 | 12 070 | 12 455 | 13 272 | 13 730 | 14 383 | 16 527 | 20 344 | 21 729 | 22 434 | 26 974 |
| 北马里亚纳群岛 | 815 | 1 085 | 1 062 | 1 038 | 959 | 825 | 838 | 826 | 691 | 509 | 325 |
| 巴基斯坦 | 8 758 | 8 514 | 8 424 | 9 028 | 9 238 | 9 913 | 11 930 | 13 379 | 16 051 | 16 930 | 17 838 |
| 帕劳 | 14 | 11 | 7 | 12 | 17 | 20 | 8 | 6 | 13 | 14 | 10 |
| 巴布亚新几内亚 | 2 163 | 1 772 | 1 875 | 2 096 | 1 805 | 1 641 | 2 207 | 2 552 | 3 273 | 4 166 | 4 671 |
| 菲律宾 | 24 882 | 29 414 | 36 576 | 39 783 | 32 664 | 35 208 | 36 231 | 39 681 | 41 255 | 47 410 | 50 466 |
| 萨摩亚 | 15 | 15 | 20 | 14 | 15 | 14 | 15 | 11 | 12 | 11 | 15 |
| 新加坡 | 124 985 | 109 895 | 114 680 | 137 804 | 121 751 | 125 177 | 159 902 | 198 637 | 229 649 | 271 807 | 299 272 |
| 国内出口 | 72 401 | 63 381 | 68 682 | 78 703 | 66 172 | 66 836 | 86 419 | 106 663 | 124 546 | 143 176 | 156 002 |
| 转口 | 52 584 | 46 514 | 45 998 | 59 101 | 55 579 | 58 341 | 73 483 | 91 974 | 105 103 | 128 631 | 143 270 |
| 所罗门群岛 | 157 | 118 | 126 | 69 | 47 | 58 | 74 | 97 | 103 | 121 | 168 |
| 斯里兰卡 | 4 639 | 4 809 | 4 594 | 5 430 | 4 816 | 4 699 | 5 125 | 5 757 | 6 347 | 6 886 | 7 740 |
| 中国台北 | 123 159 | 112 467 | 123 626 | 151 357 | 125 900 | 135 080 | 150 298 | 182 432 | 197 776 | 223 660 | 246 377 |
| 泰国 | 57 374 | 54 456 | 58 440 | 69 057 | 64 968 | 68 108 | 80 324 | 96 248 | 110 178 | 130 803 | 153 103 |
| 汤加 | 10 | 8 | 13 | 9 | 7 | 15 | 18 | 15 | 10 | 9 | 8 |
| 图瓦卢 | 0 | 0 | 0 | 0 | 0 | 0 | 0 | 0 | 0 | 2 | 1 |
| 瓦努阿图 | 35 | 34 | 26 | 26 | 20 | 20 | 27 | 37 | 38 | 37 | 30 |
| 越南 | 9 185 | 9 361 | 11 541 | 14 483 | 15 029 | 16 706 | 20 149 | 26 485 | 32 442 | 39 826 | 48 387 |
| 备忘项： | | | | | | | | | | | |
| 不含世界 a | | | | | | | | | | | |
| 欧盟（27）对内出口 | — | — | 4 083 000 | 4 788 000 | 4 513 000 | 4 698 000 | 5 419 000 | 6 643 000 | 7 730 000 | 8 977 000 | 10 328 000 |
| 欧盟（15）对内出口 | 4 268 000 | 4 090 000 | 4 285 000 | 5 009 000 | 4 754 000 | 4 969 000 | 5 766 000 | — | — | — | — |
| 不含欧洲 | | | | | | | | | | | |
| 欧盟（27）对内出口 | — | — | 892 800 | 966 180 | 978 550 | 1 045 210 | 1 220 880 | 1 474 030 | 1 641 890 | 1 840 210 | 2 150 290 |
| 欧盟（15）对内出口 | 1 089 910 | 1 101 840 | 1 094 480 | 1 187 800 | 1 219 030 | 1 316 800 | 1 568 170 | — | — | — | — |

a 含重要转口。

b 由于欧洲统计局对塞浦路斯，爱沙尼亚和立陶宛使用不同的统计方法，2004 年前，欧盟（25）总体数据并不是由单个成员国加总而来。

c 自 1998 年，统计数据均来自南非，而不再是南部非洲关税同盟。

注意世界和亚洲数据含重复计算的因素，源于其使用一般货物贸易统计体系，该方法含转口贸易。

一些国家和地区近几年的数据由秘书处统计。

**表 7:**

## 世界货物进口（按地区和国家，1997—2007）

单位：百万美元

| 地区 \ 年份 | 1997 | 1998 | 1999 | 2000 | 2001 | 2002 | 2003 | 2004 | 2005 | 2006 | 2007 |
|---|---|---|---|---|---|---|---|---|---|---|---|
| 世界 a | 5 739 000 | 5 683 000 | 5 921 000 | 6 727 000 | 6 485 000 | 6 744 000 | 7 863 000 | 9 569 000 | 10 857 000 | 12 428 000 | 14 244 000 |
| 北美洲 | 1 215 425 | 1 282 060 | 1 426 495 | 1 687 580 | 1 583 440 | 1 605 140 | 1 727 465 | 2 012 740 | 2 288 415 | 2 544 985 | 2 707 460 |
| 加拿大 | 200 873 | 206 066 | 220 183 | 244 786 | 227 291 | 227 499 | 245 021 | 279 931 | 322 411 | 357 651 | 389 600 |
| 墨西哥 | 114 846 | 130 948 | 146 084 | 182 702 | 176 185 | 176 607 | 178 503 | 206 060 | 232 245 | 268 093 | 296 275 |
| 美国 | 899 020 | 944 353 | 1 059 440 | 1 259 300 | 1 179 180 | 1 200 230 | 1 303 050 | 1 525 680 | 1 732 706 | 1 918 077 | 2 020 403 |
| 中、南美洲 | 212 900 | 216 300 | 186 800 | 207 400 | 205 400 | 181 000 | 191 400 | 243 500 | 299 700 | 364 700 | 456 000 |
| 安提瓜和巴布达 | 370 | 385 | 414 | 407 | 386 | 400 | 422 | 454 | 497 | 615 | 715 |
| 阿根廷 | 30 450 | 31 404 | 25 508 | 25 154 | 20 320 | 8 990 | 13 834 | 22 445 | 28 689 | 34 158 | 44 780 |
| 巴哈马 | 1 666 | 1 873 | 1 757 | 2 074 | 1 912 | 1 728 | 1 762 | 1 905 | 2 399 | 2 871 | 2 992 |
| 巴巴多斯 | 996 | 1 010 | 1 108 | 1 156 | 1 087 | 1 039 | 1 195 | 1 413 | 1 604 | 1 629 | 1 709 |
| 伯利兹 | 286 | 295 | 370 | 524 | 517 | 525 | 552 | 520 | 593 | 660 | 684 |
| 委内瑞拉 | 14 606 | 15 817 | 14 064 | 16 213 | 18 323 | 12 963 | 9 256 | 16 679 | 24 027 | 33 616 | 46 097 |
| 玻利维亚 | 1 851 | 1 983 | 1 755 | 1 830 | 1 708 | 1 770 | 1 616 | 1 844 | 2 341 | 2 814 | 3 444 |
| 巴西 | 63 291 | 61 135 | 51 909 | 59 053 | 58 640 | 49 716 | 50 859 | 66 433 | 77 628 | 95 851 | 126 581 |
| 智利 | 20 822 | 19 880 | 15 988 | 18 507 | 17 429 | 17 091 | 19 322 | 24 794 | 32 735 | 38 409 | 47 114 |
| 哥伦比亚 | 15 378 | 14 635 | 10 659 | 11 539 | 12 834 | 12 711 | 13 889 | 16 746 | 21 204 | 26 046 | 32 897 |
| 哥斯达黎加 | 4 924 | 6 230 | 6 320 | 6 372 | 6 569 | 7 188 | 7 663 | 8 268 | 9 824 | 11 547 | 12 955 |
| 古巴 | 3 987 | 4 197 | 4 365 | 4 843 | 4 839 | 4 176 | 4 673 | 5 615 | 7 604 | 9 503 | 10 083 |
| 多米尼加联邦 | 124 | 136 | 141 | 148 | 131 | 116 | 128 | 144 | 165 | 167 | 196 |
| 多米尼加共和国 | 6 609 | 7 597 | 8 041 | 9 479 | 8 779 | 8 838 | 7 627 | 7 888 | 9 869 | 12 174 | 13 817 |
| 厄瓜多尔 | 4 954 | 5 576 | 3 017 | 3 721 | 5 363 | 6 431 | 6 703 | 8 226 | 10 287 | 12 114 | 13 565 |
| 萨尔瓦多 | 3 739 | 3 962 | 4 095 | 4 947 | 5 027 | 5 184 | 5 754 | 6 329 | 6 834 | 7 671 | 8 677 |
| 格林纳达 | 173 | 200 | 202 | 239 | 212 | 199 | 254 | 233 | 319 | 299 | 360 |
| 危地马拉 | 3 851 | 4 651 | 4 382 | 4 791 | 5 607 | 7 659 | 8 127 | 9 475 | 10 499 | 11 915 | 13 578 |
| 圭亚那 | 630 | 540 | 480 | 573 | 584 | 563 | 576 | 651 | 788 | 885 | 1 063 |
| 海地 | 648 | 797 | 1 025 | 1 036 | 1 013 | 1 130 | 1 188 | 1 306 | 1 454 | 1 624 | 1 682 |
| 洪都拉斯 | 2 631 | 3 233 | 3 530 | 3 988 | 4 152 | 4 382 | 4 774 | 5 827 | 6 545 | 7 317 | 8 556 |
| 牙买加 | 3 132 | 3 035 | 2 899 | 3 326 | 3 360 | 3 533 | 3 639 | 3 940 | 4 739 | 5 650 | 5 899 |
| 荷属安的列斯 | 2 083 | 2 062 | 1 745 | 2 862 | 2 826 | 2 268 | 2 606 | 1 723 | 1 950 | 2 209 | 2 543 |
| 尼加拉瓜 | 1 450 | 1 492 | 1 862 | 1 805 | 1 775 | 1 754 | 1 879 | 2 212 | 2 595 | 3 000 | 3 579 |
| 巴拿马 | 3 002 | 3 398 | 3 516 | 3 379 | 2 964 | 2 982 | 3 086 | 3 594 | 4 180 | 4 831 | 6 872 |
| 巴拉圭 | 3 403 | 2 897 | 1 906 | 2 193 | 2 182 | 1 672 | 2 228 | 3 097 | 3 715 | 5 879 | 7 280 |
| 秘鲁 | 8 588 | 8 220 | 6 823 | 7 415 | 7 316 | 7 493 | 8 414 | 10 101 | 12 502 | 15 312 | 20 180 |
| 圣基茨和尼维斯 | 147 | 149 | 153 | 196 | 189 | 201 | 199 | 183 | 210 | 250 | 275 |
| 圣卢西亚 | 332 | 328 | 355 | 355 | 355 | 309 | 403 | 422 | 486 | 592 | 616 |
| 圣文森特和格林纳丁斯 | 188 | 193 | 201 | 163 | 186 | 174 | 201 | 226 | 240 | 271 | 310 |
| 苏里南 | 658 | 552 | 486 | 526 | 461 | 492 | 704 | 742 | 1 189 | 1 009 | 1 185 |
| 特立尼达和多巴哥 | 2 990 | 2 999 | 2 741 | 3 308 | 3 569 | 3 643 | 3 892 | 4 858 | 5 694 | 6 484 | 7 450 |
| 乌拉圭 | 3 727 | 3 811 | 3 357 | 3 466 | 3 061 | 1 964 | 2 190 | 3 114 | 3 879 | 4 757 | 5 726 |
| 欧洲 | 2 418 600 | 2 559 180 | 2 596 490 | 2 774 855 | 2 733 570 | 2 875 295 | 3 461 510 | 4 161 265 | 4 573 645 | 5 237 990 | 6 060 845 |
| 阿尔巴尼亚 | 646 | 842 | 1 154 | 1 090 | 1 327 | 1 504 | 1 864 | 2 309 | 2 618 | 3 058 | 4 196 |
| 奥地利 | 65 739 | 69 504 | 71 321 | 72 394 | 74 633 | 78 299 | 99 532 | 119 905 | 127 327 | 137 212 | 162 351 |
| 比利时 | — | — | 164 810 | 177 511 | 178 664 | 198 311 | 234 945 | 285 621 | 318 700 | 351 979 | 413 163 |
| 比利时—卢森堡 | 161 930 | 168 995 | — | — | — | — | — | — | — | — | — |
| 波斯尼亚和黑塞哥维那 | 2 333 | 2 910 | 3 305 | 3 107 | 3 354 | 3 872 | 4 801 | 5 915 | 7 070 | 7 345 | 9 772 |
| 保加利亚 | 4 930 | 4 949 | 5 478 | 6 544 | 7 279 | 7 954 | 10 871 | 14 453 | 18 163 | 23 270 | 29 983 |
| 克罗地亚 | 9 101 | 8 276 | 7 799 | 7 887 | 9 147 | 10 722 | 14 209 | 16 589 | 18 560 | 21 502 | 25 830 |
| 塞浦路斯 | 3 655 | 3 685 | 3 618 | 3 846 | 3 923 | 4 086 | 4 466 | 5 502 | 6 316 | 6 928 | 8 615 |
| 捷克 | 27 105 | 28 340 | 28 463 | 31 974 | 36 297 | 40 656 | 51 728 | 69 967 | 76 512 | 93 191 | 117 900 |
| 丹麦 | 44 902 | 46 873 | 45 753 | 45 557 | 45 322 | 50 320 | 57 429 | 68 157 | 75 581 | 85 507 | 99 621 |
| 爱沙尼亚 | 4 437 | 4 787 | 4 109 | 5 052 | 5 230 | 5 863 | 7 967 | 8 336 | 10 238 | 13 439 | 15 516 |
| 芬兰 | 31 611 | 32 960 | 32 114 | 34 443 | 32 639 | 34 218 | 42 513 | 51 443 | 59 155 | 68 873 | 81 491 |
| 法国 | 285 027 | 307 771 | 315 748 | 338 940 | 328 608 | 329 262 | 398 840 | 470 945 | 504 124 | 541 919 | 615 229 |
| 马其顿 | 1 779 | 1 915 | 1 776 | 2 094 | 1 694 | 1 995 | 2 306 | 2 932 | 3 228 | 3 763 | 5 228 |
| 德国 | 445 731 | 471 474 | 474 047 | 497 197 | 486 119 | 490 283 | 604 612 | 715 742 | 777 073 | 906 684 | 1 058 580 |

续 表

| 地区 \ 年份 | 1997 | 1998 | 1999 | 2000 | 2001 | 2002 | 2003 | 2004 | 2005 | 2006 | 2007 |
|---|---|---|---|---|---|---|---|---|---|---|---|
| 希腊 | 26 919 | 30 293 | 30 529 | 33 480 | 32 011 | 31 570 | 44 852 | 52 760 | 54 436 | 63 597 | 76 149 |
| 匈牙利 | 21 235 | 25 705 | 28 015 | 32 172 | 33 617 | 37 755 | 47 808 | 60 538 | 66 552 | 78 262 | 95 041 |
| 冰岛 | 2 018 | 2 482 | 2 516 | 2 589 | 2 269 | 2 275 | 2 827 | 3 643 | 4 979 | 6 156 | 6 700 |
| 爱尔兰 | 37 748 | 43 191 | 46 769 | 51 041 | 50 556 | 52 399 | 53 886 | 61 814 | 68 565 | 73 118 | 82 472 |
| 意大利 | 210 132 | 218 465 | 220 637 | 238 757 | 236 220 | 247 015 | 297 519 | 355 301 | 384 790 | 442 555 | 504 454 |
| 拉脱维亚 | 2 720 | 3 190 | 2 954 | 3 202 | 3 506 | 4 046 | 5 234 | 7 096 | 8 697 | 11 541 | 15 285 |
| 立陶宛 | 5 645 | 5 795 | 4 835 | 5 457 | 6 353 | 7 709 | 9 803 | 12 387 | 15 548 | 19 373 | 24 207 |
| 卢森堡 | — | — | 11 218 | 11 278 | 12 331 | 12 651 | 16 165 | 20 046 | 21 893 | 26 572 | 27 443 |
| 马耳他 | 2 552 | 2 668 | 2 843 | 3 413 | 2 531 | 2 646 | 3 227 | 3 641 | 3 681 | 3 976 | 4 364 |
| 黑山 | — | — | — | — | — | — | — | — | — | 1 879 | 2 945 |
| 荷兰 | 190 731 | 195 639 | 206 162 | 218 267 | 208 638 | 219 265 | 264 704 | 319 669 | 363 822 | 416 832 | 491 583 |
| 挪威 | 35 708 | 37 478 | 34 173 | 34 392 | 32 955 | 34 873 | 40 055 | 48 534 | 55 480 | 64 278 | 80 281 |
| 波兰 | 42 310 | 47 055 | 45 883 | 49 029 | 50 184 | 55 299 | 68 272 | 89 696 | 101 639 | 126 989 | 162 674 |
| 葡萄牙 | 35 055 | 38 435 | 39 974 | 39 952 | 39 490 | 40 156 | 47 200 | 54 948 | 61 184 | 66 673 | 78 138 |
| 罗马尼亚 | 11 280 | 11 821 | 10 417 | 13 148 | 15 568 | 17 854 | 23 983 | 32 691 | 40 518 | 51 160 | 69 863 |
| 塞尔维亚 | — | — | — | — | — | — | — | — | — | 13 172 | 18 350 |
| 塞尔维亚和黑山 | 4 799 | 4 849 | 3 296 | 3 711 | 4 837 | 6 320 | 7 952 | 11 752 | 11 635 | — | — |
| 斯洛伐克 | 11 725 | 13 078 | 11 318 | 12 760 | 14 760 | 16 564 | 22 523 | 29 862 | 34 649 | 44 823 | 60 218 |
| 斯洛文尼亚 | 9 357 | 10 110 | 10 102 | 10 147 | 10 160 | 10 944 | 13 845 | 17 759 | 20 337 | 24 141 | 31 534 |
| 西班牙 | 115 670 | 136 662 | 135 346 | 156 143 | 154 650 | 165 105 | 208 602 | 258 331 | 288 786 | 328 696 | 372 569 |
| 瑞典 | 65 596 | 68 403 | 68 580 | 72 880 | 63 200 | 66 955 | 83 540 | 100 433 | 111 697 | 127 547 | 151 269 |
| 瑞士 | 75 960 | 80 094 | 79 857 | 82 521 | 84 102 | 87 189 | 100 239 | 115 799 | 126 524 | 141 430 | 161 232 |
| 土耳其 | 48 559 | 45 921 | 40 671 | 54 503 | 41 399 | 51 554 | 69 340 | 97 540 | 116 774 | 139 576 | 170 057 |
| 英国 | 307 518 | 321 231 | 324 899 | 348 058 | 343 786 | 364 075 | 399 401 | 470 633 | 513 673 | 601 155 | 619 575 |
| 欧盟（25）b | — | — | 2 419 075 | 2 579 869 | 2 549 434 | 2 672 086 | 3 214 192 | 3 854 541 | 4 222 269 | 4 829 884 | 5 573 917 |
| 欧盟（25）对外出口 | — | — | 792 206 | 916 856 | 876 922 | 886 001 | 1 057 950 | 1 278 135 | 1 468 044 | 1 696 874 | 1 952 001 |
| 欧盟（15） | 2 089 635 | 2 212 010 | 2 262 540 | 2 404 840 | 2 361 815 | 2 462 350 | 2 946 525 | — | — | — | — |
| 欧盟（15）对外出口 | 762 720 | 796 575 | 831 135 | 954 480 | 921 030 | 935 335 | 1 122 915 | — | — | — | — |
| 独联体 | 114 405 | 95 260 | 70 570 | 81 555 | 94 440 | 103 960 | 132 275 | 172 975 | 216 160 | 281 060 | 377 605 |
| 亚美尼亚 | 892 | 902 | 800 | 882 | 874 | 987 | 1 280 | 1 351 | 1 802 | 2 192 | 3 282 |
| 阿塞拜疆 | 794 | 1 076 | 1 036 | 1 172 | 1 431 | 1 666 | 2 626 | 3 516 | 4 211 | 5 268 | 5 712 |
| 白俄罗斯 | 8 689 | 8 549 | 6 674 | 8 646 | 8 286 | 9 092 | 11 558 | 16 491 | 16 708 | 22 351 | 28 674 |
| 格鲁吉亚 | 944 | 887 | 585 | 709 | 753 | 796 | 1 141 | 1 846 | 2 490 | 3 678 | 5 217 |
| 哈萨克斯坦 | 4 301 | 4 314 | 3 655 | 5 040 | 6 446 | 6 584 | 8 409 | 12 781 | 17 353 | 23 677 | 32 756 |
| 吉尔吉斯共和国 | 709 | 842 | 600 | 554 | 467 | 587 | 717 | 941 | 1 102 | 1 718 | 2 417 |
| 摩尔多瓦 | 1 170 | 1 018 | 585 | 777 | 892 | 1 038 | 1 399 | 1 769 | 2 292 | 2 693 | 3 690 |
| 俄罗斯 | 73 615 | 58 015 | 39 537 | 44 659 | 53 764 | 60 966 | 76 070 | 97 382 | 125 434 | 164 281 | 223 421 |
| 塔吉克斯坦 | 750 | 710 | 663 | 675 | 688 | 721 | 881 | 1 191 | 1 330 | 1 725 | 2 455 |
| 土库曼斯坦 | 1 230 | 980 | 1 478 | 1 786 | 2 250 | 2 120 | 2 512 | 3 320 | 3 638 | 4 057 | 4 460 |
| 乌克兰 | 17 128 | 14 676 | 11 846 | 13 956 | 15 775 | 16 977 | 23 020 | 28 997 | 36 136 | 45 039 | 60 670 |
| 乌兹别克斯坦 | 4 185 | 3 290 | 3 110 | 2 697 | 2 814 | 2 425 | 2 662 | 3 392 | 3 666 | 4 380 | 4 848 |
| 非洲 | 132 400 | 132 900 | 128 300 | 129 600 | 134 400 | 135 700 | 163 200 | 210 000 | 254 600 | 289 200 | 358 900 |
| 阿尔及利亚 | 8 688 | 9 400 | 9 162 | 9 171 | 9 940 | 11 969 | 12 380 | 18 169 | 20 357 | 21 456 | 27 631 |
| 安哥拉 | 2 597 | 2 079 | 3 109 | 3 040 | 3 179 | 3 760 | 5 480 | 5 832 | 8 353 | 8 778 | 11 400 |
| 贝宁 | 681 | 736 | 749 | 613 | 623 | 725 | 892 | 894 | 894 | 1 050 | 1 500 |
| 博茨瓦纳 | 2 258 | 2 251 | 2 198 | 2 081 | 1 809 | 1 845 | 2 448 | 3 231 | 3 162 | 3 059 | 4 035 |
| 布基纳法索 | 587 | 732 | 678 | 611 | 656 | 739 | 925 | 1 270 | 1 380 | 1 450 | 1 650 |
| 布隆迪 | 121 | 158 | 118 | 148 | 139 | 129 | 157 | 176 | 269 | 431 | 319 |
| 喀麦隆 | 1 359 | 1 495 | 1 318 | 1 489 | 1 852 | 1 866 | 2 163 | 2 406 | 2 735 | 3 150 | 3 760 |
| 佛得角 | 235 | 228 | 246 | 230 | 234 | 276 | 351 | 431 | 438 | 542 | 750 |
| 中非共和国 | 141 | 146 | 131 | 117 | 107 | 120 | 118 | 151 | 175 | 203 | 230 |
| 乍得 | 334 | 356 | 316 | 317 | 679 | 1646 | 790 | 953 | 950 | 1 308 | 1 500 |
| 科摩罗 | 55 | 54 | 55 | 43 | 51 | 53 | 70 | 86 | 99 | 115 | 120 |
| 刚果 | 926 | 680 | 821 | 465 | 682 | 675 | 831 | 879 | 1 457 | 1 854 | 2 900 |
| 刚果（金） | 770 | 1 102 | 568 | 697 | 807 | 1 081 | 1 594 | 1 986 | 2 270 | 2 740 | 3 700 |
| 科特迪瓦 | 2 781 | 2 991 | 3 252 | 2 785 | 2 418 | 2 456 | 3 231 | 4 291 | 5 251 | 5 368 | 6 160 |
| 吉布提 | 176 | 196 | 194 | 207 | 196 | 197 | 238 | 261 | 277 | 336 | 410 |
| 埃及 | 13 211 | 16 166 | 16 022 | 14 010 | 12 756 | 12 552 | 10 893 | 12 865 | 19 819 | 20 600 | 27 064 |
| 赤道几内亚 | 358 | 317 | 425 | 451 | 813 | 507 | 1 236 | 1 567 | 2 109 | 2 621 | 3 100 |

续　表

| 地区＼年份 | 1997 | 1998 | 1999 | 2000 | 2001 | 2002 | 2003 | 2004 | 2005 | 2006 | 2007 |
|---|---|---|---|---|---|---|---|---|---|---|---|
| 厄立特里亚 | 525 | 508 | 510 | 471 | 423 | 538 | 433 | 480 | 495 | 505 | 515 |
| 埃塞俄比亚 | 1 113 | 1 517 | 1 538 | 1 262 | 1 815 | 1 622 | 2 119 | 3 087 | 4 127 | 4 805 | 5 395 |
| 加蓬 | 1 104 | 1 103 | 841 | 950 | 1 002 | 1 135 | 1 206 | 1 347 | 1 471 | 1 725 | 2 250 |
| 冈比亚 | 278 | 228 | 192 | 187 | 134 | 161 | 156 | 229 | 237 | 259 | 315 |
| 加纳 | 2 326 | 2 563 | 3 480 | 2 973 | 3 154 | 2 720 | 3 210 | 4 074 | 5 758 | 6 500 | 8 043 |
| 几内亚 | 620 | 537 | 556 | 612 | 601 | 667 | 640 | 780 | 820 | 930 | 1 190 |
| 几内亚比绍 | 89 | 63 | 51 | 59 | 62 | 59 | 65 | 83 | 106 | 127 | 140 |
| 肯尼亚 | 3 279 | 3 197 | 2 832 | 3 105 | 3 192 | 3 245 | 3 725 | 4 553 | 6 149 | 7 311 | 8 989 |
| 莱索托 | 1 140 | 941 | 866 | 809 | 743 | 815 | 1 121 | 1 440 | 1 410 | 1 470 | 1 730 |
| 利比里亚 | 610 | 470 | 520 | 668 | 229 | 178 | 170 | 337 | 310 | 467 | 499 |
| 利比亚 | 6 123 | 5 466 | 4 158 | 3 732 | 4 397 | 4 396 | 4 330 | 6 326 | 6 079 | 6 040 | 7 750 |
| 马达加斯加 | 694 | 693 | 742 | 1 097 | 1 118 | 627 | 1 304 | 1 680 | 1 706 | 1 790 | 2 590 |
| 马拉维 | 781 | 515 | 673 | 532 | 563 | 695 | 786 | 933 | 1 165 | 1 209 | 1 450 |
| 马里 | 739 | 761 | 824 | 806 | 990 | 928 | 1 271 | 1 364 | 1 544 | 1 820 | 2 255 |
| 毛里塔尼亚 | 433 | 399 | 385 | 454 | 465 | 431 | 542 | 1 305 | 1 428 | 1 167 | 1 510 |
| 毛里求斯 | 2 189 | 2 073 | 2 247 | 2 093 | 1 987 | 2 159 | 2 363 | 2 771 | 3 157 | 3 627 | 3 895 |
| 摩洛哥 | 9 525 | 10 290 | 9 925 | 11 534 | 11 038 | 11 864 | 14 250 | 17 822 | 20 790 | 23 980 | 31 695 |
| 莫桑比克 | 739 | 790 | 1 139 | 1 158 | 1 063 | 1 543 | 1 753 | 2 035 | 2 408 | 2 869 | 3 300 |
| 纳米比亚 | 1 753 | 1 648 | 1 610 | 1 550 | 1 547 | 1 470 | 1 980 | 2 420 | 2 670 | 2 920 | 3 420 |
| 尼日尔 | 374 | 471 | 410 | 395 | 412 | 468 | 622 | 750 | 805 | 950 | 970 |
| 尼日利亚 | 9 501 | 9 211 | 8 588 | 8 721 | 11 586 | 7 547 | 10 853 | 14 164 | 20 754 | 21 809 | 29 500 |
| 卢旺达 | 297 | 285 | 253 | 211 | 281 | 248 | 259 | 284 | 401 | 496 | 737 |
| 圣多美和普林西比 | 16 | 17 | 38 | 30 | 28 | 31 | 41 | 41 | 50 | 71 | 70 |
| 塞内加尔 | 1 335 | 1 455 | 1 564 | 1 519 | 1 730 | 1 958 | 2 391 | 2 839 | 3 197 | 3 434 | 4 452 |
| 塞舌尔 | 340 | 384 | 434 | 342 | 476 | 420 | 412 | 497 | 675 | 757 | 859 |
| 塞拉利昂 | 93 | 95 | 81 | 149 | 182 | 264 | 303 | 286 | 345 | 389 | 445 |
| 索马里 | 313 | 280 | 340 | 343 | 449 | 454 | 517 | 610 | 610 | 660 | 680 |
| 南非 c | 32 998 | 29 242 | 26 696 | 29 695 | 28 248 | 29 267 | 39 748 | 53 466 | 62 304 | 77 280 | 90 990 |
| 苏丹 | 1 580 | 1 925 | 1 415 | 1 553 | 1 958 | 2 446 | 2 882 | 4 075 | 6 757 | 8 074 | 8 775 |
| 斯威士兰 | 1 066 | 1 083 | 1 068 | 1 046 | 1 129 | 955 | 1 519 | 1 925 | 2 237 | 2 495 | 2 650 |
| 坦桑尼亚 | 1 337 | 1 453 | 1 556 | 1 524 | 1 712 | 1 660 | 2 125 | 2 726 | 3 287 | 4 246 | 5 337 |
| 多哥 | 645 | 588 | 597 | 562 | 553 | 591 | 775 | 880 | 1 200 | 1 250 | 1 440 |
| 突尼斯 | 7 914 | 8 350 | 8 474 | 8 567 | 9 529 | 9 526 | 10 910 | 12 818 | 13 177 | 14 865 | 18 980 |
| 乌干达 | 1 316 | 1 416 | 1 342 | 1 536 | 1 594 | 1 053 | 1 375 | 1 726 | 2 054 | 2 557 | 3 466 |
| 赞比亚 | 819 | 1 100 | 822 | 993 | 1 307 | 1 253 | 1 574 | 2 152 | 2 558 | 3 074 | 3 971 |
| 津巴布韦 | 3 092 | 2 701 | 2 126 | 1 863 | 1 715 | 1 751 | 1 710 | 2 204 | 2 330 | 2 250 | 2 420 |
| 中东 | 150 200 | 149 000 | 147 500 | 167 400 | 175 100 | 184 300 | 210 200 | 280 600 | 334 900 | 379 900 | 479 300 |
| 巴林 | 4 026 | 3 566 | 3 698 | 4 633 | 4 306 | 5 013 | 5 657 | 7 385 | 9 393 | 10 515 | 11 488 |
| 伊朗 | 14 196 | 14 323 | 13 324 | 13 898 | 16 709 | 20 617 | 24 798 | 31 976 | 40 041 | 40 772 | 46 000 |
| 伊拉克 | 4 000 | 4 400 | 6 900 | 13 384 | 13 120 | 9 817 | 9 934 | 21 302 | 23 532 | 27 000 | 32 000 |
| 以色列 | 30 781 | 29 342 | 33 166 | 37 686 | 35 449 | 35 517 | 36 303 | 42 864 | 47 142 | 50 334 | 59 039 |
| 约旦 | 4 102 | 3 828 | 3 717 | 4 597 | 4 871 | 5 076 | 5 743 | 8 179 | 10 498 | 11 548 | 13 511 |
| 科威特 | 8 246 | 8 619 | 7 617 | 7 157 | 7 869 | 9 001 | 10 987 | 12 631 | 15 801 | 15 960 | 23 642 |
| 黎巴嫩 | 7 464 | 7 070 | 6 207 | 6 230 | 7 380 | 6 560 | 7 315 | 9 609 | 9 633 | 9 647 | 12 251 |
| 阿曼 | 5 191 | 5 826 | 4 801 | 5 131 | 5 933 | 6 296 | 6 801 | 8 796 | 8 971 | 11 039 | 16 100 |
| 卡塔尔 | 3 322 | 3 409 | 2 500 | 3 252 | 3 758 | 4 052 | 4 897 | 6 005 | 10 061 | 16 440 | 22 005 |
| 沙特阿拉伯 | 28 732 | 30 013 | 28 011 | 30 238 | 31 223 | 32 293 | 36 915 | 47 376 | 59 459 | 69 800 | 90 217 |
| 叙利亚 | 4 028 | 3 895 | 3 832 | 3 815 | 4 752 | 4 488 | 5 111 | 8 411 | 10 862 | 11 488 | 14 500 |
| 阿联酋 | 34 107 | 32 588 | 31 721 | 35 009 | 37 293 | 42 652 | 52 074 | 72 082 | 84 654 | 100 057 | 132 000 |
| 也门 | 2 014 | 2 167 | 2 008 | 2 324 | 2 466 | 2 921 | 3 675 | 3 986 | 4 865 | 5 294 | 6 500 |
| 亚洲 a | 1 495 300 | 1 248 000 | 1 365 200 | 1 678 400 | 1 558 400 | 1 659 100 | 1 976 700 | 2 487 600 | 2 889 800 | 3 330 200 | 3 804 300 |
| 阿富汗 | 604 | 462 | 1 012 | 1 176 | 1 696 | 2 452 | 2 101 | 2 177 | 2 471 | 2 582 | 2 950 |
| 澳大利亚 | 65 892 | 64 630 | 69 158 | 71 529 | 63 888 | 72 690 | 89 084 | 109 384 | 125 281 | 139 253 | 165 334 |
| 孟加拉国 | 7 263 | 7 495 | 8 331 | 8 883 | 9 018 | 8 592 | 10 434 | 12 036 | 13 889 | 16 034 | 18 595 |
| 不丹 | 137 | 134 | 182 | 175 | 191 | 197 | 249 | 411 | 386 | 420 | 480 |
| 文莱达鲁萨兰 | 2 203 | 1 552 | 1 342 | 1 107 | 1 159 | 1 556 | 1 327 | 1 422 | 1 491 | 1 676 | 2 101 |
| 柬埔寨 | 1 064 | 1 166 | 1 591 | 1 939 | 2 094 | 2 318 | 2 560 | 3 193 | 3 927 | 4 749 | 5 500 |
| 中国 | 142 370 | 140 237 | 165 699 | 225 094 | 243 553 | 295 170 | 412 760 | 561 229 | 659 953 | 791 461 | 955 950 |
| 斐济 | 965 | 722 | 903 | 830 | 886 | 901 | 1 205 | 1 446 | 1 607 | 1 802 | 1 795 |

续 表

| 地区 \ 年份 | 1997 | 1998 | 1999 | 2000 | 2001 | 2002 | 2003 | 2004 | 2005 | 2006 | 2007 |
|---|---|---|---|---|---|---|---|---|---|---|---|
| 中国香港 | 213 297 | 186 759 | 180 711 | 214 042 | 202 008 | 207 969 | 233 249 | 272 893 | 300 160 | 335 754 | 370 132 |
| 留用进口 | 76 475 | 62 833 | 58 464 | 71 863 | 65 251 | 59 352 | 61 018 | 70 044 | 75 257 | 86 100 | 93 309 |
| 印度 | 41 432 | 42 980 | 46 979 | 51 523 | 50 392 | 56 517 | 72 558 | 99 775 | 142 842 | 175 242 | 216 622 |
| 印度尼西亚 | 51 304 | 35 280 | 33 321 | 43 595 | 37 534 | 38 340 | 42 196 | 54 877 | 75 533 | 80 346 | 92 381 |
| 日本 | 338 754 | 280 484 | 309 995 | 379 511 | 349 089 | 337 194 | 382 930 | 454 542 | 516 698 | 579 062 | 621 091 |
| 基里巴斯 | 39 | 33 | 41 | 40 | 41 | 50 | 52 | 59 | 71 | 63 | 95 |
| 韩国 | 144 616 | 93 282 | 119 752 | 160 481 | 141 098 | 152 126 | 178 827 | 224 463 | 261 238 | 309 383 | 356 846 |
| 老挝 | 706 | 553 | 525 | 535 | 510 | 447 | 462 | 713 | 882 | 1 060 | 1 065 |
| 中国澳门 | 2 082 | 1 955 | 2 040 | 2 255 | 2 386 | 2 530 | 2 755 | 3 478 | 3 913 | 4 565 | 5 366 |
| 马来西亚 | 79 030 | 58 319 | 64 966 | 81 963 | 73 866 | 79 869 | 83 300 | 105 283 | 114 625 | 131 152 | 146 982 |
| 马尔代夫 | 349 | 354 | 402 | 389 | 393 | 392 | 471 | 642 | 745 | 927 | 1 096 |
| 蒙古 | 468 | 503 | 513 | 615 | 638 | 691 | 801 | 1 021 | 1 184 | 1 486 | 2 117 |
| 缅甸 | 2 056 | 2 695 | 2 323 | 2 401 | 2 877 | 2 348 | 2 091 | 2 196 | 1 927 | 2 564 | 3 250 |
| 尼泊尔 | 1 693 | 1 246 | 1 422 | 1 573 | 1 473 | 1 419 | 1 754 | 1 938 | 2 283 | 2 492 | 2 904 |
| 新喀里多尼亚 | 929 | 929 | 1 006 | 924 | 931 | 1 008 | 1 541 | 1 636 | 1 774 | 2 117 | 2 809 |
| 新西兰 | 14 519 | 12 495 | 14 299 | 13 906 | 13 308 | 15 047 | 18 559 | 23 195 | 26 219 | 26 424 | 30 890 |
| 北马里亚纳群岛 | 433 | 526 | 523 | 607 | 554 | 646 | 660 | 664 | 591 | 489 | 300 |
| 巴基斯坦 | 11 650 | 9 330 | 10 207 | 10 864 | 10 191 | 11 233 | 13 038 | 17 949 | 25 357 | 29 825 | 32 590 |
| 帕劳 | 80 | 63 | 104 | 124 | 100 | 97 | 88 | 107 | 105 | 115 | 120 |
| 巴布亚新几内亚 | 1 711 | 1 240 | 1 188 | 1 151 | 1 071 | 1 137 | 1 367 | 1 680 | 1 729 | 2 258 | 2 909 |
| 菲律宾 | 38 622 | 31 496 | 32 568 | 37 027 | 34 921 | 41 092 | 42 576 | 46 102 | 49 487 | 54 078 | 57 985 |
| 萨摩亚 | 97 | 97 | 115 | 106 | 130 | 135 | 137 | 163 | 187 | 219 | 227 |
| 新加坡 | 132 437 | 101 732 | 111 060 | 134 545 | 116 000 | 116 441 | 136 218 | 173 599 | 200 047 | 238 710 | 263 155 |
| 留用进口 | 79 853 | 55 218 | 65 062 | 75 444 | 60 421 | 58 100 | 62 735 | 81 625 | 94 944 | 110 079 | 119 885 |
| 所罗门群岛 | 158 | 128 | 110 | 92 | 90 | 67 | 94 | 121 | 185 | 200 | 240 |
| 斯里兰卡 | 5 864 | 5 905 | 5 961 | 7 177 | 5 973 | 6 105 | 6 672 | 7 973 | 8 834 | 10 258 | 11 300 |
| 中国台北 | 114 446 | 105 442 | 111 449 | 140 642 | 107 944 | 113 331 | 128 130 | 169 250 | 182 569 | 202 964 | 219 649 |
| 泰国 | 62 854 | 42 971 | 50 342 | 61 924 | 61 962 | 64 645 | 75 824 | 94 410 | 118 158 | 128 723 | 140 795 |
| 汤加 | 73 | 69 | 73 | 70 | 73 | 89 | 94 | 105 | 121 | 116 | 143 |
| 图瓦卢 | 8 | 10 | 8 | 5 | 4 | 11 | 16 | 11 | 13 | 13 | 14 |
| 瓦努阿图 | 94 | 93 | 98 | 87 | 90 | 90 | 105 | 128 | 149 | 160 | 215 |
| 越南 | 11 592 | 11 500 | 11 742 | 15 638 | 16 218 | 19 746 | 25 256 | 31 969 | 36 978 | 44 891 | 60 830 |
| 备忘项： | | | | | | | | | | | |
| 不含世界 a | | | | | | | | | | | |
| 欧盟（27）从内进口 | — | — | 4 294 000 | 5 064 000 | 4 812 000 | 4 958 000 | 5 707 000 | 6 992 000 | 8 103 000 | 9 295 000 | 10 622 000 |
| 欧盟（15）从内进口 | 4 412 000 | 4 267 000 | 4 490 000 | 5 276 000 | 5 044 000 | 5 217 000 | 6 039 000 | — | — | — | — |
| 不含欧洲 | | | | | | | | | | | |
| 欧盟（27）从内进口 | — | — | 969 620 | 1 111 840 | 1 061 060 | 1 089 210 | 1 305 270 | 1 584 860 | 1 819 420 | 2 104 980 | 2 438 930 |
| 欧盟（15）从内进口 | 1 091 680 | 1 143 750 | 1 165 080 | 1 324 500 | 1 292 780 | 1 348 280 | 1 637 900 | — | — | — | — |

a 含为转口的重要进口。

b 进口以 FOB 计价。

c 自 1998 年，进口以 FOB 计价。

d 自 1998 年，统计数据均来自南非，而不再是南部非洲关税同盟。

注意世界和亚洲数据含重复计算的因素，源于其使用一般货物贸易统计体系，该方法含转口贸易。

## 表 8:

### 世界商业服务出口（按地区和国家，1997—2007）

单位：百万美元

| 地区 \ 年份 | 1997 | 1998 | 1999 | 2000 | 2001 | 2002 | 2003 | 2004 | 2005 | 2006 | 2007 |
|---|---|---|---|---|---|---|---|---|---|---|---|
| 世界 | 1 307 100 | 1 340 400 | 1 392 300 | 1 478 400 | 1 481 800 | 1 593 800 | 1 829 300 | 2 209 900 | 2 473 400 | 2 777 900 | 3 291 500 |
| 北美洲 | 274 600 | 283 100 | 305 900 | 330 900 | 317 100 | 325 200 | 339 800 | 389 500 | 431 600 | 472 000 | 535 600 |
| 加拿大 | 30 724 | 33 040 | 35 228 | 39 271 | 37 862 | 39 567 | 43 131 | 48 525 | 53 938 | 57 750 | 61 439 |
| 墨西哥 | 232 865 | 238 525 | 259 049 | 278 086 | 266 661 | 273 209 | 284 178 | 326 982 | 361 600 | 397 833 | 456 363 |
| 美国 | 10 997 | 11 534 | 11 606 | 13 567 | 12 550 | 12 474 | 12 477 | 13 973 | 16 098 | 16 372 | 17 809 |
| 中、南美洲 | 38 400 | 41 500 | 42 700 | 46 600 | 45 800 | 44 600 | 49 500 | 57 600 | 69 300 | 78 800 | 92 200 |
| 安提瓜和巴布达 | 402 | 424 | 427 | 406 | 393 | 389 | 413 | 470 | 454 | 465 | 485 |
| 阿根廷 | 1 391 | 1 495 | 1 506 | 1 593 | 1 605 | 1 575 | 1 648 | 1 753 | 1 791 | 1 908 | 2 018 |
| 阿鲁巴 | 4 447 | 4 702 | 4 557 | 4 775 | 4 469 | 3 428 | 4 419 | 5 202 | 6 323 | 7 627 | 9 773 |
| 巴哈马 | 799 | 877 | 906 | 992 | 975 | 983 | 1 031 | 1 232 | 1 287 | 1 295 | 1 464 |
| 巴巴多斯 | 1 573 | 1 517 | 1 778 | 1 946 | 1 776 | 2 035 | 2 028 | 2 211 | 2 457 | 2 416 | 2 580 |
| 伯利兹 | 933 | 995 | 997 | 1 055 | 1 032 | 1 003 | 1 124 | 1 181 | 1 411 | 1 509 | 1 643 |
| 委内瑞拉 | 124 | 122 | 130 | 135 | 143 | 161 | 196 | 223 | 284 | 350 | 371 |
| 玻利维亚 | 232 | 235 | 243 | 207 | 221 | 242 | 348 | 401 | 473 | 462 | 453 |
| 巴西 | 5 488 | 7 083 | 6 873 | 8 961 | 8 718 | 8 790 | 9 570 | 11 615 | 14 856 | 17 946 | 22 555 |
| 智利 | 3 799 | 3 859 | 3 780 | 3 995 | 4 071 | 4 315 | 4 990 | 5 949 | 7 040 | 7 720 | 8 677 |
| 哥伦比亚 | 2 096 | 1 892 | 1 876 | 1 984 | 2 122 | 1 799 | 1 852 | 2 186 | 2 594 | 3 301 | 3 542 |
| 哥斯达黎加 | 1 116 | 1 329 | 1 643 | 1 911 | 1 899 | 1 841 | 1 990 | 2 207 | 2 584 | 2 937 | 3 493 |
| 古巴 | 1 963 | 2 155 | 2 628 | 2 643 | 2 572 | 2 450 | 2 962 | 3 789 | 6 593 | 6 702 | 8 143 |
| 多米尼加联邦 | 80 | 84 | 97 | 87 | 75 | 78 | 76 | 86 | 82 | 92 | 92 |
| 多米尼加共和国 | 639 | 631 | 681 | 793 | 799 | 820 | 812 | 940 | 940 | 939 | 1 092 |
| 厄瓜多尔 | 460 | 576 | 620 | 673 | 680 | 750 | 906 | 1 039 | 1 098 | 1 464 | 1 536 |
| 萨尔瓦多 | 105 | 116 | 141 | 146 | 129 | 128 | 132 | 156 | 115 | 128 | 146 |
| 格林纳达 | 542 | 581 | 653 | 702 | 948 | 1 053 | 954 | 1 063 | 1 138 | 1 292 | 1 465 |
| 危地马拉 | 148 | 142 | 147 | 169 | 172 | 172 | 157 | 161 | 148 | 148 | 173 |
| 圭亚那 | 172 | 163 | 173 | 158 | 123 | 125 | 114 | 101 | 86 | 150 | 158 |
| 海地 | 328 | 332 | 427 | 429 | 432 | 472 | 528 | 625 | 694 | 709 | 770 |
| 洪都拉斯 | 1 672 | 1 743 | 1 949 | 1 988 | 1 867 | 1 881 | 2 103 | 2 262 | 2 296 | 2 613 | 2 560 |
| 牙买加 | 126 | 152 | 181 | 187 | 188 | 191 | 222 | 250 | 271 | 302 | 332 |
| 荷属安的列斯 | 1 515 | 1 757 | 1 747 | 1 961 | 1 958 | 2 241 | 2 473 | 2 753 | 3 179 | 3 897 | 4 857 |
| 尼加拉瓜 | 634 | 606 | 554 | 573 | 525 | 531 | 550 | 597 | 647 | 735 | 772 |
| 巴拿马 | 1 457 | 1 674 | 1 518 | 1 445 | 1 326 | 1 342 | 1 600 | 1 872 | 2 164 | 2 323 | 2 920 |
| 巴拉圭 | 1 189 | 1 286 | 1 207 | 1 057 | 1 242 | 913 | 791 | 1 024 | 1 247 | 1 469 | 1 552 |
| 秘鲁 | 2 373 | 2 421 | 2 767 | 3 143 | 3 024 | 2 982 | 3 401 | 3 435 | 3 865 | 4 496 | 4 646 |
| 圣基茨和尼维斯 | 93 | 98 | 98 | 95 | 94 | 86 | 104 | 131 | 143 | 153 | 141 |
| 圣卢西亚 | 98 | 106 | 124 | 126 | 131 | 135 | 131 | 143 | 157 | 170 | 180 |
| 圣文森特和格林纳丁斯 | 287 | 318 | 305 | 323 | 272 | 248 | 317 | 366 | 408 | 332 | 345 |
| 苏里南 | 85 | 67 | 73 | 85 | 56 | 35 | 52 | 129 | 183 | 211 | 210 |
| 特立尼达和多巴哥 | 535 | 574 | 592 | 543 | 563 | 598 | 672 | 838 | 883 | — | — |
| 乌拉圭 | 1 413 | 1 309 | 1 235 | 1 249 | 1 099 | 745 | 746 | 1 086 | 1 285 | 1 366 | 1 735 |
| 欧洲 | 633 000 | 682 600 | 694 300 | 713 400 | 733 200 | 805 000 | 963 300 | 1 160 400 | 1 280 100 | 1 422 200 | 1 703 200 |
| 阿尔巴尼亚 | 52 | 83 | 253 | 429 | 495 | 552 | 695 | 997 | 1 154 | 1 481 | 1 981 |
| 奥地利 | 77 525 | 79 967 | 79 517 | 78 746 | 83 330 | 95 858 | 115 117 | 136 637 | 155 315 | 179 219 | 205 786 |
| 比利时 | 21 612 | 22 918 | 23 100 | 22 767 | 23 662 | 25 601 | 32 168 | 37 518 | 42 060 | 45 695 | 55 210 |
| 比利时—卢森堡 | — | — | — | — | — | 36 285 | 43 352 | 50 621 | 54 092 | 57 285 | 75 456 |
| 波斯尼亚和黑塞哥维那 | 34 097 | 36 688 | 44 073 | 48 556 | 48 970 | — | — | — | — | — | — |
| 保加利亚 | — | 457 | 461 | 448 | 495 | 522 | 719 | 861 | 954 | 1 134 | 1 328 |
| 克罗地亚 | 1 307 | 1 766 | 1 760 | 2 129 | 2 120 | 2 162 | 2 921 | 3 984 | 4 389 | 5 287 | 6 325 |
| 塞浦路斯 | 3 022 | 3 297 | 3 655 | 3 798 | 4 067 | 4 236 | 5 009 | 5 877 | 6 177 | 6 879 | 8 325 |
| 捷克 | 3 985 | 3 948 | 3 708 | 4 056 | 4 883 | 5 581 | 8 568 | 9 372 | 9 920 | 10 808 | 12 562 |
| 丹麦 | 14 044 | 15 212 | 19 982 | 23 721 | 25 134 | 26 667 | 31 672 | 36 304 | 43 395 | 52 670 | 61 799 |
| 爱沙尼亚 | 127 | 148 | 249 | 290 | 198 | 220 | 306 | 384 | 445 | 581 | 798 |
| 法罗群岛 | 2 036 | 2 023 | 1 873 | 1 883 | 1 958 | 2 311 | 2 786 | 3 449 | 3 970 | 4 337 | 5 643 |

续 表

| 年份<br>地区 | 1997 | 1998 | 1999 | 2000 | 2001 | 2002 | 2003 | 2004 | 2005 | 2006 | 2007 |
|---|---|---|---|---|---|---|---|---|---|---|---|
| 芬兰 | 43 333 | 48 124 | 51 982 | 52 112 | 55 292 | 59 599 | 73 679 | 85 303 | 93 853 | 105 832 | 128 253 |
| 法国 | 1 314 | 1 476 | 1 486 | 1 458 | 1 576 | 1 672 | 2 189 | 2 792 | 3 117 | 3 451 | 4 319 |
| 马其顿 | 6 569 | 6 632 | 6 457 | 7 669 | 9 148 | 10 350 | 11 383 | 15 064 | 16 898 | 17 414 | 20 671 |
| 德国 | 79 914 | 84 164 | 80 994 | 79 901 | 79 597 | 85 326 | 98 020 | 111 849 | 117 904 | 117 586 | 136 714 |
| 希腊 | 9 224 | 10 068 | 16 464 | 19 181 | 19 384 | 20 044 | 24 202 | 32 986 | 33 806 | 35 671 | 43 099 |
| 匈牙利 | 5 744 | 5 361 | 5 171 | 5 836 | 6 949 | 7 336 | 9 131 | 10 825 | 12 652 | 13 191 | 16 590 |
| 冰岛 | 6 046 | 16 504 | 15 526 | 18 326 | 23 266 | 29 666 | 41 785 | 52 213 | 59 402 | 68 659 | 88 994 |
| 爱尔兰 | 725 | 847 | 826 | 936 | 1 004 | 1 034 | 1 281 | 1 527 | 1 955 | 1 775 | 2 239 |
| 意大利 | — | 51 | 56 | 54 | 57 | 71 | 77 | 86 | 132 | 174 | — |
| 拉脱维亚 | 66 409 | 66 621 | 58 018 | 55 998 | 57 098 | 59 562 | 70 602 | 83 302 | 88 094 | 97 554 | 110 468 |
| 立陶宛 | 1 027 | 1 103 | 1 020 | 1 131 | 1 161 | 1 221 | 1 487 | 1 751 | 2 134 | 2 613 | 3 658 |
| 卢森堡 | 1 020 | 1 096 | 1 083 | 1 052 | 1 147 | 1 451 | 1 864 | 2 431 | 3 074 | 3 583 | 4 017 |
| 马耳他 | — | — | — | — | — | 20 291 | 25 237 | 33 638 | 40 510 | 50 578 | 62 300 |
| 黑山 | 1 082 | 1 159 | 1 198 | 1 075 | 1 079 | 1 175 | 1 349 | 1 675 | 1 975 | 2 629 | 3 205 |
| 荷兰 | — | — | — | — | — | — | — | — | — | 524 | 923 |
| 挪威 | 15 503 | 15 379 | 16 118 | 17 528 | 18 152 | 19 228 | 21 357 | 24 964 | 29 620 | 33 114 | 40 750 |
| 波兰 | 47 727 | 48 570 | 50 835 | 48 361 | 50 121 | 54 700 | 61 317 | 71 782 | 78 188 | 80 180 | 87 532 |
| 葡萄牙 | 8 898 | 10 810 | 8 331 | 10 395 | 9 745 | 10 030 | 11 170 | 13 437 | 16 212 | 20 522 | 28 614 |
| 罗马尼亚 | 7 591 | 8 735 | 9 144 | 8 896 | 9 251 | 10 219 | 12 188 | 14 507 | 15 028 | 17 624 | 22 140 |
| 塞尔维亚 | 99 854 | 110 721 | 117 357 | 118 567 | 118 786 | 132 937 | 155 455 | 193 727 | 205 825 | 230 669 | 273 002 |
| 塞尔维亚和黑山 | 7 033 | 7 518 | 6 928 | 6 751 | 7 034 | 7 024 | 7 754 | 9 607 | 11 714 | 13 296 | 16 349 |
| 斯洛伐克 | 2 151 | 2 275 | 1 886 | 2 218 | 2 454 | 2 787 | 3 270 | 3 713 | 4 380 | 5 403 | 7 022 |
| 斯洛文尼亚 | 1 499 | 1 201 | 1 340 | 1 720 | 2 007 | 2 326 | 3 000 | 3 590 | 5 056 | 7 005 | 10 398 |
| 西班牙 | — | — | — | — | — | — | — | — | — | 2 089 | 2 911 |
| 瑞典 | 818 | 914 | 471 | 624 | 740 | 829 | 1 130 | 1 678 | 1 909 | — | — |
| 瑞士 | 17 505 | 17 675 | 19 691 | 20 014 | 21 758 | 23 757 | 30 337 | 38 624 | 42 533 | 49 921 | 63 846 |
| 土耳其 | 24 588 | 25 893 | 27 108 | 27 463 | 26 011 | 28 371 | 32 860 | 40 568 | 45 972 | 50 729 | 61 496 |
| 英国 | 19 238 | 23 204 | 16 230 | 19 267 | 15 084 | 13 979 | 17 909 | 22 706 | 26 328 | 24 998 | 28 226 |
| 欧盟（25） | 567 600 | 611 700 | 628 900 | 642 300 | 666 100 | 734 600 | 878 400 | 1 057 200 | 1 161 800 | 1 294 800 | 1 549 700 |
| 欧盟（25）对外出口a | — | — | — | — | — | — | — | 436 700 | 484 600 | 548 200 | 667 200 |
| 欧盟（15） | 531 500 | 572 600 | 593 100 | 602 800 | 624 800 | 690 900 | 826 500 | 994 100 | 1 086 900 | 1 206 600 | 1 435 300 |
| 欧盟（15）对外出口a | 249 500 | 263 400 | 268 200 | 273 600 | 282 600 | 308 100 | 369 300 | 449 200 | 504 000 | — | — |
| 独联体 | 22 300 | 19 700 | 16 300 | 17 600 | 19 800 | 23 200 | 26 900 | 34 800 | 41 700 | 51 600 | 65 600 |
| 亚美尼亚 | 97 | 118 | 129 | 130 | 179 | 176 | 199 | 324 | 403 | 475 | 517 |
| 阿塞拜疆 | 332 | 320 | 236 | 234 | 256 | 321 | 392 | 453 | 625 | 841 | 1 172 |
| 白俄罗斯 | 919 | 919 | 745 | 989 | 1 124 | 1 317 | 1 477 | 1 726 | 2 055 | 2 385 | 3 229 |
| 格鲁吉亚 | 188 | 354 | 217 | 206 | 299 | 368 | 417 | 505 | 644 | 817 | 1 018 |
| 哈萨克斯坦 | 842 | 904 | 933 | 905 | 1 093 | 1 363 | 1 528 | 1 817 | 1 999 | 2 584 | 3 209 |
| 吉尔吉斯共和国 | 163 | 148 | 126 | 155 | 160 | 206 | 231 | 320 | 384 | 471 | 628 |
| 摩尔多瓦 | 40 | 58 | 60 | 57 | 76 | 120 | 137 | 193 | 234 | 351 | 654 |
| 俄罗斯 | 14 080 | 12 372 | 9 067 | 9 565 | 11 215 | 13 450 | 16 088 | 20 469 | 24 741 | 30 866 | 39 050 |
| 塔吉克斯坦 | 59 | 60 | 52 | 63 | 62 | 60 | 66 | 81 | 103 | 110 | 158 |
| 乌克兰 | 4 937 | 3 922 | 3 869 | 3 800 | 3 897 | 4 583 | 5 013 | 7 460 | 8 913 | 10 822 | 13 648 |
| 非洲 | 28 300 | 28 100 | 30 500 | 31 500 | 32 200 | 34 400 | 42 600 | 51 500 | 56 700 | 64 000 | 78 400 |
| 阿尔及利亚 | 139 | 122 | 153 | 267 | 203 | 207 | 201 | 323 | 177 | — | — |
| 安哥拉 | 753 | 973 | 1 010 | 927 | 884 | 1 191 | 1 287 | 1 591 | 1 825 | 2 248 | 2 474 |
| 贝宁 | 102 | 127 | 155 | 126 | 133 | 141 | 163 | 204 | 179 | 196 | — |
| 博茨瓦纳 | 187 | 240 | 305 | 306 | 326 | 439 | 626 | 774 | 842 | 771 | 849 |
| 布隆迪 | 3 | 2 | 2 | 2 | 2 | 4 | 2 | 4 | 7 | 6 | — |
| 喀麦隆 | 79 | 74 | 95 | 101 | 120 | 144 | 190 | 220 | 252 | 372 | 517 |
| 佛得角 | 436 | 508 | 414 | 575 | 844 | 921 | 593 | 869 | 858 | 939 | — |
| 中非共和国 | 85 | 112 | 139 | 130 | 137 | 158 | 185 | 183 | 223 | 269 | — |
| 刚果（金） | 501 | 533 | 507 | 415 | 509 | 513 | 560 | 641 | 697 | 706 | 787 |
| 科特迪瓦 | 31 | 61 | 65 | 69 | 74 | 79 | 87 | 87 | 95 | 103 | — |
| 吉布提 | 9 096 | 7832 | 9 276 | 9 687 | 8 815 | 9 127 | 10 837 | 14 046 | 14 449 | 15 834 | 19 660 |
| 埃及 | 159 | 77 | 44 | 54 | 113 | 118 | — | — | — | — | — |
| 厄立特里亚 | 318 | 308 | 392 | 387 | 391 | 450 | 588 | 800 | 789 | 890 | 1 144 |

续 表

| 地区＼年份 | 1997 | 1998 | 1999 | 2000 | 2001 | 2002 | 2003 | 2004 | 2005 | 2006 | 2007 |
|---|---|---|---|---|---|---|---|---|---|---|---|
| 埃塞俄比亚 | 205 | 194 | 249 | 171 | 143 | 74 | 167 | 136 | 136 | 128 | — |
| 加蓬 | 97 | 83 | 78 | 62 | 61 | 61 | 84 | 73 | 80 | 92 | — |
| 冈比亚 | 152 | 427 | 454 | 490 | 515 | 539 | 612 | 684 | 1 083 | 1 301 | 1 732 |
| 加纳 | 70 | 66 | 36 | 27 | 72 | 43 | 55 | 31 | 32 | 34 | — |
| 几内亚 | 17 | 31 | 50 | 119 | 134 | 275 | 329 | 351 | 419 | 385 | 531 |
| 肯尼亚 | 716 | 631 | 720 | 727 | 824 | 773 | 876 | 1 227 | 1 523 | 2 011 | — |
| 莱索托 | 79 | 46 | 37 | 36 | 35 | 30 | 43 | 56 | 48 | 51 | — |
| 利比亚 | 243 | 264 | 290 | 314 | 273 | 279 | 253 | 358 | 420 | 587 | 1 037 |
| 马达加斯加 | 39 | 32 | 49 | 34 | 44 | 49 | 40 | 41 | 43 | 80 | — |
| 马拉维 | 69 | 71 | 94 | 92 | 140 | 150 | 208 | 227 | 253 | 291 | — |
| 马里 | 2 203 | 2 558 | 2 803 | 2 854 | 3 787 | 4 098 | 5 126 | 6 304 | 7 570 | 9 318 | 11 725 |
| 毛里塔尼亚 | 889 | 911 | 1 030 | 1 066 | 1 218 | 1 146 | 1 274 | 1 449 | 1 604 | 1 663 | 2 180 |
| 毛里求斯 | 25 | 24 | 25 | 30 | 36 | 46 | 44 | 52 | 80 | 87 | — |
| 摩洛哥 | 279 | 286 | 295 | 325 | 249 | 336 | 300 | 246 | 316 | 355 | 404 |
| 莫桑比克 | 367 | 315 | 311 | 212 | 285 | 265 | 399 | 456 | 392 | 509 | 579 |
| 纳米比亚 | 786 | 884 | 980 | 1 833 | 1 653 | 2 524 | 3 473 | 3 336 | 2 887 | 3 729 | 5 788 |
| 尼日利亚 | 12 | 9 | 13 | 9 | 9 | 6 | 6 | 10 | 10 | 14 | — |
| 卢旺达 | 34 | 32 | 36 | 41 | 45 | 48 | — | — | 83 | 74 | 126 |
| 塞内加尔 | 329 | 366 | 351 | 330 | 345 | 389 | 488 | 598 | 687 | 713 | — |
| 塞舌尔 | 245 | 237 | 261 | 273 | 280 | 297 | 311 | 308 | 347 | 409 | 454 |
| 塞拉利昂 | 20 | 13 | 18 | 39 | 47 | 38 | 66 | 61 | 78 | 40 | — |
| 南非 | 5 210 | 5 213 | 5 041 | 4 888 | 4 728 | 4 863 | 8 120 | 9 444 | 10 898 | 11 712 | 13 242 |
| 苏丹 | 30 | 14 | 82 | 24 | 14 | 130 | 31 | 35 | 101 | 178 | 211 |
| 斯威士兰 | 90 | 87 | 51 | 271 | 112 | 90 | 200 | 235 | 274 | 274 | — |
| 坦桑尼亚 | 470 | 534 | 576 | 575 | 854 | 860 | 900 | 1 079 | 1 215 | 1 467 | 1 675 |
| 多哥 | 78 | 65 | 54 | 46 | 53 | 72 | 72 | 122 | 145 | 175 | — |
| 突尼斯 | 2 518 | 2 607 | 2 769 | 2 680 | 2 829 | 2 603 | 2 842 | 3 520 | 3 901 | 4 162 | 4 757 |
| 乌干达 | 165 | 176 | 188 | 205 | 208 | 216 | 255 | 358 | 494 | 437 | 483 |
| 赞比亚 | 112 | 102 | 107 | 114 | 143 | 114 | 142 | 161 | 207 | 228 | 279 |
| 津巴布韦 | 638 | 609 | 633 | 327 | 240 | 208 | — | — | — | — | — |
| 中东 | 24 500 | 27 000 | 29 900 | 33 500 | 32 600 | 34 500 | 43 500 | 50 200 | 58 500 | 68 300 | 76 900 |
| 巴林 | 4 251 | 4 723 | 5 373 | 4 779 | 5 008 | 5 177 | 5 713 | 5 852 | 6 677 | 7 297 | 7 912 |
| 伊朗 | 637 | 725 | 859 | 933 | 950 | 1 068 | 1 260 | 1 558 | 1 662 | 1 849 | 1 962 |
| 以色列 | — | — | 1 767 | 1 843 | 2 014 | 2 191 | 2 350 | 2 560 | 4 277 | 6 259 | — |
| 约旦 | 1 018 | 1 380 | 977 | 1 429 | 2 257 | 3 740 | 4 369 | 4 859 | 5 167 | 5 555 | — |
| 科威特 | 8 825 | 9 687 | 11 857 | 14 995 | 12 508 | 11 868 | 13 353 | 16 005 | 17 406 | 19 225 | 21 146 |
| 阿曼 | 1 717 | 1 810 | 1 689 | 1 602 | 1 396 | 1 743 | 1 717 | 2 052 | 2 239 | 2 850 | 3 298 |
| 卡塔尔 | 1 507 | 1 500 | 1 299 | 1 571 | 1 401 | 1 373 | 1 763 | 2 488 | 3 789 | 6 024 | 7 380 |
| 沙特阿拉伯 | 269 | 388 | 413 | 452 | 606 | 606 | 645 | 726 | 741 | 913 | — |
| 叙利亚 | — | — | 209 | 337 | 649 | 606 | 1 011 | 1 633 | 2 557 | 3 489 | — |
| 阿联酋 | 1 344 | 1 422 | 1 415 | 1 480 | 1 566 | 1 347 | 1 181 | 2 343 | 2 560 | 2 649 | — |
| 也门 | 168 | 133 | 141 | 174 | 130 | 129 | 244 | 292 | 285 | — | — |
| 亚洲 | 286 000 | 258 300 | 272 700 | 304 900 | 301 100 | 326 800 | 363 700 | 466 000 | 535 300 | 621 000 | 739 600 |
| 澳大利亚 | 18 898 | 16 822 | 18 550 | 19 413 | 17 689 | 19 161 | 23 227 | 27 841 | 30 378 | 32 438 | 39 739 |
| 孟加拉国 | 266 | 252 | 266 | 283 | 243 | 305 | 398 | 420 | 474 | 603 | 693 |
| 不丹 | 16 | 15 | 18 | 20 | 24 | 23 | 20 | 28 | 42 | 52 | 60 |
| 柬埔寨 | 150 | 173 | 289 | 423 | 517 | 596 | 541 | 788 | 1 064 | 1 244 | 1 510 |
| 中国 | 24 504 | 23 879 | 26 165 | 30 146 | 32 901 | 39 381 | 46 375 | 62 056 | 73 909 | 91 421 | 121 655 |
| 斐济 | 25 439 | 24 828 | 25 766 | 29 746 | 28 103 | 27 345 | 31 753 | 40 505 | 43 711 | 48 382 | 61 536 |
| 中国香港 | 616 | 472 | 505 | 397 | 387 | 478 | 585 | 668 | 790 | 740 | 733 |
| 印度 | — | — | 3 468 | 3 377 | 3 072 | 3 428 | 3 389 | 4 043 | 4 525 | 5 927 | 7 863 |
| 印度尼西亚 | 38 514 | 33 790 | 35 568 | 40 362 | 41 056 | 44 546 | 46 500 | 55 103 | 63 651 | 72 674 | 82 723 |
| 日本 b | 89 26 | 11 067 | 14 006 | 16 030 | 16 799 | 19 125 | 23 633 | 37 931 | 55 508 | 75 057 | 89 746 |
| 韩国 | 6 792 | 4 340 | 4 452 | 5 061 | 5 361 | 6 519 | 5 143 | — | — | — | — |
| 老挝 | 64 | 52 | 51 | 45 | 47 | 15 | 24 | 26 | 37 | 51 | 64 |
| 中国澳门 | 69 574 | 63 053 | 61 447 | 69 430 | 64 769 | 66 054 | 71 784 | 89 668 | 102 071 | 115 140 | 127 060 |
| 马来西亚 | 3 163 | 2 845 | 2 710 | 3 280 | 3 768 | 4 758 | 5 605 | 8 063 | 8 612 | 10 538 | 14 464 |
| 马尔代夫 | 15 569 | 11 400 | 11 800 | 13 812 | 14 331 | 14 753 | 13 459 | 16 999 | 19 463 | 21 722 | 28 184 |
| 蒙古 | 309 | 329 | 340 | 345 | 351 | 360 | 429 | 505 | 317 | 470 | 544 |

续 表

| 地区＼年份 | 1997 | 1998 | 1999 | 2000 | 2001 | 2002 | 2003 | 2004 | 2005 | 2006 | 2007 |
|---|---|---|---|---|---|---|---|---|---|---|---|
| 缅甸 | 50 | 75 | 73 | 74 | 109 | 179 | 203 | 329 | 409 | 483 | 578 |
| 尼泊尔 | 513 | 618 | 496 | 459 | 387 | 403 | 228 | 232 | 237 | 256 | — |
| 新西兰 | 795 | 433 | 454 | 410 | 303 | 192 | 302 | 356 | 271 | 252 | 340 |
| 巴基斯坦 | 4 180 | 3 688 | 4 280 | 4 355 | 4 386 | 5 339 | 6 787 | 8 052 | 8 491 | 8 005 | 9 168 |
| 巴布亚新几内亚 | 1 446 | 1 303 | 1 264 | 1 284 | 1 302 | 1 496 | 1 476 | 1 719 | 2 043 | 2 245 | 2 221 |
| 菲律宾 | 397 | 318 | 248 | 243 | 285 | 162 | 219 | 181 | 285 | 298 | 339 |
| 萨摩亚 | 78 | 116 | 101 | 150 | 141 | 152 | 123 | 168 | 203 | 221 | — |
| 新加坡 | 59 | 58 | 47 | — | — | — | — | 94 | 111 | 134 | — |
| 所罗门群岛 | 25 740 | 22 457 | 24 845 | 28 075 | 27 307 | 29 428 | 36 196 | 46 584 | 52 633 | 58 957 | 67 329 |
| 斯里兰卡 | 850 | 892 | 940 | 915 | 1 334 | 1 247 | 1 389 | 1 506 | 1 519 | 1 604 | 1 691 |
| 中国台北 | 15 619 | 13 074 | 14 542 | 13 785 | 12 932 | 15 304 | 15 694 | 18 932 | 20 011 | 24 636 | 28 773 |
| 泰国 | 17 021 | 16 660 | 17 037 | 19 890 | 19 760 | 21 501 | 23 028 | 25 545 | 25 574 | 28 860 | 30 944 |
| 汤加 | 31 | 23 | 19 | 14 | 18 | 18 | 22 | 21 | 30 | 22 | — |
| 瓦努阿图 | 80 | 108 | 106 | 118 | 112 | 90 | 108 | 118 | 135 | 140 | — |
| 越南 | 2 530 | 2 616 | 2 493 | 2 702 | 2 810 | 2 948 | 3 272 | 3 867 | 4 176 | 5 100 | 6 030 |
| 备忘项： | | | | | | | | | | | |
| 不含世界 | | | | | | | | | | | |
| 欧盟（27）对内出口a | — | — | — | — | — | — | — | 1 589 400 | 1 796 200 | 2 031 300 | 2 408 900 |
| 欧盟（15）对内出口a | 1 025 200 | 1 031 300 | 1 067 400 | 1 149 200 | 1 139 600 | 1 211 000 | 1 372 100 | 1 665 000 | 1 890 400 | — | — |
| 不含欧洲 | | | | | | | | | | | |
| 欧盟（27）对内出口a | — | — | — | — | — | — | — | 539 900 | 603 000 | 675 600 | 820 600 |
| 欧盟（15）对内出口a | 351 100 | 373 500 | 369 400 | 384 100 | 391 000 | 422 200 | 506 200 | 615 400 | 697 200 | — | — |

a 欧盟内外部贸易统计参阅技术注释。

b 秘书处1995—2005出口统计以日本银行采用的新方法为基础。参阅技术注释。

注：由于服务贸易数据的频繁修正，致使大量国家和地区的数据缺少连续性。参阅技术注释。

## 表9：

### 世界商业服务进口（按地区和国家，1997—2007）

单位：百万美元

| 地区＼年份 | 1997 | 1998 | 1999 | 2000 | 2001 | 2002 | 2003 | 2004 | 2005 | 2006 | 2007 |
|---|---|---|---|---|---|---|---|---|---|---|---|
| 世界 | 1 282 900 | 1 314 600 | 1 362 100 | 1 451 100 | 1 470 000 | 1 556 700 | 1 777 100 | 2 117 100 | 2 350 800 | 2 620 100 | 3 085 900 |
| 北美洲 | 201 300 | 216 400 | 237 600 | 268 400 | 264 200 | 270 900 | 291 700 | 337 200 | 367 600 | 402 400 | 440 100 |
| 加拿大 | 37 528 | 37 671 | 40 060 | 43 597 | 43 236 | 44 455 | 51 771 | 58 240 | 64 496 | 71 746 | 80 300 |
| 墨西哥 | 11 830 | 12 569 | 14 061 | 16 718 | 16 521 | 17 031 | 17 571 | 19 250 | 20 915 | 22 329 | 23 971 |
| 美国 | 151 956 | 166 151 | 183 509 | 208 084 | 204 477 | 209 394 | 222 346 | 259 697 | 282 212 | 308 348 | 335 851 |
| 中、南美洲 | 50 800 | 53 500 | 50 600 | 54 700 | 55 000 | 48 800 | 51 200 | 58 500 | 71 200 | 81 700 | 98 600 |
| 安提瓜和巴布达 | 160 | 166 | 170 | 147 | 159 | 163 | 174 | 182 | 218 | 249 | 284 |
| 阿根廷 | 8 701 | 9 079 | 8 599 | 8 960 | 8 262 | 4 775 | 5 462 | 6 374 | 7 384 | 8 267 | 10 459 |
| 阿鲁巴 | 557 | 528 | 634 | 621 | 591 | 576 | 691 | 761 | 876 | 952 | 890 |
| 巴哈马 | 790 | 939 | 884 | 969 | 896 | 929 | 1 009 | 1 169 | 1 296 | 1 815 | 1 785 |
| 巴巴多斯 | 389 | 409 | 433 | 460 | 471 | 466 | 492 | 520 | 636 | 636 | 686 |
| 伯利兹 | 87 | 94 | 99 | 116 | 111 | 121 | 127 | 139 | 147 | 141 | 157 |
| 委内瑞拉 | 3 780 | 3 842 | 3 982 | 4 236 | 4 509 | 3 837 | 3 251 | 4 265 | 5 183 | 5 797 | 7 243 |
| 玻利维亚 | 401 | 423 | 436 | 450 | 382 | 417 | 534 | 590 | 664 | 808 | 810 |
| 巴西 | 14 447 | 15 743 | 13 357 | 15 574 | 15 825 | 13 496 | 14 350 | 16 111 | 22 409 | 27 149 | 34 776 |
| 智利 | 3 902 | 4 260 | 4 474 | 4 664 | 4 848 | 4 953 | 5 555 | 6 653 | 7 572 | 8 241 | 9 718 |
| 哥伦比亚 | 3 596 | 3 354 | 3 082 | 3 242 | 3 535 | 3 234 | 3 298 | 3 873 | 4 704 | 5 428 | 6 150 |
| 哥斯达黎加 | 975 | 1 099 | 1 185 | 1 261 | 1 167 | 1 170 | 1 231 | 1 370 | 1 501 | 1 612 | 1 807 |
| 古巴 | 851 | 891 | 964 | 821 | 743 | 665 | 690 | 787 | 978 | 1 196 | 1 454 |

续 表

| 地区 \ 年份 | 1997 | 1998 | 1999 | 2000 | 2001 | 2002 | 2003 | 2004 | 2005 | 2006 | 2007 |
|---|---|---|---|---|---|---|---|---|---|---|---|
| 多米尼加联邦 | 49 | 48 | 54 | 48 | 47 | 50 | 40 | 45 | 50 | 53 | 60 |
| 多米尼加共和国 | 1 160 | 1 300 | 1 224 | 1 340 | 1 249 | 1 271 | 1 179 | 1 168 | 1 431 | 1 511 | 1 666 |
| 厄瓜多尔 | 1 198 | 1 208 | 1 140 | 1 225 | 1 395 | 1 559 | 1 575 | 1 889 | 2 079 | 2 265 | 2 520 |
| 萨尔瓦多 | 615 | 723 | 800 | 912 | 938 | 1 007 | 1 040 | 1 130 | 1 189 | 1 458 | 1 684 |
| 格林纳达 | 54 | 64 | 76 | 85 | 81 | 86 | 77 | 81 | 85 | 92 | 100 |
| 危地马拉 | 627 | 759 | 760 | 786 | 891 | 1 018 | 1 085 | 1 261 | 1 425 | 1 628 | 1 852 |
| 圭亚那 | 165 | 174 | 178 | 193 | 192 | 196 | 172 | 208 | 201 | 218 | 241 |
| 海地 | 321 | 203 | 222 | 270 | 252 | 251 | 289 | 299 | 280 | 370 | 444 |
| 洪都拉斯 | 359 | 437 | 491 | 584 | 613 | 602 | 671 | 761 | 853 | 994 | 1 014 |
| 牙买加 | 1 196 | 1 258 | 1 286 | 1 391 | 1 480 | 1 552 | 1 538 | 1 677 | 1 676 | 1 969 | 2 084 |
| 荷属安的列斯 | 575 | 611 | 662 | 728 | 787 | 788 | 801 | 787 | 805 | 831 | 879 |
| 尼加拉瓜 | 227 | 253 | 319 | 334 | 346 | 336 | 353 | 385 | 424 | 451 | 521 |
| 巴拿马 | 1 247 | 1 211 | 1 102 | 1 096 | 1 053 | 1 256 | 1 253 | 1 410 | 1 724 | 1 666 | 2 032 |
| 巴拉圭 | 630 | 549 | 463 | 390 | 362 | 321 | 318 | 287 | 329 | 405 | 491 |
| 秘鲁 | 2 232 | 2 299 | 2 105 | 2 165 | 2 274 | 2 325 | 2 493 | 2 603 | 2 996 | 3 269 | 4 081 |
| 圣基茨和尼维斯 | 61 | 58 | 81 | 72 | 71 | 73 | 75 | 78 | 87 | 94 | 105 |
| 圣卢西亚 | 114 | 121 | 128 | 126 | 125 | 124 | 141 | 149 | 168 | 165 | 172 |
| 圣文森特和格林纳丁斯 | 72 | 74 | 62 | 52 | 54 | 54 | 61 | 69 | 79 | 88 | 97 |
| 苏里南 | 174 | 174 | 136 | 177 | 164 | 152 | 188 | 251 | 339 | 250 | 292 |
| 特立尼达和多巴哥 | 232 | 235 | 253 | 363 | 339 | 340 | 335 | 314 | 471 | — | — |
| 乌拉圭 | 840 | 831 | 760 | 842 | 773 | 593 | 602 | 748 | 901 | 945 | 1 208 |
| 欧洲 | 576 200 | 631 800 | 644 400 | 656 900 | 678 300 | 735 400 | 875 500 | 1 026 900 | 1 123 400 | 1 231 000 | 1 461 300 |
| 阿尔巴尼亚 | 93 | 119 | 152 | 413 | 422 | 561 | 734 | 991 | 1 318 | 1 552 | 2 029 |
| 奥地利 | 17 819 | 17 941 | 17 171 | 16 404 | 17 504 | 18 554 | 23 576 | 27 902 | 30 686 | 33 192 | 38 909 |
| 比利时 | — | — | — | — | — | 35 288 | 42 163 | 48 260 | 50 408 | 52 285 | 70 645 |
| 比利时—卢森堡 | 31 437 | 34 095 | 38 815 | 41 444 | 42 856 | — | — | — | — | — | — |
| 波斯尼亚和黑塞哥维那 | — | 262 | 277 | 256 | 262 | 298 | 375 | 422 | 448 | 491 | 563 |
| 保加利亚 | 1 157 | 1 398 | 1 473 | 1 660 | 1 894 | 1 740 | 2 424 | 3 213 | 3 382 | 4 091 | 4 809 |
| 克罗地亚 | 2 238 | 1 850 | 2 055 | 1 782 | 1 918 | 2 378 | 2 950 | 3 523 | 3 349 | 3 491 | 3 853 |
| 塞浦路斯 | 1 374 | 1 476 | 1 537 | 1 563 | 1 592 | 1 635 | 2 089 | 2 552 | 2 614 | 2 897 | 3 623 |
| 捷克 | 5 305 | 5 690 | 5 772 | 5 364 | 5 487 | 6 372 | 7 240 | 8 932 | 10 110 | 11 726 | 13 940 |
| 丹麦 | 13 727 | 15 779 | 18 402 | 21 063 | 22 121 | 24 305 | 28 254 | 33 401 | 36 986 | 45 531 | 53 973 |
| 爱沙尼亚 | 649 | 814 | 829 | 870 | 949 | 1 081 | 1 370 | 1 725 | 2 132 | 2 427 | 3 004 |
| 法罗群岛 | — | 90 | 95 | 97 | 105 | 131 | 146 | 161 | 224 | 267 | — |
| 芬兰 | 8 039 | 7 643 | 7 491 | 8 323 | 7 994 | 9 763 | 12 020 | 14 422 | 17 591 | 18 618 | 20 809 |
| 法国 | 62 597 | 66 432 | 62 102 | 59 581 | 61 439 | 68 177 | 81 809 | 97 250 | 104 601 | 106 949 | 124 142 |
| 马其顿 | 266 | 202 | 223 | 260 | 253 | 267 | 320 | 440 | 483 | 548 | 747 |
| 德国 | 128 061 | 133 353 | 136 040 | 131 987 | 137 139 | 140 588 | 167 468 | 190 104 | 201 935 | 217 345 | 250 471 |
| 希腊 | 4 196 | 4 976 | 8 831 | 10 918 | 11 189 | 9 447 | 10 730 | 13 560 | 14 292 | 15 899 | 19 524 |
| 匈牙利 | 3 988 | 4 139 | 4 283 | 4 708 | 5 470 | 6 749 | 9 022 | 10 470 | 11 293 | 11 485 | 14 981 |
| 冰岛 | 790 | 948 | 1 012 | 1 149 | 1 058 | 1 105 | 1 481 | 1 818 | 2 538 | 2 533 | 2 924 |
| 爱尔兰 | 15 158 | 29 459 | 26 474 | 31 212 | 35 281 | 42 765 | 54 520 | 65 328 | 71 386 | 78 460 | 94 472 |
| 意大利 | 58 944 | 62 887 | 56 240 | 54 632 | 56 087 | 61 110 | 73 107 | 81 673 | 88 364 | 98 107 | 118 261 |
| 拉脱维亚 | 637 | 717 | 628 | 680 | 662 | 692 | 917 | 1 164 | 1 541 | 1 962 | 2 666 |
| 立陶宛 | 850 | 816 | 747 | 655 | 669 | 878 | 1 215 | 1 578 | 1 989 | 2 462 | 3 124 |
| 卢森堡 | — | — | — | — | — | 12 388 | 15 511 | 20 912 | 24 564 | 30 188 | 36 025 |
| 马耳他 | 647 | 686 | 722 | 735 | 735 | 769 | 861 | 1 026 | 1 198 | 1 682 | 2 068 |
| 黑山 | — | — | — | — | — | — | — | — | — | 277 | 320 |

续 表

| 地区 \ 年份 | 1997 | 1998 | 1999 | 2000 | 2001 | 2002 | 2003 | 2004 | 2005 | 2006 | 2007 |
|---|---|---|---|---|---|---|---|---|---|---|---|
| 荷兰 | 44 314 | 46 252 | 48 121 | 49 941 | 52 166 | 56 492 | 62 954 | 68 565 | 72 419 | 78 730 | 86 833 |
| 挪威 | 14 112 | 14 662 | 15 214 | 14 832 | 15 667 | 17 834 | 20 415 | 23 871 | 28 709 | 31 227 | 38 585 |
| 波兰 | 5 610 | 6 479 | 6 837 | 8 860 | 8 852 | 9 089 | 10 526 | 13 213 | 15 310 | 19 413 | 24 310 |
| 葡萄牙 | 5 985 | 6 631 | 7 064 | 6 810 | 6 644 | 6 992 | 8 118 | 9 572 | 10 299 | 11 314 | 13 421 |
| 塞尔维亚 | 1 865 | 1 796 | 1 759 | 1 948 | 2 113 | 2 304 | 2 913 | 3 829 | 5 425 | 6 901 | 10 047 |
| 罗马尼亚 | — | — | — | — | — | — | — | — | — | 2 114 | 2 897 |
| 塞尔维亚和黑山 | 362 | 421 | 243 | 293 | 323 | 537 | 795 | 1 192 | 1 478 | — | — |
| 斯洛伐克 | 2 062 | 2 272 | 1 812 | 1 779 | 1 971 | 2 321 | 3 012 | 3 415 | 4 015 | 4 605 | 6 449 |
| 斯洛文尼亚 | 1 392 | 1 510 | 1 506 | 1 423 | 1 443 | 1 715 | 2 163 | 2 579 | 2 889 | 3 222 | 4 186 |
| 西班牙 | 25 210 | 28 242 | 31 544 | 32 837 | 34 903 | 38 445 | 47 607 | 58 822 | 66 739 | 78 009 | 98 378 |
| 瑞典 | 19 427 | 21 620 | 22 511 | 23 367 | 22 920 | 23 856 | 28 647 | 32 990 | 35 141 | 39 638 | 47 813 |
| 瑞士 | 13 979 | 14 952 | 14 760 | 14 533 | 15 256 | 16 023 | 18 393 | 23 610 | 27 224 | 28 616 | 33 860 |
| 土耳其 | 8 085 | 9 439 | 8 449 | 7 624 | 5 633 | 5 528 | 6 690 | 9 188 | 10 182 | 10 447 | 14 144 |
| 英国 | 75 498 | 85 797 | 93 170 | 96 893 | 97 352 | 107 177 | 122 948 | 145 227 | 160 096 | 172 323 | 194 139 |
| 欧盟（25） | 535 900 | 588 900 | 601 900 | 615 700 | 637 400 | 690 700 | 823 200 | 961 700 | 1 047 400 | 1 149 500 | 1 361 000 |
| 欧盟（25）从外进口 a | — | — | — | — | — | — | — | 384 900 | 418 100 | 457 100 | 544 900 |
| 欧盟（15） | 510 400 | 561 100 | 574 000 | 585 400 | 605 600 | 655 300 | 779 400 | 908 000 | 985 500 | 1 076 600 | 1 267 800 |
| 欧盟（15）从外进口 a | 231 900 | 253 600 | 258 300 | 265 100 | 272 100 | 284 600 | 336 400 | 399 900 | 438 700 | — | — |
| 独联体 | 26 300 | 23 200 | 20 000 | 24 100 | 29 600 | 33 900 | 39 600 | 50 400 | 59 500 | 69 800 | 90 900 |
| 亚美尼亚 | 157 | 190 | 183 | 177 | 192 | 217 | 264 | 419 | 517 | 600 | 698 |
| 阿塞拜疆 | 714 | 692 | 476 | 475 | 650 | 1 283 | 2 027 | 2 702 | 2 625 | 2 784 | 3 324 |
| 白俄罗斯 | 354 | 438 | 431 | 524 | 782 | 826 | 820 | 943 | 1 057 | 1 643 | 2 002 |
| 格鲁吉亚 | 249 | 335 | 224 | 216 | 231 | 323 | 355 | 440 | 584 | 687 | 871 |
| 哈萨克斯坦 | 1 124 | 1 154 | 1 104 | 1 831 | 2 609 | 3 506 | 3 712 | 5 058 | 7 375 | 8 581 | 11 276 |
| 吉尔吉斯共和国 | 169 | 173 | 152 | 144 | 121 | 145 | 157 | 219 | 287 | 456 | 577 |
| 摩尔多瓦 | 191 | 190 | 168 | 190 | 195 | 243 | 268 | 331 | 390 | 455 | 590 |
| 俄罗斯 | 20 025 | 16 456 | 13 351 | 16 230 | 19 819 | 22 852 | 26 487 | 32 216 | 37 915 | 43 803 | 57 805 |
| 塔吉克斯坦 | 84 | 40 | 43 | 57 | 70 | 103 | 120 | 205 | 250 | 393 | 722 |
| 乌克兰 | 2 268 | 2 545 | 2 292 | 2 590 | 3 167 | 3 143 | 3 979 | 6 162 | 6 962 | 8 582 | 10 775 |
| 非洲 | 36 900 | 37 400 | 35 800 | 37 600 | 39 900 | 41 400 | 47 400 | 59 000 | 70 400 | 81 500 | 102 100 |
| 阿尔及利亚 | 1 000 | 1 069 | 9 89 | 1 411 | 1 413 | 1 511 | 1 510 | 2 493 | 2 997 | 3 132 | 4 494 |
| 安哥拉 | 2 046 | 2 395 | 2 194 | 2 271 | 3 176 | 2 766 | 2 774 | 4 285 | 6 191 | 6 860 | — |
| 贝宁 | 170 | 191 | 213 | 186 | 186 | 203 | 244 | 273 | 267 | 342 | — |
| 博茨瓦纳 | 435 | 517 | 515 | 538 | 512 | 508 | 652 | 784 | 840 | 834 | 980 |
| 布隆迪 | 28 | 34 | 18 | 36 | 31 | 34 | 38 | 62 | 104 | 190 | — |
| 喀麦隆 | 919 | 807 | 699 | 934 | 1 056 | 1 198 | 1 177 | 1 454 | 1 336 | 1 426 | — |
| 佛得角 | 66 | 85 | 112 | 97 | 113 | 138 | 183 | 194 | 201 | 237 | 287 |
| 中非共和国 | 130 | 136 | 107 | 113 | 96 | 89 | 90 | 101 | 120 | 123 | — |
| 刚果（金） | 748 | 853 | 854 | 728 | 842 | 917 | 866 | 1 012 | 1 550 | 2 647 | — |
| 科特迪瓦 | 1 340 | 1 408 | 1 358 | 1 142 | 1 188 | 1 447 | 1 657 | 1 896 | 1 982 | 2 087 | 2 223 |
| 吉布提 | 68 | 74 | 60 | 65 | 60 | 55 | 60 | 70 | 76 | 87 | — |
| 埃及 | 5 813 | 5 886 | 5 959 | 7 161 | 6 356 | 6 013 | 6 038 | 7 470 | 9 507 | 10 288 | 13 093 |
| 厄立特里亚 | 100 | 179 | 101 | 24 | 28 | 25 | — | — | — | — | — |

续 表

| 地区＼年份 | 1997 | 1998 | 1999 | 2000 | 2001 | 2002 | 2003 | 2004 | 2005 | 2006 | 2007 |
|---|---|---|---|---|---|---|---|---|---|---|---|
| 埃塞俄比亚 | 377 | 442 | 463 | 479 | 516 | 556 | 689 | 932 | 1 178 | 1 154 | 1 729 |
| 加蓬 | 943 | 980 | 854 | 846 | 695 | 741 | 821 | 921 | 1 173 | 1 208 | — |
| 冈比亚 | 60 | 63 | 62 | 61 | 55 | 54 | 36 | 46 | 45 | 94 | — |
| 加纳 | 358 | 533 | 555 | 514 | 538 | 548 | 730 | 881 | 1 140 | 1 442 | 1 902 |
| 几内亚 | 204 | 274 | 258 | 183 | 220 | 156 | 188 | 195 | 194 | 221 | — |
| 肯尼亚 | 708 | 632 | 505 | 665 | 712 | 588 | 575 | 803 | 955 | 1 265 | — |
| 莱索托 | 58 | 50 | 47 | 41 | 38 | 45 | 69 | 86 | 88 | 75 | — |
| 利比亚 | 692 | 650 | 887 | 815 | 964 | 1 343 | 1 528 | 1 753 | 2 128 | 2 324 | 2640 |
| 马达加斯加 | 289 | 326 | 336 | 395 | 424 | 561 | 479 | 474 | 462 | 612 | 789 |
| 马拉维 | 219 | 162 | 185 | 167 | 171 | 222 | 189 | 211 | 222 | 222 | — |
| 马里 | 329 | 332 | 351 | 324 | 414 | 380 | 478 | 528 | 583 | 672 | — |
| 毛里塔尼亚 | 180 | 130 | 152 | 168 | 194 | 220 | 187 | 260 | 379 | 406 | — |
| 毛里求斯 | 656 | 706 | 719 | 748 | 799 | 775 | 875 | 1 005 | 1 193 | 1 319 | 1 529 |
| 摩洛哥 | 1 267 | 1 482 | 1 537 | 1 520 | 1 705 | 1 903 | 2 350 | 2 805 | 3 103 | 3 568 | 4 509 |
| 莫桑比克 | 329 | 396 | 392 | 439 | 607 | 559 | 553 | 511 | 627 | 729 | 819 |
| 纳米比亚 | 522 | 449 | 431 | 320 | 265 | 224 | 269 | 411 | 359 | 421 | 496 |
| 尼日利亚 | 4 694 | 4 054 | 3 311 | 3 144 | 4 420 | 4 688 | 5 715 | 5 973 | 6 203 | 8 389 | 13 902 |
| 卢旺达 | 100 | 99 | 106 | 113 | 113 | — | — | — | 176 | 213 | 259 |
| 塞内加尔 | 389 | 432 | 419 | 396 | 403 | 457 | 567 | 681 | 776 | 806 | — |
| 塞舌尔 | 124 | 127 | 152 | 186 | 212 | 209 | 213 | 211 | 253 | 303 | 342 |
| 塞拉利昂 | 38 | 33 | 79 | 82 | 93 | 76 | 89 | 87 | 85 | 75 | — |
| 南非 | 5 810 | 5 465 | 5 581 | 5 657 | 5 109 | 5 376 | 7 847 | 10 063 | 11 863 | 13 950 | 16 258 |
| 苏丹 | 168 | 200 | 270 | 632 | 638 | 784 | 805 | 1 023 | 1 801 | 2 718 | 2 851 |
| 斯威士兰 | 236 | 262 | 161 | 300 | 192 | 202 | 342 | 387 | 401 | 360 | — |
| 坦桑尼亚 | 709 | 885 | 723 | 620 | 635 | 611 | 685 | 923 | 1 131 | 1 212 | 1 424 |
| 多哥 | 168 | 149 | 130 | 116 | 129 | 147 | 204 | 237 | 276 | 295 | — |
| 突尼斯 | 1 066 | 1 121 | 1 106 | 1 119 | 1 332 | 1 353 | 1 510 | 1 869 | 2 075 | 2 338 | 2 662 |
| 乌干达 | 669 | 728 | 419 | 459 | 506 | 550 | 488 | 610 | 762 | 935 | 1 159 |
| 赞比亚 | 282 | 282 | 298 | 322 | 353 | 361 | 388 | 418 | 446 | 560 | 886 |
| 津巴布韦 | 915 | 622 | 647 | 494 | 439 | 447 | — | — | — | — | — |
| 中东 | 48 200 | 42 800 | 43 800 | 48 800 | 46 900 | 51 100 | 60 100 | 74 400 | 88 800 | 106 500 | 132 900 |
| 巴林 | 635 | 652 | 700 | 738 | 748 | 927 | 886 | 933 | 977 | 1 153 | 1 221 |
| 伊朗 | 3 182 | 2 571 | 1 905 | 2 161 | 2 451 | 5 381 | 6 432 | 7 081 | 7 697 | 8 522 | — |
| 以色列 | 8 829 | 9 059 | 10 050 | 11 703 | 11 644 | 10 701 | 10 978 | 12 611 | 13 498 | 14 734 | 17 772 |
| 约旦 | 1 241 | 1 588 | 1 485 | 1 463 | 1 520 | 1 627 | 1 690 | 1 972 | 2 465 | 2 854 | 3 317 |
| 科威特 | 4 055 | 4 247 | 3 867 | 4 115 | 4 520 | 4 881 | 5 534 | 6 293 | 7 333 | 8 359 | 10 401 |
| 阿曼 | 1 556 | 1 891 | 1 714 | 1 759 | 1 899 | 1 880 | 2 180 | 2 756 | 3 052 | 3 740 | — |
| 卡塔尔 | — | — | 823 | 870 | 966 | 1 050 | 1 283 | 1 667 | 3 640 | 5 680 | — |
| 沙特阿拉伯 | 14 393 | 8 648 | 9 426 | 10 928 | 7 155 | 7 152 | 7 936 | 11 057 | 14 520 | 19 390 | 30 560 |
| 叙利亚 | 1 302 | 1 299 | 1 416 | 1 468 | 1 494 | 1 675 | 1 697 | 2 071 | 2 274 | 2 437 | — |
| 阿联酋 | — | — | 7 757 | 8 275 | 8 893 | 9 934 | 11 440 | 14 655 | 18 891 | 24 059 | — |
| 也门 | 632 | 649 | 672 | 757 | 794 | 883 | 947 | 1 004 | 1 183 | 1 800 | — |
| 亚洲 | 343 200 | 309 500 | 329 800 | 360 500 | 356 000 | 375 300 | 411 600 | 510 800 | 569 900 | 647 100 | 760 000 |

续 表

| 地区 \ 年份 | 1997 | 1998 | 1999 | 2000 | 2001 | 2002 | 2003 | 2004 | 2005 | 2006 | 2007 |
|---|---|---|---|---|---|---|---|---|---|---|---|
| 澳大利亚 | 18 736 | 17 605 | 18 385 | 18 555 | 17 020 | 18 023 | 21 476 | 27 377 | 29 909 | 31 600 | 38 187 |
| 孟加拉国 | 1 184 | 1 164 | 1 318 | 1 523 | 1 423 | 1 318 | 1 595 | 1 835 | 2 011 | 2 111 | 2 653 |
| 不丹 | 12 | 24 | 18 | 28 | 24 | 39 | 87 | 76 | 82 | 65 | 57 |
| 柬埔寨 | 182 | 214 | 285 | 321 | 340 | 368 | 425 | 502 | 636 | 749 | 859 |
| 中国 | 27 724 | 26 467 | 30 967 | 35 858 | 39 032 | 46 080 | 54 852 | 71 602 | 83 173 | 100 327 | 129 254 |
| 斐济 | 381 | 331 | 364 | 321 | 285 | 272 | 382 | 463 | 503 | 514 | 497 |
| 中国香港 | 23 284 | 24 962 | 23 759 | 24 588 | 24 797 | 25 833 | 25 994 | 30 983 | 33 838 | 36 905 | 41 035 |
| 印度 | 12 277 | 14 192 | 17 045 | 18 896 | 19 792 | 20 776 | 24 679 | 35 293 | 47 545 | 63 053 | 77 200 |
| 印度尼西亚 | 16 214 | 11 871 | 12 139 | 15 381 | 15 596 | 16 770 | 17 171 | — | — | — | — |
| 日本 | 111 324 | 101 070 | 103 151 | 105 230 | 98 762 | 97 865 | 99 906 | 119 925 | 122 369 | 133 900 | 148 685 |
| 韩国 | 29 037 | 24 112 | 26 773 | 32 957 | 32 473 | 36 132 | 39 928 | 49 373 | 58 055 | 68 023 | 82 523 |
| 老挝 | 107 | 92 | 91 | 98 | 93 | 91 | 100 | 126 | 150 | 171 | — |
| 中国澳门 | 610 | 612 | 703 | 812 | 876 | 1 046 | 1 147 | 1 334 | 1 537 | 1 818 | 2 415 |
| 马来西亚 | 18 115 | 12 973 | 14 622 | 16 603 | 16 539 | 16 248 | 17 323 | 18 967 | 21 750 | 23 493 | 27 784 |
| 马尔代夫 | 93 | 98 | 107 | 108 | 108 | 110 | 119 | 155 | 201 | 228 | 266 |
| 蒙古 | 101 | 142 | 140 | 158 | 198 | 260 | 249 | 496 | 468 | 514 | 602 |
| 缅甸 | 433 | 353 | 277 | 310 | 345 | 296 | 403 | 444 | 486 | 547 | — |
| 尼泊尔 | 216 | 189 | 202 | 193 | 205 | 231 | 258 | 376 | 424 | 488 | 716 |
| 新西兰 | 4 763 | 4 377 | 4 482 | 4 428 | 4 266 | 4 714 | 5 667 | 7 121 | 8 121 | 7 696 | 8 948 |
| 巴基斯坦 | 2 424 | 2 044 | 1 894 | 2 109 | 2 216 | 2 095 | 3 102 | 5 101 | 7 206 | 8 094 | 8 409 |
| 巴布亚新几内亚 | 924 | 794 | 728 | 772 | 662 | 678 | 862 | 968 | 1 151 | 1 458 | 1 799 |
| 菲律宾 | — | — | 5 013 | 5 175 | 5 298 | 5 386 | 5 322 | 5 764 | 5 797 | 6 211 | 7 245 |
| 萨摩亚 | 39 | 29 | 19 | — | — | — | — | 41 | 51 | 56 | — |
| 新加坡 | 22 245 | 19 897 | 25 119 | 29 379 | 31 411 | 33 049 | 39 794 | 50 029 | 54 898 | 61 745 | 70 109 |
| 所罗门群岛 | 103 | 54 | 86 | 70 | 80 | 49 | 62 | 42 | 57 | 83 | 107 |
| 斯里兰卡 | 1 271 | 1 328 | 1 388 | 1 592 | 1 735 | 1 553 | 1 646 | 1 872 | 2 051 | 2 359 | 2 569 |
| 中国台北 | 24 120 | 23 246 | 23 285 | 25 507 | 23 435 | 23 852 | 24 803 | 29 859 | 31 420 | 32 598 | 35 268 |
| 泰国 | 17 144 | 11 874 | 13 464 | 15 329 | 14 475 | 16 572 | 17 999 | 22 909 | 26 881 | 32 841 | 38 020 |
| 汤加 | 44 | 30 | 30 | 18 | 24 | 28 | 40 | 45 | 44 | 50 | — |
| 瓦努阿图 | 35 | 53 | 65 | 62 | 67 | 47 | 56 | 61 | 69 | 66 | — |
| 越南 | 3 153 | 3 146 | 3 040 | 3 252 | 3 382 | 3 698 | 4 050 | 4 739 | 4 472 | 5 108 | 6 924 |
| 备忘项： | | | | | | | | | | | |
| 不含世界 | | | | | | | | | | | |
| 欧盟（27）从内进口 a | — | — | — | — | — | — | — | 1 540 300 | 1 721 500 | 1 927 800 | 2 269 800 |
| 欧盟（15）从内进口 a | 1 004 400 | 1 007 100 | 1 046 400 | 1 130 800 | 1 136 500 | 1 186 000 | 1 334 000 | 1 609 000 | 1 804 000 | — | — |
| 不含欧洲 | | | | | | | | | | | |
| 欧盟（27）从内进口 a | — | — | — | — | — | — | — | 450 100 | 494 100 | 538 700 | 645 200 |
| 欧盟（15）从内进口 a | 297 700 | 324 300 | 328 700 | 336 600 | 344 800 | 364 700 | 432 400 | 518 800 | 576 600 | — | — |

a 欧盟内外部贸易统计参阅技术注释。

注：由于服务贸易数据的频繁修正，致使大量国家和地区的数据缺少连续性。参阅技术注释。

**表 10:**

**世界货物贸易出口和产量增长（2000—2007）**

（年度百分比变化）

| 年份 | 2000—2007 | 2005 | 2006 | 2007 |
|---|---|---|---|---|
| 世界货物出口 | 5.5 | 6.5 | 8.5 | 6.0 |
| 农产品 | 4.0 | 6.0 | 6.0 | 4.5 |
| 燃料和矿产品 | 3.5 | 3.5 | 3.5 | 3.0 |
| 制成品 | 6.5 | 7.5 | 10.0 | 7.5 |
| 世界货物产量 | 3.0 | 3.0 | 3.0 | 4.0 |
| 农业 | 2.5 | 2.0 | 1.5 | 2.5 |
| 采掘业 | 1.5 | 1.5 | 1.0 | 0.0 |
| 制造业 | 3.0 | 4.0 | 4.0 | 5.0 |
| 世界 GDP | 3.0 | 3.0 | 3.5 | 3.5 |

**表 11:**

**世界货物贸易量增长（按地区分布，2000—2007）**

（年均百分比变化）

| 出口 | | | 年份 | 进口 | | |
|---|---|---|---|---|---|---|
| 2000—2007 | 2006 | 2007 | 地区 | 2000—2007 | 2006 | 2007 |
| 5.5 | 8.5 | 6.0 | 全球 | 5.5 | 8.0 | 5.5 |
| 3.0 | 8.5 | 5.0 | 北美洲 | 4.0 | 6.0 | 2.0 |
| 1.0 | 1.0 | 1.0 | 中、南美洲 | 4.0 | 5.5 | 6.5 |
| 3.0 | 11.0 | 1.5 | 欧洲 | 3.5 | 10.5 | 4.5 |
| 3.5 | 10.5 | 7.0 | 欧盟（25） | 4.0 | 5.5 | 1.0 |
| 6.5 | 3.5 | 3.5 | 独联体 | 8.0 | 15.5 | 17.5 |
| 4.0 | 7.5 | 3.5 | 亚洲 | 3.5 | 7.5 | 3.5 |
| 4.0 | 7.5 | 3.0 | 日本 | 3.5 | 7.0 | 3.0 |
| 1.0 | −2.0 | 1.5 | 六个东亚贸易国 | 5.5 | 10.5 | 9.5 |
| 4.0 | 10.0 | 7.0 | 全球 | 2.0 | 7.0 | 5.0 |
| 8.0 | 5.5 | 7.5 | 北美洲 | 17.0 | 21.0 | 19.5 |
| 10.5 | 13.5 | 11.5 | 中、南美洲 | 8.5 | 8.5 | 8.0 |
| 2.0 | 2.0 | 2.5 | 欧洲 | 9.0 | 8.0 | 11.0 |
| 22.5 | 22.0 | 19.5 | 欧盟（25） | 18.0 | 16.5 | 13.5 |
| −3.0 | 9.5 | 6.5 | 独联体 | 8.0 | 9.5 | 8.0 |
| 13.0 | 11.0 | 11.5 | 亚洲 | 13.5 | 9.5 | 14.0 |
| 6.5 | 10.0 | 9.0 | 日本 | 3.0 | 2.0 | 1.0 |
| 8.5 | 12.0 | 8.5 | 六个东亚贸易国 | 5.5 | 7.5 | 5.0 |

**表 12:**

**世界货物和服务贸易额增长（按地区分布，2007）**

（年均百分比变化）

| 出口 | | | 年份 | 进口 | | |
|---|---|---|---|---|---|---|
| 2000—2007 | 2006 | 2007 | 地区 | 2000—2007 | 2006 | 2007 |
| | | | 货物贸易 | | | |
| 12 | 16 | 15 | 全球 | 11 | 15 | 15 |
| 6 | 13 | 11 | 北美洲 | 7 | 11 | 6 |
| 6 | 15 | 12 | 美国 | 7 | 11 | 5 |

续 表

| 出口 | | | 年份<br>地区 | 进口 | | |
|---|---|---|---|---|---|---|
| 2000—2007 | 2006 | 2007 | | 2000—2007 | 2006 | 2007 |
| 6 | 8 | 8 | 加拿大 | 7 | 11 | 9 |
| 14 | 21 | 15 | 中、南美洲 | 12 | 22 | 25 |
| 17 | 16 | 17 | 巴西 | 12 | 23 | 32 |
| 20 | 41 | 18 | 智利 | 14 | 17 | 23 |
| 12 | 13 | 16 | 欧洲 | 12 | 15 | 16 |
| 12 | 13 | 16 | 欧盟（27） | 12 | 14 | 15 |
| 11 | 13 | 16 | 瑞士 | 10 | 12 | 14 |
| 20 | 24 | 21 | 独联体 | 24 | 30 | 34 |
| 19 | 25 | 17 | 俄罗斯 | 26 | 31 | 36 |
| 19 | 12 | 28 | 乌克兰 | 23 | 25 | 35 |
| 16 | 19 | 16 | 非洲 | 16 | 14 | 24 |
| 13 | 13 | 20 | 南非 | 17 | 24 | 18 |
| 18 | 16 | 12 | 尼日利亚 | 19 | 5 | 35 |
| 16 | 22 | 15 | 中东 | 16 | 13 | 26 |
| 17 | 17 | 11 | 沙特阿拉伯 | 17 | 17 | 29 |
| 19 | 24 | 19 | 阿联酋 | 21 | 18 | 32 |
| 13 | 18 | 16 | 亚洲 | 13 | 16 | 15 |
| 25 | 27 | 26 | 中国 | 23 | 20 | 21 |
| 6 | 9 | 10 | 日本 | 7 | 12 | 7 |
| | | | 服务贸易 | | | |
| 12 | 12 | 18 | 全球 | 11 | 11 | 18 |
| 7 | 9 | 13 | 北美洲 | 7 | 9 | 9 |
| 7 | 10 | 15 | 美国 | 7 | 9 | 9 |
| 7 | 7 | 6 | 加拿大 | 9 | 11 | 12 |
| 10 | 14 | 17 | 中、南美洲 | 9 | 15 | 21 |
| 14 | 21 | 26 | 巴西 | 12 | 21 | 28 |
| 11 | 21 | 28 | 智利 | 2 | 12 | 27 |
| 13 | 11 | 20 | 欧洲 | 12 | 10 | 19 |
| 13 | 11 | 20 | 欧盟（27） | 12 | 10 | 18 |
| 12 | 10 | 21 | 瑞士 | 13 | 5 | 18 |
| 21 | 24 | 27 | 独联体 | 21 | 17 | 30 |
| 22 | 25 | 27 | 俄罗斯 | 20 | 16 | 32 |
| 20 | 21 | 26 | 乌克兰 | 23 | 23 | 26 |
| — | — | 22 | 非洲 | — | — | 25 |
| 11 | 10 | 24 | 南非 | 9 | 8 | 27 |
| — | 7 | 13 | 尼日利亚 | — | 18 | 17 |
| 13 | 17 | 13 | 中东 | 15 | 20 | 25 |
| 5 | 10 | 10 | 沙特阿拉伯 | 6 | 9 | 21 |
| 7 | 9 | 8 | 阿联酋 | 16 | 34 | 58 |
| 13 | 16 | 19 | 亚洲 | 11 | 14 | 17 |
| 9 | 13 | 10 | 中国 | 5 | 9 | 11 |
| 22 | 24 | 33 | 日本 | 20 | 21 | 29 |

a 秘书处估计。

**表 13：**

世界货物贸易出口（按产品类别，2007）

单位：十亿美元和百分比

| | 农产品 | 燃料和矿产品 | | 制成品 | | | | | | |
|---|---|---|---|---|---|---|---|---|---|---|
| | | 总额 | 燃料 | 总额 | 钢铁 | 化工产品 | 办公和通信设备 | 汽车产品 | 纺织品 | 服装 |
| 总额 | 1 128 | 2 659 | 2 038 | 9 500 | 474 | 1 483 | 1 514 | 1 183 | 238 | 345 |
| 占世界货物贸易比重 | 8.3 | 19.5 | 15.0 | 69.8 | 3.5 | 10.9 | 11.1 | 8.7 | 1.7 | 2.5 |
| 年度百分比变化 | | | | | | | | | | |
| 1980—1985 | −2 | −5 | −5 | 2 | −2 | 1 | 9 | 5 | −1 | 4 |
| 1985—1990 | 9 | 3 | 0 | 15 | 9 | 14 | 18 | 14 | 15 | 18 |
| 1990—1995 | 7 | 2 | 1 | 9 | 8 | 10 | 15 | 8 | 8 | 8 |
| 1995—2000 | −1 | 10 | 12 | 5 | −2 | 4 | 10 | 5 | 0 | 5 |
| 2000—2007 | 13 | 21 | 20 | 12 | 22 | 17 | 8 | 13 | 7 | 10 |
| 2005 | 8 | 38 | 43 | 10 | 17 | 12 | 11 | 7 | 4 | 6 |
| 2006 | 11 | 28 | 23 | 13 | 18 | 13 | 14 | 11 | 8 | 12 |
| 2007 | 19 | 15 | 13 | 15 | 27 | 19 | 4 | 16 | 9 | 12 |

**表 14：**

世界货物贸易主要进出口国（2007）

单位：十亿美元和百分比

| 序号 | 出口国/地区 | 总额 | 份额 | 年度百分比变化 | 序号 | 进口国/地区 | 总额 | 份额 | 年度百分比变化 |
|---|---|---|---|---|---|---|---|---|---|
| 1 | 德国 | 1 326.4 | 9.5 | 20 | 1 | 美国 | 2 020.4 | 14.2 | 5 |
| 2 | 中国 | 1 217.8 | 8.7 | 26 | 2 | 德国 | 1 058.6 | 7.4 | 17 |
| 3 | 美国 | 1 162.5 | 8.3 | 12 | 3 | 中国 | 956.0 | 6.7 | 21 |
| 4 | 日本 | 712.8 | 5.1 | 10 | 4 | 日本 | 621.1 | 4.4 | 7 |
| 5 | 法国 | 553.4 | 4.0 | 12 | 5 | 英国 | 619.6 | 4.4 | 3 |
| 6 | 荷兰 | 551.3 | 4.0 | 19 | 6 | 法国 | 615.2 | 4.3 | 14 |
| 7 | 意大利 | 491.5 | 3.5 | 18 | 7 | 意大利 | 504.5 | 3.5 | 14 |
| 8 | 英国 | 437.8 | 3.1 | −2 | 8 | 荷兰 | 491.6 | 3.5 | 18 |
| 9 | 比利时 | 430.8 | 3.1 | 17 | 9 | 比利时 | 413.2 | 2.9 | 17 |
| 10 | 加拿大 | 419.0 | 3.0 | 8 | 10 | 加拿大 | 389.6 | 2.7 | 9 |
| 11 | 韩国 | 371.5 | 2.7 | 14 | 11 | 西班牙 | 372.6 | 2.6 | 13 |
| 12 | 俄罗斯 | 355.2 | 2.5 | 17 | 12 | 中国香港 | 370.1 | 2.6 | 10 |
| | | | | | | 留用进口 | 93.3 | 0.7 | 8 |
| 13 | 中国香港 | 349.4 | 2.5 | 8 | 13 | 韩国 | 356.8 | 2.5 | 15 |
| | 国内出口 | 18.1 | 0.1 | −20 | | | | | |
| | 转口 | 331.3 | 2.4 | 10 | | | | | |
| 14 | 新加坡 | 299.3 | 2.1 | 10 | 14 | 墨西哥 | 296.3 | 2.1 | 11 |
| | 国内出口 | 156.0 | 1.1 | 9 | | | | | |
| | 转口 | 143.3 | 1.0 | 11 | | | | | |

续 表

| 序号 | 出口国 地区 | 总额 | 份额 | 年度百分比变化 | 序号 | 进口国 地区 | 总额 | 份额 | 年度百分比变化 |
|---|---|---|---|---|---|---|---|---|---|
| 15 | 墨西哥 | 272.0 | 2.0 | 9 | 15 | 新加坡 | 263.2 | 1.8 | 10 |
| | | | | | | 留用进口 | 119.9 | 0.8 | 9 |
| 16 | 中国台北 | 246.4 | 1.8 | 10 | 16 | 俄罗斯 | 223.4 | 1.6 | 36 |
| 17 | 西班牙 | 241.0 | 1.7 | 13 | 17 | 中国台北 | 219.6 | 1.5 | 8 |
| 18 | 沙特阿拉伯 | 234.2 | 1.7 | 11 | 18 | 印度 | 216.6 | 1.5 | 24 |
| 19 | 马来西亚 | 176.2 | 1.3 | 10 | 19 | 土耳其 | 170.1 | 1.2 | 22 |
| 20 | 阿联酋 | 173.0 | 1.2 | 19 | 20 | 澳大利亚 | 165.3 | 1.2 | 19 |
| 21 | 瑞士 | 172.1 | 1.2 | 16 | 21 | 波兰 | 162.7 | 1.1 | 28 |
| 22 | 瑞典 | 169.1 | 1.2 | 14 | 22 | 奥地利 | 162.4 | 1.1 | 18 |
| 23 | 奥地利 | 162.9 | 1.2 | 19 | 23 | 瑞士 | 161.2 | 1.1 | 14 |
| 24 | 巴西 | 160.6 | 1.2 | 17 | 24 | 瑞典 | 151.3 | 1.1 | 19 |
| 25 | 泰国 | 153.1 | 1.1 | 17 | 25 | 马来西亚 | 147.0 | 1.0 | 12 |
| 26 | 印度 | 145.3 | 1.0 | 20 | 26 | 泰国 | 140.8 | 1.0 | 9 |
| 27 | 澳大利亚 | 141.3 | 1.0 | 14 | 27 | 阿联酋 | 132.0 | 0.9 | 32 |
| 28 | 波兰 | 138.8 | 1.0 | 25 | 28 | 巴西 | 126.6 | 0.9 | 32 |
| 29 | 挪威 | 136.4 | 1.0 | 12 | 29 | 捷克 | 117.9 | 0.8 | 27 |
| 30 | 捷克 | 122.4 | 0.9 | 29 | 30 | 丹麦 | 99.6 | 0.7 | 17 |
| 31 | 爱尔兰 | 121.0 | 0.9 | 11 | 31 | 匈牙利 | 95.0 | 0.7 | 21 |
| 32 | 印度尼西亚 | 118.0 | 0.8 | 14 | 32 | 印度尼西亚 | 92.4 | 0.6 | 15 |
| 33 | 土耳其 | 107.2 | 0.8 | 25 | 33 | 南非 | 91.0 | 0.6 | 18 |
| 34 | 丹麦 | 103.5 | 0.7 | 12 | 34 | 沙特阿拉伯 | 90.2 | 0.6 | 29 |
| 35 | 匈牙利 | 94.6 | 0.7 | 26 | 35 | 爱尔兰 | 82.5 | 0.6 | 13 |
| 36 | 芬兰 | 89.7 | 0.6 | 16 | 36 | 芬兰 | 81.5 | 0.6 | 18 |
| 37 | 伊朗 | 86.0 | 0.6 | 12 | 37 | 挪威 | 80.3 | 0.6 | 25 |
| 38 | 南非 | 69.8 | 0.5 | 20 | 38 | 葡萄牙 | 78.1 | 0.5 | 17 |
| 39 | 委内瑞拉 | 69.2 | 0.5 | 6 | 39 | 希腊 | 76.1 | 0.5 | 20 |
| 40 | 智利 | 68.3 | 0.5 | 18 | 40 | 罗马尼亚 | 69.9 | 0.5 | 37 |
| 41 | 尼日利亚 | 65.5 | 0.5 | 12 | 41 | 越南 | 60.8 | 0.4 | 36 |
| 42 | 科威特 | 62.4 | 0.4 | 12 | 42 | 乌克兰 | 60.7 | 0.4 | 35 |
| 43 | 阿尔及利亚 | 60.2 | 0.4 | 10 | 43 | 斯洛伐克 | 60.2 | 0.4 | 34 |
| 44 | 斯洛伐克 | 58.2 | 0.4 | 39 | 44 | 以色列 | 59.0 | 0.4 | 17 |
| 45 | 阿根廷 | 55.9 | 0.4 | 20 | 45 | 菲律宾 | 58.0 | 0.4 | 7 |
| 46 | 以色列 | 54.1 | 0.4 | 16 | 46 | 智利 | 47.1 | 0.3 | 23 |
| 47 | 葡萄牙 | 51.5 | 0.4 | 19 | 47 | 委内瑞拉 | 46.1 | 0.3 | 37 |
| 48 | 菲律宾 | 50.5 | 0.4 | 6 | 48 | 伊朗 | 46.0 | 0.3 | 13 |
| 49 | 乌克兰 | 49.2 | 0.4 | 28 | 49 | 阿根廷 | 44.8 | 0.3 | 31 |
| 50 | 越南 | 48.4 | 0.3 | 21 | 50 | 哥伦比亚 | 32.9 | 0.2 | 26 |
| | 以上总计 | 13 006.4 | 93.2 | — | | 以上总计 | 13 097.7 | 92.0 | — |
| | 世界 | 13 950.0 | 100.0 | 15 | | 世界 | 14 244.0 | 100.0 | 15 |

**表 15：**

**世界货物贸易主要进出口国（不含欧盟〈27〉内部贸易，2007）**

单位：百万美元和百分比

| 序号 | 出口国/地区 | 总额 | 份额 | 年度百分比变化 | 序号 | 进口国/地区 | 总额 | 份额 | 年度百分比变化 |
|---|---|---|---|---|---|---|---|---|---|
| 1 | 欧盟（27）对外出口 | 1 697.8 | 16.4 | 17 | 1 | 美国 | 2 020.4 | 19.0 | 5 |
| 2 | 中国 | 1 217.8 | 11.8 | 26 | 2 | 欧盟（27）从外进口 | 1 952.0 | 18.4 | 15 |
| 3 | 美国 | 1 162.5 | 11.3 | 12 | 3 | 中国 | 956.0 | 9.0 | 21 |
| 4 | 日本 | 712.8 | 6.9 | 10 | 4 | 日本 | 621.1 | 5.8 | 7 |
| 5 | 加拿大 | 419.0 | 4.1 | 8 | 5 | 加拿大 | 389.6 | 3.7 | 9 |
| 6 | 韩国 | 371.5 | 3.6 | 14 | 6 | 中国香港 | 370.1 | 3.5 | 10 |
| | | | | | | 留用进口 | 93.3 | 0.9 | 8 |
| 7 | 俄罗斯 | 355.2 | 3.4 | 17 | 7 | 韩国 | 356.8 | 3.4 | 15 |
| 8 | 中国香港 | 349.4 | 3.4 | 8 | 8 | 墨西哥 | 296.3 | 2.8 | 11 |
| | 国内出口 | 18.1 | 0.2 | —20 | | | | | |
| | 再出口 | 331.3 | 3.2 | 10 | | | | | |
| 9 | 新加坡 | 299.3 | 2.9 | 10 | 9 | 新加坡 | 263.2 | 2.5 | 10 |
| | 国内出口 | 156.0 | 1.5 | 9 | | 留用进口 | 119.9 | 1.1 | 9 |
| | 再出口 | 143.3 | 1.4 | 11 | | | | | |
| 10 | 墨西哥 | 272.0 | 2.6 | 9 | 10 | 俄罗斯 | 223.4 | 2.1 | 36 |
| 11 | 中国台北 | 246.4 | 2.4 | 10 | 11 | 中国台北 | 219.6 | 2.1 | 8 |
| 12 | 沙特阿拉伯 | 234.2 | 2.3 | 11 | 12 | 印度 | 216.6 | 2.0 | 24 |
| 13 | 马来西亚 | 176.2 | 1.7 | 10 | 13 | 土耳其 | 170.1 | 1.6 | 22 |
| 14 | 阿联酋 | 173.0 | 1.7 | 19 | 14 | 澳大利亚 | 165.3 | 1.6 | 19 |
| 15 | 瑞士 | 172.1 | 1.7 | 16 | 15 | 瑞士 | 161.2 | 1.5 | 14 |
| 16 | 巴西 | 160.6 | 1.6 | 17 | 16 | 马来西亚 | 147.0 | 1.4 | 12 |
| 17 | 泰国 | 153.1 | 1.5 | 17 | 17 | 泰国 | 140.8 | 1.3 | 9 |
| 18 | 印度 | 145.3 | 1.4 | 20 | 18 | 阿联酋 | 132.0 | 1.2 | 32 |
| 19 | 澳大利亚 | 141.3 | 1.4 | 14 | 19 | 巴西 | 126.6 | 1.2 | 32 |
| 20 | 挪威 | 136.4 | 1.3 | 12 | 20 | 印度尼西亚 | 92.4 | 0.9 | 15 |
| 21 | 印度尼西亚 | 118.0 | 1.1 | 14 | 21 | 南非 | 91.0 | 0.9 | 18 |
| 22 | 土耳其 | 107.2 | 1.0 | 25 | 22 | 沙特阿拉伯 | 90.2 | 0.8 | 29 |
| 23 | 伊朗 | 86.0 | 0.8 | 12 | 23 | 挪威 | 80.3 | 0.8 | 25 |
| 24 | 南非 | 69.8 | 0.7 | 20 | 24 | 越南 | 60.8 | 0.6 | 36 |
| 25 | 委内瑞拉 | 69.2 | 0.7 | 6 | 25 | 乌克兰 | 60.7 | 0.6 | 35 |
| 26 | 智利 | 68.3 | 0.7 | 18 | 26 | 以色列 | 59.0 | 0.6 | 17 |
| 27 | 尼日利亚 | 65.5 | 0.6 | 12 | 27 | 菲律宾 | 58.0 | 0.5 | 7 |
| 28 | 科威特 | 62.4 | 0.6 | 12 | 28 | 智利 | 47.1 | 0.4 | 23 |
| 29 | 阿尔及利亚 | 60.2 | 0.6 | 10 | 29 | 委内瑞拉 | 46.1 | 0.4 | 37 |
| 30 | 阿根廷 | 55.9 | 0.5 | 20 | 30 | 伊朗 | 46.0 | 0.4 | 13 |
| 31 | 以色列 | 54.1 | 0.5 | 16 | 31 | 阿根廷 | 44.8 | 0.4 | 31 |
| 32 | 菲律宾 | 50.5 | 0.5 | 6 | 32 | 哥伦比亚 | 32.9 | 0.3 | 26 |
| 33 | 乌克兰 | 49.2 | 0.5 | 28 | 33 | 哈萨克斯坦 | 32.8 | 0.3 | 38 |
| 34 | 越南 | 48.4 | 0.5 | 21 | 34 | 巴基斯坦 | 32.6 | 0.3 | 9 |
| 35 | 哈萨克斯坦 | 47.8 | 0.5 | 25 | 35 | 伊拉克 | 32.0 | 0.3 | 19 |
| 36 | 利比亚 | 45.4 | 0.4 | 16 | 36 | 摩洛哥 | 31.7 | 0.3 | 32 |
| 37 | 卡塔尔 | 42.0 | 0.4 | 23 | 37 | 新西兰 | 30.9 | 0.3 | 17 |

续 表

| 序号 | 出口国 / 地区 | 总额 | 份额 | 年度百分比变化 | 序号 | 进口国 / 地区 | 总额 | 份额 | 年度百分比变化 |
|---|---|---|---|---|---|---|---|---|---|
| 38 | 伊拉克 | 41.6 | 0.4 | 31 | 38 | 尼日利亚 | 29.5 | 0.3 | 35 |
| 39 | 安哥拉 | 39.9 | 0.4 | 25 | 39 | 白俄罗斯 | 28.7 | 0.3 | 28 |
| 40 | 哥伦比亚 | 30.0 | 0.3 | 23 | 40 | 阿尔及利亚 | 27.6 | 0.3 | 29 |
| 41 | 秘鲁 | 28.0 | 0.3 | 17 | 41 | 埃及 | 27.1 | 0.3 | 31 |
| 42 | 新西兰 | 27.0 | 0.3 | 20 | 42 | 克罗地亚 | 25.8 | 0.2 | 20 |
| 43 | 阿曼 | 24.7 | 0.2 | 15 | 43 | 科威特 | 23.6 | 0.2 | 48 |
| 44 | 白俄罗斯 | 24.3 | 0.2 | 23 | 44 | 卡塔尔 | 22.0 | 0.2 | 34 |
| 45 | 巴基斯坦 | 17.8 | 0.2 | 5 | 45 | 秘鲁 | 20.2 | 0.2 | 32 |
| 46 | 埃及 | 16.2 | 0.2 | 18 | 46 | 突尼斯 | 19.0 | 0.2 | 28 |
| 47 | 特立尼达和多巴哥 | 15.1 | 0.1 | 7 | 47 | 孟加拉国 | 18.6 | 0.2 | 16 |
| 48 | 突尼斯 | 15.0 | 0.1 | 31 | 48 | 塞尔维亚 | 18.4 | 0.2 | 39 |
| 49 | 摩洛哥 | 14.7 | 0.1 | 15 | 49 | 阿曼 | 16.1 | 0.2 | 46 |
| 50 | 厄瓜多尔 | 13.8 | 0.1 | 8 | 50 | 叙利亚 | 14.5 | 0.1 | 26 |
|  | 以上总计 | 10 003.5 | 96.9 | — |  | 以上合计 | 10 188.4 | 95.9 | — |
|  | 世界（欧盟〈27〉内部贸易除外） | 10 328.0 | 100.0 | 15 |  | 世界（欧盟〈27〉内部贸易除外） | 10 622.0 | 100.0 | 14 |

**表16：**

世界商业服务贸易主要进出口国（2007）

单位：十亿美元和百分比

| 序号 | 出口国 / 地区 | 总额 | 份额 | 年度百分比变化 | 序号 | 进口国 / 地区 | 总额 | 份额 | 年度百分比变化 |
|---|---|---|---|---|---|---|---|---|---|
| 1 | 美国 | 456.4 | 13.9 | 15 | 1 | 美国 | 335.9 | 10.9 | 9 |
| 2 | 英国 | 273.0 | 8.3 | 18 | 2 | 德国 | 250.5 | 8.1 | 15 |
| 3 | 德国 | 205.8 | 6.3 | 15 | 3 | 英国 | 194.1 | 6.3 | 13 |
| 4 | 法国 | 136.7 | 4.2 | 16 | 4 | 日本 | 148.7 | 4.8 | 11 |
| 5 | 西班牙 | 128.3 | 3.9 | 21 | 5 | 中国 | 129.3 | 4.2 | 29 |
| 6 | 日本 | 127.1 | 3.9 | 10 | 6 | 法国 | 124.1 | 4.0 | 16 |
| 7 | 中国 | 121.7 | 3.7 | 33 | 7 | 意大利 | 118.3 | 3.8 | 21 |
| 8 | 意大利 | 110.5 | 3.4 | 13 | 8 | 西班牙 | 98.4 | 3.2 | 26 |
| 9 | 印度 | 89.7 | 2.7 | 20 | 9 | 爱尔兰 | 94.5 | 3.1 | 20 |
| 10 | 爱尔兰 | 89.0 | 2.7 | 30 | 10 | 荷兰 | 86.8 | 2.8 | 10 |
| 11 | 荷兰 | 87.5 | 2.7 | 9 | 11 | 韩国 | 82.5 | 2.7 | 21 |
| 12 | 中国香港 | 82.7 | 2.5 | 14 | 12 | 加拿大 | 80.3 | 2.6 | 12 |
| 13 | 比利时 | 75.5 | 2.3 | — | 13 | 印度 | 77.2 | 2.5 | 22 |
| 14 | 新加坡 | 67.3 | 2.0 | 14 | 14 | 比利时 | 70.6 | 2.3 | — |
| 15 | 瑞典 | 63.8 | 1.9 | 28 | 15 | 新加坡 | 70.1 | 2.3 | 14 |
| 16 | 卢森堡 | 62.3 | 1.9 | 23 | 16 | 俄罗斯 | 57.8 | 1.9 | 32 |
| 17 | 丹麦 | 61.8 | 1.9 | 17 | 17 | 丹麦 | 54.0 | 1.7 | 19 |
| 18 | 韩国 | 61.5 | 1.9 | 27 | 18 | 瑞典 | 47.8 | 1.5 | 21 |
| 19 | 瑞士 | 61.5 | 1.9 | 21 | 19 | 中国香港 | 41.0 | 1.3 | 11 |
| 20 | 加拿大 | 61.4 | 1.9 | 6 | 20 | 澳大利亚 | 38.9 | 1.3 | 17 |
| 21 | 奥地利 | 55.2 | 1.7 | 21 | 21 | 挪威 | 38.6 | 1.3 | 24 |

续　表

| 序号 | 出口国 地区 | 总额 | 份额 | 年度百分比变化 | 序号 | 进口国 地区 | 总额 | 份额 | 年度百分比变化 |
|---|---|---|---|---|---|---|---|---|---|
| 22 | 希腊 | 43.1 | 1.3 | 21 | 22 | 澳大利亚 | 38.2 | 1.2 | 21 |
| 23 | 挪威 | 40.7 | 1.2 | 23 | 23 | 泰国 | 38.0 | 1.2 | 16 |
| 24 | 澳大利亚 | 39.7 | 1.2 | 23 | 24 | 卢森堡 | 36.0 | 1.2 | 19 |
| 25 | 俄罗斯 | 39.1 | 1.2 | 27 | 25 | 中国台北 | 35.3 | 1.1 | 8 |
| 26 | 中国台北 | 30.9 | 0.9 | 7 | 26 | 巴西 | 34.8 | 1.1 | 28 |
| 27 | 泰国 | 28.8 | 0.9 | 17 | 27 | 瑞士 | 33.9 | 1.1 | 18 |
| 28 | 波兰 | 28.6 | 0.9 | 39 | 28 | 沙特阿拉伯 | 30.6 | 1.0 | 58 |
| 29 | 土耳其 | 28.2 | 0.9 | 13 | 29 | 阿联酋 | 28.1 | 0.9 | — |
| 30 | 马来西亚 | 28.2 | 0.9 | 30 | 30 | 马来西亚 | 27.8 | 0.9 | 18 |
| 31 | 巴西 | 22.6 | 0.7 | 26 | 31 | 波兰 | 24.3 | 0.8 | 25 |
| 32 | 葡萄牙 | 22.1 | 0.7 | 26 | 32 | 墨西哥 | 24.0 | 0.8 | 7 |
| 33 | 以色列 | 21.1 | 0.6 | 10 | 33 | 印度尼西亚 | 23.3 | 0.8 | — |
| 34 | 芬兰 | 20.7 | 0.6 | 19 | 34 | 芬兰 | 20.8 | 0.7 | 12 |
| 35 | 埃及 | 19.7 | 0.6 | 24 | 35 | 希腊 | 19.5 | 0.6 | 23 |
| 36 | 墨西哥 | 17.8 | 0.5 | 9 | 36 | 以色列 | 17.8 | 0.6 | 21 |
| 37 | 匈牙利 | 16.6 | 0.5 | 26 | 37 | 南非 | 16.3 | 0.5 | 17 |
| 38 | 捷克 | 16.3 | 0.5 | 23 | 38 | 匈牙利 | 15.0 | 0.5 | 30 |
| 39 | 中国澳门 | 14.5 | 0.4 | 37 | 39 | 土耳其 | 14.1 | 0.5 | 35 |
| 40 | 乌克兰 | 13.6 | 0.4 | 26 | 40 | 捷克 | 13.9 | 0.5 | 19 |
|  | 以上合计 | 2 970.0 | 90.3 | — |  | 以上合计 | 2 730.0 | 88.5 | — |
|  | 世界 | 3 290.0 | 100.0 | 18 |  | 世界 | 3 085.0 | 100.0 | 18 |

**表 17：**

**世界商业服务贸易主要进出口国（不含欧盟〈25〉内部贸易，2007）**

单位：十亿美元和百分比

| 序号 | 出口国 地区 | 总额 | 份额 | 年度百分比变化 | 序号 | 进口国 地区 | 总额 | 份额 | 年度百分比变化 |
|---|---|---|---|---|---|---|---|---|---|
| 1 | 欧盟（27）对外出口 | 667.2 | 27.7 | 22 | 1 | 欧盟（27）从外进口 | 544.9 | 24.0 | 19 |
| 2 | 美国 | 456.4 | 18.9 | 15 | 2 | 美国 | 335.9 | 14.8 | 9 |
| 3 | 日本 | 127.1 | 5.3 | 10 | 3 | 日本 | 148.7 | 6.6 | 11 |
| 4 | 中国 | 121.7 | 5.1 | 33 | 4 | 中国 | 129.3 | 5.7 | 29 |
| 5 | 印度 | 89.7 | 3.7 | 20 | 5 | 韩国 | 82.5 | 3.6 | 21 |
| 6 | 中国香港 | 82.7 | 3.4 | 14 | 6 | 加拿大 | 80.3 | 3.5 | 12 |
| 7 | 新加坡 | 67.3 | 2.8 | 14 | 7 | 印度 | 77.2 | 3.4 | 22 |
| 8 | 韩国 | 61.5 | 2.6 | 27 | 8 | 新加坡 | 70.1 | 3.1 | 14 |
| 9 | 瑞士 | 61.5 | 2.6 | 21 | 9 | 俄罗斯 | 57.8 | 2.5 | 32 |
| 10 | 加拿大 | 61.4 | 2.6 | 6 | 10 | 中国香港 | 41.0 | 1.8 | 11 |
| 11 | 挪威 | 40.7 | 1.7 | 23 | 11 | 挪威 | 38.6 | 1.7 | 24 |
| 12 | 澳大利亚 | 39.7 | 1.6 | 23 | 12 | 澳大利亚 | 38.2 | 1.7 | 21 |
| 13 | 俄罗斯 | 39.1 | 1.6 | 27 | 13 | 泰国 | 38.0 | 1.7 | 16 |
| 14 | 中国台北 | 30.9 | 1.3 | 7 | 14 | 中国台北 | 35.3 | 1.6 | 8 |
| 15 | 泰国 | 28.8 | 1.2 | 17 | 15 | 巴西 | 34.8 | 1.5 | 28 |
| 16 | 土耳其 | 28.2 | 1.2 | 13 | 16 | 瑞士 | 33.9 | 1.5 | 18 |

续 表

| 序号 | 出口国/地区 | 总额 | 份额 | 年度百分比变化 | 序号 | 进口国/地区 | 总额 | 份额 | 年度百分比变化 |
|---|---|---|---|---|---|---|---|---|---|
| 17 | 马来西亚 | 28.2 | 1.2 | 30 | 17 | 沙特阿拉伯 | 30.6 | 1.3 | 58 |
| 18 | 巴西 | 22.6 | 0.9 | 26 | 18 | 阿联酋 | 28.1 | 1.2 | — |
| 19 | 以色列 | 21.1 | 0.9 | 10 | 19 | 马来西亚 | 27.8 | 1.2 | 18 |
| 20 | 埃及 | 19.7 | 0.8 | 24 | 20 | 墨西哥 | 24.0 | 1.1 | 7 |
| 21 | 墨西哥 | 17.8 | 0.7 | 9 | 21 | 印度尼西亚 | 23.3 | 1.0 | — |
| 22 | 中国澳门 | 14.5 | 0.6 | 37 | 22 | 以色列 | 17.8 | 0.8 | 21 |
| 23 | 乌克兰 | 13.6 | 0.6 | 26 | 23 | 南非 | 16.3 | 0.7 | 17 |
| 24 | 南非 | 13.2 | 0.5 | 13 | 24 | 土耳其 | 14.1 | 0.6 | 35 |
| 25 | 克罗地亚 | 12.6 | 0.5 | 16 | 25 | 尼日利亚 | 13.9 | 0.6 | 66 |
| 26 | 黎巴嫩 | 12.5 | 0.5 | 8 | 26 | 埃及 | 13.1 | 0.6 | 27 |
| 27 | 印度尼西亚 | 12.0 | 0.5 | — | 27 | 哈萨克斯坦 | 11.3 | 0.5 | 31 |
| 28 | 摩洛哥 | 11.7 | 0.5 | 26 | 28 | 乌克兰 | 10.8 | 0.5 | 26 |
| 29 | 阿根廷 | 9.8 | 0.4 | 28 | 29 | 阿根廷 | 10.5 | 0.5 | 27 |
| 30 | 新西兰 | 9.2 | 0.4 | 15 | 30 | 科威特 | 10.4 | 0.5 | 24 |
| 31 | 智利 | 8.7 | 0.4 | 12 | 31 | 黎巴嫩 | 10.0 | 0.4 | 14 |
| 32 | 古巴 | 8.1 | 0.3 | 22 | 32 | 伊朗 | 9.9 | 0.4 | — |
| 33 | 沙特阿拉伯 | 7.9 | 0.3 | 8 | 33 | 智利 | 9.7 | 0.4 | 18 |
| 34 | 菲律宾 | 7.9 | 0.3 | 33 | 34 | 新西兰 | 8.9 | 0.4 | 16 |
| 35 | 科威特 | 7.4 | 0.3 | 23 | 35 | 巴基斯坦 | 8.4 | 0.4 | 4 |
|  | 以上合计 | 2 260.0 | 93.9 | — |  | 以上总计 | 2 085.0 | 91.9 | — |
|  | 世界 | 2 410.0 | 100.0 | 19 |  | 世界 | 2 270.0 | 100.0 | 18 |

**表 18:**

### 世界货物出口（按地区和产品类别，2007）

单位：十亿美元和百分比

|  | 农产品 | 燃料和矿产品 |  | 制成品 |  |  |  |  |  |  |
|---|---|---|---|---|---|---|---|---|---|---|
|  |  | 总额 | 燃料 | 总额 | 钢铁 | 化工产品 | 办公和通信设备 | 汽车产品 | 纺织品 | 服装 |
| 世界 | 1 127.7 | 2 658.6 | 2 038.4 | 9 499.5 | 474.2 | 1 483.2 | 1 514.3 | 1 182.9 | 238.1 | 345.3 |
| 占所有出口比重 | 8.3 | 19.5 | 15.0 | 69.8 | 3.5 | 10.9 | 11.1 | 8.7 | 1.7 | 2.5 |
| 年度百分比变化 |  |  |  |  |  |  |  |  |  |  |
| 2000—2007 | 11 | 17 | 17 | 11 | 19 | 14 | 7 | 11 | 6 | 8 |
| 2006 | 11 | 28 | 23 | 13 | 18 | 13 | 14 | 11 | 8 | 12 |
| 2007 | 19 | 15 | 13 | 15 | 27 | 19 | 4 | 16 | 9 | 12 |
| 北美 | 177.7 | 257.5 | 171.9 | 1 338.0 | 26.9 | 199.3 | 204.0 | 219.9 | 16.9 | 11.0 |
| 占所有出口比重 | 9.6 | 13.9 | 9.3 | 72.2 | 1.5 | 10.8 | 11.0 | 11.9 | 0.9 | 0.6 |
| 年度百分比变化 |  |  |  |  |  |  |  |  |  |  |
| 2000—2007 | 6.4 | 15.4 | 14.7 | 4.8 | 13.3 | 9.9 | −0.3 | 4.8 | 1.0 | −7.7 |
| 2006 | 10.9 | 23.8 | 15.2 | 11.7 | 11.2 | 12.8 | 11.7 | 8.5 | 1.4 | −8.2 |
| 2007 | 17.4 | 16.3 | 13.8 | 8.5 | 16.2 | 14.8 | 3.0 | 7.6 | −1.8 | −15.1 |

续　表

| | 农产品 | 燃料和矿产品 | | 制成品 | | | | | | |
|---|---|---|---|---|---|---|---|---|---|---|
| | | 总额 | 燃料 | 总额 | 钢铁 | 化工产品 | 办公和通信设备 | 汽车产品 | 纺织品 | 服装 |
| 中、南美洲 | 125.2 | 205.5 | 118.4 | 154.2 | 19.3 | 29.9 | 6.5 | 21.2 | 3.4 | 12.5 |
| 占所有出口比重 | 25.1 | 41.2 | 23.7 | 30.9 | 3.9 | 6.0 | 1.3 | 4.2 | 0.7 | 2.5 |
| 年度百分比变化 | | | | | | | | | | |
| 2000—2007 | 13 | 17 | 14 | 11 | 17 | 15 | 6 | 16 | 7 | 1 |
| 2006 | 12 | 35 | 25 | 10 | 4 | 16 | 13 | 14 | −2 | −4 |
| 2007 | 23 | 13 | 8 | 15 | 18 | 17 | −5 | 12 | 22 | 0 |
| 欧洲 | 519.3 | 605.5 | 392.6 | 4 538.2 | 228.2 | 883.3 | 402.7 | 654.5 | 92.7 | 122.4 |
| 占所有出口比重 | 9.0 | 10.5 | 6.8 | 78.6 | 4.0 | 15.3 | 7.0 | 11.3 | 1.6 | 2.1 |
| 年度百分比变化 | | | | | | | | | | |
| 2000—2007 | 11 | 17 | 16 | 11 | 18 | 15 | 5 | 12 | 6 | 10 |
| 2006 | 10 | 30 | 22 | 12 | 19 | 12 | 14 | 9 | 5 | 7 |
| 2007 | 19 | 13 | 9 | 16 | 27 | 19 | −7 | 18 | 11 | 14 |
| 独联体 | 38.6 | 334.1 | 289.3 | 128.2 | 45.4 | 27.4 | 1.1 | 7.5 | 2.0 | 1.8 |
| 占所有出口比重 | 7.6 | 65.5 | 56.7 | 25.1 | 8.9 | 5.4 | 0.2 | 1.5 | 0.4 | 0.3 |
| 年度百分比变化 | | | | | | | | | | |
| 2000—2007 | 17 | 21 | 24 | 17 | 19 | 16 | 11 | 21 | 7 | 5 |
| 2006 | 17 | 29 | 28 | 17 | 10 | 16 | 35 | 32 | 8 | 1 |
| 2007 | 31 | 19 | 20 | 23 | 21 | 23 | 3 | 34 | 14 | 9 |
| 非洲 | 34.3 | 295.8 | 260.0 | 79.8 | 9.4 | 13.0 | 2.4 | 5.3 | 2.2 | 11.4 |
| 占所有出口比重 | 8.1 | 69.7 | 61.3 | 18.8 | 2.2 | 3.1 | 0.6 | 1.3 | 0.5 | 2.7 |
| 年度百分比变化 | | | | | | | | | | |
| 2000—2007 | 9 | 19 | 19 | 12 | 17 | 14 | 14 | 18 | 6 | 6 |
| 2006 | 6 | 23 | 21 | 9 | 0 | 11 | 28 | 14 | 22 | 1 |
| 2007 | 13 | 16 | 15 | 15 | 18 | 18 | 0 | 5 | 16 | 19 |
| 中东 | 19.2 | 565.4 | 554.5 | 159.3 | 4.5 | 43.1 | 16.6 | 9.8 | 7.0 | 5.3 |
| 占所有出口比重 | 2.5 | 74.4 | 73.0 | 21.0 | 0.6 | 5.7 | 2.2 | 1.3 | 0.9 | 0.7 |
| 年度百分比变化 | | | | | | | | | | |
| 2000—2007 | 15 | 16 | 16 | 15 | 24 | 20 | 9 | 25 | 5 | 10 |
| 2006 | 22 | 26 | 25 | 14 | 29 | 17 | −8 | 37 | 28 | 29 |
| 2007 | 20 | 12 | 13 | 18 | 20 | 18 | 9 | 23 | 20 | 7 |
| 亚洲 | 213.3 | 394.8 | 251.7 | 3 101.9 | 140.4 | 287.0 | 880.9 | 264.6 | 113.8 | 181.0 |
| 占所有出口比重 | 5.6 | 10.4 | 6.6 | 81.6 | 3.7 | 7.6 | 23.2 | 7.0 | 3.0 | 4.8 |
| 年度百分比变化 | | | | | | | | | | |
| 2000—2007 | 11 | 19 | 17 | 12 | 22 | 16 | 10 | 13 | 7 | 10 |
| 2006 | 14 | 30 | 22 | 16 | 27 | 15 | 15 | 15 | 10 | 20 |
| 2007 | 20 | 18 | 16 | 16 | 32 | 21 | 10 | 18 | 9 | 12 |

表 19：

世界商业服务出口增长（按地区和类别，1990—2007）

（年度百分比变化）

| | | 世界 | 北美 | 中、南美洲 | 欧洲 | 独联体 | 非洲 | 中东 | 亚洲 |
|---|---|---|---|---|---|---|---|---|---|
| 商业服务 | | | | | | | | | |
| | 1990—1995 | 8 | 8 | 9 | — | — | — | — | — |
| | 1995—2000 | 5 | 7 | 6 | — | — | — | — | 4 |
| | 2000—2007 | 12 | 7 | 10 | 13 | 21 | — | 13 | 13 |
| | 2005 | 12 | 11 | 20 | 10 | 20 | — | 17 | 15 |
| | 2006 | 12 | 9 | 14 | 11 | 24 | 13 | 17 | 16 |
| | 2007 | 18 | 13 | 17 | 20 | 27 | 22 | 13 | 19 |
| 运输服务 | | | | | | | | | |
| | 1990—1995 | 6 | 4 | 7 | — | — | — | — | 11 |
| | 1995—2000 | 3 | 3 | 1 | 3 | — | — | — | 3 |
| | 2000—2007 | 12 | 6 | 11 | 12 | 16 | — | 14 | 12 |
| | 2005 | 13 | 12 | 20 | 12 | 17 | — | 18 | 14 |
| | 2006 | 9 | 10 | 10 | 7 | 17 | 17 | 11 | 11 |
| | 2007 | 19 | 12 | 15 | 21 | 20 | 31 | 16 | 20 |
| 旅游服务 | | | | | | | | | |
| | 1990—1995 | 9 | 7 | 10 | — | — | 9 | — | — |
| | 1995—2000 | 3 | 6 | 7 | 2 | — | 6 | — | 2 |
| | 2000—2007 | 9 | 3 | 7 | 10 | 20 | 14 | 9 | 12 |
| | 2005 | 7 | 8 | 13 | 5 | 11 | 15 | 18 | 9 |
| | 2006 | 9 | 5 | 11 | 8 | 24 | 12 | 13 | 16 |
| | 2007 | 14 | 10 | 12 | 15 | 28 | 17 | 10 | 18 |
| 其他商业服务 | | | | | | | | | |
| | 1990—1995 | 10 | 12 | 10 | — | — | — | — | 16 |
| | 1995—2000 | 7 | 11 | 9 | — | — | — | — | 6 |
| | 2000—2007 | 14 | 10 | 14 | 16 | 28 | — | 15 | 15 |
| | 2005 | 14 | 12 | 32 | 12 | 35 | — | 15 | 19 |
| | 2006 | 16 | 12 | 20 | 15 | 32 | 10 | 23 | 20 |
| | 2007 | 20 | 16 | 26 | 22 | 36 | 23 | 12 | 19 |

表 20：

世界货物进出口、产量和 GDP（1950—2007）

（年度百分比变化）

| 年份 | 总额 | | | | 数量 | | | | | | | | 世界GDP |
|---|---|---|---|---|---|---|---|---|---|---|---|---|---|
| | 出口 | | | | 进口 | | | | 产量 | | | | |
| | 合计 a | 农产品 | 燃料和矿产品 | 制成品 | 总计 a | 农产品 | 燃料和矿产品 | 制成品 | 合计 | 农业 | 采掘业 | 制造业 | |
| 1950—1963 | 7.4 | 3.7 | 8.5 | 10.1 | 7.7 | 4.5 | 7.2 | 8.6 | 5.2 | 2.9 | 4.8 | 6.6 | 4.7 |
| 1964 | 11.8 | 6.9 | 11.8 | 15.0 | 10.9 | 5.4 | 8.8 | 14.9 | 9.1 | 4.8 | 8.6 | 10.0 | 7.2 |
| 1965 | 8.3 | 4.3 | 7.1 | 10.9 | 6.6 | 5.1 | 3.2 | 7.4 | 5.6 | 0.0 | 3.9 | 9.1 | 4.1 |
| 1966 | 9.2 | 4.1 | 9.8 | 10.8 | 7.7 | 3.7 | 6.2 | 10.3 | 6.6 | 3.4 | 5.1 | 8.3 | 6.5 |
| 1967 | 5.2 | −0.2 | 5.7 | 7.7 | 5.7 | 2.4 | 10.3 | 4.7 | 4.9 | 3.3 | 2.4 | 5.1 | 3.7 |

续　表

| 年份 | 总额 | | | | 数量 | | | | | | | | 世界GDP |
|---|---|---|---|---|---|---|---|---|---|---|---|---|---|
| | 出口 | | | | 进口 | | | | 产量 | | | | |
| | 合计a | 农产品 | 燃料和矿产品 | 制成品 | 总计a | 农产品 | 燃料和矿产品 | 制成品 | 合计 | 农业 | 采掘业 | 制造业 | |
| 1968 | 11.0 | 4.1 | 14.2 | 14.9 | 10.8 | 5.7 | 12.0 | 17.9 | 5.9 | 3.2 | 7.1 | 7.3 | 5.9 |
| 1969 | 14.2 | 6.9 | 9.2 | 16.5 | 12.2 | 5.4 | 6.0 | 16.5 | 5.6 | 0.0 | 2.2 | 8.0 | 6.7 |
| 1970 | 14.6 | 10.6 | 13.6 | 15.4 | 8.7 | 3.1 | 12.4 | 8.7 | 5.3 | 3.1 | 7.5 | 5.3 | 5.1 |
| 1971 | 11.7 | 7.4 | 11.3 | 13.7 | 7.0 | 2.0 | 1.0 | 9.0 | 5.0 | 3.0 | 4.0 | 5.0 | 4.4 |
| 1972 | 18.3 | 20.3 | 14.1 | 19.4 | 8.4 | 6.9 | 6.9 | 10.1 | 4.8 | 0.0 | 2.9 | 6.7 | 5.6 |
| 1973 | 38.4 | 45.5 | 47.4 | 34.1 | 12.1 | 0.9 | 10.2 | 14.2 | 8.2 | 4.9 | 6.5 | 9.8 | 6.9 |
| 1974 | 44.9 | 21.7 | 122.9 | 31.3 | 5.4 | −4.5 | −1.7 | 8.8 | 2.5 | 1.9 | 1.8 | 3.3 | 2.1 |
| 1975 | 4.3 | 1.0 | −4.0 | 8.8 | −7.3 | 1.0 | −12.0 | −4.0 | −1.6 | 3.6 | −6.0 | −3.9 | 1.4 |
| 1976 | 13.1 | 10.5 | 16.3 | 12.8 | 11.8 | 7.5 | 6.8 | 12.6 | 6.7 | 0.9 | 8.3 | 8.2 | 5.1 |
| 1977 | 13.7 | 13.5 | 10.6 | 14.7 | 4.2 | 3.5 | 2.7 | 5.0 | 3.9 | 2.6 | 3.4 | 4.5 | 4.2 |
| 1978 | 15.8 | 13.3 | 3.7 | 21.6 | 4.7 | 6.8 | 5.3 | 5.9 | 4.5 | 3.4 | 0.8 | 5.1 | 4.6 |
| 1979 | 27.0 | 24.4 | 47.0 | 21.3 | 5.2 | 4.8 | 5.9 | 5.0 | 3.6 | 0.8 | 8.9 | 4.1 | 4.0 |
| 1980 | 22.4 | 13.8 | 41.8 | 15.9 | 2.3 | 6.8 | −6.3 | 5.9 | −0.7 | 0.9 | −2.6 | 0.7 | 2.9 |
| 1981 | −1.2 | −1.9 | −3.2 | −0.7 | −0.6 | 5.0 | −9.9 | 4.0 | 0.1 | 3.6 | −7.9 | 0.2 | 2.0 |
| 1982 | −6.4 | −7.5 | −10.6 | −3.6 | −2.2 | −2.0 | −5.8 | −2.1 | −1.0 | 3.2 | −6.9 | −1.4 | 0.8 |
| 1983 | −2.0 | −1.4 | −8.0 | 0.5 | 2.6 | 0.2 | −0.9 | 5.1 | 2.2 | 0.1 | −0.9 | 3.1 | 2.9 |
| 1984 | 5.9 | 5.3 | −0.9 | 8.1 | 8.4 | 2.8 | 4.8 | 10.8 | 6.5 | 5.3 | 3.8 | 7.2 | 4.6 |
| 1985 | −0.3 | −5.7 | −3.2 | 3.8 | 2.6 | −1.2 | −1.2 | 4.8 | 2.8 | 2.4 | −1.1 | 3.4 | 3.5 |
| 1986 | 9.4 | 11.1 | −23.8 | 20.3 | 4.0 | −1.7 | 9.1 | 4.1 | 2.8 | 1.8 | 3.0 | 3.1 | 3.4 |
| 1987 | 17.4 | 14.9 | 11.0 | 19.7 | 5.5 | 5.6 | 1.7 | 6.3 | 3.5 | 1.0 | 1.3 | 4.4 | 3.7 |
| 1988 | 13.7 | 13.1 | 0.9 | 16.1 | 8.5 | 2.7 | 5.6 | 9.5 | 4.9 | 1.7 | 5.3 | 5.7 | 4.5 |
| 1989 | 7.8 | 4.3 | 15.5 | 6.9 | 6.4 | 3.1 | 4.4 | 7.8 | 3.5 | 3.4 | 4.5 | 3.4 | 3.8 |
| 1990 | 12.9 | 4.7 | 16.2 | 14.4 | 3.9 | 0.7 | 5.7 | 5.5 | 1.3 | 2.5 | 1.0 | 1.0 | 2.5 |
| 1991 | 1.5 | 0.8 | −6.2 | 3.3 | 3.7 | 3.3 | 3.3 | 3.6 | −0.4 | 0.4 | −0.5 | −0.6 | 0.8 |
| 1992 | 6.7 | 7.1 | −0.9 | 8.0 | 4.8 | 6.0 | 4.3 | 4.7 | 0.1 | 2.3 | 0.8 | −0.5 | 1.1 |
| 1993 | 0.0 | −4.1 | −3.5 | 0.0 | 4.4 | 1.0 | 3.5 | 4.1 | −0.1 | 0.6 | 2.0 | −0.6 | 0.9 |
| 1994 | 13.6 | 15.8 | 5.1 | 15.6 | 9.3 | 8.7 | 6.7 | 11.1 | 2.8 | 2.9 | 1.6 | 2.9 | 2.2 |
| 1995 | 19.4 | 17.7 | 15.2 | 20.0 | 7.4 | 4.6 | 3.6 | 9.0 | 4.6 | 2.1 | 2.2 | 5.5 | 2.3 |
| 1996 | 4.6 | 2.5 | 14.2 | 3.5 | 5.1 | 3.9 | 3.9 | 5.3 | 3.5 | 4.3 | 2.7 | 3.5 | 3.3 |
| 1997 | 3.4 | −1.3 | 2.7 | 4.6 | 10.1 | 5.9 | 7.1 | 11.0 | 4.9 | 2.4 | 3.3 | 5.7 | 3.4 |
| 1998 | −1.5 | −4.6 | −20.6 | 2.3 | 4.6 | 1.5 | 2.5 | 4.8 | 2.2 | 1.6 | 1.1 | 2.4 | 2.1 |
| 1999 | 3.9 | −3.7 | 15.6 | 3.3 | 4.6 | 1.0 | −0.7 | 5.1 | 3.1 | 3.3 | −1.3 | 3.6 | 2.9 |
| 2000 | 12.9 | 1.0 | 46.4 | 10.3 | 10.8 | 4.0 | 3.5 | 13.6 | 5.2 | 1.9 | 3.7 | 6.2 | 4.2 |
| 2001 | −4.1 | 0.2 | −9.1 | −3.8 | −0.2 | 1.6 | −0.1 | −0.6 | −1.0 | 1.6 | −0.1 | −1.7 | 1.5 |
| 2002 | 4.8 | 5.9 | 1.1 | 5.3 | 3.5 | 3.4 | 2.0 | 3.8 | 1.4 | 1.6 | 0.1 | 1.6 | 1.8 |
| 2003 | 16.9 | 16.7 | 23.2 | 15.8 | 5.7 | 3.8 | 5.4 | 5.7 | 3.5 | 2.7 | 3.6 | 3.7 | 2.6 |
| 2004 | 21.7 | 14.6 | 34.7 | 20.5 | 9.7 | 3.6 | 6.3 | 11.2 | 5.1 | 5.0 | 4.4 | 5.3 | 3.9 |
| 2005 | 13.8 | 8.2 | 38.0 | 9.9 | 6.4 | 5.8 | 3.5 | 7.4 | 3.2 | 2.0 | 1.7 | 3.8 | 3.2 |
| 2006 | 15.7 | 11.2 | 27.7 | 13.2 | 8.4 | 6.2 | 3.6 | 10.2 | 3.2 | 1.5 | 0.9 | 4.1 | 3.7 |
| 2007 | 15.3 | 19.5 | 14.9 | 15.0 | 5.9 | 4.7 | 3.1 | 7.3 | 3.9 | 2.5 | 0.1 | 4.9 | 3.4 |

a 含未分类产品。

表 21：

世界货物出口（按地区和国家，1948—2007）

单位：十亿美元和百分比

| 地区＼年份 | 1948 | 1953 | 1963 | 1973 | 1983 | 1993 | 2003 | 2007 |
|---|---|---|---|---|---|---|---|---|
| | | | | | 总额 | | | |
| 世界 | 59 | 84 | 157 | 579 | 1 838 | 3 675 | 7 375 | 13 619 |
| | | | | | 份额 | | | |
| 世界 | 100.0 | 100.0 | 100.0 | 100.0 | 100.0 | 100.0 | 100.0 | 100.0 |
| 北美洲 | 28.1 | 24.8 | 19.9 | 17.3 | 16.8 | 18.0 | 15.8 | 13.6 |
| 美国 | 21.7 | 18.8 | 14.9 | 12.3 | 11.2 | 12.6 | 9.8 | 8.5 |
| 加拿大 | 5.5 | 5.2 | 4.3 | 4.6 | 4.2 | 4.0 | 3.7 | 3.1 |
| 墨西哥 | 0.9 | 0.7 | 0.6 | 0.4 | 1.4 | 1.4 | 2.2 | 2.0 |
| 中、南美洲 | 11.3 | 9.7 | 6.4 | 4.3 | 4.4 | 3.0 | 3.0 | 3.7 |
| 巴西 | 2.0 | 1.8 | 0.9 | 1.1 | 1.2 | 1.0 | 1.0 | 1.2 |
| 阿根廷 | 2.8 | 1.3 | 0.9 | 0.6 | 0.4 | 0.4 | 0.4 | 0.4 |
| 欧洲 | 35.1 | 39.4 | 47.8 | 50.9 | 43.5 | 45.4 | 45.9 | 42.4 |
| 德国 | 1.4 | 5.3 | 9.3 | 11.6 | 9.2 | 10.3 | 10.2 | 9.7 |
| 法国 | 3.4 | 4.8 | 5.2 | 6.3 | 5.2 | 6.0 | 5.3 | 4.1 |
| 英国 | 11.3 | 9.0 | 7.8 | 5.1 | 5.0 | 4.9 | 4.1 | 3.6 |
| 意大利 | 1.8 | 1.8 | 3.2 | 3.8 | 4.0 | 4.6 | 4.1 | 3.2 |
| 独联体 | — | — | — | — | — | 1.5 | 2.6 | 3.7 |
| 非洲 | 7.3 | 6.5 | 5.7 | 4.8 | 4.5 | 2.5 | 2.4 | 3.1 |
| 南非 | 2.0 | 1.6 | 1.5 | 1.0 | 1.0 | 0.7 | 0.5 | 0.5 |
| 中东 | 2.0 | 2.7 | 3.2 | 4.1 | 6.8 | 3.5 | 4.1 | 5.6 |
| 亚洲 | 14.0 | 13.4 | 12.5 | 14.9 | 19.1 | 26.1 | 26.2 | 27.9 |
| 中国 | 0.9 | 1.2 | 1.3 | 1.0 | 1.2 | 2.5 | 5.9 | 8.9 |
| 日本 | 0.4 | 1.5 | 3.5 | 6.4 | 8.0 | 9.9 | 6.4 | 5.2 |
| 印度 | 2.2 | 1.3 | 1.0 | 0.5 | 0.5 | 0.6 | 0.8 | 1.1 |
| 澳大利亚和新西兰 | 3.7 | 3.2 | 2.4 | 2.1 | 1.4 | 1.5 | 1.2 | 1.2 |
| 六个东亚贸易国 | 3.4 | 3.0 | 2.4 | 3.4 | 5.8 | 9.7 | 9.6 | 9.3 |
| 备忘项： | | | | | | | | |
| 欧盟 | — | — | 27.5 | 38.6 | 30.4 | 36.1 | 42.7 | 39.1 |
| 前苏联 | 2.2 | 3.5 | 4.6 | 3.7 | 5.0 | — | — | — |
| GATT/WTO 成员 | 60.4 | 68.7 | 72.8 | 81.8 | 76.5 | 89.5 | 94.3 | 94.1 |

表 22：

世界货物进口（按地区和国家，1948—2007）

单位：十亿美元和百分比

| 地区＼年份 | 1948 | 1953 | 1963 | 1973 | 1983 | 1993 | 2003 | 2007 |
|---|---|---|---|---|---|---|---|---|
| | | | | | 总额 | | | |
| 世界 | 62 | 85 | 164 | 595 | 1 882 | 3 787 | 7 691 | 13 968 |
| | | | | | 份额 | | | |
| 世界 | 100.0 | 100.0 | 100.0 | 100.0 | 100.0 | 100.0 | 100.0 | 100.0 |

续 表

| 年份<br>地区 | 1948 | 1953 | 1963 | 1973 | 1983 | 1993 | 2003 | 2007 |
|---|---|---|---|---|---|---|---|---|
| 北美洲 | 18.5 | 20.5 | 16.1 | 17.2 | 18.5 | 21.4 | 22.5 | 19.4 |
| 美国 | 13.0 | 13.9 | 11.4 | 12.3 | 14.3 | 15.9 | 16.9 | 14.5 |
| 加拿大 | 4.4 | 5.5 | 3.9 | 4.2 | 3.4 | 3.7 | 3.2 | 2.8 |
| 墨西哥 | 1.0 | 0.9 | 0.8 | 0.6 | 0.7 | 1.8 | 2.3 | 2.1 |
| 中、南美洲 | 10.4 | 8.3 | 6.0 | 4.4 | 3.8 | 3.3 | 2.5 | 3.3 |
| 巴西 | 1.8 | 1.6 | 0.9 | 1.2 | 0.9 | 0.7 | 0.7 | 0.9 |
| 阿根廷 | 2.5 | 0.9 | 0.6 | 0.4 | 0.2 | 0.4 | 0.2 | 0.3 |
| 欧洲 | 45.3 | 43.7 | 52.0 | 53.3 | 44.2 | 44.6 | 45.0 | 43.4 |
| 德国 | 2.2 | 4.5 | 8.0 | 9.2 | 8.1 | 9.0 | 7.9 | 7.6 |
| 英国 | 13.4 | 11.0 | 8.5 | 6.5 | 5.3 | 5.5 | 5.2 | 4.4 |
| 法国 | 5.5 | 4.9 | 5.3 | 6.3 | 5.6 | 5.7 | 5.2 | 4.4 |
| 意大利 | 2.5 | 2.8 | 4.6 | 4.7 | 4.2 | 3.9 | 3.9 | 3.6 |
| 独联体 | — | — | — | — | — | 1.2 | 1.7 | 2.7 |
| 非洲 | 8.1 | 7.0 | 5.2 | 3.9 | 4.6 | 2.6 | 2.1 | 2.6 |
| 南非 | 2.5 | 1.5 | 1.1 | 0.9 | 0.8 | 0.5 | 0.5 | 0.7 |
| 中东 | 1.8 | 2.1 | 2.3 | 2.7 | 6.2 | 3.3 | 2.7 | 3.4 |
| 亚洲 | 13.9 | 15.1 | 14.1 | 14.9 | 18.5 | 23.6 | 23.5 | 25.3 |
| 中国 | 0.6 | 1.6 | 0.9 | 0.9 | 1.1 | 2.7 | 5.4 | 6.8 |
| 日本 | 1.1 | 2.8 | 4.1 | 6.5 | 6.7 | 6.4 | 5.0 | 4.4 |
| 印度 | 2.3 | 1.4 | 1.5 | 0.5 | 0.7 | 0.6 | 0.9 | 1.6 |
| 澳大利亚和新西兰 | 2.9 | 2.3 | 2.2 | 1.6 | 1.4 | 1.5 | 1.4 | 1.4 |
| 六个东亚贸易国 | 3.5 | 3.7 | 3.1 | 3.7 | 6.1 | 10.3 | 8.6 | 8.7 |
| 备忘项： | | | | | | | | |
| 欧盟 | — | — | 29.0 | 39.2 | 39.2 | 39.2 | 41.8 | 39.9 |
| 前苏联 | 1.9 | 3.3 | 4.3 | 3.5 | 4.3 | — | — | — |
| GATT/WTO 成员 | 58.1 | 66.9 | 75.3 | 85.5 | 81.3 | 88.7 | 94.9 | 95.0 |

**表 23：**

**美国的货物贸易（按地区和产品，1963—2007）**

单位：十亿美元和百分比

| 年份<br>地区 | 出口 | | | | | | | 进口 | | | | | |
|---|---|---|---|---|---|---|---|---|---|---|---|---|---|
| | 1963 | 1973 | 1983 | 1993 | 2003 | 2007 | | 1963 | 1973 | 1983 | 1993 | 2003 | 2007 |
| | | | | | | | 总额 | | | | | | |
| 世界 | 22.9 | 72.4 | 205.6 | 464.8 | 724.8 | 1 162.5 | | 17.1 | 70.3 | 269.9 | 603.2 | 1 303.1 | 1 919.4 |
| | | | | | | | 份额 | | | | | | |
| 世界 | 100 | 100 | 100 | 100 | 100 | 100 | | 100 | 100 | 100 | 100 | 100 | 100 |
| 北美洲 | 21.2 | 26.4 | 25.4 | 30.6 | 36.9 | 33.2 | | 25.7 | 28.6 | 26.1 | 25.6 | 28.1 | 26.3 |
| 中、南美洲 | 11.6 | 9.5 | 7.9 | 7.9 | 7.1 | 9.2 | | 20.1 | 10.3 | 9.5 | 6.1 | 6.4 | 7.0 |
| 欧洲 | 29.7 | 28.8 | 26.8 | 24.9 | 23.3 | 23.7 | | 27.5 | 27.6 | 21.1 | 20.1 | 21.6 | 19.5 |
| 欧盟（25） | — | — | — | — | 21.4 | 21.3 | | — | — | — | — | 20.0 | 18.1 |
| 欧洲其他地区 | — | — | — | — | 1.9 | 2.4 | | — | — | — | — | 1.6 | 1.4 |
| 独联体 | — | — | — | 0.8 | 0.5 | 0.9 | | — | — | — | 0.4 | 0.8 | 1.3 |
| 俄罗斯 | — | — | — | 0.6 | 0.3 | 0.6 | | — | — | — | 0.3 | 0.7 | 1.0 |

续 表

| 地区 \ 年份 | 出口 | | | | | | 进口 | | | | | |
|---|---|---|---|---|---|---|---|---|---|---|---|---|
| | 1963 | 1973 | 1983 | 1993 | 2003 | 2007 | 1963 | 1973 | 1983 | 1993 | 2003 | 2007 |
| 非洲 | 4.3 | 3.1 | 3.7 | 2.0 | 1.5 | 2.0 | 4.7 | 4.3 | 5.6 | 2.6 | 2.6 | 4.7 |
| 南非 | 1.2 | 1.0 | 1.0 | 0.5 | 0.4 | 0.5 | 1.5 | 0.5 | 0.8 | 0.3 | 0.4 | 0.5 |
| 非洲其他地区 | 3.1 | 2.1 | 2.7 | 1.5 | 1.1 | 1.6 | 3.2 | 3.8 | 4.8 | 2.3 | 2.2 | 4.3 |
| 中东 | 2.4 | 3.0 | 6.5 | 3.6 | 2.7 | 4.0 | 1.8 | 2.4 | 2.8 | 2.7 | 3.4 | 4.0 |
| 亚洲 | 20.6 | 23.3 | 26.0 | 30.1 | 28.0 | 27.0 | 19.6 | 26.1 | 34.5 | 42.5 | 37.0 | 37.2 |
| 日本 | 7.5 | 11.4 | 10.1 | 10.3 | 7.2 | 5.4 | 8.8 | 13.8 | 16.1 | 18.3 | 9.3 | 7.4 |
| 中国 | 0.0 | 0.0 | 1.4 | 1.9 | 3.9 | 5.6 | 0.0 | 0.1 | 0.9 | 5.6 | 12.5 | 16.8 |
| 六个东亚贸易国 | 3.0 | 5.6 | 9.2 | 13.4 | 12.2 | 11.0 | 2.9 | 7.5 | 12.2 | 14.4 | 10.6 | 8.6 |
| 亚洲其他地区 | 10.1 | 6.3 | 5.3 | 4.5 | 4.6 | 5.0 | 7.9 | 4.8 | 5.3 | 4.1 | 4.6 | 4.4 |
| 总货物 | 100 | 100 | 100 | 100 | 100 | 100 | 100 | 100 | 100 | 100 | 100 | 100 |
| 农产品 | 29.8 | 28.7 | 21.6 | 13.3 | 10.5 | 9.8 | 33.3 | 18.3 | 10.3 | 7.3 | 5.9 | 5.4 |
| 食品 | 21.5 | 23.2 | 17.3 | 10.1 | 8.1 | 7.5 | 23.3 | 13.6 | 7.8 | 5.3 | 4.7 | 4.3 |
| 鱼 | 0.1 | 0.4 | 0.4 | 0.7 | 0.5 | 0.4 | 2.3 | 2.0 | 1.4 | 1.0 | 0.9 | 0.7 |
| 其他食品 | 21.4 | 22.8 | 16.8 | 9.4 | 7.6 | 7.2 | 21.0 | 11.6 | 6.4 | 4.3 | 3.8 | 3.6 |
| 原料 | 6.3 | 5.5 | 4.3 | 3.2 | 2.4 | 2.2 | 10.0 | 4.7 | 2.5 | 2.0 | 1.3 | 1.1 |
| 燃料和矿产品 | 8.1 | 6.0 | 7.6 | 4.1 | 3.9 | 7.2 | 22.9 | 18.6 | 26.4 | 12.1 | 14.2 | 21.2 |
| 铁矿和其他矿物 | 2.2 | 2.1 | 1.9 | 1.0 | 1.0 | 2.2 | 6.1 | 2.4 | 1.3 | 0.7 | 0.4 | 0.5 |
| 燃料 | 4.1 | 2.3 | 4.7 | 2.1 | 1.9 | 3.6 | 11.6 | 12.8 | 22.3 | 9.8 | 12.5 | 18.4 |
| 有色金属 | 1.7 | 1.5 | 1.1 | 1.0 | 0.9 | 1.4 | 5.3 | 3.5 | 2.8 | 1.5 | 1.3 | 2.3 |
| 制成品 | 61.4 | 62.8 | 66.8 | 76.6 | 81.3 | 78.2 | 40.5 | 60.5 | 60.5 | 77.3 | 76.0 | 69.8 |
| 钢铁 | 2.3 | 1.8 | 0.8 | 0.8 | 0.9 | 1.3 | 3.8 | 4.3 | 2.7 | 1.8 | 1.1 | 1.9 |
| 化工产品 | 8.6 | 8.1 | 9.9 | 9.9 | 13.0 | 13.3 | 3.3 | 11.1 | 4.2 | 5.1 | 8.0 | 7.9 |
| 药品 | 1.2 | 0.9 | 1.3 | 1.3 | 2.6 | 2.9 | 0.3 | 0.2 | 0.4 | 0.7 | 2.4 | 2.7 |
| 其他化工产品 | 7.4 | 7.2 | 8.6 | 8.6 | 10.3 | 10.4 | 3.0 | 10.9 | 3.7 | 4.4 | 5.5 | 5.2 |
| 其他半制成品 | 5.6 | 5.2 | 4.9 | 5.3 | 6.0 | 5.9 | 10.9 | 8.8 | 6.9 | 6.8 | 7.0 | 6.4 |
| 机械和运输设备 | 35.9 | 40.0 | 42.7 | 48.4 | 48.5 | 46.1 | 10.8 | 31.1 | 33.0 | 44.0 | 41.0 | 37.3 |
| 办公和通讯设备 | 4.2 | 6.2 | 10.8 | 9.8 | 15.5 | 11.6 | 2.3 | 6.3 | 8.9 | 11.9 | 13.9 | 13.0 |
| 电算化和办公设备 | — | — | 5.7 | 6.7 | 5.7 | 4.0 | — | — | 2.6 | 7.3 | 6.3 | 5.5 |
| 通信设备 | — | — | 1.8 | 3.1 | 3.3 | 3.3 | — | — | 4.3 | 4.6 | 5.6 | 6.2 |
| 集成电路 | — | — | 2.3 | 4.3 | 6.6 | 4.3 | — | — | 2.0 | 3.5 | 2.0 | 1.3 |
| 运输设备 | 13.3 | 18.6 | 16.7 | 16.4 | 16.6 | 17.5 | 4.7 | 17.9 | 16.4 | 14.5 | 16.5 | 13.2 |
| 汽车产品 | 7.5 | 11.0 | 8.4 | 9.2 | 9.6 | 9.4 | 3.5 | 15.2 | 14.4 | 14.4 | 13.9 | 10.9 |
| 其他运输设备 | 5.7 | 7.6 | 8.3 | 0.1 | 7.0 | 8.2 | 1.1 | 2.7 | 1.9 | 0.2 | 2.6 | 2.3 |
| 其他机器 | 18.4 | 15.3 | 15.3 | 22.2 | 16.4 | 17.0 | 3.8 | 6.8 | 7.7 | 17.6 | 10.6 | 11.1 |
| 发电设备 | 0.6 | 0.5 | 2.6 | 4.2 | 2.9 | 3.1 | 0.1 | 0.1 | 0.7 | 2.9 | 1.3 | 1.9 |
| 非电动设备 | 14.2 | 11.0 | 9.3 | 9.0 | 8.5 | 9.4 | 2.8 | 4.4 | 4.3 | 5.9 | 5.1 | 5.7 |
| 电动设备 | 3.6 | 3.8 | 3.4 | 9.0 | 5.0 | 4.5 | 1.0 | 2.3 | 2.6 | 7.6 | 4.2 | 2.7 |
| 纺织品 | 2.1 | 1.8 | 1.2 | 1.3 | 1.5 | 1.1 | 4.0 | 2.2 | 1.2 | 1.5 | 1.4 | 1.2 |
| 服装 | 0.4 | 0.4 | 0.5 | 1.1 | 0.8 | 0.4 | 2.3 | 3.1 | 3.9 | 5.9 | 5.5 | 4.2 |
| 其他制成品 | 6.5 | 5.4 | 6.8 | 9.9 | 10.6 | 10.2 | 5.4 | 7.5 | 8.6 | 12.2 | 12.1 | 10.9 |
| 个人和家庭用品 | — | — | — | 0.8 | 0.7 | 0.7 | — | — | — | 3.5 | 3.7 | 3.3 |
| 科学及控制仪器 | — | — | — | 3.4 | 4.3 | 4.1 | — | — | — | 1.4 | 1.8 | 1.8 |
| 杂项制成品 | — | — | — | 5.7 | 5.6 | 5.4 | — | — | — | 7.3 | 6.5 | 5.8 |

表 24：

欧洲货物贸易（按地区和产品，2003—2007）

单位：十亿美元和百分比

| 地区＼年份 | 出口 2003 | 出口 2004 | 出口 2005 | 出口 2006 | 出口 2007 | | 进口 2003 | 进口 2004 | 进口 2005 | 进口 2006 | 进口 2007 |
|---|---|---|---|---|---|---|---|---|---|---|---|
| | | | | | | 总额 | | | | | |
| 世界 | 3 387 | 4 051 | 4 398 | 4 976 | 5 772 | | 3 462 | 4 161 | 4 574 | 5 238 | 6 061 |
| | | | | | | 份额 | | | | | |
| 世界 | 100 | 100 | 100 | 100 | 100 | | 100 | 100 | 100 | 100 | 100 |
| 欧洲内部 | 73.8 | 73.8 | 73.3 | 73.7 | 73.5 | | 71.9 | 71.7 | 70.1 | 69.5 | 69.6 |
| 欧盟（25） | 68.6 | 68.4 | 67.8 | 68.3 | 68.0 | | 67.2 | 66.8 | 65.1 | 64.6 | 64.7 |
| 欧洲其他地区 | 5.2 | 5.4 | 5.5 | 5.4 | 5.5 | | 4.8 | 4.9 | 5.0 | 4.9 | 4.9 |
| 区域内贸易 | 25.1 | 25.2 | 25.7 | 25.3 | 25.3 | | 27.1 | 27.6 | 29.2 | 29.6 | 29.5 |
| 北美洲 | 9.5 | 9.1 | 9.0 | 8.6 | 7.9 | | 6.3 | 5.9 | 5.6 | 5.4 | 5.3 |
| 中、南美洲 | 1.2 | 1.2 | 1.3 | 1.3 | 1.4 | | 1.7 | 1.8 | 1.8 | 1.9 | 1.9 |
| 独联体 | 1.9 | 2.2 | 2.5 | 2.9 | 3.3 | | 3.1 | 3.6 | 4.4 | 4.9 | 4.8 |
| 俄罗斯 | 1.3 | 1.5 | 1.7 | 1.9 | 2.2 | | 2.5 | 2.9 | 3.5 | 3.9 | 3.8 |
| 非洲 | 2.4 | 2.4 | 2.6 | 2.4 | 2.6 | | 2.7 | 2.7 | 3.0 | 3.0 | 2.9 |
| 南非 | 0.5 | 0.5 | 0.5 | 0.5 | 0.5 | | 0.5 | 0.5 | 0.5 | 0.5 | 0.5 |
| 撒哈拉以南非洲的其他地区 | 1.9 | 1.9 | 2.0 | 1.9 | 2.1 | | 2.2 | 2.2 | 2.5 | 2.5 | 2.4 |
| 中东 | 2.5 | 2.6 | 2.8 | 2.6 | 2.6 | | 1.5 | 1.6 | 2.0 | 1.9 | 1.7 |
| 亚洲 | 7.5 | 7.6 | 7.5 | 7.4 | 7.5 | | 11.8 | 12.1 | 12.3 | 12.4 | 12.7 |
| 日本 | 1.5 | 1.5 | 1.4 | 1.3 | 1.1 | | 2.5 | 2.4 | 2.2 | 2.0 | 1.9 |
| 中国 | 1.5 | 1.6 | 1.5 | 1.7 | 1.8 | | 3.7 | 4.1 | 4.7 | 5.0 | 5.7 |
| 澳大利亚和新西兰 | 0.7 | 0.7 | 0.7 | 0.6 | 0.6 | | 0.4 | 0.4 | 0.4 | 0.3 | 0.3 |
| 六个东亚贸易国 | 2.7 | 2.7 | 2.7 | 2.6 | 2.6 | | 3.5 | 3.5 | 3.5 | 3.4 | 3.2 |
| 亚洲其他地区 | 1.1 | 1.1 | 1.2 | 1.2 | 1.3 | | 1.7 | 1.7 | 1.6 | 1.6 | 1.6 |
| 总货物 | 100 | 100 | 100 | 100 | 100 | | 100 | 100 | 100 | 100 | 100 |
| 农产品 | 9.6 | 9.2 | 9.1 | 8.8 | 9.0 | | 10.2 | 9.7 | 9.4 | 9.0 | 9.3 |
| 食品 | 8.0 | 7.7 | 7.6 | 7.4 | 7.5 | | 8.4 | 8.0 | 7.7 | 7.3 | 7.6 |
| 鱼 | 0.6 | 0.6 | 0.6 | 0.6 | 0.6 | | 0.8 | 0.7 | 0.8 | 0.7 | 0.7 |
| 其他食品 | 7.4 | 7.1 | 7.0 | 6.8 | 7.0 | | 7.6 | 7.2 | 7.0 | 6.6 | 6.9 |
| 原料 | 1.5 | 1.5 | 1.4 | 1.4 | 1.5 | | 1.9 | 1.8 | 1.7 | 1.6 | 1.7 |
| 燃料和矿产品 | 7.2 | 7.8 | 9.4 | 10.8 | 10.5 | | 11.4 | 12.2 | 15.2 | 17.4 | 16.7 |
| 铁矿和其他矿物 | 0.7 | 0.9 | 0.9 | 1.1 | 1.2 | | 1.1 | 1.4 | 1.4 | 1.7 | 1.8 |
| 燃料 | 4.9 | 5.2 | 6.7 | 7.3 | 6.8 | | 8.4 | 8.8 | 11.8 | 12.9 | 11.9 |
| 有色金属 | 1.6 | 1.7 | 1.8 | 2.4 | 2.5 | | 1.8 | 2.0 | 2.0 | 2.9 | 2.9 |
| 制成品 | 80.9 | 80.8 | 79.4 | 78.4 | 78.6 | | 75.7 | 75.7 | 73.5 | 71.8 | 72.3 |
| 钢铁 | 2.7 | 3.3 | 3.4 | 3.6 | 4.0 | | 2.5 | 3.1 | 3.2 | 3.4 | 3.9 |
| 化工产品 | 14.8 | 14.9 | 15.1 | 14.9 | 15.3 | | 12.6 | 12.6 | 12.7 | 12.4 | 12.9 |
| 药品 | 4.9 | 5.0 | 5.0 | 5.0 | 5.1 | | 3.9 | 4.0 | 3.9 | 3.8 | 3.8 |
| 其他化工产品 | 9.9 | 9.9 | 10.0 | 9.9 | 10.2 | | 8.7 | 8.7 | 8.8 | 8.6 | 9.1 |
| 其他半制成品 | 8.7 | 8.6 | 8.4 | 8.3 | 8.5 | | 8.0 | 7.9 | 7.7 | 7.5 | 7.8 |
| 机械和运输设备 | 40.3 | 40.2 | 39.1 | 38.8 | 38.3 | | 37.8 | 37.8 | 36.1 | 35.3 | 34.4 |
| 办公和通讯设备 | 8.4 | 8.3 | 8.7 | 8.7 | 7.0 | | 10.3 | 10.5 | 10.5 | 10.7 | 9.0 |
| 电算化和办公设备 | 3.5 | 3.4 | 3.4 | 3.3 | 2.8 | | 4.8 | 4.7 | 4.6 | 4.6 | 3.9 |
| 通信设备 | 3.4 | 3.4 | 3.8 | 4.1 | 3.1 | | 3.7 | 3.9 | 4.3 | 4.7 | 3.9 |
| 集成电路 | 1.5 | 1.6 | 1.4 | 1.3 | 1.1 | | 1.8 | 1.8 | 1.6 | 1.4 | 1.2 |
| 运输设备 | 16.9 | 16.8 | 15.6 | 15.1 | 15.7 | | 15.1 | 15.1 | 13.7 | 12.9 | 13.4 |
| 汽车产品 | 12.1 | 12.1 | 11.5 | 11.1 | 11.3 | | 10.4 | 10.5 | 9.8 | 9.4 | 9.6 |
| 其他运输设备 | 4.8 | 4.7 | 4.2 | 4.0 | 4.4 | | 4.7 | 4.6 | 3.9 | 3.5 | 3.8 |
| 其他机械 | 15.0 | 15.1 | 14.8 | 15.0 | 15.6 | | 12.3 | 12.2 | 11.8 | 11.6 | 12.0 |

续 表

| 地区＼年份 | 出口 2003 | 2004 | 2005 | 2006 | 2007 | 进口 2003 | 2004 | 2005 | 2006 | 2007 |
|---|---|---|---|---|---|---|---|---|---|---|
| 纺织品 | 2.1 | 2.0 | 1.8 | 1.7 | 1.6 | 2.1 | 2.0 | 1.8 | 1.6 | 1.6 |
| 服装 | 2.6 | 2.4 | 2.3 | 2.2 | 2.1 | 3.3 | 3.2 | 3.1 | 2.9 | 2.9 |
| 其他制成品 | 9.6 | 9.4 | 9.2 | 9.0 | 8.9 | 9.5 | 9.2 | 9.1 | 8.8 | 8.8 |
| 个人和家庭用品 | 2.2 | 2.1 | 2.0 | 2.0 | 2.0 | 2.3 | 2.3 | 2.3 | 2.2 | 2.2 |
| 科学和控制仪器 | 2.1 | 2.1 | 2.0 | 1.9 | 1.9 | 1.8 | 1.8 | 1.8 | 1.7 | 1.6 |
| 杂项制成品 | 5.3 | 5.2 | 5.2 | 5.1 | 5.0 | 5.3 | 5.1 | 5.1 | 4.9 | 5.0 |

## 表 25：

### 日本货物贸易（按地区和产品，1963—2007）

单位：十亿美元和百分比

| 地区＼年份 | 出口 1963 | 1973 | 1983 | 1993 | 2003 | 2007 | | 进口 1963 | 1973 | 1983 | 1993 | 2003 | 2007 |
|---|---|---|---|---|---|---|---|---|---|---|---|---|---|
| 世界 | 5.5 | 36.9 | 147.0 | 362.2 | 471.8 | 712.8 | 总额 | 6.7 | 38.3 | 126.4 | 241.6 | 382.9 | 621.1 |
| | | | | | | | 份额 | | | | | | |
| 世界 | 100 | 100 | 100 | 100 | 100 | 100 | | 100 | 100 | 100 | 100 | 100 | 100 |
| 北美洲 | 30.7 | 29.2 | 32.4 | 32.2 | 27.3 | 23.4 | | 37.6 | 30.2 | 24.6 | 26.9 | 18.1 | 13.8 |
| 中、南美洲 | 5.3 | 5.2 | 2.3 | 3.3 | 1.4 | 2.1 | | 6.4 | 4.4 | 3.5 | 2.8 | 2.0 | 3.2 |
| 欧洲 | 13.3 | 17.9 | 15.8 | 18.3 | 17.0 | 15.8 | | 10.0 | 10.6 | 8.8 | 15.5 | 14.5 | 11.7 |
| 欧盟（25） | — | — | — | 16.9 | 16.0 | 14.8 | | — | — | — | — | 13.1 | 10.5 |
| 欧洲其他地区 | — | — | — | 1.4 | 0.9 | 1.0 | | — | — | — | — | 1.5 | 1.2 |
| 独联体 | — | — | — | 0.5 | 0.5 | 1.8 | | — | — | — | 1.2 | 1.2 | 1.9 |
| 俄罗斯 | — | — | — | 0.4 | 0.4 | 1.5 | | — | — | — | 1.1 | 1.1 | 1.7 |
| 非洲 | 6.3 | 4.1 | 3.6 | 2.0 | 1.0 | 1.4 | | 3.9 | 4.5 | 2.6 | 1.6 | 1.7 | 2.4 |
| 南非 | 1.5 | 1.6 | 1.2 | 0.6 | 0.4 | 0.6 | | 1.9 | 1.5 | 1.3 | 0.8 | 0.9 | 1.2 |
| 非洲其他地区 | 4.8 | 2.4 | 2.4 | 1.5 | 0.6 | 0.8 | | 2.0 | 3.1 | 1.3 | 0.8 | 0.7 | 1.1 |
| 中东 | 3.2 | 4.1 | 10.8 | 3.3 | 2.7 | 3.7 | | 11.2 | 12.5 | 26.5 | 11.3 | 13.4 | 18.3 |
| 亚洲 | 34.9 | 31.6 | 31.0 | 40.1 | 49.0 | 50.7 | | 28.2 | 34.5 | 32.6 | 40.3 | 49.1 | 48.8 |
| 中国 a | 1.1 | 2.8 | 3.3 | 4.8 | 15.4 | 18.2 | | 1.1 | 2.5 | 4.0 | 8.5 | 19.7 | 20.6 |
| 六个东亚贸易国 | 15.8 | 18.0 | 17.8 | 28.3 | 26.0 | 25.3 | | 8.4 | 9.8 | 9.7 | 17.0 | 16.5 | 14.6 |
| 澳大利亚和新西兰 | 3.7 | 3.9 | 3.6 | 2.5 | 2.5 | 2.3 | | 8.5 | 10.2 | 6.0 | 5.8 | 4.5 | 5.5 |
| 亚洲其他地区 | 14.2 | 6.9 | 6.3 | 4.6 | 5.1 | 4.9 | | 10.3 | 12.0 | 12.9 | 9.1 | 8.4 | 8.2 |
| 总货物 | 100 | 100 | 100 | 100 | 100 | 100 | | 100 | 100 | 100 | 100 | 100 | 100 |
| 农产品 | 8.8 | 4.1 | 1.8 | 1.0 | 1.0 | 1.1 | | 44.5 | 36.0 | 20.7 | 24.6 | 15.3 | 11.1 |
| 食品 | 5.9 | 2.4 | 1.0 | 0.6 | 0.5 | 0.5 | | 20.8 | 18.9 | 13.5 | 17.3 | 12.3 | 8.9 |
| 鱼 | 3.7 | 1.4 | 0.5 | 0.2 | 0.2 | 0.2 | | 0.5 | 2.6 | 3.1 | 5.8 | 3.3 | 2.1 |
| 其他食品 | 2.2 | 0.9 | 0.6 | 0.4 | 0.3 | 0.3 | | 20.2 | 16.3 | 10.5 | 11.6 | 9.0 | 6.9 |
| 原料 | 3.0 | 1.7 | 0.7 | 0.5 | 0.5 | 0.6 | | 23.7 | 17.1 | 7.1 | 7.3 | 2.9 | 2.2 |
| 燃料和其他矿产品 | 1.2 | 1.2 | 1.5 | 1.4 | 1.7 | 3.7 | | 32.9 | 37.8 | 55.9 | 26.8 | 26.1 | 36.6 |
| 铁矿和其他矿物 | 0.1 | 0.1 | 0.2 | 0.1 | 0.4 | 0.7 | | 13.0 | 11.6 | 5.9 | 3.6 | 2.7 | 5.3 |
| 燃料 | 0.3 | 0.3 | 0.3 | 0.5 | 0.3 | 1.3 | | 18.0 | 21.8 | 46.7 | 20.4 | 21.2 | 27.8 |
| 有色金属 | 0.8 | 0.8 | 1.0 | 0.7 | 0.9 | 1.7 | | 1.9 | 4.3 | 3.2 | 2.7 | 2.2 | 3.5 |
| 制成品 | 88.8 | 93.1 | 95.6 | 95.5 | 93.0 | 89.7 | | 22.4 | 25.6 | 21.5 | 46.1 | 57.0 | 50.6 |
| 钢铁 | 12.9 | 14.4 | 8.7 | 4.0 | 3.8 | 4.8 | | 1.3 | 0.6 | 1.1 | 1.7 | 0.9 | 1.3 |
| 化工产品 | 5.8 | 5.8 | 4.6 | 5.6 | 8.3 | 9.1 | | 5.5 | 4.9 | 5.5 | 7.3 | 7.7 | 7.3 |
| 药品 | 0.5 | 0.3 | 0.2 | 0.4 | 0.7 | 0.4 | | 0.6 | 0.9 | 1.0 | 1.6 | 1.6 | 1.5 |
| 其他化工产品 | 5.3 | 5.5 | 4.4 | 5.1 | 7.6 | 8.7 | | 4.9 | 3.9 | 4.6 | 5.7 | 6.1 | 5.9 |
| 其他半制成品 | 11.7 | 7.0 | 6.3 | 4.4 | 4.3 | 4.2 | | 1.2 | 3.9 | 2.1 | 4.9 | 4.3 | 3.9 |
| 机械和运输设备 | 27.4 | 51.7 | 63.8 | 71.8 | 66.8 | 63.2 | | 12.0 | 8.3 | 7.0 | 16.9 | 27.6 | 24.3 |

续 表

| 年份 / 地区 | 出口 | | | | | | 进口 | | | | | |
|---|---|---|---|---|---|---|---|---|---|---|---|---|
| | 1963 | 1973 | 1983 | 1993 | 2003 | 2007 | 1963 | 1973 | 1983 | 1993 | 2003 | 2007 |
| 办公和通讯设备 | 6.8 | 12.7 | 18.4 | 23.3 | 19.1 | 14.5 | 2.1 | 2.1 | 1.9 | 6.8 | 14.2 | 11.2 |
| 电算化和办公设备 | — | — | 4.8 | 9.1 | 5.1 | 3.3 | — | — | 0.8 | 2.9 | 6.3 | 3.8 |
| 通信设备 | — | — | 11.1 | 8.1 | 6.5 | 4.9 | — | — | 0.4 | 1.8 | 3.4 | 3.5 |
| 集成电路 | — | — | 2.5 | 6.1 | 7.5 | 6.3 | — | — | 0.7 | 2.2 | 4.5 | 3.9 |
| 运输设备 | 12.2 | 26.1 | 28.6 | 28.3 | 27.4 | 27.5 | 2.4 | 1.8 | 2.1 | 4.5 | 4.7 | 4.1 |
| 汽车产品 | 3.4 | 12.0 | 20.9 | 22.1 | 21.8 | 22.3 | 0.5 | 0.6 | 0.5 | 2.7 | 2.9 | 2.5 |
| 其他运输设备 | 8.7 | 14.1 | 7.7 | 6.2 | 5.6 | 5.2 | 1.9 | 1.2 | 1.6 | 1.8 | 1.8 | 1.6 |
| 其他机械 | 8.4 | 12.9 | 16.8 | 20.1 | 20.4 | 21.3 | 7.5 | 4.4 | 3.0 | 5.6 | 8.7 | 9.0 |
| 发电设备 | 0.2 | 0.5 | 1.3 | 1.3 | 1.2 | 1.4 | 0.9 | 0.3 | 0.6 | 0.8 | 1.2 | 1.2 |
| 非电动设备 | 4.6 | 8.1 | 10.3 | 12.4 | 12.6 | 13.5 | 5.4 | 2.8 | 1.6 | 2.7 | 3.4 | 3.9 |
| 电动设备 | 3.6 | 4.3 | 5.1 | 6.4 | 6.6 | 6.2 | 1.3 | 1.3 | 0.9 | 2.1 | 4.1 | 3.9 |
| 纺织品 | 16.8 | 6.6 | 3.6 | 1.9 | 1.4 | 1.0 | 0.6 | 3.0 | 1.2 | 1.6 | 1.3 | 1.0 |
| 服装 | 3.9 | 1.0 | 0.4 | 0.2 | 0.1 | 0.1 | 0.1 | 1.5 | 1.2 | 5.2 | 5.1 | 3.9 |
| 其他制成品 | 10.3 | 6.5 | 8.1 | 7.7 | 8.4 | 7.3 | 1.7 | 3.6 | 3.3 | 8.5 | 10.2 | 8.9 |
| 个人和家庭用品 | 1.7 | 0.4 | 0.2 | 0.2 | 0.1 | 0.2 | 0.0 | 0.4 | 0.6 | 2.4 | 2.7 | 2.2 |
| 科学和控制仪器 | 3.1 | 3.7 | 1.4 | 2.1 | 3.1 | 2.9 | 1.0 | 1.0 | 0.8 | 1.5 | 2.5 | 2.3 |
| 杂项制成品 | 5.5 | 2.4 | 6.5 | 5.4 | 5.1 | 4.3 | 0.6 | 2.1 | 1.9 | 4.6 | 5.0 | 4.4 |

a 包括中国香港对中国的出口。

**表 26：**

## 美国的货物贸易（按地区和国家，1997—2007）

单位：十亿美元

| 年份 / 地区 | 1997 | 1998 | 1999 | 2000 | 2001 | 2002 | 2003 | 2004 | 2005 | 2006 | 2007 |
|---|---|---|---|---|---|---|---|---|---|---|---|
| 出口 | | | | | | | | | | | |
| 世界 | 687.5 | 680.4 | 692.8 | 781.9 | 729.1 | 693.1 | 724.8 | 818.5 | 904.3 | 1 036.6 | 1 162.5 |
| 北美洲 | 221.8 | 233.5 | 251.3 | 289.0 | 265.0 | 258.7 | 267.7 | 300.6 | 331.9 | 364.9 | 385.6 |
| 加拿大 | 150.1 | 154.1 | 163.9 | 176.4 | 163.3 | 160.8 | 169.7 | 189.1 | 211.4 | 230.2 | 248.4 |
| 墨西哥 | 71.4 | 79.0 | 87.0 | 112.0 | 101.3 | 97.5 | 97.6 | 110.9 | 120.0 | 134.1 | 136.5 |
| 中、南美洲 | 62.1 | 62.7 | 54.6 | 58.8 | 57.6 | 50.9 | 51.5 | 60.7 | 71.5 | 88.2 | 106.5 |
| 巴西 | 15.9 | 15.2 | 13.2 | 15.4 | 15.9 | 12.4 | 11.2 | 13.9 | 15.3 | 19.2 | 24.6 |
| 其他中、南美洲国家 | 46.2 | 47.5 | 41.3 | 43.4 | 41.7 | 38.5 | 40.2 | 46.8 | 56.2 | 69.0 | 81.8 |
| 欧洲 | 159.0 | 166.2 | 168.9 | 184.8 | 177.7 | 160.1 | 168.9 | 188.8 | 205.4 | 238.3 | 276.0 |
| 欧盟（27） | 144.6 | 152.7 | 155.0 | 168.8 | 162.6 | 147.3 | 155.2 | 173.7 | 187.4 | 214.9 | 247.7 |
| 欧洲其他地区 | 14.5 | 13.4 | 13.9 | 16.0 | 15.1 | 12.8 | 13.8 | 15.1 | 18.0 | 23.4 | 28.3 |
| 独联体 | 4.7 | 4.6 | 2.8 | 3.3 | 3.8 | 3.8 | 3.7 | 4.8 | 5.9 | 7.1 | 10.6 |
| 俄罗斯 | 3.3 | 3.6 | 1.8 | 2.3 | 2.7 | 2.4 | 2.4 | 3.0 | 3.9 | 4.7 | 7.4 |
| 其他独联体国家 | 1.4 | 1.0 | 1.0 | 1.0 | 1.1 | 1.4 | 1.3 | 1.9 | 1.9 | 2.4 | 3.3 |
| 非洲其他地区 | 11.4 | 11.2 | 9.9 | 11.0 | 12.3 | 10.7 | 10.7 | 13.5 | 15.5 | 19.0 | 23.7 |
| 南非 | 3.2 | 3.1 | 3.7 | 3.1 | 3.0 | 2.5 | 2.8 | 3.2 | 3.9 | 4.5 | 5.5 |
| 非洲其他地区 | 8.2 | 8.1 | 6.2 | 7.9 | 9.3 | 8.1 | 7.9 | 10.3 | 11.6 | 14.5 | 18.1 |
| 中东 | 20.9 | 23.6 | 20.9 | 19.1 | 19.2 | 18.9 | 19.4 | 23.5 | 31.9 | 39.1 | 46.3 |
| 亚洲 | 207.2 | 178.2 | 184.0 | 215.6 | 193.1 | 189.7 | 202.7 | 226.4 | 241.9 | 279.8 | 313.3 |
| 中国 | 12.8 | 14.3 | 13.1 | 16.3 | 19.2 | 22.1 | 28.4 | 34.7 | 41.8 | 55.2 | 65.2 |
| 日本 | 65.7 | 57.9 | 57.5 | 65.3 | 57.5 | 51.4 | 52.1 | 54.4 | 55.4 | 59.6 | 62.7 |

续 表

| 地区 \ 年份 | 1997 | 1998 | 1999 | 2000 | 2001 | 2002 | 2003 | 2004 | 2005 | 2006 | 2007 |
|---|---|---|---|---|---|---|---|---|---|---|---|
| 六个东亚贸易国 | 96.5 | 77.5 | 85.0 | 102.5 | 87.3 | 85.0 | 88.6 | 100.8 | 104.4 | 118.6 | 127.6 |
| 亚洲其他地区 | 32.3 | 28.6 | 28.4 | 31.5 | 29.0 | 31.2 | 33.6 | 36.4 | 40.3 | 46.4 | 57.8 |
| 进口 | | | | | | | | | | | |
| 世界 | 898.0 | 944.4 | 1 059.2 | 1 259.3 | 1 179.2 | 1 200.2 | 1 303.1 | 1 525.7 | 1 732.7 | 1 918.1 | 2 020.4 |
| 北美洲 | 258.5 | 274.0 | 312.5 | 370.7 | 352.6 | 349.2 | 366.5 | 417.7 | 464.6 | 507.9 | 531.6 |
| 加拿大 | 171.3 | 177.9 | 201.4 | 232.7 | 219.9 | 213.5 | 227.2 | 259.7 | 291.9 | 307.7 | 317.5 |
| 墨西哥 | 87.1 | 96.1 | 111.1 | 137.6 | 132.7 | 135.9 | 139.5 | 157.9 | 172.5 | 200.4 | 213.3 |
| 中、南美洲 | 57.1 | 53.8 | 61.8 | 77.5 | 71.7 | 73.7 | 83.8 | 105.2 | 129.9 | 140.4 | 141.8 |
| 巴西 | 10.1 | 10.6 | 11.9 | 14.6 | 15.2 | 16.7 | 18.9 | 22.7 | 26.2 | 28.0 | 27.2 |
| 其他中、南美洲国家 | 46.9 | 43.1 | 49.9 | 62.9 | 56.4 | 57.0 | 64.9 | 82.5 | 103.7 | 112.4 | 114.6 |
| 欧洲 | 182.1 | 202.5 | 224.5 | 255.5 | 252.8 | 259.7 | 282.0 | 317.5 | 346.8 | 369.9 | 393.5 |
| 欧盟（27） | 166.1 | 186.4 | 206.1 | 235.0 | 233.6 | 239.5 | 260.8 | 292.4 | 319.7 | 341.2 | 364.9 |
| 欧洲其他地区 | 16.0 | 16.1 | 18.4 | 20.6 | 19.3 | 20.2 | 21.2 | 25.1 | 27.1 | 28.7 | 28.6 |
| 独联体 | 5.3 | 7.1 | 7.2 | 9.8 | 8.1 | 8.4 | 10.4 | 14.9 | 19.8 | 25.3 | 26.5 |
| 俄罗斯 | 4.5 | 6.0 | 6.0 | 8.0 | 6.5 | 7.1 | 9.1 | 12.6 | 16.2 | 20.7 | 20.2 |
| 其他独联体国家 | 0.8 | 1.1 | 1.1 | 1.8 | 1.5 | 1.2 | 1.3 | 2.3 | 3.6 | 4.6 | 6.3 |
| 非洲其他地区 | 21.1 | 17.0 | 18.0 | 29.1 | 26.8 | 23.3 | 33.9 | 48.3 | 67.9 | 83.8 | 95.2 |
| 南非 | 3.1 | 3.7 | 2.8 | 4.4 | 4.6 | 4.2 | 4.8 | 6.2 | 6.1 | 7.7 | 9.3 |
| 非洲其他地区 | 18.0 | 13.3 | 15.2 | 24.7 | 22.2 | 19.1 | 29.1 | 42.2 | 61.8 | 76.1 | 85.9 |
| 中东 | 21.6 | 20.3 | 26.8 | 40.9 | 38.7 | 35.8 | 43.9 | 54.2 | 65.7 | 74.7 | 80.3 |
| 亚洲 | 352.4 | 369.6 | 408.5 | 475.7 | 428.6 | 450.2 | 482.6 | 567.7 | 638.0 | 716.0 | 751.4 |
| 中国 | 65.8 | 75.1 | 87.8 | 107.6 | 109.4 | 133.4 | 163.2 | 210.5 | 259.8 | 305.7 | 340.3 |
| 日本 | 124.3 | 125.1 | 134.9 | 150.7 | 129.6 | 124.5 | 121.1 | 133.4 | 142.0 | 152.2 | 149.6 |
| 六个东亚贸易国 | 120.1 | 122.2 | 136.0 | 159.4 | 135.2 | 135.5 | 138.3 | 157.1 | 162.3 | 174.9 | 173.0 |
| 亚洲其他地区 | 42.2 | 47.2 | 49.8 | 58.0 | 54.4 | 56.8 | 60.0 | 66.7 | 73.9 | 83.2 | 88.5 |

## 表 27：

### 欧盟的货物贸易（按地区和国家，2003—2007）

单位：十亿美元

| 地区 \ 年份 | 总额 | | | | | 年度百分比变化 | | | | |
|---|---|---|---|---|---|---|---|---|---|---|
| | 2003 | 2004 | 2005 | 2006 | 2007 | 2000—2007 | 2004 | 2005 | 2006 | 2007 |
| 出口 | | | | | | | | | | |
| 世界 | 3 148.9 | 3 762.5 | 4 065.9 | 4 590.9 | 5 319.7 | 12 | 19 | 8 | 13 | 16 |
| 北美洲 | 296.6 | 337.1 | 362.5 | 393.0 | 419.4 | 8 | 14 | 8 | 8 | 7 |
| 加拿大 | 254.5 | 290.3 | 311.0 | 334.4 | 354.5 | 7 | 14 | 7 | 7 | 6 |
| 墨西哥 | 42.1 | 46.8 | 51.4 | 58.7 | 64.9 | 10 | 11 | 10 | 14 | 11 |
| 中、南美洲 | 38.8 | 46.7 | 53.5 | 61.5 | 74.4 | 8 | 20 | 15 | 15 | 21 |
| 巴西 | 13.8 | 17.4 | 19.7 | 21.9 | 28.5 | 9 | 26 | 13 | 11 | 30 |
| 其他中、南美洲国家 | 25.0 | 29.3 | 33.8 | 39.6 | 45.9 | 8 | 17 | 15 | 17 | 16 |
| 欧洲 | 2 335.4 | 2 787.8 | 2 987.9 | 3 394.1 | 3 926.1 | 12 | 19 | 7 | 14 | 16 |
| 欧盟（27） | 2 165.7 | 2 577.1 | 2 755.6 | 3 135.4 | 3 621.9 | 12 | 19 | 7 | 14 | 16 |
| 欧洲其他地区 | 169.8 | 210.8 | 232.3 | 258.8 | 304.2 | 12 | 24 | 10 | 11 | 18 |
| 独联体 | 60.0 | 82.0 | 100.8 | 131.6 | 174.4 | 28 | 37 | 23 | 31 | 32 |
| 俄罗斯 | 41.5 | 56.6 | 70.1 | 89.9 | 120.8 | 29 | 36 | 24 | 28 | 34 |
| 其他独联体国家 | 18.6 | 25.5 | 30.8 | 41.8 | 53.6 | 27 | 37 | 21 | 36 | 28 |

续　表

| 地区＼年份 | 总额 2003 | 2004 | 2005 | 2006 | 2007 | 年度百分比变化 2000—2007 | 2004 | 2005 | 2006 | 2007 |
|---|---|---|---|---|---|---|---|---|---|---|
| 非洲其他地区 | 77.5 | 92.7 | 105.9 | 113.3 | 138.1 | 13 | 20 | 14 | 7 | 22 |
| 南非 | 15.0 | 19.4 | 22.3 | 24.6 | 27.6 | 14 | 29 | 15 | 10 | 12 |
| 非洲其他地区 | 62.4 | 73.4 | 83.7 | 88.7 | 110.5 | 13 | 18 | 14 | 6 | 25 |
| 中东 | 76.8 | 93.7 | 108.4 | 113.1 | 132.3 | 13 | 22 | 16 | 4 | 17 |
| 亚洲 | 232.9 | 285.0 | 305.5 | 337.6 | 395.7 | 12 | 22 | 7 | 10 | 17 |
| 中国 | 46.3 | 59.4 | 63.7 | 79.1 | 97.1 | 22 | 28 | 7 | 24 | 23 |
| 日本 | 45.5 | 52.9 | 53.4 | 55.2 | 58.5 | 5 | 16 | 1 | 3 | 6 |
| 六个东亚贸易国 | 83.4 | 100.7 | 108.6 | 117.7 | 133.6 | 9 | 21 | 8 | 8 | 14 |
| 亚洲其他地区 | 57.8 | 71.9 | 79.8 | 85.6 | 106.5 | 13 | 24 | 11 | 7 | 24 |
| 进口 | | | | | | | | | | |
| 世界 | 3 214.2 | 3 854.5 | 4 222.3 | 4 829.9 | 5 573.9 | 12 | 20 | 10 | 14 | 15 |
| 北美洲 | 203.8 | 227.4 | 238.1 | 257.3 | 295.4 | 5 | 12 | 5 | 8 | 15 |
| 加拿大 | 177.4 | 197.1 | 203.3 | 219.0 | 247.2 | 4 | 11 | 3 | 8 | 13 |
| 墨西哥 | 26.4 | 30.3 | 34.7 | 38.3 | 48.1 | 10 | 15 | 15 | 10 | 26 |
| 中、南美洲 | 54.8 | 68.9 | 76.6 | 93.7 | 110.0 | 14 | 26 | 11 | 22 | 17 |
| 巴西 | 21.6 | 27.0 | 29.9 | 34.0 | 44.6 | 15 | 25 | 11 | 14 | 31 |
| 其他中、南美洲国家 | 33.2 | 41.9 | 46.7 | 59.7 | 65.4 | 14 | 26 | 11 | 28 | 10 |
| 欧洲 | 2 312.8 | 2 769.2 | 2 969.6 | 3 377.4 | 3 903.5 | 12 | 20 | 7 | 14 | 16 |
| 欧盟（27） | 2 156.2 | 2 576.4 | 2 754.2 | 3 133.0 | 3 621.9 | 12 | 19 | 7 | 14 | 16 |
| 欧洲其他地区 | 156.6 | 192.8 | 215.4 | 244.4 | 281.5 | 13 | 23 | 12 | 13 | 15 |
| 独联体 | 95.6 | 132.4 | 176.8 | 224.6 | 250.9 | 20 | 38 | 34 | 27 | 12 |
| 俄罗斯 | 77.7 | 105.3 | 142.7 | 178.5 | 196.9 | 19 | 36 | 36 | 25 | 10 |
| 其他独联体国家 | 17.9 | 27.1 | 34.1 | 46.1 | 54.0 | 25 | 51 | 26 | 35 | 17 |
| 非洲其他地区 | 88.5 | 103.1 | 128.9 | 146.5 | 162.2 | 12 | 16 | 25 | 14 | 11 |
| 南非 | 16.8 | 19.5 | 20.7 | 23.0 | 28.4 | 11 | 16 | 7 | 11 | 24 |
| 非洲其他地区 | 71.7 | 83.6 | 108.2 | 123.5 | 133.8 | 12 | 17 | 29 | 14 | 8 |
| 中东 | 45.4 | 59.9 | 82.9 | 86.9 | 91.4 | 10 | 32 | 38 | 5 | 5 |
| 亚洲 | 383.6 | 468.9 | 520.0 | 602.2 | 709.7 | 13 | 22 | 11 | 16 | 18 |
| 中国 | 120.0 | 160.0 | 199.2 | 244.3 | 315.7 | 24 | 33 | 25 | 23 | 29 |
| 日本 | 81.6 | 92.8 | 92.1 | 96.9 | 106.6 | 3 | 14 | −1 | 5 | 10 |
| 六个东亚贸易国 | 114.3 | 137.0 | 145.4 | 165.1 | 176.5 | 8 | 20 | 6 | 14 | 7 |
| 亚洲其他地区 | 67.7 | 79.0 | 83.3 | 95.8 | 110.9 | 11 | 17 | 5 | 15 | 16 |

**表 28：**

### 日本的货物贸易（按地区和国家，1997—2007）

单位：十亿美元

| 地区＼年份 | 1997 | 1998 | 1999 | 2000 | 2001 | 2002 | 2003 | 2004 | 2005 | 2006 | 2007 |
|---|---|---|---|---|---|---|---|---|---|---|---|
| 出口 | | | | | | | | | | | |
| 世界 | 421.1 | 388.1 | 417.6 | 479.2 | 403.5 | 416.7 | 471.8 | 565.7 | 594.9 | 647.0 | 712.8 |
| 北美洲 | 128.4 | 130.4 | 141.1 | 156.9 | 133.4 | 131.5 | 128.6 | 142.5 | 151.7 | 166.5 | 166.4 |
| 加拿大 | 113.0 | 118.4 | 119.8 | 144.0 | 122.6 | 120.4 | 117.5 | 128.7 | 135.9 | 147.2 | 145.6 |
| 墨西哥 | 15.4 | 12.0 | 21.3 | 12.9 | 10.9 | 11.1 | 11.1 | 13.8 | 15.8 | 19.3 | 20.8 |
| 中、南美洲 | 15.9 | 15.3 | 13.5 | 8.0 | 7.6 | 6.7 | 6.5 | 8.1 | 9.4 | 12.0 | 15.0 |
| 巴西 | 2.9 | 2.6 | 2.0 | 2.5 | 2.5 | 1.8 | 1.9 | 2.3 | 2.7 | 3.0 | 4.0 |
| 其他中、南美洲国家 | 12.9 | 12.7 | 11.4 | 5.5 | 5.1 | 4.9 | 4.6 | 5.8 | 6.6 | 9.0 | 11.0 |

续 表

| 地区 \ 年份 | 1997 | 1998 | 1999 | 2000 | 2001 | 2002 | 2003 | 2004 | 2005 | 2006 | 2007 |
|---|---|---|---|---|---|---|---|---|---|---|---|
| 欧洲 | 72.7 | 78.7 | 81.2 | 85.4 | 70.2 | 67.2 | 80.0 | 94.8 | 93.5 | 100.9 | 112.9 |
| 欧盟（27） | 67.2 | 73.3 | 76.5 | 80.6 | 66.7 | 64.0 | 75.7 | 89.3 | 87.8 | 94.2 | 105.7 |
| 欧洲其他地区 | 5.5 | 5.4 | 4.7 | 4.8 | 3.5 | 3.2 | 4.3 | 5.5 | 5.7 | 6.7 | 7.2 |
| 独联体 | 1.2 | 1.2 | 0.8 | 0.8 | 1.0 | 1.2 | 2.2 | 3.8 | 5.2 | 8.3 | 12.5 |
| 俄罗斯 | 1.0 | 1.0 | 0.5 | 0.6 | 0.7 | 0.9 | 1.8 | 3.1 | 4.5 | 7.1 | 10.8 |
| 其他独联体国家 | 0.2 | 0.2 | 0.3 | 0.2 | 0.2 | 0.2 | 0.4 | 0.7 | 0.7 | 1.2 | 1.7 |
| 非洲其他地区 | 5.3 | 5.7 | 5.3 | 4.2 | 3.7 | 3.9 | 4.8 | 6.6 | 7.0 | 8.5 | 10.3 |
| 南非 | 1.4 | 1.6 | 2.1 | 1.9 | 1.5 | 1.6 | 2.0 | 2.9 | 3.3 | 4.1 | 4.6 |
| 非洲其他地区 | 3.9 | 4.1 | 3.2 | 2.3 | 2.2 | 2.4 | 2.8 | 3.7 | 3.7 | 4.4 | 5.7 |
| 中东 | 10.4 | 12.4 | 9.8 | 9.7 | 10.5 | 11.4 | 12.9 | 14.5 | 16.5 | 19.2 | 26.2 |
| 亚洲 | 186.9 | 144.1 | 165.9 | 207.3 | 171.7 | 189.5 | 231.2 | 288.7 | 303.5 | 322.8 | 361.5 |
| 中国 | — | — | — | 42.5 | 42.3 | 52.5 | 72.9 | 92.9 | 98.4 | 111.9 | 129.9 |
| 六个东亚贸易国 | — | — | — | 130.0 | 99.1 | 105.9 | 122.6 | 153.6 | 161.2 | 167.1 | 180.0 |
| 亚洲其他地区 | 34.9 | 27.0 | 30.2 | 34.8 | 30.3 | 31.1 | 35.7 | 42.3 | 43.8 | 43.7 | 51.6 |
| 进口 | | | | | | | | | | | |
| 世界 | 338.8 | 280.6 | 310.0 | 379.5 | 349.1 | 337.2 | 382.9 | 454.5 | 516.7 | 579.1 | 621.1 |
| 北美洲 | 87.4 | 76.4 | 77.1 | 83.6 | 73.5 | 67.7 | 69.2 | 74.2 | 77.0 | 81.8 | 85.4 |
| 加拿大 | 79.8 | 76.0 | 67.5 | 72.5 | 63.7 | 58.7 | 59.9 | 63.6 | 65.5 | 69.4 | 72.3 |
| 墨西哥 | 7.7 | 0.4 | 9.6 | 11.1 | 9.8 | 9.0 | 9.3 | 10.6 | 11.5 | 12.4 | 13.1 |
| 中、南美洲 | 9.6 | 7.7 | 7.6 | 8.2 | 7.1 | 6.8 | 7.7 | 10.4 | 12.1 | 16.2 | 19.6 |
| 巴西 | 3.7 | 2.9 | 2.7 | 3.0 | 2.5 | 2.7 | 2.9 | 3.7 | 4.4 | 5.1 | 6.0 |
| 其他中、南美洲国家 | 5.8 | 4.8 | 5.0 | 5.2 | 4.6 | 4.2 | 4.8 | 6.8 | 7.7 | 11.1 | 13.6 |
| 欧洲 | 50.9 | 44.2 | 48.5 | 52.6 | 50.3 | 49.6 | 55.7 | 64.5 | 65.7 | 67.1 | 72.7 |
| 欧盟（27） | 45.6 | 39.6 | 43.3 | 47.7 | 45.6 | 44.8 | 50.1 | 58.0 | 58.9 | 60.1 | 65.1 |
| 欧洲其他地区 | 5.2 | 4.5 | 5.2 | 4.9 | 4.7 | 4.8 | 5.6 | 6.5 | 6.8 | 7.0 | 7.6 |
| 独联体 | 4.4 | 3.1 | 4.0 | 4.9 | 4.2 | 3.6 | 4.6 | 6.2 | 6.8 | 7.4 | 11.5 |
| 俄罗斯 | 4.0 | 2.9 | 3.8 | 4.6 | 3.9 | 3.3 | 4.2 | 5.7 | 6.2 | 6.7 | 10.6 |
| 其他独联体国家 | 0.4 | 0.3 | 0.3 | 0.3 | 0.3 | 0.3 | 0.4 | 0.5 | 0.6 | 0.7 | 0.9 |
| 非洲其他地区 | 4.8 | 3.9 | 4.0 | 4.9 | 4.5 | 5.7 | 6.4 | 8.7 | 9.9 | 13.2 | 14.8 |
| 南非 | 2.2 | 2.7 | 3.6 | 3.0 | 2.8 | 2.9 | 3.6 | 4.6 | 5.5 | 6.6 | 7.7 |
| 非洲其他地区 | 2.6 | 1.2 | 0.5 | 1.9 | 1.7 | 2.8 | 2.9 | 4.1 | 4.3 | 6.6 | 7.0 |
| 中东 | 38.3 | 25.5 | 30.3 | 49.2 | 44.3 | 40.7 | 51.2 | 62.7 | 87.5 | 109.1 | 113.7 |
| 亚洲 | 143.4 | 119.7 | 138.3 | 176.0 | 165.2 | 163.1 | 188.1 | 227.8 | 257.6 | 284.2 | 303.3 |
| 中国 | 41.9 | 37.1 | 42.9 | 55.1 | 57.9 | 61.8 | 75.4 | 94.3 | 108.6 | 118.5 | 127.8 |
| 六个东亚贸易国 | 56.2 | 45.6 | 55.8 | 71.5 | 61.4 | 57.1 | 63.3 | 74.6 | 81.4 | 89.1 | 90.8 |
| 亚洲其他地区 | 45.4 | 37.0 | 39.6 | 49.4 | 45.9 | 44.3 | 49.3 | 59.0 | 67.6 | 76.6 | 84.7 |

**表 29：**

**区域间和区域内货物贸易（2007）**

单位：十亿美元和百分比

| 原产地 | 北美洲 | 中、南美洲 | 欧洲 | 独联体 | 非洲 | 中东 | 亚洲 | 世界 |
|---|---|---|---|---|---|---|---|---|
| | 目的地 | | | | | | | |
| 总额 | | | | | | | | |
| 北美洲 | 2 517.0 | 451.0 | 5 956.0 | 397.0 | 355.0 | 483.0 | 3 294.0 | 13 619.0 |
| 中、南美洲 | 951.2 | 130.7 | 328.7 | 12.4 | 27.3 | 50.1 | 352.1 | 1 853.5 |
| 欧洲 | 151.3 | 122.0 | 105.6 | 6.4 | 13.7 | 9.1 | 80.2 | 499.2 |
| 独联体 | 458.5 | 80.4 | 4 243.6 | 189.0 | 147.7 | 152.9 | 433.7 | 5 772.2 |
| 非洲 | 23.6 | 6.3 | 287.5 | 103.2 | 6.9 | 16.2 | 59.6 | 510.3 |
| 中东 | 91.9 | 14.6 | 167.5 | 0.9 | 40.5 | 10.5 | 80.9 | 424.1 |
| 亚洲 | 83.9 | 4.4 | 108.3 | 4.8 | 27.5 | 93.4 | 397.3 | 759.9 |
| 世界 | 756.4 | 92.3 | 714.6 | 79.8 | 91.4 | 150.4 | 1 889.8 | 3 799.7 |
| 区域内贸易占各自区域总货物出口份额 | | | | | | | | |
| 北美洲 | 18.5 | 3.3 | 43.7 | 2.9 | 2.6 | 3.5 | 24.2 | 100.0 |
| 中、南美洲 | 51.3 | 7.0 | 17.7 | 0.7 | 1.5 | 2.7 | 19.0 | 100.0 |
| 欧洲 | 30.3 | 24.4 | 21.2 | 1.3 | 2.7 | 1.8 | 16.1 | 100.0 |
| 独联体 | 7.9 | 1.4 | 73.5 | 3.3 | 2.6 | 2.6 | 7.5 | 100.0 |
| 非洲 | 4.6 | 1.2 | 56.3 | 20.2 | 1.3 | 3.2 | 11.7 | 100.0 |
| 中东 | 21.7 | 3.4 | 39.5 | 0.2 | 9.5 | 2.5 | 19.1 | 100.0 |
| 亚洲 | 11.0 | 0.6 | 14.3 | 0.6 | 3.6 | 12.3 | 52.3 | 100.0 |
| 世界 | 19.9 | 2.4 | 18.8 | 2.1 | 2.4 | 4.0 | 49.7 | 100.0 |
| 区域间贸易占世界货物出口份额 | | | | | | | | |
| 北美洲 | 18.5 | 3.3 | 43.7 | 2.9 | 2.6 | 3.5 | 24.2 | 100.0 |
| 中、南美洲 | 7.0 | 1.0 | 2.4 | 0.1 | 0.2 | 0.4 | 2.6 | 13.6 |
| 欧洲 | 1.1 | 0.9 | 0.8 | 0.0 | 0.1 | 0.1 | 0.6 | 3.7 |
| 独联体 | 3.4 | 0.6 | 31.2 | 1.4 | 1.1 | 1.1 | 3.2 | 42.4 |
| 非洲 | 0.2 | 0.0 | 2.1 | 0.8 | 0.1 | 0.1 | 0.4 | 3.7 |
| 中东 | 0.7 | 0.1 | 1.2 | 0.0 | 0.3 | 0.1 | 0.6 | 3.1 |
| 中东 | 0.6 | 0.0 | 0.8 | 0.0 | 0.2 | 0.7 | 2.9 | 5.6 |
| 亚洲 | 5.6 | 0.7 | 5.2 | 0.6 | 0.7 | 1.1 | 13.9 | 27.9 |

**表 30：**

**世界商业服务进出口（按类别，2007）**

单位：十亿美元和百分比

| | 总额 | 份额 | | | | |
|---|---|---|---|---|---|---|
| 年份 | 2007 | 2000 | 2004 | 2005 | 2006 | 2007 |
| 出口 | | | | | | |
| 所有商业服务 | 3 290 | 100.0 | 100.0 | 100.0 | 100.0 | 100.0 |
| 　运输服务 | 750 | 23.5 | 23.1 | 23.3 | 22.6 | 22.8 |
| 　旅游服务 | 855 | 32.0 | 28.8 | 27.7 | 27.0 | 26.0 |

续 表

| | 总额 | 份额 | | | | |
|---|---|---|---|---|---|---|
| 年份 | 2007 | 2000 | 2004 | 2005 | 2006 | 2007 |
| 其他商业服务 | 1685 | 44.5 | 48.1 | 49.0 | 50.4 | 51.2 |
| 进口 | | | | | | |
| 所有商业服务 | 3 085 | 100.0 | 100.0 | 100.0 | 100.0 | 100.0 |
| 运输服务 | 890 | 28.8 | 28.3 | 29.1 | 28.9 | 28.9 |
| 旅游服务 | 775 | 29.7 | 27.7 | 26.9 | 25.9 | 25.2 |
| 其他商业服务 | 1415 | 41.5 | 44.0 | 44.1 | 45.1 | 45.9 |

**表31：**

**农产品贸易占总货物贸易和初级产品贸易份额（按地区，2007）**

单位：百分比

| | 出口 | 进口 |
|---|---|---|
| 农产品贸易占总货物贸易份额 | | |
| 世界 | 8.3 | 8.3 |
| 北美洲 | 9.6 | 6.0 |
| 中、南美洲 | 25.1 | 8.7 |
| 欧洲 | 9.0 | 9.2 |
| 独联体 | 7.6 | 10.9 |
| 非洲 | 8.1 | 14.0 |
| 中东 | 2.5 | 10.2 |
| 亚洲 | 5.6 | 7.4 |
| 农产品占初级产品份额 | | |
| 世界 | 29.8 | 29.8 |
| 北美洲 | 40.8 | 23.9 |
| 中、南美洲 | 37.9 | 31.3 |
| 欧洲 | 46.2 | 35.2 |
| 独联体 | 10.3 | 49.6 |
| 非洲 | 10.4 | 47.5 |
| 中东 | 3.3 | 47.8 |
| 亚洲 | 35.1 | 21.8 |

注：进口份额来自秘书处按地区和产品统计的世界货物贸易地区分布。

**表32：**

**农产品出口（按地区，2007）**

单位：十亿美元和百分比

| 地区 \ 年份 | 总额 | 份额 | | | | 年度百分比变化 | | |
|---|---|---|---|---|---|---|---|---|
| | | 地区出口 | | 世界出口 | | | | |
| | 2007 | 2000 | 2007 | 2000 | 2007 | 2000—2007 | 2006 | 2007 |
| 世界 | 1 127.7 | 100.0 | 100.0 | 100.0 | 100.0 | 11 | 11 | 19 |
| 欧洲 | | | | | | | | |
| 世界 | 519.3 | 100.0 | 100.0 | 44.2 | 46.1 | 11 | 10 | 19 |
| 欧洲 | 419.6 | 79.0 | 80.8 | 34.9 | 37.2 | 12 | 9 | 19 |
| 亚洲 | 26.7 | 6.1 | 5.2 | 2.7 | 2.4 | 9 | 10 | 14 |

续 表

| 地区 \ 年份 | 总额 | 份额 | | | | 年度百分比变化 | | |
|---|---|---|---|---|---|---|---|---|
| | | 地区出口 | | 世界出口 | | | | |
| | 2007 | 2000 | 2007 | 2000 | 2007 | 2000—2007 | 2006 | 2007 |
| 北美洲 | 23.9 | 5.4 | 4.6 | 2.4 | 2.1 | 9 | 11 | 6 |
| 非洲 | 16.6 | 2.0 | 3.2 | 0.9 | 1.5 | 19 | 25 | 25 |
| 独联体 | 15.3 | 3.3 | 2.9 | 1.4 | 1.4 | 10 | 13 | 24 |
| 中东 | 11.2 | 2.5 | 2.1 | 1.1 | 1.0 | 9 | 7 | 20 |
| 中、南美洲 | 4.7 | 1.2 | 0.9 | 0.6 | 0.4 | 6 | 20 | 17 |
| 亚洲 | | | | | | | | |
| 世界 | 213.3 | 100.0 | 100.0 | 18.3 | 18.9 | 11 | 14 | 20 |
| 亚洲 | 119.3 | 60.8 | 55.9 | 11.1 | 10.6 | 10 | 12 | 18 |
| 欧洲 | 35.4 | 15.2 | 16.6 | 2.8 | 3.1 | 13 | 17 | 25 |
| 北美洲 | 28.7 | 13.8 | 13.4 | 2.5 | 2.5 | 11 | 14 | 13 |
| 中东 | 11.9 | 4.5 | 5.6 | 0.8 | 1.1 | 15 | 19 | 30 |
| 非洲 | 9.3 | 2.7 | 4.4 | 0.5 | 0.8 | 19 | 10 | 36 |
| 独联体 | 4.9 | 1.1 | 2.3 | 0.2 | 0.4 | 23 | 22 | 32 |
| 中、南美洲 | 3.2 | 1.0 | 1.5 | 0.2 | 0.3 | 18 | 25 | 35 |
| 北美洲 | | | | | | | | |
| 世界 | 177.7 | 100.0 | 100.0 | 20.8 | 15.8 | 6 | 11 | 17 |
| 北美洲 | 74.8 | 42.6 | 42.1 | 8.9 | 6.6 | 6 | 9 | 8 |
| 亚洲 | 55.6 | 31.6 | 31.3 | 6.6 | 4.9 | 6 | 13 | 21 |
| 欧洲 | 20.7 | 13.7 | 11.7 | 2.9 | 1.8 | 4 | 7 | 17 |
| 中、南美洲 | 12.0 | 5.4 | 6.8 | 1.1 | 1.1 | 10 | 15 | 32 |
| 非洲 | 6.8 | 2.8 | 3.8 | 0.6 | 0.6 | 11 | 15 | 60 |
| 中东 | 5.0 | 2.7 | 2.8 | 0.6 | 0.4 | 7 | 35 | 46 |
| 独联体 | 2.1 | 0.9 | 1.2 | 0.2 | 0.2 | 11 | 0 | 48 |
| 中、南美洲 | | | | | | | | |
| 世界 | 125.2 | 100.0 | 100.0 | 9.6 | 11.1 | 13 | 12 | 23 |
| 欧洲 | 40.8 | 33.9 | 32.6 | 3.2 | 3.6 | 12 | 12 | 27 |
| 亚洲 | 25.1 | 15.8 | 20.1 | 1.5 | 2.2 | 17 | 5 | 31 |
| 北美洲 | 20.5 | 22.0 | 16.4 | 2.1 | 1.8 | 9 | 12 | 8 |
| 中、南美洲 | 19.2 | 18.6 | 15.3 | 1.8 | 1.7 | 10 | 15 | 33 |
| 非洲 | 7.2 | 3.0 | 5.7 | 0.3 | 0.6 | 24 | 18 | 23 |
| 独联体 | 6.4 | 3.9 | 5.1 | 0.4 | 0.6 | 18 | 21 | 23 |
| 中东 | 5.7 | 2.2 | 4.6 | 0.2 | 0.5 | 25 | 21 | 4 |
| 非洲 | | | | | | | | |
| 世界 | 38.6 | 100.0 | 100.0 | 2.4 | 3.4 | 17 | 17 | 31 |
| 欧洲 | 12.4 | 27.7 | 32.2 | 0.7 | 1.1 | 19 | 12 | 36 |
| 非洲 | 10.3 | 29.3 | 26.6 | 0.7 | 0.9 | 15 | 25 | 19 |
| 亚洲 | 9.3 | 31.7 | 24.0 | 0.8 | 0.8 | 12 | 15 | 29 |
| 北美洲 | 2.7 | 1.7 | 7.0 | 0.0 | 0.2 | 43 | —4 | 118 |
| 中东 | 2.4 | 2.2 | 6.2 | 0.1 | 0.2 | 35 | 14 | 44 |
| 独联体 | 0.8 | 3.2 | 2.0 | 0.1 | 0.1 | 9 | 13 | 3 |
| 中、南美洲 | 0.0 | 0.3 | 0.1 | 0.0 | 0.0 | —4 | 117 | —38 |
| 独联体 | | | | | | | | |
| 世界 | 34.3 | 100.0 | 100.0 | 3.4 | 3.0 | 9 | 6 | 13 |
| 独联体 | 16.5 | 49.5 | 48.0 | 1.7 | 1.5 | 8 | 7 | 12 |

续 表

| 地区＼年份 | 总额 | 份额 |  |  |  | 年度百分比变化 |  |  |
|---|---|---|---|---|---|---|---|---|
|  |  | 地区出口 |  | 世界出口 |  |  |  |  |
|  | 2007 | 2000 | 2007 | 2000 | 2007 | 2000—2007 | 2006 | 2007 |
| 欧洲 | 6.9 | 18.9 | 20.2 | 0.6 | 0.6 | 10 | 12 | 14 |
| 亚洲 | 5.7 | 18.2 | 16.5 | 0.6 | 0.5 | 7 | −7 | 15 |
| 中东 | 1.7 | 5.4 | 4.9 | 0.2 | 0.1 | 7 | 18 | 9 |
| 非洲 | 1.6 | 5.2 | 4.7 | 0.2 | 0.1 | 7 | −4 | 1 |
| 北美洲 | 0.6 | 1.0 | 1.8 | 0.0 | 0.1 | 20 | −8 | 42 |
| 中、南美洲 | 0.2 | 0.9 | 0.6 | 0.0 | 0.0 | 3 | 20 | 69 |
| 中东 |  |  |  |  |  |  |  |  |
| 世界 | 19.2 | 100.0 | 100.0 | 1.3 | 1.7 | 15 | 22 | 20 |
| 中东 | 10.8 | 54.8 | 56.3 | 0.7 | 1.0 | 15 | 31 | 22 |
| 欧洲 | 3.0 | 22.6 | 15.8 | 0.3 | 0.3 | 9 | −3 | 15 |
| 亚洲 | 1.7 | 8.7 | 8.7 | 0.1 | 0.1 | 15 | 8 | 12 |
| 非洲 | 1.4 | 3.2 | 7.3 | 0.0 | 0.1 | 29 | 28 | 24 |
| 独联体 | 0.8 | 4.0 | 4.3 | 0.1 | 0.1 | 16 | 51 | 20 |
| 北美洲 | 0.4 | 2.7 | 1.9 | 0.0 | 0.0 | 9 | 7 | 10 |
| 中、南美洲 | 0.1 | 0.6 | 0.3 | 0.0 | 0.0 | 7 | 47 | 16 |

**表 33:**

**特定国家的农产品进口（按地区和供应商，2007）**

单位：百万美元，%

| 地区＼年份 | 加拿大 |  |  |  |  | 地区＼年份 | 美国 |  |  |  |  |
|---|---|---|---|---|---|---|---|---|---|---|---|
|  | 总额 | 份额 | 年度百分比变化 |  |  |  | 总额 | 份额 | 年度百分比变化 |  |  |
|  | 2007 | 2007 | 2000—2007 | 2006 | 2007 |  | 2007 | 2007 | 2000—2007 | 2006 | 2007 |
| 世界 | 28 026 | 100.0 | 9 | 12 | 14 | 世界 | 109 573 | 100.0 | 7 | 8 | 6 |
| 北美洲 | 17 584 | 62.7 | 8 | 10 | 16 | 北美洲 | 39 428 | 36.0 | 5 | 5 | 5 |
| 亚洲 | 3 582 | 12.8 | 10 | 15 | 14 | 亚洲 | 25 879 | 23.6 | 9 | 12 | 8 |
| 欧洲 | 3 541 | 12.6 | 12 | 13 | 13 | 欧洲 | 21 630 | 19.7 | 8 | 9 | 7 |
| 中、南美洲 | 2 664 | 9.5 | 11 | 19 | 10 | 中、南美洲 | 19 760 | 18.0 | 7 | 11 | 5 |
| 非洲 | 460 | 1.6 | 11 | 25 | 7 | 非洲 | 1 764 | 1.6 | 6 | 0 | −5 |
| 独联体 | 118 | 0.4 | 12 | 32 | −7 | 独联体 | 715 | 0.7 | 8 | 21 | 7 |
| 中东 | 77 | 0.3 | 9 | 8 | 18 | 中东 | 397 | 0.4 | 9 | −7 | 18 |
| 供应商 |  |  |  |  |  | 供应商 |  |  |  |  |  |
| 美国 | 16 362 | 58.4 | 7 | 12 | 14 | 加拿大 | 27 323 | 24.9 | 3 | 2 | 3 |
| 欧盟（27） | 3 300 | 11.8 | 10 | 15 | 13 | 欧盟（27） | 20 012 | 18.3 | 8 | 9 | 6 |
| 墨西哥 | 1 151 | 4.1 | 22 | 45 | 43 | 墨西哥 | 12 103 | 11.0 | 9 | 12 | 8 |
| 中国 | 1 020 | 3.6 | 24 | 19 | 17 | 中国 | 5 907 | 5.4 | 21 | 25 | 13 |
| 巴西 | 704 | 2.5 | 12 | 25 | 6 | 巴西 | 4 226 | 3.9 | 9 | 10 | 6 |
| 以上 5 个合计 | 22 537 | 80.4 | — | — | — | 以上 5 个合计 | 69 571 | 63.5 | — | — | — |
| 泰国 | 523 | 1.9 | 8 | 17 | 19 | 智利 | 3 968 | 3.6 | 9 | 17 | −1 |
| 智利 | 522 | 1.9 | 15 | 19 | 14 | 泰国 | 3 597 | 3.3 | 4 | 18 | 4 |
| 澳大利亚 | 422 | 1.5 | 6 | 8 | 2 | 印度尼西亚 | 3 219 | 2.9 | 11 | 13 | 6 |
| 新西兰 | 333 | 1.2 | 9 | −9 | 18 | 澳大利亚 | 2 773 | 2.5 | 7 | 1 | 5 |
| 哥伦比亚 | 259 | 0.9 | 7 | 16 | −8 | 新西兰 | 1 899 | 1.7 | 5 | −4 | −2 |
| 印度尼西亚 | 235 | 0.8 | 11 | 19 | −3 | 哥伦比亚 | 1 806 | 1.6 | 4 | 4 | 4 |
| 哥斯达黎加 | 194 | 0.7 | 12 | 12 | 12 | 哥斯达黎加 | 1 509 | 1.4 | 5 | 27 | 7 |

续　表

| 地区＼年份 | 加拿大 | | | | | 地区＼年份 | 美国 | | | | |
|---|---|---|---|---|---|---|---|---|---|---|---|
| | 总额 | 份额 | 年度百分比变化 | | | | 总额 | 份额 | 年度百分比变化 | | |
| | 2007 | 2007 | 2000—2007 | 2006 | 2007 | | 2007 | 2007 | 2000—2007 | 2006 | 2007 |
| 印度 | 188 | 0.7 | 10 | 34 | 1 | 厄瓜多尔 | 1 481 | 1.4 | 6 | 10 | 2 |
| 危地马拉 | 185 | 0.7 | 9 | 29 | 2 | 越南 | 1 467 | 1.3 | 15 | 8 | 18 |
| 阿根廷 | 182 | 0.7 | 7 | 7 | 26 | 马来西亚 | 1 442 | 1.3 | 17 | 24 | 27 |
| 马来西亚 | 172 | 0.6 | 16 | 2 | 56 | 印度 | 1 393 | 1.3 | 3 | 4 | 1 |
| 越南 | 153 | 0.5 | 16 | 7 | 12 | 危地马拉 | 1 268 | 1.2 | 6 | 1 | 16 |
| 秘鲁 | 141 | 0.5 | 14 | 23 | 9 | 阿根廷 | 1 240 | 1.1 | 6 | 18 | 4 |
| 南非 | 136 | 0.5 | 6 | 6 | 1 | 菲律宾 | 1 088 | 1.0 | 6 | 9 | 8 |
| 厄瓜多尔 | 128 | 0.5 | 8 | 25 | 21 | 秘鲁 | 967 | 0.9 | 17 | 26 | 11 |
| 俄罗斯 | 109 | 0.4 | 11 | 36 | −8 | 日本 | 940 | 0.9 | 4 | 9 | 9 |
| 土耳其 | 108 | 0.4 | 24 | 30 | 49 | 洪都拉斯 | 723 | 0.7 | 6 | 1 | 16 |
| 摩洛哥 | 96 | 0.3 | 12 | 22 | 39 | 韩国 | 667 | 0.6 | 7 | −5 | 3 |
| 瑞士 | 93 | 0.3 | 13 | 16 | 8 | 俄罗斯 | 656 | 0.6 | 8 | 22 | 6 |
| 科特迪瓦 | 90 | 0.3 | 14 | 26 | −15 | 多米尼加 | 626 | 0.6 | 4 | 22 | 0 |
| 菲律宾 | 88 | 0.3 | 10 | 18 | 6 | 土耳其 | 611 | 0.6 | 12 | 9 | 18 |
| 韩国 | 84 | 0.3 | 8 | −9 | 7 | 中国台北 | 541 | 0.5 | 1 | 0 | 10 |
| 日本 | 84 | 0.3 | 6 | 17 | 11 | 科特迪瓦 | 505 | 0.5 | 8 | −22 | −6 |
| 乌拉圭 | 82 | 0.3 | 7 | −45 | 111 | 尼加拉瓜 | 427 | 0.4 | 8 | 22 | 15 |
| 中国台北 | 77 | 0.3 | 9 | 6 | 17 | 瑞士 | 423 | 0.4 | 9 | 16 | 53 |
| 加拿大 | 67 | 0.2 | | 22 | 12 | 乌拉圭 | 395 | 0.4 | 21 | −36 | 8 |
| 挪威 | 51 | 0.2 | 1 | 4 | 21 | 挪威 | 362 | 0.3 | 8 | 33 | 27 |
| 洪都拉斯 | 41 | 0.1 | 21 | −17 | 28 | 南非 | 283 | 0.3 | 1 | 4 | −9 |
| 尼加拉瓜 | 36 | 0.1 | 16 | 5 | 55 | 以色列 | 233 | 0.2 | 7 | −6 | 8 |
| 尼日利亚 | 35 | 0.1 | 32 | 489 | 51 | 萨尔瓦多 | 220 | 0.2 | 2 | −10 | 31 |
| 中国香港 | 29 | 0.1 | −3 | 1 | −4 | 巴拿马 | 178 | 0.2 | 2 | −3 | −4 |
| 牙买加 | 27 | 0.1 | 2 | 9 | 13 | 斐济 | 176 | 0.2 | 22 | 1 | 13 |
| 伊朗 | 26 | 0.1 | 4 | 9 | 8 | 孟加拉国 | 175 | 0.2 | 2 | 36 | −15 |
| 以色列 | 24 | 0.1 | 13 | 4 | 11 | 新加坡 | 170 | 0.2 | 3 | 11 | 25 |
| 新加坡 | 19 | 0.1 | 7 | −17 | 26 | 委内瑞拉 | 149 | 0.1 | −7 | −5 | −8 |
| 以上40个合计 | 27 575 | 98.4 | — | — | — | 以上40个合计 | 107 150 | 97.8 | — | — | — |

**表33（续）**

**特定国家的农产品进口（按地区和供应商，2007）**

单位：百万美元和百分比

| 地区＼年份 | 欧盟（27） | | | | | 地区＼年份 | 日本 | | | | |
|---|---|---|---|---|---|---|---|---|---|---|---|
| | 总额 | 份额 | 年度百分比变化 | | | | 总额 | 份额 | 年度百分比变化 | | |
| | 2007 | 2007 | 2000—2007 | 2006 | 2007 | | 2007 | 2007 | 2000—2007 | 2006 | 2007 |
| 世界 | 528 536 | 100.0 | 11 | 9 | 20 | 世界 | 68 939 | 100.0 | 1 | 0 | 5 |
| 欧洲 | 397 576 | 75.2 | 12 | 9 | 19 | 亚洲 | 28 393 | 41.2 | 2 | 2 | 1 |
| 中、南美洲 | 45 762 | 8.7 | 12 | 9 | 28 | 北美洲 | 22 620 | 32.8 | −1 | −3 | 8 |
| 亚洲 | 33 492 | 6.3 | 11 | 15 | 18 | 欧洲 | 8 872 | 12.9 | 3 | −2 | 11 |
| 非洲 | 20 619 | 3.9 | 9 | 2 | 17 | 中、南美洲 | 5 303 | 7.7 | 4 | 2 | 6 |
| 北美洲 | 19 381 | 3.7 | 3 | 6 | 16 | 独联体 | 2 125 | 3.1 | 1 | 2 | 9 |
| 独联体 | 8 077 | 1.5 | 11 | 13 | 25 | 非洲 | 1 471 | 2.1 | 1 | −7 | 3 |
| 中东 | 2 892 | 0.5 | 8 | 1 | 15 | 中东 | 155 | 0.2 | 3 | −11 | 24 |

续 表

| 地区 \ 年份 | 欧盟（27） | | | | |
|---|---|---|---|---|---|
| | 总额 | 份额 | 年度百分比变化 | | |
| | 2007 | 2007 | 2000—2007 | 2006 | 2007 |
| 供应商 | | | | | |
| 欧盟（27） | 379 079 | 71.7 | 12 | 9 | 20 |
| 巴西 | 19 351 | 3.7 | 14 | 5 | 36 |
| 美国 | 14 057 | 2.7 | 3 | 5 | 16 |
| 阿根廷 | 9 126 | 1.7 | 13 | 14 | 30 |
| 中国 | 7 086 | 1.3 | 16 | 20 | 27 |
| 以上5个合计 | 428 699 | 81.1 | — | — | — |
| 挪威 | 5 036 | 1.0 | 8 | 18 | 11 |
| 俄罗斯 | 4 866 | 0.9 | 10 | 12 | 21 |
| 土耳其 | 4 677 | 0.9 | 13 | 3 | 9 |
| 加拿大 | 4 356 | 0.8 | 2 | 7 | 15 |
| 印度尼西亚 | 4 127 | 0.8 | 10 | 14 | 13 |
| 智利 | 3 959 | 0.7 | 15 | 15 | 22 |
| 瑞士 | 3 883 | 0.7 | 13 | 20 | 26 |
| 泰国 | 3 665 | 0.7 | 10 | 24 | 26 |
| 南非 | 3 204 | 0.6 | 10 | −4 | 23 |
| 马来西亚 | 3 202 | 0.6 | 11 | 15 | 6 |
| 新西兰 | 2 980 | 0.6 | 8 | 1 | 6 |
| 印度 | 2 892 | 0.5 | 10 | 18 | 24 |
| 科特迪瓦 | 2 711 | 0.5 | 7 | 2 | 20 |
| 越南 | 2 542 | 0.5 | 23 | 57 | 36 |
| 摩洛哥 | 2 519 | 0.5 | 12 | 5 | 12 |
| 澳大利亚 | 2 441 | 0.5 | 3 | 3 | 5 |
| 厄瓜多尔 | 2 334 | 0.4 | 14 | 4 | 20 |
| 哥伦比亚 | 2 249 | 0.4 | 10 | 4 | 20 |
| 乌克兰 | 2 031 | 0.4 | 23 | 23 | 37 |
| 哥斯达黎加 | 1 773 | 0.3 | 11 | 13 | 24 |
| 秘鲁 | 1 703 | 0.3 | 15 | 27 | 17 |
| 以色列 | 1 697 | 0.3 | 10 | 1 | 24 |
| 冰岛 | 1 658 | 0.3 | 9 | 9 | 11 |
| 加纳 | 1 375 | 0.3 | 16 | 7 | 26 |
| 肯尼亚 | 1 309 | 0.2 | 10 | 12 | 11 |
| 喀麦隆 | 1 262 | 0.2 | 7 | −3 | 16 |
| 墨西哥 | 960 | 0.2 | 11 | 11 | 27 |
| 克罗地亚 | 944 | 0.2 | 18 | 26 | 4 |
| 塞尔维亚 | 854 | 0.2 | — | 95 | 18 |
| 突尼斯 | 851 | 0.2 | 13 | 44 | −9 |
| 乌拉圭 | 834 | 0.2 | 14 | 19 | 18 |
| 埃及 | 826 | 0.2 | 19 | 9 | 28 |
| 菲律宾 | 752 | 0.1 | 9 | 5 | 13 |
| 日本 | 693 | 0.1 | 7 | 6 | 24 |
| 尼日利亚 | 622 | 0.1 | 13 | −14 | 23 |
| 以上40个合计 | 510 487 | 96.6 | — | — | — |

| 地区 \ 年份 | 日本 | | | | |
|---|---|---|---|---|---|
| | 总额 | 份额 | 年度百分比变化 | | |
| | 2007 | 2007 | 2000—2007 | 2006 | 2007 |
| 供应商 | | | | | |
| 美国 | 17 153 | 24.9 | −1 | −2 | 9 |
| 中国 | 8 852 | 12.8 | 3 | 2 | −3 |
| 欧盟（27） | 7 864 | 11.4 | 4 | −2 | 10 |
| 澳大利亚 | 5 323 | 7.7 | 4 | −3 | 3 |
| 加拿大 | 4 833 | 7.0 | −1 | −4 | 4 |
| 以上5个合计 | 44 024 | 63.9 | — | — | — |
| 泰国 | 3 519 | 5.1 | 3 | 10 | −2 |
| 俄罗斯 | 2 049 | 3.0 | 1 | 1 | 7 |
| 印度尼西亚 | 1 979 | 2.9 | 3 | 20 | 5 |
| 智利 | 1 967 | 2.9 | 5 | 4 | 3 |
| 巴西 | 1 885 | 2.7 | 7 | −7 | 7 |
| 新西兰 | 1 397 | 2.0 | 2 | −7 | 7 |
| 韩国 | 1 343 | 1.9 | −5 | −11 | 0 |
| 马来西亚 | 1 267 | 1.8 | 3 | 11 | 18 |
| 越南 | 1 082 | 1.6 | 8 | 6 | −1 |
| 菲律宾 | 1 007 | 1.5 | 3 | −3 | 8 |
| 中国台北 | 973 | 1.4 | −3 | −19 | −5 |
| 印度 | 714 | 1.0 | −3 | 7 | 8 |
| 南非 | 638 | 0.9 | 5 | −11 | −4 |
| 墨西哥 | 632 | 0.9 | 5 | 1 | 12 |
| 挪威 | 475 | 0.7 | −4 | −20 | 13 |
| 阿根廷 | 416 | 0.6 | 8 | 48 | 73 |
| 新加坡 | 378 | 0.5 | 3 | 12 | 17 |
| 哥伦比亚 | 278 | 0.4 | 3 | −2 | −4 |
| 秘鲁 | 242 | 0.4 | 12 | 40 | −1 |
| 土耳其 | 173 | 0.3 | 12 | 3 | 26 |
| 摩洛哥 | 147 | 0.2 | −10 | 9 | 18 |
| 厄瓜多尔 | 135 | 0.2 | −7 | 16 | −13 |
| 缅甸 | 126 | 0.2 | 7 | 22 | 5 |
| 加纳 | 123 | 0.2 | 15 | 11 | 55 |
| 冰岛 | 119 | 0.2 | −3 | −8 | 1 |
| 斯里兰卡 | 107 | 0.2 | −2 | 17 | −4 |
| 毛里塔尼亚 | 102 | 0.1 | 4 | −22 | 4 |
| 危地马拉 | 97 | 0.1 | 2 | −16 | 4 |
| 瑞士 | 85 | 0.1 | 12 | −4 | 66 |
| 克罗地亚 | 83 | 0.1 | 24 | 103 | −8 |
| 埃塞俄比亚 | 79 | 0.1 | 4 | 24 | −14 |
| 巴布亚新几内亚 | 69 | 0.1 | −9 | −13 | 3 |
| 以色列 | 68 | 0.1 | 5 | −3 | 7 |
| 格陵兰岛 | 65 | 0.1 | −5 | −8 | 2 |
| 坦桑尼亚 | 54 | 0.1 | 3 | 11 | −2 |
| 以上40个合计 | 67 898 | 98.5 | — | — | — |

a I进口以FOB计价。

**表 34：**

**主要的农产品进出口国（2007）**

单位：十亿美元和百分比

| 地区＼年份 | 总额 | 占世界出/进口份额 | | | | 年度百分比变化 | | | |
|---|---|---|---|---|---|---|---|---|---|
| | 2007 | 1980 | 1990 | 2000 | 2007 | 2000—2007 | 2005 | 2006 | 2007 |
| 出口国 | | | | | | | | | |
| 欧盟（27） | 487.74 | — | — | 41.7 | 43.3 | 11 | 7 | 10 | 19 |
| 欧盟(27)对外出口 | 108.66 | — | — | 10.1 | 9.6 | 10 | 8 | 13 | 15 |
| 美国 | 113.51 | 17.0 | 14.3 | 12.9 | 10.1 | 7 | 4 | 12 | 22 |
| 加拿大 | 48.67 | 5.0 | 5.4 | 6.3 | 4.3 | 5 | 2 | 7 | 10 |
| 巴西 | 48.22 | 3.4 | 2.4 | 2.8 | 4.3 | 18 | 14 | 13 | 22 |
| 中国 | 38.85 | 1.5 | 2.4 | 3.0 | 3.4 | 13 | 19 | 13 | 19 |
| 澳大利亚 | 28.81 | 1.9 | 1.8 | 2.2 | 2.6 | 13 | 12 | 11 | 35 |
| 泰国 | 24.96 | 1.2 | 1.9 | 2.2 | 2.2 | 11 | 4 | 21 | 16 |
| 阿根廷 | 23.52 | — | — | 1.4 | 2.1 | 18 | 23 | 23 | 36 |
| 印度尼西亚 | 23.43 | 1.6 | 1.0 | 1.4 | 2.1 | 17 | 16 | 27 | 31 |
| 俄罗斯 | 22.35 | 3.3 | 2.9 | 3.0 | 2.0 | 4 | —4 | 5 | 1 |
| 马来西亚 | 20.51 | 2.0 | 1.8 | 1.4 | 1.8 | 14 | 2 | 16 | 32 |
| 墨西哥 | 16.04 | 1.3 | 1.4 | 1.4 | 1.4 | 11 | 7 | 2 | 21 |
| 印度 | 16.02 | 1.0 | 0.8 | 1.1 | 1.4 | 15 | 19 | 20 | 30 |
| 新西兰 | 15.59 | 0.8 | 0.8 | 1.6 | 1.4 | 8 | 13 | 15 | 8 |
| 智利 | 13.63 | 0.4 | 0.7 | 1.2 | 1.2 | 11 | 11 | 14 | 19 |
| 以上 15 个合计 | 941.87 | — | — | 83.4 | 83.5 | — | — | — | — |
| 进口国 | | | | | | | | | |
| 欧盟（27） | 528.54 | — | — | 42.3 | 44.4 | 11 | 6 | 9 | 20 |
| 欧盟(27)从外进口 | 149.46 | — | — | 13.2 | 12.5 | 10 | 5 | 9 | 20 |
| 美国 | 109.40 | 8.7 | 9.0 | 11.5 | 9.2 | 7 | 9 | 8 | 6 |
| 日本 | 68.86 | 9.6 | 11.5 | 10.4 | 5.8 | 1 | 1 | 0 | 5 |
| 中国 | 65.24 | 2.1 | 1.8 | 3.3 | 5.5 | 19 | 7 | 14 | 26 |
| 加拿大 | 27.34 | 1.8 | 2.0 | 2.5 | 2.3 | 9 | 11 | 12 | 14 |
| 俄罗斯 | 26.88 | — | — | 1.5 | 2.3 | 16 | 23 | 22 | 15 |
| 韩国 | 21.94 | 1.5 | 2.2 | 2.1 | 1.8 | 8 | 5 | 11 | 18 |
| 墨西哥 | 21.90 | 1.2 | 1.2 | 1.8 | 1.8 | 10 | 7 | 12 | 19 |
| 中国香港 | 13.43 | 1.2 | 1.9 | 2.0 | 1.1 | 2 | —1 | 7 | 13 |
| 留用进口 | 8.60 | 1.0 | 1.0 | 1.1 | 0.7 | 4 | 3 | 7 | 10 |
| 中国台北 | 12.45 | 1.5 | 0.8 | 0.9 | 1.0 | 12 | 31 | 8 | 26 |
| 瑞士 | 11.29 | 0.3 | 0.4 | 0.6 | 0.9 | 17 | 17 | 22 | 28 |
| 阿联酋 | 10.78 | 1.1 | 1.4 | 1.3 | 0.9 | 5 | 5 | 2 | 12 |
| 沙特阿拉伯 a | 10.61 | 0.5 | 0.5 | 0.8 | 0.9 | 13 | 3 | 17 | 25 |
| 马来西亚 | 10.46 | 0.6 | 0.5 | 1.0 | 0.9 | 9 | 11 | 2 | 40 |
| 印度 | 10.37 | 1.2 | 1.3 | 0.9 | 0.9 | 9 | 4 | 7 | 17 |
| 以上 15 个合计 | 944.68 | — | — | 82.1 | 79.3 | — | — | — | — |

表 35：

主要国家的农产品出口（1990—2007）

单位：百万美元和百分比

| 地区 \ 年份 | 总额 | | | | | 占各国总货物出口份额 | |
|---|---|---|---|---|---|---|---|
| | 1990 | 2000 | 2005 | 2006 | 2007 | 2000 | 2007 |
| 世界 | 414 723 | 553 051 | 849 007 | 943 676 | 1 127 667 | 8.8 | 8.3 |
| 阿根廷 | 7 482 | 11 954 | 19 182 | 21 266 | 28 806 | 45.4 | 51.5 |
| 澳大利亚 | 11 875 | 16 446 | 21 209 | 22 178 | 22 353 | 25.7 | 15.8 |
| 白俄罗斯 | — | 761 | 1 720 | 1 844 | 2 231 | 10.4 | 9.2 |
| 巴西 | 9 779 | 15 464 | 35 052 | 39 528 | 48 222 | 28.1 | 30.0 |
| 喀麦隆 | 695 | 438 | 735 | 1 011 | 1 099 | 23.9 | 30.5 |
| 加拿大 | 22 339 | 34 789 | 41 214 | 44 210 | 48 672 | 12.6 | 11.6 |
| 智利 | 2 779 | 6 399 | 10 098 | 11 490 | 13 632 | 33.3 | 20.0 |
| 中国 | 10 060 | 16 384 | 28 711 | 32 543 | 38 853 | 6.6 | 3.2 |
| 哥伦比亚 | 2 514 | 3 106 | 4 569 | 4 922 | 5 858 | 23.8 | 19.5 |
| 哥斯达黎加 | 927 | 1 812 | 2 337 | 2 675 | 3 091 | 30.9 | 33.0 |
| 科特迪瓦 | 2 374 | 2 308 | 3 368 | 3 508 | 3 898 | 59.4 | 45.9 |
| 克罗地亚 | — | 595 | 1 216 | 1 518 | 1 730 | 13.4 | 14.0 |
| 厄瓜多尔 | 1 236 | 1 948 | 3 215 | 3 945 | 4 245 | 39.5 | 30.8 |
| 埃及 | 669 | 613 | 1 180 | 1 105 | 1 528 | 13.1 | 9.4 |
| 埃塞俄比亚 | 260 | 406 | 822 | 908 | 1 034 | 83.5 | 80.5 |
| 欧盟（27） | — | 230 390 | 374 939 | 410 972 | 487 736 | 9.4 | 9.2 |
| 欧盟（27）对内出口 | — | 174 774 | 291 489 | 316 861 | 379 079 | 10.5 | 10.5 |
| 欧盟（27）对外出口 | — | 55 616 | 83 450 | 94 111 | 108 657 | 7.1 | 6.4 |
| 加纳 | — | 621 | 1 643 | 1 616 | — | 37.2 | 43.6 |
| 危地马拉 | 849 | 1 618 | 1 996 | 2 229 | 2 845 | 60.0 | 41.1 |
| 洪都拉斯 | 680 | 782 | 859 | 1 133 | 1 300 | 23.4 | 23.2 |
| 中国香港 | 4 556 | 5 693 | 4 314 | 4 688 | 5 478 | 2.8 | 1.6 |
| 国内出口 | 821 | 454 | 535 | 576 | 652 | 1.9 | 3.6 |
| 转口 | 3 735 | 5 240 | 3 779 | 4 113 | 4 826 | 2.9 | 1.5 |
| 冰岛 | 1 274 | 1 257 | 1 833 | 1 857 | 2 083 | 66.1 | 43.6 |
| 印度 | 3 506 | 5 931 | 10 271 | 12 353 | 16 020 | 14.0 | 11.0 |
| 印度尼西亚 | 4 154 | 7 764 | 14 063 | 17 907 | 23 432 | 11.9 | 19.9 |
| 伊朗 | 601 | 932 | 2 279 | 2 911 | 3 512 | 3.2 | 4.1 |
| 以色列 | 1 327 | 1 182 | 1 725 | 1 799 | 2 253 | 3.8 | 4.2 |
| 日本 | 3 298 | 4 395 | 6 007 | 6 482 | 7 558 | 0.9 | 1.1 |
| 肯尼亚 | 559 | 1 062 | 1 628 | 1 898 | 2 231 | 61.3 | 54.7 |
| 韩国 | 2 985 | 4 298 | 5 285 | 5 346 | 6 319 | 2.5 | 1.7 |
| 马拉维 | 382 | 342 | 413 | 454 | 617 | 90.2 | 86.9 |
| 马来西亚 | 7 500 | 8 015 | 13 377 | 15 573 | 20 515 | 8.2 | 11.6 |
| 墨西哥 | 3 466 | 9 100 | 12 557 | 14 468 | 15 589 | 5.5 | 5.7 |
| 摩洛哥 | 1 228 | 1 746 | 2 575 | 2 629 | 2 804 | 23.5 | 19.1 |
| 新西兰 | 5 966 | 7 642 | 13 006 | 13 235 | 16 045 | 57.6 | 59.5 |
| 尼加拉瓜 | 295 | 547 | 716 | 843 | 976 | 84.8 | 81.2 |
| 挪威 | 3 077 | 4 244 | 5 926 | 6 615 | 7 508 | 7.1 | 5.5 |
| 巴基斯坦 | 1 081 | 1 234 | 2 155 | 2 210 | 2 327 | 13.7 | 13.0 |
| 巴拿马 | 263 | 580 | 827 | 864 | 937 | 67.5 | 80.6 |
| 巴拉圭 | 863 | 699 | 1 432 | 1 582 | 2 377 | 80.4 | 85.4 |

续　表

| 地区＼年份 | 总额 1990 | 2000 | 2005 | 2006 | 2007 | 占各国总货物出口份额 2000 | 2007 |
|---|---|---|---|---|---|---|---|
| 秘鲁 | 789 | 1 911 | 3 163 | 3 812 | 4 184 | 27.2 | 15.0 |
| 菲律宾 | 1 683 | 2 026 | 2 729 | 2 830 | 3 190 | 5.1 | 6.3 |
| 俄罗斯 | — | 7 527 | 14 097 | 17 351 | 23 523 | 7.1 | 6.6 |
| 塞尔维亚 | — | — | — | 1 372 | 1 822 | — | 20.7 |
| 塞尔维亚和黑山 | — | 389 | 1 020 | — | — | 22.6 | 20.1 |
| 新加坡 | 4 095 | 3 723 | 4 542 | 5 088 | 5 964 | 2.7 | 2.0 |
| 国内出口 | 1 183 | 1 202 | 1 879 | 2 359 | 2 399 | 1.5 | 1.5 |
| 转口 | 2 912 | 2 521 | 2 662 | 2 730 | 3 565 | 4.3 | 2.5 |
| 南非 | 1 691 | 3 227 | 5 246 | 5 022 | 5 573 | 10.8 | 8.0 |
| 斯里兰卡 | 758 | 1 093 | 1 496 | 1 695 | 2 049 | 20.1 | 26.5 |
| 瑞士 | 2 244 | 2 521 | 4 000 | 4 693 | 5 993 | 3.1 | 3.5 |
| 叙利亚 | 767 | 621 | 1 084 | 2 133 | — | 13.4 | 19.5 |
| 中国台北 | 3 732 | 3 509 | 4 468 | 4 316 | 4 503 | 2.4 | 1.9 |
| 坦桑尼亚 | — | 432 | 732 | 704 | 889 | 65.9 | 43.9 |
| 泰国 | 7 786 | 12 220 | 17 816 | 21 552 | 24 960 | 17.7 | 16.3 |
| 突尼斯 | 418 | 548 | 1 155 | 1 456 | 1 516 | 9.4 | 10.1 |
| 土耳其 | 3 300 | 3 828 | 8 093 | 8 633 | 10 042 | 13.8 | 9.4 |
| 乌干达 | — | 292 | 559 | 598 | 825 | 63.4 | 50.8 |
| 乌克兰 | — | 1 585 | 4 734 | 5 132 | 6 778 | 10.9 | 13.8 |
| 阿联酋 | 501 | 2 818 | 3 760 | 4 683 | 6 228 | 5.7 | 3.6 |
| 美国 | 59 404 | 71 408 | 82 674 | 92 664 | 113 511 | 9.1 | 9.8 |
| 乌拉圭 | 1 025 | 1 278 | 2 129 | 2 566 | 2 863 | 55.7 | 63.7 |
| 越南 | — | 3 954 | 7 579 | 9 304 | 11 697 | 27.3 | 24.2 |

**表 36：**

## 主要国家的农产品进口（1990－2007）

单位：百万美元和百分比

| 地区＼年份 | 份额 1990 | 2000 | 2005 | 2006 | 2007 | 占各国总货物进口份额 2000 | 2007 |
|---|---|---|---|---|---|---|---|
| 阿尔及利亚 | 2 766 | 2 815 | 4 280 | 4 506 | 6 103 | 30.7 | 22.1 |
| 阿根廷 | 326 | 1 644 | 1 247 | 1 396 | 2 225 | 6.5 | 5.0 |
| 澳大利亚 | 2 735 | 4 234 | 6 579 | 7 268 | 8 919 | 5.9 | 5.7 |
| 孟加拉国 | 835 | 1 716 | 2 732 | 3 228 | 4 584 | 19.3 | 24.7 |
| 白俄罗斯 | — | 1 227 | 1 843 | 2 244 | 2 487 | 14.2 | 8.7 |
| 委内瑞拉 | 986 | 1 970 | 2 404 | 3 277 | 4 487 | 13.5 | 10.7 |
| 波斯尼亚和黑塞哥维那 | — | — | 1 313 | 1 378 | 1 659 | — | 17.0 |
| 巴西 | 2 690 | 4 762 | 4 341 | 5 487 | 7 235 | 8.5 | 6.0 |
| 加拿大 | 9 009 | 15 272 | 21 436 | 23 956 | 27 341 | 6.4 | 7.2 |
| 智利 | 461 | 1 421 | 2 156 | 2 653 | 3 442 | 7.7 | 7.3 |
| 中国 | 7 855 | 19 544 | 45 189 | 51 653 | 65 236 | 8.7 | 6.8 |
| 哥伦比亚 | 593 | 1 736 | 2 191 | 2 704 | 3 466 | 15.0 | 10.5 |
| 科特迪瓦 | — | 453 | 884 | 1 038 | 1 202 | 16.3 | 19.5 |
| 克罗地亚 | — | 777 | 1 785 | 2 023 | 2 340 | 9.9 | 9.1 |
| 古巴 | — | 826 | 1 571 | 1 556 | — | 17.1 | 16.4 |
| 多米尼加 | 413 | 964 | 1 172 | 1 336 | 1 697 | 10.2 | 12.3 |

续 表

| 地区＼年份 | 份额 | | | | | 占各国总货物进口份额 | |
|---|---|---|---|---|---|---|---|
| | 1990 | 2000 | 2005 | 2006 | 2007 | 2000 | 2007 |
| 厄瓜多尔 | 206 | 423 | 900 | 985 | 1 289 | 11.4 | 9.5 |
| 埃及 | 4793 | 4208 | 4791 | 4733 | 6242 | 30.0 | 23.1 |
| 萨尔瓦多 | 158 | 692 | 1 024 | 983 | 1 377 | 14.0 | 15.9 |
| 欧盟（27） | — | 253 703 | 405 084 | 441 077 | 528 536 | 9.8 | 9.5 |
| 欧盟（27）从外进口 | — | 78 952 | 113 596 | 124 259 | 149 457 | 8.6 | 7.7 |
| 危地马拉 | 196 | 673 | 1 267 | 1 379 | 1 568 | 14.1 | 11.6 |
| 中国香港 | 8 325 | 11 728 | 11 087 | 11 904 | 13 427 | 5.5 | 3.6 |
| 留用进口 | 4 591 | 6 488 | 7 308 | 7 792 | 8 601 | 18.6 | 22.1 |
| 印度 | 1 721 | 3 953 | 7 547 | 7 870 | 9 580 | 7.7 | 4.4 |
| 印度尼西亚 | 2 126 | 5 727 | 7 316 | 7 487 | 10 464 | 13.1 | 11.3 |
| 伊朗 | 3 830 | 2 943 | 3 794 | 4 270 | 5 196 | 21.2 | 11.3 |
| 以色列 | 1 565 | 2 288 | 2 930 | 3 253 | 3 979 | 6.1 | 6.7 |
| 日本 | 50 762 | 62 185 | 65 947 | 65 623 | 68 865 | 16.4 | 11.1 |
| 约旦 | 709 | 942 | 1 547 | 1 671 | 2 199 | 20.5 | 16.3 |
| 哈萨克斯坦 | — | 506 | 1 413 | 1 849 | 2 140 | 10.0 | 6.5 |
| 韩国 | 9 531 | 12 837 | 16 773 | 18 579 | 21 943 | 8.0 | 6.1 |
| 科威特 | 589 | 1 312 | 2 282 | 2 373 | 2 848 | 18.3 | 12.0 |
| 黎巴嫩 | — | 1 210 | 1 603 | 1 607 | 2 017 | 19.4 | 16.5 |
| 马来西亚 | 2 404 | 4 610 | 7 245 | 8 505 | 10 612 | 5.6 | 7.2 |
| 墨西哥 | 5 374 | 10 989 | 16 457 | 18 462 | 21 901 | 6.3 | 7.8 |
| 摩洛哥 | 1 096 | 1 941 | 2 774 | 2 832 | 4 622 | 16.8 | 14.6 |
| 新西兰 | 756 | 1 204 | 2 200 | 2 329 | 2 841 | 8.7 | 9.2 |
| 尼日利亚 | 658 | 1 212 | 2 963 | 4 261 | 6 989 | 13.9 | 23.7 |
| 挪威 | 2 090 | 2 956 | 4 823 | 5 239 | 6 770 | 8.6 | 8.4 |
| 阿曼 | 506 | 1 158 | 1 104 | 1 230 | 1 657 | 22.6 | 10.3 |
| 巴基斯坦 | 1 568 | 1 882 | 3 656 | 4 131 | 4 518 | 17.3 | 13.9 |
| 秘鲁 | 668 | 998 | 1 654 | 1 795 | 2 466 | 13.5 | 12.2 |
| 菲律宾 | 1 665 | 3 104 | 3 860 | 4 073 | 4 300 | 8.4 | 7.4 |
| 俄罗斯 | — | 9 262 | 19 154 | 23 377 | 26 884 | 20.7 | 12.0 |
| 沙特阿拉伯 | 3 487 | 5 663 | 9 138 | 9 851 | 12 445 | 18.7 | 13.8 |
| 塞内加尔 | 372 | 394 | 950 | 917 | 1 292 | 25.9 | 29.0 |
| 新加坡 | 4 702 | 4 890 | 6 408 | 6 985 | 8 332 | 3.6 | 3.2 |
| 留用进口 | 1 789 | 2 369 | 3 745 | 4 255 | 4 768 | 3.1 | 4.0 |
| 南非 | 1 219 | 1 650 | 3 048 | 3 687 | 4 832 | 6.2 | 6.0 |
| 斯里兰卡 | 549 | 934 | 1 131 | 1 333 | 1 509 | 13.0 | 13.4 |
| 苏丹 | — | 376 | 957 | 1 090 | — | 24.2 | 13.5 |
| 瑞士 | 5 920 | 5 693 | 8 248 | 8 854 | 10 375 | 6.9 | 6.4 |
| 叙利亚 | 791 | 850 | 1 719 | 1 810 | — | 22.3 | 15.8 |
| 中国台北 | 6 203 | 7 899 | 9 480 | 9 659 | 10 780 | 5.6 | 4.9 |
| 泰国 | 3 230 | 4 484 | 7 120 | 7 347 | 8 446 | 7.2 | 5.5 |
| 突尼斯 | 819 | 968 | 1 461 | 1 574 | 2 298 | 11.3 | 12.1 |
| 土耳其 | 2 806 | 4 133 | 6 480 | 7 286 | 10 055 | 7.6 | 5.9 |
| 乌克兰 | — | 1 092 | 3 075 | 3 574 | 4 582 | 7.8 | 7.6 |
| 阿联酋 | 1 726 | 3 857 | 7 241 | 8 811 | 11 295 | 11.0 | 8.6 |
| 美国 | 39 966 | 69 115 | 95 803 | 103 648 | 109 403 | 5.5 | 5.4 |
| 越南 | 236 | 1 269 | 3 668 | 4 411 | 6 086 | 8.1 | 10.0 |
| 也门 | — | — | 1 201 | 1 084 | 1 700 | — | 26.2 |

**表 37：**

**制成品贸易占总货物贸易份额（按地区，2007）**

单位：百分比

| | 出口 | 进口 |
|---|---|---|
| 世界 | 69.8 | 69.8 |
| 北美洲、 | 72.2 | 72.8 |
| 中、南美洲 | 30.9 | 69.1 |
| 欧洲 | 78.6 | 72.1 |
| 独联体 | 25.1 | 76.7 |
| 非洲 | 18.8 | 68.0 |
| 中东 | 21.0 | 75.7 |
| 亚洲 | 81.6 | 63.7 |

注：进口份额来自秘书处按产品和地区统计的世界货物贸易资料。

**表 38：**

**制成品的出口（按地区，2007）**

单位：十亿美元和百分比

| 地区 / 年份 | 总额 | 份额 | | | | 年度百分比变化 | | |
|---|---|---|---|---|---|---|---|---|
| | | 占本地出口 | | 占世界出口 | | | | |
| | 2007 | 2000 | 2007 | 2000 | 2007 | 2000—2007 | 2006 | 2007 |
| 世界 | 9 499.5 | 100.0 | 100.0 | 100.0 | 100.0 | 11 | 13 | 15 |
| 欧洲 | | | | | | | | |
| 世界 | 4 538.2 | 100.0 | 100.0 | 45.3 | 47.8 | 11 | 12 | 16 |
| 欧洲 | 3 279.5 | 72.1 | 72.3 | 32.6 | 34.5 | 11 | 12 | 16 |
| 北美洲 | 375.8 | 11.2 | 8.3 | 5.1 | 4.0 | 7 | 7 | 6 |
| 亚洲 | 375.2 | 8.2 | 8.3 | 3.7 | 3.9 | 12 | 10 | 17 |
| 中东 | 165.4 | 1.3 | 3.6 | 0.6 | 1.7 | 30 | 31 | 33 |
| 独联体 | 131.4 | 2.4 | 2.9 | 1.1 | 1.4 | 15 | 5 | 19 |
| 非洲 | 116.0 | 2.3 | 2.6 | 1.1 | 1.2 | 13 | 5 | 21 |
| 中、南美洲 | 70.4 | 1.9 | 1.6 | 0.9 | 0.7 | 8 | 14 | 22 |
| 亚洲 | | | | | | | | |
| 世界 | 3 101.9 | 100.0 | 100.0 | 29.7 | 32.7 | 12 | 16 | 16 |
| 亚洲 | 1 404.8 | 45.5 | 45.3 | 13.5 | 14.8 | 12 | 13 | 14 |
| 北美洲 | 697.4 | 29.1 | 22.5 | 8.6 | 7.3 | 8 | 16 | 6 |
| 欧洲 | 637.1 | 18.7 | 20.5 | 5.6 | 6.7 | 14 | 19 | 20 |
| 中东 | 124.0 | 2.5 | 4.0 | 0.7 | 1.3 | 20 | 19 | 37 |
| 中、南美洲 | 77.6 | 1.8 | 2.5 | 0.5 | 0.8 | 17 | 37 | 31 |
| 非洲 | 73.3 | 0.4 | 2.4 | 0.1 | 0.8 | 43 | 35 | 63 |
| 独联体 | 72.6 | 1.3 | 2.3 | 0.4 | 0.8 | 22 | 26 | 33 |
| 北美洲 | | | | | | | | |
| 世界 | 1 338.0 | 100.0 | 100.0 | 20.5 | 14.1 | 5 | 12 | 9 |
| 北美洲 | 669.9 | 55.5 | 50.1 | 11.4 | 7.1 | 3 | 8 | 3 |
| 亚洲 | 253.6 | 18.8 | 19.0 | 3.8 | 2.7 | 5 | 15 | 9 |
| 欧洲 | 249.9 | 17.4 | 18.7 | 3.6 | 2.6 | 6 | 14 | 15 |
| 中、南美洲 | 96.0 | 5.7 | 7.2 | 1.2 | 1.0 | 8 | 22 | 20 |

续 表

| 地区 \ 年份 | 总额 | 份额 | | | | 年度百分比变化 | | |
|---|---|---|---|---|---|---|---|---|
| | | 占本地出口 | | 占世界出口 | | | | |
| | 2007 | 2000 | 2007 | 2000 | 2007 | 2000—2007 | 2006 | 2007 |
| 中东 | 40.9 | 1.6 | 3.1 | 0.3 | 0.4 | 15 | 22 | 17 |
| 非洲 | 17.5 | 0.8 | 1.3 | 0.2 | 0.2 | 13 | 24 | 17 |
| 独联体 | 9.8 | 0.2 | 0.7 | 0.0 | 0.1 | 24 | 33 | 51 |
| 中东 | | | | | | | | |
| 世界 | 159.3 | 100.0 | 100.0 | 1.3 | 1.7 | 15 | 14 | 18 |
| 中东 | 56.5 | 23.4 | 35.5 | 0.3 | 0.6 | 22 | 34 | 28 |
| 欧洲 | 28.4 | 17.9 | 17.8 | 0.2 | 0.3 | 15 | 10 | 15 |
| 亚洲 | 26.2 | 24.3 | 16.4 | 0.3 | 0.3 | 9 | —13 | 11 |
| 北美洲 | 24.5 | 24.6 | 15.4 | 0.3 | 0.3 | 8 | 10 | 8 |
| 非洲 | 10.4 | 3.5 | 6.5 | 0.0 | 0.1 | 26 | 26 | 19 |
| 独联体 | 3.7 | 1.8 | 2.3 | 0.0 | 0.0 | 19 | 31 | 8 |
| 中、南美洲 | 1.2 | 1.1 | 0.8 | 0.0 | 0.0 | 9 | 17 | 13 |
| 中、南美洲 | | | | | | | | |
| 世界 | 154.2 | 100.0 | 100.0 | 1.6 | 1.6 | 11 | 10 | 15 |
| 北美洲 | 60.7 | 33.9 | 39.4 | 0.5 | 0.6 | 14 | 17 | 24 |
| 中、南美洲 | 51.4 | 46.0 | 33.3 | 0.7 | 0.5 | 6 | 3 | 0 |
| 欧洲 | 23.3 | 13.6 | 15.1 | 0.2 | 0.2 | 13 | 17 | 25 |
| 亚洲 | 11.6 | 4.9 | 7.5 | 0.1 | 0.1 | 18 | 0 | 25 |
| 非洲 | 4.3 | 1.1 | 2.8 | 0.0 | 0.0 | 27 | 20 | 22 |
| 中东 | 1.8 | 0.4 | 1.2 | 0.0 | 0.0 | 28 | 43 | 2 |
| 独联体 | 0.6 | 0.0 | 0.4 | 0.0 | 0.0 | 51 | 58 | 32 |
| 独联体 | | | | | | | | |
| 世界 | 128.2 | 100.0 | 100.0 | 0.9 | 1.4 | 17 | 17 | 23 |
| 独联体 | 51.3 | 31.2 | 40.0 | 0.3 | 0.5 | 21 | 31 | 31 |
| 欧洲 | 40.7 | 29.9 | 31.7 | 0.3 | 0.4 | 18 | 18 | 24 |
| 亚洲 | 13.4 | 19.4 | 10.5 | 0.2 | 0.1 | 7 | —21 | 8 |
| 中东 | 7.6 | 4.3 | 5.9 | 0.0 | 0.1 | 22 | —2 | 46 |
| 北美洲 | 6.3 | 8.5 | 4.9 | 0.1 | 0.1 | 9 | 35 | —13 |
| 非洲 | 4.0 | 2.5 | 3.1 | 0.0 | 0.0 | 21 | 36 | 45 |
| 中、南美洲 | 3.4 | 3.1 | 2.7 | 0.0 | 0.0 | 15 | 6 | 8 |
| 非洲 | | | | | | | | |
| 世界 | 79.8 | 100.0 | 100.0 | 0.8 | 0.8 | 12 | 9 | 15 |
| 欧洲 | 39.2 | 58.4 | 49.2 | 0.5 | 0.4 | 9 | 10 | 12 |
| 非洲 | 17.2 | 16.6 | 21.5 | 0.1 | 0.2 | 16 | 15 | 23 |
| 亚洲 | 9.6 | 9.6 | 12.0 | 0.1 | 0.1 | 15 | —4 | 14 |
| 北美洲 | 7.8 | 9.5 | 9.8 | 0.1 | 0.1 | 12 | 15 | 8 |
| 中东 | 3.3 | 3.3 | 4.2 | 0.0 | 0.0 | 15 | 8 | 21 |
| 中、南美洲 | 1.2 | 1.3 | 1.5 | 0.0 | 0.0 | 14 | 9 | 32 |
| 独联体 | 0.2 | 0.2 | 0.3 | 0.0 | 0.0 | 19 | 62 | 13 |

**表 39：**

**美国、欧盟（25）和中国的制成品贸易（按地区，2007）**

单位：十亿美元和百分比

| 出口 | | | | | | 年份 | 进口 | | | | | |
|---|---|---|---|---|---|---|---|---|---|---|---|---|
| 总额 | 份额 | | 年度百分比变化 | | | | 份额 | 份额 | | 年度百分比变化 | | |
| 2007 | 2000 | 2007 | 2000—2007 | 2006 | 2007 | 地区 | 2007 | 2000 | 2007 | 2000—2007 | 2006 | 2007 |
| | | | | | | 美国 | | | | | | |
| 909.3 | 100.0 | 100.0 | 5 | 13 | 10 | 世界 | 1 409.5 | 100.0 | 100.0 | 6 | 9 | 4 |
| 307.4 | 38.0 | 33.8 | 3 | 9 | 3 | 北美洲 | 327.0 | 27.2 | 23.2 | 3 | 6 | 4 |
| 78.4 | 7.5 | 8.6 | 7 | 21 | 18 | 中、南美洲 | 41.2 | 3.1 | 2.9 | 5 | 1 | −3 |
| 21.7 | 2.2 | 2.4 | 6 | 27 | 27 | 巴西 | 16.1 | 1.0 | 1.1 | 8 | 3 | −9 |
| 222.2 | 24.0 | 24.4 | 5 | 13 | 14 | 欧洲 | 312.5 | 21.6 | 22.2 | 6 | 6 | 6 |
| 205.8 | 22.4 | 22.6 | 5 | 12 | 15 | 欧盟（25） | 292.5 | 20.2 | 20.7 | 6 | 6 | 7 |
| 8.4 | 0.3 | 0.9 | 22 | 32 | 49 | 独联体 | 6.5 | 0.4 | 0.5 | 7 | 37 | −13 |
| 5.8 | 0.2 | 0.6 | 23 | 31 | 56 | 俄罗斯 | 4.2 | 0.3 | 0.3 | 7 | 39 | −17 |
| 15.4 | 1.1 | 1.7 | 11 | 23 | 14 | 非洲 | 8.1 | 0.4 | 0.6 | 11 | 16 | 6 |
| 38.7 | 2.3 | 4.3 | 15 | 22 | 17 | 中东 | 23.2 | 1.5 | 1.6 | 6 | 9 | 7 |
| 238.8 | 26.8 | 26.3 | 5 | 15 | 9 | 亚洲 | 691.1 | 45.7 | 49.0 | 7 | 12 | 5 |
| 44.5 | 1.9 | 4.9 | 20 | 30 | 18 | 中国 | 327.0 | 10.7 | 23.2 | 18 | 17 | 11 |
| 44.0 | 7.2 | 4.8 | −1 | 8 | 2 | 日本 | 141.7 | 14.9 | 10.1 | 0 | 7 | −2 |
| 104.6 | 13.6 | 11.5 | 2 | 13 | 4 | 六个东亚贸易国 | 153.3 | 15.3 | 10.9 | 0 | 7 | −3 |
| | | | | | | 欧盟（25） | | | | | | |
| 4 249.1 | 100.0 | 100.0 | 11 | 12 | 16 | 世界 | 4 029.7 | 100.0 | 100.0 | 11 | 12 | 16 |
| 349.8 | 11.0 | 8.2 | 7 | 7 | 6 | 北美洲 | 233.1 | 9.4 | 5.8 | 3 | 6 | 13 |
| 65.6 | 1.9 | 1.5 | 8 | 14 | 21 | 中、南美洲 | 26.2 | 0.7 | 0.7 | 11 | 7 | 9 |
| 25.9 | 0.7 | 0.6 | 9 | 10 | 31 | 巴西 | 14.1 | 0.3 | 0.4 | 11 | 11 | 24 |
| 3 093.7 | 72.5 | 72.8 | 11 | 12 | 16 | 欧洲 | 3 017.4 | 72.5 | 74.9 | 11 | 13 | 16 |
| 2 842.6 | 66.9 | 66.9 | 11 | 13 | 16 | 欧盟（25） | 2 842.6 | 68.5 | 70.5 | 11 | 13 | 16 |
| 153.8 | 1.2 | 3.6 | 30 | 31 | 33 | 独联体 | 34.8 | 0.6 | 0.9 | 18 | 12 | 23 |
| 106.8 | 0.8 | 2.5 | 30 | 28 | 36 | 俄罗斯 | 20.7 | 0.4 | 0.5 | 16 | 8 | 23 |
| 108.4 | 2.4 | 2.6 | 12 | 3 | 21 | 非洲 | 41.0 | 1.1 | 1.0 | 9 | −4 | 16 |
| 115.3 | 2.3 | 2.7 | 14 | 4 | 18 | 中东 | 24.3 | 0.7 | 0.6 | 9 | −19 | 13 |
| 344.2 | 8.0 | 8.1 | 11 | 10 | 17 | 亚洲 | 647.4 | 14.6 | 16.1 | 12 | 15 | 18 |
| 84.4 | 1.1 | 2.0 | 22 | 22 | 23 | 中国 | 302.4 | 3.3 | 7.5 | 25 | 23 | 29 |
| 48.8 | 1.7 | 1.1 | 5 | 2 | 5 | 日本 | 103.5 | 4.3 | 2.6 | 3 | 5 | 10 |
| 116.7 | 3.3 | 2.7 | 8 | 7 | 13 | 六个东亚贸易国 | 164.2 | 5.0 | 4.1 | 8 | 13 | 7 |
| | | | | | | 中国 a | | | | | | |
| 1 134.3 | 100.0 | 100.0 | 26 | 28 | 27 | 世界 | 677.5 | 100.0 | 100.0 | 22 | 18 | 17 |
| 313.1 | 31.9 | 27.6 | 24 | 25 | 15 | 北美洲 | 59.3 | 11.8 | 8.7 | 17 | 23 | 16 |
| 36.9 | 2.5 | 3.3 | 32 | 53 | 47 | 中、南美洲 | 5.6 | 0.3 | 0.8 | 38 | 20 | 30 |
| 10.6 | 0.5 | 0.9 | 38 | 58 | 52 | 巴西 | 1.9 | 0.2 | 0.3 | 27 | −7 | 19 |
| 301.8 | 21.5 | 26.6 | 30 | 31 | 30 | 欧洲 | 104.9 | 17.5 | 15.5 | 20 | 22 | 21 |
| 284.6 | 20.4 | 25.1 | 30 | 30 | 30 | 欧盟（25） | 98.4 | 16.5 | 14.5 | 20 | 22 | 20 |
| 45.7 | 1.3 | 4.0 | 49 | 32 | 74 | 独联体 | 4.7 | 1.9 | 0.7 | 6 | −37 | 23 |
| 26.8 | 0.9 | 2.4 | 45 | 19 | 83 | 俄罗斯 | 2.9 | 1.4 | 0.4 | 3 | −37 | 9 |
| 34.4 | 2.0 | 3.0 | 35 | 42 | 41 | 非洲 | 2.6 | 0.2 | 0.4 | 30 | 11 | 40 |
| 41.9 | 2.5 | 3.7 | 33 | 34 | 51 | 中东 | 6.5 | 0.7 | 1.0 | 29 | 10 | 19 |
| 359.9 | 38.3 | 31.7 | 23 | 24 | 25 | 亚洲 | 493.9 | 67.6 | 72.9 | 23 | 17 | 16 |
| 106.5 | 15.7 | 9.4 | 17 | 11 | 13 | 日本 | 123.5 | 23.1 | 18.2 | 18 | 15 | 15 |
| 163.2 | 16.4 | 14.4 | 24 | 31 | 25 | 六个东亚贸易国 | 253.6 | 37.3 | 37.4 | 22 | 13 | 15 |

a 2007 年，中国内部进口占制成品进口的 12%。

表 40：

**主要国家的制成品进口（按地区和供应商，2007）**

单位：百万美元和百分比

| 年份<br>地区 | 欧盟（27） | | | | | 年份<br>地区 | 美国 | | | | |
|---|---|---|---|---|---|---|---|---|---|---|---|
| | 总额 | 份额 | 年度百分比变化 | | | | 总额 | 份额 | 年度百分比变化 | | |
| | 2007 | 2007 | 2000—2007 | 2006 | 2007 | | 2007 | 2007 | 2000—2007 | 2006 | 2007 |
| 世界 | 4 029 721 | 100.0 | 11 | 12 | 16 | 世界 | 1 409 460 | 100.0 | 6 | 9 | 4 |
| 欧洲 | 3 017 403 | 74.9 | 11 | 13 | 16 | 亚洲 | 691 146 | 49.0 | 7 | 12 | 5 |
| 亚洲 | 647 419 | 16.1 | 12 | 15 | 18 | 北美洲 | 326 997 | 23.2 | 3 | 6 | 4 |
| 北美洲 | 233 128 | 5.8 | 3 | 6 | 13 | 欧洲 | 312 456 | 22.2 | 6 | 6 | 6 |
| 非洲 | 40 988 | 1.0 | 9 | −4 | 16 | 中、南美洲 | 41 150 | 2.9 | 5 | 1 | −3 |
| 独联体 | 34 822 | 0.9 | 18 | 12 | 23 | 中东 | 23 164 | 1.6 | 6 | 9 | 7 |
| 中、南美洲 | 26 232 | 0.7 | 11 | 7 | 9 | 非洲 | 8 058 | 0.6 | 11 | 16 | 6 |
| 中东 | 24 257 | 0.6 | 9 | −19 | 13 | 独联体 | 6 489 | 0.5 | 7 | 37 | −13 |
| 供应商 | | | | | | 供应商 | | | | | |
| 欧盟（27） | 2 842 557 | 70.5 | 11 | 13 | 16 | 中国 | 326 972 | 23.2 | 18 | 17 | 11 |
| 中国 | 302 441 | 7.5 | 25 | 23 | 29 | 欧盟（27） | 292 461 | 20.8 | 6 | 6 | 7 |
| 美国 | 204 484 | 5.1 | 3 | 5 | 12 | 加拿大 | 173 115 | 12.3 | 2 | 1 | 1 |
| 日本 | 103 493 | 2.6 | 3 | 5 | 10 | 墨西哥 | 153 881 | 10.9 | 5 | 14 | 7 |
| 瑞士 | 88 836 | 2.2 | 9 | 6 | 15 | 日本 | 141 739 | 10.1 | 0 | 7 | −2 |
| 以上 5 个合计 | 3 541 811 | 87.9 | — | — | — | 以上 5 个合计 | 1 088 168 | 77.2 | — | — | — |
| 土耳其 | 55 911 | 1.4 | 21 | 16 | 25 | 韩国 | 43 313 | 3.1 | 1 | 3 | 1 |
| 朝鲜 | 52 266 | 1.3 | 12 | 19 | 5 | 中国台北 | 36 778 | 2.6 | −1 | 9 | −1 |
| 中国台北 | 34 434 | 0.9 | 5 | 11 | 6 | 马来西亚 | 30 976 | 2.2 | 3 | 8 | −12 |
| 印度 | 30 105 | 0.7 | 17 | 18 | 28 | 印度 | 22 178 | 1.6 | 12 | 19 | 8 |
| 新加坡 | 23 850 | 0.6 | 7 | 4 | 5 | 以色列 | 19 755 | 1.4 | 7 | 14 | 8 |
| 俄罗斯 | 20 713 | 0.5 | 16 | 8 | 23 | 泰国 | 19 207 | 1.4 | 4 | 9 | −1 |
| 马来西亚 | 20 650 | 0.5 | 7 | 12 | 8 | 新加坡 | 16 679 | 1.2 | −1 | 16 | 5 |
| 泰国 | 18 750 | 0.5 | 9 | 11 | 23 | 巴西 | 16 117 | 1.1 | 8 | 3 | −9 |
| 加拿大 | 17 814 | 0.4 | 7 | 13 | 24 | 瑞士 | 13 433 | 1.0 | 5 | 9 | 4 |
| 挪威 | 16 832 | 0.4 | 9 | 9 | 15 | 印度尼西亚 | 10 932 | 0.8 | 3 | 8 | 6 |
| 中国香港 | 14 224 | 0.4 | 4 | 15 | −4 | 越南 | 9 079 | 0.6 | 68 | 28 | 32 |
| 巴西 | 14 109 | 0.4 | 11 | 11 | 24 | 菲律宾 | 8 422 | 0.6 | −7 | 4 | −4 |
| 南非 | 14 085 | 0.4 | 12 | 13 | 24 | 中国香港 | 6 344 | 0.5 | −8 | −11 | −15 |
| 以色列 | 12 243 | 0.3 | 6 | 2 | 24 | 俄罗斯 | 4 184 | 0.3 | 7 | 39 | −17 |
| 墨西哥 | 10 597 | 0.3 | 13 | 22 | 21 | 澳大利亚 | 3 959 | 0.3 | 6 | 19 | −1 |
| 印度尼西亚 | 10 259 | 0.3 | 4 | 9 | 13 | 南非 | 3 947 | 0.3 | 11 | 22 | 7 |
| 乌克兰 | 9 340 | 0.2 | 23 | 20 | 25 | 巴基斯坦 | 3 730 | 0.3 | 7 | 13 | −3 |
| 突尼斯 | 9 150 | 0.2 | 12 | 11 | 23 | 土耳其 | 3 730 | 0.3 | 5 | 7 | −20 |
| 越南 | 8 019 | 0.2 | 13 | 18 | 20 | 孟加拉国 | 3 453 | 0.2 | 5 | 20 | 5 |
| 摩洛哥 | 7 037 | 0.2 | 9 | −30 | 22 | 多米尼加 | 3 376 | 0.2 | −2 | −6 | −9 |
| 菲律宾 | 6 855 | 0.2 | 2 | −4 | −4 | 特立尼达和多巴哥 | 3 211 | 0.2 | 22 | 12 | 17 |
| 孟加拉国 | 6 644 | 0.2 | 14 | 31 | 5 | 洪都拉斯 | 3 185 | 0.2 | 3 | −2 | 3 |
| 克罗地亚 | 4 766 | 0.1 | 14 | 17 | 16 | 柬埔寨 | 2 589 | 0.2 | 17 | 25 | 12 |
| 阿联酋 | 4 434 | 0.1 | 18 | −50 | −7 | 哥斯达黎加 | 2 460 | 0.2 | −1 | 6 | 1 |
| 巴基斯坦 | 4 383 | 0.1 | 10 | 8 | 14 | 挪威 | 2 389 | 0.2 | 10 | 28 | 22 |
| 澳大利亚 | 4 334 | 0.1 | 6 | −1 | 17 | 斯里兰卡 | 2 077 | 0.1 | 0 | 2 | −5 |
| 沙特阿拉伯 | 4 306 | 0.1 | 11 | −5 | 8 | 萨尔瓦多 | 1 797 | 0.1 | 0 | −9 | 10 |

续 表

| 地区 \ 年份 | 欧盟（27） | | | | | 地区 \ 年份 | 美国 | | | | |
|---|---|---|---|---|---|---|---|---|---|---|---|
| | 总额 | 份额 | 年度百分比变化 | | | | 总额 | 份额 | 年度百分比变化 | | |
| | 2007 | 2007 | 2000—2007 | 2006 | 2007 | | 2007 | 2007 | 2000—2007 | 2006 | 2007 |
| 埃及 | 3 580 | 0.1 | 16 | 15 | 25 | 哥伦比亚 | 1 781 | 0.1 | 5 | 7 | −1 |
| 塞尔维亚 | 3 381 | 0.1 | — | 157 | 51 | 危地马拉 | 1 651 | 0.1 | −1 | −7 | −13 |
| 斯里兰卡 | 2 402 | 0.1 | 6 | 18 | 19 | 委内瑞拉 | 1 379 | 0.1 | 1 | −19 | −10 |
| 克罗地亚 | 2 327 | 0.1 | 10 | −7 | −1 | 约旦 | 1 333 | 0.1 | 52 | 14 | −8 |
| 白俄罗斯 | 2 132 | 0.1 | 15 | 23 | 13 | 阿根廷 | 1 313 | 0.1 | 3 | 2 | −4 |
| 马其顿 | 2 024 | 0.1 | 20 | 23 | 62 | 埃及 | 1 252 | 0.1 | 10 | 50 | −8 |
| 波黑 | 1 779 | 0.0 | 29 | 34 | 23 | 乌克兰 | 1 199 | 0.1 | 5 | 44 | −23 |
| 阿根廷 | 1 758 | 0.0 | 9 | −3 | 38 | 尼加拉瓜 | 1 187 | 0.1 | 19 | 20 | 13 |
| 以上 40 个合计 | 3 997 302 | 99.2 | — | — | — | 以上 40 个合计 | 1 396 562 | 99.1 | — | — | — |

**表 40（续）：**

主要国家的制成品进口（按地区和产品，2007）

单位：百万美元和百分比

| 地区 \ 年份 | 中国[a] | | | | | 地区 \ 年份 | 日本 | | | | |
|---|---|---|---|---|---|---|---|---|---|---|---|
| | 总额 | 份额 | 年度百分比变化 | | | | Value | Share | 年度百分比变化 | | |
| | 2007 | 2007 | 2000—2007 | 2006 | 2007 | | 2007 | 2007 | 2000—2007 | 2006 | 2007 |
| 世界 | 677 493 | 100.0 | 22 | 18 | 17 | 世界 | 314 325 | 100.0 | 6 | 8 | 6 |
| 亚洲 | 493 894 | 72.9 | 23 | 17 | 16 | 亚洲 | 195 142 | 62.1 | 8 | 9 | 6 |
| 欧洲 | 104 855 | 15.5 | 20 | 22 | 21 | 欧洲 | 59 706 | 19.0 | 5 | 3 | 7 |
| 北美洲 | 59 273 | 8.7 | 17 | 23 | 16 | 北美洲 | 53 316 | 17.0 | 0 | 8 | 2 |
| 独联体 | 6 496 | 1.0 | 29 | 11 | 19 | 中、南美洲 | 1 820 | 0.6 | 11 | 14 | 33 |
| 中东 | 5 584 | 0.8 | 38 | 20 | 30 | 非洲 | 1 797 | 0.6 | 17 | −11 | 1 |
| 中、南美洲 | 4 728 | 0.7 | 6 | −37 | 23 | 中东 | 1 634 | 0.5 | 4 | 8 | 13 |
| 非洲 | 2 616 | 0.4 | 30 | 11 | 40 | 独联体 | 909 | 0.3 | 18 | 3 | 15 |
| 供应商 | | | | | | 供应商 | | | | | |
| 日本 | 123 509 | 18.2 | 18 | 15 | 15 | 中国 | 112 126 | 35.7 | 14 | 10 | 9 |
| 欧盟（27） | 98 401 | 14.5 | 20 | 22 | 20 | 欧盟（27） | 54 074 | 17.2 | 5 | 2 | 7 |
| 中国台北 | 95 199 | 14.1 | 22 | 16 | 15 | 美国 | 49 786 | 15.8 | 0 | 9 | 2 |
| 韩国 | 92 399 | 13.6 | 25 | 14 | 16 | 韩国 | 20 873 | 6.6 | 5 | 13 | 1 |
| 中国 | 84 084 | 12.4 | 43 | 33 | 18 | 中国台北 | 16 193 | 5.2 | 0 | 10 | −2 |
| 以上 5 个合计 | 493 592 | 72.9 | — | — | — | 以上 5 个合计 | 253 052 | 80.5 | — | — | — |
| 美国 | 52 017 | 7.7 | 17 | 25 | 15 | 泰国 | 12 489 | 4.0 | 8 | 5 | 8 |
| 马来西亚 | 22 162 | 3.3 | 28 | 15 | 14 | 马来西亚 | 8 332 | 2.7 | −2 | 5 | −2 |
| 菲律宾 | 20 895 | 3.1 | 48 | 33 | 28 | 印度尼西亚 | 5 929 | 1.9 | 3 | 6 | 1 |
| 泰国 | 17 901 | 2.6 | 29 | 27 | 28 | 菲律宾 | 5 911 | 1.9 | 1 | −4 | 4 |
| 新加坡 | 15 223 | 2.2 | 21 | 5 | 3 | 瑞士 | 4 820 | 1.5 | 6 | 10 | −2 |
| 中国香港 | 10 757 | 1.6 | 3 | −10 | 14 | 新加坡 | 4 407 | 1.4 | −2 | 3 | −1 |
| 瑞士 | 4 890 | 0.7 | 22 | 15 | 32 | 越南 | 3 754 | 1.2 | 15 | 21 | 17 |
| 加拿大 | 4 679 | 0.7 | 13 | 4 | 27 | 墨西哥 | 1 813 | 0.6 | 6 | 9 | 17 |
| 印度尼西亚 | 4 107 | 0.6 | 11 | 13 | 1 | 加拿大 | 1 717 | 0.5 | −2 | −8 | −5 |
| 沙特阿拉伯 | 3 653 | 0.5 | 35 | 8 | 19 | 印度 | 1 703 | 0.5 | 7 | 10 | 7 |
| 印度 | 3 276 | 0.5 | 27 | −5 | 17 | 南非 | 1 621 | 0.5 | 19 | −11 | 0 |
| 俄罗斯 | 2 943 | 0.4 | 3 | −37 | 9 | 澳大利亚 | 891 | 0.3 | 1 | −3 | 24 |
| 墨西哥 | 2 576 | 0.4 | 29 | 20 | 21 | 中国香港 | 883 | 0.3 | −6 | −11 | −12 |

续 表

| 年份<br>地区 | 中国[a]<br>总额<br>2007 | 份额<br>2007 | 年度百分比变化<br>2000—2007 | 2006 | 2007 | 年份<br>地区 | 日本<br>Value<br>2007 | Share<br>2007 | 年度百分比变化<br>2000—2007 | 2006 | 2007 |
|---|---|---|---|---|---|---|---|---|---|---|---|
| 哥斯达黎加 | 2 296 | 0.3 | 122 | 90 | 32 | 巴西 | 883 | 0.3 | 8 | 12 | 30 |
| 南非 | 1 956 | 0.3 | 28 | 7 | 48 | 以色列 | 800 | 0.3 | 0 | −3 | 10 |
| 巴西 | 1 858 | 0.3 | 27 | −7 | 19 | 挪威 | 624 | 0.2 | 11 | 18 | 28 |
| 澳大利亚 | 1 648 | 0.2 | 15 | 7 | 7 | 沙特阿拉伯 | 549 | 0.2 | 11 | 27 | 19 |
| 以色列 | 1 556 | 0.2 | 25 | 20 | 26 | 新西兰 | 533 | 0.2 | 2 | −12 | 19 |
| 挪威 | 1 095 | 0.2 | 24 | 18 | 58 | 俄罗斯 | 472 | 0.2 | 17 | 18 | 17 |
| 越南 | 974 | 0.1 | 46 | 49 | 44 | 哈萨克斯坦 | 375 | 0.1 | 27 | −8 | 29 |
| 哈萨克斯坦 | 948 | 0.1 | 16 | −28 | 79 | 新喀里多尼亚 | 291 | 0.1 | 25 | 24 | 101 |
| 巴基斯坦 | 843 | 0.1 | 9 | 16 | 6 | 智利 | 275 | 0.1 | 25 | 24 | 27 |
| 哥伦比亚 | 625 | 0.1 | 84 | 1 | 232 | 哥斯达黎加 | 244 | 0.1 | 6 | 34 | 1 |
| 白俄罗斯 | 558 | 0.1 | 34 | −13 | 38 | 缅甸 | 164 | 0.1 | 30 | 24 | 29 |
| 伊朗 | 486 | 0.1 | 31 | 14 | 44 | 土耳其 | 153 | 0.0 | 14 | 18 | 6 |
| 土耳其 | 391 | 0.1 | 28 | −1 | 37 | 孟加拉国 | 145 | 0.0 | 9 | 5 | 14 |
| 摩洛哥 | 373 | 0.1 | 32 | 34 | 11 | 哥伦比亚 | 145 | 0.0 | 24 | −6 | 129 |
| 阿根廷 | 364 | 0.1 | 16 | 13 | 4 | 伊朗 | 143 | 0.0 | 17 | 81 | 63 |
| 新西兰 | 275 | 0.0 | 6 | 6 | 3 | 柬埔寨 | 136 | 0.0 | 17 | 13 | 15 |
| 卡塔尔 | 263 | 0.0 | 19 | 27 | −24 | 法属玻利尼西亚 | 130 | 0.0 | 2 | 29 | 6 |
| 乌克兰 | 243 | 0.0 | −7 | −65 | 36 | 巴基斯坦 | 111 | 0.0 | −8 | 4 | −5 |
| 中国澳门 | 211 | 0.0 | 13 | −8 | −1 | 斯里兰卡 | 93 | 0.0 | −1 | 11 | 4 |
| 阿联酋 | 193 | 0.0 | 62 | 9 | 10 | 多米尼加 | 81 | 0.0 | 22 | 6 | 75 |
| 科威特 | 185 | 0.0 | 6 | −11 | −18 | 约旦 | 74 | 0.0 | −1 | 3 | −9 |
| 智利 | 169 | 0.0 | 25 | 59 | −22 | 摩洛哥 | 55 | 0.0 | 16 | 48 | 21 |
| 以上40个合计 | 676 181 | 99.8 | — | — | — | 以上40个合计 | 313 800 | 99.8 | — | — | — |

a 2007年，中国内部进口占制成品进口的12%。

## 表41：

### 主要制成品进出口国（2007）

单位：十亿美元和百分比

| 年份<br>地区 | 总额<br>2007 | 占世界出/进口份额<br>1980 | 1990 | 2000 | 2007 | 年度百分比变化<br>2000—2007 | 2005 | 2006 | 2007 |
|---|---|---|---|---|---|---|---|---|---|
| 出口国 | | | | | | | | | |
| 欧盟（27） | 4 249.1 | — | — | 42.8 | 44.7 | 11 | 6 | 12 | 16 |
| 欧盟（27）对外出口 | 1 406.5 | — | — | 14.2 | 14.8 | 11 | 9 | 10 | 17 |
| 中国 | 1 134.8 | 0.8 | 1.9 | 4.7 | 11.9 | 26 | 29 | 28 | 27 |
| 美国 | 909.4 | 13.0 | 12.1 | 13.8 | 9.6 | 5 | 10 | 13 | 10 |
| 日本 | 640.9 | 11.2 | 11.5 | 9.6 | 6.7 | 5 | 4 | 7 | 9 |
| 中国香港 | 331.2 | 1.6 | 3.2 | 4.1 | 3.5 | 8 | 12 | 9 | 9 |
| 国内出口 | 12.3 | 1.2 | 1.1 | 0.5 | 0.1 | −8 | 8 | −2 | −22 |
| 转口 | 318.9 | 0.4 | 2.0 | 3.6 | 3.4 | 9 | 12 | 10 | 10 |
| 韩国 | 330.4 | 1.4 | 2.5 | 3.3 | 3.5 | 11 | 12 | 12 | 14 |
| 加拿大 | 227.1 | 0.8 | 1.6 | 2.5 | 2.4 | 10 | 12 | 16 | 6 |
| 新加坡 | 104.4 | 0.4 | 1.0 | 1.3 | 1.1 | 7 | 10 | 13 | 4 |
| 国内出口 | 122.7 | 0.3 | 0.6 | 1.2 | 1.3 | 12 | 14 | 18 | 8 |
| 转口 | 224.5 | 2.7 | 3.1 | 3.7 | 2.4 | 4 | 9 | 4 | 4 |

续 表

| 地区 \ 年份 | 总额 | 占世界出/进口份额 | | | | 年度百分比变化 | | | |
|---|---|---|---|---|---|---|---|---|---|
| | 2007 | 1980 | 1990 | 2000 | 2007 | 2000—2007 | 2005 | 2006 | 2007 |
| 中国台北 | 209.6 | 1.6 | 2.6 | 3.0 | 2.2 | 6 | 7 | 12 | 9 |
| 墨西哥 | 204.2 | 0.4 | 1.1 | 3.0 | 2.1 | 6 | 10 | 15 | 8 |
| 瑞士 | 155.5 | 2.4 | 2.5 | 1.5 | 1.6 | 12 | 7 | 11 | 16 |
| 马来西亚 | 125.0 | 0.2 | 0.7 | 1.7 | 1.3 | 7 | 10 | 12 | 6 |
| 泰国 | 116.5 | 0.1 | 0.6 | 1.1 | 1.2 | 12 | 16 | 17 | 18 |
| 印度 | 92.4 | 0.5 | 0.5 | 0.7 | 1.0 | 16 | 28 | 13 | 16 |
| 土耳其 | 85.4 | 0.1 | 0.4 | 0.5 | 0.9 | 21 | 12 | 16 | 23 |
| 以上 15 个合计 | 8 716.9 | — | — | 92.4 | 91.8 | — | — | — | — |
| 进口国 | | | | | | | | | |
| 欧盟（27） | 4 029.7 | — | — | 39.7 | 41.0 | 11 | 6 | 12 | 16 |
| 欧盟（27）从外进口 | 1 187.2 | — | — | 12.5 | 12.1 | 10 | 8 | 10 | 17 |
| 美国 | 1 409.6 | 11.2 | 15.4 | 19.7 | 14.3 | 6 | 9 | 9 | 4 |
| 中国 | 677.6 | 1.1 | 1.7 | 3.5 | 6.9 | 22 | 15 | 18 | 17 |
| 中国香港 | 333.6 | 1.5 | 2.9 | 3.9 | 3.4 | 8 | 11 | 11 | 10 |
| 留用进口 | 14.7 | 1.1 | 0.9 | 0.5 | 0.1 | −6 | −14 | 38 | −5 |
| 日本 | 314.4 | 2.3 | 4.1 | 4.3 | 3.2 | 6 | 8 | 8 | 6 |
| 加拿大 | 293.8 | 3.7 | 3.8 | 4.1 | 3.0 | 6 | 12 | 10 | 7 |
| 墨西哥 | 227.9 | 1.5 | 1.3 | 3.0 | 2.3 | 6 | 11 | 14 | 8 |
| 韩国 | 206.2 | 0.9 | 1.8 | 2.0 | 2.1 | 11 | 14 | 12 | 16 |
| 新加坡 | 188.1 | 1.2 | 1.8 | 2.2 | 1.9 | 8 | 11 | 15 | 8 |
| 留用进口 | 65.4 | 0.8 | 1.2 | 1.1 | 0.7 | 2 | 7 | 11 | 6 |
| 俄罗斯 | 185.6 | — | — | 0.6 | 1.9 | 29 | 30 | 33 | 40 |
| 中国台北 | 142.6 | 0.9 | 1.5 | 2.2 | 1.5 | 4 | 4 | 5 | 4 |
| 瑞士 | 132.2 | 2.3 | 2.4 | 1.4 | 1.3 | 10 | 7 | 8 | 18 |
| 澳大利亚 | 118.1 | 1.3 | 1.3 | 1.2 | 1.2 | 10 | 12 | 6 | 17 |
| 马来西亚 | 110.7 | 0.6 | 0.9 | 1.4 | 1.1 | 7 | 8 | 12 | 10 |
| 土耳其 | 106.6 | 0.3 | 0.6 | 0.8 | 1.1 | 16 | 15 | 15 | 19 |
| 以上 15 个合计 | 8 158.0 | — | — | 86.6 | 83.0 | — | — | — | — |

**表 42：**

**主要国家的制成品出口（1990—2007）**

单位：十亿美元和百分比

| 地区 \ 年份 | 总额 | | | | | 占各国总货物出口份额 | |
|---|---|---|---|---|---|---|---|
| | 1990 | 2000 | 2005 | 2006 | 2007 | 2000 | 2007 a |
| 世界 | 2 391.2 | 4 696.2 | 7 297.0 | 8 257.7 | 9 499.5 | 74.8 | 69.8 |
| 阿根廷 | 3.57 | 8.53 | 12.28 | 14.67 | 17.25 | 32.4 | 30.8 |
| 澳大利亚 | 7.10 | 15.16 | 21.63 | 22.20 | 26.13 | 23.7 | 18.5 |
| 孟加拉国 | 1.21 | 5.88 | 8.71 | 11.01 | 11.58 | 92.0 | 93.0 |
| 白俄罗斯 | — | 4.88 | 8.30 | 9.92 | 12.91 | 66.6 | 53.0 |
| 巴西 | 16.14 | 31.65 | 61.77 | 68.41 | 75.82 | 57.5 | 47.2 |
| 柬埔寨 | — | 1.33 | 3.01 | 3.43 | 3.99 | 95.7 | 97.4 |
| 加拿大 | 73.31 | 175.64 | 206.26 | 215.40 | 224.50 | 63.5 | 53.6 |
| 智利 | 0.83 | 2.79 | 5.14 | 6.00 | 6.69 | 14.5 | 9.8 |
| 中国 | 44.31 | 219.86 | 700.34 | 895.43 | 1 134.80 | 88.2 | 93.2 |
| 哥伦比亚 | 1.70 | 4.24 | 7.32 | 8.68 | 11.75 | 32.5 | 39.2 |

续 表

| 地区 \ 年份 | 总额 | | | | | 占各国总货物出口份额 | |
|---|---|---|---|---|---|---|---|
| | 1990 | 2000 | 2005 | 2006 | 2007 | 2000 | 2007 a |
| 哥斯达黎加 | 0.39 | 3.98 | 4.57 | 5.36 | 6.08 | 67.8 | 65.0 |
| 克罗地亚 | — | 3.21 | 5.99 | 6.80 | 8.42 | 72.5 | 68.1 |
| 多米尼加 | 1.51 | 5.03 | 5.31 | 5.64 | 6.19 | 87.7 | 85.5 |
| 埃及 | 1.47 | 1.92 | 3.73 | 4.66 | 5.82 | 40.9 | 35.9 |
| 萨尔瓦多 | 0.33 | 2.25 | 2.68 | 2.90 | 2.99 | 76.5 | 75.2 |
| 欧盟（27） | — | 2 012.01 | 3 280.33 | 3 662.93 | 4 249.05 | 82.0 | 79.9 |
| 欧盟(27) 对内出口 | — | 1 345.41 | 2 180.73 | 2 457.53 | 2 842.56 | 80.7 | 78.5 |
| 欧盟(27) 对外出口 | — | 666.61 | 1 099.61 | 1 205.39 | 1 406.50 | 84.9 | 82.8 |
| 危地马拉 | 0.28 | 0.87 | 3.05 | 3.32 | 3.42 | 32.1 | 49.5 |
| 中国香港 | 75.64 | 192.50 | 279.91 | 304.75 | 331.16 | 95.0 | 94.8 |
| 国内出口 | 27.41 | 22.14 | 16.11 | 15.76 | 12.26 | 94.1 | 67.7 |
| 转口 | 48.23 | 170.35 | 263.80 | 288.99 | 318.89 | 95.1 | 96.3 |
| 印度 | 12.52 | 32.76 | 70.38 | 79.45 | 92.36 | 77.3 | 63.6 |
| 印度尼西亚 | 9.04 | 36.94 | 39.41 | 44.73 | 48.61 | 56.5 | 41.2 |
| 伊朗 | 0.69 | 1.98 | 5.00 | 6.07 | 7.44 | 6.9 | 8.7 |
| 以色列 | 10.43 | 29.55 | 40.40 | 44.30 | 50.67 | 94.1 | 93.7 |
| 日本 | 275.15 | 449.69 | 546.42 | 586.52 | 640.88 | 93.8 | 89.9 |
| 约旦 | 0.59 | 0.95 | 3.08 | 3.60 | 4.49 | 50.2 | 78.9 |
| 哈萨克斯坦 | — | 1.45 | 3.34 | 4.23 | 6.09 | 16.4 | 12.8 |
| 韩国 | 60.60 | 154.90 | 258.20 | 290.13 | 330.41 | 89.9 | 88.9 |
| 马来西亚 | 15.82 | 78.93 | 104.86 | 117.91 | 125.01 | 80.4 | 70.9 |
| 墨西哥 | 25.26 | 138.65 | 165.00 | 189.13 | 204.22 | 83.3 | 75.1 |
| 摩洛哥 | 2.21 | 4.76 | 7.05 | 8.24 | 9.65 | 64.1 | 65.9 |
| 新西兰 | 2.39 | 3.99 | 6.60 | 6.72 | 7.47 | 30.0 | 27.7 |
| 挪威 | 11.13 | 13.32 | 18.79 | 19.27 | 24.54 | 22.2 | 18.0 |
| 巴基斯坦 | 4.39 | 7.64 | 13.03 | 13.77 | 14.29 | 84.7 | 80.1 |
| 菲律宾 | 5.59 | 34.77 | 36.75 | 40.84 | 43.54 | 87.4 | 86.3 |
| 俄罗斯 | — | 24.81 | 50.81 | 58.48 | 69.06 | 23.5 | 19.4 |
| 沙特阿拉伯 | 3.66 | 5.96 | 17.10 | 20.14 | 24.84 | 7.7 | 10.6 |
| 塞尔维亚 | — | — | — | 4.05 | 5.79 | — | 65.6 |
| 塞尔维亚和黑山 | — | 1.05 | 2.90 | — | — | 60.9 | 57.2 |
| 新加坡 | 37.49 | 117.68 | 185.20 | 214.09 | 227.11 | 85.4 | 75.9 |
| 国内出口 | 23.20 | 63.28 | 89.42 | 100.73 | 104.40 | 80.4 | 66.9 |
| 转口 | 14.28 | 54.40 | 95.78 | 113.36 | 122.72 | 92.0 | 85.7 |
| 南非 | 8.32 | 20.23 | 30.66 | 32.17 | 38.14 | 67.5 | 54.6 |
| 斯里兰卡 | 1.02 | 4.14 | 4.32 | 4.78 | 5.28 | 76.3 | 68.2 |
| 瑞士 | 59.59 | 72.43 | 120.29 | 133.81 | 155.49 | 90.0 | 90.4 |
| 中国台北 | 62.03 | 141.04 | 171.74 | 191.80 | 209.59 | 95.1 | 89.3 |
| 泰国 | 14.58 | 51.66 | 84.30 | 98.32 | 116.46 | 74.8 | 76.1 |
| 特立尼达和多巴哥 | 0.56 | 1.23 | 2.52 | 2.93 | 3.82 | 28.8 | 25.3 |
| 突尼斯 | 2.42 | 4.50 | 7.86 | 8.39 | 10.58 | 77.0 | 70.4 |
| 土耳其 | 8.78 | 22.31 | 59.76 | 69.39 | 85.39 | 80.3 | 79.6 |
| 乌克兰 | — | 9.77 | 23.46 | 27.60 | 36.23 | 67.1 | 73.6 |
| 阿联酋 | 2.86 | 13.46 | 40.52 | 42.67 | 55.28 | 27.0 | 32.0 |
| 美国 | 290.49 | 648.91 | 732.47 | 828.62 | 909.39 | 83.0 | 78.2 |
| 越南 | — | 6.18 | 16.18 | 20.38 | 25.85 | 42.6 | 53.4 |

**表 43：**

主要国家制成品的进口（1990－2007）

单位：十亿美元和百分比

| 地区 \ 年份 | 总额 | | | | | 占各国总货物出口份额 | |
|---|---|---|---|---|---|---|---|
| | 1990 | 2000 | 2005 | 2006 | 2007 | 2000 | 2007 a |
| 阿尔及利亚 | 6.66 | 6.10 | 15.57 | 16.16 | 20.70 | 66.5 | 74.9 |
| 阿根廷 | 3.10 | 21.91 | 24.77 | 29.57 | 38.07 | 87.1 | 85.0 |
| 澳大利亚 | 32.40 | 59.08 | 95.05 | 101.02 | 118.06 | 83.0 | 75.8 |
| 孟加拉国 c | 1.92 | 5.14 | 8.79 | 9.99 | 10.42 | 57.9 | 56.0 |
| 白俄罗斯 | | 4.24 | 7.73 | 10.73 | 13.87 | 49.0 | 48.4 |
| 委内瑞拉 | 5.05 | 11.81 | 18.92 | 26.57 | 36.53 | 81.0 | 87.2 |
| 巴西 | 12.62 | 41.01 | 52.95 | 64.12 | 85.19 | 73.4 | 70.6 |
| 加拿大 | 92.90 | 200.75 | 248.05 | 273.49 | 293.81 | 83.6 | 77.3 |
| 智利 | 5.29 | 11.86 | 20.05 | 22.48 | 26.38 | 64.1 | 56.0 |
| 中国 | 42.39 | 169.88 | 493.14 | 579.50 | 677.63 | 75.5 | 70.9 |
| 哥伦比亚 | 4.28 | 9.19 | 17.58 | 21.53 | 27.01 | 79.6 | 82.1 |
| 哥斯达黎加 | 1.50 | 5.28 | 8.00 | 8.51 | 9.61 | 82.8 | 74.2 |
| 科特迪瓦 | — | 1.15 | 2.66 | 2.41 | 2.85 | 41.1 | 46.2 |
| 克罗地亚 | — | 5.78 | 13.53 | 15.47 | 18.86 | 73.3 | 73.0 |
| 多米尼加 | 2.07 | 7.01 | 6.21 | 8.00 | 8.79 | 73.9 | 63.6 |
| 厄瓜多尔 | 1.51 | 2.63 | 7.44 | 8.40 | 9.12 | 70.8 | 67.2 |
| 欧盟（27） | — | 1 953.94 | 3 098.95 | 3 470.78 | 4 029.72 | 75.7 | 72.3 |
| 欧盟(27) 从外进口 | — | 615.86 | 919.60 | 1 015.48 | 1 187.16 | 67.2 | 60.8 |
| 危地马拉 | 1.14 | 3.43 | 7.48 | 8.47 | 8.64 | 71.7 | 63.6 |
| 中国香港 | 70.53 | 192.66 | 275.03 | 304.53 | 333.63 | 90.0 | 90.1 |
| 留用进口 | 22.30 | 22.31 | 11.23 | 15.54 | 14.73 | 63.9 | 37.9 |
| 印度 | 12.17 | 22.44 | 67.54 | 78.55 | 100.40 | 43.6 | 46.3 |
| 印度尼西亚 | 16.64 | 30.48 | 47.65 | 52.80 | 57.00 | 69.9 | 61.7 |
| 伊朗 | 15.49 | 9.96 | 26.83 | 27.81 | 33.36 | 71.6 | 72.5 |
| 伊拉克 | — | — | — | 25.42 | 30.17 | — | 94.3 |
| 以色列 | 11.68 | 29.04 | 34.19 | 35.71 | 42.04 | 77.1 | 71.2 |
| 日本 | 100.28 | 212.67 | 276.35 | 297.44 | 314.43 | 56.0 | 50.6 |
| 约旦 | 1.34 | 2.65 | 6.03 | 6.53 | 7.75 | 57.5 | 57.4 |
| 哈萨克斯坦 | — | 3.69 | 13.57 | 18.41 | 26.11 | 73.2 | 79.7 |
| 肯尼亚 | 1.40 | 1.72 | 3.91 | 4.54 | 5.58 | 55.3 | 62.1 |
| 韩国 | 44.11 | 98.16 | 158.10 | 177.61 | 206.19 | 61.2 | 57.8 |
| 科威特 | 2.61 | 5.55 | 12.67 | 13.13 | 20.26 | 77.5 | 85.7 |
| 黎巴嫩 | — | 3.48 | 5.51 | 5.38 | 6.90 | 55.8 | 56.3 |
| 马来西亚 | 22.87 | 68.13 | 90.51 | 101.00 | 110.68 | 83.1 | 75.3 |
| 墨西哥 | 32.49 | 149.80 | 185.24 | 211.56 | 227.88 | 85.9 | 80.8 |
| 摩洛哥 | 4.22 | 7.25 | 12.86 | 14.59 | 18.71 | 62.9 | 59.0 |
| 新西兰 | 7.56 | 10.81 | 20.07 | 19.25 | 22.53 | 77.7 | 72.9 |
| 尼日利亚 | 4.92 | 4.36 | 16.73 | 16.50 | 21.32 | 50.0 | 72.3 |
| 挪威 | 21.40 | 27.48 | 43.11 | 50.23 | 61.54 | 79.9 | 76.7 |
| 阿曼 | 1.81 | 3.46 | 6.80 | 8.54 | 12.95 | 67.5 | 80.4 |
| 巴基斯坦 | 3.99 | 5.09 | 14.81 | 16.59 | 17.85 | 46.8 | 54.8 |
| 秘鲁 | 1.61 | 5.21 | 8.25 | 10.39 | 13.39 | 70.3 | 66.4 |
| 菲律宾 | 8.96 | 28.83 | 37.80 | 40.18 | 41.83 | 77.9 | 72.1 |
| 卡塔尔 | 1.32 | 2.75 | 8.98 | 13.65 | 19.19 | 84.4 | 87.2 |
| 俄罗斯 | — | 31.17 | 100.08 | 132.71 | 185.62 | 69.8 | 83.1 |
| 沙特阿拉伯 | 18.23 | 22.05 | 46.57 | 55.57 | 72.27 | 72.9 | 80.1 |

续 表

| 地区 \ 年份 | 总额 | | | | | 占各国总货物出口份额 | |
|---|---|---|---|---|---|---|---|
| | 1990 | 2000 | 2005 | 2006 | 2007 | 2000 | 2007 a |
| 塞尔维亚 | — | — | — | 8.57 | 12.72 | — | 69.3 |
| 塞尔维亚和黑山 | — | 2.35 | 7.54 | — | — | 63.3 | 64.8 |
| 新加坡 | 44.35 | 109.78 | 152.26 | 174.91 | 188.07 | 81.6 | 71.5 |
| 留用进口 | 30.07 | 55.39 | 55.56 | 61.55 | 65.35 | 73.4 | 54.5 |
| 南非 | 13.43 | 19.21 | 41.70 | 49.03 | 56.28 | 71.7 | 70.5 |
| 斯里兰卡 | 1.71 | 4.90 | 5.72 | 6.46 | 6.86 | 68.2 | 60.7 |
| 瑞士 | 58.01 | 67.65 | 103.89 | 111.98 | 132.24 | 82.0 | 82.0 |
| 叙利亚 | 1.48 | 2.47 | 5.63 | 5.98 | — | 64.7 | 52.1 |
| 中国台北 | 36.77 | 110.41 | 131.00 | 137.70 | 142.62 | 78.9 | 65.2 |
| 泰国 | 24.83 | 46.95 | 82.10 | 85.94 | 99.01 | 75.8 | 64.7 |
| 特立尼达和多巴哥 | 0.64 | 1.86 | 2.91 | 3.34 | 3.85 | 56.1 | 51.7 |
| 突尼斯 | 3.91 | 6.46 | 9.48 | 10.55 | 13.51 | 75.4 | 71.2 |
| 土耳其 | 13.63 | 38.16 | 77.55 | 89.36 | 106.65 | 70.0 | 62.7 |
| 乌克兰 | — | 5.74 | 20.61 | 26.82 | 37.40 | 41.1 | 61.6 |
| 阿联酋 | 8.63 | 29.47 | 68.30 | 79.17 | 104.74 | 84.2 | 79.3 |
| 美国 | 375.65 | 968.21 | 1 239.32 | 1 350.22 | 1 409.63 | 76.9 | 69.8 |
| 越南 | 2.18 | 11.38 | 25.67 | 29.84 | 41.11 | 72.8 | 67.6 |

表 44：

### 纺织品贸易占总货物贸易、制成品贸易份额（按地区，2007）

单位：百分比

| 地区 | 出口 | 进口 |
|---|---|---|
| 纺织品占总货物份额 | | |
| 世界 | 1.7 | 1.7 |
| 北美洲 | 0.9 | 1.3 |
| 中、南美洲 | 0.7 | 2.7 |
| 欧洲 | 1.6 | 1.6 |
| 独联体 | 0.4 | 2.2 |
| 非洲 | 0.5 | 4.0 |
| 中东 | 0.9 | 2.7 |
| 亚洲 | 3.0 | 1.8 |
| 澳大利亚、日本和新西兰 | 0.9 | 1.3 |
| 亚洲其他地区 | 3.6 | 2.0 |
| 纺织品占制成品份额 | | |
| 世界 | 2.5 | 2.5 |
| 北美洲 | 1.3 | 1.8 |
| 中、南美洲 | 2.2 | 3.9 |
| 欧洲 | 2.0 | 2.2 |
| 独联体 | 1.6 | 2.8 |
| 非洲 | 2.8 | 5.9 |
| 中东 | 4.4 | 3.5 |
| 亚洲 | 3.7 | 2.8 |
| 澳大利亚、日本和新西兰 | 1.2 | 2.3 |
| 亚洲其他地区 | 4.4 | 3.0 |

注：进口份额来自秘书处的按地区和产品统计的世界货物贸易网。

**表 45：**

### 主要地区的纺织品出口（2007）

单位：十亿美元和百分比

| 地区 \ 年份 | 总额 | 份额 | | | | 年度百分比变化 | | |
|---|---|---|---|---|---|---|---|---|
| | | 占本地出口 | | 占世界出口 | | | | |
| | 2007 | 2000 | 2007 | 2000 | 2007 | 2000—2007 | 2006 | 2007 |
| 世界 | 238.1 | 100.0 | 100.0 | 100.0 | 100.0 | 6 | 8 | 9 |
| 亚洲 | | | | | | | | |
| 世界 | 113.8 | 100.0 | 100.0 | 44.0 | 47.8 | 7 | 10 | 9 |
| 亚洲 | 51.6 | 57.0 | 45.3 | 25.1 | 21.7 | 4 | 7 | 5 |
| 欧洲 | 21.1 | 14.2 | 18.5 | 6.2 | 8.9 | 12 | 11 | 16 |
| 北美洲 | 17.4 | 13.2 | 15.3 | 5.8 | 7.3 | 10 | 9 | 0 |
| 中东 | 7.4 | 6.3 | 6.5 | 2.8 | 3.1 | 8 | 4 | 9 |
| 非洲 | 7.3 | 4.0 | 6.4 | 1.8 | 3.1 | 15 | 19 | 18 |
| 中、南美洲 | 5.8 | 4.5 | 5.1 | 2.0 | 2.4 | 9 | 26 | 28 |
| 独联体 | 3.2 | 0.8 | 2.8 | 0.3 | 1.4 | 29 | 19 | 35 |
| 中国 | | | | | | | | |
| 世界 | 55.9 | 100.0 | 100.0 | 10.3 | 23.5 | 19 | 19 | 15 |
| 亚洲 | 21.4 | 54.8 | 38.2 | 5.6 | 9.0 | 13 | 17 | 11 |
| 北美洲 | 10.5 | 15.6 | 18.7 | 1.6 | 4.4 | 23 | 19 | 21 |
| 欧洲 | 9.9 | 15.0 | 17.7 | 1.5 | 4.2 | 22 | 16 | 6 |
| 非洲 | 4.8 | 5.3 | 8.5 | 0.5 | 2.0 | 28 | 30 | 21 |
| 中东 | 3.5 | 4.1 | 6.3 | 0.4 | 1.5 | 27 | 14 | 12 |
| 中、南美洲 | 3.2 | 3.9 | 5.6 | 0.4 | 1.3 | 26 | 33 | 37 |
| 独联体 | 2.8 | 1.3 | 5.0 | 0.1 | 1.2 | 45 | 21 | 36 |
| 亚洲其他经济体 | | | | | | | | |
| 世界 | 57.9 | 100.0 | 100.0 | 33.7 | 24.3 | 1 | 3 | 3 |
| 亚洲 | 30.2 | 57.6 | 52.2 | 19.4 | 12.7 | 0 | 2 | 1 |
| 欧洲 | 10.6 | 13.7 | 18.3 | 4.6 | 4.5 | 6 | 4 | 11 |
| 北美洲 | 7.6 | 12.6 | 13.0 | 4.2 | 3.2 | 2 | 3 | −7 |
| 中东 | 3.9 | 7.0 | 6.7 | 2.4 | 1.6 | 1 | −3 | 7 |
| 非洲 | 2.6 | 4.7 | 4.5 | 1.6 | 1.1 | 1 | 21 | 17 |
| 中、南美洲 | 2.5 | 3.6 | 4.4 | 1.2 | 1.1 | 4 | 5 | 13 |
| 独联体 | 0.4 | 0.6 | 0.8 | 0.2 | 0.2 | 4 | 8 | 25 |
| 欧洲 | | | | | | | | |
| 世界 | 92.7 | 100.0 | 100.0 | 39.7 | 38.9 | 6 | 5 | 11 |
| 欧洲 | 69.3 | 77.3 | 74.8 | 30.7 | 29.1 | 5 | 5 | 10 |
| 亚洲 | 5.7 | 5.8 | 6.1 | 2.3 | 2.4 | 7 | 7 | 8 |
| 北美洲 | 5.2 | 5.4 | 5.6 | 2.2 | 2.2 | 6 | 6 | 16 |
| 非洲 | 4.7 | 6.3 | 5.0 | 2.5 | 2.0 | 3 | 0 | 1 |
| 独联体 | 4.0 | 1.8 | 4.3 | 0.7 | 1.7 | 20 | 22 | 17 |
| 中东 | 1.8 | 1.9 | 2.0 | 0.8 | 0.8 | 6 | −2 | 16 |
| 中、南美洲 | 0.7 | 1.0 | 0.8 | 0.4 | 0.3 | 3 | 14 | 19 |
| 北美洲 | | | | | | | | |

续 表

| 地区＼年份 | 总额 | 份额 | | | | 年度百分比变化 | | |
|---|---|---|---|---|---|---|---|---|
| | | 占本地出口 | | 占世界出口 | | | | |
| | 2007 | 2000 | 2007 | 2000 | 2007 | 2000—2007 | 2006 | 2007 |
| 世界 | 16.9 | 100.0 | 100.0 | 10.0 | 7.1 | 1 | 1 | −2 |
| 北美洲 | 9.9 | 69.0 | 58.7 | 6.9 | 4.2 | −1 | −1 | −5 |
| 中、南美洲 | 3.4 | 10.2 | 20.2 | 1.0 | 1.4 | 11 | 2 | 5 |
| 亚洲 | 1.8 | 9.3 | 10.6 | 0.9 | 0.8 | 3 | 12 | 0 |
| 欧洲 | 1.5 | 9.9 | 8.8 | 1.0 | 0.6 | −1 | 6 | 4 |
| 中东 | 0.1 | 1.0 | 0.9 | 0.1 | 0.1 | −1 | −5 | 1 |
| 非洲 | 0.1 | 0.5 | 0.5 | 0.0 | 0.0 | 1 | 14 | 0 |
| 独联体 | 0.1 | 0.2 | 0.4 | 0.0 | 0.0 | 12 | −3 | −3 |

**表 46：**

**主要国家纺织品进口（按地区和供应商，2007）**

单位：百万美元和百分比

| 地区＼年份 | 加拿大 | | | | | 地区＼年份 | 美国 | | | | |
|---|---|---|---|---|---|---|---|---|---|---|---|
| | 总额 | 份额 | 年度百分比变化 | | | | 总额 | 份额 | 年度百分比变化 | | |
| | 2007 | 2007 | 2000—2007 | 2006 | 2007 | | 2007 | 2007 | 2000—2007 | 2006 | 2007 |
| 世界 | 4 572 | 100.0 | 1 | 2 | 2 | 世界 | 24 089 | 100.0 | 6 | 4 | 3 |
| 北美洲 | 2 537 | 55.5 | −1 | 0 | −3 | 亚洲 | 14 948 | 62.1 | 9 | 9 | 4 |
| 亚洲 | 1 421 | 31.1 | 7 | 11 | 11 | 欧洲 | 4 011 | 16.7 | 2 | −3 | 3 |
| 欧洲 | 502 | 11.0 | 3 | −1 | 6 | 北美洲 | 3 595 | 14.9 | 0 | −3 | −3 |
| 中、南美洲 | 48 | 1.1 | −1 | −32 | 23 | 中、南美洲 | 674 | 2.8 | 7 | −5 | 6 |
| 中东 | 41 | 0.9 | 6 | 0 | 0 | 中东 | 576 | 2.4 | 5 | −3 | 3 |
| 非洲 | 21 | 0.5 | 8 | 7 | 40 | 非洲 | 229 | 1.0 | 5 | 9 | −7 |
| 独联体 | 2 | 0.0 | 10 | 50 | −33 | 独联体 | 56 | 0.2 | −6 | −34 | 47 |
| 供应商 | | | | | | 供应商 | | | | | |
| 美国 | 2 375 | 51.9 | −2 | 2 | −3 | 中国 | 7 661 | 31.8 | 22 | 15 | 10 |
| 中国 | 793 | 17.3 | 18 | 18 | 17 | 欧盟（27） | 3 263 | 13.5 | 2 | −2 | 4 |
| 欧盟（27） | 432 | 9.4 | 2 | 0 | 6 | 印度 | 2 348 | 9.7 | 10 | 11 | 3 |
| 印度 | 197 | 4.3 | 8 | 8 | 8 | 加拿大 | 1 842 | 7.6 | −1 | −5 | −6 |
| 墨西哥 | 141 | 3.1 | 7 | 13 | −1 | 墨西哥 | 1 753 | 7.3 | 2 | 0 | 0 |
| 以上 5 个合计 | 3 938 | 86.1 | — | — | — | 以上 5 个合计 | 16 867 | 70.0 | — | — | — |
| 巴基斯坦 | 97 | 2.1 | 0 | 3 | −7 | 巴基斯坦 | 1 700 | 7.1 | 8 | 12 | −11 |
| 韩国 | 78 | 1.7 | −7 | −5 | −3 | 韩国 | 902 | 3.7 | −1 | −4 | −7 |
| 中国台北 | 67 | 1.5 | −6 | −9 | −7 | 土耳其 | 643 | 2.7 | 5 | −11 | 0 |
| 土耳其 | 53 | 1.2 | 7 | −16 | 9 | 中国台北 | 640 | 2.7 | −3 | −5 | 0 |
| 孟加拉国 | 43 | 0.9 | 30 | 26 | 28 | 日本 | 594 | 2.5 | −1 | 1 | 2 |
| 日本 | 42 | 0.9 | −1 | −2 | 5 | 巴西 | 412 | 1.7 | 10 | −1 | 9 |
| 印度尼西亚 | 31 | 0.7 | −6 | 14 | −4 | 以色列 | 333 | 1.4 | 5 | −3 | −4 |
| 以色列 | 30 | 0.7 | 17 | 0 | 8 | 泰国 | 313 | 1.3 | −2 | −7 | 1 |
| 巴西 | 27 | 0.6 | −1 | −36 | 50 | 印度尼西亚 | 236 | 1.0 | 2 | 9 | 2 |
| 加拿大 | 20 | 0.4 | — | 16 | −10 | 埃及 | 186 | 0.8 | 7 | 7 | −4 |
| 越南 | 18 | 0.4 | 22 | 17 | 99 | 孟加拉国 | 121 | 0.5 | 2 | −3 | 3 |
| 泰国 | 17 | 0.4 | −4 | −13 | 3 | 伊朗 | 100 | 0.4 | −2 | −10 | −16 |
| 埃及 | 15 | 0.3 | 14 | 3 | 47 | 越南 | 97 | 0.4 | 83 | 28 | 18 |

续　表

| 年份／地区 | 加拿大 总额 2007 | 份额 2007 | 年度百分比变化 2000—2007 | 2006 | 2007 | 年份／地区 | 美国 总额 2007 | 份额 2007 | 年度百分比变化 2000—2007 | 2006 | 2007 |
|---|---|---|---|---|---|---|---|---|---|---|---|
| 瑞士 | 14 | 0.3 | 5 | 18 | 10 | 多米尼加 | 91 | 0.4 | 15 | −4 | 3 |
| 伊朗 | 8 | 0.2 | −6 | 4 | −14 | 瑞士 | 87 | 0.4 | −1 | 13 | −9 |
| 哥伦比亚 | 6 | 0.1 | 7 | −24 | −13 | 菲律宾 | 60 | 0.3 | −11 | −9 | 1 |
| 澳大利亚 | 5 | 0.1 | −8 | −14 | 24 | 哥伦比亚 | 58 | 0.2 | 5 | 2 | 7 |
| 尼泊尔 | 4 | 0.1 | 16 | 13 | 31 | 中国香港 | 56 | 0.2 | −19 | −21 | −10 |
| 马来西亚 | 4 | 0.1 | −4 | −16 | −5 | 马来西亚 | 55 | 0.2 | −7 | 10 | −17 |
| 新西兰 | 4 | 0.1 | 14 | 35 | 3 | 巴林 | 55 | 0.2 | 17 | −28 | 84 |
| 阿根廷 | 4 | 0.1 | 45 | 4 | 63 | 尼泊尔 | 48 | 0.2 | 2 | 1 | 15 |
| 中国香港 | 4 | 0.1 | −24 | −26 | −5 | 阿联酋 | 45 | 0.2 | 12 | 68 | 24 |
| 乌拉圭 | 3 | 0.1 | −6 | −61 | 73 | 沙特阿拉伯 | 41 | 0.2 | 11 | 7 | 59 |
| 斯里兰卡 | 2 | 0.1 | −3 | 71 | 18 | 澳大利亚 | 37 | 0.2 | −1 | −11 | −1 |
| 菲律宾 | 2 | 0.0 | −3 | −22 | −5 | 斯里兰卡 | 35 | 0.1 | −16 | −8 | −6 |
| 智利 | 2 | 0.0 | −9 | −55 | 119 | 南非 | 34 | 0.1 | 0 | 14 | −17 |
| 南非 | 2 | 0.0 | −12 | 0 | −33 | 新西兰 | 23 | 0.1 | 1 | 2 | −5 |
| 秘鲁 | 2 | 0.0 | −1 | −35 | 58 | 秘鲁 | 21 | 0.1 | −2 | 0 | −9 |
| 柬埔寨 | 2 | 0.0 | 116 | 43 | 66 | 萨尔瓦多 | 20 | 0.1 | −7 | −5 | −20 |
| 多米尼加 | 2 | 0.0 | −18 | 145 | −10 | 土库曼斯坦 | 19 | 0.1 | 28 | −26 | 34 |
| 萨尔瓦多 | 1 | 0.0 | 11 | 5 | −9 | 乌克兰 | 18 | 0.1 | 21 | −84 | 842 |
| 沙特阿拉伯 | 1 | 0.0 | −9 | 35 | −13 | 挪威 | 16 | 0.1 | 15 | −35 | 284 |
| 挪威 | 1 | 0.0 | −15 | −28 | −38 | 危地马拉 | 15 | 0.1 | 2 | −16 | 1 |
| 俄罗斯 | 1 | 0.0 | 0 | 0 | 0 | 智利 | 15 | 0.1 | 30 | −2 | 59 |
| 突尼斯 | 1 | 0.0 | 56 | 283 | 108 | 柬埔寨 | 11 | 0.0 | 10 | 8 | −29 |
| 以上 40 个合计 | 4 553 | 99.6 | — | — | — | 以上 40 个合计 | 24 007 | 99.7 | — | — | — |

**表 46（续 1）：**

**主要国家纺织品进口（按地区和供应商，2006）**

单位：百万美元和百分比

| 年份／地区 | 墨西哥 总额 2007 | 份额 2007 | 年度百分比变化 2000—2007 | 2006 | 2007 | 年份／地区 | 欧盟（27） 总额 2007 | 份额 2007 | 年度百分比变化 2000—2007 | 2006 | 2007 |
|---|---|---|---|---|---|---|---|---|---|---|---|
| 世界 | 5 948 | 100.0 | 0 | −2 | −5 | 世界 | 84 208 | 100.0 | 6 | 7 | 10 |
| 北美洲 | 4 215 | 70.9 | −2 | −4 | −4 | 欧洲 | 63 630 | 75.6 | 5 | 5 | 9 |
| 亚洲 | 934 | 15.7 | 2 | −4 | −13 | 亚洲 | 16 572 | 19.7 | 9 | 13 | 17 |
| 欧洲 | 533 | 9.0 | 13 | 25 | 5 | 北美洲 | 1 432 | 1.7 | −2 | 12 | 4 |
| 中、南美洲 | 245 | 4.1 | 14 | 7 | 7 | 非洲 | 1 169 | 1.4 | 6 | 6 | 17 |
| 中东 | 15 | 0.3 | 21 | −13 | 7 | 中东 | 733 | 0.9 | 0 | 3 | 6 |
| 非洲 | 4 | 0.1 | 22 | −40 | 33 | 独联体 | 465 | 0.6 | 3 | 0 | −1 |
| 独联体 | 2 | 0.0 | 10 | −50 | 0 | 中、南美洲 | 184 | 0.2 | 0 | −8 | −4 |
| 供应商 | | | | | | 供应商 | | | | | |
| 美国 | 4 107 | 69.0 | −2 | −4 | −4 | 欧盟（27） | 56 894 | 67.6 | 5 | 5 | 9 |
| 欧盟（27） | 490 | 8.2 | 13 | 25 | 1 | 中国 | 7 428 | 8.8 | 21 | 21 | 21 |
| 中国 | 445 | 7.5 | 21 | −10 | −19 | 土耳其 | 5 092 | 6.0 | 13 | 12 | 13 |

续 表

| 地区 \ 年份 | 墨西哥 总额 | 份额 | 年度百分比变化 | | |
|---|---|---|---|---|---|
| | 2007 | 2007 | 2000—2007 | 2006 | 2007 |
| 韩国 | 109 | 1.8 | −16 | −3 | −13 |
| 加拿大 | 102 | 1.7 | 3 | 3 | −21 |
| 以上5个合计 | 5 253 | 88.3 | — | — | — |
| 中国台北 | 101 | 1.7 | −4 | −2 | −8 |
| 巴西 | 91 | 1.5 | 29 | 30 | 40 |
| 印度 | 62 | 1.0 | 19 | 24 | 32 |
| 哥伦比亚 | 51 | 0.9 | 9 | 26 | 1 |
| 印度尼西亚 | 46 | 0.8 | 7 | 23 | −11 |
| 日本 | 43 | 0.7 | 7 | 84 | −27 |
| 巴基斯坦 | 37 | 0.6 | 8 | −27 | −1 |
| 土耳其 | 34 | 0.6 | 21 | 48 | 127 |
| 危地马拉 | 29 | 0.5 | 23 | 1 | −8 |
| 泰国 | 28 | 0.5 | 8 | 12 | 7 |
| 智利 | 21 | 0.4 | 1 | −10 | −22 |
| 马来西亚 | 14 | 0.2 | 8 | 32 | −28 |
| 以色列 | 13 | 0.2 | 25 | −19 | 11 |
| 多米尼加 | 12 | 0.2 | 91 | −47 | 29 |
| 萨尔瓦多 | 10 | 0.2 | 18 | 0 | 4 |
| 乌拉圭 | 8 | 0.1 | 0 | 1 | −38 |
| 孟加拉国 | 8 | 0.1 | 6 | 13 | 18 |
| 瑞士 | 8 | 0.1 | 9 | −10 | 5 |
| 中国香港 | 7 | 0.1 | −19 | −32 | −16 |
| 菲律宾 | 6 | 0.1 | 29 | −42 | −21 |
| 秘鲁 | 5 | 0.1 | 14 | 5 | −17 |
| 越南 | 5 | 0.1 | 33 | −8 | 64 |
| 阿根廷 | 4 | 0.1 | 9 | 7 | 15 |
| 哥斯达黎加 | 4 | 0.1 | 3 | 8 | −31 |
| 斯里兰卡 | 2 | 0.0 | −2 | 9 | 142 |
| 南非 | 2 | 0.0 | — | 0 | 0 |
| 乌克兰 | 2 | 0.0 | 59 | −42 | −1 |
| 洪都拉斯 | 2 | 0.0 | 27 | 370 | 8 |
| 埃及 | 2 | 0.0 | 29 | 5 | 52 |
| 尼泊尔 | 1 | 0.0 | 24 | −36 | 92 |
| 柬埔寨 | 1 | 0.0 | — | −47 | −59 |
| 伊朗 | 1 | 0.0 | 5 | 155 | 8 |
| 澳大利亚 | 1 | 0.0 | 6 | 46 | −22 |
| 玻利维亚 | 1 | 0.0 | 16 | 140 | 103 |
| 新加坡 | 1 | 0.0 | −20 | 5 | −23 |
| 以上40个合计 | 5910 | 99.4 | — | — | — |

| 地区 \ 年份 | 欧盟（27） 总额 | 份额 | 年度百分比变化 | | |
|---|---|---|---|---|---|
| | 2007 | 2007 | 2000—2007 | 2006 | 2007 |
| 印度 | 3 165 | 3.8 | 8 | 9 | 16 |
| 巴基斯坦 | 2 099 | 2.5 | 11 | 13 | 20 |
| 以上5个合计 | 74 679 | 88.7 | — | — | — |
| 瑞士 | 1 309 | 1.6 | 1 | 2 | 13 |
| 美国 | 1 277 | 1.5 | −2 | 12 | 4 |
| 韩国 | 866 | 1.0 | −2 | −9 | 12 |
| 日本 | 644 | 0.8 | −2 | 4 | 8 |
| 印度尼西亚 | 578 | 0.7 | 0 | 13 | 9 |
| 中国台北 | 470 | 0.6 | −5 | −4 | 4 |
| 埃及 | 435 | 0.5 | 5 | 11 | 14 |
| 泰国 | 385 | 0.5 | 1 | 4 | 4 |
| 突尼斯 | 374 | 0.4 | 13 | 10 | 27 |
| 孟加拉国 | 345 | 0.4 | 16 | 27 | 25 |
| 以色列 | 320 | 0.4 | 5 | 6 | 11 |
| 越南 | 186 | 0.2 | 19 | 33 | 24 |
| 伊朗 | 171 | 0.2 | −8 | −7 | −11 |
| 摩洛哥 | 164 | 0.2 | 8 | −1 | 22 |
| 马来西亚 | 159 | 0.2 | 2 | 9 | −9 |
| 挪威 | 155 | 0.2 | 4 | 3 | 1 |
| 阿联酋 | 119 | 0.1 | 11 | 44 | 39 |
| 南非 | 118 | 0.1 | 6 | −2 | 5 |
| 白俄罗斯 | 118 | 0.1 | 10 | 2 | 17 |
| 俄罗斯 | 100 | 0.1 | −5 | −6 | −25 |
| 巴西 | 99 | 0.1 | −2 | −13 | −12 |
| 克罗地亚 | 96 | 0.1 | 5 | 8 | 20 |
| 加拿大 | 89 | 0.1 | −3 | 25 | 4 |
| 乌兹别克斯坦 | 73 | 0.1 | 3 | 1 | 14 |
| 乌克兰 | 72 | 0.1 | 7 | −15 | 9 |
| 中国香港 | 67 | 0.1 | −1 | 2 | −7 |
| 叙利亚 | 66 | 0.1 | −3 | 12 | −9 |
| 墨西哥 | 66 | 0.1 | 6 | −12 | 10 |
| 尼泊尔 | 55 | 0.1 | −8 | −3 | 0 |
| 摩尔多瓦 | 54 | 0.1 | 11 | 7 | 20 |
| 斯里兰卡 | 43 | 0.1 | 1 | 31 | 14 |
| 菲律宾 | 40 | 0.0 | 4 | 76 | −44 |
| 秘鲁 | 40 | 0.0 | 6 | 15 | 12 |
| 塞尔维亚 | 40 | 0.0 | — | 125 | 35 |
| 巴林 | 31 | 0.0 | −5 | −16 | −11 |
| 以上40个合计 | 83 902 | 99.6 | — | — | — |

## 表 46（续 2）：

### 主要国家纺织品进口（按地区和供应商，2007）

单位：百万美元和百分比

| 地区 | 中国[b] 总额 2007 | 份额 2007 | 年度百分比变化 2000—2007 | 2006 | 2007 |
|---|---|---|---|---|---|
| 世界 | 16 644 | 100.0 | 4 | 6 | 2 |
| 亚洲 | 14 811 | 89.0 | 3 | 4 | 0 |
| 欧洲 | 1 192 | 7.2 | 19 | 20 | 18 |
| 北美洲 | 582 | 3.5 | 21 | 30 | 13 |
| 中东 | 22 | 0.1 | 24 | 13 | 22 |
| 中、南美洲 | 15 | 0.1 | 33 | 15 | 0 |
| 独联体 | 12 | 0.1 | −5 | 20 | 0 |
| 非洲 | 9 | 0.1 | 9 | 14 | 13 |
| 供应商 | | | | | |
| 中国 | 3 324 | 20.0 | 15 | 18 | 3 |
| 日本 | 3 153 | 18.9 | 1 | −1 | 0 |
| 中国台北 | 3 148 | 18.9 | 0 | 1 | −2 |
| 韩国 | 2 386 | 14.3 | −1 | −3 | −3 |
| 中国香港 | 1 122 | 6.7 | −2 | 0 | −4 |
| 以上 5 个合计 | 13 132 | 78.9 | — | — | — |
| 欧盟（27） | 1 101 | 6.6 | 18 | 18 | 17 |
| 巴基斯坦 | 731 | 4.4 | 9 | 22 | 4 |
| 美国 | 547 | 3.3 | 21 | 28 | 15 |
| 泰国 | 255 | 1.5 | 15 | 1 | 12 |
| 印度尼西亚 | 191 | 1.2 | −1 | 0 | −1 |
| 印度 | 184 | 1.1 | −1 | 16 | 12 |
| 马来西亚 | 104 | 0.6 | 3 | −13 | 8 |
| 越南 | 67 | 0.4 | 23 | 53 | 44 |
| 土耳其 | 57 | 0.3 | 38 | 62 | 40 |
| 新加坡 | 41 | 0.2 | −1 | −10 | 4 |
| 菲律宾 | 38 | 0.2 | 36 | 147 | −1 |
| 澳大利亚 | 34 | 0.2 | 10 | 5 | 13 |
| 瑞士 | 31 | 0.2 | 27 | 60 | 8 |
| 加拿大 | 24 | 0.1 | 28 | 50 | 4 |
| 墨西哥 | 13 | 0.1 | −17 | −34 | 56 |
| 中国澳门 | 11 | 0.1 | 41 | 88 | −27 |
| 沙特阿拉伯 | 9 | 0.1 | 47 | 71 | 90 |
| 以色列 | 9 | 0.1 | 38 | 26 | 30 |
| 巴西 | 7 | 0.0 | — | −13 | 0 |
| 俄罗斯 | 6 | 0.0 | −4 | 50 | 0 |
| 柬埔寨 | 5 | 0.0 | 212 | −11 | −23 |
| 孟加拉国 | 5 | 0.0 | 32 | 28 | 31 |
| 南非 | 4 | 0.0 | 22 | 0 | 33 |
| 白俄罗斯 | 3 | 0.0 | 7 | 8 | −6 |
| 新西兰 | 3 | 0.0 | 9 | −7 | −9 |
| 秘鲁 | 3 | 0.0 | 20 | 10 | 52 |
| 阿联酋 | 3 | 0.0 | 8 | 76 | −18 |

| 地区 | 日本 总额 2007 | 份额 2007 | 年度百分比变化 2000—2007 | 2006 | 2007 |
|---|---|---|---|---|---|
| 世界 | 6 302 | 100.0 | 4 | 6 | 2 |
| 亚洲 | 5 231 | 83.0 | 5 | 8 | 4 |
| 欧洲 | 746 | 11.8 | 0 | −2 | −2 |
| 北美洲 | 261 | 4.1 | −4 | 7 | −13 |
| 中东 | 30 | 0.5 | −4 | 15 | 0 |
| 中、南美洲 | 14 | 0.2 | −8 | 0 | −36 |
| 非洲 | 12 | 0.2 | 3 | 9 | 0 |
| 独联体 | 8 | 0.1 | −8 | 0 | 0 |
| 供应商 | | | | | |
| 中国 | 3 444 | 54.6 | 8 | 10 | 3 |
| 欧盟（27） | 688 | 10.9 | 0 | −2 | −2 |
| 印度尼西亚 | 368 | 5.8 | 2 | 1 | 5 |
| 中国台北 | 356 | 5.6 | 4 | 8 | 9 |
| 韩国 | 320 | 5.1 | −3 | 0 | −2 |
| 以上 5 个合计 | 5 175 | 82.1 | — | — | — |
| 美国 | 247 | 3.9 | −5 | 8 | −13 |
| 泰国 | 196 | 3.1 | 7 | −10 | 23 |
| 印度尼西亚 | 168 | 2.7 | −1 | 5 | 2 |
| 越南 | 142 | 2.3 | 6 | 9 | 2 |
| 马来西亚 | 80 | 1.3 | −2 | 14 | 24 |
| 巴基斯坦 | 66 | 1.0 | −11 | −6 | −7 |
| 土耳其 | 33 | 0.5 | 7 | 19 | 27 |
| 菲律宾 | 32 | 0.5 | 2 | 11 | −4 |
| 瑞士 | 24 | 0.4 | −1 | −4 | −3 |
| 伊朗 | 20 | 0.3 | −8 | 6 | −19 |
| 孟加拉国 | 13 | 0.2 | 0 | 2 | 1 |
| 中国香港 | 13 | 0.2 | 1 | 14 | −21 |
| 中国澳门 | 13 | 0.2 | 19 | 10 | 17 |
| 澳大利亚 | 12 | 0.2 | 6 | 33 | 36 |
| 巴西 | 9 | 0.1 | −9 | 33 | −44 |
| 加拿大 | 9 | 0.1 | 2 | 2 | −18 |
| 墨西哥 | 6 | 0.1 | −6 | −17 | 20 |
| 阿联酋 | 5 | 0.1 | 62 | 513 | 202 |
| 南非 | 5 | 0.1 | 26 | 33 | 25 |
| 以色列 | 5 | 0.1 | 10 | 93 | 44 |
| 埃及 | 4 | 0.1 | −6 | 4 | −7 |
| 秘鲁 | 4 | 0.1 | −6 | −21 | −12 |
| 乌兹别克斯坦 | 4 | 0.1 | −16 | 75 | −35 |
| 俄罗斯 | 3 | 0.0 | 17 | −50 | 200 |
| 新加坡 | 3 | 0.0 | −1 | 19 | 1 |
| 斯里兰卡 | 2 | 0.0 | −1 | −7 | 8 |
| 新西兰 | 2 | 0.0 | 3 | 48 | −39 |

续 表

| 年份 / 地区 | 中国[b] 总额 2007 | 份额 2007 | 年度百分比变化 2000—2007 | 2006 | 2007 | 年份 / 地区 | 日本 总额 2007 | 份额 2007 | 年度百分比变化 2000—2007 | 2006 | 2007 |
|---|---|---|---|---|---|---|---|---|---|---|---|
| 乌拉圭 | 3 | 0.0 | 44 | 32 | −7 | 坦桑尼亚 | 1 | 0.0 | −2 | −3 | 3 |
| 朝鲜 | 2 | 0.0 | 33 | 8 | 9 | 白俄罗斯 | 1 | 0.0 | 25 | 28 | 33 |
| 埃及 | 2 | 0.0 | −4 | 24 | −29 | 多米尼加 | 1 | 0.0 | — | 99 | 4 |
| 挪威 | 2 | 0.0 | 3 | 11 | −37 | 尼泊尔 | 1 | 0.0 | −2 | −3 | 21 |
| 斯里兰卡 | 2 | 0.0 | −3 | 48 | 26 | 缅甸 | 1 | 0.0 | −1 | −8 | 16 |
| 乌克兰 | 1 | 0.0 | 14 | −10 | −22 | 突尼斯 | 1 | 0.0 | 44 | 5 | −38 |
| 毛里求斯 | 1 | 0.0 | 37 | 512 | −34 | | | | | | |
| 尼泊尔 | 1 | 0.0 | 18 | −8 | −23 | | | | | | |
| 以上 40 个合计 | 16 635 | 99.9 | — | — | — | 以上 38 个合计 | 6 299 | 100.0 | — | — | — |

a 进口以 FOB 计价。
b 2007 年，中国内部进口占纺织品总进口的 20%。

## 表 47：

### 主要纺织品进出口国（2007）

单位：十亿美元和百分比

| 年份 / 地区 | 总额 2007 | 占世界出/进口份额 1980 | 1990 | 2000 | 2007 | 年度百分比变化 2000—2007 | 2005 | 2006 | 2007 |
|---|---|---|---|---|---|---|---|---|---|
| 出口国 | | | | | | | | | |
| 欧盟（27） | 80.62 | — | — | 36.2 | 33.9 | 5 | −4 | 5 | 9 |
| 欧盟（27）对外出口 | 23.72 | — | — | 9.9 | 10.0 | 6 | −3 | 5 | 10 |
| 中国 | 55.97 | 4.6 | 6.9 | 10.3 | 23.5 | 19 | 23 | 19 | 15 |
| 中国香港 | 13.42 | 3.2 | 7.9 | 8.6 | 5.6 | 0 | −3 | 1 | −4 |
| 国内出口 | 0.46 | 1.7 | 2.1 | 0.8 | 0.2 | −12 | −12 | −12 | −13 |
| 转口 | 12.95 | 1.6 | 5.8 | 7.8 | 5.4 | 1 | −3 | 1 | −3 |
| 美国 | 12.39 | 6.8 | 4.8 | 7.0 | 5.2 | 2 | 3 | 2 | −2 |
| 韩国 | 10.37 | 4.0 | 5.8 | 8.1 | 4.4 | −3 | −4 | −3 | 3 |
| 中国台北 | 9.72 | 3.2 | 5.9 | 7.6 | 4.1 | −3 | −3 | 1 | 0 |
| 印度 | 9.45 | 2.4 | 2.1 | 3.6 | 4.0 | 8 | 13 | 7 | 7 |
| 土耳其 | 8.73 | 0.6 | 1.4 | 2.3 | 3.7 | 13 | 10 | 7 | 15 |
| 巴基斯坦 | 7.37 | 1.6 | 2.6 | 2.9 | 3.1 | 7 | 16 | 5 | −1 |
| 日本 | 7.11 | 9.3 | 5.6 | 4.5 | 3.0 | 0 | −3 | 0 | 3 |
| 阿联酋 | 4.02 | 0.1 | 0.0 | 2.0 | 1.7 | 4 | −24 | 29 | 36 |
| 印度尼西亚 | 3.83 | 0.1 | 1.2 | 2.2 | 1.6 | 1 | 13 | 8 | 6 |
| 泰国 | 3.11 | 0.6 | 0.9 | 1.2 | 1.3 | 7 | 8 | 4 | 8 |
| 加拿大 | 2.32 | 0.6 | 0.7 | 1.4 | 1.0 | 1 | 1 | −4 | −2 |
| 墨西哥 | 2.21 | 0.2 | 0.7 | 1.6 | 0.9 | −2 | 3 | 3 | 1 |
| 以上 15 个合计 | 217.67 | — | — | 91.7 | 91.4 | — | — | — | — |
| 进口国 | | | | | | | | | |
| 欧盟（27） | 84.21 | — | — | 34.4 | 33.7 | 6 | −2 | 7 | 10 |
| 欧盟（27）从外进口 | 27.31 | — | — | 9.7 | 10.9 | 8 | 2 | 11 | 14 |
| 美国 | 24.09 | 4.5 | 6.2 | 9.6 | 9.6 | 6 | 9 | 4 | 3 |
| 中国 | 16.64 | 1.9 | 4.9 | 7.7 | 6.7 | 4 | 1 | 6 | 2 |
| 中国香港 | 13.56 | 5.2 | 9.4 | 8.2 | 5.4 | 0 | −2 | 1 | −3 |
| 留用进口 | 0.60 | 3.7 | 3.8 | 0.9 | 0.2 | −12 | 14 | 5 | 1 |

续　表

| 地区＼年份 | 总额 | 占世界出/进口份额 | | | | 年度百分比变化 | | | |
|---|---|---|---|---|---|---|---|---|---|
| | 2007 | 1980 | 1990 | 2000 | 2007 | 2000—2007 | 2005 | 2006 | 2007 |
| 日本 | 6.30 | 3.0 | 3.8 | 3.0 | 2.5 | 4 | 4 | 6 | 2 |
| 土耳其 | 5.98 | 0.1 | 0.5 | 1.3 | 2.4 | 16 | 6 | 6 | 28 |
| 墨西哥 | 5.66 | 0.2 | 0.9 | 3.5 | 2.3 | 0 | 5 | −2 | −5 |
| 越南 | 4.94 | — | — | 0.8 | 2.0 | 20 | 17 | 16 | 24 |
| 加拿大 | 4.46 | 2.3 | 2.2 | 2.5 | 1.8 | 1 | 5 | 2 | 2 |
| 俄罗斯 | 4.41 | — | — | 0.8 | 1.8 | 19 | 25 | 26 | 22 |
| 韩国 | 4.14 | 0.7 | 1.8 | 2.0 | 1.7 | 3 | 5 | 10 | 6 |
| 阿联酋 | 4.10 | 0.8 | 0.9 | 1.2 | 1.6 | 10 | 1 | 10 | 15 |
| 巴西 | 2.28 | 0.1 | 0.2 | 0.6 | 0.9 | 12 | 13 | 38 | 42 |
| 摩洛哥 | 2.28 | 0.2 | 0.3 | 0.8 | 0.9 | 8 | −1 | 7 | 19 |
| 泰国 | 2.16 | 0.3 | 0.8 | 1.0 | 0.9 | 4 | 8 | 4 | 5 |
| 以上 15 个合计 | 172.25 | — | — | 70.0 | 68.9 | — | — | — | — |

**表 48：**

### 主要国家的纺织品出口（1990—2007）

单位：百万美元和百分比

| 地区＼年份 | 总额 | | | | | 占各国总货物出口份额 | |
|---|---|---|---|---|---|---|---|
| | 1990 | 2000 | 2005 | 2006 | 2007 | 2000 | 2007 |
| 世界 | 104 354 | 156 766 | 202 657 | 217 992 | 238 126 | 2.5 | 1.7 |
| 阿根廷 | 158 | 258 | 212 | 219 | 233 | 1.0 | 0.4 |
| 澳大利亚 | 153 | 347 | 329 | 312 | 340 | 0.5 | 0.2 |
| 孟加拉国 | 343 | 393 | 504 | 625 | 718 | 6.2 | 5.8 |
| 白俄罗斯 | — | 410 | 474 | 504 | 567 | 5.6 | 2.3 |
| 巴西 | 769 | 895 | 1330 | 1365 | 1448 | 1.6 | 0.9 |
| 加拿大 | 687 | 2204 | 2464 | 2369 | 2316 | 0.8 | 0.6 |
| 智利 | 33 | 114 | 120 | 112 | 129 | 0.6 | 0.2 |
| 中国 | 7 219 | 16 135 | 41 050 | 48 683 | 55 968 | 6.5 | 4.6 |
| 哥伦比亚 | 133 | 268 | 355 | 383 | 628 | 2.1 | 2.1 |
| 克罗地亚 | — | 87 | 107 | 113 | 132 | 2.0 | 1.1 |
| 埃及 | 554 | 412 | 592 | 634 | 702 | 8.8 | 4.3 |
| 萨尔瓦多 | 38 | 79 | 75 | 80 | 98 | 2.7 | 2.5 |
| 欧盟（27） | — | 56 737 | 70 468 | 73 844 | 80 618 | 2.3 | 1.5 |
| 　欧盟（27）对内出口 | — | 41 170 | 50 044 | 52 308 | 56 894 | 2.5 | 1.6 |
| 　欧盟（27）对外出口 | — | 15 567 | 20 424 | 21 536 | 23 724 | 2.0 | 1.4 |
| 危地马拉 | 34 | 53 | 175 | 183 | 202 | 2.0 | 2.9 |
| 中国香港 | 8 213 | 13 441 | 13 830 | 13 910 | 13 417 | 6.6 | 3.8 |
| 　国内出口 | 2 171 | 1 176 | 604 | 530 | 462 | 5.0 | 2.6 |
| 　转口 | 6 042 | 12 265 | 13 226 | 13 380 | 12 955 | 6.8 | 3.9 |
| 印度 | 2 180 | 5 570 | 8 285 | 8 837 | 9 446 | 13.1 | 6.5 |
| 印度尼西亚 | 1 241 | 3 505 | 3 353 | 3 614 | 3 829 | 5.4 | 3.2 |
| 伊朗 | 510 | 766 | 781 | 766 | 676 | 2.7 | 0.8 |
| 以色列 | 270 | 490 | 709 | 744 | 764 | 1.6 | 1.4 |
| 日本 | 5 871 | 7 023 | 6 905 | 6 934 | 7 108 | 1.5 | 1.0 |
| 韩国 | 6 076 | 12 710 | 10 391 | 10 110 | 10 373 | 7.4 | 2.8 |
| 中国澳门 | 136 | 272 | 275 | 242 | 197 | 10.7 | 7.8 |
| 马来西亚 | 343 | 1 270 | 1 356 | 1 437 | 1 470 | 1.3 | 0.8 |

续 表

| 地区＼年份 | 总额 | | | | | 占各国总货物出口份额 | |
|---|---|---|---|---|---|---|---|
| | 1990 | 2000 | 2005 | 2006 | 2007 | 2000 | 2007 |
| 毛里求斯 | 35 | 81 | 75 | 78 | 88 | 5.2 | 3.9 |
| 墨西哥 | 713 | 2 571 | 2 138 | 2 192 | 2 215 | 1.5 | 0.8 |
| 摩洛哥 | 203 | 123 | 189 | 242 | 338 | 1.7 | 2.3 |
| 尼泊尔 | 82 | 182 | 187 | 157 | 170 | 22.7 | 19.1 |
| 新西兰 | 135 | 142 | 257 | 262 | 304 | 1.1 | 1.1 |
| 挪威 | 163 | 173 | 217 | 233 | 258 | 0.3 | 0.2 |
| 巴基斯坦 | 2 663 | 4 532 | 7 087 | 7 469 | 7 371 | 50.2 | 41.3 |
| 秘鲁 | 221 | 128 | 158 | 199 | 250 | 1.8 | 0.9 |
| 菲律宾 | 132 | 297 | 269 | 239 | 222 | 0.7 | 0.4 |
| 俄罗斯 | — | 430 | 465 | 527 | 544 | 0.4 | 0.2 |
| 沙特阿拉伯 | 31 | 114 | 296 | 315 | 324 | 0.1 | 0.1 |
| 新加坡 | 903 | 907 | 916 | 911 | 969 | 0.7 | 0.3 |
| 国内出口 | 141 | 293 | 234 | 285 | 320 | 0.4 | 0.2 |
| 转口 | 762 | 614 | 682 | 626 | 649 | 1.0 | 0.5 |
| 南非 | 167 | 240 | 312 | 306 | 332 | 0.8 | 0.5 |
| 斯里兰卡 | 25 | 244 | 136 | 154 | 176 | 4.5 | 2.3 |
| 瑞士 | 2 557 | 1 503 | 1 567 | 1 593 | 1 761 | 1.9 | 1.0 |
| 叙利亚 | 555 | 158 | 228 | 820 | — | 3.4 | 7.5 |
| 中国台北 | 6 128 | 11 891 | 9 706 | 9 763 | 9 720 | 8.0 | 4.1 |
| 坦桑尼亚 | — | 11 | 27 | 35 | 56 | 1.7 | 2.8 |
| 泰国 | 928 | 1 958 | 2 764 | 2 873 | 3 114 | 2.8 | 2.0 |
| 突尼斯 | 112 | 154 | 326 | 349 | 495 | 2.6 | 3.3 |
| 土耳其 | 1 440 | 3 672 | 7 076 | 7 585 | 8 731 | 13.2 | 8.1 |
| 乌克兰 | — | 127 | 239 | 244 | 290 | 0.9 | 0.6 |
| 阿联酋 | 6 | 3 137 | 2 279 | 2 950 | 4 015 | 6.3 | 2.3 |
| 美国 | 5 039 | 10 952 | 12 379 | 12 665 | 12 386 | 1.4 | 1.1 |
| 越南 | — | 299 | 725 | 1 058 | 1 352 | 2.1 | 2.8 |

**表 49：**

**主要国家的纺织品进口（1990—2007）**

单位：百万美元和百分比

| 地区＼年份 | 总额 | | | | | 占各国总货物进口份额 | |
|---|---|---|---|---|---|---|---|
| | 1990 | 2000 | 2005 | 2006 | 2007 | 2000 | 2007[a] |
| 阿根廷 | 53 | 653 | 725 | 820 | 1 000 | 2.6 | 2.2 |
| 澳大利亚 | 1 445 | 1 632 | 1 766 | 1 837 | 2 051 | 2.3 | 1.3 |
| 孟加拉国 | 452 | 1 350 | 1 634 | 1 838 | 1 816 | 15.2 | 9.8 |
| 白俄罗斯 | — | 256 | 351 | 427 | 487 | 3.0 | 1.7 |
| 委内瑞拉 | 112 | 286 | 504 | 644 | 1 079 | 2.0 | 2.6 |
| 波黑 | — | — | 196 | 241 | 294 | — | 3.0 |
| 巴西 | 252 | 1 045 | 1 159 | 1 599 | 2 276 | 1.9 | 1.9 |
| 柬埔寨 | — | 432 | 1 003 | 1 202 | 1 350 | 22.3 | 24.5 |
| 加拿大 | 2 325 | 4 126 | 4 312 | 4 377 | 4 459 | 1.7 | 1.2 |
| 智利 | 203 | 431 | 462 | 522 | 563 | 2.3 | 1.2 |

续 表

| 地区＼年份 | 总额 | | | | | 占各国总货物进口份额 | |
|---|---|---|---|---|---|---|---|
| | 1990 | 2000 | 2005 | 2006 | 2007 | 2000 | 2007[a] |
| 中国 | 5 292 | 12 832 | 15 503 | 16 358 | 16 645 | 5.7 | 1.7 |
| 哥伦比亚 | 75 | 558 | 726 | 864 | 988 | 4.8 | 3.0 |
| 哥斯达黎加 | 83 | 184 | 243 | 303 | 318 | 2.9 | 2.5 |
| 克罗地亚 | — | 249 | 448 | 484 | 566 | 3.2 | 2.2 |
| 多米尼加 | — | 1 173 | 914 | 941 | 838 | 12.4 | 6.1 |
| 埃及 | 211 | 526 | 924 | 1047 | 1234 | 3.8 | 4.6 |
| 萨尔瓦多 | 111 | 325 | 696 | 672 | 694 | 6.6 | 8.0 |
| 欧盟（27） | — | 57 422 | 71 642 | 76 314 | 84 208 | 2.2 | 1.5 |
| 欧盟（27）从外进口 | — | 16 222 | 21 531 | 23 924 | 27 314 | 1.8 | 1.4 |
| 马其顿 | — | 27 | 317 | 339 | 425 | 1.3 | 8.1 |
| 危地马拉 | 38 | 59 | 1 169 | 1 144 | 873 | 1.2 | 6.4 |
| 洪都拉斯 | 26 | 501 | 1 169 | 1 191 | 1 362 | 12.6 | 15.9 |
| 中国香港 | 10 182 | 13 716 | 13 793 | 13 975 | 13 559 | 6.4 | 3.7 |
| 留用进口 | 4 140 | 1 451 | 567 | 595 | 604 | 4.2 | 1.6 |
| 印度 | 240 | 578 | 1 989 | 2 000 | 2 128 | 1.1 | 1.0 |
| 印度尼西亚 | 785 | 1 251 | 756 | 730 | 785 | 2.9 | 0.8 |
| 伊朗 | — | 298 | 430 | 412 | 375 | 2.1 | 0.8 |
| 以色列 | 474 | 759 | 755 | 718 | 763 | 2.0 | 1.3 |
| 日本 | 4133 | 4 935 | 5 812 | 6 179 | 6 302 | 1.3 | 1.0 |
| 约旦 | 107 | 172 | 681 | 725 | 670 | 3.7 | 5.0 |
| 肯尼亚 | 17 | 47 | 229 | 249 | 250 | 1.5 | 2.8 |
| 韩国 | 1 947 | 3 359 | 3 541 | 3 909 | 4 140 | 2.1 | 1.2 |
| 科威特 | 168 | 212 | 324 | 343 | 411 | 3.0 | 1.7 |
| 中国澳门 | 619 | 902 | 706 | 618 | 485 | 40.0 | 9.0 |
| 马达加斯加 | 20 | 200 | 264 | 314 | 417 | 18.2 | 16.1 |
| 马来西亚 | 951 | 1 114 | 987 | 1 063 | 1 184 | 1.4 | 0.8 |
| 毛里求斯 | 336 | 411 | 251 | 266 | 290 | 19.6 | 7.4 |
| 墨西哥 | 992 | 5 822 | 6 043 | 5 951 | 5 661 | 3.3 | 2.0 |
| 摩洛哥 | 361 | 1 364 | 1 785 | 1 915 | 2 276 | 11.8 | 7.2 |
| 新西兰 | 396 | 369 | 516 | 506 | 564 | 2.7 | 1.8 |
| 挪威 | 554 | 509 | 710 | 772 | 927 | 1.5 | 1.2 |
| 巴基斯坦 | 126 | 130 | 471 | 551 | 579 | 1.2 | 1.8 |
| 秘鲁 | 17 | 165 | 324 | 358 | 472 | 2.2 | 2.3 |
| 菲律宾 | 910 | 1 250 | 1 101 | 1 244 | 1 189 | 3.4 | 2.1 |
| 俄罗斯 | — | 1 316 | 2 871 | 3 613 | 4 408 | 2.9 | 2.0 |
| 沙特阿拉伯 | 1 312 | 986 | 1 207 | 1 204 | 1 296 | 3.3 | 1.4 |
| 新加坡 | 1 778 | 1 275 | 1 037 | 1 101 | 1 174 | 0.9 | 0.4 |
| 留用进口 | 1 016 | 661 | 356 | 475 | 525 | 0.9 | 0.4 |
| 南非 | 561 | 570 | 872 | 975 | 1015 | 2.1 | 1.3 |
| 斯里兰卡 | 412 | 1 483 | 1 550 | 1 540 | 1 609 | 20.7 | 14.2 |

续 表

| 年份<br>地区 | 总额 | | | | | 占各国总货物进口份额 | |
|---|---|---|---|---|---|---|---|
| | 1990 | 2000 | 2005 | 2006 | 2007 | 2000 | 2007[a] |
| 瑞士 | 1 849 | 1 326 | 1 678 | 1 800 | 2 032 | 1.6 | 1.3 |
| 叙利亚 | 168 | 399 | 379 | 353 | — | 10.5 | 3.1 |
| 中国台北 | 1 013 | 1 460 | 1 117 | 1 141 | 1 167 | 1.0 | 0.5 |
| 泰国 | 898 | 1 630 | 1 986 | 2 059 | 2 160 | 2.6 | 1.4 |
| 突尼斯 | 790 | 1 207 | 1 614 | 1 594 | 1 997 | 14.1 | 10.5 |
| 土耳其 | 567 | 2124 | 4 441 | 4 686 | 5 980 | 3.9 | 3.5 |
| 乌克兰 | — | 450 | 900 | 916 | 984 | 3.2 | 1.6 |
| 阿联酋 | 983 | 2 055 | 3 253 | 3 567 | 4 100 | 5.9 | 3.1 |
| 美国 | 6 730 | 15 985 | 22 538 | 23 498 | 24 089 | 1.3 | 1.2 |
| 越南 | — | 1 379 | 3 435 | 3 988 | 4 940 | 8.8 | 8.1 |

**表 50：**

**服装贸易占总货物贸易和制成品贸易份额（按地区，2007）**

单位：百分比

| | 出口 | 进口 |
|---|---|---|
| 占总货物贸易份额 | | |
| 世界 | 2.5 | 2.5 |
| 北美洲 | 0.6 | 3.5 |
| 中、南美洲 | 2.5 | 1.7 |
| 欧洲 | 2.1 | 2.8 |
| 独联体 | 0.3 | 5.3 |
| 非洲 | 2.7 | 2.1 |
| 中东 | 0.7 | 2.3 |
| 亚洲 | 4.8 | 1.4 |
| 澳大利亚、日本和新西兰 | 0.1 | 3.5 |
| 亚洲其他地区 | 6.2 | 0.7 |
| 占制成品贸易份额 | | |
| 世界 | 3.6 | 3.6 |
| 北美洲 | 0.8 | 4.8 |
| 中、南美洲 | 8.1 | 2.5 |
| 欧洲 | 2.7 | 3.8 |
| 独联体 | 1.4 | 6.9 |
| 非洲 | 14.3 | 3.1 |
| 中东 | 3.3 | 3.1 |
| 亚洲 | 5.8 | 2.1 |
| 澳大利亚、日本和新西兰 | 0.1 | 6.2 |
| 亚洲其他地区 | 7.4 | 1.1 |

注：进口份额来自秘书处按地区和产品统计的世界货物地区分布。

**表 51：**

**主要地区的服装出口（2007）**

单位：十亿美元和百分比

| 地区＼年份 | 总额 | 份额 | | | | 年度百分比变化 | | |
|---|---|---|---|---|---|---|---|---|
| | | 占本地出口 | | 占世界出口 | | | | |
| | 2007 | 2000 | 2007 | 2000 | 2007 | 2000—2007 | 2006 | 2007 |
| 世界 | 345.3 | 100.0 | 100.0 | 100.0 | 100.0 | 8 | 12 | 12 |
| 亚洲 | | | | | | | | |
| 世界 | 181.0 | 100.0 | 100.0 | 46.0 | 52.4 | 10 | 20 | 12 |
| 亚洲 | 60.1 | 39.3 | 33.2 | 18.1 | 17.4 | 8 | 14 | 8 |
| 欧洲 | 51.2 | 23.7 | 28.3 | 10.9 | 14.8 | 13 | 41 | 0 |
| 北美洲 | 39.0 | 29.4 | 21.5 | 13.5 | 11.3 | 6 | 10 | 10 |
| 中东 | 14.1 | 1.9 | 7.8 | 0.9 | 4.1 | 35 | −1 | 95 |
| 非洲 | 7.0 | 2.8 | 3.9 | 1.3 | 2.0 | 16 | 4 | 61 |
| 中、南美洲 | 4.8 | 1.2 | 2.7 | 0.5 | 1.4 | 24 | 40 | 46 |
| 独联体 | 4.7 | 1.7 | 2.6 | 0.8 | 1.4 | 17 | 28 | 42 |
| 中国 | | | | | | | | |
| 世界 | 115.2 | 100.0 | 100.0 | 18.2 | 33.4 | 18 | 29 | 21 |
| 亚洲 | 32.0 | 51.8 | 27.8 | 9.4 | 9.3 | 8 | 14 | 13 |
| 北美洲 | 28.4 | 16.8 | 24.7 | 3.1 | 8.2 | 25 | 64 | −2 |
| 欧洲 | 27.4 | 20.7 | 23.8 | 3.8 | 7.9 | 20 | 25 | 20 |
| 非洲 | 13.7 | 3.4 | 11.9 | 0.6 | 4.0 | 41 | −2 | 99 |
| 中东 | 5.3 | 2.6 | 4.6 | 0.5 | 1.5 | 28 | 10 | 87 |
| 中、南美洲 | 4.2 | 1.6 | 3.6 | 0.3 | 1.2 | 33 | 50 | 54 |
| 独联体 | 4.2 | 3.1 | 3.6 | 0.6 | 1.2 | 21 | 31 | 48 |
| 亚洲其他经济体 | | | | | | | | |
| 世界 | 65.8 | 100.0 | 100.0 | 27.8 | 19.1 | 3 | 9 | 0 |
| 亚洲 | 32.7 | 51.5 | 49.7 | 14.3 | 9.5 | 2 | 7 | 0 |
| 欧洲 | 22.8 | 28.3 | 34.6 | 7.8 | 6.6 | 6 | 19 | 1 |
| 北美洲 | 7.0 | 14.7 | 10.6 | 4.1 | 2.0 | −2 | −5 | −4 |
| 中东 | 1.7 | 2.8 | 2.6 | 0.8 | 0.5 | 1 | −5 | 11 |
| 非洲 | 0.7 | 0.9 | 1.0 | 0.2 | 0.2 | 4 | 5 | 12 |
| 中、南美洲 | 0.6 | 0.8 | 0.9 | 0.2 | 0.2 | 4 | 13 | 11 |
| 独联体 | 0.4 | 0.9 | 0.6 | 0.2 | 0.1 | −3 | 27 | 13 |
| 欧洲 | | | | | | | | |
| 世界 | 122.4 | 100.0 | 100.0 | 32.6 | 35.4 | 10 | 7 | 14 |
| 欧洲 | 100.8 | 82.7 | 82.4 | 26.9 | 29.2 | 10 | 6 | 13 |
| 亚洲 | 6.0 | 1.8 | 4.9 | 0.6 | 1.8 | 26 | 32 | 36 |
| 北美洲 | 5.0 | 7.1 | 4.1 | 2.3 | 1.4 | 1 | −3 | 4 |
| 非洲 | 4.9 | 4.4 | 4.0 | 1.4 | 1.4 | 8 | 6 | 14 |
| 独联体 | 2.3 | 1.7 | 1.9 | 0.5 | 0.7 | 11 | 15 | 25 |
| 中东 | 1.4 | 1.7 | 1.2 | 0.6 | 0.4 | 4 | 4 | 6 |
| 中、南美洲 | 0.4 | 0.5 | 0.3 | 0.2 | 0.1 | 2 | 11 | 29 |
| 北美洲 | | | | | | | | |
| 世界 | 12.5 | 100.0 | 100.0 | 5.9 | 3.6 | 1 | −4 | 0 |
| 北美洲 | 10.4 | 92.9 | 83.4 | 5.5 | 3.0 | −1 | −6 | −7 |
| 中、南美洲 | 1.7 | 5.2 | 13.5 | 0.3 | 0.5 | 16 | 22 | 89 |
| 亚洲 | 0.3 | 1.6 | 2.2 | 0.1 | 0.1 | 6 | 0 | −2 |
| 欧洲 | 0.0 | 0.1 | 0.4 | 0.0 | 0.0 | 21 | 17 | 37 |
| 中东 | 0.0 | 0.0 | 0.1 | 0.0 | 0.0 | 41 | 0 | 38 |
| 非洲 | 0.0 | 0.1 | 0.1 | 0.0 | 0.0 | 4 | −58 | 0 |
| 独联体 | 0.0 | 0.0 | 0.0 | 0.0 | 0.0 | 22 | 33 | 0 |

**表 52：**

**主要国家的服装进口（按地区和供应商，2007）**

单位：百万美元和百分比

| 地区＼年份 | 加拿大 | | | | | 地区＼年份 | 美国 | | | | |
|---|---|---|---|---|---|---|---|---|---|---|---|
| | 总额 | 份额 | 年度百分比变化 | | | | 总额 | 份额 | 年度百分比变化 | | |
| | 2007 | 2007 | 2000—2007 | 2006 | 2007 | | 2007 | 2007 | 2000—2007 | 2006 | 2007 |
| 世界 | 7 788 | 100.0 | 11 | 16 | 12 | 世界 | 84 847 | 100.0 | 3 | 4 | 2 |
| 亚洲 | 6 123 | 78.6 | 13 | 20 | 14 | 亚洲 | 61 220 | 72.2 | 7 | 9 | 7 |
| 北美洲 | 772 | 9.9 | 1 | 3 | −1 | 中、南美洲 | 10 120 | 11.9 | −1 | −6 | −7 |
| 欧洲 | 591 | 7.6 | 10 | 9 | 15 | 北美洲 | 5 859 | 6.9 | −8 | −12 | −15 |
| 中、南美洲 | 193 | 2.5 | 10 | 6 | −4 | 欧洲 | 3 691 | 4.4 | −2 | −8 | 0 |
| 非洲 | 74 | 1.0 | 13 | 14 | 10 | 非洲 | 2 263 | 2.7 | 8 | 3 | 3 |
| 中东 | 25 | 0.3 | 1 | −4 | 0 | 中东 | 1 618 | 1.9 | 1 | −1 | −15 |
| 独联体 | 11 | 0.1 | −9 | −27 | 0 | 独联体 | 76 | 0.1 | −23 | −32 | −61 |
| 供应商 | | | | | | 供应商 | | | | | |
| 中国 | 4 163 | 53.5 | 24 | 25 | 19 | 中国 | 28 530 | 33.6 | 18 | 15 | 17 |
| 美国 | 471 | 6.0 | −2 | 3 | 2 | 墨西哥 | 4 743 | 5.6 | −8 | −13 | −15 |
| 欧盟（27） | 453 | 5.8 | 8 | 9 | 15 | 越南 | 4 619 | 5.4 | 89 | 18 | 35 |
| 孟加拉国 | 452 | 5.8 | 23 | 19 | 4 | 印度尼西亚 | 4 306 | 5.1 | 9 | 27 | 8 |
| 印度 | 350 | 4.5 | 5 | 7 | −4 | 印度 | 3 505 | 4.1 | 7 | 5 | −2 |
| 以上 5 个合计 | 5 889 | 75.6 | — | — | — | 以上 5 个合计 | 45 703 | 53.9 | — | — | — |
| 墨西哥 | 296 | 3.8 | 11 | 8 | −4 | 孟加拉国 | 3 286 | 3.9 | 5 | 23 | 5 |
| 柬埔寨 | 186 | 2.4 | 50 | 21 | 45 | 欧盟（27） | 2 927 | 3.5 | −1 | −4 | 6 |
| 越南 | 169 | 2.2 | 32 | 34 | 27 | 洪都拉斯 | 2 649 | 3.1 | 1 | −6 | 3 |
| 印度尼西亚 | 155 | 2.0 | 8 | 19 | 15 | 柬埔寨 | 2 559 | 3.0 | 17 | 25 | 13 |
| 土耳其 | 111 | 1.4 | 16 | 9 | 10 | 泰国 | 2 311 | 2.7 | 0 | 2 | −4 |
| 泰国 | 107 | 1.4 | 1 | 2 | −7 | 中国香港 | 2 162 | 2.5 | −11 | −21 | −27 |
| 巴基斯坦 | 82 | 1.1 | 5 | 17 | 1 | 菲律宾 | 1 821 | 2.1 | −2 | 9 | −14 |
| 马来西亚 | 78 | 1.0 | 0 | 9 | 7 | 斯里兰卡 | 1 711 | 2.0 | 1 | 2 | −7 |
| 菲律宾 | 76 | 1.0 | 3 | 6 | −6 | 巴基斯坦 | 1 696 | 2.0 | 6 | 13 | 4 |
| 中国香港 | 56 | 0.7 | −23 | −27 | −16 | 萨尔瓦多 | 1 523 | 1.8 | −1 | −13 | 5 |
| 斯里兰卡 | 56 | 0.7 | 2 | 8 | 0 | 危地马拉 | 1 517 | 1.8 | 0 | −7 | −13 |
| 洪都拉斯 | 54 | 0.7 | 12 | 12 | −7 | 马来西亚 | 1 422 | 1.7 | 0 | 8 | 2 |
| 韩国 | 49 | 0.6 | −19 | −1 | −19 | 约旦 | 1 194 | 1.4 | 59 | 16 | −9 |
| 中国台北 | 43 | 0.6 | −13 | −19 | 0 | 加拿大 | 1 116 | 1.3 | −8 | −10 | −17 |
| 萨尔瓦多 | 28 | 0.4 | 14 | 27 | 3 | 多米尼加 | 1 083 | 1.3 | −11 | −16 | −32 |
| 中国澳门 | 25 | 0.3 | −6 | −2 | −8 | 中国澳门 | 1 073 | 1.3 | −2 | −4 | −12 |
| 秘鲁 | 23 | 0.3 | 21 | 27 | −1 | 尼加拉瓜 | 994 | 1.2 | 16 | 23 | 10 |
| 摩洛哥 | 17 | 0.2 | 42 | 57 | 27 | 中国台北 | 965 | 1.1 | −12 | −11 | −15 |
| 突尼斯 | 16 | 0.2 | 35 | 31 | 16 | 秘鲁 | 851 | 1.0 | 11 | 5 | −3 |
| 危地马拉 | 16 | 0.2 | 13 | −30 | −6 | 埃及 | 738 | 0.9 | 8 | 41 | 11 |
| 多米尼加 | 16 | 0.2 | −5 | −8 | −24 | 韩国 | 725 | 0.9 | −17 | −20 | −31 |
| 海地 | 15 | 0.2 | 25 | 5 | 31 | 土耳其 | 624 | 0.7 | −8 | −22 | −22 |
| 约旦 | 12 | 0.2 | 69 | 74 | 32 | 海地 | 462 | 0.5 | 8 | 10 | 1 |
| 埃及 | 12 | 0.2 | 4 | −3 | 9 | 哥斯达黎加 | 433 | 0.5 | −9 | −3 | −9 |
| 瑞士 | 11 | 0.1 | 12 | 25 | 37 | 莱索托 | 402 | 0.5 | 16 | 0 | −1 |
| 尼加拉瓜 | 11 | 0.1 | 13 | 87 | 23 | 哥伦比亚 | 398 | 0.5 | −1 | −12 | −24 |
| 马达加斯加 | 10 | 0.1 | 40 | 24 | 12 | 马达加斯加 | 308 | 0.4 | 15 | −14 | 21 |

续 表

| 地区＼年份 | 加拿大 | | | | | 地区＼年份 | 美国 | | | | |
|---|---|---|---|---|---|---|---|---|---|---|---|
| | 总额 | 份额 | 年度百分比变化 | | | | 总额 | 份额 | 年度百分比变化 | | |
| | 2007 | 2007 | 2000—2007 | 2006 | 2007 | | 2007 | 2007 | 2000—2007 | 2006 | 2007 |
| 新加坡 | 8 | 0.1 | −6 | 3 | 36 | 肯尼亚 | 261 | 0.3 | 28 | −3 | −6 |
| 日本 | 8 | 0.1 | 0 | 17 | 14 | 以色列 | 198 | 0.2 | −12 | −17 | −21 |
| 以色列 | 7 | 0.1 | −4 | −20 | 5 | 新加坡 | 157 | 0.2 | −12 | −7 | 3 |
| 莱索托 | 7 | 0.1 | 8 | −20 | −22 | 斯威士兰 | 142 | 0.2 | 23 | −16 | 0 |
| 哥伦比亚 | 7 | 0.1 | 8 | −20 | −32 | 阿联酋 | 130 | 0.2 | −14 | −18 | −34 |
| 乌克兰 | 7 | 0.1 | 16 | −19 | 40 | 毛里求斯 | 121 | 0.1 | −10 | −29 | −3 |
| 尼泊尔 | 6 | 0.1 | 5 | 2 | 10 | 日本 | 112 | 0.1 | 0 | −12 | 1 |
| 哥斯达黎加 | 6 | 0.1 | −1 | −20 | 65 | 文莱 | 111 | 0.1 | −7 | −28 | −11 |
| 以上40个合计 | 7 676 | 98.6 | — | — | — | 以上40个合计 | 83 885 | 98.9 | — | — | — |

**表52（续）：**

**主要国家的服装进口（按地区和供应商，2006）**

单位：百万美元和百分比

| 地区＼年份 | 欧盟（27） | | | | | 地区＼年份 | 日本 | | | | |
|---|---|---|---|---|---|---|---|---|---|---|---|
| | 总额 | 份额 | 年度百分比变化 | | | | 总额 | 份额 | 年度百分比变化 | | |
| | 2007 | 2007 | 2000—2007 | 2006 | 2007 | | 2007 | 2007 | 2000—2007 | 2006 | 2007 |
| 世界 | 162 806 | 100.0 | 10 | 10 | 13 | 世界 | 23 999 | 100.0 | 3 | 6 | 1 |
| 欧洲 | 93 939 | 57.7 | 10 | 6 | 13 | 亚洲 | 21 885 | 91.2 | 3 | 7 | 1 |
| 亚洲 | 57 657 | 35.4 | 12 | 18 | 12 | 欧洲 | 1 740 | 7.3 | 2 | 0 | 0 |
| 非洲 | 8 665 | 5.3 | 6 | 5 | 14 | 北美洲 | 237 | 1.0 | −11 | −10 | −22 |
| 独联体 | 980 | 0.6 | 5 | 2 | 0 | 非洲 | 78 | 0.3 | 24 | 44 | 26 |
| 北美洲 | 759 | 0.5 | 4 | 11 | 6 | 中、南美洲 | 44 | 0.2 | 2 | 11 | 10 |
| 中、南美洲 | 399 | 0.2 | 4 | 10 | 2 | 独联体 | 8 | 0.0 | 15 | 0 | 60 |
| 中东 | 394 | 0.2 | −6 | 0 | −9 | 中东 | 7 | 0.0 | 0 | 0 | −13 |
| 供应商 | | | | | | 供应商 | | | | | |
| 欧盟（27） | 78 603 | 48.3 | 9 | 6 | 12 | 中国 | 19 795 | 82.5 | 4 | 7 | 1 |
| 中国 | 32 285 | 19.8 | 21 | 12 | 24 | 欧盟（27） | 1 652 | 6.9 | 1 | 0 | 0 |
| 土耳其 | 12 388 | 7.6 | 13 | 3 | 17 | 越南 | 717 | 3.0 | 3 | 5 | 11 |
| 孟加拉国 | 6 004 | 3.7 | 14 | 32 | 3 | 泰国 | 271 | 1.1 | −1 | 5 | −8 |
| 印度 | 5 719 | 3.5 | 14 | 17 | 10 | 韩国 | 258 | 1.1 | −17 | −20 | −26 |
| 以上5个合计 | 134 999 | 82.9 | — | — | — | 以上5个合计 | 22 692 | 94.6 | — | — | — |
| 突尼斯 | 3 556 | 2.2 | 6 | 1 | 14 | 美国 | 198 | 0.8 | −12 | −12 | −24 |
| 摩洛哥 | 3 477 | 2.1 | 7 | 5 | 16 | 马来西亚 | 170 | 0.7 | 2 | 6 | 6 |
| 中国香港 | 2 340 | 1.4 | −3 | 46 | −27 | 印度 | 157 | 0.7 | 2 | 23 | −10 |
| 印度尼西亚 | 1 689 | 1.0 | 0 | 18 | −8 | 印度尼西亚 | 134 | 0.6 | −7 | 17 | −8 |
| 越南 | 1 605 | 1.0 | 12 | 51 | 19 | 缅甸 | 95 | 0.4 | 54 | 36 | 33 |
| 巴基斯坦 | 1 547 | 1.0 | 9 | 13 | 11 | 菲律宾 | 78 | 0.3 | −5 | −29 | 11 |
| 斯里兰卡 | 1 492 | 0.9 | 9 | 22 | 16 | 中国台北 | 61 | 0.3 | −8 | −9 | 3 |
| 泰国 | 1 324 | 0.8 | 4 | 13 | −1 | 土耳其 | 53 | 0.2 | 23 | 22 | −3 |
| 瑞士 | 937 | 0.6 | 12 | 6 | 25 | 中国香港 | 46 | 0.2 | −11 | 14 | −29 |
| 马来西亚 | 902 | 0.6 | 4 | 19 | 7 | 突尼斯 | 37 | 0.2 | 26 | 32 | 21 |
| 柬埔寨 | 715 | 0.4 | 15 | 17 | 3 | 孟加拉国 | 30 | 0.1 | 8 | 6 | 23 |
| 毛里求斯 | 656 | 0.4 | 1 | 11 | 7 | 摩洛哥 | 28 | 0.1 | 35 | 43 | 46 |
| 马其顿 | 629 | 0.4 | 15 | 24 | 43 | 墨西哥 | 25 | 0.1 | −1 | 13 | −7 |

续 表

| 年份<br>地区 | 欧盟（27）总额 | 份额 | 年度百分比变化 | | |
|---|---|---|---|---|---|
| | 2007 | 2007 | 2000—2007 | 2006 | 2007 |
| 埃及 | 570 | 0.4 | 12 | 16 | 19 |
| 美国 | 557 | 0.3 | 3 | 10 | 5 |
| 克罗地亚 | 536 | 0.3 | 3 | −5 | 8 |
| 乌克兰 | 528 | 0.3 | 6 | −3 | −3 |
| 韩国 | 392 | 0.2 | −11 | 14 | −22 |
| 中国澳门 | 383 | 0.2 | −6 | 19 | −20 |
| 塞尔维亚 | 376 | 0.2 | — | 112 | 35 |
| 马达加斯加 | 338 | 0.2 | 5 | 29 | 16 |
| 中国台北 | 315 | 0.2 | −7 | 5 | −3 |
| 菲律宾 | 275 | 0.2 | −3 | 13 | −13 |
| 阿尔巴尼亚 | 224 | 0.1 | 14 | 16 | 41 |
| 缅甸 | 219 | 0.1 | −3 | 10 | −17 |
| 摩尔多瓦 | 202 | 0.1 | 17 | 42 | 21 |
| 波黑 | 179 | 0.1 | 10 | 9 | 15 |
| 日本 | 159 | 0.1 | 1 | 3 | 20 |
| 老挝 | 148 | 0.1 | 4 | 5 | −5 |
| 阿联酋 | 140 | 0.1 | −7 | 11 | −20 |
| 秘鲁 | 126 | 0.1 | 11 | 7 | 22 |
| 白俄罗斯 | 117 | 0.1 | −1 | −7 | −7 |
| 加拿大 | 108 | 0.1 | 5 | −3 | 6 |
| 以色列 | 108 | 0.1 | −11 | −5 | −12 |
| 叙利亚 | 104 | 0.1 | 1 | −8 | 6 |
| 以上 40 个合计 | 161 970 | 99.5 | — | — | — |

| 年份<br>地区 | 日本 总额 | 份额 | 年度百分比变化 | | |
|---|---|---|---|---|---|
| | 2007 | 2007 | 2000—2007 | 2006 | 2007 |
| 斯里兰卡 | 22 | 0.1 | 4 | 16 | −8 |
| 瑞士 | 20 | 0.1 | 3 | 0 | −5 |
| 柬埔寨 | 15 | 0.1 | 36 | 63 | 7 |
| 加拿大 | 13 | 0.1 | −10 | −11 | −16 |
| 秘鲁 | 13 | 0.1 | 13 | 41 | 14 |
| 中国澳门 | 13 | 0.1 | −1 | −10 | −11 |
| 克罗地亚 | 9 | 0.0 | 28 | 19 | 5 |
| 巴基斯坦 | 9 | 0.0 | −7 | −9 | 16 |
| 巴西 | 8 | 0.0 | 10 | 25 | 60 |
| 马达加斯加 | 6 | 0.0 | 26 | 112 | 1 |
| 洪都拉斯 | 6 | 0.0 | −3 | −27 | −4 |
| 乌克兰 | 4 | 0.0 | 13 | 29 | 45 |
| 萨尔瓦多 | 4 | 0.0 | −6 | 27 | −19 |
| 以色列 | 4 | 0.0 | 6 | −2 | −15 |
| 毛里求斯 | 4 | 0.0 | −1 | 25 | 30 |
| 尼泊尔 | 3 | 0.0 | −25 | 20 | −19 |
| 澳大利亚 | 3 | 0.0 | −2 | −2 | −16 |
| 哥伦比亚 | 3 | 0.0 | 0 | 7 | −12 |
| 新西兰 | 2 | 0.0 | 6 | −5 | 4 |
| 塞尔维亚 | 2 | 0.0 | — | — | 38 |
| 老挝 | 2 | 0.0 | 25 | 41 | 12 |
| 摩尔多瓦 | 2 | 0.0 | — | 85 | 23 |
| 以上 40 个合计 | 23 972 | 99.9 | — | — | — |

a 进口以 FOB 计价。

**表 53：**

### 主要服装进出口国（2007）

单位：十亿美元和百分比

| 年份<br>地区 | 总额 | 占世界出/进口份额 | | | | 年度百分比变化 | | | |
|---|---|---|---|---|---|---|---|---|---|
| | 2007 | 1980 | 1990 | 2000 | 2007 | 2000—2007 | 2005 | 2006 | 2007 |
| 出口国 | | | | | | | | | |
| 中国 | 115.2 | 4.0 | 8.9 | 18.2 | 33.4 | 18 | 20 | 29 | 21 |
| 欧盟（27） | 103.4 | — | — | 28.4 | 29.9 | 9 | 3 | 7 | 13 |
| 欧盟(27)对外出口 | 24.8 | — | — | 6.5 | 7.2 | 10 | 5 | 10 | 19 |
| 中国香港 | 28.8 | 12.3 | 14.2 | 12.2 | 8.3 | 2 | 9 | 4 | 1 |
| 国内出口 | 5.0 | 11.5 | 8.6 | 5.0 | 1.4 | −9 | −11 | −7 | −26 |
| 转口 | 23.8 | 0.8 | 5.7 | 7.2 | 6.9 | 8 | 18 | 8 | 10 |
| 土耳其 | 14.0 | 0.3 | 3.1 | 3.3 | 4.1 | 12 | 6 | 2 | 16 |
| 孟加拉国 | 10.1 | 0.0 | 0.6 | 2.6 | 2.9 | 10 | 19 | 28 | 4 |
| 印度 | 9.7 | 1.7 | 2.3 | 3.0 | 2.8 | 7 | 26 | 10 | 2 |
| 越南 | 7.2 | — | — | 0.9 | 2.1 | 22 | 10 | 19 | 29 |
| 印度尼西亚 | 5.9 | 0.2 | 1.5 | 2.4 | 1.7 | 3 | 16 | 16 | 2 |
| 墨西哥 | 5.1 | 0.0 | 0.5 | 4.4 | 1.5 | −7 | −2 | −13 | −19 |
| 美国 | 4.3 | 3.1 | 2.4 | 4.4 | 1.2 | −9 | −1 | −2 | −12 |

续　表

| 地区＼年份 | 总额 | 占世界出/进口份额 | | | | 年度百分比变化 | | | |
|---|---|---|---|---|---|---|---|---|---|
| | 2007 | 1980 | 1990 | 2000 | 2007 | 2000—2007 | 2005 | 2006 | 2007 |
| 泰国 | 4.1 | 0.7 | 2.6 | 1.9 | 1.2 | 1 | 3 | 4 | −4 |
| 巴基斯坦 | 3.8 | 0.3 | 0.9 | 1.1 | 1.1 | 9 | 19 | 8 | −3 |
| 摩洛哥 | 3.6 | 0.3 | 0.7 | 1.2 | 1.0 | 6 | −6 | 14 | 11 |
| 突尼斯 | 3.6 | 0.8 | 1.0 | 1.1 | 1.0 | 7 | −5 | −3 | 18 |
| 斯里兰卡 | 3.3 | 0.3 | 0.6 | 1.4 | 1.0 | 2 | 4 | 6 | 8 |
| 以上15个合计 | 298.1 | — | — | 79.2 | 86.3 | — | — | — | — |
| 进口国 | | | | | | | | | |
| 欧盟（27） | 162.8 | — | — | 39.7 | 45.5 | 10 | 5 | 10 | 13 |
| 欧盟(27)从外进口 | 84.2 | — | — | 19.2 | 23.5 | 11 | 9 | 13 | 13 |
| 美国 | 84.9 | 16.4 | 24.0 | 32.1 | 23.7 | 3 | 6 | 4 | 2 |
| 日本 | 24.0 | 3.6 | 7.8 | 9.4 | 6.7 | 3 | 4 | 6 | 1 |
| 中国香港 | 19.1 | 1.6 | 6.2 | 7.6 | 5.4 | 3 | 8 | 2 | 2 |
| 留用进口 | — | — | — | — | — | — | — | — | — |
| 俄罗斯 | 14.5 | — | — | 1.3 | 4.1 | 27 | 23 | 2 | 79 |
| 加拿大 | 7.6 | 1.7 | 2.1 | 1.8 | 2.1 | 11 | 14 | 14 | 12 |
| 瑞士 | 5.2 | 3.4 | 3.1 | 1.5 | 1.4 | 7 | 2 | 5 | 11 |
| 阿联酋 | 5.0 | 0.6 | 0.5 | 0.4 | 1.4 | 29 | 7 | 72 | 64 |
| 韩国 | 4.3 | 0.0 | 0.1 | 0.6 | 1.2 | 19 | 6 | 29 | 15 |
| 澳大利亚 | 3.7 | 0.8 | 0.6 | 0.9 | 1.0 | 10 | 17 | 5 | 13 |
| 墨西哥 | 2.5 | 0.3 | 0.5 | 1.7 | 0.7 | −5 | −2 | 0 | −2 |
| 新加坡 | 2.4 | 0.3 | 0.8 | 0.9 | 0.7 | 4 | −5 | 17 | −3 |
| 留用进口 | 0.9 | 0.2 | 0.3 | 0.3 | 0.2 | 7 | 7 | 12 | 16 |
| 挪威 | 2.3 | 1.7 | 1.1 | 0.6 | 0.6 | 9 | 11 | 7 | 16 |
| 中国 | 2.0 | 0.1 | 0.0 | 0.6 | 0.6 | 7 | 6 | 6 | 15 |
| 沙特阿拉伯 | 1.9 | 1.6 | 0.7 | 0.4 | 0.5 | 13 | 25 | 13 | 18 |
| 以上15个合计 | 323.1 | — | — | 91.8 | 90.3 | — | — | — | — |

**表54：**

### 主要国家的服装出口（1990—2007）

单位：百万美元和百分比

| 地区＼年份 | 总额 | | | | | 占各国总货物出口份额 | |
|---|---|---|---|---|---|---|---|
| | 1990 | 2000 | 2005 | 2006 | 2007 | 2000 | 2007 |
| 世界 | 108 129 | 198 158 | 276 822 | 309 593 | 345 301 | 3.2 | 2.5 |
| 阿尔巴尼亚 | — | 97 | 198 | 225 | 328 | 37.6 | 30.6 |
| 孟加拉国 | 643 | 5 067 | 7 510 | 9 634 | 10 060 | 79.3 | 80.8 |
| 白俄罗斯 | — | 262 | 330 | 350 | 400 | 3.6 | 1.6 |
| 波黑 | — | — | 82 | 152 | 177 | — | 4.2 |
| 博茨瓦纳 | — | 30 | 203 | 141 | 340 | 1.1 | 6.6 |
| 柬埔寨 | — | 970 | 2 231 | 2 513 | 2 893 | 69.8 | 70.6 |
| 加拿大 | 328 | 2 077 | 1 861 | 1 798 | 1 585 | 0.8 | 0.4 |
| 中国 | 9 669 | 36 071 | 74 163 | 95 388 | 115 238 | 14.5 | 9.5 |
| 哥伦比亚 | 460 | 520 | 904 | 962 | 1 351 | 4.0 | 4.5 |
| 哥斯达黎加 | 54 | 660 | 473 | 455 | 379 | 11.2 | 4.1 |
| 克罗地亚 | — | 469 | 570 | 538 | 585 | 10.6 | 4.7 |
| 多米尼加 | 782 | 2 555 | 1 905 | 1 734 | 1 367 | 44.5 | 18.9 |
| 埃及 | 144 | 710 | 883 | 1 134 | 1 317 | 15.1 | 8.1 |

续 表

| 地区 \ 年份 | 总额 | | | | | 占各国总货物出口份额 | |
|---|---|---|---|---|---|---|---|
| | 1990 | 2000 | 2005 | 2006 | 2007 | 2000 | 2007 |
| 萨尔瓦多 | 184 | 1 673 | 1 856 | 1 814 | 1 830 | 56.9 | 46.0 |
| 欧盟（27） | — | 56 240 | 85 471 | 91 433 | 103 368 | 2.3 | 1.9 |
| 欧盟(27) 向内出口 | — | 43 286 | 66 438 | 70 535 | 78 603 | 2.6 | 2.2 |
| 欧盟(27)对外出口 | — | 12 954 | 19 033 | 20 898 | 24 765 | 1.7 | 1.5 |
| 马其顿 | — | 318 | 498 | 509 | 635 | 24.0 | 18.9 |
| 危地马拉 | 24 | 49 | 1 506 | 1 557 | 1 390 | 1.8 | 20.1 |
| 海地 | 63 | 245 | 393 | 432 | 459 | 76.9 | 88.0 |
| 洪都拉斯 | 64 | 2 275 | 2 790 | 2 613 | 2 693 | 68.0 | 48.1 |
| 中国香港 | 15 406 | 24 214 | 27 292 | 28 391 | 28 765 | 11.9 | 8.2 |
| 国内出口 | 9 266 | 9 935 | 7 231 | 6 724 | 4 985 | 42.2 | 27.5 |
| 转口 | 6 140 | 14 279 | 20 061 | 21 666 | 23 780 | 8.0 | 7.2 |
| 印度 | 2 530 | 5 960 | 8 595 | 9 465 | 9 655 | 14.1 | 6.6 |
| 印度尼西亚 | 1 646 | 4 734 | 4 959 | 5 760 | 5 870 | 7.2 | 5.0 |
| 日本 | 568 | 534 | 495 | 485 | 523 | 0.1 | 0.1 |
| 约旦 | 11 | 115 | 1 061 | 1 257 | 1 218 | 6.1 | 21.4 |
| 肯尼亚 | 9 | 9 | 180 | 230 | 241 | 0.5 | 5.9 |
| 韩国 | 7 879 | 5 027 | 2 581 | 2 183 | 1 914 | 2.9 | 0.5 |
| 莱索托 | — | 161 | 447 | 478 | 557 | 73.1 | 69.2 |
| 中国澳门 | 1 111 | 1 849 | 1 656 | 1 610 | 1 491 | 72.8 | 58.6 |
| 马达加斯加 | 11 | 309 | 345 | 318 | 497 | 37.4 | 41.7 |
| 马来西亚 | 1 315 | 2 257 | 2 479 | 2 842 | 3 159 | 2.3 | 1.8 |
| 毛里求斯 | 607 | 948 | 745 | 772 | 887 | 60.9 | 39.8 |
| 墨西哥 | 587 | 8 631 | 7 306 | 6 323 | 5 150 | 5.2 | 1.9 |
| 摩尔多瓦 | — | 76 | 171 | 200 | 238 | 16.0 | 17.8 |
| 摩洛哥 | 722 | 2 401 | 2 847 | 3 238 | 3 596 | 32.3 | 24.5 |
| 缅甸 | 12 | 800 | 331 | 386 | — | 48.6 | 9.1 |
| 巴基斯坦 | 1 014 | 2 144 | 3 604 | 3 907 | 3 806 | 23.8 | 21.3 |
| 秘鲁 | 120 | 504 | 1 057 | 1 204 | 1 406 | 7.2 | 5.0 |
| 菲律宾 | 1 733 | 2 536 | 2 287 | 2 624 | 2 283 | 6.4 | 4.5 |
| 塞尔维亚 | — | — | — | 319 | 445 | — | 5.0 |
| 塞尔维亚和黑山 | — | 130 | 246 | — | — | 7.6 | 4.9 |
| 新加坡 | 1 588 | 1 825 | 1 696 | 1 985 | 1 779 | 1.3 | 0.6 |
| 国内出口 | 995 | 504 | 234 | 238 | 223 | 0.6 | 0.1 |
| 转口 | 593 | 1 321 | 1 462 | 1 747 | 1 556 | 2.2 | 1.1 |
| 斯里兰卡 | 638 | 2 812 | 2 874 | 3 046 | 3 283 | 51.8 | 42.4 |
| 斯威士兰 | — | 124 | 256 | — | — | 13.6 | 12.0 |
| 瑞士 | 686 | 607 | 1 526 | 1 620 | 1 771 | 0.8 | 1.0 |
| 叙利亚 | 330 | 129 | 139 | 864 | — | 2.8 | 7.9 |
| 中国台北 | 3 987 | 3 015 | 1 561 | 1 393 | 1 254 | 2.0 | 0.5 |
| 泰国 | 2 817 | 3 759 | 4 085 | 4 247 | 4 073 | 5.4 | 2.7 |
| 突尼斯 | 1 126 | 2 227 | 3 124 | 3 018 | 3 571 | 38.1 | 23.8 |
| 土耳其 | 3 331 | 6 533 | 11 833 | 12 052 | 14 001 | 23.5 | 13.1 |
| 乌克兰 | — | 417 | 689 | 682 | 718 | 2.9 | 1.5 |
| 阿联酋 | 146 | 971 | 1 517 | 1 760 | 2 170 | 1.9 | 1.3 |
| 美国 | 2 565 | 8 629 | 4 998 | 4 876 | 4 297 | 1.1 | 0.4 |
| 越南 | — | 1 821 | 4 681 | 5 579 | 7 186 | 12.6 | 14.9 |

**表 55：**

**主要国家服装进口（1990—2007）**

单位：百万美元和百分比

| 地区 \ 年份 | 总额 1990 | 总额 2000 | 总额 2005 | 总额 2006 | 总额 2007 | 占各国总货物进口份额 2000 | 占各国总货物进口份额 2007 |
|---|---|---|---|---|---|---|---|
| 阿尔巴尼亚 | — | 68 | 147 | 173 | 221 | 6.3 | 5.3 |
| 阿根廷 | 6 | 333 | 156 | 192 | 271 | 1.3 | 0.6 |
| 澳大利亚 | 711 | 1 858 | 3 120 | 3 279 | 3 703 | 2.6 | 2.4 |
| 孟加拉国 | 14 | 174 | 417 | 330 | 434 | 2.0 | 2.3 |
| 委内瑞拉 | 101 | 390 | 522 | 736 | 1 443 | 2.7 | 3.4 |
| 波斯尼亚和黑塞哥维那 | — | — | 167 | 162 | 189 | — | 1.9 |
| 巴西 | 59 | 173 | 309 | 442 | 616 | 0.3 | 0.5 |
| 加拿大 | 2 388 | 3 690 | 5 975 | 6 817 | 7 604 | 1.5 | 2.0 |
| 智利 | 52 | 501 | 794 | 1 003 | 1 169 | 2.7 | 2.5 |
| 中国 | 48 | 1 192 | 1 629 | 1 724 | 1 976 | 0.5 | 0.2 |
| 哥伦比亚 | 19 | 80 | 117 | 159 | 258 | 0.7 | 0.8 |
| 哥斯达黎加 | 17 | 592 | 339 | 311 | 293 | 9.3 | 2.3 |
| 克罗地亚 | — | 278 | 420 | 518 | 691 | 3.5 | 2.7 |
| 厄瓜多尔 | 1 | 23 | 133 | 154 | 185 | 0.6 | 1.4 |
| 埃及 | 9 | 404 | 297 | 403 | 807 | 2.9 | 3.0 |
| 萨尔瓦多 | 171 | 713 | 244 | 217 | 187 | 14.4 | 2.2 |
| 欧盟（27） | — | 83 181 | 131 496 | 144 416 | 162 806 | 3.2 | 2.9 |
| 欧盟（27）从外进口 | — | 40 148 | 65 621 | 74 355 | 84 203 | 4.4 | 4.3 |
| 危地马拉 | 5 | 33 | 188 | 190 | 200 | 0.7 | 1.5 |
| 洪都拉斯 | 25 | 1304 | 456 | 423 | 333 | 32.7 | 3.9 |
| 中国香港 | 6 913 | 16 008 | 18 437 | 18 852 | 19 149 | 7 | 5 |
| 留用进口 | — | — | — | — | — | — | — |
| 冰岛 | 75 | 88 | 145 | 156 | 184 | 3.4 | 2.8 |
| 以色列 | 61 | 471 | 683 | 788 | 949 | 1.2 | 1.6 |
| 日本 | 8 765 | 19 709 | 22 541 | 23 870 | 23 999 | 5.2 | 3.9 |
| 约旦 | 28 | 61 | 164 | 247 | 296 | 1.3 | 2.2 |
| 韩国 | 151 | 1 307 | 2 913 | 3 744 | 4 318 | 0.8 | 1.2 |
| 科威特 | 206 | 317 | 553 | 567 | 728 | 4.4 | 3.1 |
| 中国澳门 | 26 | 214 | 426 | 386 | 473 | 9.5 | 8.8 |
| 马来西亚 | 76 | 148 | 283 | 359 | 410 | 0.2 | 0.3 |
| 墨西哥 | 573 | 3 602 | 2 523 | 2 517 | 2 474 | 2.1 | 0.9 |
| 摩洛哥 | 8 | 232 | 283 | 274 | 316 | 2.0 | 1.0 |
| 新西兰 | 149 | 401 | 703 | 740 | 877 | 2.9 | 2.8 |
| 挪威 | 1 231 | 1 287 | 1 855 | 1 978 | 2 286 | 3.7 | 2.8 |
| 秘鲁 | 1 | 59 | 112 | 134 | 184 | 0.8 | 0.9 |
| 卡塔尔 | 29 | 54 | 138 | 211 | — | 1.7 | 1.3 |
| 俄罗斯 | — | 2 688 | 7 928 | 8 103 | 14 505 | 6.0 | 6.5 |
| 沙特阿拉伯 | 833 | 813 | 1 458 | 1 649 | 1 939 | 2.7 | 2.1 |

续 表

| 地区 \ 年份 | 总额 | | | | | 占各国总货物进口份额 | |
|---|---|---|---|---|---|---|---|
| | 1990 | 2000 | 2005 | 2006 | 2007 | 2000 | 2007 |
| 塞尔维亚 | — | — | — | 222 | 352 | — | 1.9 |
| 塞尔维亚和黑山 | — | 46 | 153 | — | — | 1.2 | 1.3 |
| 新加坡 | 920 | 1 881 | 2 132 | 2 497 | 2 428 | 1.4 | 0.9 |
| 留用进口 | 328 | 560 | 670 | 750 | 872 | 0.7 | 0.7 |
| 南非 | 108 | 223 | 832 | 1 123 | 994 | 0.8 | 1.2 |
| 瑞士 | 3 437 | 3 160 | 4 451 | 4 654 | 5 184 | 3.8 | 3.2 |
| 中国台北 | 290 | 978 | 1 092 | 1 223 | 1 117 | 0.7 | 0.5 |
| 秦国 | 29 | 131 | 214 | 276 | 331 | 0.2 | 0.2 |
| 突尼斯 | 191 | 438 | 569 | 550 | 644 | 5.1 | 3.4 |
| 土耳其 | 16 | 264 | 788 | 1 098 | 1 463 | 0.5 | 0.9 |
| 乌克兰 | — | 60 | 389 | 342 | 377 | 0.4 | 0.6 |
| 阿联酋 | 514 | 832 | 1 779 | 3 055 | 5010 | 2.4 | 3.8 |
| 美国 | 26 977 | 67 115 | 80 071 | 82 972 | 84 853 | 5.3 | 4.2 |
| 越南 | — | 450 | 332 | 271 | 426 | 2.9 | 0.7 |

表 56：

**汽车产品占总货物贸易和制成品贸易份额（按地区，2007）**

单位：百分比

| 地区 | 出口 | 进口 |
|---|---|---|
| 占总货物贸易份额 | | |
| 世界 | 8.7 | 8.7 |
| 北美洲 | 11.9 | 12.6 |
| 中、南美洲 | 4.2 | 9.5 |
| 欧洲 | 11.3 | 9.8 |
| 独联体 | 1.5 | 12.6 |
| 非洲 | 1.3 | 9.6 |
| 中东 | 1.3 | 10.2 |
| 亚洲 | 7.0 | 3.1 |
| 澳大利亚、日本和新西兰 | 18.5 | 5.0 |
| 亚洲其他地区 | 3.5 | 2.5 |
| 占制成品贸易份额 | | |
| 世界 | 12.5 | 12.5 |
| 北美洲 | 16.4 | 17.3 |
| 中、南美洲 | 13.8 | 13.8 |
| 欧洲 | 14.4 | 13.6 |
| 独联体 | 5.9 | 16.4 |
| 非洲 | 6.7 | 14.1 |
| 中东 | 6.2 | 13.5 |
| 亚洲 | 8.5 | 4.8 |
| 澳大利亚、日本和新西兰 | 24.2 | 8.8 |
| 亚洲其他地区 | 4.2 | 3.8 |

注：进口份额来自秘书处按地区和产品统计的世界货物地区分布。

表 57：

主要地区的汽车产品出口（2007）

单位：十亿美元和百分比

| 地区＼年份 | 份额 | | | | | 年度百分比变化 | | |
|---|---|---|---|---|---|---|---|---|
| | 总额 | 占本地出口 | | 占世界出口 | | | | |
| | 2007 | 2000 | 2007 | 2000 | 2007 | 2000—2007 | 2006 | 2007 |
| 世界 | 1 182.9 | 100.0 | 100.0 | 100.0 | 100.0 | 11 | 11 | 16 |
| 欧洲 | | | | | | | | |
| 世界 | 654.5 | 100.0 | 100.0 | 50.3 | 55.3 | 12 | 9 | 18 |
| 亚洲 | 511.8 | 80.0 | 78.2 | 40.2 | 43.3 | 12 | 9 | 19 |
| 北美洲 | 53.9 | 10.3 | 8.2 | 5.2 | 4.6 | 9 | 3 | 2 |
| 亚洲 | 31.5 | 4.3 | 4.8 | 2.2 | 2.7 | 14 | 16 | 24 |
| 独联体 | 22.6 | 0.7 | 3.5 | 0.3 | 1.9 | 42 | 71 | 60 |
| 非洲 | 14.7 | 1.9 | 2.3 | 0.9 | 1.2 | 15 | 13 | 12 |
| 中东 | 10.9 | 1.5 | 1.7 | 0.8 | 0.9 | 14 | —9 | 21 |
| 中、南美洲 | 7.2 | 1.3 | 1.1 | 0.6 | 0.6 | 10 | 17 | 31 |
| 亚洲 | | | | | | | | |
| 世界 | 264.6 | 100.0 | 100.0 | 19.9 | 22.4 | 13 | 15 | 18 |
| 北美洲 | 88.5 | 49.5 | 33.5 | 9.8 | 7.5 | 7 | 17 | 2 |
| 亚洲 | 58.2 | 19.1 | 22.0 | 3.8 | 4.9 | 15 | 2 | 21 |
| 欧洲 | 48.4 | 18.5 | 18.3 | 3.7 | 4.1 | 13 | 10 | 16 |
| 中东 | 24.6 | 6.0 | 9.3 | 1.2 | 2.1 | 20 | 19 | 40 |
| 独联体 | 18.2 | 0.4 | 6.9 | 0.1 | 1.5 | 72 | 71 | 78 |
| 非洲 | 13.7 | 3.9 | 5.2 | 0.8 | 1.2 | 17 | 34 | 45 |
| 中、南美洲 | 12.7 | 2.5 | 4.8 | 0.5 | 1.1 | 24 | 32 | 31 |
| 日本 | | | | | | | | |
| 世界 | 158.6 | 100.0 | 100.0 | 15.3 | 13.4 | 9 | 13 | 14 |
| 北美洲 | 65.6 | 54.5 | 41.3 | 8.3 | 5.5 | 5 | 18 | 1 |
| 亚洲 | 30.2 | 17.1 | 19.0 | 2.6 | 2.6 | 10 | —1 | 19 |
| 北美洲 | 27.5 | 17.4 | 17.3 | 2.7 | 2.3 | 9 | 5 | 19 |
| 中东 | 13.5 | 5.1 | 8.5 | 0.8 | 1.1 | 17 | 12 | 41 |
| 独联体 | 9.3 | 0.2 | 5.9 | 0.0 | 0.8 | 73 | 72 | 53 |
| 中、南美洲 | 6.6 | 3.5 | 4.1 | 0.5 | 0.6 | 11 | 20 | 30 |
| 非洲 | 6.0 | 2.1 | 3.8 | 0.3 | 0.5 | 18 | 26 | 26 |
| 亚洲其他地区 | | | | | | | | |
| 世界 | 106.0 | 100.0 | 100.0 | 4.6 | 9.0 | 22 | 18 | 25 |
| 亚洲 | 28.0 | 25.8 | 26.5 | 1.2 | 2.4 | 22 | 5 | 22 |
| 北美洲 | 23.0 | 32.9 | 21.7 | 1.5 | 1.9 | 15 | 12 | 6 |
| 欧洲 | 20.9 | 22.4 | 19.7 | 1.0 | 1.8 | 20 | 19 | 12 |
| 中东 | 11.1 | 8.7 | 10.5 | 0.4 | 0.9 | 25 | 29 | 37 |
| 独联体 | 8.9 | 0.8 | 8.4 | 0.0 | 0.8 | 72 | 68 | 114 |
| 中、南美洲 | 7.1 | 5.4 | 6.7 | 0.2 | 0.6 | 26 | 56 | 63 |
| 非洲 | 6.7 | 3.7 | 6.4 | 0.2 | 0.6 | 32 | 38 | 37 |
| 北美洲 | | | | | | | | |
| 世界 | 219.9 | 100.0 | 100.0 | 27.5 | 18.6 | 5 | 9 | 8 |
| 北美洲 | 170.7 | 88.6 | 77.6 | 24.4 | 14.4 | 3 | 6 | 3 |
| 欧洲 | 20.9 | 4.9 | 9.5 | 1.3 | 1.8 | 15 | 23 | 33 |
| 亚洲 | 9.4 | 3.6 | 4.3 | 1.0 | 0.8 | 8 | 16 | 22 |
| 中、南美洲 | 8.2 | 1.7 | 3.7 | 0.5 | 0.7 | 17 | 38 | 33 |
| 中东 | 6.3 | 0.9 | 2.9 | 0.3 | 0.5 | 23 | 9 | 7 |
| 非洲 | 2.7 | 0.3 | 1.2 | 0.1 | 0.2 | 30 | 17 | 64 |
| 独联体 | 1.9 | 0.0 | 0.9 | 0.0 | 0.2 | 60 | 45 | 90 |

表 58：

主要国家的汽车产品进口（按地区和供应商，2007）

单位：百万美元和百分比

| 地区 \ 年份 | 加拿大 | | | | | 地区 \ 年份 | 美国 | | | | |
|---|---|---|---|---|---|---|---|---|---|---|---|
| | 总额 | 份额 | 年度百分比变化 | | | | 总额 | 份额 | 年度百分比变化 | | |
| | 2007 | 2007 | 2000—2007 | 2006 | 2007 | | 2007 | 2007 | 2000—2007 | 2006 | 2007 |
| 世界 | 68 456 | 100.0 | 5 | 9 | 6 | 世界 | 220 770 | 100.0 | 4 | 7 | 0 |
| 北美洲 | 55 143 | 80.6 | 4 | 7 | 6 | 北美洲 | 99 824 | 45.2 | 2 | 5 | 0 |
| 亚洲 | 8 887 | 13.0 | 11 | 21 | 7 | 亚洲 | 75 229 | 34.1 | 5 | 14 | 0 |
| 欧洲 | 4 079 | 6.0 | 13 | 21 | 7 | 欧洲 | 43 750 | 19.8 | 6 | 0 | 1 |
| 中、南美洲 | 337 | 0.5 | 17 | 1 | 16 | 中、南美洲 | 1 334 | 0.6 | 5 | 4 | −33 |
| 非洲 | 6 | 0.0 | −8 | −44 | −33 | 非洲 | 563 | 0.3 | 20 | 70 | 8 |
| 中东 | 4 | 0.0 | 10 | 0 | −20 | 中东 | 65 | 0.0 | 12 | 24 | 5 |
| 独联体 | 0 | 0.0 | — | −100 | — | 独联体 | 5 | 0.0 | 8 | 0 | 67 |
| 供应商 | | | | | | 供应商 | | | | | |
| 美国 | 50 730 | 74.1 | 4 | 9 | 6 | 加拿大 | 62 806 | 28.4 | 1 | −2 | −1 |
| 日本 | 6 203 | 9.1 | 8 | 26 | 7 | 日本 | 56 538 | 25.6 | 3 | 16 | −1 |
| 欧盟（27） | 4 057 | 5.9 | 13 | 22 | 7 | 欧盟（27） | 43 492 | 19.7 | 6 | 0 | 1 |
| 墨西哥 | 4 057 | 5.9 | 6 | 16 | 13 | 墨西哥 | 37 018 | 16.8 | 4 | 21 | 3 |
| 韩国 | 1 555 | 2.3 | 17 | 4 | 6 | 韩国 | 11 006 | 5.0 | 10 | 6 | −2 |
| 以上 5 个合计 | 66 602 | 97.3 | — | — | — | 以上 5 个合计 | 210 860 | 95.5 | — | — | — |
| 中国 | 799 | 1.2 | 44 | 28 | 7 | 中国 | 4 640 | 2.1 | 34 | 32 | 31 |
| 加拿大 | 347 | 0.5 | — | 29 | 12 | 中国台北 | 1 712 | 0.8 | 9 | 2 | 9 |
| 巴西 | 309 | 0.5 | 16 | 3 | 23 | 巴西 | 1 020 | 0.5 | 6 | 3 | −36 |
| 中国台北 | 149 | 0.2 | 10 | −5 | 6 | 南非 | 559 | 0.3 | 20 | 71 | 9 |
| 澳大利亚 | 36 | 0.1 | 15 | −12 | 66 | 印度 | 452 | 0.2 | 20 | 21 | 18 |
| 印度 | 35 | 0.1 | 26 | 16 | 21 | 泰国 | 290 | 0.1 | 20 | 38 | 18 |
| 泰国 | 27 | 0.0 | 38 | 3 | 28 | 瑞士 | 143 | 0.1 | 2 | −12 | 16 |
| 委内瑞拉 | 12 | 0.0 | 26 | −19 | −44 | 澳大利亚 | 135 | 0.1 | −16 | −14 | −63 |
| 马来西亚 | 11 | 0.0 | 26 | 89 | 76 | 印度尼西亚 | 129 | 0.1 | 13 | 71 | −10 |
| 越南 | 11 | 0.0 | 253 | 19 | 63 | 菲律宾 | 103 | 0.0 | 10 | 34 | 5 |
| 瑞士 | 10 | 0.0 | −9 | −16 | −11 | 阿根廷 | 96 | 0.0 | 14 | 18 | −16 |
| 土耳其 | 8 | 0.0 | 27 | 21 | 1 | 土耳其 | 85 | 0.0 | 16 | 15 | −11 |
| 阿根廷 | 7 | 0.0 | 25 | −33 | 12 | 委内瑞拉 | 71 | 0.0 | −14 | −9 | −55 |
| 南非 | 6 | 0.0 | −8 | −50 | −25 | 新加坡 | 66 | 0.0 | 0 | −12 | −2 |
| 洪都拉斯 | 4 | 0.0 | 6 | −28 | −1 | 马来西亚 | 60 | 0.0 | 17 | 11 | 1 |
| 印度尼西亚 | 4 | 0.0 | 23 | 20 | −14 | 以色列 | 58 | 0.0 | 12 | 22 | 9 |
| 新加坡 | 3 | 0.0 | −12 | 58 | −26 | 中国香港 | 47 | 0.0 | 4 | 16 | −31 |
| 中国香港 | 3 | 0.0 | 7 | 33 | −2 | 洪都拉斯 | 40 | 0.0 | 18 | 30 | 60 |
| 挪威 | 3 | 0.0 | 14 | 85 | 60 | 越南 | 38 | 0.0 | 131 | 37 | 57 |
| 斯里兰卡 | 3 | 0.0 | 199 | 27 | 67 | 多米尼加 | 32 | 0.0 | 21 | 14 | −18 |
| 以色列 | 3 | 0.0 | 2 | −12 | −27 | 智利 | 30 | 0.0 | 26 | −26 | 195 |
| 智利 | 2 | 0.0 | 32 | 490 | −4 | 挪威 | 30 | 0.0 | −2 | 83 | −44 |
| 哥斯达黎加 | 1 | 0.0 | 47 | 77 | 170 | 哥斯达黎加 | 23 | 0.0 | 35 | 103 | 9 |
| 多米尼加 | 1 | 0.0 | 145 | −6 | 1 | 巴基斯坦 | 8 | 0.0 | 28 | 116 | 113 |
| 菲律宾 | 1 | 0.0 | 16 | 3 | −68 | 哥伦比亚 | 7 | 0.0 | 19 | 12 | 16 |
| 阿联酋 | 1 | 0.0 | — | 70 | 50 | 乌拉圭 | 6 | 0.0 | 15 | 1053 | −28 |
| 新西兰 | 1 | 0.0 | 3 | 100 | 2 | 阿联酋 | 6 | 0.0 | 23 | 54 | −30 |
| 哥伦比亚 | 0 | 0.0 | 52 | 94 | −35 | 新西兰 | 5 | 0.0 | −30 | −92 | −12 |
| 格鲁吉亚 | 0 | 0.0 | 48 | −83 | 1046 | 俄罗斯 | 4 | 0.0 | 22 | 100 | 100 |
| 乌拉圭 | 0 | 0.0 | 98 | — | — | 牙买加 | 1 | 0.0 | 84 | 4 | 32 |
| 以上 35 个合计 | 68 399 | 99.9 | — | — | — | 以上 35 个合计 | 220 756 | 100.0 | — | — | — |

表 58（续）：

主要国家的汽车产品进口（按地区和供应商，2007）

单位：百万美元和百分比

| 地区 \ 年份 | 墨西哥 总额 | 份额 | 年度百分比变化 | | | 地区 \ 年份 | 欧盟（27） 总额 | 份额 | 年度百分比变化 | | |
|---|---|---|---|---|---|---|---|---|---|---|---|
| | 2007 | 2007 | 2000—2007 | 2006 | 2007 | | 2007 | 2007 | 2000—2007 | 2006 | 2007 |
| 世界 | 31 632 | 100.0 | 6 | 13 | 6 | 世界 | 543 100 | 100.0 | 12 | 10 | 18 |
| 北美洲 | 20 007 | 63.2 | 3 | 11 | 5 | 欧洲 | 481 731 | 88.7 | 12 | 9 | 19 |
| 亚洲 | 4 710 | 14.9 | 22 | 47 | 18 | 亚洲 | 40 945 | 7.5 | 10 | 12 | 12 |
| 欧洲 | 4 143 | 13.1 | 9 | 8 | 10 | 北美洲 | 15 944 | 2.9 | 14 | 36 | 27 |
| 中、南美洲 | 2 750 | 8.7 | 15 | −2 | −7 | 中、南美洲 | 2 020 | 0.4 | 12 | 17 | 7 |
| 非洲 | 15 | 0.0 | — | 133 | 7 | 非洲 | 1 845 | 0.3 | 12 | 17 | 8 |
| 独联体 | 3 | 0.0 | — | 200 | 0 | 独联体 | 293 | 0.1 | 9 | 15 | 5 |
| 中东 | 2 | 0.0 | — | 0 | −50 | 中东 | 250 | 0.0 | 19 | 32 | 61 |
| 供应商 | | | | | | 供应商 | | | | | |
| 美国 | 18 117 | 57.3 | 2 | 11 | 6 | 欧盟（27） | 466 252 | 85.9 | 12 | 9 | 18 |
| 欧盟（27） | 4 071 | 12.9 | 9 | 8 | 11 | 日本 | 23 620 | 4.3 | 6 | 8 | 9 |
| 日本 | 3 178 | 10.0 | 17 | 44 | 12 | 土耳其 | 12 873 | 2.4 | 40 | 27 | 32 |
| 巴西 | 1 803 | 5.7 | 11 | −2 | −20 | 美国 | 12 278 | 2.3 | 12 | 32 | 22 |
| 加拿大 | 1 760 | 5.6 | 8 | 14 | −6 | 韩国 | 10 557 | 1.9 | 16 | 17 | 7 |
| 以上 5 个合计 | 28 929 | 91.5 | — | — | — | 以上 5 个合计 | 525 579 | 96.8 | — | — | — |
| 韩国 | 573 | 1.8 | 35 | 114 | 16 | 墨西哥 | 3 152 | 0.6 | 21 | 70 | 56 |
| 阿根廷 | 537 | 1.7 | 42 | 1 | −1 | 中国香港 | 2 427 | 0.4 | 45 | 50 | 58 |
| 中国 | 513 | 1.6 | 89 | 52 | 56 | 泰国 | 1 731 | 0.3 | 14 | 11 | 30 |
| 委内瑞拉 | 213 | 0.7 | 103 | 26 | 164 | 巴西 | 1 620 | 0.3 | 11 | 15 | 4 |
| 印度 | 174 | 0.6 | 62 | 11 | 15 | 瑞士 | 1 426 | 0.3 | 11 | 8 | 25 |
| 中国台北 | 140 | 0.4 | 18 | 28 | 27 | 南非 | 1 344 | 0.2 | 11 | 17 | −2 |
| 智利 | 129 | 0.4 | 0 | −70 | 594 | 印度 | 1 210 | 0.2 | 29 | 10 | 38 |
| 土耳其 | 37 | 0.1 | 30 | −20 | −39 | 挪威 | 833 | 0.2 | 9 | 6 | 19 |
| 泰国 | 31 | 0.1 | 64 | 286 | 31 | 中国台北 | 759 | 0.1 | 18 | −3 | 27 |
| 瑞士 | 20 | 0.1 | 1 | 9 | −16 | 加拿大 | 515 | 0.1 | 8 | 11 | 8 |
| 印度尼西亚 | 17 | 0.1 | 67 | 159 | 567 | 阿根廷 | 365 | 0.1 | 12 | 35 | 19 |
| 南非 | 15 | 0.0 | — | 133 | 7 | 突尼斯 | 288 | 0.1 | 21 | 1 | 28 |
| 哥斯达黎加 | 12 | 0.0 | 96 | 175 | 143 | 俄罗斯 | 177 | 0.0 | 6 | 22 | 1 |
| 菲律宾 | 9 | 0.0 | 44 | 27 | 18 | 摩洛哥 | 153 | 0.0 | 28 | 57 | 107 |
| 马来西亚 | 7 | 0.0 | 16 | −58 | −42 | 克罗地亚 | 151 | 0.0 | 29 | 1 | 42 |
| 中国香港 | 6 | 0.0 | 56 | −8 | 183 | 马来西亚 | 143 | 0.0 | 8 | 47 | 33 |
| 澳大利亚 | 6 | 0.0 | −3 | −49 | −13 | 澳大利亚 | 135 | 0.0 | 7 | 45 | −26 |
| 洪都拉斯 | 4 | 0.0 | — | 70 | −14 | 印度尼西亚 | 107 | 0.0 | 30 | −8 | 3 |
| 新加坡 | 4 | 0.0 | 23 | 79 | 48 | 菲律宾 | 98 | 0.0 | 23 | −6 | 108 |
| 俄罗斯 | 3 | 0.0 | — | 200 | 0 | 沙特阿拉伯 | 76 | 0.0 | 28 | 90 | 104 |
| 以色列 | 2 | 0.0 | 67 | 6 | −43 | 白俄罗斯 | 73 | 0.0 | 15 | 6 | 3 |
| 朝鲜 | 2 | 0.0 | 14 | −63 | 529 | 以色列 | 64 | 0.0 | 14 | 60 | 15 |
| 哥伦比亚 | 2 | 0.0 | 5 | −59 | −32 | 波黑 | 57 | 0.0 | 35 | 22 | 24 |
| 越南 | 1 | 0.0 | — | −60 | 335 | 新加坡 | 55 | 0.0 | 23 | 10 | 39 |
| 挪威 | 1 | 0.0 | 23 | 28 | 35 | 埃及 | 47 | 0.0 | 63 | 96 | 36 |
| | | | | | | 阿联酋 | 44 | 0.0 | 15 | 31 | 46 |
| | | | | | | 直布罗陀 | 44 | 0.0 | 24 | 4 | 9 |

续 表

| 年份<br>地区 | 墨西哥 | | | | | 年份<br>地区 | 欧盟（27） | | | | |
|---|---|---|---|---|---|---|---|---|---|---|---|
| | 总额 | 份额 | 年度百分比变化 | | | | 总额 | 份额 | 年度百分比变化 | | |
| | 2007 | 2007 | 2000—2007 | 2006 | 2007 | | 2007 | 2007 | 2000—2007 | 2006 | 2007 |
| | | | | | | 中国香港 | 39 | 0.0 | 20 | 34 | 70 |
| | | | | | | 乌克兰 | 39 | 0.0 | 16 | 16 | 37 |
| | | | | | | 塞尔维亚 | 37 | 0.0 | — | 95 | 48 |
| | | | | | | 伊朗 | 34 | 0.0 | 38 | 26 | 256 |
| | | | | | | 冰岛 | 25 | 0.0 | 36 | −6 | 73 |
| | | | | | | 越南 | 22 | 0.0 | 51 | −8 | 207 |
| | | | | | | 新西兰 | 17 | 0.0 | 13 | −22 | 29 |
| | | | | | | 巴林 | 14 | 0.0 | 8 | −66 | 96 |
| 以上30个合计 | 31 386 | 99.2 | — | — | — | 以上40个合计 | 542 901 | 100.0 | — | — | — |

## 表59：

### 主要汽车产品进出口国（2007）

单位：十亿美元和百分比

| 年份<br>地区 | 总额<br>2007 | 占世界出/进口份额 | | | | 年度百分比变化 | | | |
|---|---|---|---|---|---|---|---|---|---|
| | | 1980 | 1990 | 2000 | 2007 | 2000—2007 | 2005 | 2006 | 2007 |
| 出口国 | | | | | | | | | |
| 欧盟（27） | 635.5 | — | — | 49.8 | 53.7 | 12 | 3 | 9 | 18 |
| 欧盟(27)对外出口 | 169.3 | — | — | 12.3 | 14.3 | 13 | 6 | 11 | 18 |
| 日本 | 158.8 | 19.8 | 20.8 | 15.3 | 13.4 | 9 | 6 | 13 | 14 |
| 美国 | 108.8 | 11.9 | 10.2 | 11.7 | 9.2 | 7 | 13 | 11 | 14 |
| 加拿大 | 65.8 | 6.9 | 8.9 | 10.5 | 5.6 | 1 | 5 | −1 | −1 |
| 韩国 | 49.5 | 0.1 | 0.7 | 2.6 | 4.2 | 18 | 17 | 14 | 15 |
| 墨西哥 | 45.3 | 0.3 | 1.4 | 5.3 | 3.8 | 6 | 11 | 20 | 6 |
| 中国 | 23.0 | 0.0 | 0.1 | 0.3 | 1.9 | 47 | 59 | 45 | 60 |
| 土耳其 | 15.7 | 0.0 | 0.0 | 0.3 | 1.3 | 40 | 16 | 25 | 33 |
| 巴西 | 13.5 | 1.1 | 0.6 | 0.8 | 1.1 | 16 | 38 | 9 | 4 |
| 泰国 | 12.7 | 0.0 | 0.0 | 0.4 | 1.1 | 27 | 44 | 24 | 28 |
| 阿联酋 | 7.8 | — | 0.0 | 0.2 | 0.7 | 32 | 9 | 30 | 36 |
| 阿根廷 | 5.5 | 0.1 | 0.1 | 0.4 | 0.5 | 15 | 39 | 37 | 32 |
| 南非 | 5.4 | 0.1 | 0.1 | 0.3 | 0.5 | 18 | 18 | 14 | 8 |
| 中国台北 | 4.1 | — | 0.3 | 0.4 | 0.3 | 9 | 2 | 1 | 6 |
| 俄罗斯 | 3.7 | — | — | 0.2 | 0.3 | 21 | 17 | 30 | 24 |
| 以上15个合计 | 1 155.0 | — | — | 98.4 | 97.6 | — | — | — | — |
| 进口国 | | | | | | | | | |
| 欧盟（27） | 543.1 | — | — | 41.3 | 45.6 | 12 | 3 | 10 | 18 |
| 欧盟(27)从外进口 | 76.8 | — | — | 5.4 | 6.4 | 13 | 4 | 18 | 18 |
| 美国 | 220.8 | 20.3 | 24.7 | 28.7 | 18.5 | 4 | 4 | 7 | 0 |
| 加拿大 | 66.8 | 8.7 | 7.7 | 7.8 | 5.6 | 5 | 9 | 9 | 6 |
| 俄罗斯 | 32.9 | — | — | 0.4 | 2.8 | 46 | 36 | 64 | 65 |
| 墨西哥 | 30.1 | 1.8 | 0.3 | 3.4 | 2.5 | 6 | 16 | 13 | 6 |
| 中国 | 24.0 | 0.6 | 0.6 | 0.6 | 2.0 | 30 | −6 | 37 | 29 |
| 澳大利亚 | 19.6 | 1.3 | 1.2 | 1.4 | 1.6 | 13 | 14 | 3 | 25 |
| 日本 | 15.4 | 0.5 | 2.3 | 1.7 | 1.3 | 6 | 3 | 6 | 11 |
| 土耳其 | 12.6 | — | 0.4 | 1.0 | 1.1 | 12 | 4 | −7 | 13 |

续 表

| 年份<br>地区 | 总额 | 占世界出/进口份额 | | | | 年度百分比变化 | | | |
|---|---|---|---|---|---|---|---|---|---|
| | 2007 | 1980 | 1990 | 2000 | 2007 | 2000—2007 | 2005 | 2006 | 2007 |
| 南非 | 12.2 | — | — | 0.4 | 1.0 | 26 | 30 | 15 | 15 |
| 沙特阿拉伯 | 12.0 | 2.7 | 0.9 | 0.6 | 1.0 | 18 | 35 | 6 | 15 |
| 瑞士 | 10.0 | 1.8 | 1.9 | 1.0 | 0.8 | 7 | 2 | 4 | 15 |
| 阿联酋 | 8.7 | 0.4 | 0.3 | 0.4 | 0.7 | 20 | 7 | 20 | 11 |
| 巴西 | 8.6 | 0.3 | 0.2 | 0.7 | 0.7 | 11 | 32 | 27 | 43 |
| 乌克兰 | 8.0 | — | — | 0.1 | 0.7 | 51 | 34 | 61 | 60 |
| 以上15个合计 | 1 024.8 | — | — | 89.7 | 86.0 | — | — | — | — |

**表60：**

**主要国家的汽车产品出口（1990—2007）**

单位：百万美元和百分比

| 年份<br>地区 | 总额 | | | | | 占各国总货物出口份额 | |
|---|---|---|---|---|---|---|---|
| | 1990 | 2000 | 2005 | 2006 | 2007 | 2000 | 2007 |
| 世界 | 318 959 | 576 510 | 919 566 | 1 018 619 | 1 182 867 | 9.2 | 8.7 |
| 阿根廷 | 200 | 2 108 | 3 047 | 4 166 | 5 479 | 8.0 | 9.8 |
| 澳大利亚 | 726 | 2 151 | 3 525 | 3 267 | 3 697 | 3.4 | 2.6 |
| 白俄罗斯 | — | 740 | 1 176 | 1 466 | 2 003 | 10.1 | 8.2 |
| 委内瑞拉 | 73 | 223 | 340 | 456 | 293 | 0.7 | 0.4 |
| 巴西 | 2 034 | 4 683 | 11 983 | 13 038 | 13 519 | 8.5 | 8.4 |
| 加拿大 | 28 442 | 60 656 | 66 856 | 66 339 | 65 833 | 21.9 | 15.7 |
| 智利 | 18 | 203 | 178 | 184 | 346 | 1.1 | 0.5 |
| 中国 | 258 | 1 581 | 9 957 | 14 411 | 23 029 | 0.6 | 1.9 |
| 哥伦比亚 | 6 | 226 | 645 | 744 | 1 130 | 1.7 | 3.8 |
| 科特迪瓦 | — | 11 | 188 | 174 | 185 | 0.3 | 2.2 |
| 克罗地亚 | — | 45 | 161 | 145 | 209 | 1.0 | 1.7 |
| 厄瓜多尔 | 1 | 60 | 137 | 345 | 243 | 1.2 | 1.8 |
| 欧盟（27） | — | 287 180 | 493 393 | 538 352 | 635 537 | 11.7 | 11.9 |
| 欧盟（27）向内出口 | — | 216 416 | 363 147 | 394 319 | 466 252 | 13.0 | 12.9 |
| 欧盟（27）对外出口 | — | 70 764 | 130 246 | 144 033 | 169 285 | 9.0 | 10.0 |
| 中国香港 | 354 | 764 | 1 549 | 1 290 | 1 459 | 0.4 | 0.4 |
| 国内出口 | 27 | 23 | 9 | 14 | 24 | 0.1 | 0.1 |
| 转口 | 328 | 741 | 1 540 | 1 276 | 1 435 | 0.4 | 0.4 |
| 印度 | 198 | 581 | 2 622 | 2 997 | 3 429 | 1.4 | 2.4 |
| 印度尼西亚 | 22 | 369 | 1 340 | 1 590 | 2 150 | 0.6 | 1.8 |
| 伊朗 | — | 61 | 145 | 229 | 687 | 0.2 | 0.8 |
| 以色列 | 31 | 31 | 130 | 125 | 319 | 0.1 | 0.6 |
| 日本 | 66 195 | 88 082 | 122 903 | 139 161 | 158 762 | 18.4 | 22.3 |
| 约旦 | 19 | 62 | 110 | 114 | 142 | 3.3 | 2.5 |
| 韩国 | 2 301 | 15 194 | 37 748 | 43 059 | 49 484 | 8.8 | 13.3 |
| 马来西亚 | 121 | 307 | 725 | 920 | 1 122 | 0.3 | 0.6 |
| 墨西哥 | 4 383 | 30 655 | 35 424 | 42 630 | 45 256 | 18.4 | 16.6 |
| 摩洛哥 | 28 | 24 | 75 | 115 | 175 | 0.3 | 1.2 |
| 挪威 | 305 | 459 | 698 | 762 | 907 | 0.8 | 0.7 |
| 菲律宾 | 23 | 583 | 1 538 | 1 543 | 1 784 | 1.5 | 3.5 |
| 卡塔尔 | 32 | 32 | 127 | 121 | — | 0.3 | 0.4 |

续 表

| 地区 \ 年份 | 总额 | | | | | 占各国总货物出口份额 | |
|---|---|---|---|---|---|---|---|
| | 1990 | 2000 | 2005 | 2006 | 2007 | 2000 | 2007 |
| 俄罗斯 | — | 959 | 2 310 | 3 000 | 3 711 | 0.9 | 1.0 |
| 沙特阿拉伯 | 229 | 59 | 694 | 1 032 | 1 288 | 0.1 | 0.6 |
| 新加坡 | 348 | 678 | 2 310 | 2 396 | 2 864 | 0.5 | 1.0 |
| 国内出口 | 82 | 90 | 273 | 262 | 264 | 0.1 | 0.2 |
| 转口 | 266 | 588 | 2 037 | 2135 | 2 600 | 1.0 | 1.8 |
| 南非 | 249 | 1 708 | 4 352 | 4 970 | 5 369 | 5.7 | 7.7 |
| 瑞士 | 591 | 772 | 1 444 | 1 623 | 2 001 | 1.0 | 1.2 |
| 中国台北 | 829 | 2 221 | 3 820 | 3 868 | 4 103 | 1.5 | 1.7 |
| 泰国 | 108 | 2 417 | 7 983 | 9 891 | 12 669 | 3.5 | 8.3 |
| 突尼斯 | 30 | 63 | 280 | 335 | 352 | 1.1 | 2.3 |
| 土耳其 | 153 | 1 517 | 9 370 | 11 730 | 15 654 | 5.5 | 14.6 |
| 乌克兰 | — | 145 | 308 | 548 | 933 | 1.0 | 1.9 |
| 阿联酋 | 1 | 1 144 | 4 428 | 5 737 | 7 796 | 2.3 | 4.5 |
| 美国 | 32 547 | 67 195 | 85 993 | 95 344 | 108 805 | 8.6 | 9.4 |
| 越南 | — | 8 | 161 | 303 | — | 0.1 | 0.8 |

**表 61:**

主要国家的汽车产品进口（1990—2007）

单位：百万美元和百分比

| 地区 \ 年份 | 总额 | | | | | 占各国总货物出口份额 | |
|---|---|---|---|---|---|---|---|
| | 1990 | 2000 | 2005 | 2006 | 2007 | 2000 | 2007 |
| 阿尔及利亚 | 658 | 615 | 2 244 | 2 315 | 3 453 | 6.7 | 12.5 |
| 阿根廷 | 183 | 2 805 | 4 355 | 5 514 | 7 160 | 11.2 | 16.0 |
| 澳大利亚 | 3 794 | 8 550 | 15 186 | 15 690 | 19 563 | 12.0 | 12.6 |
| 巴林 | 152 | 214 | 737 | 623 | 896 | 4.6 | 7.8 |
| 孟加拉国 | 77 | 191 | 749 | 833 | 928 | 2.2 | 5.0 |
| 白俄罗斯 | — | 297 | 494 | 911 | 1 339 | 3.4 | 4.7 |
| 委内瑞拉 | 426 | 1 451 | 3 059 | 4 666 | 7 238 | 9.9 | 17.3 |
| 巴西 | 532 | 4 154 | 4 733 | 6 007 | 8 604 | 7.4 | 7.1 |
| 加拿大 | 24 640 | 46 276 | 57 618 | 62 912 | 66 768 | 19.3 | 17.6 |
| 智利 | 579 | 1 507 | 3 193 | 3 354 | 4 122 | 8.1 | 8.7 |
| 中国 | 1 796 | 3 798 | 13 545 | 18 580 | 24 029 | 1.7 | 2.5 |
| 哥伦比亚 | 416 | 590 | 1 906 | 2 879 | 3 868 | 5.1 | 11.8 |
| 克罗地亚 | — | 831 | 1 615 | 1 876 | 2 279 | 10.5 | 8.8 |
| 厄瓜多尔 | 157 | 184 | 1 153 | 1 347 | 1302 | 4.9 | 9.6 |
| 埃及 | 416 | 514 | 826 | 924 | 1 089 | 3.7 | 4.0 |
| 埃塞俄比亚 | 114 | 141 | 343 | 701 | 593 | 11.2 | 11.0 |
| 欧盟（27） | — | 245 244 | 418 041 | 458 969 | 543 100 | 9.5 | 9.7 |
| 欧盟（27）从外进口 | — | 32 091 | 54 946 | 64 983 | 76 848 | 3.5 | 3.9 |
| 加纳 | — | 331 | 881 | 780 | — | 11.1 | 12.0 |
| 危地马拉 | 117 | 481 | 779 | 874 | 924 | 10.0 | 6.8 |
| 中国香港 | 994 | 2 195 | 2 429 | 2 394 | 2 796 | 1.0 | 0.8 |
| 留用进口 | 666 | 1 455 | 889 | 1 118 | 1 361 | 4.2 | 3.5 |
| 印度 | 260 | 431 | 1 234 | 1 478 | 2 196 | 0.8 | 1.0 |
| 印度尼西亚 | 1 523 | 1 870 | 3 140 | 2 481 | 2 909 | 4.3 | 3.1 |
| 伊朗 | — | 770 | 1 596 | 3 036 | 4 329 | 5.5 | 9.4 |

续　表

| 年份 / 地区 | 总额 | | | | | 占各国总货物出口份额 | |
|---|---|---|---|---|---|---|---|
| | 1990 | 2000 | 2005 | 2006 | 2007 | 2000 | 2007 |
| 以色列 | 871 | 2 298 | 2 374 | 2 563 | 3 339 | 6.1 | 5.7 |
| 日本 | 7 327 | 9 957 | 13 169 | 13 897 | 15 358 | 2.6 | 2.5 |
| 约旦 | 108 | 519 | 856 | 1 001 | 977 | 11.3 | 7.2 |
| 哈萨克斯坦 | — | 435 | 1 557 | 2 537 | 2 753 | 8.6 | 8.4 |
| 肯尼亚 | 255 | 156 | 368 | 575 | 726 | 5.0 | 8.1 |
| 韩国 | 929 | 1 773 | 4 096 | 5 210 | 6 684 | 1.1 | 1.9 |
| 科威特 | 453 | 1 141 | 2 904 | 2 576 | 3 080 | 15.9 | 13.0 |
| 黎巴嫩 | — | 535 | 864 | 944 | 1 096 | 8.6 | 8.9 |
| 马来西亚 | 1 312 | 1 833 | 3 395 | 3 221 | 3 223 | 2.2 | 2.2 |
| 墨西哥 | 933 | 20 003 | 25 151 | 28 386 | 30 094 | 11.5 | 10.7 |
| 摩洛哥 | 317 | 471 | 1 176 | 1 415 | 2 080 | 4.1 | 6.6 |
| 新西兰 | 1 012 | 1 480 | 3 449 | 2 787 | 3 431 | 10.6 | 11.1 |
| 挪威 | 1 419 | 2 597 | 5 247 | 5 953 | 7 413 | 7.6 | 9.2 |
| 阿曼 | 429 | 1 109 | 2 061 | 2 723 | — | 21.6 | 24.7 |
| 巴基斯坦 | 390 | 324 | 1 297 | 1 544 | 1 214 | 3.0 | 3.7 |
| 巴拿马 | 111 | 332 | 419 | 517 | 773 | 9.8 | 11.2 |
| 秘鲁 | 176 | 510 | 618 | 937 | 1432 | 6.9 | 7.1 |
| 菲律宾 | 537 | 974 | 1 025 | 1 142 | 1 652 | 2.6 | 2.8 |
| 卡塔尔 | 202 | 409 | 1 365 | 1 027 | — | 12.6 | 6.2 |
| 俄罗斯 | — | 2 381 | 12 199 | 20 012 | 32 934 | 5.3 | 14.7 |
| 沙特阿拉伯 | 2 839 | 3 815 | 9 843 | 10 437 | 12 024 | 12.6 | 13.3 |
| 新加坡 | 1 418 | 2 417 | 3 620 | 3 698 | 4 025 | 1.8 | 1.5 |
| 　留用进口 | 1 152 | 1 829 | 1 583 | 1 563 | 1 425 | 2.4 | 1.2 |
| 南非 | — | 2 401 | 9 267 | 10 616 | 12 245 | 9.0 | 15.3 |
| 苏丹 | — | 155 | 891 | 1 189 | — | 10.0 | 14.7 |
| 瑞士 | 6 048 | 6 222 | 8 323 | 8 664 | 9 969 | 7.5 | 6.2 |
| 叙利亚 | 75 | 184 | 780 | 1 018 | — | 4.8 | 8.9 |
| 中国台北 | 2 565 | 2 676 | 3 660 | 3 058 | 2 891 | 1.9 | 1.3 |
| 泰国 | 2 651 | 2 084 | 4 322 | 4 231 | 4 793 | 3.4 | 3.1 |
| 突尼斯 | 306 | 595 | 884 | 1 015 | 1 243 | 6.9 | 6.5 |
| 土耳其 | 1 177 | 5 831 | 11 973 | 11 145 | 12 642 | 10.7 | 7.4 |
| 乌克兰 | — | 446 | 3 112 | 4 996 | 8 007 | 3.2 | 13.2 |
| 阿联酋 | 964 | 2 384 | 6 502 | 7 825 | 8 688 | 6.8 | 6.6 |
| 美国 | 79 320 | 170 195 | 205 445 | 220 221 | 220 770 | 13.5 | 10.9 |
| 越南 | — | 294 | 1 177 | 837 | — | 1.9 | 1.9 |

**表 62：**

世界运输服务贸易（按地区，2007）

单位：十亿美元和百分比

| 年份 / 地区 | 总额 | 份额 | | 年度百分比变化 | | | |
|---|---|---|---|---|---|---|---|
| | 2007 | 2000 | 2007 | 2000—2007 | 2005 | 2006 | 2007 |
| 出口 | | | | | | | |
| 　世界 | 750 | 100.0 | 100.0 | 12 | 13 | 9 | 19 |
| 　北美洲 | 91 | 17.1 | 12.1 | 6 | 12 | 10 | 12 |
| 　中、南美洲 | 21 | 2.9 | 2.8 | 11 | 20 | 10 | 15 |
| 　欧洲 | 372 | 47.8 | 49.6 | 12 | 12 | 7 | 21 |
| 　　欧盟（27） | 337 | 42.5 | 45.0 | 12 | 11 | 7 | 21 |

续 表

| 地区 \ 年份 | 总额 | 份额 | | 年度百分比变化 | | | |
|---|---|---|---|---|---|---|---|
| | 2007 | 2000 | 2007 | 2000—2007 | 2005 | 2006 | 2007 |
| 独联体 | 25 | 2.5 | 3.3 | 16 | 17 | 17 | 20 |
| 非洲 | 23 | 2.2 | 3.0 | — | — | 17 | 31 |
| 中东 | 18 | 2.1 | 2.4 | 14 | 18 | 11 | 16 |
| 亚洲 | 201 | 25.4 | 26.8 | 12 | 14 | 11 | 20 |
| 进口 | | | | | | | |
| 世界 | 890 | 100.0 | 100.0 | 11 | 14 | 11 | 18 |
| 北美洲 | 117 | 18.4 | 13.2 | 6 | 13 | 7 | 4 |
| 中、南美洲 | 37 | 4.8 | 4.2 | 9 | 20 | 16 | 22 |
| 欧洲 | 351 | 38.9 | 39.4 | 12 | 10 | 9 | 19 |
| 欧盟（27） | 321 | 35.6 | 36.0 | 12 | 10 | 10 | 18 |
| 独联体 | 19 | 1.0 | 2.1 | 25 | 28 | 38 | 33 |
| 非洲 | 45 | 3.4 | 5.0 | — | — | 16 | 27 |
| 中东 | 49 | 4.5 | 5.5 | 15 | 24 | 11 | 26 |
| 亚洲 | 273 | 29.0 | 30.7 | 12 | 16 | 13 | 18 |

**表 63：**

### 主要运输服务进出口国（2007）

单位：十亿美元和百分比

| 地区 \ 年份 | 总额 | 份额 | | 年度百分比变化 | | | |
|---|---|---|---|---|---|---|---|
| | 2007 | 2000 | 2007 | 2000—2007 | 2005 | 2006 | 2007 |
| 出口国 | | | | | | | |
| 欧盟（27） | 337.2 | 42.5 | 45.0 | 12 | 11 | 7 | 21 |
| 欧盟（27）对外出口 | 163.3 | — | 21.8 | — | 12 | 7 | 18 |
| 美国 | 77.2 | 14.5 | 10.3 | 6 | 12 | 10 | 13 |
| 日本 | 42.0 | 7.4 | 5.6 | 7 | 11 | 5 | 12 |
| 韩国 | 33.8 | 3.9 | 4.5 | 14 | 6 | 8 | 31 |
| 中国 | 31.3 | 1.1 | 4.2 | 36 | 28 | 36 | 49 |
| 中国香港 | 23.6 | 3.7 | 3.2 | 9 | 17 | 10 | 5 |
| 新加坡 | 23.1 | 3.4 | 3.1 | 10 | 12 | 9 | 10 |
| 挪威 | 18.9 | 2.8 | 2.5 | 10 | 17 | −1 | 18 |
| 俄罗斯 | 11.8 | 1.0 | 1.6 | 19 | 17 | 11 | 17 |
| 加拿大 | 11.7 | 2.2 | 1.6 | 6 | 14 | 10 | 9 |
| 印度 | 8.8 | 0.6 | 1.2 | 24 | 31 | 33 | 16 |
| 澳大利亚 | 7.2 | 1.2 | 1.0 | 8 | 7 | 3 | 14 |
| 马来西亚 | 7.0 | 0.8 | 0.9 | 14 | 27 | 4 | 66 |
| 埃及 | 6.9 | 0.8 | 0.9 | 15 | 18 | 16 | 27 |
| 中国台北 | 6.8 | 1.2 | 0.9 | 7 | 12 | 6 | 9 |
| 以上 15 个合计 | 650.0 | 87.0 | 86.4 | — | — | — | — |
| 进口国 | | | | | | | |
| 欧盟（27） | 321.2 | 35.6 | 36.0 | 12 | 10 | 10 | 18 |
| 欧盟（27）从外进口 | 140.1 | — | 15.7 | — | 10 | 11 | 15 |
| 美国 | 95.7 | 15.7 | 10.7 | 6 | 12 | 5 | 3 |
| 日本 | 49.0 | 8.0 | 5.5 | 6 | 3 | 6 | 14 |
| 中国 | 43.3 | 2.5 | 4.9 | 23 | 16 | 21 | 26 |

续　表

| 地区＼年份 | 总额 | 份额 | | 年度百分比变化 | | | |
|---|---|---|---|---|---|---|---|
| | 2007 | 2000 | 2007 | 2000—2007 | 2005 | 2006 | 2007 |
| 印度 | 31.1 | 2.1 | 3.5 | 20 | 52 | 25 | 23 |
| 韩国 | 29.9 | 2.6 | 3.4 | 15 | 14 | 15 | 29 |
| 新加坡 | 25.9 | 3.1 | 2.9 | 11 | 14 | 11 | 13 |
| 加拿大 | 18.9 | 2.2 | 2.1 | 11 | 18 | 17 | 12 |
| 泰国 | 17.9 | 1.6 | 2.0 | 15 | 33 | 13 | 10 |
| 阿联酋 | 15.6 | 1.1 | 1.8 | — | 26 | 21 | — |
| 澳大利亚 | 13.1 | 1.5 | 1.5 | 11 | 11 | 5 | 16 |
| 挪威 | 12.9 | 1.2 | 1.4 | 14 | 14 | 2 | 30 |
| 中国香港 | 12.7 | 1.5 | 1.4 | 11 | 20 | 11 | 10 |
| 马来西亚 | 11.0 | 1.4 | 1.2 | 9 | 7 | 14 | 15 |
| 中国台北 | 10.3 | 1.5 | 1.2 | 7 | 4 | 7 | 14 |
| 以上 15 个合计 | 710.0 | 81.6 | 79.4 | — | — | — | — |

a 秘书处估计。

**表 64：**

**特定国家运输服务贸易（按始发地和目的地，2006）**

单位：十亿美元和百分比

| 出口 | | | | | | 进口 | | | | | |
|---|---|---|---|---|---|---|---|---|---|---|---|
| 地区＼年份 | 总额 | 份额 | 年度百分比变化 | | | 地区＼年份 | 总额 | 份额 | 年度百分比变化 | | |
| | 2006 | 2006 | 2004—2006 | 2005 | 2006 | | 2006 | 2006 | 2004—2006 | 2005 | 2006 |
| 欧盟（27） | | | | | | | | | | | |
| 世界 | 279 604 | 100.0 | 9 | 11 | 7 | 世界 | 271 845 | 100.0 | 10 | 10 | 10 |
| 欧盟（27） | 139 968 | 50.1 | 9 | 11 | 7 | 欧盟（27） | 148 125 | 54.5 | 9 | 9 | 9 |
| 美国 | 40 303 | 14.4 | 10 | 19 | 2 | 美国 | 25 738 | 9.5 | 8 | 15 | 2 |
| 瑞士 | 9 305 | 3.3 | 10 | 11 | 10 | 瑞士 | 7 936 | 2.9 | 14 | 17 | 11 |
| 日本 | 6 616 | 2.4 | 2 | −1 | 5 | 俄罗斯 | 6 613 | 2.4 | 27 | 29 | 25 |
| 中国 | 5 665 | 2.0 | 17 | 29 | 7 | 中国 | 6 385 | 2.3 | 21 | 23 | 18 |
| 以上 5 个合计 | 201 858 | 72.2 | — | — | — | 以上 5 个合计 | 194 797 | 71.7 | — | — | — |
| 挪威 | 4 632 | 1.7 | 5 | −5 | 15 | 日本 | 5712 | 2.1 | 3 | 4 | 2 |
| 俄罗斯 | 4362 | 1.6 | 20 | 31 | 10 | 挪威 | 5143 | 1.9 | −2 | −13 | 11 |
| 中国香港 | 3 797 | 1.4 | 2 | 7 | −3 | 中国香港 | 3 791 | 1.4 | 10 | 9 | 11 |
| 加拿大 | 3 673 | 1.3 | 11 | −2 | 25 | 土耳其 | 3 711 | 1.4 | 17 | 21 | 13 |
| 新加坡 | 3 445 | 1.2 | 16 | 19 | 13 | 新加坡 | 3 168 | 1.2 | 7 | −2 | 16 |
| 韩国 | 3 246 | 1.2 | 11 | 4 | 18 | 韩国 | 2 817 | 1.0 | 10 | 4 | 16 |
| 澳大利亚 | 3 066 | 1.1 | 9 | 22 | −3 | 加拿大 | 2 519 | 0.9 | 10 | 0 | 22 |
| 印度 | 2 742 | 1.0 | 22 | 48 | 0 | 埃及 | 1 970 | 0.7 | 19 | 40 | 1 |
| 巴西 | 2 678 | 1.0 | 29 | 54 | 8 | 巴西 | 1 843 | 0.7 | 14 | 16 | 12 |
| 土耳其 | 2 161 | 0.8 | 18 | 24 | 12 | 印度 | 1 730 | 0.6 | 13 | 20 | 7 |
| 以上 15 个合计 | 235 658 | 84.3 | — | — | — | 以上 15 个合计 | 227 201 | 83.6 | — | — | — |
| 美国 | | | | | | | | | | | |
| 世界 | 68 483 | 100.0 | 11 | 12 | 10 | 世界 | 92 785 | 100.0 | 8 | 12 | 5 |
| 欧盟（27） | 21 321 | 31.1 | 10 | 12 | 7 | 欧盟（27） | 34 895 | 37.6 | 10 | 14 | 5 |
| 日本 | 7 556 | 11.0 | 5 | 20 | −7 | 日本 | 8 055 | 8.7 | 7 | 12 | 3 |
| 加拿大 | 6 284 | 9.2 | 10 | 9 | 10 | 中国台北 | 5 458 | 5.9 | 11 | 16 | 5 |
| 墨西哥 | 3 522 | 5.1 | 19 | 20 | 18 | 加拿大 | 5 098 | 5.5 | 7 | 5 | 8 |
| 中国 | 2 848 | 4.2 | 17 | 4 | 30 | 韩国 | 4 671 | 5.0 | 7 | 10 | 4 |

续 表

| 出口 | | | | | | 进口 | | | | | |
|---|---|---|---|---|---|---|---|---|---|---|---|
| 年份<br>地区 | 总额<br>2006 | 份额<br>2006 | 年度百分比变化<br>2004—2006 | 2005 | 2006 | 年份<br>地区 | 总额<br>2006 | 份额<br>2006 | 年度百分比变化<br>2004—2006 | 2005 | 2006 |
| 以上 5 个合计 | 41 530 | 60.6 | — | — | — | 以上 5 个合计 | 58 177 | 62.7 | — | — | — |
| 韩国 | 2 820 | 4.1 | 5 | −3 | 14 | 中国 | 3 899 | 4.2 | 7 | 5 | 9 |
| 中国台北 | 2 586 | 3.8 | 13 | 12 | 14 | 中国香港 | 3 261 | 3.5 | 27 | 25 | 30 |
| 巴西 | 1 484 | 2.2 | 20 | 26 | 15 | 墨西哥 | 1 882 | 2.0 | −1 | −1 | 0 |
| 中国香港 | 1 361 | 2.0 | 21 | 12 | 30 | 新加坡 | 1 669 | 1.8 | 8 | 5 | 11 |
| 印度 | 1 119 | 1.6 | 85 | 27 | 170 | 瑞士 | 1 374 | 1.5 | 10 | 17 | 4 |
| 瑞士 | 944 | 1.4 | 0 | −7 | 7 | 挪威 | 1 364 | 1.5 | 0 | 0 | 0 |
| 以色列 | 942 | 1.4 | −2 | −14 | 11 | 百慕大 | 1 327 | 1.4 | 8 | 22 | −4 |
| 澳大利亚 | 926 | 1.4 | 6 | 11 | 2 | 澳大利亚 | 1 277 | 1.4 | 8 | 12 | 6 |
| 新加坡 | 758 | 1.1 | 9 | 0 | 18 | 以色列 | 944 | 1.0 | 0 | 8 | −7 |
| 挪威 | 746 | 1.1 | 15 | 25 | 5 | 新西兰 | 754 | 0.8 | 6 | 2 | 10 |
| 以上 15 个合计 | 55 216 | 80.6 | — | — | — | 以上 15 个合计 | 75 928 | 81.8 | — | — | — |
| 日本 | | | | | | | | | | | |
| 世界 | 37 648 | 100.0 | 8 | 11 | 5 | 世界 | 42 835 | 100.0 | 5 | 3 | 6 |
| 欧盟（27） | 8 258 | 21.9 | — | — | 1 | 欧盟（27） | 9 454 | 22.1 | — | — | 2 |
| 美国 | 7 494 | 19.9 | 2 | 6 | −2 | 美国 | 5533 | 12.9 | 3 | 12 | −4 |
| 中国 | 3 152 | 8.4 | 18 | 21 | 14 | 新加坡 | 3314 | 7.7 | 9 | 3 | 15 |
| 韩国 | 2 718 | 7.2 | 15 | 16 | 13 | 中国香港 | 3206 | 7.5 | 5 | 13 | −2 |
| 中国香港 | 2 582 | 6.9 | 3 | 17 | −8 | 中国 | 2 831 | 6.6 | 42 | 63 | 23 |
| 以上 5 个合计 | 24 204 | 64.3 | — | — | — | 以上 5 个合计 | 24 338 | 56.8 | — | — | — |
| 新加坡 | 2 332 | 6.2 | 23 | 19 | 28 | 韩国 | 2 769 | 6.5 | 8 | 11 | 5 |
| 中国台北 | 2 229 | 5.9 | 15 | 13 | 18 | 中国台北 | 1 199 | 2.8 | 14 | 30 | 0 |
| 泰国 | 1 165 | 3.1 | 27 | 28 | 25 | 澳大利亚 | 922 | 2.2 | −14 | −16 | −12 |
| 澳大利亚 | 640 | 1.7 | −11 | −1 | −20 | 菲律宾 | 665 | 1.6 | 26 | 33 | 19 |
| 印度尼西亚 | 610 | 1.6 | 10 | 17 | 3 | 泰国 | 534 | 1.2 | 7 | 8 | 6 |
| 马来西亚 | 506 | 1.3 | 20 | 18 | 22 | 马来西亚 | 463 | 1.1 | −5 | −22 | 15 |
| 加拿大 | 484 | 1.3 | 10 | 12 | 8 | 瑞士 | 426 | 1.0 | −4 | −10 | 3 |
| 瑞士 | 397 | 1.1 | 15 | 23 | 8 | 加拿大 | 367 | 0.9 | −5 | 5 | −13 |
| 菲律宾 | 388 | 1.0 | 1 | 13 | −9 | 阿联酋 | 334 | 0.8 | 108 | 115 | 100 |
| 阿联酋 | 277 | 0.7 | 1 | −18 | 25 | 南非 | 316 | 0.7 | 22 | 17 | 28 |
| 以上 15 个合计 | 33 233 | 88.3 | — | — | — | 以上 15 个合计 | 32 335 | 75.5 | — | — | — |
| 韩国 | | | | | | | | | | | |
| 世界 | 25 807 | 100.0 | 7 | 6 | 8 | 世界 | 23 133 | 100.0 | 14 | 14 | 15 |
| 美国 | 5 452 | 21.1 | 3 | 7 | −2 | 美国 | 5 638 | 24.4 | 16 | 2 | 31 |
| 中国 | 4 480 | 17.4 | 13 | 17 | 10 | 欧盟（25） | 5 493 | 23.7 | 16 | 10 | 22 |
| 欧盟（25） | 3 813 | 14.8 | 9 | 4 | 15 | 日本 | 2 901 | 12.5 | 7 | 9 | 5 |
| 日本 | 2 495 | 9.7 | 4 | 6 | 3 | 中国 | 1 947 | 8.4 | 28 | 40 | 16 |
| 以上 4 个合计 | 16 240 | 62.9 | — | — | — | 以上 4 个合计 | 15 978 | 69.1 | — | — | — |
| 中国香港 | | | | | | | | | | | |
| 世界 | 22 423 | 100.0 | 14 | 17 | 10 | 世界 | 11 616 | 100.0 | 16 | 20 | 11 |
| 美国 | 4 243 | 18.9 | 16 | 17 | 15 | 中国 | 2 916 | 25.1 | 14 | 19 | 10 |
| 欧盟（25） | 3 528 | 15.7 | 12 | 12 | 13 | 欧盟（25） | 2 020 | 17.4 | 18 | 18 | 17 |
| 中国 | 3 304 | 14.7 | 9 | 18 | 1 | 美国 | 1 209 | 10.4 | 22 | 30 | 14 |
| 中国台北 | 2 915 | 13.0 | 8 | 12 | 4 | 日本 | 945 | 8.1 | 16 | 27 | 7 |
| 日本 | 2 525 | 11.3 | 14 | 13 | 14 | 新加坡 | 875 | 7.5 | 46 | 24 | 73 |
| 以上 5 个合计 | 16 515 | 73.7 | — | — | — | 以上 5 个合计 | 7 965 | 68.6 | — | — | — |

续 表

| 出口 | | | | | | 进口 | | | | | |
|---|---|---|---|---|---|---|---|---|---|---|---|
| 地区＼年份 | 总额 | 份额 | 年度百分比变化 | | | 地区＼年份 | 总额 | 份额 | 年度百分比变化 | | |
| | 2006 | 2006 | 2004—2006 | 2005 | 2006 | | 2006 | 2006 | 2004—2006 | 2005 | 2006 |
| 澳大利亚 | 1 123 | 5.0 | 60 | 87 | 37 | 澳大利亚 | 593 | 5.1 | 5 | 21 | −9 |
| 韩国 | 739 | 3.3 | 1 | −12 | 17 | 中国台北 | 556 | 4.8 | 16 | 19 | 13 |
| 加拿大 | 616 | 2.7 | 21 | 17 | 24 | 泰国 | 278 | 2.4 | 10 | 13 | 7 |
| 马来西亚 | 416 | 1.9 | 13 | 5 | 21 | 印度 | 267 | 2.3 | 28 | 40 | 17 |
| 以色列 | 353 | 1.6 | 73 | 26 | 137 | 韩国 | 255 | 2.2 | 10 | 9 | 11 |
| 新加坡 | 337 | 1.5 | 11 | 64 | −24 | 阿联酋 | 238 | 2.0 | 23 | 39 | 8 |
| 瑞士 | 239 | 1.1 | 9 | −3 | 23 | 加拿大 | 238 | 2.0 | 6 | 10 | 3 |
| 阿联酋 | 235 | 1.0 | 18 | 65 | −16 | 马来西亚 | 173 | 1.5 | 14 | 25 | 4 |
| 泰国 | 233 | 1.0 | 4 | −3 | 12 | 菲律宾 | 125 | 1.1 | 11 | 25 | −2 |
| 印度 | 214 | 1.0 | 28 | 105 | −20 | 印度尼西亚 | 109 | 0.9 | 24 | 30 | 18 |
| 以上 15 个合计 | 21 020 | 93.7 | — | — | — | 以上 15 个合计 | 10 797 | 93.0 | — | — | — |
| 新加坡 | | | | | | | | | | | |
| 世界 | 20 975 | 100.0 | 10 | 12 | 9 | 世界 | 22 947 | 100.0 | 13 | 14 | 11 |
| 欧盟（25） | 3 205 | 15.3 | 6 | −2 | 15 | 美国 | 2 731 | 11.9 | −1 | 1 | −2 |
| 美国 | 2 731 | 13.0 | 2 | 12 | −7 | 欧盟（25） | 2 273 | 9.9 | 12 | 17 | 7 |
| 日本 | 1 741 | 8.3 | 6 | 3 | 9 | 日本 | 861 | 3.8 | 11 | 16 | 7 |
| 澳大利亚 | 1 572 | 7.5 | 12 | 15 | 8 | 中国 | 696 | 3.0 | −2 | 9 | −12 |
| 中国 | 1 242 | 5.9 | 8 | 11 | 5 | 中国香港 | 500 | 2.2 | 8 | 5 | 12 |
| 以上 5 个合计 | 10 492 | 50.0 | — | — | — | 以上 5 个合计 | 7 061 | 30.8 | — | — | — |
| 韩国 | 693 | 3.3 | 8 | 20 | −2 | 韩国 | 409 | 1.8 | 9 | 15 | 4 |
| 中国香港 | 633 | 3.0 | 28 | 36 | 20 | 澳大利亚 | 384 | 1.7 | 6 | 8 | 5 |
| 以上 7 个合计 | 11 817 | 56.3 | — | — | — | 以上 7 个合计 | 7 854 | 34.2 | — | — | — |
| 俄罗斯 | | | | | | | | | | | |
| 世界 | 10 082 | 100.0 | 14 | 17 | 11 | 世界 | 6 722 | 100.0 | 32 | 32 | 31 |
| 欧盟（25） | 3 190 | 31.6 | 9 | 12 | 6 | 欧盟（25） | 1 404 | 20.9 | 18 | 14 | 22 |
| 瑞士 | 696 | 6.9 | 14 | 22 | 7 | 乌克兰 | 228 | 3.4 | — | — | 20 |
| 美国 | 446 | 4.4 | 15 | 32 | 0 | 白俄罗斯 | 205 | 3.1 | 33 | 14 | 54 |
| 哈萨克斯坦 | 397 | 3.9 | 94 | 8 | 250 | 瑞士 | 155 | 2.3 | 11 | 18 | 5 |
| 中国 | 342 | 3.4 | 12 | 11 | 12 | 美国 | 144 | 2.1 | 12 | −1 | 28 |
| 以上 5 个合计 | 5 072 | 50.3 | — | — | — | 以上 5 个合计 | 2 137 | 31.8 | — | — | — |
| 英属维尔京群岛 | 310 | 3.1 | 31 | 51 | 14 | 哈萨克斯坦 | 102 | 1.5 | 24 | 19 | 29 |
| 乌克兰 | 299 | 3.0 | — | — | 101 | 英属维尔京群岛 | 99 | 1.5 | 124 | 130 | 119 |
| 日本 | 278 | 2.8 | 10 | 27 | −5 | 乌兹别克斯坦 | 89 | 1.3 | — | — | 43 |
| 韩国 | 241 | 2.4 | 12 | 8 | 17 | 中国 | 87 | 1.3 | 43 | 53 | 33 |
| 加拿大 | 240 | 2.4 | 128 | 2 | 409 | 阿联酋 | 85 | 1.3 | 62 | 65 | 58 |
| 土耳其 | 200 | 2.0 | 6 | −7 | 20 | 土耳其 | 85 | 1.3 | 25 | 23 | 27 |
| 白俄罗斯 | 105 | 1.0 | 40 | 37 | 42 | 韩国 | 78 | 1.2 | 34 | 30 | 39 |
| 阿塞拜疆 | 96 | 0.9 | — | — | 189 | 中国香港 | 57 | 0.8 | 92 | 271 | −1 |
| 乌兹别克斯坦 | 86 | 0.9 | — | — | 67 | 塔吉克斯坦 | 51 | 0.8 | 95 | 124 | 70 |
| 巴拿马 | 81 | 0.8 | 25 | 52 | 2 | 阿塞拜疆 | 49 | 0.7 | — | — | 48 |
| 以上 15 个合计 | 7 007 | 69.5 | — | — | — | 以上 15 个合计 | 2 918 | 43.4 | — | — | — |

表 65:

世界旅游服务贸易（按地区，2007）

单位：十亿美元和百分比

| 地区＼年份 | 总额 | 份额 | | 年度百分比变化 | | | |
|---|---|---|---|---|---|---|---|
| | 2007 | 2000 | 2007 | 2000—2007 | 2005 | 2006 | 2007 |
| 出口 | | | | | | | |
| 世界 | 855 | 100.0 | 100.0 | 9 | 7 | 9 | 14 |
| 北美洲 | 147 | 24.7 | 17.2 | 3 | 8 | 5 | 10 |
| 中、南美洲 | 38 | 4.9 | 4.5 | 7 | 13 | 11 | 12 |
| 欧洲 | 414 | 46.0 | 48.3 | 10 | 5 | 8 | 15 |
| 欧盟（25） | 366 | 41.8 | 42.7 | 9 | 4 | 9 | 15 |
| 独联体 | 17 | 1.0 | 2.0 | 20 | 11 | 24 | 28 |
| 非洲 | 37 | 3.1 | 4.4 | 14 | 15 | 12 | 17 |
| 中东 | 25 | 2.8 | 2.9 | 9 | 18 | 13 | 10 |
| 亚洲 | 178 | 17.5 | 20.7 | 12 | 9 | 16 | 18 |
| 进口 | | | | | | | |
| 世界 | 775 | 100.0 | 100.0 | 9 | 8 | 8 | 14 |
| 北美洲 | 115 | 19.7 | 14.8 | 4 | 7 | 6 | 9 |
| 中、南美洲 | 24 | 3.5 | 3.1 | 7 | 21 | 14 | 26 |
| 欧洲 | 389 | 47.7 | 50.1 | 10 | 7 | 6 | 15 |
| 欧盟（25） | 357 | 44.6 | 45.9 | 9 | 6 | 5 | 15 |
| 独联体 | 29 | 2.5 | 3.7 | 15 | 13 | 6 | 20 |
| 非洲 | 18 | 1.9 | 2.4 | — | — | 17 | 24 |
| 中东 | 40 | 3.5 | 5.1 | 15 | 18 | 27 | 16 |
| 亚洲 | 162 | 21.3 | 20.8 | 8 | 7 | 8 | 12 |

表 66:

主要旅游服务进出口国（2007）

单位：十亿美元和百分比

| 地区＼年份 | 总额 | 份额 | | 年度百分比变化 | | | |
|---|---|---|---|---|---|---|---|
| | 2007 | 2000 | 2007 | 2000—2007 | 2005 | 2006 | 2007 |
| 出口国 | | | | | | | |
| 欧盟（27） | 366.2 | 41.8 | 42.7 | 9 | 4 | 9 | 15 |
| 欧盟（27）对外出口 | 105.0 | — | 12.3 | — | 6 | 10 | 17 |
| 美国 | 118.8 | 20.7 | 13.9 | 3 | 8 | 5 | 11 |
| 中国 | 37.2 | 3.4 | 4.3 | 13 | 14 | 16 | 10 |
| 澳大利亚 | 22.3 | 2.0 | 2.6 | 13 | 11 | 6 | 25 |
| 土耳其 | 18.5 | 1.6 | 2.2 | 13 | 14 | —7 | 10 |
| 加拿大 | 15.6 | 2.3 | 1.8 | 5 | 7 | 7 | 6 |
| 泰国 | 15.6 | 1.6 | 1.8 | 11 | —5 | 40 | 16 |
| 中国香港 | 13.7 | 1.2 | 1.6 | 13 | 14 | 13 | 18 |
| 中国澳门 | 13.5 | 0.6 | 1.6 | — | 7 | 23 | — |
| 马来西亚 | 12.9 | 1.1 | 1.5 | 14 | 8 | 18 | 24 |
| 墨西哥 | 12.9 | 1.8 | 1.5 | 7 | 9 | 3 | 6 |
| 瑞士 | 11.8 | 1.4 | 1.4 | 9 | 5 | 5 | 11 |
| 印度 | 11.1 | 0.7 | 1.3 | 18 | 21 | 19 | 24 |
| 俄罗斯 | 9.6 | 0.7 | 1.1 | 16 | 6 | 30 | 26 |

续 表

| 地区 \ 年份 | 总额 | 份额 | | 年度百分比变化 | | | |
|---|---|---|---|---|---|---|---|
| | 2007 | 2000 | 2007 | 2000—2007 | 2005 | 2006 | 2007 |
| 日本 | 9.3 | 0.9 | 1.1 | 11 | 10 | 28 | 10 |
| 以上15个合计 | 690.0 | 81.8 | 80.4 | — | — | — | — |
| 进口国 | | | | | | | |
| 欧盟（27） | 356.8 | 44.6 | 45.9 | 9 | 6 | 5 | 15 |
| 欧盟（27）从外进口 | 129.0 | — | 16.6 | — | 5 | 4 | 19 |
| 美国 | 81.6 | 15.6 | 10.5 | 3 | 5 | 5 | 6 |
| 中国 | 29.8 | 3.0 | 3.8 | 12 | 14 | 12 | 22 |
| 日本 | 26.5 | 5.4 | 3.4 | 2 | −2 | −2 | −1 |
| 加拿大 | 25.1 | 2.9 | 3.2 | 11 | 14 | 13 | 22 |
| 俄罗斯 | 22.3 | 2.1 | 2.9 | 14 | 14 | 5 | 22 |
| 韩国 | 20.9 | 1.7 | 2.7 | 17 | 25 | 22 | 11 |
| 中国香港 | 15.1 | 2.9 | 1.9 | 3 | 0 | 6 | 7 |
| 澳大利亚 | 14.3 | 1.5 | 1.8 | 12 | 10 | 4 | 22 |
| 挪威 | 14.0 | 1.1 | 1.8 | 17 | 19 | 15 | 21 |
| 新加坡 | 11.2 | 1.1 | 1.4 | 14 | 8 | 4 | 8 |
| 瑞士 | 10.9 | 1.3 | 1.4 | 11 | 9 | 12 | 10 |
| 阿联酋 | 10.1 | 0.7 | 1.3 | — | 38 | 43 | — |
| 中国台北 | 9.1 | 1.9 | 1.2 | 2 | 6 | 1 | 4 |
| 印度 | 8.8 | 0.6 | 1.1 | 19 | 25 | 22 | 20 |
| 以上15个合计 | 655.0 | 86.2 | 84.5 | — | — | — | — |

a秘书处估计。

**表67：**

特定国家旅游服务贸易（按来源地和目的地，2006）

单位：十亿美元和百分比

| 出口：地区 \ 年份 | 总额 | 份额 | 年度百分比变化 | | | 进口：地区 \ 年份 | 总额 | 份额 | 年度百分比变化 | | |
|---|---|---|---|---|---|---|---|---|---|---|---|
| | 2006 | 2006 | 2004—2006 | 2005 | 2006 | | 2006 | 2006 | 2004—2006 | 2005 | 2006 |
| 欧盟（27） | | | | | | | | | | | |
| 世界 | 319 548 | 100.0 | 6 | 4 | 9 | 世界 | 309 890 | 100.0 | 6 | 6 | 5 |
| 欧盟（25） | 227 152 | 71.1 | 6 | 3 | 8 | 欧盟（25） | 198 402 | 64.0 | 6 | 6 | 6 |
| 美国 | 25 168 | 7.9 | 7 | 6 | 9 | 美国 | 20 907 | 6.7 | 1 | 2 | 1 |
| 瑞士 | 13 568 | 4.2 | 0 | −4 | 5 | 瑞士 | 8 747 | 2.8 | 4 | 5 | 3 |
| 挪威 | 7 608 | 2.4 | 23 | 26 | 19 | 土耳其 | 8 067 | 2.6 | 2 | 16 | −10 |
| 俄罗斯 | 4 051 | 1.3 | 18 | 15 | 21 | 克罗地亚 | 4 282 | 1.4 | 12 | 12 | 11 |
| 以上5个合计 | 277 546 | 86.9 | — | — | — | 以上5个合计 | 240 405 | 77.6 | — | — | — |
| 加拿大 | 3 636 | 1.1 | 14 | 15 | 14 | 澳大利亚 | 3 673 | 1.2 | 12 | 9 | 14 |
| 澳大利亚 | 3 486 | 1.1 | 11 | 12 | 10 | 埃及 | 3 548 | 1.1 | 2 | 10 | −6 |
| 日本 | 3 114 | 1.0 | 0 | −4 | 4 | 泰国 | 3 494 | 1.1 | 21 | 11 | 32 |
| 中国 | 2 392 | 0.7 | 29 | 30 | 29 | 加拿大 | 3 443 | 1.1 | 5 | 2 | 8 |
| 巴西 | 1 433 | 0.4 | 31 | 33 | 28 | 中国 | 3 088 | 1.0 | 23 | 43 | 6 |
| 墨西哥 | 1 385 | 0.4 | 5 | −7 | 19 | 挪威 | 2 530 | 0.8 | 4 | 10 | −2 |
| 土耳其 | 1 267 | 0.4 | 25 | 29 | 20 | 俄罗斯 | 2 519 | 0.8 | 6 | 7 | 5 |
| 印度 | 1 110 | 0.3 | 7 | −7 | 22 | 摩洛哥 | 2 413 | 0.8 | 10 | 0 | 21 |
| 南非 | 964 | 0.3 | 14 | 30 | 1 | 南非 | 2 258 | 0.7 | 9 | 8 | 10 |

续 表

| 出口 | | | | | | 进口 | | | | | |
|---|---|---|---|---|---|---|---|---|---|---|---|
| 地区＼年份 | 总额 | 份额 | 年度百分比变化 | | | 地区＼年份 | 总额 | 份额 | 年度百分比变化 | | |
| | 2006 | 2006 | 2004—2006 | 2005 | 2006 | | 2006 | 2006 | 2004—2006 | 2005 | 2006 |
| 克罗地亚 | 928 | 0.3 | 10 | 9 | 10 | 印度 | 2 104 | 0.7 | 7 | 11 | 3 |
| 以上15个合计 | 297 260 | 93.0 | — | — | — | 以上15个合计 | 269 475 | 87.0 | — | — | — |
| 美国 | | | | | | | | | | | |
| 世界 | 106 736 | 100.0 | 6 | 8 | 5 | 世界 | 76 807 | 100.0 | 5 | 5 | 5 |
| 欧盟（25） | 26 474 | 24.8 | 5 | 10 | 0 | 欧盟（25） | 22 841 | 29.7 | 2 | 7 | −3 |
| 日本 | 12 224 | 11.5 | 5 | 25 | −11 | 墨西哥 | 10 281 | 13.4 | 4 | 6 | 2 |
| 加拿大 | 11 106 | 10.4 | 13 | 13 | 13 | 加拿大 | 7 419 | 9.7 | 0 | −2 | 2 |
| 墨西哥 | 7 500 | 7.0 | 7 | 8 | 6 | 日本 | 3 048 | 4.0 | 10 | 13 | 7 |
| 韩国 | 4 238 | 4.0 | 13 | 17 | 9 | 中国 | 2 318 | 3.0 | 16 | 29 | 5 |
| 以上5个合计 | 61 542 | 57.7 | — | — | — | 以上5个合计 | 45 907 | 59.8 | — | — | — |
| 印度 | 3 860 | 3.6 | 13 | 16 | 10 | 印度 | 2 190 | 2.9 | 39 | 34 | 44 |
| 中国 | 3 236 | 3.0 | 22 | 25 | 19 | 澳大利亚 | 1 371 | 1.8 | 1 | 4 | −1 |
| 澳大利亚 | 2 559 | 2.4 | 9 | 8 | 11 | 中国香港 | 1 183 | 1.5 | 7 | 7 | 8 |
| 巴西 | 2 128 | 2.0 | 17 | 13 | 21 | 韩国 | 1 030 | 1.3 | 6 | 11 | 1 |
| 中国台北 | 1 585 | 1.5 | 5 | 7 | 4 | 中国台北 | 922 | 1.2 | 11 | 18 | 4 |
| 委内瑞拉 | 1 461 | 1.4 | 9 | 2 | 16 | 巴西 | 788 | 1.0 | 5 | −1 | 12 |
| 以色列 | 1 059 | 1.0 | 8 | 10 | 5 | 泰国 | 736 | 1.0 | 14 | 25 | 5 |
| 瑞士 | 805 | 0.8 | 7 | 2 | 13 | 新西兰 | 641 | 0.8 | 3 | 0 | 6 |
| 中国香港 | 671 | 0.6 | 11 | 16 | 7 | 阿根廷 | 619 | 0.8 | 28 | 17 | 40 |
| 菲律宾 | 636 | 0.6 | 5 | 6 | 3 | 瑞士 | 581 | 0.8 | 16 | 1 | 32 |
| 以上15个合计 | 79 540 | 74.5 | — | — | — | 以上15个合计 | 55 967 | 72.9 | — | — | — |
| 澳大利亚 | | | | | | | | | | | |
| 世界 | 17 854 | 100.0 | 8 | 11 | 6 | 世界 | 11 690 | 100.0 | 7 | 10 | 4 |
| 欧盟（25） | 3 778 | 21.2 | 6 | 7 | 4 | 欧盟（25） | 3 224 | 27.6 | 6 | 10 | 2 |
| 中国 | 2 175 | 12.2 | 17 | 27 | 8 | 美国 | 1 589 | 13.6 | 8 | 15 | 2 |
| 新西兰 | 1 426 | 8.0 | 5 | 14 | −3 | 新西兰 | 1 087 | 9.3 | 2 | −1 | 6 |
| 日本 | 1 327 | 7.4 | −3 | 4 | −10 | 泰国 | 554 | 4.7 | 21 | 11 | 34 |
| 美国 | 1 097 | 6.1 | 7 | 0 | 14 | 中国 | 499 | 4.3 | 15 | 22 | 9 |
| 以上5个合计 | 9 804 | 54.9 | — | — | — | 以上5个合计 | 6 953 | 59.5 | — | — | — |
| 韩国 | 1 085 | 6.1 | 22 | 20 | 25 | 斐济 | 481 | 4.1 | 15 | 20 | 10 |
| 印度 | 952 | 5.3 | 33 | 47 | 21 | 中国香港 | 347 | 3.0 | 15 | 21 | 9 |
| 中国香港 | 711 | 4.0 | 0 | 6 | −5 | 加拿大 | 336 | 2.9 | 6 | 13 | 0 |
| 马来西亚 | 676 | 3.8 | 2 | 8 | −4 | 新加坡 | 319 | 2.7 | 12 | 15 | 9 |
| 新加坡 | 598 | 3.3 | 3 | 5 | 1 | 马来西亚 | 273 | 2.3 | 8 | 12 | 4 |
| 印度尼西亚 | 500 | 2.8 | −2 | −5 | 1 | 印度尼西亚 | 262 | 2.2 | −29 | −7 | −46 |
| 泰国 | 421 | 2.4 | 5 | 6 | 4 | 越南 | 243 | 2.1 | 9 | 14 | 4 |
| 加拿大 | 367 | 2.1 | 15 | 13 | 17 | 日本 | 223 | 1.9 | 5 | 9 | 0 |
| 中国台北 | 306 | 1.7 | 0 | 9 | −8 | 印度 | 211 | 1.8 | 20 | 24 | 17 |
| 越南 | 184 | 1.0 | 22 | 23 | 20 | 菲律宾 | 165 | 1.4 | 4 | 3 | 5 |
| 以上15个合计 | 15 603 | 87.4 | — | — | — | 以上15个合计 | 9 813 | 83.9 | — | — | — |

**表 67（续 1）：**

**特定国家旅游服务贸易（按来源地和目的地，2006）**

单位：十亿美元和百分比

| 出口 | | | | | | 进口 | | | | | |
|---|---|---|---|---|---|---|---|---|---|---|---|
| 年份 | 总额 | 份额 | 年度百分比变化 | | | 年份 | 总额 | 份额 | 年度百分比变化 | | |
| 地区 | 2006 | 2006 | 2004—2006 | 2005 | 2006 | 地区 | 2006 | 2006 | 2004—2006 | 2005 | 2006 |
| 中国香港 | | | | | | | | | | | |
| 世界 | 11 637 | 100.0 | 14 | 14 | 13 | 世界 | 14 043 | 100.0 | 3 | 0 | 6 |
| 中国 | 6 477 | 55.7 | 12 | 10 | 13 | 中国 | 4 323 | 30.8 | 3 | 1 | 5 |
| 欧盟（25） | 815 | 7.0 | 19 | 24 | 14 | 欧盟（25） | 1 788 | 12.7 | 10 | 9 | 12 |
| 美国 | 676 | 5.8 | 5 | 12 | −1 | 美国 | 1 660 | 11.8 | 5 | 2 | 8 |
| 中国台北 | 547 | 4.7 | 17 | 17 | 17 | 澳大利亚 | 1 282 | 9.1 | 4 | 3 | 5 |
| 日本 | 526 | 4.5 | 9 | 11 | 6 | 日本 | 1 080 | 7.7 | 6 | −7 | 20 |
| 以上 5 个合计 | 9 041 | 77.7 | — | — | — | 以上 5 个合计 | 10 133 | 72.2 | — | — | — |
| 澳大利亚 | 354 | 3.0 | 23 | 29 | 17 | 加拿大 | 693 | 4.9 | 0 | −3 | 4 |
| 新加坡 | 300 | 2.6 | 17 | 19 | 15 | 泰国 | 605 | 4.3 | −4 | −9 | 1 |
| 韩国 | 265 | 2.3 | 30 | 32 | 27 | 中国台北 | 583 | 4.2 | 2 | 4 | 0 |
| 菲律宾 | 209 | 1.8 | 18 | 16 | 19 | 中国澳门 | 422 | 3.0 | 8 | 6 | 10 |
| 泰国 | 191 | 1.6 | 13 | 17 | 9 | 新加坡 | 343 | 2.4 | 9 | 28 | −7 |
| 马来西亚 | 173 | 1.5 | 17 | 13 | 22 | 韩国 | 242 | 1.7 | −18 | 1 | −33 |
| 加拿大 | 172 | 1.5 | 14 | 14 | 14 | 马来西亚 | 177 | 1.3 | −1 | 5 | −7 |
| 印度尼西亚 | 166 | 1.4 | 19 | 15 | 24 | 菲律宾 | 171 | 1.2 | −4 | −8 | 1 |
| 中国澳门 | 159 | 1.4 | 27 | 28 | 27 | 新西兰 | 141 | 1.0 | 3 | −2 | 8 |
| 印度 | 139 | 1.2 | 19 | 27 | 12 | 印度尼西亚 | 103 | 0.7 | 11 | 6 | 17 |
| 以上 15 个合计 | 11 169 | 96.0 | — | — | — | 以上 15 个合计 | 13 613 | 96.9 | — | — | — |
| 日本 | | | | | | | | | | | |
| 世界 | 8 470 | 100.0 | 19 | 10 | 28 | 世界 | 26 876 | 100.0 | −2 | −2 | −2 |
| 中国 | 2 154 | 25.4 | — | −27 | — | 美国 | 7 660 | 28.5 | — | −4 | — |
| 韩国 | 1 528 | 18.0 | — | 38 | — | 欧盟（25） | 4 167 | 15.5 | — | — | — |
| 台北 | 1 409 | 16.6 | — | −30 | — | 韩国 | 2 568 | 9.6 | — | −5 | — |
| 美国 | 829 | 9.8 | — | 2 | — | 中国 | 2 221 | 8.3 | — | 11 | — |
| 欧盟（25） | 746 | 8.8 | — | — | — | 澳大利亚 | 1 462 | 5.4 | — | −3 | — |
| 以上 5 个合计 | 6 666 | 78.7 | — | — | — | 以上 5 个合计 | 18 077 | 67.3 | — | — | — |
| 中国香港 | 359 | 4.2 | — | 23 | — | 中国台北 | 1 122 | 4.2 | — | −3 | — |
| 澳大利亚 | 187 | 2.2 | — | 17 | — | 泰国 | 1 028 | 3.8 | — | −10 | — |
| 加拿大 | 164 | 1.9 | — | 17 | — | 中国香港 | 933 | 3.5 | — | −7 | — |
| 泰国 | 148 | 1.7 | — | 69 | — | 加拿大 | 613 | 2.3 | — | 32 | — |
| 新加坡 | 123 | 1.5 | — | 60 | — | 印度尼西亚 | 514 | 1.9 | — | −21 | — |
| 马来西亚 | 114 | 1.3 | — | 64 | — | 新加坡 | 498 | 1.9 | — | 4 | — |
| 菲律宾 | 101 | 1.2 | — | 41 | — | 菲律宾 | 399 | 1.5 | — | −10 | — |
| 印度尼西亚 | 72 | 0.9 | — | 66 | — | 马来西亚 | 291 | 1.1 | — | 5 | — |
| 印度 | 65 | 0.8 | — | 70 | — | 新西兰 | 258 | 1.0 | — | −6 | — |
| 俄罗斯 | 64 | 0.8 | — | 47 | — | 瑞士 | 228 | 0.8 | — | −13 | — |
| 以上 15 个合计 | 8 062 | 95.2 | — | — | — | 以上 15 个合计 | 23 962 | 89.2 | — | — | — |
| 俄罗斯 | | | | | | | | | | | |
| 世界 | 7 628 | 100.0 | 17 | 6 | 30 | 世界 | 18 235 | 100.0 | 9 | 14 | 5 |
| 欧盟（25） | 2 786 | 36.5 | 6 | 3 | 9 | 欧盟（25） | 7 716 | 42.3 | 6 | 11 | 1 |
| 乌克兰 | 935 | 12.3 | — | — | 32 | 土耳其 | 1 883 | 10.3 | 0 | 15 | −12 |

续 表

| 地区 \ 年份 | 出口 总额 2006 | 份额 2006 | 年度百分比变化 2004—2006 | 2005 | 2006 | 地区 \ 年份 | 进口 总额 2006 | 份额 2006 | 年度百分比变化 2004—2006 | 2005 | 2006 |
|---|---|---|---|---|---|---|---|---|---|---|---|
| 美国 | 462 | 6.1 | 13 | −8 | 39 | 埃及 | 1 259 | 6.9 | 33 | 33 | 33 |
| 中国 | 400 | 5.2 | 19 | −6 | 52 | 乌克兰 | 1 253 | 6.9 | — | — | −16 |
| 土耳其 | 361 | 4.7 | 39 | 26 | 54 | 中国 | 920 | 5.0 | 7 | 6 | 8 |
| 以上5个合计 | 4 944 | 64.8 | — | — | — | 以上5个合计 | 13 031 | 71.5 | — | — | — |
| 哈萨克斯坦 | 334 | 4.4 | 11 | 21 | 2 | 美国 | 429 | 2.4 | 10 | 8 | 12 |
| 乌兹别克斯坦 | 322 | 4.2 | — | — | 186 | 阿联酋 | 414 | 2.3 | 8 | −1 | 18 |
| 塔吉克斯坦 | 302 | 4.0 | 63 | −9 | 191 | 哈萨克斯坦 | 407 | 2.2 | 26 | 33 | 19 |
| 阿塞拜疆 | 204 | 2.7 | — | — | 32 | 瑞士 | 332 | 1.8 | 5 | 2 | 8 |
| 摩尔多瓦 | 200 | 2.6 | — | — | 95 | 泰国 | 280 | 1.5 | 32 | −15 | 107 |
| 亚美尼亚 | 150 | 2.0 | — | — | 55 | 以色列 | 267 | 1.5 | 4 | 22 | −11 |
| 日本 | 122 | 1.6 | 7 | −5 | 22 | 保加利亚 | 250 | 1.4 | 15 | 9 | 21 |
| 吉尔吉斯斯坦 | 114 | 1.5 | 57 | 7 | 131 | 格鲁吉亚 | 210 | 1.2 | — | — | 24 |
| 白俄罗斯 | 112 | 1.5 | 22 | −8 | 61 | 日本 | 173 | 0.9 | −7 | −4 | −11 |
| 韩国 | 95 | 1.2 | 7 | −1 | 17 | 塞尔维亚和黑山 | 160 | 0.9 | 66 | 55 | 76 |
| 以上15个合计 | 6 899 | 90.4 | — | — | — | 以上15个合计 | 15 952 | 87.5 | — | — | — |
| 韩国 | | | | | | | | | | | |
| 世界 | 5 788 | 100.0 | −2 | −4 | 0 | 世界 | 18 851 | 100.0 | 24 | 25 | 22 |
| 日本 | 1 901 | 32.8 | −13 | −14 | −12 | 美国 | 5 038 | 26.7 | 28 | 33 | 24 |
| 中国 | 956 | 16.5 | 13 | 5 | 22 | 日本 | 3 419 | 18.1 | 26 | 25 | 27 |
| 美国 | 899 | 15.5 | 10 | 10 | 11 | 中国 | 2 689 | 14.3 | 24 | 33 | 15 |
| 欧盟（25） | 464 | 8.0 | 3 | 6 | −1 | 欧盟（25） | 1 582 | 8.4 | 23 | 29 | 17 |
| 以上4个合计 | 4 219 | 72.9 | — | — | — | 以上4个合计 | 12 727 | 67.5 | — | — | — |

**表 68：**

世界其他商业服务贸易（按地区，2007）

单位：十亿美元和百分比

| 地区 \ 年份 | 总额 2007 | 份额 2000 | 份额 2007 | 年度百分比变化 2000—2007 | 2005 | 2006 | 2007 |
|---|---|---|---|---|---|---|---|
| 出口 | | | | | | | |
| 世界 | 1 685 | 100.0 | 100.0 | 14 | 14 | 16 | 20 |
| 北美洲 | 297 | 23.5 | 17.7 | 10 | 12 | 12 | 16 |
| 中、南美洲 | 33 | 2.0 | 2.0 | 14 | 32 | 20 | 26 |
| 欧洲 | 918 | 50.1 | 54.5 | 16 | 12 | 15 | 22 |
| 欧盟（27） | 846 | 45.1 | 50.2 | 16 | 12 | 15 | 22 |
| 独联体 | 24 | 0.6 | 1.4 | 28 | 35 | 32 | 36 |
| 非洲 | 18 | 1.4 | 1.1 | — | — | 10 | 25 |

续 表

| 地区 \ 年份 | 总额 | 份额 | | 年度百分比变化 | | | |
|---|---|---|---|---|---|---|---|
| | 2007 | 2000 | 2007 | 2000—2007 | 2005 | 2006 | 2007 |
| 中东 | 34 | 2.0 | 2.0 | 15 | 15 | 23 | 12 |
| 亚洲 | 361 | 20.4 | 21.4 | 15 | 19 | 20 | 19 |
| 进口 | | | | | | | |
| 世界 | 1 415 | 100.0 | 100.0 | 13 | 11 | 14 | 20 |
| 北美洲 | 208 | 17.7 | 14.7 | 10 | 8 | 13 | 13 |
| 中、南美洲 | 37 | 3.2 | 2.6 | 10 | 25 | 14 | 16 |
| 欧洲 | 720 | 48.0 | 50.8 | 14 | 11 | 12 | 20 |
| 欧盟（27） | 683 | 45.6 | 48.2 | 14 | 10 | 13 | 20 |
| 独联体 | 43 | 1.6 | 3.1 | 24 | 19 | 19 | 37 |
| 非洲 | 39 | 2.6 | 2.8 | — | — | 15 | 24 |
| 中东 | 44 | 2.5 | 3.1 | 17 | 15 | 25 | 33 |
| 亚洲 | 325 | 24.5 | 22.9 | 12 | 11 | 17 | 20 |

**表 69：**

**其他商业服务主要进出口国（2007）**

单位：十亿美元和百分比

| 地区 \ 年份 | 总额 | 份额 | | 年度百分比变化 | | | |
|---|---|---|---|---|---|---|---|
| | 2007 | 2000 | 2007 | 2000—2007 | 2005 | 2006 | 2007 |
| 出口国 | | | | | | | |
| 欧盟（27） | 846.4 | 45.1 | 50.2 | 16 | 12 | 15 | 22 |
| 欧盟（27）对外出口 | 398.9 | — | 23.7 | — | 12 | 17 | 25 |
| 美国 | 260.4 | 19.7 | 15.5 | 10 | 12 | 13 | 17 |
| 日本 | 75.7 | 6.0 | 4.5 | 10 | 16 | 16 | 10 |
| 印度 | 69.8 | — | 4.1 | — | — | 38 | 19 |
| 中国 | 53.1 | 1.6 | 3.2 | 26 | 20 | 25 | 46 |
| 中国香港 | 45.3 | 3.3 | 2.7 | 11 | 15 | 17 | 17 |
| 瑞士 | 44.3 | 2.5 | 2.6 | 15 | 18 | 12 | 25 |
| 新加坡 | 35.7 | 1.7 | 2.1 | 18 | 13 | 13 | 15 |
| 加拿大 | 34.1 | 3.2 | 2.0 | 7 | 12 | 6 | 5 |
| 韩国 | 22.0 | 1.4 | 1.3 | 13 | 18 | 20 | 31 |
| 中国台北 | 19.0 | 1.8 | 1.1 | 7 | —9 | 19 | 9 |
| 挪威 | 17.6 | 0.9 | 1.0 | 17 | 24 | 34 | 31 |
| 俄罗斯 | 17.6 | 0.4 | 1.0 | 32 | 37 | 35 | 34 |
| 巴西 | 13.5 | 0.9 | 0.8 | 13 | 33 | 30 | 33 |
| 以色列 | 13.5 | 1.3 | 0.8 | 7 | 5 | 17 | 6 |
| 以上 15 个合计 | 1 570.0 | 91.3 | 93.1 | — | — | — | — |
| 进口国 | | | | | | | |
| 欧盟（27） | 683.1 | 45.6 | 48.2 | 14 | 10 | 13 | 20 |
| 欧盟（27）从外进口 | 275.9 | — | 19.5 | — | 10 | 11 | 22 |
| 美国 | 158.6 | 12.5 | 11.2 | 11 | 9 | 15 | 14 |
| 日本 | 73.1 | 8.1 | 5.2 | 6 | 3 | 17 | 14 |
| 中国 | 56.2 | 2.0 | 4.0 | 24 | 18 | 26 | 35 |
| 印度 | 37.3 | — | 2.6 | — | — | 43 | 22 |
| 加拿大 | 36.3 | 3.6 | 2.6 | 8 | 6 | 8 | 6 |
| 新加坡 | 33.1 | 2.0 | 2.3 | 16 | 7 | 17 | 16 |

续 表

| 年份<br>地区 | 总额 | 份额 | | 年度百分比变化 | | | |
|---|---|---|---|---|---|---|---|
| | 2007 | 2000 | 2007 | 2000—2007 | 2005 | 2006 | 2007 |
| 韩国 | 31.8 | 2.5 | 2.2 | 12 | 16 | 16 | 22 |
| 俄罗斯 | 26.2 | 0.8 | 1.8 | 27 | 18 | 23 | 39 |
| 巴西 | 18.0 | 1.2 | 1.3 | 14 | 43 | 18 | 21 |
| 沙特阿拉伯 | 17.3 | — | 1.2 | — | — | — | — |
| 瑞士 | 16.0 | 0.6 | 1.1 | 22 | 25 | −2 | 27 |
| 中国台北 | 15.9 | 1.9 | 1.1 | 5 | 5 | 4 | 8 |
| 泰国 | 14.9 | 1.0 | 1.0 | 14 | 14 | 38 | 24 |
| 中国香港 | 13.2 | 1.0 | 0.9 | 12 | 12 | 12 | 17 |
| 以上 15 个合计 | 1 230.0 | 85.2 | 86.9 | — | — | — | — |

a 秘书出估计。

**表 70：**

## 其他商业服务贸易（按来源地和目的地，2006）

单位：十亿美元和百分比

| 出口<br>年份<br>地区 | 总额<br>2006 | 份额<br>2006 | 年度百分比变化<br>2004—2006 | 2005 | 2006 | 进口<br>年份<br>地区 | 总额<br>2006 | 份额<br>2006 | 年度百分比变化<br>2004—2006 | 2005 | 2006 |
|---|---|---|---|---|---|---|---|---|---|---|---|
| 欧盟（27） | | | | | | | | | | | |
| 世界 | 695 603 | 100.0 | 13 | 12 | 15 | 世界 | 567 729 | 100.0 | 11 | 10 | 13 |
| 欧盟（25） | 372 499 | 53.6 | 12 | 12 | 13 | 欧盟（25） | 339 150 | 59.7 | 12 | 11 | 14 |
| 美国 | 101 275 | 14.6 | 10 | 2 | 19 | 美国 | 101 831 | 17.9 | 8 | 8 | 8 |
| 瑞士 | 43 691 | 6.3 | 11 | 9 | 12 | 瑞士 | 29 753 | 5.2 | 6 | 12 | 0 |
| 日本 | 14 169 | 2.0 | 5 | 13 | −3 | 日本 | 9 033 | 1.6 | 15 | 15 | 16 |
| 新加坡 | 9 922 | 1.4 | 26 | 14 | 38 | 挪威 | 5 372 | 0.9 | 15 | 14 | 16 |
| 以上 5 个合计 | 541 557 | 77.9 | — | — | — | 以上 5 个合计 | 485 139 | 85.5 | — | — | — |
| 俄罗斯 | 9 349 | 1.3 | 34 | 44 | 24 | 中国 | 4 635 | 0.8 | 34 | 22 | 46 |
| 挪威 | 8 452 | 1.2 | 9 | 8 | 10 | 俄罗斯 | 4 257 | 0.7 | 26 | 28 | 24 |
| 中国 | 7 731 | 1.1 | 20 | 42 | 1 | 新加坡 | 4 192 | 0.7 | 18 | 21 | 16 |
| 加拿大 | 5 443 | 0.8 | 13 | 12 | 14 | 加拿大 | 4 138 | 0.7 | 12 | 16 | 8 |
| 澳大利亚 | 4 817 | 0.7 | 19 | 21 | 18 | 中国香港 | 3 962 | 0.7 | 19 | 6 | 33 |
| 印度 | 4 614 | 0.7 | 68 | 68 | 67 | 印度 | 3 046 | 0.5 | 37 | 35 | 39 |
| 尼日利亚 | 4 347 | 0.6 | 36 | 33 | 39 | 澳大利亚 | 2 377 | 0.4 | 11 | 21 | 2 |
| 中国香港 | 4 191 | 0.6 | −2 | 27 | −25 | 巴西 | 2 031 | 0.4 | 29 | 22 | 37 |
| 韩国 | 4 120 | 0.6 | 16 | 23 | 9 | 土耳其 | 1 908 | 0.3 | 12 | 7 | 17 |
| 土耳其 | 3 748 | 0.5 | 24 | 12 | 37 | 韩国 | 1 780 | 0.3 | 13 | 9 | 17 |
| 以上 15 个合计 | 598 371 | 86.0 | — | — | — | 以上 15 个合计 | 517 464 | 91.1 | — | — | — |
| 美国 | | | | | | | | | | | |
| 世界 | 222 614 | 100.0 | 12 | 12 | 13 | 世界 | 138 757 | 100.0 | 12 | 9 | 15 |
| 欧盟（25） | 90 434 | 40.6 | 10 | 7 | 13 | 欧盟（25） | 59 783 | 43.1 | 14 | 8 | 20 |
| 加拿大 | 21 286 | 9.6 | 18 | 16 | 20 | 百慕大 | 13 499 | 9.7 | 0 | −11 | 12 |
| 日本 | 20 810 | 9.3 | 10 | 14 | 7 | 日本 | 12 826 | 9.2 | 12 | 15 | 8 |
| 瑞士 | 11 193 | 5.0 | 12 | 9 | 16 | 瑞士 | 11 797 | 8.5 | 30 | 38 | 22 |
| 墨西哥 | 11 061 | 5.0 | 14 | 22 | 6 | 加拿大 | 11 069 | 8.0 | 12 | 17 | 6 |
| 以上 5 个合计 | 154 785 | 69.5 | — | — | — | 以上 5 个合计 | 108 973 | 78.5 | — | — | — |
| 澳大利亚 | 5 478 | 2.5 | 20 | 11 | 30 | 印度 | 3 869 | 2.8 | 70 | 125 | 28 |

续表

出口

| 地区 \ 年份 | 总额 2006 | 份额 2006 | 年度百分比变化 2004—2006 | 2005 | 2006 |
|---|---|---|---|---|---|
| 新加坡 | 5 228 | 2.3 | 7 | 1 | 14 |
| 中国 | 4 641 | 2.1 | 21 | 27 | 16 |
| 百慕大 | 4 297 | 1.9 | 6 | 3 | 10 |
| 韩国 | 4 212 | 1.9 | 15 | 19 | 10 |
| 巴西 | 3 824 | 1.7 | 30 | 29 | 30 |
| 中国香港 | 3 181 | 1.4 | 21 | 21 | 21 |
| 中国台北 | 2 851 | 1.3 | 16 | 17 | 16 |
| 印度 | 1 573 | 0.7 | 24 | 11 | 38 |
| 沙特阿拉伯 | 1 455 | 0.7 | 9 | 11 | 6 |
| 以上 15 个合计 | 191 525 | 86.0 | — | — | — |
| 日本 | | | | | |
| 世界 | 69 022 | 100.0 | 16 | 16 | 16 |
| 美国 | 23 046 | 33.4 | 12 | 8 | 16 |
| 欧盟（25） | 19 193 | 27.8 | — | — | 14 |
| 新加坡 | 6 133 | 8.9 | 37 | 27 | 47 |
| 中国台北 | 3 956 | 5.7 | 16 | 22 | 10 |
| 泰国 | 2 398 | 3.5 | 49 | 57 | 41 |
| 以上 5 个合计 | 54 725 | 79.3 | — | — | — |
| 中国 | 2 253 | 3.3 | −7 | 21 | −28 |
| 加拿大 | 1 505 | 2.2 | −4 | 6 | −14 |
| 韩国 | 1 328 | 1.9 | 10 | 32 | −8 |
| 阿联酋 | 1 228 | 1.8 | 31 | 8 | 59 |
| 印度尼西亚 | 1 150 | 1.7 | −5 | −22 | 16 |
| 瑞士 | 1 038 | 1.5 | 5 | −20 | 39 |
| 澳大利亚 | 782 | 1.1 | 8 | 33 | −12 |
| 沙特阿拉伯 | 704 | 1.0 | 121 | — | — |
| 印度 | 516 | 0.7 | 26 | 30 | 23 |
| 菲律宾 | 498 | 0.7 | −6 | 6 | −17 |
| 以上 15 个合计 | 65 729 | 95.2 | — | — | — |
| 中国香港 | | | | | |
| 世界 | 38 615 | 100.0 | 16 | 15 | 17 |
| 美国 | 10 404 | 26.9 | 18 | 14 | 22 |
| 欧盟（27） | 8 184 | 21.2 | 25 | 21 | 29 |
| 中国 | 7 856 | 20.3 | 6 | 6 | 5 |
| 日本 | 2 115 | 5.5 | 17 | 14 | 20 |
| 新加坡 | 1 367 | 3.5 | 16 | 1 | 34 |
| 以上 5 个合计 | 29 926 | 77.5 | — | — | — |
| 中国台北 | 1 214 | 3.1 | 5 | 16 | −5 |

进口

| 地区 \ 年份 | 总额 2006 | 份额 2006 | 年度百分比变化 2004—2006 | 2005 | 2006 |
|---|---|---|---|---|---|
| 墨西哥 | 2 621 | 1.9 | 11 | 10 | 12 |
| 澳大利亚 | 2 150 | 1.5 | 17 | 34 | 3 |
| 中国香港 | 1 976 | 1.4 | 4 | 0 | 8 |
| 新加坡 | 1 769 | 1.3 | 32 | 76 | 0 |
| 巴西 | 1 332 | 1.0 | 47 | 17 | 85 |
| 中国香港 | 1 044 | 0.8 | 25 | 29 | 22 |
| 以色列 | 984 | 0.7 | 9 | 18 | 1 |
| 韩国 | 739 | 0.5 | 23 | 25 | 21 |
| 菲律宾 | 653 | 0.5 | 22 | 8 | 37 |
| 以上 15 个合计 | 126 111 | 90.9 | — | — | — |
| | | | | | |
| 世界 | 64 189 | 100.0 | 10 | 3 | 17 |
| 美国 | 28 274 | 44.0 | 10 | 8 | 13 |
| 欧盟（25） | 14 902 | 23.2 | — | — | 17 |
| 新加坡 | 2 767 | 4.3 | 12 | 3 | 21 |
| 中国 | 1 970 | 3.1 | 15 | 13 | 16 |
| 瑞士 | 1 583 | 2.5 | 15 | 7 | 23 |
| 以上 5 个合计 | 49 495 | 77.1 | — | — | — |
| 中国台北 | 1 322 | 2.1 | −12 | −14 | −11 |
| 韩国 | 1 240 | 1.9 | 19 | 23 | 15 |
| 中国香港 | 1 221 | 1.9 | 3 | 0 | 7 |
| 泰国 | 1 088 | 1.7 | 38 | 39 | 38 |
| 阿联酋 | 1 007 | 1.6 | 37 | −1 | 89 |
| 印度尼西亚 | 893 | 1.4 | 10 | 5 | 15 |
| 澳大利亚 | 801 | 1.2 | 18 | 5 | 32 |
| 菲律宾 | 561 | 0.9 | 19 | −5 | 50 |
| 沙特阿拉伯 | 556 | 0.9 | 22 | −41 | 152 |
| 加拿大 | 503 | 0.8 | 4 | 3 | 6 |
| 以上 15 个合计 | 58 687 | 91.4 | — | — | — |
| | | | | | |
| 世界 | 11 247 | 100.0 | 12 | 12 | 12 |
| 美国 | 2 620 | 23.3 | 9 | 12 | 5 |
| 中国 | 2 607 | 23.2 | 9 | 9 | 9 |
| 欧盟（25） | 2 027 | 18.0 | 29 | 25 | 34 |
| 日本 | 1 100 | 9.8 | 3 | 11 | −4 |
| 新加坡 | 739 | 6.6 | 22 | 12 | 32 |
| 以上 5 个合计 | 9 093 | 80.8 | — | — | — |
| 中国台北 | 327 | 2.9 | 13 | 15 | 11 |

续 表

| 出口 | | | | | | 进口 | | | | | |
|---|---|---|---|---|---|---|---|---|---|---|---|
| 年份 | 总额 | 份额 | 年度百分比变化 | | | 年份 | 总额 | 份额 | 年度百分比变化 | | |
| 地区 | 2006 | 2006 | 2004—2006 | 2005 | 2006 | 地区 | 2006 | 2006 | 2004—2006 | 2005 | 2006 |
| 韩国 | 916 | 2.4 | 35 | 27 | 45 | 澳大利亚 | 221 | 2.0 | 5 | −4 | 14 |
| 澳大利亚 | 459 | 1.2 | 11 | 5 | 18 | 韩国 | 193 | 1.7 | −4 | 2 | −9 |
| 瑞士 | 451 | 1.2 | 8 | 6 | 11 | 马来西亚 | 192 | 1.7 | 42 | 15 | 76 |
| 泰国 | 353 | 0.9 | 32 | 72 | 1 | 瑞士 | 177 | 1.6 | 6 | −5 | 19 |
| 加拿大 | 345 | 0.9 | −1 | 5 | −6 | 泰国 | 107 | 1.0 | 28 | 34 | 23 |
| 印度 | 267 | 0.7 | −4 | −49 | 80 | 印度尼西亚 | 99 | 0.9 | 12 | 23 | 2 |
| 印度尼西亚 | 260 | 0.7 | 44 | 52 | 37 | 加拿大 | 66 | 0.6 | −4 | −6 | −3 |
| 马来西亚 | 257 | 0.7 | 4 | 14 | −5 | 菲律宾 | 61 | 0.5 | 16 | 20 | 13 |
| 中国澳门 | 214 | 0.6 | 10 | 46 | −17 | 中国澳门 | 59 | 0.5 | −2 | 10 | −13 |
| 以上 15 个合计 | 34 662 | 89.8 | — | — | — | 以上 15 个合计 | 10 595 | 94.2 | — | — | — |
| 新加坡 | | | | | | | | | | | |
| 世界 | 30 913 | 100.0 | 13 | 13 | 13 | 世界 | 28 414 | 100.0 | 12 | 7 | 17 |
| 美国 | 5 004 | 16.2 | 32 | 21 | 43 | 美国 | 8 055 | 28.3 | 9 | 11 | 6 |
| 欧盟（25） | 4 473 | 14.5 | 23 | 20 | 26 | 欧盟（25） | 7 881 | 27.7 | 30 | 24 | 35 |
| 日本 | 3 295 | 10.7 | 9 | 14 | 4 | 日本 | 2 946 | 10.4 | 14 | −11 | 45 |
| 中国香港 | 1 967 | 6.4 | 9 | 18 | 0 | 中国香港 | 1 244 | 4.4 | 22 | 13 | 31 |
| 中国 | 1 237 | 4.0 | 1 | 5 | −3 | 澳大利亚 | 770 | 2.7 | 8 | −4 | 23 |
| 以上 5 个合计 | 15 976 | 51.7 | — | — | — | 以上 5 个合计 | 20 896 | 73.5 | — | — | — |
| 韩国 | 1 221 | 4.0 | 3 | 15 | −7 | 中国香港 | 649 | 2.3 | 7 | −11 | 28 |
| 澳大利亚 | 1 131 | 3.7 | 24 | 37 | 12 | 韩国 | 433 | 1.5 | 15 | 12 | 17 |
| 以上 7 个合计 | 18 328 | 59.3 | — | — | — | 以上 7 个合计 | 21 978 | 77.3 | — | — | — |
| 韩国 | | | | | | | | | | | |
| 世界 | 16 787 | 100.0 | 19 | 18 | 20 | 世界 | 26 040 | 100.0 | 16 | 16 | 16 |
| 美国 | 5 437 | 32.4 | 11 | 8 | 14 | 美国 | 9 170 | 35.2 | 17 | 18 | 16 |
| 欧盟（25） | 3 529 | 21.0 | 33 | 42 | 24 | 欧盟（25） | 4 790 | 18.4 | 8 | 12 | 4 |
| 日本 | 2 031 | 12.1 | 3 | 5 | 2 | 中国 | 2 842 | 10.9 | 20 | 17 | 23 |
| 中国 | 1 269 | 7.6 | 28 | 8 | 51 | 日本 | 1 931 | 7.4 | 8 | 10 | 5 |
| 以上 4 个合计 | 12 266 | 73.1 | — | — | — | 以上 4 个合计 | 18 733 | 71.9 | — | — | — |
| 俄罗斯 | | | | | | | | | | | |
| 世界 | 13 156 | 100.0 | 36 | 37 | 35 | 世界 | 18 845 | 100.0 | 20 | 18 | 23 |
| 欧盟（25） | 5 924 | 45.0 | 33 | 30 | 37 | 欧盟（25） | 9 874 | 52.4 | 34 | 39 | 29 |
| 美国 | 1 743 | 13.2 | 30 | 36 | 24 | 土耳其 | 1 987 | 10.5 | 45 | 37 | 53 |
| 土耳其 | 706 | 5.4 | 58 | 86 | 35 | 美国 | 1 911 | 10.1 | 5 | −19 | 36 |
| 瑞士 | 530 | 4.0 | 49 | 69 | 32 | 巴拿马 | 671 | 3.6 | 33 | 56 | 13 |
| 哈萨克斯坦 | 350 | 2.7 | 23 | 16 | 31 | 瑞士 | 665 | 3.5 | 14 | 2 | 28 |
| 以上 5 个合计 | 9 253 | 70.3 | — | — | — | 以上 5 个合计 | 15 108 | 80.2 | — | — | — |
| 乌克兰 | 297 | 2.3 | — | — | 18 | 乌克兰 | 467 | 2.5 | — | — | 31 |
| 英属维尔京群岛 | 284 | 2.2 | 28 | 33 | 23 | 英属维尔京群岛 | 205 | 1.1 | 81 | 88 | 76 |
| 日本 | 212 | 1.6 | 56 | 54 | 57 | 白俄罗斯 | 197 | 1.0 | −1 | −3 | 1 |
| 白俄罗斯 | 177 | 1.3 | 23 | 26 | 20 | 韩国 | 155 | 0.8 | 151 | 219 | 98 |
| 印度 | 151 | 1.1 | −3 | −12 | 6 | 塞尔维亚和黑山 | 153 | 0.8 | −44 | −80 | 59 |
| 巴拿马 | 138 | 1.1 | 89 | 52 | 134 | 哈萨克斯坦 | 107 | 0.6 | 6 | 2 | 9 |
| 韩国 | 115 | 0.9 | 25 | 19 | 32 | 中国 | 95 | 0.5 | 48 | 5 | 109 |
| 塔吉克斯坦 | 109 | 0.8 | 262 | 406 | 159 | 以色列 | 88 | 0.5 | 44 | 70 | 21 |
| 中国 | 90 | 0.7 | 11 | 9 | 13 | 加拿大 | 88 | 0.5 | 42 | 24 | 63 |
| 加拿大 | 80 | 0.6 | 61 | 2 | 152 | 挪威 | 67 | 0.4 | 53 | 30 | 79 |
| 以上 15 个合计 | 10 908 | 82.9 | — | — | — | 以上 15 个合计 | 16 729 | 88.8 | — | — | — |

**表 71：**

**通信服务主要进出口国（2006）**

单位：百万美元和百分比

| 排序 | 出口国 | 总额 | 占 15 个国家比重 | 年度百分比变化 | 排序 | 进口国 | 总额 | 占 15 个国家比重 | 年度百分比变化 |
|---|---|---|---|---|---|---|---|---|---|
| 1 | 欧盟（27） | 30 161 | 65.5 | 20 | 1 | 欧盟（27） | 29 978 | 75.7 | 24 |
| | 欧盟（27）对外出口 | 8 225 | 17.9 | 23 | | 欧盟（27）从外进口 | 9 330 | 23.6 | 20 |
| 2 | 美国 | 6 257 | 13.6 | 20 | 2 | 美国 | 4 557 | 11.5 | 1 |
| 3 | 科威特 | 3 398 | 7.4 | 162 | 3 | 俄罗斯 | 900 | 2.3 | 25 |
| 4 | 印度 | 1 096 | 2.4 | 11 | 4 | 马来西亚 | 653 | 1.6 | −4 |
| 5 | 俄罗斯 | 739 | 1.6 | 19 | 5 | 韩国 | 613 | 1.5 | — |
| 6 | 马来西亚 | 641 | 1.4 | 4 | 6 | 印度 | 450 | 1.1 | 35 |
| 7 | 菲律宾 | 572 | 1.2 | — | 7 | 澳大利亚 | 403 | 1.0 | −2 |
| 8 | 中国香港 | 566 | 1.2 | −17 | 8 | 中国香港 | 349 | 0.9 | −19 |
| 9 | 墨西哥 | 466 | 1.0 | −15 | 9 | 以色列 | 318 | 0.8 | 50 |
| 10 | 韩国 | 423 | 0.9 | — | 10 | 阿根廷 | 266 | 0.7 | 11 |
| 11 | 土耳其 | 416 | 0.9 | 1 | 11 | 土耳其 | 247 | 0.6 | 35 |
| 12 | 摩洛哥 | 387 | 0.8 | −13 | 12 | 南非 | 231 | 0.6 | 26 |
| 13 | 克罗地亚 | 325 | 0.7 | 38 | 13 | 挪威 | 228 | 0.6 | 4 |
| 14 | 挪威 | 320 | 0.7 | 6 | 14 | 黎巴嫩 | 217 | 0.5 | 56 |
| 15 | 黎巴嫩 | 305 | 0.7 | 27 | 15 | 哥伦比亚 | 182 | 0.5 | 37 |
| | 以上 15 个合计 | 46 070 | 100.0 | — | | 以上 15 个合计 | 39 590 | 100.0 | — |

a 秘书处估计。

**表 72：**

**主要国家通讯服务出口（按目的地，2006）**

单位：百万美元和百分比

| 地区＼年份 | 总额 | 份额 | 年度百分比变化 | | | 地区＼年份 | 总额 | 份额 | 年度百分比变化 | | |
|---|---|---|---|---|---|---|---|---|---|---|---|
| | 2006 | 2006 | 2004—2006 | 2005 | 2006 | | 2006 | 2006 | 2004—2006 | 2005 | 2006 |
| 欧盟（27） | | | | | | 美国 | | | | | |
| 世界 | 30 161 | 100.0 | 19 | 18 | 20 | 世界 | 6 257 | 100.0 | 16 | 12 | 20 |
| 欧盟（25） | 21 723 | 72.0 | 21 | 23 | 19 | 欧盟（25） | 1 610 | 25.7 | 8 | 3 | 13 |
| 美国 | 2 678 | 8.9 | 6 | −3 | 17 | 巴西 | 740 | 11.8 | 162 | 151 | 172 |
| 瑞士 | 792 | 2.6 | 4 | −9 | 19 | 加拿大 | 651 | 10.4 | −10 | −14 | −6 |
| 挪威 | 491 | 1.6 | 40 | 48 | 32 | 墨西哥 | 332 | 5.3 | 12 | 12 | 11 |
| 俄罗斯 | 299 | 1.0 | 39 | 18 | 64 | 委内瑞拉 | 211 | 3.4 | 162 | 318 | 64 |
| 以上 5 个合计 | 25 983 | 86.1 | — | — | — | 以上 5 个合计 | 3 544 | 56.6 | — | — | — |
| 加拿大 | 188 | 0.6 | 10 | 3 | 17 | 菲律宾 | 193 | 3.1 | 46 | 48 | 43 |
| 澳大利亚 | 172 | 0.6 | 9 | 23 | −3 | 阿根廷 | 185 | 3.0 | 167 | 359 | 56 |
| 土耳其 | 142 | 0.5 | 36 | 32 | 41 | 瑞士 | 171 | 2.7 | 20 | 33 | 7 |
| 日本 | 137 | 0.5 | −39 | −1 | −63 | 韩国 | 144 | 2.3 | 7 | 12 | 2 |
| 印度 | 132 | 0.4 | 43 | 23 | 65 | 日本 | 139 | 2.2 | −7 | −3 | −11 |
| 南非 | 122 | 0.4 | 35 | 12 | 63 | 澳大利亚 | 122 | 1.9 | 21 | 28 | 14 |
| 中国 | 121 | 0.4 | 25 | −6 | 66 | 印度 | 107 | 1.7 | 12 | 5 | 20 |
| 中国香港 | 117 | 0.4 | 26 | 37 | 16 | 中国 | 103 | 1.6 | 8 | 15 | 2 |
| 巴西 | 110 | 0.4 | 18 | −1 | 42 | 南非 | 80 | 1.3 | 14 | 28 | 2 |
| 以色列 | 109 | 0.4 | 27 | 17 | 38 | 沙特阿拉伯 | 71 | 1.1 | 34 | 28 | 40 |
| 以上 15 个合计 | 27 332 | 90.6 | — | — | — | 以上 15 个合计 | 4 859 | 77.7 | — | — | — |

表 73：

世界建筑服务出口（按地区，2006）

单位：十亿美元和百分比

| 地区＼年份 | 总额 | 份额 | | 年度百分比变化 | | | |
|---|---|---|---|---|---|---|---|
| | 2006 | 2000 | 2006 | 2000—2006 | 2004 | 2005 | 2006 |
| 出口 | | | | | | | |
| 世界 | 60 | 100.0 | 100.0 | 11 | 16 | 16 | 15 |
| 北美洲 | 6 | 8.7 | 9.7 | 13 | 25 | 18 | 40 |
| 中、南美洲 | 0 | 1.3 | 0.3 | −12 | 23 | 11 | −5 |
| 欧洲 | 31 | 59.0 | 53.4 | 10 | 3 | 14 | 10 |
| 欧盟（27） | 29 | — | 49.4 | — | — | 16 | 9 |
| 独联体 | 4 | 1.0 | 6.0 | 51 | 46 | 37 | 38 |
| 亚洲 | 16 | 27.4 | 26.9 | 11 | 45 | 19 | 12 |

表 74：

建筑服务主要进出口国（2006）

单位：百万美元和百分比

| 排序 | 出口国 | 总额 | 占 15 个国家比重 | 年度百分比变化 | 排序 | 进口国 | 总额 | 占 15 个国家比重 | 年度百分比变化 |
|---|---|---|---|---|---|---|---|---|---|
| 1 | 欧盟（27） | 28 848 | 53.0 | 9 | 1 | 欧盟（27） | 19 490 | 44.7 | 7 |
| | 欧盟（27）对外出口 | 15 326 | 28.1 | 11 | | 欧盟（27）从外进口 | 8 089 | 18.6 | 10 |
| 2 | 日本 | 8 981 | 16.5 | 24 | 2 | 日本 | 6 202 | 14.2 | 30 |
| 3 | 美国 | 5 468 | 10.0 | 42 | 3 | 俄罗斯 | 4 603 | 10.6 | 14 |
| 4 | 俄罗斯 | 3 050 | 5.6 | 38 | 4 | 哈萨克斯坦 | 3 225 | 7.4 | 66 |
| 5 | 中国 | 2 753 | 5.1 | 6 | 5 | 中国 | 2 050 | 4.7 | 27 |
| 6 | 马来西亚 | 1 041 | 1.9 | 28 | 6 | 安哥拉 | 1 476 | 3.4 | 12 |
| 7 | 土耳其 | 936 | 1.7 | 6 | 7 | 马来西亚 | 1 314 | 3.0 | 21 |
| 8 | 新加坡 | 666 | 1.2 | 8 | 8 | 阿塞拜疆 | 1 300 | 3.0 | −13 |
| 9 | 以色列 | 509 | 0.9 | 46 | 9 | 印度尼西亚 | 984 | 2.3 | 36 |
| 10 | 印度尼西亚 | 456 | 0.8 | −6 | 10 | 印度 | 906 | 2.1 | 36 |
| 11 | 埃及 | 430 | 0.8 | −14 | 11 | 泰国 | 581 | 1.3 | 85 |
| 12 | 印度尼西亚 | 403 | 0.7 | −60 | 12 | 美国 | 563 | 1.3 | 36 |
| 13 | 泰国 | 336 | 0.6 | 32 | 13 | 伊拉克 | 330 | 0.8 | −16 |
| 14 | 挪威 | 330 | 0.6 | 30 | 14 | 中国台北 | 295 | 0.7 | −22 |
| 15 | 中国香港 | 268 | 0.5 | −14 | 15 | 新加坡 | 262 | 0.6 | 8 |
| | 以上 15 个合计 | 54 475 | 100.0 | — | | 以上 15 个合计 | 43 580 | 100.0 | — |

a 秘书处估计。

表 75：

主要国家的建筑服务出口（按目的地，2006）

（百万美元和百分比）

| 地区＼年份 | 总额 | 份额 | 年度百分比变化 | | | 地区＼年份 | 总额 | 份额 | 年度百分比变化 | | |
|---|---|---|---|---|---|---|---|---|---|---|---|
| | 2006 | 2006 | 2004—2006 | 2005 | 2006 | | 2006 | 2006 | 2004—2006 | 2005 | 2006 |
| 欧盟（27） | | | | | | 日本 | | | | | |
| 世界 | 28 848 | 100.0 | 12 | 16 | 9 | 世界 | 8 981 | 100.0 | 14 | 5 | 24 |
| 欧盟（25） | 13 320 | 46.2 | 10 | 13 | 7 | 阿联酋 | 1 491 | 16.6 | 49 | 69 | 31 |

续　表

| 地区 \ 年份 | 总额 2006 | 份额 2006 | 年度百分比变化 2004—2006 | 2005 | 2006 | 地区 \ 年份 | 总额 2006 | 份额 2006 | 年度百分比变化 2004—2006 | 2005 | 2006 |
|---|---|---|---|---|---|---|---|---|---|---|---|
| 美国 | 1 134 | 3.9 | −4 | 4 | −12 | 沙特阿拉伯 | 1 367 | 15.2 | 52 | −15 | 172 |
| 尼日利亚 | 1 099 | 3.8 | 25 | 51 | 3 | 泰国 | 732 | 8.1 | 77 | 87 | 68 |
| 俄罗斯 | 902 | 3.1 | 9 | 33 | −11 | 中国台北 | 656 | 7.3 | −29 | −36 | −21 |
| 挪威 | 842 | 2.9 | −11 | −8 | −13 | 印度尼西亚 | 516 | 5.7 | −16 | −43 | 24 |
| 以上5个合计 | 17 298 | 60.0 | — | — | — | 以上5个合计 | 4 763 | 53.0 | — | — | — |
| 瑞士 | 757 | 2.6 | 8 | 0 | 16 | 越南 | 289 | 3.2 | 80 | 162 | 24 |
| 中国 | 600 | 2.1 | 5 | 19 | −8 | 欧盟（25） | 261 | 2.9 | — | — | 122 |
| 巴西 | 415 | 1.4 | 94 | 160 | 44 | 俄罗斯 | 258 | 2.9 | 132 | 313 | 30 |
| 委内瑞拉 | 412 | 1.4 | 117 | 218 | 48 | 美国 | 255 | 2.8 | 52 | 56 | 49 |
| 埃及 | 347 | 1.2 | 71 | 20 | 146 | 伊朗 | 241 | 2.7 | 29 | 102 | −17 |
| 加拿大 | 264 | 0.9 | 52 | 37 | 68 | 新加坡 | 223 | 2.5 | −9 | −26 | 11 |
| 克罗地亚 | 239 | 0.8 | 16 | 15 | 17 | 中国台北 | 176 | 2.0 | −33 | −31 | −35 |
| 印度 | 205 | 0.7 | −7 | 16 | −25 | 菲律宾 | 134 | 1.5 | 18 | 8 | 28 |
| 南非 | 202 | 0.7 | −2 | −22 | 23 | 马来西亚 | 119 | 1.3 | 19 | 48 | −5 |
| 新加坡 | 198 | 0.7 | −12 | −7 | −17 | 墨西哥 | 71 | 0.8 | 7 | 233 | −66 |
| 以上15个合计 | 20 936 | 72.6 | — | — | — | 以上15个合计 | 6 790 | 75.6 | — | — | — |
| 俄罗斯 | | | | | | 新加坡 | | | | | |
| 世界 | 3 050 | 100.0 | 39 | 40 | 38 | 世界 | 666 | 100.0 | 1 | −4 | 8 |
| 欧盟（25） | 1 107 | 36.3 | 21 | 2 | 43 | 中国台北 | 90 | 13.5 | −32 | −56 | 6 |
| 土耳其 | 580 | 19.0 | 59 | 98 | 28 | 欧盟（25） | 31 | 4.7 | −25 | −22 | −29 |
| 美国 | 241 | 7.9 | 17 | 59 | −14 | 美国 | 29 | 4.3 | 24 | 114 | −28 |
| 日本 | 124 | 4.1 | 114 | 144 | 87 | 澳大利亚 | 9 | 1.3 | 125 | 11 | 353 |
| 塔吉克斯坦 | 96 | 3.1 | — | — | 248 | 日本 | 7 | 1.0 | 5 | 31 | −16 |
| 以上5个合计 | 2 147 | 70.4 | — | — | — | 以上5个合计 | 165 | 24.8 | — | — | — |

**表76：**

### 世界保险服务出口（按地区，2006）

单位：十亿美元和百分比

| 地区 \ 年份 | 总额 2006 | 份额 2000 | 份额 2006 | 年度百分比变化 2000—2006 | 2004 | 2005 | 2006 |
|---|---|---|---|---|---|---|---|
| 出口 | | | | | | | |
| 世界 | 60 | 100.0 | 100.0 | 16 | 3 | −10 | 22 |
| 北美洲 | 14 | 28.7 | 22.8 | 11 | 4 | 14 | 12 |
| 中、南美洲 | 1 | 4.0 | 2.3 | 6 | 14 | 30 | 0 |
| 欧洲 | 37 | 51.2 | 60.1 | 19 | −2 | −21 | 28 |
| 欧盟（27） | 31 | — | 50.1 | — | — | −26 | 30 |
| 独联体 | 1 | 0.2 | 0.9 | 44 | 52 | 31 | 30 |
| 亚洲 | 7 | 11.8 | 11.9 | 16 | 36 | 3 | 24 |

表 77：

保险服务主要进出口国（2006）

单位：百万美元和百分比

| 排序 | 出口国 | 总额 | 占15个国家比重 | 年度百分比变化 | 排序 | 进口国 | 总额 | 占15个国家比重 | 年度百分比变化 |
|---|---|---|---|---|---|---|---|---|---|
| 1 | 欧盟（27） | 30 744 | 53.6 | 30 | 1 | 美国 | 33 582 | 33.2 | 18 |
|  | 欧盟（27）对外出口 | 18 006 | 31.4 | 138 | 2 | 欧盟（27） | 26 904 | 26.6 | 3 |
| 2 | 美国 | 9 276 | 16.2 | 19 |  | 欧盟（27）从外进口 | 8 793 | 8.7 | −13 |
| 3 | 瑞士 | 5 229 | 9.1 | 19 | 3 | 墨西哥 | 9 278 | 9.2 | 6 |
| 4 | 加拿大 | 3 457 | 6.0 | 8 | 4 | 中国 | 8 831 | 8.7 | 23 |
| 5 | 日本 | 1 576 | 2.7 | 80 | 5 | 加拿大 | 4 871 | 4.8 | 6 |
| 6 | 新加坡 | 1 466 | 2.6 | 21 | 6 | 日本 | 4 574 | 4.5 | 142 |
| 7 | 墨西哥 | 1 263 | 2.2 | −19 | 7 | 新加坡 | 3 082 | 3.0 | 21 |
| 8 | 印度 | 1 116 | 1.9 | 20 | 8 | 印度 | 2 664 | 2.6 | 19 |
| 9 | 中国 | 548 | 1.0 | 0 | 9 | 泰国 | 1 791 | 1.8 | 8 |
| 10 | 中国台北 | 532 | 0.9 | 46 | 10 | 土耳其 | 1 140 | 1.1 | 28 |
| 11 | 澳大利亚 | 530 | 0.9 | 0 | 11 | 中国台北 | 1 002 | 1.0 | 4 |
| 12 | 土耳其 | 522 | 0.9 | 62 | 12 | 埃及 | 978 | 1.0 | 25 |
| 13 | 中国香港 | 417 | 0.7 | 1 | 13 | 伊拉克 | 885 | 0.9 | −6 |
| 14 | 俄罗斯 | 377 | 0.7 | 17 | 14 | 韩国 | 854 | 0.8 | 17 |
| 15 | 巴西 | 324 | 0.6 | 142 | 15 | 巴西 | 755 | 0.7 | 8 |
|  | 以上15个合计 | 57 375 | 100.0 | — |  | 以上15个合计 | 101 190 | 100.0 | — |

a 秘书处估计。

表 78：

主要国家的保险服务出口（按目的地，2006）

（百万美元和百分比）

| 地区 \ 年份 | 总额 2006 | 份额 2006 | 年度百分比变化 2004—2006 | 2005 | 2006 | 地区 \ 年份 | 总额 2006 | 份额 2006 | 年度百分比变化 2004—2006 | 2005 | 2006 |
|---|---|---|---|---|---|---|---|---|---|---|---|
| 欧盟（27） |  |  |  |  |  | 美国 |  |  |  |  |  |
| 世界 | 30 744 | 100.0 | −2 | −26 | 30 | 世界 | 9 276 | 100.0 | 13 | 6 | 19 |
| 欧盟（25） | 12 627 | 41.1 | −18 | −15 | −21 | 欧盟（25） | 2 796 | 30.1 | −8 | −17 | 2 |
| 美国 | 9 150 | 29.8 | — | −93 | — | 加拿大 | 1 918 | 20.7 | 25 | 37 | 14 |
| 阿根廷 | 895 | 2.9 | — | 232 | — | 日本 | 999 | 10.8 | 55 | 96 | 23 |
| 瑞士 | 647 | 2.1 | −21 | −16 | −26 | 百慕大 | 851 | 9.2 | 17 | −19 | 68 |
| 日本 | 592 | 1.9 | 34 | −6 | 91 | 瑞士 | 367 | 4.0 | 132 | 53 | 252 |
| 以上5个合计 | 23 912 | 77.8 | — | — | — | 以上5个合计 | 6 932 | 74.7 | — | — | — |
| 加拿大 | 545 | 1.8 | −15 | 8 | −33 | 墨西哥 | 232 | 2.5 | 18 | −9 | 54 |
| 澳大利亚 | 397 | 1.3 | 42 | 166 | −24 | 澳大利亚 | 158 | 1.7 | −14 | 7 | −31 |
| 南非 | 293 | 1.0 | −3 | 11 | −15 | 韩国 | 135 | 1.5 | 36 | −6 | 95 |
| 挪威 | 264 | 0.9 | −3 | −62 | 148 | 中国香港 | 135 | 1.5 | 63 | 427 | −49 |
| 墨西哥 | 214 | 0.7 | 11 | 5 | 18 | 中国台北 | 76 | 0.8 | 22 | 7 | 38 |
| 土耳其 | 197 | 0.6 | 18 | −9 | 52 | 巴西 | 61 | 0.7 | 5 | −1 | 12 |
| 俄罗斯 | 159 | 0.5 | 18 | −10 | 54 | 智利 | 54 | 0.6 | −3 | −20 | 18 |
| 中国香港 | 158 | 0.5 | −12 | −58 | 84 | 中国 | 44 | 0.5 | 9 | 3 | 15 |

续 表

| 地区 \ 年份 | 总额 2006 | 份额 2006 | 年度百分比变化 2004—2006 | 2005 | 2006 | 地区 \ 年份 | 总额 2006 | 份额 2006 | 年度百分比变化 2004—2006 | 2005 | 2006 |
|---|---|---|---|---|---|---|---|---|---|---|---|
| 新加坡 | 155 | 0.5 | −1 | −49 | 91 | 新加坡 | 44 | 0.5 | 8 | 12 | 5 |
| 韩国 | 140 | 0.5 | 16 | −4 | 41 | 阿根廷 | 42 | 0.5 | 25 | 28 | 22 |
| 以上 15 个合计 | 26 434 | 86.0 | — | — | — | 以上 15 个合计 | 7 912 | 85.3 | — | — | — |
| 日本 | | | | | | 新加坡 | | | | | |
| 世界 | 1 576 | 100.0 | 22 | −18 | 80 | 世界 | 1 466 | 100.0 | 5 | −9 | 21 |
| 欧盟（25） | 527 | 33.4 | — | — | 183 | 澳大利亚 | 285 | 19.4 | 34 | 49 | 21 |
| 美国 | 408 | 25.9 | 37 | −61 | 376 | 韩国 | 133 | 9.1 | −11 | −35 | 22 |
| 中国香港 | 90 | 5.7 | 2 | −8 | 14 | 日本 | 129 | 8.8 | 14 | 27 | 2 |
| 中国香港 | 67 | 4.3 | 1 | −7 | 10 | 欧盟（25） | 87 | 5.9 | 28 | 14 | 44 |
| 中国台北 | 47 | 3.0 | −6 | −6 | −6 | 中国 | 63 | 4.3 | 31 | 7 | 60 |
| 以上 5 个合计 | 1 140 | 72.3 | — | — | — | 以上 5 个合计 | 696 | 47.5 | — | — | — |
| 澳大利亚 | | | | | | 中国香港 | | | | | |
| 世界 | 530 | 100.0 | 2 | 5 | 0 | 世界 | 417 | 100.0 | 1 | 1 | 1 |
| 美国 | 224 | 42.2 | 2 | 5 | 0 | 中国 | 108 | 25.9 | 34 | 15 | 57 |
| 欧盟（25） | 101 | 19.0 | 2 | 5 | 0 | 欧盟（25） | 65 | 15.6 | −27 | −16 | −36 |
| 新西兰 | 54 | 10.1 | 2 | 5 | 0 | 韩国 | 46 | 11.0 | 1 | 29 | −21 |
| 新加坡 | 25 | 4.8 | 2 | 5 | 0 | 日本 | 33 | 7.9 | −11 | −48 | 50 |
| 日本 | 17 | 3.3 | 2 | 5 | 0 | 新加坡 | 31 | 7.4 | 19 | 41 | 0 |
| 以上 5 个合计 | 421 | 79.4 | — | — | — | 以上 5 个合计 | 283 | 67.9 | — | — | — |
| 俄罗斯 | | | | | | | | | | | |
| 世界 | 377 | 100.0 | 25 | 34 | 17 | | | | | | |
| 欧盟（25） | 155 | 41.1 | 23 | 30 | 17 | | | | | | |
| 瑞士 | 52 | 13.9 | 49 | 59 | 40 | | | | | | |
| 哈萨克斯坦 | 28 | 7.4 | 6 | 49 | −25 | | | | | | |
| 乌克兰 | 20 | 5.2 | — | — | 5 | | | | | | |
| 巴拿马 | 17 | 4.6 | 35 | 51 | 21 | | | | | | |
| 以上 5 个合计 | 272 | 72.3 | — | — | — | | | | | | |

**表 79：**

**世界金融服务出口（按地区，2006）**

单位：十亿美元和百分比

| 地区 \ 年份 | 总额 2006 | 份额 2000 | 份额 2006 | 年度百分比变化 2000—2006 | 2004 | 2005 | 2006 |
|---|---|---|---|---|---|---|---|
| 出口 | | | | | | | |
| 世界 | 215 | 100.0 | 100.0 | 14 | 25 | 19 | 25 |
| 北美洲 | 45 | 21.9 | 20.9 | 14 | 30 | 11 | 19 |
| 中、南美洲 | 2 | 1.0 | 0.8 | 10 | 7 | 24 | 24 |
| 欧洲 | 134 | 62.2 | 62.7 | 15 | 23 | 19 | 26 |
| 欧盟（27） | 121 | — | 56.5 | — | — | 20 | 28 |
| 独联体 | 1 | 0.2 | 0.4 | 29 | 46 | 40 | 50 |
| 亚洲 | 28 | 12.5 | 13.0 | 15 | 27 | 34 | 30 |

## 表 80：

**金融服务主要进出口国（2006）**

单位：百万美元和百分比

| 排序 | 出口国 | 总额 | 占 15 个国家比重 | 年度百分比变化 | 排序 | 进口国 | 总额 | 占 15 个国家比重 | 年度百分比变化 |
|---|---|---|---|---|---|---|---|---|---|
| 1 | 欧盟（27） | 120 752 | 58.6 | 28 | 1 | 欧盟（27） | 56 766 | 64.1 | 27 |
| | 欧盟（27）对外出口 | 53 033 | 25.7 | 23 | | 欧盟（27）从外进口 | 21 371 | 24.1 | 24 |
| 2 | 美国 | 42 814 | 20.8 | 19 | 2 | 美国 | 14 297 | 16.2 | 13 |
| 3 | 瑞士 | 11 696 | 5.7 | 12 | 3 | 日本 | 2 986 | 3.4 | 11 |
| 4 | 中国香港 | 9 268 | 4.5 | 48 | 4 | 加拿大 | 2 864 | 3.2 | 22 |
| 5 | 日本 | 6 151 | 3.0 | 22 | 5 | 中国香港 | 2 017 | 2.3 | 44 |
| 6 | 新加坡 | 4 064 | 2.0 | 34 | 6 | 中国台北 | 1 390 | 1.6 | 1 |
| 7 | 韩国 | 2 543 | 1.2 | 54 | 7 | 印度 | 1 316 | 1.5 | 15 |
| 8 | 印度 | 2 071 | 1.0 | 41 | 8 | 瑞士 | 1 281 | 1.4 | 25 |
| 9 | 加拿大 | 1 897 | 0.9 | 19 | 9 | 新加坡 | 972 | 1.1 | 34 |
| 10 | 中国台北 | 1 232 | 0.6 | −19 | 10 | 俄罗斯 | 904 | 1.0 | 1 |
| 11 | 挪威 | 820 | 0.4 | 16 | 11 | 中国 | 891 | 1.0 | 459 |
| 12 | 澳大利亚 | 756 | 0.4 | −1 | 12 | 挪威 | 879 | 1.0 | −23 |
| 13 | 巴西 | 738 | 0.4 | 45 | 13 | 巴西 | 861 | 1.0 | 17 |
| 14 | 南非 | 706 | 0.3 | 32 | 14 | 韩国 | 547 | 0.6 | 133 |
| 15 | 俄罗斯 | 589 | 0.3 | 51 | 15 | 土耳其 | 524 | 0.6 | 36 |
| | 以上 15 个合计 | 206 095 | 100.0 | — | | 以上 15 个合计 | 88 495 | 100.0 | — |

## 表 81：

**主要国家的金融服务出口（按目的地，2006）**

（百万美元和百分比）

| 地区＼年份 | 总额 2006 | 份额 2006 | 年度百分比变化 2004—2006 | 2005 | 2006 | 地区＼年份 | 总额 2006 | 份额 2006 | 年度百分比变化 2004—2006 | 2005 | 2006 |
|---|---|---|---|---|---|---|---|---|---|---|---|
| 欧盟（27） | | | | | | 美国 | | | | | |
| 世界 | 120 752 | 100.0 | 24 | 20 | 28 | 世界 | 42 814 | 100.0 | 14 | 10 | 19 |
| 欧盟（25） | 67 631 | 56.0 | 26 | 21 | 32 | 欧盟（25） | 14 705 | 34.3 | 16 | 12 | 20 |
| 美国 | 16 707 | 13.8 | 17 | 16 | 18 | 加拿大 | 2 257 | 5.3 | 28 | 21 | 35 |
| 瑞士 | 7 975 | 6.6 | 22 | 20 | 25 | 百慕大 | 2 218 | 5.2 | 11 | 7 | 16 |
| 日本 | 4 906 | 4.1 | 31 | 32 | 30 | 日本 | 1 588 | 3.7 | 20 | 24 | 16 |
| 俄罗斯 | 1 405 | 1.2 | 44 | 30 | 60 | 澳大利亚 | 1 020 | 2.4 | 31 | 27 | 35 |
| 以上 5 个合计 | 98 623 | 81.7 | — | — | — | 以上 5 个合计 | 21 788 | 50.9 | — | — | — |
| 中国香港 | 1 025 | 0.8 | 21 | 18 | 25 | 瑞士 | 751 | 1.8 | 15 | 25 | 6 |
| 澳大利亚 | 981 | 0.8 | 33 | 6 | 67 | 墨西哥 | 669 | 1.6 | 30 | 39 | 21 |
| 挪威 | 978 | 0.8 | 18 | 20 | 16 | 巴西 | 627 | 1.5 | 36 | 27 | 45 |
| 加拿大 | 969 | 0.8 | 33 | 13 | 56 | 中国香港 | 625 | 1.5 | 52 | 65 | 40 |
| 新加坡 | 792 | 0.7 | 26 | 16 | 36 | 中国 | 516 | 1.2 | 34 | 14 | 59 |
| 中国台北 | 731 | 0.6 | 20 | 11 | 31 | 韩国 | 410 | 1.0 | 14 | 8 | 21 |
| 韩国 | 496 | 0.4 | 26 | 40 | 13 | 新加坡 | 393 | 0.9 | 10 | 7 | 12 |
| 中国 | 482 | 0.4 | 32 | 19 | 47 | 中国台北 | 338 | 0.8 | 7 | 5 | 10 |
| 南非 | 415 | 0.3 | 9 | −17 | 42 | 挪威 | 252 | 0.6 | 11 | 14 | 8 |

续 表

| 地区 \ 年份 | 总额 | 份额 | 年度百分比变化 | | |
|---|---|---|---|---|---|
| | 2006 | 2006 | 2004—2006 | 2005 | 2006 |
| 土耳其 | 363 | 0.3 | 13 | 14 | 12 |
| 以上15个合计 | 105 854 | 87.7 | — | — | — |
| 中国香港 | | | | | |
| 世界 | 9 268 | 100.0 | 43 | 38 | 48 |
| 欧盟（25） | 2 776 | 30.0 | — | — | 66 |
| 美国 | 2 525 | 27.2 | 45 | 30 | 61 |
| 新加坡 | 537 | 5.8 | 31 | 9 | 57 |
| 日本 | 426 | 4.6 | 24 | −4 | 61 |
| 韩国 | 361 | 3.9 | 76 | 38 | 123 |
| 以上5个合计 | 6 625 | 71.5 | — | — | — |
| 新加坡 | | | | | |
| 世界 | 4 064 | 100.0 | 29 | 24 | 34 |
| 欧盟（25） | 1 041 | 25.6 | 36 | 35 | 38 |
| 美国 | 671 | 16.5 | 35 | 21 | 50 |
| 中国香港 | 412 | 10.1 | 17 | 10 | 25 |
| 日本 | 153 | 3.8 | 30 | 30 | 29 |
| 澳大利亚 | 100 | 2.5 | 51 | 72 | 33 |
| 以上5个合计 | 2 377 | 58.5 | — | — | — |
| 俄罗斯 | | | | | |
| 世界 | 589 | 100.0 | 48 | 44 | 51 |
| 欧盟（25） | 385 | 65.4 | 67 | 74 | 61 |
| 美国 | 57 | 9.8 | 33 | 43 | 23 |
| 英属维尔京群岛 | 20 | 3.4 | 50 | 9 | 108 |
| 瑞士 | 16 | 2.7 | 139 | 172 | 109 |
| 乌克兰 | 9 | 1.4 | — | — | −15 |
| 以上5个合计 | 487 | 82.7 | — | — | — |

| 地区 \ 年份 | 总额 | 份额 | 年度百分比变化 | | |
|---|---|---|---|---|---|
| | 2006 | 2006 | 2004—2006 | 2005 | 2006 |
| 智利 | 234 | 0.5 | 61 | 11 | 134 |
| 以上15个合计 | 26 603 | 62.1 | — | — | — |
| 日本 | | | | | |
| 世界 | 6 151 | 100.0 | 18 | 14 | 22 |
| 欧盟（25） | 2 661 | 43.3 | — | — | 32 |
| 美国 | 2 410 | 39.2 | 20 | 20 | 21 |
| 中国香港 | 497 | 8.1 | −1 | 7 | −7 |
| 开曼群岛 | 234 | 3.8 | 4 | −24 | 42 |
| 新加坡 | 46 | 0.7 | −18 | −43 | 17 |
| 以上5个合计 | 5 847 | 95.1 | — | — | — |
| 澳大利亚 | | | | | |
| 世界 | 756 | 100.0 | 1 | 3 | −1 |
| 欧盟（25） | 253 | 33.5 | 1 | 3 | −1 |
| 美国 | 212 | 28.0 | 1 | 4 | −1 |
| 新加坡 | 64 | 8.5 | 2 | 6 | −1 |
| 中国香港 | 47 | 6.3 | 2 | 4 | −1 |
| 新西兰 | 29 | 3.8 | 2 | 5 | −1 |
| 以上5个合计 | 605 | 80.0 | — | — | — |

**表82：**

### 世界计算机和信息服务出口（按地区，2006）

单位：十亿美元和百分比

| 地区 \ 年份 | 总额 | 份额 | | 年度百分比变化 | | | |
|---|---|---|---|---|---|---|---|
| | 2006 | 2000 | 2006 | 2000—2006 | 2004 | 2005 | 2006 |
| 出口 | | | | | | | |
| 世界 | 125 | 100.0 | 100.0 | 17 | 26 | 13 | 18 |
| 北美洲 | 14 | 19.1 | 11.1 | 7 | 8 | 13 | 3 |
| 中、南美洲 | 1 | 0.9 | 1.2 | 23 | 30 | 30 | 36 |
| 欧洲 | 73 | 54.3 | 57.6 | 19 | 27 | 8 | 15 |
| 欧盟（27） | 70 | — | 55.1 | — | — | 7 | 14 |
| 独联体 | 1 | 0.2 | 0.7 | 47 | 43 | 55 | 57 |
| 亚洲 | 30 | 15.4 | 23.5 | 26 | 36 | 26 | 31 |

**表 83：**

**计算机和信息服务主要进出口国（2006）**

单位：百万美元和百分比

| 排序 | 出口国 | 总额 | 占 15 个国家比重 | 年度百分比变化 | 排序 | 进口国 | 总额 | 占 15 个国家比重 | 年度百分比变化 |
|---|---|---|---|---|---|---|---|---|---|
| 1 | 欧盟（27） | 70 085 | 58.3 | 14 | 1 | 欧盟（27） | 35 644 | 56.4 | 14 |
| | 欧盟（27）对外出口 | 26 635 | 22.2 | 26 | | 欧盟（27）从外进口 | 11 948 | 18.9 | 14 |
| 2 | 印度 | 21 461 | 17.8 | — | 2 | 美国 | 11 092 | 17.6 | 23 |
| 3 | 美国 | 10 096 | 8.4 | 3 | 3 | 日本 | 3 123 | 4.9 | 28 |
| 4 | 以色列 | 5 289 | 4.4 | 17 | 4 | 印度 | 2 199 | 3.5 | 40 |
| 5 | 加拿大 | 4 034 | 3.4 | 3 | 5 | 加拿大 | 2 020 | 3.2 | 13 |
| 6 | 中国 | 2 958 | 2.5 | 61 | 6 | 巴西 | 2 005 | 3.2 | 17 |
| 7 | 挪威 | 1 376 | 1.1 | 53 | 7 | 中国 | 1 739 | 2.8 | 7 |
| 8 | 澳大利亚 | 1 060 | 0.9 | 20 | 8 | 挪威 | 1 268 | 2.0 | 26 |
| 9 | 日本 | 966 | 0.8 | −14 | 9 | 澳大利亚 | 935 | 1.5 | 16 |
| 10 | 新加坡 | 633 | 0.5 | 11 | 10 | 俄罗斯 | 613 | 1.0 | 27 |
| 11 | 俄罗斯 | 632 | 0.5 | 50 | 11 | 韩国 | 598 | 0.9 | 227 |
| 12 | 马来西亚 | 572 | 0.5 | 31 | 12 | 印度尼西亚 | 596 | 0.9 | 6 |
| 13 | 哥斯达黎加 | 371 | 0.3 | 46 | 13 | 马来西亚 | 518 | 0.8 | 37 |
| 14 | 中国香港 | 358 | 0.3 | 35 | 14 | 新加坡 | 426 | 0.7 | 11 |
| 15 | 阿根廷 | 344 | 0.3 | 48 | 15 | 中国香港 | 371 | 0.6 | −13 |
| | 以上 15 个合计 | 120 235 | 100.0 | — | | 以上 15 个合计 | 63 145 | 100.0 | — |

**表 84：**

**主要国家的计算机和信息服务出口（按目的地，2006）**

（百万美元和百分比）

| 地区 \ 年份 | 总额 | 份额 | 年度百分比变化 | | | 地区 \ 年份 | 总额 | 份额 | 年度百分比变化 | | |
|---|---|---|---|---|---|---|---|---|---|---|---|
| | 2006 | 2006 | 2004—2006 | 2005 | 2006 | | 2006 | 2006 | 2004—2006 | 2005 | 2006 |
| 欧盟（27） | | | | | | 美国 | | | | | |
| 世界 | 70 085 | 100.0 | 11 | 7 | 14 | 世界 | 10 096 | 100.0 | 7 | 11 | 3 |
| 欧盟（25） | 43 143 | 61.6 | 8 | 8 | 8 | 欧盟（25） | 3 975 | 39.4 | 6 | 13 | −1 |
| 美国 | 8 594 | 12.3 | 7 | 9 | 5 | 加拿大 | 847 | 8.4 | 10 | 4 | 17 |
| 瑞士 | 4 866 | 6.9 | 3 | −12 | 20 | 澳大利亚 | 342 | 3.4 | 7 | 8 | 5 |
| 俄罗斯 | 970 | 1.4 | 60 | 112 | 20 | 日本 | 292 | 2.9 | −5 | 5 | −14 |
| 挪威 | 889 | 1.3 | 8 | 6 | 10 | 瑞士 | 193 | 1.9 | 3 | 38 | −23 |
| 以上 5 个合计 | 58 462 | 83.4 | — | — | — | 以上 5 个合计 | 5 649 | 56.0 | — | — | — |
| 日本 | 837 | 1.2 | 1 | 5 | −3 | 巴西 | 170 | 1.7 | 11 | 7 | 16 |
| 南非 | 747 | 1.1 | 27 | 17 | 38 | 墨西哥 | 168 | 1.7 | −4 | −14 | 6 |
| 加拿大 | 649 | 0.9 | 31 | 42 | 21 | 南非 | 147 | 1.5 | 17 | 21 | 14 |
| 澳大利亚 | 503 | 0.7 | 33 | 46 | 21 | 沙特阿拉伯 | 118 | 1.2 | 4 | 10 | −2 |
| 以色列 | 369 | 0.5 | 8 | 1 | 17 | 新加坡 | 114 | 1.1 | 47 | 85 | 16 |
| 印度 | 356 | 0.5 | 36 | 19 | 56 | 中国 | 98 | 1.0 | 30 | 45 | 17 |
| 土耳其 | 297 | 0.4 | 25 | 7 | 47 | 印度 | 96 | 1.0 | 10 | 25 | −3 |
| 巴西 | 296 | 0.4 | 32 | 28 | 35 | 韩国 | 80 | 0.8 | 22 | 11 | 33 |
| 新加坡 | 276 | 0.4 | 14 | 22 | 7 | 中国香港 | 61 | 0.6 | 12 | 41 | −12 |

续　表

| 地区＼年份 | 总额 2006 | 份额 2006 | 年度百分比变化 2004—2006 | 2005 | 2006 |
|---|---|---|---|---|---|
| 墨西哥 | 243 | 0.3 | 19 | 33 | 6 |
| 以上 15 个合计 | 63 035 | 89.9 | — | — | — |
| 澳大利亚 | | | | | |
| 世界 | 1 060 | 100.0 | 6 | −6 | 20 |
| 美国 | 342 | 32.3 | 12 | 9 | 15 |
| 欧盟（25） | 102 | 9.6 | 16 | −20 | 70 |
| 日本 | 74 | 7.0 | 31 | 5 | 65 |
| 新西兰 | 58 | 5.5 | — | — | 10 |
| 新加坡 | 15 | 1.4 | 20 | 44 | 1 |
| 以上 5 个合计 | 591 | 55.8 | — | — | — |
| 新加坡 | | | | | |
| 世界 | 633 | 100.0 | 10 | 8 | 11 |
| 欧盟（25） | 192 | 30.4 | 95 | 7 | 257 |
| 美国 | 157 | 24.8 | 13 | −15 | 50 |
| 日本 | 102 | 16.1 | 69 | 60 | 79 |
| 澳大利亚 | 84 | 13.3 | 78 | 22 | 159 |
| 中国香港 | 55 | 8.7 | 1 | 14 | −10 |
| 以上 5 个合计 | 590 | 93.3 | — | — | — |
| 中国香港 | | | | | |
| 世界 | 358 | 100.0 | 21 | 8 | 35 |
| 中国 | 95 | 26.5 | 14 | 19 | 9 |
| 美国 | 67 | 18.7 | 12 | 2 | 24 |
| 欧盟（25） | 55 | 15.4 | — | — | 10 |
| 新加坡 | 30 | 8.4 | 7 | −12 | 30 |
| 中国台北 | 17 | 4.8 | 30 | −10 | 89 |
| 以上 5 个合计 | 264 | 73.8 | — | — | — |

| 地区＼年份 | 总额 2006 | 份额 2006 | 年度百分比变化 2004—2006 | 2005 | 2006 |
|---|---|---|---|---|---|
| 委内瑞拉 | 48 | 0.5 | −2 | −24 | 26 |
| 以上 15 个合计 | 6 749 | 66.8 | — | — | — |
| 日本 | | | | | |
| 世界 | 966 | 100.0 | −4 | 8 | −14 |
| 美国 | 605 | 62.6 | −5 | 2 | −12 |
| 欧盟（25） | 127 | 13.2 | — | — | −34 |
| 新加坡 | 85 | 8.8 | −18 | −13 | −23 |
| 瑞士 | 48 | 5.0 | 44 | 49 | 40 |
| 中国 | 34 | 3.6 | 33 | 49 | 18 |
| 以上 5 个合计 | 900 | 93.1 | — | — | — |
| 俄罗斯 | | | | | |
| 世界 | 632 | 100.0 | 57 | 65 | 50 |
| 欧盟（25） | 286 | 45.2 | 49 | 31 | 69 |
| 美国 | 192 | 30.4 | 63 | 83 | 44 |
| 瑞士 | 16 | 2.5 | 54 | 379 | −50 |
| 英属维尔京群岛 | 14 | 2.2 | 136 | 178 | 101 |
| 哈萨克斯坦 | 13 | 2.1 | — | — | 85 |
| 以上 5 个合计 | 521 | 82.4 | — | — | — |

**表 85：**

**世界技术许可贸易收入（按地区，2006）**

单位：十亿美元和百分比

| 地区＼年份 | 总额 2006 | 份额 2000 | 份额 2006 | 年度百分比变化 2000—2006 | 2004 | 2005 | 2006 |
|---|---|---|---|---|---|---|---|
| 出口 | | | | | | | |
| 世界 | 155 | 100.0 | 100.0 | 10 | 29 | 12 | 5 |
| 北美洲 | 66 | 53.8 | 42.9 | 6 | 16 | 8 | 6 |
| 中、南美洲 | 1 | 0.6 | 0.5 | 9 | 10 | 10 | 24 |
| 欧洲 | 58 | 29.0 | 38.1 | 16 | 49 | 18 | 1 |
| 欧盟（27） | 50 | — | 32.5 | — | — | 15 | 3 |
| 独联体 | 0 | 0.1 | 0.2 | 21 | 35 | 3 | 20 |
| 亚洲 | 25 | 14.6 | 16.2 | 12 | 31 | 11 | 12 |

表86：

技术许可贸易主要进出口国（2006）

单位：百万美元和百分比

| 排序 | 出口国 | 总额 | 占15个国家比重 | 年度百分比变化 | 排序 | 进口国 | 总额 | 占15个国家比重 | 年度百分比变化 |
|---|---|---|---|---|---|---|---|---|---|
| 1 | 美国 | 62 378 | 41.8 | 5 | 1 | 欧盟（27） | 65 066 | 41.2 | 7 |
| 2 | 欧盟（27） | 49 852 | 33.4 | 3 |  | 欧盟（27）从外进口 | 40 027 | 25.4 | 4 |
|  | 欧盟（27）对外出口 | 29 643 | 19.9 | 2 | 2 | 美国 | 26 433 | 16.8 | 7 |
| 3 | 日本 | 20 096 | 13.5 | 14 | 3 | 日本 | 15 500 | 9.8 | 6 |
| 4 | 瑞士 | 7 681 | 5.1 | −11 | 4 | 新加坡 | 10 470 | 6.6 | 17 |
| 5 | 加拿大 | 3 245 | 2.2 | 14 | 5 | 瑞士 | 8 860 | 5.6 | −6 |
| 6 | 韩国 | 2 046 | 1.4 | 7 | 6 | 加拿大 | 7 320 | 4.6 | 7 |
| 7 | 新加坡 | 730 | 0.5 | 17 | 7 | 中国 | 6 634 | 4.2 | 25 |
| 8 | 挪威 | 674 | 0.5 | 63 | 8 | 韩国 | 4 650 | 2.9 | 2 |
| 9 | 澳大利亚 | 621 | 0.4 | 12 | 9 | 中国台北 | 2 321 | 1.5 | 29 |
| 10 | 以色列 | 593 | 0.4 | 3 | 10 | 澳大利亚 | 2 190 | 1.4 | 9 |
| 11 | 俄罗斯 | 299 | 0.2 | 15 | 11 | 泰国 | 2 046 | 1.3 | 22 |
| 12 | 中国香港 | 259 | 0.2 | 6 | 12 | 俄罗斯 | 2 002 | 1.3 | 26 |
| 13 | 中国台北 | 244 | 0.2 | 4 | 13 | 巴西 | 1 664 | 1.1 | 18 |
| 14 | 巴拉圭 | 236 | 0.2 | 8 | 14 | 中国香港 | 1 357 | 0.9 | 5 |
| 15 | 中国 | 205 | 0.1 | 30 | 15 | 南非 | 1 282 | 0.8 | 20 |
|  | 以上15个合计 | 149 160 | 100.0 | — |  | 以上15个合计 | 157 795 | 100.0 | — |

表87：

主要国家的技术许可贸易出口（按目的地，2006）

（百万美元和百分比）

| 地区＼年份 | 总额 2006 | 份额 2006 | 年度百分比变化 2004—2006 | 2005 | 2006 | 地区＼年份 | 总额 2006 | 份额 2006 | 年度百分比变化 2004—2006 | 2005 | 2006 |
|---|---|---|---|---|---|---|---|---|---|---|---|
| 美国 |  |  |  |  |  | 欧盟（27） |  |  |  |  |  |
| 世界 | 62 378 | 100.0 | 7 | 9 | 5 | 世界 | 49 852 | 100.0 | 9 | 15 | 3 |
| 欧盟（25） | 24 815 | 39.8 | 7 | 5 | 8 | 欧盟（25） | 20 101 | 40.3 | 8 | 12 | 5 |
| 日本 | 9 103 | 14.6 | 8 | 12 | 4 | 美国 | 12 322 | 24.7 | 10 | 26 | −4 |
| 瑞士 | 6 171 | 9.9 | 9 | 4 | 15 | 新加坡 | 3 899 | 7.8 | 13 | 16 | 11 |
| 加拿大 | 5 078 | 8.1 | 12 | 13 | 12 | 瑞士 | 2 425 | 4.9 | −4 | 1 | −10 |
| 新加坡 | 2 971 | 4.8 | 13 | 6 | 21 | 日本 | 2 098 | 4.2 | −2 | 17 | −18 |
| 以上5个合计 | 48 138 | 77.2 | — | — | — | 以上5个合计 | 40 846 | 81.9 | — | — | — |
| 韩国 | 2 105 | 3.4 | 14 | 29 | 0 | 中国 | 1 356 | 2.7 | 24 | 31 | 18 |
| 墨西哥 | 1 567 | 2.5 | 12 | 12 | 11 | 韩国 | 730 | 1.5 | 16 | 0 | 33 |
| 中国 | 1 443 | 2.3 | 21 | 21 | 22 | 澳大利亚 | 554 | 1.1 | 2 | −12 | 17 |
| 中国台北 | 1 428 | 2.3 | 19 | 32 | 7 | 挪威 | 487 | 1.0 | 5 | 9 | 2 |
| 澳大利亚 | 1 265 | 2.0 | 8 | 12 | 4 | 加拿大 | 400 | 0.8 | −18 | −16 | −21 |
| 巴西 | 921 | 1.5 | 16 | 11 | 20 | 墨西哥 | 372 | 0.7 | 16 | 39 | −3 |
| 中国香港 | 632 | 1.0 | 9 | −2 | 21 | 巴西 | 368 | 0.7 | 6 | −28 | 57 |
| 南非 | 353 | 0.6 | 21 | 27 | 16 | 南非 | 363 | 0.7 | −5 | 5 | −15 |
| 百慕大 | 304 | 0.5 | −41 | −2 | −65 | 中国台北 | 339 | 0.7 | 3 | −14 | 25 |

续 表

| 地区 \ 年份 | 总额 2006 | 份额 2006 | 年度百分比变化 2004—2006 | 2005 | 2006 | 地区 \ 年份 | 总额 2006 | 份额 2006 | 年度百分比变化 2004—2006 | 2005 | 2006 |
|---|---|---|---|---|---|---|---|---|---|---|---|
| 挪威 | 303 | 0.5 | 29 | 9 | 53 | 俄罗斯 | 306 | 0.6 | 41 | 80 | 11 |
| 以上 15 个合计 | 58 459 | 93.7 | — | — | — | 以上 15 个合计 | 46 120 | 92.5 | — | — | — |
| 日本 | | | | | | 韩国 | | | | | |
| 世界 | 20 096 | 100.0 | 13 | 12 | 14 | 世界 | 2 046 | 100.0 | 5 | 3 | 7 |
| 美国 | 8 717 | 43.4 | 11 | 8 | 15 | 中国 | 747 | 36.5 | 28 | 9 | 51 |
| 欧盟（25） | 3 352 | 16.7 | — | — | 16 | 美国 | 523 | 25.6 | −15 | 3 | −29 |
| 泰国 | 1 360 | 6.8 | 41 | 52 | 30 | 欧盟（25） | 264 | 12.9 | 14 | −32 | 90 |
| 中国 | 1 172 | 5.8 | 29 | 34 | 23 | 日本 | 94 | 4.6 | −18 | 9 | −39 |
| 加拿大 | 1 006 | 5.0 | −8 | 3 | −19 | | | | | | |
| 以上 5 个合计 | 15 606 | 77.7 | — | — | — | 以上 4 个合计 | 1 629 | 79.6 | — | — | — |
| 新加坡 | | | | | | 澳大利亚 | | | | | |
| 世界 | 730 | 100.0 | 21 | 26 | 17 | 世界 | 621 | 100.0 | 10 | 7 | 12 |
| 日本 | 98 | 13.4 | 9 | 25 | −5 | 美国 | 241 | 38.9 | 12 | −2 | 27 |
| 中国 | 88 | 12.1 | 139 | 350 | 27 | 欧盟（25） | 134 | 21.6 | −6 | 3 | −14 |
| 中国香港 | 43 | 5.8 | 41 | 60 | 25 | 新西兰 | 37 | 6.0 | −7 | −23 | 14 |
| 澳大利亚 | 36 | 4.9 | 10 | 18 | 2 | 日本 | 29 | 4.6 | 177 | 139 | 220 |
| 美国 | 32 | 4.3 | 17 | 19 | 15 | 中国 | 21 | 3.4 | 12 | 1 | 25 |
| 以上 5 个合计 | 296 | 40.6 | — | — | — | 以上 5 个合计 | 463 | 74.6 | — | — | — |
| 俄罗斯 | | | | | | | | | | | |
| 世界 | 299 | 100.0 | 15 | 14 | 15 | | | | | | |
| 美国 | 111 | 37.1 | 55 | 82 | 32 | | | | | | |
| 欧盟（25） | 91 | 30.3 | 93 | 78 | 109 | | | | | | |
| 乌克兰 | 11 | 3.8 | — | — | 30 | | | | | | |
| 瑞士 | 11 | 3.7 | 154 | 89 | 243 | | | | | | |
| 哈萨克斯坦 | 7 | 2.3 | 31 | 82 | −5 | | | | | | |
| 以上 5 个合计 | 231 | 77.3 | — | — | — | | | | | | |

**表 88：**

**世界文化和娱乐贸易收入（按地区，2006）**

单位：十亿美元和百分比

| 地区 \ 年份 | 总额 | 份额 | | 年度百分比变化 | | | |
|---|---|---|---|---|---|---|---|
| | 2006 | 2000 | 2006 | 2000—2006 | 2004 | 2005 | 2006 |
| 出口 | | | | | | | |
| 世界 | 35 | 100.0 | 100.0 | 7 | 16 | 0 | 3 |
| 北美洲 | 14 | 43.9 | 39.5 | 5 | 9 | 0 | 9 |
| 中、南美洲 | 1 | 1.0 | 2.1 | 21 | 14 | 26 | 22 |
| 欧洲 | 16 | 45.1 | 45.2 | 7 | 28 | −1 | −1 |
| 欧盟（27） | 14 | — | 40.7 | — | — | 0 | −1 |
| 独联体 | 0 | 0.2 | 1.0 | 44 | 37 | 13 | 52 |
| 亚洲 | 3 | 7.6 | 9.1 | 10 | −2 | 7 | −11 |

**表 89：**

文化和娱乐贸易主要进出口国（2006）

单位：百万美元和百分比

| 排序 | 出口国 | 总额 | 占 15 个国家比重 | 年度百分比变化 | 排序 | 进口国 | 总额 | 占 15 个国家比重 | 年度百分比变化 |
|---|---|---|---|---|---|---|---|---|---|
| 1 | 欧盟（27） | 14 155 | 43.7 | －1 | 1 | 欧盟（27） | 16 583 | 61.8 | 1 |
| | 欧盟（27）对外出口 | 5 823 | 18.0 | －3 | | 欧盟(27）从外进口 | 7 053 | 26.3 | －6 |
| 2 | 美国 | 11 078 | 34.2 | 9 | 2 | 加拿大 | 2 216 | 8.3 | 17 |
| 3 | 加拿大 | 2 284 | 7.1 | 10 | 3 | 马来西亚 | 1 428 | 5.3 | －23 |
| 4 | 土耳其 | 998 | 3.1 | －8 | 4 | 日本 | 1 299 | 4.8 | 17 |
| 5 | 马来西亚 | 864 | 2.7 | －45 | 5 | 澳大利亚 | 851 | 3.2 | 10 |
| 6 | 澳大利亚 | 502 | 1.6 | 15 | 6 | 美国 | 845 | 3.2 | －9 |
| 7 | 挪威 | 422 | 1.3 | 20 | 7 | 韩国 | 671 | 2.5 | 41 |
| 8 | 墨西哥 | 383 | 1.2 | 3 | 8 | 挪威 | 588 | 2.2 | 16 |
| 9 | 韩国 | 369 | 1.1 | 38 | 9 | 俄罗斯 | 542 | 2.0 | 23 |
| 10 | 中国香港 | 280 | 0.9 | 4 | 10 | 巴西 | 533 | 2.0 | 18 |
| 11 | 俄罗斯 | 232 | 0.7 | 24 | 11 | 墨西哥 | 326 | 1.2 | 18 |
| 12 | 阿根廷 | 230 | 0.7 | 18 | 12 | 新加坡 | 304 | 1.1 | 9 |
| 13 | 印度 | 218 | 0.7 | 49 | 13 | 委内瑞拉 | 254 | 0.9 | 40 |
| 14 | 新加坡 | 196 | 0.6 | 9 | 14 | 中国台北 | 199 | 0.7 | －34 |
| 15 | 新西兰 | 153 | 0.5 | －10 | 15 | 阿根廷 | 174 | 0.6 | 1 |
| | 以上 15 个合计 | 32 365 | 100.0 | — | | 以上 15 个合计 | 26 815 | 100.0 | — |

**表 90：**

主要国家文化和娱乐贸易出口（按目的地，2006）

单位：百万美元和百分比

| 地区 \ 年份 | 总额 2006 | 份额 2006 | 年度百分比变化 2004—2006 | 2005 | 2006 | 地区 \ 年份 | 总额 2006 | 份额 2006 | 年度百分比变化 2004—2006 | 2005 | 2006 |
|---|---|---|---|---|---|---|---|---|---|---|---|
| 欧盟（27） | | | | | | 澳大利亚 | | | | | |
| 世界 | 14 155 | 100.0 | 0 | 0 | －1 | 世界 | 502 | 100.0 | 9 | 4 | 15 |
| 欧盟（25） | 8 249 | 58.3 | 2 | 3 | 1 | 欧盟（25） | 99 | 19.7 | 7 | －1 | 16 |
| 美国 | 2 341 | 16.5 | －8 | －17 | 3 | 美国 | 70 | 13.9 | — | — | －19 |
| 瑞士 | 859 | 6.1 | －16 | －8 | －24 | 新西兰 | 50 | 9.9 | — | — | 25 |
| 日本 | 440 | 3.1 | 17 | 93 | －29 | 新加坡 | 41 | 8.2 | 15 | －5 | 40 |
| 挪威 | 304 | 2.1 | 1 | 4 | －3 | 中国 | 29 | 5.9 | 26 | 18 | 35 |
| 以上 5 个合计 | 12 192 | 86.1 | — | — | — | 以上 5 个合计 | 289 | 57.6 | — | — | — |
| 澳大利亚 | 214 | 1.5 | －7 | －2 | －11 | 日本 | 24 | 4.7 | 20 | 21 | 20 |
| 巴西 | 96 | 0.7 | 3 | 1 | 4 | 中国香港 | 14 | 2.7 | －34 | －21 | －44 |
| 俄罗斯 | 92 | 0.6 | 30 | 119 | －23 | 马来西亚 | 10 | 2.0 | 2 | －13 | 19 |
| 中国香港 | 79 | 0.6 | 23 | 53 | －2 | 印度尼西亚 | 9 | 1.7 | 1 | — | — |
| 新加坡 | 74 | 0.5 | 64 | 233 | －19 | 加拿大 | 8 | 1.6 | 68 | 31 | 116 |
| 加拿大 | 72 | 0.5 | －2 | －7 | 3 | 印度尼西亚 | 4 | 0.9 | －30 | －55 | 11 |
| 韩国 | 63 | 0.4 | 7 | －15 | 35 | 韩国 | 3 | 0.6 | — | — | 16 |
| 南非 | 54 | 0.4 | 7 | 25 | －9 | | | | | | |
| 土耳其 | 40 | 0.3 | －4 | －27 | 27 | | | | | | |

续 表

| 地区 \ 年份 | 总额 2006 | 份额 2006 | 年度百分比变化 2004—2006 | 2005 | 2006 |
|---|---|---|---|---|---|
| 墨西哥 | 36 | 0.3 | −30 | −54 | 7 |
| 以上 15 个合计 | 13 012 | 91.9 | — | — | — |
| 俄罗斯 | | | | | |
| 世界 | 232 | 100.0 | 19 | 14 | 24 |
| 欧盟（25） | 95 | 41.0 | 18 | 18 | 17 |
| 瑞士 | 27 | 11.4 | 11 | −54 | 164 |
| 美国 | 22 | 9.5 | 18 | 13 | 24 |
| 哈萨克斯坦 | 13 | 5.7 | 61 | 84 | 41 |
| 直布罗陀 | 13 | 5.7 | 1 | 78 | −43 |
| 以上 5 个合计 | 170 | 73.3 | — | — | — |
| 日本 | | | | | |
| 世界 | 140 | 100.0 | 39 | 34 | 44 |
| 美国 | 64 | 46.0 | 37 | 66 | 14 |
| 欧盟（25） | 28 | 20.3 | — | — | 121 |
| 中国香港 | 12 | 8.6 | 155 | 297 | 64 |
| 韩国 | 11 | 8.0 | 16 | −45 | 144 |
| 瑞士 | 9 | 6.8 | −4 | −28 | 29 |
| 以上 5 个合计 | 125 | 89.6 | — | — | — |

| 地区 \ 年份 | 总额 2006 | 份额 2006 | 年度百分比变化 2004—2006 | 2005 | 2006 |
|---|---|---|---|---|---|
| 以上 12 个合计 | 361 | 71.8 | — | — | — |
| 新加坡 | | | | | |
| 世界 | 196 | 100.0 | 3 | −3 | 9 |
| 澳大利亚 | 15 | 7.8 | 13 | 29 | −1 |
| 韩国 | 8 | 4.3 | 22 | −1 | 51 |
| 中国香港 | 7 | 3.8 | −36 | −5 | −58 |
| 中国香港 | 5 | 2.8 | −25 | −47 | 5 |
| 欧盟（25） | 4 | 1.8 | −12 | −33 | 15 |
| 以上 5 个合计 | 40 | 20.5 | — | — | — |

**表 91：**

**世界视听服务主要进出口国（2006）**

单位：百万美元和百分比

| 排序 | 出口国 | 总额 | 占 15 个国家比重 | 年度百分比变化 | 排序 | 进口国 | 总额 | 占 15 个国家比重 | 年度百分比变化 |
|---|---|---|---|---|---|---|---|---|---|
| 1 | 美国 | 11 078 | 46.3 | 9 | 1 | 欧盟（27） | 11 974 | 63.7 | −8 |
| 2 | 欧盟（27） | 8 887 | 37.1 | −9 | | 欧盟（27）从外进口 | 5 777 | 30.7 | −10 |
| | 欧盟（27）对外出口 | 3 816 | 15.9 | −11 | 2 | 加拿大 | 2 030 | 10.8 | 18 |
| 3 | 加拿大 | 2 073 | 8.7 | 9 | 3 | 日本 | 981 | 5.2 | 9 |
| 4 | 墨西哥 | 383 | 1.6 | 3 | 4 | 美国 | 845 | 4.5 | −9 |
| 5 | 中国香港 | 258 | 1.1 | 5 | 5 | 澳大利亚 | 704 | 3.7 | 19 |
| 6 | 挪威 | 230 | 1.0 | 20 | 6 | 俄罗斯 | 459 | 2.4 | 21 |
| 7 | 阿根廷 | 215 | 0.9 | 17 | 7 | 巴西 | 387 | 2.1 | 23 |
| 8 | 韩国 | 170 | 0.7 | 33 | 8 | 挪威 | 378 | 2.0 | 13 |
| 9 | 俄罗斯 | 154 | 0.6 | 21 | 9 | 墨西哥 | 326 | 1.7 | 18 |
| 10 | 澳大利亚 | 151 | 0.6 | 20 | 10 | 韩国 | 229 | 1.2 | 44 |
| 11 | 中国 | 137 | 0.6 | 3 | 11 | 阿根廷 | 174 | 0.9 | 1 |
| 12 | 日本 | 104 | 0.4 | 27 | 12 | 中国 | 121 | 0.6 | −21 |
| 13 | 厄瓜多尔 | 41 | 0.2 | 7 | 13 | 厄瓜多尔 | 116 | 0.6 | 9 |
| 14 | 阿尔巴尼亚 | 39 | 0.2 | — | 14 | 哥伦比亚 | 53 | 0.3 | 28 |
| 15 | 哥伦比亚 | 28 | 0.1 | 15 | 15 | 中国香港 | 35 | 0.2 | −3 |
| | 以上 15 个合计 | 23 945 | 100.0 | — | | 以上 15 个合计 | 18 810 | 100.0 | — |

**表 92：**

### 主要国家视听服务出口（按目的地，2006）

（百万美元和百分比）

| 地区 \ 年份 | 总额 2006 | 份额 2006 | 年度百分比变化 2004—2006 | 2005 | 2006 |
|---|---|---|---|---|---|
| 美国 | | | | | |
| 世界 | 11 078 | 100.0 | 3 | −2 | 9 |
| 欧盟（25） | 6 509 | 58.8 | −1 | −2 | 0 |
| 加拿大 | 1 073 | 9.7 | 23 | −2 | 54 |
| 日本 | 727 | 6.6 | −8 | −3 | −13 |
| 澳大利亚 | 501 | 4.5 | 12 | −1 | 27 |
| 巴西 | 349 | 3.2 | 43 | 43 | 43 |
| 以上 5 个合计 | 9 159 | 82.7 | — | — | — |
| 墨西哥 | 302 | 2.7 | 10 | −2 | 22 |
| 南非 | 116 | 1.0 | 2 | −20 | 30 |
| 韩国 | 111 | 1.0 | 17 | −20 | 71 |
| 委内瑞拉 | 100 | 0.9 | −6 | −32 | 30 |
| 挪威 | 98 | 0.9 | 43 | 17 | 75 |
| 新西兰 | 92 | 0.8 | 11 | −20 | 53 |
| 瑞士 | 69 | 0.6 | 27 | −9 | 77 |
| 中国台北 | 67 | 0.6 | 2 | −23 | 34 |
| 中国香港 | 48 | 0.4 | 7 | 5 | 9 |
| 新加坡 | 44 | 0.4 | 4 | −12 | 22 |
| 以上 15 个合计 | 10 206 | 92.1 | — | — | — |

| 地区 \ 年份 | 总额 2006 | 份额 2006 | 年度百分比变化 2004—2006 | 2005 | 2006 |
|---|---|---|---|---|---|
| 欧盟（27） | | | | | |
| 世界 | 8 887 | 100.0 | −8 | −7 | −9 |
| 欧盟（25） | 5 031 | 56.6 | −5 | −3 | −7 |
| 美国 | 1831 | 20.6 | −12 | −21 | −3 |
| 日本 | 379 | 4.3 | 22 | 122 | −33 |
| 瑞士 | 351 | 4.0 | −35 | −24 | −44 |
| 挪威 | 247 | 2.8 | −3 | 0 | −6 |
| 以上 5 个合计 | 7 840 | 88.2 | — | — | — |
| 澳大利亚 | 196 | 2.2 | −7 | −9 | −5 |
| 巴西 | 90 | 1.0 | 15 | 27 | 5 |
| 新加坡 | 65 | 0.7 | 171 | 489 | 24 |
| 韩国 | 54 | 0.6 | 6 | −17 | 35 |
| 南非 | 48 | 0.5 | 9 | −11 | 33 |
| 加拿大 | 46 | 0.5 | −9 | −7 | −11 |
| 中国香港 | 44 | 0.5 | 50 | 104 | 11 |
| 俄罗斯 | 37 | 0.4 | 8 | −5 | 23 |
| 土耳其 | 23 | 0.3 | −12 | −45 | 41 |
| 以色列 | 22 | 0.2 | −4 | −21 | 17 |
| 以上 15 个合计 | 8 465 | 95.3 | — | — | — |

# ● 中国商务统计

表 1:

**2008 全国进出口简要情况表**

单位：亿美元，%

| 项　目 | 12 月份 | | 1～12 月累计 | |
|---|---|---|---|---|
| | 绝对值 | 同比 | 绝对值 | 同比 |
| 进出口总值 | 1 833.3 | −11.1 | 25 616.3 | 17.8 |
| 出口总值 | 1 111.6 | −2.8 | 14 285.5 | 17.2 |
| 进口总值 | 721.8 | −21.3 | 11 330.9 | 18.5 |
| 进出口差额 | 389.8 | 72.4 | 2 954.6 | 12.7 |

表 2:

**2008 年进出口主要国别（地区）总值**

单位：亿美元，%

| 出口最终目的国（地） | 12 月份 | | 1～12 月累计 | |
|---|---|---|---|---|
| | 金额 | 同比 | 金额 | 同比 |
| 总值 | 1 111.6 | −2.8 | 14 285.5 | 17.2 |
| 其中：美国 | 191.7 | −4.1 | 2 523.0 | 8.4 |
| 香港 | 148.9 | −15.4 | 1 907.4 | 3.4 |
| 日本 | 99.7 | 2.8 | 1 161.3 | 13.8 |
| 韩国 | 49.1 | −12.6 | 739.5 | 31.0 |
| 德国 | 45.5 | −0.0 | 591.7 | 21.5 |
| 荷兰 | 34.5 | −12.9 | 459.1 | 10.8 |
| 英国 | 27.7 | 1.1 | 360.7 | 13.9 |
| 俄罗斯联邦 | 33.8 | 38.3 | 330.1 | 15.9 |
| 新加坡 | 23.5 | −16.0 | 323.0 | 7.9 |
| 印度 | 23.7 | −1.4 | 315.0 | 31.2 |
| 进口原产国（地） | 12 月份 | | 1～12 月累计 | |
| | 金额 | 同比 | 金额 | 同比 |
| 总值 | 721.8 | −21.3 | 11 330.9 | 18.5 |
| 其中：日本 | 105.5 | −15.3 | 1 506.5 | 12.5 |
| 韩国 | 65.2 | −30.0 | 1 121.6 | 8.1 |
| 台湾省 | 52.4 | −44.2 | 1 033.4 | 2.3 |
| 中华人民共和国 | 70.3 | −16.3 | 924.5 | 7.8 |
| 美国 | 67.5 | 6.6 | 814.4 | 17.4 |
| 德国 | 45.3 | −2.8 | 558.3 | 23.0 |
| 澳大利亚 | 21.8 | −18.4 | 374.2 | 44.8 |
| 马来西亚 | 19.7 | −32.0 | 320.9 | 11.8 |
| 沙特阿拉伯 | 15.8 | −18.0 | 310.1 | 76.6 |
| 巴西 | 14.9 | 6.3 | 297.5 | 62.2 |

表 3:

2008 年进口重点商品量值

单位：亿美元，%

| 商品名称 | 计量单位 | 1～12 月累计 | | 同比 | |
|---|---|---|---|---|---|
| | | 数量 | 金额 | 数量 | 金额 |
| *机电产品 | — | — | 5 386.6 | — | 7.9 |
| *高新技术产品 | — | — | 3 419.4 | — | 4.3 |
| 原油 | 亿吨 | 1.8 | 1 293.3 | 9.6 | 62.0 |
| 集成电路 | 亿个 | 1 353.8 | 1 292.6 | 9.8 | 1.2 |
| 铁矿砂及其精矿 | 亿吨 | 4.4 | 605.3 | 15.9 | 79.1 |
| *农产品 | — | — | 583.2 | — | 42.3 |
| 液晶显示板 | 亿个 | 19.4 | 441.0 | −0.8 | 8.2 |
| 初级形状的塑料 | 万吨 | 1 771.0 | 340.6 | −6.7 | 5.3 |
| 成品油 | 万吨 | 3 885.0 | 300.4 | 15.0 | 82.7 |
| 自动数据处理设备及其部件 | 亿台 | 5.4 | 254.0 | 12.7 | 13.5 |
| 钢材 | 万吨 | 1 543.0 | 234.3 | −8.6 | 14.0 |
| 粮食 | 万吨 | 4 131 | 231.0 | 10.7 | 80.8 |
| 大豆 | 万吨 | 3 744 | 218.1 | 21.5 | 90.1 |
| 未锻造的铜及铜材 | 万吨 | 263.6989 | 192.3 | −5.1 | −2.3 |
| 通断保护电路装置及零件 | — | — | 175.4 | — | 9.3 |
| 纺织纱线、织物及制品 | — | — | 162.6 | — | −2.5 |
| 计量检测分析自控仪器及器具 | — | — | 159.0 | — | 21.7 |
| 汽车 | 万辆 | 41 | 151.3 | 30.6 | 38.8 |
| 自动数据处理设备的零件 | 万吨 | 18 | 149.8 | −4.2 | −11 |
| 二极管及类似半导体器件 | 亿个 | 2 734.86 | 123.6 | 2.1 | 5.4 |
| 汽车零件 | — | — | 110.9 | — | 4.1 |
| 印刷电路 | 亿块 | 315.9282 | 110.6 | 7.9 | 2.7 |

*"机电产品"和"高新技术产品"包括本表中已列明的有关商品。

表 4:

2008 年出口重点商品量值

单位：亿美元，%

| 商品名称 | 计量单位 | 1～12 月累计 | | 同比 | |
|---|---|---|---|---|---|
| | | 数量 | 金额 | 数量 | 金额 |
| *机电产品 | — | — | 8 229.3 | — | 17.3 |
| *高新技术产品 | — | — | 4 156.1 | — | 13.1 |
| 服装及衣着附件 | — | — | 1 197.9 | — | 4.1 |
| 纺织纱线、织物及制品 | — | — | 653.7 | — | 16.6 |
| 钢材 | 万吨 | 5 923.0 | 634.4 | −5.5 | 43.8 |
| 电话机 | 亿台 | 7.0 | 414.9 | 3.4 | 7.0 |
| *农产品 | — | — | 401.9 | — | 9.8 |
| 鞋类 | — | — | 296.6 | — | 17.2 |
| 家具及其零件 | — | — | 269.1 | — | 21.5 |
| 集成电路 | 亿个 | 484.8 | 243.2 | 19.1 | 3.3 |
| 液晶显示板 | 亿个 | 20.3 | 223.8 | 7.8 | 13.9 |
| 船舶 | 万艘 | 217.4 | 191.2 | 104.7 | 60.1 |
| 塑料制品 | 万吨 | 730.0 | 158.3 | −4.8 | 9.4 |
| 二极管及类似半导体器件 | 亿个 | 2 535.5 | 157.3 | 5.2 | 78.6 |
| 汽车零件 | — | — | 148.2 | — | 20.8 |
| 旅行用品及箱包 | — | — | 139.4 | — | 28.9 |
| 成品油 | 万吨 | 1 703.0 | 136.7 | 9.8 | 49.3 |
| 打印机（包括多功能一体机） | 万台 | 7 583.0 | 123.2 | −9.9 | 6.8 |
| 电视、收音机及无线电讯零附件 | — | — | 122.7 | — | 13.6 |

续 表

| 商品名称 | 计量单位 | 1～12月累计 | | 同比 | |
|---|---|---|---|---|---|
| | | 数量 | 金额 | 数量 | 金额 |
| 电线和电缆 | 万吨 | 169.0 | 119.4 | 4.7 | 19.0 |
| 通断保护电路装置及零件 | — | — | 118.8 | — | 23.8 |
| 电视机（包括整套散件） | 万台 | 5 138.0 | 105.8 | 0.7 | 16.9 |
| 静止式变流器 | 亿个 | 28.7 | 104.3 | 1.3 | 13.6 |
| 印刷电路 | 亿块 | 236.3 | 103.0 | 13.3 | 8.0 |

＊“机电产品”和“高新技术产品”包括本表中已列明的有关商品。

**表5：**

**2008年全国进出口企业性质总值**

单位：亿美元，%

| 出口 | 12月份 | | 1～12月累计 | |
|---|---|---|---|---|
| | 金额 | 同比 | 金额 | 同比 |
| 总值 | 1 111.6 | －2.8 | 14 285.5 | 17.2 |
| 其中： | | | | |
| 国有企业 | 195.0 | －4.5 | 2 572.3 | 14.4 |
| 外商投资企业 | 583.8 | －11.0 | 7 906.2 | 13.6 |
| 其他性质企业 | 332.7 | 17.7 | 3 807.0 | 27.9 |
| **进口** | **12月份** | | **1～12月累计** | |
| | 金额 | 同比 | 金额 | 同比 |
| 总值 | 721.8 | －21.3 | 11 330.9 | 18.5 |
| 其中： | | | | |
| 国有企业 | 202.0 | －23.2 | 3 538.1 | 31.1 |
| 外商投资企业 | 406.8 | －22.5 | 6 199.6 | 10.8 |
| 其他性质企业 | 112.9 | －12.7 | 1 593.2 | 25.7 |

**表6：**

**2008年全国进出口贸易方式总值**

单位：亿美元，%

| 出口 | 12月份 | | 1～12月累计 | |
|---|---|---|---|---|
| | 金额 | 同比 | 金额 | 同比 |
| 总值 | 1 111.6 | －2.8 | 14 285.5 | 17.2 |
| 其中： | | | | |
| 一般贸易 | 536.9 | 6.0 | 6 625.8 | 22.9 |
| 加工贸易 | 486.0 | －15.7 | 6 751.8 | 9.3 |
| 保税区仓储转口货物 | 17.5 | 6.4 | 239.4 | 14.1 |
| 保税仓库进出境货物 | 26.2 | 29.0 | 284.0 | 52.5 |
| **进口** | **12月份** | | **1～12月累计** | |
| | 金额 | 同比 | 金额 | 同比 |
| 总值 | 721.8 | －21.3 | 11 330.9 | 18.5 |
| 其中： | | | | |
| 一般贸易 | 359.1 | －16.3 | 5 726.8 | 33.6 |
| 加工贸易 | 236.9 | －31.3 | 3 784.0 | 2.7 |
| 保税区仓储转口货物 | 48.5 | －21.7 | 737.4 | 10.2 |
| 外商投资企业作为投资进口的设备、物品 | 21.7 | －5.4 | 276.8 | 6.9 |
| 保税仓库进出境货物 | 40.7 | 12.0 | 572.8 | 37.3 |
| 边境小额贸易 | 3.9 | －42.2 | 89.8 | 18.1 |
| 租赁贸易 | 6.1 | －33.2 | 69.3 | －17.1 |

表 7：

2008 年全国月度进口和出口统计

单位：亿美元，%

| 出口 | 当月 | | 1～当月累计 | |
|---|---|---|---|---|
| | 金额 | 同比 | 金额 | 同比 |
| 2008.01 | 1 095.8 | 26.5 | 1 095.8 | 26.5 |
| 2008.02 | 873.2 | 6.3 | 1 969.1 | 16.7 |
| 2008.03 | 1 089.3 | 30.3 | 3 058.3 | 21.2 |
| 2008.04 | 1 187.6 | 21.8 | 4 246.0 | 21.4 |
| 2008.05 | 1 205.7 | 28.2 | 5 451.6 | 22.8 |
| 2008.06 | 1 211.7 | 17.2 | 6 663.3 | 21.8 |
| 2008.07 | 1 366.4 | 26.7 | 8 029.7 | 22.6 |
| 2008.08 | 1 348.6 | 21.0 | 9 378.3 | 22.3 |
| 2008.09 | 1 363.5 | 21.4 | 10 741.8 | 22.2 |
| 2008.10 | 1 282.3 | 19.0 | 12 024.1 | 21.9 |
| 2008.11 | 1 149.8 | −2.2 | 13 173.9 | 19.3 |
| 2008.12 | 1 111.6 | −2.8 | 14 285.5 | 17.2 |
| 进口 | 当月 | | 1～当月累计 | |
| | 金额 | 同比 | 金额 | 同比 |
| 2008.01 | 902.3 | 27.6 | 902.3 | 27.6 |
| 2008.02 | 791.3 | 35.6 | 1 693.6 | 31.2 |
| 2008.03 | 958.0 | 24.9 | 2 651.6 | 28.9 |
| 2008.04 | 1 023.9 | 26.8 | 3 675.5 | 28.3 |
| 2008.05 | 1 007.7 | 40.7 | 4 683.2 | 30.8 |
| 2008.06 | 1 004.7 | 31.4 | 5 687.8 | 30.9 |
| 2008.07 | 1 114.3 | 33.7 | 6 802.2 | 31.3 |
| 2008.08 | 1 060.1 | 23.0 | 7 862.3 | 30.1 |
| 2008.09 | 1 069.5 | 21.2 | 8 931.8 | 29.0 |
| 2008.10 | 929.3 | 15.4 | 9 861.0 | 27.6 |
| 2008.11 | 748.1 | −18.0 | 10 609.1 | 22.8 |
| 2008.12 | 721.8 | −21.3 | 11 330.9 | 18.5 |

表 8：

2008 年月度进出口总值统计

单位：亿美元，%

| 月份 | 当月 | | 1～当月累计 | |
|---|---|---|---|---|
| | 进出口 | 同比 | 进出口 | 同比 |
| 2008.01 | 1 998.1 | 27.0 | 1 998.1 | 27.0 |
| 2008.02 | 1 664.5 | 18.5 | 3 662.6 | 23.0 |
| 2008.03 | 2 047.3 | 27.7 | 5 709.9 | 24.6 |
| 2008.04 | 2 211.5 | 24.1 | 7 921.4 | 24.5 |
| 2008.05 | 2 213.4 | 33.6 | 10 134.8 | 26.4 |
| 2008.06 | 2 216.4 | 23.2 | 12 351.2 | 25.8 |
| 2008.07 | 2 480.7 | 29.8 | 14 831.9 | 26.4 |
| 2008.08 | 2 408.7 | 21.9 | 17 240.6 | 25.8 |
| 2008.09 | 2 433.0 | 21.3 | 19 673.5 | 25.2 |
| 2008.10 | 2 211.6 | 17.5 | 21 885.1 | 24.4 |
| 2008.11 | 1 897.9 | −9.1 | 23 783.0 | 20.8 |
| 2008.12 | 1 833.3 | −11.1 | 25 616.3 | 17.8 |

**表 9:**

## 2008 年全国关税配额商品进口量值

金额单位：万美元

| 商品名称 | 计量单位 | 1～12 月累计 | | 同比（%） | |
|---|---|---|---|---|---|
| | | 数量 | 金额 | 数量 | 金额 |
| 小麦 | 吨 | 43 059 | 1 479.8 | −57.2 | −48.5 |
| 玉米 | 吨 | 50 022 | 1 304.5 | 41.2 | 88.7 |
| 稻谷和大米 | 吨 | 329 698 | 20 840.7 | −32.5 | −8.7 |
| 食糖 | 吨 | 779 887 | 31 850.1 | −34.6 | −16.1 |
| 羊毛 | 吨 | 285 320 | 169 825.5 | −8.2 | −5.3 |
| 毛条 | 吨 | 19 474 | 10 367.7 | −8.0 | −7.6 |
| 棉花 | 吨 | 2 110 979 | 349 238.1 | −14.1 | 0.4 |
| 化肥 | 吨 | 740 663 | 52 875.7 | −60.8 | −1.3 |
| 其中： | | | | | |
| 尿素 | 吨 | 67 | 9.7 | −87.6 | −64.1 |
| 氮、磷、钾复合肥 | 吨 | 644 661 | 40 255.6 | −52.3 | 4.5 |
| 磷酸氢二胺 | 吨 | 95 935 | 12 610.4 | −82.2 | −15.9 |

**表 10:**

## 1981 年以来全国进出口总值

单位：亿美元，%

| 年度 | 进出口 | 出口 | 进口 | 同比 | | |
|---|---|---|---|---|---|---|
| | | | | 进出口 | 出口 | 进口 |
| 1981 | 440.2 | 220.1 | 220.2 | — | — | — |
| 1982 | 416.1 | 223.2 | 192.9 | −5.5 | 1.4 | −12 |
| 1983 | 436.2 | 222.3 | 213.9 | 4.8 | −0.4 | 10.9 |
| 1984 | 535.5 | 261.4 | 274.1 | 22.8 | 17.6 | 28.1 |
| 1985 | 696.0 | 273.5 | 422.5 | 30.0 | 4.6 | 54.1 |
| 1986 | 738.5 | 309.4 | 429.0 | 6.1 | 13.1 | 1.5 |
| 1987 | 826.5 | 394.4 | 432.2 | 11.9 | 27.5 | 0.7 |
| 1988 | 1 027.8 | 475.2 | 552.7 | 24.4 | 20.5 | 27.9 |
| 1989 | 1 116.8 | 525.4 | 591.4 | 8.7 | 10.6 | 7.0 |
| 1990 | 1 154.4 | 620.9 | 533.5 | 3.4 | 18.2 | −9.8 |
| 1991 | 1 357.0 | 719.1 | 637.9 | 17.6 | 15.8 | 19.6 |
| 1992 | 1 655.3 | 849.4 | 805.9 | 22.0 | 18.1 | 26.3 |
| 1993 | 1 957.0 | 917.4 | 1 039.6 | 18.2 | 8.0 | 29.0 |
| 1994 | 2 366.2 | 1 210.1 | 1 156.2 | 20.9 | 31.9 | 11.2 |
| 1995 | 2 808.6 | 1 487.8 | 1 320.8 | 18.7 | 23.0 | 14.2 |
| 1996 | 2 898.8 | 1 510.5 | 1 388.3 | 3.2 | 1.5 | 5.1 |
| 1997 | 3 251.6 | 1 827.9 | 1 423.7 | 12.2 | 21.0 | 2.5 |
| 1998 | 3 239.5 | 1 837.1 | 1 402.4 | −0.4 | 0.5 | −1.5 |
| 1999 | 3 606.3 | 1 949.3 | 1 657.0 | 11.3 | 6.1 | 18.2 |
| 2000 | 4 743.0 | 2 492.0 | 2 250.9 | 31.5 | 27.8 | 35.8 |
| 2001 | 5 096.5 | 2 661.0 | 2 435.5 | 7.5 | 6.8 | 8.2 |
| 2002 | 6 207.7 | 3 256.0 | 2 951.7 | 21.8 | 22.4 | 21.2 |
| 2003 | 8 509.9 | 4 382.3 | 4 127.6 | 37.1 | 34.6 | 39.8 |
| 2004 | 11 545.5 | 5 933.3 | 5 612.3 | 35.7 | 35.4 | 36.0 |
| 2005 | 14 219.1 | 7 619.5 | 6 599.5 | 23.2 | 28.4 | 17.6 |
| 2006 | 17 604.3 | 9 689.7 | 7 914.6 | 23.8 | 27.2 | 19.9 |
| 2007 | 21 745.9 | 12 186.4 | 9 559.5 | 23.5 | 25.8 | 20.8 |
| 2008 | 25 616.3 | 14 285.5 | 11 330.9 | 17.8 | 17.2 | 18.5 |

表 11:

**2008 年特定地区进出口总值表**

单位：千美元

| 特定经济地区 | 进出口 | | 出口 | | 进口 | | 累计比去年同期±% | | |
|---|---|---|---|---|---|---|---|---|---|
| | 12 月份 | 1 至 12 月 | 12 月份 | 1 至 12 月 | 12 月份 | 1 至 12 月 | 进出口 | 出口 | 进口 |
| 经济特区 | 16 428 617 | 204 949 747 | 10 197 729 | 114 478 601 | 6 230 888 | 90 471 146 | 6.5 | 4.6 | 9.0 |
| 厦门特区 | 2 514 017 | 30 221 349 | 1 736 777 | 20 430 785 | 777 240 | 9 790 564 | 9.1 | 10.7 | 6.0 |
| 深圳特区 | 11 743 327 | 140 890 885 | 7 490 900 | 80 681 551 | 4 252 427 | 60 209 334 | 3.7 | 2.6 | 5.3 |
| 珠海特区 | 1 511 207 | 25 665 791 | 664 490 | 9 585 046 | 846 717 | 16 080 744 | 17.5 | 6.5 | 25.1 |
| 汕头特区 | 248 790 | 3 646 980 | 167 100 | 2 194 314 | 81 690 | 1 452 667 | 1.9 | 8.7 | −6.9 |
| 海南特区 | 411 277 | 4 524 742 | 138 462 | 1 586 905 | 272 814 | 2 937 837 | 28.7 | 16.3 | 36.6 |
| 经济技术开发区和特殊开放区 | 17 597 253 | 275 291 222 | 9 125 183 | 136 358 898 | 8 472 071 | 138 932 324 | 13.3 | 12.3 | 14.3 |
| 其中：上海浦东新区 | 10 162 185 | 141 955 787 | 4 374 568 | 59 006 259 | 5 787 617 | 82 949 528 | 13.1 | 14.8 | 12.0 |
| 苏州工业园 | 2 938 804 | 54 606 533 | 1 536 118 | 26 440 367 | 1 402 686 | 28 166 165 | 10.0 | 9.3 | 10.5 |
| 海南洋浦经济技术开发区 | 45 495 | 517 583 | 133 | 4 072 | 45 361 | 513 511 | 264.0 | 214.5 | 264.5 |
| 高新技术产业开发区 | 6 417 338 | 92 003 693 | 3 731 340 | 51 353 454 | 2 685 998 | 40 650 239 | −5.9 | −9.1 | −1.6 |
| 保税区 | 9 381 849 | 136 295 057 | 3 441 984 | 46 451 373 | 5 939 865 | 89 843 684 | 6.4 | 1.6 | 9.0 |
| 天津港保税区 | 716 144 | 11 227 345 | 201 975 | 3 024 030 | 514 169 | 8 203 315 | 19.4 | 18.0 | 19.9 |
| 大连大窑湾保税区 | 200 084 | 2 251 148 | 69 446 | 980 534 | 130 638 | 1 270 614 | 13.7 | 6.3 | 20.3 |
| 上海外高桥保税区 | 4 146 989 | 60 066 324 | 1 104 409 | 14 646 974 | 3 042 580 | 45 419 350 | 9.2 | 2.1 | 11.7 |
| 江苏张家港保税区 | 170 917 | 2 193 800 | 39 925 | 632 480 | 130 992 | 1 561 320 | 11.7 | 12.5 | 11.3 |
| 宁波北仑港保税区 | 236 823 | 3 493 980 | 69 076 | 1 199 140 | 167 747 | 2 294 840 | 12.1 | 8.8 | 14.0 |
| 福建马尾保税区 | 33 051 | 480 193 | 4 200 | 49 213 | 28 851 | 430 981 | −31.7 | −22.7 | −32.7 |
| 厦门象屿保税区 | 192 650 | 2 296 864 | 133 005 | 1 451 538 | 59 644 | 845 326 | −5.4 | 0.9 | −14.6 |
| 山东青岛保税区 | 240 824 | 3 446 207 | 88 255 | 962 050 | 152 568 | 2 484 157 | 41.3 | 21.8 | 50.6 |
| 广州保税区 | 203 291 | 3 185 395 | 78 263 | 1 268 364 | 125 028 | 1 917 032 | −11.2 | −15.6 | −8.0 |
| 深圳福田、沙头角、盐田保税区 | 3 084 392 | 45 742 943 | 1 596 042 | 21 545 698 | 1 488 350 | 24 197 244 | −1.1 | −1.7 | −0.6 |
| 珠海保税区 | 131 949 | 1 571 215 | 46 731 | 586 264 | 85 218 | 984 951 | 52.3 | 39.9 | 60.7 |
| 汕头保税区 | 11 882 | 209 207 | 3 242 | 44 011 | 8 640 | 165 197 | 63.7 | −17.5 | 121.8 |
| 海南海口保税区 | 12 853 | 130 436 | 7 412 | 61 078 | 5 441 | 69 358 | 42.3 | 61.1 | 29.0 |
| 出口加工区 | 10 494 705 | 152 329 568 | 7 804 559 | 101 470 484 | 2 690 146 | 50 859 084 | 26.4 | 33.9 | 13.7 |
| 其中：北京天竺出口加工区 | 28 577 | 326 117 | 14 535 | 144 267 | 14 042 | 181 850 | 26.8 | 13.3 | 40.0 |
| 天津出口加工区 | 21 300 | 422 387 | 16 789 | 327 171 | 4 510 | 95 216 | −58.6 | −55.9 | −65.9 |
| 辽宁大连出口加工区 | 68 691 | 988 316 | 49 685 | 739 166 | 19 006 | 249 150 | 27.5 | 20.5 | 54.3 |
| 上海漕河泾出口加工区 | 1 067 514 | 14 798 795 | 912 521 | 11 832 631 | 154 993 | 2 966 164 | 31.6 | 41.3 | 3.2 |
| 上海闵行出口加工区 | 123 749 | 1 596 089 | 78 055 | 876 055 | 45 695 | 720 034 | 83.3 | 106.1 | 61.6 |
| 上海松江出口加工区 | 2 424 292 | 39 068 303 | 1 926 353 | 28 465 073 | 497 939 | 10 603 230 | 1.2 | 10.8 | −18.0 |
| 上海青浦出口加工区 | 26 412 | 321 583 | 16 636 | 206 109 | 9 776 | 115 475 | 50.2 | 51.6 | 47.6 |
| 上海金桥出口加工区南区 | 22 069 | 318 241 | 14 926 | 204 907 | 7 143 | 113 334 | −21.2 | −20.2 | −23.0 |
| 江苏昆山出口加工区 | 2 596 873 | 35 235 545 | 2 038 576 | 24 355 436 | 558 297 | 10 880 109 | 11.6 | 16.8 | 1.6 |
| 江苏南京出口加工区 | 78 955 | 1 423 386 | 47 755 | 788 004 | 31 201 | 635 381 | −19.8 | −23.5 | −14.6 |
| 江苏无锡出口加工区 | 679 069 | 8 610 641 | 516 741 | 4 840 881 | 162 328 | 3 769 760 | −18.3 | 4.4 | −36.2 |
| 江苏苏州工业园区加工区 | 1 186 726 | 20 198 173 | 887 971 | 13 585 924 | 298 755 | 6 612 249 | 152.8 | 181.9 | 108.7 |
| 江苏南通出口加工区 | 35 064 | 404 165 | 21 365 | 204 958 | 13 699 | 199 207 | 16.3 | 21.7 | 11.3 |

续 表

| 特定经济地区 | 进出口 | | 出口 | | 进口 | | 累计比去年同期±% | | |
|---|---|---|---|---|---|---|---|---|---|
| | 12月份 | 1至12月 | 12月份 | 1至12月 | 12月份 | 1至12月 | 进出口 | 出口 | 进口 |
| 江苏连云港出口加工区 | 12 663 | 93 006 | 6 214 | 57 557 | 6 449 | 35 448 | 12.8 | 22.5 | 0.0 |
| 浙江杭州出口加工区 | 128 433 | 2 188 339 | 84 742 | 1 372 725 | 43 691 | 815 614 | −11.3 | −8.1 | −16.3 |
| 浙江宁波出口加工区 | 210 250 | 6 566 611 | 131 141 | 3 049 784 | 79 109 | 3 516 827 | 45.7 | 40.7 | 50.4 |
| 安徽芜湖出口加工区 | 5 456 | 32 072 | 1 684 | 22 994 | 3 772 | 9 078 | −48.0 | −60.8 | 191.8 |
| 福建厦门出口加工区 | 65 143 | 601 925 | 42 768 | 362 245 | 22 374 | 239 681 | 45.5 | 44.1 | 47.8 |
| 山东济南出口加工区 | 5 510 | 54 900 | 5 403 | 54 449 | 107 | 451 | 61.7 | 61.8 | 46.2 |
| 山东青岛出口加工区 | 35 388 | 472 438 | 22 779 | 274 887 | 12 609 | 197 552 | 25.3 | 19.4 | 34.7 |
| 山东烟台出口加工区 | 715 681 | 8 594 243 | 445 120 | 4 833 562 | 270 561 | 3 760 680 | 2 218.4 | 2 316.1 | 2 103.8 |
| 山东威海出口加工区 | 45 080 | 703 153 | 24 970 | 370 282 | 20 111 | 332 871 | 5.7 | 5.9 | 5.4 |
| 河南郑州出口加工区 | 12 863 | 153 403 | 7 955 | 46 771 | 4 908 | 106 633 | 2.2 | 57.8 | −11.5 |
| 湖北武汉出口加工区 | 1 678 | 47 331 | 818 | 9 877 | 860 | 37 455 | −34.1 | −58.1 | −22.3 |
| 广东深圳出口加工区 | 164 859 | 1 963 423 | 94 109 | 1 293 336 | 70 749 | 670 087 | −1.8 | 3.1 | −9.9 |
| 广东广州出口加工区 | 77 425 | 704 102 | 70 978 | 566 846 | 6 447 | 137 257 | 9.4 | 20.9 | −21.3 |
| 广西北海出口加工区 | 44 018 | 254 063 | 10 837 | 133 426 | 33 181 | 120 637 | 25.9 | 24.5 | 27.5 |
| 重庆出口加工区 | 27 221 | 219 595 | 2 934 | 61 616 | 24 288 | 157 979 | 37.7 | −51.2 | 375.5 |
| 四川成都出口加工区 | 395 528 | 4 749 773 | 210 591 | 1 743 185 | 184 938 | 3 006 588 | 100.9 | 91.2 | 107.0 |
| 陕西西安出口加工区 | 92 119 | 415 141 | 34 280 | 186 374 | 57 839 | 228 766 | 151.4 | 186.4 | 128.6 |
| 保税物流园区 | 560 259 | 9 121 308 | 282 891 | 4 109 086 | 277 368 | 5 012 222 | 20.5 | 7.5 | |

**表12：**

**2008年中国对亚洲国家（地区）贸易统计**

金额单位：亿美元

| | 进出口 | | 出口 | | 进口 | | 贸易平衡 | |
|---|---|---|---|---|---|---|---|---|
| | 金额 | 增长 | 金额 | 增长 | 金额 | 增长 | 2008年 | 2007年 |
| 总 值 | 25 616.32 | 17.8% | 14 285.46 | 17.2% | 11 330.86 | 18.5% | 2 954.59 | 2 621.68 |
| 亚洲合计 | 13 659.52 | 14.9% | 6 632.95 | 16.6% | 7 026.57 | 13.3% | −393.62 | −517.38 |
| 亚洲司主管国别 | 7 962.91 | 16.0% | 3 711.39 | 20.4% | 4 251.52 | 12.3% | −540.13 | −702.97 |
| 占总值比 | 31.1% | −0.5% | 26.0% | 0.7% | 37.5% | −2.1% | | |
| 东北亚 | 4 581.28 | 14.6% | 1 930.24 | 20.5% | 2 651.05 | 10.6% | −720.81 | −793.89 |
| 日 本 | 2 667.85 | 13.0% | 1 161.34 | 13.8% | 1 506.51 | 12.5% | −345.17 | −319.01 |
| 韩 国 | 1 861.13 | 16.2% | 739.51 | 31.0% | 1 121.62 | 8.1% | −382.11 | −476.27 |
| 朝 鲜 | 27.93 | 41.3% | 20.32 | 46.0% | 7.60 | 30.2% | 12.72 | 8.09 |
| 蒙 古 | 24.38 | 19.8% | 9.06 | 32.7% | 15.31 | 13.3% | −6.25 | −6.69 |
| 东 盟 | 2 311.17 | 14.0% | 1 141.42 | 20.9% | 1 169.74 | 7.9% | −28.32 | −139.83 |
| 文 莱 | 2.18 | −39.1% | 1.30 | 15.0% | 0.89 | −639.0% | 0.41 | −1.33 |
| 缅 甸 | 26.26 | 26.4% | 19.78 | 16.4% | 6.48 | 71.2% | 13.31 | 13.22 |
| 柬埔寨 | 11.33 | 21.3% | 10.94 | 24.0% | 0.39 | −23.8% | 10.56 | 8.32 |
| 印度尼西亚 | 315.21 | 25.7% | 171.92 | 35.6% | 143.30 | 15.6% | 28.62 | 2.79 |
| 老 挝 | 4.16 | 57.5% | 2.68 | 50.7% | 1.47 | 71.5% | 1.21 | 0.92 |
| 马来西亚 | 534.69 | 15.2% | 213.75 | 20.8% | 320.94 | 11.8% | −107.19 | −109.98 |
| 菲律宾 | 285.80 | −6.7% | 90.78 | 21.1% | 195.02 | −15.6% | −104.24 | −156.20 |
| 新加坡 | 524.36 | 10.5% | 323.00 | 7.9% | 201.35 | 14.9% | 121.65 | 122.71 |
| 泰 国 | 412.53 | 18.9% | 156.05 | 29.8% | 256.47 | 13.2% | −100.42 | −106.91 |
| 越 南 | 194.64 | 28.8% | 151.22 | 27.2% | 43.43 | 34.6% | 107.79 | 86.65 |

续 表

| | 进出口 | | 出口 | | 进口 | | 贸易平衡 | |
|---|---|---|---|---|---|---|---|---|
| | 金额 | 增长 | 金额 | 增长 | 金额 | 增长 | 2008年 | 2007年 |
| 东帝汶 | 0.09 | −2.7% | 0.09 | −3.3% | 0.00 | 114.7% | 0.09 | 0.09 |
| 南亚、西亚 | 1 070.46 | 27.3% | 639.73 | 19.4% | 430.73 | 41.2% | 209.00 | 230.65 |
| 印 度 | 517.80 | 34.0% | 315.00 | 31.2% | 202.81 | 38.7% | 112.19 | 93.94 |
| 巴基斯坦 | 69.81 | 1.3% | 59.75 | 3.2% | 10.06 | −8.9% | 49.69 | 46.85 |
| 孟加拉国 | 46.80 | 35.3% | 45.48 | 36.0% | 1.32 | 15.2% | 44.17 | 32.31 |
| 斯里兰卡 | 16.83 | 17.5% | 16.23 | 17.3% | 0.59 | 23.7% | 15.64 | 13.36 |
| 尼泊尔 | 3.81 | −4.8% | 3.75 | −2.7% | 0.06 | −59.5% | 3.69 | 3.71 |
| 马尔代夫 | 0.33 | 29.7% | 0.31 | 25.5% | 0.01 | 401.6% | 0.30 | 0.25 |
| 不 丹 | 0.08 | 56.9% | 0.08 | 56.9% | — | −100.0% | 0.08 | 0.05 |
| 阿富汗 | 1.54 | −10.1% | 1.52 | −10.4% | 0.03 | 13.4% | 1.49 | 1.67 |
| 伊 朗 | 276.43 | 34.3% | 80.43 | 10.4% | 195.99 | 47.3% | −115.56 | −60.22 |
| 土耳其 | 125.68 | 6.8% | 105.93 | 1.1% | 19.75 | 52.8% | 86.18 | 91.83 |
| 塞浦路斯 | 11.34 | 60.7% | 11.24 | 61.0% | 0.11 | 32.0% | 11.13 | 6.90 |
| 香港 | 2 036.66 | 3.3% | 1 907.43 | 3.4% | 129.23 | 0.9% | 1 778.20 | 1 716.32 |
| 澳门 | 29.08 | −0.5% | 26.02 | −1.5% | 3.06 | 9.1% | 22.96 | 23.61 |
| 中国台北 | 1 292.17 | 3.8% | 258.78 | 10.3% | 1 033.40 | 2.3% | −774.62 | −775.67 |
| 亚洲其他 | 2 338.60 | 32.3% | 729.24 | 47.5% | 1 609.36 | 26.4% | −880.12 | 185.59 |
| 欧 盟 | 4 255.80 | 19.5% | 2 928.80 | 19.5% | 1 327.00 | 19.6% | 1 601.80 | 1 342.41 |
| 美 国 | 3 337.38 | 10.5% | 2 522.97 | 8.4% | 814.40 | 17.4% | 1 708.57 | 1 633.16 |

**注**：占总值比中的“增长”为同比增减点数；亚洲司主管国别26个。

**表13：**

**2008年中国与西亚非洲国家贸易统计**

| 序号 | | 进出口 | | 进口 | | 出口 | |
|---|---|---|---|---|---|---|---|
| | | 亿美元 | 同比 | 亿美元 | 同比 | 亿美元 | 同比 |
| | 非洲 | 1 068.42 | 45.1 | 560.02 | 54.0 | 508.40 | 36.3 |
| 1 | 安哥拉 | 253.11 | 79.3 | 223.82 | 73.7 | 29.30 | 138.2 |
| 2 | 南非 | 178 | 26.9 | 92.31 | 39.5 | 85.93 | 15.7 |
| 3 | 苏丹 | 81.78 | 43.3 | 63.29 | 51.7 | 18.49 | 20.3 |
| 4 | 尼日利亚 | 72.66 | 67.7 | 5.09 | −5.2 | 67.57 | 78.0 |
| 5 | 埃及 | 62.39 | 33.5 | 4.28 | 78.6 | 58.11 | 31.1 |
| 6 | 阿尔及利亚 | 45.34 | 17.3 | 8.49 | −26.9 | 36.85 | 36.2 |
| 7 | 刚果（布） | 43.40 | 32.7 | 37.28 | 31.5 | 6.12 | 40.9 |
| 8 | 利比亚 | 42.12 | 74.8 | 25.89 | 67.3 | 16.23 | 88.2 |
| 9 | 摩洛哥 | 27.88 | 7.8 | 4.59 | 8.4 | 23.28 | 7.7 |
| 10 | 赤道几内亚 | 25.45 | 42.2 | 22.68 | 33.6 | 2.77 | 198.8 |
| 11 | 贝宁 | 24.13 | 15.8 | 1.10 | −2.6 | 23.03 | 16.9 |
| 12 | 加蓬 | 19.31 | 61.1 | 17.93 | 63.6 | 1.38 | 34.5 |
| 13 | 加纳 | 18.28 | 43.4 | 0.93 | 74.5 | 17.34 | 42.0 |
| 14 | 刚果（金） | 18.15 | 228.1 | 15.83 | 244.0 | 2.3 | 149.0 |
| 15 | 埃塞俄比亚 | 13.08 | 51.8 | 0.82 | −6.3 | 12.27 | 58.4 |
| 16 | 肯尼亚 | 12.51 | 30.4 | 0.35 | 23.5 | 12.16 | 30.6 |
| 17 | 多哥 | 12.41 | −11.3 | 0.31 | 18.4 | 12 | −11.9 |
| 18 | 毛里塔尼亚 | 12.34 | 74.7 | 10.50 | 84.4 | 1.85 | 34.6 |
| 19 | 利比里亚 | 11.42 | 41.7 | 0.06 | 81.1 | 11.36 | 41.5 |

续　表

| 序号 | | 进出口 | | 进口 | | 出口 | |
|---|---|---|---|---|---|---|---|
| | | 亿美元 | 同比 | 亿美元 | 同比 | 亿美元 | 同比 |
| 20 | 坦桑尼亚 | 10.6 | 33.6 | 1.31 | −35.4 | 9.33 | 57.2 |
| 21 | 喀麦隆 | 8.54 | 87.1 | 5 | 199.6 | 3.75 | 26.4 |
| 22 | 赞比亚 | 8.09 | 36.6 | 5.45 | 38.1 | 2.64 | 33.5 |
| 23 | 突尼斯 | 7.74 | 51.1 | 0.90 | 197.3 | 6.84 | 41.9 |
| 24 | 马达加斯加 | 6.64 | 85.5 | 0.65 | 119.5 | 5.99 | 82.4 |
| 25 | 科特迪瓦 | 5.99 | 32.2 | 0.71 | 73.8 | 5.28 | 28.1 |
| 26 | 纳米比亚 | 5.26 | 30.6 | 2.88 | 82.9 | 2.4 | −3.0 |
| 27 | 莫桑比克 | 4.23 | 48.7 | 1.35 | 8.3 | 2.88 | 79.9 |
| 28 | 塞内加尔 | 4.0 | 12.8 | 0.05 | −77.9 | 3.96 | 18.9 |
| 29 | 几内亚 | 3.57 | 0.1 | 0.2 | −73.6 | 3.3 | 25.9 |
| 30 | 博茨瓦纳 | 3.50 | 141.1 | 1.84 | 595.7 | 1.7 | 39.9 |
| 31 | 毛里求斯 | 3.23 | 11.7 | 0.06 | 13.5 | 3.17 | 11.6 |
| 32 | 津巴布韦 | 2.80 | −18.7 | 1.48 | 3.8 | 1.32 | −34.6 |
| 33 | 吉布提 | 2.49 | 50.5 | 0.02 | 9.3 | 2.5 | 50.9 |
| 34 | 乌干达 | 2.47 | 11.1 | 0.17 | −14.3 | 2.30 | 13.6 |
| 35 | 马里 | 2.31 | 43.1 | 0.63 | 75.4 | 1.68 | 33.9 |
| 36 | 冈比亚 | 1.78 | −7.9 | 0.03 | −63.0 | 1.75 | −5.4 |
| 37 | 尼日尔 | 1.67 | 441.9 | 0.001 | 50.3 | 1.67 | 442.5 |
| 38 | 乍得 | 1 | −19.0 | 0.41 | −50.8 | 0.80 | 21.7 |
| 39 | 布基纳法索 | 1.09 | −45.3 | 0.6 | −59.7 | 0.46 | 5.7 |
| 40 | 卢旺达 | 0.94 | 61.1 | 0.30 | 25.2 | 0.65 | 85.5 |
| 41 | 马拉维 | 0.88 | 106.1 | 0.08 | 968.8 | 0.80 | 90.6 |
| 42 | 塞拉利昂 | 0.84 | 30.4 | 0.05 | −6.9 | 0.78 | 34.1 |
| 43 | 莱索托 | 0.81 | 40.9 | 0.02 | 36.5 | 0.8 | 41.0 |
| 44 | 索马里 | 0.40 | 42.3 | 0.002 | −89.1 | 0.40 | 50.8 |
| 45 | 中非 | 0.33 | 111.2 | 0.21 | 224.2 | 0.11 | 26.9 |
| 46 | 斯威士兰 | 0.32 | −2.7 | 0.11 | −41.7 | 0.20 | 54.3 |
| 47 | 厄立特里亚 | 0.31 | 7.6 | 0.02 | −1.8 | 0.29 | 8.5 |
| 48 | 科摩罗 | 0.25 | 231.2 | — | — | 0.25 | 231.3 |
| 49 | 布隆迪 | 0.18 | 29.6 | 0.001 | −82.0 | 0.18 | 35.4 |
| 50 | 塞舌尔 | 0.18 | 49.0 | 0.04 | −17.4 | 0.14 | 88.9 |
| 51 | 佛得角 | 0.13 | −9.7 | — | — | 0.13 | −9.7 |
| 52 | 几内亚比绍 | 0.07 | −1.0 | 0.01 | 618.3 | 0.06 | −15.8 |
| 53 | 圣多美和普林西比 | 0.02 | 6.4 | 0.000 | — | 0.02 | 5.5 |
| | 西亚 | 1 105.88 | 55.1 | 602.55 | 74.4 | 503.33 | 37.0 |
| 1 | 沙特 | 417.87 | 64.7 | 310.13 | 76.6 | 107.7 | 38.0 |
| 2 | 阿联酋 | 281.55 | 40.5 | 46.05 | 52.9 | 235.50 | 38.3 |
| 3 | 阿曼 | 124.16 | 70.8 | 116.24 | 72.9 | 7.92 | 44.7 |
| 4 | 科威特 | 67.84 | 86.9 | 50.40 | 120.0 | 17.44 | 30.3 |
| 5 | 以色列 | 60.22 | 13.4 | 17.93 | 8.4 | 42.29 | 15.7 |
| 6 | 也门 | 43.7 | 61.4 | 32.09 | 83.8 | 11.62 | 20.7 |
| 7 | 伊拉克 | 25.71 | 76.9 | 13.8 | 80.4 | 11.90 | 73.1 |
| 8 | 卡塔尔 | 23.84 | 97.2 | 13.12 | 123.1 | 10.72 | 72.7 |
| 9 | 叙利亚 | 22.72 | 21.1 | 0.10 | 16.9 | 22.62 | 21.1 |
| 10 | 约旦 | 19.21 | 62.6 | 1.23 | 50.2 | 18.0 | 63.5 |
| 11 | 黎巴嫩 | 10.79 | 50.5 | 0.13 | −28.7 | 10.66 | 52.6 |
| 12 | 巴林 | 7.85 | 61.2 | 1.31 | 28.1 | 6.54 | 70.0 |
| 13 | 巴勒斯坦 | 0.41 | 8.9 | 0.002 | 63.6 | 0.41 | 8.7 |

表 14：

**2008 年全国外商投资企业进出口情况表**

金额单位：亿美元

<table>
<tr><th rowspan="2"></th><th colspan="2">全国</th><th colspan="6">外商投资企业</th></tr>
<tr><th>金额</th><th>比去年%</th><th colspan="2">金额</th><th colspan="2">占全国比重%</th><th>比重+/−（百分点）</th><th>比去年%</th></tr>
<tr><td>进出口总值</td><td>25 616.32</td><td>17.77</td><td colspan="2">14 105.76</td><td colspan="2">55.07</td><td>−2.63</td><td>12.40</td></tr>
<tr><td>出口总值</td><td>14 285.46</td><td>17.20</td><td colspan="2">7 906.20</td><td colspan="2">55.34</td><td>−1.72</td><td>13.67</td></tr>
<tr><td>进口总值</td><td>11 330.86</td><td>18.50</td><td colspan="2">6 199.56</td><td colspan="2">54.71</td><td>−3.79</td><td>10.82</td></tr>
<tr><td></td><td></td><td></td><td>投资进口设备</td><td>276.77</td><td>占三资企业进口比重</td><td>4.46</td><td>−0.17</td><td>6.84</td></tr>
</table>

注：1～12 月份贸易顺差值为 1 706.64 亿美元，扣除投资项下进口设备、物料，贸易净顺差值为 1 983.41 亿美元。

表 15：

**2008 年全国利用外资分国别/地区分析表**

（新批项目数）

金额单位：万美元

| 国别/地区 | 新批项目个数 | | | | | |
|---|---|---|---|---|---|---|
| | 2008 年 1～12 月 | 2007 年 1～12 月 | 增 幅 | 2008 年比重 | 2007 年比重 | 比重增减 |
| 总计 | 27 514 | 37 871 | −27.65 | | | |
| 亚洲十国/地区 | 20 444 | 27 363 | −25.29 | 74.3 | 72.25 | 2.05 |
| 香港 | 12 857 | 16 208 | −20.67 | 46.73 | 42.8 | 3.93 |
| 印度尼西亚 | 45 | 68 | −33.82 | 0.16 | 0.18 | −0.02 |
| 日本 | 1 438 | 1 974 | −27.15 | 5.23 | 5.21 | 0.02 |
| 澳门 | 435 | 856 | −49.18 | 1.58 | 2.26 | −0.68 |
| 马来西亚 | 219 | 285 | −23.16 | 0.8 | 0.75 | 0.05 |
| 菲律宾 | 51 | 83 | −38.55 | 0.19 | 0.22 | −0.03 |
| 新加坡 | 757 | 1 059 | −28.52 | 2.75 | 2.8 | −0.05 |
| 韩国 | 2 226 | 3 452 | −35.52 | 8.09 | 9.12 | −1.03 |
| 泰国 | 56 | 79 | −29.11 | 0.2 | 0.21 | −0.01 |
| 台湾省 | 2 360 | 3 299 | −28.46 | 8.58 | 8.71 | −0.13 |
| 欧盟主要国家 | 1 844 | 2 384 | −22.65 | 6.7 | 6.3 | 0.4 |
| 比利时 | 38 | 52 | −26.92 | 0.14 | 0.14 | |
| 丹麦 | 49 | 71 | −30.99 | 0.18 | 0.19 | −0.01 |
| 英国 | 365 | 475 | −23.16 | 1.33 | 1.25 | 0.08 |
| 德国 | 390 | 548 | −28.83 | 1.42 | 1.45 | −0.03 |
| 法国 | 199 | 268 | −25.75 | 0.72 | 0.71 | 0.01 |
| 爱尔兰 | 27 | 30 | −10 | 0.1 | 0.08 | 0.02 |
| 意大利 | 293 | 348 | −15.8 | 10.6 | 0.92 | 0.14 |
| 卢森堡 | 29 | 31 | −6.45 | 0.11 | 0.08 | 0.03 |
| 荷兰 | 152 | 182 | −16.48 | 0.55 | 0.48 | 0.07 |
| 希腊 | 5 | 16 | −68.75 | 0.02 | 0.04 | −0.02 |
| 葡萄牙 | 10 | 12 | −16.67 | 0.04 | 0.03 | 0.01 |
| 西班牙 | 127 | 193 | −34.2 | 0.46 | 0.51 | −0.05 |
| 奥地利 | 43 | 57 | −24.56 | 0.16 | 0.15 | 0.01 |
| 芬兰 | 39 | 23 | 69.57 | 0.14 | 0.06 | 0.08 |
| 瑞典 | 78 | 78 | | 0.28 | 0.21 | 0.07 |
| 北美 | 2 182 | 3 320 | −34.28 | 7.93 | 8.77 | −0.84 |
| 加拿大 | 410 | 693 | −40.84 | 1.49 | 1.83 | −0.34 |
| 美国 | 1 772 | 2 627 | −32.55 | 6.44 | 6.94 | −0.5 |
| 部分自由港 | 1 670 | 3 233 | −48.35 | 6.07 | 8.54 | −2.47 |
| 毛里求斯 | 133 | 243 | −45.27 | 0.48 | 0.64 | −0.16 |
| 开曼群岛 | 216 | 342 | −36.84 | 0.79 | 0.9 | −0.11 |
| 英属维尔京群岛 | 975 | 1 883 | −48.22 | 3.54 | 4.97 | −1.43 |
| 萨摩亚 | 346 | 765 | −54.77 | 1.26 | 2.02 | −0.76 |
| 其他 | 1 922 | 2 314 | −16.94 | 6.99 | 6.11 | 0.88 |

**表 16：**

## 2008 年全国利用外资分国别/地区分析表

（实际使用外资金额）

金额单位：万美元

| 国别/地区 | 实际使用外资金额 | | | | | |
|---|---|---|---|---|---|---|
| | 2008 年 1～12 月 | 2007 年 1～12 月 | 增　幅 | 2008 年比重 | 2007 年比重 | 比重增减 |
| 总计 | 9 239 544 | 7 476 789 | 23.58 | | | |
| 亚洲十国/地区 | 5 540 994 | 4 138 335 | 33.89 | 59.97 | 55.35 | 4.62 |
| 香港 | 4 103 640 | 2 770 342 | 48.13 | 44.41 | 37.05 | 7.36 |
| 印度尼西亚 | 16 725 | 13 441 | 24.43 | 0.18 | 0.18 | |
| 日本 | 365 235 | 358 922 | 1.76 | 3.95 | 4.8 | －0.85 |
| 澳门 | 58 161 | 63 700 | －8.7 | 0.63 | 0.85 | －0.22 |
| 马来西亚 | 24 696 | 39 725 | －37.83 | 0.27 | 0.53 | －0.26 |
| 菲律宾 | 12 687 | 19 532 | －35.05 | 0.14 | 0.26 | －0.12 |
| 新加坡 | 443 529 | 318 457 | 39.27 | 4.8 | 4.26 | 0.54 |
| 韩国 | 313 532 | 367 831 | －14.76 | 3.39 | 4.92 | －1.53 |
| 泰国 | 12 921 | 8 948 | 44.4 | 0.14 | 0.12 | 0.02 |
| 台湾省 | 189 868 | 177 437 | 7.01 | 2.05 | 2.37 | －0.32 |
| 欧盟主要国家 | 499 451 | 383 838 | 30.12 | 5.41 | 5.13 | 0.28 |
| 比利时 | 5 586 | 9 584 | －41.72 | 0.06 | 0.13 | －0.07 |
| 丹麦 | 29 376 | 12 514 | 134.75 | 0.32 | 0.17 | 0.15 |
| 英国 | 91 401 | 83 094 | 10 | 0.99 | 1.11 | －0.12 |
| 德国 | 90 049 | 73 397 | 22.69 | 0.97 | 0.98 | －0.01 |
| 法国 | 58 775 | 45 601 | 28.89 | 0.64 | 0.61 | 0.03 |
| 爱尔兰 | 19 829 | 6 103 | 224.91 | 0.21 | 0.08 | 0.13 |
| 意大利 | 49 326 | 34 792 | 41.77 | 0.53 | 0.47 | 0.06 |
| 卢森堡 | 13 283 | 8 246 | 61.09 | 0.14 | 0.11 | 0.03 |
| 荷兰 | 86 216 | 61 666 | 39.81 | 0.93 | 0.82 | 0.11 |
| 希腊 | 1 309 | 235 | 457.02 | 0.01 | | 0.01 |
| 葡萄牙 | 829 | 823 | 0.73 | 0.01 | 0.01 | |
| 西班牙 | 20 890 | 21 324 | －2.04 | 0.23 | 0.29 | －0.06 |
| 奥地利 | 13 255 | 8 234 | 60.98 | 0.14 | 0.11 | 0.03 |
| 芬兰 | 5 410 | 5 589 | －3.2 | 0.06 | 0.07 | －0.01 |
| 瑞典 | 13 917 | 12 636 | 10.14 | 0.15 | 0.17 | －0.02 |
| 北美 | 348 762 | 301 281 | 15.76 | 3.77 | 4.03 | －0.26 |
| 加拿大 | 54 328 | 39 658 | 36.99 | 0.59 | 0.53 | 0.06 |
| 美国 | 294 434 | 261 623 | 12.54 | 3.19 | 3.5 | －0.31 |
| 部分自由港 | 2 314 227 | 2 262 560 | 2.28 | 25.05 | 30.26 | －5.21 |
| 毛里求斯 | 149 371 | 133 250 | 12.1 | 1.62 | 1.78 | －0.16 |
| 开曼群岛 | 314 497 | 257 078 | 22.34 | 3.4 | 3.44 | －0.04 |
| 英属维尔京群岛 | 1 595 384 | 1 655 244 | －3.62 | 17.27 | 22.14 | －4.87 |
| 萨摩亚 | 254 975 | 216 988 | 17.51 | 2.76 | 2.9 | －0.14 |
| 其他 | 536 110 | 390 775 | 37.19 | 5.8 | 5.23 | 0.57 |

表 17：

**2008 年全国利用外资统计简表**

金额单位：亿美元

| 利用外资方式 | 本年批准外资情况 项目数 | | | 本年实际使用外资 | | |
|---|---|---|---|---|---|---|
| | 本年累计 | 去年同期 | 比去年% | 本年累计 | 去年同期 | 比去年% |
| 总计 | 27 514 | 37 871 | −27.35 | 952.53 | 783.39 | 21.59 |
| 一、外商直接投资 | 27 514 | 37 871 | −27.35 | 923.95 | 747.68 | 23.58 |
| 中外合资企业 | 4 612 | 7 649 | −39.7 | 173.18 | 155.96 | 11.04 |
| 中外合作企业 | 468 | 641 | −26.99 | 19.03 | 14.16 | 34.4 |
| 外资企业 | 22 396 | 29 543 | −24.19 | 723.15 | 572.64 | 26.28 |
| 外商投资股份制 | 38 | 38 | 0 | 8.59 | 4.92 | 74.71 |
| 合作开发 | 0 | 0 | | 0 | 0 | |
| 其他 | 0 | 0 | | 0 | 0 | |
| 二、外商其他投资 | 0 | 0 | | 28.58 | 35.72 | −19.98 |
| 对外发行股票 | 0 | 0 | | 0.77 | 4.02 | −80.85 |
| 国际租赁 | 0 | 0 | | 1.44 | 1.8 | −20 |
| 补偿贸易 | 0 | 0 | | 0.52 | 0.18 | 192.25 |
| 加工装配 | 0 | 0 | | 25.85 | 29.72 | −13.02 |

注：此表数据未包括：银行、保险、证券领域吸收外商投资数据。

表 18：

**2008 年中国非金融类对外直接投资分省市区排名**

单位：万美元

| 序号 | 省市区名称 | 中方实际投资额 |
|---|---|---|
| | 合计 | 614 354 |
| 1 | 广东省 | 121 394 |
| | 其中：深圳市 | 60 932 |
| 2 | 浙江省 | 50 558 |
| | 其中：宁波市 | 29 892 |
| 3 | 山东省 | 48 627 |
| | 其中：青岛市 | 12 755 |
| 4 | 湖南省 | 46 502 |
| 5 | 甘肃省 | 38 651 |
| 6 | 辽宁省 | 32 558 |
| | 其中：大连市 | 17 447 |
| 7 | 上海市 | 32 543 |
| 8 | 福建省 | 27 939 |
| | 其中：厦门市 | 4 084 |
| 9 | 江苏省 | 27 025 |
| 10 | 云南省 | 23 915 |
| 11 | 河南省 | 23 636 |
| 12 | 北京市 | 20 582 |
| 13 | 天津市 | 15 277 |
| 14 | 陕西省 | 14 499 |
| 15 | 黑龙江省 | 14 285 |
| 16 | 四川省 | 12 799 |
| 17 | 重庆市 | 11 215 |
| 18 | 新疆生产建设兵团 | 10 158 |

续　表

| 序号 | 省市区名称 | 中方实际投资额 |
|---|---|---|
| 19 | 广西壮族自治区 | 8 537 |
| 20 | 吉林省 | 7 416 |
| 21 | 新疆维吾尔自治区 | 6 205 |
| 22 | 安徽省 | 5 315 |
| 23 | 河北省 | 4 709 |
| 24 | 湖北省 | 3 450 |
| 25 | 山西省 | 2 754 |
| 26 | 宁夏回族自治区 | 1 571 |
| 27 | 江西省 | 1 446 |
| 28 | 内蒙古自治区 | 460 |
| 29 | 青海省 | 202 |
| 30 | 海南省 | 113 |
| 31 | 贵州省 | 15 |

**表 19：**

**2008 年中国对外承包工程业务新签合同额分省市区排名**

单位：万美元

| 序号 | 省、直辖市、自治区 | 新签合同额 |
|---|---|---|
| | 合计 | 7 632 754 |
| 1 | 上海市 | 1 045 972 |
| 2 | 广东省 | 844 352 |
| | 其中：深圳市 | 724 751 |
| 3 | 山东省 | 650 233 |
| | 其中：青岛市 | 58 560 |
| 4 | 北京市 | 520 594 |
| 5 | 江苏省 | 432 043 |
| 6 | 四川省 | 428 183 |
| 7 | 河北省 | 393 774 |
| 8 | 湖北省 | 384 595 |
| 9 | 浙江省 | 284 454 |
| | 其中：宁波市 | 129 190 |
| 10 | 辽宁省 | 232 163 |
| | 其中：大连市 | 162 118 |
| 11 | 天津市 | 171 621 |
| 12 | 安徽省 | 144 575 |
| 13 | 湖南省 | 142 425 |
| 14 | 河南省 | 133 714 |
| 15 | 广西壮族自治区 | 129 323 |
| 16 | 江西省 | 88 329 |
| 17 | 陕西省 | 80 490 |
| 18 | 云南省 | 73 437 |
| 19 | 山西省 | 69 786 |
| 20 | 新疆维吾尔自治区 | 68 083 |
| 21 | 黑龙江省 | 57 228 |
| 22 | 贵州省 | 43 804 |
| 23 | 福建省 | 41 862 |
| | 其中：厦门市 | 1 789 |
| 24 | 甘肃省 | 29 359 |

续 表

| 序号 | 省、直辖市、自治区 | 新签合同额 |
|---|---|---|
| 25 | 重庆市 | 26 685 |
| 26 | 吉林省 | 24 184 |
| 27 | 新疆生产建设兵团 | 6 453 |
| 28 | 内蒙古自治区 | 3 735 |
| 29 | 海南省 | 3 272 |
| 30 | 宁夏回族自治区 | 1 618 |

表 20：

**2008 年中国对外劳务合作业务派出各类劳务人员按省市区排名**

| 序号 | 省、自治区、直辖市 | 派出人数（单位：人） |
|---|---|---|
| 1 | 江苏省 | 46 996 |
| 2 | 山东省 | 45 274 |
| | 其中：青岛市 | 7 387 |
| 3 | 福建省 | 27 842 |
| | 其中：厦门市 | 4 675 |
| 4 | 辽宁省 | 27 041 |
| | 其中：大连市 | 16 846 |
| 5 | 广东省 | 25 948 |
| | 其中：深圳市 | 0 |
| 6 | 河南省 | 22 983 |
| 7 | 吉林省 | 19 163 |
| 8 | 浙江省 | 17 134 |
| | 其中：宁波市 | 1 006 |
| 9 | 上海市 | 16 173 |
| 10 | 四川省 | 13 027 |
| 11 | 安徽省 | 12 749 |
| 12 | 湖北省 | 12 453 |
| 13 | 河北省 | 7 660 |
| 14 | 内蒙古自治区 | 7 443 |
| 15 | 黑龙江省 | 7 174 |
| 16 | 陕西省 | 6 648 |
| 17 | 江西省 | 6 508 |
| 18 | 湖南省 | 6 352 |
| 19 | 北京市 | 6 034 |
| 20 | 新疆维吾尔自治区 | 5 126 |
| 21 | 云南省 | 5 032 |
| 22 | 广西壮族自治区 | 4 923 |
| 23 | 天津市 | 4 550 |
| 24 | 新疆生产建设兵团 | 3 422 |
| 25 | 山西省 | 2 662 |
| 26 | 贵州省 | 738 |
| 27 | 重庆市 | 660 |
| 28 | 甘肃省 | 530 |
| 29 | 宁夏回族自治区 | 247 |
| 30 | 海南省 | 41 |

**表 21：**

**2008 年中国对外承包工程业务完成营业额分省市区排名**

单位：万美元

| 序号 | 省、自治区、直辖市 | 完成营业额 |
|---|---|---|
| | 合计 | 4 478 687 |
| 1 | 广东省 | 686 045 |
| | 其中：深圳市 | 649 166 |
| 2 | 上海市 | 490 707 |
| 3 | 江苏省 | 388 434 |
| 4 | 山东省 | 262 351 |
| | 其中：青岛市 | 52 147 |
| 5 | 四川省 | 251 852 |
| 6 | 浙江省 | 170 495 |
| | 其中：宁波市 | 73 933 |
| 7 | 河北省 | 155 593 |
| 8 | 湖北省 | 153 456 |
| 9 | 北京市 | 130 849 |
| 10 | 河南省 | 116 838 |
| 11 | 安徽省 | 107 885 |
| 12 | 天津市 | 97 155 |
| 13 | 辽宁省 | 84 560 |
| | 其中：大连市 | 30 022 |
| 14 | 陕西省 | 77 989 |
| 15 | 新疆维吾尔自治区 | 63 070 |
| 16 | 云南省 | 59 870 |
| 17 | 湖南省 | 57 230 |
| 18 | 黑龙江省 | 56 920 |
| 19 | 江西省 | 52 213 |
| 20 | 山西省 | 51 954 |
| 21 | 贵州省 | 31 064 |
| 22 | 甘肃省 | 30 247 |
| 23 | 广西壮族自治区 | 23 397 |
| 24 | 吉林省 | 18 393 |
| 25 | 重庆市 | 16 654 |
| 26 | 新疆生产建设兵团 | 16 409 |
| 27 | 福建省 | 13 295 |
| | 其中：厦门市 | 1 266 |
| 28 | 海南省 | 3 558 |
| 29 | 内蒙古自治区 | 2 523 |
| 30 | 宁夏回族自治区 | 1 147 |

表22：

2008年中国对外承包工程业务完成营业额前五十名的企业

单位：万美元

| 序号 | 企业简称 | 完成营业额 |
|---|---|---|
| 1 | 华为技术有限公司 | 566 913 |
| 2 | 中国建筑工程总公司 | 352 319 |
| 3 | 中国机械设备进出口总公司 | 187 392 |
| 4 | 中国水利水电建设集团公司 | 180 573 |
| 5 | 国华国际工程承包公司 | 154 596 |
| 6 | 长城钻探工程有限公司 | 128 950 |
| 7 | 上海振华港口机械股份有限公司 | 128 666 |
| 8 | 中国港湾工程有限责任公司 | 128 316 |
| 9 | 中国土木工程集团公司 | 101 920 |
| 10 | 四川东方电力设备联合公司 | 90 155 |
| 11 | 上海电气集团股份有限公司 | 87 975 |
| 12 | 中国路桥工程有限责任公司 | 87 334 |
| 13 | 上海贝尔阿尔卡特股份有限公司 | 84 375 |
| 14 | 中兴通讯股份有限公司 | 81 825 |
| 15 | 中国石化工程建设公司 | 71 360 |
| 16 | 山东电力建设第三工程公司 | 71 000 |
| 17 | 中国石油工程建设（集团）公司 | 66 796 |
| 18 | 中国葛洲坝水利水电工程集团有限公司 | 63 200 |
| 19 | 中材国际工程股份有限公司 | 63 100 |
| 20 | 东方地球物理勘探有限责任公司 | 60 616 |
| 21 | 中国冶金科工集团公司 | 58 010 |
| 22 | 中国技术进出口总公司 | 56 479 |
| 23 | 中国石化集团中原石油勘探局 | 51 925 |
| 24 | 上海建工（集团）总公司 | 50 384 |
| 25 | 中铁二十局集团有限公司 | 45 925 |
| 26 | 中国水利电力对外公司 | 44 466 |
| 27 | 山东电力基本建设总公司 | 43 388 |
| 28 | 中国石油天然气管道局 | 42 649 |
| 29 | 中国机械工业集团公司 | 37 136 |
| 30 | 中地海外建设有限责任公司 | 36 897 |
| 31 | 哈尔滨电站工程有限责任公司 | 33 819 |
| 32 | 中国海外工程有限责任公司 | 31 664 |
| 33 | 中国地质工程集团公司 | 31 049 |
| 34 | 青建集团股份公司 | 31 010 |
| 35 | 中材建设有限公司 | 30 240 |
| 36 | 合肥水泥研究设计院 | 30 110 |
| 37 | 中工国际工程股份有限公司 | 29 953 |
| 38 | 中海油田服务股份有限公司 | 29 224 |
| 39 | 中国建材国际工程有限公司 | 28 512 |
| 40 | 中国江苏国际经济技术合作公司 | 28 097 |
| 41 | 北京建工集团有限责任公司 | 27 668 |
| 42 | 上海电气（集团）总公司 | 27 485 |
| 43 | 四川石油管理局 | 26 769 |
| 44 | 新疆特变电工股份有限公司 | 25 684 |
| 45 | 中国成达工程公司 | 25 165 |
| 46 | 沈阳远大铝业工程有限公司 | 24 056 |
| 47 | 中铁十八局集团有限公司 | 22 886 |
| 48 | 瓮福（集团）有限责任公司 | 22 518 |
| 49 | 新疆七星建工集团有限责任公司 | 21 803 |
| 50 | 中铁十二局集团有限公司 | 21 680 |

表 23：

## 2008 年中国对外承包工程业务新签合同额前五十名的企业

单位：万美元

| 序号 | 企业名称 | 新签合同额 |
|---|---|---|
| 1 | 中国建筑工程总公司 | 652 912 |
| 2 | 华为技术有限公司 | 592 677 |
| 3 | 中国石油工程建设（集团）公司 | 400 405 |
| 4 | 上海电气集团股份有限公司 | 386 537 |
| 5 | 山东电力基本建设总公司 | 371 830 |
| 6 | 中国水利水电建设集团公司 | 360 720 |
| 7 | 中国港湾工程有限责任公司 | 333 576 |
| 8 | 中国土木工程集团公司 | 282 544 |
| 9 | 上海振华港口机械股份有限公司 | 265 062 |
| 10 | 北京建工集团有限责任公司 | 239 360 |
| 11 | 中国机械工业集团公司 | 217 700 |
| 12 | 中国路桥工程有限责任公司 | 198 628 |
| 13 | 中国机械设备进出口总公司 | 192 488 |
| 14 | 中国冶金科工集团公司 | 181 804 |
| 15 | 中材建设有限公司 | 170 755 |
| 16 | 长城钻探工程有限公司 | 162 590 |
| 17 | 山东电力建设第三工程公司 | 158 480 |
| 18 | 中国大连国际经济技术合作集团有限公司 | 145 951 |
| 19 | 中国葛洲坝水利水电工程集团有限公司 | 144 896 |
| 20 | 中国水利电力对外公司 | 120 864 |
| 21 | 中国石油天然气管道局 | 118 069 |
| 22 | 国华国际工程承包公司 | 111 313 |
| 23 | 四川省机械设备进出口有限责任公司 | 99 990 |
| 24 | 中兴通讯股份有限公司 | 93 842 |
| 25 | 广西水利电力建设集团有限公司 | 93 052 |
| 26 | 广东海外建设集团有限公司 | 90 530 |
| 27 | 上海建工（集团）总公司 | 89 160 |
| 28 | 中国第一冶金建设有限责任公司 | 83 014 |
| 29 | 中国水电顾问集团中南勘测设计研究院 | 81 421 |
| 30 | 华丰建设股份有限公司 | 78 595 |
| 31 | 中国石化工程建设公司 | 77 341 |
| 32 | 四川东方电力设备联合公司 | 76 129 |
| 33 | 川铁国际经济技术合作有限公司 | 74 240 |
| 34 | 四川石油管理局 | 72 693 |
| 35 | 中铁四局集团有限公司 | 71 960 |
| 36 | 中国地质工程集团公司 | 70 419 |
| 37 | 中国海外工程有限责任公司 | 70 279 |
| 38 | 中电投电力工程有限公司 | 69 500 |
| 39 | 北方国际合作股份有限公司 | 67 647 |
| 40 | 中地海外建设集团有限公司 | 66 814 |
| 41 | 中国中材国际工程股份有限公司 | 65 200 |
| 42 | 中工国际工程股份有限公司 | 63 556 |
| 43 | 广厦建设集团有限责任公司 | 63 339 |
| 44 | 五环科技股份有限公司 | 61 905 |
| 45 | 泛华建设集团有限公司 | 61 700 |
| 46 | 中国江苏国际经济技术合作公司 | 57 248 |
| 47 | 中国京冶工程技术有限公司 | 52 638 |
| 48 | 中国石化集团中原石油勘探局 | 51 345 |
| 49 | 中国技术进出口总公司 | 47 169 |
| 50 | 天津水泥工业设计研究院有限公司 | 45 987 |

表 24：

2008 年中国对外劳务合作业务完成营业额前二十名的企业

单位：万美元

| 序号 | 企业名称 | 完成营业额 |
|---|---|---|
| 1 | 中国国际技术智力合作公司 | 273 309 |
| 2 | 上海市对外服务有限公司 | 46 355 |
| 3 | 北京外企服务集团有限责任公司 | 33 949 |
| 4 | 广东新广国际集团有限公司 | 18 289 |
| 5 | 中国广州国际经济技术合作公司 | 16 948 |
| 6 | 广州对外经济发展总公司 | 13 415 |
| 7 | 中国山东对外经济技术合作集团有限公司 | 10 864 |
| 8 | 山东威海国际经济技术合作公司 | 10 461 |
| 9 | 中国大连国际经济技术合作集团有限公司 | 8 075 |
| 10 | 中国江苏国际经济技术合作公司 | 7 451 |
| 11 | 江苏省南通六建建设集团有限公司 | 7 278 |
| 12 | 中国天津国际经济技术合作公司 | 6 454 |
| 13 | 中海海员对外技术服务有限公司 | 6 022 |
| 14 | 中国上海外经（集团）有限公司 | 5 847 |
| 15 | 中国福州国际经济技术合作公司 | 5 611 |
| 16 | 中国厦门国际经济技术合作公司 | 5 516 |
| 17 | 潍坊中潍国际劳务有限公司 | 5 208 |
| 18 | 江苏省苏中建设集团股份有限公司 | 5 096 |
| 19 | 烟台国际经济技术合作有限责任公司 | 4 826 |
| 20 | 长春国际经济技术合作公司 | 4 785 |

表 25：

台商投资祖国大陆统计表（2000—2008）

| 年份 | 项目数 | | | 实际使用台资金额（单位：亿美元） | | |
|---|---|---|---|---|---|---|
| | 个数 | 同比% | 占当年总额比重% | 金额 | 同比% | 占当年总额比重% |
| 2000 年 | 3 108 | 24.4 | 13.9 | 23.0 | −11.7 | 5.6 |
| 2001 年 | 4 214 | 35.6 | 16.1 | 29.8 | 29.8 | 6.4 |
| 2002 年 | 4 853 | 15.2 | 14.2 | 39.7 | 33.3 | 7.5 |
| 2003 年 | 4 495 | −7.4 | 10.9 | 33.8 | −14.9 | 6.3 |
| 2004 年 | 4 002 | −11.0 | 9.2 | 31.2 | −7.7 | 5.1 |
| 2005 年 | 3 907 | −2.4 | 8.8 | 21.6 | −31.0 | 3.6 |
| 2006 年 | 3 752 | −4.0 | 9.1 | 21.4 | −0.7 | 3.4 |
| 2007 年 | 3 299 | −12.1 | 8.7 | 17.7 | −20.4 | 2.4 |
| 2008 年 | 2 360 | −28.5 | 8.6 | 19.0 | 7.0 | 2.1 |
| 1 月 | 219 | −36.7 | 7.5 | 2.5 | 80.2 | 2.2 |
| 1～2 月 | 326 | −38.3 | 7.5 | 3.7 | 66.6 | 2.0 |
| 1～3 月 | 533 | −39.9 | 7.7 | 5.1 | 29.6 | 1.9 |
| 1～4 月 | 731 | −36.9 | 7.7 | 6.5 | 29.6 | 1.9 |
| 1～5 月 | 932 | −34 | 7.8 | 8.0 | 32.5 | 1.9 |
| 1～6 月 | 1 193 | −31.8 | 8.2 | 10 | −19.9 | 1.9 |
| 1～7 月 | 1 380 | −29.5 | 8.2 | 11.8 | 15.0 | 1.9 |
| 1～8 月 | 1 523 | −31.3 | 8.1 | 13.1 | 13.7 | 1.9 |
| 1～9 月 | 1 692 | −31.8 | 8.1 | 14.6 | 7.3 | 2.0 |
| 1～10 月 | 1 865 | −30.5 | 8.2 | 15.8 | 4.9 | 1.9 |
| 1～11 月 | 2 092 | −30.1 | 8.4 | 17.1 | 3.5 | 2.0 |

**表 26：**

两岸贸易统计表（2000—2008）

单位：亿美元

| 年份 | 贸易总额 | | 大陆对台出口额 | | 大陆自台进口额 | | 贸易差额 |
|---|---|---|---|---|---|---|---|
| | 金额 | 同比（%） | 金额 | 同比（%） | 金额 | 同比（%） | |
| 2000 年 | 305.3 | 30.1 | 50.4 | 27.6 | 254.9 | 30.6 | −204.5 |
| 2001 年 | 323.4 | 5.9 | 50.0 | −0.8 | 273.4 | 7.2 | −223.4 |
| 2002 年 | 446.7 | 38.1 | 65.9 | 31.7 | 380.8 | 39.3 | −314.9 |
| 2003 年 | 583.6 | 30.7 | 90.0 | 36.7 | 493.6 | 29.7 | −403.6 |
| 2004 年 | 783.2 | 34.2 | 135.5 | 50.4 | 647.8 | 31.2 | −512.3 |
| 2005 年 | 912.3 | 16.5 | 165.5 | 22.2 | 746.8 | 15.3 | −581.3 |
| 2006 年 | 1 078.4 | 18.2 | 207.4 | 25.3 | 871.1 | 16.6 | −663.7 |
| 2007 年 | 1 244.8 | 15.4 | 234.6 | 13.1 | 1 010.2 | 16.0 | −775.6 |
| 2008 年 | 1 292.2 | 3.8 | 258.8 | 10.3 | 1 033.4 | 2.3 | −774.6 |
| 1 月 | 113.2 | 22.5 | 20.1 | 17.4 | 93.2 | 23.7 | −73.1 |
| 1～2 月 | 205.3 | 23.8 | 36.0 | 12.0 | 169.3 | 26.6 | −133.3 |
| 1～3 月 | 316.1 | 22.4 | 57.3 | 16.0 | 258.8 | 23.9 | −201.5 |
| 1～4 月 | 439.1 | 21.7 | 81.7 | 16.9 | 357.4 | 22.8 | −275.7 |
| 1～5 月 | 561 | 23.1 | 106.6 | 18.4 | 454.4 | 24.3 | −347.8 |
| 1～6 月 | 680.1 | 23.0 | 130.8 | 18.9 | 549.3 | 24.0 | −418.5 |
| 1～7 月 | 808.9 | 22.2 | 155.8 | 18.4 | 653.2 | 23.1 | −497.4 |
| 1～8 月 | 931.1 | 20 | 181.0 | 19.3 | 750.1 | 20.2 | −569.1 |
| 1～9 月 | 1 047.1 | 16.7 | 203.4 | 18.4 | 843.7 | 16.3 | −640.3 |
| 1～10 月 | 1 147.9 | 13.8 | 223.5 | 17.4 | 924.4 | 13.0 | −700.9 |
| 1～11 月 | 1 223.1 | 8.4 | 242.2 | 14.4 | 980.9 | 7.1 | −738.7 |

**表 27：**

香港对内地投资统计表（2000—2008）

| 年份 | 项目数 | | | 实际使用港资金额（单位：亿美元） | | |
|---|---|---|---|---|---|---|
| | 个数 | 同比% | 占比% | 金额 | 同比% | 占比% |
| 2000 年 | 7 199 | 22.0 | 32.21 | 155.0 | −6.3 | 38.07 |
| 2001 年 | 8 008 | 11.2 | 30.64 | 167.1 | 7.8 | 35.66 |
| 2002 年 | 10 845 | 35.4 | 31.74 | 178.6 | 6.88 | 33.86 |
| 2003 年 | 13 633 | 25.7 | 33.19 | 177.0 | −0.9 | 33.08 |
| 2004 年 | 14 719 | 7.97 | 33.71 | 189.9 | 7.29 | 31.08 |
| 2005 年 | 14 831 | 0.76 | 33.71 | 179.5 | 5.48 | 24.72 |
| 2006 年 | 15 496 | 4.5 | 37.36 | 202.3 | 12.7 | 32.11 |
| 2007 年 | 16 208 | 4.6 | 42.8 | 277.0 | 30.0 | 37.1 |
| 2008 年 | 12 857 | −20.7 | 45.7 | 410.4 | 48.1 | 44.4 |
| 1 月 | 1 401 | 2.9 | 48.0 | 41.7 | 140.2 | 36.6 |
| 1～2 月 | 2 045 | −10.6 | 46.8 | 76.7 | 144.4 | 42.3 |
| 1～3 月 | 3 289 | −10.6 | 47.3 | 119.8 | 127.9 | 43.7 |
| 1～4 月 | 4 548 | −6.7 | 47.9 | 151.0 | 113.7 | 43.1 |
| 1～5 月 | 5 693 | −4.9 | 47.8 | 151.0 | 113.7 | 35.3 |
| 1～6 月 | 6 900 | −8.2 | 47.4 | 233.9 | 94.5 | 44.6 |
| 1～7 月 | 7 915 | −9.0 | 46.9 | 266.8 | 87.4 | 43.9 |
| 1～8 月 | 8 785 | −13.5 | 46.7 | 298.6 | 82.4 | 44.1 |
| 1～9 月 | 9 726 | −17.1 | 46.8 | 330.6 | 81.2 | 44.5 |
| 1～10 月 | 10 606 | −18.1 | 46.6 | 362.5 | 72.4 | 44.7 |
| 1～11 月 | 11 643 | −20.2 | 46.7 | 383.4 | 53.2 | 44.4 |

表 28：

内地与香港贸易统计表（2000—2008）

单位：亿美元

| 年度 | 进出口 | | 出口 | | 进口 | |
|---|---|---|---|---|---|---|
| | 总额 | 增长率% | 总额 | 增长率% | 总额 | 增长率% |
| 2000 年 | 539.5 | 23.3 | 445.2 | 20.8 | 94.3 | 36.8 |
| 2001 年 | 559.7 | 3.7 | 465.5 | 4.6 | 94.2 | −0.1 |
| 2002 年 | 629.1 | 23.7 | 584.7 | 25.6 | 107.4 | 14 |
| 2003 年 | 847.1 | 26.3 | 762.9 | 30.5 | 111.2 | 3.7 |
| 2004 年 | 1 126.8 | 28.9 | 1 008.8 | 32.2 | 118 | 6.1 |
| 2005 年 | 1 367.1 | 21.3 | 1 244.8 | 23.4 | 122.3 | 3.6 |
| 2006 年 | 1 661.7 | 21.6 | 1 553.9 | 24.8 | 107.9 | −11.8 |
| 2007 年 | 1 972.5 | 18.7 | 1 844.3 | 18.7 | 128.2 | 18.8 |
| 2008 年 | 2 036.7 | 3.3 | 1 907.4 | 3.4 | 129.2 | 0.9 |
| 1月 | 158.6 | 20.9 | 147.7 | 21.3 | 10.9 | 15.8 |
| 1～2 月 | 283.5 | 16.5 | 263.2 | 16.0 | 20.2 | 24.2 |
| 1～3 月 | 459.0 | 10.9 | 426.7 | 10.0 | 32.3 | 25.2 |
| 1～4 月 | 629.8 | 9.3 | 585.7 | 8.5 | 44.1 | 20.5 |
| 1～5 月 | 799.8 | 9.6 | 745.8 | 9.2 | 53.9 | 15.5 |
| 1～6 月 | 970 | 8.0 | 906.5 | 7.8 | 63.5 | 9.8 |
| 1～7 月 | 1 159.9 | 9.4 | 1 083.8 | 9.2 | 76.1 | 11.5 |
| 1～8 月 | 1 344.8 | 8.8 | 1 256.9 | 8.7 | 87.9 | 10.1 |
| 1～9 月 | 1 543.7 | 9.0 | 1 442.1 | 8.9 | 101.5 | 10.1 |
| 1～10 月 | 1 724.4 | 8.8 | 1 611.4 | 8.7 | 113.1 | 9.3 |
| 1～11 月 | 1 879.5 | 5.3 | 1 758.8 | 5.4 | 120.7 | 3.7 |

表 29：

2008 年内地对香港承包工程情况

金额单位：亿美元

| 年份 | 项目数 | | 新签合同额 | | 完成营业额 | | 年末在港人数 | |
|---|---|---|---|---|---|---|---|---|
| | 份数 | 同比% | 金额 | 同比% | 金额 | 同比% | 人数 | 同比% |
| 1998 | 116 | −36.30 | 18.30 | −7.60 | 19.00 | 24.20 | 497 | −21.40 |
| 1999 | 156 | 34.00 | 27.70 | 51.40 | 19.60 | 3.10 | 924 | 85.90 |
| 2000 | 162 | 3.80 | 25.50 | −8.00 | 20.20 | 3.10 | 1 037 | 12.20 |
| 2001 | 235 | 45.06 | 23.64 | −7.25 | 16.99 | −16.18 | 958 | −7.62 |
| 2002 | 187 | 20.43 | 22.03 | −6.79 | 21.38 | 25.76 | 907 | −5.32 |
| 2003 | 284 | 51.87 | 23.34 | 5.94 | 26.37 | 23.38 | 850 | −6.28 |
| 2004 | 649 | 128.52 | 17.74 | −23.99 | 25.43 | −3.58 | 839 | −1.29 |
| 2005 | 209 | 67.80 | 14.46 | −18.51 | 17.83 | −29.89 | 991 | 18.12 |
| 2006 | 258 | 23.44 | 18.28 | 26.42 | 17.55 | −18.11 | 1 037 | 4.64 |
| 2007 | 263 | 1.94 | 16.27 | −11.00 | 19.94 | 13.62 | 767 | −26.04 |
| 2008 | 95 | −63.88 | 16.1 | −1.04 | 16.9 | −15.25 | 375 | −51.11 |

资料来源：商务部。

表30：

## 2008年中国纺织品服装进出口分省市统计

（按出口金额排序）

金额单位：万美元

| 省市名称 | 进出口额 | 同比±% | 出口金额 | 同比±% | 进口金额 | 同比±% |
|---|---|---|---|---|---|---|
| 合计 | 20 375 305 | 7.34 | 18 521 712 | 8.2 | 1 853 593 | －0.55 |
| 浙江 | 4 365 113 | 18.17 | 4 226 428 | 18.7 | 138 685 | 4 |
| 杭州 | 997 032 | 14.18 | 967 991 | 14.83 | 29 042 | －4.13 |
| 宁波 | 951 924 | 20.93 | 924 115 | 21.43 | 27 808 | 6.39 |
| 广东 | 4 180 247 | －17.08 | 3 412 762 | －18.71 | 767 485 | －8.92 |
| 广州 | 699 557 | －1.26 | 576 650 | 0.73 | 122 906 | －9.64 |
| 深圳 | 1 290 814 | －36.65 | 1 144 999 | －39.1 | 145 815 | －7.55 |
| 珠海 | 138 060 | 5.95 | 102 340 | 6.09 | 35 720 | 5.56 |
| 汕头 | 121 038 | 11.77 | 107 419 | 14.3 | 13 619 | －4.84 |
| 江苏 | 3 145 589 | 14.31 | 2 921 690 | 15.34 | 223 899 | 2.39 |
| 南京 | 482 888 | 12.37 | 464 686 | 12.15 | 18 202 | 18.27 |
| 上海 | 1 942 772 | 7.86 | 1 661 787 | 6.67 | 280 985 | 15.44 |
| 山东 | 1 702 714 | 11.43 | 1 555 010 | 12.65 | 147 704 | 0.01 |
| 青岛 | 679 961 | 11.63 | 591 526 | 14.01 | 88 434 | －2.04 |
| 新疆 | 1 071 708 | 109.61 | 1 071 147 | 109.72 | 561 | 6.71 |
| 福建 | 859 064 | 8.19 | 797 710 | 9.92 | 61 353 | －10.23 |
| 厦门 | 413 732 | 4.02 | 393 413 | 4.62 | 20 319 | －6.31 |
| 黑龙江 | 568 235 | －2.34 | 567 318 | －2.36 | 917 | 17.94 |
| 哈尔滨 | 11 142 | －10.54 | 10 461 | －11.64 | 680 | 10.63 |
| 辽宁 | 466 920 | 8.06 | 380 832 | 8.74 | 86 089 | 5.12 |
| 沈阳 | 25 855 | 3.12 | 22 428 | 5.68 | 3 427 | －10.98 |
| 大连 | 319 205 | 6.14 | 261 803 | 6.95 | 57 403 | 2.6 |
| 河北 | 279 459 | 11.51 | 271 736 | 11.98 | 7 723 | －2.99 |
| 北京 | 306 483 | 8.6 | 253 597 | 5 | 52 885 | 29.98 |
| 四川 | 216 205 | 17.43 | 212 252 | 17.21 | 3 954 | 30.73 |
| 成都 | 158 915 | 16.69 | 155 205 | 16.36 | 3 710 | 32.36 |
| 天津 | 213 661 | －3.56 | 183 348 | －4.26 | 30 312 | 0.89 |
| 安徽 | 174 509 | 18.18 | 165 363 | 17.16 | 9 146 | 40.45 |
| 湖北 | 163 613 | 13.11 | 151 195 | 14.27 | 12 418 | 0.6 |
| 武汉 | 65 547 | 7.54 | 63 533 | 8.24 | 2 014 | －10.65 |
| 江西 | 147 330 | 15.96 | 137 391 | 15.64 | 9 939 | 20.47 |
| 河南 | 110 455 | 15.13 | 109 125 | 15.11 | 1 330 | 17.22 |
| 广西 | 104 866 | 55.62 | 101 920 | 57.14 | 2 946 | 16.67 |
| 吉林 | 87 462 | 20.97 | 81 981 | 23.36 | 5 481 | －6.22 |
| 长春 | 10 952 | －15.4 | 8 293 | －14.9 | 2 658 | －16.95 |
| 湖南 | 55 660 | 6.3 | 51 834 | 5 | 3 826 | 27.6 |
| 内蒙 | 46 846 | －0.24 | 46 546 | －0.24 | 300 | －0.5 |
| 重庆 | 36 324 | 15.67 | 35 313 | 15.02 | 1 010 | 44.16 |
| 西藏 | 30 342 | 94.02 | 30 254 | 94.73 | 88 | －14.15 |
| 陕西 | 26 901 | －3.86 | 26 439 | －4.54 | 462 | 61.57 |
| 西安 | 18 956 | －6.46 | 18 706 | －6.62 | 251 | 7.78 |
| 海南 | 22 191 | 7.34 | 19 055 | 7.58 | 3 136 | 5.89 |
| 云南 | 19 013 | －2.38 | 18 696 | －3.24 | 317 | 105.68 |
| 青海 | 8 811 | －21.42 | 8 679 | －22.46 | 132 | 585.26 |
| 山西 | 8 114 | －21.35 | 7 696 | －21.27 | 418 | －22.75 |
| 甘肃 | 6 834 | 2.89 | 6 827 | 2.94 | 7 | －30.54 |
| 宁夏 | 6 316 | 2.49 | 6 303 | 2.49 | 13 | 2.02 |
| 贵州 | 1 550 | －62.19 | 1 478 | －63.61 | 71 | 94.02 |

表 31:

**2008 年中国纺织品服装出口商品结构统计**

金额单位：万美元

| 商品名称 | 数量单位 | 出口数量 | 同比±% | 出口金额 | 同比±% | 出口平均单价 | 同比±% |
|---|---|---|---|---|---|---|---|
| 合计 | | | | 18 521 712 | 8.2 | | |
| 纺织品 | | | | 6 540 645 | 16.59 | | |
| 纱线 | 公斤 | 2 944 658 246 | 6.1 | 851 769 | 7.41 | 2.89 | 1.15 |
| 棉纱线 | 公斤 | 547 525 494 | −6.21 | 197 402 | 2.1 | 3.61 | 9 |
| 丝线 | 公斤 | 10 419 704 | 1.81 | 26 045 | 5.57 | 25 | 3.71 |
| 羊毛、动物毛纱线 | 公斤 | 43 081 417 | −16 | 87 240 | 6.08 | 20.25 | 26.29 |
| 化学纤维纱线 | 公斤 | 1 572 369 529 | 6.28 | 441 674 | 6.6 | 2.81 | 0.33 |
| 其他纱线 | 公斤 | 771 262 102 | 18.54 | 99 407 | 26.84 | 1.29 | 7.09 |
| 面料 | | | | 3 081 711 | 13.75 | | |
| 棉布 | 米 | 6 735 063 681 | 7.81 | 868 078 | 17.5 | 1.29 | 9.08 |
| 丝机织物 | 米 | 249 337 487 | 1.53 | 80 376 | 4.16 | 3.22 | 2.48 |
| 羊毛、动物毛机织物 | 米 | 96 889 909 | −6.9 | 61 711 | 0.33 | 6.37 | 7.77 |
| 化学纤维机织物 | 米 | 11 290 466 560 | 1.33 | 1 022 243 | 12.41 | 0.91 | 11.49 |
| 其他面料 | | | | 1 049 303 | 13.78 | | |
| 制成品 | | | | 2 607 166 | 23.68 | | |
| 家用纺织品 | | | | 1 183 764 | 20.51 | | |
| 地毯 | 平方米 | 418 204 760 | 30.17 | 160 986 | 22.37 | 3.85 | −5.98 |
| 工业用纺织制品 | | | | 386 170 | 35.93 | | |
| 无纺织物 | 公斤 | 635 186 164 | 25.08 | 191 140 | 39.12 | 3.01 | 11.26 |
| 其他制成品 | | | | 685 105 | 19.65 | | |
| 服装 | | | | 11 981 067 | 4.11 | | |
| 针织服装 | 件（套） | 21 140 607 363 | 1.06 | 5 455 648 | −4.07 | 2.58 | −5.11 |
| 棉制针织服装 | 件（套） | 11 552 106 192 | 0.44 | 2 900 880 | −10.9 | 2.51 | −11.33 |
| 丝制针织服装 | 件（套） | 52 263 408 | −34.06 | 50 790 | −24.24 | 9.72 | 14.92 |
| 毛制针织服装 | 件（套） | 136 529 424 | −5.64 | 162 750 | 11 | 11.92 | 17.63 |
| 化纤制针织服装 | 件（套） | 8 051 682 913 | 6.35 | 1 963 864 | 13.82 | 2.44 | 7.06 |
| 其他材料制针织服装 | 件（套） | 1 348 025 426 | −16.89 | 377 365 | −23.37 | 2.8 | −7.77 |
| 梭织服装 | 件（套） | 10 927 924 273 | 1.75 | 5 029 193 | 10.22 | 4.6 | 8.28 |
| 棉制梭织服装 | 件（套） | 3 754 175 779 | −8.76 | 1 991 760 | 1.5 | 5.31 | 11.34 |
| 丝制梭织服装 | 件（套） | 72 469 724 | −10.2 | 104 060 | 1.38 | 14.36 | 12.9 |
| 毛制梭织服装 | 件（套） | 93 499 366 | 2.57 | 250 003 | 14.68 | 26.74 | 11.81 |
| 化纤制梭织服装 | 件（套） | 5 285 041 307 | 7.84 | 1 931 452 | 17.88 | 3.65 | 9.17 |
| 其他材料制梭织服装 | 件（套） | 1 722 738 097 | 10.92 | 751 918 | 17.23 | 4.36 | 5.57 |
| 毛皮革服装 | 件（套） | 24 282 121 | −35.35 | 124 582 | −22.02 | 51.31 | 20.63 |
| 皮革服装 | 件（套） | 22 324 506 | −34.68 | 99 291 | −23.14 | 44.48 | 17.68 |
| 毛皮服装 | 件（套） | 1 957 615 | −42.15 | 25 291 | −17.3 | 129.19 | 42.95 |
| 其他服装 | 件（套） | 45 074 112 652 | 934.79 | 191 450 | 25.45 | 0.04 | −88.58 |
| 衣着附件 | | | | 947 551 | 26.25 | | |
| 帽类 | | | | 232 643 | 19.5 | | |

**表 32：**

## 2008年中国纺织品服装进出口市场统计

（按出口金额排序前40位）

金额单位：万美元

| 序号 | 国别（地区） | 进出口金额 | 出口金额 | 同比±% | 进口金额 | 同比±% |
|---|---|---|---|---|---|---|
| | 合计 | 20 375 305 | 18 521 712 | 8.2 | 1 853 593 | −0.5 |
| | 亚洲 | 9 923 664 | 8 342 643 | 7.7 | 1 581 021 | −3.6 |
| | 东南亚 | 1 215 960 | 1 119 607 | 3 | 96 353 | 18.2 |
| | 中东地区 | 1 160 430 | 1 152 548 | 4.3 | 7 882 | 66.2 |
| | 非洲 | 905 359 | 900 193 | 0 | 5 166 | 66.6 |
| | 欧洲 | 5 229 947 | 5 038 758 | 17.4 | 191 188 | 25 |
| | 欧盟二十七国 | 4 073 428 | 3 888 398 | 37.9 | 185 029 | 25.4 |
| | 欧盟十五国 | 3 823 347 | 3 648 838 | 38.8 | 174 510 | 23.9 |
| | 东扩十二国 | 250 081 | 239 561 | 25 | 10 520 | 55.2 |
| | 拉丁美洲 | 952 306 | 948 964 | 4.9 | 3 343 | −1.9 |
| | 北美洲 | 2 975 260 | 2 906 157 | −1.2 | 69 102 | 15.9 |
| | 大洋洲 | 388 626 | 384 998 | 15 | 3 628 | −10.9 |
| 1 | 美国 | 2 602 932 | 2 537 301 | 1.8 | 65 631 | 15.2 |
| 2 | 日本 | 2 473 819 | 2 132 664 | 8.3 | 341 154 | 3.9 |
| 3 | 香港 | 1 742 224 | 1 599 665 | −11.9 | 142 559 | −19.2 |
| 4 | 德国 | 821 616 | 793 790 | 30.6 | 27 826 | 14.9 |
| 5 | 俄罗斯 | 712 703 | 712 482 | −29.1 | 221 | −62 |
| 6 | 吉尔吉斯斯坦 | 635 192 | 635 192 | 193.5 | 0 | −100 |
| 7 | 英国 | 641 050 | 628 360 | 42.4 | 12 690 | 27.6 |
| 8 | 韩国 | 778 490 | 541 956 | −1.5 | 236 534 | −6.2 |
| 9 | 意大利 | 609 285 | 520 382 | 30.1 | 88 903 | 28.6 |
| 10 | 阿拉伯联合酋长国 | 423 564 | 422 614 | 1.1 | 950 | 184.4 |
| 11 | 法国 | 422 833 | 408 370 | 36.4 | 14 463 | 35.6 |
| 12 | 哈萨克斯坦 | 385 623 | 385 610 | 53.6 | 13 | 755.4 |
| 13 | 加拿大 | 371 908 | 368 437 | −17.7 | 3 472 | 32.4 |
| 14 | 西班牙 | 356 886 | 351 369 | 45.2 | 5 517 | 34.6 |
| 15 | 荷兰 | 356 109 | 349 901 | 72.1 | 6 208 | 15 |
| 16 | 澳大利亚 | 333 565 | 330 345 | 16.4 | 3 219 | −13.3 |
| 17 | 越南 | 261 666 | 243 719 | 39.1 | 17 947 | 93.9 |
| 18 | 沙特阿拉伯 | 231 462 | 230 023 | 9 | 1 439 | 55 |
| 19 | 马来西亚 | 217 386 | 202 802 | 21 | 14 584 | 5 |
| 20 | 孟加拉 | 203 552 | 201 784 | 32.2 | 1 768 | 21.6 |
| 21 | 新加坡 | 204 789 | 201 306 | −44.9 | 3 482 | −18.5 |
| 22 | 巴拿马 | 199 407 | 199 396 | −19.3 | 11 | −48.6 |
| 23 | 比利时 | 198 308 | 193 959 | 40 | 4 349 | 12.7 |
| 24 | 印度 | 211 984 | 187 691 | 14.1 | 24 293 | 22.5 |
| 25 | 印度尼西亚 | 204 301 | 183 025 | 27.9 | 21 276 | 3.2 |
| 26 | 巴西 | 165 113 | 164 306 | 38.9 | 807 | 17.5 |
| 27 | 智利 | 162 469 | 162 447 | 23.7 | 22 | −75 |
| 28 | 南非 | 156 461 | 155 996 | −12.8 | 465 | 12.5 |
| 29 | 贝宁 | 153 358 | 153 358 | 31.3 | 0 | 0 |
| 30 | 乌克兰 | 142 339 | 142 012 | 18.5 | 327 | 30.6 |
| 31 | 墨西哥 | 138 300 | 137 257 | −18.7 | 1 043 | −25.2 |
| 32 | 土耳其 | 140 413 | 128 073 | −54.8 | 12 340 | 26.5 |
| 33 | 丹麦 | 125 344 | 124 192 | 39.5 | 1 152 | −41.8 |
| 34 | 瑞士 | 125 409 | 121 280 | −22.3 | 4 129 | 18.4 |
| 35 | 巴基斯坦 | 175 614 | 115 634 | 10.4 | 59 981 | −18.3 |
| 36 | 埃及 | 115 849 | 115 146 | −1.7 | 703 | 93.3 |
| 37 | 泰国 | 144 091 | 112 095 | 37.5 | 31 996 | 15.5 |
| 38 | 波兰 | 102 079 | 100 536 | 34.9 | 1 543 | 66.9 |
| 39 | 瑞典 | 94 693 | 93 104 | 34.5 | 1 589 | −15.5 |
| 40 | 菲律宾 | 94 605 | 89 042 | 17.2 | 5 563 | 21.7 |

表 33：

2006—2008 年欧盟（27 国）与中国纺织品服装贸易主要商品统计

金额单位：百万美元

| 商品名称 | 金额 | | | 占比% | | | 同比±% |
|---|---|---|---|---|---|---|---|
| | 2006 | 2007 | 2008 | 2006 | 2007 | 2008 | 2008/2007 |
| 自中国进口 | | | | | | | |
| 纺织品服装合计 | 32 310.2 | 39 971.4 | 48 045.4 | 100.00 | 100.00 | 100.00 | 20.2 |
| 其中：纱线 | 670.3 | 983.9 | 1 118.5 | 2.07 | 2.46 | 2.33 | 13.68 |
| 面料 | 1 953.7 | 2 305.4 | 2 531.8 | 6.05 | 5.77 | 5.27 | 9.82 |
| 家用纺织品 | 1 552.3 | 1 941.5 | 2 145.5 | 4.80 | 4.86 | 4.47 | 10.51 |
| 服装 | 26 163.0 | 32 503.3 | 39 676.5 | 80.97 | 81.32 | 82.58 | 22.07 |
| 其他 | 1 970.9 | 2 237.3 | 2 573.1 | 6.10 | 5.60 | 5.36 | 15.01 |
| 对中国出口 | | | | | | | |
| 纺织品服装合计 | 1 026.4 | 1 247.6 | 1 469.5 | 2.35 | 2.50 | 2.75 | 17.78 |
| 其中：纱线 | 159.0 | 146.9 | 162.9 | 15.49 | 11.77 | 11.09 | 10.89 |
| 面料 | 345.4 | 448.9 | 492.3 | 33.65 | 35.98 | 33.50 | 9.68 |
| 家用纺织品 | 5.1 | 7.2 | 11.4 | 0.50 | 0.58 | 0.78 | 57.99 |
| 服装 | 206.7 | 277.0 | 386.5 | 20.14 | 22.20 | 26.30 | 39.54 |
| 其他 | 310.2 | 367.6 | 416.4 | 30.22 | 29.46 | 28.34 | 13.28 |

表 34：

2006—2008 年日本与中国纺织品服装贸易主要商品统计

金额单位：百万美元

| 商品名称 | 金额 | | | 占比% | | | 同比±% |
|---|---|---|---|---|---|---|---|
| | 2006 | 2007 | 2008 | 2006 | 2007 | 2008 | 2008/2007 |
| 自中国进口 | | | | | | | |
| 纺织品服装合计 | 22 947.7 | 23 233.6 | 25 166.9 | 100.00 | 100.00 | 100.00 | 8.32 |
| 其中：纱线 | 366.7 | 372.8 | 374.2 | 1.60 | 1.60 | 1.49 | 0.39 |
| 面料 | 489.0 | 482.6 | 519.9 | 2.13 | 2.08 | 2.07 | 7.75 |
| 家用纺织品 | 1 246.7 | 1 250.8 | 1 342.2 | 5.43 | 5.38 | 5.33 | 7.31 |
| 服装 | 19 570 | 19 775.5 | 21 299 | 85.28 | 85.12 | 84.63 | 7.70 |
| 其他 | 1 275.3 | 1 351.9 | 1 631.6 | 5.56 | 5.82 | 6.48 | 20.69 |
| 对中国出口 | | | | | | | |
| 纺织品服装合计 | 3 088.4 | 3 064.3 | 3 121.9 | 100.00 | 100.00 | 100.00 | 1.88 |
| 其中：纱线 | 244.3 | 243.3 | 232.1 | 7.91 | 7.94 | 7.43 | −4.61 |
| 面料 | 2 252.8 | 2 164.3 | 2 177 | 72.94 | 70.63 | 69.73 | 0.58 |
| 家用纺织品 | 5.5 | 5.0 | 5.2 | 0.18 | 0.16 | 0.17 | 4.82 |
| 服装 | 55.1 | 54.5 | 69.8 | 1.78 | 1.78 | 2.24 | 28.19 |
| 其他 | 530.7 | 597.2 | 637.8 | 17.18 | 19.49 | 20.43 | 6.80 |

表 35：

**2006—2008 年美国与中国（内地）纺织品服装贸易主要商品统计**

金额单位：百万美元

| 商品名称 | 金额 | | | 占比% | | | 同比±% |
|---|---|---|---|---|---|---|---|
| | 2006 | 2007 | 2008 | 2006 | 2007 | 2008 | 2008/2007 |
| 自中国进口 | | | | | | | |
| 纺织品服装合计 | 31 455.9 | 36 287.7 | 36 553.6 | 100.00 | 100.00 | 100.00 | 0.73 |
| 其中：纱线 | 240.4 | 272.8 | 328.0 | 0.76 | 0.75 | 0.90 | 20.26 |
| 面料 | 933.8 | 1 019.9 | 1 086.2 | 2.97 | 2.81 | 2.97 | 6.50 |
| 家用纺织品 | 2 941.1 | 3 242.1 | 3 223.6 | 9.35 | 8.93 | 8.82 | −0.57 |
| 服装 | 24 460.8 | 28 586.6 | 28 629.4 | 77.76 | 78.78 | 78.32 | 0.15 |
| 其他 | 2 879.8 | 3 166.3 | 3 286.4 | 9.16 | 8.73 | 8.99 | 3.79 |
| 对中国出口 | | | | | | | |
| 纺织品服装合计 | 499.0 | 530.4 | 588.6 | 100.00 | 100.00 | 100.00 | 10.97 |
| 其中：纱线 | 94.2 | 100.1 | 108.4 | 18.88 | 18.87 | 18.42 | 8.28 |
| 面料 | 73.9 | 68.0 | 63.6 | 14.81 | 12.82 | 10.81 | −6.40 |
| 家用纺织品 | 3.1 | 2.8 | 3.6 | 0.62 | 0.53 | 0.61 | 30.57 |
| 服装 | 26.3 | 34.5 | 36.0 | 5.27 | 6.50 | 6.12 | 4.25 |
| 其他 | 301.5 | 325.0 | 377.0 | 60.42 | 61.27 | 64.05 | 16.00 |

表 36：

**2008 年中国五矿化工进出口统计**

| 项　目 | 2008 年 1～12 月 | 比去年同期增长% |
|---|---|---|
| 一、全国进出口总额（亿美元） | 25 616.3 | 17.8 |
| 其中：出口 | 14 285.5 | 17.2 |
| 进口 | 11 330.9 | 18.5 |
| 二、五矿化工类商品进出口总额（亿美元） | 7 865.5 | 29.8 |
| 占全国进出口总额比例（%） | 30.7 | |
| 其中：出口 | 3 019.4 | 27.3 |
| 占全国出口总额比例（%） | 21.1 | |
| 进口 | 4 846.1 | 31.5 |
| 占全国进口总额比例（%） | 42.8 | |
| 三、五矿类商品进出口总额（亿美元） | 3 907.5 | 25.6 |
| 占全国进出口总额比例（%） | 15.3 | |
| 其中：出口 | 1 967.5 | 24.7 |
| 占全国出口总额比例（%） | 13.8 | |
| 进口 | 1 940.0 | 26.5 |
| 占全国进口总额比例（%） | 17.1 | |
| 四、化工类商品进出口总额（亿美元） | 3 958.0 | 34.3 |
| 占全国进出口总额比例（%） | 15.5 | |
| 其中：出口 | 1 051.9 | 32.5 |
| 占全国出口总额比例（%） | 7.4 | |
| 进口 | 2 906.1 | 35.0 |
| 占全国进口总额比例（%） | 25.6 | |

表 37：

2008 年中国五矿化工类重点出口商品前三大出口市场情况

金额单位：万美元

| 商品名称及前三大市场 | 数量单位 | 2008 年 1～12 月 | | 2007 年 1～12 月 | | 同比增长±% | |
|---|---|---|---|---|---|---|---|
| | | 数量 | 金额 | 数量 | 金额 | 数量 | 金额 |
| 钢材 | 吨 | 59 242 032 | 6 347 621 | 62 685 963 | 4 416 113 | 5.5 | 43.7 |
| 韩国 | 吨 | 13 958 320 | 1 367 381 | 11 602 641 | 722 995 | 20.3 | 89.1 |
| 欧盟 | 吨 | 7 691 249 | 870 868 | 11 213 201 | 881 985 | −31.4 | −1.3 |
| 美国 | 吨 | 5 025 206 | 691 749 | 4 144 474 | 407 654 | 21.3 | 69.7 |
| 成品油 | 吨 | 17 039 226 | 1 367 054 | 15 510 269 | 914 946 | 9.9 | 49.4 |
| 香港 | 吨 | 3 880 774 | 336 382 | 2 436 396 | 153 707 | 59.3 | 118.8 |
| 巴拿马 | 吨 | 3 749 771 | 221 430 | 2 189 329 | 87 727 | 71.3 | 152.4 |
| 欧盟 | 吨 | 1 745 392 | 138 476 | 1 165 874 | 72 584 | 49.7 | 90.8 |
| 煤炭 | 吨 | 45 287 038 | 519 806 | 53 092 345 | 328 434 | −14.7 | 58.3 |
| 韩国 | 吨 | 16 456 331 | 191 710 | 19 231 165 | 119 453 | −14.4 | 60.5 |
| 日本 | 吨 | 13 337 255 | 182 610 | 15 547 195 | 104 628 | −14.2 | 74.5 |
| 台湾省 | 吨 | 10 597 324 | 89 353 | 12 690 297 | 63 136 | −16.5 | 41.5 |
| 新的充气橡胶轮胎 | 万条 | 31 233 | 806 148 | 32 638 | 710 219 | −4.3 | 13.5 |
| 美国 | 万条 | 7 819 | 245 057 | 8 209 | 236 600 | −4.8 | 3.6 |
| 欧盟 | 万条 | 5 666 | 126 846 | 5 852 | 123 935 | −3.2 | 2.3 |
| 阿拉伯联合酋长国 | 万条 | 818 | 34 301 | 740 | 25 653 | 10.5 | 33.7 |
| 初级形状的塑料 | 吨 | 3 789 488 | 701 197 | 3 822 819 | 632 421 | −0.9 | 10.9 |
| 香港 | 吨 | 642 814 | 166 052 | 655 082 | 159 899 | −1.9 | 3.8 |
| 欧盟 | 吨 | 260 365 | 58 952 | 322 497 | 58 125 | −19.3 | 1.4 |
| 俄罗斯联邦 | 吨 | 397 876 | 54 389 | 374 852 | 48 011 | 6.1 | 13.3 |
| 原油 | 吨 | 3 735 631 | 277 073 | 3 829 216 | 165 438 | −2.4 | 67.5 |
| 日本 | 吨 | 1 163 274 | 95 114 | 463 707 | 22 316 | 150.9 | 326.2 |
| 韩国 | 吨 | 648 903 | 43 857 | 1 067 985 | 39 735 | −39.2 | 10.4 |
| 朝鲜 | 吨 | 528 577 | 41 431 | 523 160 | 28 198 | 1.0 | 46.9 |
| 钢坯及粗锻件 | 吨 | 1 285 754 | 132 915 | 6 430 716 | 291 861 | −80.0 | −54.5 |
| 阿拉伯联合酋长国 | 吨 | 262 280 | 28 607 | 174 029 | 8 282 | 50.7 | 245.4 |
| 沙特阿拉伯 | 吨 | 244 305 | 27 448 | 309 849 | 14 522 | −21.2 | 89.0 |
| 韩国 | 吨 | 238 302 | 24 128 | 1 485 019 | 69 730 | −84.0 | −65.4 |
| 铁合金 | 吨 | 3 026 322 | 593 367 | 3 214 157 | 410 878 | −5.8 | 44.4 |
| 日本 | 吨 | 1 166 659 | 199 618 | 1 105 584 | 113 635 | 5.5 | 75.7 |
| 欧盟 | 吨 | 389 213 | 107 433 | 506 226 | 92 089 | −23.1 | 16.7 |
| 韩国 | 吨 | 377 425 | 71 118 | 372 922 | 41 155 | 1.2 | 72.8 |
| 阀门 | 万套 | 285 604 | 705 231 | 272 728 | 564 226 | 4.7 | 25.0 |
| 欧盟 | 万套 | 72 049 | 208 100 | 71 320 | 167 225 | 1.0 | 24.4 |
| 美国 | 万套 | 48 741 | 141 325 | 51 930 | 123 795 | −6.1 | 14.2 |
| 日本 | 万套 | 4 879 | 29 243 | 5 096 | 25 418 | −4.3 | 15.0 |
| 焦炭及半焦炭 | 吨 | 12 126 304 | 581 013 | 15 304 562 | 305 522 | −20.8 | 90.2 |
| 巴西 | 吨 | 2 398 359 | 117 088 | 2 417 886 | 48 399 | −0.8 | 141.9 |
| 美国 | 吨 | 2 006 636 | 95 896 | 1 551 132 | 30 258 | 29.4 | 216.9 |
| 日本 | 吨 | 2 010 290 | 95 351 | 3 363 920 | 69 119 | −40.2 | 38.0 |

**表 38：**

## 2008 年中国五矿化工类重点进口商品前三大进口市场情况

金额单位：万美元

| 商品名称及前三大市场 | 数量单位 | 2008 年 1～12 月 | | 2007 年 1～12 月 | | 同比增长±% | |
|---|---|---|---|---|---|---|---|
| | | 数量 | 金额 | 数量 | 金额 | 数量 | 金额 |
| 原油 | 吨 | 178 890 370 | 12 923 680 | 163 174 427 | 7 968 872 | 9.6 | 62.2 |
| 沙特阿拉伯 | 吨 | 36 368 395 | 2 586 080 | 26 332 216 | 1 308 624 | 38.1 | 97.6 |
| 安哥拉 | 吨 | 29 894 633 | 2 235 402 | 24 995 541 | 1 287 540 | 19.6 | 73.6 |
| 伊朗 | 吨 | 21 322 400 | 1 575 870 | 20 536 769 | 1 045 192 | 3.8 | 50.8 |
| 钢材 | 吨 | 15 427 968 | 2 343 036 | 16 872 613 | 2 055 582 | −8.6 | 14.0 |
| 日本 | 吨 | 7 032 548 | 932 826 | 6 752 400 | 742 799 | 4.1 | 25.6 |
| 欧盟 | 吨 | 1 106 989 | 420 042 | 1 262 892 | 356 375 | −12.3 | 17.9 |
| 韩国 | 吨 | 3 556 210 | 416 619 | 3 637 026 | 352 498 | −2.2 | 18.2 |
| 初级形状的塑料 | 吨 | 17 709 579 | 3 405 842 | 18 969 161 | 3 234 741 | −6.6 | 5.3 |
| 韩国 | 吨 | 3 801 316 | 663 863 | 3 764 760 | 597 737 | 1.0 | 11.1 |
| 台湾省 | 吨 | 3 656 344 | 644 142 | 4 166 401 | 661 078 | −12.2 | −2.6 |
| 日本 | 吨 | 1 838 007 | 449 426 | 2 146 530 | 433 587 | −14.4 | 3.7 |
| 铁矿砂及其精矿 | 吨 | 443 883 476 | 5 952 592 | 383 634 224 | 3 380 940 | 15.7 | 76.1 |
| 澳大利亚 | 吨 | 183 491 672 | 2 146 669 | 145 634 575 | 1 109 110 | 26.0 | 93.5 |
| 巴西 | 吨 | 100 710 614 | 1 485 404 | 98 016 520 | 949 656 | 2.7 | 56.4 |
| 印度 | 吨 | 91 043 924 | 1 343 598 | 79 533 793 | 786 355 | 14.5 | 70.9 |
| 成品油 | 吨 | 38 861 585 | 3 021 792 | 33 804 024 | 1 634 169 | 15.0 | 84.9 |
| 韩国 | 吨 | 9 717 634 | 841 313 | 8 793 416 | 489 376 | 10.5 | 71.9 |
| 日本 | 吨 | 4 767 861 | 446 883 | 3 157 363 | 173 080 | 51.0 | 158.2 |
| 新加坡 | 吨 | 5 737 048 | 406 374 | 3 239 505 | 160 313 | 77.1 | 153.5 |
| 未锻造的铜及铜材 | 吨 | 2 637 251 | 1 922 881 | 2 782 367 | 1 964 668 | −5.2 | −2.1 |
| 智利 | 吨 | 813 492 | 571 335 | 794 675 | 560 598 | 2.4 | 1.9 |
| 日本 | 吨 | 317 581 | 268 721 | 311 920 | 258 525 | 1.8 | 3.9 |
| 台湾省 | 吨 | 327 938 | 242 609 | 398 549 | 270 213 | −17.7 | −10.2 |
| 环烃 | 吨 | 7 390 725 | 910 583 | 7 381 517 | 889 085 | 0.1 | 2.4 |
| 韩国 | 吨 | 2 701 938 | 328 406 | 2 668 080 | 318 438 | 1.3 | 3.1 |
| 日本 | 吨 | 2 192 001 | 274 959 | 2 622 627 | 317 266 | −16.4 | −13.3 |
| 台湾省 | 吨 | 1 138 892 | 140 890 | 662 771 | 81 486 | 71.8 | 72.9 |
| 对苯二甲酸 | 吨 | 5 942 230 | 532 606 | 6 988 157 | 614 190 | −15.0 | −13.3 |
| 韩国 | 吨 | 3 305 995 | 296 590 | 2 975 273 | 261 435 | 11.1 | 13.4 |
| 台湾省 | 吨 | 1 729 858 | 156 821 | 1 804 348 | 159 234 | −4.1 | −1.5 |
| 泰国 | 吨 | 590 921 | 52 552 | 1 205 127 | 105 500 | −51.0 | −50.2 |
| 铜矿砂及其精矿 | 吨 | 5 195 831 | 1 045 942 | 4 528 336 | 866 877 | 14.7 | 20.7 |
| 智利 | 吨 | 1 520 853 | 347 280 | 1 328 876 | 292 988 | 14.4 | 18.5 |
| 秘鲁 | 吨 | 940 959 | 189 809 | 1 029 523 | 193 935 | −8.6 | −2.1 |
| 澳大利亚 | 吨 | 551 879 | 111 144 | 351 283 | 67 375 | 57.1 | 65.0 |
| 乙二醇 | 吨 | 5 216 344 | 530 960 | 4 801 758 | 485 353 | 8.6 | 9.4 |
| 沙特阿拉伯 | 吨 | 1 783 490 | 180 700 | 1 900 093 | 186 655 | −6.1 | −3.2 |
| 台湾省 | 吨 | 1 359 178 | 143 057 | 940 226 | 103 074 | 44.6 | 38.8 |
| 加拿大 | 吨 | 938 606 | 96 610 | 1 049 196 | 102 928 | −10.5 | −6.1 |

表39：

美国对中国出口主要商品构成（章）

金额单位：百万美元

| HS编码 | 商品类别 | 2008年 | 上年同期 | 同比% | 占比% |
|---|---|---|---|---|---|
| 章 | 总值 | 71 457 | 65 236 | 9.5 | 100.0 |
| 85 | 电机、电气、音像设备及其零附件 | 11 384 | 10 693 | 6.5 | 15.9 |
| 84 | 核反应堆、锅炉、机械器具及零件 | 9 749 | 8 850 | 10.2 | 13.6 |
| 12 | 油籽；子仁；工业或药用植物；饲料 | 7 364 | 4 179 | 76.2 | 10.3 |
| 88 | 航空器、航天器及其零件 | 5 108 | 7 198 | −29.0 | 7.2 |
| 39 | 塑料及其制品 | 3 837 | 3 601 | 6.6 | 5.4 |
| 90 | 光学、照相、医疗等设备及零附件 | 3 742 | 3 314 | 12.9 | 5.2 |
| 72 | 钢铁 | 2 443 | 2 225 | 9.8 | 3.4 |
| 47 | 木浆等纤维状纤维素浆；废纸及纸板 | 2 283 | 2 053 | 11.2 | 3.2 |
| 76 | 铝及其制品 | 2 115 | 1 819 | 16.3 | 3.0 |
| 29 | 有机化学品 | 2 084 | 2 101 | −0.8 | 2.9 |
| 74 | 铜及其制品 | 2 058 | 2 162 | −4.8 | 2.9 |
| 87 | 车辆及其零附件，但铁道车辆除外 | 1 878 | 1 970 | −4.7 | 2.6 |
| 52 | 棉花 | 1 638 | 1 483 | 10.4 | 2.3 |
| 38 | 杂项化学产品 | 1 083 | 907 | 19.5 | 1.5 |
| 02 | 肉及食用杂碎 | 990 | 728 | 36.0 | 1.4 |
| 28 | 无机化学品；贵金属等的化合物 | 968 | 727 | 33.1 | 1.4 |
| 41 | 生皮（毛皮除外）及皮革 | 911 | 973 | −6.4 | 1.3 |
| 73 | 钢铁制品 | 852 | 557 | 53.1 | 1.2 |
| 26 | 矿砂、矿渣及矿灰 | 720 | 896 | −19.6 | 1.0 |
| 40 | 橡胶及其制品 | 669 | 572 | 17.0 | 0.9 |
| 48 | 纸及纸板；纸浆、纸或纸板制品 | 574 | 549 | 4.5 | 0.8 |
| 03 | 鱼及其他水生无脊椎动物 | 547 | 527 | 3.8 | 0.8 |
| 44 | 木及木制品；木炭 | 525 | 578 | −9.2 | 0.7 |
| 27 | 矿物燃料、矿物油及其产品；沥青等 | 446 | 298 | 49.7 | 0.6 |
| 71 | 珠宝、贵金属及制品；仿首饰；硬币 | 402 | 511 | −21.3 | 0.6 |
| 30 | 药品 | 392 | 355 | 10.5 | 0.6 |
| 55 | 化学纤维短纤 | 358 | 304 | 18.1 | 0.5 |
| 32 | 鞣料；着色料；涂料；油灰；墨水等 | 332 | 280 | 18.6 | 0.5 |
| 81 | 其他贱金属、金属陶瓷及其制品 | 327 | 289 | 13.0 | 0.5 |
| 34 | 洗涤剂、润滑剂、人造蜡、塑型膏等 | 320 | 250 | 28.2 | 0.5 |
| | 以上合计 | 66 099 | 60 949 | 8.4 | 92.5 |

**表 40：**

## 2008 年美国自中国进口主要商品构成（章）

金额单位：百万美元

| HS 编码 | 商品类别 | 2008 年 | 上年同期 | 同比% | 占比% |
|---|---|---|---|---|---|
| 章 | 总值 | 337 790 | 321 443 | 5.1 | 100.0 |
| 85 | 电机、电气、音像设备及其零附件 | 80 348 | 76 719 | 4.7 | 23.8 |
| 84 | 核反应堆、锅炉、机械器具及零件 | 65 147 | 64 026 | 1.8 | 19.3 |
| 95 | 玩具、游戏或运动用品及其零附件 | 27 181 | 26 127 | 4.0 | 8.1 |
| 94 | 家具；寝具等；灯具；活动房 | 19 405 | 20 362 | −4.7 | 5.8 |
| 64 | 鞋靴、护腿和类似品及其零件 | 14 479 | 14 135 | 2.4 | 4.3 |
| 62 | 非针织或非钩编的服装及衣着附件 | 13 317 | 13 404 | −0.7 | 3.9 |
| 73 | 钢铁制品 | 12 038 | 9 765 | 23.3 | 3.6 |
| 61 | 针织或钩编的服装及衣着附件 | 10 683 | 10 561 | 1.2 | 3.2 |
| 39 | 塑料及其制品 | 8 937 | 8 249 | 8.3 | 2.7 |
| 42 | 皮革制品；旅行箱包；动物肠线制品 | 7 386 | 7 231 | 2.1 | 2.2 |
| 87 | 车辆及其零附件，但铁道车辆除外 | 6 384 | 6 087 | 4.9 | 1.9 |
| 90 | 光学、照相、医疗等设备及零附件 | 6 158 | 5 555 | 10.9 | 1.8 |
| 63 | 其他纺织制品；成套物品；旧纺织品 | 5 166 | 5 135 | 0.6 | 1.5 |
| 29 | 有机化学品 | 4 973 | 2 836 | 75.3 | 1.5 |
| 40 | 橡胶及其制品 | 3 350 | 3 093 | 8.3 | 1.0 |
| 83 | 贱金属杂项制品 | 3 349 | 3 388 | −1.2 | 1.0 |
| 44 | 木及木制品；木炭 | 2 883 | 3 104 | −7.1 | 0.9 |
| 72 | 钢铁 | 2 767 | 2 098 | 31.9 | 0.8 |
| 71 | 珠宝、贵金属及制品；仿首饰；硬币 | 2 706 | 2 787 | −2.9 | 0.8 |
| 82 | 贱金属器具、利口器、餐具及零件 | 2 517 | 2 389 | 5.4 | 0.8 |
| 48 | 纸及纸板；纸浆、纸或纸板制品 | 2 334 | 2 146 | 8.8 | 0.7 |
| 27 | 矿物燃料、矿物油及其产品；沥青等 | 2 061 | 661 | 212.0 | 0.6 |
| 96 | 杂项制品 | 1 871 | 1 816 | 3.1 | 0.6 |
| 49 | 印刷品；手稿、打字稿及设计图纸 | 1 816 | 1 715 | 5.9 | 0.5 |
| 03 | 鱼及其他水生无脊椎动物 | 1 704 | 1 550 | 9.9 | 0.5 |
| 76 | 铝及其制品 | 1 701 | 1 689 | 0.7 | 0.5 |
| 69 | 陶瓷产品 | 1 681 | 1 674 | 0.5 | 0.5 |
| 28 | 无机化学品；贵金属等的化合物 | 1 499 | 962 | 55.9 | 0.4 |
| 70 | 玻璃及其制品 | 1 436 | 1 382 | 3.9 | 0.4 |
| 20 | 蔬菜、水果等或植物其他部分的制品 | 1 280 | 961 | 33.2 | 0.4 |
|  | 以上合计 | 316 555 | 301 605 | 5.0 | 93.7 |

表 41：

**2008 年美国对中国出口主要商品构成（类）**

金额单位：百万美元

| 海关分类 | HS 编码 | 商品类别 | 2008 年 | 上年同期 | 同比% | 占比% |
|---|---|---|---|---|---|---|
| 类 | 章 | 总值 | 71 457 | 65 236 | 9.5 | 100.0 |
| 第 16 类 | 84～85 | 机电产品 | 21 133 | 19 543 | 8.1 | 29.6 |
| 第 15 类 | 72～83 | 贱金属及其制品 | 8 370 | 7 531 | 11.1 | 11.7 |
| 第 2 类 | 06～14 | 植物产品 | 7 604 | 4 391 | 73.2 | 10.6 |
| 第 17 类 | 86～89 | 运输设备 | 7 225 | 9 268 | −22.0 | 10.1 |
| 第 6 类 | 28～38 | 化工产品 | 5 933 | 5 159 | 15.0 | 8.3 |
| 第 7 类 | 39～40 | 塑料、橡胶 | 4 506 | 4 173 | 8.0 | 6.3 |
| 第 18 类 | 90～92 | 光学、钟表、医疗设备 | 3 764 | 3 333 | 12.9 | 5.3 |
| 第 10 类 | 47～49 | 纤维素浆；纸张 | 2 999 | 2 696 | 11.2 | 4.2 |
| 第 11 类 | 50～63 | 纺织品及原料 | 2 524 | 2 255 | 12.0 | 3.5 |
| 第 1 类 | 01～05 | 活动物；动物产品 | 1 823 | 1 469 | 24.1 | 2.6 |
| 第 5 类 | 25～27 | 矿产品 | 1 348 | 1 340 | 0.6 | 1.9 |
| 第 8 类 | 41～43 | 皮革制品；箱包 | 1 057 | 1 039 | 1.8 | 1.5 |
| 第 4 类 | 16～24 | 食品、饮料、烟草 | 546 | 480 | 13.6 | 0.8 |
| 第 9 类 | 44～46 | 木及木制品 | 529 | 586 | −9.8 | 0.7 |
| 第 13 类 | 68～70 | 陶瓷；玻璃 | 448 | 389 | 15.0 | 0.6 |
| | | 其他 | 1 649 | 1 584 | 4.2 | 2.3 |

表 42：

**2008 年美国自中国进口主要商品构成（类）**

金额单位：百万美元

| 海关分类 | HS 编码 | 商品类别 | 2008 年 | 上年同期 | 同比% | 占比% |
|---|---|---|---|---|---|---|
| 类 | 章 | 总值 | 337 790 | 321 443 | 5.1 | 100.0 |
| 第 16 类 | 84～85 | 机电产品 | 145 495 | 140 745 | 3.4 | 43.1 |
| 第 20 类 | 94～96 | 家具、玩具、杂项制品 | 48 457 | 48 304 | 0.3 | 14.4 |
| 第 11 类 | 50～63 | 纺织品及原料 | 31 489 | 31 185 | 1.0 | 9.3 |
| 第 15 类 | 72～83 | 贱金属及其制品 | 24 090 | 20 791 | 15.9 | 7.1 |
| 第 12 类 | 64～67 | 鞋靴、伞等轻工产品 | 17 151 | 16 796 | 2.1 | 5.1 |
| 第 7 类 | 39～40 | 塑料、橡胶 | 12 286 | 11 342 | 8.3 | 3.6 |
| 第 6 类 | 28～38 | 化工产品 | 9 679 | 6 339 | 52.7 | 2.9 |
| 第 8 类 | 41～43 | 皮革制品；箱包 | 7 500 | 7 386 | 1.6 | 2.2 |
| 第 18 类 | 90～92 | 光学、钟表、医疗设备 | 7 412 | 6 785 | 9.3 | 2.2 |
| 第 17 类 | 86～89 | 运输设备 | 7 046 | 6 725 | 4.8 | 2.1 |
| 第 13 类 | 68～70 | 陶瓷；玻璃 | 4 266 | 4 318 | −1.2 | 1.3 |
| 第 10 类 | 47～49 | 纤维素浆；纸张 | 4 163 | 3 867 | 7.7 | 1.2 |
| 第 9 类 | 44～46 | 木及木制品 | 3 209 | 3 448 | −6.9 | 1.0 |
| 第 14 类 | 71 | 贵金属及其制品 | 2 706 | 2 787 | −2.9 | 0.8 |
| 第 5 类 | 25～27 | 矿产品 | 2 678 | 1 296 | 106.7 | 0.8 |
| | | 其他 | 10 162 | 9 327 | 8.9 | 3.0 |

**表 43：**

## 2008 年美国进口的十大类商品及其国别/地区

金额单位：百万美元

HS84～85：机电产品

| 国家和地区 | 金额 | 同比% | 占比% |
|---|---|---|---|
| 中国 | 145 495 | 3.4 | 29.1 |
| 墨西哥 | 78 315 | −1.8 | 15.6 |
| 日本 | 50 560 | −2.5 | 10.1 |
| 加拿大 | 31 609 | −2.7 | 6.3 |
| 德国 | 28 816 | 4.9 | 5.8 |
| 韩国 | 22 844 | 8.1 | 4.6 |

HS39～40：塑料、橡胶

| 国家和地区 | 金额 | 同比% | 占比% |
|---|---|---|---|
| 加拿大 | 13 469 | −1.4 | 24.0 |
| 中国 | 12 286 | 8.3 | 21.9 |
| 日本 | 4 047 | 3.1 | 7.2 |
| 墨西哥 | 4 013 | 4.1 | 7.2 |
| 德国 | 2 829 | 1.5 | 5.0 |
| 印度尼西亚 | 2 389 | 27.5 | 4.3 |

HS94～96：家具、玩具、杂项制品

| 国家和地区 | 金额 | 同比% | 占比% |
|---|---|---|---|
| 中国 | 48 457 | 0.3 | 65.7 |
| 墨西哥 | 5 934 | −10.5 | 8.1 |
| 加拿大 | 5 061 | −13.3 | 6.9 |
| 台湾省 | 1 610 | 0.2 | 2.2 |
| 日本 | 1 591 | −5.6 | 2.2 |
| 越南 | 1 547 | 17.5 | 2.1 |

HS28～38：化工产品

| 国家和地区 | 金额 | 同比% | 占比% |
|---|---|---|---|
| 爱尔兰 | 21 979 | −1.1 | 13.8 |
| 加拿大 | 20 064 | 14.9 | 12.6 |
| 德国 | 15 270 | 9.0 | 9.6 |
| 英国 | 14 976 | 12.2 | 9.4 |
| 中国 | 9 679 | 52.7 | 6.1 |
| 法国 | 9 458 | 15.4 | 5.9 |

HS50～63：纺织品及原料

| 国家和地区 | 金额 | 同比% | 占比% |
|---|---|---|---|
| 中国 | 31 489 | 1.0 | 32.8 |
| 墨西哥 | 5 544 | −12.1 | 5.8 |
| 印度 | 5 422 | −0.6 | 5.7 |
| 越南 | 5 271 | 20.0 | 5.5 |
| 印度尼西亚 | 4 299 | 1.3 | 4.5 |
| 孟加拉国 | 3 480 | 11.8 | 3.6 |

HS41～43：皮革制品；箱包

| 国家和地区 | 金额 | 同比% | 占比% |
|---|---|---|---|
| 中国 | 7 500 | 1.6 | 67.2 |
| 意大利 | 1 053 | −4.2 | 9.4 |
| 法国 | 417 | 8.9 | 3.7 |
| 印度 | 276 | 11.3 | 2.5 |
| 加拿大 | 209 | −1.6 | 1.9 |
| 越南 | 163 | 0.6 | 1.5 |

HS72～83：贱金属及其制品

| 国家和地区 | 金额 | 同比% | 占比% |
|---|---|---|---|
| 加拿大 | 29 373 | 2.7 | 23.6 |
| 中国 | 24 090 | 15.9 | 19.4 |
| 墨西哥 | 9 558 | 1.9 | 7.7 |
| 德国 | 5 677 | 3.4 | 4.6 |
| 日本 | 5 091 | 5.1 | 4.1 |
| 台湾省 | 4 547 | −0.4 | 3.7 |

HS90～92：光学、钟表、医疗设备

| 国家和地区 | 金额 | 同比% | 占比% |
|---|---|---|---|
| 墨西哥 | 7 689 | −0.5 | 12.2 |
| 德国 | 7 663 | −0.1 | 12.2 |
| 中国 | 7 412 | 9.3 | 11.8 |
| 日本 | 7 352 | −1.5 | 11.7 |
| 爱尔兰 | 5 143 | 31.0 | 8.2 |
| 瑞士 | 4 593 | 12.4 | 7.3 |

HS64～67：鞋靴、伞等轻工产品

| 国家和地区 | 金额 | 同比% | 占比% |
|---|---|---|---|
| 中国 | 17 151 | 2.1 | 74.5 |
| 越南 | 1 307 | 15.7 | 5.7 |
| 意大利 | 1 167 | −5.9 | 5.1 |
| 印度尼西亚 | 532 | 6.7 | 2.3 |
| 巴西 | 514 | −33.0 | 2.2 |
| 墨西哥 | 300 | 4.6 | 1.3 |

HS86～89：运输设备

| 国家和地区 | 金额 | 同比% | 占比% |
|---|---|---|---|
| 日本 | 54 616 | −7.0 | 24.8 |
| 加拿大 | 54 092 | −20.0 | 24.6 |
| 墨西哥 | 32 727 | −4.6 | 14.9 |
| 德国 | 24 282 | 3.7 | 11.0 |
| 韩国 | 10 020 | −7.6 | 4.6 |
| 中国 | 7 046 | 4.8 | 3.2 |

表 44：

**2008 年欧盟（27）对中国出口主要商品构成（章）**

金额单位：百万美元

| HS 编码 | 商品类别 | 2008 年 | 上年同期 | 同比％ | 占比％ |
|---|---|---|---|---|---|
| 章 | 总值 | 113 945 | 97 654 | 16.7 | 100.0 |
| 84 | 核反应堆、锅炉、机械器具及零件 | 34 517 | 28 512 | 21.1 | 30.3 |
| 85 | 电机、电气、音像设备及其零附件 | 16 538 | 14 650 | 12.9 | 14.5 |
| 87 | 车辆及其零附件，但铁道车辆除外 | 10 736 | 8 620 | 24.5 | 9.4 |
| 88 | 航空器、航天器及其零件 | 6 316 | 5 738 | 10.1 | 5.5 |
| 90 | 光学、照相、医疗等设备及零附件 | 5 256 | 4 480 | 17.3 | 4.6 |
| 39 | 塑料及其制品 | 4 169 | 3 776 | 10.4 | 3.7 |
| 74 | 铜及其制品 | 3 865 | 3 194 | 21.0 | 3.4 |
| 73 | 钢铁制品 | 3 223 | 2 483 | 29.8 | 2.8 |
| 29 | 有机化学品 | 2 888 | 2 519 | 14.7 | 2.5 |
| 72 | 钢铁 | 2 520 | 2 832 | −11.0 | 2.2 |
| 30 | 药品 | 2 437 | 1 452 | 67.8 | 2.1 |
| 71 | 珠宝、贵金属及其制品；仿首饰；硬币 | 1 776 | 1 911 | −7.1 | 1.6 |
| 47 | 木浆等纤维状纤维素浆；废纸及纸板 | 1 728 | 1 376 | 25.6 | 1.5 |
| 38 | 杂项化学产品 | 1 325 | 1 077 | 23.0 | 1.2 |
| 76 | 铝及其制品 | 988 | 1 005 | −1.7 | 0.9 |
| 40 | 橡胶及其制品 | 890 | 815 | 9.2 | 0.8 |
| 48 | 纸及纸板；纸浆、纸或纸板制品 | 840 | 813 | 3.3 | 0.7 |
| 41 | 生皮（毛皮除外）及皮革 | 697 | 667 | 4.4 | 0.6 |
| 28 | 无机化学品；贵金属等的化合物 | 677 | 379 | 78.7 | 0.6 |
| 32 | 鞣料；着色料；涂料；油灰；墨水等 | 620 | 639 | −3.1 | 0.5 |
| 86 | 铁道车辆；轨道装置；信号设备 | 616 | 1 192 | −48.3 | 0.5 |
| 94 | 家具；寝具等；灯具；活动房 | 615 | 470 | 30.9 | 0.5 |
| 22 | 饮料、酒及醋 | 590 | 534 | 10.6 | 0.5 |
| 33 | 精油及香膏；香料制品及化妆盥洗品 | 435 | 288 | 51.0 | 0.4 |
| 34 | 洗涤剂、润滑剂、人造蜡、塑型膏等 | 427 | 406 | 5.2 | 0.4 |
| 82 | 贱金属器具、利口器、餐具及零件 | 405 | 354 | 14.3 | 0.4 |
| 83 | 贱金属杂项制品 | 376 | 356 | 5.9 | 0.3 |
| 44 | 木及木制品；木炭 | 374 | 337 | 11.0 | 0.3 |
| 70 | 玻璃及其制品 | 373 | 337 | 10.7 | 0.3 |
| 03 | 鱼及其他水生无脊椎动物 | 356 | 306 | 16.3 | 0.3 |
| | 以上合计 | 106 575 | 91 519 | 16.5 | 93.5 |

表45：

2008年欧盟（27）自中国进口主要商品构成（章）

金额单位：百万美元

| HS编码 | 商品类别 | 2008年 | 上年同期 | 同比% | 占比% |
|---|---|---|---|---|---|
| 章 | 总值 | 361 485 | 318 354 | 13.6 | 100.0 |
| 85 | 电机、电气、音像设备及其零附件 | 87 854 | 77 929 | 12.7 | 24.3 |
| 84 | 核反应堆、锅炉、机械器具及零件 | 71 866 | 63 988 | 12.3 | 19.9 |
| 95 | 玩具、游戏或运动用品及其零附件 | 21 004 | 18 300 | 14.8 | 5.8 |
| 62 | 非针织或非钩编的服装及衣着附件 | 20 892 | 18 162 | 15.0 | 5.8 |
| 61 | 针织或钩编的服装及衣着附件 | 15 998 | 11 786 | 35.7 | 4.4 |
| 94 | 家具；寝具等；灯具；活动房 | 14 916 | 13 704 | 8.8 | 4.1 |
| 73 | 钢铁制品 | 11 322 | 9 540 | 18.7 | 3.1 |
| 72 | 钢铁 | 8 875 | 9 697 | −8.5 | 2.5 |
| 64 | 鞋靴、护腿和类似品及其零件 | 8 735 | 7 914 | 10.4 | 2.4 |
| 42 | 皮革制品；旅行箱包；动物肠线制品 | 7 919 | 7 212 | 9.8 | 2.2 |
| 39 | 塑料及其制品 | 7 514 | 6 570 | 14.4 | 2.1 |
| 29 | 有机化学品 | 6 399 | 4 706 | 36.0 | 1.8 |
| 90 | 光学、照相、医疗等设备及零附件 | 5 974 | 5 181 | 15.3 | 1.7 |
| 87 | 车辆及其零附件，但铁道车辆除外 | 5 670 | 4 564 | 24.2 | 1.6 |
| 63 | 其他纺织制品；成套物品；旧纺织品 | 3 693 | 3 233 | 14.2 | 1.0 |
| 89 | 船舶及浮动结构体 | 3 453 | 2 721 | 26.9 | 1.0 |
| 44 | 木及木制品；木炭 | 3 220 | 3 086 | 4.3 | 0.9 |
| 71 | 珠宝、贵金属及制品；仿首饰；硬币 | 3 202 | 3 036 | 5.5 | 0.9 |
| 83 | 贱金属杂项制品 | 3 160 | 2 862 | 10.4 | 0.9 |
| 82 | 贱金属器具、利口器、餐具及零件 | 2 946 | 2 705 | 8.9 | 0.8 |
| 69 | 陶瓷产品 | 2 533 | 2 326 | 8.9 | 0.7 |
| 70 | 玻璃及其制品 | 2 491 | 2 159 | 15.4 | 0.7 |
| 40 | 橡胶及其制品 | 2 338 | 2 113 | 10.7 | 0.7 |
| 96 | 杂项制品 | 2 082 | 1 942 | 7.2 | 0.6 |
| 76 | 铝及其制品 | 1 857 | 1 654 | 12.2 | 0.5 |
| 81 | 其他贱金属、金属陶瓷及其制品 | 1 786 | 1 402 | 27.4 | 0.5 |
| 48 | 纸及纸板；纸浆、纸或纸板制品 | 1 773 | 1 634 | 8.6 | 0.5 |
| 28 | 无机化学品；贵金属等的化合物 | 1 751 | 1 353 | 29.4 | 0.5 |
| 03 | 鱼及其他水生无脊椎动物 | 1 665 | 1 531 | 8.7 | 0.5 |
| 91 | 钟表及其零件 | 1 639 | 1 589 | 3.2 | 0.5 |
|  | 以上合计 | 334 527 | 294 599 | 13.6 | 92.6 |

表 46:

**2008 年欧盟（27）对中国出口主要商品构成（类）**

金额单位：百万美元

| 海关分类 | HS 编码 | 商品类别 | 2008 年 | 上年同期 | 同比% | 占比% |
|---|---|---|---|---|---|---|
| 类 | 章 | 总值 | 113 945 | 97 654 | 16.7 | 100.0 |
| 第 16 类 | 84～85 | 机电产品 | 51 055 | 43 162 | 18.3 | 44.8 |
| 第 17 类 | 86～89 | 运输设备 | 17 709 | 15 620 | 13.4 | 15.5 |
| 第 15 类 | 72～83 | 贱金属及其制品 | 12 113 | 11 059 | 9.5 | 10.6 |
| 第 6 类 | 28～38 | 化工产品 | 9 301 | 7 089 | 31.2 | 8.2 |
| 第 18 类 | 90～92 | 光学、钟表、医疗设备 | 5 345 | 4 542 | 17.7 | 4.7 |
| 第 7 类 | 39～40 | 塑料、橡胶 | 5 059 | 4 591 | 10.2 | 4.4 |
| 第 10 类 | 47～49 | 纤维素浆；纸张 | 2 688 | 2 285 | 17.6 | 2.4 |
| 第 14 类 | 71 | 贵金属及其制品 | 1 776 | 1 911 | −7.1 | 1.6 |
| 第 11 类 | 50～63 | 纺织品及原料 | 1 774 | 1 599 | 11.0 | 1.6 |
| 第 4 类 | 16～24 | 食品、饮料、烟草 | 1 040 | 896 | 16.1 | 0.9 |
| 第 8 类 | 41～43 | 皮革制品；箱包 | 1 008 | 863 | 16.8 | 0.9 |
| 第 5 类 | 25～27 | 矿产品 | 936 | 775 | 20.8 | 0.8 |
| 第 1 类 | 01～05 | 活动物；动物产品 | 921 | 757 | 21.6 | 0.8 |
| 第 20 类 | 94～96 | 家具、玩具、杂项制品 | 797 | 601 | 32.7 | 0.7 |
| 第 13 类 | 68～70 | 陶瓷；玻璃 | 792 | 700 | 13.1 | 0.7 |
| | | 其他 | 1 629 | 1 202 | 35.6 | 1.4 |

表 47:

**2008 年欧盟（27）自中国进口主要商品构成（类）**

金额单位：百万美元

| 海关分类 | HS 编码 | 商品类别 | 2008 年 | 上年同期 | 同比% | 占比% |
|---|---|---|---|---|---|---|
| 类 | 章 | 总值 | 361 485 | 318 354 | 13.6 | 100.0 |
| 第 16 类 | 84～85 | 机电产品 | 159 720 | 141 917 | 12.5 | 44.2 |
| 第 11 类 | 50～63 | 纺织品及原料 | 45 474 | 37 770 | 20.4 | 12.6 |
| 第 20 类 | 94～96 | 家具、玩具、杂项制品 | 38 001 | 33 946 | 12.0 | 10.5 |
| 第 15 类 | 72～83 | 贱金属及其制品 | 31 000 | 29 108 | 6.5 | 8.6 |
| 第 6 类 | 28～38 | 化工产品 | 12 844 | 9 806 | 31.0 | 3.6 |
| 第 12 类 | 64～67 | 鞋靴、伞等轻工产品 | 11 020 | 9 972 | 10.5 | 3.1 |
| 第 7 类 | 39～40 | 塑料、橡胶 | 9 853 | 8 683 | 13.5 | 2.7 |
| 第 17 类 | 86～89 | 运输设备 | 9 549 | 7 576 | 26.1 | 2.6 |
| 第 8 类 | 41～43 | 皮革制品；箱包 | 8 379 | 7 715 | 8.6 | 2.3 |
| 第 18 类 | 90～92 | 光学、钟表、医疗设备 | 8 181 | 7 240 | 13.0 | 2.3 |
| 第 13 类 | 68～70 | 陶瓷；玻璃 | 6 551 | 5 937 | 10.4 | 1.8 |
| 第 9 类 | 44～46 | 木及木制品 | 3 737 | 3 604 | 3.7 | 1.0 |
| 第 14 类 | 71 | 贵金属及其制品 | 3 202 | 3 036 | 5.5 | 0.9 |
| 第 5 类 | 25～27 | 矿产品 | 3 168 | 2 753 | 15.1 | 0.9 |
| 第 10 类 | 47～49 | 纤维素浆；纸张 | 3 019 | 2 710 | 11.4 | 0.8 |
| | | 其他 | 7 787 | 6 584 | 18.3 | 2.2 |

**表 48：**

### 2008 年欧盟（27）进口的十大类商品及其国别/地区构成

金额单位：百万美元

HS84～85：机电产品

| 国家和地区 | 金额 | 同比% | 占比% |
|---|---|---|---|
| 中国 | 159 720 | 12.5 | 33.3 |
| 美国 | 75 528 | 0.6 | 15.8 |
| 日本 | 52 900 | 2.8 | 11.0 |
| 韩国 | 28 366 | −1.2 | 5.9 |
| 瑞士 | 24 617 | 9.8 | 5.1 |
| 台湾省 | 22 389 | −3.9 | 4.7 |

HS64～67：鞋靴、伞等轻工产品

| 国家和地区 | 金额 | 同比% | 占比% |
|---|---|---|---|
| 中国 | 11 020 | 10.5 | 49.7 |
| 越南 | 3 368 | 15.9 | 15.2 |
| 印度 | 1 482 | 9.7 | 6.7 |
| 印度尼西亚 | 1 077 | 17.3 | 4.9 |
| 巴西 | 744 | 17.0 | 3.4 |
| 突尼斯 | 690 | 13.1 | 3.1 |

HS50～63：纺织品及原料

| 国家和地区 | 金额 | 同比% | 占比% |
|---|---|---|---|
| 中国 | 45 474 | 20.4 | 38.5 |
| 土耳其 | 16 751 | −4.5 | 14.2 |
| 印度 | 9 071 | 6.3 | 7.7 |
| 孟加拉国 | 7 348 | 15.1 | 6.2 |
| 突尼斯 | 4 205 | 7.8 | 3.6 |
| 摩洛哥 | 3 721 | 1.8 | 3.2 |

HS39～40：塑料、橡胶

| 国家和地区 | 金额 | 同比% | 占比% |
|---|---|---|---|
| 美国 | 10 362 | 5.5 | 17.8 |
| 中国 | 9 853 | 13.5 | 17.0 |
| 瑞士 | 4 785 | 8.0 | 8.2 |
| 日本 | 4 676 | 6.9 | 8.1 |
| 土耳其 | 3 014 | 8.8 | 5.2 |
| 韩国 | 2 930 | 10.3 | 5.0 |

HS94～96：家具、玩具、杂项制品

| 国家和地区 | 金额 | 同比% | 占比% |
|---|---|---|---|
| 中国 | 38 001 | 12.0 | 67.7 |
| 美国 | 2 318 | 0.5 | 4.1 |
| 日本 | 1 818 | 8.9 | 3.2 |
| 越南 | 1 303 | 14.0 | 2.3 |
| 瑞士 | 1 299 | 1.8 | 2.3 |
| 土耳其 | 1 282 | 17.1 | 2.3 |

HS86～89：运输设备

| 国家和地区 | 金额 | 同比% | 占比% |
|---|---|---|---|
| 美国 | 44 111 | 4.8 | 30.0 |
| 日本 | 26 397 | −2.5 | 18.0 |
| 土耳其 | 15 107 | 11.5 | 10.3 |
| 韩国 | 13 847 | −12.1 | 9.4 |
| 中国 | 9 549 | 26.1 | 6.5 |
| 加拿大 | 4 329 | 29.8 | 3.0 |

HS72～83：贱金属及制品

| 国家和地区 | 金额 | 同比% | 占比% |
|---|---|---|---|
| 中国 | 31 000 | 6.5 | 18.9 |
| 俄罗斯 | 18 045 | −0.3 | 11.0 |
| 美国 | 10 381 | 4.1 | 6.3 |
| 挪威 | 10 191 | 3.2 | 6.2 |
| 瑞士 | 8 236 | 6.2 | 5.0 |
| 土耳其 | 7 910 | 0.2 | 4.8 |

HS41～43：皮革制品；箱包

| 国家和地区 | 金额 | 同比% | 占比% |
|---|---|---|---|
| 中国 | 8 379 | 8.6 | 49.0 |
| 印度 | 1 627 | 13.9 | 9.5 |
| 巴西 | 738 | −11.2 | 4.3 |
| 瑞士 | 679 | 10.4 | 4.0 |
| 巴基斯坦 | 529 | 15.3 | 3.1 |
| 美国 | 486 | −1.6 | 2.8 |

HS28～38：化工产品

| 国家和地区 | 金额 | 同比% | 占比% |
|---|---|---|---|
| 美国 | 47 055 | 6.9 | 28.3 |
| 瑞士 | 35 046 | 10.1 | 21.1 |
| 中国 | 12 844 | 31.0 | 7.7 |
| 日本 | 8 291 | −0.8 | 5.0 |
| 新加坡 | 7 932 | −17.9 | 4.8 |
| 俄罗斯 | 7 539 | 26.4 | 4.5 |

HS90～92：光学、钟表、医疗设备

| 国家和地区 | 金额 | 同比% | 占比% |
|---|---|---|---|
| 美国 | 25 974 | 8.2 | 37.0 |
| 瑞士 | 12 724 | 12.7 | 18.1 |
| 中国 | 8 181 | 13.0 | 11.6 |
| 日本 | 7 707 | 15.8 | 11.0 |
| 韩国 | 2 563 | 66.3 | 3.7 |
| 墨西哥 | 1 818 | 10.0 | 2.6 |

表49：

2008年日本对中国出口主要商品构成（章）

金额单位：百万美元

| HS编码 | 商品类别 | 2008年1～12月 | 上年同期 | 同比% | 占比% |
|---|---|---|---|---|---|
| 章 | 总值 | 125 022 | 109 279 | 14.4 | 100.0 |
| 85 | 电机、电气、音像设备及其零附件 | 30 042 | 28 345 | 6.0 | 24.0 |
| 84 | 核反应堆、锅炉、机械器具及零件 | 23 447 | 20 314 | 15.4 | 18.8 |
| 87 | 车辆及其零附件，但铁道车辆除外 | 9 021 | 6 920 | 30.4 | 7.2 |
| 72 | 钢铁 | 8 708 | 7 113 | 22.4 | 7.0 |
| 90 | 光学、照相、医疗等设备及零附件 | 6 813 | 5 892 | 15.6 | 5.5 |
| 39 | 塑料及其制品 | 6 113 | 5 676 | 7.7 | 4.9 |
| 29 | 有机化学品 | 5 675 | 6 555 | −13.4 | 4.5 |
| 27 | 矿物燃料、矿物油及其产品；沥青等 | 4 704 | 1 878 | 150.4 | 3.8 |
| 74 | 铜及其制品 | 3 416 | 3 151 | 8.4 | 2.7 |
| 73 | 钢铁制品 | 2 354 | 1 700 | 38.4 | 1.9 |
| 38 | 杂项化学产品 | 1 527 | 1 354 | 12.8 | 1.2 |
| 28 | 无机化学品；贵金属等的化合物 | 1 166 | 761 | 53.2 | 0.9 |
| 40 | 橡胶及其制品 | 1 076 | 930 | 15.7 | 0.9 |
| 76 | 铝及其制品 | 882 | 768 | 14.8 | 0.7 |
| 54 | 化学纤维长丝 | 869 | 845 | 2.9 | 0.7 |
| 70 | 玻璃及其制品 | 849 | 648 | 31.0 | 0.7 |
| 32 | 鞣料；着色料；涂料；油灰；墨水等 | 765 | 695 | 10.1 | 0.6 |
| 47 | 木浆等纤维状纤维素浆；废纸及纸板 | 667 | 575 | 15.9 | 0.5 |
| 95 | 玩具、游戏或运动用品及其零附件 | 596 | 421 | 41.5 | 0.5 |
| 71 | 珠宝、贵金属及制品；仿首饰；硬币 | 580 | 361 | 60.4 | 0.5 |
| 48 | 纸及纸板；纸浆、纸或纸板制品 | 569 | 518 | 9.8 | 0.5 |
| 82 | 贱金属器具、利口器、餐具及零件 | 567 | 546 | 3.8 | 0.5 |
| 37 | 照相及电影用品 | 506 | 447 | 13.3 | 0.4 |
| 55 | 化学纤维短纤 | 489 | 589 | −17.0 | 0.4 |
| 52 | 棉花 | 484 | 502 | −3.7 | 0.4 |
| 60 | 针织物及钩编织物 | 445 | 419 | 6.3 | 0.4 |
| 34 | 洗涤剂、润滑剂、人造蜡、塑型膏等 | 406 | 350 | 15.9 | 0.3 |
| 49 | 印刷品；手稿、打字稿及设计图纸 | 351 | 212 | 65.6 | 0.3 |
| 59 | 浸、包或层压织物；工业用纺织制品 | 333 | 311 | 7.1 | 0.3 |
| 68 | 矿物材料的制品 | 323 | 282 | 14.8 | 0.3 |
|  | 以上合计 | 113 743 | 99 081 | 14.8 | 91.0 |

**表 50：**

**2008 年日本自中国进口主要商品构成（章）**

金额单位：百万美元

| HS 编码 | 商品类别 | 2008 年 1～12 月 | 上年同期 | 同比% | 占比% |
|---|---|---|---|---|---|
| 章 | 总值 | 143 611 | 127 844 | 12.3 | 100.0 |
| 85 | 电机、电气、音像设备及其零附件 | 29 343 | 25 579 | 14.7 | 20.4 |
| 84 | 核反应堆、锅炉、机械器具及零件 | 24 115 | 21 236 | 13.6 | 16.8 |
| 61 | 针织或钩编的服装及衣着附件 | 10 406 | 9 449 | 10.1 | 7.3 |
| 62 | 非针织或非钩编的服装及衣着附件 | 10 053 | 9 526 | 5.5 | 7.0 |
| 95 | 玩具、游戏或运动用品及其零附件 | 5 258 | 5 902 | −10.9 | 3.7 |
| 27 | 矿物燃料、矿物油及其产品；沥青等 | 4 343 | 2 805 | 54.8 | 3.0 |
| 90 | 光学、照相、医疗等设备及零附件 | 3 916 | 3 460 | 13.2 | 2.7 |
| 39 | 塑料及其制品 | 3 748 | 3 165 | 18.4 | 2.6 |
| 94 | 家具；寝具等；灯具；活动房 | 3 549 | 3 229 | 9.9 | 2.5 |
| 73 | 钢铁制品 | 3 276 | 2 868 | 14.3 | 2.3 |
| 64 | 鞋靴、护腿和类似品及其零件 | 3 230 | 2 925 | 10.5 | 2.3 |
| 28 | 无机化学品；贵金属等的化合物 | 3 078 | 2 379 | 29.4 | 2.1 |
| 42 | 皮革制品；旅行箱包；动物肠线制品 | 3 016 | 2 737 | 10.2 | 2.1 |
| 87 | 车辆及其零附件，但铁道车辆除外 | 2 791 | 2 240 | 24.6 | 1.9 |
| 72 | 钢铁 | 2 580 | 1 548 | 66.6 | 1.8 |
| 63 | 其他纺织制品；成套物品；旧纺织品 | 2 327 | 2 012 | 15.6 | 1.6 |
| 29 | 有机化学品 | 2 224 | 1 545 | 44.0 | 1.6 |
| 16 | 肉、鱼及其他水生无脊椎动物的制品 | 2 078 | 2 594 | −19.9 | 1.5 |
| 44 | 木及木制品；木炭 | 1 550 | 1 558 | −0.5 | 1.1 |
| 76 | 铝及其制品 | 1 329 | 1 092 | 21.7 | 0.9 |
| 03 | 鱼及其他水生无脊椎动物 | 1 153 | 1 169 | −1.3 | 0.8 |
| 20 | 蔬菜、水果等或植物其他部分的制品 | 1 145 | 1 209 | −5.2 | 0.8 |
| 38 | 杂项化学产品 | 1 132 | 1 014 | 11.7 | 0.8 |
| 07 | 食用蔬菜、根及块茎 | 924 | 1 027 | −10.0 | 0.6 |
| 68 | 矿物材料的制品 | 908 | 872 | 4.1 | 0.6 |
| 25 | 盐；硫黄；土及石料；石灰及水泥等 | 896 | 522 | 71.7 | 0.6 |
| 48 | 纸及纸板；纸浆、纸或纸板制品 | 839 | 669 | 25.4 | 0.6 |
| 81 | 其他贱金属、金属陶瓷及其制品 | 798 | 690 | 15.6 | 0.6 |
| 70 | 玻璃及其制品 | 687 | 579 | 18.5 | 0.5 |
| 96 | 杂项制品 | 674 | 558 | 20.8 | 0.5 |
| | 以上合计 | 131 368 | 116 157 | 13.1 | 91.5 |

表51：

2008年日本对中国出口主要商品构成（类）

金额单位：百万美元

| 海关分类 | HS编码 | 商品类别 | 2008年1～12月 | 上年同期 | 同比% | 占比% |
|---|---|---|---|---|---|---|
| 类 | 章 | 总值 | 125 022 | 109 279 | 14.4 | 100.0 |
| 第16类 | 84～85 | 机电产品 | 53 489 | 48 658 | 9.9 | 42.8 |
| 第15类 | 72～83 | 贱金属及其制品 | 16 676 | 13 884 | 20.1 | 13.3 |
| 第6类 | 28～38 | 化工产品 | 10 551 | 10 537 | 0.1 | 8.4 |
| 第17类 | 86～89 | 运输设备 | 9 240 | 7 058 | 30.9 | 7.4 |
| 第7类 | 39～40 | 塑料、橡胶 | 7 189 | 6 607 | 8.8 | 5.8 |
| 第18类 | 90～92 | 光学、钟表、医疗设备 | 6 975 | 6 025 | 15.8 | 5.6 |
| 第5类 | 25～27 | 矿产品 | 5 039 | 2 038 | 147.2 | 4.0 |
| 第11类 | 50～63 | 纺织品及原料 | 3 362 | 3 381 | −0.6 | 2.7 |
| 第10类 | 47～49 | 纤维素浆；纸张 | 1 587 | 1 306 | 21.6 | 1.3 |
| 第13类 | 68～70 | 陶瓷；玻璃 | 1 271 | 1 019 | 24.8 | 1.0 |
| 第20类 | 94～96 | 家具、玩具、杂项制品 | 1 148 | 906 | 26.7 | 0.9 |
| 第14类 | 71 | 贵金属及其制品 | 580 | 361 | 60.4 | 0.5 |
| 第1类 | 01～05 | 活动物；动物产品 | 204 | 269 | −24.2 | 0.2 |
| 第4类 | 16～24 | 食品、饮料、烟草 | 120 | 120 | 0.4 | 0.1 |
| 第8类 | 41～43 | 皮革制品；箱包 | 82 | 82 | 0.4 | 0.1 |
| | | 其他 | 7 510 | 7 028 | 6.9 | 6.0 |

表52：

2008年日本自中国进口主要商品构成（类）

金额单位：百万美元

| 海关分类 | HS编码 | 商品类别 | 2008年1～12月 | 上年同期 | 同比% | 占比% |
|---|---|---|---|---|---|---|
| 类 | 章 | 总值 | 143 611 | 127 844 | 12.3 | 100.0 |
| 第16类 | 84～85 | 机电产品 | 53 459 | 46 815 | 14.2 | 37.2 |
| 第11类 | 50～63 | 纺织品及原料 | 24 408 | 22 490 | 8.5 | 17.0 |
| 第15类 | 72～83 | 贱金属及其制品 | 9 689 | 7 979 | 21.4 | 6.8 |
| 第20类 | 94～96 | 家具、玩具、杂项制品 | 9 481 | 9 689 | −2.2 | 6.6 |
| 第6类 | 28～38 | 化工产品 | 7 600 | 5 982 | 27.1 | 5.3 |
| 第5类 | 25～27 | 矿产品 | 5 319 | 3 412 | 55.9 | 3.7 |
| 第18类 | 90～92 | 光学、钟表、医疗设备 | 4 682 | 4 191 | 11.7 | 3.3 |
| 第7类 | 39～40 | 塑料、橡胶 | 4 299 | 3 649 | 17.8 | 3.0 |
| 第4类 | 16～24 | 食品、饮料、烟草 | 4 168 | 4 836 | −13.8 | 2.9 |
| 第12类 | 64～67 | 鞋靴、伞等轻工产品 | 3 968 | 3 506 | 13.2 | 2.8 |
| 第8类 | 41～43 | 皮革制品；箱包 | 3 140 | 2 865 | 9.6 | 2.2 |
| 第17类 | 86～89 | 运输设备 | 2 919 | 2 351 | 24.2 | 2.0 |
| 第13类 | 68～70 | 陶瓷；玻璃 | 2 174 | 1 968 | 10.5 | 1.5 |
| 第2类 | 06～14 | 植物产品 | 1 901 | 2 101 | −9.5 | 1.3 |
| 第9类 | 44～46 | 木及木制品 | 1 815 | 1 828 | −0.7 | 1.3 |
| | | 其他 | 4 589 | 4 182 | 9.7 | 3.2 |

表 53：

**2008 年日本进口的十大类商品及其国别/地区构成**

金额单位：百万美元

HS84～85：机电产品

| 国家和地区 | 金额 | 同比％ | 占比％ |
|---|---|---|---|
| 中国 | 53 459 | 14.2 | 39.1 |
| 美国 | 18 423 | －7.4 | 13.5 |
| 韩国 | 11 375 | －0.3 | 8.3 |
| 台湾省 | 11 115 | 1.8 | 8.1 |
| 泰国 | 6 967 | －0.2 | 5.1 |
| 马来西亚 | 5 555 | 11.8 | 4.1 |

HS25～27：矿产品

| 国家和地区 | 金额 | 同比％ | 占比％ |
|---|---|---|---|
| 沙特阿拉伯 | 50 155 | 44.2 | 16.9 |
| 阿联酋 | 46 332 | 45.0 | 15.6 |
| 澳大利亚 | 37 607 | 69.6 | 12.7 |
| 卡塔尔 | 26 375 | 55.7 | 8.9 |
| 印度尼西亚 | 21 160 | 38.6 | 7.1 |
| 伊朗 | 17 999 | 43.8 | 6.1 |

HS50～63：纺织品及原料

| 国家和地区 | 金额 | 同比％ | 占比％ |
|---|---|---|---|
| 中国 | 24 408 | 8.5 | 76.9 |
| 意大利 | 1 177 | －3.0 | 3.7 |
| 越南 | 1 013 | 21.7 | 3.2 |
| 印度尼西亚 | 574 | 11.5 | 1.8 |
| 韩国 | 572 | 5.0 | 1.8 |
| 美国 | 532 | 0.9 | 1.7 |

HS90～92：光学、钟表、医疗设备

| 国家和地区 | 金额 | 同比％ | 占比％ |
|---|---|---|---|
| 美国 | 7 033 | －2.0 | 28.6 |
| 中国 | 4 682 | 11.7 | 19.1 |
| 瑞士 | 2 134 | 10.3 | 8.7 |
| 德国 | 1 958 | 2.8 | 8.0 |
| 爱尔兰 | 1 300 | 18.2 | 5.3 |
| 韩国 | 971 | －45.2 | 4.0 |

HS72～83：贱金属及其制品

| 国家和地区 | 金额 | 同比％ | 占比％ |
|---|---|---|---|
| 中国 | 9 689 | 21.4 | 23.6 |
| 韩国 | 4 835 | 13.2 | 11.8 |
| 俄罗斯 | 2 717 | 2.0 | 6.6 |
| 美国 | 2 634 | 5.3 | 6.4 |
| 澳大利亚 | 2 598 | －0.3 | 6.3 |
| 印度尼西亚 | 2 366 | －28.7 | 5.8 |

HS39～40：塑料、橡胶

| 国家和地区 | 金额 | 同比％ | 占比％ |
|---|---|---|---|
| 中国 | 4 299 | 17.8 | 24.5 |
| 美国 | 2 312 | 10.8 | 13.2 |
| 泰国 | 2 308 | 30.3 | 13.2 |
| 印度尼西亚 | 1 892 | 29.1 | 10.8 |
| 韩国 | 1 599 | 31.5 | 9.1 |
| 台湾省 | 1 160 | 33.8 | 6.6 |

HS94～96：家具、玩具、杂项制品

| 国家和地区 | 金额 | 同比％ | 占比％ |
|---|---|---|---|
| 中国 | 9 481 | －2.2 | 68.0 |
| 泰国 | 592 | 4.3 | 4.2 |
| 美国 | 494 | －4.5 | 3.5 |
| 台湾省 | 476 | －12.1 | 3.4 |
| 越南 | 375 | 13.7 | 2.7 |
| 马来西亚 | 294 | 15.3 | 2.1 |

HS16～24：食品、饮料、烟草

| 国家和地区 | 金额 | 同比％ | 占比％ |
|---|---|---|---|
| 美国 | 4 390 | －3.2 | 21.0 |
| 中国 | 4 168 | －13.8 | 19.9 |
| 泰国 | 2 413 | 40.1 | 11.5 |
| 法国 | 1 566 | 3.8 | 7.5 |
| 德国 | 1 187 | 30.6 | 5.7 |
| 韩国 | 633 | 21.5 | 3.0 |

HS28～38：化工产品

| 国家和地区 | 金额 | 同比％ | 占比％ |
|---|---|---|---|
| 美国 | 9 303 | 12.5 | 19.4 |
| 中国 | 7 600 | 27.1 | 15.9 |
| 德国 | 4 621 | 20.6 | 9.6 |
| 法国 | 2 983 | 15.1 | 6.2 |
| 瑞士 | 2 410 | 36.8 | 5.0 |
| 英国 | 2 267 | 14.5 | 4.7 |

HS64～67：鞋靴、伞等轻工产品

| 国家和地区 | 金额 | 同比％ | 占比％ |
|---|---|---|---|
| 中国 | 3 968 | 13.2 | 73.4 |
| 意大利 | 351 | －0.8 | 6.5 |
| 越南 | 220 | 16.6 | 4.1 |
| 印度尼西亚 | 119 | 15.4 | 2.2 |
| 柬埔寨 | 99 | －18.1 | 1.8 |
| 泰国 | 76 | －13.5 | 1.4 |

# 附　录

# 附录一 中国 WTO 最新研究成果（2008）

● 代表性学术著作

| 序号 | 著者 | 题名 | 出版机构 | 年份 |
|---|---|---|---|---|
| 1 | 单一 | WTO 框架下补贴与反补贴法律制度与实务 | 法律出版社 | 2009 |
| 2 | 吴玲琍 | WTO 体制下的绿色贸易壁垒法律问题研究 | 中国政法大学出版社 | 2009 |
| 3 | 曲延英 | WTO 贸易政策审议机制研究 | 上海三联书店 | 2009 |
| 4 | WTO 法律事务部 | WTO 争端解决案件概要 | 法律出版社 | 2009 |
| 5 | 甘瑛 | WTO 补贴与反补贴法律与实践研究 | 法律出版社 | 2009 |
| 6 | 田玉红 | WTO 框架下中国贸易政策与产业政策的协调 | 人民出版社 | 2009 |
| 7 | 程大为 | WTO 体系的矛盾分析 | 中国人民大学出版社 | 2009 |
| 8 | 陈咏梅 | WTO 贸易政策评审机制法律问题研究 | 中国检察出版社 | 2009 |
| 9 | 魏传忠 | 特别贸易关注：WTO 成员间食品安全和动植物卫生措施纠纷 | 法律出版社 | 2009 |
| 10 | 韩立余 | 既往不咎：WTO 争端解决机制研究 | 北京大学出版社 | 2009 |
| 11 | 任勤 | WTO 框架下的贸易保护问题研究 | 西南财经大学出版社 | 2008 |
| 12 | 刘文静 | WTO 透明度原则与我国行政公开制度 | 法律出版社 | 2008 |
| 13 | 包小忠 | WTO 框架内的贸易救济措施研究 | 经济科学出版社 | 2008 |
| 14 | 印辉 | WTO 环境规则研究 | 知识产权出版社 | 2008 |
| 15 | 张乃根 | WTO 争端解决机制论：以 TRIPS 协定为例 | 上海人民出版社 | 2008 |
| 16 | 曹培忠 | WTO 与中国农业法律若干问题研究 | 中国农业科学技术出版社 | 2008 |
| 17 | 董运来 | WTO 框架下中印农业贸易政策比较 | 中国社会科学出版社 | 2008 |
| 18 | 吴汉东 | WTO 知识产权争端解决机制及案例评析 | 人民出版社 | 2008 |
| 19 | 李娟 | WTO 框架下的特别保障措施制度比较研究：以针对中国产品之特保机制为中心 | 北京大学出版社 | 2008 |
| 20 | 李晓玲 | WTO 框架下的农业补贴纪律 | 法律出版社 | 2008 |
| 21 | 杨向东 | WTO 体制下的国民待遇原则研究 | 中国政法大学出版社 | 2008 |
| 22 | 牟文义 | WTO 绿色规则与我国的环境贸易措施制度创新 | 青海人民出版社 | 2008 |
| 23 | 蔡昉 | WTO 框架下中国工业竞争力研究 | 中国社会科学出版社 | 2008 |
| 24 | 蔡春林 | WTO 政务管理 | 对外经济贸易大学出版社 | 2008 |
| 25 | 贺小勇 | WTO 新议题研究：中国外贸战略转型的法律思考 | 北京大学出版社 | 2008 |
| 26 | 邓建志 | WTO 框架下中国知识产权行政保护 | 知识产权出版社 | 2008 |
| 27 | 邓洪波 | 北京地方 WTO 事务年度报告 | 中国发展出版社 | 2008 |
| 28 | 郑玲丽 | WTO 关于区域贸易协定的法律规范研究 | 南京大学出版社 | 2008 |
| 29 | （日）高濑保 | WTO 与 FTA：世界贸易组织与自由贸易协定 | 中国计量出版社 | 2008 |

● 代表性学术论文

| 序号 | 作者 | 题目 | 期刊名称 | 刊号 |
|---|---|---|---|---|
| 1 | 龙永图 | 论改革开放与入世的五大关系 | 今日中国论坛 | 2008/11 |
| 2 | 薛荣久 | 中国在 WTO 中地位变化、反应与对策 | 国际经贸探索 | 2008/11 |
| 3 | 谢杰 | CAFTA、ACFTA 自贸区与 WTO 贸易自由化的比较研究 | 统计研究 | 2008/07 |
| 4 | 陈利强 | 试论 GATT/WTO 协定之私人执行——一个美国法的视角 | 现代法学 | 2008/07 |
| 5 | 刘瑛 | SCM 协定与我国增值税退税措施的关系——从中国被诉的两起 WTO 成案谈起 | 法学 | 2008/06 |
| 6 | 周纪恩 | WTO 框架下知识产权保护的经济学分析——博弈论角度 | 世界经济情况 | 2008/09 |
| 7 | 罗良文 | WTO 体制下国际贸易摩擦的博弈分析 | 山东大学学报（哲学社会科学版） | 2008/05 |
| 8 | 姚蕾 | WTO 农业谈判中国家利益集团的稳定性研究 | 国际贸易问题 | 2008/09 |
| 9 | 余敏友 | 略论石油贸易与 WTO 体制 | 武汉大学学报（哲学社会科学版） | 2008/05 |
| 10 | 黄志雄 | 效率和公平视角下的 WTO 多哈回合谈判与多边贸易体制的完善 | 武汉大学学报（哲学社会科学版） | 2008/05 |
| 11 | 姚新超 | 保障文化多样性与 WTO 规则的冲突及其协调措施建议 | 国际贸易问题 | 2008/06 |
| 12 | 陈泰锋 | 在摩擦中融合、在融合中发展——加入 WTO 后中美贸易摩擦演变评析 | 国际贸易 | 2008/09 |
| 13 | 宋泓 | WTO 新一轮谈判遭遇暂时挫折 | 国际贸易 | 2008/08 |
| 14 | 李丰 | WTO 中国税收优惠措施案的启示 | 国际贸易问题 | 2008/05 |
| 15 | 王威 | 论我国市场经济法治在 WTO 规则冲击下的进程——市场主体立法的完善 | 改革与战略 | 2008/05 |
| 16 | 唐旗 | WTO 体制与能源贸易问题 | 法学评论 | 2008/04 |
| 17 | 綦建红 | 入世后我国农产品贸易持续逆差的实证研究 | 国际经贸探索 | 2008/05 |
| 18 | 刘庭 | 论 WTO 制度内纳入劳工权利保护的空间 | 国际经贸探索 | 2008/05 |
| 19 | 王海峰 | WTO 体制下的竞争规则——关于我国《反垄断法》完善的几点思考 | 国际贸易 | 2008/05 |
| 20 | 朱彤 | WTO 成立后国际反倾销案件的国别与行业分析 | 财贸研究 | 2008/03 |
| 21 | 牛君 | WTO 背景下实施战略性自主创新政策的实证分析——以我国高新技术产业为例 | 国际贸易问题 | 2008/02 |
| 22 | 邵全权 | “入世”对中国寿险公司产业组织的影响——基于 2001－2005 年非平衡面板数据的实证分析 | 财经研究 | 2008/04 |
| 23 | 陈泰锋 | 中国对外开放新进展：基于 WTO 承诺履行的视角分析 | 国际经济合作 | 2008/05 |
| 24 | 陈泰锋 | 在全面开放中主动增强适应能力——中国加入 WTO 六周年经验总结 | 国际贸易 | 2008/03 |
| 25 | 陈清泰 | WTO 与中国企业自主创新能力建设 | 国际商务研究 | 2008/01 |

续 表

| 序号 | 作者 | 题目 | 期刊名称 | 刊号 |
|---|---|---|---|---|
| 26 | 吕晓杰 | WTO规则在欧盟法律体系中效力的新发展——统一解释原则的确定与适用 | 现代法学 | 2008/01 |
| 27 | 余锋 | 专业性国际组织的政治化：以GATT/WTO为例的分析 | 外交评论（外交学院学报） | 2008/01 |
| 28 | 韩永红 | WTO体制下民主的缺失与补正——基于发展中国家的视角 | 理论导刊 | 2008/03 |
| 29 | 曲延英 | WTO贸易政策审议机制对成员贸易政策的效应 | 国际经贸探索 | 2008/09 |
| 30 | 吴瑞 | 论WTO规则与美国反倾销法的趋同及冲突——从反垄断法到贸易保护主义的最新发展 | 法治研究 | 2008/10 |
| 31 | 年志远 | WTO“陷阱”及我国因应策略——以法经济学为视角 | 理论前沿 | 2008/11 |

（《中国世界贸易组织年鉴》编辑部整理）

# 附录二 WTO 年度大事记（2008）

◇ 2008 年 1 月

3 日

WTO 谈判代表新年重开农业谈判

2008 年 1 月 3 日，谈判代表重返 WTO，意在扫清达成农业协定存在的障碍。农业协定被视为多哈自由贸易回合订立一个全面协定的关键。

8 日

新的美国农业议案将继续遭到 WTO 的批评

美国农业部首席经济师 Keith Collins 说，目前执行的美国 2002 年农业法的农业补贴多次受到贸易伙伴的批评谴责，但国会提议的新农业议案可能导致局势进一步恶化。除非众议院和参议院的代表在通过立法之前对议案进行重大修改，否则，美国的国内扶持安排将继续面临其他国家的批评谴责。

11 日

WTO 表示多哈回合农业问题谈判取得进展

WTO 农业特别委员会主席、新西兰驻 WTO 大使克劳福德·法尔科内 11 日在日内瓦说，多哈回合农业问题的谈判在近几周取得了明显进展，他将于 1 月底出台一份经过修订后的新的农产品贸易一揽子方案。

17 日

欧盟与乌克兰完成入世谈判

欧盟委员会 17 日宣布，已与乌克兰就该国加入 WTO 问题完成了最后阶段的谈判，从而为乌克兰入世扫除了最后一道障碍。

26 日

WTO 部分成员部长讨论多哈回合谈判问题

WTO16 个成员的贸易或外交部长 26 日在这里举行非正式会议，讨论如何推动多哈回合贸易谈判进程。与会部长均认为，当前的金融动荡和经济形势为多哈回合谈判取得进展提供了机遇，各方应尽快达成协议以便向世界经济发出一个有力的信号。

28 日

乌克兰将于 2008 年 2 月 7 日起成为 WTO 正式成员

乌克兰总理季莫申科 1 月 28 日在布鲁塞尔的新闻发布会上说，我们将从 2 月 7 日起成为 WTO 的正式成员。

30 日

WTO 公布对加纳的贸易政策评审报告

2008 年 1 月 30 日，WTO 公布对加纳的贸易政策评审报告。报告认为，自从 2001 年最近一次审议以来，加纳的宏观经济基础得到了巨大的发展。

◇ 2008 年 2 月

8 日

WTO 公布多哈谈判新妥协方案

2 月 8 日，WTO 农业谈判主席福尔克纳和非农产品市场准入谈判主席斯蒂芬森 8 日分别公布了关于这两个谈判议题的新妥协方案，旨在推动 WTO 成员尽快达成一致，并争取在年底前全面结束多哈回合谈判。这两项新妥协方案实际上是去年 7 月份公布的方案的修订版，它们反映了 WTO 成员过去 5 个多月以来谈判的进展情况。但从新方案的内容来看，WTO 成员在关键问题上的分歧并未消除。

8 日

WTO 当前的 NAMA 提议仍然对发展中国家不公平

国际工会联盟（ITUC）称，在 WTO2 月 8 日举行的 NAMA 谈判中，已经修改的建议依然对发展中国家不公平。

13 日

WTO 初步认定中国贸易违规

2 月 13 日，WTO 对中国做出了初步调查结果，基本上认为中国违背了 2001 年加入 WTO 的承诺，对进口汽车零部件征收高额关税。

13 日

哈萨克斯坦后延加入 WTO 预期时间

哈萨克斯坦后延了预期加入 WTO 的时间，期待于 2009 年结束相关的入世谈判。哈萨克斯坦于 1996 年提交了加入 WTO 的申请。

13 日

WTO 公布对墨西哥的贸易政策评审报告

2008 年 2 月 13 日，WTO 秘书处公布了有关墨西哥贸易政策评审报告。报告认为，自 WTO 2002 年贸易政策评审以来，墨西哥继续逐步推进其贸易体制自由化。

18 日

法国政府称 20 个欧盟国家反对 WTO 农产品贸易提议

法国政府 18 日表示，20 个欧盟国家对 WTO 关于农产品贸易的折中提议表示反对。

28 日

WTO 最不发达国家部长级会议在马塞卢举行

WTO 最不发达国家（LDCs）部长级会议 2 月 28 日在莱索托首都马赛卢国家会议中心正式举行。36 个最不发达国家的部长或代表和 WTO 的官员以及包括中国在内的受到大会邀请的部分 WTO 成员国代表出席了大会。大会将重点讨论多哈谈判中与 LDCs 利益相关的农业、非农、棉花、双免待遇、促贸援助等议题，表达 LDCs 诉求，并听取其他成员国的相关回应。莱首相 28 日上午做了开幕讲话，强调了 LDCs 所关注的重点议题；下午出席大会的 LDCs 部长们讨论《马赛卢宣言》。

## ◇ 2008 年 3 月

1 日

WTO 裁定美对泰出口虾征收保证金行为违例

WTO 争端解决小组 3 月 1 日宣布，美国对其认定倾销的泰国和印度暖水虾征收进口保证金的行为违反 WTO 相关协定。该小组发表的报告称，支持泰方关于本案的申诉理由，裁定美国的行为违反了反倾销协议和 GATT 协定。要求美方予以改正。

3 日

欧美就中国财经信息服务管理规定问题正式向 WTO 提出磋商请求

欧盟和美国已就中方涉及外国财经信息服务商在华经营活动的措施正式向 WTO 提出磋商请求。欧方认为，中国阻止外国财经信息服务商直接向客户提供服务，要求他们通过新华社的一个分支机构开展业务，而新华社最近也开始提供财经新闻服务并与外国同行形成直接竞争。欧方认为，中国的管理规定违背了中方在服务贸易总协定中关于国民待遇和市场准入的承诺，也违反了中方在加入 WTO 时承诺不减少外国企业已有权利和监管中立的义务。

3 日

汤加研讨 WTO

为期五天的 WTO 全国研讨会 3 月 3 日在该国首都努库阿洛法召开。本次研讨会由 WTO 主办，是该组织在汤加去年成为其第 151 个成员国后所开展的后续活动。研讨会主要是向汤加通报 WTO 日内瓦总部最新谈判动态。研讨会期间，两名总部官员将向汤加政府和商界介绍多哈发展议程、渔业补贴和贸易规则谈判等。

11 日

俄罗斯有望在 2009 年 1 月加入 WTO

俄罗斯加入 WTO 新闻中心主任亚历山大·波尔坦斯基 11 日称，俄罗斯有望在 2009 年 1 月加入 WTO。

18 日

欧盟贸易专员曼德尔森：俄罗斯加入 WTO 谈判取得进展

欧盟贸易专员曼德尔森（Peter Mandelson）18 日表示，欧盟和俄罗斯在俄罗斯申请加入 WTO 的谈判中取得进展。

28 日

WTO 总干事就中美音像制品案指定专家组成员

WTO 总干事任命了三名专家组成员审理美国

就中国非法限制音像产品销售分销提起诉讼一案。

◇ 2008年4月

1日

多哈部长级会议和谈判修改方案将可能进一步推迟

来自WTO主要成员代表团的大使们于4月1日会见了总干事拉米，讨论准备筹备部长级会议。但是会议的具体日期在会见中没有被确定，部长级会议不会如欧盟和拉米最初希望的那样，在4月份举行。5月中旬或者更晚些时候将是更现实的时间方案。

4日

WTO因谈判未取得充分进展而取消会议

WTO各国部长已经取消了原计划4月份在日内瓦召开的会议，因全球贸易自由化协议谈判未能取得充分的进展。

12日

WTO总干事拉米认为：多哈贸易谈判今年可以达成目标

2008年4月12日，WTO总干事表示“完全相信”多哈回合贸易谈判可以在今年内成功落幕。在给国际货币基金组织国际货币和金融委员会的声明中，拉米表示，“我完全相信我们可以凭借政治及技术上的方法在今年之内完成多哈回合谈判。”“为了达成这一目的，我们需要做的第一个步骤是让WTO成员政府在五月底举行的部长级会议上就削减农业关税、农业补贴和工业补贴的框架达成一致。”

17日

WTO报告：2007年全球贸易增长明显减速

2008年4月17日，WTO表示，2007年全球贸易增长明显减速，预计今年将进一步放缓，原因在于金融动荡和大宗商品价格不断上涨进一步抑制全球经济活动。

14日

发达成员反对中国WTO工业品关税提议

2008年4月14日，中国向WTO提出议案，希望能够在所有的跨国贸易中保持较高的工业品关税水平，但此议案遭到发达成员的强烈反对。

21～25日

WTO举行四月规则谈判

2008年4月21～25日，WTO规则谈判在日内瓦继续进行。本次谈判是主席案文出台后的第四次谈判，其主要意图是对主席案文中的若干规定及成员提出的相关议案进行全会或诸边性质的专题讨论，为主席案文的下一步修改做准备。本次会议主要就“发展中国家特殊和差别待遇”等议题进行了全会讨论，并在不同成员范围内安排了多次诸边磋商。

30日

WTO否定美国反倾销调查归零法

WTO争端解决机构4月30日否决了美国在反倾销调查中使用的归零法（zeroing）。

◇ 2008年5月

5日

WTO要求日修改对韩芯片征收惩罚性关税政策

WTO 5日宣布决定，要求日本9月1日前修改对产自韩国的电脑芯片征收惩罚性关税的政策。

7日

WTO预计5月无法举行部长级会议

WTO 7日表示，考虑到农业自由化和其他棘手问题谈判进展缓慢，5月举行部长级会议是极不可能的。

9日

WTO农业谈判主席称将修订谈判文本，为达成框架性协议开路

WTO农业谈判主席、新西兰驻WTO大使Crawford Falconer5月9日称，他将对谈判文本进行修订，以为各国部长在全球贸易谈判中达成框架性协议开路。

15日

WTO对毛里求斯贸易体制改革表示满意

WTO发布了关于毛里求斯贸易政策情况的最

新报告。总体而言，WTO对毛在世界经济深入变化环境下所进行的贸易体制改革表示满意，认为近两年来毛政府所进行的经济结构调整符合其对WTO在货物和服务贸易领域所做出的承诺，在开放第三产业等方面取得了进展，如金融服务业改革，开放天空促进旅游业发展等。

16日

乌克兰16日正式加入WTO成为第152个成员国

乌克兰16日正式加入WTO，成为该组织的第152个成员国。尽管没有举行正式的加入仪式，但WTO还是通过大楼前的一块巨大标识牌向世人宣告了这一消息。

16日

埃塞与WTO举行首轮入世谈判

由埃塞贸工部部长Girma Birru率领的、由WTO专家和高级政府官员组成的代表团于5月16日在日内瓦就埃塞入世问题与WTO举行了首次谈判。

21日

WTO发布中国贸易政策审议报告

5月21日，WTO秘书处发布了中国贸易政策审议报告。报告对中国经济环境、贸易投资政策的框架与目标、贸易政策及实施评价、产业贸易政策等四个方面进行了评估。

23日

WTO总干事称多哈回合谈判预计将于6月取得突破

WTO总干事拉米（Pascal Lamy）5月23日表示，多哈回合全球贸易谈判可能在6月取得突破，并于年底前达成协议。

27日

WTO将于6月在巴黎召开非正式部长级会议

WTO 27日表示，部长们将于6月在巴黎就全球贸易自由化多哈回合谈判召开一次非正式会议。

28日

WTO规则谈判主席发布文件概述在倾销/补贴谈判中立场

5月28日，多哈回合反倾销和补贴规则谈判主席发布了一项新文件，概述了近期会谈中的现状，此文件并未试图缩小WTO成员就采取何种步骤以加强部门间的多边规则的分歧。

### ◇ 2008年6月

3日

WTO成员抨击美新农业法案

在WTO 3日召开的一次农业问题非正式谈判会上，由发展中国家组成的20国协调组和由农业出口国组成的凯恩斯集团分别宣读声明，谴责美国国会上月通过的新农业法案，认为该法案与多哈回合谈判的目标和使命背道而驰。

5日

WTO紧急呼吁各国就降低关税及补助达成共识

WTO 6月5日紧急呼吁，各国部长应在两周内就降低全球贸易关税和补助达成一项共识。

9日

WTO就知识产权问题发布谈判草案文本

2008年6月9日，对知识产权谈判小组主席、巴基斯坦驻WTO大使艾哈迈德就酒类产品创建注册地理标志系统谈判的最新进展情况向WTO发布报告。同日，总干事拉米也发布了一份与部分成员就“是否需要对酒类产品以外的产品适用地理标志保护措施”以及涉及专利权和生物多样性等问题的事项进行磋商的结果报告。

9日

美国主持的高级官员NAMA重要会议在WTO举行

6月9日，来自十几个主要WTO成员的高级官员开始举行会谈。美国在其日内瓦的代表团处主持了会议，会议关注非农产品市场准入（NAMA）部门，特别是发展中成员的特别灵活性规定问题，这将使发展中成员的敏感工业品关税从统一关税削减中得到保护。

11日

WTO公布对美国的贸易政策审议报告

2008年6月11日，WTO秘书处公布对美国的第九次贸易政策审议报告。报告显示，美国贸易体制的开放度和透明度对美国经济效率是至关重要的因素。

19日

曼德尔森赴俄罗斯就俄加入WTO事宜举行会谈

2008年6月19日，欧盟贸易委员曼德尔森在2008年6月27日“欧盟—俄罗斯峰会”前夕赴莫斯科就俄加入WTO和双边贸易关系与新一届俄罗斯政府官员举行会谈。

23日

佛得角将成为第153个WTO成员

6月23日，WTO宣布非洲岛国佛得角将于7月23日正式成为该组织的第153个成员。佛得角将是第33个以最不发达国家身份加入WTO的成员。佛得角于1999年开始加入WTO谈判，其总人口约40万，经济以农渔业为主，工业基础薄弱。

27日

WTO要求召开各成员国贸易部长会议，进一步磋商多哈全球贸易谈判

WTO要求召开各成员国贸易部长会议，就陷入停滞的多哈回合全球贸易谈判展开进一步磋商。WTO之所以决定召开此次高规格会议，是因为谈判的政治环境即将出现变化，同时农产品贸易谈判也取得了一定进展。

27日

关于WTO的欧盟各国外长特别会议将在法国召开

7月14～20日，法国将作为东道国召开欧盟各国外长特别会议，以协调在WTO框架下欧盟的立场。WTO总干事拉米也宣布将于7月21日在日内瓦召开来自30多个国家的部长会议，讨论如何结束关于市场开放和放松服务业市场监管多哈回合谈判的途径。多哈回合谈判本应在2004年结束，但由于各方在农产品和农业方面的分歧过大而陷入僵局。

◇ **2008年7月**

1日

WTO主要成员部长会议在日内瓦结束

WTO货物贸易委员会在2008年7月1日达成协议，在各个代表团发表了不同意见之后，大家同意重新回到谈判桌前，在下次会议上讨论土耳其提出的新纺织建议。

10日

WTO公布多哈回合谈判最新妥协方案

WTO 10日公布了多哈回合谈判中农业和非农产品市场准入两个关键领域的最新妥协方案，以期在即将召开的部长会议上就此取得突破性进展。

10日

WTO上诉机构就荷尔蒙牛肉案首次同意向公众开放听证会

7月10日，WTO上诉机构通知美国、欧盟和加拿大，接受他们的请求，允许公众旁听7月28～29日在日内瓦举行的有关荷尔蒙牛肉争端案的听证会。该听证会将同时转播给在另外一个独立房间里的公众们。

16日

WTO称今年世界贸易增长为2002年以来最低

WTO指出，2008年世界贸易增长将是2002年以来最低的时期，预计只有4.5%。WTO指出，世界经济增长的放缓将实质性地削弱全球贸易的净增长。

16日

WTO公布对新加坡的贸易政策审议

7月16日，WTO秘书处公布了对新加坡的贸易政策审议报告。报告认为，就国际贸易和外国投资而言，新加坡的经济仍然是世界上最开放和有竞争力的国家之一。

18 日

WTO 专家组裁定中国在汽车零部件争端案中败诉

WTO 7 月 18 日发布欧盟、美国、加拿大诉我汽车零部件争端案（DS339、DS340、DS342）的专家组报告，裁定我对构成整车特征的进口汽车零部件按整车征收关税的措施违反了 WTO 有关协议的规定。这是我加入 WTO 以来首次被专家组裁定败诉。

21 日

WTO 小型部长会议 21 日启幕聚焦香蕉贸易与粮食涨价

WTO 小型部长级会议今日在日内瓦举行。会议预计持续一周，将继续讨论农业、非农产品市场准入、争端解决以及贸易和发展等领域的重点议题。

29 日

WTO 主要成员部长会议在日内瓦结束

7 月 29 日，持续 9 天的 WTO 主要成员部长会议在日内瓦结束。会议未能就寻求多哈回合关键性突破达成一致。

◇ **2008 年 8 月**

1 日

WTO 就农产品特殊保障机制正进行技术层面磋商

WTO 总干事拉米于 1 日表示，WTO 正在就导致本周多哈回合谈判再次叫停的农产品特殊保障机制问题进行技术层面的磋商。

12～13 日

拉米访问印度，表示年底仍可能完成多哈谈判

2008 年 8 月 12 日到 13 日，WTO 总干事拉米访问印度，与印度总理辛格会面，为重开多哈谈判在印度与美国之间穿针引线。

22 日

WTO 总干事拉米与美国贸易代表施瓦布为恢复多哈谈判会面

WTO 总干事拉米（Pascal Lamy）与美国贸易代表施瓦布（Susan Schwab）22 日在华盛顿会面，商讨挽救多哈回合贸易谈判事宜。

◇ **2008 年 9 月**

11 日

俄罗斯表示将于 9 月 18 日恢复入世多边谈判

俄罗斯将于 9 月 18 日恢复在日内瓦举行的俄罗斯入世多边谈判。这是俄罗斯入世首席谈判代表、经济发展部贸易谈判司司长马克西姆梅德维德科夫向俄新社表示的。

16 日

WTO：金融危机凸现完成多哈谈判的重要性

WTO 总干事拉米和联合国贸易和发展会议秘书长素帕猜 16 日在日内瓦共同表示，在金融危机开始在全球范围内蔓延之时，完成目前陷于僵局的多哈回合贸易谈判显得愈加重要。

18 日

WTO 推迟对俄罗斯入世问题的讨论

2008 年 9 月 18 日，WTO 表示，俄罗斯加入 WTO 的相关谈判将推迟至 11 月的第一周举行。

19 日

WTO 公布对巴巴多斯的贸易政策审议报告

2008 年 9 月 19 日，WTO 秘书处公布了有关巴巴多斯的贸易政策审议报告。报告显示，巴巴多斯总体上拥有开放的贸易和投资体制，其紧密地融合到世界经济中的做法帮助其维持了在发展中国家中几乎最高的人均收入和人文发展指标。

22～23 日

WTO 就《服务贸易协定》模式 4 展开研讨

2008 年 9 月 22～23 日，根据服务贸易理事会（特别会议）的申请，WTO 就《服务贸易协定》模式 4——以提供服务为目的的劳动力的跨境流转——展开研讨。研讨会为信息的交流与讨论提供了平台，部分成员的政府官员、国际组织的代表、学者和产业专家参加了此次研讨。

◇ **2008年10月**

14日

WTO总干事拉米：WTO设立金融危机任务小组

WTO总干事拉米（Pascal Lamy）14日称，WTO已设立特别任务小组，审查金融危机对全球商业的影响。

19日

WTO总干事将来华斡旋多哈回合谈判

在印度、美国进行一系列斡旋活动，试图重启WTO多哈回合谈判后，WTO总干事拉米将于19日下午抵达北京，与中国主管商务、农业、金融的高层就多哈回合等问题进行会晤。

20日

多哈回合NAMA谈判主席准备重新启动谈判

多哈回合非农产品市场准入谈判（NAMA）小组主席10月20日告知一些WTO的主要成员，他打算加强努力以恢复陷入僵局的非农产品市场准入谈判，以期在年底前获得实质性进展。

◇ **2008年11月**

12日

WTO公布苏丹贸易政策审议报告

2008年11月12日，WTO秘书处公布了有关苏丹的贸易政策审议报告。报告认为，苏丹自加入WTO以来实现了跨越式的发展，进行经济改革和贸易体制自由化。这使得其在过去8年中的GDP平均每年增长近6%，相对低的通货膨胀，以及每年都增长的外国直接投资流。

12日

WTO召集主要银行高管共商新对策改善资金流动问题

面对信贷近乎停滞，WTO邀请全球主要银行领导人于11月12日召开会议，目的是为了改善发展中国家的资金流动问题。

14日

WTO开始选拔新一任总干事

WTO 14日启动选择新一任总干事日程。现任总干事拉米已向WTO总理事会主席递交申请，准备参加下一任总干事的竞选，寻求连任，并再次承诺将完成多哈回合贸易谈判。

17日

多哈回合谈判部长级会议或在近期举行

WTO准备加大力度完成多哈回合谈判，但尚未确定部长级会议具体日期。

26日

WTO秘书处公布多米尼加共和国贸易政策审议报告

2008年11月26日，WTO秘书处公布了对多米尼加共和国贸易政策审议报告。该报告认为，自上次2002年贸易政策审议以来，多米尼加共和国继续保持其贸易体制自由化，并且其仍然很紧密地参与全球经济。同时，在优先考虑多边贸易体制下，多米尼加共和国还寻求通过双边优惠协定进一步融入全球经济。

29日

WTO年度论坛在沪举行

11月29日，由上海对外贸易学院和德国阿登纳基金会联合主办的WTO年度论坛在沪举行

◇ **2008年12月**

1日

WTO将召集部长级会议

WTO总干事帕斯卡尔·拉米已通报各成员，他将于13日后召集一次部长级会议，以期使多哈回合自由贸易谈判有所突破。

6日

WTO公布农业和非农产品市场准入新版妥协方案

2008年12月6日，WTO公布了多哈回合谈判农业和非农市场准入的最新案文，以期为曾酝酿于本月召开的小型部长会议铺平道路，促成成员方就关税削减公式和农业补贴问题达成共识。

8 日

多哈回合部长级会议推迟

WTO总干事帕斯卡尔·拉米8日宣布，推迟原定本月13日至15日举行的多哈回合谈判部长级会议。由于美国等国家在一些关键谈判议题上拒不相让，WTO成员恐难在今年年底前就多哈回合达成框架协议。

19 日

WTO规则谈判小组主席公布最新谈判文本

2008年12月19日，WTO规则谈判小组主席，乌拉圭驻WTO大使Guillermo Valles Galmes向各成员公布了有关反倾销和补贴纪律多边规则的最新文本，以及一个有关渔业补贴规则的“路线图”计划。

（《中国世界贸易组织年鉴》编辑部整理）

# 附录三 中国世界贸易组织研究会大事记（2008）

1. 1月19日，“2008海外工程市场开发与项目管理研讨会”在京举办。商务部陈健副部长出席会议并发表主旨讲话。会议由郑志海副会长主持，俞晓松副会长致欢迎词。

2. 1月26日，二届二次理事会在北京举行。中国人民银行行长、中国世界贸易组织研究会高级顾问周小川、商务部副部长高虎城、中国储备粮管理总公司总经理包克辛、商务部条法司司长尚明、全国人大法工委经济法室副主任袁杰等参加研讨会并发表精彩演讲。会长谷永江、副会长俞晓松、张志刚、徐秉金、郑志海、吴家煌、刘光溪出席会议。会议由俞晓松副会长主持。谷永江会长致欢迎词。会上通过了郑志海副会长作的工作报告。

3. 1月26～27日，“中国反垄断法与企业并购”研讨会在北京召开。会长谷永江、副会长俞晓松、张志刚、徐秉金、郑志海、吴家煌、刘光溪出席会议。

4. 2月1日，谷永江会长在京宴请终身荣誉顾问沈觉人、佟志广、龙永图，商务部易小准副部长和张向晨司长。副会长俞晓松、张志刚、郑志海、吴家煌、刘光溪出席。大家欢聚一堂，共迎鼠年新春。

5. 4月19～20日，“2008国际项目融资与财务风险管理专题说明会”在北京举办。会议由郑志海副会长主持，徐秉金副会长致欢迎词。

6. 4月26～27日，“中国《反垄断法》与规制知识产权滥用行为”专题研讨会在北京举办。会议由俞晓松副会长主持，谷永江会长致欢迎词。

7. 5月8日，李岚清同志在钓鱼台国宾馆会见了廖晓淇、谷永江、佟志广、俞晓松、徐秉金、吴家煌、刘光溪。谷永江会长就进一步做好《中国世界贸易组织年鉴》编辑工作向李岚清同志作了汇报。

8. 5月15日，我会联合中国法学会WTO法研究会在京举办“张月姣律师赴任WTO大法官欢送会”。会长谷永江，副会长俞晓松、郑志海、吴家煌、薛荣久、刘光溪，顾问佟志广出席活动。

9. 6月10日，由商务部、卫生部、国家知识产权局联合主办，中国世界贸易组织研究会、《WTO经济导刊》杂志社、中国化学制药工业协会具体承办的“《与贸易有关的知识产权协定》（TRIPS）与公共健康”国际研讨会在北京举行。商务部副部长易小准、卫生部副部长邵明立、国家知识产权局副局长李玉光出席会议并讲话。谷永江会长、郑志海副会长、吴家煌副会长出席会议。

10. 6月26—27日，“2008中美国际反补贴调查高层论坛”在京举办。商务部易小准副部长出席会议并发表主旨讲话，美国负责反补贴事务的商务部助理部长戴维·斯伯纳就美国反补贴调查发表演讲并和与会代表进行了交流。会议由俞晓松副会长主持，谷永江会长致欢迎词。

11. 6月28—29日，“出口退税税率调整与汇率风险管理专题讲解会”在北京举办。会议由李罗莎副秘书长主持，俞晓松副会长致欢迎词。

12. 7月9日，由中国世界贸易组织研究会、总部设在日内瓦的国际贸易与可持续发展中心联合主办的“世贸组织争端解决机制：发展中国家经验共享”国际研讨会在北京举行。世贸组织总干事拉米发来贺信。商务部副部长姜增伟出席研讨会并发表主旨演讲。会长谷永江、副会长俞晓松、郑志海、吴家煌出席会议。

13. 7月12～13日，“中国反垄断法执法暨控制经营者集中配套法规”专题研讨会在北京举办。会议由俞晓松副会长主持，谷永江会长致欢迎词。

14. 9月6～7日，“海外工程业务管理与案例分析经验交流会”在北京举办。会议由吴家煌副会长主持，谷永江会长致欢迎词。

15. 9月28日，商务部党组书记、部长陈德铭同志和商务部党组成员、副部长傅自应同志一行到世贸组织研究会视察并指导工作。陈部长一行听取了我会俞晓松副会长的工作汇报。廖建成副会长陪同参加了活动。陪同部领导视察世贸组织研究会的还有商务部办公厅、人事司、政研室、综合司、财务司的主要领导同志。

16. 10月，吴家煌副会长出席澳大利亚使馆安排农业部官员与中国专家的多哈回合农产品议题讨论会。

17. 11月，佟志广顾问、吴家煌副会长出席美国驻华使馆为USTR高官组织的多哈回合非政府人士交流会。

18. 11月8～9日，“项目融资、境外投资与财务管理专题说明会”在北京举办。会议由吴家煌副会长主持，俞晓松副会长致欢迎词。

19. 11月22～23日，“全球金融危机与2009年中国进出口贸易政策说明会”在北京举办。会议由李罗莎副秘书长主持，俞晓松副会长致欢迎词。

20. 12月，《中国世界贸易组织年鉴（2008）》由中国商务出版社正式出版发行。商务部部长陈德铭撰写序言。

21. 12月，我会联合经贸大学翻译的《世界贸易报告2007》由中国商务出版社正式出版发行。郑志海副会长全程负责。《世界贸易报告2007》（中文版）的出版和发行不仅是中国人民对多边贸易体制诞辰60周年的献礼，也是中国人民为普及和扩大多边贸易体制规则所作的一次贡献。

22. 12月22日，郑志海副会长与来访的印度国际经济关系研究委员会Sahoo博士就中印经贸关系、中国与南亚国家经贸关系等议题进行了交流。

（以上由秘书处根据有关资料整理，不完整和不准确之处，敬请补充指正。）

# 附录四 《世界贸易报告（2008）》内容摘要

## 全球化中的贸易

国际贸易是全球化进程的组成部分。多年来大多数国家的政府都在逐渐开放经济、参与国际贸易，通过多边贸易体系或加强地区合作，或者将其作为国内改革计划的一个部分。贸易和全球化越来越普遍地带给许多国家及人民巨大的利益。贸易使得国家从专业化受益，从更高效的规模生产中受益。它提高了生产率，促进了知识和新技术的传播，扩大了消费者的选择范围。但是，更深入的世界经济一体化并不总是受欢迎的，而贸易和全球化的利益也不是必然会为社会各个部分所分享。贸易怀疑论在一些地方滋生，而今年世界贸易报告的主题被命名为“全球化中的贸易”，意在提醒我们自己：关于从国际贸易获得的利益和从更深入的一体化中产生的问题，我们了解多少。

本报告考察了一系列相互关联的问题，从全球化的构成、它的驱动力、它带来的收益、它面对的挑战，到贸易在相互依赖程度不断增强的当今世界中扮演的角色。我们提出的问题是：为什么一些国家成功地利用贸易成本的下降和政策驱动的贸易机会获利，而另一些国家仍在很大程度上停留在国际贸易关系之外。我们还思考：谁是贸易的胜利者或失败者，政策制定者还需要采取哪些配套措施来确保从贸易中最大程度地获益。在分析这些复杂且具多面性的问题时，本报告总结了能够帮助解决问题的理论性的贸易文献和经验证据。

## 全球化和贸易

全球化的主要经济特征包括产品、资本和劳动力市场中更深程度的一体化。

全球化不是一种新现象。自 19 世纪中期开始，至少出现过两个全球化时期。最近的全球化时期始于二战刚刚结束后，受到新的通讯和运输技术的有力推动，其标志是贸易和经济持续地强劲增长。

### 全球化趋势

全球化在部分世界经济中引发了巨大的结构性变革

一些国家利用结构性变革的能力已经超过其他国家。在二战结束的头几十年中，欧洲和日本在致力于调整其经济结构的过程中成为全球化的最主要受益者。在最近这些年，新兴工业化经济体也跻身于经济一体化进程中的主要受益者之列。

随着制成品所占份额大幅上升，而农产品和非燃料性矿产品下降，长期以来世界货物贸易的结构已发生变化。发达国家在制成品中的主导地位已经受到削弱，这种情况首先出现在劳动密集型商品中（如纺织品和服装），接下来是电子产品和资本密集型商品（如汽车）。

自 1973 年石油危机之后，世界贸易的增长活力有所削弱，而这个时期移民和外国直接投资（FDI）发展很快，特别是 20 世纪 80 年代中期以后。与上面提到的两次移民潮情况有所不同，许多早期的移民来源地（特别是西欧）后来成为目的地。从南到北的移民潮成为主力，同时南南流动仍在继续。

在全球化进程中资本流动总是扮演着主角。在过去几十年中，自由化和解除管制大大促进了 FDI 流动的飙升。但是各个地区所受影响并不相同，这是技术技能的进步和工业化的地理格局造成的结果。

### 全球化的主要驱动力

全球一体化的主要驱动力量始终是技术革新、政治改革和对经济政策的选择

全球化的技术驱动力中的主力是那些提高了运输和通讯速度并使成本下降的发明，包括：蒸汽发动机、国际运输中的集装箱运输和信息与通讯技术

的革命。同样值得注意的是生产方式的变革，它创造了新型的可供贸易的产品，扩大了食品生产，使生产更有效率。

20 世纪最后几十年间的政治进步为经济一体化播下种子。这其中包括中国的经济改革、柏林墙的倒塌和苏联的解体。

最后，全球化受益于支持解除管制和减少或取消国际贸易壁垒的经济政策、外国投资和金融交易。贸易开放以通过一系列多边谈判、双边和区域性优惠安排以及单边形式（普惠制）进行。在许多发展中国家，早期的商业政策是内向型的。但是随着东亚新兴工业化经济体推行出口增长战略取得成功，使工业化政策得到普遍采用，人们认识到出口在全球化进程中的作用。

### 全球化与公众的态度

全球化使世界经济受益，但对于其潜在的分裂和负面作用的关注也在加强。

产品、资本和劳动力市场中的全球一体化实现了经济资源的有效配置。经济一体化已经提高了产出水平，未来还可能更高。消费者能以更低的价格选择更多的产品和服务。资本能够流入最需要的国家帮助发展经济。允许工人在不同国家之间流动有助于改善接受国的技术短缺或符合快速老龄化社会的需求，同时有利于工人提供国缓解失业或就业压力。

关于公众对全球化的态度，国际性调查显示：绝大部分人承认其带来的收益。但这种认识也伴随着对那些与全球化并生的问题的担忧。尽管大部分人相信国际贸易使他们的国家受益，但他们也担心参与全球经济会带来分裂和弊端。新兴经济体似乎比工业化国家更支持贸易。尽管在工业化国家支持全球化的公众仍占主体，但他们的支持力量似乎正在减弱。

关于那些赞成更开放市场的政策制定者，调查结果显示：总体上对全球化的支持是令人鼓舞的，但如果看不到公众对全球化某些方面的担忧在不断增强，则可能会损害政府的威信、丧失社会支持。这种矛盾的解决之道在于开放性市场和补偿性的国内政策之间的平衡，以及控制那些由全球化造成的风险的国际力量。

## 贸易的起因

经济理论已明确揭示了贸易收益的几种渠道和贸易的多个起因

传统的贸易理论强调专业化(因国家间的差异形成)带来的利益。这种观点的主要贡献是互利的贸易机会基于相对效率，且因专门化而存在——一个国家不必比他的贸易伙伴更擅长生产，就可从贸易中获利(绝对优势)，只要他比贸易伙伴的效率相对更高即可(比较优势)。这种观点解释了为什么存在那么多来自贸易的获利机会，而如果只考虑绝对优势则不可能有这么多机会。最新的理论提出贸易收益的其他来源，它们与国家间的差异无关，如生产中的规模经济、竞争加剧、可获得更多种类的产品和生产率提高。

### 从专业化获利

传统的贸易理论包括大量各不相同又相互关联的命题，它们具有或多或少的价值，并或多或少地得到实证检验。

作为贸易理论的核心命题，从贸易中获利这一原理表明：如果一个国家能够以区别于国内价格的价格比率进行贸易，它将比在禁止贸易的情况下获得的利益更大。比较优势法则预测：如果允许贸易，一个国家将因专门生产其具有比较优势的商品而获利——也就是指那些能以低于其他国家的成本生产的商品。

传统理论区分出在自给自足和自由贸易价格之间造成差异的两个主要因素。它们是技术上的差距和要素禀赋（劳动力和资本）上的差异。李嘉图理论将国家之间的技术差距与通过比较优势从贸易中获得的利益联系起来，而赫克歇尔—俄林模型关注的则是要素禀赋差异。

尽管从贸易中获利的原理和比较优势法则已被普遍接受，并产生了积极效果，但李嘉图模型和赫克歇尔—俄林模型中的一些主要命题却难以一般化。

在一个存在大量商品和众多国家的世界，李嘉图模型只能在极其简化的假设下预测贸易。对于更现实的条件，如贸易壁垒的存在、中间投入品和为数众多的国家和产品，它则无能为力。但是比较优势的基本观点仍被用来预测和解释贸易收益。按照更具现实性的理论公式，市场的不完善（如垄断性的市场力量、生产中的规模报酬递增和其他市场失灵）将令比较优势原理更复杂，但不会否定其效力。

现实世界的复杂性以及剥离和观察各类联系的困难证实了贸易理论面临的挑战。不过，凭借实证检验方法，情况正在改善。已获取的证据进一步揭示了那些有助于我们了解国际贸易的因素。

证据普遍证明：各种解释贸易起因和贸易获利渠道的理论并非相互排斥。国际贸易的格局鲜明地反映出几个不同因素之间的相互作用。但是，我们对比较优势对一种经济的总收入造成的全面影响仍所知有限。

最近的研究表明：技术差距在解释贸易的商品构成上至关重要。更准确地说，如果恰当考虑国家之间的技术差距而忽略其他条件，相对的要素充裕——即是否一个国家被赋予相对较多的资本或劳动力——仅能用来解释贸易的商品构成。

比较优势和贸易收益最简化的公式忽略了这种可能性：中间投入品也可被交易和生产过程则可被分割给不同国家。但承认这种可能性并不会威胁到从专业化中获利的基本观点。相反地，生产过程分割到不同国家的可能性为贸易收益提供了额外的可能性。随着生产分割和离岸外包的增多，关于这个问题的新文献已经出现（见下文）。

国家间的交流既包括商品贸易，也包括生产要素的跨界流动。一些理论将商品贸易作为要素流动的替代（赫克歇尔—俄林模型）。在另一些模型中，当贸易为技术或其他影响力驱动时，商品贸易和要素流动是相互补充的。

尽管比较优势法则可被扩展到涵盖要素流动和商品贸易，但这个公式太粗略，不能预测贸易或要素流动的方向。如果再假定不同国家的技术存在差距，分析则会变得更复杂。

此外，如果一种理论考虑到生产要素的流动，它就必须对国际交易带给国内和国家收入（福利）的影响加以区分。当存在外国资本时，从自给自足转变至自由市场可能会使国民福利减少而使国内福利增长。

**从规模经济、产品多样化和更激烈的竞争中获得利益**

基于比较优势的理论预期贸易发生在不同产业之间（产业间贸易），并且涉及的国家各不相同，但在现实中大量国际贸易发生在相似的国家，而且发生在同一产业的产品之间（产业内贸易）。

对于许多工业国和新兴经济体而言，产业内贸易在其双边贸易总流量中所占比重超过一半。用传统的比较优势理论很难解释国际贸易中的这种格局。

一种基于垄断竞争的理论框架更关注企业层面的规模经济和产品差异的重要性，它提供了一种简单的解释方法来说明在相似国家交换相似商品从而获利的问题。作为传统的比较优势理论的补充，这种框架很适合用来解释工业国之间的贸易，而资源和技术上的差异仍在南北关系中发挥着重要作用。

消费者对不同类型产品的需求，市场竞争性的不完善，以及企业利用规模经济的可能性，这些都是国家为什么开放贸易的重要原因。

当企业获得进入新市场的机会，它们就可以增加生产，同时降低平均成本。同时，消费者可选择的产品类型更多，而价格更低。企业也能因获得了更多专业化的中间投入品而实现收益。

但是，在一体化市场中，贸易将使一些企业出局。有许多因素都可能影响到生产的最终发生地，如一个国家的资源状况和市场规模，以及向其他市场供应产品的贸易成本。

很多国家的研究已证实贸易开放能带来巨大收益，这主要归功于更激烈的竞争和更丰富的产品类型。

衡量产品类型的扩大对经济福利的影响是很复杂的工作，直到最近，由于可获得更详细的统计数据，才开始进行这方面的研究。对美国的两项研究发现：进口产品的类型增多（主要来自北美自由贸易协定的贸易伙伴，但近期也有来自中国的）使美国的实际收入提高了 3 个百分点。

更多的研究关注的是在发展中国家和发达国家中贸易自由化在促进竞争方面的效应。毛利润率已经显著下降，特别是在高度集中的产业中——许多发展中国家的一种共同现象。在某些国家，非关税壁垒的减少对实现这些利益起到的作用甚至超过了关税下降。

通过比较可知，无论在发展中国家还是在发达国家，开放程度的提高似乎与企业生产规模的扩大并无系统性的联系。实际上，在那些对贸易开放的部门中，生产率的提高似乎应归结于市场份额重新分配到生产率更高的工厂。这个观察结果激发了人们从理论上深入研究企业层面的差异有何作用。

**生产率收益**

直到最近贸易理论家们都普遍假设：在一个特定产业中所有企业是相同的。然而，到了20世纪80年代，人们掌握了有关企业层面生产和贸易的详细信息，这些新信息显示企业间存在相当大的差异，而这种差异影响到总体结果。这些研究结果反映在所谓的“新新”贸易理论中。

企业层面的信息显示：只有少数企业在从事出口，而这些企业中又仅有极少数出口份额占其生产的较大比重。此外，在每个产业部门中至少有几家企业在做出口业务，出口企业所占份额是由该产业的比较优势决定的。数据还显示出口企业在几个方面不同于非出口企业，贸易自由化提高了产业内的平均生产率。到目前为止大部分企业层面上的证据来自发达国家，不过从发展中国家获得的信息说明：从发达国家的数据中总结出的许多结论也同样适用于更广泛的国家。

这些研究成果提出了一些新问题，在传统贸易理论中没有，“新”贸易理论带来的进展也没有触及，例如垄断竞争的基本框架。最近出现的理论（“新新”理论）重点阐述企业的角色，解释上述经验发现。这些模型识别出贸易收益的新渠道，以及国际贸易推动资源再分配的新途径。

在“新新”理论中，企业在生产率上明显不同，它们支付固定进入成本以进入国内市场和外国市场。一些企业只在国内市场进行销售也获得了利润，而生产率最高的企业从事出口。贸易壁垒的降低推动了现有出口商的发展，也鼓励新企业开拓出口市场。由于要素价格受到影响，生产率最高的企业的扩张迫使一些非出口的、生产率低的企业退出市场。这种选择机制导致平均产业生产率提高，可看作从贸易中获得的额外收益。贸易开放也激励各个工厂（不论是出口竞争型或是出口型）将其技术升级，而这是促进经济长期增长的关键因素。

把关注点转向企业使得研究人员能够解释决定国际贸易的其他因素，如企业向外国投资或在独立企业间外包某些活动的决策。

除了几种类型的贸易成本，企业生产率的差异也是决定是否可以通过投资或出口进入外国市场的一个重要因素。

生产率的差异还会影响到企业外包部分生产过程的决策和是否通过外国直接投资（FDI）或通过独立企业间的贸易来完成外包的决策。这些见解吸纳了关于政策变化（如关税降低或制度改善）可能如何影响贸易量的预测。

综合贸易收益的几种不同渠道，可以发现保护主义政策可能需要付出巨大的经济成本。但是，从开放贸易中获得的利益可能不会在各国之间得到平均分配。

现在让我们来看一看贸易开放可能产生的一些积极效应。据一项研究估计，如果欧盟成员国仍处在自给自足的状态，平均生产率将下降13%，毛利润率和价格上升16%，利润减少23%。不过，其他研究也表明如果国家大小不同，发展水平不同，一些国家可能比另一些国家获得更大的利益。

**动态收益**

比较静态分析致力于比较某种变化前后的情况，而另一种分析试图掌握变化带来的动态收益。这二者之间存在区别。大部分理论文献通常认为贸易同时产生动态和静态收益，不过还有几项分析指出存在抵消效应。

国际贸易可能通过对资本积累和技术变革产生影响从而影响增长过程。在一种标准的“新古典主义”增长模型中，技术变革是由外部决定的（外因），国际贸易影响要素和产品价格，通过这种途径刺激资本积累。在这种结构中，国际贸易对增长的效应取决于贸易的性质。

一种分析性框架关注了技术进步的决定因素（内生增长模型），它关于贸易与增长之间的关系的结论是矛盾的。一些研究强调贸易可能造成不同效果，因为开展贸易之前的形势难以改变。在特定条件下，取消贸易壁垒可能会促使一些国家锁定在增长潜力低的经济部门。不过这些研究普遍忽视了国际贸易可能伴随知识的流动（知识溢出）。

许多研究重点关注贸易如何激励企业进行革

新，这些研究揭示了可能把贸易自由化与更高增长率联系起来的几种新机制，这些机制包括市场规模扩大、知识外溢、竞争加大和制度机构的优化。有几项研究指出：各国人力资源上的差异、对外国技术的模仿和影响贸易的政策的恶化等可能会导致抵消效应。

然而，许多关注知识外溢和企业生产率的研究证明在增长率与贸易量之间的密切联系。但这并不是说贸易会导致增长。是贸易促进了更快地增长？还是经济增长快，所以贸易增长更快？几项研究试图解开这种因果联系，它们发现国际贸易的一些不同指标（用来衡量贸易量或商业政策）对经济增长有积极效应。但是，这些研究最近也遭到批评，批评的观点认为这种方法不能将贸易对增长的直接影响从其他影响中分离出来。

另一种可选的策略是评估国际知识外溢的重要性，它是实现贸易的动态收益的关键。最近的研究指向“直接”（即双边）研究和发展（R&D）外溢，它们与贸易伙伴的研发水平和“间接”知识外溢相关，源自更广泛地参与国际贸易。

最后，最近的研究采用企业层面的数据，揭示贸易自由化对企业生产率产生积极影响，以及“通过出口学习”效应（外因）体现在几个新兴的市场经济体中。

## 贸易、生产区位和企业的产业组织

研究“经济地理”和国际外包的新著作阐述了企业的区位决策和为何一些企业选择将其生产过程分散在不同国家。

到目前为止我们探讨的贸易理论和模型很少提及企业的区位决策和它们的产业组织结构。在本书回顾的著作中，关于上述两个问题的决策被看做是企业的内部事务。通过将企业的区位和组织决策内生化，经济地理和国际外包方面的文献解释了为什么生产集中在一些地点，阐述了通过打破供应链实现生产的国际分割的过程。

### 国际贸易成本

贸易成本的降低是生产聚集在一个地点和生产过程分割化的一个重要原因。但是对于贸易成本在多大程度上引发这两种现象的并存还缺少研究。

在新经济地理文献中，贸易成本的规模是决定企业区位的主要因素。在有关生产国际分割的文献中，贸易成本被认为可影响选择外包还是内购，以及是通过企业内还是独立企业间的贸易来购买投入品。

新经济地理文献预测：贸易成本的下降一开始将导致生产在地理上的更大集中，接下来随着贸易成本降到足够低的水平，集中程度开始下降。而新的分割理论预测贸易成本的降低将导致生产分割程度更深，企业将在地理上分散其生产过程的不同阶段。当中间投入品的贸易成本降低时，生产过程的不同阶段可发生在不同地方。

经验证据显示在过去半个世纪中贸易成本总体有下滑趋势，尤为重要的是远程航空运输成本的降低和运输时间成本的减少。

因为政策方面的原因（如关税和非关税壁垒降低）以及与运输和通讯相关的技术原因，贸易成本已经降低了。而如果考虑到质量的提高，运输和通讯的改进对贸易成本下降的贡献就更加明显。例如，尽管没有确切直接的证据显示海运成本的下降趋势，运输时间的减少——因为航行速度更快，装卸时间减少——已经令贸易成本缩小。在空运成本方面，远程航空的价格下降最多。

通讯技术的进步推动了高效的物流服务的发展，减少了传递的时间和不确定性，从而带动了依赖投入品“及时”传递的生产过程的巨大改进，促进了生产分割。

### 地理上的集聚

新经济地理为生产的地位和贸易格局提供了另一种解释。

支持新经济地理的理论与基于不完善市场的贸易理论有诸多相似点。关于生产和贸易格局的三个重要预测与这种理论相关。首先，一个国家将出口有很大国内市场需求的商品（内部市场效应）。其次，贸易成本降低将增强内部市场效应（强化效应）。最后，贸易成本下降将产生各国初始差别的形成，制造活动集中在一个“中心”，而“外围”留给非制造业（中心一外围效应）。但是，贸易成本的进一步降低最终将扭转这个过程，然后制造活动越来越分散到处于外围地带的国家。

*一个国家将出口那些其国内市场很大的商品。*

国内市场效应预测一个国家将出口其国内市场很大的商品。实际上，较大的国内市场是发展一种有竞争力的出口部门的基础。较大的市场规模为提高经营的规模回报提供了空间，有助于拉低国内生产者的生产成本，使他们在国际市场上拥有更大的价格余地。经验证据支持国内市场效应这个命题。这种效应在差异化和规模经济的制成品上体现得最充分。

*贸易成本下降加强了国内市场效应*

如果贸易成本非常低，即使是两个国家在大小上的细微差别也能导致制造活动集中到较大的国家。贸易成本下降意味着大国的优势被提高了，因为它能以比以往更低的价格出口制成品给贸易伙伴。这就是放大效应和中心—外围效应。

*企业在地理上的集中可能造成生产率外溢（集聚）。*

许多产业愿意集中在某个地区，这反映出企业在位置上彼此接近能带给企业经济上的利益。这些利益可源于工人和企业间的知识外溢，也可是专业化投入品（符合位于一个地区的大批相似的企业的需求）发展的结果。

集聚效应通过中间投入品在制造业生产中的广泛使用发挥作用，相对每个企业在不同地区的经验，它使企业的总产出更大。与产出和投入的联接使企业增长的销售量和投入成本中的节余能在整个制造链条中传递。既然企业在地理上接近供应商，就能节省运输成本，并进一步降低生产成本。同时，巨大的市场易于企业销售其最终产品给其他企业。搬入一个大市场不仅使该企业受益，也使该地区已经存在的企业受益。换言之，投入—产出联接、品种增加、运输成本较低和规模回报提高共同创造出一个“完美的圈子”。

*但是还存在打破集中的力量*

那些与集聚效应反向的力量包括要素价格（工资率）的变化和产品竞争加剧。制造业部门的扩张需要雇用更多工人。如果它想继续扩张，就必须支付更高的工资来说服工人移动。这将压制制造业部门进一步扩张的动力。

打破集聚的第二种因素是产品竞争的加剧。消费者需要多样化的产品。尽管制成品存在差异，因而不能被替代，但一种新产品的出现会导致对其他制成品的需求下降。这使制造业部门的进一步扩张变得更困难。

*各种力量的相互作用可解释中心—外围效应*

随着贸易成本下降，出现了第一个阶段，此时集聚效应占主导地位，造成了生产集中在核心区（“工业化国家”）。一个几乎相反的过程发生在外围国家（“非工业化国家”）。它的制造业部门收缩，因为制成品由中心国家供应。中心国家的出口越来越集中在制成品上，而外围国家的出口越来越多的是农产品。

但是，一旦超过某个点，贸易成本的持续下降将催生其他力量。在第二个阶段，中心国家工资水平的变化和产品竞争的加剧成为一种反作用力，最终逆转了集聚效应。中心国家和外围国家之间的工资差距开始吸引更多制造业生产离开中心国家。

*但是证明这种中心—外围过程的经验证据很少*

证明中心—外围理论的统计数据几乎没有。实际上数学模拟被用来考察是否恰当的参数值能复制新经济地理的预测结果。一些模拟发现贸易成本与集中之间存在一种非线性关系，而另一些则发现贸易成本的减少仅能引起所有产业的分散。被涉及的产业的性质似乎可以作为这种差别的一种解释，它出现在规模经济显著和产业内联系紧密的产业中，在这里可以观察到贸易和集中之间的非线性关系。

**生产分割化**

*由于缺少数据，很难获得直接证据证明离岸外包在世界各地的普遍影响。不过一些替代指标显示这种现象正在发展。*

当衡量商品和服务的离岸外包的程度和趋势时，有一个突出的问题是从经济上给离岸外包下的定义难以与官方收集的数据吻合。因此，评估离岸外包的格局和规模不得不依赖替代指标。

在一定程度上中间品贸易的趋势和“其他商务服务”贸易的趋势能够替代离岸外包。数据显示在过去20年中，中间品和服务的离岸外包比最终产品的贸易增长更快，而服务外包自2000年以来更是加速增长。

基于对美国企业层面上的数据的研究已验证了这些格局。离岸外包通过独立企业间的贸易和企业内部贸易飞速扩展。最近这些年服务外包一直比商品外包增长更快。这些趋势普遍存在于各部门和各类投入品中。在所有部门和国家服务投入的外包总是少于商品投入的外包。小国比大国更愿意外包。

经济理论表明：被交易的商品和服务的绝对成本的下降以及电讯技术的最新进展是分割化进程的驱动力。

经济理论为正在增长的生产分割化提供了一种简单的解释。情况可能是：在生产的不同阶段，需要不同类型的技术或技能，或者需要不同比例的投入。在这种情况下，在不同国家间分割生产的好处是：企业能将生产过程的不同阶段安排到某类技能相对充足或在生产的那个阶段投入使用相对更密集的国家。通过这种做法，企业能降低生产成本。决定离岸外包能在某个领域盛行的关键因素是标准化、地理上的分离和任务可交易。

但是，生产分割也需要成本。分离生产阶段需要协作和监控。这意味着运输和通讯成本、保险成本和其他与服务相关的成本。所有这些成本的降低促进了分割和离岸外包。

同比较优势的传统要素（如要素价格和技能的可用性）一样，近来关于离岸外包的文献也强调比较优势的新来源，而比较优势能够影响外包地的选择，其中包括制度结构的质量、创立新企业的成本以及基础设施的质量。数据显示低收入国家在参与国际生产网络时处于极其不利的地位。

制度结构的质量至关重要，因为制度在决定合同的执行效力上发挥着重要作用。如果制度完善，最终商品生产商和中间品供应商之间的合同就有效力，这将降低与外包有关的风险。

基础设施的质量也很重要，因为它是运输和通讯成本的一个决定因素，而运输和通讯是确保高效的生产结构的重要因素。

对比高中低收入国家的基础设施以及启动一项业务和交换商品所需的时间，可以看到低收入国家的劣势。这可能会阻碍低收入国家参与生产网络，尽管他们在要素价格上有优势。

生产过程的组织影响到贸易如何进行。越来越多的文献开始关注决定一个企业是否通过垂直一体化（即通过自己的企业结构）或独立企业间的合同来采购投入品的因素。选择取决于市场的“厚度”、制度框架的质量和部门的特性。在这些方面的经验证据很少，但是在某些领域如计算机制造和金融服务的案例研究有助于厘清这些问题。

市场的厚度（是指某个产品的市场规模）是决定搜寻适当的中间品供应商所需成本的一个重要因素。市场越厚，业务对业务的匹配就越容易，企业更有可能倾向于外包而非垂直一体化。

前面已经提到，制度质量有助于确定外包地，它也是在外包和垂直一体化中进行选择的一个考虑因素。尤其当垂直一体化的固定成本高于外包的固定成本时，相对企业内的贸易，独立企业间的贸易将上升，其成本受到合同的质量、可靠性和可执行性的影响。

在独立企业间的贸易和垂直一体化之间进行选择时，一些部门特色的影响因素包括产品标准化的程度和一种产业的要素密集度。外包往往出现在劳动力密集的部门、部件密集型的部门和生产过程中的较后阶段。

## 贸易的分配结果

尽管国家能从向贸易开放中获利的证据无可辩驳，为什么国家总是在实行贸易自由化上犹豫不前或要削弱自由化呢？

贸易收益分配不均可能是一个原因。认识贸易可能的分配结果也许有助于参与其中，并应对那些抵制自由化的力量。

### 贸易与不平等

即使贸易是加剧不平等的因素，它的影响也普遍弱于其他因素，最突出的是技术变革。

关于贸易和不平等的大量研究关注的是贸易究竟是不平等变化的一个主要驱动力，还是众多力量中的一个。文献似乎达成这样的共识：国际影响仅导致工资差距上升约20%，而其他因素——最突出的是技术变革——在造成收入分配的变化中一直起着比贸易更重要的作用。

贸易有时对发展中国家中不平等的加剧有影响

一个一直吸引研究者的问题是在发展中国家贸易与不平等之间的关系。贸易起初被认为能帮助改善这些国家的不平等。若果真如此，贸易应是通过两种机制来减少贫困——对增长和收入分配的积极效应。然而实证研究却表明贸易改革未必触发第二种机制。

贸易自由化可能引发技术变革，这是对发展中国家贸易开放扩大与不平等加剧之间联系的一种解释。其他因素包括政策改革的时机和以前存在的保护水平。

贸易自由化的时机、自由化实行前保护的程度和技术变革是解释某些发展中国家技能溢价（是指贸易自由化后高低技能工人之间工资的差距）增加的一些要素。

近来人们重新对工业化国家中不平等的演变以及贸易在其中的作用产生了兴趣。“不平等”在20世纪80年就引发讨论，20世纪90年代有“高技能”与“低技能”工人之分，而最近的研究对“高”“中”“低”技能工人加以区分，并关注中等技能工人的工资演变。另外一些研究试图对各类技能进行更细致的区分。人们对“超级富人”的收入演变和劳工收入（于资本收入相对）份额的演变也更加关注。

贸易理论预测工业化国家中不平等的加剧将导致保护主义的抬头，而规模小但组织完善的产业因贸易遭受损失，有可能成功地游说反对贸易自由化。这些预见已被经验分析证实。

贸易理论已被用来预测各个家庭的投票行为和私人利益集团的游说行为。一类分析显示投票人更倾向于维持现状——也就是说投票反对贸易改革——因为他们不可能提前知道自己将是改革的赢家还是输家。另一类分析，即所谓的中间投票人模型，预测在工业化国家不平等的加剧与更严格的贸易政策有关，而在发展中国家则与更开放的贸易政策有关。经验分析已证实了这种预见。

随着从贸易自由化中获得的利益在社会内部被广泛分配，个体从贸易中获得的利益可能相对较少。另一方面，贸易改革带来的损失打击的群体相对较小，因而损失在个体水平上显得相当大，受损个体比获利者有更高的积极性为抵制贸易改革进行游说。有证据显示在工业化国家中相对较小的产业受到极大保护。

**贸易和结构调整**

如果进行贸易改革，则需要进行经济改革。进口竞争企业通过减少毛利润率、提高效率、缩小企业规模进行调整。

贸易文献为“进口纪律假说”提供了一些证据。大量研究评估了诸多国家（如巴西、加拿大、智利、科特迪瓦、印度、墨西哥和土耳其）企业层面对贸易自由化的反应。它们普遍指向三个一致结果。首先，企业层面的价格与边际成本之差趋于下降。第二，在进口竞争中存活下来的企业效率得到提高。第三，竞争的企业在规模上趋于收缩。但是研究人员还没有对与这些效率收益相关的短期和长期成本做出恰当的解释。

出口企业往往在贸易改革后得到发展，但是还没有发现生产率提高的系统性趋势。一些例子发现企业从出口中学习。

一个根本性的问题是：是否有证据表明“从出口中学习”。直到最近大部分证据都是负面的。尽管生产率更高的企业率先参与出口，但这不意味着出口最终会令他们的生产率更高。

一些新的反面证据来自对加拿大企业的研究。研究者指出“通过出口学习”好像仅限于原本生产率低的工厂，所以不是所有的工厂都能从出口中学习。不过他们也指出通过一些潜在机制这种学习可能发生——例如，正在“学习”的工厂相对其他工厂开展了更多的产品革新，在出口后运用先进生产技术的几率更高。

贸易改革似乎不会导致工人在各部门大规模流动，至于在发展中国家贸易改革对“非正式经济”的规模的影响，也没有看到与之相应的证据。

关于劳动力市场如何随贸易改革进行调整的证据一般来自对那些已经经历过进口市场自由化的巨大“冲击”的国家的研究。以哥伦比亚为例，研究人员发现实行自由化之后劳动力在各产业间的流动极其罕见，这种结果也被跨国研究所证实。

但是，在哥伦比亚的例子中，有证据显示在关税削减幅度更大的部门中工资溢价的下降幅度也更大。这说明进口保护带给工人的一些“租金”（额外收入）已被加剧的国外竞争抵消了。令人惊奇的是，这项研究未能找到太多证据证明贸易自由化和单个工人流动到“非正式经济”之间的联系。这种结果也出现在巴西的案例中。

根据美国的数据，因“与贸易有关”的原因而失业的人与因“其他”原因而失业的人之间并未显出必然的区别。

尽管很难弄清一个人失业的确切原因，但一些研究已采用统计技术来解决这个问题。从美国的数据看，这两类工人似乎没有多少不同。总体上看，进口竞争的工人失业时的年龄相对大一点，不过在工作经验上和教育背景上与因其他原因失业的工人相当。

在因贸易原因失业的工人和因其他原因失业的工人之间的主要差别是性别。在制造业中因贸易失业的工人比因非贸易原因失业的工人更有可能是女性。不过这不应该被视为性别歧视的例子，而可能受产业结构的影响。在美国，进口竞争的产业雇用更多的女性，当这些产业收缩和裁员时，相对就有更多的女性失业。

**贸易与贫困**

国际社会面临的最大挑战之一是如何解决贫困。

贸易改革有可能帮助缓解贫困。资源分配的改善和贸易自由化产生的效益带来的长远利益已得到充分证明。贸易开放被认为是发达国家自20世纪中期开始飞速发展的主要原因，也是缓解贫困的一个重要因素，这已为东亚国家的经历所证明。

贸易以诸多途径影响贫困。如，它对经济增长、就业、收入、消费价格和政府开支都会产生影响。

尽管近些年大量注意力都放在贸易自由化和贫困之间的联系上，但要想弄清贸易政策的变化与贫困水平之间的真实联系已被证实是一项困难的任务。

困难之一是贸易在很多方面影响个人，可通过对就业、分配和（或）增长的影响来影响个人收入，可通过消费品的价格影响个人开支。贸易改革也可通过对政府收入和开支的作用来影响贫困。这些影响形成合力，给评估造成困难，因此大部分研究都把重点放在其中一两个元素上。

总之经济文献阐述了贸易有助于缓解贫困，但一些贫困家庭也已受到不利影响。

人们期待贸易促进经济增长，而几项经验研究已经考察了增长如何影响贫困。这些研究都试图找到在增长与贫困缓解之间的正向联系，但减轻贫困的效果似乎在一些国家和地区表现得更明显。初始条件是很重要的。

贫困家庭受到的影响可因其收入来源而不同。当贸易引起一些人失业或工资降低，受到影响的人可能从贸易改革中遭受损失，即使贫困水平总体上降低了。

贸易自由化的价格效应将对各个家庭产生不同影响。例如，几项研究发现农村家庭比城市家庭更能适应农产品价格的提高（由贸易改革或其他原因引起）。这是因为农村家庭能依靠维持生计的农业生产来取得消费品，甚至能转变成农产品的最终供应商。

贸易自由化对政府收入的影响已经成为许多发展中国家最关注的问题之一。实际上，在总税收中贸易税收的份额与经济发展水平成反比，许多低收入国家政府收入的一半或更多都来自贸易税收。

为应对贸易改革造成的政府收入下降，一个办法是寻求收入的替代渠道。政府在选择其他渠道时可能要考虑到对贫困家庭的影响。经验证据显示发展中国家还未能完全弥补丧失的关税收入。但目前获得的经验证据也不能证明这些净收入的损失已导致社会开支的减少。

## 全球一体化的政策意义和 WTO

许多因素都可能致使从贸易中获得的利益减少。

尽管我们的知识和理解一直存在差距，研究贸易收益的理论和经验案例仍是有说服力的。但某些经济因素有可能减少这些收益或扭曲其分配。贸易成本高可能阻碍更多国家参与国际贸易，并降低潜在的贸易量。许多穷国供给能力有限，即使没有市场进入的阻力，也难以扩大贸易。为适应贸易自由化而进行调整可能会产生巨大的成本。贸易在一个国家同时创造了赢家和输家。最新的技术变革使得预测谁是自由化的赢家或输家变得更难，这可能会加剧对市场开放的忧虑情绪。

### 贸易成本和供给约束

*贸易成本高和供给约束可能妨碍国家利用贸易机会。*

二战后一段时期贸易成本下降，这确实在全球贸易扩张中发挥了巨大作用。但贸易成本在低收入国家仍处在很高的水平。这些国家基础设施缺乏或发展不力是贸易成本高的主要原因。政府政策和规则不利于基础设施建设和服务的供应，从而使局势恶化。

*需要国家手段来解决这些问题。*

对于国家而言，有两大类做法可用来降低低收入国家的贸易成本和扩大其出口供给能力。一是增加生产和贸易必需的、能降低交易者进入国际市场费用的基础设施中的公共投资。如果低收入国家的政府缺少足够的税收收入来实现这个目标，他们就需要启动官方发展援助和私人融资（国外或国内的）。

第二个同样重要的措施与改革规则有关。不完善的政策和不合理的规则限制可能阻碍对已经存在的基础设施的有效利用，打击基础设施的私人投资，或者只能充当"官样文章"。合理的改革能提高对现有基础设施的利用，激励私人投资（本地或外国的）于重要基础设施的建设。

*但是国际合作和国际机构也有一定的作用。*

国际社会可以呼吁人们关注低收入国家面临的问题，调动或引导资源，通过技术合作提供专业技术。一些政策和规则的改变可能需要与外国合作伙伴进行协商。此时国际机构就可充当协商的论坛和执行国际协议的工具。

*在WTO中，多哈谈判、技术援助和多边协议的执行为降低贸易成本提供了一种方式。*

多哈谈判使成员国获得机会来约束现有市场准入，并在能够大幅降低低收入国家的贸易成本和提高其生产能力的领域达成新的市场开放的承诺。最相关的领域包括服务，特别是海上运输、电讯、分配和贸易促进。

自多哈回合开始谈判以来，WTO的技术合作项目一直致力于帮助机构和个人理解和执行WTO协定和参与贸易谈判。WTO协定的执行为减少贸易成本和加强市场进入机会提供了很多机遇。

*贸易援助行动开启了一种目标明确、国际协作的尝试，以解决发展中国家面对的与贸易有关的供应压力。*

贸易援助行动旨在帮助发展中国家加强供给能力和建设发展贸易所需的基础设施、并利用多边贸易体系提供的机遇。WTO参与这些行动源于它在为国家创造机遇、使其成为从参与国际贸易中能够获利的角色。

贸易援助包括技术援助、基础设施建设和生产能力的进一步提高。贸易援助中的基础设施部分，对在低收入国家降低贸易成本和扩大生产能力方面有直接影响。技术援助帮助成员国执行WTO协定，有助于发展中国家利用市场进入机会。

*实施贸易援助行动中一个关键方面是监督，*WTO可以通过审议来自各方面参与者的报告来进行全球性的审查。2007年11月进行的审议显示贸易援助在大部分项目中发挥了越来越重要的作用。贸易援助的资源在2002年至2005年期间平均达2.1亿美元，现在则占到双边项目的30%以上。2008年的直接目标是加强监督、促进执行、加强发展中国家对该行动的主导权。

### 贸易开放的社会结果

*一些工人可能由于贸易改革而失去工作。*

一些从贸易开放中产生的利益源自资源重新配置到生产率更高的活动中。尽管这种再分配对实现贸易改革的收益是必要的，但它们对一些个体可能意味着失业。例如，一个经济部门削减工作岗位，另一个部门又创造工作岗位，结果就有些工人可能失去工作。

很多国家制定了帮助这些暂时失业者的政策。这些政策往往是普遍性的，因而其援助的目标是任何受失业影响的人。不过也有某些政策是明确针对受贸易影响的个人、部门或地区。

任何专为贸易制定的援助工人的项目都普遍存在一个问题，即难以识别哪些是受贸易影响的工人。此外，也没有有力证据显示因贸易失业的工人与因其他原因失业的工人有很大差别，无论是在失业期的长度上，还是未来其可能得到的收入上。但是，在某些情况下，支持专门针对贸易的社会保障项目的观点是建立在平等、甚至效率基础上的。一些证据说明专为贸易而设的调整项目能在为贸易改革争取支持上发挥一定的作用。

许多国家都有帮助失业工人的一般社会保障体系。在这些国家再推行专门针对贸易的干预措施并不合理。但对于那些没有一般性方案的国家，针对工人的贸易调整项目可能会有用。

在发展中国家可能有更多专为贸易设定的项目。大部分工业化国家都存在社会保障体系，但这样的体系在许多中等收入和大部分低收入国家还没有。由于缺少一种社会保障，失业——甚至是短期的——可能造成极大痛苦。临时援助在这种情况下可能是有益的，可防止失业者陷入贫困。如何规划这类方案使其在低收入国家取得最大效用，这个问题还没有得到彻底解决。

贸易可能会在一定程度上加剧不平等，由此带来的问题是引入专门的政策来重新分配贸易收益是否合适。许多工业化国家有一般性的再分配政策，这种政策在理论上能克服贸易在加剧的不平等中可能起到的作用。发展中国家在规划再分配方案上经验有限。不过研究显示：贸易可能是引起收入分配变化的一个微小因素，这进一步驳斥了支持专为贸易设计再分配方案的观点。

一个潜在的更为重要的问题是：全面的再分配体系应如何规划才能实现其目标，同时又不会造成新的扭曲——例如，通过改变雇员、工人、消费者或其他人面对的激励。另一种困难可能是在全球范围内一些生产要素比其他因素更易于流动，不易流动的要素最终可能会承担更重的税收压力。如果这些要素在经济中代表更低的收入规模，出现的结果可能是人们不希望看到的。全球化可能因此带给公共财政新的挑战。

### 贸易与技术

通过国际贸易可以获取技术知识。

关注国际知识外溢的研究发现一个国家所开发的知识通过贸易对其他国家产生了积极影响。贸易引发技术在世界传播的原因有三。一是可获得技术上更尖端的中间品投入生产。二是外国研发的中间产品和最终产品的技术规格可被研究，其内在知识可被掌握。三是贸易有利于人对人的沟通，这是知识传递的重要媒介。

但是，各国在吸收别国技术的能力上各有不同。

研究强调了决定技术在各国间被成功吸收的几个因素。这些因素与一种观念有关，即为了能够采用外国的技术知识，一个国家需要某些技能（如人力资本）和制度。

许多政策被用来推动一个国家的技术进步。多边贸易体系在促进国际技术转移中能发挥一定作用。

提高一个国家采用技术革新能力的政策必须瞄准其教育体系和商业与规则环境。与技术转移相关的一个问题是在先进经济中产生的革新可能不适合发展中国家的需要。

这种不匹配可能是由于对产权保护不力。这意味着国际组织在通过合理的产权保护促进国际技术扩散中承担着一定责任。国际组织能够发挥作用的其他领域包括：为建立基础设施和人力资本而对发展援助行动进行协调。

（对外经济贸易大学中国世界贸易组织研究院译，陈泰锋校）

# 附录五 WTO成员一览表

## WTO正式成员一览表

（截至2009年9月）

| 序号 | 中文名称（简称） | 英文名称（简称） | 加入时间 |
|---|---|---|---|
| 1 | 阿尔巴尼亚 | Albania | 2000年9月8日 |
| 2 | 安哥拉 | Angola | 1996年11月23日 |
| 3 | 安提瓜和巴布达 | Antigua and Barbuda | 1995年1月1日 |
| 4 | 阿根廷 | Argentina | 1995年1月1日 |
| 5 | 亚美尼亚 | Armenia | 2003年2月5日 |
| 6 | 澳大利亚 | Australia | 1995年1月1日 |
| 7 | 奥地利 | Austria | 1995年1月1日 |
| 8 | 巴林 | Bahrain | 1995年1月1日 |
| 9 | 孟加拉国 | Bangladesh | 1995年1月1日 |
| 10 | 巴巴多斯 | Barbados | 1995年1月1日 |
| 11 | 比利时 | Belgium | 1995年1月1日 |
| 12 | 伯利兹 | Belize | 1995年1月1日 |
| 13 | 贝宁 | Benin | 1996年2月22日 |
| 14 | 玻利维亚 | Bolivia | 1995年9月12日 |
| 15 | 博茨瓦纳 | Botswana | 1995年5月31日 |
| 16 | 巴西 | Brazil | 1995年1月1日 |
| 17 | 文莱 | Brunei Darussalam | 1995年1月1日 |
| 18 | 保加利亚 | Bulgaria | 1996年12月1日 |
| 19 | 布基纳法索 | Burkina Faso | 1995年6月3日 |
| 20 | 布隆迪 | Burundi | 1995年7月23日 |
| 21 | 柬埔寨 | Cambodia | 2004年10月13日 |
| 22 | 喀麦隆 | Cameroon | 1995年12月13日 |
| 23 | 加拿大 | Canada | 1995年1月1日 |
| 24 | 佛得角 | Cape Verde | 2008年7月23日 |
| 25 | 中非 | Central African Republic | 1995年5月31日 |
| 26 | 乍得 | Chad | 1996年10月19日 |
| 27 | 智利 | Chile | 1995年1月1日 |
| 28 | 中国 | China | 2001年12月11日 |
| 29 | 中国台北 | Chinese Taipei | 2002年1月1日 |
| 30 | 哥伦比亚 | Colombia | 1995年4月30日 |
| 31 | 刚果（布） | Congo | 1997年3月27日 |
| 32 | 哥斯达黎加 | Costa Rica | 1995年1月1日 |
| 33 | 科特迪瓦 | Cote d'Ivoire | 1995年1月1日 |
| 34 | 克罗地亚 | Croatia | 2000年11月30日 |
| 35 | 古巴 | Cuba | 1995年4月20日 |
| 36 | 塞浦路斯 | Cyprus | 1995年7月30日 |
| 37 | 捷克 | Czech Republic | 1995年1月1日 |
| 38 | 刚果（金） | Democratic Republic of the Congo | 1997年1月1日 |

续 表

| 序号 | 中文名称（简称） | 英文名称（简称） | 加入时间 |
|---|---|---|---|
| 39 | 丹麦 | Denmark | 1995 年 1 月 1 日 |
| 40 | 吉布提 | Djibouti | 1995 年 5 月 31 日 |
| 41 | 多米尼克 | Dominica | 1995 年 1 月 1 日 |
| 42 | 多米尼加 | Dominican Republic | 1995 年 3 月 9 日 |
| 43 | 厄瓜多尔 | Ecuador | 1996 年 1 月 21 日 |
| 44 | 埃及 | Egypt | 1995 年 6 月 30 日 |
| 45 | 萨尔瓦多 | El Salvador | 1995 年 5 月 7 日 |
| 46 | 爱沙尼亚 | Estonia | 1999 年 11 月 13 日 |
| 47 | 欧洲共同体 | European Community | 1995 年 1 月 1 日 |
| 48 | 斐济 | Fiji | 1996 年 1 月 14 日 |
| 49 | 芬兰 | Finland | 1995 年 1 月 1 日 |
| 50 | 马其顿 | Former Yugoslav Republic of Macedonia | 2003 年 4 月 4 日 |
| 51 | 法国 | France | 1995 年 1 月 1 日 |
| 52 | 加蓬 | Gabon | 1995 年 1 月 1 日 |
| 53 | 冈比亚 | Gambia | 1996 年 10 月 23 日 |
| 54 | 格鲁吉亚 | Georgia | 2000 年 6 月 14 日 |
| 55 | 德国 | Germany | 1995 年 1 月 1 日 |
| 56 | 加纳 | Ghana | 1995 年 1 月 1 日 |
| 57 | 希腊 | Greece | 1995 年 1 月 1 日 |
| 58 | 格林纳达 | Grenada | 1996 年 2 月 22 日 |
| 59 | 危地马拉 | Guatemala | 1995 年 7 月 21 日 |
| 60 | 几内亚 | Guinea | 1995 年 10 月 25 日 |
| 61 | 几内亚比绍 | Guinea－bissau | 1995 年 5 月 31 日 |
| 62 | 圭亚那 | Guyana | 1995 年 1 月 1 日 |
| 63 | 海地 | Haiti | 1996 年 1 月 30 日 |
| 64 | 洪都拉斯 | Honduras | 1995 年 1 月 1 日 |
| 65 | 中国香港 | Hong Kong，China | 1995 年 1 月 1 日 |
| 66 | 匈牙利 | Hungary | 1995 年 1 月 1 日 |
| 67 | 冰岛 | Iceland | 1995 年 1 月 1 日 |
| 68 | 印度 | India | 1995 年 1 月 1 日 |
| 69 | 印度尼西亚 | Indonesia | 1995 年 1 月 1 日 |
| 70 | 爱尔兰 | Ireland | 1995 年 1 月 1 日 |
| 71 | 以色列 | Israel | 1995 年 4 月 21 日 |
| 72 | 意大利 | Italy | 1995 年 1 月 1 日 |
| 73 | 牙买加 | Jamaica | 1995 年 3 月 9 日 |
| 74 | 日本 | Japan | 1995 年 1 月 1 日 |
| 75 | 约旦 | Jordan | 2000 年 4 月 11 日 |
| 76 | 肯尼亚 | Kenya | 1995 年 1 月 1 日 |
| 77 | 韩国 | Korea，Republic of | 1995 年 1 月 1 日 |
| 78 | 科威特 | Kuwait | 1995 年 1 月 1 日 |
| 79 | 吉尔吉斯斯坦 | The Kyrgyz Republic | 1998 年 12 月 20 日 |
| 80 | 拉脱维亚 | Latvia | 1999 年 2 月 10 日 |
| 81 | 莱索托 | Lesotho | 1995 年 5 月 31 日 |
| 82 | 列支敦士登 | Liechtenstein | 1995 年 9 月 1 日 |
| 83 | 立陶宛 | Liechtenstein | 2001 年 5 月 31 日 |
| 84 | 卢森堡 | Luxembourg | 1995 年 1 月 1 日 |

续 表

| 序号 | 中文名称（简称） | 英文名称（简称） | 加入时间 |
|---|---|---|---|
| 85 | 中国澳门 | Macau，China | 1995 年 1 月 1 日 |
| 86 | 马达加斯加 | Madagascar | 1995 年 11 月 17 日 |
| 87 | 马拉维 | Malawi | 1995 年 5 月 31 日 |
| 88 | 马来西亚 | Malaysia | 1995 年 1 月 1 日 |
| 89 | 马尔代夫 | Maldives | 1995 年 5 月 31 日 |
| 90 | 马里 | Mali | 1995 年 5 月 31 日 |
| 91 | 马耳他 | Malta | 1995 年 1 月 1 日 |
| 92 | 毛里塔尼亚 | Mauritania | 1995 年 5 月 31 日 |
| 93 | 毛里求斯 | Mauritius | 1995 年 1 月 1 日 |
| 94 | 墨西哥 | Mexico | 1995 年 1 月 1 日 |
| 95 | 摩尔多瓦 | Moldova | 2001 年 7 月 26 日 |
| 96 | 蒙古 | Mongolia | 1997 年 1 月 29 日 |
| 97 | 摩洛哥 | Morocco | 1995 年 1 月 1 日 |
| 98 | 莫桑比克 | Mozambique | 1995 年 8 月 26 日 |
| 99 | 缅甸 | Myanmar | 1995 年 1 月 1 日 |
| 100 | 纳米比亚 | Namibia | 1995 年 1 月 1 日 |
| 101 | 尼泊尔 | Nepal | 2004 年 4 月 23 日 |
| 102 | 荷兰 | Netherlands | 1995 年 1 月 1 日 |
| 103 | 新西兰 | New Zealand | 1995 年 1 月 1 日 |
| 104 | 尼加拉瓜 | Nicaragua | 1995 年 9 月 3 日 |
| 105 | 尼日尔 | Niger | 1996 年 12 月 13 日 |
| 106 | 尼日利亚 | Nigeria | 1995 年 1 月 1 日 |
| 107 | 挪威 | Norway | 1995 年 1 月 1 日 |
| 108 | 阿曼 | Oman，Sultanate of | 2000 年 11 月 9 日 |
| 109 | 巴基斯坦 | Pakistan | 1995 年 1 月 1 日 |
| 110 | 巴拿马 | Panama | 1997 年 9 月 6 日 |
| 111 | 巴布亚新几内亚 | Papua New Guinea | 1996 年 6 月 9 日 |
| 112 | 巴拉圭 | Paraguay | 1995 年 1 月 1 日 |
| 113 | 秘鲁 | Peru | 1995 年 1 月 1 日 |
| 114 | 菲律宾 | Philippines | 1995 年 1 月 1 日 |
| 115 | 波兰 | Poland | 1995 年 7 月 1 日 |
| 116 | 葡萄牙 | Portugal | 1995 年 1 月 1 日 |
| 117 | 卡塔尔 | Qatar | 1996 年 1 月 13 日 |
| 118 | 罗马尼亚 | Romania | 1995 年 1 月 1 日 |
| 119 | 卢旺达 | Rwanda | 1996 年 5 月 22 日 |
| 120 | 圣基茨和尼维斯 | Saint Kitts and Nevis | 1996 年 2 月 21 日 |
| 121 | 圣卢西亚 | Saint Lucia | 1995 年 1 月 1 日 |
| 122 | 圣文森特和格林纳丁斯 | Saint Vincent and the Grenadines | 1995 年 1 月 1 日 |
| 123 | 沙特 | Saudi Arabia | 2005 年 12 月 11 日 |
| 124 | 塞内加尔 | Senegal | 1995 年 1 月 1 日 |
| 125 | 塞拉利昂 | Sierra Leon | 1995 年 7 月 23 日 |
| 126 | 新加坡 | Singapore | 1995 年 1 月 1 日 |
| 127 | 斯洛伐克 | Slovakia Republic | 1995 年 1 月 1 日 |
| 128 | 斯洛文尼亚 | Slovenia | 1995 年 7 月 30 日 |
| 129 | 所罗门群岛 | Solomon Islands | 1996 年 7 月 26 日 |
| 130 | 南非 | South Africa | 1995 年 1 月 1 日 |

续 表

| 序号 | 中文名称（简称） | 英文名称（简称） | 加入时间 |
|---|---|---|---|
| 131 | 西班牙 | Spain | 1995 年 1 月 1 日 |
| 132 | 斯里兰卡 | Sri Lanka | 1995 年 1 月 1 日 |
| 133 | 苏里南 | Suriname | 1995 年 1 月 1 日 |
| 134 | 斯威士兰 | Swaziland | 1995 年 1 月 1 日 |
| 135 | 瑞典 | Sweden | 1995 年 1 月 1 日 |
| 136 | 瑞士 | Switzerland | 1995 年 7 月 1 日 |
| 137 | 坦桑尼亚 | Tanzania | 1995 年 1 月 1 日 |
| 138 | 泰国 | Thailand | 1995 年 1 月 1 日 |
| 139 | 多哥 | Togo | 1995 年 5 月 31 日 |
| 140 | 汤加 | Tango | 2007 年 7 月 27 日 |
| 141 | 特立尼达和多巴哥 | Trinidad and Tobago | 1995 年 3 月 1 日 |
| 142 | 突尼斯 | Tunisia | 1995 年 3 月 29 日 |
| 143 | 土耳其 | Turkey | 1995 年 3 月 26 日 |
| 144 | 乌干达 | Uganda | 1995 年 1 月 1 日 |
| 145 | 乌克兰 | Ukraine | 2008 年 5 月 16 日 |
| 146 | 阿联酋 | United Arab Emirates | 1996 年 4 月 10 日 |
| 147 | 英国 | United Kingdom | 1995 年 1 月 1 日 |
| 148 | 美国 | United States | 1995 年 1 月 1 日 |
| 149 | 乌拉圭 | Uruguay | 1995 年 1 月 1 日 |
| 150 | 委内瑞拉 | Venezuela | 1995 年 1 月 1 日 |
| 151 | 越南 | Viet Nam | 2007 年 1 月 11 日 |
| 152 | 赞比亚 | Zambia | 1995 年 1 月 1 日 |
| 153 | 津巴布韦 | Zimbabwe | 1995 年 3 月 5 日 |

## WTO 观察员一览表

（截至 2009 年 9 月）

| 序号 | 中文名称 | 英文名称 |
|---|---|---|
| 1 | 阿富汗 | Afghanistan |
| 2 | 阿尔及利亚 | Algeria |
| 3 | 安道尔 | Andorra |
| 4 | 阿塞拜疆 | Azerbaijan |
| 5 | 巴哈马群岛 | Bahamas |
| 6 | 白俄罗斯 | Belarus |
| 7 | 不丹 | Bhutan |
| 8 | 波斯尼亚和黑塞哥维那 | Bosnia and Herzegovina |
| 9 | 科摩罗 | Comoros |
| 10 | 赤道几内亚 | Equatorial Guinea |
| 11 | 埃塞俄比亚 | Ethiopia |
| 12 | 梵蒂冈 | Holy See (Vatican) |
| 13 | 伊朗 | Iran |
| 14 | 伊拉克 | Iraq |

续 表

| 序号 | 中文名称 | 英文名称 |
|---|---|---|
| 15 | 哈萨克斯坦 | Kazakhstan |
| 16 | 老挝 | Lao People' s Democratic Republic |
| 17 | 黎巴嫩 | Lebanon |
| 18 | 利比里亚 | Liberia，Republic of |
| 19 | 利比亚 | Libya |
| 20 | 黑山共和国 | Montenegro |
| 21 | 俄罗斯联邦 | Russian Federation |
| 22 | 萨摩亚 | Samoa |
| 23 | 圣多美和普林西比 | Sao Tone and Principe |
| 24 | 塞尔维亚 | Serbia |
| 25 | 塞舌尔 | Seychelles |
| 26 | 苏丹 | Sudan |
| 27 | 塔吉克斯坦 | Tajikistan |
| 28 | 乌兹别克斯坦 | Uzbekistan |
| 29 | 瓦努阿图 | Vanuatu |
| 30 | 也门 | Yemen |

**注**：除了梵蒂冈例外，其他所有观察员必须在其成为观察员后五年内开始其加入 WTO 谈判。

# 附录六　国内 WTO 相关机构名录

## 一、政府机构

| 分类 | 名　称 | 电　话 | 传　真 | 网　站 |
|---|---|---|---|---|
| 中央政府 | 商务部办公厅 | 010－65198318 | 010－65198315 | bgt. mofcom. gov. cn |
| | 商务部条约法律司 | 010－65198723 | 010－65198905 | tfs. mofcom. gov. cn |
| | 商务部世界贸易组织司 | 010－65197313 | 010－65197310 | sms. mofcom. gov. cn |
| | 商务部进出口公平贸易局 | 010－65198167 | 010－65198172 | gpj. mofcom. gov. cn |
| | 商务部产业损害调查局 | 010－65198085 | 010－65198075 | dcj. mofcom. gov. cn |
| | 商务部国际贸易谈判代表办公室 | 010－65197188 | 010－65197188 | tpb. mofcom. gov. cn |
| | 国家保护知识产权工作组办公室 | 010－85226816 | 010－85226821 | ipr. mofcom. gov. cn |
| | 中国常驻世界贸易组织代表团 | 010－65121919 | 010－87519093 | wto. mofcom. gov. cn |
| | 中国 WTO/TBT 国家通报咨询中心 | 010－82260618 | 010－82262448 | www. tbt-sps. gov. cn |
| | 国家质检总局国际合作司 WTO 处 | 010－82260552 | 010－82260552 | gjhzs. aqsiq. gov. cn/ |
| 地方政府 | 北京市商务局法制与公平贸易处（世贸组织事务处） | 010－85163082 | 010－65252002 | gpmyc. beijing. mofcom. gov. cn |
| | 北京 WTO 事务中心 | 010－58260961 | 010－58260962 | www. bjwto. gov. cn |
| | 天津市商务委员会法规处（进出口公平贸易处） | 022－58665707 | 022－58665712 | www. tjcoc. gov. cn |
| | 天津市商务委员会世贸组织工作处 | 022－58665763 | 022－58665767 | www. tjcoc. gov. cn |
| | 河北省商务厅世界贸易组织处 | 0311－87909505 | 0311－87909533 | www. hecom. gov. cn |
| | 河北省商务厅进出口公平贸易和产业损害调查局 | 0311－87909385 | 0311－87909932 | www. hbcom. gov. cn |
| | 山西省商务厅世贸处 | 0351－4068029 | 0351－4068029 | www. docsx. gov. cn |
| | 山西省商务厅产业损害调查处 | 0351－4083528 | 0351－4078570 | www. docsx. gov. cn |
| | 山西省商务厅进出口公平贸易处 | 0351－4078120 | | www. docsx. gov. cn |
| | 内蒙古自治区商务厅世贸处 | 0471－6944264 | 0471－6610893 | www. nmgswt. gov. cn |
| | 辽宁省对外贸易经济合作厅公平贸易和产业损害调查处 | 024－86892785 | | www. china-liaoning. gov. cn |
| | 吉林省商务厅政策法规处（公平贸易处） | 0431－85627011 | 0431－85622167 | www. jldofcom. gov. cn |
| | 黑龙江省商务厅进出口公平贸易处 | 0451－82627631 | 0451－82622637 | www. hl-doftec. gov. cn |
| | 黑龙江省商务厅贸易发展促进处 | 0451－82626951 | 0451－82623585 | www. hl-doftec. gov. cn |
| | 上海市商务委员会 | 021－52881032 | 021－62704708 | www. smert. gov. cn |
| | 上海 WTO 事务咨询中心 | 021－52301760 | 021－52305319 | www. sccwto. net |
| | 江苏省对外贸易经济合作厅进出口公平贸易局 | 025－57710219 | 025－57712072 | www. jsdoftec. gov. cn |
| | 江苏省经贸委产业损害调查处 | 025－83392995 | 025－83398247 | www. jsetc. gov. cn |
| | 浙江省经贸委产业损害调查局 | 0571－87058120 | | www. zjjmw. gov. cn |
| | 浙江省商务厅公平贸易局 | 0571－87050853 | | www. zftec. gov. cn |
| | 安徽省商务厅进出口公平贸易局 | 0551－3540115 | 0551－3540120 | www. ahbofcom. gov. cn/gpmy. asp |
| | 福建省外经贸厅进出口公平贸易处 | 0591－87270129 | | fgc. fujian. mofcom. gov. cn |
| | 福建省 WTO 事务协调办公室 | 0591－87270311 | 0591－87270313 | wtobgs. fujian. mofcom. gov. cn |
| | 江西省商务厅政策法规处 | 0791－6246237 | | www. jxdoftec. gov. cn |
| | 江西省省商务厅进出口公平贸易和产业损害调查处 | 0791－6246377 | | www. jxdoftec. gov. cn |

续 表

| 分类 | 名 称 | 电 话 | 传 真 | 网 站 |
|---|---|---|---|---|
| 地方政府 | 江西省经贸委对外经济贸易处 | 0791—6219241 | | www. jxetc. gov. cn |
| | 山东省经济和信息化委员会产业损害调查处 | 0531—86918273 | | www. sdetn. gov. cn |
| | 山东省对外贸易经济合作厅世贸处（公平贸易处） | 0531—89013659 | 0531—89013546 | www. shandongbusiness. gov. cn |
| | 河南省商务厅世贸组织与公平贸易处 | 0371—63576312 | | www. hncom. gov. cn |
| | 湖北省商务厅进出口公平贸易处 | 027—85728991 | 027—85720637 | www. hbdofcom. gov. cn/index. trade |
| | 湖北省商务厅世贸事务协调办公室 | 027—85732103 | | www. hbdofcom. gov. cn |
| | 湖南省商务厅产业损害调查处 | 0731—2287052 | | cyc. hunancom. gov. cn |
| | 湖南省商务厅世贸组织处（进出口公平贸易处） | 0731—2287069 | | smc. hunancom. gov. cn |
| | 广东省对外贸易经济合作厅政策法规处（进出口公平贸易局） | 020—38802373 | 020—38802373 | www. gddoftec. gov. cn |
| | 广东省 WTO 事务咨询服务中心 | 020—87337769 | 020—87337595 | www. gdwto. org. cn |
| | 广西壮族自治区商务厅政策法规处 | 0771—2109140 | 0771—2109584 | zfc. guangxi. mofcom. gov. cn |
| | 海南省商务厅政策法规处 | 0898—65313962 | 0898—65338762 | www. dofcom. gov. cn |
| | 重庆 WTO 事务咨询中心 | 023—67723451 | 023—67726419 | www. cqwto. com |
| | 重庆市经济委员会外经外事处 | 023—63899442 | | www. cqec. gov. cn |
| | 重庆市对外经济贸易委员会外贸处 | 023—89018570 | 023—89018018 | www. ft. cq. cn |
| | 四川省商务厅进出口公平贸易处 | 028—83224789 | 028—83224920 | www. sccom. gov. cn |
| | 四川省商务厅政策法规处 | 028—83223259 | 028—86939516 | www. sccom. gov. cn |
| | 贵州商务厅进出口公平贸易处 | 0851—8555606 | 0851—8555607 | www. gzcom. gov. cn/sjmyc/ |
| | 贵州省 WTO 研究咨询服务中心 | 0851—6826084 | 0851—6826084 | www. gzwto. org |
| | 云南省商务厅政策法规处 | 0871—3139241 | 0871—3210067 | www. bofcom. gov. cn |
| | 西藏自治区商务厅政策法规处 | 0891—6831362 | 0891—6831362 | tibet. mofcom. gov. cn |
| | 陕西省商务厅世贸工作和公平贸易处 | 029—87290767 | | www. sxdofcom. gov. cn |
| | 甘肃省商务厅政策法规处 | 0931—8618790 | | www. gsdofcom. gov. cn |
| | 青海省商务厅公平贸易处 | 0971—6321782 | 0971—6321712 | www. qhcom. gov. cn |
| | 宁夏回族自治区商务厅对外贸易与产业损害调查处 | 0951—5048967 | 0951—5043032 | www. nxdofcom. gov. cn |
| | 新疆维吾尔自治区经贸委外经处 | 0991—4523025 | | www. xjftec. gov. cn |
| | 新疆生产建设兵团商务局政策法规信息处 | 0991—2896420 | 0991—2896320 | bingtuan. mofcom. gov. cn |
| | WTO/TBT 云南咨询点 | 0871—4326037 | 0871—4326037 | www. ynbz. net |
| | 深圳市贸易工业局政策法规处 | 0755—82108823 | 0755—82107062 | www. szbti. gov. cn |
| | 深圳市 WTO 事务中心 | 0755—82105516 | 0755—82002090 | www. szwto. gov. cn |
| | 大连市对外经济贸易合作局公平贸易处 | 0411—83686065 | | wjw. china-dalian. com |
| | 宁波市对外经济贸易合作局公平贸易处 | 0574—87327290 | 0574—87328288 | www. nbfet. gov. cn |
| | 宁波 WTO 咨询服务中心 | 0574—87178035 | 0574—87178160 | www. nbwto. com |
| | 无锡市 WTO 事务咨询中心 | 0510—82763137 | 0510—82763137 | |
| | 武汉市 WTO 研究咨询服务中心 | 027—82750140 | 027—82750140 | |
| | 厦门市贸易发展局 WTO 事务咨询联络处 | 0592—5202701 | | www. xmtdc. gov. cn |
| | 厦门市经济发展局综合与法规处 | 0592—5114158 | | www. xmjfw. gov. cn |
| | 厦门反倾销咨询服务中心 | 0592—5049231 | 0592—5054289 | xiamen. acs. gov. cn |
| | 湛江市 WTO 事务咨询服务中心 | 0759—3337498 | 0759—3337601 | wjmj. zhanjiang. gov. cn |

## 二、学术研究机构

| 分类 | 名　称 | 电　话 | 传　真 | 网　站 |
|---|---|---|---|---|
| 高等院校 | 北京大学中国经济与WTO研究所 | 010－62767993 | 010－62767993 | wto. gsm. pku. edu. cn |
| | 对外经济贸易大学中国WTO研究院 | 010－64495778 | 010－64495779 | www. uibc. edu. cn |
| | 广东外语外贸大学WTO研究中心 | 020－36207057 | | www1. gdufs. edu. cn |
| | 南开大学WTO研究中心 | 022－23504093 | 022－23504093 | wto. nankai. edu. cn |
| | 山东师范大学WTO研究中心 | 0531－6180350 | | |
| | 上海对外贸易学院入世研创学会 | 021－67703045 | 021－67703111 | www. shift. edu. cn |
| | 上海交通大学WTO与经济全球化研究中心 | 021－52301227 | | www. asom. sjtu. edu. cn |
| | 武汉大学WTO学院 | 027－68753875 | 027－68753865 | www. whuwto. com |
| | 广东海洋大学WTO研究中心 | 0759－2362470 | 0759－2362471 | www. gdou. edu. cn/wto |
| | 中南财经政法大学WTO与湖北发展研究中心 | 027－88325489 | | www. wto-znufe. com. cn |
| 科研机构 | 广州市社会科学院WTO咨询研究中心 | 020－86464355 | | www. gzass. gd. cn |
| | 湖北省企业与WTO研究会 | 027－50653042 | 027－50653047 | www. hbwto. com |
| | 青岛市技术标准科学研究所 | 0532－3875176 | 0532－3875176 | www. qdsi. gov. cn |
| | 上海WTO研究中心 | 021－52067210 | 021－52067210 | |
| | 云南省标准化研究院 | 0871－4326079 | | www. ynbz. net |
| | 中国（海南）改革发展研究院 | 0898－66180000 | 0898－66258777 | www. cird. org. cn |
| | 中国社会科学院WTO研究中心 | 010－68033728 | 010－68033679 | www. caesedu. com |
| | 中国世界贸易组织研究会 | 010－84255121 | 010－84255122 | www. chinawto. org. cn |

## 三、行业协会

| 分类 | 名　称 | 电　话 | 传　真 | 网　站 |
|---|---|---|---|---|
| | 中国自行车协会 | 021－62866248 | 021－62866249 | www. china-bicycle. com |
| | 中国缝制机械协会 | 010－87732223 | 010－87766609 | www. csma. org. cn |
| | 中国钟表协会 | 029－85222474 | 029－85261685 | www. chinawatch-clock. com |
| | 中国家用电器协会 | 010－51696622 | 010－51696621 | www. cheaa. org |
| | 中国电器工业协会 | 010－68163165 | 010－68273696 | www. ceeia. com |
| | 中国陶瓷工业协会 | 010－65124684 | 010－65124672 | www. ccianet. cn |
| | 中国搪瓷工业协会 | 010－65122138 | 010－65135041 | www. eia-china. com |
| | 中国日用玻璃协会 | 010－65267876 | 010－65248399 | www. cnagi. org. cn |
| | 中国眼镜协会 | 010－83559070 | 010－83559075 | www. chinaoptics. com |
| | 中国照明电器协会 | 010－65135873 | 010－65135872 | www. chineselighting. org |
| | 中国日用化工协会 | 010－65231638 | 010－65231638 | www. cdc. clii. com. cn |
| | 中国洗涤用品工业协会 | 010－65262961 | 010－65121880 | www. cassdi. org |
| | 中国香料香精化妆品工业协会 | 010－67663110 | 010－67626799 | www. caffci. org |
| | 中国口腔护理用品协会 | 010－68396621 | 010－68396664 | www. cocia. org |
| | 中国电池工业协会 | 010－65289819 | 010－65131879 | www. chinabattery. org |
| | 中国塑料加工工业协会 | 010－65122056 | 010－65278590 | www. cppia. com. cn |
| | 中国文教体育用品协会 | 010－64478556 | 010－64478556 | www. csg. org. cn |
| | 中国制笔协会 | 010－68396224 | 010－68396362 | www. china-writing. com |
| | 中国乐器协会 | 010－67665718 | 010－67666220 | www. cmia. com. cn |

续 表

| 分类 | 名 称 | 电 话 | 传 真 | 网 站 |
|---|---|---|---|---|
| | 中国文房四宝协会 | 010—65279109 | 010—65279109 | |
| | 中国皮革工业协会 | 010—65230302 | 010—85117752 | www. china-leather. com |
| | 中国少数民族用品协会 | 010—68396114 | 010—68396650 | |
| | 中国羽绒工业协会 | 010—65237296 | 010—65273201 | www. cfd. com. cn |
| | 中国日用小商品协会 | 010—59829010 | 010—59829010 | www. ryxsp. com |
| | 中国造纸协会 | 010—68396644 | 010—68396653 | www. chinappi. org |
| | 中国糖业协会 | 010—68396508 | 010—68396568 | www. csa. gov. cn |
| | 中国酿酒工业协会 | 010—68193011 | 010—68193015 | www. cada. cc |
| | 中国饮料工业协会 | 010—84464668 | 010—84464236 | www. chinabeverage. org |
| | 中国罐头工业协会 | 010—68396582 | 010—68396665 | www. topcanchina. org |
| | 中国乳制品工业协会 | 010—68396520 | 010—68396665 | www. cdia. org. cn |
| | 中国发酵工业协会 | 010—68396507 | 010—68396507 | www. cfia. org. cn |
| | 中国食品添加剂和配料协会 | 010—59795833 | 010—59071335 | www. cfaa. cn |
| | 中国焙烤食品糖制品工业协会 | 010—68396530 | 010—68396567 | www. china-bakery. com. cn |
| | 中国室内装饰协会 | 010—88312032 | 010—88312089 | www. cida. org. cn |
| | 中国家具协会 | 010—87766795 | 010—87766675 | www. cnfa. com. cn |
| | 中国五金制品协会 | 010—87732912 | 010—87732936 | www. chinahardware. org. cn |
| | 中国轻工机械协会 | 010—66039347 | 010—66031224 | www. clima. org. cn |
| | 中国衡器协会 | 010—62115995 | 010—62115741 | www. weighment. com |
| | 中国轻工模具协会 | 010—65225812 | 010—65126492 | |
| | 中国玩具协会 | 010—66039661 | 010—66033964 | www. toy-cta. org |
| | 中国工艺美术协会 | 010—85698710 | 010—66079646 | www. cnaca. net. cn |
| | 中国包装联合会 | 010—65838791 | 010—65839060 | www. cpta. org. cn |
| | 中国盐业协会 | 010—63273366 | 010—63324356 | www. cnsalt. cn |
| | 中国轻工业勘察设计协会 | 010—68396535 | 010—68396488 | |
| | 中国轻工业企业管理协会 | 010—65593681 | 010—65122604 | |
| | 中国轻工企业投资发展协会 | 010—82281275 | 010—82281279 | www. cnli. org. cn |
| | 中国物流与采购联合会 | 010—58566588 | 010—58566588 | www. chinawuliu. com. cn |
| | 中国物流行业协会 | 010—51668336 | 010—63275161 | www. cla. org. cn |
| | 中国农业机械流通协会 | 010—68596265 | 010—68526910 | www. camda. org. cn |
| | 中国汽车流通协会 | 010—87980198 | 010—68392509 | www. china-cada. org. cn |
| | 中国木材流通协会 | 010—68391871 | 010—68391872 | www. chinatimber. org |
| | 中国菱镁行业协会 | 010—68391482 | 010—68391482 | www. zglm. org. cn |
| | 中国燃料流通协会 | 010—68064717 | 010—68067699 | www. cfcaorg. com |
| | 中国建筑材料流通协会 | 010—68391548 | 010—68391617 | www. cbmta. org |
| | 中国机电产品流通协会 | 010—68391506 | 010—68391507 | www. cmepca. org. cn |
| | 中国轮胎翻修与循环利用协会 | 010—68392955 | 010—68392956 | www. ctra. org. cn |
| | 中国化工轻工物资流通协会 | 010—68454033 | 010—63951599 | |
| | 中国金属材料流通协会 | 010—63317296 | 010—63317297 | www. cumetal. org. cn |
| | 中国拆船协会 | 010—68391732 | 010—68521716 | www. cnsa. com. cn |
| | 中国医药物资协会 | 010—62253315 | 010—62242843 | |
| | 中国水利电力物资流通协会 | 010—63414429 | 010—63547208 | |
| | 中国机械工业供销协会 | 010—63319656 | 010—63317065 | www. cmssa. org. cn |
| | 中国民用爆破器材流通协会 | 010—68392754 | 010—68391544 | |
| | 中国散装水泥推广发展协会 | 010—68573314 | 010—68578113 | www. chinabca. com |
| | 中国机械设备成套工程协会 | 010—63480490 | 010—63480482 | |

续 表

| 分类 | 名 称 | 电 话 | 传 真 | 网 站 |
|---|---|---|---|---|
| | 中国基建物资承包协会 | 010－68392936 | 010－68392935 | |
| | 中国铁道物资流通协会 | 010－63223271 | 010－63223257 | www. crmpin. com |
| | 中国物资再生协会 | 010－68392876 | 010－68573884 | www. crra. com. cn |
| | 中国物资储运协会 | 010－83673344 | 010－83673191 | |
| | 中国物资流通技术开发协会 | 010－68392275 | 010－68392275 | |
| | 中国煤炭工业协会 | 010－64200177 | 010－64463614 | www. chinacoal. gov. cn |
| | 中国煤炭运销协会 | 010－64463698 | 010－64277576 | www. cctd. com. cn |
| | 中国煤炭建设协会 | 010－64463722 | 010－64463945 | www. cncca. org. cn |
| | 中国煤炭加工利用协会 | 010－64463157 | 010－64463614 | |
| | 中国煤炭机械工业协会 | 010－87429364 | 010－82415835 | www. coalmachine. net |
| | 中国文化办公设备制造行业协会 | 010－68596576 | 010－68538552 | www. ccoea. org. cn |
| | 中国机械通用零部件工业协会 | 010－68594837 | 010－68572092 | www. chinamachineparts. com |
| | 中国模具工业协会 | 010－88356462 | 010－88356461 | www. cdmia. com. cn |
| | 中国轴承工业协会 | 010－63317634 | 010－63317638 | www. cbia. com. cn |
| | 中国液压气动密封件工业协会 | 010－68594911 | 010－68595197 | www. chpsa. org. cn |
| | 中国通用机械工业协会 | 010－88393520 | 010－88393529 | www. cgmia. org. cn |
| | 中国制冷空调工业协会 | 010－83510099 | 010－83560060 | www. chinacraa. org |
| | 中国石油和石油化工设备工业协会 | 010－68596414 | 010－68532101 | www. cpeia. org. cn |
| | 中国食品和包装机械工业协会 | 010－68596475 | 010－68533077 | www. chinafpma. org |
| | 中国塑料机械工业协会 | 010－68595061 | 010－68595853 | www. cppmia. org. cn |
| | 中国印刷及设备器材工业协会 | 010－63184767 | 010－63184767 | www. chinaprint. org. cn |
| | 中国重型机械工业协会 | 010－68296155 | 010－68296074 | www. chmia. org |
| | 中国农业机械工业协会 | 010－68534358 | 010－68534358 | www. caamm. org. cn |
| | 中国内燃机工业协会 | 010－68596570 | 010－68532003 | www. ciceia. org. c |
| | 中国工程机械工业协会 | 010－68532689 | 010－68589824 | www. cncma. org |
| | 中国建设机械协会 | 010－68347620 | 010－68394025 | |
| | 中国汽车工业协会 | 010－68595432 | 010－68595432 | www. caam. org. cn |
| | 中国环保机械行业协会 | 010－68594947 | 010－68594947 | www. bjcamie. org. cn |
| | 中国机械工业勘察设计协会 | 010－63326376 | 010－63192649 | |
| | 中国机电一体化技术应用协会 | 010－62043106 | 010－62017873 | www. cameta. org. cn |
| | 中国铸造协会 | 010－68418899 | 010－68458356 | www. foundrynet. com. cn |
| | 中国锻压协会 | 010－68465045 | 010－68465044 | www. chinaforge. org. cn |
| | 中国热处理行业协会 | 010－64939450 | 010－64937312 | www. chta. org. cn |
| | 中国表面工程协会 | 027－83638998 | 027－83617083 | |
| | 中国机械工业质量管理协会 | 010－68594950 | 010－68594992 | www. cmqma. org. cn |
| | 中国机械工业安全卫生协会 | 010－68594984 | | |
| | 中国机械工业标准化技术协会 | 010－88301736 | | |
| | 中国机械工业企业管理协会 | 010－63262816 | 010－63262676 | www. chinajx. com. cn |
| | 中国机械电子工业价格研究会 | 010－68596314 | 010－68517264 | www. cpime. org. cn |
| | 中国机械工业金属切削刀具技术协会 | 028－83242104 | 028－83242104 | www. ccta. net. cn |
| | 中国机械制造工艺协会 | 010－68595027 | 010－68517418 | www. cammt. org. cn |
| | 中国机械工业审计学会 | 010－68595274 | 010－68594871 | www. casmi. gov. cn |
| | 中国钢铁工业协会 | 010－65131959 | 010－65131959 | www. chinaisa. org. cn |
| | 中国碳素行业协会 | 010－65131966 | 010－65131966 | www. chinacarbon. org. cn |
| | 中国炼焦行业协会 | 010－65260403 | 010－65265081 | www. cnljxh. com |
| | 中国钢结构协会 | 010－62275342 | 010－82227105 | www. cncscs. org |

续 表

| 分类 | 名 称 | 电 话 | 传 真 | 网 站 |
|---|---|---|---|---|
| | 中国耐火材料行业协会 | 010—65280622 | 010—65282090 | www.china-refract.org |
| | 中国耐火材料工业协会 | 010—83109018 | | |
| | 中国铁合金工业协会 | 010—65271757 | 010—65271739 | www.thj.mysteel.com.cn |
| | 中国模板协会 | 010—82227180 | 010—82228521 | www.cnffww.com |
| | 中国特钢企业协会 | 010—64034324 | 010—64043595 | www.ssea.org.cn |
| | 中国冶金建设协会 | 010—82227790 | 010—82227790 | www.zgyj.org.cn |
| | 中国废钢铁应用协会 | 010—82228502 | 010—62150481 | www.chinascrap.org.cn |
| | 中国冶金矿山企业协会 | 010—87767391 | 010—87767393 | www.mmac.org.cn |
| 石化 | 中国化学试剂工业协会 | 010—67713678 | 010—67713678 | |
| | 中国膜工业协会 | 010—64433465 | 010—64433466 | www.membranes.com.cn |
| | 中国化工节能技术协会 | 010—82037382 | 010—82032189 | www.energymarket.cn |
| | 中国化工安全卫生技术协会 | 010—82036940 | 010—82032199 | |
| | 中国腐植酸工业协会 | 010—82781798 | 010—82784970 | www.chinaha.org |
| | 中国磁记录材料工业协会 | 0312—3232324 | 0312—3232324 | |
| | 中国监控化学品协会 | 010—82032955 | 010—82032550 | |
| | 中国化学矿业协会 | 010—82032852 | 010—82032852 | www.chemmin.org |
| | 中国化工装备协会 | 010—82032358 | 010—82032213 | www.cciea.com |
| | 中国纯碱工业协会 | 010—84885188 | 010—84885188 | www.chinasoda.com.cn |
| | 中国氯碱工业协会 | 022—27467088 | 022—27428220 | www.ccaia.org.cn |
| | 中国化工防腐蚀技术协会 | 010—82032181 | 010—82032373 | |
| | 中国胶粘剂工业协会 | 010—87663014 | 010—87663015 | www.cnaia.org |
| | 中国电石工业协会 | 010—84885830 | 010—84885830 | www.cciac.org.cn |
| | 中国化工供销协会 | 010—84250872 | | |
| | 中国工业气体工业协会 | 010—67716099 | 010—67704633 | www.china-gases.com |
| | 中国氮肥工业协会 | 010—62379887 | 010—82032742 | www.cnfia.com |
| | 中国磷肥工业协会 | 010—82038416 | 010—62020002 | www.china-npk.com |
| | 中国硫酸工业协会 | 010—82039427 | 010—62020002 | www.china-npk.com |
| | 中国农药工业协会 | 010—84885001 | 010—84885001 | www.ccpia.org.cn |
| | 中国橡胶工业协会 | 010—84925418 | 010—84928101 | www.cria.org.cn |
| | 中国氟硅有机材料工业协会 | 010—64443598 | 010—64436103 | www.sif.org.cn |
| | 中国染料工业协会 | 010—64400105 | 010—64400107 | www.dyechina.com |
| | 中国合成橡胶工业协会 | 010—63434811 | 010—63391290 | |
| | 中国化工施工企业协会 | 010—82032513 | 010—82032180 | |
| | 中国石油和化工勘察设计协会 | 010—64820646 | 010—64820656 | www.ccesda.com |
| | 中国化工情报信息协会 | 010—64444071 | 010—64412141 | |
| | 中国涂料工业协会 | 010—62255712 | 010—62256110 | www.chinacoatingnet.com |
| | 中国化工环保协会 | 010—84885718 | 010—84885227 | www.cciepa.org.cn |
| | 中国聚氨酯工业协会 | 0379—61695136 | 0379—62303285 | www.pu.org.cn |
| | 中国造纸化学品工业协会 | 0571—88315409 | 0571—88315409 | www.paperchemicals.org |
| | 中国石油化工信息学会 | 010—64449100 | 010—64449005 | |
| | 中国石油工程建设协会 | 010—62047578 | 010—62047578 | www.zyjx.org.cn |
| | 中国石油企业协会 | 010—62095112 | | www.zgsyqx.com |
| | 中国石油和化工自动化应用协会 | 010—64281705 | 010—64270215 | www.cnpci.org.cn |
| | 中国化工机械动力技术协会 | 010—64266995 | 010—64262500 | www.ccimp.org |
| | 中国石油和石化工程研究会 | 010—64212605 | 010—64212605 | www.cppei.org.cn |
| | 中国石油和化学工业协会 | 010—84885415 | 010—84885143 | www.cpcia.org.cn |

续 表

| 分类 | 名 称 | 电 话 | 传 真 | 网 站 |
|---|---|---|---|---|
| 纺织 | 中国针织工业协会 | 010—85229417 | 010—85229265 | www. cnknit. org |
| | 中国化学纤维工业学会 | 010—85229438 | 010—85229470 | www. ccfa. com. cn |
| | 中国丝绸协会 | 010—66180636 | 010—66117363 | www. silk-e. org |
| | 中国产业用纺织品行业协会 | 010—85229421 | 010—85229425 | www. cnita. org. cn |
| | 中国纺织机械器材工业协会 | 010—58221177 | 010—58221076 | www. cntma. com |
| | 中国毛纺织行业协会 | 010—85229423 | 010—85229493 | www. cwta. org. cn |
| | 中国家用纺织行业协会 | 010—85229430 | 010—85229458 | |
| | 中国色织行业协会 | 010—85229410 | 010—85229415 | |
| | 中国麻纺行业协会 | 010—85229472 | 010—85229426 | www. cblfta. com |
| | 中国印染行业协会 | 010—85229329 | 010—85229365 | www. cdpa. org. cn |
| | 中国棉纺织行业协会 | 010—85229479 | 010—85229415 | www. ccta. org. cn |
| | 中国服装设计师协会 | 010—81432020 | 010—85861132 | www. fashion. org. cn |
| | 中国服装协会 | 010—85229435 | 010—85229435 | www. cnga. org. cn |
| | 中国纺织勘察设计协会 | 010—85229514 | 010—85229514 | |
| | 中国纺织规划研究会 | 010—85229526 | 010—85229552 | |
| | 中国纺织工业协会 | 010—85229207 | 010—65129545 | www. ctei. gov. cn |
| 建材 | 中国加气混凝土协会 | 010—68309319 | 010—68309319 | |
| | 中国石材工业协会 | 010—88376463 | 010—68340348 | www. chinastone. cn |
| | 中国玻璃纤维工业协会 | 010—68350953 | 010—88385895 | www. cnbxfc. net |
| | 中国砖瓦工业协会 | 010—68303484 | 010—88386484 | www. cbtia. com |
| | 中国建筑玻璃与工业玻璃协会 | 010—68354267 | 010—68349127 | www. glass. org. cn |
| | 中国非金属矿工业协会 | 010—88376505 | 010—68318908 | www. cnmia. cn |
| | 中国建筑防水材料工业协会 | 010—68324403 | 010—68366596 | www. cnwb. net |
| | 中国砂石协会 | 010—88364633 | 010—88364633 | www. zgss. org. cn |
| | 中国建筑卫生陶瓷协会 | 010—88372302 | 010—88372302 | www. ceramicschina. com |
| | 中国绝热节能材料协会 | 010—88376339 | | |
| | 中国建材工程建设协会 | 010—62267848 | 010—62217474 | www. chinaceb. org. cn |
| | 中国建材机械工业协会 | 010—68311353 | 010—68311353 | |
| | 中国摩擦密封材料协会 | 010—68314523 | 010—68347233 | www. cfsma. org. cn |
| | 中国建材市场协会 | 010—68365267 | 010—68363059 | www. cbmmarket. com |
| | 中国建筑砌块协会 | 010—68332191 | 010—88364764 | www. chinacb. cn |
| | 中国建筑装饰装修材料协会 | 010—88421894 | 010—88421894 | www. cadbm. com. cn |
| | 中国水泥协会 | 010—68332654 | 010—68332654 | www. cncement. com. cn |
| | 中国石灰协会 | 010—88385698 | 010—88385698 | www. zgshxh. com |
| | 中国建筑材料工业协会 | 010—68394706 | 010—68332658 | |
| | 中国复合材料工业协会 | 010—88385905 | 010—88372401 | www. china-frp. com. cn |
| 有色 | 中国钨业协会 | 010—63971503 | 010—63980726 | www. ctia. com. cn |
| | 中国有色金属加工工业协会 | 010—63971918 | 010—63972919 | www. ysjg. cn |
| | 中国工程爆破协会 | 010—68333366 | | www. cseb. org. cn |
| | 中国有色金属工业协会 | 010—63971884 | 010—63971859 | www. chinania. org. cn |
| 联合会 | 中国工业经济联合会 | 010—62386843 | 010—62047053 | www. cfie. org. cn |
| | 中国轻工业联合会 | 010—68396114 | 010—68396800 | www. clii. com. cn |
| | 中国机械工业联合会 | 010—68594710 | 010—68533673 | www. mei. gov. cn |
| | 中国矿业联合会 | 010—66557663 | 010—66557666 | www. chinamining. com. cn |
| | 上海市工业经济联合会 | 021—63292897 | 021—63290203 | www. sfie. sh. cn |
| | 深圳市工业经济联合会 | 0755—83688772 | 0755—83688744 | www. sfie. org. cn |

续表

| 分类 | 名 称 | 电 话 | 传 真 | 网 站 |
|---|---|---|---|---|
| 联合会 | 陕西省工业经济联合会 | 029－87339456 | 029－87339455 | www. snfie. org |
| | 河北省工业经济联合会 | 0311－85231697 | 0311－85231681 | www. hebgy. gov. cn |
| | 广州市工业经济联合会 | 020－83507262 | 020－83592257 | |
| | 宁波市工业经济联合会 | 0574－87320525 | 0574－87320525 | |
| | 苏州市工业经济联合会 | 0512－65217480 | 0512－65217983 | |
| | 昆山市工业经济联合会 | 0512－57330699 | | |
| | 太原市工业经济联合会 | 0351－4081399 | 0351－4081399 | www. tyfie. com |
| | 中国包装联合会 | 010－65838786 | 010－65838780 | www. cpta. org. cn |
| 其他 | 中国化学制药工业协会 | 010－82080749 | 010－82080788 | www. cpia. org. cn |
| | 中国医疗器械行业协会 | 010－62018883 | 010－82022255 | www. camdi. org |
| | 中国医药包装协会 | 010－62267215 | 010－62267098 | www. cnppa. org |
| | 全国医药技术市场协会 | 010－68311506 | 010－68330359 | www. zgyp. com. cn |
| | 中国非处方药物协会 | 010－82050626 | 010－82059450 | www. cnma. org. cn |
| | 中国淀粉工业协会 | 0311－6058304 | 0311－6058304 | www. cn-mds. org |
| | 中国制药装备行业协会 | 010－87584931 | 010－87583590 | www. phmacn. com |
| | 中国医药设备工程协会 | 010－88360880 | 010－68330485 | www. cpape. org. cn |
| | 中国食品工业协会 | 010－63366411 | 010－63360889 | www. cfiin. com |
| | 中国电力规划设计协会 | 010－62367153 | 010－62367153 | www. ceppea. org |
| | 中国资源综合利用协会 | 010－82298604 | 010－82298548 | www. carcu. org |
| | 中国黄金协会 | 010－84117162 | 010－84123780 | www. cngold. org. cn |
| | 中国半导体行业协会 | 010－68208591 | 010－68208587 | www. csia. net. cn |
| | 中国电子元件行业协会 | 010－68871587 | 010－88706046 | www. ic-ceca. org. cn |
| | 中国计算机行业协会 | 010－68208764 | 010－68208764 | www. chinaccia. org. cn |

（《中国世界贸易组织年鉴》编辑部整理）